BECK'SCHE TEXTAUSGABEN

Steuergesetze

Steuergesetze

208. Ergänzungslieferung Januar 2022

(Anschluss an die Ergänzungslieferung September 2021)

Verlag C. H. BECK München

Anweisung zum Einordnen der Ergänzungslieferung Januar 2022

Herauszunehmen:	Zahl der Blätter	Einzufügen:	Zahl der Blätter
Titelblatt, Geleitwort	2	**Titelblatt, Geleitwort**	2
21 1–6	4	**21** 1–6	3
60 1/2	1	**60** 1/2	1
17/18	1	17/18	1
200 1/1a	1	**200** 1/1a	1
185/186	1	185/186	1
500 1–2a	2	**500** 1–2a	2
43–48	3	43–48a	4
123–126	2	123–126	2
635 1/2	1	**635** 1/2	1
7/8	1	7/8	1
11–14	2	11–14	2
800 189/190	1	**800** 189/190	1
808 2/2a	1	**808** 2/2a	1
850 97–102	3	**850** 97–102	3
vor T1–T3 1–**aT3** 228	244	**vor T1–T3** 1–**aT3** 258	274
Insgesamt herauszunehmen:	270	Insgesamt einzufügen:	300

Hinweis: Bitte entnehmen Sie die CD mit dem Berechnungsprogramm ab 1.1.2021 ersatzlos aus der Einstecktasche Ihres Ordners. Unter dem Downloadlink https://ch.beck.de/lohnsteuerrechner erhalten Sie das ab 1.1.2022 geltende neue Berechnungsprogramm.

STEUERGESETZE

Einkommen- und Lohnsteuer, Körperschaftsteuer,
Umwandlungssteuer, Bewertung, Erbschaftsteuer, Realsteuern,
Umsatzsteuer, sonstige Verkehrsteuern, Förderungsgesetze,
Abgabenordnung, Finanzverwaltungsvorschriften

Textsammlung
mit Verweisungen und Sachverzeichnis

Stand: 1. Januar 2022 (Texte und Tabellen)
(208. Ergänzungslieferung)

C.H.BECK

Dieses Titelblatt stammt aus der 208. Ergänzungslieferung Januar 2022.

Die Ergänzungslieferung Januar 2022 schließt an die Ergänzungslieferung September 2021 an.

Redaktioneller Hinweis
Paragraphenüberschriften in eckigen Klammern sind nicht amtlich. Sie sind ebenso wie die Fußnoten urheber- und wettbewerbsrechtlich geschützt.
Die Angaben zum Stand der Sammlung auf dem Titelblatt beziehen sich auf das Verkündungsdatum der maßgeblichen Gesetz-, Verordnungs- und Amtsblätter.
Verbesserungsvorschläge und mögliche Fehlerhinweise sind jederzeit willkommen.

Verlag C. H. Beck oHG
Wilhelmstraße 9, 80801 München
Fax: (0 89) 3 81 89-3 98 · Internet: www.beck.de
E-Mail: bestellung@beck.de

www.beck.de

Grundwerk (zur Fortsetzung) 978 3 406 45605 3
Grundwerk (ohne Fortsetzung) 978 3 406 66000 9
ergänzt bis 978 3 406 78242 8

Wilhelmstraße 9, 80801 München
Druck: Druckerei C. H. Beck, Nördlingen
(Adresse wie Verlag)

Gedruckt auf säurefreiem, alterungsbeständigem Papier
(hergestellt aus chlorfrei gebleichtem Zellstoff)

Geleitwort

Mit der 208. Ergänzungslieferung werden die neuen *Lohnsteuertabellen 2022* (Allgemeine: Jahr/Monat/Woche/Tag, Besondere: Jahr/Monat) in die Sammlung „Steuergesetze" eingestellt.

Lohnsteuertabellen 2022: Die zur *manuellen* Berechnung der Lohnsteuer erstellten Lohnsteuertabellen wurden auf der Basis des gem. § 51 Abs. 4 Nr. 1a EStG vom BMF veröffentlichten Programmablaufplans vom 5.11.2021 für die Erstellung der Lohnsteuertabellen 2022 berechnet. Unabhängig von der maschinellen Berechnung der Lohnsteuer nach dem sog. Formeltarif ist die manuelle Berechnung der Lohnsteuer nach dem sog. **Stufentarif** zulässig; es kommt allerdings zu geringfügigen Abweichungen gegenüber der Berechnung nach dem sog. Formeltarif, also der elektronischen Berechnung. Beide Berechnungsarten werden von der Finanzverwaltung ausdrücklich gebilligt. Durch das Bürgerentlastungsgesetz Krankenversicherung wurde ab 1.1.2010 eine verbesserte steuerliche Berücksichtigung von Vorsorgeaufwendungen (Kranken- und Pflegeversicherungsbeiträge) eingeführt. Diese Entlastung ist in den Lohnsteuertabellen enthalten. Beachten Sie bitte die Berechnungsbeispiele unter *Vorbemerkungen T 2* S. 4 f.

Zur *genauen* Berechnung der **Lohnsteuer 2022** nach dem Formeltarif benutzen Sie bitte das über den Link https://ch.beck.de/lohnsteuerrechner herunterladbare **Berechnungsprogramm.** Eine Programmanleitung finden Sie unter den *Vorbemerkungen T 2* ab Seite 10 ff.

Einkommensteuertabellen 2022: Die Berechnung der Einkommensteuer wird exakt für den sich bei der Steuerveranlagung jeweils ergebenden Einzelwert berechnet. Eine jeden Einzelwert berücksichtigende Einkommensteuertabelle ist somit aus Umfangsgründen nicht mehr abdruckbar. Die unter **T 1a** und **T 1b** abgedruckten Einkommensteuer-Grund- und Splittingtabellen gelten weiterhin; sie geben Ihnen jedoch für die zwischen den ausgewiesenen Einkommensbeträgen liegenden Werte nur Annäherungswerte.

Soweit Sie *keine elektronische Berechnung* vornehmen, können Sie den Wert Ihrer Einkommensteuer innerhalb der ausgewiesenen Einkommensbeträge zumindest annäherungsweise schätzen.

Die *genaue Berechnung* der Einkommensteuer kann nur mit Hilfe des Berechnungsprogramms vorgenommen werden.

München, im Dezember 2021 *Verlag C.H.BECK*

Geleitwort

Hinweis: Um alle steuerlichen Änderungen der letzten Legislaturperiode in die Sammlung einstellen zu können, wurden noch einige Texte in die 208. Ergänzungslieferung aufgenommen. BGBl.-Fundstellen werden mit der kommenden Ergänzung nachgetragen.

21. Verordnung über die sozialversicherungsrechtliche Beurteilung von Zuwendungen des Arbeitgebers als Arbeitsentgelt (Sozialversicherungsentgeltverordnung – SvEV)[1)·2)]

Vom 21. Dezember 2006 (BGBl. I S. 3385)

Geändert durch VO vom 21.12.2006 (BGBl. I S. 3385), Gesetz zur Förderung der zusätzlichen Altersvorsorge vom 10.12.2007 (BGBl. I S. 2838), Gesetz zur Änderung des Vierten Buches Sozialgesetzbuch und anderer Gesetze vom 19.12.2007 (BGBl. I S. 3024), Erste VO zur Änderung der SozialversicherungsentgeltVO vom 18.11.2008 (BGBl. I S. 2220), Gesetz zur Änderung des Vierten Buches Sozialgesetzbuch, zur Errichtung einer Versorgungsausgleichskasse und anderer Gesetze vom 15.7.2009 (BGBl. I S. 1939), Zweite VO zur Änderung der SozialversicherungsentgeltVO vom 19.10.2009 (BGBl. I S. 3667), Dritte VO zur Änderung der SozialversicherungsentgeltVO vom 10.11.2010 (BGBl. I S. 1751), Vierte VO zur Änderung der SozialversicherungsentgeltVO vom 2.12.2011 (BGBl. I S. 2453), Beitreibungrichtlinie-Umsetzungsgesetz (BeitrRLUmsG) vom 7.12.2011 (BGBl. I S. 2592), Gesetz zur Verbesserung der Eingliederungschancen am Arbeitsmarkt vom 20.12.2011 (BGBl. I S. 2854), Fünfte Verordnung zur Änderung der Sozialversicherungsentgeltverordnung vom 19.12.2012 (BGBl. I S. 2714), Sechste Verordnung zur Änderung der Sozialversicherungsentgeltverordnung vom 21.10.2013 (BGBl. I S. 3871), Siebte Verordnung zur Änderung der Sozialversicherungsentgeltverordnung vom 24.11.2014 (BGBl. I S. 1799), Fünftes Gesetz zur Änderung des Vierten Buches Sozialgesetzbuch und anderer Gesetze vom 15.4.2015 (BGBl. I S. 583), Achte Verordnung zur Änderung der Sozialversicherungsentgeltverordnung vom 18.11.2015 (BGBl. I S. 2075), Neunte Verordnung zur Änderung der Sozialversicherungsentgeltverordnung vom 21.11.2016 (BGBl. I S. 2637), Gesetz zur Neuregelung des Mutterschutzrechts vom 23.5.2017 (BGBl. I S. 1228), Gesetz zur Stärkung der betrieblichen Altersversorgung und zur Änderung anderer Gesetze (Betriebsrentenstärkungsgesetz) vom 17.8.2017 (BGBl. I S. 3214), Verordnung zur Änderung der Sozialversicherungsentgeltverordnung und anderer Verordnungen vom 7.12. 2017 (BGBl. I S. 3906), Zehnte Verordnung zur Änderung der Sozialversicherungsentgeltverordnung vom 6.11.2018 (BGBl. I S. 1842), Elfte Verordnung zur Änderung der Sozialversicherungsentgeltverordnung vom 29.11.2019 (BGBl. I S. 1997) und Verordnung zur Änderung der Sozialversicherungsentgeltverordnung, der Unfallversicherungsobergrenzenverordnung vom 15.12.2020 (BGBl. I S. 2933), Gesetz zur Stärkung des Fondsstandorts Deutschland und zur Umsetzung der Richtline (EU) 2019/1160 zur Änderung der Richtlinien 2009/65/EG und 2011/61/EU im Hinblick auf den grenzüberschreitenden Vertrieb von Organismen für gemeinsame Anlagen (Fondsstandortgesetz – FoStoG) vom 3.6.2021 (BGBl. I S. 1498) und Zwölfte Verordnung zur Änderung der Sozialversicherungsentgeltverordnung[3)]

BGBl. III/FNA 860-4-1-16

§ 1 Dem sozialversicherungspflichtigen Arbeitsentgelt nicht zuzurechnende Zuwendungen. (1)[4)] [1]Dem Arbeitsentgelt sind nicht zuzurechnen:

[1)] Die SvEV ist als Art. 1 der VO zur Neuordnung der Regelungen über die sozialversicherungsrechtliche Beurteilung von Zuwendungen des Arbeitgebers als Arbeitsentgelt v. 21.12.2006 verkündet worden.

[2)] In Kraft ab 1.1.2007. Gleichzeitig tritt die SachbezV außer Kraft.

[3)] **BGBl. bei Redaktionsschluss nv.**

[4)] § 1 Abs. 1 Satz 3 geänd. und Satz 4 angef. mWv 1.1.2008 durch G v. 19.12.2007 (BGBl. I S. 3024); Satz 2 neu gef., Satz 3 ergänzt mWv 22.4.2015 durch G v. 15.4.2015 (BGBl. I S. 583), Satz 1 Nr. 1 letzter Satzteil angef. mWv 1.7.2021 durch G v. 3.6.2021 (BGBl. I S. 1498).

1. einmalige Einnahmen, laufende Zulagen, Zuschläge, Zuschüsse sowie ähnliche Einnahmen, die zusätzlich zu Löhnen oder Gehältern gewährt werden, soweit sie lohnsteuerfrei sind; dies gilt nicht für Sonntags-, Feiertags- und Nachtarbeitszuschläge, soweit das Entgelt, auf dem sie berechnet werden, mehr als 25 Euro für jede Stunde beträgt, und nicht für Vermögensbeteiligungen nach § 19a Absatz 1 Satz 1 des Einkommensteuergesetzes,
2. sonstige Bezüge nach § 40 Abs. 1 Satz 1 Nr. 1 des Einkommensteuergesetzes, die nicht einmalig gezahltes Arbeitsentgelt nach § 23a des Vierten Buches Sozialgesetzbuch sind,
3. Einnahmen nach § 40 Abs. 2 des Einkommensteuergesetzes,

4.[1] Beiträge nach § 40b des Einkommensteuergesetzes in der am 31. Dezember 2004 geltenden Fassung, die zusätzlich zu Löhnen und Gehältern gewährt werden; dies gilt auch für darin enthaltene Beiträge, die aus einer Entgeltumwandlung (§ 1 Abs. 2 Nr. 3 des Betriebsrentengesetzes[2]) stammen,

4a.[3] Zuwendungen nach § 3 Nr. 56 und § 40b des Einkommensteuergesetzes, die zusätzlich zu Löhnen und Gehältern gewährt werden und für die Satz 3 und 4 nichts Abweichendes bestimmen,

5. Beträge nach § 10 des Entgeltfortzahlungsgesetzes,

6.[4] Zuschüsse zum Mutterschaftsgeld nach § 20 des Mutterschutzgesetzes,

7. in den Fällen des § 3 Abs. 3 der vom Arbeitgeber insoweit übernommene Teil des Gesamtsozialversicherungsbeitrags,
8. Zuschüsse des Arbeitgebers zum Kurzarbeitergeld und Saison-Kurzarbeitergeld, soweit sie zusammen mit dem Kurzarbeitergeld 80 Prozent des Unterschiedsbetrages zwischen dem Sollentgelt und dem Ist-Entgelt nach § 106[5] des Dritten Buches Sozialgesetzbuch nicht übersteigen,

9.[6] steuerfreie Zuwendungen an Pensionskassen, Pensionsfonds oder Direktversicherungen nach § 3 Nr. 63 Satz 1 und 2 sowie § 100 Absatz 6 Satz 1 des Einkommensteuergesetzes im Kalenderjahr bis zur Höhe von insgesamt 4 Prozent der Beitragsbemessungsgrenze in der allgemeinen Rentenversicherung; dies gilt auch für darin enthaltene Beträge, die aus einer Entgeltumwandlung (§ 1 Abs. 2 Nr. 3 des Betriebsrentengesetzes) stammen,

10. Leistungen eines Arbeitgebers oder einer Unterstützungskasse an einen Pensionsfonds zur Übernahme bestehender Versorgungsverpflichtungen oder Versorgungsanwartschaften durch den Pensionsfonds, soweit diese nach § 3 Nr. 66 des Einkommensteuergesetzes steuerfrei sind,

---

[1] § 1 Abs. 1 Satz 1 Nr. 4 neu gef. mWv 1.1.2008 durch G v. 19.12.2007 (BGBl. I S. 3024), Nr. 4 HS 2 angef. mWv 1.1.2009 durch VO v. 18.11.2008 (BGBl. I S. 2220).

[2] Nr. **70.**

[3] § 1 Abs. 1 Satz 1 Nr. 4a eingef. mWv 1.1.2008 durch G v. 19.12.2007 (BGBl. I S. 3024).

[4] § 1 Abs. 1 Satz 1 Nr. 6 geänd. mWv 1.1.2018 durch G v. 23.5.2017 (BGBl. I S. 1228).

[5] Verweis geänd. mWv 1.4.2012 durch G v. 20.12.2011 (BGBl. I S. 2854).

[6] § 1 Abs. 1 Satz 1 Nr. 9 HS 2 angef. mWv 1.1.2009 durch G v. 10.12.2007 (BGBl. I S. 2838); Verweis geänd. mWv 1.1.2018 durch G v. 17.8.2017 (BGBl. I S. 3214).

11. steuerlich nicht belastete Zuwendungen des Beschäftigten zugunsten von durch Naturkatastrophen im Inland Geschädigten aus Arbeitsentgelt einschließlich Wertguthaben,

12.[1] Sonderzahlungen nach § 19 Absatz 1 Satz 1 Nummer 3 Satz 2 bis 4 des Einkommensteuergesetzes der Arbeitgeber zur Deckung eines finanziellen Fehlbetrages an die Einrichtungen, für die Satz 3 gilt,

13.[2] Sachprämien nach § 37a des Einkommensteuergesetzes,

14.[3] Zuwendungen nach § 37b Abs. 1 des Einkommensteuergesetzes, soweit die Zuwendungen an Arbeitnehmer eines Dritten erbracht werden und diese Arbeitnehmer nicht Arbeitnehmer eines mit dem Zuwendenden verbundenen Unternehmens sind,

15.[4] vom Arbeitgeber getragene oder übernommene Studiengebühren für ein Studium des Beschäftigten, soweit sie steuerrechtlich kein Arbeitslohn sind,

16.[5] steuerfreie Aufwandsentschädigungen und die in § 3 Nummer 26 und 26a des Einkommensteuergesetzes genannten steuerfreien Einnahmen.

[2]Dem Arbeitsentgelt sind die in Satz 1 Nummer 1 bis 4a, 9 bis 11, 13, 15 und 16 genannten Einnahmen, Zuwendungen und Leistungen nur dann nicht zuzurechnen, soweit diese vom Arbeitgeber oder von einem Dritten mit der Entgeltabrechnung für den jeweiligen Abrechnungszeitraum lohnsteuerfrei belassen oder pauschal besteuert werden. [3]Die Summe der in Satz 1 Nr. 4a genannten Zuwendungen nach § 3 Nr. 56 und § 40b des Einkommensteuergesetzes, die vom Arbeitgeber oder von einem Dritten mit der Entgeltabrechnung für den jeweiligen Abrechnungszeitraum lohnsteuerfrei belassen oder pauschal besteuert werden, höchstens jedoch monatlich 100 Euro, sind bis zur Höhe von 2,5 Prozent des für ihre Bemessung maßgebenden Entgelts dem Arbeitsentgelt zuzurechnen, wenn die Versorgungsregelung mindestens bis zum 31. Dezember 2000 vor der Anwendung etwaiger Nettobegrenzungsregelungen eine allgemein erreichbare Gesamtversorgung von mindestens 75 Prozent des gesamtversorgungsfähigen Entgelts und nach dem Eintritt des Versorgungsfalles eine Anpassung nach Maßgabe der Entwicklung der Arbeitsentgelte im Bereich der entsprechenden Versorgungsregelung oder gesetzlicher Versorgungsbezüge vorsieht; die dem Arbeitsentgelt zuzurechnenden Beiträge und Zuwendungen vermindern sich um monatlich 13,30 Euro. [4]Satz 3 gilt mit der Maßgabe, dass die Zuwendungen nach § 3 Nr. 56 und § 40b des Einkommensteuergesetzes dem Arbeitsentgelt insoweit zugerechnet werden, als sie in der Summe monatlich 100 Euro übersteigen.

(2) In der gesetzlichen Unfallversicherung und in der Seefahrt sind auch lohnsteuerfreie Zuschläge für Sonntags-, Feiertags- und Nachtarbeit dem Arbeitsentgelt zuzurechnen; dies gilt in der Unfallversicherung nicht für Erwerbseinkommen, das bei einer Hinterbliebenenrente zu berücksichtigen ist.

---

[1] § 1 Abs. 1 Satz 1 Nr. 12 geänd. mWv 22.4.2015 durch G v. 15.4.2015 (BGBl. I S. 583).

[2] § 1 Abs. 1 Satz 1 Nr. 13 angef. mWv 1.1.2009 durch VO v. 18.11.2008 (BGBl. I S. 2220).

[3] § 1 Nr. 14 angef. mWv 1.1.2009 durch VO v. 18.11.2008 (BGBl. I S. 2220).

[4] § 1 Abs. 1 Satz 1 Nr. 15 angef. mWv 22.7.2009 durch G v. 15.7.2009 (BGBl. I S. 1939).

[5] § 1 Abs. 1 Nr. 16 angef. mWv 22.4.2015 durch G v. 15.4.2015 (BGBl. I S. 583).

§ 2 Verpflegung, Unterkunft und Wohnung als Sachbezug. (1) [1]Der Wert der als Sachbezug zur Verfügung gestellten Verpflegung wird auf monatlich *258* [***ab 1.1.2021:*** 263; ***ab 1.1.2022:*** 270] Euro[1)] festgesetzt. [2]Dieser Wert setzt sich zusammen aus dem Wert für

1. Frühstück von *54* [***ab 1.1.2021:*** 55; ***ab 1.1.2022:*** 56] Euro,[1)]
2. Mittagessen von *102* [***ab 1.1.2021:*** 104; ***ab 1.1.2022:*** 107] Euro[1)] und
3. Abendessen von *102* [***ab 1.1.2021:*** 104; ***ab 1.1.2022:*** 107] Euro[1)].

(2) [1]Für Verpflegung, die nicht nur dem Beschäftigten, sondern auch seinen nicht bei demselben Arbeitgeber beschäftigten Familienangehörigen zur Verfügung gestellt wird, erhöhen sich die nach Absatz 1 anzusetzenden Werte je Familienangehörigen,

1. der das 18. Lebensjahr vollendet hat, um 100 Prozent,
2. der das 14., aber noch nicht das 18. Lebensjahr vollendet hat, um 80 Prozent,
3. der das 7., aber noch nicht das 14. Lebensjahr vollendet hat, um 40 Prozent und
4. der das 7. Lebensjahr noch nicht vollendet hat, um 30 Prozent.

[2]Bei der Berechnung des Wertes ist das Lebensalter des Familienangehörigen im ersten Entgeltabrechnungszeitraum des Kalenderjahres maßgebend. [3]Sind Ehegatten bei demselben Arbeitgeber beschäftigt, sind die Erhöhungswerte nach Satz 1 für Verpflegung der Kinder beiden Ehegatten je zur Hälfte zuzurechnen.

(3) [1]Der Wert einer als Sachbezug zur Verfügung gestellten Unterkunft wird auf monatlich *235* [***ab 1.1.2021:*** 237; ***ab 1.1.2022:*** 241] Euro[2)] festgesetzt. [2]Der Wert der Unterkunft nach Satz 1 vermindert sich

1. bei Aufnahme des Beschäftigten in den Haushalt des Arbeitgebers oder bei Unterbringung in einer Gemeinschaftsunterkunft um 15 Prozent,
2. für Jugendliche bis zur Vollendung des 18. Lebensjahres und Auszubildende um 15 Prozent und
3. bei der Belegung
   a) mit zwei Beschäftigten um 40 Prozent,
   b) mit drei Beschäftigten um 50 Prozent und
   c) mit mehr als drei Beschäftigten um 60 Prozent.

---

1) Beträge geänd. mWv 1.1.2013 durch VO v. 19.12.2012 (BGBl. I S. 2714); geänd. mWv 1.1.2014 durch VO v. 21.10.2013 (BGBl. I S. 3871); geänd. mWv 1.1.2016 durch VO v. 18.11.2015 (BGBl. I S. 2075); geänd. mWv 1.1.2017 durch VO v. 21.11.2016 (BGBl. I S. 2637); geänd. mWv 1.1.2018 durch VO v. 7.12.2017 (BGBl. I S. 3906); geänd. mWv 1.1.2019 durch VO v. 6.11.2018 (BGBl. I S. 1842); geänd. mWv 1.1.2020 durch VO v. 29.11.2019 (BGBl. I S. 1997); geänd. mWv 1.1.2021 durch VO v. 15.12.2020 (BGBl. I S. 2933); geänd. mWv 1.1.2022 durch Zwölfte VO zur Änderung der SvEV (BGBl. nv).

2) Betrag geänd. mWv 1.1.2013 durch VO v. 19.12.2012 (BGBl. I S. 2714); geänd. mWv 1.1.2014 durch VO v. 21.10.2013 (BGBl. I S. 3871); geänd. mWv 1.1.2015 durch VO v. 24.11.2014 (BGBl. I S. 1799); geänd. mWv 1.1.2018 durch VO v. 7.12.2017 (BGBl. I S. 3906); geänd. mWv 1.1.2019 durch VO v. 6.11.2018 (BGBl. I S. 1842); geänd. mWv 1.1.2020 durch VO v. 29.11.2019 (BGBl. I S. 1997); geänd. mWv 1.1.2021 durch VO v. 15.12.2020 (BGBl. I S. 2933).

3 Ist es nach Lage des einzelnen Falles unbillig, den Wert einer Unterkunft nach Satz 1 zu bestimmen, kann die Unterkunft mit dem ortsüblichen Mietpreis bewertet werden; Absatz 4 Satz 2 gilt entsprechend.

(4) 1 Für eine als Sachbezug zur Verfügung gestellte Wohnung ist als Wert der ortsübliche Mietpreis unter Berücksichtigung der sich aus der Lage der Wohnung zum Betrieb ergebenden Beeinträchtigungen sowie unter entsprechender Anwendung des § 8 Absatz 2 Satz 12 des Einkommensteuergesetzes anzusetzen. 2 Ist im Einzelfall die Feststellung des ortsüblichen Mietpreises mit außergewöhnlichen Schwierigkeiten verbunden, kann die Wohnung mit *4,12* [***ab 1.1.2021:*** 4,16; ***ab 1.1.2022:*** 4,23] Euro[1] je Quadratmeter monatlich, bei einfacher Ausstattung (ohne Sammelheizung oder ohne Bad oder Dusche) mit *3,37* [***ab 1.1.2021:*** 3,40; ***ab 1.1.2022:*** 3,46] Euro[1] je Quadratmeter monatlich bewertet werden. 3 Bestehen gesetzliche Mietpreisbeschränkungen, sind die durch diese Beschränkungen festgelegten Mietpreise als Werte anzusetzen. 4 Dies gilt auch für die vertraglichen Mietpreisbeschränkungen im sozialen Wohnungsbau, die nach den jeweiligen Förderrichtlinien des Landes für den betreffenden Förderjahrgang sowie für die mit Wohnungsfürsorgemitteln aus öffentlichen Haushalten geförderten Wohnungen vorgesehen sind. 5 Für Energie, Wasser und sonstige Nebenkosten ist der übliche Preis am Abgabeort anzusetzen.

(5) Werden Verpflegung, Unterkunft oder Wohnung verbilligt als Sachbezug zur Verfügung gestellt, ist der Unterschiedsbetrag zwischen dem vereinbarten Preis und dem Wert, der sich bei freiem Bezug nach den Absätzen 1 bis 4 ergeben würde, dem Arbeitsentgelt zuzurechnen.

(6) 1 Bei der Berechnung des Wertes für kürzere Zeiträume als einen Monat ist für jeden Tag ein Dreißigstel der Werte nach den Absätzen 1 bis 5 zugrunde zu legen. 2 Die Prozentsätze der Absätze 2 und 3 sind auf den Tageswert nach Satz 1 anzuwenden. 3 Die Berechnungen werden jeweils auf 2 Dezimalstellen durchgeführt; die zweite Dezimalstelle wird um 1 erhöht, wenn sich in der dritten Dezimalstelle eine der Zahlen 5 bis 9 ergibt.

§ 3 Sonstige Sachbezüge. (1)[2] 1 Werden Sachbezüge, die nicht von § 2 erfasst werden, unentgeltlich zur Verfügung gestellt, ist als Wert für diese Sachbezüge der um übliche Preisnachlässe geminderte übliche Endpreis am Abgabeort anzusetzen. 2 Sind auf Grund des § 8 Absatz 2 Satz 10 des Einkommensteuergesetzes Durchschnittswerte festgesetzt worden, sind diese Werte maßgebend. 3 Findet § 8 Abs. 2 Satz 2, 3, 4 oder 5 oder Abs. 3 Satz 1 des Einkommensteuergesetzes Anwendung, sind die dort genannten Werte maßgebend. 4 § 8 Absatz 2 Satz 11 des Einkommensteuergesetzes gilt entsprechend.

---

[1] Beträge geänd. mWv 1.1.2013 durch VO v. 19.12.2012 (BGBl. I S. 2714); geänd. mWv 1.1.2014 durch VO v. 21.10.2013 (BGBl. I S. 3871); geänd. mWv 1.1.2015 durch VO v. 24.11.2014 (BGBl. I S. 1799); geänd. mWv 1.1.2018 durch VO v. 7.12.2017 (BGBl. I S. 3906); geänd. mWv 1.1.2019 durch VO v. 6.11.2018 (BGBl. I S. 1842); geänd. mWv 1.1.2020 durch VO v. 29.11.2019 (BGBl. I S. 1997); geänd. mWv 1.1.2021 durch VO v. 15.12.2020 (BGBl. I S. 2933); geänd. mWv 1.1.2022 durch Zwölfte VO zur Änderung der SvEV (BGBl. nv).

[2] § 3 Abs. 1 Sätze 2 und 4 geänd. mWv 1.1.2014 durch VO v. 21.10.2013 (BGBl. I S. 3871).

(2) Werden Sachbezüge, die nicht von § 2 erfasst werden, verbilligt zur Verfügung gestellt, ist als Wert für diese Sachbezüge der Unterschiedsbetrag zwischen dem vereinbarten Preis und dem Wert, der sich bei freiem Bezug nach Absatz 1 ergeben würde, dem Arbeitsentgelt zuzurechnen.

(3) [1] Waren und Dienstleistungen, die vom Arbeitgeber nicht überwiegend für den Bedarf seiner Arbeitnehmer hergestellt, vertrieben oder erbracht werden und die nach § 40 Abs. 1 Satz 1 Nr. 1 des Einkommensteuergesetzes pauschal versteuert werden, können mit dem Durchschnittsbetrag der pauschal versteuerten Waren und Dienstleistungen angesetzt werden; dabei kann der Durchschnittsbetrag des Vorjahres angesetzt werden. [2] Besteht das Beschäftigungsverhältnis nur während eines Teils des Kalenderjahres, ist für jeden Tag des Beschäftigungsverhältnisses der dreihundertsechzigste Teil des Durchschnittswertes nach Satz 1 anzusetzen. [3] Satz 1 gilt nur, wenn der Arbeitgeber den von dem Beschäftigten zu tragenden Teil des Gesamtsozialversicherungsbeitrags übernimmt. [4] Die Sätze 1 bis 3 gelten entsprechend für Sachzuwendungen im Wert von nicht mehr als 80 Euro, die der Arbeitnehmer für Verbesserungsvorschläge sowie für Leistungen in der Unfallverhütung und im Arbeitsschutz erhält. [5] Die mit einem Durchschnittswert angesetzten Sachbezüge, die in einem Kalenderjahr gewährt werden, sind insgesamt dem letzten Entgeltabrechnungszeitraum in diesem Kalenderjahr zuzuordnen.

§ 4[1)] *(aufgehoben)*

---

1) § 4 aufgeh. mWv 1.1.2009 durch Art. 2 der VO v. 21.12.2006 (BGBl. I S. 3385).

60. Bundeskindergeldgesetz (BKGG)

In der Fassung der Bekanntmachung vom 28. Januar 2009 (BGBl. I S. 142, ber. S. 3177)[1)]

Geändert durch Dienstrechtsneuordnungsgesetz vom 5.2.2009 (BGBl. I S. 160), Gesetz zur Sicherung von Beschäftigung und Stabilität in Deutschland vom 2.3.2009 (BGBl. I S. 416), Bürgerentlastungsgesetz Krankenversicherung vom 16.7.2009 (BGBl. I S. 1959), Wachstumsbeschleunigungsgesetz vom 22.12.2009 (BGBl. I S. 3950), Gesetz zur Ermittlung von Regelbedarfen und zur Änderung des Zweiten und Zwölften Buches Sozialgesetzbuch vom 24.3.2011 (BGBl. I S. 453), Gesetz zur Änderung des Bundesversorgungsgesetzes und anderer Vorschriften vom 20.6.2011 (BGBl. I S. 1114), Steuervereinfachungsgesetz 2011 vom 1.11.2011 (BGBl. I S. 2131), Beitreibungsrichtlinie-Umsetzungsgesetz (BeitrRLUmsG) vom 7.12.2011 (BGBl. I S. 2592), Unterhaltsvorschussentbürokratisierungsgesetz vom 3.5.2013 (BGBl. I S. 1108), Gesetz zur Änderung des Zweiten Buches Sozialgesetzbuch und anderer Gesetze vom 7.5.2013 (BGBl. I S. 1167), Amtshilferichtlinie-Umsetzungsgesetz (AmtshilfeRLUmsG) vom 26.6.2013 (BGBl. I S. 1809), Gesetz zur Anpassung steuerlicher Regelungen an die Rechtsprechung des Bundesverfassungsgerichts vom 18.7.2014 (BGBl. I S. 1042), Gesetz zur Anpassung des nationalen Steuerrechts an den Beitritt Kroatiens zur EU und zur Änderung weiterer steuerlicher Vorschriften vom 25.7.2014 (BGBl. I S. 1266), Gesetz zur Anpassung der Abgabenordnung an den Zollkodex der Union und zur Änderung weiterer steuerlicher Vorschriften vom 22.12.2014 (BGBl. I S. 2417), Gesetz zur Anhebung des Grundfreibetrags, des Kinderfreibetrags, des Kindergeldes und des Kinderzuschlags vom 16.7.2015 (BGBl. I S. 1202), Neuntes Gesetz zur Änderung des Zweiten Buches Sozialgesetzbuch – Rechtsvereinfachung – sowie zur vorübergehenden Aussetzung der Insolvenzantragspflicht vom 26.7.2016 (BGBl. I S. 1824), Gesetz zur Umsetzung der Änderungen der EU-Amtshilferichtlinie und von weiteren Maßnahmen gegen Gewinnkürzungen und -verlagerungen vom 20.12.2016 (BGBl. I S. 3000), Gesetz zum Abbau verzichtbarer Anordnungen der Schriftform im Verwaltungsrecht des Bundes vom 29.3.2017 (BGBl. I S. 626), Gesetz zur Bekämpfung der Steuerumgehung, und zur Änderung weiterer steuerlicher Vorschriften (Steuerumgehungsbekämpfungsgesetz – StUmgBG) vom 23.6.2017 (BGBl. I S. 1682), Gesetz zur steuerlichen Entlastung der Familien sowie zur Anpassung weiterer steuerlicher Regelungen vom 29.11.2018 (BGBl. I S. 2210), Gesetz zur zielgenauen Stärkung von Familien und ihren Kindern durch die Neugestaltung des Kinderzuschlags und die Verbesserung der Leistungen für Bildung und Teilhabe (Starke-Familien-Gesetz – StaFamG) vom 29.4.2019 (BGBl. I S. 530), Gesetz gegen illegale Beschäftigung und Sozialleistungsmissbrauch vom 11.7.2019 (BGBl. I S. 1066), Gesetz zur weiteren steuerlichen Förderung der Elektromobilität und zur Änderung weiterer steuerlicher Vorschriften vom 12.12.2019 (BGBl. I S. 2451), Gesetz für den erleichterten Zugang zu sozialer Sicherung und zum Einsatz und zur Absicherung sozialer Dienstleister aufgrund des Coronavirus SARS-CoV-2 (Sozialschutz-Paket) vom 27.3.2020 (BGBl. I S. 575), Gesetz zu Sozialen Maßnahmen zur Bekämpfung der Corona-Pandemie (Sozialschutz-Paket II) vom 20.5. 2020 (BGBl. I S. 1055), Zweites Gesetz zur Umsetzung steuerlicher Hilfsmaßnahmen zur Bewältigung der Corona-Krise (Zweites Corona-Steuerhilfegesetz) vom 29.6.2020 (BGBl. I S. 1512), Gesetz für ein Zukunftsprogramm Krankenhäuser (Krankenhauszukunftsgesetz – KHZG) vom 23.10.2020 (BGBl. I S. 2208), Zweites Gesetz zur steuerlichen Entlastung von Familien sowie zur Anpassung weiterer steuerlicher Regelungen (Zweites Familienentlastungsgesetz – 2. FamEntlastG) vom 1.12.2020 (BGBl. I S. 2616), Gesetz zur Ermittlung des Regelbedarfs und zur Änderung des Zwölften Buches Sozialgesetzbuch sowie weiterer Gesetze vom 9.12.2020 (BGBl. I S. 2855), Drittes Gesetz zur Umsetzung steuerlicher Hilfsmaßnahmen zur Bewältigung der Corona-Krise (Drittes Corona-Steuerhilfegesetz) vom 10.3.2021 (BGBl. I S. 330), Sozialschutz-Paket III vom 10.3.2021 (BGBl. I S. 335), Gesetz zur Änderung des Gesetzes über Finanzhilfen des Bundes zum Ausbau der Tagesbetreuung für Kinder und zur Änderung weiterer Gesetze (Kitafinanzhilfenänderungsgesetz – KitaFinHÄndG) vom 25.6.2021 (BGBl. I S. 2020) und Gesetz zur Änderung des Infektionsschutzgesetzes und weiterer Gesetze vom 22.11.2021 (BGBl. I S. 4906)

BGBl. III/FNA 85-4

[1)] Neubekanntmachung des BKGG idF der Bek. v. 17.7.2007 (BGBl. I S. 1450) auf Grund Art. 6 Familienleistungsgesetz v. 22.12.2009 (BGBl. I S. 2955) in der ab 1.1.2009 geltenden Fassung. Zum Kindergeld für unbeschränkt Steuerpflichtige siehe §§ 62 ff. EStG (Nr. **1**).

Erster Abschnitt. Leistungen

§ 1 Anspruchsberechtigte. (1) Kindergeld nach diesem Gesetz für seine Kinder erhält, wer nach § 1 Absatz 1 und 2 des Einkommensteuergesetzes nicht unbeschränkt steuerpflichtig ist und auch nicht nach § 1 Absatz 3 des Einkommensteuergesetzes als unbeschränkt steuerpflichtig behandelt wird und

1. in einem Versicherungspflichtverhältnis zur Bundesagentur für Arbeit nach dem Dritten Buch Sozialgesetzbuch steht oder versicherungsfrei nach § 28 Absatz 1 Nummer 1 des Dritten Buches Sozialgesetzbuch ist oder
2. als Entwicklungshelfer Unterhaltsleistungen im Sinne des § 4 Absatz 1 Nummer 1 des Entwicklungshelfer-Gesetzes erhält oder als Missionar der Missionswerke und -gesellschaften, die Mitglieder oder Vereinbarungspartner des Evangelischen Missionswerkes Hamburg, der Arbeitsgemeinschaft Evangelikaler Missionen e. V., des Deutschen katholischen Missionsrates oder der Arbeitsgemeinschaft pfingstlich-charismatischer Missionen sind, tätig ist oder
3.[1] eine nach § 123a des Beamtenrechtsrahmengesetzes oder § 29 des Bundesbeamtengesetzes oder § 20 des Beamtenstatusgesetzes bei einer Einrichtung außerhalb Deutschlands zugewiesene Tätigkeit ausübt oder
4.[2] als Ehegatte oder Lebenspartner eines Mitglieds der Truppe oder des zivilen Gefolges eines NATO-Mitgliedstaates die Staatsangehörigkeit eines EU/EWR-Mitgliedstaates besitzt und in Deutschland seinen Wohnsitz oder gewöhnlichen Aufenthalt hat.

(2) [1] Kindergeld für sich selbst erhält, wer

1. in Deutschland einen Wohnsitz oder seinen gewöhnlichen Aufenthalt hat,
2. Vollwaise ist oder den Aufenthalt seiner Eltern nicht kennt und
3. nicht bei einer anderen Person als Kind zu berücksichtigen ist.

[2] § 2 Absatz 2 und 3 sowie die §§ 4 und 5 sind entsprechend anzuwenden. [3] Im Fall des § 2 Absatz 2 Satz 1 Nummer 3 wird Kindergeld längstens bis zur Vollendung des 25. Lebensjahres[3] gewährt.

(3)[4] [1] Ein nicht freizügigkeitsberechtigter Ausländer erhält Kindergeld nur, wenn er

1. eine Niederlassungserlaubnis oder eine Erlaubnis zum Daueraufenthalt-EU besitzt,
2. eine Blaue Karte EU, eine ICT-Karte, eine Mobiler-ICT-Karte oder eine Aufenthaltserlaubnis besitzt, die für einen Zeitraum von mindestens sechs Monaten zur Ausübung einer Erwerbstätigkeit berechtigen oder berechtigt haben oder diese erlauben, es sei denn, die Aufenthaltserlaubnis wurde
   a) nach § 16e des Aufenthaltsgesetzes zu Ausbildungszwecken, nach § 19c Absatz 1 des Aufenthaltsgesetzes zum Zweck der Beschäftigung als Au-

---

[1] § 1 Abs. 1 Nr. 3 geänd. durch G v. 5.2.2009 (BGBl. I S. 160/271); geänd. durch G v. 1.11.2011 (BGBl. I S. 2131).

[2] § 1 Abs. 1 Nr. 4 ergänzt mWv 24.7.2014 durch G v. 18.7.2014 (BGBl. I S. 1042).

[3] Fassung durch G v. 19.7.2006 (BGBl. I S. 1652); zur Übergangsregelung siehe § 20 Abs. 8.

[4] § 1 Abs. 3 neu gef. mWv 1.1.2020 durch Art. 34 des G v. 12.12.2019 (BGBl. I S. 2451).

Bewilligungszeitraum in Anwendung des § 20 Absatz 4 mehr als sechs Monate umfasst.

(6)[1] [1] Abweichend von § 6a Absatz 8 Satz 1 ist für Anträge, die in der Zeit vom 1. April 2020 bis zum 30. September 2020 eingehen, bei der Ermittlung des monatlich zu berücksichtigenden Einkommens der Eltern nur das Einkommen aus dem letzten Monat vor Beginn des Bewilligungszeitraums maßgeblich. [2] In diesen Fällen wird abweichend von § 6a Absatz 3 Satz 1 und Absatz 5 Satz 1 Vermögen nach § 12 des Zweiten Buches Sozialgesetzbuch nicht berücksichtigt. [3] Satz 2 gilt nicht, wenn das Vermögen erheblich ist; es wird vermutet, dass kein erhebliches Vermögen vorhanden ist, wenn die Antragstellerin oder der Antragsteller dies im Antrag erklärt.

(6a)[2] [1] Abweichend von § 6a Absatz 3 Satz 1 und Absatz 5 Satz 1 wird für Bewilligungszeiträume, die in der Zeit vom 1. Oktober 2020 bis 31. März 2022[3] beginnen, Vermögen nach § 12 des Zweiten Buches Sozialgesetzbuch nicht berücksichtigt. [2] Satz 1 gilt nicht, wenn das Vermögen erheblich ist; es wird vermutet, dass kein erhebliches Vermögen vorhanden ist, wenn die Antragstellerin oder der Antragsteller dies im Antrag erklärt. [3] Macht die Bundesregierung von ihrer Verordnungsermächtigung nach § 67 Absatz 5 des Zweiten Buches Sozialgesetzbuch Gebrauch und verlängert den in § 67 Absatz 1 des Zweiten Buches Sozialgesetzbuch genannten Zeitraum, ändert sich das in Satz 1 genannte Datum, bis zu dem die Regelung Anwendung findet, entsprechend.

(7)[1] [1] In Fällen, in denen der Bewilligungszeitraum vor dem 1. April 2020 begonnen hat, kann im April oder Mai 2020 einmalig während des laufenden Bewilligungszeitraums ein Antrag auf Überprüfung gestellt werden. [2] Bei der Überprüfung ist abweichend von § 6a Absatz 8 Satz 1 als monatlich zu berücksichtigendes Einkommen der Eltern nur das Einkommen aus dem Monat vor dem Überprüfungsantrag zugrunde zu legen. [3] Im Übrigen sind die bereits für den laufenden Bewilligungszeitraum nach Absatz 8 ermittelten tatsächlichen und rechtlichen Verhältnisse zugrunde zu legen. [4] Die Voraussetzung nach § 6a Absatz 1 Nummer 3, dass bei Bezug des Kinderzuschlags keine Hilfebedürftigkeit besteht, ist nicht anzuwenden. [5] Ergibt die Überprüfung einen höheren Kinderzuschlag, wird für die restlichen Monate des Bewilligungszeitraums Kinderzuschlag in der neuen Höhe bewilligt; anderenfalls ist der Antrag abzulehnen. [6] Ist ein Bewilligungsbescheid für einen Bewilligungszeitraum, der vor dem 1. April 2020 beginnt, noch nicht ergangen, gelten die Sätze 1 bis 5 entsprechend. [7] In den Fällen nach den Sätzen 1 bis 6 ist die Verlängerungsregelung nach Absatz 5 nicht anzuwenden.

(7a)[4] Bei den Leistungen für Bildung und Teilhabe nach § 6b ist § 68 Absatz 1 des Zweiten Buches Sozialgesetzbuch sowie eine nach dessen Absatz 2 erlassene Rechtsverordnung entsprechend anzuwenden.

---

[1] § 20 Abs. 5 bis 7 eingef. durch G v. 27.3.2020 (BGBl. I S. 575).

[2] § 20 Abs. 6a eingef. mWv. 29.10.2020 durch G v. 23.10.2020 (BGBl. I S. 2208); Zeitraum verlängert und Satz 3 angef. mWv. 1.1.2021 durch G v. 9.12.2021 (BGBl. I S. 2855); Satz 1 geänd., Satz 3 aufgeh. mWv 1.4.2021 durch G v. 10.3.2021 (BGBl. I S. 335); Satz 1 geänd., Satz 3 angef. mWv 24.11.2021 durch G v. 22.11.2021 (BGBl. I S. 4906)

[3] Zum Datum siehe Satz 3.

[4] § 20 Abs. 7a eingef. durch G v. 20.5.2020 (BGBl. I S. 1055).

(8)[1] [1] § 1 Absatz 2 Satz 3 und § 2 Absatz 2 und 3 in der Fassung des Artikels 3 des Gesetzes vom 19. Juli 2006 (BGBl. I S. 1652) ist für Kinder, die im Kalenderjahr 2006 das 24. Lebensjahr vollendeten, mit der Maßgabe anzuwenden, dass jeweils an die Stelle der Angabe „25. Lebensjahres" die Angabe „26. Lebensjahres" und an die Stelle der Angabe „25. Lebensjahr" die Angabe „26. Lebensjahr" tritt; für Kinder, die im Kalenderjahr 2006 das 25. oder 26. Lebensjahr vollendeten, sind § 1 Absatz 2 Satz 3 und § 2 Absatz 2 und 3 weiterhin in der bis zum 31. Dezember 2006 geltenden Fassung anzuwenden. [2] § 1 Absatz 2 Satz 3 und § 2 Absatz 2 und 3 in der Fassung des Artikels 3 des Gesetzes vom 19. Juli 2006 (BGBl. I S. 1652) sind erstmals für Kinder anzuwenden, die im Kalenderjahr 2007 wegen einer vor Vollendung des 25. Lebensjahres eingetretenen körperlichen, geistigen oder seelischen Behinderung außerstande sind, sich selbst zu unterhalten; für Kinder, die wegen einer vor dem 1. Januar 2007 in der Zeit ab der Vollendung des 25. Lebensjahres und vor Vollendung des 27. Lebensjahres eingetretenen körperlichen, geistigen oder seelischen Behinderung außerstande sind, sich selbst zu unterhalten, ist § 2 Absatz 2 Satz 1 Nummer 3 weiterhin in der bis zum 31. Dezember 2006 geltenden Fassung anzuwenden. [3] § 2 Absatz 3 Satz 1 in der Fassung des Artikels 3 des Gesetzes vom 19. Juli 2006 (BGBl. I S. 1652) ist für Kinder, die im Kalenderjahr 2006 das 24. Lebensjahr vollendeten, mit der Maßgabe anzuwenden, dass an die Stelle der Angabe „über das 21. oder 25. Lebensjahr hinaus" die Angabe „über das 21. oder 26. Lebensjahr hinaus" tritt; für Kinder, die im Kalenderjahr 2006 das 25., 26. oder 27. Lebensjahr vollendeten, ist § 2 Absatz 3 Satz 1 weiterhin in der bis zum 31. Dezember 2006 geltenden Fassung anzuwenden.

(9)[2] § 2 Absatz 2 Satz 1 Nummer 2 Buchstabe d in der am 31. Juli 2014 geltenden Fassung ist auf Freiwilligendienste im Sinne der Verordnung (EU) Nr. 1288/2013 des Europäischen Parlaments und des Rates vom 11. Dezember 2013 zur Einrichtung von „Erasmus+", dem Programm der Union für allgemeine und berufliche Bildung, Jugend und Sport, und zur Aufhebung der Beschlüsse Nr. 1719/2006/EG, Nr. 1720/2006/EG und Nr. 1298/2008/EG (ABl. L 347 vom 20.12.2013, S. 50), die ab dem 1. Januar 2014 begonnen wurden, ab dem 1. Januar 2014 anzuwenden.

(9a)[3] § 2 Absatz 2 Satz 2 in der Fassung des Artikels 13 des Gesetzes vom 16. Juli 2009 (BGBl. I S. 1959) ist ab dem 1. Januar 2010 anzuwenden.

(10)[4] § 2 Absatz 2 Satz 4 in der Fassung des Artikels 2 Absatz 8 des Gesetzes vom 16. Mai 2008 (BGBl. I S. 842) ist erstmals ab dem 1. Januar 2009 anzuwenden.

(11)[5] § 2 Absatz 3 ist letztmals bis zum 31. Dezember 2018 anzuwenden; Voraussetzung ist in diesen Fällen, dass das Kind den Dienst oder die Tätigkeit vor dem 1. Juli 2011 angetreten hat.

(Fortsetzung nächste Seite)

---

[1] § 20 Abs. 5 wird Abs. 8 durch G v. 27.3.2020 (BGBl. I S. 575).
[2] § 20 Abs. 6 wird Abs. 9 durch G v. 27.3.2020 (BGBl. I S. 575).
[3] § 20 Abs. 6a wird Abs. 9a durch G v. 27.3.2020 (BGBl. I S. 575).
[4] § 20 Abs. 7 wird Abs. 10 durch G v. 27.3.2020 (BGBl. I S. 575).
[5] § 20 Abs. 8 wird Abs. 11 durch G v. 27.3.2020 (BGBl. I S. 575).

200. Bewertungsgesetz (BewG)

In der Fassung der Bekanntmachung vom 1. Februar 1991 (BGBl. I S. 230)[1)·2)·3)]

Geändert durch Steueränderungsgesetz 1991 vom 24.6.1991 (BGBl. I S. 1322), Steueränderungsgesetz 1992 vom 25.2.1992 (BGBl. I S. 297), Zinsabschlaggesetz vom 9.11.1992 (BGBl. I S. 1853), Gesetz zur Umsetzung des Föderalen Konsolidierungsprogramms vom 23.6.1993 (BGBl. I S. 944), Standortsicherungsgesetz vom 13.9.1993 (BGBl. I S. 1569), Mißbrauchsbekämpfungs- und Steuerbereinigungsgesetz vom 21.12.1993 (BGBl. I S. 2310), Pflege-Versicherungsgesetz vom 26.5.1994 (BGBl. I. S. 1014), Agrarsozialreformgesetz 1995 vom 29.7.1994 (BGBl. I S. 1890), Postneuordnungsgesetz vom 14.9.1994 (BGBl. I S. 2325), Entschädigungs- und Ausgleichsleistungsgesetz vom 27.9.1994 (BGBl. I S. 2624), Jahressteuergesetz 1996 vom 11.10.1995 (BGBl. I S. 1250), Gesetz zur Neuregelung der steuerrechtlichen Wohneigentumsförderung vom 15.12.1995 (BGBl. I S. 1783), Jahressteuergesetz 1997 vom 20.12.1996 (BGBl. I S. 2049), Gesetz zur Fortsetzung der Unternehmenssteuerreform vom 29.10.1997 (BGBl. I S. 2590), Gesetz zur Anpassung steuerlicher Vorschriften der Land- und Forstwirtschaft vom 29.6.1998 (BGBl. I S. 1692), Steuer-Euroglättungsgesetz vom 19.12.2000 (BGBl. I S. 1790), Gesetz zur Reform des Wohnungsbaurechts vom 13.9.2001 (BGBl. I S. 2376), Siebente Zuständigkeitsanpassungs-Verordnung vom 29.10.2001 (BGBl. I S. 2785), Gesetz zur Änderung des Bewertungsgesetzes vom 10.12.2001 (BGBl. I S. 3435), Steueränderungsgesetz 2001 vom 20.12.2001 (BGBl. I S. 3794), Neunte ZuständigkeitsanpassungsVO vom 31.10.2006 (BGBl. I S. 2407), Gesetz über steuerliche Begleitmaßnahmen zur Einführung der Europäischen Gesellschaft und zur Änderung weiterer steuerrechtlicher Vorschriften (SEStEG) vom 7.12.2006 (BGBl. I S. 2782), Jahressteuergesetz 2007 vom 13.12.2006 (BGBl. I S. 2878), Finanzmarktrichtlinie-Umsetzungsgesetz vom 16.7.2007 (BGBl. I S. 1330), Jahressteuergesetz 2008 vom 20.12.2007 (BGBl. I S. 3150), Erbschaftsteuerreformgesetz vom 24.12.2008 (BGBl. I S. 3018), Jahressteuergesetz 2010 (JStG 2010) vom 8.12.2010 (BGBl. I S. 1768), Steuervereinfachungsgesetz 2011 vom 1.11.2011 (BGBl. I S. 2131), Beitreibungsrichtlinie-Umsetzungsgesetz (BeitrRLUmsG) vom 7.12.2011 (BGBl. I S. 2592), LSV-Neuordnungsgesetz vom 12.4.2012 (BGBl. I S. 579), Amtshilferichtlinie-Umsetzungsgsetz (AmtshilfeRLUmsG) vom 26.6.2013 (BGBl. I S. 1809), Gesetz zur Anpassung des Investmentsteuergesetzes und anderer Gesetze an das AIFM-Umsetzungsgesetz (AIFM-Steuer-Anpassungsgesetz – AIFM-StAnpG) vom 18.12.2013 (BGBl. I S. 4318), Gesetz zur Anpassung steuerlicher Regelungen an die Rechtsprechung des Bundesverfassungsgerichts vom 18.7.2014 (BGBl. I S. 1042), Zehnte Zuständigkeitsanpassungsverordnung vom 31.8.2015 (BGBl. I S. 1474), Steueränderungsgesetz 2015 vom 2.11.2015 (BGBl. I S. 1834), Gesetz zur Anpassung des Erbschaftsteuer- und Schenkungsteuergesetzes an die Rechtsprechung des Bundesverfassungsgerichts vom 4.11.2016 (BGBl. I S. 2464), Gesetz zur Reform des Grundsteuer- und Bewertungsrechts (Grundsteuer-Reformgesetz – GrStRefG) vom 26.11.2019 (BGBl. I S. 1794)[4)], Gesetz zur weiteren steuerlichen Förderung der Elektromobilität und zur Änderung weiterer steuerlicher Vorschriften vom 12.12.2019 (BGBl. I S. 2451), Jahressteuergesetz 2020 (JStG 2020) vom 21.12.2020 (BGBl. I S. 3096), Gesetz zur Stärkung des Fondsstandorts Deutschland und zur Umsetzung der Richtlinie (EU) 2019/1160 zur Änderung der Richtlinien 2009/65/EG und 2011/61/EU im Hinblick auf den grenzüberschreitenden Vertrieb von Organismen für gemeinsame Anlagen (Fondsstandortgesetz –

---

1) Neubekanntmachung des BewG idF der Bek. v. 30.5.1985 (BGBl. I S. 845) auf Grund des § 123 Abs. 2 des BewG idF der Bek. v. 30.5.1985 in der ab 1.1.1991 geltenden Fassung.

2) **Zum Anwendungsbereich vgl. § 265.**

3) Zur Bewertung von Vermögen im Gebiet der ehem. DDR siehe §§ 125 ff.

4) **[Anm. des Lektorats:] Die Reform des GrStG tritt zum 1.1.2022 bzw. 1.1.2025 in Kraft. Bitte achten Sie auf die Fußnotenhinweise.**

FoStoG) vom 3.6.2021 (BGBl. I S. 1498), Gesetz zur Modernisierung des Körperschaftsteuerrechts vom 25.6.2021 (BGBl. I S. 2050), Gesetz zur Abwehr von Steuervermeidung und unfairem Steuerwettbewerb und zur Änderung weiterer Gesetze vom 25.6.2021 (BGBl. I S. 2056), Verordnung zur Neufassung der Anlagen 27 bis 33 des Bewertungsgesetzes vom 29.6.2021 (BGBl. I S. 2290; ber. BGBl. I S. 4831) und Gesetz zur erleichterten Umsetzung der Reform der Grund-steuer und Änderung weiterer steuerrechtlicher Vorschriften (Grundsteuerreform-Umsetzungsgesetz – GrStRefUG) vom 16.7.2021 (BGBl. I S. 2931)

BGBl. III/FNA 610-7

Inhaltsübersicht

Anlage 31[1)]
(zu § 237 Absatz 6 und 7)

Übrige land- und forstwirtschaftliche Nutzungen sowie Abbauland, Geringstland und Unland

Sondernutzungen		
Bewertungsfaktor für	**Flächeneinheit**	**in EUR**
Hopfen	pro Ar	13,75
Spargel	pro Ar	12,69
Sonstige land- und forstwirtschaftliche Nutzungen		
Bewertungsfaktor für	**Bezugseinheit**	**in EUR**
Wasserflächen	pro Ar	1,00
Zuschläge für stehende Gewässer		
Wasserflächen für Binnenfischerei, Teichwirtschaft und Fischzucht für Binnenfischerei und Teichwirtschaft	ab 1,00 kg bis 4,00 kg Fischertrag/Ar pro Ar	2,00
Wasserflächen für Binnenfischerei, Teichwirtschaft und Fischzucht für Binnenfischerei und Teichwirtschaft	über 4,00 kg Fischertrag/Ar pro Ar	2,50
Zuschläge für fließende Gewässer[2)]		
Teichwirtschaft und Fischzucht für Binnenfischerei und Teichwirtschaft	bis 500 Liter/Sekunde Durchfluss pro Liter/Sekunde	12,50
Teichwirtschaft und Fischzucht für Binnenfischerei und Teichwirtschaft	über 500 Liter/Sekunde Durchfluss pro Liter/Sekunde	15,00
Saatzucht	pro Ar	Anlage 27
Weihnachtsbaumkulturen	pro Ar	19,40
Kurzumtriebsplantagen	pro Ar	Anlage 27
Sonstige land- und forstwirtschaftliche Nutzungen, für die kein Bewertungsfaktor festgelegt wurde		
Wirtschaftsgebäude	pro Quadratmeter Bruttogrundfläche und Monat	1,23
Nutzungsarten Abbauland, Geringstland und Unland		
Bewertungsfaktor für	**Flächeneinheit**	**in EUR**
Abbauland	pro Ar	1,00
Geringstland	pro Ar	0,38
Unland	pro Ar	0,00

[1)] Anlage 31 eingef. durch G v. 26.11.2019 (BGBl. I S. 1794); geänd. mWv 1.7.2021 durch G v. 3.6.2021 (BGBl. I S. 1498); geänd. durch VO v. 29.6.2021 (BGBl. I S. 2290).

[2)] Kursive Satzteile aufgeh. mWv 1.7.2021 durch G v. 3.6.2021 (BGBl. I S. 1498); in der Neufassung mWv 9.7.2021 durch VO v. 29.6.2021 (BGBl. I S. 2290) wieder enthalten; ber. BGBl. I 2021 S. 4831.

Anlage 32[1)]
(zu § 237 Absatz 8)

Nutzungsart Hofstelle

Bewertungsfaktor für	**Flächeneinheit**	**in EUR**
Hofflächen	pro Ar	6,62
Zuschläge für	**Flächeneinheit**	**in EUR**
Wirtschaftsgebäude der weinbaulichen Nutzung bei Fass- und Flaschenweinerzeugung	pro Quadratmeter Bruttogrundfläche und Monat	1,23
Wirtschaftsgebäude der Nebenbetriebe	pro Quadratmeter Bruttogrundfläche und Monat	1,23

Anlage 33[2)]
(zu § 238 Absatz 2)

Weitere den Ertragswert erhöhende Umstände

Bewertungsfaktor für	**Flächeneinheit**	**in EUR**
Abgegrenzte Standortfläche der Windenergieanlage	pro Ar	59,58

1) Anlage 32 eingef. durch G v. 26.11.2019 (BGBl. I S. 1794); geänd. mWv 9.7.2021 durch VO v. 29.6.2021 (BGBl. I S. 2290); zur Anwendung siehe § 266.

2) Anlage 33 eingef. durch G v. 26.11.2019 (BGBl. I S. 1794); geänd. mWv 9.7.2021 durch VO v. 29.6.2021 (BGBl. I S. 2290); zur Anwendung siehe § 266.

500. Umsatzsteuergesetz (UStG)

In der Fassung der Bekanntmachung vom 21. Februar 2005
(BGBl. I S. 386)[1)]

Geändert durch Gesetz zur Neuorganisation der Bundesfinanzverwaltung und zur Schaffung eines Refinanzierungsregisters vom 22.9.2005 (BGBl. I S. 2809), Gesetz zur steuerlichen Förderung von Wachstum und Beschäftigung vom 26.4.2006 (BGBl. I S. 1091), Gesetz zur Eindämmung missbräuchlicher Steuergestaltungen vom 28.4.2006 (BGBl. I S. 1095), Haushaltsbegleitgesetz 2006 vom 29.6.2006 (BGBl. I S. 1402), Erstes Gesetz zum Abbau bürokratischer Hemmnisse insbesondere in der mittelständischen Wirtschaft vom 22.8.2006 (BGBl. I S. 1970), Jahressteuergesetz 2007 vom 13.12.2006 (BGBl. I S. 2878), Zweites Gesetz zum Abbau bürokratischer Hemmnisse insbesondere in der mittelständischen Wirtschaft vom 7.9.2007 (BGBl. I S. 2246), Gesetz zur weiteren Stärkung des bürgerschaftlichen Engagements vom 10.10.2007 (BGBl. I S. 2332), Jahressteuergesetz 2008 vom 20.12.2007 (BGBl. I S. 3150), Jahressteuergesetz 2009 vom 19.12.2008 (BGBl. I S. 2794), Steuerbürokratieabbaugesetz vom 20.12.2008 (BGBl. I S. 2850), Bürgerentlastungsgesetz Krankenversicherung vom 16.7.2009 (BGBl. I S. 1959), Wachstumsbeschleunigungsgesetz vom 22.12.2009 (BGBl. I S. 3950), Gesetz zur Umsetzung steuerlicher EU-Vorgaben sowie zur Änderung steuerlicher Vorschriften vom 8.4.2010 (BGBl. I S. 386), Gesetz zur Weiterentwicklung der Organisation der Grundsicherung für Arbeitsuchende vom 3.8.2010 (BGBl. I S. 1112), Jahressteuergesetz 2010 (JStG 2010) vom 8.12.2010 (BGBl. I S. 1768), Gesetz zur Ermittlung von Regelbedarfen und zur Änderung des Zweiten und Zwölften Buches Sozialgesetzbuch vom 24.3.2011 (BGBl. I S. 453), Gesetz zur bestätigenden Regelung verschiedener steuerlicher und verkehrsrechtlicher Vorschriften des Haushaltsbegleitgesetzes 2004 vom 5.4.2011 (BGBl. I S. 554), Sechstes Gesetz zur Änderung von Verbrauchsteuergesetzen vom 16.6.2011 (BGBl. I S. 1090), Gesetz zur Anpassung der Rechtsgrundlagen für die Fortentwicklung des Emissionshandels vom 21.7. 2011 (BGBl. I S. 1475), Steuervereinfachungsgesetz 2011 vom 1.11.2011 (BGBl. I S. 2131), Drittes Gesetz zur Änderung des Umsatzsteuergesetzes vom 6.12.2011 (BGBl. I S. 2562), Beitreibungsrichtlinie-Umsetzungsgesetz (BeitrRLUmsG) vom 7.12.2011 (BGBl. I S. 2592), Gesetz zur Änderung des Gemeindefinanzreformgesetzes und von steuerlichen Vorschriften vom 8.5.2012 (BGBl. I S. 1030), Amtshilferichtlinie-Umsetzungsgesetz (AmtshilfeRLUmsG) vom 26.6.2013 (BGBl. I S. 1809), Gesetz zur Anpassung des Investmentsteuergesetzes und anderer Gesetze an das AIFM-Umsetzungsgesetz (AIFM-Steuer-Anpassungsgesetz – AIFM-StAnpG) vom 18.12.2013 (BGBl. I S. 4318), Gesetz zur Anpassung des nationalen Steuerrechts an den Beitritt Kroatiens zur EU und zur Änderung weiterer steuerlicher Vorschriften vom 25.7.2014 (BGBl. I S. 1266), Gesetz zur Anpassung der Abgabenordnung an den Zollkodex der Union und zur Änderung weiterer steuerlicher Vorschriften vom 22.12.2014 (BGBl. I S. 2417), Steueränderungsgesetz 2015 vom 2.11.2015 (BGBl. I S. 1834), Gesetz zur Modernisierung des Besteuerungsverfahrens vom 18.7.2016 (BGBl. I S. 1679), Gesetz zur Reform der Investmentbesteuerung (Investmentsteuerreformgesetz – InvStRefG) vom 19.7. 2016 (BGBl. I S. 1730), Drittes Gesetz zur Stärkung der pflegerischen Versorgung und zur Änderung weiterer Vorschriften (Drittes Pflegestärkungsgesetz – PSG III) vom 23.12.2016 (BGBl. I S. 3191), Gesetz zur Stärkung der Teilhabe und Selbstbestimmung von Menschen mit Behinderungen (Bundesteilhabegesetz – BTHG) vom 23.12.2016 (BGBl. I S. 3234), Branntweinmonopolverwaltung-Auflösungsgesetz (BfBAG) vom 10.3.2017 (BGBl. I S. 420), Gesetz zur Umsetzung der Vierten EU-Geldwäscherichtlinie, zur Ausführung der EU-Geldtransferverordnung und zur Neuorganisation der Zentralstelle für Finanztransaktionsuntersuchungen vom 23.6.2017 (BGBl. I S. 1822), Zweites Gesetz zur Entlastung insbesondere der mittelständischen Wirtschaft von Bürokratie (Zweites Bürokratieentlastungsgesetz) vom 30.6.2017 (BGBl. I S. 2143), Gesetz zum Ausschluss verfassungsfeindlicher Parteien von der Parteienfinanzierung vom 18.7.2017 (BGBl. I S. 2730), Gesetz zur Durchführung der Verord-

---

[1)] Neubekanntmachung des UStG idF der Bek. v. 9.6.1999 (BGBl. I S. 1270) auf Grund des § 26 Abs. 6 UStG in der ab 1.1.2005 geltenden Fassung.

nung (EU) Nr. 910/2014 des Europäischen Parlaments und des Rates vom 23. Juli 2014 über elektronische Identifizierung und Vertrauensdienste für elektronische Transaktionen im Binnenmarkt, zur Aufhebung der Richtlinie 1999/93/EG (eIDAS-Durchführungsgesetz) vom 18.7.2017 (BGBl. I S. 2745), Gesetz zur Vermeidung von Umsatzsteuerausfällen beim Handel mit Waren im Internet und zur Änderung weiterer steuerlicher Vorschriften vom 11.12.2018 (BGBl. I S. 2338), Zweites Gesetz zur Anpassung des Datenschutzrechts an die Verordnung (EU) 2016/679 und zur Umsetzung der Richtlinie (EU) 2016/680 (Zweites Datenschutz-Anpassungs- und Umsetzungsgesetz EU – 2. DSAnpUG-EU) vom 20.11.2019 (BGBl. I S. 1626), Drittes Gesetz zur Entlastung insbesondere der mittelständischen Wirtschaft von Bürokratie (Drittes Bürokratieentlastungsgesetz) vom 22.11.2019 (BGBl. I S. 1746), Gesetz zur Reform des Grundsteuer- und Bewertungsrechts (Grundsteuer-Reformgesetz – GrStRefG) vom 26.11.2019 (BGBl. I S. 1794), Gesetz zur weiteren steuerlichen Förderung der Elektromobilität und zur Änderung weiterer steuerlicher Vorschriften vom 12.12.2019 (BGBl. I S. 2451), Gesetz zur Regelung des Sozialen Entschädigungsrechts vom 12.12.2019 (BGBl. I S. 2652; geänd. durch G v. 21.12.2020, BGBl. I S. 3096 und durch G v. 20.8.2021, BGBl. I S. 3932), Gesetz zur Einführung einer Pflicht zur Mitteilung grenzüberschreitender Steuergestaltungen vom 21.12.2019 (BGBl. I S. 2875), Gesetz zur Umsetzung des Klimaschutzprogramms 2030 im Steuerrecht vom 21.12.2019 (BGBl. I S. 2886), Gesetz zur Umsetzung steuerlicher Hilfsmaßnahmen zur Bewältigung der Corona-Krise (Corona-Steuerhilfegesetz) vom 19.6. 2020 (BGBl. I S. 1385), Zweites Gesetz zur Umsetzung steuerlicher Hilfsmaßnahmen zur Bewältigung der Corona-Krise (Zweites Corona-Steuerhilfegesetz) vom 29.6.2020 (BGBl. I S. 1512), Jahressteuergesetz 2020 (JStG 2020) vom 21.12.2020 (BGBl. I S. 3096; geänd. durch G v. 20.8.2021, BGBl. I S. 3932), Drittes Gesetz zur Umsetzung steuerlicher Hilfsmaßnahmen zur Bewältigung der Corona-Krise (Drittes Corona-Steuerhilfegesetz) vom 10.3.2021 (BGBl. I S. 330), Gesetz zur Reform des Vormundschafts- und Betreuungsrechts vom 4.5.2021 (BGBl. I S. 882), Gesetz zur Modernisierung der Entlastung von Abzugsteuern und der Bescheinigung der Kapitalertragsteuer (Abzugsteuerentlastungsmodernisierungsgesetz – AbzStEntModG) vom 2.6.2021 (BGBl. I S. 1259), Gesetz zur digitalen Modernisierung von Versorgung und Pflege (Digitale-Versorgung-und-Pflege-Modernisierungs-Gesetz – DVPMG) vom 3.6.2021 (BGBl. I S. 1309), Fondsstandortgesetz (FoStoG) vom 3.6.2021 (BGBl. I S. 1498) und Gesetz über die Entschädigung der Soldatinnen und Soldaten und zur Neuordnung des Soldatenversorgungsrechts vom 20.8.2021 (BGBl. I S. 3932)[1)]

BGBl. III/FNA 611-10-14

Inhaltsübersicht

I. Steuergegenstand und Geltungsbereich §§

1) Die kommenden Änderungen durch den Entwurf eines Gesetzes zur Umsetzung unionsrechtlicher Vorgaben im Umsatzsteuerrecht sind in der Fassung der BT-Drs. 20/12 S. 7 f. berücksichtigt. Die BT-Drs. 20/12 ist für den 2. Durchgang im BR am 17.12.2021 vorgesehen. Mit einer Zustimmung ist zu rechnen. Die BGBl.-Fundstelle wird mit der 209. Ergänzungslieferung nachgereicht.

(Fortsetzung nächstes Blatt)

cc)[1] Leistungen der Kindertagespflege erbringen, für die sie nach § 23 Absatz 3 des Achten Buches Sozialgesetzbuch geeignet sind, oder

[*ab 1.1.2020:*

dd) Leistungen der Adoptionsvermittlung erbringen, für die sie nach § 4 Absatz 1 des Adoptionsvermittlungsgesetzes anerkannt oder nach § 4 Absatz 2 des Adoptionsvermittlungsgesetzes zugelassen sind.]

[3] Steuerfrei sind auch

a) die Durchführung von kulturellen und sportlichen Veranstaltungen, wenn die Darbietungen von den von der Jugendhilfe begünstigten Personen selbst erbracht oder die Einnahmen überwiegend zur Deckung der Kosten verwendet werden und diese Leistungen in engem Zusammenhang mit den in Satz 1 bezeichneten Leistungen stehen,

b) die Beherbergung, Beköstigung und die üblichen Naturalleistungen, die diese Einrichtungen den Empfängern der Jugendhilfeleistungen und Mitarbeitern in der Jugendhilfe sowie den bei den Leistungen nach Satz 1 tätigen Personen als Vergütung für die geleisteten Dienste gewähren,

c)[2] Leistungen, die von Einrichtungen erbracht werden, die als Vormünder nach § 1773 des Bürgerlichen Gesetzbuchs oder als Ergänzungspfleger nach *§ 1909* [*ab 1.1.2023:* § 1809] des Bürgerlichen Gesetzbuchs bestellt worden sind, sofern es sich nicht um Leistungen handelt, die nach *§ 1835* [*ab 1.1.2023:* § 1877] Absatz 3 des Bürgerlichen Gesetzbuchs vergütet werden,

[*ab 1.1.2021:*

d)[3] Einrichtungen, die als Verfahrensbeistand nach den §§ 158, 174 oder 191 des Gesetzes über das Verfahren in Familiensachen und in den Angelegenheiten der freiwilligen Gerichtsbarkeit bestellt worden sind, wenn die Preise, die diese Einrichtungen verlangen, von den zuständigen Behörden genehmigt sind oder die genehmigten Preise nicht übersteigen; bei Umsätzen, für die eine Preisgenehmigung nicht vorgesehen ist, müssen die verlangten Preise unter den Preisen liegen, die der Mehrwertsteuer unterliegende gewerbliche Unternehmen für entsprechende Umsätze fordern;]

26. die ehrenamtliche Tätigkeit,

a) wenn sie für juristische Personen des öffentlichen Rechts ausgeübt wird oder

b) wenn das Entgelt für diese Tätigkeit nur in Auslagenersatz und einer angemessenen Entschädigung für Zeitversäumnis besteht;

27. a)[4] die Gestellung von Personal durch religiöse und weltanschauliche Einrichtungen für die in Nummer 14 Buchstabe b, in den Nummern 16,

---

[1] § 4 Nr. 25 Satz 2 Buchst. b Doppelbuchst. cc geänd. mWv 31.7.2014 durch G v. 25.7.2014 (BGBl. I S. 1266).

[2] § 4 Nr. 25 Satz 3 Buchst. c angef. mWv 30.6.2013 durch G v. 26.6.2013 (BGBl. I S. 1809); geänd. mWv 1.1.2023 durch G v. 4.5.2021 (BGBl. I S. 882).

[3] § 4 Nr. 25 Satz 3 Buchst. d angef. mWv 1.1.2021 durch G v. 21.12.2020 (BGBl. I S. 3096).

[4] § 4 Nr. 27 Buchst. a neu gef. mWv 1.1.2015 durch G v. 25.7.2014 (BGBl. I S. 1266); geänd. mWv 18.12.2019 durch G v. 12.12.2019 (BGBl. I S. 2451).

18, 21, 22 Buchstabe a sowie in den Nummern 23 und 25 genannten Tätigkeiten und für Zwecke geistlichen Beistands,

b) die Gestellung von land- und forstwirtschaftlichen Arbeitskräften durch juristische Personen des privaten oder des öffentlichen Rechts für land- und forstwirtschaftliche Betriebe (§ 24 Abs. 2) mit höchstens drei Vollarbeitskräften zur Überbrückung des Ausfalls des Betriebsinhabers oder dessen voll mitarbeitenden Familienangehörigen wegen Krankheit, Unfalls, Schwangerschaft, eingeschränkter Erwerbsfähigkeit oder Todes sowie die Gestellung von Betriebshelfern an die gesetzlichen Träger der Sozialversicherung;

28.[1] die Lieferungen von Gegenständen, für die der Vorsteuerabzug nach § 15 Abs. 1a ausgeschlossen ist oder wenn der Unternehmer die gelieferten Gegenstände ausschließlich für eine nach den Nummern 8 bis 27 [***ab 1.1.2020:*** und 29] steuerfreie Tätigkeit verwendet hat;

[***ab 1.1.2020:***

29.[2] sonstige Leistungen von selbständigen, im Inland ansässigen Zusammenschlüssen von Personen, deren Mitglieder eine dem Gemeinwohl dienende nichtunternehmerische Tätigkeit oder eine dem Gemeinwohl dienende Tätigkeit ausüben, die nach den Nummern 11b, 14 bis 18, 20 bis 25 oder 27 von der Steuer befreit ist, gegenüber ihren im Inland ansässigen Mitgliedern, soweit diese Leistungen für unmittelbare Zwecke der Ausübung dieser Tätigkeiten verwendet werden und der Zusammenschluss von seinen Mitgliedern lediglich die genaue Erstattung des jeweiligen Anteils an den gemeinsamen Kosten fordert, vorausgesetzt, dass diese Befreiung nicht zu einer Wettbewerbsverzerrung führt.]

§ 4a Steuervergütung *[idF der BT-Drs. 20/12 ab 1.1.2022:* für Leistungsbezüge zur Verwendung zu humanitären, karitativen oder erzieherischen Zwecken im Drittlandsgebiet*]*[3]. (1) [1]Körperschaften, die ausschließlich und unmittelbar gemeinnützige, mildtätige oder kirchliche Zwecke verfolgen (§§ 51 bis 68 der Abgabenordnung), und juristischen Personen des öffentlichen Rechts wird auf Antrag eine Steuervergütung zum Ausgleich der Steuer gewährt, die auf der an sie bewirkten Lieferung eines Gegenstands, seiner Einfuhr oder seinem innergemeinschaftlichen Erwerb lastet, wenn die folgenden Voraussetzungen erfüllt sind:

1. Die Lieferung, die Einfuhr oder der innergemeinschaftliche Erwerb des Gegenstands muss steuerpflichtig gewesen sein.
2. Die auf die Lieferung des Gegenstands entfallende Steuer muss in einer nach § 14 ausgestellten Rechnung gesondert ausgewiesen und mit dem Kaufpreis bezahlt worden sein.
3. Die für die Einfuhr oder den innergemeinschaftlichen Erwerb des Gegenstands geschuldete Steuer muss entrichtet worden sein.

---

[1] § 4 Nr. 28 Verweis geänd. durch G v. 20.12.2007 (BGBl. I S. 3150); Verweis ergänzt mWv 1.1.2020 durch G v. 12.12.2019 (BGBl. I S. 2451).

[2] § 4 Nr. 29 angef. mWv 1.1.2020 durch G v. 12.12.2019 (BGBl. I S. 2451).

[3] **Überschr. idF Art. 1 Nr. 2 BT-Drs. 20/12 S. 7. Zur Anwendung siehe Art. 3 BT-Drs. 20/12 S. 9. Siehe auch Fn. 1 auf Seite 1a.**

4. Der Gegenstand muss in das Drittlandsgebiet gelangt sein.
5. Der Gegenstand muss im Drittlandsgebiet zu humanitären, karitativen oder erzieherischen Zwecken verwendet werden.
6.[1] Der Erwerb oder die Einfuhr des Gegenstands und seine Ausfuhr dürfen von einer Körperschaft, die steuerbegünstigte Zwecke verfolgt, nicht im Rahmen eines wirtschaftlichen Geschäftsbetriebs und von einer juristischen Person des öffentlichen Rechts nicht im Rahmen ihres Unternehmens vorgenommen worden sein.
7. Die vorstehenden Voraussetzungen müssen nachgewiesen sein.

[2]Der Antrag ist nach amtlich vorgeschriebenem Vordruck zu stellen, in dem der Antragsteller die zu gewährende Vergütung selbst zu berechnen hat.

(2) Das Bundesministerium der Finanzen kann mit Zustimmung des Bundesrates durch Rechtsverordnung näher bestimmen,
1. wie die Voraussetzungen für den Vergütungsanspruch nach Absatz 1 Satz 1 nachzuweisen sind und
2. in welcher Frist die Vergütung zu beantragen ist.

§ 4b Steuerbefreiung beim innergemeinschaftlichen Erwerb von Gegenständen. Steuerfrei ist der innergemeinschaftliche Erwerb
1. der in § 4 Nr. 8 Buchstabe e und Nr. 17 Buchstabe a sowie der in § 8 Abs. 1 Nr. 1 und 2 bezeichneten Gegenstände;
2. der in § 4 Nr. 4 bis 4b und Nr. 8 Buchstabe b und i sowie der in § 8 Abs. 2 Nr. 1 und 2 bezeichneten Gegenstände unter den in diesen Vorschriften bezeichneten Voraussetzungen;
3. der Gegenstände, deren Einfuhr (§ 1 Abs. 1 Nr. 4) nach den für die Einfuhrumsatzsteuer geltenden Vorschriften steuerfrei wäre;
4. der Gegenstände, die zur Ausführung von Umsätzen verwendet werden, für die der Ausschluss vom Vorsteuerabzug nach § 15 Abs. 3 nicht eintritt.

[***idF der BT-Drs. 20/12 ab 1.1.2021:***[2]

§ 4c Steuervergütung für Leistungsbezüge europäischer Einrichtungen. (1) Europäischen Einrichtungen wird
1. die von dem Unternehmer für eine Leistung gesetzlich geschuldete und von der Einrichtung gezahlte Steuer sowie
2. die von der Einrichtung nach § 13b Absatz 5 geschuldete und von ihr entrichtete Steuer

auf Antrag vergütet, sofern die Leistung nicht von der Steuer befreit werden kann.

(2) Europäische Einrichtungen im Sinne des Absatzes 1 sind

---

[1] § 4a Abs. 1 Satz 1 Nr. 6 geänd. mWv 1.1.2016 durch G v. 2.11.2015 (BGBl. I S. 1834).

[2] **§ 4c wird eingef. durch Art. 1 Nr. 3 der BT-Drs. 20/12 S. 7 (siehe auch Fn. 1 auf Seite 1a). Zur Anwendung siehe Art. 1 Nr. 6 BT-Drs. 20/12 S. 9: Für Leistungen, die nach dem 31. Dezember 2020 bezogen werden.**

1. die Europäische Union, die Europäische Atomgemeinschaft, die Europäische Zentralbank und die Europäische Investitionsbank sowie die von der Europäischen Union geschaffenen Einrichtungen, auf die das dem Vertrag über die Europäische Union und dem Vertrag über die Arbeitsweise der Europäischen Union beigefügte Protokoll (Nr. 7) über die Vorrechte und Befreiungen der Europäischen Union (ABl. C 202 vom 7.6.2016, S. 266) anwendbar ist, und
2. die Europäische Kommission sowie nach dem Unionsrecht geschaffene Agenturen und Einrichtungen.

(3) Die Vergütung an eine in Absatz 2 Nummer 1 bezeichnete Einrichtung erfolgt in den Grenzen und zu den Bedingungen, die in dem dem Vertrag über die Europäische Union und dem Vertrag über die Arbeitsweise der Europäischen Union beigefügten Protokoll (Nr. 7) über die Vorrechte und Befreiungen der Europäischen Union und den Übereinkünften zu seiner Umsetzung oder in den Abkommen über den Sitz der Einrichtung festgelegt sind.

(4) [1] Die Vergütung an eine in Absatz 2 Nummer 2 bezeichnete Einrichtung setzt voraus, dass die Leistung

1. in Wahrnehmung der der Einrichtung durch das Unionsrecht übertragenen Aufgaben bezogen wurde, um auf die COVID-19-Pandemie zu reagieren, und
2. nicht zur Ausführung einer eigenen entgeltlichen Leistung verwendet wird.

[2] Soweit die Voraussetzungen nach Antragstellung wegfallen, ist die Einrichtung verpflichtet, dies dem Bundeszentralamt für Steuern innerhalb eines Monats anzuzeigen.]

§ 5 Steuerbefreiungen bei der Einfuhr. (1) Steuerfrei ist die Einfuhr

1. der in § 4 Nr. 8 Buchstabe e und Nr. 17 Buchstabe a sowie der in § 8 Abs. 1 Nr. 1, 2 und 3 bezeichneten Gegenstände;
2. der in § 4 Nr. 4 und Nr. 8 Buchstabe b und i sowie der in § 8 Abs. 2 Nr. 1, 2 und 3 bezeichneten Gegenstände unter den in diesen Vorschriften bezeichneten Voraussetzungen;
3.[1] der Gegenstände, die von einem Schuldner der Einfuhrumsatzsteuer im Anschluss an die Einfuhr unmittelbar zur Ausführung von innergemeinschaftlichen Lieferungen (§ 4 Nummer 1 Buchstabe b, § 6a) verwendet werden; der Schuldner der Einfuhrumsatzsteuer hat zum Zeitpunkt der Einfuhr
   a) seine im Geltungsbereich dieses Gesetzes erteilte Umsatzsteuer-Identifikationsnummer oder die im Geltungsbereich dieses Gesetzes erteilte Umsatzsteuer-Identifikationsnummer seines Fiskalvertreters und
   b) die im anderen Mitgliedstaat erteilte Umsatzsteuer-Identifikationsnummer des Abnehmers mitzuteilen sowie
   c) nachzuweisen, dass die Gegenstände zur Beförderung oder Versendung in das übrige Gemeinschaftsgebiet bestimmt sind;

---

[1] § 5 Abs. 1 Nr. 3 neu gef. mWv 1.1.2011 durch G v. 8.12.2010 (BGBl. I S. 1768).

4. der in der Anlage 1 bezeichneten Gegenstände, die im Anschluss an die Einfuhr zur Ausführung von steuerfreien Umsätzen nach § 4 Nr. 4a Satz 1 Buchstabe a Satz 1 verwendet werden sollen; der Schuldner der Einfuhrumsatzsteuer hat die Voraussetzungen der Steuerbefreiung nachzuweisen;

5. der in der Anlage 1 bezeichneten Gegenstände, wenn die Einfuhr im Zusammenhang mit einer Lieferung steht, die zu einer Auslagerung im Sinne des § 4 Nr. 4a Satz 1 Buchstabe a Satz 2 führt und der Lieferer oder sein Beauftragter Schuldner der Einfuhrumsatzsteuer ist; der Schuldner der Einfuhrumsatzsteuer hat die Voraussetzungen der Steuerbefreiung nachzuweisen;

6.[1] von Erdgas über das Erdgasnetz oder von Erdgas, das von einem Gastanker aus in das Erdgasnetz oder ein vorgelagertes Gasleitungsnetz eingespeist wird, von Elektrizität oder von Wärme oder Kälte über Wärme- oder Kältenetze;

[***ab 1.7.2021:***

7.[2] von aus dem Drittlandsgebiet eingeführten Gegenständen in Sendungen mit einem Sachwert von höchstens 150 Euro, für die die Steuer im Rahmen des besonderen Besteuerungsverfahrens nach § 18k zu erklären ist und für die in der Anmeldung zur Überlassung in den freien Verkehr die nach Artikel 369q der Richtlinie 2006/112/EG des Rates vom 28. November 2006 über das gemeinsame Mehrwertsteuersystem (ABl. L 347 vom 11.12.2006, S. 1) in der jeweils geltenden Fassung von einem Mitgliedstaat der Europäischen Union erteilte individuelle Identifikationsnummer des Lieferers oder die dem in seinem Auftrag handelnden Vertreter für diesen Lieferer erteilte individuelle Identifikationsnummer angegeben wird;]

[***ab 1.1.2021 idF der BT-Drs. 20/12:***[3]

8. von Gegenständen durch die Europäische Union, die Europäische Atomgemeinschaft, die Europäische Zentralbank und die Europäische Investitionsbank sowie die von der Europäischen Union geschaffenen Einrichtungen, auf die das dem Vertrag über die Europäische Union und dem Vertrag über die Arbeitsweise der Europäischen Union beigefügte Protokoll (Nr. 7) über die Vorrechte und Befreiungen der Europäischen Union (ABl. C 202 vom 7.6.2016, S. 266) anwendbar ist, und zwar in den Grenzen und zu den Bedingungen, die in diesem Protokoll und den Übereinkünften zu seiner Umsetzung oder in den Abkommen über den Sitz festgelegt sind;

9. von Gegenständen durch die Europäische Kommission sowie nach dem Unionsrecht geschaffene Agenturen und Einrichtungen, sofern die Gegenstände in Wahrnehmung der ihnen durch das Unionsrecht übertragenen Aufgaben eingeführt werden, um auf die COVID-19-Pandemie zu reagieren. Dies gilt nicht für Gegenstände, die von der Europäischen Kommission oder der nach dem Unionsrecht geschaffenen Agentur oder Einrichtung zur

---

[1] § 5 Abs. 1 Nr. 6 geänd. mWv 1.1.2011 durch G v. 8.12.2010 (BGBl. I S. 1768).

[2] § 5 Abs. 1 Nr. 7 angef. durch G v. 21.12.2020 (BGBl. I S. 3096); zur Anwendung siehe § 27 Abs. 34 Satz 1.

[3] **§ 5 Abs. 1 Nr. 8 und 9 werden eingef., jetzige Nr. 8 wird dann Nr. 10 gem Art. 1 Nr. 4 und Art. 2 BT-Drs. 20/12 S. 8f. Zur Anwendung siehe Art. 1 Nr. 6 BT-Drs. 20/12 S. 9: Einfuhren nach dem 31. Dezember 2020. Siehe auch Fn. 1 auf Seite 1a.**

Ausführung von eigenen entgeltlichen Lieferungen verwendet werden. Soweit die Voraussetzungen für die Steuerbefreiung nach der Einfuhr wegfallen, ist die Europäische Kommission oder die nach dem Unionsrecht geschaffene Agentur oder Einrichtung verpflichtet, dies dem für die Besteuerung dieser Einfuhr zuständigen Hauptzollamt innerhalb eines Monats anzuzeigen. In diesem Fall wird die Einfuhrumsatzsteuer nach den im Zeitpunkt des Wegfalls geltenden Bestimmungen festgesetzt;]

[*ab 1.7.2022:*

[10.] 8.[1] von Gegenständen durch die Streitkräfte anderer Mitgliedstaaten für den eigenen Gebrauch oder Verbrauch oder für den ihres zivilen Begleitpersonals oder für die Versorgung ihrer Kasinos oder Kantinen, wenn diese Streitkräfte an einer Verteidigungsanstrengung teilnehmen, die zur Durchführung einer Tätigkeit der Union im Rahmen der Gemeinsamen Sicherheits- und Verteidigungspolitik unternommen wird.]

(2) Das Bundesministerium der Finanzen kann durch Rechtsverordnung, die nicht der Zustimmung des Bundesrates bedarf, zur Erleichterung des Warenverkehrs über die Grenze und zur Vereinfachung der Verwaltung Steuerfreiheit oder Steuerermäßigung anordnen

1. für Gegenstände, die nicht oder nicht mehr am Güterumsatz und an der Preisbildung teilnehmen;
2. für Gegenstände in kleinen Mengen oder von geringem Wert;
3. für Gegenstände, die nur vorübergehend ausgeführt worden waren, ohne ihre Zugehörigkeit oder enge Beziehung zur inländischen Wirtschaft verloren zu haben;
4. für Gegenstände, die nach zollamtlich bewilligter Veredelung in Freihäfen eingeführt werden;
5. für Gegenstände, die nur vorübergehend eingeführt und danach unter zollamtlicher Überwachung wieder ausgeführt werden;
6. für Gegenstände, für die nach zwischenstaatlichem Brauch keine Einfuhrumsatzsteuer erhoben wird;
7. für Gegenstände, die an Bord von Verkehrsmitteln als Mundvorrat, als Brenn-, Treib- oder Schmierstoffe, als technische Öle oder als Betriebsmittel eingeführt werden;
8. für Gegenstände, die weder zum Handel noch zur gewerblichen Verwendung bestimmt und insgesamt nicht mehr wert sind, als in Rechtsakten des Rates der Europäischen Union oder der Europäischen Kommission[2] über die Verzollung zum Pauschalsatz festgelegt ist, soweit dadurch schutzwürdige Interessen der inländischen Wirtschaft nicht verletzt werden und keine unangemessenen Steuervorteile entstehen. [2]Es hat dabei Rechtsakte des Rates der Europäischen Union oder der Europäischen Kommission[2] zu berücksichtigen.

---

[1] § 5 Abs. 1 Nr. 10 (urspr. als Nr. 8) angef. mWv 1.7.2022 durch G v. 21.12.2020 (BGBl. I S. 3096). Siehe auch Fn. 3 auf Seite 47.

[2] Bezeichnungen geänd. durch G v. 26.6.2013 (BGBl. I S. 1809).

(3) Das Bundesministerium der Finanzen kann durch Rechtsverordnung, die nicht der Zustimmung des Bundesrates bedarf, anordnen, dass unter den sinngemäß anzuwendenden Voraussetzungen von Rechtsakten des Rates der Europäischen Union oder der Europäischen Kommission[1] über die Erstattung oder den Erlass von Einfuhrabgaben die Einfuhrumsatzsteuer ganz oder teilweise erstattet oder erlassen wird.

§ 6 Ausfuhrlieferung. (1) [1]Eine Ausfuhrlieferung (§ 4 Nr. 1 Buchstabe a) liegt vor, wenn bei einer Lieferung

1. der Unternehmer den Gegenstand der Lieferung in das Drittlandsgebiet, ausgenommen Gebiete nach § 1 Abs. 3, befördert oder versendet hat oder
2. der Abnehmer den Gegenstand der Lieferung in das Drittlandsgebiet, ausgenommen Gebiete nach § 1 Abs. 3, befördert oder versendet hat und ein ausländischer Abnehmer ist oder
3. der Unternehmer oder der Abnehmer den Gegenstand der Lieferung in die in § 1 Abs. 3 bezeichneten Gebiete befördert oder versendet hat und der Abnehmer
   a)[2] ein Unternehmer ist, der den Gegenstand für sein Unternehmen erworben hat und dieser nicht ausschließlich oder nicht zum Teil für eine nach § 4 Nummer 8 bis 27 [***ab 1.1.2020:*** und 29] steuerfreie Tätigkeit verwendet werden soll, oder
   b) ein ausländischer Abnehmer, aber kein Unternehmer ist und der Gegenstand in das übrige Drittlandsgebiet gelangt.

[2]Der Gegenstand der Lieferung kann durch Beauftragte vor der Ausfuhr bearbeitet oder verarbeitet worden sein.

(2) [1]Ausländischer Abnehmer im Sinne des Absatzes 1 Satz 1 Nr. 2 und 3 ist

1. ein Abnehmer, der seinen Wohnort oder Sitz im Ausland, ausgenommen die in § 1 Abs. 3 bezeichneten Gebiete, hat, oder
2. eine Zweigniederlassung eines im Inland oder in den in § 1 Abs. 3 bezeichneten Gebieten ansässigen Unternehmers, die ihren Sitz im Ausland, ausgenommen die bezeichneten Gebiete, hat, wenn sie das Umsatzgeschäft im eigenen Namen abgeschlossen hat.

[2]Eine Zweigniederlassung im Inland oder in den in § 1 Abs. 3 bezeichneten Gebieten ist kein ausländischer Abnehmer.

(3) Ist in den Fällen des Absatzes 1 Satz 1 Nr. 2 und 3 der Gegenstand der Lieferung zur Ausrüstung oder Versorgung eines Beförderungsmittels bestimmt, so liegt eine Ausfuhrlieferung nur vor, wenn

1. der Abnehmer ein ausländischer Unternehmer ist und

---

[1] Bezeichnungen geänd. durch G v. 26.6.2013 (BGBl. I S. 1809).

[2] § 6 Abs. 1 Satz 1 Nr. 3 Buchst. a ergänzt mWv 25.12.2008 durch G v. 19.12.2008 (BGBl. I S. 2794); Verweis geänd. mWv 1.1.2020 durch G v. 12.12.2019 (BGBl. I S. 2451).

2. das Beförderungsmittel den Zwecken des Unternehmens des Abnehmers dient.

(3a)[1] [1]Wird in den Fällen des Absatzes 1 Satz 1 Nr. 2 und 3 der Gegenstand der Lieferung nicht für unternehmerische Zwecke erworben und durch den Abnehmer im persönlichen Reisegepäck ausgeführt, liegt eine Ausfuhrlieferung nur vor, wenn

1. der Abnehmer seinen Wohnort oder Sitz im Drittlandsgebiet, ausgenommen Gebiete nach § 1 Abs. 3, hat,
2. der Gegenstand der Lieferung vor Ablauf des dritten Kalendermonats, der auf den Monat der Lieferung folgt, ausgeführt wird und

[***ab 1.1.2020:***

3. der Gesamtwert der Lieferung einschließlich Umsatzsteuer 50 Euro übersteigt.

[2]Nummer 3 tritt zum Ende des Jahres außer Kraft, in dem die Ausfuhr- und Abnehmernachweise in Deutschland erstmals elektronisch erteilt werden.]

(4) [1]Die Voraussetzungen der Absätze 1, 3 und 3a sowie die Bearbeitung oder Verarbeitung im Sinne des Absatzes 1 Satz 2 müssen vom Unternehmer nachgewiesen sein. [2]Das Bundesministerium der Finanzen kann mit Zustimmung des Bundesrates durch Rechtsverordnung bestimmen, wie der Unternehmer die Nachweise zu führen hat.

(5) Die Absätze 1 bis 4 gelten nicht für die Lieferungen im Sinne des § 3 Abs. 1b.

(Fortsetzung nächste Seite)

---

[1] § 6 Abs. 3a Satz 1 Nr. 3 und Satz 2 angef. mWv 1.1.2020 durch G v. 12.12.2019 (BGBl. I S. 2451).

nicht verpflichtet sind, Bücher zu führen und auf Grund jährlicher Bestandsaufnahmen regelmäßig Abschlüsse zu machen, ein Durchschnittssatz von 7 Prozent des steuerpflichtigen Umsatzes, mit Ausnahme der Einfuhr und des innergemeinschaftlichen Erwerbs, festgesetzt. 2 Ein weiterer Vorsteuerabzug ist ausgeschlossen.

(2) Der Unternehmer, dessen steuerpflichtiger Umsatz, mit Ausnahme der Einfuhr und des innergemeinschaftlichen Erwerbs, im vorangegangenen Kalenderjahr 35 000 Euro[1] überstiegen hat, kann den Durchschnittssatz nicht in Anspruch nehmen.

(3) 1 Der Unternehmer, bei dem die Voraussetzungen für die Anwendung des Durchschnittssatzes gegeben sind, kann dem Finanzamt spätestens bis zum 10. Tag nach Ablauf des ersten Voranmeldungszeitraums eines Kalenderjahres erklären, dass er den Durchschnittssatz in Anspruch nehmen will. 2 Die Erklärung bindet den Unternehmer mindestens für fünf Kalenderjahre. 3 Sie kann nur mit Wirkung vom Beginn eines Kalenderjahres an widerrufen werden. 4 Der Widerruf ist spätestens bis zum 10. Tag nach Ablauf des ersten Voranmeldungszeitraums dieses Kalenderjahres zu erklären. 5 Eine erneute Anwendung des Durchschnittssatzes ist frühestens nach Ablauf von fünf Kalenderjahren zulässig.

§ 24 Durchschnittssätze für land- und forstwirtschaftliche Betriebe.

[Fassung bis 31.12.2021:]

(1) 1 Für die im Rahmen eines land- und forstwirtschaftlichen Betriebs ausgeführten Umsätze wird die Steuer vorbehaltlich der Sätze 2 bis 4 wie folgt festgesetzt:

1. für die Lieferungen von forstwirtschaftlichen Erzeugnissen, ausgenommen Sägewerkserzeugnisse, auf 5,5 Prozent[3],
2. [4] für die Lieferungen der in der Anlage 2 nicht aufgeführten Sägewerkserzeugnisse und Getränke sowie von alkoholischen Flüssigkeiten, ausgenommen die Lieferungen in das Ausland und die im Ausland bewirkten Umsätze, und für sonstige Leistungen, soweit in der Anlage 2 nicht aufgeführte Getränke abgegeben werden, auf 19 Prozent,

[Fassung ab 1.1.2022:]

(1)[2] 1 Hat der Gesamtumsatz des Unternehmers (§ 19 Absatz 3) im vorangegangenen Kalenderjahr nicht mehr als 600 000 Euro betragen, wird die Steuer für die im Rahmen eines land- und forstwirtschaftlichen Betriebs ausgeführten Umsätze vorbehaltlich der Sätze 2 bis 4 wie folgt festgesetzt:

1. für die Lieferungen von forstwirtschaftlichen Erzeugnissen, ausgenommen Sägewerkserzeugnisse, auf 5,5 Prozent,
2. für die Lieferungen der in der Anlage 2 nicht aufgeführten Sägewerkserzeugnisse und Getränke sowie von alkoholischen Flüssigkeiten, ausgenommen die Lieferungen in das Ausland und die im Ausland bewirkten Umsätze, und

---

[1] § 23a Abs. 2 Betrag geänd. mWv 1.1.2008 durch G v. 10.10.2007 (BGBl. I S. 2332).

[2] § 24 Abs. 1 Satz 1 neu gef. durch G v. 21.12.2020 (BGBl. I S. 3096); zur Anwendung siehe § 27 Abs. 32.

[3] Beträge geänd. mWv 1.1.2007 durch G v. 29.6.2006 (BGBl. I S. 1402).

[4] § 24 Abs. 1 Satz 1 Nr. 2 geänd. durch G v. 20.12.2007 (BGBl. I S. 3150). Zur geänderten befristeten Anwendung siehe § 28 Abs. 3.

[Fassung bis 31.12.2021:]	*[Fassung ab 1.1.2022:]*
3. für die übrigen Umsätze im Sinne des § 1 Abs. 1 Nr. 1 auf 10,7 Prozent der Bemessungsgrundlage.	für sonstige Leistungen, soweit in der Anlage 2 nicht aufgeführte Getränke abgegeben werden, auf 19 Prozent, 3. für die übrigen Umsätze im Sinne des § 1 Absatz 1 Nummer 1 auf *10,7 Prozent*[1)] der Bemessungsgrundlage.

[2] Die Befreiungen nach § 4 mit Ausnahme der Nummern 1 bis 7 bleiben unberührt; § 9 findet keine Anwendung. [3] Die Vorsteuerbeträge werden, soweit sie den in Satz 1 Nr. 1 bezeichneten Umsätzen zuzurechnen sind, auf 5,5 Prozent, in den übrigen Fällen des Satzes 1 auf *10,7 Prozent*[1)] der Bemessungsgrundlage für diese Umsätze festgesetzt. [4] Ein weiterer Vorsteuerabzug entfällt. [5] § 14 ist mit der Maßgabe anzuwenden, dass der für den Umsatz maßgebliche Durchschnittssatz in der Rechnung zusätzlich anzugeben ist.

(2) [1] Als land- und forstwirtschaftlicher Betrieb gelten

1. die Landwirtschaft, die Forstwirtschaft, der Wein-, Garten-, Obst- und Gemüsebau, die Baumschulen, alle Betriebe, die Pflanzen und Pflanzenteile mit Hilfe der Naturkräfte gewinnen, die Binnenfischerei, die Teichwirtschaft, die Fischzucht für die Binnenfischerei und Teichwirtschaft, die Imkerei, die Wanderschäferei sowie die Saatzucht;
2. Tierzucht- und Tierhaltungsbetriebe, soweit ihre Tierbestände nach *den §§ 51 und 51a* [***ab 1.1.2025:*** § 241][2)] des Bewertungsgesetzes[3)] zur landwirtschaftlichen Nutzung gehören [***ab 1.1.2025:*** oder diese die Voraussetzungen des § 13 Absatz 1 Nummer 1 Satz 2 des Einkommensteuergesetzes in Verbindung mit § 13b des Einkommensteuergesetzes erfüllen.][4)]

[2] Zum land- und forstwirtschaftlichen Betrieb gehören auch die Nebenbetriebe, die dem land- und forstwirtschaftlichen Betrieb zu dienen bestimmt sind.[5)]

(3) Führt der Unternehmer neben den in Absatz 1 bezeichneten Umsätzen auch andere Umsätze aus, so ist der land- und forstwirtschaftliche Betrieb als ein in der Gliederung des Unternehmens gesondert geführter Betrieb zu behandeln.

(4) [1] Der Unternehmer kann spätestens bis zum 10. Tag eines Kalenderjahres gegenüber dem Finanzamt erklären, dass seine Umsätze vom Beginn des vorangegangenen Kalenderjahres an nicht nach den Absätzen 1 bis 3, sondern nach den allgemeinen Vorschriften dieses Gesetzes besteuert werden sollen. [2] Die Erklärung bindet den Unternehmer mindestens für fünf Kalenderjahre; im Fall der Geschäftsveräußerung ist der Erwerber an diese Frist gebunden. [3] Sie kann mit Wirkung vom Beginn eines Kalenderjahres an widerrufen werden. [4] Der Widerruf ist spätestens bis zum 10. Tag nach Beginn dieses Kalen-

---

1) **Ab 1.1.2022: 9,5 Prozent. Siehe Art. 1 Nr. 5 Buchst. a BT-Drs. 20/12 S. 8. Zur Anwendung siehe Art. 3 BT-Drs. 20/12 S. 9. Siehe auch hier Fn. 1 auf S. 1a.**

2) Verweis geänd. mWv 1.1.2025 durch G v. 26.11.2019 (BGBl. I S. 1794).

3) Nr. **200**.

4) Klammerzusatz angef. mWv 1.1.2025 durch G v. 12.12.2019 (BGBl. I S. 2451).

5) § 24 Abs. 2 Satz 3 aufgeh. mWv 29.12.2020 durch G v. 21.12.2020 (BGBl. I S. 3096).

derjahres zu erklären. [5]Die Frist nach Satz 4 kann verlängert werden. [6]Ist die Frist bereits abgelaufen, so kann sie rückwirkend verlängert werden, wenn es unbillig wäre, die durch den Fristablauf eingetretenen Rechtsfolgen bestehen zu lassen.

[***idF der BT-Drs. 20/12 ab 1. 1. 2022:***[1]

(5) [1]Das Bundesministerium der Finanzen überprüft jährlich die Höhe des Durchschnittssatzes im Sinne des Absatzes 1 Satz 1 Nummer 3 und Satz 3 und berichtet dem Deutschen Bundestag über das Ergebnis der Überprüfung. [2]Der Durchschnittssatz wird ermittelt aus dem Verhältnis der Summe der Vorsteuern zu der Summe der Umsätze aller Unternehmer, die ihre Umsätze nach Absatz 1 Satz 1 Nummer 2 und 3 versteuern, in einem Zeitraum von drei Jahren. [3]Der ermittelte Durchschnittssatz wird auf eine Nachkommastelle kaufmännisch gerundet. [4]Soweit nach der Überprüfung eine Anpassung des Durchschnittssatzes in Absatz 1 Satz 1 Nummer 3 und Satz 3 erforderlich ist, legt die Bundesregierung kurzfristig einen entsprechenden Gesetzentwurf vor.]

§ 25 Besteuerung von Reiseleistungen. (1)[2] [1]Die nachfolgenden Vorschriften gelten für Reiseleistungen eines Unternehmers, soweit der Unternehmer dabei gegenüber dem Leistungsempfänger im eigenen Namen auftritt und Reisevorleistungen in Anspruch nimmt. [2]Die Leistung des Unternehmers ist als sonstige Leistung anzusehen. [3]Erbringt der Unternehmer an einen Leistungsempfänger im Rahmen einer Reise mehrere Leistungen dieser Art, so gelten sie als eine einheitliche sonstige Leistung. [4]Der Ort der sonstigen Leistung bestimmt sich nach § 3a Abs. 1. [5]Reisevorleistungen sind Lieferungen und sonstige Leistungen Dritter, die den Reisenden unmittelbar zugutekommen.

(2) [1]Die sonstige Leistung ist steuerfrei, soweit die ihr zuzurechnenden Reisevorleistungen im Drittlandsgebiet bewirkt werden. [2]Die Voraussetzung der Steuerbefreiung muss vom Unternehmer nachgewiesen sein. [3]Das Bundesministerium der Finanzen kann mit Zustimmung des Bundesrates durch Rechtsverordnung bestimmen, wie der Unternehmer den Nachweis zu führen hat.

(3) [1]Die sonstige Leistung bemisst sich nach dem Unterschied zwischen dem Betrag, den der Leistungsempfänger aufwendet, um die Leistung zu erhalten, und dem Betrag, den der Unternehmer für die Reisevorleistungen aufwendet. [2]Die Umsatzsteuer gehört nicht zur Bemessungsgrundlage. [3]*Der Unternehmer kann die Bemessungsgrundlage statt für jede einzelne Leistung entweder für Gruppen von Leistungen oder für die gesamten innerhalb des Besteuerungszeitraums erbrachten Leistungen ermitteln.*[3]

(4) [1]Abweichend von § 15 Abs. 1 ist der Unternehmer nicht berechtigt, die ihm für die Reisevorleistungen gesondert in Rechnung gestellten sowie die nach § 13b geschuldeten Steuerbeträge als Vorsteuer abzuziehen. [2]Im Übrigen bleibt § 15 unberührt.

(5) Für die sonstigen Leistungen gilt § 22 mit der Maßgabe, dass aus den Aufzeichnungen des Unternehmers zu ersehen sein müssen:

---

[1] **§ 24 Abs. 5 wird eingef. mWv 1.1.2022 gem. Art. 1 Nr. 5 Buchst. b BT-Drs. 20/12 S. 8. Siehe auch Fn. 1 auf Seite 1a.**

[2] § 25 Abs. 1 Satz 1 geänd. mWv 18.12.2019 durch G v. 12.12.2019 (BGBl. I S. 2451).

[3] § 25 Abs. 3 Satz 3 aufgeh. **mWv 1.1.2022** (§ 27 Abs. 26 idF des G v. 12.12.2019, BGBl. I S. 2451) durch G v. 12.12.2019 (BGBl. I S. 2451).

1. der Betrag, den der Leistungsempfänger für die Leistung aufwendet,
2. die Beträge, die der Unternehmer für die Reisevorleistungen aufwendet,
3. die Bemessungsgrundlage nach Absatz 3 und
4. wie sich die in den Nummern 1 und 2 bezeichneten Beträge und die Bemessungsgrundlage nach Absatz 3 auf steuerpflichtige und steuerfreie Leistungen verteilen.

§ 25a Differenzbesteuerung. (1) Für die Lieferungen im Sinne des § 1 Abs. 1 Nr. 1 von beweglichen körperlichen Gegenständen gilt eine Besteuerung nach Maßgabe der nachfolgenden Vorschriften (Differenzbesteuerung), wenn folgende Voraussetzungen erfüllt sind:

1. [1]Der Unternehmer ist ein Wiederverkäufer. [2]Als Wiederverkäufer gilt, wer gewerbsmäßig mit beweglichen körperlichen Gegenständen handelt oder solche Gegenstände im eigenen Namen öffentlich versteigert.
2. [1]Die Gegenstände wurden an den Wiederverkäufer im Gemeinschaftsgebiet geliefert. [2]Für diese Lieferung wurde
   a) Umsatzsteuer nicht geschuldet oder nach § 19 Abs. 1 nicht erhoben oder
   b) die Differenzbesteuerung vorgenommen.
3. Die Gegenstände sind keine Edelsteine (aus Positionen 7102 und 7103 des Zolltarifs) oder Edelmetalle (aus Positionen 7106, 7108, 7110 und 7112 des Zolltarifs).

(2) [1]Der Wiederverkäufer kann spätestens bei Abgabe der ersten Voranmeldung eines Kalenderjahres gegenüber dem Finanzamt erklären, dass er die Differenzbesteuerung von Beginn dieses Kalenderjahres an auch auf folgende Gegenstände anwendet:

1. Kunstgegenstände (Nummer 53 der Anlage 2)[1)], Sammlungsstücke (Nummer 49 Buchstabe f und Nummer 54 der Anlage 2) oder Antiquitäten (Position 9706 00 00 des Zolltarifs)[2)], die er selbst eingeführt hat, oder
2. Kunstgegenstände, wenn die Lieferung an ihn steuerpflichtig war und nicht von einem Wiederverkäufer ausgeführt wurde.

[2]Die Erklärung bindet den Wiederverkäufer für mindestens zwei Kalenderjahre.

(3)[3)] [1]Der Umsatz wird nach dem Betrag bemessen, um den der Verkaufspreis den Einkaufspreis für den Gegenstand übersteigt; bei Lieferungen im Sinne des § 3 Abs. 1b und in den Fällen des § 10 Abs. 5 tritt an die Stelle des Verkaufspreises der Wert nach § 10 Abs. 4 Satz 1 Nr. 1. [2]Lässt sich der Einkaufspreis eines Kunstgegenstandes (Nummer 53 der Anlage 2) nicht ermitteln oder ist der Einkaufspreis unbedeutend, wird der Betrag, nach dem sich der Umsatz bemisst, mit 30 Prozent des Verkaufspreises angesetzt. [3]Die Umsatzsteuer gehört nicht zur Bemessungsgrundlage. [4]Im Fall des Absatzes 2 Satz 1 Nr. 1 gilt als Einkaufspreis der Wert im Sinne des § 11 Abs. 1 zuzüglich der Einfuhrumsatzsteuer. [5]Im Fall des Absatzes 2 Satz 1 Nr. 2 schließt der Einkaufspreis die Umsatzsteuer des Lieferers ein.

[1)] Abgedruckt im Anschluss an dieses Gesetz.

[2)] Klammerzusatz geänd. durch G v. 13.12.2006 (BGBl. I S. 2878).

[3)] § 25a Abs. 3 Satz 2 eingef., bish. Sätze 2 bis 4 werden Sätze 3 bis 5 mWv 1.1.2014 durch G v. 26.6.2013 (BGBl. I S. 1809).

635. Verordnung zur Durchführung des Rennwett- und Lotteriegesetzes (Rennwett- und Lotteriegesetz-Durchführungs- verordnung – RennwLottDV)[1]

Vom 16. Juni 1922 (RZentrBl. S. 351)

Geändert durch Verordnungen vom 21.1.1924 (RGBl. I S. 34), vom 9.2.1924 (RGBl. I S. 55) und vom 12.2.1924 (RGBl. I S. 107), Gesetz vom 10.8.1967 (BGBl. I S. 877), Verordnung vom 21.5.1976 (BGBl. I S. 1249), Gesetze vom 14.12.1984 (BGBl. I S. 1493), vom 16.12.1986 (BGBl. I S. 2441), vom 17.5.2000 (BGBl. I S. 715), vom 25.6.2001 (BGBl. I S. 1215), vom 20.12.2001 (BGBl. I S. 3794), vom 21.8.2002 (BGBl. I S. 3322), Gesetz vom 29.6.2012 (BGBl. I S. 1424), Gesetz zur weiteren steuerlichen Förderung der Elektromobilität und zur Änderung weiterer steuerlicher Vorschriften vom 12.12.2019 (BGBl. I S. 2451), Gesetz zur Änderung des Rennwett- und Lotteriegesetzes und der Ausführungsbestimmungen zum Rennwett- und Lotteriegesetz vom 25.6.2021 (BGBl. I S. 2065) und Verordnung zur Änderung der Verordnung zur Durchführung des Rennwett- und Lotteriegesetzes vom 10.11.2021 (BGBl. I S. 4900)

BGBl. III/FNA 611-14-1

Auf Grund der §§ 3, 4 Abs. 1 Satz 3, § 13 Abs. 2, §§ 15, 20, 22, 25 des Rennwett- und Lotteriegesetzes vom 8. April 1922 (Reichsgesetzbl. S. 393) wird, soweit erforderlich, mit Zustimmung des *Reichsrats* folgendes bestimmt:

A. Ordnungsrechtlicher Teil[2]

I. Erteilung der Erlaubnis für Rennwetten[2]

§ 1[3] Erlaubnisempfänger. Die Erlaubnis zum Abschluss und zur Vermittlung von Rennwetten darf nur Betreibern von Totalisatoren und Buchmachern erteilt werden.

§ 2[4] Voraussetzungen für die Erteilung der Erlaubnis zum Betrieb eines Totalisators. (1) Zum Betrieb eines Totalisators darf nur ein Renn- oder Pferdezuchtverein (Verein) zugelassen werden.

(2) [1] Die Erlaubnis ist für jeden Verein besonders zu erteilen und darf sich nur auf bestimmte Rennbahnen erstrecken. [2] Sie setzt einen Antrag voraus. [3] Dem Antrag sind beizufügen:

a) die Vereinssatzung,

b) der jährliche Voranschlag,

---

[1] Überschrift neu gef. mWv 1.7.2021 durch G v. 25.6.2021 (BGBl. I S. 2065).

[2] Zwischenüberschriften neu gef. mWv 1.7.2021 durch G v. 25.6.2021 (BGBl. I S. 2065).

[3] § 1 neu gef. mWv 1.7.2021 durch G v. 25.6.2021 (BGBl. I S. 2065).

[4] § 2 Abs. 2 Buchst. d, Abs. 4 Satz 1 und Abs. 6 Sätze 1 und 2 geänd. durch G v. 16.12. 1986 (BGBl. I S. 2441); Überschrift angef. und Abs. 6 Satz 1 geänd. mWv 1.7.2021 durch G v. 25.6.2021 (BGBl. I S. 2065).

c) der letzte Geschäftsbericht, der eine genaue Übersicht über die Einnahmen und Ausgaben im einzelnen, namentlich auch über die Verwendung der Einnahmen für die Rennpreise und für sonstige der Landespferdezucht unmittelbar dienende Zwecke enthalten und aus dem sich ergeben muß, daß die Einnahmen ausschließlich zum Besten der Landespferdezucht tatsächlich verwendet worden sind,

d) die Voraussetzungen, unter denen der Totalisator Wetten entgegennehmen soll.

(3) [1] Aus der Vereinssatzung muß sich ergeben, daß der ausschließliche Zweck des Vereins die Förderung der Landespferdezucht unter anderem durch Veranstaltung von Leistungsprüfungen für Pferde ist. [2] Die Vorstandsmitglieder und sonstigen leitenden Persönlichkeiten des Vereins müssen die Sicherheit bieten, daß der Zweck des Vereins verwirklicht wird.

(4) [1] Die nach Landesrecht zuständige Behörde ist befugt, die Angaben in den Geschäftsberichten (Absatz 2 zu c) auf ihre Richtigkeit, namentlich hinsichtlich der tatsächlichen Verwendung der Einnahmen ausschließlich zum Besten der Landespferdezucht zu prüfen. [2] Sie kann zu diesem Zwecke die Vorlegung weiterer Nachweise fordern.

(5) Die Art und der Umfang der vom Vereine beabsichtigten Rennen müssen die Erreichung des im Absatz 3 genannten Zieles gewährleisten.

(6) [1] Dem Vereine darf die Genehmigung zum Betriebe eines Totalisators nur erteilt werden, wenn er sich verpflichtet, den Buchmachern, denen die Erlaubnis für den Abschluß oder die Vermittlung von Wetten auf der Rennbahn des Vereins erteilt ist, die Ausübung ihres Gewerbes an den Renntagen auf der Rennbahn gegen Entrichtung eines Standgeldes zu gestatten. [2] Die Höhe des Standgeldes wird zwischen dem Verein und den Buchmachern vereinbart; im Streitfall entscheidet die nach Landesrecht zuständige Behörde oder die von ihr bestimmte Stelle. [3] Den Buchmachern ist auf der Rennbahn ein bestimmter Platz anzuweisen.

§ 3[1)] Voraussetzungen für die Erteilung der Erlaubnis an Buchmacher. (1) Als Buchmacher darf nur zugelassen werden, wer den Nachweis erbringt, daß er seiner Person nach die Gewähr für eine einwandfreie Geschäftsführung bietet und die zur Ausübung des Buchmachergewerbes erforderliche kaufmännische Befähigung besitzt.

(2) Der Buchmacher hat für seine Person eine Sicherheit und für jede Person, die ihn bei Abschluß oder Vermittlung von Wetten vertreten kann (Buchmachergehilfe), eine weitere Sicherheit zu leisten.

(3) Die Sicherheit haftet zunächst wegen der Steueransprüche nebst Zinsen, sodann wegen der Geldstrafen und Geldbußen und der Kosten des Strafverfahrens und Bußgeldverfahrens und schließlich den Wettnehmern wegen ihrer Forderungen aus dem Wettgeschäft.

[1)] § 3 Abs. 1 geänd. durch VO v. 21.5.1976 (BGBl. I S. 1249), Abs. 1 und Abs. 4 geänd., Abs. 2 und 3 neugef. sowie Abs. 5 bish. Satz 1 aufgeh. durch G v. 16.12.1986 (BGBl. I S. 2441); Überschrift angef. und Abs. 5 geänd. mWv 1.7.2021 durch G v. 25.6.2021 (BGBl. I S. 2065).

§ 17 Veranstalter. [1] Veranstalter einer Sportwette ist diejenige Person, die das Wettgeschehen in tatsächlicher oder rechtlicher Hinsicht maßgeblich gestaltet. [2] Sie ordnet insbesondere die regelungsbedürftigen Fragen im Verhältnis zu den Wettenden, z. B. durch vorformulierte Vertragsbedingungen, und setzt diese selbst oder durch andere entsprechend um. [3] Voraussetzung für die Veranstaltereigenschaft ist nicht, dass die Quoten eigenständig ermittelt werden. [4] Vielmehr können diese auch zugekauft werden oder auf andere Art zu Stande kommen.

§ 18 Veranstaltungsort. (1) In den Fällen des § 16 Satz 2 Nummer 1 des Rennwett- und Lotteriegesetzes ist der Veranstaltungsort dort, wo der Veranstalter der Sportwette seinen Wohnsitz, gewöhnlichen Aufenthalt, Ort der Geschäftsleitung oder Sitz hat, unabhängig davon, wo der Wettende die zur Entstehung des Wettvertrages erforderlichen Handlungen vornimmt.

(2) [1] In den Fällen des § 16 Satz 2 Nummer 2 des Rennwett- und Lotteriegesetzes ist der Veranstaltungsort im Geltungsbereich des Rennwett- und Lotteriegesetzes belegen, wenn der Wettende die zur Entstehung des Wettvertrages erforderlichen Handlungen im Geltungsbereich des Rennwett- und Lotteriegesetzes vornimmt. [2] Maßgeblich für die Ortsbestimmung ist grundsätzlich der Ort der physischen Anwesenheit des Wettenden. [3] Sofern der Veranstalter den Ort der physischen Anwesenheit des Wettenden nicht feststellen kann, gilt der Wohnsitz des Wettenden als Veranstaltungsort. [4] Dies gilt unabhängig davon, wo der Veranstalter der Sportwette seinen Wohnsitz, gewöhnlichen Aufenthalt, Ort der Geschäftsleitung oder Sitz hat oder sonstige technische Vorrichtungen (z. B. Server) vorhält.

(3) Erforderliche Handlungen zur Entstehung des Wettvertrages sind die Handlungen, die zur Abgabe der Willenserklärung zum Abschluss des Wettvertrages in jedweder Form vorgenommen werden, z. B. in schriftlicher, mündlicher oder elektronischer Form.

§ 19 Zuständigkeit. (1) [1] Ist der Veranstalter der Sportwette eine natürliche Person, ist das Finanzamt örtlich zuständig, in dessen Bezirk dieser seinen Wohnsitz oder in Ermangelung eines Wohnsitzes seinen gewöhnlichen Aufenthalt hat. [2] § 19 Absatz 1 Satz 2 der Abgabenordnung gilt entsprechend.

(2) [1] Ist der Veranstalter der Sportwette eine juristische Person oder Personenvereinigung, ist das Finanzamt örtlich zuständig, in dessen Bezirk sich die Geschäftsleitung befindet. [2] Befindet sich der Ort der Geschäftsleitung nicht im Geltungsbereich des Rennwett- und Lotteriegesetzes oder lässt sich der Ort der Geschäftsleitung nicht feststellen, ist das Finanzamt örtlich zuständig, in dessen Bezirk der Veranstalter der Sportwette seinen Sitz hat.

(3)[1] Ergibt sich nach § 25 Satz 1 und 2 des Rennwett- und Lotteriegesetzes keine örtliche Zuständigkeit für die Besteuerung, ist das Finanzamt Frankfurt am Main IV örtlich zuständig.

(4) Für die Zerlegung des Gesamtaufkommens der Sportwettensteuer ist die Landesfinanzbehörde der Freien und Hansestadt Hamburg zuständig.

---

[1] § 19 Abs. 3 geänd. mWv 1.12.2021 durch VO v. 10.11.2021 (BGBl. I S. 4900).

§ 20 Anzeigepflichten. (1) Wer Sportwetten im Sinne des § 16 des Rennwett- und Lotteriegesetzes veranstalten will, hat dem zuständigen Finanzamt unverzüglich schriftlich anzuzeigen:

1. Name,
2. Gewerbe,
3. Wohnsitz, gewöhnlichen Aufenthalt, Ort der Geschäftsleitung oder Sitz und
4. Zeitpunkt der Aufnahme des Wettbetriebs.

(2) Ist ein steuerlicher Beauftragter gemäß § 22 Absatz 1 des Rennwett- und Lotteriegesetzes bestellt worden, ist auch dieser dem zuständigen Finanzamt unverzüglich schriftlich zu benennen.

§ 21 Besteuerungsverfahren. (1) Das Besteuerungsverfahren richtet sich nach den §§ 16 bis 25 des Rennwett- und Lotteriegesetzes.

(2) Bei der Zahlung der Sportwettensteuer sind die Steuernummer, die Steuerart und der Zeitraum, für den die Steuer entrichtet wird, anzugeben.

(3) Wird die Sportwettensteuer abweichend festgesetzt, geändert oder berichtigt, ist die Kleinbetragsverordnung[1)] zu beachten.

III. Lotteriesteuer

§ 22 Definition der Lotterie und Ausspielung. (1) Ein öffentliches Glücksspiel, bei dem einer Mehrzahl von Personen die Möglichkeit eröffnet wird, nach einem bestimmten Plan gegen ein bestimmtes Entgelt die Chance

1. auf einen Geldgewinn zu erlangen, ist eine Lotterie und
2. auf einen Sachgewinn oder geldwerten Vorteil oder einer Kombination aus beidem zu erlangen, ist eine Ausspielung.

(2) [1] Ein bestimmter Plan im Sinne des Absatzes 1 liegt vor, wenn Regelungen für den Gewinnfall und die Gewinnhöhe bestehen, die für die Gesamtheit der teilnehmenden Spieler gelten. [2] Dabei ist es unerheblich, ob die mögliche Gewinnhöhe im Zeitpunkt der Teilnahme bereits bekannt ist.

(3) Unter Zweitlotterie im Sinne des § 26 Absatz 2 des Rennwett- und Lotteriegesetzes sind Veranstaltungen zu verstehen, bei denen der Veranstalter keine eigene Verlosung von Gewinnen vornimmt, sondern der Eintritt eines Gewinns oder Verlusts des Teilnehmers vom Ausgang einer anderen Lotterie (Erstlotterie) abhängt.

(4) Eine Klassenlotterie ist eine Lotterie oder Ausspielung im Sinne des Absatzes 1, bei der der Spielzeitraum mit einer oder mehreren Gewinnmöglichkeiten in jeweilige Klassen unterteilt ist.

§ 23 Öffentliche Veranstaltung. [1] Eine Lotterie oder Ausspielung im Sinne des § 26 des Rennwett- und Lotteriegesetzes ist öffentlich, wenn für einen größeren, nicht geschlossenen Personenkreis eine Teilnahmemöglichkeit besteht oder diese gewohnheitsmäßig in Vereinen oder sonstigen geschlossenen

---

1) Nr. **800c**.

wöhnlichen Aufenthalt hat. [2] § 19 Absatz 1 Satz 2 der Abgabenordnung gilt entsprechend.

(2) [1] Ist der Veranstalter der Lotterie oder Ausspielung eine juristische Person oder Personenvereinigung, ist das Finanzamt örtlich zuständig, in dessen Bezirk sich die Geschäftsleitung befindet. [2] Befindet sich der Ort der Geschäftsleitung nicht im Geltungsbereich des Rennwett- und Lotteriegesetzes oder lässt sich der Ort der Geschäftsleitung nicht feststellen, ist das Finanzamt örtlich zuständig, in dessen Bezirk der Veranstalter der Lotterie oder Ausspielung seinen Sitz hat.

(3)[1)] Ergibt sich nach § 35 Satz 1 des Rennwett- und Lotteriegesetzes keine örtliche Zuständigkeit für die Besteuerung, ist das Finanzamt Frankfurt am Main IV örtlich zuständig.

(4) Für die nach § 34 des Rennwett- und Lotteriegesetzes durchzuführende Zerlegung des Gesamtaufkommens der Lotteriesteuer ist die Landesfinanzbehörde der Freien und Hansestadt Hamburg zuständig.

§ 29 Anzeigepflicht. (1) Wer öffentliche Lotterien oder Ausspielungen im Geltungsbereich des Rennwett- und Lotteriegesetzes veranstalten oder über einen Dritten anbieten will, hat dem zuständigen Finanzamt spätestens 14 Tage vor Beginn des Losverkaufs Folgendes schriftlich anzuzeigen:

1. Name und Anschrift des Veranstalters,
2. geplante Anzahl und Preis der Lose,
3. Zeitpunkt und Ort des Losverkaufes und der Ziehung,
4. Spielplan und
5. geplante Höhe und Verwendung des Reinertrags, soweit eine Steuerbefreiung nach § 28 Rennwett- und Lotteriegesetz geltend gemacht werden soll.

(2) [1] Ausgenommen von der Anzeigepflicht nach Absatz 1 sind von den zuständigen inländischen Behörden erlaubte öffentliche Lotterien und Ausspielungen im Sinne des § 28 Nummer 1 des Rennwett- und Lotteriegesetzes, bei denen der geplante Gesamtpreis der Lose den Wert von 1000 Euro nicht übersteigt. [2] Öffentliche Lotterien und Ausspielungen im Sinne des § 28 Nummer 2 des Rennwett- und Lotteriegesetzes unterliegen nicht der Anzeigepflicht nach Absatz 1, wenn der geplante Gesamtpreis der Lose einer öffentlichen Lotterie oder Ausspielung 5000 Euro nicht übersteigt.

(3) Für die GKL Gemeinsame Klassenlotterie der Länder sowie für die staatlichen oder mit der Durchführung staatlich beauftragten Lottogesellschaften der Länder besteht keine Anzeigepflicht.

§ 30 Besteuerungsverfahren. (1) Das Besteuerungsverfahren richtet sich nach den §§ 26 bis 35 des Rennwett- und Lotteriegesetzes.

(2) Bei der Zahlung der Lotteriesteuer sind die Steuernummer, die Steuerart und der Zeitraum, für den die Steuer entrichtet wird, anzugeben.

(3) Wird die Lotteriesteuer abweichend festgesetzt, geändert oder berichtigt, ist die Kleinbetragsverordnung[2)] zu beachten.

[1)] § 28 Abs. 3 geänd. mWv 1.12.2021 durch VO v. 10.11.2021 (BGBl. I S. 4900).
[2)] Nr. **800c**.

IV. Virtuelle Automatensteuer

§ 31 Bemessungsgrundlage. Der geleistete Spieleinsatz nach § 37 des Rennwett- und Lotteriegesetzes umfasst nicht Spielboni, die dem Spieler zur Verfügung gestellt werden, aber nicht ausbezahlt, sondern nur verspielt werden können.

§ 32 Veranstalter. 1 Veranstalter des virtuellen Automatenspiels ist diejenige Person, die das Spielgeschehen in tatsächlicher oder rechtlicher Hinsicht maßgeblich gestaltet. 2 Sie entscheidet insbesondere über die angebotenen Spiele und ordnet die regelungsbedürftigen Fragen im Verhältnis zu den Spielern, z. B. durch vorformulierte Vertragsbedingungen, und setzt diese selbst oder durch andere entsprechend um.

§ 33 Veranstaltungsort. (1) In den Fällen des § 36 Satz 2 Nummer 1 des Rennwett- und Lotteriegesetzes ist der Veranstaltungsort dort, wo der Veranstalter des virtuellen Automatenspiels seinen Wohnsitz, gewöhnlichen Aufenthalt, Ort der Geschäftsleitung oder Sitz hat, unabhängig davon, wo der Spieler die zur Entstehung des Spielvertrages erforderlichen Handlungen vornimmt.

(2) 1 In den Fällen des § 36 Satz 2 Nummer 2 des Rennwett- und Lotteriegesetzes ist der Veranstaltungsort im Geltungsbereich des Rennwett- und Lotteriegesetzes belegen, wenn der Spieler die zur Entstehung des Spielvertrages erforderlichen Handlungen im Geltungsbereich des Rennwett- und Lotteriegesetzes vornimmt. 2 Maßgeblich für die Ortsbestimmung ist grundsätzlich der Ort der physischen Anwesenheit des Spielers. 3 Sofern der Veranstalter den Ort der physischen Anwesenheit des Spielers nicht feststellen kann, gilt der Wohnsitz des Spielers als Veranstaltungsort. 4 Dies gilt unabhängig davon, wo der Veranstalter des virtuellen Automatenspiels seinen Wohnsitz, gewöhnlichen Aufenthalt, Ort der Geschäftsleitung oder Sitz hat oder sonstige technische Vorrichtungen (z. B. Server) vorhält.

(3) Erforderliche Handlungen zur Entstehung des Spielvertrages sind die Handlungen, die zur Abgabe der Willenserklärung zum Abschluss des Spielvertrages in jedweder Form vorgenommen werden, z. B. in schriftlicher, mündlicher oder elektronischer Form.

§ 34 Zuständigkeit. (1) 1 Ist der Veranstalter des virtuellen Automatenspiels eine natürliche Person, ist das Finanzamt örtlich zuständig, in dessen Bezirk dieser seinen Wohnsitz oder in Ermangelung eines Wohnsitzes seinen gewöhnlichen Aufenthalt hat. 2 § 19 Absatz 1 Satz 2 der Abgabenordnung gilt entsprechend.

(2) 1 Ist der Veranstalter des virtuellen Automatenspiels eine juristische Person oder Personenvereinigung, ist das Finanzamt örtlich zuständig, in dessen Bezirk sich die Geschäftsleitung befindet. 2 Befindet sich der Ort der Geschäftsleitung nicht im Geltungsbereich des Rennwett- und Lotteriegesetzes oder lässt sich der Ort der Geschäftsleitung nicht feststellen, so ist das Finanzamt örtlich zuständig, in dessen Bezirk der Veranstalter des virtuellen Automatenspiels seinen Sitz hat.

(3)[1] Ergibt sich aus § 45 Satz 1 und 2 des Rennwett- und Lotteriegesetzes keine örtliche Zuständigkeit für die Besteuerung, ist das Finanzamt Frankfurt am Main IV örtlich zuständig.

(4) Für die Zerlegung des Gesamtaufkommens der Virtuellen Automatensteuer ist die Landesfinanzbehörde der Freien und Hansestadt Hamburg zuständig.

§ 35 Anzeigepflichten. (1) Wer virtuelles Automatenspiel im Sinne des § 36 des Rennwett- und Lotteriegesetzes veranstalten will, hat dem zuständigen Finanzamt unverzüglich schriftlich anzuzeigen:

1. Name,
2. Gewerbe,
3. Wohnsitz, gewöhnlichen Aufenthalt, Ort der Geschäftsleitung oder Sitz,
4. Zeitpunkt der Aufnahme des Spielbetriebs und
5. Zugangsmöglichkeiten für eine Teilnahme am virtuellen Automatenspiel.

(2) Ist ein steuerlicher Beauftragter gemäß § 42 Absatz 1 des Rennwett- und Lotteriegesetzes bestellt worden, ist auch dieser dem zuständigen Finanzamt unverzüglich schriftlich zu benennen.

§ 36 Besteuerungsverfahren. (1) Das Besteuerungsverfahren richtet sich nach den §§ 36 bis 45 des Rennwett- und Lotteriegesetzes.

(2) Bei der Zahlung der Virtuellen Automatensteuer sind die Steuernummer, die Steuerart und der Zeitraum, für den die Steuer entrichtet wird, anzugeben.

(3) Wird die Virtuelle Automatensteuer abweichend festgesetzt, geändert oder berichtigt, ist die Kleinbetragsverordnung[2] zu beachten.

V. Online-Pokersteuer

§ 37 Bemessungsgrundlage. (1) [1]Der Spieleinsatz nach § 47 des Rennwett- und Lotteriegesetzes umfasst nicht Spielboni, die dem Spieler zur Verfügung gestellt werden, aber nicht ausbezahlt, sondern nur verspielt werden können. [2]Das gleiche gilt für erlassene Teilnahmeentgelte.

(2) Werden vom Spieler geleistete Geldbeträge, mit denen der Spieler am Spiel teilnimmt, in besonderes Spielgeld umgewandelt, bestimmt sich der Betrag, den der Spieler bei Teilnahme am Spiel zur Verfügung hat, nicht nach der Höhe dieses besonderen Spielgeldes, sondern nach der Höhe des entsprechenden, zugrundeliegenden geleisteten Geldbetrages.

§ 38 Veranstalter. [1]Veranstalter des Online-Pokers ist diejenige Person, die das Spielgeschehen in tatsächlicher oder rechtlicher Hinsicht maßgeblich gestaltet. [2]Sie entscheidet insbesondere über die angebotenen Spielvarianten und ordnet die regelungsbedürftigen Fragen im Verhältnis zu den Spielern und zwischen den Spielern, z. B. durch vorformulierte Vertragsbedingungen, und setzt diese selbst oder durch andere entsprechend um.

---

[1] § 34 Abs. 3 geänd. mWv 1.12.2021 durch VO v. 10.11.2021 (BGBl. I S. 4900).
[2] Nr. **800c**.

§ 39 Veranstaltungsort. (1) In den Fällen des § 46 Satz 2 Nummer 1 des Rennwett- und Lotteriegesetzes ist der Veranstaltungsort dort, wo der Veranstalter des Online-Pokers seinen Wohnsitz, gewöhnlichen Aufenthalt, Ort der Geschäftsleitung oder Sitz hat, unabhängig davon, wo der Spieler die zur Entstehung des Spielvertrages erforderlichen Handlungen vornimmt.

(2) [1] In den Fällen des § 46 Satz 2 Nummer 2 des Rennwett- und Lotteriegesetzes ist der Veranstaltungsort im Geltungsbereich des Rennwett- und Lotteriegesetzes belegen, wenn der Spieler die zur Entstehung des Spielvertrages erforderlichen Handlungen im Geltungsbereich des Rennwett- und Lotteriegesetzes vornimmt. [2] Maßgeblich für die Ortsbestimmung ist grundsätzlich der Ort der physischen Anwesenheit des Spielers. [3] Sofern der Veranstalter den Ort der physischen Anwesenheit des Spielers nicht feststellen kann, gilt der Wohnsitz des Spielers als Veranstaltungsort. [4] Dies gilt unabhängig davon, wo der Veranstalter des Online-Pokers seinen Wohnsitz, gewöhnlichen Aufenthalt, Ort der Geschäftsleitung oder Sitz hat oder sonstige technische Vorrichtungen (z. B. Server) vorhält.

(3) Erforderliche Handlungen zur Entstehung des Spielvertrages sind die Handlungen, die zur Abgabe der Willenserklärung zum Abschluss des Spielvertrages in jedweder Form vorgenommen werden, z. B. in schriftlicher, mündlicher oder elektronischer Form.

§ 40 Zuständigkeit. (1) [1] Ist der Veranstalter des Online-Pokers eine natürliche Person, ist das Finanzamt örtlich zuständig, in dessen Bezirk dieser seinen Wohnsitz oder in Ermangelung eines Wohnsitzes seinen gewöhnlichen Aufenthalt hat. [2] § 19 Absatz 1 Satz 2 der Abgabenordnung gilt entsprechend.

(2) [1] Ist der Veranstalter des Online-Pokers eine juristische Person oder Personenvereinigung, ist das Finanzamt örtlich zuständig, in dessen Bezirk sich die Geschäftsleitung befindet. [2] Befindet sich der Ort der Geschäftsleitung nicht im Geltungsbereich des Rennwett- und Lotteriegesetzes oder lässt sich der Ort der Geschäftsleitung nicht feststellen, ist das Finanzamt örtlich zuständig, in dessen Bezirk der Veranstalter des Online-Pokers seinen Sitz hat.

(3)[1)] Ergibt sich nach § 55 Satz 1 und 2 des Rennwett- und Lotteriegesetzes keine örtliche Zuständigkeit für die Besteuerung, ist das Finanzamt Frankfurt am Main IV örtlich zuständig.

(4) Für die Zerlegung des Gesamtaufkommens der Online-Pokersteuer ist die Landesfinanzbehörde der Freien und Hansestadt Hamburg zuständig.

§ 41 Anzeigepflichten. (1) Wer Online-Poker im Sinne des § 46 des Rennwett- und Lotteriegesetzes veranstalten will, hat dem zuständigen Finanzamt unverzüglich schriftlich anzuzeigen:

1. Name,
2. Gewerbe,
3. Wohnsitz, gewöhnlichen Aufenthalt, Ort der Geschäftsleitung oder Sitz,
4. Zeitpunkt der Aufnahme des Spielbetriebs und
5. Zugangsmöglichkeiten für eine Teilnahme am Online-Poker.

[1)] § 40 Abs. 3 geänd. mWv 1.12.2021 durch VO v. 10.11.2021 (BGBl. I S. 4900).

6. Aufnahme in einen Insolvenzplan oder einen gerichtlichen Schuldenbereinigungsplan,
7. Ermittlungen der Finanzbehörde nach dem Wohnsitz oder dem Aufenthaltsort des Zahlungspflichtigen und
8. schriftliche Geltendmachung des Anspruchs.

[2] § 169 Abs. 1 Satz 3 gilt sinngemäß.

(2)[1)] [1] Die Unterbrechung der Verjährung dauert fort

1. in den Fällen des Absatzes 1 Satz 1 Nummer 1 bis zum Ablauf der Maßnahme,
2. im Fall des Absatzes 1 Satz 1 Nummer 2 bis zum Erlöschen der Sicherheit,
3. im Fall des Absatzes 1 Satz 1 Nummer 3 bis zum Erlöschen des Pfändungspfandrechts, der Zwangshypothek oder des sonstigen Vorzugsrechts auf Befriedigung,
4. im Fall des Absatzes 1 Satz 1 Nummer 4 bis zur Beendigung des Insolvenzverfahrens,
5. im Fall des Absatzes 1 Satz 1 Nummer 5 bis zum Wegfall des Vollstreckungsverbots nach § 210 oder § 294 Absatz 1 der Insolvenzordnung,
6. in den Fällen des Absatzes 1 Satz 1 Nummer 6, bis der Insolvenzplan oder der gerichtliche Schuldenbereinigungsplan erfüllt oder hinfällig wird.

[2] Wird gegen die Finanzbehörde ein Anspruch geltend gemacht, so endet die hierdurch eingetretene Unterbrechung der Verjährung nicht, bevor über den Anspruch rechtskräftig entschieden worden ist.

(3) Mit Ablauf des Kalenderjahrs, in dem die Unterbrechung geendet hat, beginnt eine neue Verjährungsfrist.

(4) Die Verjährung wird nur in Höhe des Betrags unterbrochen, auf den sich die Unterbrechungshandlung bezieht.

§ 232 Wirkung der Verjährung. Durch die Verjährung erlöschen der Anspruch aus dem Steuerschuldverhältnis und die von ihm abhängenden Zinsen.

Zweiter Abschnitt: Verzinsung, Säumniszuschläge

1. Unterabschnitt: Verzinsung

§ 233 Grundsatz. [1] Ansprüche aus dem Steuerschuldverhältnis (§ 37) werden nur verzinst, soweit dies gesetzlich vorgeschrieben ist. [2] Ansprüche auf steuerliche Nebenleistungen (§ 3 Abs. 4) und die entsprechenden Erstattungsansprüche werden nicht verzinst.

§ 233a[2)] Verzinsung von Steuernachforderungen und Steuererstattungen. (1) [1] Führt die Festsetzung der Einkommen-, Körperschaft-, Vermö-

---

[1)] § 231 Abs. 2 Satz 1 neu gef. mWv 20.12.2003 durch G v. 15.12.2003 (BGBl. I S. 2645); Satz 1 neu gef. durch G v. 23.6.2017 (BGBl. I S. 1682); zur Anwendung siehe Art. 97 § 14 Abs. 5 EGAO (Nr. **800a**); Abs. 2 Satz 1 Nr. 5 geänd. mWv 29.12.2020 durch G v. 21.12.2020 (BGBl. I S. 3096).

[2)] Siehe hierzu BVerfG v. 8.7.2021 (BGBl. I 2021 S. 4303) iVm Allgemeinverfügung der obersten Finanzbehörden der Länder v. 29.11.2021 (www.bundesfinanzministerium.de).

gen-, Umsatz- oder Gewerbesteuer zu einem Unterschiedsbetrag im Sinne des Absatzes 3, ist dieser zu verzinsen. [2]Dies gilt nicht für die Festsetzung von Vorauszahlungen und Steuerabzugsbeträgen.

(2)[1)] [1]Der Zinslauf beginnt 15 Monate[2)] nach Ablauf des Kalenderjahrs, in dem die Steuer entstanden ist. [2]Er beginnt für die Einkommen- und Körperschaftsteuer 23 Monate[2)] nach diesem Zeitpunkt, wenn die Einkünfte aus Land- und Forstwirtschaft bei der erstmaligen Steuerfestsetzung die anderen Einkünfte überwiegen. [3]Er endet mit Ablauf des Tages, an dem die Steuerfestsetzung wirksam wird.

(2a)[3)] Soweit die Steuerfestsetzung auf der Berücksichtigung eines rückwirkenden Ereignisses (§ 175 Abs. 1 Satz 1 Nr. 2 und Abs. 2) oder auf einem Verlustabzug nach § 10d Abs. 1 des Einkommensteuergesetzes beruht, beginnt der Zinslauf abweichend von Absatz 2 Satz 1 und 2 15 Monate nach Ablauf des Kalenderjahres, in dem das rückwirkende Ereignis eingetreten oder der Verlust entstanden ist.

(3) [1]Maßgebend für die Zinsberechnung ist die festgesetzte Steuer, vermindert um die anzurechnenden Steuerabzugsbeträge, um die anzurechnende Körperschaftsteuer und um die bis zum Beginn des Zinslaufs festgesetzten Vorauszahlungen (Unterschiedsbetrag). [2]Bei der Vermögensteuer ist als Unterschiedsbetrag für die Zinsberechnung die festgesetzte Steuer, vermindert um die festgesetzten Vorauszahlungen oder die bisher festgesetzte Jahressteuer, maßgebend. [3]Ein Unterschiedsbetrag zugunsten des Steuerpflichtigen ist nur bis zur Höhe des zu erstattenden Betrags zu verzinsen; die Verzinsung beginnt frühestens mit dem Tag der Zahlung.

(4) Die Festsetzung der Zinsen soll mit der Steuerfestsetzung verbunden werden.

(5) [1]Wird die Steuerfestsetzung aufgehoben, geändert oder nach § 129 berichtigt, ist eine bisherige Zinsfestsetzung zu ändern; Gleiches gilt, wenn die Anrechnung von Steuerbeträgen zurückgenommen, widerrufen oder nach § 129 berichtigt wird. [2]Maßgebend für die Zinsberechnung ist der Unterschiedsbetrag zwischen der festgesetzten Steuer und der vorher festgesetzten Steuer, jeweils vermindert um die anzurechnenden Steuerabzugsbeträge und um die anzurechnende Körperschaftsteuer. [3]Dem sich hiernach ergebenden Zinsbetrag sind bisher festzusetzende Zinsen hinzuzurechnen; bei einem Unterschiedsbetrag zugunsten des Steuerpflichtigen entfallen darauf festgesetzte Zinsen. [4]Im Übrigen gilt Absatz 3 Satz 3 entsprechend.

(6) Die Absätze 1 bis 5 gelten bei der Durchführung des Lohnsteuer-Jahresausgleichs entsprechend.

(7) [1]Bei Anwendung des Absatzes 2a gelten die Absätze 3 und 5 mit der Maßgabe, dass der Unterschiedsbetrag in Teil-Unterschiedsbeträge mit jeweils

---

[1)] Zur **Anwendung aufgrund der Corona-Pandemie** siehe **Sonderregelung** in Art. 97 § 36 EGAO (Nr. **800a**). Zur Anwendung in den neuen Bundesländern siehe Art. 97a § 2 Nr. 10 EGAO (Nr. **800a**).

[2)] Zeitpunkt geänd. durch G v. 1.11.2011 (BGBl. I S. 2131); zur Anwendung siehe Art. 97 § 15 Abs. 11 und § 36 Abs. 3 Nrn. 10 und 11 EGAO (Nr. **800a**).

[3)] In § 233a Abs. 2a s. auch Art. 97 § 9 Abs. 5 EGAO (Nr. **800a**).

(2a)[1] Zur finanziellen Beteiligung der Länder an der Bekämpfung der durch die Starkregenfälle und das Hochwasser im Juli 2021 verursachten Schäden und dem Wiederaufbau erhöhen sich die in Absatz 2 genannten Beträge für den Bund um jeweils 233 333 333 Euro in den Jahren von 2021 bis 2050; die in Absatz 2 genannten Beträge für die Länder verringern sich entsprechend umd jeweils 233 333 333 Euro in den Jahren von 2021 bis 2050.

(3) Diese Aufteilung der Umsatzsteuer gilt jeweils für alle Beträge, die während der Geltungsdauer des Beteiligungsverhältnisses vereinnahmt oder erstattet werden.

[bis 31.12.2025:][2]

(5) Zum Ausgleich für Belastungen der Länder aus dem KiTa-Qualitäts- und -Teilhabeverbesserungsgesetz vom 19. Dezember 2018 (BGBl. I S. 2696) und aus der Änderung des Achten Buches Sozialgesetzbuch durch die Artikel 1 und 2 des Gesetzes vom 19. Dezember 2018 (BGBl. I S. 2696) verringern sich die in Absatz 2 genannten Beträge für den Bund im Jahr 2020 um 993 Millionen Euro und in den Jahren 2021 und 2022 um jeweils 1993 Millionen Euro; die in Absatz 2 genannten Beträge für die Länder erhöhen sich entsprechend im Jahr 2020 um 993 Millionen Euro und in den Jahren 2021 und 2022 um jeweils 1993 Millionen Euro.

[ab 1.1.2026:][3]

(4) Zum anteiligen Ausgleich für laufende Belastungen der Länder, die diesen aus der stufenweisen Einführung eines Anspruchs auf ganztägige Förderung für Grundschulkinder durch Artikel 1 Nummer 2 und 3 des Ganztagsförderungsgesetzes vom 2. Oktober 2021 (BGBl. I S. 4602) entstehen, verringern sich die in Absatz 2 genannten Beträge für den Bund im Jahr 2026 um 135 Millionen Euro, im Jahr 2027 um 460 Millionen Euro, im Jahr 2028 um 785 Millionen Euro, im Jahr 2029 um 1 110 Millionen Euro und in den Jahren ab 2030 um jeweils 1 300 Millionen Euro; die in Absatz 2 genannten Beträge für die Länder erhöhen sich entsprechend im Jahr 2026 um 135 Millionen Euro, im Jahr 2027 um 460 Millionen Euro, im Jahr 2028 um 785 Millionen Euro, im Jahr 2029 um 1 110 Millionen Euro und in den Jahren ab 2030 um jeweils 1 300 Millionen Euro.

(5) *(aufgehoben)*

(6) Um den finanziellen Lasten der Länder, die ihnen aus der Umsetzung des Aktionsprogramms „Aufholen nach Corona für Kinder und Jugendliche für die Jahre 2021 und 2022" im eigenen Zuständigkeitsbereich entstehen, Rechnung zu tragen, verringern sich die in Absatz 2 genannten Beträge für

---

[1] § 1 Abs. 2a eingef. durch AufbhG 2021 vom 10.9.2021 (BGBl. I S. 4147).

[2] § 1 Abs. 5 angef. durch G v. 19.12.2018 (BGBl. I S. 2696); zum Inkrafttreten siehe BGBl. I S. 1868.

[3] § 1 Abs. 4 eingef. mWv 1.1.2026 durch G v. 2.10.2021 (BGBL. I S. 4602); gleichzeitig tritt Abs. 5 außer Kraft.

den Bund im Jahr 2021 um weitere 430 Millionen Euro und im Jahr 2022 um weitere 860 Millionen Euro; die in Absatz 2 genannten Beträge für die Länder erhöhen sich entsprechend im Jahr 2021 um weitere 430 Millionen Euro und im Jahr 2022 um weitere 860 Millionen Euro.

§ 2[1] Verteilung der Umsatzsteuer unter den Ländern. [1] Der Länderanteil an der Umsatzsteuer wird vorbehaltlich des gemäß § 4 durchzuführenden Finanzkraftausgleichs nach dem Verhältnis ihrer Einwohnerzahlen auf die Länder verteilt. [2] Hierbei sind die Einwohnerzahlen zugrunde zu legen, die das Statistische Bundesamt zum 30. Juni des Kalenderjahres, für das der Ausgleich durchgeführt wird (Ausgleichsjahr), festgestellt hat.

(Fortsetzung nächste Seite)

[1] § 2 neu gef. mWv 1.1.2020 durch G v. 14.8.2017 (BGBl. I S. 3122).

§ 106 Mitwirkung der Staatsanwaltschaft vor dem Senat für Wirtschaftsprüfersachen. Die Aufgaben der Staatsanwaltschaft in dem Verfahren vor dem Senat für Wirtschaftsprüfersachen werden von der Staatsanwaltschaft bei dem Oberlandesgericht wahrgenommen, bei dem der Senat besteht.

§ 107 Revision. (1) Gegen ein Urteil des Senats für Wirtschaftsprüfersachen bei dem Oberlandesgericht ist die Revision an den Bundesgerichtshof zulässig,

1. wenn das Urteil auf Ausschließung aus dem Beruf lautet;
2. wenn der Senat für Wirtschaftsprüfersachen bei dem Oberlandesgericht entgegen einem Antrag der Staatsanwaltschaft nicht auf Ausschließung erkannt hat;
3. wenn der Senat für Wirtschaftsprüfersachen beim Oberlandesgericht sie in dem Urteil zugelassen hat.

(2) Der Senat für Wirtschaftsprüfersachen beim Oberlandesgericht darf die Revision nur zulassen, wenn er über Rechtsfragen oder Fragen der Berufspflichten entschieden hat, die von grundsätzlicher Bedeutung sind.

(3) [1] Die Nichtzulassung der Revision kann selbständig durch Beschwerde innerhalb eines Monats nach Zustellung des Urteils angefochten werden. [2] Die Beschwerde ist bei dem Oberlandesgericht einzulegen. [3] In der Beschwerdeschrift muß die grundsätzliche Rechtsfrage ausdrücklich bezeichnet werden.

(4) Die Beschwerde hemmt die Rechtskraft des Urteils.

(5) [1] Wird der Beschwerde nicht abgeholfen, so entscheidet der Bundesgerichtshof durch Beschluß. [2] Der Beschluß bedarf keiner Begründung, wenn die Beschwerde einstimmig verworfen oder zurückgewiesen wird. [3] Mit Ablehnung der Beschwerde durch den Bundesgerichtshof wird das Urteil rechtskräftig. [4] Wird der Beschwerde stattgegeben, so beginnt mit Zustellung des Beschwerdebescheids die Revisionsfrist.

§ 107a[1)] Einlegung der Revision und Verfahren. (1) [1] Die Revision ist binnen einer Woche bei dem Oberlandesgericht schriftlich einzulegen. [2] Die Frist beginnt mit der Verkündung des Urteils. [3] Ist das Urteil nicht in Anwesenheit der Berufsangehörigen verkündet worden, so beginnt für diesen oder diese die Frist mit der Zustellung.

(2) Berufsangehörige können die Revisionsanträge und deren Begründung nur schriftlich anbringen.

[Fassung bis 31.7.2022:]

(3) [1] Auf das Verfahren vor dem Bundesgerichtshof sind im übrigen neben den Vorschriften der Strafprozeßordnung über die Revision § 99 und § 103 Abs. 3 dieses Gesetzes sinngemäß anzuwenden. [2] In den Fällen des § 354 Abs. 2 der Strafprozeßordnung ist an den nach § 73

[Fassung ab 1.8.2022:]

(3) [1] § 103 Absatz 3 ist auf das Verfahren vor dem Bundesgerichtshof sinngemäß anzuwenden. [2] In den Fällen des § 354 Absatz 2 der Strafprozessordnung ist an den nach § 73 zuständigen Senat für Wirtschaftsprüfersachen beim Oberlandesgericht zurückzuverweisen.

---

1) § 107a Abs. 1 Satz 3 und Abs. 2 geänd. mWv 17.6.2016 durch G v. 31.3.2016 (BGBl. I S. 518); Abs. 3 neu gef. mWv 1.8.2022 durch G v. 7.7.2021 (BGBl. I S. 2363).

[Fassung bis 31.7.2022:]
zuständigen Senat für Wirtschaftsprüfersachen beim Oberlandesgericht zurückzuverweisen.

§ 108 Mitwirkung der Staatsanwaltschaft vor dem Bundesgerichtshof. Die Aufgaben der Staatsanwaltschaft in den Verfahren vor dem Bundesgerichtshof werden von dem Generalbundesanwalt wahrgenommen.

Vierter Unterabschnitt. Sicherung von Beweisen

§ 109[1] Anordnung der Beweissicherung. (1) [1]Wird ein berufsgerichtliches Verfahren eingestellt, weil die Bestellung als Wirtschaftsprüfer erloschen oder zurückgenommen ist, so kann in der Entscheidung zugleich auf Antrag der Staatsanwaltschaft die Sicherung der Beweise angeordnet werden, wenn zu erwarten ist, daß auf Ausschließung aus dem Beruf erkannt worden wäre. [2]Die Anordnung kann nicht angefochten werden.

(2) [1]Die Beweise werden von der Kammer für Wirtschaftsprüfersachen beim Landgericht aufgenommen. [2]Die Kammer kann eines ihrer berufsrichterlichen Mitglieder mit der Beweisaufnahme beauftragen.

§ 110[2] Verfahren. (1) [1]Die Kammer für Wirtschaftsprüfersachen beim Landgericht hat vom Amts wegen alle Beweise zu erheben, die eine Entscheidung darüber begründen können, ob das eingestellte Verfahren zur Ausschließung aus dem Beruf geführt hätte. [2]Den Umfang des Verfahrens bestimmt die Kammer für Wirtschaftsprüfersachen beim Landgericht nach pflichtmäßigem Ermessen, ohne an Anträge gebunden zu sein; ihre Verfügungen können insoweit nicht angefochten werden.

(2) Zeugen sind, soweit nicht Ausnahmen vorgeschrieben oder zugelassen sind, eidlich zu vernehmen.

(3) [1]Die Staatsanwaltschaft und der oder die frühere Berufsangehörige sind an dem Verfahren zu beteiligen. [2]Ein Anspruch auf Benachrichtigung von den Terminen, die zum Zwecke der Beweissicherung anberaumt werden, steht den früheren Berufsangehörigen nur zu, wenn sie sich im Inland aufhalten und sie ihre Anschrift dem Landgericht angezeigt haben.

Fünfter Unterabschnitt. Vorläufiges Tätigkeits- und Berufsverbot[3]

§ 111[4] Voraussetzung des Verbots. (1) Sind dringende Gründe für die Annahme vorhanden, dass gegen Berufsangehörige auf Ausschließung aus dem Beruf erkannt werden wird, so kann durch Beschluss ein vorläufiges Tätigkeits- oder Berufsverbot verhängt werden.

---

[1] § 109 Abs. 1 Satz 1 geänd. mWv 17.6.2016 durch G v. 31.3.2016 (BGBl. I S. 518).
[2] § 110 Abs. 3 neu gef. mWv 17.6.2016 durch G v. 31.3.2016 (BGBl. I S. 518).
[3] Überschrift neu gef. mWv 6.9.2007 durch G v. 3.9.2007 (BGBl. I S. 2178).
[4] § 111 Abs. 1 neu gef. mWv 1.1.1995 durch G v. 15.7.1994 (BGBl. I S. 1569); Abs. 1 Satz 2 aufgeh. mWv 1.1.2004 durch G v. 1.12.2003 (BGBl. I S. 2446); Abs. 1 neu gef., Abs. 2 Satz 1 geänd. mWv 6.9.2007 durch G v. 3.9.2007 (BGBl. I S. 2178); Abs. 1, Abs. 2 Sätze 1 und 2 und Abs. 3 geänd. mWv 17.6.2016 durch G v. 31.3.2016 (BGBl. I S. 518).

(2) [1]Die Wirtschaftsprüferkammer oder die Abschlussprüferaufsichtsstelle kann in ihren jeweiligen Zuständigkeitsbereichen vor Einleitung des berufsgerichtlichen Verfahrens den Antrag auf Verhängung eines vorläufigen Tätigkeits- oder Berufsverbots stellen. [2]In dem Antrag sind die Pflichtverletzung, die dem oder der Berufsangehörigen zur Last gelegt wird, sowie die Beweismittel anzugeben.

(3) Für die Verhandlung und Entscheidung ist das Gericht zuständig, das im berufsgerichtlichen Verfahren gegen die Berufsangehörigen zu entscheiden hat oder vor dem das berufsgerichtliche Verfahren anhängig ist.

§ 112[1)] Mündliche Verhandlung. (1) Der Beschluß, durch den ein vorläufiges Tätigkeits- oder Berufsverbot verhängt wird, kann nur auf Grund mündlicher Verhandlung ergehen.

(2) Auf die Besetzung des Gerichts, die Ladung und die mündliche Verhandlung sind die Vorschriften entsprechend anzuwenden, die für die Hauptverhandlung vor dem erkennenden Gericht maßgebend sind, soweit sich nicht aus den folgenden Vorschriften etwas anderes ergibt.

(3) [1]In der ersten Ladung ist die den Berufsangehörigen zur Last gelegte Pflichtverletzung durch Anführung der sie begründenden Tatsachen zu bezeichnen; ferner sind die Beweismittel anzugeben. [2]Dies ist jedoch nicht erforderlich, wenn den Berufsangehörigen die Anschuldigungsschrift bereits mitgeteilt worden ist.

(4) Den Umfang der Beweisaufnahme bestimmt das Gericht nach pflichtmäßigem Ermessen, ohne an Anträge der Staatsanwaltschaft oder der Berufsangehörigen gebunden zu sein.

§ 113[2)] Abstimmung über das Verbot. Zur Verhängung des vorläufigen Tätigkeits- oder Berufsverbots ist eine Mehrheit von zwei Dritteln der Stimmen erforderlich.

§ 114[3)] Verbot im Anschluss an die Hauptverhandlung. [1]Hat das Gericht auf Ausschließung aus dem Beruf erkannt, so kann es im unmittelbaren Anschluß an die Hauptverhandlung über die Verhängung des vorläufigen Tätigkeits- oder Berufsverbots verhandeln und entscheiden. [2]Dies gilt auch dann, wenn die Berufsangehörigen zu der Hauptverhandlung nicht erschienen sind.

§ 115[4)] Zustellung des Beschlusses. [1]Der Beschluß ist mit Gründen zu versehen. [2]Er ist den Berufsangehörigen zuzustellen. [3]Waren die Berufsangehörigen bei der Verkündung des Beschlusses nicht anwesend, ist ihnen zusätzlich der Beschluß ohne Gründe unverzüglich nach der Verkündung zuzustellen.

---

1) § 112 Abs. 3 Satz 1 neu gef. mWv 1.1.1995 durch G v. 15.7.1994 (BGBl. I S. 1569); Abs. 1 geänd. mWv 6.9.2007 durch G v. 3.9.2007 (BGBl. I S. 2178); Abs. 3 Sätze 1 und 2 und Abs. 4 geänd. mWv 17.6.2016 durch G v. 31.3.2016 (BGBl. I S. 518).

2) § 113 geänd. mWv 6.9.2007 durch G v. 3.9.2007 (BGBl. I S. 2178).

3) § 114 Satz 1 geänd. mWv 6.9.2007 durch G v. 3.9.2007 (BGBl. I S. 2178); Satz 2 geänd. mWv 17.6.2016 durch G v. 31.3.2016 (BGBl. I S. 518).

4) § 115 Satz 3 angef. mWv 1.1.1995 durch G v. 15.7.1994 (BGBl. I S. 1569); Satz 2 und 3 geänd. mWv 17.6.2016 durch G v. 31.3.2016 (BGBl. I S. 518).

§ 116[1)] Wirkungen des Verbots. (1) Der Beschluß wird mit der Verkündung wirksam.

(2) [1] Berufsangehörige, gegen die ein vorläufiges Tätigkeitsverbot verhängt ist, dürfen die in der Entscheidung genannten Tätigkeiten nicht ausüben. [2] Berufsangehörige, gegen die ein vorläufiges Berufsverbot verhängt ist, dürfen ihren Beruf nicht ausüben.

(3) Berufsangehörige, gegen die ein vorläufiges Tätigkeits- oder Berufsverbot verhängt ist, dürfen jedoch ihre eigenen Angelegenheiten sowie die Angelegenheiten ihrer Ehegatten, Lebenspartner und minderjährigen Kinder wahrnehmen, soweit es sich nicht um die Erteilung von Prüfungsvermerken handelt.

(4) [1] Die Wirksamkeit von Rechtshandlungen, die Berufsangehörige vornehmen, wird durch vorläufige Tätigkeits- oder Berufsverbote nicht berührt. [2] Das Gleiche gilt für Rechtshandlungen, die ihnen gegenüber vorgenommen werden.

§ 117[2)] Zuwiderhandlungen gegen das Verbot. (1) Berufsangehörige, die gegen sie ergangene vorläufige Tätigkeits- oder Berufsverbote wissentlich zuwiderhandeln, werden aus dem Beruf ausgeschlossen, sofern nicht wegen besonderer Umstände eine mildere berufsgerichtliche Maßnahme ausreichend erscheint.

(2) Gerichte und Behörden sollen Berufsangehörige, die entgegen einem vorläufigen Tätigkeits- oder Berufsverbot vor ihnen auftreten, zurückweisen.

§ 118[3)] Beschwerde. (1) [1] Gegen den Beschluß, durch den das Landgericht oder das Oberlandesgericht ein vorläufige Tätigkeits- oder Berufsverbot verhängt, ist die sofortige Beschwerde zulässig. [2] Die Beschwerde hat keine aufschiebende Wirkung.

(2) Gegen den Beschluß, durch den das Landgericht oder das Oberlandesgericht es ablehnt, ein vorläufige Tätigkeits- oder Berufsverbot zu verhängen, steht der Staatsanwaltschaft die sofortige Beschwerde zu.

(3) [1] Über die sofortige Beschwerde entscheidet, sofern der angefochtene Beschluß von dem Landgericht erlassen ist, das Oberlandesgericht und, sofern er vor dem Oberlandesgericht ergangen ist, der Bundesgerichtshof. [2] Für das Verfahren gelten neben den Vorschriften der Strafprozeßordnung über die Beschwerde § 112 Abs. 1, 2 und 4 sowie §§ 113 und 115 dieses Gesetzes entsprechend.

§ 119[4)] Außerkrafttreten des Verbots. [1] Vorläufige Tätigkeits- und Berufsverbote treten außer Kraft, wenn das ihrer Verhängung zugrundeliegende berufsgerichtliche Verfahren eingestellt oder rechtskräftig abgeschlossen wird.

[1)] § 116 Abs. 3 geänd. mWv 1.8.2001 durch G v. 16.2.2001 (BGBl I S. 266); Abs. 2 bis 4 Satz 1 geänd. mWv 6.9.2007 durch G v. 3.9.2007 (BGBl. I S. 2178); Abs. 2 bis 4 neu gef. mWv 17.6.2016 durch G v. 31.3.2016 (BGBl. I S. 518).

[2)] § 117 neu gef. mWv 17.6.2016 durch G v. 31.3.2016 (BGBl. I S. 518).

[3)] § 118 Abs. 1 Satz 1 und Abs. 2 geänd. mWv 6.9.2007 durch G v. 3.9.2007 (BGBl. I S. 2178).

[4)] § 119 neu gef. mWv 17.6.2016 durch G v. 31.3.2016 (BGBl. I S. 518).

[2]Ein vorläufiges Berufsverbot tritt über Satz 1 hinaus außer Kraft, wenn ein Urteil ergeht, in dem nicht auf eine Ausschließung aus dem Beruf oder ein Berufsverbot erkannt wird. [3]Ein vorläufiges Tätigkeitsverbot tritt über Satz 1 hinaus außer Kraft, wenn ein Urteil ergeht, in dem weder auf eine Ausschließung aus dem Beruf oder ein Berufsverbot noch ein dem vorläufigen entsprechendes Tätigkeitsverbot erkannt wird.

§ 120[1)] Aufhebung des Verbots. (1) Das vorläufige Tätigkeits- oder Berufsverbot wird aufgehoben, wenn sich ergibt, daß die Voraussetzungen für seine Verhängung nicht oder nicht mehr vorliegen.

(2) Über die Aufhebung entscheidet das nach § 111 Abs. 3 zuständige Gericht.

(3) [1]Auf Antrag der Berufsangehörigen, das Verbot aufzuheben, kann eine erneute mündliche Verhandlung angeordnet werden. [2]Der Antrag kann nicht gestellt werden, solange über eine sofortige Beschwerde von Berufsangehörigen nach § 118 Abs. 1 noch nicht entschieden ist. [3]Gegen den Beschluß, durch den der Antrag abgelehnt wird, ist eine Beschwerde nicht zulässig.

§ 120a[2)] Mitteilung des Verbots. (1) Der Beschluß, durch den ein vorläufiges Tätigkeits- oder Berufsverbot verhängt wird, ist alsbald der Wirtschaftsprüferkammer in beglaubigter Abschrift mitzuteilen.

(2) Tritt das vorläufige Tätigkeits- oder Berufsverbot außer Kraft oder wird es aufgehoben, so gilt Absatz 1 entsprechend.

§ 121[3)] Bestellung eines Vertreters. (1) [1]Für Berufsangehörige, gegen die ein vorläufiges Tätigkeits- oder Berufsverbot verhängt ist, wird im Fall des Bedürfnisses von der Wirtschaftsprüferkammer ein Vertreter bestellt. [2]Vor der Bestellung sind die vom vorläufigen Tätigkeits- oder Berufsverbot betroffenen Berufsangehörigen zu hören; sie können geeignete Vertreter vorschlagen.

(2) Die Vertreter müssen Berufsangehörige sein.

(3) [1]Berufsangehörige, denen die Vertretung übertragen wird, können sie nur aus einem wichtigen Grund ablehnen. [2]Über die Ablehnung entscheidet die Wirtschaftsprüferkammer.

(4) [1]Die Vertreter führen ihr Amt unter eigener Verantwortung, jedoch für Rechnung und auf Kosten der Vertretenen. [2]An Weisungen der Vertretenen sind sie nicht gebunden.

(5) [1]Die Vertretenen haben den Vertretern eine angemessene Vergütung zu zahlen. [2]Auf Antrag der Vertretenen oder der Vertreter setzt der Vorstand der Wirtschaftsprüferkammer die Vergütung fest. [3]Die Vertreter sind befugt, Vor-

---

1) § 120 Abs. 1 geänd. mWv 6.9.2007 durch G v. 3.9.2007 (BGBl. I S. 2178); Abs. 3 Sätze 1 und 2 geänd. mWv 17.6.2016 durch G v. 31.3.2016 (BGBl. I S. 518).

2) § 120a Abs. 1 geänd. mWv 1.1.2002 durch G v. 19.12.2000 (BGBl. I S. 1769); Abs. 1 und 2 geänd. mWv 6.9.2007 durch G v. 3.9.2007 (BGBl. I S. 2178).

3) § 121 neu gef. mWv 17.6.2016 durch G v. 31.3.2016 (BGBl. I S. 518).

schüsse auf die vereinbarte oder festgesetzte Vergütung zu entnehmen. [4]Für die festgesetzte Vergütung haftet die Wirtschaftsprüferkammer wie ein Bürge.

Sechster Unterabschnitt. Vorläufige Untersagung[1)]

§ 121 a[2)] Voraussetzung des Verfahrens. (1) Sind dringende Gründe für die Annahme vorhanden, dass den betroffenen Berufsangehörigen die Aufrechterhaltung oder Vornahme eines pflichtwidrigen Verhaltens untersagt werden wird, so kann gegen sie durch Beschluss eine vorläufige Untersagung ausgesprochen werden.

(2) Für das weitere Verfahren gelten § 111 Abs. 2 bis § 120a sinngemäß.

Vierter Abschnitt. Kosten des berufsgerichtlichen Verfahrens; Vollstreckung der *berufsgerichtlichen* [*ab 1.8.2022:* berufsaufsichtlichen] Maßnahmen und der Kosten; Tilgung[3)]

§ 122[4)] Gerichtskosten. [1]In gerichtlichen Verfahren nach diesem Gesetz werden Gebühren nach dem Gebührenverzeichnis der Anlage zu diesem Gesetz erhoben. [2]Im Übrigen sind die für Kosten in Strafsachen geltenden Vorschriften des Gerichtskostengesetzes entsprechend anzuwenden.

§ 123.[5)] (weggefallen)

§ 124[6)] Kostenpflicht. (1) [1]Berufsangehörigen, die ihren Antrag auf berufsgerichtliche Entscheidung zurücknehmen, deren Antrag auf berufsgerichtliche Entscheidung zurückgewiesen wird oder die in dem berufsgerichtlichen Verfahren verurteilt werden, sind die in dem Verfahren entstandenen Kosten ganz oder teilweise aufzuerlegen. [2]Dasselbe gilt, wenn das berufsgerichtliche Verfahren wegen Erlöschens, Rücknahme oder Widerrufs der Bestellung eingestellt wird und nach dem Ergebnis des bisherigen Verfahrens die Verhängung einer berufsaufsichtlichen Maßnahme gerechtfertigt war; zu den Kosten des berufsgerichtlichen Verfahrens gehören in diesem Fall auch diejenigen, die in einem anschließenden Verfahren zum Zwecke der Beweissicherung (§§ 109 und 110) entstehen. [3]Wird das Verfahren nach § 103 Absatz 3 Nummer 2 eingestellt, kann das Gericht den Berufsangehörigen die in dem Verfahren entstandenen Kosten ganz oder teilweise auferlegen, wenn es dies für angemessen erachtet.

(2) [1]Den Berufsangehörigen, die in dem berufsgerichtlichen Verfahren ein Rechtsmittel zurückgenommen oder ohne Erfolg eingelegt haben, sind die durch dieses Verfahren entstandenen Kosten aufzuerlegen. [2]Hatte das Rechtsmittel teilweise Erfolg, so kann den Berufsangehörigen ein angemessener Teil dieser Kosten auferlegt werden.

---

1) 6. Unterabschnitt eingef. mWv 1.1.2004 durch G v. 1.12.2003 (BGBl. I S. 2446).

2) § 121a eingef. mWv 1.1.2004 durch G v. 1.12.2003 (BGBl. I S. 2446).

3) Überschrift 4. Abschn. geänd. mWv 17.6.2016 durch G v. 31.3.2016 (BGBl. I S. 518); geänd. mWv 1.8.2022 durch G v. 7.7.2021 (BGBl. I S. 2363).

4) § 122 neu gef. mWv 17.6.2016 durch G v. 31.3.2016 (BGBl. I S. 518).

5) § 123 aufgeh. mWv 17.6.2016 durch G v. 31.3.2016 (BGBl. I S. 518).

6) § 124 neu gef. mWv 17.6.2016 durch G v. 31.3.2016 (BGBl. I S. 518).

vor T 1–T 3
Einkommensteuertabellen 2022
Lohnsteuertabellen Dezember 2022
Übergangstabellen Solidaritätszuschlag 2022

Die in dieser Sammlung enthaltenen Einkommensteuertabellen wurden nach den in § 32a EStG i. d. F. des Gesetzes zur steuerlichen Entlastung der Familien sowie zur Anpassung weiterer steuerlicher Regelungen (Zweites Familienentlastungsgesetz – 2. FamEntlastG) vorgegebenen Berechnungsgrundlagen ermittelt. Für die Berechnung der Einkommensteuer kommt der stufenlose Steuertarif zur Anwendung. Zur Anwendung der Tabellen siehe die Vorbemerkungen zu T 1.

Die in dieser Sammlung enthaltenen Lohnsteuertabellen beruhen auf den in § 39b EStG vorgeschriebenen Berechnungsgrundlagen und sind auf Basis des vom BMF am 5.11.2022 bekannt gemachten geänderten Programmablaufplans für die Erstellung von **Lohnsteuertabellen 2022** erstellt worden.

Zur Anwendung der Tabellen siehe die Vorbemerkungen zu T 2.

Hinweis: *Die Zahlen der Tabellen sind nach amtlichen Unterlagen ermittelt. Ihre Wiedergabe erfolgt ohne Gewähr.*

Vorbemerkung

Die Berechnung der Einkommensteuer erfolgt nach einem stufenlosen Steuertarif. Dies bedeutet, dass die Einkommensteuer exakt für den sich bei der Steuerveranlagung jeweils ergebenden Einzelwert berechnet wird.

Eine jeden Einzelwert berücksichtigende Einkommensteuertabelle ist somit aus Umfangsgründen nicht mehr möglich, so dass die nach der Einkommensteuertabelle manuell abgelesene Einkommensteuer mit Ausnahme des ausgewiesenen zu versteuernden Einkommens grundsätzlich höher ist als die aufgrund eines Tabellenberechnungsprogramms nach den Formeltarifen elektronisch errechnete Einkommensteuer. Die genaue Berechnung der Einkommensteuer kann deshalb nur mit Hilfe des auf der CD beiliegenden Berechnungsprogramms vorgenommen werden. Die nachstehenden Einkommensteuer-, Grund- und Splittingtabellen geben Ihnen für die zwischen den ausgewiesenen zu versteuernden Einkommen liegenden Werte nur Annäherungswerte. Den Wert Ihrer Einkommensteuer können Sie aber, soweit Sie keine elektronische Berechnung vornehmen, innerhalb der ausgewiesenen zu versteuernden Einkommen zumindest annäherungsweise schätzen.

Die Höhe der **Einkommensteuer** bestimmt sich für 2022 allgemein nach dem **Einkommensteuertarif,** der in § 32a EStG i. d. F. des Familienentlastungsgesetzes vorgeschrieben ist.

Dieser Einkommensteuertarif hat folgenden **Aufbau:**

a) Null-Zone (Grundfreibetrag) für zu versteuernde Einkommen von 0 bis 9984 Euro,

b) Untere Zone mit einem ansteigenden Steuersatz von 14 v. H. bis 23,97 v. H. für zu versteuernde Einkommen von 9985 bis 14 926 Euro,

c) Progressionszone mit einem ansteigenden Steuersatz von 23,97 v. H. bis 42 v. H. für zu versteuernde Einkommen von 14 927 bis 58 596 Euro,

d) Proportionalzone mit einem Steuersatz von 42 v. H. für zu versteuernde Einkommen von von 58 597 bis 277 825 Euro und einem Steuersatz von 45 v. H. für zu versteuernde Einkommen von 277 826 Euro an.

Dieser Einkommensteuertarif gilt für alle Personen, für die nicht das Splitting-Verfahren anzuwenden ist, d. h. grundsätzlich für alle nicht verheirateten Personen, für die getrennt lebenden und für die getrennt zu veranlagenden Ehegatten.

Ehegatten können zwischen der Einzelveranlagung (§ 26a EStG) und der Zusammenveranlagung (§ 26b EStG) wählen, wenn beide unbeschränkt einkommensteuerpflichtig sind und nicht dauernd getrennt leben, diese Voraussetzungen zu Beginn des Veranlagungszeitraums vorgelegen haben oder im Laufe des Veranlagungszeitraums eingetreten sind und keiner der Ehegatten die Einzelveranlagung wählt. Ehegatten werden zusammen veranlagt, wenn beide Ehegatten die Zusammenveranlagung wählen. Die Wahl wird für den betreffenden Veranlagungszeitraum durch Angabe in der Steuererklärung getroffen.

Bei der Zusammenveranlagung wird das Splitting-Verfahren angewendet. Die Einkünfte der Ehegatten werden zusammengerechnet, den Ehegatten gemeinsam zugerechnet und die Ehegatten sodann gemeinsam als Steuerpflichtige behandelt.

Bei dem Splitting-Verfahren wird die Einkommensteuer für die Hälfte des gemeinsam zu versteuernden Einkommens beider Ehegatten nach dem Einkommensteuertarif gem. § 32a EStG berechnet und der ermittelte Steuerbetrag sodann verdoppelt.

Das **Splitting-Verfahren** ist auch anzuwenden

a) bei einem verwitweten Steuerpflichtigen für den Veranlagungszeitraum, der dem Kalenderjahr folgt, in dem sein Ehegatte verstorben ist, wenn der Steuerpflichtige und sein verstorbener Ehegatte im Zeitpunkt seines Todes die Voraussetzungen des § 26 Absatz 1Satz 1 erfüllt haben.

b) bei einem Steuerpflichtigen, dessen Ehe in dem Kalenderjahr, in dem er sein Einkommen bezogen hat, aufgelöst worden ist, wenn in diesem Kalenderjahr
   - der Steuerpflichtige und sein bisheriger Ehegatte die Voraussetzungen des § 26 Absatz 1 Satz 1 erfüllt haben,
   - der bisherige Ehegatte wieder geheiratet hat und er sowie sein neuer Ehegatte ebenfalls die Voraussetzungen des § 26 Absatz 1 Satz 1 erfüllen.

In den Fällen zu b) ist das Splitting-Verfahren allerdings dann nicht anzuwenden, wenn der Steuerpflichtige selber wieder geheiratet hat und getrennt oder wie ein Unverheirateter zur Einkommensteuer veranlagt wird.

Bemessungsgrundlage für die tarifliche Einkommensteuer ist das zu versteuernde Einkommen. Das zu versteuernde Einkommen ist wie folgt zu ermitteln:

Summe der Einkünfte aus den Einkunftsarten (§ 2 Abs. 1 EStG)

= **Summe der Einkünfte (§ 2 Abs. 1 EStG)**

./. Entlastungsbetrag für Alleinerziehende (§ 24b EStG)
./. Altersentlastungsbetrag (§ 24a EStG)
./. Freibetrag für Land- und Forstwirte (§ 13 Abs. 3 EStG)
\+ Hinzurechnungsbetrag (*§ 52 Abs. 3 Satz 5 EStG*[1] sowie § 8 Abs. 5 Satz 2 AIG)

= **Gesamtbetrag der Einkünfte (§ 2 Abs. 3 EStG)**

./. Verlustabzug nach § 10d EStG
./. Sonderausgaben (§§ 10, 10a, 10b, 10c EStG)
./. außergewöhnliche Belastungen (§§ 33 bis 33b EStG)
./. Steuerbegünstigung der zu Wohnzwecken genutzten Wohnungen, Gebäude und Baudenkmale sowie der schutzwürdigen Kulturgüter (§§ 10e bis 10i und § 52 Abs. 21 Satz 6 EStG i. d. F. vom 16.4.1997, BGBl. I S. 821 und § 7 FördG)
\+ Erstattungsüberhänge (§ 10 Abs. 4b Satz 3 EStG)
\+ zuzurechnendes *Einkommen* gemäß § 15 Abs. 1 AStG[2]

= **Einkommen (§ 2 Abs. 4 EStG)**

./. Freibeträge für Kinder (§§ 31 und 32 Abs. 6 EStG)
./. Härteausgleich nach § 46 Abs. 3 EStG, § 70 EStDV

= **zu versteuerndes Einkommen (§ 2 Abs. 5 EStG)**

---

[1] Jetzt § 52 Abs. 2 Satz 3 EStG.
[2] Eine Hinzurechnung entfällt ab VZ 2013.

Einkommensteuertarif nach § 32a EStG:

(1) Die tarifliche Einkommensteuer bemisst sich nach dem zu versteuernden Einkommen. Sie beträgt ab dem Veranlagungszeitraum 2022 vorbehaltlich der §§ 32b, 32d, 34, 34a, 34b und 34c jeweils in Euro für zu versteuernde Einkommen

1. bis 9984 Euro (Grundfreibetrag):
   0;
2. von 9985 Euro bis 14 926 Euro:
   (1008,70 · y + 1 400) · y;
3. von 14 927 Euro bis 58 596 Euro:
   (206,43 · z + 2 397) · z + 938,24;
4. von 58 597 Euro bis 277 825 Euro:
   0,42 · x – 9267,53;
5. von 277 826 Euro an:
   0,45 · x – 17 602,28.

Die Größe „y" ist ein Zehntausendstel des den Grundfreibetrag übersteigenden Teils des auf einen vollen Euro-Betrag abgerundeten zu versteuernden Einkommens. Die Größe „z" ist ein Zehntausendstel des 14 926 Euro übersteigenden Teils des auf einen vollen Euro-Betrag abgerundeten zu versteuernden Einkommens. Die Größe „x" ist das auf einen vollen Euro-Betrag abgerundete zu versteuernde Einkommen. Der sich ergebende Steuerbetrag ist auf den nächsten vollen Euro-Betrag abzurunden.

(2) bis (4) (weggefallen)

(5) Bei Ehegatten, die nach den §§ 26, 26b zusammen zur Einkommensteuer veranlagt werden, beträgt die tarifliche Einkommensteuer vorbehaltlich der §§ 32b, 32d, 34, 34a, 34b und 34c das Zweifache des Steuerbetrags, der sich für die Hälfte ihres gemeinsam zu versteuernden Einkommens nach Absatz 1 ergibt (Splitting-Verfahren).

(6) Das Verfahren nach Absatz 5 ist auch anzuwenden zur Berechnung der tariflichen Einkommensteuer für das zu versteuernde Einkommen

1. bei einem verwitweten Steuerpflichtigen für den Veranlagungszeitraum, der dem Kalenderjahr folgt, in dem der Ehegatte verstorben ist, wenn der Steuerpflichtige und sein verstorbener Ehegatte im Zeitpunkt seines Todes die Voraussetzungen des § 26 Absatz 1 Satz 1 erfüllt haben,
2. bei einem Steuerpflichtigen, dessen Ehe in dem Kalenderjahr, in dem er sein Einkommen bezogen hat, aufgelöst worden ist, wenn in diesem Kalenderjahr
   a) der Steuerpflichtige und sein bisheriger Ehegatte die Voraussetzungen des § 26 Absatz 1 Satz 1 erfüllt haben,
   b) der bisherige Ehegatte wieder geheiratet hat und

c) der bisherige Ehegatte und dessen neuer Ehegatte ebenfalls die Voraussetzungen des § 26 Absatz 1 Satz 1 erfüllen.

Voraussetzung für die Anwendung des Satzes 1 ist, dass der Steuerpflichtige nicht nach den §§ 26, 26a einzeln zur Einkommensteuer veranlagt wird.

ESt-Grundtabelle T 1a

laufende Nummer	zu versteuerndes Einkommen* in €	tarifliche Einkommensteuer* in €
1	9984	
2	10020	5
3	10056	10
4	10092	15
5	10128	20
6	10164	25
7	10200	30
8	10236	35
9	10272	41
10	10308	46
11	10344	51
12	10380	57
13	10416	62
14	10452	67
15	10488	73
16	10524	78
17	10560	83
18	10596	89
19	10632	94
20	10668	100
21	10704	106
22	10740	111
23	10776	117
24	10812	122
25	10848	128
26	10884	134
27	10920	139
28	10956	145
29	10992	151
30	11028	157
31	11064	162
32	11100	168
33	11136	174
34	11172	180
35	11208	186
36	11244	192
37	11280	198
38	11316	204
39	11352	210
40	11388	216
41	11424	222
42	11460	228
43	11496	234
44	11532	240
45	11568	247
46	11604	253
47	11640	259
48	11676	265
49	11712	272
50	11748	278
51	11784	284
52	11820	291
53	11856	297
54	11892	303
55	11928	310
56	11964	316
57	12000	323
58	12036	329
59	12072	336
60	12108	342
61	12144	349
62	12180	356
63	12216	362
64	12252	369
65	12288	376
66	12324	382
67	12360	389
68	12396	396
69	12432	403
70	12468	409
71	12504	416
72	12540	423
73	12576	430
74	12612	437
75	12648	444
76	12684	451
77	12720	458
78	12756	465
79	12792	472
80	12828	479
81	12864	486
82	12900	494
83	12936	501
84	12972	508
85	13008	515
86	13044	522
87	13080	530
88	13116	537
89	13152	544
90	13188	552
91	13224	559
92	13260	566
93	13296	574
94	13332	581
95	13368	589
96	13404	596
97	13440	604
98	13476	611
99	13512	619
100	13548	627
101	13584	634
102	13620	642
103	13656	650
104	13692	657
105	13728	665
106	13764	673
107	13800	681
108	13836	688
109	13872	696
110	13908	704
111	13944	712
112	13980	720
113	14016	728
114	14052	736
115	14088	744
116	14124	752
117	14160	760
118	14196	768
119	14232	776
120	14268	784

* Die Einkommensteuer gilt nur für den ausgewiesenen Wert, Zwischenwerte sind zu schätzen — s. Vorbemerkungen

T 1a ESt-Grundtabelle

Gültig ab 1. 1. 2022

laufende Nummer	zu versteuerndes Einkommen* in €	tarifliche Einkommensteuer* in €	laufende Nummer	zu versteuerndes Einkommen* in €	tarifliche Einkommensteuer* in €
121	14304	793	181	16464	1311
122	14340	801	182	16500	1320
123	14376	809	183	16536	1329
124	14412	817	184	16572	1338
125	14448	825	185	16608	1347
126	14484	834	186	16644	1356
127	14520	842	187	16680	1365
128	14556	850	188	16716	1373
129	14592	859	189	16752	1382
130	14628	867	190	16788	1391
131	14664	876	191	16824	1400
132	14700	884	192	16860	1409
133	14736	893	193	16896	1418
134	14772	901	194	16932	1427
135	14808	910	195	16968	1436
136	14844	918	196	17004	1445
137	14880	927	197	17040	1454
138	14916	935	198	17076	1463
139	14952	944	199	17112	1472
140	14988	953	200	17148	1481
141	15024	961	201	17184	1490
142	15060	970	202	17220	1498
143	15096	979	203	17256	1507
144	15132	987	204	17292	1516
145	15168	996	205	17328	1525
146	15204	1005	206	17364	1534
147	15240	1013	207	17400	1543
148	15276	1022	208	17436	1552
149	15312	1031	209	17472	1561
150	15348	1039	210	17508	1570
151	15384	1048	211	17544	1579
152	15420	1057	212	17580	1588
153	15456	1065	213	17616	1597
154	15492	1074	214	17652	1607
155	15528	1083	215	17688	1616
156	15564	1092	216	17724	1625
157	15600	1100	217	17760	1634
158	15636	1109	218	17796	1643
159	15672	1118	219	17832	1652
160	15708	1126	220	17868	1661
161	15744	1135	221	17904	1670
162	15780	1144	222	17940	1679
163	15816	1153	223	17976	1688
164	15852	1161	224	18012	1697
165	15888	1170	225	18048	1706
166	15924	1179	226	18084	1715
167	15960	1188	227	18120	1724
168	15996	1197	228	18156	1734
169	16032	1205	229	18192	1743
170	16068	1214	230	18228	1752
171	16104	1223	231	18264	1761
172	16140	1232	232	18300	1770
173	16176	1241	233	18336	1779
174	16212	1249	234	18372	1788
175	16248	1258	235	18408	1797
176	16284	1267	236	18444	1807
177	16320	1276	237	18480	1816
178	16356	1285	238	18516	1825
179	16392	1294	239	18552	1834
180	16428	1302	240	18588	1843

* Die Einkommensteuer gilt nur für den ausgewiesenen Wert, Zwischenwerte sind zu schätzen — s. Vorbemerkungen

laufende Nummer	zu versteuerndes Einkommen* in €	tarifliche Einkommensteuer* in €	laufende Nummer	zu versteuerndes Einkommen* in €	tarifliche Einkommensteuer* in €
241	18624	1852	301	20784	2413
242	18660	1862	302	20820	2422
243	18696	1871	303	20856	2432
244	18732	1880	304	20892	2441
245	18768	1889	305	20928	2451
246	18804	1898	306	20964	2460
247	18840	1908	307	21000	2470
248	18876	1917	308	21036	2479
249	18912	1926	309	21072	2489
250	18948	1935	310	21108	2498
251	18984	1944	311	21144	2508
252	19020	1954	312	21180	2518
253	19056	1963	313	21216	2527
254	19092	1972	314	21252	2537
255	19128	1981	315	21288	2546
256	19164	1991	316	21324	2556
257	19200	2000	317	21360	2565
258	19236	2009	318	21396	2575
259	19272	2018	319	21432	2585
260	19308	2028	320	21468	2594
261	19344	2037	321	21504	2604
262	19380	2046	322	21540	2613
263	19416	2056	323	21576	2623
264	19452	2065	324	21612	2633
265	19488	2074	325	21648	2642
266	19524	2084	326	21684	2652
267	19560	2093	327	21720	2662
268	19596	2102	328	21756	2671
269	19632	2111	329	21792	2681
270	19668	2121	330	21828	2690
271	19704	2130	331	21864	2700
272	19740	2139	332	21900	2710
273	19776	2149	333	21936	2719
274	19812	2158	334	21972	2729
275	19848	2168	335	22008	2739
276	19884	2177	336	22044	2749
277	19920	2186	337	22080	2758
278	19956	2196	338	22116	2768
279	19992	2205	339	22152	2778
280	20028	2214	340	22188	2787
281	20064	2224	341	22224	2797
282	20100	2233	342	22260	2807
283	20136	2243	343	22296	2816
284	20172	2252	344	22332	2826
285	20208	2261	345	22368	2836
286	20244	2271	346	22404	2846
287	20280	2280	347	22440	2855
288	20316	2290	348	22476	2865
289	20352	2299	349	22512	2875
290	20388	2309	350	22548	2885
291	20424	2318	351	22584	2894
292	20460	2327	352	22620	2904
293	20496	2337	353	22656	2914
294	20532	2346	354	22692	2924
295	20568	2356	355	22728	2934
296	20604	2365	356	22764	2943
297	20640	2375	357	22800	2953
298	20676	2384	358	22836	2963
299	20712	2394	359	22872	2973
300	20748	2403	360	22908	2983

* Die Einkommensteuer gilt nur für den ausgewiesenen Wert, Zwischenwerte sind zu schätzen — s. Vorbemerkungen

laufende Nummer	zu versteuerndes Einkommen* in €	tarifliche Einkommen-steuer* in €
361	22 944	2 992
362	22 980	3 002
363	23 016	3 012
364	23 052	3 022
365	23 088	3 032
366	23 124	3 042
367	23 160	3 051
368	23 196	3 061
369	23 232	3 071
370	23 268	3 081
371	23 304	3 091
372	23 340	3 101
373	23 376	3 111
374	23 412	3 120
375	23 448	3 130
376	23 484	3 140
377	23 520	3 150
378	23 556	3 160
379	23 592	3 170
380	23 628	3 180
381	23 664	3 190
382	23 700	3 200
383	23 736	3 210
384	23 772	3 220
385	23 808	3 230
386	23 844	3 240
387	23 880	3 250
388	23 916	3 259
389	23 952	3 269
390	23 988	3 279
391	24 024	3 289
392	24 060	3 299
393	24 096	3 309
394	24 132	3 319
395	24 168	3 329
396	24 204	3 339
397	24 240	3 349
398	24 276	3 359
399	24 312	3 369
400	24 348	3 379
401	24 384	3 389
402	24 420	3 400
403	24 456	3 410
404	24 492	3 420
405	24 528	3 430
406	24 564	3 440
407	24 600	3 450
408	24 636	3 460
409	24 672	3 470
410	24 708	3 480
411	24 744	3 490
412	24 780	3 500
413	24 816	3 510
414	24 852	3 520
415	24 888	3 530
416	24 924	3 541
417	24 960	3 551
418	24 996	3 561
419	25 032	3 571
420	25 068	3 581
421	25 104	3 591
422	25 140	3 601
423	25 176	3 612
424	25 212	3 622
425	25 248	3 632
426	25 284	3 642
427	25 320	3 652
428	25 356	3 662
429	25 392	3 673
430	25 428	3 683
431	25 464	3 693
432	25 500	3 703
433	25 536	3 713
434	25 572	3 724
435	25 608	3 734
436	25 644	3 744
437	25 680	3 754
438	25 716	3 764
439	25 752	3 775
440	25 788	3 785
441	25 824	3 795
442	25 860	3 805
443	25 896	3 816
444	25 932	3 826
445	25 968	3 836
446	26 004	3 846
447	26 040	3 857
448	26 076	3 867
449	26 112	3 877
450	26 148	3 888
451	26 184	3 898
452	26 220	3 908
453	26 256	3 919
454	26 292	3 929
455	26 328	3 939
456	26 364	3 949
457	26 400	3 960
458	26 436	3 970
459	26 472	3 981
460	26 508	3 991
461	26 544	4 001
462	26 580	4 012
463	26 616	4 022
464	26 652	4 032
465	26 688	4 043
466	26 724	4 053
467	26 760	4 063
468	26 796	4 074
469	26 832	4 084
470	26 868	4 095
471	26 904	4 105
472	26 940	4 115
473	26 976	4 126
474	27 012	4 136
475	27 048	4 147
476	27 084	4 157
477	27 120	4 168
478	27 156	4 178
479	27 192	4 188
480	27 228	4 199

* Die Einkommensteuer gilt nur für den ausgewiesenen Wert, Zwischenwerte sind zu schätzen – s. Vorbemerkungen

ESt-Grundtabelle T 1a

laufende Nummer	zu versteuerndes Einkommen* in €	tarifliche Einkommensteuer* in €	laufende Nummer	zu versteuerndes Einkommen* in €	tarifliche Einkommensteuer* in €
481	27 264	4 209	541	29 424	4 847
482	27 300	4 220	542	29 460	4 858
483	27 336	4 230	543	29 496	4 868
484	27 372	4 241	544	29 532	4 879
485	27 408	4 251	545	29 568	4 890
486	27 444	4 262	546	29 604	4 901
487	27 480	4 272	547	29 640	4 912
488	27 516	4 283	548	29 676	4 922
489	27 552	4 293	549	29 712	4 933
490	27 588	4 304	550	29 748	4 944
491	27 624	4 314	551	29 784	4 955
492	27 660	4 325	552	29 820	4 966
493	27 696	4 335	553	29 856	4 977
494	27 732	4 346	554	29 892	4 987
495	27 768	4 356	555	29 928	4 998
496	27 804	4 367	556	29 964	5 009
497	27 840	4 377	557	30 000	5 020
498	27 876	4 388	558	30 036	5 031
499	27 912	4 399	559	30 072	5 042
500	27 948	4 409	560	30 108	5 053
501	27 984	4 420	561	30 144	5 064
502	28 020	4 430	562	30 180	5 074
503	28 056	4 441	563	30 216	5 085
504	28 092	4 451	564	30 252	5 096
505	28 128	4 462	565	30 288	5 107
506	28 164	4 473	566	30 324	5 118
507	28 200	4 483	567	30 360	5 129
508	28 236	4 494	568	30 396	5 140
509	28 272	4 504	569	30 432	5 151
510	28 308	4 515	570	30 468	5 162
511	28 344	4 526	571	30 504	5 173
512	28 380	4 536	572	30 540	5 184
513	28 416	4 547	573	30 576	5 195
514	28 452	4 558	574	30 612	5 206
515	28 488	4 568	575	30 648	5 217
516	28 524	4 579	576	30 684	5 228
517	28 560	4 590	577	30 720	5 239
518	28 596	4 600	578	30 756	5 249
519	28 632	4 611	579	30 792	5 260
520	28 668	4 622	580	30 828	5 271
521	28 704	4 632	581	30 864	5 282
522	28 740	4 643	582	30 900	5 293
523	28 776	4 654	583	30 936	5 304
524	28 812	4 664	584	30 972	5 315
525	28 848	4 675	585	31 008	5 326
526	28 884	4 686	586	31 044	5 338
527	28 920	4 696	587	31 080	5 349
528	28 956	4 707	588	31 116	5 360
529	28 992	4 718	589	31 152	5 371
530	29 028	4 729	590	31 188	5 382
531	29 064	4 739	591	31 224	5 393
532	29 100	4 750	592	31 260	5 404
533	29 136	4 761	593	31 296	5 415
534	29 172	4 771	594	31 332	5 426
535	29 208	4 782	595	31 368	5 437
536	29 244	4 793	596	31 404	5 448
537	29 280	4 804	597	31 440	5 459
538	29 316	4 814	598	31 476	5 470
539	29 352	4 825	599	31 512	5 481
540	29 388	4 836	600	31 548	5 492

* Die Einkommensteuer gilt nur für den ausgewiesenen Wert, Zwischenwerte sind zu schätzen – s. Vorbemerkungen

laufende Nummer	zu versteuerndes Einkommen* in €	tarifliche Einkommensteuer* in €	laufende Nummer	zu versteuerndes Einkommen* in €	tarifliche Einkommensteuer* in €
601	31584	5503	661	33744	6179
602	31620	5515	662	33780	6191
603	31656	5526	663	33816	6202
604	31692	5537	664	33852	6214
605	31728	5548	665	33888	6225
606	31764	5559	666	33924	6237
607	31800	5570	667	33960	6248
608	31836	5581	668	33996	6260
609	31872	5592	669	34032	6271
610	31908	5604	670	34068	6282
611	31944	5615	671	34104	6294
612	31980	5626	672	34140	6305
613	32016	5637	673	34176	6317
614	32052	5648	674	34212	6328
615	32088	5659	675	34248	6340
616	32124	5671	676	34284	6351
617	32160	5682	677	34320	6363
618	32196	5693	678	34356	6374
619	32232	5704	679	34392	6386
620	32268	5715	680	34428	6397
621	32304	5727	681	34464	6409
622	32340	5738	682	34500	6421
623	32376	5749	683	34536	6432
624	32412	5760	684	34572	6444
625	32448	5772	685	34608	6455
626	32484	5783	686	34644	6467
627	32520	5794	687	34680	6478
628	32556	5805	688	34716	6490
629	32592	5817	689	34752	6501
630	32628	5828	690	34788	6513
631	32664	5839	691	34824	6525
632	32700	5850	692	34860	6536
633	32736	5862	693	34896	6548
634	32772	5873	694	34932	6559
635	32808	5884	695	34968	6571
636	32844	5895	696	35004	6583
637	32880	5907	697	35040	6594
638	32916	5918	698	35076	6606
639	32952	5929	699	35112	6617
640	32988	5941	700	35148	6629
641	33024	5952	701	35184	6641
642	33060	5963	702	35220	6652
643	33096	5975	703	35256	6664
644	33132	5986	704	35292	6676
645	33168	5997	705	35328	6687
646	33204	6009	706	35364	6699
647	33240	6020	707	35400	6711
648	33276	6031	708	35436	6722
649	33312	6043	709	35472	6734
650	33348	6054	710	35508	6746
651	33384	6065	711	35544	6757
652	33420	6077	712	35580	6769
653	33456	6088	713	35616	6781
654	33492	6100	714	35652	6793
655	33528	6111	715	35688	6804
656	33564	6122	716	35724	6816
657	33600	6134	717	35760	6828
658	33636	6145	718	35796	6839
659	33672	6157	719	35832	6851
660	33708	6168	720	35868	6863

* Die Einkommensteuer gilt nur für den ausgewiesenen Wert, Zwischenwerte sind zu schätzen — s. Vorbemerkungen

laufende Nummer	zu versteuerndes Einkommen* in €	tarifliche Einkommensteuer* in €
721	35 904	6 875
722	35 940	6 886
723	35 976	6 898
724	36 012	6 910
725	36 048	6 922
726	36 084	6 933
727	36 120	6 945
728	36 156	6 957
729	36 192	6 969
730	36 228	6 981
731	36 264	6 992
732	36 300	7 004
733	36 336	7 016
734	36 372	7 028
735	36 408	7 040
736	36 444	7 051
737	36 480	7 063
738	36 516	7 075
739	36 552	7 087
740	36 588	7 099
741	36 624	7 111
742	36 660	7 122
743	36 696	7 134
744	36 732	7 146
745	36 768	7 158
746	36 804	7 170
747	36 840	7 182
748	36 876	7 194
749	36 912	7 206
750	36 948	7 218
751	36 984	7 229
752	37 020	7 241
753	37 056	7 253
754	37 092	7 265
755	37 128	7 277
756	37 164	7 289
757	37 200	7 301
758	37 236	7 313
759	37 272	7 325
760	37 308	7 337
761	37 344	7 349
762	37 380	7 361
763	37 416	7 373
764	37 452	7 385
765	37 488	7 397
766	37 524	7 409
767	37 560	7 421
768	37 596	7 433
769	37 632	7 445
770	37 668	7 457
771	37 704	7 469
772	37 740	7 481
773	37 776	7 493
774	37 812	7 505
775	37 848	7 517
776	37 884	7 529
777	37 920	7 541
778	37 956	7 553
779	37 992	7 565
780	38 028	7 577
781	38 064	7 589
782	38 100	7 601
783	38 136	7 613
784	38 172	7 625
785	38 208	7 637
786	38 244	7 649
787	38 280	7 662
788	38 316	7 674
789	38 352	7 686
790	38 388	7 698
791	38 424	7 710
792	38 460	7 722
793	38 496	7 734
794	38 532	7 746
795	38 568	7 759
796	38 604	7 771
797	38 640	7 783
798	38 676	7 795
799	38 712	7 807
800	38 748	7 819
801	38 784	7 832
802	38 820	7 844
803	38 856	7 856
804	38 892	7 868
805	38 928	7 880
806	38 964	7 892
807	39 000	7 905
808	39 036	7 917
809	39 072	7 929
810	39 108	7 941
811	39 144	7 954
812	39 180	7 966
813	39 216	7 978
814	39 252	7 990
815	39 288	8 002
816	39 324	8 015
817	39 360	8 027
818	39 396	8 039
819	39 432	8 052
820	39 468	8 064
821	39 504	8 076
822	39 540	8 088
823	39 576	8 101
824	39 612	8 113
825	39 648	8 125
826	39 684	8 138
827	39 720	8 150
828	39 756	8 162
829	39 792	8 175
830	39 828	8 187
831	39 864	8 199
832	39 900	8 212
833	39 936	8 224
834	39 972	8 236
835	40 008	8 249
836	40 044	8 261
837	40 080	8 273
838	40 116	8 286
839	40 152	8 298
840	40 188	8 310

* Die Einkommensteuer gilt nur für den ausgewiesenen Wert, Zwischenwerte sind zu schätzen — s. Vorbemerkungen

laufende Nummer	zu versteuerndes Einkommen* in €	tarifliche Einkommensteuer* in €	laufende Nummer	zu versteuerndes Einkommen* in €	tarifliche Einkommensteuer* in €
841	40 224	8 323	901	42 384	9 076
842	40 260	8 335	902	42 420	9 088
843	40 296	8 348	903	42 456	9 101
844	40 332	8 360	904	42 492	9 114
845	40 368	8 372	905	42 528	9 127
846	40 404	8 385	906	42 564	9 139
847	40 440	8 397	907	42 600	9 152
848	40 476	8 410	908	42 636	9 165
849	40 512	8 422	909	42 672	9 178
850	40 548	8 435	910	42 708	9 190
851	40 584	8 447	911	42 744	9 203
852	40 620	8 459	912	42 780	9 216
853	40 656	8 472	913	42 816	9 229
854	40 692	8 484	914	42 852	9 241
855	40 728	8 497	915	42 888	9 254
856	40 764	8 509	916	42 924	9 267
857	40 800	8 522	917	42 960	9 280
858	40 836	8 534	918	42 996	9 293
859	40 872	8 547	919	43 032	9 305
860	40 908	8 559	920	43 068	9 318
861	40 944	8 572	921	43 104	9 331
862	40 980	8 584	922	43 140	9 344
863	41 016	8 597	923	43 176	9 357
864	41 052	8 609	924	43 212	9 370
865	41 088	8 622	925	43 248	9 382
866	41 124	8 634	926	43 284	9 395
867	41 160	8 647	927	43 320	9 408
868	41 196	8 659	928	43 356	9 421
869	41 232	8 672	929	43 392	9 434
870	41 268	8 684	930	43 428	9 447
871	41 304	8 697	931	43 464	9 460
872	41 340	8 709	932	43 500	9 472
873	41 376	8 722	933	43 536	9 485
874	41 412	8 735	934	43 572	9 498
875	41 448	8 747	935	43 608	9 511
876	41 484	8 760	936	43 644	9 524
877	41 520	8 772	937	43 680	9 537
878	41 556	8 785	938	43 716	9 550
879	41 592	8 797	939	43 752	9 563
880	41 628	8 810	940	43 788	9 576
881	41 664	8 823	941	43 824	9 588
882	41 700	8 835	942	43 860	9 601
883	41 736	8 848	943	43 896	9 614
884	41 772	8 860	944	43 932	9 627
885	41 808	8 873	945	43 968	9 640
886	41 844	8 886	946	44 004	9 653
887	41 880	8 898	947	44 040	9 666
888	41 916	8 911	948	44 076	9 679
889	41 952	8 924	949	44 112	9 692
890	41 988	8 936	950	44 148	9 705
891	42 024	8 949	951	44 184	9 718
892	42 060	8 962	952	44 220	9 731
893	42 096	8 974	953	44 256	9 744
894	42 132	8 987	954	44 292	9 757
895	42 168	9 000	955	44 328	9 770
896	42 204	9 012	956	44 364	9 783
897	42 240	9 025	957	44 400	9 796
898	42 276	9 038	958	44 436	9 809
899	42 312	9 050	959	44 472	9 822
900	42 348	9 063	960	44 508	9 835

* Die Einkommensteuer gilt nur für den ausgewiesenen Wert, Zwischenwerte sind zu schätzen — s. Vorbemerkungen

laufende Nummer	zu versteuerndes Einkommen* in €	tarifliche Einkommensteuer* in €	laufende Nummer	zu versteuerndes Einkommen* in €	tarifliche Einkommensteuer* in €
961	44 544	9 848	1 021	46 704	10 640
962	44 580	9 861	1 022	46 740	10 653
963	44 616	9 874	1 023	46 776	10 666
964	44 652	9 887	1 024	46 812	10 680
965	44 688	9 900	1 025	46 848	10 693
966	44 724	9 913	1 026	46 884	10 706
967	44 760	9 926	1 027	46 920	10 720
968	44 796	9 939	1 028	46 956	10 733
969	44 832	9 952	1 029	46 992	10 747
970	44 868	9 966	1 030	47 028	10 760
971	44 904	9 979	1 031	47 064	10 773
972	44 940	9 992	1 032	47 100	10 787
973	44 976	10 005	1 033	47 136	10 800
974	45 012	10 018	1 034	47 172	10 814
975	45 048	10 031	1 035	47 208	10 827
976	45 084	10 044	1 036	47 244	10 840
977	45 120	10 057	1 037	47 280	10 854
978	45 156	10 070	1 038	47 316	10 867
979	45 192	10 083	1 039	47 352	10 881
980	45 228	10 097	1 040	47 388	10 894
981	45 264	10 110	1 041	47 424	10 908
982	45 300	10 123	1 042	47 460	10 921
983	45 336	10 136	1 043	47 496	10 935
984	45 372	10 149	1 044	47 532	10 948
985	45 408	10 162	1 045	47 568	10 962
986	45 444	10 175	1 046	47 604	10 975
987	45 480	10 189	1 047	47 640	10 989
988	45 516	10 202	1 048	47 676	11 002
989	45 552	10 215	1 049	47 712	11 016
990	45 588	10 228	1 050	47 748	11 029
991	45 624	10 241	1 051	47 784	11 043
992	45 660	10 255	1 052	47 820	11 056
993	45 696	10 268	1 053	47 856	11 070
994	45 732	10 281	1 054	47 892	11 083
995	45 768	10 294	1 055	47 928	11 097
996	45 804	10 307	1 056	47 964	11 110
997	45 840	10 321	1 057	48 000	11 124
998	45 876	10 334	1 058	48 036	11 137
999	45 912	10 347	1 059	48 072	11 151
1 000	45 948	10 360	1 060	48 108	11 164
1 001	45 984	10 374	1 061	48 144	11 178
1 002	46 020	10 387	1 062	48 180	11 191
1 003	46 056	10 400	1 063	48 216	11 205
1 004	46 092	10 413	1 064	48 252	11 219
1 005	46 128	10 427	1 065	48 288	11 232
1 006	46 164	10 440	1 066	48 324	11 246
1 007	46 200	10 453	1 067	48 360	11 259
1 008	46 236	10 466	1 068	48 396	11 273
1 009	46 272	10 480	1 069	48 432	11 287
1 010	46 308	10 493	1 070	48 468	11 300
1 011	46 344	10 506	1 071	48 504	11 314
1 012	46 380	10 520	1 072	48 540	11 327
1 013	46 416	10 533	1 073	48 576	11 341
1 014	46 452	10 546	1 074	48 612	11 355
1 015	46 488	10 560	1 075	48 648	11 368
1 016	46 524	10 573	1 076	48 684	11 382
1 017	46 560	10 586	1 077	48 720	11 396
1 018	46 596	10 600	1 078	48 756	11 409
1 019	46 632	10 613	1 079	48 792	11 423
1 020	46 668	10 626	1 080	48 828	11 437

* Die Einkommensteuer gilt nur für den ausgewiesenen Wert, Zwischenwerte sind zu schätzen — s. Vorbemerkungen

laufende Nummer	zu versteuerndes Einkommen* in €	tarifliche Einkommensteuer* in €	laufende Nummer	zu versteuerndes Einkommen* in €	tarifliche Einkommensteuer* in €
1081	48864	11450	1141	51024	12280
1082	48900	11464	1142	51060	12294
1083	48936	11478	1143	51096	12308
1084	48972	11491	1144	51132	12322
1085	49008	11505	1145	51168	12336
1086	49044	11519	1146	51204	12350
1087	49080	11532	1147	51240	12364
1088	49116	11546	1148	51276	12378
1089	49152	11560	1149	51312	12392
1090	49188	11574	1150	51348	12407
1091	49224	11587	1151	51384	12421
1092	49260	11601	1152	51420	12435
1093	49296	11615	1153	51456	12449
1094	49332	11629	1154	51492	12463
1095	49368	11642	1155	51528	12477
1096	49404	11656	1156	51564	12491
1097	49440	11670	1157	51600	12505
1098	49476	11684	1158	51636	12519
1099	49512	11697	1159	51672	12533
1100	49548	11711	1160	51708	12547
1101	49584	11725	1161	51744	12561
1102	49620	11739	1162	51780	12575
1103	49656	11752	1163	51816	12590
1104	49692	11766	1164	51852	12604
1105	49728	11780	1165	51888	12618
1106	49764	11794	1166	51924	12632
1107	49800	11808	1167	51960	12646
1108	49836	11821	1168	51996	12660
1109	49872	11835	1169	52032	12674
1110	49908	11849	1170	52068	12688
1111	49944	11863	1171	52104	12703
1112	49980	11877	1172	52140	12717
1113	50016	11891	1173	52176	12731
1114	50052	11904	1174	52212	12745
1115	50088	11918	1175	52248	12759
1116	50124	11932	1176	52284	12773
1117	50160	11946	1177	52320	12788
1118	50196	11960	1178	52356	12802
1119	50232	11974	1179	52392	12816
1120	50268	11988	1180	52428	12830
1121	50304	12002	1181	52464	12844
1122	50340	12015	1182	52500	12859
1123	50376	12029	1183	52536	12873
1124	50412	12043	1184	52572	12887
1125	50448	12057	1185	52608	12901
1126	50484	12071	1186	52644	12916
1127	50520	12085	1187	52680	12930
1128	50556	12099	1188	52716	12944
1129	50592	12113	1189	52752	12958
1130	50628	12127	1190	52788	12972
1131	50664	12141	1191	52824	12987
1132	50700	12155	1192	52860	13001
1133	50736	12169	1193	52896	13015
1134	50772	12183	1194	52932	13030
1135	50808	12196	1195	52968	13044
1136	50844	12210	1196	53004	13058
1137	50880	12224	1197	53040	13072
1138	50916	12238	1198	53076	13087
1139	50952	12252	1199	53112	13101
1140	50988	12266	1200	53148	13115

* Die Einkommensteuer gilt nur für den ausgewiesenen Wert, Zwischenwerte sind zu schätzen — s. Vorbemerkungen

laufende Nummer	zu versteuerndes Einkommen* in €	tarifliche Einkommensteuer* in €
1 201	53 184	13 130
1 202	53 220	13 144
1 203	53 256	13 158
1 204	53 292	13 173
1 205	53 328	13 187
1 206	53 364	13 201
1 207	53 400	13 216
1 208	53 436	13 230
1 209	53 472	13 244
1 210	53 508	13 259
1 211	53 544	13 273
1 212	53 580	13 287
1 213	53 616	13 302
1 214	53 652	13 316
1 215	53 688	13 331
1 216	53 724	13 345
1 217	53 760	13 359
1 218	53 796	13 374
1 219	53 832	13 388
1 220	53 868	13 403
1 221	53 904	13 417
1 222	53 940	13 431
1 223	53 976	13 446
1 224	54 012	13 460
1 225	54 048	13 475
1 226	54 084	13 489
1 227	54 120	13 504
1 228	54 156	13 518
1 229	54 192	13 533
1 230	54 228	13 547
1 231	54 264	13 562
1 232	54 300	13 576
1 233	54 336	13 590
1 234	54 372	13 605
1 235	54 408	13 619
1 236	54 444	13 634
1 237	54 480	13 648
1 238	54 516	13 663
1 239	54 552	13 677
1 240	54 588	13 692
1 241	54 624	13 707
1 242	54 660	13 721
1 243	54 696	13 736
1 244	54 732	13 750
1 245	54 768	13 765
1 246	54 804	13 779
1 247	54 840	13 794
1 248	54 876	13 808
1 249	54 912	13 823
1 250	54 948	13 838
1 251	54 984	13 852
1 252	55 020	13 867
1 253	55 056	13 881
1 254	55 092	13 896
1 255	55 128	13 910
1 256	55 164	13 925
1 257	55 200	13 940
1 258	55 236	13 954
1 259	55 272	13 969
1 260	55 308	13 984
1 261	55 344	13 998
1 262	55 380	14 013
1 263	55 416	14 027
1 264	55 452	14 042
1 265	55 488	14 057
1 266	55 524	14 071
1 267	55 560	14 086
1 268	55 596	14 101
1 269	55 632	14 115
1 270	55 668	14 130
1 271	55 704	14 145
1 272	55 740	14 160
1 273	55 776	14 174
1 274	55 812	14 189
1 275	55 848	14 204
1 276	55 884	14 218
1 277	55 920	14 233
1 278	55 956	14 248
1 279	55 992	14 263
1 280	56 028	14 277
1 281	56 064	14 292
1 282	56 100	14 307
1 283	56 136	14 322
1 284	56 172	14 336
1 285	56 208	14 351
1 286	56 244	14 366
1 287	56 280	14 381
1 288	56 316	14 395
1 289	56 352	14 410
1 290	56 388	14 425
1 291	56 424	14 440
1 292	56 460	14 455
1 293	56 496	14 469
1 294	56 532	14 484
1 295	56 568	14 499
1 296	56 604	14 514
1 297	56 640	14 529
1 298	56 676	14 543
1 299	56 712	14 558
1 300	56 748	14 573
1 301	56 784	14 588
1 302	56 820	14 603
1 303	56 856	14 618
1 304	56 892	14 633
1 305	56 928	14 647
1 306	56 964	14 662
1 307	57 000	14 677
1 308	57 036	14 692
1 309	57 072	14 707
1 310	57 108	14 722
1 311	57 144	14 737
1 312	57 180	14 752
1 313	57 216	14 767
1 314	57 252	14 781
1 315	57 288	14 796
1 316	57 324	14 811
1 317	57 360	14 826
1 318	57 396	14 841
1 319	57 432	14 856
1 320	57 468	14 871

* Die Einkommensteuer gilt nur für den ausgewiesenen Wert, Zwischenwerte sind zu schätzen — s. Vorbemerkungen

laufende Nummer	zu versteuerndes Einkommen* in €	tarifliche Einkommensteuer* in €	laufende Nummer	zu versteuerndes Einkommen* in €	tarifliche Einkommensteuer* in €
1 321	57 504	14 886	1 381	59 664	15 791
1 322	57 540	14 901	1 382	59 700	15 806
1 323	57 576	14 916	1 383	59 736	15 821
1 324	57 612	14 931	1 384	59 772	15 836
1 325	57 648	14 946	1 385	59 808	15 851
1 326	57 684	14 961	1 386	59 844	15 866
1 327	57 720	14 976	1 387	59 880	15 882
1 328	57 756	14 991	1 388	59 916	15 897
1 329	57 792	15 006	1 389	59 952	15 912
1 330	57 828	15 021	1 390	59 988	15 927
1 331	57 864	15 036	1 391	60 024	15 942
1 332	57 900	15 051	1 392	60 060	15 957
1 333	57 936	15 066	1 393	60 096	15 972
1 334	57 972	15 081	1 394	60 132	15 987
1 335	58 008	15 096	1 395	60 168	16 003
1 336	58 044	15 111	1 396	60 204	16 018
1 337	58 080	15 126	1 397	60 240	16 033
1 338	58 116	15 141	1 398	60 276	16 048
1 339	58 152	15 156	1 399	60 312	16 063
1 340	58 188	15 171	1 400	60 348	16 078
1 341	58 224	15 186	1 401	60 384	16 093
1 342	58 260	15 201	1 402	60 420	16 108
1 343	58 296	15 216	1 403	60 456	16 123
1 344	58 332	15 231	1 404	60 492	16 139
1 345	58 368	15 247	1 405	60 528	16 154
1 346	58 404	15 262	1 406	60 564	16 169
1 347	58 440	15 277	1 407	60 600	16 184
1 348	58 476	15 292	1 408	60 636	16 199
1 349	58 512	15 307	1 409	60 672	16 214
1 350	58 548	15 322	1 410	60 708	16 229
1 351	58 584	15 337	1 411	60 744	16 244
1 352	58 620	15 352	1 412	60 780	16 260
1 353	58 656	15 367	1 413	60 816	16 275
1 354	58 692	15 383	1 414	60 852	16 290
1 355	58 728	15 398	1 415	60 888	16 305
1 356	58 764	15 413	1 416	60 924	16 320
1 357	58 800	15 428	1 417	60 960	16 335
1 358	58 836	15 443	1 418	60 996	16 350
1 359	58 872	15 458	1 419	61 032	16 365
1 360	58 908	15 473	1 420	61 068	16 381
1 361	58 944	15 488	1 421	61 104	16 396
1 362	58 980	15 504	1 422	61 140	16 411
1 363	59 016	15 519	1 423	61 176	16 426
1 364	59 052	15 534	1 424	61 212	16 441
1 365	59 088	15 549	1 425	61 248	16 456
1 366	59 124	15 564	1 426	61 284	16 471
1 367	59 160	15 579	1 427	61 320	16 486
1 368	59 196	15 594	1 428	61 356	16 501
1 369	59 232	15 609	1 429	61 392	16 517
1 370	59 268	15 625	1 430	61 428	16 532
1 371	59 304	15 640	1 431	61 464	16 547
1 372	59 340	15 655	1 432	61 500	16 562
1 373	59 376	15 670	1 433	61 536	16 577
1 374	59 412	15 685	1 434	61 572	16 592
1 375	59 448	15 700	1 435	61 608	16 607
1 376	59 484	15 715	1 436	61 644	16 622
1 377	59 520	15 730	1 437	61 680	16 638
1 378	59 556	15 745	1 438	61 716	16 653
1 379	59 592	15 761	1 439	61 752	16 668
1 380	59 628	15 776	1 440	61 788	16 683

* Die Einkommensteuer gilt nur für den ausgewiesenen Wert, Zwischenwerte sind zu schätzen — s. Vorbemerkungen

laufende Nummer	zu versteuerndes Einkommen* in €	tarifliche Einkommen-steuer* in €
1441	61 824	16 698
1442	61 860	16 713
1443	61 896	16 728
1444	61 932	16 743
1445	61 968	16 759
1446	62 004	16 774
1447	62 040	16 789
1448	62 076	16 804
1449	62 112	16 819
1450	62 148	16 834
1451	62 184	16 849
1452	62 220	16 864
1453	62 256	16 879
1454	62 292	16 895
1455	62 328	16 910
1456	62 364	16 925
1457	62 400	16 940
1458	62 436	16 955
1459	62 472	16 970
1460	62 508	16 985
1461	62 544	17 000
1462	62 580	17 016
1463	62 616	17 031
1464	62 652	17 046
1465	62 688	17 061
1466	62 724	17 076
1467	62 760	17 091
1468	62 796	17 106
1469	62 832	17 121
1470	62 868	17 137
1471	62 904	17 152
1472	62 940	17 167
1473	62 976	17 182
1474	63 012	17 197
1475	63 048	17 212
1476	63 084	17 227
1477	63 120	17 242
1478	63 156	17 257
1479	63 192	17 273
1480	63 228	17 288
1481	63 264	17 303
1482	63 300	17 318
1483	63 336	17 333
1484	63 372	17 348
1485	63 408	17 363
1486	63 444	17 378
1487	63 480	17 394
1488	63 516	17 409
1489	63 552	17 424
1490	63 588	17 439
1491	63 624	17 454
1492	63 660	17 469
1493	63 696	17 484
1494	63 732	17 499
1495	63 768	17 515
1496	63 804	17 530
1497	63 840	17 545
1498	63 876	17 560
1499	63 912	17 575
1500	63 948	17 590

laufende Nummer	zu versteuerndes Einkommen* in €	tarifliche Einkommen-steuer* in €
1501	63 984	17 605
1502	64 020	17 620
1503	64 056	17 635
1504	64 092	17 651
1505	64 128	17 666
1506	64 164	17 681
1507	64 200	17 696
1508	64 236	17 711
1509	64 272	17 726
1510	64 308	17 741
1511	64 344	17 756
1512	64 380	17 772
1513	64 416	17 787
1514	64 452	17 802
1515	64 488	17 817
1516	64 524	17 832
1517	64 560	17 847
1518	64 596	17 862
1519	64 632	17 877
1520	64 668	17 893
1521	64 704	17 908
1522	64 740	17 923
1523	64 776	17 938
1524	64 812	17 953
1525	64 848	17 968
1526	64 884	17 983
1527	64 920	17 998
1528	64 956	18 013
1529	64 992	18 029
1530	65 028	18 044
1531	65 064	18 059
1532	65 100	18 074
1533	65 136	18 089
1534	65 172	18 104
1535	65 208	18 119
1536	65 244	18 134
1537	65 280	18 150
1538	65 316	18 165
1539	65 352	18 180
1540	65 388	18 195
1541	65 424	18 210
1542	65 460	18 225
1543	65 496	18 240
1544	65 532	18 255
1545	65 568	18 271
1546	65 604	18 286
1547	65 640	18 301
1548	65 676	18 316
1549	65 712	18 331
1550	65 748	18 346
1551	65 784	18 361
1552	65 820	18 376
1553	65 856	18 391
1554	65 892	18 407
1555	65 928	18 422
1556	65 964	18 437
1557	66 000	18 452
1558	66 036	18 467
1559	66 072	18 482
1560	66 108	18 497

* Die Einkommensteuer gilt nur für den ausgewiesenen Wert, Zwischenwerte sind zu schätzen – s. Vorbemerkungen

laufende Nummer	zu versteuerndes Einkommen* in €	tarifliche Einkommen-steuer* in €	laufende Nummer	zu versteuerndes Einkommen* in €	tarifliche Einkommen-steuer* in €
1 561	66 144	18 512	1 621	68 304	19 420
1 562	66 180	18 528	1 622	68 340	19 435
1 563	66 216	18 543	1 623	68 376	19 450
1 564	66 252	18 558	1 624	68 412	19 465
1 565	66 288	18 573	1 625	68 448	19 480
1 566	66 324	18 588	1 626	68 484	19 495
1 567	66 360	18 603	1 627	68 520	19 510
1 568	66 396	18 618	1 628	68 556	19 525
1 569	66 432	18 633	1 629	68 592	19 541
1 570	66 468	18 649	1 630	68 628	19 556
1 571	66 504	18 664	1 631	68 664	19 571
1 572	66 540	18 679	1 632	68 700	19 586
1 573	66 576	18 694	1 633	68 736	19 601
1 574	66 612	18 709	1 634	68 772	19 616
1 575	66 648	18 724	1 635	68 808	19 631
1 576	66 684	18 739	1 636	68 844	19 646
1 577	66 720	18 754	1 637	68 880	19 662
1 578	66 756	18 769	1 638	68 916	19 677
1 579	66 792	18 785	1 639	68 952	19 692
1 580	66 828	18 800	1 640	68 988	19 707
1 581	66 864	18 815	1 641	69 024	19 722
1 582	66 900	18 830	1 642	69 060	19 737
1 583	66 936	18 845	1 643	69 096	19 752
1 584	66 972	18 860	1 644	69 132	19 767
1 585	67 008	18 875	1 645	69 168	19 783
1 586	67 044	18 890	1 646	69 204	19 798
1 587	67 080	18 906	1 647	69 240	19 813
1 588	67 116	18 921	1 648	69 276	19 828
1 589	67 152	18 936	1 649	69 312	19 843
1 590	67 188	18 951	1 650	69 348	19 858
1 591	67 224	18 966	1 651	69 384	19 873
1 592	67 260	18 981	1 652	69 420	19 888
1 593	67 296	18 996	1 653	69 456	19 903
1 594	67 332	19 011	1 654	69 492	19 919
1 595	67 368	19 027	1 655	69 528	19 934
1 596	67 404	19 042	1 656	69 564	19 949
1 597	67 440	19 057	1 657	69 600	19 964
1 598	67 476	19 072	1 658	69 636	19 979
1 599	67 512	19 087	1 659	69 672	19 994
1 600	67 548	19 102	1 660	69 708	20 009
1 601	67 584	19 117	1 661	69 744	20 024
1 602	67 620	19 132	1 662	69 780	20 040
1 603	67 656	19 147	1 663	69 816	20 055
1 604	67 692	19 163	1 664	69 852	20 070
1 605	67 728	19 178	1 665	69 888	20 085
1 606	67 764	19 193	1 666	69 924	20 100
1 607	67 800	19 208	1 667	69 960	20 115
1 608	67 836	19 223	1 668	69 996	20 130
1 609	67 872	19 238	1 669	70 032	20 145
1 610	67 908	19 253	1 670	70 068	20 161
1 611	67 944	19 268	1 671	70 104	20 176
1 612	67 980	19 284	1 672	70 140	20 191
1 613	68 016	19 299	1 673	70 176	20 206
1 614	68 052	19 314	1 674	70 212	20 221
1 615	68 088	19 329	1 675	70 248	20 236
1 616	68 124	19 344	1 676	70 284	20 251
1 617	68 160	19 359	1 677	70 320	20 266
1 618	68 196	19 374	1 678	70 356	20 281
1 619	68 232	19 389	1 679	70 392	20 297
1 620	68 268	19 405	1 680	70 428	20 312

* Die Einkommensteuer gilt nur für den ausgewiesenen Wert, Zwischenwerte sind zu schätzen – s. Vorbemerkungen

laufende Nummer	zu versteuerndes Einkommen* in €	tarifliche Einkommensteuer* in €
1681	70464	20327
1682	70500	20342
1683	70536	20357
1684	70572	20372
1685	70608	20387
1686	70644	20402
1687	70680	20418
1688	70716	20433
1689	70752	20448
1690	70788	20463
1691	70824	20478
1692	70860	20493
1693	70896	20508
1694	70932	20523
1695	70968	20539
1696	71004	20554
1697	71040	20569
1698	71076	20584
1699	71112	20599
1700	71148	20614
1701	71184	20629
1702	71220	20644
1703	71256	20659
1704	71292	20675
1705	71328	20690
1706	71364	20705
1707	71400	20720
1708	71436	20735
1709	71472	20750
1710	71508	20765
1711	71544	20780
1712	71580	20796
1713	71616	20811
1714	71652	20826
1715	71688	20841
1716	71724	20856
1717	71760	20871
1718	71796	20886
1719	71832	20901
1720	71868	20917
1721	71904	20932
1722	71940	20947
1723	71976	20962
1724	72012	20977
1725	72048	20992
1726	72084	21007
1727	72120	21022
1728	72156	21037
1729	72192	21053
1730	72228	21068
1731	72264	21083
1732	72300	21098
1733	72336	21113
1734	72372	21128
1735	72408	21143
1736	72444	21158
1737	72480	21174
1738	72516	21189
1739	72552	21204
1740	72588	21219
1741	72624	21234
1742	72660	21249
1743	72696	21264
1744	72732	21279
1745	72768	21295
1746	72804	21310
1747	72840	21325
1748	72876	21340
1749	72912	21355
1750	72948	21370
1751	72984	21385
1752	73020	21400
1753	73056	21415
1754	73092	21431
1755	73128	21446
1756	73164	21461
1757	73200	21476
1758	73236	21491
1759	73272	21506
1760	73308	21521
1761	73344	21536
1762	73380	21552
1763	73416	21567
1764	73452	21582
1765	73488	21597
1766	73524	21612
1767	73560	21627
1768	73596	21642
1769	73632	21657
1770	73668	21673
1771	73704	21688
1772	73740	21703
1773	73776	21718
1774	73812	21733
1775	73848	21748
1776	73884	21763
1777	73920	21778
1778	73956	21793
1779	73992	21809
1780	74028	21824
1781	74064	21839
1782	74100	21854
1783	74136	21869
1784	74172	21884
1785	74208	21899
1786	74244	21914
1787	74280	21930
1788	74316	21945
1789	74352	21960
1790	74388	21975
1791	74424	21990
1792	74460	22005
1793	74496	22020
1794	74532	22035
1795	74568	22051
1796	74604	22066
1797	74640	22081
1798	74676	22096
1799	74712	22111
1800	74748	22126

* Die Einkommensteuer gilt nur für den ausgewiesenen Wert, Zwischenwerte sind zu schätzen – s. Vorbemerkungen

laufende Nummer	zu versteuerndes Einkommen* in €	tarifliche Einkommensteuer* in €	laufende Nummer	zu versteuerndes Einkommen* in €	tarifliche Einkommensteuer* in €
1801	74784	22141	1861	76944	23048
1802	74820	22156	1862	76980	23064
1803	74856	22171	1863	77016	23079
1804	74892	22187	1864	77052	23094
1805	74928	22202	1865	77088	23109
1806	74964	22217	1866	77124	23124
1807	75000	22232	1867	77160	23139
1808	75036	22247	1868	77196	23154
1809	75072	22262	1869	77232	23169
1810	75108	22277	1870	77268	23185
1811	75144	22292	1871	77304	23200
1812	75180	22308	1872	77340	23215
1813	75216	22323	1873	77376	23230
1814	75252	22338	1874	77412	23245
1815	75288	22353	1875	77448	23260
1816	75324	22368	1876	77484	23275
1817	75360	22383	1877	77520	23290
1818	75396	22398	1878	77556	23305
1819	75432	22413	1879	77592	23321
1820	75468	22429	1880	77628	23336
1821	75504	22444	1881	77664	23351
1822	75540	22459	1882	77700	23366
1823	75576	22474	1883	77736	23381
1824	75612	22489	1884	77772	23396
1825	75648	22504	1885	77808	23411
1826	75684	22519	1886	77844	23426
1827	75720	22534	1887	77880	23442
1828	75756	22549	1888	77916	23457
1829	75792	22565	1889	77952	23472
1830	75828	22580	1890	77988	23487
1831	75864	22595	1891	78024	23502
1832	75900	22610	1892	78060	23517
1833	75936	22625	1893	78096	23532
1834	75972	22640	1894	78132	23547
1835	76008	22655	1895	78168	23563
1836	76044	22670	1896	78204	23578
1837	76080	22686	1897	78240	23593
1838	76116	22701	1898	78276	23608
1839	76152	22716	1899	78312	23623
1840	76188	22731	1900	78348	23638
1841	76224	22746	1901	78384	23653
1842	76260	22761	1902	78420	23668
1843	76296	22776	1903	78456	23683
1844	76332	22791	1904	78492	23699
1845	76368	22807	1905	78528	23714
1846	76404	22822	1906	78564	23729
1847	76440	22837	1907	78600	23744
1848	76476	22852	1908	78636	23759
1849	76512	22867	1909	78672	23774
1850	76548	22882	1910	78708	23789
1851	76584	22897	1911	78744	23804
1852	76620	22912	1912	78780	23820
1853	76656	22927	1913	78816	23835
1854	76692	22943	1914	78852	23850
1855	76728	22958	1915	78888	23865
1856	76764	22973	1916	78924	23880
1857	76800	22988	1917	78960	23895
1858	76836	23003	1918	78996	23910
1859	76872	23018	1919	79032	23925
1860	76908	23033	1920	79068	23941

* Die Einkommensteuer gilt nur für den ausgewiesenen Wert, Zwischenwerte sind zu schätzen – s. Vorbemerkungen

laufende Nummer	zu versteuerndes Einkommen* in €	tarifliche Einkommensteuer* in €	laufende Nummer	zu versteuerndes Einkommen* in €	tarifliche Einkommensteuer* in €
1921	79104	23956	1981	81264	24863
1922	79140	23971	1982	81300	24878
1923	79176	23986	1983	81336	24893
1924	79212	24001	1984	81372	24908
1925	79248	24016	1985	81408	24923
1926	79284	24031	1986	81444	24938
1927	79320	24046	1987	81480	24954
1928	79356	24061	1988	81516	24969
1929	79392	24077	1989	81552	24984
1930	79428	24092	1990	81588	24999
1931	79464	24107	1991	81624	25014
1932	79500	24122	1992	81660	25029
1933	79536	24137	1993	81696	25044
1934	79572	24152	1994	81732	25059
1935	79608	24167	1995	81768	25075
1936	79644	24182	1996	81804	25090
1937	79680	24198	1997	81840	25105
1938	79716	24213	1998	81876	25120
1939	79752	24228	1999	81912	25135
1940	79788	24243	2000	81948	25150
1941	79824	24258	2001	81984	25165
1942	79860	24273	2002	82020	25180
1943	79896	24288	2003	82056	25195
1944	79932	24303	2004	82092	25211
1945	79968	24319	2005	82128	25226
1946	80004	24334	2006	82164	25241
1947	80040	24349	2007	82200	25256
1948	80076	24364	2008	82236	25271
1949	80112	24379	2009	82272	25286
1950	80148	24394	2010	82308	25301
1951	80184	24409	2011	82344	25316
1952	80220	24424	2012	82380	25332
1953	80256	24439	2013	82416	25347
1954	80292	24455	2014	82452	25362
1955	80328	24470	2015	82488	25377
1956	80364	24485	2016	82524	25392
1957	80400	24500	2017	82560	25407
1958	80436	24515	2018	82596	25422
1959	80472	24530	2019	82632	25437
1960	80508	24545	2020	82668	25453
1961	80544	24560	2021	82704	25468
1962	80580	24576	2022	82740	25483
1963	80616	24591	2023	82776	25498
1964	80652	24606	2024	82812	25513
1965	80688	24621	2025	82848	25528
1966	80724	24636	2026	82884	25543
1967	80760	24651	2027	82920	25558
1968	80796	24666	2028	82956	25573
1969	80832	24681	2029	82992	25589
1970	80868	24697	2030	83028	25604
1971	80904	24712	2031	83064	25619
1972	80940	24727	2032	83100	25634
1973	80976	24742	2033	83136	25649
1974	81012	24757	2034	83172	25664
1975	81048	24772	2035	83208	25679
1976	81084	24787	2036	83244	25694
1977	81120	24802	2037	83280	25710
1978	81156	24817	2038	83316	25725
1979	81192	24833	2039	83352	25740
1980	81228	24848	2040	83388	25755

* Die Einkommensteuer gilt nur für den ausgewiesenen Wert, Zwischenwerte sind zu schätzen — s. Vorbemerkungen

laufende Nummer	zu versteuerndes Einkommen* in €	tarifliche Einkommensteuer* in €	laufende Nummer	zu versteuerndes Einkommen* in €	tarifliche Einkommensteuer* in €
2 041	83 424	25 770	2 101	85 584	26 677
2 042	83 460	25 785	2 102	85 620	26 692
2 043	83 496	25 800	2 103	85 656	26 707
2 044	83 532	25 815	2 104	85 692	26 723
2 045	83 568	25 831	2 105	85 728	26 738
2 046	83 604	25 846	2 106	85 764	26 753
2 047	83 640	25 861	2 107	85 800	26 768
2 048	83 676	25 876	2 108	85 836	26 783
2 049	83 712	25 891	2 109	85 872	26 798
2 050	83 748	25 906	2 110	85 908	26 813
2 051	83 784	25 921	2 111	85 944	26 828
2 052	83 820	25 936	2 112	85 980	26 844
2 053	83 856	25 951	2 113	86 016	26 859
2 054	83 892	25 967	2 114	86 052	26 874
2 055	83 928	25 982	2 115	86 088	26 889
2 056	83 964	25 997	2 116	86 124	26 904
2 057	84 000	26 012	2 117	86 160	26 919
2 058	84 036	26 027	2 118	86 196	26 934
2 059	84 072	26 042	2 119	86 232	26 949
2 060	84 108	26 057	2 120	86 268	26 965
2 061	84 144	26 072	2 121	86 304	26 980
2 062	84 180	26 088	2 122	86 340	26 995
2 063	84 216	26 103	2 123	86 376	27 010
2 064	84 252	26 118	2 124	86 412	27 025
2 065	84 288	26 133	2 125	86 448	27 040
2 066	84 324	26 148	2 126	86 484	27 055
2 067	84 360	26 163	2 127	86 520	27 070
2 068	84 396	26 178	2 128	86 556	27 085
2 069	84 432	26 193	2 129	86 592	27 101
2 070	84 468	26 209	2 130	86 628	27 116
2 071	84 504	26 224	2 131	86 664	27 131
2 072	84 540	26 239	2 132	86 700	27 146
2 073	84 576	26 254	2 133	86 736	27 161
2 074	84 612	26 269	2 134	86 772	27 176
2 075	84 648	26 284	2 135	86 808	27 191
2 076	84 684	26 299	2 136	86 844	27 206
2 077	84 720	26 314	2 137	86 880	27 222
2 078	84 756	26 329	2 138	86 916	27 237
2 079	84 792	26 345	2 139	86 952	27 252
2 080	84 828	26 360	2 140	86 988	27 267
2 081	84 864	26 375	2 141	87 024	27 282
2 082	84 900	26 390	2 142	87 060	27 297
2 083	84 936	26 405	2 143	87 096	27 312
2 084	84 972	26 420	2 144	87 132	27 327
2 085	85 008	26 435	2 145	87 168	27 343
2 086	85 044	26 450	2 146	87 204	27 358
2 087	85 080	26 466	2 147	87 240	27 373
2 088	85 116	26 481	2 148	87 276	27 388
2 089	85 152	26 496	2 149	87 312	27 403
2 090	85 188	26 511	2 150	87 348	27 418
2 091	85 224	26 526	2 151	87 384	27 433
2 092	85 260	26 541	2 152	87 420	27 448
2 093	85 296	26 556	2 153	87 456	27 463
2 094	85 332	26 571	2 154	87 492	27 479
2 095	85 368	26 587	2 155	87 528	27 494
2 096	85 404	26 602	2 156	87 564	27 509
2 097	85 440	26 617	2 157	87 600	27 524
2 098	85 476	26 632	2 158	87 636	27 539
2 099	85 512	26 647	2 159	87 672	27 554
2 100	85 548	26 662	2 160	87 708	27 569

* Die Einkommensteuer gilt nur für den ausgewiesenen Wert, Zwischenwerte sind zu schätzen – s. Vorbemerkungen

laufende Nummer	zu versteuerndes Einkommen* in €	tarifliche Einkommensteuer* in €	laufende Nummer	zu versteuerndes Einkommen* in €	tarifliche Einkommensteuer* in €
2161	87744	27584	2221	89904	28492
2162	87780	27600	2222	89940	28507
2163	87816	27615	2223	89976	28522
2164	87852	27630	2224	90012	28537
2165	87888	27645	2225	90048	28552
2166	87924	27660	2226	90084	28567
2167	87960	27675	2227	90120	28582
2168	87996	27690	2228	90156	28597
2169	88032	27705	2229	90192	28613
2170	88068	27721	2230	90228	28628
2171	88104	27736	2231	90264	28643
2172	88140	27751	2232	90300	28658
2173	88176	27766	2233	90336	28673
2174	88212	27781	2234	90372	28688
2175	88248	27796	2235	90408	28703
2176	88284	27811	2236	90444	28718
2177	88320	27826	2237	90480	28734
2178	88356	27841	2238	90516	28749
2179	88392	27857	2239	90552	28764
2180	88428	27872	2240	90588	28779
2181	88464	27887	2241	90624	28794
2182	88500	27902	2242	90660	28809
2183	88536	27917	2243	90696	28824
2184	88572	27932	2244	90732	28839
2185	88608	27947	2245	90768	28855
2186	88644	27962	2246	90804	28870
2187	88680	27978	2247	90840	28885
2188	88716	27993	2248	90876	28900
2189	88752	28008	2249	90912	28915
2190	88788	28023	2250	90948	28930
2191	88824	28038	2251	90984	28945
2192	88860	28053	2252	91020	28960
2193	88896	28068	2253	91056	28975
2194	88932	28083	2254	91092	28991
2195	88968	28099	2255	91128	29006
2196	89004	28114	2256	91164	29021
2197	89040	28129	2257	91200	29036
2198	89076	28144	2258	91236	29051
2199	89112	28159	2259	91272	29066
2200	89148	28174	2260	91308	29081
2201	89184	28189	2261	91344	29096
2202	89220	28204	2262	91380	29112
2203	89256	28219	2263	91416	29127
2204	89292	28235	2264	91452	29142
2205	89328	28250	2265	91488	29157
2206	89364	28265	2266	91524	29172
2207	89400	28280	2267	91560	29187
2208	89436	28295	2268	91596	29202
2209	89472	28310	2269	91632	29217
2210	89508	28325	2270	91668	29233
2211	89544	28340	2271	91704	29248
2212	89580	28356	2272	91740	29263
2213	89616	28371	2273	91776	29278
2214	89652	28386	2274	91812	29293
2215	89688	28401	2275	91848	29308
2216	89724	28416	2276	91884	29323
2217	89760	28431	2277	91920	29338
2218	89796	28446	2278	91956	29353
2219	89832	28461	2279	91992	29369
2220	89868	28477	2280	92028	29384

* Die Einkommensteuer gilt nur für den ausgewiesenen Wert, Zwischenwerte sind zu schätzen – s. Vorbemerkungen

laufende Nummer	zu versteuerndes Einkommen* in €	tarifliche Einkommensteuer* in €	laufende Nummer	zu versteuerndes Einkommen* in €	tarifliche Einkommensteuer* in €
2 281	92 064	29 399	2 341	94 224	30 306
2 282	92 100	29 414	2 342	94 260	30 321
2 283	92 136	29 429	2 343	94 296	30 336
2 284	92 172	29 444	2 344	94 332	30 351
2 285	92 208	29 459	2 345	94 368	30 367
2 286	92 244	29 474	2 346	94 404	30 382
2 287	92 280	29 490	2 347	94 440	30 397
2 288	92 316	29 505	2 348	94 476	30 412
2 289	92 352	29 520	2 349	94 512	30 427
2 290	92 388	29 535	2 350	94 548	30 442
2 291	92 424	29 550	2 351	94 584	30 457
2 292	92 460	29 565	2 352	94 620	30 472
2 293	92 496	29 580	2 353	94 656	30 487
2 294	92 532	29 595	2 354	94 692	30 503
2 295	92 568	29 611	2 355	94 728	30 518
2 296	92 604	29 626	2 356	94 764	30 533
2 297	92 640	29 641	2 357	94 800	30 548
2 298	92 676	29 656	2 358	94 836	30 563
2 299	92 712	29 671	2 359	94 872	30 578
2 300	92 748	29 686	2 360	94 908	30 593
2 301	92 784	29 701	2 361	94 944	30 608
2 302	92 820	29 716	2 362	94 980	30 624
2 303	92 856	29 731	2 363	95 016	30 639
2 304	92 892	29 747	2 364	95 052	30 654
2 305	92 928	29 762	2 365	95 088	30 669
2 306	92 964	29 777	2 366	95 124	30 684
2 307	93 000	29 792	2 367	95 160	30 699
2 308	93 036	29 807	2 368	95 196	30 714
2 309	93 072	29 822	2 369	95 232	30 729
2 310	93 108	29 837	2 370	95 268	30 745
2 311	93 144	29 852	2 371	95 304	30 760
2 312	93 180	29 868	2 372	95 340	30 775
2 313	93 216	29 883	2 373	95 376	30 790
2 314	93 252	29 898	2 374	95 412	30 805
2 315	93 288	29 913	2 375	95 448	30 820
2 316	93 324	29 928	2 376	95 484	30 835
2 317	93 360	29 943	2 377	95 520	30 850
2 318	93 396	29 958	2 378	95 556	30 865
2 319	93 432	29 973	2 379	95 592	30 881
2 320	93 468	29 989	2 380	95 628	30 896
2 321	93 504	30 004	2 381	95 664	30 911
2 322	93 540	30 019	2 382	95 700	30 926
2 323	93 576	30 034	2 383	95 736	30 941
2 324	93 612	30 049	2 384	95 772	30 956
2 325	93 648	30 064	2 385	95 808	30 971
2 326	93 684	30 079	2 386	95 844	30 986
2 327	93 720	30 094	2 387	95 880	31 002
2 328	93 756	30 109	2 388	95 916	31 017
2 329	93 792	30 125	2 389	95 952	31 032
2 330	93 828	30 140	2 390	95 988	31 047
2 331	93 864	30 155	2 391	96 024	31 062
2 332	93 900	30 170	2 392	96 060	31 077
2 333	93 936	30 185	2 393	96 096	31 092
2 334	93 972	30 200	2 394	96 132	31 107
2 335	94 008	30 215	2 395	96 168	31 123
2 336	94 044	30 230	2 396	96 204	31 138
2 337	94 080	30 246	2 397	96 240	31 153
2 338	94 116	30 261	2 398	96 276	31 168
2 339	94 152	30 276	2 399	96 312	31 183
2 340	94 188	30 291	2 400	96 348	31 198

* Die Einkommensteuer gilt nur für den ausgewiesenen Wert, Zwischenwerte sind zu schätzen – s. Vorbemerkungen

laufende Nummer	zu versteuerndes Einkommen* in €	tarifliche Einkommensteuer* in €
1	19 968	
2	20 040	10
3	20 112	20
4	20 184	30
5	20 256	40
6	20 328	50
7	20 400	60
8	20 472	70
9	20 544	82
10	20 616	92
11	20 688	102
12	20 760	114
13	20 832	124
14	20 904	134
15	20 976	146
16	21 048	156
17	21 120	166
18	21 192	178
19	21 264	188
20	21 336	200
21	21 408	212
22	21 480	222
23	21 552	234
24	21 624	244
25	21 696	256
26	21 768	268
27	21 840	278
28	21 912	290
29	21 984	302
30	22 056	314
31	22 128	324
32	22 200	336
33	22 272	348
34	22 344	360
35	22 416	372
36	22 488	384
37	22 560	396
38	22 632	408
39	22 704	420
40	22 776	432
41	22 848	444
42	22 920	456
43	22 992	468
44	23 064	480
45	23 136	494
46	23 208	506
47	23 280	518
48	23 352	530
49	23 424	544
50	23 496	556
51	23 568	568
52	23 640	582
53	23 712	594
54	23 784	606
55	23 856	620
56	23 928	632
57	24 000	646
58	24 072	658
59	24 144	672
60	24 216	684
61	24 288	698
62	24 360	712
63	24 432	724
64	24 504	738
65	24 576	752
66	24 648	764
67	24 720	778
68	24 792	792
69	24 864	806
70	24 936	818
71	25 008	832
72	25 080	846
73	25 152	860
74	25 224	874
75	25 296	888
76	25 368	902
77	25 440	916
78	25 512	930
79	25 584	944
80	25 656	958
81	25 728	972
82	25 800	988
83	25 872	1 002
84	25 944	1 016
85	26 016	1 030
86	26 088	1 044
87	26 160	1 060
88	26 232	1 074
89	26 304	1 088
90	26 376	1 104
91	26 448	1 118
92	26 520	1 132
93	26 592	1 148
94	26 664	1 162
95	26 736	1 178
96	26 808	1 192
97	26 880	1 208
98	26 952	1 222
99	27 024	1 238
100	27 096	1 254
101	27 168	1 268
102	27 240	1 284
103	27 312	1 300
104	27 384	1 314
105	27 456	1 330
106	27 528	1 346
107	27 600	1 362
108	27 672	1 376
109	27 744	1 392
110	27 816	1 408
111	27 888	1 424
112	27 960	1 440
113	28 032	1 456
114	28 104	1 472
115	28 176	1 488
116	28 248	1 504
117	28 320	1 520
118	28 392	1 536
119	28 464	1 552
120	28 536	1 568

* Die Einkommensteuer gilt nur für den ausgewiesenen Wert, Zwischenwerte sind zu schätzen — s. Vorbemerkungen

laufende Nummer	zu versteuerndes Einkommen* in €	tarifliche Einkommensteuer* in €	laufende Nummer	zu versteuerndes Einkommen* in €	tarifliche Einkommensteuer* in €
121	28 608	1 586	181	32 928	2 622
122	28 680	1 602	182	33 000	2 640
123	28 752	1 618	183	33 072	2 658
124	28 824	1 634	184	33 144	2 676
125	28 896	1 650	185	33 216	2 694
126	28 968	1 668	186	33 288	2 712
127	29 040	1 684	187	33 360	2 730
128	29 112	1 700	188	33 432	2 746
129	29 184	1 718	189	33 504	2 764
130	29 256	1 734	190	33 576	2 782
131	29 328	1 752	191	33 648	2 800
132	29 400	1 768	192	33 720	2 818
133	29 472	1 786	193	33 792	2 836
134	29 544	1 802	194	33 864	2 854
135	29 616	1 820	195	33 936	2 872
136	29 688	1 836	196	34 008	2 890
137	29 760	1 854	197	34 080	2 908
138	29 832	1 870	198	34 152	2 926
139	29 904	1 888	199	34 224	2 944
140	29 976	1 906	200	34 296	2 962
141	30 048	1 922	201	34 368	2 980
142	30 120	1 940	202	34 440	2 996
143	30 192	1 958	203	34 512	3 014
144	30 264	1 974	204	34 584	3 032
145	30 336	1 992	205	34 656	3 050
146	30 408	2 010	206	34 728	3 068
147	30 480	2 026	207	34 800	3 086
148	30 552	2 044	208	34 872	3 104
149	30 624	2 062	209	34 944	3 122
150	30 696	2 078	210	35 016	3 140
151	30 768	2 096	211	35 088	3 158
152	30 840	2 114	212	35 160	3 176
153	30 912	2 130	213	35 232	3 194
154	30 984	2 148	214	35 304	3 214
155	31 056	2 166	215	35 376	3 232
156	31 128	2 184	216	35 448	3 250
157	31 200	2 200	217	35 520	3 268
158	31 272	2 218	218	35 592	3 286
159	31 344	2 236	219	35 664	3 304
160	31 416	2 252	220	35 736	3 322
161	31 488	2 270	221	35 808	3 340
162	31 560	2 288	222	35 880	3 358
163	31 632	2 306	223	35 952	3 376
164	31 704	2 322	224	36 024	3 394
165	31 776	2 340	225	36 096	3 412
166	31 848	2 358	226	36 168	3 430
167	31 920	2 376	227	36 240	3 448
168	31 992	2 394	228	36 312	3 468
169	32 064	2 410	229	36 384	3 486
170	32 136	2 428	230	36 456	3 504
171	32 208	2 446	231	36 528	3 522
172	32 280	2 464	232	36 600	3 540
173	32 352	2 482	233	36 672	3 558
174	32 424	2 498	234	36 744	3 576
175	32 496	2 516	235	36 816	3 594
176	32 568	2 534	236	36 888	3 614
177	32 640	2 552	237	36 960	3 632
178	32 712	2 570	238	37 032	3 650
179	32 784	2 588	239	37 104	3 668
180	32 856	2 604	240	37 176	3 686

* Die Einkommensteuer gilt nur für den ausgewiesenen Wert, Zwischenwerte sind zu schätzen — s. Vorbemerkungen

laufende Nummer	zu versteuerndes Einkommen* in €	tarifliche Einkommensteuer* in €	laufende Nummer	zu versteuerndes Einkommen* in €	tarifliche Einkommensteuer* in €
241	37 248	3 704	301	41 568	4 826
242	37 320	3 724	302	41 640	4 844
243	37 392	3 742	303	41 712	4 864
244	37 464	3 760	304	41 784	4 882
245	37 536	3 778	305	41 856	4 902
246	37 608	3 796	306	41 928	4 920
247	37 680	3 816	307	42 000	4 940
248	37 752	3 834	308	42 072	4 958
249	37 824	3 852	309	42 144	4 978
250	37 896	3 870	310	42 216	4 996
251	37 968	3 888	311	42 288	5 016
252	38 040	3 908	312	42 360	5 036
253	38 112	3 926	313	42 432	5 054
254	38 184	3 944	314	42 504	5 074
255	38 256	3 962	315	42 576	5 092
256	38 328	3 982	316	42 648	5 112
257	38 400	4 000	317	42 720	5 130
258	38 472	4 018	318	42 792	5 150
259	38 544	4 036	319	42 864	5 170
260	38 616	4 056	320	42 936	5 188
261	38 688	4 074	321	43 008	5 208
262	38 760	4 092	322	43 080	5 226
263	38 832	4 112	323	43 152	5 246
264	38 904	4 130	324	43 224	5 266
265	38 976	4 148	325	43 296	5 284
266	39 048	4 168	326	43 368	5 304
267	39 120	4 186	327	43 440	5 324
268	39 192	4 204	328	43 512	5 342
269	39 264	4 222	329	43 584	5 362
270	39 336	4 242	330	43 656	5 380
271	39 408	4 260	331	43 728	5 400
272	39 480	4 278	332	43 800	5 420
273	39 552	4 298	333	43 872	5 438
274	39 624	4 316	334	43 944	5 458
275	39 696	4 336	335	44 016	5 478
276	39 768	4 354	336	44 088	5 498
277	39 840	4 372	337	44 160	5 516
278	39 912	4 392	338	44 232	5 536
279	39 984	4 410	339	44 304	5 556
280	40 056	4 428	340	44 376	5 574
281	40 128	4 448	341	44 448	5 594
282	40 200	4 466	342	44 520	5 614
283	40 272	4 486	343	44 592	5 632
284	40 344	4 504	344	44 664	5 652
285	40 416	4 522	345	44 736	5 672
286	40 488	4 542	346	44 808	5 692
287	40 560	4 560	347	44 880	5 710
288	40 632	4 580	348	44 952	5 730
289	40 704	4 598	349	45 024	5 750
290	40 776	4 618	350	45 096	5 770
291	40 848	4 636	351	45 168	5 788
292	40 920	4 654	352	45 240	5 808
293	40 992	4 674	353	45 312	5 828
294	41 064	4 692	354	45 384	5 848
295	41 136	4 712	355	45 456	5 868
296	41 208	4 730	356	45 528	5 886
297	41 280	4 750	357	45 600	5 906
298	41 352	4 768	358	45 672	5 926
299	41 424	4 788	359	45 744	5 946
300	41 496	4 806	360	45 816	5 966

* Die Einkommensteuer gilt nur für den ausgewiesenen Wert, Zwischenwerte sind zu schätzen — s. Vorbemerkungen

laufende Nummer	zu versteuerndes Einkommen* in €	tarifliche Einkommen-steuer* in €	laufende Nummer	zu versteuerndes Einkommen* in €	tarifliche Einkommen-steuer* in €
361	45 888	5 984	421	50 208	7 182
362	45 960	6 004	422	50 280	7 202
363	46 032	6 024	423	50 352	7 224
364	46 104	6 044	424	50 424	7 244
365	46 176	6 064	425	50 496	7 264
366	46 248	6 084	426	50 568	7 284
367	46 320	6 102	427	50 640	7 304
368	46 392	6 122	428	50 712	7 324
369	46 464	6 142	429	50 784	7 346
370	46 536	6 162	430	50 856	7 366
371	46 608	6 182	431	50 928	7 386
372	46 680	6 202	432	51 000	7 406
373	46 752	6 222	433	51 072	7 426
374	46 824	6 240	434	51 144	7 448
375	46 896	6 260	435	51 216	7 468
376	46 968	6 280	436	51 288	7 488
377	47 040	6 300	437	51 360	7 508
378	47 112	6 320	438	51 432	7 528
379	47 184	6 340	439	51 504	7 550
380	47 256	6 360	440	51 576	7 570
381	47 328	6 380	441	51 648	7 590
382	47 400	6 400	442	51 720	7 610
383	47 472	6 420	443	51 792	7 632
384	47 544	6 440	444	51 864	7 652
385	47 616	6 460	445	51 936	7 672
386	47 688	6 480	446	52 008	7 692
387	47 760	6 500	447	52 080	7 714
388	47 832	6 518	448	52 152	7 734
389	47 904	6 538	449	52 224	7 754
390	47 976	6 558	450	52 296	7 776
391	48 048	6 578	451	52 368	7 796
392	48 120	6 598	452	52 440	7 816
393	48 192	6 618	453	52 512	7 838
394	48 264	6 638	454	52 584	7 858
395	48 336	6 658	455	52 656	7 878
396	48 408	6 678	456	52 728	7 898
397	48 480	6 698	457	52 800	7 920
398	48 552	6 718	458	52 872	7 940
399	48 624	6 738	459	52 944	7 962
400	48 696	6 758	460	53 016	7 982
401	48 768	6 778	461	53 088	8 002
402	48 840	6 800	462	53 160	8 024
403	48 912	6 820	463	53 232	8 044
404	48 984	6 840	464	53 304	8 064
405	49 056	6 860	465	53 376	8 086
406	49 128	6 880	466	53 448	8 106
407	49 200	6 900	467	53 520	8 126
408	49 272	6 920	468	53 592	8 148
409	49 344	6 940	469	53 664	8 168
410	49 416	6 960	470	53 736	8 190
411	49 488	6 980	471	53 808	8 210
412	49 560	7 000	472	53 880	8 230
413	49 632	7 020	473	53 952	8 252
414	49 704	7 040	474	54 024	8 272
415	49 776	7 060	475	54 096	8 294
416	49 848	7 082	476	54 168	8 314
417	49 920	7 102	477	54 240	8 336
418	49 992	7 122	478	54 312	8 356
419	50 064	7 142	479	54 384	8 376
420	50 136	7 162	480	54 456	8 398

* Die Einkommensteuer gilt nur für den ausgewiesenen Wert, Zwischenwerte sind zu schätzen — s. Vorbemerkungen

laufende Nummer	zu versteuerndes Einkommen* in €	tarifliche Einkommensteuer* in €
481	54 528	8 418
482	54 600	8 440
483	54 672	8 460
484	54 744	8 482
485	54 816	8 502
486	54 888	8 524
487	54 960	8 544
488	55 032	8 566
489	55 104	8 586
490	55 176	8 608
491	55 248	8 628
492	55 320	8 650
493	55 392	8 670
494	55 464	8 692
495	55 536	8 712
496	55 608	8 734
497	55 680	8 754
498	55 752	8 776
499	55 824	8 798
500	55 896	8 818
501	55 968	8 840
502	56 040	8 860
503	56 112	8 882
504	56 184	8 902
505	56 256	8 924
506	56 328	8 946
507	56 400	8 966
508	56 472	8 988
509	56 544	9 008
510	56 616	9 030
511	56 688	9 052
512	56 760	9 072
513	56 832	9 094
514	56 904	9 116
515	56 976	9 136
516	57 048	9 158
517	57 120	9 180
518	57 192	9 200
519	57 264	9 222
520	57 336	9 244
521	57 408	9 264
522	57 480	9 286
523	57 552	9 308
524	57 624	9 328
525	57 696	9 350
526	57 768	9 372
527	57 840	9 392
528	57 912	9 414
529	57 984	9 436
530	58 056	9 458
531	58 128	9 478
532	58 200	9 500
533	58 272	9 522
534	58 344	9 542
535	58 416	9 564
536	58 488	9 586
537	58 560	9 608
538	58 632	9 628
539	58 704	9 650
540	58 776	9 672

laufende Nummer	zu versteuerndes Einkommen* in €	tarifliche Einkommensteuer* in €
541	58 848	9 694
542	58 920	9 716
543	58 992	9 736
544	59 064	9 758
545	59 136	9 780
546	59 208	9 802
547	59 280	9 824
548	59 352	9 844
549	59 424	9 866
550	59 496	9 888
551	59 568	9 910
552	59 640	9 932
553	59 712	9 954
554	59 784	9 974
555	59 856	9 996
556	59 928	10 018
557	60 000	10 040
558	60 072	10 062
559	60 144	10 084
560	60 216	10 106
561	60 288	10 128
562	60 360	10 148
563	60 432	10 170
564	60 504	10 192
565	60 576	10 214
566	60 648	10 236
567	60 720	10 258
568	60 792	10 280
569	60 864	10 302
570	60 936	10 324
571	61 008	10 346
572	61 080	10 368
573	61 152	10 390
574	61 224	10 412
575	61 296	10 434
576	61 368	10 456
577	61 440	10 478
578	61 512	10 498
579	61 584	10 520
580	61 656	10 542
581	61 728	10 564
582	61 800	10 586
583	61 872	10 608
584	61 944	10 630
585	62 016	10 652
586	62 088	10 676
587	62 160	10 698
588	62 232	10 720
589	62 304	10 742
590	62 376	10 764
591	62 448	10 786
592	62 520	10 808
593	62 592	10 830
594	62 664	10 852
595	62 736	10 874
596	62 808	10 896
597	62 880	10 918
598	62 952	10 940
599	63 024	10 962
600	63 096	10 984

* Die Einkommensteuer gilt nur für den ausgewiesenen Wert, Zwischenwerte sind zu schätzen — s. Vorbemerkungen

laufende Nummer	zu versteuerndes Einkommen* in €	tarifliche Einkommen-steuer* in €	laufende Nummer	zu versteuerndes Einkommen* in €	tarifliche Einkommen-steuer* in €
601	63 168	11 006	661	67 488	12 358
602	63 240	11 030	662	67 560	12 382
603	63 312	11 052	663	67 632	12 404
604	63 384	11 074	664	67 704	12 428
605	63 456	11 096	665	67 776	12 450
606	63 528	11 118	666	67 848	12 474
607	63 600	11 140	667	67 920	12 496
608	63 672	11 162	668	67 992	12 520
609	63 744	11 184	669	68 064	12 542
610	63 816	11 208	670	68 136	12 564
611	63 888	11 230	671	68 208	12 588
612	63 960	11 252	672	68 280	12 610
613	64 032	11 274	673	68 352	12 634
614	64 104	11 296	674	68 424	12 656
615	64 176	11 318	675	68 496	12 680
616	64 248	11 342	676	68 568	12 702
617	64 320	11 364	677	68 640	12 726
618	64 392	11 386	678	68 712	12 748
619	64 464	11 408	679	68 784	12 772
620	64 536	11 430	680	68 856	12 794
621	64 608	11 454	681	68 928	12 818
622	64 680	11 476	682	69 000	12 842
623	64 752	11 498	683	69 072	12 864
624	64 824	11 520	684	69 144	12 888
625	64 896	11 544	685	69 216	12 910
626	64 968	11 566	686	69 288	12 934
627	65 040	11 588	687	69 360	12 956
628	65 112	11 610	688	69 432	12 980
629	65 184	11 634	689	69 504	13 002
630	65 256	11 656	690	69 576	13 026
631	65 328	11 678	691	69 648	13 050
632	65 400	11 700	692	69 720	13 072
633	65 472	11 724	693	69 792	13 096
634	65 544	11 746	694	69 864	13 118
635	65 616	11 768	695	69 936	13 142
636	65 688	11 790	696	70 008	13 166
637	65 760	11 814	697	70 080	13 188
638	65 832	11 836	698	70 152	13 212
639	65 904	11 858	699	70 224	13 234
640	65 976	11 882	700	70 296	13 258
641	66 048	11 904	701	70 368	13 282
642	66 120	11 926	702	70 440	13 304
643	66 192	11 950	703	70 512	13 328
644	66 264	11 972	704	70 584	13 352
645	66 336	11 994	705	70 656	13 374
646	66 408	12 018	706	70 728	13 398
647	66 480	12 040	707	70 800	13 422
648	66 552	12 062	708	70 872	13 444
649	66 624	12 086	709	70 944	13 468
650	66 696	12 108	710	71 016	13 492
651	66 768	12 130	711	71 088	13 514
652	66 840	12 154	712	71 160	13 538
653	66 912	12 176	713	71 232	13 562
654	66 984	12 200	714	71 304	13 586
655	67 056	12 222	715	71 376	13 608
656	67 128	12 244	716	71 448	13 632
657	67 200	12 268	717	71 520	13 656
658	67 272	12 290	718	71 592	13 678
659	67 344	12 314	719	71 664	13 702
660	67 416	12 336	720	71 736	13 726

* Die Einkommensteuer gilt nur für den ausgewiesenen Wert, Zwischenwerte sind zu schätzen – s. Vorbemerkungen

aufende Nummer	zu versteuerndes Einkommen* in €	tarifliche Einkommen-steuer* in €	laufende Nummer	zu versteuerndes Einkommen* in €	tarifliche Einkommen-steuer* in €
721	71 808	13 750	781	76 128	15 178
722	71 880	13 772	782	76 200	15 202
723	71 952	13 796	783	76 272	15 226
724	72 024	13 820	784	76 344	15 250
725	72 096	13 844	785	76 416	15 274
726	72 168	13 866	786	76 488	15 298
727	72 240	13 890	787	76 560	15 324
728	72 312	13 914	788	76 632	15 348
729	72 384	13 938	789	76 704	15 372
730	72 456	13 962	790	76 776	15 396
731	72 528	13 984	791	76 848	15 420
732	72 600	14 008	792	76 920	15 444
733	72 672	14 032	793	76 992	15 468
734	72 744	14 056	794	77 064	15 492
735	72 816	14 080	795	77 136	15 518
736	72 888	14 102	796	77 208	15 542
737	72 960	14 126	797	77 280	15 566
738	73 032	14 150	798	77 352	15 590
739	73 104	14 174	799	77 424	15 614
740	73 176	14 198	800	77 496	15 638
741	73 248	14 222	801	77 568	15 664
742	73 320	14 244	802	77 640	15 688
743	73 392	14 268	803	77 712	15 712
744	73 464	14 292	804	77 784	15 736
745	73 536	14 316	805	77 856	15 760
746	73 608	14 340	806	77 928	15 784
747	73 680	14 364	807	78 000	15 810
748	73 752	14 388	808	78 072	15 834
749	73 824	14 412	809	78 144	15 858
750	73 896	14 436	810	78 216	15 882
751	73 968	14 458	811	78 288	15 908
752	74 040	14 482	812	78 360	15 932
753	74 112	14 506	813	78 432	15 956
754	74 184	14 530	814	78 504	15 980
755	74 256	14 554	815	78 576	16 004
756	74 328	14 578	816	78 648	16 030
757	74 400	14 602	817	78 720	16 054
758	74 472	14 626	818	78 792	16 078
759	74 544	14 650	819	78 864	16 104
760	74 616	14 674	820	78 936	16 128
761	74 688	14 698	821	79 008	16 152
762	74 760	14 722	822	79 080	16 176
763	74 832	14 746	823	79 152	16 202
764	74 904	14 770	824	79 224	16 226
765	74 976	14 794	825	79 296	16 250
766	75 048	14 818	826	79 368	16 276
767	75 120	14 842	827	79 440	16 300
768	75 192	14 866	828	79 512	16 324
769	75 264	14 890	829	79 584	16 350
770	75 336	14 914	830	79 656	16 374
771	75 408	14 938	831	79 728	16 398
772	75 480	14 962	832	79 800	16 424
773	75 552	14 986	833	79 872	16 448
774	75 624	15 010	834	79 944	16 472
775	75 696	15 034	835	80 016	16 498
776	75 768	15 058	836	80 088	16 522
777	75 840	15 082	837	80 160	16 546
778	75 912	15 106	838	80 232	16 572
779	75 984	15 130	839	80 304	16 596
780	76 056	15 154	840	80 376	16 620

* Die Einkommensteuer gilt nur für den ausgewiesenen Wert, Zwischenwerte sind zu schätzen — s. Vorbemerkungen

laufende Nummer	zu versteuerndes Einkommen* in €	tarifliche Einkommensteuer* in €
841	80 448	16 646
842	80 520	16 670
843	80 592	16 696
844	80 664	16 720
845	80 736	16 744
846	80 808	16 770
847	80 880	16 794
848	80 952	16 820
849	81 024	16 844
850	81 096	16 870
851	81 168	16 894
852	81 240	16 918
853	81 312	16 944
854	81 384	16 968
855	81 456	16 994
856	81 528	17 018
857	81 600	17 044
858	81 672	17 068
859	81 744	17 094
860	81 816	17 118
861	81 888	17 144
862	81 960	17 168
863	82 032	17 194
864	82 104	17 218
865	82 176	17 244
866	82 248	17 268
867	82 320	17 294
868	82 392	17 318
869	82 464	17 344
870	82 536	17 368
871	82 608	17 394
872	82 680	17 418
873	82 752	17 444
874	82 824	17 470
875	82 896	17 494
876	82 968	17 520
877	83 040	17 544
878	83 112	17 570
879	83 184	17 594
880	83 256	17 620
881	83 328	17 646
882	83 400	17 670
883	83 472	17 696
884	83 544	17 720
885	83 616	17 746
886	83 688	17 772
887	83 760	17 796
888	83 832	17 822
889	83 904	17 848
890	83 976	17 872
891	84 048	17 898
892	84 120	17 924
893	84 192	17 948
894	84 264	17 974
895	84 336	18 000
896	84 408	18 024
897	84 480	18 050
898	84 552	18 076
899	84 624	18 100
900	84 696	18 126

laufende Nummer	zu versteuerndes Einkommen* in €	tarifliche Einkommensteuer* in €
901	84 768	18 152
902	84 840	18 176
903	84 912	18 202
904	84 984	18 228
905	85 056	18 254
906	85 128	18 278
907	85 200	18 304
908	85 272	18 330
909	85 344	18 356
910	85 416	18 380
911	85 488	18 406
912	85 560	18 432
913	85 632	18 458
914	85 704	18 482
915	85 776	18 508
916	85 848	18 534
917	85 920	18 560
918	85 992	18 586
919	86 064	18 610
920	86 136	18 636
921	86 208	18 662
922	86 280	18 688
923	86 352	18 714
924	86 424	18 740
925	86 496	18 764
926	86 568	18 790
927	86 640	18 816
928	86 712	18 842
929	86 784	18 868
930	86 856	18 894
931	86 928	18 920
932	87 000	18 944
933	87 072	18 970
934	87 144	18 996
935	87 216	19 022
936	87 288	19 048
937	87 360	19 074
938	87 432	19 100
939	87 504	19 126
940	87 576	19 152
941	87 648	19 176
942	87 720	19 202
943	87 792	19 228
944	87 864	19 254
945	87 936	19 280
946	88 008	19 306
947	88 080	19 332
948	88 152	19 358
949	88 224	19 384
950	88 296	19 410
951	88 368	19 436
952	88 440	19 462
953	88 512	19 488
954	88 584	19 514
955	88 656	19 540
956	88 728	19 566
957	88 800	19 592
958	88 872	19 618
959	88 944	19 644
960	89 016	19 670

* Die Einkommensteuer gilt nur für den ausgewiesenen Wert, Zwischenwerte sind zu schätzen – s. Vorbemerkungen

laufende Nummer	zu versteuerndes Einkommen* in €	tarifliche Einkommensteuer* in €
961	89 088	19 696
962	89 160	19 722
963	89 232	19 748
964	89 304	19 774
965	89 376	19 800
966	89 448	19 826
967	89 520	19 852
968	89 592	19 878
969	89 664	19 904
970	89 736	19 932
971	89 808	19 958
972	89 880	19 984
973	89 952	20 010
974	90 024	20 036
975	90 096	20 062
976	90 168	20 088
977	90 240	20 114
978	90 312	20 140
979	90 384	20 166
980	90 456	20 194
981	90 528	20 220
982	90 600	20 246
983	90 672	20 272
984	90 744	20 298
985	90 816	20 324
986	90 888	20 350
987	90 960	20 378
988	91 032	20 404
989	91 104	20 430
990	91 176	20 456
991	91 248	20 482
992	91 320	20 510
993	91 392	20 536
994	91 464	20 562
995	91 536	20 588
996	91 608	20 614
997	91 680	20 642
998	91 752	20 668
999	91 824	20 694
1 000	91 896	20 720
1 001	91 968	20 748
1 002	92 040	20 774
1 003	92 112	20 800
1 004	92 184	20 826
1 005	92 256	20 854
1 006	92 328	20 880
1 007	92 400	20 906
1 008	92 472	20 932
1 009	92 544	20 960
1 010	92 616	20 986
1 011	92 688	21 012
1 012	92 760	21 040
1 013	92 832	21 066
1 014	92 904	21 092
1 015	92 976	21 120
1 016	93 048	21 146
1 017	93 120	21 172
1 018	93 192	21 200
1 019	93 264	21 226
1 020	93 336	21 252
1 021	93 408	21 280
1 022	93 480	21 306
1 023	93 552	21 332
1 024	93 624	21 360
1 025	93 696	21 386
1 026	93 768	21 412
1 027	93 840	21 440
1 028	93 912	21 466
1 029	93 984	21 494
1 030	94 056	21 520
1 031	94 128	21 546
1 032	94 200	21 574
1 033	94 272	21 600
1 034	94 344	21 628
1 035	94 416	21 654
1 036	94 488	21 680
1 037	94 560	21 708
1 038	94 632	21 734
1 039	94 704	21 762
1 040	94 776	21 788
1 041	94 848	21 816
1 042	94 920	21 842
1 043	94 992	21 870
1 044	95 064	21 896
1 045	95 136	21 924
1 046	95 208	21 950
1 047	95 280	21 978
1 048	95 352	22 004
1 049	95 424	22 032
1 050	95 496	22 058
1 051	95 568	22 086
1 052	95 640	22 112
1 053	95 712	22 140
1 054	95 784	22 166
1 055	95 856	22 194
1 056	95 928	22 220
1 057	96 000	22 248
1 058	96 072	22 274
1 059	96 144	22 302
1 060	96 216	22 328
1 061	96 288	22 356
1 062	96 360	22 382
1 063	96 432	22 410
1 064	96 504	22 438
1 065	96 576	22 464
1 066	96 648	22 492
1 067	96 720	22 518
1 068	96 792	22 546
1 069	96 864	22 574
1 070	96 936	22 600
1 071	97 008	22 628
1 072	97 080	22 654
1 073	97 152	22 682
1 074	97 224	22 710
1 075	97 296	22 736
1 076	97 368	22 764
1 077	97 440	22 792
1 078	97 512	22 818
1 079	97 584	22 846
1 080	97 656	22 874

* D e Einkommensteuer gilt nur für den ausgewiesenen Wert, Zwischenwerte sind zu schätzen — s. Vorbemerkungen

laufende Nummer	zu versteuerndes Einkommen* in €	tarifliche Einkommensteuer* in €	laufende Nummer	zu versteuerndes Einkommen* in €	tarifliche Einkommensteuer* in €
1 081	97 728	22 900	1 141	102 048	24 560
1 082	97 800	22 928	1 142	102 120	24 588
1 083	97 872	22 956	1 143	102 192	24 616
1 084	97 944	22 982	1 144	102 264	24 644
1 085	98 016	23 010	1 145	102 336	24 672
1 086	98 088	23 038	1 146	102 408	24 700
1 087	98 160	23 064	1 147	102 480	24 728
1 088	98 232	23 092	1 148	102 552	24 756
1 089	98 304	23 120	1 149	102 624	24 784
1 090	98 376	23 148	1 150	102 696	24 814
1 091	98 448	23 174	1 151	102 768	24 842
1 092	98 520	23 202	1 152	102 840	24 870
1 093	98 592	23 230	1 153	102 912	24 898
1 094	98 664	23 258	1 154	102 984	24 926
1 095	98 736	23 284	1 155	103 056	24 954
1 096	98 808	23 312	1 156	103 128	24 982
1 097	98 880	23 340	1 157	103 200	25 010
1 098	98 952	23 368	1 158	103 272	25 038
1 099	99 024	23 394	1 159	103 344	25 066
1 100	99 096	23 422	1 160	103 416	25 094
1 101	99 168	23 450	1 161	103 488	25 122
1 102	99 240	23 478	1 162	103 560	25 150
1 103	99 312	23 504	1 163	103 632	25 180
1 104	99 384	23 532	1 164	103 704	25 208
1 105	99 456	23 560	1 165	103 776	25 236
1 106	99 528	23 588	1 166	103 848	25 264
1 107	99 600	23 616	1 167	103 920	25 292
1 108	99 672	23 642	1 168	103 992	25 320
1 109	99 744	23 670	1 169	104 064	25 348
1 110	99 816	23 698	1 170	104 136	25 376
1 111	99 888	23 726	1 171	104 208	25 406
1 112	99 960	23 754	1 172	104 280	25 434
1 113	100 032	23 782	1 173	104 352	25 462
1 114	100 104	23 808	1 174	104 424	25 490
1 115	100 176	23 836	1 175	104 496	25 518
1 116	100 248	23 864	1 176	104 568	25 546
1 117	100 320	23 892	1 177	104 640	25 576
1 118	100 392	23 920	1 178	104 712	25 604
1 119	100 464	23 948	1 179	104 784	25 632
1 120	100 536	23 976	1 180	104 856	25 660
1 121	100 608	24 004	1 181	104 928	25 688
1 122	100 680	24 030	1 182	105 000	25 718
1 123	100 752	24 058	1 183	105 072	25 746
1 124	100 824	24 086	1 184	105 144	25 774
1 125	100 896	24 114	1 185	105 216	25 802
1 126	100 968	24 142	1 186	105 288	25 832
1 127	101 040	24 170	1 187	105 360	25 860
1 128	101 112	24 198	1 188	105 432	25 888
1 129	101 184	24 226	1 189	105 504	25 916
1 130	101 256	24 254	1 190	105 576	25 944
1 131	101 328	24 282	1 191	105 648	25 974
1 132	101 400	24 310	1 192	105 720	26 002
1 133	101 472	24 338	1 193	105 792	26 030
1 134	101 544	24 366	1 194	105 864	26 060
1 135	101 616	24 392	1 195	105 936	26 088
1 136	101 688	24 420	1 196	106 008	26 116
1 137	101 760	24 448	1 197	106 080	26 144
1 138	101 832	24 476	1 198	106 152	26 174
1 139	101 904	24 504	1 199	106 224	26 202
1 140	101 976	24 532	1 200	106 296	26 230

* Die Einkommensteuer gilt nur für den ausgewiesenen Wert, Zwischenwerte sind zu schätzen — s. Vorbemerkungen

laufende Nummer	zu versteuerndes Einkommen* in €	tarifliche Einkommensteuer* in €	laufende Nummer	zu versteuerndes Einkommen* in €	tarifliche Einkommensteuer* in €
1 201	106 368	26 260	1 261	110 688	27 996
1 202	106 440	26 288	1 262	110 760	28 026
1 203	106 512	26 316	1 263	110 832	28 054
1 204	106 584	26 346	1 264	110 904	28 084
1 205	106 656	26 374	1 265	110 976	28 114
1 206	106 728	26 402	1 266	111 048	28 142
1 207	106 800	26 432	1 267	111 120	28 172
1 208	106 872	26 460	1 268	111 192	28 202
1 209	106 944	26 488	1 269	111 264	28 230
1 210	107 016	26 518	1 270	111 336	28 260
1 211	107 088	26 546	1 271	111 408	28 290
1 212	107 160	26 574	1 272	111 480	28 320
1 213	107 232	26 604	1 273	111 552	28 348
1 214	107 304	26 632	1 274	111 624	28 378
1 215	107 376	26 662	1 275	111 696	28 408
1 216	107 448	26 690	1 276	111 768	28 436
1 217	107 520	26 718	1 277	111 840	28 466
1 218	107 592	26 748	1 278	111 912	28 496
1 219	107 664	26 776	1 279	111 984	28 526
1 220	107 736	26 806	1 280	112 056	28 554
1 221	107 808	26 834	1 281	112 128	28 584
1 222	107 880	26 862	1 282	112 200	28 614
1 223	107 952	26 892	1 283	112 272	28 644
1 224	108 024	26 920	1 284	112 344	28 672
1 225	108 096	26 950	1 285	112 416	28 702
1 226	108 168	26 978	1 286	112 488	28 732
1 227	108 240	27 008	1 287	112 560	28 762
1 228	108 312	27 036	1 288	112 632	28 790
1 229	108 384	27 066	1 289	112 704	28 820
1 230	108 456	27 094	1 290	112 776	28 850
1 231	108 528	27 124	1 291	112 848	28 880
1 232	108 600	27 152	1 292	112 920	28 910
1 233	108 672	27 180	1 293	112 992	28 938
1 234	108 744	27 210	1 294	113 064	28 968
1 235	108 816	27 238	1 295	113 136	28 998
1 236	108 888	27 268	1 296	113 208	29 028
1 237	108 960	27 296	1 297	113 280	29 058
1 238	109 032	27 326	1 298	113 352	29 086
1 239	109 104	27 354	1 299	113 424	29 116
1 240	109 176	27 384	1 300	113 496	29 146
1 241	109 248	27 414	1 301	113 568	29 176
1 242	109 320	27 442	1 302	113 640	29 206
1 243	109 392	27 472	1 303	113 712	29 236
1 244	109 464	27 500	1 304	113 784	29 266
1 245	109 536	27 530	1 305	113 856	29 294
1 246	109 608	27 558	1 306	113 928	29 324
1 247	109 680	27 588	1 307	114 000	29 354
1 248	109 752	27 616	1 308	114 072	29 384
1 249	109 824	27 646	1 309	114 144	29 414
1 250	109 896	27 676	1 310	114 216	29 444
1 251	109 968	27 704	1 311	114 288	29 474
1 252	110 040	27 734	1 312	114 360	29 504
1 253	110 112	27 762	1 313	114 432	29 534
1 254	110 184	27 792	1 314	114 504	29 562
1 255	110 256	27 820	1 315	114 576	29 592
1 256	110 328	27 850	1 316	114 648	29 622
1 257	110 400	27 880	1 317	114 720	29 652
1 258	110 472	27 908	1 318	114 792	29 682
1 259	110 544	27 938	1 319	114 864	29 712
1 260	110 616	27 968	1 320	114 936	29 742

* Die Einkommensteuer gilt nur für den ausgewiesenen Wert, Zwischenwerte sind zu schätzen — s. Vorbemerkungen

laufende Nummer	zu versteuerndes Einkommen* in €	tarifliche Einkommen-steuer* in €
1321	115008	29772
1322	115080	29802
1323	115152	29832
1324	115224	29862
1325	115296	29892
1326	115368	29922
1327	115440	29952
1328	115512	29982
1329	115584	30012
1330	115656	30042
1331	115728	30072
1332	115800	30102
1333	115872	30132
1334	115944	30162
1335	116016	30192
1336	116088	30222
1337	116160	30252
1338	116232	30282
1339	116304	30312
1340	116376	30342
1341	116448	30372
1342	116520	30402
1343	116592	30432
1344	116664	30462
1345	116736	30494
1346	116808	30524
1347	116880	30554
1348	116952	30584
1349	117024	30614
1350	117096	30644
1351	117168	30674
1352	117240	30704
1353	117312	30734
1354	117384	30766
1355	117456	30796
1356	117528	30826
1357	117600	30856
1358	117672	30886
1359	117744	30916
1360	117816	30946
1361	117888	30976
1362	117960	31008
1363	118032	31038
1364	118104	31068
1365	118176	31098
1366	118248	31128
1367	118320	31158
1368	118392	31188
1369	118464	31218
1370	118536	31250
1371	118608	31280
1372	118680	31310
1373	118752	31340
1374	118824	31370
1375	118896	31400
1376	118968	31430
1377	119040	31460
1378	119112	31490
1379	119184	31522
1380	119256	31552
1381	119328	31582
1382	119400	31612
1383	119472	31642
1384	119544	31672
1385	119616	31702
1386	119688	31732
1387	119760	31764
1388	119832	31794
1389	119904	31824
1390	119976	31854
1391	120048	31884
1392	120120	31914
1393	120192	31944
1394	120264	31974
1395	120336	32006
1396	120408	32036
1397	120480	32066
1398	120552	32096
1399	120624	32126
1400	120696	32156
1401	120768	32186
1402	120840	32216
1403	120912	32246
1404	120984	32278
1405	121056	32308
1406	121128	32338
1407	121200	32368
1408	121272	32398
1409	121344	32428
1410	121416	32458
1411	121488	32488
1412	121560	32520
1413	121632	32550
1414	121704	32580
1415	121776	32610
1416	121848	32640
1417	121920	32670
1418	121992	32700
1419	122064	32730
1420	122136	32762
1421	122208	32792
1422	122280	32822
1423	122352	32852
1424	122424	32882
1425	122496	32912
1426	122568	32942
1427	122640	32972
1428	122712	33002
1429	122784	33034
1430	122856	33064
1431	122928	33094
1432	123000	33124
1433	123072	33154
1434	123144	33184
1435	123216	33214
1436	123288	33244
1437	123360	33276
1438	123432	33306
1439	123504	33336
1440	123576	33366

* Die Einkommensteuer gilt nur für den ausgewiesenen Wert, Zwischenwerte sind zu schätzen — s. Vorbemerkungen

laufende Nummer	zu versteuerndes Einkommen* in €	tarifliche Einkommensteuer* in €
1 441	123 648	33 396
1 442	123 720	33 426
1 443	123 792	33 456
1 444	123 864	33 486
1 445	123 936	33 518
1 446	124 008	33 548
1 447	124 080	33 578
1 448	124 152	33 608
1 449	124 224	33 638
1 450	124 296	33 668
1 451	124 368	33 698
1 452	124 440	33 728
1 453	124 512	33 758
1 454	124 584	33 790
1 455	124 656	33 820
1 456	124 728	33 850
1 457	124 800	33 880
1 458	124 872	33 910
1 459	124 944	33 940
1 460	125 016	33 970
1 461	125 088	34 000
1 462	125 160	34 032
1 463	125 232	34 062
1 464	125 304	34 092
1 465	125 376	34 122
1 466	125 448	34 152
1 467	125 520	34 182
1 468	125 592	34 212
1 469	125 664	34 242
1 470	125 736	34 274
1 471	125 808	34 304
1 472	125 880	34 334
1 473	125 952	34 364
1 474	126 024	34 394
1 475	126 096	34 424
1 476	126 168	34 454
1 477	126 240	34 484
1 478	126 312	34 514
1 479	126 384	34 546
1 480	126 456	34 576
1 481	126 528	34 606
1 482	126 600	34 636
1 483	126 672	34 666
1 484	126 744	34 696
1 485	126 816	34 726
1 486	126 888	34 756
1 487	126 960	34 788
1 488	127 032	34 818
1 489	127 104	34 848
1 490	127 176	34 878
1 491	127 248	34 908
1 492	127 320	34 938
1 493	127 392	34 968
1 494	127 464	34 998
1 495	127 536	35 030
1 496	127 608	35 060
1 497	127 680	35 090
1 498	127 752	35 120
1 499	127 824	35 150
1 500	127 896	35 180
1 501	127 968	35 210
1 502	128 040	35 240
1 503	128 112	35 270
1 504	128 184	35 302
1 505	128 256	35 332
1 506	128 328	35 362
1 507	128 400	35 392
1 508	128 472	35 422
1 509	128 544	35 452
1 510	128 616	35 482
1 511	128 688	35 512
1 512	128 760	35 544
1 513	128 832	35 574
1 514	128 904	35 604
1 515	128 976	35 634
1 516	129 048	35 664
1 517	129 120	35 694
1 518	129 192	35 724
1 519	129 264	35 754
1 520	129 336	35 786
1 521	129 408	35 816
1 522	129 480	35 846
1 523	129 552	35 876
1 524	129 624	35 906
1 525	129 696	35 936
1 526	129 768	35 966
1 527	129 840	35 996
1 528	129 912	36 026
1 529	129 984	36 058
1 530	130 056	36 088
1 531	130 128	36 118
1 532	130 200	36 148
1 533	130 272	36 178
1 534	130 344	36 208
1 535	130 416	36 238
1 536	130 488	36 268
1 537	130 560	36 300
1 538	130 632	36 330
1 539	130 704	36 360
1 540	130 776	36 390
1 541	130 848	36 420
1 542	130 920	36 450
1 543	130 992	36 480
1 544	131 064	36 510
1 545	131 136	36 542
1 546	131 208	36 572
1 547	131 280	36 602
1 548	131 352	36 632
1 549	131 424	36 662
1 550	131 496	36 692
1 551	131 568	36 722
1 552	131 640	36 752
1 553	131 712	36 782
1 554	131 784	36 814
1 555	131 856	36 844
1 556	131 928	36 874
1 557	132 000	36 904
1 558	132 072	36 934
1 559	132 144	36 964
1 560	132 216	36 994

* Die Einkommensteuer gilt nur für den ausgewiesenen Wert, Zwischenwerte sind zu schätzen — s. Vorbemerkungen

laufende Nummer	zu versteuerndes Einkommen* in €	tarifliche Einkommensteuer* in €
1 561	132 288	37 024
1 562	132 360	37 056
1 563	132 432	37 086
1 564	132 504	37 116
1 565	132 576	37 146
1 566	132 648	37 176
1 567	132 720	37 206
1 568	132 792	37 236
1 569	132 864	37 266
1 570	132 936	37 298
1 571	133 008	37 328
1 572	133 080	37 358
1 573	133 152	37 388
1 574	133 224	37 418
1 575	133 296	37 448
1 576	133 368	37 478
1 577	133 440	37 508
1 578	133 512	37 538
1 579	133 584	37 570
1 580	133 656	37 600
1 581	133 728	37 630
1 582	133 800	37 660
1 583	133 872	37 690
1 584	133 944	37 720
1 585	134 016	37 750
1 586	134 088	37 780
1 587	134 160	37 812
1 588	134 232	37 842
1 589	134 304	37 872
1 590	134 376	37 902
1 591	134 448	37 932
1 592	134 520	37 962
1 593	134 592	37 992
1 594	134 664	38 022
1 595	134 736	38 054
1 596	134 808	38 084
1 597	134 880	38 114
1 598	134 952	38 144
1 599	135 024	38 174
1 600	135 096	38 204
1 601	135 168	38 234
1 602	135 240	38 264
1 603	135 312	38 294
1 604	135 384	38 326
1 605	135 456	38 356
1 606	135 528	38 386
1 607	135 600	38 416
1 608	135 672	38 446
1 609	135 744	38 476
1 610	135 816	38 506
1 611	135 888	38 536
1 612	135 960	38 568
1 613	136 032	38 598
1 614	136 104	38 628
1 615	136 176	38 658
1 616	136 248	38 688
1 617	136 320	38 718
1 618	136 392	38 748
1 619	136 464	38 778
1 620	136 536	38 810
1 621	136 608	38 840
1 622	136 680	38 870
1 623	136 752	38 900
1 624	136 824	38 930
1 625	136 896	38 960
1 626	136 968	38 990
1 627	137 040	39 020
1 628	137 112	39 050
1 629	137 184	39 082
1 630	137 256	39 112
1 631	137 328	39 142
1 632	137 400	39 172
1 633	137 472	39 202
1 634	137 544	39 232
1 635	137 616	39 262
1 636	137 688	39 292
1 637	137 760	39 324
1 638	137 832	39 354
1 639	137 904	39 384
1 640	137 976	39 414
1 641	138 048	39 444
1 642	138 120	39 474
1 643	138 192	39 504
1 644	138 264	39 534
1 645	138 336	39 566
1 646	138 408	39 596
1 647	138 480	39 626
1 648	138 552	39 656
1 649	138 624	39 686
1 650	138 696	39 716
1 651	138 768	39 746
1 652	138 840	39 776
1 653	138 912	39 806
1 654	138 984	39 838
1 655	139 056	39 868
1 656	139 128	39 898
1 657	139 200	39 928
1 658	139 272	39 958
1 659	139 344	39 988
1 660	139 416	40 018
1 661	139 488	40 048
1 662	139 560	40 080
1 663	139 632	40 110
1 664	139 704	40 140
1 665	139 776	40 170
1 666	139 848	40 200
1 667	139 920	40 230
1 668	139 992	40 260
1 669	140 064	40 290
1 670	140 136	40 322
1 671	140 208	40 352
1 672	140 280	40 382
1 673	140 352	40 412
1 674	140 424	40 442
1 675	140 496	40 472
1 676	140 568	40 502
1 677	140 640	40 532
1 678	140 712	40 562
1 679	140 784	40 594
1 680	140 856	40 624

* Die Einkommensteuer gilt nur für den ausgewiesenen Wert, Zwischenwerte sind zu schätzen — s. Vorbemerkungen

ESt-Splittingtabelle T 1b

laufende Nummer	zu versteuerndes Einkommen* in €	tarifliche Einkommensteuer* in €	laufende Nummer	zu versteuerndes Einkommen* in €	tarifliche Einkommensteuer* in €
1681	140928	40654	1741	145248	42468
1682	141000	40684	1742	145320	42498
1683	141072	40714	1743	145392	42528
1684	141144	40744	1744	145464	42558
1685	141216	40774	1745	145536	42590
1686	141288	40804	1746	145608	42620
1687	141360	40836	1747	145680	42650
1688	141432	40866	1748	145752	42680
1689	141504	40896	1749	145824	42710
1690	141576	40926	1750	145896	42740
1691	141648	40956	1751	145968	42770
1692	141720	40986	1752	146040	42800
1693	141792	41016	1753	146112	42830
1694	141864	41046	1754	146184	42862
1695	141936	41078	1755	146256	42892
1696	142008	41108	1756	146328	42922
1697	142080	41138	1757	146400	42952
1698	142152	41168	1758	146472	42982
1699	142224	41198	1759	146544	43012
1700	142296	41228	1760	146616	43042
1701	142368	41258	1761	146688	43072
1702	142440	41288	1762	146760	43104
1703	142512	41318	1763	146832	43134
1704	142584	41350	1764	146904	43164
1705	142656	41380	1765	146976	43194
1706	142728	41410	1766	147048	43224
1707	142800	41440	1767	147120	43254
1708	142872	41470	1768	147192	43284
1709	142944	41500	1769	147264	43314
1710	143016	41530	1770	147336	43346
1711	143088	41560	1771	147408	43376
1712	143160	41592	1772	147480	43406
1713	143232	41622	1773	147552	43436
1714	143304	41652	1774	147624	43466
1715	143376	41682	1775	147696	43496
1716	143448	41712	1776	147768	43526
1717	143520	41742	1777	147840	43556
1718	143592	41772	1778	147912	43586
1719	143664	41802	1779	147984	43618
1720	143736	41834	1780	148056	43648
1721	143808	41864	1781	148128	43678
1722	143880	41894	1782	148200	43708
1723	143952	41924	1783	148272	43738
1724	144024	41954	1784	148344	43768
1725	144096	41984	1785	148416	43798
1726	144168	42014	1786	148488	43828
1727	144240	42044	1787	148560	43860
1728	144312	42074	1788	148632	43890
1729	144384	42106	1789	148704	43920
1730	144456	42136	1790	148776	43950
1731	144528	42166	1791	148848	43980
1732	144600	42196	1792	148920	44010
1733	144672	42226	1793	148992	44040
1734	144744	42256	1794	149064	44070
1735	144816	42286	1795	149136	44102
1736	144888	42316	1796	149208	44132
1737	144960	42348	1797	149280	44162
1738	145032	42378	1798	149352	44192
1739	145104	42408	1799	149424	44222
1740	145176	42438	1800	149496	44252

* Die Einkommensteuer gilt nur für den ausgewiesenen Wert, Zwischenwerte sind zu schätzen — s. Vorbemerkungen

laufende Nummer	zu versteuerndes Einkommen* in €	tarifliche Einkommen-steuer* in €	laufende Nummer	zu versteuerndes Einkommen* in €	tarifliche Einkommen-steuer* in €
1801	149568	44282	1861	153888	46096
1802	149640	44312	1862	153960	46128
1803	149712	44342	1863	154032	46158
1804	149784	44374	1864	154104	46188
1805	149856	44404	1865	154176	46218
1806	149928	44434	1866	154248	46248
1807	150000	44464	1867	154320	46278
1808	150072	44494	1868	154392	46308
1809	150144	44524	1869	154464	46338
1810	150216	44554	1870	154536	46370
1811	150288	44584	1871	154608	46400
1812	150360	44616	1872	154680	46430
1813	150432	44646	1873	154752	46460
1814	150504	44676	1874	154824	46490
1815	150576	44706	1875	154896	46520
1816	150648	44736	1876	154968	46550
1817	150720	44766	1877	155040	46580
1818	150792	44796	1878	155112	46610
1819	150864	44826	1879	155184	46642
1820	150936	44858	1880	155256	46672
1821	151008	44888	1881	155328	46702
1822	151080	44918	1882	155400	46732
1823	151152	44948	1883	155472	46762
1824	151224	44978	1884	155544	46792
1825	151296	45008	1885	155616	46822
1826	151368	45038	1886	155688	46852
1827	151440	45068	1887	155760	46884
1828	151512	45098	1888	155832	46914
1829	151584	45130	1889	155904	46944
1830	151656	45160	1890	155976	46974
1831	151728	45190	1891	156048	47004
1832	151800	45220	1892	156120	47034
1833	151872	45250	1893	156192	47064
1834	151944	45280	1894	156264	47094
1835	152016	45310	1895	156336	47126
1836	152088	45340	1896	156408	47156
1837	152160	45372	1897	156480	47186
1838	152232	45402	1898	156552	47216
1839	152304	45432	1899	156624	47246
1840	152376	45462	1900	156696	47276
1841	152448	45492	1901	156768	47306
1842	152520	45522	1902	156840	47336
1843	152592	45552	1903	156912	47366
1844	152664	45582	1904	156984	47398
1845	152736	45614	1905	157056	47428
1846	152808	45644	1906	157128	47458
1847	152880	45674	1907	157200	47488
1848	152952	45704	1908	157272	47518
1849	153024	45734	1909	157344	47548
1850	153096	45764	1910	157416	47578
1851	153168	45794	1911	157488	47608
1852	153240	45824	1912	157560	47640
1853	153312	45854	1913	157632	47670
1854	153384	45886	1914	157704	47700
1855	153456	45916	1915	157776	47730
1856	153528	45946	1916	157848	47760
1857	153600	45976	1917	157920	47790
1858	153672	46006	1918	157992	47820
1859	153744	46036	1919	158064	47850
1860	153816	46066	1920	158136	47882

* Die Einkommensteuer gilt nur für den ausgewiesenen Wert, Zwischenwerte sind zu schätzen — s. Vorbemerkungen

laufende Nummer	zu versteuerndes Einkommen* in €	tarifliche Einkommensteuer* in €	laufende Nummer	zu versteuerndes Einkommen* in €	tarifliche Einkommensteuer* in €
1921	158208	47912	1981	162528	49726
1922	158280	47942	1982	162600	49756
1923	158352	47972	1983	162672	49786
1924	158424	48002	1984	162744	49816
1925	158496	48032	1985	162816	49846
1926	158568	48062	1986	162888	49876
1927	158640	48092	1987	162960	49908
1928	158712	48122	1988	163032	49938
1929	158784	48154	1989	163104	49968
1930	158856	48184	1990	163176	49998
1931	158928	48214	1991	163248	50028
1932	159000	48244	1992	163320	50058
1933	159072	48274	1993	163392	50088
1934	159144	48304	1994	163464	50118
1935	159216	48334	1995	163536	50150
1936	159288	48364	1996	163608	50180
1937	159360	48396	1997	163680	50210
1938	159432	48426	1998	163752	50240
1939	159504	48456	1999	163824	50270
1940	159576	48486	2000	163896	50300
1941	159648	48516	2001	163968	50330
1942	159720	48546	2002	164040	50360
1943	159792	48576	2003	164112	50390
1944	159864	48606	2004	164184	50422
1945	159936	48638	2005	164256	50452
1946	160008	48668	2006	164328	50482
1947	160080	48698	2007	164400	50512
1948	160152	48728	2008	164472	50542
1949	160224	48758	2009	164544	50572
1950	160296	48788	2010	164616	50602
1951	160368	48818	2011	164688	50632
1952	160440	48848	2012	164760	50664
1953	160512	48878	2013	164832	50694
1954	160584	48910	2014	164904	50724
1955	160656	48940	2015	164976	50754
1956	160728	48970	2016	165048	50784
1957	160800	49000	2017	165120	50814
1958	160872	49030	2018	165192	50844
1959	160944	49060	2019	165264	50874
1960	161016	49090	2020	165336	50906
1961	161088	49120	2021	165408	50936
1962	161160	49152	2022	165480	50966
1963	161232	49182	2023	165552	50996
1964	161304	49212	2024	165624	51026
1965	161376	49242	2025	165696	51056
1966	161448	49272	2026	165768	51086
1967	161520	49302	2027	165840	51116
1968	161592	49332	2028	165912	51146
1969	161664	49362	2029	165984	51178
1970	161736	49394	2030	166056	51208
1971	161808	49424	2031	166128	51238
1972	161880	49454	2032	166200	51268
1973	161952	49484	2033	166272	51298
1974	162024	49514	2034	166344	51328
1975	162096	49544	2035	166416	51358
1976	162168	49574	2036	166488	51388
1977	162240	49604	2037	166560	51420
1978	162312	49634	2038	166632	51450
1979	162384	49666	2039	166704	51480
1980	162456	49696	2040	166776	51510

* Die Einkommensteuer gilt nur für den ausgewiesenen Wert, Zwischenwerte sind zu schätzen — s. Vorbemerkungen

laufende Nummer	zu versteuerndes Einkommen* in €	tarifliche Einkommen-steuer* in €	laufende Nummer	zu versteuerndes Einkommen* in €	tarifliche Einkommen-steuer* in €
2041	166848	51540	2101	171168	53354
2042	166920	51570	2102	171240	53384
2043	166992	51600	2103	171312	53414
2044	167064	51630	2104	171384	53446
2045	167136	51662	2105	171456	53476
2046	167208	51692	2106	171528	53506
2047	167280	51722	2107	171600	53536
2048	167352	51752	2108	171672	53566
2049	167424	51782	2109	171744	53596
2050	167496	51812	2110	171816	53626
2051	167568	51842	2111	171888	53656
2052	167640	51872	2112	171960	53688
2053	167712	51902	2113	172032	53718
2054	167784	51934	2114	172104	53748
2055	167856	51964	2115	172176	53778
2056	167928	51994	2116	172248	53808
2057	168000	52024	2117	172320	53838
2058	168072	52054	2118	172392	53868
2059	168144	52084	2119	172464	53898
2060	168216	52114	2120	172536	53930
2061	168288	52144	2121	172608	53960
2062	168360	52176	2122	172680	53990
2063	168432	52206	2123	172752	54020
2064	168504	52236	2124	172824	54050
2065	168576	52266	2125	172896	54080
2066	168648	52296	2126	172968	54110
2067	168720	52326	2127	173040	54140
2068	168792	52356	2128	173112	54170
2069	168864	52386	2129	173184	54202
2070	168936	52418	2130	173256	54232
2071	169008	52448	2131	173328	54262
2072	169080	52478	2132	173400	54292
2073	169152	52508	2133	173472	54322
2074	169224	52538	2134	173544	54352
2075	169296	52568	2135	173616	54382
2076	169368	52598	2136	173688	54412
2077	169440	52628	2137	173760	54444
2078	169512	52658	2138	173832	54474
2079	169584	52690	2139	173904	54504
2080	169656	52720	2140	173976	54534
2081	169728	52750	2141	174048	54564
2082	169800	52780	2142	174120	54594
2083	169872	52810	2143	174192	54624
2084	169944	52840	2144	174264	54654
2085	170016	52870	2145	174336	54686
2086	170088	52900	2146	174408	54716
2087	170160	52932	2147	174480	54746
2088	170232	52962	2148	174552	54776
2089	170304	52992	2149	174624	54806
2090	170376	53022	2150	174696	54836
2091	170448	53052	2151	174768	54866
2092	170520	53082	2152	174840	54896
2093	170592	53112	2153	174912	54926
2094	170664	53142	2154	174984	54958
2095	170736	53174	2155	175056	54988
2096	170808	53204	2156	175128	55018
2097	170880	53234	2157	175200	55048
2098	170952	53264	2158	175272	55078
2099	171024	53294	2159	175344	55108
2100	171096	53324	2160	175416	55138

* Die Einkommensteuer gilt nur für den ausgewiesenen Wert, Zwischenwerte sind zu schätzen – s. Vorbemerkungen

laufende Nummer	zu versteuerndes Einkommen* in €	tarifliche Einkommensteuer* in €	laufende Nummer	zu versteuerndes Einkommen* in €	tarifliche Einkommensteuer* in €
2 161	175 488	55 168	2 221	179 808	56 984
2 162	175 560	55 200	2 222	179 880	57 014
2 163	175 632	55 230	2 223	179 952	57 044
2 164	175 704	55 260	2 224	180 024	57 074
2 165	175 776	55 290	2 225	180 096	57 104
2 166	175 848	55 320	2 226	180 168	57 134
2 167	175 920	55 350	2 227	180 240	57 164
2 168	175 992	55 380	2 228	180 312	57 194
2 169	176 064	55 410	2 229	180 384	57 226
2 170	176 136	55 442	2 230	180 456	57 256
2 171	176 208	55 472	2 231	180 528	57 286
2 172	176 280	55 502	2 232	180 600	57 316
2 173	176 352	55 532	2 233	180 672	57 346
2 174	176 424	55 562	2 234	180 744	57 376
2 175	176 496	55 592	2 235	180 816	57 406
2 176	176 568	55 622	2 236	180 888	57 436
2 177	176 640	55 652	2 237	180 960	57 468
2 178	176 712	55 682	2 238	181 032	57 498
2 179	176 784	55 714	2 239	181 104	57 528
2 180	176 856	55 744	2 240	181 176	57 558
2 181	176 928	55 774	2 241	181 248	57 588
2 182	177 000	55 804	2 242	181 320	57 618
2 183	177 072	55 834	2 243	181 392	57 648
2 184	177 144	55 864	2 244	181 464	57 678
2 185	177 216	55 894	2 245	181 536	57 710
2 186	177 288	55 924	2 246	181 608	57 740
2 187	177 360	55 956	2 247	181 680	57 770
2 188	177 432	55 986	2 248	181 752	57 800
2 189	177 504	56 016	2 249	181 824	57 830
2 190	177 576	56 046	2 250	181 896	57 860
2 191	177 648	56 076	2 251	181 968	57 890
2 192	177 720	56 106	2 252	182 040	57 920
2 193	177 792	56 136	2 253	182 112	57 950
2 194	177 864	56 166	2 254	182 184	57 982
2 195	177 936	56 198	2 255	182 256	58 012
2 196	178 008	56 228	2 256	182 328	58 042
2 197	178 080	56 258	2 257	182 400	58 072
2 198	178 152	56 288	2 258	182 472	58 102
2 199	178 224	56 318	2 259	182 544	58 132
2 200	178 296	56 348	2 260	182 616	58 162
2 201	178 368	56 378	2 261	182 688	58 192
2 202	178 440	56 408	2 262	182 760	58 224
2 203	178 512	56 438	2 263	182 832	58 254
2 204	178 584	56 470	2 264	182 904	58 284
2 205	178 656	56 500	2 265	182 976	58 314
2 206	178 728	56 530	2 266	183 048	58 344
2 207	178 800	56 560	2 267	183 120	58 374
2 208	178 872	56 590	2 268	183 192	58 404
2 209	178 944	56 620	2 269	183 264	58 434
2 210	179 016	56 650	2 270	183 336	58 466
2 211	179 088	56 680	2 271	183 408	58 496
2 212	179 160	56 712	2 272	183 480	58 526
2 213	179 232	56 742	2 273	183 552	58 556
2 214	179 304	56 772	2 274	183 624	58 586
2 215	179 376	56 802	2 275	183 696	58 616
2 216	179 448	56 832	2 276	183 768	58 646
2 217	179 520	56 862	2 277	183 840	58 676
2 218	179 592	56 892	2 278	183 912	58 706
2 219	179 664	56 922	2 279	183 984	58 738
2 220	179 736	56 954	2 280	184 056	58 768

* Die Einkommensteuer gilt nur für den ausgewiesenen Wert, Zwischenwerte sind zu schätzen — s. Vorbemerkungen

laufende Nummer	zu versteuerndes Einkommen* in €	tarifliche Einkommensteuer* in €
2 281	184 128	58 798
2 282	184 200	58 828
2 283	184 272	58 858
2 284	184 344	58 888
2 285	184 416	58 918
2 286	184 488	58 948
2 287	184 560	58 980
2 288	184 632	59 010
2 289	184 704	59 040
2 290	184 776	59 070
2 291	184 848	59 100
2 292	184 920	59 130
2 293	184 992	59 160
2 294	185 064	59 190
2 295	185 136	59 222
2 296	185 208	59 252
2 297	185 280	59 282
2 298	185 352	59 312
2 299	185 424	59 342
2 300	185 496	59 372
2 301	185 568	59 402
2 302	185 640	59 432
2 303	185 712	59 462
2 304	185 784	59 494
2 305	185 856	59 524
2 306	185 928	59 554
2 307	186 000	59 584
2 308	186 072	59 614
2 309	186 144	59 644
2 310	186 216	59 674
2 311	186 288	59 704
2 312	186 360	59 736
2 313	186 432	59 766
2 314	186 504	59 796
2 315	186 576	59 826
2 316	186 648	59 856
2 317	186 720	59 886
2 318	186 792	59 916
2 319	186 864	59 946
2 320	186 936	59 978
2 321	187 008	60 008
2 322	187 080	60 038
2 323	187 152	60 068
2 324	187 224	60 098
2 325	187 296	60 128
2 326	187 368	60 158
2 327	187 440	60 188
2 328	187 512	60 218
2 329	187 584	60 250
2 330	187 656	60 280
2 331	187 728	60 310
2 332	187 800	60 340
2 333	187 872	60 370
2 334	187 944	60 400
2 335	188 016	60 430
2 336	188 088	60 460
2 337	188 160	60 492
2 338	188 232	60 522
2 339	188 304	60 552
2 340	188 376	60 582

laufende Nummer	zu versteuerndes Einkommen* in €	tarifliche Einkommensteuer* in €
2 341	188 448	60 612
2 342	188 520	60 642
2 343	188 592	60 672
2 344	188 664	60 702
2 345	188 736	60 734
2 346	188 808	60 764
2 347	188 880	60 794
2 348	188 952	60 824
2 349	189 024	60 854
2 350	189 096	60 884
2 351	189 168	60 914
2 352	189 240	60 944
2 353	189 312	60 974
2 354	189 384	61 006
2 355	189 456	61 036
2 356	189 528	61 066
2 357	189 600	61 096
2 358	189 672	61 126
2 359	189 744	61 156
2 360	189 816	61 186
2 361	189 888	61 216
2 362	189 960	61 248
2 363	190 032	61 278
2 364	190 104	61 308
2 365	190 176	61 338
2 366	190 248	61 368
2 367	190 320	61 398
2 368	190 392	61 428
2 369	190 464	61 458
2 370	190 536	61 490
2 371	190 608	61 520
2 372	190 680	61 550
2 373	190 752	61 580
2 374	190 824	61 610
2 375	190 896	61 640
2 376	190 968	61 670
2 377	191 040	61 700
2 378	191 112	61 730
2 379	191 184	61 762
2 380	191 256	61 792
2 381	191 328	61 822
2 382	191 400	61 852
2 383	191 472	61 882
2 384	191 544	61 912
2 385	191 616	61 942
2 386	191 688	61 972
2 387	191 760	62 004
2 388	191 832	62 034
2 389	191 904	62 064
2 390	191 976	62 094
2 391	192 048	62 124
2 392	192 120	62 154
2 393	192 192	62 184
2 394	192 264	62 214
2 395	192 336	62 246
2 396	192 408	62 276
2 397	192 480	62 306
2 398	192 552	62 336
2 399	192 624	62 366
2 400	192 696	62 396

* Die Einkommensteuer gilt nur für den ausgewiesenen Wert, Zwischenwerte sind zu schätzen — s. Vorbemerkungen

Vorbemerkungen

Die zur manuellen Berechnung der Lohnsteuer erstellten Lohnsteuertabellen wurden auf Basis des gem. § 51 Abs. 4 Nr. 1a EStG vom BMF veröffentlichten geänderten Programmablaufplans für die Erstellung von **Lohnsteuertabellen 2022** vom 5.11.2021 berechnet. Entgegen der maschinellen Berechnung der Lohnsteuer (sogenannter Formeltarif) kommt zur manuellen Berechnung der Lohnsteuer auch weiterhin der sogenannte **Stufentarif** zur Anwendung. Die Berechnung nach diesem Stufentarif ist auch weiterhin zulässig, es kommt allerdings zu geringfügigen Abweichungen gegenüber der Berechnung nach dem sogenannten Formeltarif, also der elektronischen Berechnung. Beide Berechnungsarten werden von der Finanzverwaltung ausdrücklich gebilligt. Zur genauen Berechnung der Lohnsteuer nach dem Formeltarif benutzen Sie bitte das über den link https://ch.beck.de/lohnsteuerrechner für Sie freigeschaltete online-Berechnungsprogramm. Eine **Programmanleitung** ist auf den Seiten 10 ff. enthalten.

Die Lohnsteuertabellen 2022 sind aus dem Einkommensteuertarif gem. § 32a EStG abgeleitet und zwar die Steuerbeträge der Steuerklassen I, II und IV aus dem Einkommensteuertarif nach § 32a Abs. 1, die Steuerbeträge der Steuerklasse III aus dem in § 32a Abs. 5 festgelegten Splitting-Verfahren. Die Steuerbeträge der Steuerklassen V und VI sind aus dem Einkommensteuertarif in der Weise abgeleitet worden, dass für das zu versteuernde Einkommen jeweils der Betrag als Jahressteuer ermittelt worden ist (§ 39b Abs. 2 EStG), der sich aus dem Zweifachen des Unterschiedsbetrags zwischen dem Steuerbetrag für das Eineinviertelfache und dem Steuerbetrag für das Dreiviertelfache des abgerundeten zu versteuernden Jahresbetrags nach § 32a Abs. 1 EStG ergibt. Hierdurch wird im Ergebnis unterstellt, dass das nach der Steuerklasse V oder VI zu versteuernde Einkommen 40 v. H. des gesamten zu versteuernden Einkommens beträgt, das gesamte zu versteuernde Einkommen nach dem Einkommensteuer-Splittingtarif zu versteuern ist und bereits 60 v. H. des gesamten zu versteuernden Einkommens entsprechend versteuert werden. Im Übrigen ist besonders vorgeschrieben worden, dass die Steuerbeträge in den Steuerklassen V und VI mindestens 14 v. H. und höchstens 42 v. H. sowie für den 277826 Euro übersteigenden Teil 45 v. H. des maßgebenden zu versteuernden Jahresbetrags betragen.

Die Beträge des zu versteuernden Einkommens sind durch Hinzurechnung verschiedener Beträge unter Bildung von Steuerklassen in Jahresarbeitslöhne umgerechnet worden (§ 39b Abs. 2 bis 3 EStG). Auf diese Weise sind folgende Beträge in die Jahreslohnsteuertabelle eingearbeitet worden:

– der tarifliche Grundfreibetrag (§ 32a Abs. 1 EStG) von 9984 Euro in den Steuerklassen I, II und IV, von 19 968 Euro in der Steuerklasse III,
– der Arbeitnehmer-Pauschbetrag (§ 9a Satz 1 Nr. 1 Buchstabe a EStG) von 1 000 Euro oder bei Versorgungsbezügen der Pauschbetrag (§ 9a Satz 1 Nr. 1 Buchstabe b) von 102 Euro in den Steuerklassen I bis V,
– der Sonderausgaben-Pauschbetrag (§ 10c Satz 1 EStG) von 36 Euro in den Steuerklassen I bis V,
– eine Vorsorgepauschale aus den Teilbeträgen
  a) für die RV bei Arbeitnehmern, die in der gesetzlichen RV pflichtversichert oder von der gesetzlichen RV nach § 6 Absatz 1 Nr. 1 SGB VI befreit sind, in den Steuerklassen I bis VI in Höhe des Betrags, der bezogen auf den Arbeitslohn 50 Prozent des Beitrags in der allgemeinen RV unter Berücksichtigung der jeweiligen Beitragsbemessungsgrenzen entspricht. Im Kalenderjahr 2022 ist der so ermittelte Betrag auf 88 v. H. begrenzt (§ 39b Abs. 4 EStG),
  b) für die KV bei Arbeitnehmern, die in der gesetzlichen KV versichert sind, in den Steuerklassen I bis VI in Höhe des Betrags, der bezogen auf den Arbeitslohn unter Berücksichtigung der Beitragsbemessungsgrenzen und den ermäßigten Beitragssatz (§ 243 SGB V) dem Arbeitnehmeranteil eines pflichtversicherten Arbeitnehmers entspricht,
  c) für die PflegeV bei Arbeitnehmern, die in der sozialen PflegeV versichert sind, in den Steuerklassen I bis VI in Höhe des Betrags, der bezogen auf den Arbeitslohn unter Berücksichtigung der Beitragsbemessungsgrenzen und den bundeseinheitlichen Beitragssatz dem Arbeitnehmeranteil eines pflichtversicherten Arbeitnehmers entspricht, erhöht um den Beitragszuschlag des Arbeitnehmers nach § 55 Absatz 3 SGB XI (Beitragszuschlag für Kinderlose), wenn die Voraussetzungen dafür vorliegen,
  d) für die KV und für die private Pflege-PflichtV bei Arbeitnehmern, die nicht unter Buchstabe b und c fallen, in den Steuerklassen I bis V in Höhe der dem Arbeitgeber mitgeteilten Beiträge im Sinne des § 10 Absatz 1 Nummer 3 EStG, etwaig vervielfältigt unter sinngemäßer Anwendung von Satz 2 auf einen Jahresbetrag, vermindert um den Betrag, der bezogen auf den Arbeitslohn unter Berücksichtigung der Beitragsbemessungsgrenzen und den ermäßigten Beitragssatz in der gesetzlichen KV sowie den bundeseinheitlichen Beitragssatz in der sozialen PflegeV dem Arbeitgeberanteil für einen pflichtversicherten Arbeitnehmer entspricht, wenn der Arbeitgeber gesetzlich verpflichtet ist, Zuschüsse zu den KV- und PflegeV-Beiträgen des Arbeitnehmers zu leisten;

- Entschädigungen im Sinne des § 24 Nummer 1 EStG sind bei Anwendung der Buchstaben a bis c nicht zu berücksichtigen; mindestens ist für die Summe der Teilbeträge nach den Buchstaben b und c oder für den Teilbetrag nach Buchstabe d ein Betrag in Höhe von 12 Prozent des Arbeitslohns, höchstens 1 900 Euro in den Steuerklassen I, II, IV, V, VI und höchstens 3 000 Euro in der Steuerklasse III anzusetzen,
- der Entlastungsbetrag für Alleinerziehende (§ 24b EStG) von 4008 Euro in der Steuerklasse II, der sich für jedes weitere Kind um 240 Euro erhöht.

Die **Monatslohnsteuertabellen,** die **Wochenlohnsteuertabellen** und die **Tageslohnsteuertabellen** sind nach § 39b Abs. 2 EStG aus den Jahreslohnsteuertabellen abgeleitet worden. Dabei sind die Anfangsbeträge der Arbeitslohnstufen und die Lohnsteuerbeträge für die Monatslohnsteuertabelle mit einem Zwölftel, für die Wochenlohnsteuertabelle mit $^{7}/_{360}$ und für die Tageslohnsteuertabelle mit $^{1}/_{360}$ der Jahresbeträge angesetzt worden. Für Lohnzahlungszeiträume, für die keine Lohnsteuertabellen bestehen, ist die Lohnsteuer aus den mit der Zahl der Kalendertage oder Wochen dieser Zeiträume vervielfachten Beträgen der maßgebenden Tageslohnsteuertabelle oder Wochenlohnsteuertabelle zu ermitteln.

Vor Ermittlung der Lohnsteuer aus der maßgebenden Lohnsteuertabelle hat der Arbeitgeber ggf. den auf den Lohnzahlungszeitraum entfallenden Anteil des **Versorgungs-Freibetrags** und des **Zuschlags zum Versorgungs-Freibetrag** (§ 19 Abs. 2 EStG) oder des **Altersentlastungsbetrags** (§ 24a EStG) und einen etwaigen als Lohnsteuerabzugsmerkmal für den Lohnzahlungszeitraum mitgeteilten Freibetrag (§ 39a Abs. 1 EStG) des Arbeitnehmers **vom Arbeitslohn abzuziehen** oder um einen etwaigen **Hinzurechnungsbetrag** (§ 39a Abs. 1 Nr. 7 EStG) zu erhöhen. Dabei ist der Versorgungs-Freibetrag mit 14,4 v.H. der Versorgungsbezüge, höchstens mit monatlich 90 Euro, wöchentlich 21 Euro und täglich 3 Euro zu berücksichtigen. Der Zuschlag zum Versorgungs-Freibetrag ist höchstens mit monatlich 27 Euro, wöchentlich 6,30 Euro und täglich mit 0,90 Euro anzusetzen. Der Altersentlastungsbetrag ist mit 14,4 v.H. des Arbeitslohns ohne etwaige Versorgungsbezüge, höchstens mit monatlich 57 Euro, wöchentlich 13,30 Euro und täglich 1,90 Euro zu berücksichtigen.

Die **besonderen Lohnsteuertabellen** gelten **für Arbeitnehmer, die** in der gesetzlichen Rentenversicherung **nicht versicherungspflichtig** sind, wie Beamte, Richter, Berufssoldaten, Arbeitnehmer der Sozialversicherungsträger und Geistliche der öffentlich-rechtlichen Religionsgemeinschaften, Bezieher von Ruhegehältern u. dgl. Für diesen Personenkreis sowie **Arbeitnehmer,** die **privat kranken- und pflegeversichert** sind (Lohnsteuerberechnung nach der allgemeinen Lohnsteuertabelle), kann die Lohnsteuer nicht mehr direkt aus den Lohnsteuertabellen entnommen werden, sondern es muss zunächst eine Zwischenrechnung vorgenommen werden. Dabei werden die nachgewiesenen Basiskranken- und Pflegeversicherungsbeiträge des Arbeitnehmers um die nach den Lohnsteuertabellen für den tatsächlichen Bruttojahresarbeitslohn berücksichtigte Mindestvorsorgepauschale (BVSP) gemindert. Von dem verbleibenden Betrag ist der typisierte Arbeitgeberzuschuss (TAGZ) zur Kranken- und Pflegeversicherung abzuziehen, wenn der Arbeitgeber verpflichtet ist, einen Zuschuss zur Kranken- und Pflegeversicherung zu zahlen. Der so ermittelte Wert ist von dem maßgeblichen Bruttoarbeitslohn abzuziehen. Die Lohnsteuer ist für den geminderten Bruttoarbeitslohn in der Tabelle abzulesen. Für diese Nebenrechnung weisen die allgemeinen und besonderen Lohnsteuertabellen für privat versicherte Arbeitnehmer den typisierten Arbeitgeberzuschuss (TAGZ) und die Mindestvorsorgepauschale (BVSP) für die Basiskranken- und Pflegepflichtversicherungsbeiträge aus.

Berechnungsbeispiele

Beispiel 1: Allgemeine Lohnsteuertabelle, private KV und PflegeV

Ein Arbeitnehmer in der Steuerklasse III (keine Kinder, Beitragsbemessungsgrenze West) erhält einen Bruttojahresarbeitslohn von 75 000 Euro. Er ist in der gesetzlichen Rentenversicherung pflichtversichert und **privat kranken- und pflegeversichert.** Seine nachgewiesenen Basiskranken- und Pflegepflichtversicherungsbeiträge betragen 10 800 Euro im Jahr. Dazu erhält er einen Zuschuss von seinem Arbeitgeber.

Die Lohnsteuer nach der **allgemeinen Lohnsteuertabelle** beträgt 10 808 Euro im Jahr, dabei ist durch die Berücksichtigung der Vorsorgepauschale ein Aufwand für eine Basiskranken- und Pflegepflichtversicherung von 5326 Euro berücksichtigt, der typisierte Arbeitgeberzuschuss beträgt in 2022 ebenfalls 5326 Euro. Um die nachgewiesenen Basiskranken- und Pflegepflichtversicherungsbeiträge zu berücksichtigen, sind in einer Nebenrechnung diese Beiträge um den nach der allgemeinen Lohnsteuertaelle berücksichtigten Aufwand für die gesetzliche Kranken- und soziale Pflegeversicherung und den typisierten Arbeitgeberzuschuss zu mindern. Es verbleiben (10 800 Euro – 5326 Euro – 5326 Euro =) 148 Euro, die den Bruttojahresarbeitslohn mindern. In diesem Fall ist die Lohnsteuer bei einem Bruttojahresarbeitslohn von (75 000 Euro – 148 Euro =) 74 852 Euro abzulesen. Die Lohnsteuer beträgt in der Steuerklasse III 10 766 Euro.

Beispiel 2: Besondere Lohnsteuertabelle, rentenversicherungsfrei und private KV und PflegeV

Ein **Beamter** in der Steuerklasse I ohne Kinder erhält einen Jahresarbeitslohn von 15 000 Euro. Seine nachgewiesenen Basiskranken- und

Pflegepflichtversicherungsbeiträge betragen 2400 Euro im Jahr. Er erhält keinen Zuschuss von seinem Arbeitgeber.

Die Lohnsteuer nach der **besonderen Lohnsteuertabelle** beträgt 354 Euro im Jahr, dabei ist durch die Berücksichtigung der Mindestvorsorgepauschale bereits ein Aufwand für eine Basiskranken- und Pflegepflichtversicherung von 1801 Euro berücksichtigt. Um die nachgewiesenen Basiskranken- und Pflegepflichtversicherungsbeiträge zu berücksichtigen, sind in einer Nebenrechnung diese Beiträge um die nach der besonderen Lohnsteuertabelle berücksichtigte Mindestvorsorgepauschale zu mindern. Es verbleiben (2400 Euro – 1801 Euro) = 599 Euro, die den Jahresarbeitslohn mindern. In diesem Fall ist die Lohnsteuer bei einem Jahresarbeitslohn von (15 000 Euro – 599 Euro =) 14 401 Euro abzulesen. Die Lohnsteuer beträgt in der Steuerklasse I 264 Euro.

Für Fälle, in denen die Lohnsteuertabellen keine Möglichkeit zur Berechnung anbieten, wird auf das über den link https://ch.beck.de/lohnsteuerrechner für Sie freigeschaltete online-Berechnungsprogramm verwiesen.

Für die Ermittlung der Lohnsteuer sind die Lohnsteuerabzugsmerkmale des Arbeitnehmers maßgebend. Nach § 39 Abs. 4 EStG sind dies

1. Steuerklasse (§ 38b Absatz 1) und Faktor (§ 39f EStG),
2. Zahl der Kinderfreibeträge bei den Steuerklassen I bis IV (§ 38b Absatz 2 EStG),
3. Freibetrag und Hinzurechnungsbetrag (§ 39a EStG),
4. Höhe der Beiträge für eine private Krankenversicherung und für eine private Pflege-Pflichtversicherung (§ 39b Absatz 2 Satz 5 Nummer 3 Buchstabe d EStG) für die Dauer von zwölf Monaten, wenn der Arbeitnehmer dies beantragt,
5. Mitteilung, dass der von einem Arbeitgeber gezahlte Arbeitslohn nach einem Abkommen zur Vermeidung der Doppelbesteuerung von der Lohnsteuer freizustellen ist, wenn der Arbeitnehmer oder der Arbeitgeber dies beantragt.

Die Einreihung der Arbeitnehmer in die verschiedenen Steuerklassen ergibt sich aus § 38b EStG. In die Steuerklasse I gehören Arbeitnehmer, die unbeschränkt einkommensteuerpflichtig und ledig sind, verheiratet, verwitwet oder geschieden sind und bei denen die Voraussetzungen für die Steuerklasse III oder IV nicht erfüllt sind oder beschränkt einkommensteuerpflichtig sind. **Ehegatten,** die unbeschränkt steuerpflichtig sind, nicht dauernd getrennt leben und beide Arbeitslohn beziehen, können **wählen,** ob sie beide nach der Steuerklasse IV oder ob einer der Ehegatten nach Steuerklasse III und der andere Ehegatte nach Steuerklasse V besteuert werden sollen. Anstelle der Steuerklassenkombination III/V kann auch das **Faktorverfahren** (§ 39f EStG) bei Ehegatten angewendet werden. Bei Ehegatten, die in die Steuerklasse IV gehören (§ 38b Abs. 1 Satz 2 Nr. 4 EStG), kann auf Antrag beider Ehegatten anstelle der Steuerklassenkombination III/V als Lohnsteuerabzugsmerkmal jeweils die Steuerklasse IV in Verbindung mit einem Faktor zur Ermittlung der Lohnsteuer berücksichtigt werden, wenn der Faktor kleiner als 1 ist. Der Faktor ist Y : X und vom Finanzamt mit drei Nachkommastellen ohne Rundung zu berechnen. „Y" ist die voraussichtliche Einkommensteuer für beide Ehegatten nach dem Splittingverfahren (§ 32a Abs. 5 EStG) unter Berücksichtigung der in § 39b Abs. 2 EStG genannten Abzugsbeträge. „X" ist die Summe der voraussichtlichen Lohnsteuer bei Anwendung der Steuerklasse IV für jeden Ehegatten. In die Bemessungsgrundlage für Y werden jeweils neben den Jahresarbeitslöhnen der ersten Dienstverhältnisse zusätzlich nur Beträge einbezogen, die nach § 39a Abs. 1 Satz 1 Nr. 1 bis 6 EStG als Freibetrag ermittelt und als Lohnsteuerabzugsmerkmal gebildet werden könnten; Freibeträge werden neben dem Faktor nicht als Lohnsteuerabzugsmerkmal gebildet. In den Fällen des § 39a Abs. 1 Satz 1 Nr. 7 EStG sind bei der Ermittlung von Y und X die Hinzurechnungsbeträge zu berücksichtigen; die Hinzurechnungsbeträge sind zusätzlich als Lohnsteuerabzugsmerkmal für das erste Dienstverhältnis zu bilden. Arbeitslöhne aus zweiten und weiteren Dienstverhältnissen (Steuerklasse VI) sind im Faktorverfahren nicht zu berücksichtigen.

Für die Einbehaltung der Lohnsteuer vom Arbeitslohn hat der Arbeitgeber Steuerklasse IV und den Faktor anzuwenden.

Bei Anwendung des Faktorverfahrens ist zwingend eine Veranlagung durchzuführen (§ 46 Abs. 2 Nr. 3a EStG), ebenso bei Vorliegen anderer Einkünfte von mehr als 410 Euro (§ 46 Abs. 2 EStG).

Die für die Ehegatten günstigste Steuerklassenkombination hängt in erster Linie von der Höhe ihrer Arbeitslöhne, vom Verhältnis dieser Arbeitslöhne zueinander und von der Inanspruchnahme eines etwaigen Freibetrags und seiner Verteilung auf die Ehegatten ab. Bei der Steuerklassenkombination III/V kann die einbehaltene Lohnsteuer im Verhältnis zur Jahressteuerschuld zu gering sein, wenn das gemeinsam zu versteuernde Einkommen der Ehegatten der progressiven Besteuerung unterliegt. Daher müssen Ehegatten, die die Steuerklassen III/V gewählt haben, in jedem Fall zur Einkommensteuer veranlagt werden.

Bei **erweiterter unbeschränkter Steuerpflicht** erhalten die Arbeitnehmer auf Antrag vom Betriebsstättenfinanzamt eine Abzugsbescheinigung und einen etwa in Betracht kommenden Freibetrag (§ 39a Abs. 1 EStG). Erweitert unbeschränkt steuerpflichtig sind zum einen deutsche Staatsangehörige, die nicht im Inland wohnen und zu einer inländischen juristischen Person des öffentlichen Rechts in einem Dienstverhältnis stehen und dafür Arbeitslohn aus einer inländischen öffentlichen Kasse beziehen sowie bestimmte zu ihrem Haushalt gehörende Angehörige (§ 1 Abs. 2 EStG). Zum anderen können auf Antrag auch andere Staatsangehörige, die nicht im Inland wohnen, als unbeschränkt steuerpflichtig behandelt werden, soweit sie inländische Einkünfte haben, die mindestens zu 90 v. H. der deutschen Einkommensteuer unterliegen oder wenn die nicht der deutschen Einkommensteuer unterliegenden Einkünfte nicht mehr als 9744 Euro betragen, wobei eine Kürzung dieses Betrages nach den Verhältnissen des Wohnsitzstaates in Betracht kommt (§ 1 Abs. 3 EStG).

Neben der allgemeinen und besonderen Lohnsteuertabelle, die der Ermittlung der vom Arbeitgeber einzubehaltenden und abzuführenden Lohnsteuer dient, ohne dass hierbei Kinderfreibeträge zu berücksichtigen sind, besteht noch eine **Lohnsteuertabelle, in der die Kinderfreibeträge eingearbeitet** sind. Sie dient aber im Rahmen des laufenden Lohnsteuerabzugs nur dazu, die Lohnsteuer zu ermitteln, die die Bemessungsgrundlage für die sog. **Annexsteuern** darstellt (§ 51a Abs. 2a EStG), das sind die Kirchensteuer und der Solidaritätszuschlag. Ist für den Arbeitnehmer die Berücksichtigung von Freibeträgen für Kinder nach § 32 EStG günstiger als das Kindergeld, wird dies bei der Einkommensteuerveranlagung berücksichtigt und entsprechend verrechnet (§ 31 EStG).

Lohnsteuerklassen nach § 38b EStG:

(1) Für die Durchführung des Lohnsteuerabzugs werden Arbeitnehmer in Steuerklassen eingereiht. Dabei gilt Folgendes:

1. In die Steuerklasse I gehören Arbeitnehmer, die
   a) unbeschränkt einkommensteuerpflichtig und
      aa) ledig sind,
      bb) verheiratet, verwitwet oder geschieden sind und bei denen die Voraussetzungen für die Steuerklasse III oder IV nicht erfüllt sind; oder
   b) beschränkt einkommensteuerpflichtig sind;
2. in die Steuerklasse II gehören die unter Nummer 1 Buchstabe a bezeichneten Arbeitnehmer, wenn bei ihnen der Entlastungsbetrag für Alleinerziehende (§ 24b EStG) zu berücksichtigen ist;
3. in die Steuerklasse III gehören Arbeitnehmer,
   a) die verheiratet sind, wenn beide Ehegatten unbeschränkt einkommensteuerpflichtig sind und nicht dauernd getrennt leben und der Ehegatte des Arbeitnehmers auf Antrag beider Ehegatten in die Steuerklasse V eingereiht wird,
   b) die verwitwet sind, wenn sie und ihr verstorbener Ehegatte im Zeitpunkt seines Todes unbeschränkt einkommensteuerpflichtig waren und in diesem Zeitpunkt nicht dauernd getrennt gelebt haben, für das Kalenderjahr, das dem Kalenderjahr folgt, in dem der Ehegatte verstorben ist,

c) deren Ehe aufgelöst worden ist, wenn
aa) im Kalenderjahr der Auflösung der Ehe beide Ehegatten unbeschränkt einkommensteuerpflichtig waren und nicht dauernd getrennt gelebt haben und
bb) der andere Ehegatte wieder geheiratet hat, von seinem neuen Ehegatten nicht dauernd getrennt lebt und er und sein neuer Ehegatte unbeschränkt einkommensteuerpflichtig sind,

für das Kalenderjahr, in dem die Ehe aufgelöst worden ist;

4. in die Steuerklasse IV gehören Arbeitnehmer, die verheiratet sind, wenn beide Ehegatten unbeschränkt einkommensteuerpflichtig sind und nicht dauernd getrennt leben; dies gilt auch, wenn einer der Ehegatten keinen Arbeitslohn bezieht und kein Antrag nach Nummer 3 Buchstabe a gestellt worden ist;
5. in die Steuerklasse V gehören die unter Nummer 4 bezeichneten Arbeitnehmer, wenn der Ehegatte des Arbeitnehmers auf Antrag beider Ehegatten in die Steuerklasse III eingereiht wird;
6. die Steuerklasse VI gilt bei Arbeitnehmern, die nebeneinander von mehreren Arbeitgebern Arbeitslohn beziehen, für die Einbehaltung der Lohnsteuer vom Arbeitslohn aus dem zweiten und einem weiteren Dienstverhältnis sowie in den Fällen des § 39c EStG.

Als unbeschränkt einkommensteuerpflichtig im Sinne der Nummern 3 und 4 gelten nur Personen, die die Voraussetzungen des § 1 Absatz 1 oder 2 oder des § 1a erfüllen.

(2) Für ein minderjähriges und nach § 1 Absatz 1 unbeschränkt einkommensteuerpflichtiges Kind im Sinne des § 32 Absatz 1 Nummer 1 und Absatz 3 werden bei der Anwendung der Steuerklassen I bis IV die Kinderfreibeträge als Lohnsteuerabzugsmerkmal nach § 39 Absatz 1 wie folgt berücksichtigt:

1. mit Zähler 0,5, wenn dem Arbeitnehmer der Kinderfreibetrag nach § 32 Absatz 6 Satz 1 zusteht, oder
2. mit Zähler 1, wenn dem Arbeitnehmer der Kinderfreibetrag zusteht, weil
   a) die Voraussetzungen des § 32 Absatz 6 Satz 2 vorliegen oder
   b) der andere Elternteil vor dem Beginn des Kalenderjahres verstorben ist oder
   c) der Arbeitnehmer allein das Kind angenommen hat.

Soweit dem Arbeitnehmer Kinderfreibeträge nach § 32 Absatz 1 bis 6 zustehen, die nicht nach Satz 1 berücksichtigt werden, ist die Zahl der Kinderfreibeträge auf Antrag vorbehaltlich des § 39a Absatz 1 Nummer 6 zu Grunde zu legen. In den Fällen des Satzes 2 können die Kinderfreibeträge für mehrere Jahre gelten, wenn nach den tatsächlichen Verhältnissen zu erwarten ist, dass die Voraussetzungen bestehen bleiben. Bei Anwendung der Steuerklassen III und IV sind auch Kinder des Ehegatten bei der Zahl der Kinderfreibeträge zu berücksichtigen. Der Antrag kann nur nach amtlich vorgeschriebenem Vordruck gestellt werden.

(3) Auf Antrag des Arbeitnehmers kann abweichend von Absatz 1 oder 2 eine für ihn ungünstigere Steuerklasse oder geringere Zahl der Kinderfreibeträge als Lohnsteuerabzugsmerkmal gebildet werden. Der Wechsel von der Steuerklasse III oder V in die Steuerklasse IV ist auch auf Antrag nur eines Ehegatten möglich mit der Folge, dass beide Ehegatten in die Steuerklasse IV eingereiht werden. Diese Anträge sind nach amtlich vorgeschriebenem Vordruck zu stellen und vom Antragsteller eigenhändig zu unterschreiben.

Eine elektronische **Lohnsteuerbescheinigung** hat der Arbeitgeber bei Abschluss des Lohnkontos, d.h. bei Beendigung des Dienstverhältnisses oder am Ende des Kalenderjahres auszustellen (§ 41b Abs. 1 EStG). Arbeitgeber ohne maschinelle Lohnabrechnung, die ausschließlich Arbeitnehmer im Rahmen einer geringfügigen Beschäftigung in ihrem Privathaushalt beschäftigen und keine elektronische Lohnsteuerbescheinigung erteilen können, haben eine entsprechende Lohnsteuerbescheinigung nach amtlich vorgeschriebenem Muster auszustellen (§ 41b Abs. 3 EStG).

Erhebung des Solidaritätszuschlags

Gem. § 3 Abs. 4 SolZG ist der Solidaritätszuschlag in Höhe von 5,5 % beim Abzug vom **laufenden** Arbeitslohn nur zu erheben, wenn die Bemessungsgrundlage (Lohnsteuer) im jeweiligen Lohnzahlungszeitraum

1. bei monatlicher Lohnzahlung
   a) in der Steuerklasse III mehr als 2826 Euro und
   b) in den Steuerklassen I, II, IV bis VI mehr als 1413 Euro,
2. bei wöchentlicher Lohnzahlung
   a) in der Steuerklasse III mehr als 659,40 Euro und
   b) in den Steuerklassen I, II, IV bis VI mehr als 329,70 Euro,
3. bei täglicher Lohnzahlung
   a) in der Steuerklasse III mehr als 94,20 Euro und
   b) in den Steuerklassen I, II, IV bis VI mehr als 47,10 Euro beträgt.

Beim Lohnsteuer-Jahresausgleich ist der Solidaritätszuschlag nur zu ermitteln, wenn die Bemessungsgrundlage in Steuerklasse III mehr als 33 912 Euro und in den Steuerklassen I, II oder IV mehr als 16 956 Euro beträgt.

Der Solidaritätszuschlag beträgt darüber hinaus nicht mehr als 11,9 v.H. des Unterschiedsbetrags zwischen der Bemessungsgrundlage und den o.g. Freigrenzen. Dieser „Übergangswert" ist den einzelnen Tabellen jeweils vorangestellten „Übergangstabellen Solidaritätszuschlag" zu entnehmen, wobei diese auf **„Sonstige Bezüge"** nicht anzuwenden sind.

Lohnsteuertabellen 2022: Programmbeschreibung

Vorbemerkung: Grundlage des vorliegenden Programms ist der vom Bundesministerium der Finanzen bekannt gemachte Euro-Programmablaufplan für die maschinelle Berechnung der vom Arbeitslohn einzubehaltenen Lohnsteuer, des Solidaritätszuschlages und der Maßstabsteuer für die Kirchenlohnsteuer 2022 vom 5.11.2021.

Für die maschinelle Berechnung der Lohn- und Einkommensteuer kommt der *stufenlose* Steuertarif (sog. Formeltarif) zur Anwendung, mit dem die Lohn- und Einkommensteuer exakt für den sich bei der Lohnsteuerberechnung bzw. Steuerveranlagung ergebenden Einzelwert berechnet wird.

1. Anwendung

Das Berechnungsprogramm (Lohnsteuerrechner 2022) erreichen Sie über den für Sie freigeschalteten link https://ch.beck.de/lohnsteuerrechner

2. Inhalt

Das Berechnungsprogramm 2022 enthält:

- die Lohnsteuerberechnung Tag, Woche, Monat und Jahr nach der Lohnsteuertabelle vom laufenden Arbeitslohn sowie von den Versorgungsbezügen
- die Hochrechnung des Bruttolohns ausgehend vom Nettolohn
- die Berechnung der Sozialversicherungsbeiträge (KV, RV, ArbLV, PflegeV) für Arbeitnehmer und Arbeitgeber
- die Einkommensteuerberechnung nach Grund- und Splittingtarif
- Geringfügige Beschäftigung/Minijobs

3. Kurzbeschreibung

Allgemeine Angaben

Über das Menü können Sie wählen, ob Sie eine Berechnung für den Arbeitgeber-, oder den Arbeitnehmer- vornehmen möchten. Sie können sowohl Brutto-, als auch Nettoabrechnungen berechnen und den entsprechenden Lohnzahlungszeitraum (Tag, Woche, Monat, Jahr) auswählen.

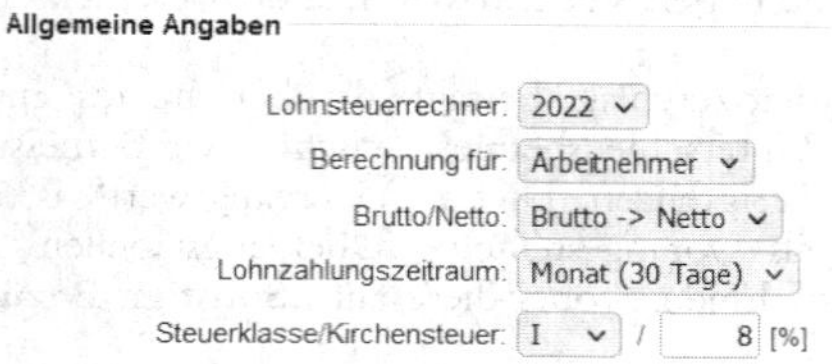

Weitere allgemeine Angaben wie Faktorverfahren, Steuerklasse/KiSt, Bruttolohn, Frei-, Hinzurechnungs- und Kinderfreibeträge, Anwendung der allgemeinen oder besonderen Lohnsteuertabelle und Altersentlastungsbetrag, geben Sie bitte in die folgenden Eingabefelder ein:

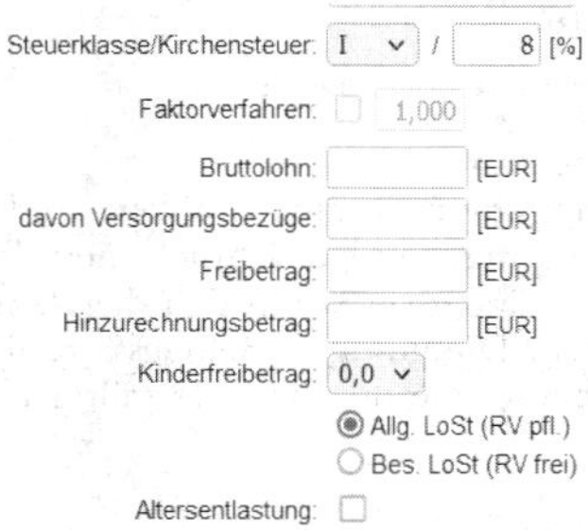

Über den Button „Einkommensteuer“

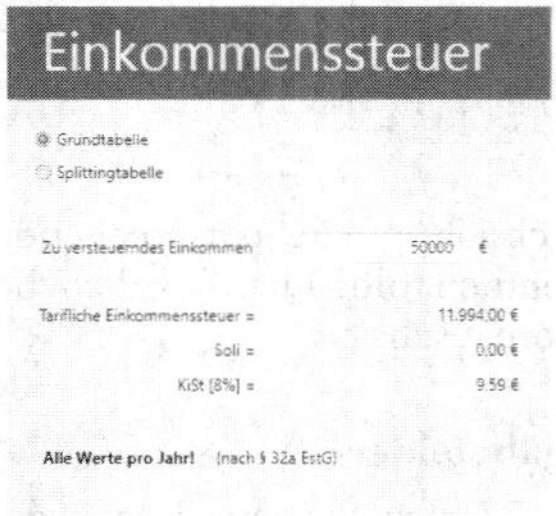

und Eingabe des entsprechenden zu versteuernden Einkommens erhalten Sie die Einkommensteuerberechnung wahlweise nach Grund- und Splittingtarif angezeigt.

Die bereits voreingestellten Beitragsbemessungsgrenzen Ost/West erhalten Sie über den Button „Bemessungsgrenze“.

T 2 Vorbem.

Rechtskreise.
Über dieses Auswahlfenster wird auch die Zuordnung „Ost“ oder „West“ geregelt. Wählen Sie die bereits voreingestellten Beitragsbemessungsgrenzen Ost/West sowie Sachsen als Sonderfall aus.

Anteile zur Sozialversicherung (SV)

Rechtskreis: ◉ West ○ Ost ☐ Sachsen

Anteile Sozialversicherung:
Die Beitragsbemessungsgrenzen zur Kranken-, Pflege-, Renten- und Arbeitslosenversicherung werden jährlich neu festgelegt. Diese Datenfelder sind jederzeit änderbar, wenn sich die Bemessungsgrenzen unterjährig ändern sollten. Die gültigen Beitragssätze für 2022 sind im Programm hinterlegt ebenso wie die für 2022 gültigen Beitragsbemessungsgrenzen.

Anteile zur Sozialversicherung (SV)

Rechtskreis: ◉ West ○ Ost ☐ Sachsen

	AN		AG		☐ Privatversichert (Basistarif) ◉ ohne AG Zuschuss ○ mit AG Zuschuss
Krankenversicherung (KV):	7,300	[%]	7,300	[%]	
KV-Zuschlag:	0,650	[%]	0,650	[%]	[€ / Monat]
Pflegeversicherung (PV):	1,525	[%]	1,525	[%]	[€ / Monat]
PV-Zuschlag:	0,250	[%]	☑ (Person ist über 23 Jahre und ohne Kind)		
Arbeitslosenversicherung (AV):	1,200	[%]	1,200	[%]	
Rentenversicherung (RV):	9,300	[%]	9,300	[%]	

Das Programm berücksichtigt die entsprechenden Lohnzahlungszeiträume täglich/wöchentlich/monatlich/jährlich bei der Sozialversicherungsberechnung automatisch.

Erklärung der Eingabefelder

Lohnzahlungszeitraum: Wählen Sie jeweils den gewünschten Lohnzahlungszeitraum (Tag, Woche, Monat, Jahr) aus der Listbox.

Steuerpflichtiger Bruttolohn: Tragen Sie den steuerpflichtigen Bruttoarbeitslohn ein ohne Sonstige Bezüge und ohne Vergütung für mehrjährige Tätigkeit.

Steuerklasse: Wählen Sie die Steuerklasse lt. Lohnsteuermerkmale aus.

Kinderfreibetrag: Bitte tragen Sie hier die Kinderfreibeträge lt. Lohnsteuerabzugsmerkmale ein.

Faktorverfahren: Aktivieren Sie ggf., ob der Arbeitnehmer nach dem Faktorverfahren (nur Steuerklasse IV) besteuert wird, und geben den lt. Lohnsteuerabzugsmerkmale eingetragenen Faktor ein.

Kirchensteuer: Geben Sie die entsprechenden Kirchensteuersätze an. Bei Bekenntnislosen bitte eine 0 eintragen.

Im Bruttolohn enthaltene Versorgungsbezüge: Tragen Sie hier den entsprechenden im steuerpflichtigen Bruttolohn enthaltenen Betrag ein.

Freibetrag: Tragen Sie hier den Freibetrag lt. Lohnsteuerabzugsmerkmale für den entsprechenden Lohnzahlungszeitraum ein.

Hinzurechnungsbetrag: Hinzurechnungsbetrag lt. Lohnsteuerabzugsmerkmale, bezogen auf den Lohnzahlungszeitraum.

Aktivieren Sie im Bedarfsfall, ob

– der Arbeitnehmer nach der allgemeinen oder besonderen Lohnsteuertabelle besteuert wird.

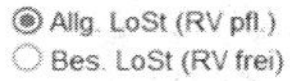

– Bei in der KV und PflegeV privat versicherten Arbeitnehmern, die in der RV und ALV **pflichtversichert** sind (Besteuerung nach der allgemeinen Lohnsteuertabelle) geben Sie bitte den privaten Basis-KV- und PflegeV-Beitrag ein.

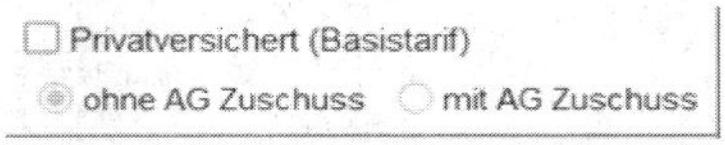

– Bei in der KV und PflegeV privat und in der RV und ALV **nicht pflichtversicherten** Arbeitnehmern (z. B. Beamte) (Besteuerung nach der besonderen Lohnsteuertabelle) geben Sie ebenfalls den privaten Basis-KV- und PflegeV-Beitrag ein.

Aktivieren Sie in beiden Fällen ggf., ob der Arbeitnehmer einen Anspruch auf den AG-Zuschuss hat.

4. Geringfügig Beschäftigte

Sie können wählen zwischen der Abrechnung für Geringfügige Beschäftigung „GF/Minijob" und Geringfügige Beschäftigung in privaten Haushalten „Minijob/priv. HH". Ebenso Gleitzone/Übergangsbereich. Die entsprechenden Berechnungsparameter sind voreingestellt.

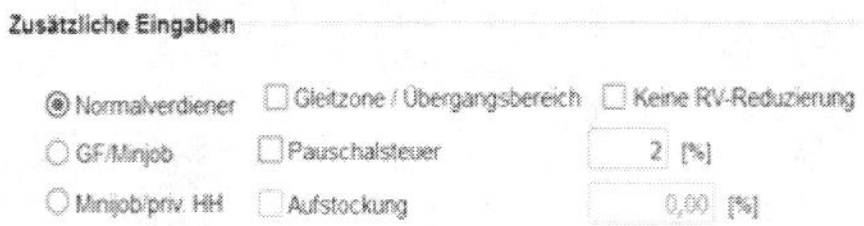

5. Berechnung

Zur Berechnung gehen Sie auf den Button „Berechnen“. Sie erhalten bspw. die folgende Ergebnisrechnung (hier Arbeitnehmeranteil).

Berechnetes Ergebnis Arbeitnehmeranteile

Bruttolohn:	5.000,00 EUR
Lohnsteuer:	**961,16 EUR**
Kirchensteuer:	**76,89 EUR**
Solidaritätszuschl.:	**0,00 EUR**
Steuern gesamt:	**1.038,05 EUR**
nach Steuern:	**3.961,95 EUR**
KV Beitrag:	**353,14 EUR** **Zuschlag: 31,44 EUR**
RV Beitrag:	**465,00 EUR**
AV Beitrag:	**60,00 EUR**
PV Beitrag:	**73,77 EUR** **Zuschlag: 12,09 EUR**
SV gesamt:	**995,44 EUR**
Nettolohn:	**2.966,51 EUR**

Hinweis: Wenn Sie neben der Lohn- und Einkommensteuerberechnung sowie Sozialversicherung auch Spezialberechnungen wie Übergangsbereich, Abfindungen etc. durchführen wollen, empfehlen wir Ihnen das Programm Lohnsteuertabellen 2022, Berechnungsprogramm für ca. 39 EURO zu nutzen, ISBN 9783406786211.

Solidaritätszuschlag beim Lohnsteuer-Jahresausgleich durch den Arbeitgeber*

Steuerklasse III		Steuerklasse III		Steuerklasse III		Steuerklasse III	
Maßstabslohnsteuer €	Solidaritätszuschlag €	Maßstabslohnsteuer €	Solidaritätszuschlag €	Maßstabslohnsteuer €	Solidaritätszuschlag €	Maßstabslohnsteuer €	Solidaritätszuschlag €
33910,00	0,00	34816,00	107,58	35724,00	215,63	36630,00	323,44
33924,00	1,43	34832,00	109,48	35738,00	217,29	36646,00	325,35
33940,00	3,33	34846,00	111,15	35754,00	219,20	36660,00	327,01
33954,00	5,00	34862,00	113,05	35768,00	220,86	36676,00	328,92
33970,00	6,90	34876,00	114,72	35784,00	222,77	36692,00	330,82
33984,00	8,57	34892,00	116,62	35800,00	224,67	36706,00	332,49
34000,00	10,47	34906,00	118,29	35814,00	226,34	36722,00	334,39
34014,00	12,14	34922,00	120,19	35830,00	228,24	36736,00	336,06
34030,00	14,04	34938,00	122,09	35844,00	229,91	36752,00	337,96
34046,00	15,95	34952,00	123,76	35860,00	231,81	36766,00	339,63
34060,00	17,61	34968,00	125,66	35874,00	233,48	36782,00	341,53
34076,00	19,52	34982,00	127,33	35890,00	235,38	36796,00	343,20
34090,00	21,18	34998,00	129,23	35904,00	237,05	36812,00	345,10
34106,00	23,09	35012,00	130,90	35920,00	238,95	36828,00	347,00
34120,00	24,75	35028,00	132,80	35936,00	240,86	36842,00	348,67
34136,00	26,66	35044,00	134,71	35950,00	242,52	36858,00	350,57
34150,00	28,32	35058,00	136,37	35966,00	244,43	36872,00	352,24
34166,00	30,23	35074,00	138,28	35980,00	246,09	36888,00	354,14
34182,00	32,13	35088,00	139,94	35996,00	248,00	36902,00	355,81
34196,00	33,80	35104,00	141,85	36010,00	249,66	36918,00	357,71
34212,00	35,70	35118,00	143,51	36026,00	251,57	36934,00	359,62
34226,00	37,37	35134,00	145,42	36040,00	253,23	36948,00	361,28
34242,00	39,27	35148,00	147,08	36056,00	255,14	36964,00	363,19
34256,00	40,94	35164,00	148,99	36072,00	257,04	36978,00	364,85
34272,00	42,84	35180,00	150,89	36086,00	258,71	36994,00	366,76
34288,00	44,74	35194,00	152,56	36102,00	260,61	37008,00	368,42
34302,00	46,41	35210,00	154,46	36116,00	262,28	37024,00	370,33
34318,00	48,31	35224,00	156,13	36132,00	264,18	37038,00	371,99
34332,00	49,98	35240,00	158,03	36146,00	265,85	37054,00	373,90
34348,00	51,88	35254,00	159,70	36162,00	267,75	37070,00	375,80
34362,00	53,55	35270,00	161,60	36178,00	269,65	37084,00	377,47
34378,00	55,45	35284,00	163,27	36192,00	271,32	37100,00	379,37
34392,00	57,12	35300,00	165,17	36208,00	273,22	37114,00	381,04
34408,00	59,02	35316,00	167,08	36222,00	274,89	37130,00	382,94
34424,00	60,93	35330,00	168,74	36238,00	276,79	37144,00	384,61
34438,00	62,59	35346,00	170,65	36252,00	278,46	37160,00	386,51
34454,00	64,50	35360,00	172,31	36268,00	280,36	37174,00	388,18
34468,00	66,16	35376,00	174,22	36282,00	282,03	37190,00	390,08
34484,00	68,07	35390,00	175,88	36298,00	283,93	37206,00	391,99
34498,00	69,73	35406,00	177,79	36314,00	285,84	37220,00	393,65
34514,00	71,64	35422,00	179,69	36328,00	287,50	37236,00	395,56
34528,00	73,30	35436,00	181,36	36344,00	289,41	37250,00	397,22
34544,00	75,21	35452,00	183,26	36358,00	291,07	37266,00	399,13
34560,00	77,11	35466,00	184,93	36374,00	292,98	37280,00	400,79
34574,00	78,78	35482,00	186,83	36388,00	294,64	37296,00	402,70
34590,00	80,68	35496,00	188,50	36404,00	296,55	37312,00	404,60
34604,00	82,35	35512,00	190,40	36418,00	298,21	37326,00	406,27
34620,00	84,25	35526,00	192,07	36434,00	300,12	37342,00	408,17
34634,00	85,92	35542,00	193,97	36450,00	302,02	37356,00	409,84
34650,00	87,82	35558,00	195,87	36464,00	303,69	37372,00	411,74
34666,00	89,73	35572,00	197,54	36480,00	305,59	37386,00	413,41
34680,00	91,39	35588,00	199,44	36494,00	307,26	37402,00	415,31
34696,00	93,30	35602,00	201,11	36510,00	309,16	37416,00	416,98
34710,00	94,96	35618,00	203,01	36524,00	310,83	37432,00	418,88
34726,00	96,87	35632,00	204,68	36540,00	312,73	37448,00	420,78
34740,00	98,53	35648,00	206,58	36556,00	314,64	37462,00	422,45
34756,00	100,44	35662,00	208,25	36570,00	316,30	37478,00	424,35
34770,00	102,10	35678,00	210,15	36586,00	318,21	37492,00	426,02
34786,00	104,01	35694,00	212,06	36600,00	319,87	37508,00	427,92
34802,00	105,91	35708,00	213,72	36616,00	321,78	37522,00	429,59

* Nur anzuwenden bei Lohnsteuer-Jahresausgleich durch den Arbeitgeber.

Steuerklasse III		Steuerklasse III		Steuerklasse III		Steuerklasse III	
Maßstabs-lohnsteuer €	Solidari-tätszu-schlag €	Maßstabs-lohnsteuer €	Solidari-tätszu-schlag €	Maßstabs-lohnsteuer €	Solidari-tätszu-schlag €	Maßstabs-lohnsteuer €	Solidari-tätszu-schlag €
37538,00	431,49	38566,00	553,83	39594,00	676,16	40622,00	798,49
37552,00	433,16	38582,00	555,73	39610,00	678,06	40638,00	800,39
37568,00	435,06	38596,00	557,40	39624,00	679,73	40652,00	802,06
37584,00	436,97	38612,00	559,30	39640,00	681,63	40668,00	803,96
37598,00	438,63	38626,00	560,97	39654,00	683,30	40682,00	805,63
37614,00	440,54	38642,00	562,87	39670,00	685,20	40698,00	807,53
37628,00	442,20	38656,00	564,54	39684,00	686,87	40714,00	809,44
37644,00	444,11	38672,00	566,44	39700,00	688,77	40728,00	811,10
37658,00	445,77	38686,00	568,11	39716,00	690,68	40744,00	813,01
37674,00	447,68	38702,00	570,01	39730,00	692,34	40758,00	814,67
37690,00	449,58	38718,00	571,91	39746,00	694,25	40774,00	816,58
37704,00	451,25	38732,00	573,58	39760,00	695,91	40788,00	818,24
37720,00	453,15	38748,00	575,48	39776,00	697,82	40804,00	820,15
37734,00	454,82	38762,00	577,15	39790,00	699,48	40818,00	821,81
37750,00	456,72	38778,00	579,05	39806,00	701,39	40834,00	823,72
37764,00	458,39	38792,00	580,72	39820,00	703,05	40850,00	825,62
37780,00	460,29	38808,00	582,62	39836,00	704,96	40864,00	827,29
37794,00	461,96	38824,00	584,53	39852,00	706,86	40880,00	829,19
37810,00	463,86	38838,00	586,19	39866,00	708,53	40894,00	830,86
37826,00	465,77	38854,00	588,10	39882,00	710,43	40910,00	832,76
37840,00	467,43	38868,00	589,76	39896,00	712,10	40924,00	834,43
37856,00	469,34	38884,00	591,67	39912,00	714,00	40940,00	836,33
37870,00	471,00	38898,00	593,33	39926,00	715,67	40954,00	838,00
37886,00	472,91	38914,00	595,24	39942,00	717,57	40970,00	839,90
37900,00	474,57	38928,00	596,90	39958,00	719,47	40986,00	841,81
37916,00	476,48	38944,00	598,81	39972,00	721,14	41000,00	843,47
37930,00	478,14	38960,00	600,71	39988,00	723,04	41016,00	845,38
37946,00	480,05	38974,00	602,38	40002,00	724,71	41030,00	847,04
37962,00	481,95	38990,00	604,28	40018,00	726,61	41046,00	848,95
37976,00	483,62	39004,00	605,95	40032,00	728,28	41060,00	850,61
37992,00	485,52	39020,00	607,85	40048,00	730,18	41076,00	852,52
38006,00	487,19	39034,00	609,52	40062,00	731,85	41092,00	854,42
38022,00	489,09	39050,00	611,42	40078,00	733,75	41106,00	856,09
38036,00	490,76	39064,00	613,09	40094,00	735,66	41122,00	857,99
38052,00	492,66	39080,00	614,99	40108,00	737,32	41136,00	859,66
38068,00	494,56	39096,00	616,90	40124,00	739,23	41152,00	861,56
38082,00	496,23	39110,00	618,56	40138,00	740,89	41166,00	863,23
38098,00	498,13	39126,00	620,47	40154,00	742,80	41182,00	865,13
38112,00	499,80	39140,00	622,13	40168,00	744,46	41196,00	866,80
38128,00	501,70	39156,00	624,04	40184,00	746,37	41212,00	868,70
38142,00	503,37	39170,00	625,70	40198,00	748,03	41228,00	870,60
38158,00	505,27	39186,00	627,61	40214,00	749,94	41242,00	872,27
38172,00	506,94	39202,00	629,51	40230,00	751,84	41258,00	874,17
38188,00	508,84	39216,00	631,18	40244,00	753,51	41272,00	875,84
38204,00	510,75	39232,00	633,08	40260,00	755,41	41288,00	877,74
38218,00	512,41	39246,00	634,75	40274,00	757,08	41302,00	879,41
38234,00	514,32	39262,00	636,65	40290,00	758,98	41318,00	881,31
38248,00	515,98	39276,00	638,32	40304,00	760,65	41332,00	882,98
38264,00	517,89	39292,00	640,22	40320,00	762,55	41348,00	884,88
38278,00	519,55	39306,00	641,89	40336,00	764,46	41364,00	886,79
38294,00	521,46	39322,00	643,79	40350,00	766,12	41378,00	888,45
38308,00	523,12	39338,00	645,69	40366,00	768,03	41394,00	890,36
38324,00	525,03	39352,00	647,36	40380,00	769,69	41408,00	892,02
38340,00	526,93	39368,00	649,26	40396,00	771,60	41424,00	893,93
38354,00	528,60	39382,00	650,93	40410,00	773,26	41438,00	895,59
38370,00	530,50	39398,00	652,83	40426,00	775,17	41454,00	897,50
38384,00	532,17	39412,00	654,50	40440,00	776,83	41470,00	899,40
38400,00	534,07	39428,00	656,40	40456,00	778,74	41484,00	901,07
38414,00	535,74	39442,00	658,07	40472,00	780,64	41500,00	902,97
38430,00	537,64	39458,00	659,97	40486,00	782,31	41514,00	904,64
38446,00	539,55	39474,00	661,88	40502,00	784,21	41530,00	906,54
38460,00	541,21	39488,00	663,54	40516,00	785,88	41544,00	908,21
38476,00	543,12	39504,00	665,45	40532,00	787,78	41560,00	910,11
38490,00	544,78	39518,00	667,11	40546,00	789,45	41574,00	911,78
38506,00	546,69	39534,00	669,02	40562,00	791,35	41590,00	913,68
38520,00	548,35	39548,00	670,68	40576,00	793,02	41606,00	915,59
38536,00	550,26	39564,00	672,59	40592,00	794,92	41620,00	917,25
38550,00	551,92	39580,00	674,49	40608,00	796,82	41636,00	919,16

Steuerklasse III		Steuerklasse III		Steuerklasse III		Steuerklasse III	
Maßstabs-lohnsteuer €	Solidari-tätszu-schlag €	Maßstabs-lohnsteuer €	Solidari-tätszu-schlag €	Maßstabs-lohnsteuer €	Solidari-tätszu-schlag €	Maßstabs-lohnsteuer €	Solidari-tätszu-schlag €
41650,00	920,82	42678,00	1043,15	43706,00	1165,49	44734,00	1287,82
41666,00	922,73	42694,00	1045,06	43722,00	1167,39	44750,00	1289,72
41680,00	924,39	42708,00	1046,72	43738,00	1169,29	44766,00	1291,63
41696,00	926,30	42724,00	1048,63	43752,00	1170,96	44780,00	1293,29
41710,00	927,96	42740,00	1050,53	43768,00	1172,86	44796,00	1295,20
41726,00	929,87	42754,00	1052,20	43782,00	1174,53	44810,00	1296,86
41742,00	931,77	42770,00	1054,10	43798,00	1176,43	44826,00	1298,77
41756,00	933,44	42784,00	1055,77	43812,00	1178,10	44840,00	1300,43
41772,00	935,34	42800,00	1057,67	43828,00	1180,00	44856,00	1302,34
41786,00	937,01	42814,00	1059,34	43842,00	1181,67	44872,00	1304,24
41802,00	938,91	42830,00	1061,24	43858,00	1183,57	44886,00	1305,91
41816,00	940,58	42844,00	1062,91	43874,00	1185,48	44902,00	1307,81
41832,00	942,48	42860,00	1064,81	43888,00	1187,14	44916,00	1309,48
41848,00	944,38	42876,00	1066,72	43904,00	1189,05	44932,00	1311,38
41862,00	946,05	42890,00	1068,38	43918,00	1190,71	44946,00	1313,05
41878,00	947,95	42906,00	1070,29	43934,00	1192,62	44962,00	1314,95
41892,00	949,62	42920,00	1071,95	43948,00	1194,28	44976,00	1316,62
41908,00	951,52	42936,00	1073,86	43964,00	1196,19	44992,00	1318,52
41922,00	953,19	42950,00	1075,52	43978,00	1197,85	45008,00	1320,42
41938,00	955,09	42966,00	1077,43	43994,00	1199,76	45022,00	1322,09
41952,00	956,76	42982,00	1079,33	44010,00	1201,66	45038,00	1323,99
41968,00	958,66	42996,00	1081,00	44024,00	1203,33	45052,00	1325,66
41984,00	960,57	43012,00	1082,90	44040,00	1205,23	45068,00	1327,56
41998,00	962,23	43026,00	1084,57	44054,00	1206,90	45082,00	1329,23
42014,00	964,14	43042,00	1086,47	44070,00	1208,80	45098,00	1331,13
42028,00	965,80	43056,00	1088,14	44084,00	1210,47	45112,00	1332,80
42044,00	967,71	43072,00	1090,04	44100,00	1212,37	45128,00	1334,70
42058,00	969,37	43086,00	1091,71	44116,00	1214,28	45144,00	1336,61
42074,00	971,28	43102,00	1093,61	44130,00	1215,94	45158,00	1338,27
42088,00	972,94	43118,00	1095,51	44146,00	1217,85	45174,00	1340,18
42104,00	974,85	43132,00	1097,18	44160,00	1219,51	45188,00	1341,84
42120,00	976,75	43148,00	1099,08	44176,00	1221,42	45204,00	1343,75
42134,00	978,42	43162,00	1100,75	44190,00	1223,08	45218,00	1345,41
42150,00	980,32	43178,00	1102,65	44206,00	1224,99	45234,00	1347,32
42164,00	981,99	43192,00	1104,32	44220,00	1226,65	45250,00	1349,22
42180,00	983,89	43208,00	1106,22	44236,00	1228,56	45264,00	1350,89
42194,00	985,56	43222,00	1107,89	44252,00	1230,46	45280,00	1352,79
42210,00	987,46	43238,00	1109,79	44266,00	1232,13	45294,00	1354,46
42226,00	989,37	43254,00	1111,70	44282,00	1234,03	45310,00	1356,36
42240,00	991,03	43268,00	1113,36	44296,00	1235,70	45324,00	1358,03
42256,00	992,94	43284,00	1115,27	44312,00	1237,60	45340,00	1359,93
42270,00	994,60	43298,00	1116,93	44326,00	1239,27	45354,00	1361,60
42286,00	996,51	43314,00	1118,84	44342,00	1241,17	45370,00	1363,50
42300,00	998,17	43328,00	1120,50	44356,00	1242,84	45386,00	1365,41
42316,00	1000,08	43344,00	1122,41	44372,00	1244,74	45400,00	1367,07
42330,00	1001,74	43360,00	1124,31	44388,00	1246,64	45416,00	1368,98
42346,00	1003,65	43374,00	1125,98	44402,00	1248,31	45430,00	1370,64
42362,00	1005,55	43390,00	1127,88	44418,00	1250,21	45446,00	1372,55
42376,00	1007,22	43404,00	1129,55	44432,00	1251,88	45460,00	1374,21
42392,00	1009,12	43420,00	1131,45	44448,00	1253,78	45476,00	1376,12
42406,00	1010,79	43434,00	1133,12	44462,00	1255,45	45490,00	1377,78
42422,00	1012,69	43450,00	1135,02	44478,00	1257,35	45506,00	1379,69
42436,00	1014,36	43464,00	1136,69	44494,00	1259,26	45522,00	1381,59
42452,00	1016,26	43480,00	1138,59	44508,00	1260,92	45536,00	1383,26
42466,00	1017,93	43496,00	1140,50	44524,00	1262,83	45552,00	1385,16
42482,00	1019,83	43510,00	1142,16	44538,00	1264,49	45566,00	1386,83
42498,00	1021,73	43526,00	1144,07	44554,00	1266,40	45582,00	1388,73
42512,00	1023,40	43540,00	1145,73	44568,00	1268,06	45596,00	1390,40
42528,00	1025,30	43556,00	1147,64	44584,00	1269,97	45612,00	1392,30
42542,00	1026,97	43570,00	1149,30	44598,00	1271,63	45628,00	1394,20
42558,00	1028,87	43586,00	1151,21	44614,00	1273,54	45642,00	1395,87
42572,00	1030,54	43600,00	1152,87	44630,00	1275,44	45658,00	1397,77
42588,00	1032,44	43616,00	1154,78	44644,00	1277,11	45672,00	1399,44
42604,00	1034,35	43632,00	1156,68	44660,00	1279,01	45688,00	1401,34
42618,00	1036,01	43646,00	1158,35	44674,00	1280,68	45702,00	1403,01
42634,00	1037,92	43662,00	1160,25	44690,00	1282,58	45718,00	1404,91
42648,00	1039,58	43676,00	1161,92	44704,00	1284,25	45732,00	1406,58
42664,00	1041,49	43692,00	1163,82	44720,00	1286,15	45748,00	1408,48

Steuerklasse III		Steuerklasse III		Steuerklasse III		Steuerklasse III	
Maßstabs-lohnsteuer €	Solidari-tätszu-schlag €	Maßstabs-lohnsteuer €	Solidari-tätszu-schlag €	Maßstabs-lohnsteuer €	Solidari-tätszu-schlag €	Maßstabs-lohnsteuer €	Solidari-tätszu-schlag €
45764,00	1410,39	46792,00	1532,72	47820,00	1655,05	48848,00	1777,38
45778,00	1412,05	46806,00	1534,39	47834,00	1656,72	48862,00	1779,05
45794,00	1413,96	46822,00	1536,29	47850,00	1658,62	48878,00	1780,95
45808,00	1415,62	46836,00	1537,96	47864,00	1660,29	48892,00	1782,62
45824,00	1417,53	46852,00	1539,86	47880,00	1662,19	48908,00	1784,52
45838,00	1419,19	46866,00	1541,53	47896,00	1664,10	48924,00	1786,43
45854,00	1421,10	46882,00	1543,43	47910,00	1665,76	48938,00	1788,09
45868,00	1422,76	46898,00	1545,33	47926,00	1667,67	48954,00	1790,00
45884,00	1424,67	46912,00	1547,00	47940,00	1669,33	48968,00	1791,66
45900,00	1426,57	46928,00	1548,90	47956,00	1671,24	48984,00	1793,57
45914,00	1428,24	46942,00	1550,57	47970,00	1672,90	48998,00	1795,23
45930,00	1430,14	46958,00	1552,47	47986,00	1674,81	49014,00	1797,14
45944,00	1431,81	46972,00	1554,14	48000,00	1676,47	49030,00	1799,04
45960,00	1433,71	46988,00	1556,04	48016,00	1678,38	49044,00	1800,71
45974,00	1435,38	47002,00	1557,71	48032,00	1680,28	49060,00	1802,61
45990,00	1437,28	47018,00	1559,61	48046,00	1681,95	49074,00	1804,28
46006,00	1439,19	47034,00	1561,52	48062,00	1683,85	49090,00	1806,18
46020,00	1440,85	47048,00	1563,18	48076,00	1685,52	49104,00	1807,85
46036,00	1442,76	47064,00	1565,09	48092,00	1687,42	49120,00	1809,75
46050,00	1444,42	47078,00	1566,75	48106,00	1689,09	49134,00	1811,42
46066,00	1446,33	47094,00	1568,66	48122,00	1690,99	49150,00	1813,32
46080,00	1447,99	47108,00	1570,32	48136,00	1692,66	49166,00	1815,23
46096,00	1449,90	47124,00	1572,23	48152,00	1694,56	49180,00	1816,89
46110,00	1451,56	47140,00	1574,13	48168,00	1696,46	49196,00	1818,80
46126,00	1453,47	47154,00	1575,80	48182,00	1698,13	49210,00	1820,46
46142,00	1455,37	47170,00	1577,70	48198,00	1700,03	49226,00	1822,37
46156,00	1457,04	47184,00	1579,37	48212,00	1701,70	49240,00	1824,03
46172,00	1458,94	47200,00	1581,27	48228,00	1703,60	49256,00	1825,94
46186,00	1460,61	47214,00	1582,94	48242,00	1705,27	49270,00	1827,60
46202,00	1462,51	47230,00	1584,84	48258,00	1707,17	49286,00	1829,51
46216,00	1464,18	47244,00	1586,51	48274,00	1709,08	49302,00	1831,41
46232,00	1466,08	47260,00	1588,41	48288,00	1710,74	49316,00	1833,08
46246,00	1467,75	47276,00	1590,32	48304,00	1712,65	49332,00	1834,98
46262,00	1469,65	47290,00	1591,98	48318,00	1714,31	49346,00	1836,65
46278,00	1471,55	47306,00	1593,89	48334,00	1716,22	49362,00	1838,55
46292,00	1473,22	47320,00	1595,55	48348,00	1717,88	49376,00	1840,22
46308,00	1475,12	47336,00	1597,46	48364,00	1719,79	49392,00	1842,12
46322,00	1476,79	47350,00	1599,12	48378,00	1721,45	49408,00	1844,02
46338,00	1478,69	47366,00	1601,03	48394,00	1723,36	49422,00	1845,69
46352,00	1480,36	47380,00	1602,69	48410,00	1725,26	49438,00	1847,59
46368,00	1482,26	47396,00	1604,60	48424,00	1726,93	49452,00	1849,26
46384,00	1484,17	47412,00	1606,50	48440,00	1728,83	49468,00	1851,16
46398,00	1485,83	47426,00	1608,17	48454,00	1730,50	49482,00	1852,83
46414,00	1487,74	47442,00	1610,07	48470,00	1732,40	49498,00	1854,73
46428,00	1489,40	47456,00	1611,74	48484,00	1734,07	49512,00	1856,40
46444,00	1491,31	47472,00	1613,64	48500,00	1735,97	49528,00	1858,30
46458,00	1492,97	47486,00	1615,31	48514,00	1737,64	49544,00	1860,21
46474,00	1494,88	47502,00	1617,21	48530,00	1739,54	49558,00	1861,87
46488,00	1496,54	47518,00	1619,11	48546,00	1741,45	49574,00	1863,78
46504,00	1498,45	47532,00	1620,78	48560,00	1743,11	49588,00	1865,44
46520,00	1500,35	47548,00	1622,68	48576,00	1745,02	49604,00	1867,35
46534,00	1502,02	47562,00	1624,35	48590,00	1746,68	49618,00	1869,01
46550,00	1503,92	47578,00	1626,25	48606,00	1748,59	49634,00	1870,92
46564,00	1505,59	47592,00	1627,92	48620,00	1750,25	49648,00	1872,58
46580,00	1507,49	47608,00	1629,82	48636,00	1752,16	49664,00	1874,49
46594,00	1509,16	47622,00	1631,49	48652,00	1754,06	49680,00	1876,39
46610,00	1511,06	47638,00	1633,39	48666,00	1755,73	49694,00	1878,06
46624,00	1512,73	47654,00	1635,30	48682,00	1757,63	49710,00	1879,96
46640,00	1514,63	47668,00	1636,96	48696,00	1759,30	49724,00	1881,63
46656,00	1516,54	47684,00	1638,87	48712,00	1761,20	49740,00	1883,53
46670,00	1518,20	47698,00	1640,53	48726,00	1762,87	49754,00	1885,20
46686,00	1520,11	47714,00	1642,44	48742,00	1764,77	49770,00	1887,10
46700,00	1521,77	47728,00	1644,10	48756,00	1766,44	49786,00	1889,01
46716,00	1523,68	47744,00	1646,01	48772,00	1768,34	49800,00	1890,67
46730,00	1525,34	47758,00	1647,67	48788,00	1770,24	49816,00	1892,58
46746,00	1527,25	47774,00	1649,58	48802,00	1771,91	49830,00	1894,24
46762,00	1529,15	47790,00	1651,48	48818,00	1773,81	49846,00	1896,15
46776,00	1530,82	47804,00	1653,15	48832,00	1775,48	49860,00	1897,81

Steuerklasse III		Steuerklasse III		Steuerklasse III		Steuerklasse III	
Maßstabs-lohnsteuer €	Solidari-tätszu-schlag €	Maßstabs-lohnsteuer €	Solidari-tätszu-schlag €	Maßstabs-lohnsteuer €	Solidari-tätszu-schlag €	Maßstabs-lohnsteuer €	Solidari-tätszu-schlag €
49876,00	1899,72	50904,00	2022,05	51932,00	2144,38	52960,00	2266,71
49890,00	1901,38	50920,00	2023,95	51948,00	2146,28	52976,00	2268,62
49906,00	1903,29	50934,00	2025,62	51962,00	2147,95	52990,00	2270,28
49922,00	1905,19	50950,00	2027,52	51978,00	2149,85	53006,00	2272,19
49936,00	1906,86	50964,00	2029,19	51992,00	2151,52	53020,00	2273,85
49952,00	1908,76	50980,00	2031,09	52008,00	2153,42	53036,00	2275,76
49966,00	1910,43	50994,00	2032,76	52022,00	2155,09	53050,00	2277,42
49982,00	1912,33	51010,00	2034,66	52038,00	2156,99	53066,00	2279,33
49996,00	1914,00	51024,00	2036,33	52054,00	2158,90	53082,00	2281,23
50012,00	1915,90	51040,00	2038,23	52068,00	2160,56	53096,00	2282,90
50026,00	1917,57	51056,00	2040,14	52084,00	2162,47	53112,00	2284,80
50042,00	1919,47	51070,00	2041,80	52098,00	2164,13	53126,00	2286,47
50058,00	1921,37	51086,00	2043,71	52114,00	2166,04	53142,00	2288,37
50072,00	1923,04	51100,00	2045,37	52128,00	2167,70	53156,00	2290,04
50088,00	1924,94	51116,00	2047,28	52144,00	2169,61	53172,00	2291,94
50102,00	1926,61	51130,00	2048,94	52158,00	2171,27	53188,00	2293,84
50118,00	1928,51	51146,00	2050,85	52174,00	2173,18	53202,00	2295,51
50132,00	1930,18	51160,00	2052,51	52190,00	2175,08	53218,00	2297,41
50148,00	1932,08	51176,00	2054,42	52204,00	2176,75	53232,00	2299,08
50164,00	1933,99	51192,00	2056,32	52220,00	2178,65	53248,00	2300,98
50178,00	1935,65	51206,00	2057,99	52234,00	2180,32	53262,00	2302,65
50194,00	1937,56	51222,00	2059,89	52250,00	2182,22	53278,00	2304,55
50208,00	1939,22	51236,00	2061,56	52264,00	2183,89	53292,00	2306,22
50224,00	1941,13	51252,00	2063,46	52280,00	2185,79	53308,00	2308,12
50238,00	1942,79	51266,00	2065,13	52294,00	2187,46	53324,00	2310,03
50254,00	1944,70	51282,00	2067,03	52310,00	2189,36	53338,00	2311,69
50268,00	1946,36	51298,00	2068,93	52326,00	2191,27	53354,00	2313,60
50284,00	1948,27	51312,00	2070,60	52340,00	2192,93	53368,00	2315,26
50300,00	1950,17	51328,00	2072,50	52356,00	2194,84	53384,00	2317,17
50314,00	1951,84	51342,00	2074,17	52370,00	2196,50	53398,00	2318,83
50330,00	1953,74	51358,00	2076,07	52386,00	2198,41	53414,00	2320,74
50344,00	1955,41	51372,00	2077,74	52400,00	2200,07	53428,00	2322,40
50360,00	1957,31	51388,00	2079,64	52416,00	2201,98	53444,00	2324,31
50374,00	1958,98	51402,00	2081,31	52432,00	2203,88	53460,00	2326,21
50390,00	1960,88	51418,00	2083,21	52446,00	2205,55	53474,00	2327,88
50404,00	1962,55	51434,00	2085,12	52462,00	2207,45	53490,00	2329,78
50420,00	1964,45	51448,00	2086,78	52476,00	2209,12	53504,00	2331,45
50436,00	1966,36	51464,00	2088,69	52492,00	2211,02	53520,00	2333,35
50450,00	1968,02	51478,00	2090,35	52506,00	2212,69	53534,00	2335,02
50466,00	1969,93	51494,00	2092,26	52522,00	2214,59	53550,00	2336,92
50480,00	1971,59	51508,00	2093,92	52536,00	2216,26	53566,00	2338,83
50496,00	1973,50	51524,00	2095,83	52552,00	2218,16	53580,00	2340,49
50510,00	1975,16	51538,00	2097,49	52568,00	2220,06	53596,00	2342,40
50526,00	1977,07	51554,00	2099,40	52582,00	2221,73	53610,00	2344,06
50542,00	1978,97	51570,00	2101,30	52598,00	2223,63	53626,00	2345,97
50556,00	1980,64	51584,00	2102,97	52612,00	2225,30	53640,00	2347,63
50572,00	1982,54	51600,00	2104,87	52628,00	2227,20	53656,00	2349,54
50586,00	1984,21	51614,00	2106,54	52642,00	2228,87	53670,00	2351,20
50602,00	1986,11	51630,00	2108,44	52658,00	2230,77	53686,00	2353,11
50616,00	1987,78	51644,00	2110,11	52672,00	2232,44	53702,00	2355,01
50632,00	1989,68	51660,00	2112,01	52688,00	2234,34	53716,00	2356,68
50646,00	1991,35	51676,00	2113,92	52704,00	2236,25	53732,00	2358,58
50662,00	1993,25	51690,00	2115,58	52718,00	2237,91	53746,00	2360,25
50678,00	1995,15	51706,00	2117,49	52734,00	2239,82	53762,00	2362,15
50692,00	1996,82	51720,00	2119,15	52748,00	2241,48	53776,00	2363,82
50708,00	1998,72	51736,00	2121,06	52764,00	2243,39	53792,00	2365,72
50722,00	2000,39	51750,00	2122,72	52778,00	2245,05	53806,00	2367,39
50738,00	2002,29	51766,00	2124,63	52794,00	2246,96	53822,00	2369,29
50752,00	2003,96	51780,00	2126,29	52810,00	2248,86	53838,00	2371,19
50768,00	2005,86	51796,00	2128,20	52824,00	2250,53	53852,00	2372,86
50782,00	2007,53	51812,00	2130,10	52840,00	2252,43	53868,00	2374,76
50798,00	2009,43	51826,00	2131,77	52854,00	2254,10	53882,00	2376,43
50814,00	2011,34	51842,00	2133,67	52870,00	2256,00	53898,00	2378,33
50828,00	2013,00	51856,00	2135,34	52884,00	2257,67	53912,00	2380,00
50844,00	2014,91	51872,00	2137,24	52900,00	2259,57	53928,00	2381,90
50858,00	2016,57	51886,00	2138,91	52914,00	2261,24	53944,00	2383,81
50874,00	2018,48	51902,00	2140,81	52930,00	2263,14	53958,00	2385,47
50888,00	2020,14	51916,00	2142,48	52946,00	2265,05	53974,00	2387,38

Steuerklasse III		Steuerklasse III		Steuerklasse III		Steuerklasse III	
Maßstabs-lohnsteuer €	Solidari-tätszu-schlag €	Maßstabs-lohnsteuer €	Solidari-tätszu-schlag €	Maßstabs-lohnsteuer €	Solidari-tätszu-schlag €	Maßstabs-lohnsteuer €	Solidari-tätszu-schlag €
53988,00	2389,04	55016,00	2511,38	56044,00	2633,71	57072,00	2756,04
54004,00	2390,95	55032,00	2513,28	56060,00	2635,61	57088,00	2757,94
54018,00	2392,61	55046,00	2514,95	56074,00	2637,28	57104,00	2759,85
54034,00	2394,52	55062,00	2516,85	56090,00	2639,18	57118,00	2761,51
54048,00	2396,18	55078,00	2518,75	56106,00	2641,09	57134,00	2763,42
54064,00	2398,09	55092,00	2520,42	56120,00	2642,75	57148,00	2765,08
54080,00	2399,99	55108,00	2522,32	56136,00	2644,66	57164,00	2766,99
54094,00	2401,66	55122,00	2523,99	56150,00	2646,32	57178,00	2768,65
54110,00	2403,56	55138,00	2525,89	56166,00	2648,23	57194,00	2770,56
54124,00	2405,23	55152,00	2527,56	56180,00	2649,89	57208,00	2772,22
54140,00	2407,13	55168,00	2529,46	56196,00	2651,80	57224,00	2774,13
54154,00	2408,80	55182,00	2531,13	56212,00	2653,70	57240,00	2776,03
54170,00	2410,70	55198,00	2533,03	56226,00	2655,37	57254,00	2777,70
54184,00	2412,37	55214,00	2534,94	56242,00	2657,27	57270,00	2779,60
54200,00	2414,27	55228,00	2536,60	56256,00	2658,94	57284,00	2781,27
54216,00	2416,18	55244,00	2538,51	56272,00	2660,84	57300,00	2783,17
54230,00	2417,84	55258,00	2540,17	56286,00	2662,51	57314,00	2784,84
54246,00	2419,75	55274,00	2542,08	56302,00	2664,41	57330,00	2786,74
54260,00	2421,41	55288,00	2543,74	56316,00	2666,08	57346,00	2788,65
54276,00	2423,32	55304,00	2545,65	56332,00	2667,98	57360,00	2790,31
54290,00	2424,98	55318,00	2547,31	56348,00	2669,88	57376,00	2792,22
54306,00	2426,89	55334,00	2549,22	56362,00	2671,55	57390,00	2793,88
54322,00	2428,79	55350,00	2551,12	56378,00	2673,45	57406,00	2795,79
54336,00	2430,46	55364,00	2552,79	56392,00	2675,12	57420,00	2797,45
54352,00	2432,36	55380,00	2554,69	56408,00	2677,02	57436,00	2799,36
54366,00	2434,03	55394,00	2556,36	56422,00	2678,69	57450,00	2801,02
54382,00	2435,93	55410,00	2558,26	56438,00	2680,59	57466,00	2802,93
54396,00	2437,60	55424,00	2559,93	56452,00	2682,26	57482,00	2804,83
54412,00	2439,50	55440,00	2561,83	56468,00	2684,16	57496,00	2806,50
54426,00	2441,17	55456,00	2563,74	56484,00	2686,07	57512,00	2808,40
54442,00	2443,07	55470,00	2565,40	56498,00	2687,73	57526,00	2810,07
54458,00	2444,97	55486,00	2567,31	56514,00	2689,64	57542,00	2811,97
54472,00	2446,64	55500,00	2568,97	56528,00	2691,30	57556,00	2813,64
54488,00	2448,54	55516,00	2570,88	56544,00	2693,21	57572,00	2815,54
54502,00	2450,21	55530,00	2572,54	56558,00	2694,87	57586,00	2817,21
54518,00	2452,11	55546,00	2574,45	56574,00	2696,78	57602,00	2819,11
54532,00	2453,78	55560,00	2576,11	56590,00	2698,68	57618,00	2821,01
54548,00	2455,68	55576,00	2578,02	56604,00	2700,35	57632,00	2822,68
54562,00	2457,35	55592,00	2579,92	56620,00	2702,25	57648,00	2824,58
54578,00	2459,25	55606,00	2581,59	56634,00	2703,92	57662,00	2826,25
54594,00	2461,16	55622,00	2583,49	56650,00	2705,82	57678,00	2828,15
54608,00	2462,82	55636,00	2585,16	56664,00	2707,49	57692,00	2829,82
54624,00	2464,73	55652,00	2587,06	56680,00	2709,39	57708,00	2831,72
54638,00	2466,39	55666,00	2588,73	56694,00	2711,06	57724,00	2833,63
54654,00	2468,30	55682,00	2590,63	56710,00	2712,96	57738,00	2835,29
54668,00	2469,96	55696,00	2592,30	56726,00	2714,87	57754,00	2837,20
54684,00	2471,87	55712,00	2594,20	56740,00	2716,53	57768,00	2838,86
54700,00	2473,77	55728,00	2596,10	56756,00	2718,44	57784,00	2840,77
54714,00	2475,44	55742,00	2597,77	56770,00	2720,10	57798,00	2842,43
54730,00	2477,34	55758,00	2599,67	56786,00	2722,01	57814,00	2844,34
54744,00	2479,01	55772,00	2601,34	56800,00	2723,67	57828,00	2846,00
54760,00	2480,91	55788,00	2603,24	56816,00	2725,58	57844,00	2847,91
54774,00	2482,58	55802,00	2604,91	56830,00	2727,24	57860,00	2849,81
54790,00	2484,48	55818,00	2606,81	56846,00	2729,15	57874,00	2851,48
54804,00	2486,15	55834,00	2608,72	56862,00	2731,05	57890,00	2853,38
54820,00	2488,05	55848,00	2610,38	56876,00	2732,72	57904,00	2855,05
54836,00	2489,96	55864,00	2612,29	56892,00	2734,62	57920,00	2856,95
54850,00	2491,62	55878,00	2613,95	56906,00	2736,29	57934,00	2858,62
54866,00	2493,53	55894,00	2615,86	56922,00	2738,19	57950,00	2860,52
54880,00	2495,19	55908,00	2617,52	56936,00	2739,86	57964,00	2862,19
54896,00	2497,10	55924,00	2619,43	56952,00	2741,76	57980,00	2864,09
54910,00	2498,76	55938,00	2621,09	56968,00	2743,66	57996,00	2866,00
54926,00	2500,67	55954,00	2623,00	56982,00	2745,33	58010,00	2867,66
54940,00	2502,33	55970,00	2624,90	56998,00	2747,23	58026,00	2869,57
54956,00	2504,24	55984,00	2626,57	57012,00	2748,90	58040,00	2871,23
54972,00	2506,14	56000,00	2628,47	57028,00	2750,80	58056,00	2873,14
54986,00	2507,81	56014,00	2630,14	57042,00	2752,47	58070,00	2874,80
55002,00	2509,71	56030,00	2632,04	57058,00	2754,37	58086,00	2876,71

Steuerklasse III		Steuerklasse III		Steuerklasse III		Steuerklasse III	
Maßstabs-lohnsteuer €	Solidari-tätszu-schlag €	Maßstabs-lohnsteuer €	Solidari-tätszu-schlag €	Maßstabs-lohnsteuer €	Solidari-tätszu-schlag €	Maßstabs-lohnsteuer €	Solidari-tätszu-schlag €
58102,00	2878,61	59130,00	3000,94	60158,00	3123,27	61186,00	3245,61
58116,00	2880,28	59144,00	3002,61	60172,00	3124,94	61200,00	3247,27
58132,00	2882,18	59160,00	3004,51	60188,00	3126,84	61216,00	3249,18
58146,00	2883,85	59174,00	3006,18	60202,00	3128,51	61230,00	3250,84
58162,00	2885,75	59190,00	3008,08	60218,00	3130,41	61246,00	3252,75
58176,00	2887,42	59204,00	3009,75	60232,00	3132,08	61262,00	3254,65
58192,00	2889,32	59220,00	3011,65	60248,00	3133,98	61276,00	3256,32
58206,00	2890,99	59236,00	3013,56	60264,00	3135,89	61292,00	3258,22
58222,00	2892,89	59250,00	3015,22	60278,00	3137,55	61306,00	3259,89
58238,00	2894,79	59266,00	3017,13	60294,00	3139,46	61322,00	3261,79
58252,00	2896,46	59280,00	3018,79	60308,00	3141,12	61336,00	3263,46
58268,00	2898,36	59296,00	3020,70	60324,00	3143,03	61352,00	3265,36
58282,00	2900,03	59310,00	3022,36	60338,00	3144,69	61366,00	3267,03
58298,00	2901,93	59326,00	3024,27	60354,00	3146,60	61382,00	3268,93
58312,00	2903,60	59340,00	3025,93	60370,00	3148,50	61398,00	3270,83
58328,00	2905,50	59356,00	3027,84	60384,00	3150,17	61412,00	3272,50
58342,00	2907,17	59372,00	3029,74	60400,00	3152,07	61428,00	3274,40
58358,00	2909,07	59386,00	3031,41	60414,00	3153,74	61442,00	3276,07
58374,00	2910,98	59402,00	3033,31	60430,00	3155,64	61458,00	3277,97
58388,00	2912,64	59416,00	3034,98	60444,00	3157,31	61472,00	3279,64
58404,00	2914,55	59432,00	3036,88	60460,00	3159,21	61488,00	3281,54
58418,00	2916,21	59446,00	3038,55	60474,00	3160,88	61504,00	3283,45
58434,00	2918,12	59462,00	3040,45	60490,00	3162,78	61518,00	3285,11
58448,00	2919,78	59476,00	3042,12	60506,00	3164,69	61534,00	3287,02
58464,00	2921,69	59492,00	3044,02	60520,00	3166,35	61548,00	3288,68
58480,00	2923,59	59508,00	3045,92	60536,00	3168,26	61564,00	3290,59
58494,00	2925,26	59522,00	3047,59	60550,00	3169,92	61578,00	3292,25
58510,00	2927,16	59538,00	3049,49	60566,00	3171,83	61594,00	3294,16
58524,00	2928,83	59552,00	3051,16	60580,00	3173,49	61608,00	3295,82
58540,00	2930,73	59568,00	3053,06	60596,00	3175,40	61624,00	3297,73
58554,00	2932,40	59582,00	3054,73	60610,00	3177,06	61640,00	3299,63
58570,00	2934,30	59598,00	3056,63	60626,00	3178,97	61654,00	3301,30
58584,00	2935,97	59614,00	3058,54	60642,00	3180,87	61670,00	3303,20
58600,00	2937,87	59628,00	3060,20	60656,00	3182,54	61684,00	3304,87
58616,00	2939,78	59644,00	3062,11	60672,00	3184,44	61700,00	3306,77
58630,00	2941,44	59658,00	3063,77	60686,00	3186,11	61714,00	3308,44
58646,00	2943,35	59674,00	3065,68	60702,00	3188,01	61730,00	3310,34
58660,00	2945,01	59688,00	3067,34	60716,00	3189,68	61744,00	3312,01
58676,00	2946,92	59704,00	3069,25	60732,00	3191,58	61760,00	3313,91
58690,00	2948,58	59718,00	3070,91	60748,00	3193,48	61776,00	3315,82
58706,00	2950,49	59734,00	3072,82	60762,00	3195,15	61790,00	3317,48
58720,00	2952,15	59750,00	3074,72	60778,00	3197,05	61806,00	3319,39
58736,00	2954,06	59764,00	3076,39	60792,00	3198,72	61820,00	3321,05
58752,00	2955,96	59780,00	3078,29	60808,00	3200,62	61836,00	3322,96
58766,00	2957,63	59794,00	3079,96	60822,00	3202,29	61850,00	3324,62
58782,00	2959,53	59810,00	3081,86	60838,00	3204,19	61866,00	3326,53
58796,00	2961,20	59824,00	3083,53	60852,00	3205,86	61882,00	3328,43
58812,00	2963,10	59840,00	3085,43	60868,00	3207,76	61896,00	3330,10
58826,00	2964,77	59854,00	3087,10	60884,00	3209,67	61912,00	3332,00
58842,00	2966,67	59870,00	3089,00	60898,00	3211,33	61926,00	3333,67
58858,00	2968,57	59886,00	3090,91	60914,00	3213,24	61942,00	3335,57
58872,00	2970,24	59900,00	3092,57	60928,00	3214,90	61956,00	3337,24
58888,00	2972,14	59916,00	3094,48	60944,00	3216,81	61972,00	3339,14
58902,00	2973,81	59930,00	3096,14	60958,00	3218,47	61986,00	3340,81
58918,00	2975,71	59946,00	3098,05	60974,00	3220,38	62002,00	3342,71
58932,00	2977,38	59960,00	3099,71	60988,00	3222,04	62018,00	3344,61
58948,00	2979,28	59976,00	3101,62	61004,00	3223,95	62032,00	3346,28
58962,00	2980,95	59992,00	3103,52	61020,00	3225,85	62048,00	3348,18
58978,00	2982,85	60006,00	3105,19	61034,00	3227,52	62062,00	3349,85
58994,00	2984,76	60022,00	3107,09	61050,00	3229,42	62078,00	3351,75
59008,00	2986,42	60036,00	3108,76	61064,00	3231,09	62092,00	3353,42
59024,00	2988,33	60052,00	3110,66	61080,00	3232,99	62108,00	3355,32
59038,00	2989,99	60066,00	3112,33	61094,00	3234,66	62122,00	3356,99
59054,00	2991,90	60082,00	3114,23	61110,00	3236,56	62138,00	3358,89
59068,00	2993,56	60096,00	3115,90	61126,00	3238,47	62154,00	3360,80
59084,00	2995,47	60112,00	3117,80	61140,00	3240,13	62168,00	3362,46
59098,00	2997,13	60128,00	3119,70	61156,00	3242,04	62184,00	3364,37
59114,00	2999,04	60142,00	3121,37	61170,00	3243,70	62198,00	3366,03

Steuerklasse III		Steuerklasse III		Steuerklasse III		Steuerklasse III	
Maßstabs-lohnsteuer €	Solidari-tätszu-schlag €	Maßstabs-lohnsteuer €	Solidari-tätszu-schlag €	Maßstabs-lohnsteuer €	Solidari-tätszu-schlag €	Maßstabs-lohnsteuer €	Solidari-tätszu-schlag €
62214,00	3367,94	62440,00	3394,83	62668,00	3421,96	62894,00	3448,86
62228,00	3369,60	62456,00	3396,74	62682,00	3423,63	62910,00	3450,76
62244,00	3371,51	62470,00	3398,40	62698,00	3425,53	62924,00	3452,43
62260,00	3373,41	62486,00	3400,31	62712,00	3427,20	62940,00	3454,33
62274,00	3375,08	62500,00	3401,97	62728,00	3429,10	62954,00	3456,00
62290,00	3376,98	62516,00	3403,88	62742,00	3430,77	62970,00	3457,90
62304,00	3378,65	62532,00	3405,78	62758,00	3432,67	62984,00	3459,57
62320,00	3380,55	62546,00	3407,45	62774,00	3434,58	63000,00	3461,47
62334,00	3382,22	62562,00	3409,35	62788,00	3436,24	63016,00	3463,38
62350,00	3384,12	62576,00	3411,02	62804,00	3438,15	63030,00	3465,04
62364,00	3385,79	62592,00	3412,92	62818,00	3439,81	63046,00	3466,95
62380,00	3387,69	62606,00	3414,59	62834,00	3441,72	63060,00	3468,30
62396,00	3389,60	62622,00	3416,49	62848,00	3443,38		
62410,00	3391,26	62638,00	3418,39	62864,00	3445,29		
62426,00	3393,17	62652,00	3420,06	62878,00	3446,95		

Steuerklassen I, II, IV, V, VI		Steuerklassen I, II, IV, V, VI		Steuerklassen I, II, IV, V, VI		Steuerklassen I, II, IV, V, VI	
Maßstabs-lohnsteuer €	Solidari-tätszu-schlag €	Maßstabs-lohnsteuer €	Solidari-tätszu-schlag €	Maßstabs-lohnsteuer €	Solidari-tätszu-schlag €	Maßstabs-lohnsteuer €	Solidari-tätszu-schlag €
16955,00	0,00	17610,00	77,83	18265,00	155,77	18920,00	233,72
16969,00	1,55	17624,00	79,49	18279,00	157,44	18934,00	235,38
16983,00	3,21	17638,00	81,16	18293,00	159,10	18948,00	237,05
16997,00	4,88	17652,00	82,82	18307,00	160,77	18962,00	238,71
17010,00	6,43	17666,00	84,49	18321,00	162,44	18976,00	240,38
17024,00	8,09	17679,00	86,04	18335,00	164,10	18990,00	242,05
17039,00	9,88	17693,00	87,70	18349,00	165,77	19004,00	243,71
17052,00	11,42	17708,00	89,49	18362,00	167,31	19018,00	245,38
17066,00	13,09	17721,00	91,04	18377,00	169,10	19031,00	246,93
17080,00	14,76	17735,00	92,70	18391,00	170,77	19046,00	248,71
17094,00	16,42	17749,00	94,37	18404,00	172,31	19060,00	250,38
17108,00	18,09	17763,00	96,03	18418,00	173,98	19073,00	251,92
17122,00	19,75	17777,00	97,70	18432,00	175,64	19087,00	253,59
17136,00	21,42	17791,00	99,37	18446,00	177,31	19101,00	255,26
17150,00	23,09	17805,00	101,03	18460,00	178,98	19115,00	256,92
17164,00	24,75	17819,00	102,70	18474,00	180,64	19129,00	258,59
17178,00	26,42	17833,00	104,36	18488,00	182,31	19143,00	260,25
17192,00	28,08	17847,00	106,03	18502,00	183,97	19157,00	261,92
17206,00	29,75	17861,00	107,70	18516,00	185,64	19171,00	263,59
17220,00	31,42	17875,00	109,36	18530,00	187,31	19185,00	265,25
17233,00	32,96	17889,00	111,03	18544,00	188,97	19199,00	266,92
17247,00	34,63	17902,00	112,57	18558,00	190,64	19213,00	268,58
17262,00	36,41	17916,00	114,24	18572,00	192,30	19227,00	270,25
17275,00	37,96	17931,00	116,03	18585,00	193,85	19241,00	271,92
17289,00	39,63	17944,00	117,57	18600,00	195,64	19254,00	273,46
17303,00	41,29	17958,00	119,24	18614,00	197,30	19269,00	275,25
17317,00	42,96	17972,00	120,90	18627,00	198,85	19283,00	276,91
17331,00	44,63	17986,00	122,57	18641,00	200,52	19296,00	278,46
17345,00	46,29	18000,00	124,24	18655,00	202,18	19310,00	280,13
17359,00	47,96	18014,00	125,90	18669,00	203,85	19324,00	281,79
17373,00	49,62	18028,00	127,57	18683,00	205,51	19338,00	283,46
17387,00	51,29	18042,00	129,23	18697,00	207,18	19352,00	285,12
17401,00	52,96	18056,00	130,90	18711,00	208,85	19366,00	286,79
17415,00	54,62	18070,00	132,57	18725,00	210,51	19380,00	288,46
17429,00	56,29	18084,00	134,23	18739,00	212,18	19394,00	290,12
17443,00	57,95	18098,00	135,90	18753,00	213,84	19408,00	291,79
17456,00	59,50	18112,00	137,56	18767,00	215,51	19422,00	293,45
17470,00	61,17	18125,00	139,11	18781,00	217,18	19436,00	295,12
17485,00	62,95	18139,00	140,78	18795,00	218,84	19450,00	296,79
17498,00	64,50	18154,00	142,56	18808,00	220,39	19464,00	298,45
17512,00	66,16	18167,00	144,11	18823,00	222,17	19477,00	300,00
17526,00	67,83	18181,00	145,78	18837,00	223,84	19492,00	301,78
17540,00	69,50	18195,00	147,44	18850,00	225,39	19506,00	303,45
17554,00	71,16	18209,00	149,11	18864,00	227,05	19519,00	305,00
17568,00	72,83	18223,00	150,77	18878,00	228,72	19533,00	306,66
17582,00	74,49	18237,00	152,44	18892,00	230,38	19547,00	308,33
17596,00	76,16	18251,00	154,11	18906,00	232,05	19561,00	310,00

Steuerklassen I, II, IV, V, VI		Steuerklassen I, II, IV, V, VI		Steuerklassen I, II, IV, V, VI		Steuerklassen I, II, IV, V, VI	
Maßstabs-lohnsteuer €	Solidari-tätszu-schlag €	Maßstabs-lohnsteuer €	Solidari-tätszu-schlag €	Maßstabs-lohnsteuer €	Solidari-tätszu-schlag €	Maßstabs-lohnsteuer €	Solidari-tätszu-schlag €
19575,00	311,66	20523,00	424,47	21501,00	540,86	22529,00	663,19
19589,00	313,33	20537,00	426,14	21516,00	542,64	22544,00	664,97
19603,00	314,99	20551,00	427,81	21531,00	544,43	22559,00	666,76
19617,00	316,66	20565,00	429,47	21546,00	546,21	22574,00	668,54
19631,00	318,33	20579,00	431,14	21561,00	548,00	22589,00	670,33
19645,00	319,99	20593,00	432,80	21576,00	549,78	22604,00	672,11
19659,00	321,66	20607,00	434,47	21591,00	551,57	22619,00	673,90
19673,00	323,32	20621,00	436,14	21606,00	553,35	22635,00	675,80
19687,00	324,99	20635,00	437,80	21622,00	555,25	22650,00	677,59
19700,00	326,54	20648,00	439,35	21637,00	557,04	22665,00	679,37
19715,00	328,32	20662,00	441,01	21652,00	558,82	22680,00	681,16
19729,00	329,99	20677,00	442,80	21667,00	560,61	22695,00	682,94
19742,00	331,53	20690,00	444,35	21682,00	562,39	22710,00	684,73
19756,00	333,20	20704,00	446,01	21697,00	564,18	22725,00	686,51
19770,00	334,87	20718,00	447,68	21712,00	565,96	22740,00	688,30
19784,00	336,53	20732,00	449,34	21727,00	567,75	22756,00	690,20
19798,00	338,20	20746,00	451,01	21743,00	569,65	22771,00	691,99
19812,00	339,86	20760,00	452,68	21758,00	571,44	22786,00	693,77
19826,00	341,53	20774,00	454,34	21773,00	573,22	22801,00	695,56
19840,00	343,20	20788,00	456,01	21788,00	575,01	22816,00	697,34
19854,00	344,86	20802,00	457,67	21803,00	576,79	22831,00	699,13
19868,00	346,53	20816,00	459,34	21818,00	578,58	22846,00	700,91
19882,00	348,19	20830,00	461,01	21833,00	580,36	22861,00	702,70
19896,00	349,86	20844,00	462,67	21848,00	582,15	22877,00	704,60
19910,00	351,53	20858,00	464,34	21863,00	583,93	22892,00	706,38
19924,00	353,19	20871,00	465,89	21879,00	585,84	22907,00	708,17
19938,00	354,86	20885,00	467,55	21894,00	587,62	22922,00	709,95
19952,00	356,52	20900,00	469,34	21909,00	589,41	22937,00	711,74
19966,00	358,19	20913,00	470,88	21924,00	591,19	22952,00	713,52
19979,00	359,74	20927,00	472,55	21939,00	592,98	22967,00	715,31
19993,00	361,40	20941,00	474,22	21954,00	594,76	22982,00	717,09
20008,00	363,19	20955,00	475,88	21969,00	596,55	22997,00	718,88
20021,00	364,74	20969,00	477,55	21984,00	598,33	23013,00	720,78
20035,00	366,40	20983,00	479,21	22000,00	600,24	23028,00	722,57
20049,00	368,07	20997,00	480,88	22015,00	602,02	23043,00	724,35
20063,00	369,73	21011,00	482,55	22030,00	603,81	23058,00	726,14
20077,00	371,40	21025,00	484,21	22045,00	605,59	23073,00	727,92
20091,00	373,07	21039,00	485,88	22060,00	607,38	23088,00	729,71
20105,00	374,73	21053,00	487,54	22075,00	609,16	23103,00	731,49
20119,00	376,40	21067,00	489,21	22090,00	610,95	23118,00	733,28
20133,00	378,06	21081,00	490,88	22105,00	612,73	23134,00	735,18
20147,00	379,73	21094,00	492,42	22121,00	614,64	23149,00	736,97
20161,00	381,40	21108,00	494,09	22136,00	616,42	23164,00	738,75
20175,00	383,06	21123,00	495,87	22151,00	618,21	23179,00	740,54
20189,00	384,73	21138,00	497,66	22166,00	619,99	23194,00	742,32
20202,00	386,27	21153,00	499,44	22181,00	621,78	23209,00	744,11
20216,00	387,94	21168,00	501,23	22196,00	623,56	23224,00	745,89
20231,00	389,73	21183,00	503,01	22211,00	625,35	23239,00	747,68
20244,00	391,27	21198,00	504,80	22226,00	627,13	23255,00	749,58
20258,00	392,94	21213,00	506,58	22241,00	628,92	23270,00	751,37
20272,00	394,60	21228,00	508,37	22257,00	630,82	23285,00	753,15
20286,00	396,27	21244,00	510,27	22272,00	632,60	23300,00	754,94
20300,00	397,94	21259,00	512,06	22287,00	634,39	23315,00	756,72
20314,00	399,60	21274,00	513,84	22302,00	636,17	23330,00	758,51
20328,00	401,27	21289,00	515,63	22317,00	637,96	23345,00	760,29
20342,00	402,93	21304,00	517,41	22332,00	639,74	23360,00	762,08
20356,00	404,60	21319,00	519,20	22347,00	641,53	23375,00	763,86
20370,00	406,27	21334,00	520,98	22362,00	643,31	23391,00	765,77
20384,00	407,93	21349,00	522,77	22378,00	645,22	23406,00	767,55
20398,00	409,60	21365,00	524,67	22393,00	647,00	23421,00	769,34
20412,00	411,26	21380,00	526,46	22408,00	648,79	23436,00	771,12
20425,00	412,81	21395,00	528,24	22423,00	650,57	23451,00	772,91
20439,00	414,48	21410,00	530,03	22438,00	652,36	23466,00	774,69
20454,00	416,26	21425,00	531,81	22453,00	654,14	23481,00	776,48
20467,00	417,81	21440,00	533,60	22468,00	655,93	23496,00	778,26
20481,00	419,48	21455,00	535,38	22483,00	657,71	23512,00	780,16
20495,00	421,14	21470,00	537,17	22499,00	659,62	23527,00	781,95
20509,00	422,81	21485,00	538,95	22514,00	661,40	23542,00	783,73

Steuerklassen I, II, IV, V, VI	
Maßstabslohnsteuer €	Solidaritätszuschlag €
23557,00	785,52
23572,00	787,30
23587,00	789,09
23602,00	790,87
23617,00	792,66
23633,00	794,56
23648,00	796,35
23663,00	798,13
23678,00	799,92
23693,00	801,70
23708,00	803,49
23723,00	805,27
23738,00	807,06
23753,00	808,84
23769,00	810,75
23784,00	812,53
23799,00	814,32
23814,00	816,10
23829,00	817,89
23844,00	819,67
23859,00	821,46
23874,00	823,24
23890,00	825,15
23905,00	826,93
23920,00	828,72
23935,00	830,50
23950,00	832,29
23965,00	834,07
23980,00	835,86
23995,00	837,64
24011,00	839,55
24026,00	841,33
24041,00	843,12
24056,00	844,90
24071,00	846,69
24086,00	848,47
24101,00	850,26
24116,00	852,04
24131,00	853,83
24147,00	855,73
24162,00	857,51
24177,00	859,30
24192,00	861,08
24207,00	862,87
24222,00	864,65
24237,00	866,44
24252,00	868,22
24268,00	870,13
24283,00	871,91
24298,00	873,70
24313,00	875,48
24328,00	877,27
24343,00	879,05
24358,00	880,84
24373,00	882,62
24389,00	884,53
24404,00	886,31
24419,00	888,10
24434,00	889,88
24449,00	891,67
24464,00	893,45
24479,00	895,24
24494,00	897,02
24509,00	898,81
24525,00	900,71
24540,00	902,50
24555,00	904,28
24570,00	906,07

Steuerklassen I, II, IV, V, VI	
Maßstabslohnsteuer €	Solidaritätszuschlag €
24585,00	907,85
24600,00	909,64
24615,00	911,42
24630,00	913,21
24646,00	915,11
24661,00	916,90
24676,00	918,68
24691,00	920,47
24706,00	922,25
24721,00	924,04
24736,00	925,82
24751,00	927,61
24767,00	929,51
24782,00	931,29
24797,00	933,08
24812,00	934,86
24827,00	936,65
24842,00	938,43
24857,00	940,22
24872,00	942,00
24887,00	943,79
24903,00	945,69
24918,00	947,48
24933,00	949,26
24948,00	951,05
24963,00	952,83
24978,00	954,62
24993,00	956,40
25008,00	958,19
25024,00	960,09
25039,00	961,88
25054,00	963,66
25069,00	965,45
25084,00	967,23
25099,00	969,02
25114,00	970,80
25129,00	972,59
25145,00	974,49
25160,00	976,28
25175,00	978,06
25190,00	979,85
25205,00	981,63
25220,00	983,42
25235,00	985,20
25250,00	986,99
25265,00	988,77
25281,00	990,68
25296,00	992,46
25311,00	994,25
25326,00	996,03
25341,00	997,82
25356,00	999,60
25371,00	1001,39
25386,00	1003,17
25402,00	1005,07
25417,00	1006,86
25432,00	1008,64
25447,00	1010,43
25462,00	1012,21
25477,00	1014,00
25492,00	1015,78
25507,00	1017,57
25523,00	1019,47
25538,00	1021,26
25553,00	1023,04
25568,00	1024,83
25583,00	1026,61
25598,00	1028,40

Steuerklassen I, II, IV, V, VI	
Maßstabslohnsteuer €	Solidaritätszuschlag €
25613,00	1030,18
25628,00	1031,97
25643,00	1033,75
25659,00	1035,66
25674,00	1037,44
25689,00	1039,23
25704,00	1041,01
25719,00	1042,80
25734,00	1044,58
25749,00	1046,37
25764,00	1048,15
25780,00	1050,06
25795,00	1051,84
25810,00	1053,63
25825,00	1055,41
25840,00	1057,20
25855,00	1058,98
25870,00	1060,77
25885,00	1062,55
25901,00	1064,46
25916,00	1066,24
25931,00	1068,03
25946,00	1069,81
25961,00	1071,60
25976,00	1073,38
25991,00	1075,17
26006,00	1076,95
26021,00	1078,74
26037,00	1080,64
26052,00	1082,42
26067,00	1084,21
26082,00	1085,99
26097,00	1087,78
26112,00	1089,56
26127,00	1091,35
26142,00	1093,13
26158,00	1095,04
26173,00	1096,82
26188,00	1098,61
26203,00	1100,39
26218,00	1102,18
26233,00	1103,96
26248,00	1105,75
26263,00	1107,53
26279,00	1109,44
26294,00	1111,22
26309,00	1113,01
26324,00	1114,79
26339,00	1116,58
26354,00	1118,36
26369,00	1120,15
26384,00	1121,93
26399,00	1123,72
26415,00	1125,62
26430,00	1127,41
26445,00	1129,19
26460,00	1130,98
26475,00	1132,76
26490,00	1134,55
26505,00	1136,33
26520,00	1138,12
26536,00	1140,02
26551,00	1141,81
26566,00	1143,59
26581,00	1145,38
26596,00	1147,16
26611,00	1148,95
26626,00	1150,73

Steuerklassen I, II, IV, V, VI	
Maßstabslohnsteuer €	Solidaritätszuschlag €
26641,00	1152,52
26657,00	1154,42
26672,00	1156,20
26687,00	1157,99
26702,00	1159,77
26717,00	1161,56
26732,00	1163,34
26747,00	1165,13
26762,00	1166,91
26777,00	1168,70
26793,00	1170,60
26808,00	1172,39
26823,00	1174,17
26838,00	1175,96
26853,00	1177,74
26868,00	1179,53
26883,00	1181,31
26898,00	1183,10
26914,00	1185,00
26929,00	1186,79
26944,00	1188,57
26959,00	1190,36
26974,00	1192,14
26989,00	1193,93
27004,00	1195,71
27019,00	1197,50
27035,00	1199,40
27050,00	1201,19
27065,00	1202,97
27080,00	1204,76
27095,00	1206,54
27110,00	1208,33
27125,00	1210,11
27140,00	1211,90
27155,00	1213,68
27171,00	1215,59
27186,00	1217,37
27201,00	1219,16
27216,00	1220,94
27231,00	1222,73
27246,00	1224,51
27261,00	1226,30
27276,00	1228,08
27292,00	1229,98
27307,00	1231,77
27322,00	1233,55
27337,00	1235,34
27352,00	1237,12
27367,00	1238,91
27382,00	1240,69
27397,00	1242,48
27413,00	1244,38
27428,00	1246,17
27443,00	1247,95
27458,00	1249,74
27473,00	1251,52
27488,00	1253,31
27503,00	1255,09
27518,00	1256,88
27533,00	1258,66
27549,00	1260,57
27564,00	1262,35
27579,00	1264,14
27594,00	1265,92
27609,00	1267,71
27624,00	1269,49
27639,00	1271,28
27654,00	1273,06

Steuerklassen I, II, IV, V, VI		Steuerklassen I, II, IV, V, VI		Steuerklassen I, II, IV, V, VI		Steuerklassen I, II, IV, V, VI	
Maßstabs-lohnsteuer €	Solidari-tätszu-schlag €	Maßstabs-lohnsteuer €	Solidari-tätszu-schlag €	Maßstabs-lohnsteuer €	Solidari-tätszu-schlag €	Maßstabs-lohnsteuer €	Solidari-tätszu-schlag €
27670,00	1274,97	28698,00	1397,30	29726,00	1519,63	30754,00	1641,96
27685,00	1276,75	28713,00	1399,08	29741,00	1521,42	30769,00	1643,75
27700,00	1278,54	28728,00	1400,87	29756,00	1523,20	30784,00	1645,53
27715,00	1280,32	28743,00	1402,65	29771,00	1524,99	30799,00	1647,32
27730,00	1282,11	28758,00	1404,44	29786,00	1526,77	30815,00	1649,22
27745,00	1283,89	28773,00	1406,22	29801,00	1528,56	30830,00	1651,01
27760,00	1285,68	28788,00	1408,01	29817,00	1530,46	30845,00	1652,79
27775,00	1287,46	28804,00	1409,91	29832,00	1532,24	30860,00	1654,58
27791,00	1289,37	28819,00	1411,70	29847,00	1534,03	30875,00	1656,36
27806,00	1291,15	28834,00	1413,48	29862,00	1535,81	30890,00	1658,15
27821,00	1292,94	28849,00	1415,27	29877,00	1537,60	30905,00	1659,93
27836,00	1294,72	28864,00	1417,05	29892,00	1539,38	30920,00	1661,72
27851,00	1296,51	28879,00	1418,84	29907,00	1541,17	30935,00	1663,50
27866,00	1298,29	28894,00	1420,62	29922,00	1542,95	30951,00	1665,41
27881,00	1300,08	28909,00	1422,41	29938,00	1544,86	30966,00	1667,19
27896,00	1301,86	28925,00	1424,31	29953,00	1546,64	30981,00	1668,98
27911,00	1303,65	28940,00	1426,10	29968,00	1548,43	30996,00	1670,76
27927,00	1305,55	28955,00	1427,88	29983,00	1550,21	31011,00	1672,55
27942,00	1307,33	28970,00	1429,67	29998,00	1552,00	31026,00	1674,33
27957,00	1309,12	28985,00	1431,45	30013,00	1553,78	31041,00	1676,12
27972,00	1310,90	29000,00	1433,24	30028,00	1555,57	31056,00	1677,90
27987,00	1312,69	29015,00	1435,02	30043,00	1557,35	31072,00	1679,80
28002,00	1314,47	29030,00	1436,81	30059,00	1559,26	31087,00	1681,59
28017,00	1316,26	29045,00	1438,59	30074,00	1561,04	31102,00	1683,37
28032,00	1318,04	29061,00	1440,50	30089,00	1562,83	31117,00	1685,16
28048,00	1319,95	29076,00	1442,28	30104,00	1564,61	31132,00	1686,94
28063,00	1321,73	29091,00	1444,07	30119,00	1566,40	31147,00	1688,73
28078,00	1323,52	29106,00	1445,85	30134,00	1568,18	31162,00	1690,51
28093,00	1325,30	29121,00	1447,64	30149,00	1569,97	31177,00	1692,30
28108,00	1327,09	29136,00	1449,42	30164,00	1571,75	31193,00	1694,20
28123,00	1328,87	29151,00	1451,21	30179,00	1573,54	31208,00	1695,99
28138,00	1330,66	29166,00	1452,99	30195,00	1575,44	31223,00	1697,77
28153,00	1332,44	29182,00	1454,89	30210,00	1577,23	31238,00	1699,56
28169,00	1334,35	29197,00	1456,68	30225,00	1579,01	31253,00	1701,34
28184,00	1336,13	29212,00	1458,46	30240,00	1580,80	31268,00	1703,13
28199,00	1337,92	29227,00	1460,25	30255,00	1582,58	31283,00	1704,91
28214,00	1339,70	29242,00	1462,03	30270,00	1584,37	31298,00	1706,70
28229,00	1341,49	29257,00	1463,82	30285,00	1586,15	31313,00	1708,48
28244,00	1343,27	29272,00	1465,60	30300,00	1587,94	31329,00	1710,39
28259,00	1345,06	29287,00	1467,39	30316,00	1589,84	31344,00	1712,17
28274,00	1346,84	29303,00	1469,29	30331,00	1591,63	31359,00	1713,96
28289,00	1348,63	29318,00	1471,08	30346,00	1593,41	31374,00	1715,74
28305,00	1350,53	29333,00	1472,86	30361,00	1595,20	31389,00	1717,53
28320,00	1352,32	29348,00	1474,65	30376,00	1596,98	31404,00	1719,31
28335,00	1354,10	29363,00	1476,43	30391,00	1598,77	31419,00	1721,10
28350,00	1355,89	29378,00	1478,22	30406,00	1600,55	31434,00	1722,88
28365,00	1357,67	29393,00	1480,00	30421,00	1602,34	31450,00	1724,79
28380,00	1359,46	29408,00	1481,79	30437,00	1604,24	31465,00	1726,57
28395,00	1361,24	29423,00	1483,57	30452,00	1606,02	31480,00	1728,36
28410,00	1363,03	29439,00	1485,48	30467,00	1607,81	31495,00	1730,14
28426,00	1364,93	29454,00	1487,26	30482,00	1609,59	31510,00	1731,93
28441,00	1366,72	29469,00	1489,05	30497,00	1611,38	31525,00	1733,71
28456,00	1368,50	29484,00	1490,83	30512,00	1613,16	31540,00	1734,70
28471,00	1370,29	29499,00	1492,62	30527,00	1614,95		
28486,00	1372,07	29514,00	1494,40	30542,00	1616,73		
28501,00	1373,86	29529,00	1496,19	30557,00	1618,52		
28516,00	1375,64	29544,00	1497,97	30573,00	1620,42		
28531,00	1377,43	29560,00	1499,88	30588,00	1622,21		
28547,00	1379,33	29575,00	1501,66	30603,00	1623,99		
28562,00	1381,11	29590,00	1503,45	30618,00	1625,78		
28577,00	1382,90	29605,00	1505,23	30633,00	1627,56		
28592,00	1384,68	29620,00	1507,02	30648,00	1629,35		
28607,00	1386,47	29635,00	1508,80	30663,00	1631,13		
28622,00	1388,25	29650,00	1510,59	30678,00	1632,92		
28637,00	1390,04	29665,00	1512,37	30694,00	1634,82		
28652,00	1391,82	29681,00	1514,28	30709,00	1636,61		
28667,00	1393,61	29696,00	1516,06	30724,00	1638,39		
28683,00	1395,51	29711,00	1517,85	30739,00	1640,18		

Lohn/ Gehalt in € bis	Steuerklasse	**Lohn-steuer***	BVSP**	TAGZ***
35,99	I,IV		4	3
	II		4	3
	III		4	3
	V		4	3
	VI	**3**	4	3
71,99	I,IV		8	6
	II		8	6
	III		8	6
	V		8	6
	VI	**7**	8	6
107,99	I,IV		12	9
	II		12	9
	III		12	9
	V		12	9
	VI	**11**	12	9
143,99	I,IV		17	13
	II		17	13
	III		17	13
	V		17	13
	VI	**15**	17	13
179,99	I,IV		21	16
	II		21	16
	III		21	16
	V		21	16
	VI	**19**	21	16
215,99	I,IV		25	19
	II		25	19
	III		25	19
	V		25	19
	VI	**23**	25	19
251,99	I,IV		30	23
	II		30	23
	III		30	23
	V		30	23
	VI	**28**	30	23
287,99	I,IV		34	26
	II		34	26
	III		34	26
	V		34	26
	VI	**31**	34	26
323,99	I,IV		38	29
	II		38	29
	III		38	29
	V		38	29
	VI	**35**	38	29
359,99	I,IV		43	33
	II		43	33
	III		43	33
	V		43	33
	VI	**40**	43	33
395,99	I,IV		47	36
	II		47	36
	III		47	36
	V		47	36
	VI	**44**	47	36
431,99	I,IV		51	39
	II		51	39
	III		51	39
	V		51	39
	VI	**48**	51	39

Lohn/ Gehalt in € bis	Steuerklasse	**Lohn-steuer***	BVSP**	TAGZ***
467,99	I,IV		56	42
	II		56	42
	III		56	42
	V		56	42
	VI	**52**	56	42
503,99	I,IV		60	46
	II		60	46
	III		60	46
	V		60	46
	VI	**56**	60	46
539,99	I,IV		64	49
	II		64	49
	III		64	49
	V		64	49
	VI	**60**	64	49
575,99	I,IV		69	52
	II		69	52
	III		69	52
	V		69	52
	VI	**64**	69	52
611,99	I,IV		73	56
	II		73	56
	III		73	56
	V		73	56
	VI	**68**	73	56
647,99	I,IV		77	59
	II		77	59
	III		77	59
	V		77	59
	VI	**72**	77	59
683,99	I,IV		82	62
	II		82	62
	III		82	62
	V		82	62
	VI	**76**	82	62
719,99	I,IV		86	66
	II		86	66
	III		86	66
	V		86	66
	VI	**80**	86	66
755,99	I,IV		90	69
	II		90	69
	III		90	69
	V		90	69
	VI	**84**	90	69
791,99	I,IV		95	72
	II		95	72
	III		95	72
	V		95	72
	VI	**88**	95	72
827,99	I,IV		99	75
	II		99	75
	III		99	75
	V		99	75
	VI	**92**	99	75
863,99	I,IV		103	79
	II		103	79
	III		103	79
	V		103	79
	VI	**96**	103	79

* Zur LSt-Berechnung für privat versicherte Arbeitnehmer s. Beispiele **Vorbemerkung S. 4f.**
** Basisvorsorgepauschale KV und PV *** Typisierter Arbeitgeberzuschuss

Lohn/ Gehalt in € bis	Steuerklasse	Lohn- steuer*	BVSP**	TAGZ***
899,99	I,IV		107	82
	II		107	82
	III		107	82
	V		107	82
	VI	**100**	107	82
935,99	I,IV		112	85
	II		112	85
	III		112	85
	V		112	85
	VI	**104**	112	85
971,99	I,IV		116	89
	II		116	89
	III		116	89
	V		116	89
	VI	**108**	116	89
1 007,99	I,IV		120	92
	II		120	92
	III		120	92
	V		120	92
	VI	**112**	120	92
1 043,99	I,IV		125	95
	II		125	95
	III		125	95
	V		125	95
	VI	**116**	125	95
1 079,99	I,IV		129	99
	II		129	99
	III		129	99
	V		129	99
	VI	**120**	129	99
1 115,99	I,IV		133	102
	II		133	102
	III		133	102
	V		133	102
	VI	**124**	133	102
1 151,99	I,IV		138	105
	II		138	105
	III		138	105
	V		138	105
	VI	**128**	138	105
1 187,99	I,IV		142	108
	II		142	108
	III		142	108
	V		142	108
	VI	**132**	142	108
1 223,99	I,IV		146	112
	II		146	112
	III		146	112
	V		146	112
	VI	**136**	146	112
1 259,99	I,IV		151	115
	II		151	115
	III		151	115
	V		151	115
	VI	**140**	151	115
1 295,99	I,IV		155	118
	II		155	118
	III		155	118
	V		155	118
	VI	**144**	155	118
1 331,99	I,IV		159	122
	II		159	122
	III		159	122
	V	**3**	159	122
	VI	**148**	159	122
1 367,99	I,IV		164	125
	II		164	125
	III		164	125
	V	**7**	164	125
	VI	**152**	164	125
1 403,99	I,IV		168	128
	II		168	128
	III		168	128
	V	**11**	168	128
	VI	**156**	168	128
1 439,99	I,IV		172	132
	II		172	132
	III		172	132
	V	**15**	172	132
	VI	**160**	172	132
1 475,99	I,IV		177	135
	II		177	135
	III		177	135
	V	**19**	177	135
	VI	**164**	177	135
1 511,99	I,IV		181	138
	II		181	138
	III		181	138
	V	**23**	181	138
	VI	**168**	181	138
1 547,99	I,IV		185	142
	II		185	142
	III		185	142
	V	**27**	185	142
	VI	**172**	185	142
1 583,99	I,IV		190	145
	II		190	145
	III		190	145
	V	**31**	190	145
	VI	**176**	190	145
1 619,99	I,IV		194	148
	II		194	148
	III		194	148
	V	**35**	194	148
	VI	**180**	194	148
1 655,99	I,IV		198	151
	II		198	151
	III		198	151
	V	**39**	198	151
	VI	**184**	198	151
1 691,99	I,IV		203	155
	II		203	155
	III		203	155
	V	**43**	203	155
	VI	**188**	203	155
1 727,99	I,IV		207	158
	II		207	158
	III		207	158
	V	**47**	207	158
	VI	**192**	207	158

* Zur LSt-Berechnung für privat versicherte Arbeitnehmer s. Beispiele **Vorbemerkung S. 4 f.**
** Basisvorsorgepauschale KV und PV *** Typisierter Arbeitgeberzuschuss

Lohn/ Gehalt in € bis	Steuerklasse	Lohnsteuer*	BVSP**	TAGZ***
1763,99	I,IV		211	161
	II		211	161
	III		211	161
	V	**51**	211	161
	VI	**196**	211	161
1799,99	I,IV		215	165
	II		215	165
	III		215	165
	V	**55**	215	165
	VI	**200**	215	165
1835,99	I,IV		220	168
	II		220	168
	III		220	168
	V	**59**	220	168
	VI	**204**	220	168
1871,99	I,IV		224	171
	II		224	171
	III		224	171
	V	**63**	224	171
	VI	**209**	224	171
1907,99	I,IV		228	175
	II		228	175
	III		228	175
	V	**67**	228	175
	VI	**212**	228	175
1943,99	I,IV		233	178
	II		233	178
	III		233	178
	V	**71**	233	178
	VI	**217**	233	178
1979,99	I,IV		237	181
	II		237	181
	III		237	181
	V	**76**	237	181
	VI	**221**	237	181
2015,99	I,IV		241	184
	II		241	184
	III		241	184
	V	**80**	241	184
	VI	**225**	241	184
2051,99	I,IV		246	188
	II		246	188
	III		246	188
	V	**84**	246	188
	VI	**229**	246	188
2087,99	I,IV		250	191
	II		250	191
	III		250	191
	V	**88**	250	191
	VI	**233**	250	191
2123,99	I,IV		254	194
	II		254	194
	III		254	194
	V	**92**	254	194
	VI	**237**	254	194
2159,99	I,IV		259	198
	II		259	198
	III		259	198
	V	**96**	259	198
	VI	**241**	259	198

Lohn/ Gehalt in € bis	Steuerklasse	Lohnsteuer*	BVSP**	TAGZ***
2195,99	I,IV		263	201
	II		263	201
	III		263	201
	V	**100**	263	201
	VI	**245**	263	201
2231,99	I,IV		267	204
	II		267	204
	III		267	204
	V	**104**	267	204
	VI	**249**	267	204
2267,99	I,IV		272	208
	II		272	208
	III		272	208
	V	**108**	272	208
	VI	**253**	272	208
2303,99	I,IV		276	211
	II		276	211
	III		276	211
	V	**112**	276	211
	VI	**257**	276	211
2339,99	I,IV		280	214
	II		280	214
	III		280	214
	V	**116**	280	214
	VI	**261**	280	214
2375,99	I,IV		285	217
	II		285	217
	III		285	217
	V	**120**	285	217
	VI	**265**	285	217
2411,99	I,IV		289	221
	II		289	221
	III		289	221
	V	**124**	289	221
	VI	**269**	289	221
2447,99	I,IV		293	224
	II		293	224
	III		293	224
	V	**128**	293	224
	VI	**273**	293	224
2483,99	I,IV		298	227
	II		298	227
	III		298	227
	V	**132**	298	227
	VI	**277**	298	227
2519,99	I,IV		302	231
	II		302	231
	III		302	231
	V	**136**	302	231
	VI	**281**	302	231
2555,99	I,IV		306	234
	II		306	234
	III		306	234
	V	**140**	306	234
	VI	**285**	306	234
2591,99	I,IV		311	237
	II		311	237
	III		311	237
	V	**144**	311	237
	VI	**289**	311	237

* Zur LSt-Berechnung für privat versicherte Arbeitnehmer s. Beispiele **Vorbemerkung S. 4f.**
** Basisvorsorgepauschale KV und PV *** Typisierter Arbeitgeberzuschuss

Lohn/ Gehalt in € bis	Steuerklasse	Lohn- steuer*	BVSP**	TAGZ***
2627,99	I,IV		315	241
	II		315	241
	III		315	241
	V	**148**	315	241
	VI	**293**	315	241
2663,99	I,IV		319	244
	II		319	244
	III		319	244
	V	**152**	319	244
	VI	**297**	319	244
2699,99	I,IV		323	247
	II		323	247
	III		323	247
	V	**156**	323	247
	VI	**301**	323	247
2735,99	I,IV		328	251
	II		328	251
	III		328	251
	V	**160**	328	251
	VI	**305**	328	251
2771,99	I,IV		332	254
	II		332	254
	III		332	254
	V	**164**	332	254
	VI	**309**	332	254
2807,99	I,IV		336	257
	II		336	257
	III		336	257
	V	**168**	336	257
	VI	**313**	336	257
2843,99	I,IV		341	260
	II		341	260
	III		341	260
	V	**172**	341	260
	VI	**317**	341	260
2879,99	I,IV		345	264
	II		345	264
	III		345	264
	V	**176**	345	264
	VI	**321**	345	264
2915,99	I,IV		349	267
	II		349	267
	III		349	267
	V	**180**	349	267
	VI	**325**	349	267
2951,99	I,IV		354	270
	II		354	270
	III		354	270
	V	**184**	354	270
	VI	**329**	354	270
2987,99	I,IV		358	274
	II		358	274
	III		358	274
	V	**188**	358	274
	VI	**333**	358	274
3023,99	I,IV		362	277
	II		362	277
	III		362	277
	V	**192**	362	277
	VI	**337**	362	277

Lohn/ Gehalt in € bis	Steuerklasse	Lohn- steuer*	BVSP**	TAGZ***
3059,99	I,IV		367	280
	II		367	280
	III		367	280
	V	**196**	367	280
	VI	**341**	367	280
3095,99	I,IV		371	284
	II		371	284
	III		371	284
	V	**200**	371	284
	VI	**345**	371	284
3131,99	I,IV		375	287
	II		375	287
	III		375	287
	V	**204**	375	287
	VI	**349**	375	287
3167,99	I,IV		380	290
	II		380	290
	III		380	290
	V	**208**	380	290
	VI	**353**	380	290
3203,99	I,IV		384	293
	II		384	293
	III		384	293
	V	**212**	384	293
	VI	**357**	384	293
3239,99	I,IV		388	297
	II		388	297
	III		388	297
	V	**216**	388	297
	VI	**361**	388	297
3275,99	I,IV		393	300
	II		393	300
	III		393	300
	V	**220**	393	300
	VI	**365**	393	300
3311,99	I,IV		397	303
	II		397	303
	III		397	303
	V	**224**	397	303
	VI	**369**	397	303
3347,99	I,IV		401	307
	II		401	307
	III		401	307
	V	**228**	401	307
	VI	**373**	401	307
3383,99	I,IV		406	310
	II		406	310
	III		406	310
	V	**232**	406	310
	VI	**377**	406	310
3419,99	I,IV		410	313
	II		410	313
	III		410	313
	V	**236**	410	313
	VI	**381**	410	313
3455,99	I,IV		414	317
	II		414	317
	III		414	317
	V	**240**	414	317
	VI	**385**	414	317

* Zur LSt-Berechnung für privat versicherte Arbeitnehmer s. Beispiele **Vorbemerkung S. 4 f.**
** Basisvorsorgepauschale KV und PV *** Typisierter Arbeitgeberzuschuss

Lohn/ Gehalt in € bis	Steuerklasse	Lohn- steuer*	BVSP**	TAGZ***
3491,99	I,IV		419	320
	II		419	320
	III		419	320
	V	**245**	419	320
	VI	**390**	419	320
3527,99	I,IV		423	323
	II		423	323
	III		423	323
	V	**248**	423	323
	VI	**393**	423	323
3563,99	I,IV		427	326
	II		427	326
	III		427	326
	V	**252**	427	326
	VI	**398**	427	326
3599,99	I,IV		431	330
	II		431	330
	III		431	330
	V	**257**	431	330
	VI	**402**	431	330
3635,99	I,IV		436	333
	II		436	333
	III		436	333
	V	**261**	436	333
	VI	**406**	436	333
3671,99	I,IV		440	336
	II		440	336
	III		440	336
	V	**265**	440	336
	VI	**410**	440	336
3707,99	I,IV		444	340
	II		444	340
	III		444	340
	V	**269**	444	340
	VI	**414**	444	340
3743,99	I,IV		449	343
	II		449	343
	III		449	343
	V	**273**	449	343
	VI	**418**	449	343
3779,99	I,IV		453	346
	II		453	346
	III		453	346
	V	**277**	453	346
	VI	**422**	453	346
3815,99	I,IV		457	350
	II		457	350
	III		457	350
	V	**281**	457	350
	VI	**426**	457	350
3851,99	I,IV		462	353
	II		462	353
	III		462	353
	V	**285**	462	353
	VI	**430**	462	353
3887,99	I,IV		466	356
	II		466	356
	III		466	356
	V	**289**	466	356
	VI	**434**	466	356
3923,99	I,IV		470	360
	II		470	360
	III		470	360
	V	**293**	470	360
	VI	**438**	470	360
3959,99	I,IV		475	363
	II		475	363
	III		475	363
	V	**297**	475	363
	VI	**442**	475	363
3995,99	I,IV		479	366
	II		479	366
	III		479	366
	V	**301**	479	366
	VI	**446**	479	366
4031,99	I,IV		483	369
	II		483	369
	III		483	369
	V	**305**	483	369
	VI	**450**	483	369
4067,99	I,IV		488	373
	II		488	373
	III		488	373
	V	**309**	488	373
	VI	**454**	488	373
4103,99	I,IV		492	376
	II		492	376
	III		492	376
	V	**313**	492	376
	VI	**458**	492	376
4139,99	I,IV		496	379
	II		496	379
	III		496	379
	V	**317**	496	379
	VI	**462**	496	379
4175,99	I,IV		501	383
	II		501	383
	III		501	383
	V	**321**	501	383
	VI	**466**	501	383
4211,99	I,IV		505	386
	II		505	386
	III		505	386
	V	**325**	505	386
	VI	**470**	505	386
4247,99	I,IV		509	389
	II		509	389
	III		509	389
	V	**329**	509	389
	VI	**474**	509	389
4283,99	I,IV		514	393
	II		514	393
	III		514	393
	V	**333**	514	393
	VI	**478**	514	393
4319,99	I,IV		518	396
	II		518	396
	III		518	396
	V	**337**	518	396
	VI	**482**	518	396

* Zur LSt-Berechnung für privat versicherte Arbeitnehmer s. Beispiele **Vorbemerkung S. 4f.**
** Basisvorsorgepauschale KV und PV *** Typisierter Arbeitgeberzuschuss

Lohn/ Gehalt in € bis	Steuerklasse	Lohn- steuer*	BVSP**	TAGZ***
4 355,99	I,IV		522	399
	II		522	399
	III		522	399
	V	**341**	522	399
	VI	**486**	522	399
4 391,99	I,IV		527	402
	II		527	402
	III		527	402
	V	**345**	527	402
	VI	**490**	527	402
4 427,99	I,IV		531	406
	II		531	406
	III		531	406
	V	**349**	531	406
	VI	**494**	531	406
4 463,99	I,IV		535	409
	II		535	409
	III		535	409
	V	**353**	535	409
	VI	**498**	535	409
4 499,99	I,IV		539	412
	II		539	412
	III		539	412
	V	**357**	539	412
	VI	**502**	539	412
4 535,99	I,IV		544	416
	II		544	416
	III		544	416
	V	**361**	544	416
	VI	**506**	544	416
4 571,99	I,IV		548	419
	II		548	419
	III		548	419
	V	**365**	548	419
	VI	**510**	548	419
4 607,99	I,IV		552	422
	II		552	422
	III		552	422
	V	**369**	552	422
	VI	**514**	552	422
4 643,99	I,IV		557	426
	II		557	426
	III		557	426
	V	**373**	557	426
	VI	**518**	557	426
4 679,99	I,IV		561	429
	II		561	429
	III		561	429
	V	**377**	561	429
	VI	**522**	561	429
4 715,99	I,IV		565	432
	II		565	432
	III		565	432
	V	**381**	565	432
	VI	**526**	565	432
4 751,99	I,IV		570	435
	II		570	435
	III		570	435
	V	**385**	570	435
	VI	**530**	570	435

Lohn/ Gehalt in € bis	Steuerklasse	Lohn- steuer*	BVSP**	TAGZ***
4 787,99	I,IV		574	439
	II		574	439
	III		574	439
	V	**389**	574	439
	VI	**534**	574	439
4 823,99	I,IV		578	442
	II		578	442
	III		578	442
	V	**393**	578	442
	VI	**538**	578	442
4 859,99	I,IV		583	445
	II		583	445
	III		583	445
	V	**397**	583	445
	VI	**542**	583	445
4 895,99	I,IV		587	449
	II		587	449
	III		587	449
	V	**401**	587	449
	VI	**546**	587	449
4 931,99	I,IV		591	452
	II		591	452
	III		591	452
	V	**405**	591	452
	VI	**550**	591	452
4 967,99	I,IV		596	455
	II		596	455
	III		596	455
	V	**409**	596	455
	VI	**554**	596	455
5 003,99	I,IV		600	459
	II		600	459
	III		600	459
	V	**413**	600	459
	VI	**559**	600	459
5 039,99	I,IV		604	462
	II		604	462
	III		604	462
	V	**417**	604	462
	VI	**562**	604	462
5 075,99	I,IV		609	465
	II		609	465
	III		609	465
	V	**421**	609	465
	VI	**567**	609	465
5 111,99	I,IV		613	469
	II		613	469
	III		613	469
	V	**426**	613	469
	VI	**571**	613	469
5 147,99	I,IV		617	472
	II		617	472
	III		617	472
	V	**429**	617	472
	VI	**574**	617	472
5 183,99	I,IV		622	475
	II		622	475
	III		622	475
	V	**434**	622	475
	VI	**579**	622	475

* Zur LSt-Berechnung für privat versicherte Arbeitnehmer s. Beispiele **Vorbemerkung S. 4 f.**
** Basisvorsorgepauschale KV und PV *** Typisierter Arbeitgeberzuschuss

Lohn/ Gehalt in € bis	Steuerklasse	Lohn- steuer*	BVSP**	TAGZ***
5 219,99	I,IV		626	478
	II		626	478
	III		626	478
	V	**438**	626	478
	VI	**583**	626	478
5 255,99	I,IV		630	482
	II		630	482
	III		630	482
	V	**442**	630	482
	VI	**587**	630	482
5 291,99	I,IV		635	485
	II		635	485
	III		635	485
	V	**446**	635	485
	VI	**591**	635	485
5 327,99	I,IV		639	488
	II		639	488
	III		639	488
	V	**450**	639	488
	VI	**595**	639	488
5 363,99	I,IV		643	492
	II		643	492
	III		643	492
	V	**454**	643	492
	VI	**599**	643	492
5 399,99	I,IV		647	495
	II		647	495
	III		647	495
	V	**458**	647	495
	VI	**603**	647	495
5 435,99	I,IV		652	498
	II		652	498
	III		652	498
	V	**462**	652	498
	VI	**607**	652	498
5 471,99	I,IV		656	502
	II		656	502
	III		656	502
	V	**466**	656	502
	VI	**611**	656	502
5 507,99	I,IV		660	505
	II		660	505
	III		660	505
	V	**470**	660	505
	VI	**615**	660	505
5 543,99	I,IV		665	508
	II		665	508
	III		665	508
	V	**474**	665	508
	VI	**619**	665	508
5 579,99	I,IV		669	511
	II		669	511
	III		669	511
	V	**478**	669	511
	VI	**623**	669	511
5 615,99	I,IV		673	515
	II		673	515
	III		673	515
	V	**482**	673	515
	VI	**627**	673	515

Lohn/ Gehalt in € bis	Steuerklasse	Lohn- steuer*	BVSP**	TAGZ***
5 651,99	I,IV		678	518
	II		678	518
	III		678	518
	V	**486**	678	518
	VI	**631**	678	518
5 687,99	I,IV		682	521
	II		682	521
	III		682	521
	V	**490**	682	521
	VI	**635**	682	521
5 723,99	I,IV		686	525
	II		686	525
	III		686	525
	V	**494**	686	525
	VI	**639**	686	525
5 759,99	I,IV		691	528
	II		691	528
	III		691	528
	V	**498**	691	528
	VI	**643**	691	528
5 795,99	I,IV		695	531
	II		695	531
	III		695	531
	V	**502**	695	531
	VI	**647**	695	531
5 831,99	I,IV		699	535
	II		699	535
	III		699	535
	V	**506**	699	535
	VI	**651**	699	535
5 867,99	I,IV		704	538
	II		704	538
	III		704	538
	V	**510**	704	538
	VI	**655**	704	538
5 903,99	I,IV		708	541
	II		708	541
	III		708	541
	V	**514**	708	541
	VI	**659**	708	541
5 939,99	I,IV		712	544
	II		712	544
	III		712	544
	V	**518**	712	544
	VI	**663**	712	544
5 975,99	I,IV		717	548
	II		717	548
	III		717	548
	V	**522**	717	548
	VI	**667**	717	548
6 011,99	I,IV		721	551
	II		721	551
	III		721	551
	V	**526**	721	551
	VI	**671**	721	551
6 047,99	I,IV		725	554
	II		725	554
	III		725	554
	V	**530**	725	554
	VI	**675**	725	554

* Zur LSt-Berechnung für privat versicherte Arbeitnehmer s. Beispiele **Vorbemerkung S. 4 f.**
** Basisvorsorgepauschale KV und PV *** Typisierter Arbeitgeberzuschuss

Lohn/ Gehalt in € bis	Steuerklasse	**Lohn-steuer***	BVSP**	TAGZ***
6083,99	I,IV		730	558
	II		730	558
	III		730	558
	V	**534**	730	558
	VI	**679**	730	558
6119,99	I,IV		734	561
	II		734	561
	III		734	561
	V	**538**	734	561
	VI	**683**	734	561
6155,99	I,IV		738	564
	II		738	564
	III		738	564
	V	**542**	738	564
	VI	**687**	738	564
6191,99	I,IV		743	568
	II		743	568
	III		743	568
	V	**546**	743	568
	VI	**691**	743	568
6227,99	I,IV		747	571
	II		747	571
	III		747	571
	V	**550**	747	571
	VI	**695**	747	571
6263,99	I,IV		751	574
	II		751	574
	III		751	574
	V	**554**	751	574
	VI	**699**	751	574
6299,99	I,IV		755	578
	II		755	578
	III		755	578
	V	**558**	755	578
	VI	**703**	755	578
6335,99	I,IV		760	581
	II		760	581
	III		760	581
	V	**562**	760	581
	VI	**707**	760	581
6371,99	I,IV		764	584
	II		764	584
	III		764	584
	V	**566**	764	584
	VI	**711**	764	584
6407,99	I,IV		768	587
	II		768	587
	III		768	587
	V	**570**	768	587
	VI	**715**	768	587
6443,99	I,IV		773	591
	II		773	591
	III		773	591
	V	**574**	773	591
	VI	**719**	773	591
6479,99	I,IV		777	594
	II		777	594
	III		777	594
	V	**578**	777	594
	VI	**723**	777	594

Lohn/ Gehalt in € bis	Steuerklasse	**Lohn-steuer***	BVSP**	TAGZ***
6515,99	I,IV		781	597
	II		781	597
	III		781	597
	V	**582**	781	597
	VI	**727**	781	597
6551,99	I,IV		786	601
	II		786	601
	III		786	601
	V	**586**	786	601
	VI	**731**	786	601
6587,99	I,IV		790	604
	II		790	604
	III		790	604
	V	**590**	790	604
	VI	**735**	790	604
6623,99	I,IV		794	607
	II		794	607
	III		794	607
	V	**595**	794	607
	VI	**740**	794	607
6659,99	I,IV		799	611
	II		799	611
	III		799	611
	V	**598**	799	611
	VI	**743**	799	611
6695,99	I,IV		803	614
	II		803	614
	III		803	614
	V	**602**	803	614
	VI	**748**	803	614
6731,99	I,IV		807	617
	II		807	617
	III		807	617
	V	**607**	807	617
	VI	**752**	807	617
6767,99	I,IV		812	620
	II		812	620
	III		812	620
	V	**610**	812	620
	VI	**756**	812	620
6803,99	I,IV		816	624
	II		816	624
	III		816	624
	V	**615**	816	624
	VI	**760**	816	624
6839,99	I,IV		820	627
	II		820	627
	III		820	627
	V	**619**	820	627
	VI	**764**	820	627
6875,99	I,IV		825	630
	II		825	630
	III		825	630
	V	**623**	825	630
	VI	**768**	825	630
6911,99	I,IV		829	634
	II		829	634
	III		829	634
	V	**627**	829	634
	VI	**772**	829	634

* Zur LSt-Berechnung für privat versicherte Arbeitnehmer s. Beispiele **Vorbemerkung S. 4f.**
** Basisvorsorgepauschale KV und PV *** Typisierter Arbeitgeberzuschuss

Lohn/ Gehalt in € bis	Steuerklasse	Lohn- steuer*	BVSP**	TAGZ***
6 947,99	I,IV		833	637
	II		833	637
	III		833	637
	V	**631**	833	637
	VI	**776**	833	637
6 983,99	I,IV		838	640
	II		838	640
	III		838	640
	V	**635**	838	640
	VI	**780**	838	640
7 019,99	I,IV		842	644
	II		842	644
	III		842	644
	V	**639**	842	644
	VI	**784**	842	644
7 055,99	I,IV		846	647
	II		846	647
	III		846	647
	V	**643**	846	647
	VI	**788**	846	647
7 091,99	I,IV		851	650
	II		851	650
	III		851	650
	V	**647**	851	650
	VI	**792**	851	650
7 127,99	I,IV		855	653
	II		855	653
	III		855	653
	V	**651**	855	653
	VI	**796**	855	653
7 163,99	I,IV		859	657
	II		859	657
	III		859	657
	V	**655**	859	657
	VI	**800**	859	657
7 199,99	I,IV		863	660
	II		863	660
	III		863	660
	V	**659**	863	660
	VI	**804**	863	660
7 235,99	I,IV		868	663
	II		868	663
	III		868	663
	V	**663**	868	663
	VI	**808**	868	663
7 271,99	I,IV		872	667
	II		872	667
	III		872	667
	V	**667**	872	667
	VI	**812**	872	667
7 307,99	I,IV		876	670
	II		876	670
	III		876	670
	V	**671**	876	670
	VI	**816**	876	670
7 343,99	I,IV		881	673
	II		881	673
	III		881	673
	V	**675**	881	673
	VI	**820**	881	673

Lohn/ Gehalt in € bis	Steuerklasse	Lohn- steuer*	BVSP**	TAGZ***
7 379,99	I,IV		885	677
	II		885	677
	III		885	677
	V	**679**	885	677
	VI	**824**	885	677
7 415,99	I,IV		889	680
	II		889	680
	III		889	680
	V	**683**	889	680
	VI	**828**	889	680
7 451,99	I,IV		894	683
	II		894	683
	III		894	683
	V	**687**	894	683
	VI	**832**	894	683
7 487,99	I,IV		898	687
	II		898	687
	III		898	687
	V	**691**	898	687
	VI	**836**	898	687
7 523,99	I,IV		902	690
	II		902	690
	III		902	690
	V	**695**	902	690
	VI	**840**	902	690
7 559,99	I,IV		907	693
	II		907	693
	III		907	693
	V	**699**	907	693
	VI	**844**	907	693
7 595,99	I,IV		911	696
	II		911	696
	III		911	696
	V	**703**	911	696
	VI	**848**	911	696
7 631,99	I,IV		915	700
	II		915	700
	III		915	700
	V	**707**	915	700
	VI	**852**	915	700
7 667,99	I,IV		920	703
	II		920	703
	III		920	703
	V	**711**	920	703
	VI	**856**	920	703
7 703,99	I,IV		924	706
	II		924	706
	III		924	706
	V	**715**	924	706
	VI	**860**	924	706
7 739,99	I,IV		928	710
	II		928	710
	III		928	710
	V	**719**	928	710
	VI	**864**	928	710
7 775,99	I,IV		933	713
	II		933	713
	III		933	713
	V	**723**	933	713
	VI	**868**	933	713

* Zur LSt-Berechnung für privat versicherte Arbeitnehmer s. Beispiele **Vorbemerkung S. 4 f.**
** Basisvorsorgepauschale KV und PV *** Typisierter Arbeitgeberzuschuss

Lohn/ Gehalt in € bis	Steuerklasse	Lohn-steuer*	BVSP**	TAGZ***
7811,99	I,IV		937	716
	II		937	716
	III		937	716
	V	**727**	937	716
	VI	**872**	937	716
7847,99	I,IV		941	720
	II		941	720
	III		941	720
	V	**731**	941	720
	VI	**876**	941	720
7883,99	I,IV		946	723
	II		946	723
	III		946	723
	V	**735**	946	723
	VI	**880**	946	723
7919,99	I,IV		950	726
	II		950	726
	III		950	726
	V	**739**	950	726
	VI	**884**	950	726
7955,99	I,IV		954	729
	II		954	729
	III		954	729
	V	**743**	954	729
	VI	**888**	954	729
7991,99	I,IV		959	733
	II		959	733
	III		959	733
	V	**747**	959	733
	VI	**892**	959	733
8027,99	I,IV		963	736
	II		963	736
	III		963	736
	V	**751**	963	736
	VI	**896**	963	736
8063,99	I,IV		967	739
	II		967	739
	III		967	739
	V	**755**	967	739
	VI	**900**	967	739
8099,99	I,IV		971	743
	II		971	743
	III		971	743
	V	**759**	971	743
	VI	**904**	971	743
8135,99	I,IV		976	746
	II		976	746
	III		976	746
	V	**763**	976	746
	VI	**908**	976	746
8171,99	I,IV		980	749
	II		980	749
	III		980	749
	V	**767**	980	749
	VI	**912**	980	749
8207,99	I,IV		984	753
	II		984	753
	III		984	753
	V	**771**	984	753
	VI	**917**	984	753

Lohn/ Gehalt in € bis	Steuerklasse	Lohn-steuer*	BVSP**	TAGZ***
8243,99	I,IV		989	756
	II		989	756
	III		989	756
	V	**776**	989	756
	VI	**921**	989	756
8279,99	I,IV		993	759
	II		993	759
	III		993	759
	V	**779**	993	759
	VI	**924**	993	759
8315,99	I,IV		997	762
	II		997	762
	III		997	762
	V	**784**	997	762
	VI	**929**	997	762
8351,99	I,IV		1002	766
	II		1002	766
	III		1002	766
	V	**788**	1002	766
	VI	**933**	1002	766
8387,99	I,IV		1006	769
	II		1006	769
	III		1006	769
	V	**791**	1006	769
	VI	**937**	1006	769
8423,99	I,IV		1010	772
	II		1010	772
	III		1010	772
	V	**796**	1010	772
	VI	**941**	1010	772
8459,99	I,IV		1015	776
	II		1015	776
	III		1015	776
	V	**800**	1015	776
	VI	**945**	1015	776
8495,99	I,IV		1019	779
	II		1019	779
	III		1019	779
	V	**804**	1019	779
	VI	**949**	1019	779
8531,99	I,IV		1023	782
	II		1023	782
	III		1023	782
	V	**808**	1023	782
	VI	**953**	1023	782
8567,99	I,IV		1028	786
	II		1028	786
	III		1028	786
	V	**812**	1028	786
	VI	**957**	1028	786
8603,99	I,IV		1032	789
	II		1032	789
	III		1032	789
	V	**816**	1032	789
	VI	**961**	1032	789
8639,99	I,IV		1036	792
	II		1036	792
	III		1036	792
	V	**820**	1036	792
	VI	**965**	1036	792

* Zur LSt-Berechnung für privat versicherte Arbeitnehmer s. Beispiele **Vorbemerkung S. 4 f.**
** Basisvorsorgepauschale KV und PV *** Typisierter Arbeitgeberzuschuss

Lohn/ Gehalt in € bis	Steuerklasse	Lohn-steuer*	BVSP**	TAGZ***
8675,99	I,IV		1041	796
	II		1041	796
	III		1041	796
	V	**824**	1041	796
	VI	**969**	1041	796
8711,99	I,IV		1045	799
	II		1045	799
	III		1045	799
	V	**828**	1045	799
	VI	**973**	1045	799
8747,99	I,IV		1049	802
	II		1049	802
	III		1049	802
	V	**832**	1049	802
	VI	**977**	1049	802
8783,99	I,IV		1054	805
	II		1054	805
	III		1054	805
	V	**836**	1054	805
	VI	**981**	1054	805
8819,99	I,IV		1058	809
	II		1058	809
	III		1058	809
	V	**840**	1058	809
	VI	**985**	1058	809
8855,99	I,IV		1062	812
	II		1062	812
	III		1062	812
	V	**844**	1062	812
	VI	**989**	1062	812
8891,99	I,IV		1067	815
	II		1067	815
	III		1067	815
	V	**848**	1067	815
	VI	**993**	1067	815
8927,99	I,IV		1071	819
	II		1071	819
	III		1071	819
	V	**852**	1071	819
	VI	**997**	1071	819
8963,99	I,IV		1075	822
	II		1075	822
	III		1075	822
	V	**856**	1075	822
	VI	**1001**	1075	822
8999,99	I,IV		1079	825
	II		1079	825
	III		1079	825
	V	**860**	1079	825
	VI	**1005**	1079	825
9035,99	I,IV		1084	829
	II		1084	829
	III		1084	829
	V	**864**	1084	829
	VI	**1009**	1084	829
9071,99	I,IV		1088	832
	II		1088	832
	III		1088	832
	V	**868**	1088	832
	VI	**1013**	1088	832
9107,99	I,IV		1092	835
	II		1092	835
	III		1092	835
	V	**872**	1092	835
	VI	**1017**	1092	835
9143,99	I,IV		1097	838
	II		1097	838
	III		1097	838
	V	**876**	1097	838
	VI	**1021**	1097	838
9179,99	I,IV		1101	842
	II		1101	842
	III		1101	842
	V	**880**	1101	842
	VI	**1025**	1101	842
9215,99	I,IV		1105	845
	II		1105	845
	III		1105	845
	V	**884**	1105	845
	VI	**1029**	1105	845
9251,99	I,IV		1110	848
	II		1110	848
	III		1110	848
	V	**888**	1110	848
	VI	**1033**	1110	848
9287,99	I,IV		1114	852
	II		1114	852
	III		1114	852
	V	**892**	1114	852
	VI	**1037**	1114	852
9323,99	I,IV		1118	855
	II		1118	855
	III		1118	855
	V	**896**	1118	855
	VI	**1041**	1118	855
9359,99	I,IV		1123	858
	II		1123	858
	III		1123	858
	V	**900**	1123	858
	VI	**1045**	1123	858
9395,99	I,IV		1127	862
	II		1127	862
	III		1127	862
	V	**904**	1127	862
	VI	**1049**	1127	862
9431,99	I,IV		1131	865
	II		1131	865
	III		1131	865
	V	**908**	1131	865
	VI	**1053**	1131	865
9467,99	I,IV		1136	868
	II		1136	868
	III		1136	868
	V	**912**	1136	868
	VI	**1057**	1136	868
9503,99	I,IV		1140	871
	II		1140	871
	III		1140	871
	V	**916**	1140	871
	VI	**1061**	1140	871

* Zur LSt-Berechnung für privat versicherte Arbeitnehmer s. Beispiele **Vorbemerkung S. 4f.**
** Basisvorsorgepauschale KV und PV *** Typisierter Arbeitgeberzuschuss

Lohn/ Gehalt in € bis	Steuerklasse	Lohn- steuer*	BVSP**	TAGZ***
9539,99	I,IV		1144	875
	II		1144	875
	III		1144	875
	V	**920**	1144	875
	VI	**1065**	1144	875
9575,99	I,IV		1149	878
	II		1149	878
	III		1149	878
	V	**924**	1149	878
	VI	**1069**	1149	878
9611,99	I,IV		1153	881
	II		1153	881
	III		1153	881
	V	**928**	1153	881
	VI	**1073**	1153	881
9647,99	I,IV		1157	885
	II		1157	885
	III		1157	885
	V	**932**	1157	885
	VI	**1077**	1157	885
9683,99	I,IV		1162	888
	II		1162	888
	III		1162	888
	V	**936**	1162	888
	VI	**1081**	1162	888
9719,99	I,IV		1166	891
	II		1166	891
	III		1166	891
	V	**940**	1166	891
	VI	**1085**	1166	891
9755,99	I,IV		1170	895
	II		1170	895
	III		1170	895
	V	**944**	1170	895
	VI	**1089**	1170	895
9791,99	I,IV		1175	898
	II		1175	898
	III		1175	898
	V	**948**	1175	898
	VI	**1093**	1175	898
9827,99	I,IV		1179	901
	II		1179	901
	III		1179	901
	V	**952**	1179	901
	VI	**1098**	1179	901
9863,99	I,IV		1183	905
	II		1183	905
	III		1183	905
	V	**957**	1183	905
	VI	**1102**	1183	905
9899,99	I,IV		1187	908
	II		1187	908
	III		1187	908
	V	**960**	1187	908
	VI	**1106**	1187	908
9935,99	I,IV		1192	911
	II		1192	911
	III		1192	911
	V	**965**	1192	911
	VI	**1110**	1192	911

Lohn/ Gehalt in € bis	Steuerklasse	Lohn- steuer*	BVSP**	TAGZ***
9971,99	I,IV		1196	914
	II		1196	914
	III		1196	914
	V	**969**	1196	914
	VI	**1114**	1196	914
10007,99	I,IV		1200	918
	II		1200	918
	III		1200	918
	V	**973**	1200	918
	VI	**1118**	1200	918
10043,99	I,IV		1205	921
	II		1205	921
	III		1205	921
	V	**977**	1205	921
	VI	**1122**	1205	921
10079,99	I,IV		1209	924
	II		1209	924
	III		1209	924
	V	**981**	1209	924
	VI	**1126**	1209	924
10115,99	I,IV		1213	928
	II		1213	928
	III		1213	928
	V	**985**	1213	928
	VI	**1130**	1213	928
10151,99	I,IV		1218	931
	II		1218	931
	III		1218	931
	V	**989**	1218	931
	VI	**1134**	1218	931
10187,99	I,IV		1222	934
	II		1222	934
	III		1222	934
	V	**993**	1222	934
	VI	**1138**	1222	934
10223,99	I,IV		1226	938
	II		1226	938
	III		1226	938
	V	**997**	1226	938
	VI	**1142**	1226	938
10259,99	I,IV		1231	941
	II		1231	941
	III		1231	941
	V	**1001**	1231	941
	VI	**1146**	1231	941
10295,99	I,IV		1235	944
	II		1235	944
	III		1235	944
	V	**1005**	1235	944
	VI	**1150**	1235	944
10331,99	I,IV		1239	947
	II		1239	947
	III		1239	947
	V	**1009**	1239	947
	VI	**1154**	1239	947
10367,99	I,IV		1244	951
	II		1244	951
	III		1244	951
	V	**1013**	1244	951
	VI	**1158**	1244	951

* Zur LSt-Berechnung für privat versicherte Arbeitnehmer s. Beispiele **Vorbemerkung S. 4f.**
** Basisvorsorgepauschale KV und PV *** Typisierter Arbeitgeberzuschuss

Lohn/ Gehalt in € bis	Steuerklasse	Lohn-steuer*	BVSP**	TAGZ***
10 403,99	I,IV		1 248	954
	II		1 248	954
	III		1 248	954
	V	**1 017**	1 248	954
	VI	**1 162**	1 248	954
10 439,99	I,IV		1 252	957
	II		1 252	957
	III		1 252	957
	V	**1 021**	1 252	957
	VI	**1 166**	1 252	957
10 475,99	I,IV		1 257	961
	II		1 257	961
	III		1 257	961
	V	**1 025**	1 257	961
	VI	**1 170**	1 257	961
10 511,99	I,IV		1 261	964
	II		1 261	964
	III		1 261	964
	V	**1 029**	1 261	964
	VI	**1 174**	1 261	964
10 547,99	I,IV		1 265	967
	II		1 265	967
	III		1 265	967
	V	**1 033**	1 265	967
	VI	**1 178**	1 265	967
10 583,99	I,IV		1 270	971
	II		1 270	971
	III		1 270	971
	V	**1 037**	1 270	971
	VI	**1 182**	1 270	971
10 619,99	I,IV		1 274	974
	II		1 274	974
	III		1 274	974
	V	**1 041**	1 274	974
	VI	**1 186**	1 274	974
10 655,99	I,IV		1 278	977
	II		1 278	977
	III		1 278	977
	V	**1 045**	1 278	977
	VI	**1 190**	1 278	977
10 691,99	I,IV		1 283	980
	II		1 283	980
	III		1 283	980
	V	**1 049**	1 283	980
	VI	**1 194**	1 283	980
10 727,99	I,IV		1 287	984
	II		1 287	984
	III		1 287	984
	V	**1 053**	1 287	984
	VI	**1 198**	1 287	984
10 763,99	I,IV		1 291	987
	II		1 291	987
	III		1 291	987
	V	**1 057**	1 291	987
	VI	**1 202**	1 291	987
10 799,99	I,IV		1 295	990
	II		1 295	990
	III		1 295	990
	V	**1 061**	1 295	990
	VI	**1 206**	1 295	990

Lohn/ Gehalt in € bis	Steuerklasse	Lohn-steuer*	BVSP**	TAGZ***
10 835,99	I,IV		1 300	994
	II		1 300	994
	III		1 300	994
	V	**1 065**	1 300	994
	VI	**1 210**	1 300	994
10 871,99	I,IV		1 304	997
	II		1 304	997
	III		1 304	997
	V	**1 069**	1 304	997
	VI	**1 214**	1 304	997
10 907,99	I,IV		1 308	1 000
	II		1 308	1 000
	III		1 308	1 000
	V	**1 073**	1 308	1 000
	VI	**1 218**	1 308	1 000
10 943,99	I,IV		1 313	1 004
	II		1 313	1 004
	III		1 313	1 004
	V	**1 077**	1 313	1 004
	VI	**1 222**	1 313	1 004
10 979,99	I,IV		1 317	1 007
	II		1 317	1 007
	III		1 317	1 007
	V	**1 081**	1 317	1 007
	VI	**1 226**	1 317	1 007
11 015,99	I,IV		1 321	1 010
	II		1 321	1 010
	III		1 321	1 010
	V	**1 085**	1 321	1 010
	VI	**1 230**	1 321	1 010
11 051,99	I,IV		1 326	1 014
	II		1 326	1 014
	III		1 326	1 014
	V	**1 089**	1 326	1 014
	VI	**1 234**	1 326	1 014
11 087,99	I,IV		1 330	1 017
	II		1 330	1 017
	III		1 330	1 017
	V	**1 093**	1 330	1 017
	VI	**1 238**	1 330	1 017
11 123,99	I,IV		1 334	1 020
	II		1 334	1 020
	III		1 334	1 020
	V	**1 097**	1 334	1 020
	VI	**1 242**	1 334	1 020
11 159,99	I,IV		1 339	1 023
	II		1 339	1 023
	III		1 339	1 023
	V	**1 101**	1 339	1 023
	VI	**1 246**	1 339	1 023
11 195,99	I,IV		1 343	1 027
	II		1 343	1 027
	III		1 343	1 027
	V	**1 105**	1 343	1 027
	VI	**1 250**	1 343	1 027
11 231,99	I,IV		1 347	1 030
	II		1 347	1 030
	III		1 347	1 030
	V	**1 109**	1 347	1 030
	VI	**1 254**	1 347	1 030

* Zur LSt-Berechnung für privat versicherte Arbeitnehmer s. Beispiele **Vorbemerkung S. 4 f.**
** Basisvorsorgepauschale KV und PV *** Typisierter Arbeitgeberzuschuss

Lohn/ Gehalt in € bis	Steuerklasse	Lohn- steuer*	BVSP**	TAGZ***
11 267,99	I,IV		1 352	1 033
	II		1 352	1 033
	III		1 352	1 033
	V	**1 113**	1 352	1 033
	VI	**1 258**	1 352	1 033
11 303,99	I,IV		1 356	1 037
	II		1 356	1 037
	III		1 356	1 037
	V	**1 117**	1 356	1 037
	VI	**1 262**	1 356	1 037
11 339,99	I,IV		1 360	1 040
	II		1 360	1 040
	III		1 360	1 040
	V	**1 121**	1 360	1 040
	VI	**1 267**	1 360	1 040
11 375,99	I,IV		1 365	1 043
	II		1 365	1 043
	III		1 365	1 043
	V	**1 125**	1 365	1 043
	VI	**1 270**	1 365	1 043
11 411,99	I,IV		1 369	1 047
	II		1 369	1 047
	III		1 369	1 047
	V	**1 129**	1 369	1 047
	VI	**1 274**	1 369	1 047
11 447,99	I,IV		1 373	1 050
	II		1 373	1 050
	III		1 373	1 050
	V	**1 134**	1 373	1 050
	VI	**1 279**	1 373	1 050
11 483,99	I,IV		1 378	1 053
	II		1 378	1 053
	III		1 378	1 053
	V	**1 138**	1 378	1 053
	VI	**1 283**	1 378	1 053
11 519,99	I,IV		1 382	1 056
	II		1 382	1 056
	III		1 382	1 056
	V	**1 141**	1 382	1 056
	VI	**1 287**	1 382	1 056
11 555,99	I,IV		1 386	1 060
	II		1 386	1 060
	III		1 386	1 060
	V	**1 146**	1 386	1 060
	VI	**1 291**	1 386	1 060
11 591,99	I,IV		1 391	1 063
	II		1 391	1 063
	III		1 391	1 063
	V	**1 150**	1 391	1 063
	VI	**1 295**	1 391	1 063
11 627,99	I,IV		1 395	1 066
	II		1 395	1 066
	III		1 395	1 066
	V	**1 154**	1 395	1 066
	VI	**1 299**	1 395	1 066
11 663,99	I,IV		1 399	1 070
	II		1 399	1 070
	III		1 399	1 070
	V	**1 158**	1 399	1 070
	VI	**1 303**	1 399	1 070
11 699,99	I,IV		1 403	1 073
	II		1 403	1 073
	III		1 403	1 073
	V	**1 162**	1 403	1 073
	VI	**1 307**	1 403	1 073
11 735,99	I,IV		1 408	1 076
	II		1 408	1 076
	III		1 408	1 076
	V	**1 166**	1 408	1 076
	VI	**1 311**	1 408	1 076
11 771,99	I,IV		1 412	1 080
	II		1 412	1 080
	III		1 412	1 080
	V	**1 170**	1 412	1 080
	VI	**1 315**	1 412	1 080
11 807,99	I,IV		1 416	1 083
	II		1 416	1 083
	III		1 416	1 083
	V	**1 174**	1 416	1 083
	VI	**1 319**	1 416	1 083
11 843,99	I,IV		1 421	1 086
	II		1 421	1 086
	III		1 421	1 086
	V	**1 178**	1 421	1 086
	VI	**1 323**	1 421	1 086
11 879,99	I,IV		1 425	1 089
	II		1 425	1 089
	III		1 425	1 089
	V	**1 182**	1 425	1 089
	VI	**1 327**	1 425	1 089
11 915,99	I,IV		1 429	1 093
	II		1 429	1 093
	III		1 429	1 093
	V	**1 186**	1 429	1 093
	VI	**1 331**	1 429	1 093
11 951,99	I,IV		1 434	1 096
	II		1 434	1 096
	III		1 434	1 096
	V	**1 190**	1 434	1 096
	VI	**1 335**	1 434	1 096
11 987,99	I,IV		1 438	1 099
	II		1 438	1 099
	III		1 438	1 099
	V	**1 194**	1 438	1 099
	VI	**1 339**	1 438	1 099
12 023,99	I,IV		1 442	1 103
	II		1 442	1 103
	III		1 442	1 103
	V	**1 198**	1 442	1 103
	VI	**1 343**	1 442	1 103
12 059,99	I,IV		1 447	1 106
	II		1 447	1 106
	III		1 447	1 106
	V	**1 202**	1 447	1 106
	VI	**1 347**	1 447	1 106
12 095,99	I,IV		1 451	1 109
	II		1 451	1 109
	III		1 451	1 109
	V	**1 206**	1 451	1 109
	VI	**1 351**	1 451	1 109

* Zur LSt-Berechnung für privat versicherte Arbeitnehmer s. Beispiele **Vorbemerkung S. 4f.**
** Basisvorsorgepauschale KV und PV *** Typisierter Arbeitgeberzuschuss

Lohn/ Gehalt in € bis	Steuerklasse	Lohn-steuer*	BVSP**	TAGZ***
12131,99	I,IV		1455	1113
	II		1455	1113
	III		1455	1113
	V	**1210**	1455	1113
	VI	**1355**	1455	1113
12167,99	I,IV		1460	1116
	II		1460	1116
	III		1460	1116
	V	**1214**	1460	1116
	VI	**1359**	1460	1116
12203,99	I,IV		1464	1119
	II		1464	1119
	III		1464	1119
	V	**1218**	1464	1119
	VI	**1363**	1464	1119
12239,99	I,IV		1468	1123
	II		1468	1123
	III		1468	1123
	V	**1222**	1468	1123
	VI	**1367**	1468	1123
12275,99	I,IV		1473	1126
	II		1473	1126
	III		1473	1126
	V	**1226**	1473	1126
	VI	**1371**	1473	1126
12311,99	I,IV		1477	1129
	II		1477	1129
	III		1477	1129
	V	**1230**	1477	1129
	VI	**1375**	1477	1129
12347,99	I,IV		1481	1132
	II		1481	1132
	III		1481	1132
	V	**1234**	1481	1132
	VI	**1379**	1481	1132
12383,99	I,IV		1486	1136
	II		1486	1136
	III		1486	1136
	V	**1238**	1486	1136
	VI	**1383**	1486	1136
12419,99	I,IV		1490	1139
	II		1490	1139
	III		1490	1139
	V	**1242**	1490	1139
	VI	**1387**	1490	1139
12455,99	I,IV		1494	1142
	II		1494	1142
	III		1494	1142
	V	**1246**	1494	1142
	VI	**1391**	1494	1142
12491,99	I,IV		1499	1146
	II		1499	1146
	III		1499	1146
	V	**1250**	1499	1146
	VI	**1395**	1499	1146
12527,99	I,IV		1503	1149
	II		1503	1149
	III		1503	1149
	V	**1254**	1503	1149
	VI	**1399**	1503	1149

Lohn/ Gehalt in € bis	Steuerklasse	Lohn-steuer*	BVSP**	TAGZ***
12563,99	I,IV		1507	1152
	II		1507	1152
	III		1507	1152
	V	**1258**	1507	1152
	VI	**1403**	1507	1152
12599,99	I,IV		1511	1156
	II		1511	1156
	III		1511	1156
	V	**1262**	1511	1156
	VI	**1407**	1511	1156
12635,99	I,IV		1516	1159
	II		1516	1159
	III		1516	1159
	V	**1266**	1516	1159
	VI	**1411**	1516	1159
12671,99	I,IV		1520	1162
	II		1520	1162
	III		1520	1162
	V	**1270**	1520	1162
	VI	**1415**	1520	1162
12707,99	I,IV		1524	1165
	II		1524	1165
	III		1524	1165
	V	**1274**	1524	1165
	VI	**1419**	1524	1165
12743,99	I,IV		1529	1169
	II		1529	1169
	III		1529	1169
	V	**1278**	1529	1169
	VI	**1423**	1529	1169
12779,99	I,IV		1533	1172
	II		1533	1172
	III		1533	1172
	V	**1282**	1533	1172
	VI	**1427**	1533	1172
12815,99	I,IV		1537	1175
	II		1537	1175
	III		1537	1175
	V	**1286**	1537	1175
	VI	**1431**	1537	1175
12851,99	I,IV		1542	1179
	II		1542	1179
	III		1542	1179
	V	**1290**	1542	1179
	VI	**1435**	1542	1179
12887,99	I,IV		1546	1182
	II		1546	1182
	III		1546	1182
	V	**1294**	1546	1182
	VI	**1439**	1546	1182
12923,99	I,IV		1550	1185
	II		1550	1185
	III		1550	1185
	V	**1298**	1550	1185
	VI	**1443**	1550	1185
12959,99	I,IV		1555	1189
	II		1555	1189
	III		1555	1189
	V	**1302**	1555	1189
	VI	**1448**	1555	1189

* Zur LSt-Berechnung für privat versicherte Arbeitnehmer s. Beispiele **Vorbemerkung S. 4f.**
** Basisvorsorgepauschale KV und PV *** Typisierter Arbeitgeberzuschuss

Lohn/ Gehalt in € bis	Steuerklasse	Lohnsteuer*	BVSP**	TAGZ***
12 995,99	I,IV		1 559	1 192
	II		1 559	1 192
	III		1 559	1 192
	V	**1 306**	1 559	1 192
	VI	**1 451**	1 559	1 192
13 031,99	I,IV		1 563	1 195
	II		1 563	1 195
	III		1 563	1 195
	V	**1 310**	1 563	1 195
	VI	**1 456**	1 563	1 195
13 067,99	I,IV		1 568	1 198
	II		1 568	1 198
	III		1 568	1 198
	V	**1 315**	1 568	1 198
	VI	**1 460**	1 568	1 198
13 103,99	I,IV		1 572	1 202
	II		1 572	1 202
	III		1 572	1 202
	V	**1 319**	1 572	1 202
	VI	**1 464**	1 572	1 202
13 139,99	I,IV		1 576	1 205
	II		1 576	1 205
	III		1 576	1 205
	V	**1 323**	1 576	1 205
	VI	**1 468**	1 576	1 205
13 175,99	I,IV		1 581	1 208
	II		1 581	1 208
	III		1 581	1 208
	V	**1 327**	1 581	1 208
	VI	**1 472**	1 581	1 208
13 211,99	I,IV		1 585	1 212
	II		1 585	1 212
	III		1 585	1 212
	V	**1 331**	1 585	1 212
	VI	**1 476**	1 585	1 212
13 247,99	I,IV		1 589	1 215
	II		1 589	1 215
	III		1 589	1 215
	V	**1 335**	1 589	1 215
	VI	**1 480**	1 589	1 215
13 283,99	I,IV		1 594	1 218
	II		1 594	1 218
	III		1 594	1 218
	V	**1 339**	1 594	1 218
	VI	**1 484**	1 594	1 218
13 319,99	I,IV		1 598	1 222
	II		1 598	1 222
	III		1 598	1 222
	V	**1 343**	1 598	1 222
	VI	**1 488**	1 598	1 222
13 355,99	I,IV		1 602	1 225
	II		1 602	1 225
	III		1 602	1 225
	V	**1 347**	1 602	1 225
	VI	**1 492**	1 602	1 225
13 391,99	I,IV		1 607	1 228
	II		1 607	1 228
	III		1 607	1 228
	V	**1 351**	1 607	1 228
	VI	**1 496**	1 607	1 228
13 427,99	I,IV		1 611	1 232
	II		1 611	1 232
	III		1 611	1 232
	V	**1 355**	1 611	1 232
	VI	**1 500**	1 611	1 232
13 463,99	I,IV		1 615	1 235
	II		1 615	1 235
	III		1 615	1 235
	V	**1 359**	1 615	1 235
	VI	**1 504**	1 615	1 235
13 499,99	I,IV		1 619	1 238
	II		1 619	1 238
	III		1 619	1 238
	V	**1 363**	1 619	1 238
	VI	**1 508**	1 619	1 238
13 535,99	I,IV		1 624	1 241
	II		1 624	1 241
	III		1 624	1 241
	V	**1 367**	1 624	1 241
	VI	**1 512**	1 624	1 241
13 571,99	I,IV		1 628	1 245
	II		1 628	1 245
	III		1 628	1 245
	V	**1 371**	1 628	1 245
	VI	**1 516**	1 628	1 245
13 607,99	I,IV		1 632	1 248
	II		1 632	1 248
	III		1 632	1 248
	V	**1 375**	1 632	1 248
	VI	**1 520**	1 632	1 248
13 643,99	I,IV		1 637	1 251
	II		1 637	1 251
	III		1 637	1 251
	V	**1 379**	1 637	1 251
	VI	**1 524**	1 637	1 251
13 679,99	I,IV		1 641	1 255
	II		1 641	1 255
	III		1 641	1 255
	V	**1 383**	1 641	1 255
	VI	**1 528**	1 641	1 255
13 715,99	I,IV		1 645	1 258
	II		1 645	1 258
	III		1 645	1 258
	V	**1 387**	1 645	1 258
	VI	**1 532**	1 645	1 258
13 751,99	I,IV		1 650	1 261
	II		1 650	1 261
	III		1 650	1 261
	V	**1 391**	1 650	1 261
	VI	**1 536**	1 650	1 261
13 787,99	I,IV		1 654	1 265
	II		1 654	1 265
	III		1 654	1 265
	V	**1 395**	1 654	1 265
	VI	**1 540**	1 654	1 265
13 823,99	I,IV	**1**	1 658	1 268
	II		1 658	1 268
	III		1 658	1 268
	V	**1 399**	1 658	1 268
	VI	**1 544**	1 658	1 268

* Zur LSt-Berechnung für privat versicherte Arbeitnehmer s. Beispiele **Vorbemerkung S. 4 f.**
** Basisvorsorgepauschale KV und PV *** Typisierter Arbeitgeberzuschuss

Lohn/ Gehalt in € bis	Steuerklasse	Lohn-steuer*	BVSP**	TAGZ***
13859,99	I,IV	**5**	1663	1271
	II		1663	1271
	III		1663	1271
	V	**1403**	1663	1271
	VI	**1548**	1663	1271
13895,99	I,IV	**9**	1667	1274
	II		1667	1274
	III		1667	1274
	V	**1407**	1667	1274
	VI	**1552**	1667	1274
13931,99	I,IV	**13**	1671	1278
	II		1671	1278
	III		1671	1278
	V	**1411**	1671	1278
	VI	**1556**	1671	1278
13967,99	I,IV	**17**	1676	1281
	II		1676	1281
	III		1676	1281
	V	**1415**	1676	1281
	VI	**1560**	1676	1281
14003,99	I,IV	**22**	1680	1284
	II		1680	1284
	III		1680	1284
	V	**1419**	1680	1284
	VI	**1564**	1680	1284
14039,99	I,IV	**26**	1684	1288
	II		1684	1288
	III		1684	1288
	V	**1423**	1684	1288
	VI	**1568**	1684	1288
14075,99	I,IV	**30**	1689	1291
	II		1689	1291
	III		1689	1291
	V	**1427**	1689	1291
	VI	**1572**	1689	1291
14111,99	I,IV	**34**	1693	1294
	II		1693	1294
	III		1693	1294
	V	**1431**	1693	1294
	VI	**1576**	1693	1294
14147,99	I,IV	**38**	1697	1298
	II		1697	1298
	III		1697	1298
	V	**1435**	1697	1298
	VI	**1580**	1697	1298
14183,99	I,IV	**42**	1702	1301
	II		1702	1301
	III		1702	1301
	V	**1439**	1702	1301
	VI	**1584**	1702	1301
14219,99	I,IV	**47**	1706	1304
	II		1706	1304
	III		1706	1304
	V	**1443**	1706	1304
	VI	**1588**	1706	1304
14255,99	I,IV	**51**	1710	1307
	II		1710	1307
	III		1710	1307
	V	**1447**	1710	1307
	VI	**1592**	1710	1307
14291,99	I,IV	**55**	1715	1311
	II		1715	1311
	III		1715	1311
	V	**1451**	1715	1311
	VI	**1596**	1715	1311
14327,99	I,IV	**59**	1719	1314
	II		1719	1314
	III		1719	1314
	V	**1455**	1719	1314
	VI	**1600**	1719	1314
14363,99	I,IV	**63**	1723	1317
	II		1723	1317
	III		1723	1317
	V	**1459**	1723	1317
	VI	**1604**	1723	1317
14399,99	I,IV	**68**	1727	1321
	II		1727	1321
	III		1727	1321
	V	**1463**	1727	1321
	VI	**1612**	1727	1321
14435,99	I,IV	**72**	1732	1324
	II		1732	1324
	III		1732	1324
	V	**1467**	1732	1324
	VI	**1624**	1732	1324
14471,99	I,IV	**76**	1736	1327
	II		1736	1327
	III		1736	1327
	V	**1471**	1736	1327
	VI	**1635**	1736	1327
14507,99	I,IV	**81**	1740	1331
	II		1740	1331
	III		1740	1331
	V	**1475**	1740	1331
	VI	**1648**	1740	1331
14543,99	I,IV	**85**	1745	1334
	II		1745	1334
	III		1745	1334
	V	**1479**	1745	1334
	VI	**1660**	1745	1334
14579,99	I,IV	**90**	1749	1337
	II		1749	1337
	III		1749	1337
	V	**1484**	1749	1337
	VI	**1672**	1749	1337
14615,99	I,IV	**94**	1753	1341
	II		1753	1341
	III		1753	1341
	V	**1487**	1753	1341
	VI	**1684**	1753	1341
14651,99	I,IV	**98**	1758	1344
	II		1758	1344
	III		1758	1344
	V	**1491**	1758	1344
	VI	**1696**	1758	1344
14687,99	I,IV	**103**	1762	1347
	II		1762	1347
	III		1762	1347
	V	**1496**	1762	1347
	VI	**1708**	1762	1347

* Zur LSt-Berechnung für privat versicherte Arbeitnehmer s. Beispiele **Vorbemerkung S. 4f.**
** Basisvorsorgepauschale KV und PV *** Typisierter Arbeitgeberzuschuss

Lohn/ Gehalt in € bis	Steuerklasse	**Lohn-steuer***	BVSP**	TAGZ***
14 723,99	I,IV	**107**	1 766	1 350
	II		1 766	1 350
	III		1 766	1 350
	V	**1 500**	1 766	1 350
	VI	**1 720**	1 766	1 350
14 759,99	I,IV	**112**	1 771	1 354
	II		1 771	1 354
	III		1 771	1 354
	V	**1 504**	1 771	1 354
	VI	**1 732**	1 771	1 354
14 795,99	I,IV	**116**	1 775	1 357
	II		1 775	1 357
	III		1 775	1 357
	V	**1 508**	1 775	1 357
	VI	**1 744**	1 775	1 357
14 831,99	I,IV	**121**	1 779	1 360
	II		1 779	1 360
	III		1 779	1 360
	V	**1 512**	1 779	1 360
	VI	**1 756**	1 779	1 360
14 867,99	I,IV	**125**	1 784	1 364
	II		1 784	1 364
	III		1 784	1 364
	V	**1 516**	1 784	1 364
	VI	**1 769**	1 784	1 364
14 903,99	I,IV	**130**	1 788	1 367
	II		1 788	1 367
	III		1 788	1 367
	V	**1 520**	1 788	1 367
	VI	**1 780**	1 788	1 367
14 939,99	I,IV	**134**	1 792	1 370
	II		1 792	1 370
	III		1 792	1 370
	V	**1 524**	1 792	1 370
	VI	**1 793**	1 792	1 370
14 975,99	I,IV	**139**	1 797	1 374
	II		1 797	1 374
	III		1 797	1 374
	V	**1 528**	1 797	1 374
	VI	**1 805**	1 797	1 374
15 011,99	I,IV	**143**	1 801	1 377
	II		1 801	1 377
	III		1 801	1 377
	V	**1 532**	1 801	1 377
	VI	**1 817**	1 801	1 377
15 047,99	I,IV	**148**	1 805	1 380
	II		1 805	1 380
	III		1 805	1 380
	V	**1 536**	1 805	1 380
	VI	**1 829**	1 805	1 380
15 083,99	I,IV	**152**	1 810	1 383
	II		1 810	1 383
	III		1 810	1 383
	V	**1 540**	1 810	1 383
	VI	**1 841**	1 810	1 383
15 119,99	I,IV	**157**	1 814	1 387
	II		1 814	1 387
	III		1 814	1 387
	V	**1 544**	1 814	1 387
	VI	**1 853**	1 814	1 387

Lohn/ Gehalt in € bis	Steuerklasse	**Lohn-steuer***	BVSP**	TAGZ***
15 155,99	I,IV	**162**	1 818	1 390
	II		1 818	1 390
	III		1 818	1 390
	V	**1 548**	1 818	1 390
	VI	**1 865**	1 818	1 390
15 191,99	I,IV	**166**	1 823	1 393
	II		1 823	1 393
	III		1 823	1 393
	V	**1 552**	1 823	1 393
	VI	**1 877**	1 823	1 393
15 227,99	I,IV	**171**	1 827	1 397
	II		1 827	1 397
	III		1 827	1 397
	V	**1 556**	1 827	1 397
	VI	**1 889**	1 827	1 397
15 263,99	I,IV	**176**	1 831	1 400
	II		1 831	1 400
	III		1 831	1 400
	V	**1 560**	1 831	1 400
	VI	**1 901**	1 831	1 400
15 299,99	I,IV	**180**	1 835	1 403
	II		1 835	1 403
	III		1 835	1 403
	V	**1 564**	1 835	1 403
	VI	**1 913**	1 835	1 403
15 335,99	I,IV	**185**	1 840	1 407
	II		1 840	1 407
	III		1 840	1 407
	V	**1 568**	1 840	1 407
	VI	**1 925**	1 840	1 407
15 371,99	I,IV	**190**	1 844	1 410
	II		1 844	1 410
	III		1 844	1 410
	V	**1 572**	1 844	1 410
	VI	**1 937**	1 844	1 410
15 407,99	I,IV	**195**	1 848	1 413
	II		1 848	1 413
	III		1 848	1 413
	V	**1 576**	1 848	1 413
	VI	**1 950**	1 848	1 413
15 443,99	I,IV	**199**	1 853	1 416
	II		1 853	1 416
	III		1 853	1 416
	V	**1 580**	1 853	1 416
	VI	**1 961**	1 853	1 416
15 479,99	I,IV	**204**	1 857	1 420
	II		1 857	1 420
	III		1 857	1 420
	V	**1 584**	1 857	1 420
	VI	**1 974**	1 857	1 420
15 515,99	I,IV	**209**	1 861	1 423
	II		1 861	1 423
	III		1 861	1 423
	V	**1 588**	1 861	1 423
	VI	**1 986**	1 861	1 423
15 551,99	I,IV	**214**	1 866	1 426
	II		1 866	1 426
	III		1 866	1 426
	V	**1 592**	1 866	1 426
	VI	**1 998**	1 866	1 426

* Zur LSt-Berechnung für privat versicherte Arbeitnehmer s. Beispiele **Vorbemerkung S. 4 f.**
** Basisvorsorgepauschale KV und PV *** Typisierter Arbeitgeberzuschuss

Lohn/ Gehalt in € bis	Steuerklasse	**Lohn-steuer***	BVSP**	TAGZ***	Steuerklasse	Bemessungsgrundlage für Kirchensteuer und Solidaritätszuschlag					
						Freibeträge für ... Kinder					
						0,5	**1,0**	1,5	**2,0**	2,5	**3,0**
15 587,99	I,IV	**219**	1 870	1 430	I						
	II		1 870	1 430	II						
	III		1 870	1 430	III						
	V	**1 596**	1 870	1 430	IV						
	VI	**2 010**	1 870	1 430							
15 623,99	I,IV	**224**	1 874	1 433	I						
	II		1 874	1 433	II						
	III		1 874	1 433	III						
	V	**1 600**	1 874	1 433	IV						
	VI	**2 022**	1 874	1 433							
15 659,99	I,IV	**228**	1 879	1 436	I						
	II		1 879	1 436	II						
	III		1 879	1 436	III						
	V	**1 604**	1 879	1 436	IV						
	VI	**2 034**	1 879	1 436							
15 695,99	I,IV	**233**	1 883	1 440	I						
	II		1 883	1 440	II						
	III		1 883	1 440	III						
	V	**1 611**	1 883	1 440	IV						
	VI	**2 046**	1 883	1 440							
15 731,99	I,IV	**238**	1 887	1 443	I						
	II		1 887	1 443	II						
	III		1 887	1 443	III						
	V	**1 623**	1 887	1 443	IV						
	VI	**2 058**	1 887	1 443							
15 767,99	I,IV	**243**	1 892	1 446	I						
	II		1 892	1 446	II						
	III		1 892	1 446	III						
	V	**1 635**	1 892	1 446	IV						
	VI	**2 070**	1 892	1 446							
15 803,99	I,IV	**248**	1 896	1 450	I						
	II		1 896	1 450	II						
	III		1 896	1 450	III						
	V	**1 647**	1 896	1 450	IV						
	VI	**2 082**	1 896	1 450							
15 839,99	I,IV	**253**	1 900	1 453	I						
	II		1 900	1 453	II						
	III		1 900	1 453	III						
	V	**1 659**	1 900	1 453	IV						
	VI	**2 095**	1 900	1 453							
15 875,99	I,IV	**259**	1 900	1 456	I						
	II		1 900	1 456	II						
	III		1 905	1 456	III						
	V	**1 673**	1 900	1 456	IV						
	VI	**2 108**	1 900	1 456							
15 911,99	I,IV	**265**	1 900	1 459	I						
	II		1 900	1 459	II						
	III		1 909	1 459	III						
	V	**1 687**	1 900	1 459	IV						
	VI	**2 122**	1 900	1 459							
15 947,99	I,IV	**270**	1 900	1 463	I						
	II		1 900	1 463	II						
	III		1 913	1 463	III						
	V	**1 701**	1 900	1 463	IV						
	VI	**2 136**	1 900	1 463							
15 983,99	I,IV	**276**	1 900	1 466	I						
	II		1 900	1 466	II						
	III		1 918	1 466	III						
	V	**1 715**	1 900	1 466	IV						
	VI	**2 150**	1 900	1 466							

* Zur LSt-Berechnung für privat versicherte Arbeitnehmer s. Beispiele **Vorbemerkung S. 4f.**
** Basisvorsorgepauschale KV und PV *** Typisierter Arbeitgeberzuschuss

Lohn/ Gehalt in € bis	Steuerklasse	Lohnsteuer*	BVSP**	TAGZ***	Steuerklasse	Bemessungsgrundlage für Kirchensteuer und Solidaritätszuschlag Freibeträge für ... Kinder 0,5	1,0	1,5	2,0	2,5	3,0
16019,99	I,IV	**282**	1900	1469	I						
	II		1900	1469	II						
	III		1922	1469	III						
	V	**1729**	1900	1469	IV						
	VI	**2164**	1900	1469							
16055,99	I,IV	**288**	1900	1473	I						
	II		1900	1473	II						
	III		1926	1473	III						
	V	**1743**	1900	1473	IV						
	VI	**2178**	1900	1473							
16091,99	I,IV	**294**	1900	1476	I						
	II		1900	1476	II						
	III		1931	1476	III						
	V	**1757**	1900	1476	IV						
	VI	**2192**	1900	1476							
16127,99	I,IV	**300**	1900	1479	I						
	II		1900	1479	II						
	III		1935	1479	III						
	V	**1771**	1900	1479	IV						
	VI	**2206**	1900	1479							
16163,99	I,IV	**305**	1900	1483	I						
	II		1900	1483	II						
	III		1939	1483	III						
	V	**1785**	1900	1483	IV						
	VI	**2220**	1900	1483							
16199,99	I,IV	**311**	1900	1486	I						
	II		1900	1486	II						
	III		1943	1486	III						
	V	**1798**	1900	1486	IV						
	VI	**2234**	1900	1486							
16235,99	I,IV	**317**	1900	1489	I						
	II		1900	1489	II						
	III		1948	1489	III						
	V	**1812**	1900	1489	IV						
	VI	**2247**	1900	1489							
16271,99	I,IV	**323**	1900	1492	I						
	II		1900	1492	II						
	III		1952	1492	III						
	V	**1826**	1900	1492	IV						
	VI	**2261**	1900	1492							
16307,99	I,IV	**329**	1900	1496	I						
	II		1900	1496	II						
	III		1956	1496	III						
	V	**1840**	1900	1496	IV						
	VI	**2275**	1900	1496							
16343,99	I,IV	**335**	1900	1499	I						
	II		1900	1499	II						
	III		1961	1499	III						
	V	**1854**	1900	1499	IV						
	VI	**2289**	1900	1499							
16379,99	I,IV	**341**	1900	1502	I						
	II		1900	1502	II						
	III		1965	1502	III						
	V	**1868**	1900	1502	IV	2					
	VI	**2303**	1900	1502							
16415,99	I,IV	**347**	1900	1506	I						
	II		1900	1506	II						
	III		1969	1506	III						
	V	**1882**	1900	1506	IV	7					
	VI	**2317**	1900	1506							

* Zur LSt-Berechnung für privat versicherte Arbeitnehmer s. Beispiele **Vorbemerkung S. 4f.**
** Basisvorsorgepauschale KV und PV *** Typisierter Arbeitgeberzuschuss

Lohn/ Gehalt in € bis	Steuerklasse	Lohn-steuer*	BVSP**	TAGZ***	Steuerklasse	Bemessungsgrundlage für Kirchensteuer und Solidaritätszuschlag – Freibeträge für ... Kinder 0,5	**1,0**	1,5	**2,0**	2,5	**3,0**
16451,99	I,IV	**353**	1900	1509	I						
	II		1900	1509	II						
	III		1974	1509	III						
	V	**1895**	1900	1509	IV	12					
	VI	**2331**	1900	1509							
16487,99	I,IV	**359**	1900	1512	I						
	II		1900	1512	II						
	III		1978	1512	III						
	V	**1909**	1900	1512	IV	16					
	VI	**2344**	1900	1512							
16523,99	I,IV	**366**	1900	1516	I						
	II		1900	1516	II						
	III		1982	1516	III						
	V	**1923**	1900	1516	IV	21					
	VI	**2358**	1900	1516							
16559,99	I,IV	**372**	1900	1519	I						
	II		1900	1519	II						
	III		1987	1519	III						
	V	**1937**	1900	1519	IV	26					
	VI	**2372**	1900	1519							
16595,99	I,IV	**378**	1900	1522	I						
	II		1900	1522	II						
	III		1991	1522	III						
	V	**1951**	1900	1522	IV	31					
	VI	**2386**	1900	1522							
16631,99	I,IV	**384**	1900	1525	I						
	II		1900	1525	II						
	III		1995	1525	III						
	V	**1965**	1900	1525	IV	35					
	VI	**2400**	1900	1525							
16667,99	I,IV	**390**	1900	1529	I						
	II		1900	1529	II						
	III		2000	1529	III						
	V	**1979**	1900	1529	IV	40					
	VI	**2414**	1900	1529							
16703,99	I,IV	**396**	1900	1532	I						
	II		1900	1532	II						
	III		2004	1532	III						
	V	**1992**	1900	1532	IV	45					
	VI	**2428**	1900	1532							
16739,99	I,IV	**403**	1900	1535	I						
	II		1900	1535	II						
	III		2008	1535	III						
	V	**2007**	1900	1535	IV	50					
	VI	**2442**	1900	1535							
16775,99	I,IV	**409**	1900	1539	I						
	II		1900	1539	II						
	III		2013	1539	III						
	V	**2021**	1900	1539	IV	55					
	VI	**2456**	1900	1539							
16811,99	I,IV	**415**	1900	1542	I						
	II		1900	1542	II						
	III		2017	1542	III						
	V	**2034**	1900	1542	IV	60					
	VI	**2470**	1900	1542							
16847,99	I,IV	**422**	1900	1545	I						
	II		1900	1545	II						
	III		2021	1545	III						
	V	**2048**	1900	1545	IV	65					
	VI	**2483**	1900	1545							

* Zur LSt-Berechnung für privat versicherte Arbeitnehmer s. Beispiele **Vorbemerkung S. 4 f.**
** Basisvorsorgepauschale KV und PV *** Typisierter Arbeitgeberzuschuss

Lohn/ Gehalt in € bis	Steuerklasse	Lohn-steuer*	BVSP**	TAGZ***	Steuerklasse	Bemessungsgrundlage für Kirchensteuer und Solidaritätszuschlag					
						Freibeträge für ... Kinder					
						0,5	**1,0**	1,5	**2,0**	2,5	**3,0**
16883,99	I,IV	**428**	1900	1549	I						
	II		1900	1549	II						
	III		2026	1549	III						
	V	**2062**	1900	1549	IV	70					
	VI	**2497**	1900	1549							
16919,99	I,IV	**434**	1900	1552	I						
	II		1900	1552	II						
	III		2030	1552	III						
	V	**2076**	1900	1552	IV	75					
	VI	**2511**	1900	1552							
16955,99	I,IV	**441**	1900	1555	I						
	II		1900	1555	II						
	III		2034	1555	III						
	V	**2090**	1900	1555	IV	80					
	VI	**2525**	1900	1555							
16991,99	I,IV	**447**	1900	1559	I						
	II		1900	1559	II						
	III		2039	1559	III						
	V	**2104**	1900	1559	IV	85					
	VI	**2539**	1900	1559							
17027,99	I,IV	**454**	1900	1562	I						
	II		1900	1562	II						
	III		2043	1562	III						
	V	**2118**	1900	1562	IV	90					
	VI	**2553**	1900	1562							
17063,99	I,IV	**460**	1900	1565	I						
	II		1900	1565	II						
	III		2047	1565	III						
	V	**2132**	1900	1565	IV	95					
	VI	**2567**	1900	1565							
17099,99	I,IV	**466**	1900	1568	I						
	II		1900	1568	II						
	III		2051	1568	III						
	V	**2145**	1900	1568	IV	100					
	VI	**2580**	1900	1568							
17135,99	I,IV	**473**	1900	1572	I						
	II		1900	1572	II						
	III		2056	1572	III						
	V	**2159**	1900	1572	IV	105					
	VI	**2594**	1900	1572							
17171,99	I,IV	**479**	1900	1575	I						
	II		1900	1575	II						
	III		2060	1575	III						
	V	**2173**	1900	1575	IV	110					
	VI	**2608**	1900	1575							
17207,99	I,IV	**486**	1900	1578	I						
	II		1900	1578	II						
	III		2064	1578	III						
	V	**2187**	1900	1578	IV	115					
	VI	**2622**	1900	1578							
17243,99	I,IV	**493**	1900	1582	I						
	II		1900	1582	II						
	III		2069	1582	III						
	V	**2201**	1900	1582	IV	120					
	VI	**2636**	1900	1582							
17279,99	I,IV	**499**	1900	1585	I						
	II		1900	1585	II						
	III		2073	1585	III						
	V	**2215**	1900	1585	IV	125					
	VI	**2650**	1900	1585							

* Zur LSt-Berechnung für privat versicherte Arbeitnehmer s. Beispiele **Vorbemerkung S. 4 f.**
** Basisvorsorgepauschale KV und PV *** Typisierter Arbeitgeberzuschuss

Lohn/ Gehalt in € bis	Steuerklasse	Lohn-steuer*	BVSP**	TAGZ***	Steuerklasse	Bemessungsgrundlage für Kirchensteuer und Solidaritätszuschlag – Freibeträge für ... Kinder 0,5	**1,0**	1,5	**2,0**	2,5	**3,0**
17 315,99	I,IV	**506**	1 900	1 588	I						
	II		1 900	1 588	II						
	III		2 077	1 588	III						
	V	**2 229**	1 900	1 588	IV	131					
	VI	**2 664**	1 900	1 588							
17 351,99	I,IV	**512**	1 900	1 592	I						
	II		1 900	1 592	II						
	III		2 082	1 592	III						
	V	**2 242**	1 900	1 592	IV	136					
	VI	**2 678**	1 900	1 592							
17 387,99	I,IV	**519**	1 900	1 595	I						
	II		1 900	1 595	II						
	III		2 086	1 595	III						
	V	**2 256**	1 900	1 595	IV	141					
	VI	**2 691**	1 900	1 595							
17 423,99	I,IV	**526**	1 900	1 598	I						
	II		1 900	1 598	II						
	III		2 090	1 598	III						
	V	**2 271**	1 900	1 598	IV	146					
	VI	**2 706**	1 900	1 598							
17 459,99	I,IV	**532**	1 900	1 601	I						
	II		1 900	1 601	II						
	III		2 095	1 601	III						
	V	**2 284**	1 900	1 601	IV	152					
	VI	**2 720**	1 900	1 601							
17 495,99	I,IV	**539**	1 900	1 605	I						
	II		1 900	1 605	II						
	III		2 099	1 605	III						
	V	**2 298**	1 900	1 605	IV	157					
	VI	**2 733**	1 900	1 605							
17 531,99	I,IV	**546**	1 900	1 608	I						
	II		1 900	1 608	II						
	III		2 103	1 608	III						
	V	**2 312**	1 900	1 608	IV	162					
	VI	**2 747**	1 900	1 608							
17 567,99	I,IV	**553**	1 900	1 611	I						
	II		1 900	1 611	II						
	III		2 108	1 611	III						
	V	**2 326**	1 900	1 611	IV	168					
	VI	**2 761**	1 900	1 611							
17 603,99	I,IV	**559**	1 900	1 615	I						
	II		1 900	1 615	II						
	III		2 112	1 615	III						
	V	**2 340**	1 900	1 615	IV	173					
	VI	**2 775**	1 900	1 615							
17 639,99	I,IV	**566**	1 900	1 618	I						
	II		1 900	1 618	II						
	III		2 116	1 618	III						
	V	**2 354**	1 900	1 618	IV	178					
	VI	**2 789**	1 900	1 618							
17 675,99	I,IV	**573**	1 900	1 621	I						
	II		1 900	1 621	II						
	III		2 121	1 621	III						
	V	**2 368**	1 900	1 621	IV	184					
	VI	**2 803**	1 900	1 621							
17 711,99	I,IV	**580**	1 900	1 625	I						
	II		1 900	1 625	II						
	III		2 125	1 625	III						
	V	**2 381**	1 900	1 625	IV	189					
	VI	**2 817**	1 900	1 625							

* Zur LSt-Berechnung für privat versicherte Arbeitnehmer s. Beispiele **Vorbemerkung S. 4 f.**
** Basisvorsorgepauschale KV und PV *** Typisierter Arbeitgeberzuschuss

Lohn/ Gehalt in € bis	Steuerklasse	Lohnsteuer*	BVSP**	TAGZ***	Steuerklasse	Bemessungsgrundlage für Kirchensteuer und Solidaritätszuschlag					
						Freibeträge für ... Kinder					
						0,5	**1,0**	1,5	**2,0**	2,5	**3,0**
17 747,99	I,IV	**587**	1 900	1 628	I						
	II		1 900	1 628	II						
	III		2 129	1 628	III						
	V	**2 395**	1 900	1 628	IV	195					
	VI	**2 830**	1 900	1 628							
17 783,99	I,IV	**594**	1 900	1 631	I						
	II		1 900	1 631	II						
	III		2 134	1 631	III						
	V	**2 409**	1 900	1 631	IV	200					
	VI	**2 844**	1 900	1 631							
17 819,99	I,IV	**600**	1 900	1 634	I						
	II		1 900	1 634	II						
	III		2 138	1 634	III						
	V	**2 423**	1 900	1 634	IV	206					
	VI	**2 858**	1 900	1 634							
17 855,99	I,IV	**607**	1 900	1 638	I						
	II		1 900	1 638	II						
	III		2 142	1 638	III						
	V	**2 437**	1 900	1 638	IV	211					
	VI	**2 872**	1 900	1 638							
17 891,99	I,IV	**614**	1 900	1 641	I						
	II		1 900	1 641	II						
	III		2 147	1 641	III						
	V	**2 451**	1 900	1 641	IV	217					
	VI	**2 886**	1 900	1 641							
17 927,99	I,IV	**621**	1 900	1 644	I						
	II		1 900	1 644	II						
	III		2 151	1 644	III						
	V	**2 465**	1 900	1 644	IV	222					
	VI	**2 900**	1 900	1 644							
17 963,99	I,IV	**628**	1 900	1 648	I						
	II		1 900	1 648	II						
	III		2 155	1 648	III						
	V	**2 478**	1 900	1 648	IV	228					
	VI	**2 914**	1 900	1 648							
17 999,99	I,IV	**635**	1 900	1 651	I						
	II		1 900	1 651	II						
	III		2 159	1 651	III						
	V	**2 492**	1 900	1 651	IV	234					
	VI	**2 927**	1 900	1 651							
18 035,99	I,IV	**642**	1 900	1 654	I						
	II		1 900	1 654	II						
	III		2 164	1 654	III						
	V	**2 506**	1 900	1 654	IV	239					
	VI	**2 941**	1 900	1 654							
18 071,99	I,IV	**649**	1 900	1 658	I						
	II		1 900	1 658	II						
	III		2 168	1 658	III						
	V	**2 520**	1 900	1 658	IV	245					
	VI	**2 955**	1 900	1 658							
18 107,99	I,IV	**657**	1 900	1 661	I						
	II		1 900	1 661	II						
	III		2 172	1 661	III						
	V	**2 534**	1 900	1 661	IV	251					
	VI	**2 969**	1 900	1 661							
18 143,99	I,IV	**664**	1 900	1 664	I						
	II		1 900	1 664	II						
	III		2 177	1 664	III						
	V	**2 548**	1 900	1 664	IV	256					
	VI	**2 983**	1 900	1 664							

* Zur LSt-Berechnung für privat versicherte Arbeitnehmer s. Beispiele **Vorbemerkung S. 4 f.**
** Basisvorsorgepauschale KV und PV *** Typisierter Arbeitgeberzuschuss

Lohn/ Gehalt in € bis	Steuerklasse	Lohn-steuer*	BVSP**	TAGZ***	Steuerklasse	Bemessungsgrundlage für Kirchensteuer und Solidaritätszuschlag – Freibeträge für ... Kinder 0,5	**1,0**	1,5	**2,0**	2,5	**3,0**
18179,99	I,IV	**671**	1900	1668	I						
	II		1900	1668	II						
	III		2181	1668	III						
	V	**2562**	1900	1668	IV	262					
	VI	**2997**	1900	1668							
18215,99	I,IV	**678**	1900	1671	I						
	II		1900	1671	II						
	III		2185	1671	III						
	V	**2576**	1900	1671	IV	268					
	VI	**3011**	1900	1671							
18251,99	I,IV	**685**	1900	1674	I						
	II		1900	1674	II						
	III		2190	1674	III						
	V	**2590**	1900	1674	IV	274					
	VI	**3025**	1900	1674							
18287,99	I,IV	**692**	1900	1677	I						
	II		1900	1677	II						
	III		2194	1677	III						
	V	**2604**	1900	1677	IV	279					
	VI	**3039**	1900	1677							
18323,99	I,IV	**700**	1900	1681	I						
	II		1900	1681	II						
	III		2198	1681	III						
	V	**2617**	1900	1681	IV	285					
	VI	**3053**	1900	1681							
18359,99	I,IV	**707**	1900	1684	I						
	II		1900	1684	II						
	III		2203	1684	III						
	V	**2631**	1900	1684	IV	291					
	VI	**3066**	1900	1684							
18395,99	I,IV	**714**	1900	1687	I						
	II		1900	1687	II						
	III		2207	1687	III						
	V	**2645**	1900	1687	IV	297					
	VI	**3080**	1900	1687							
18431,99	I,IV	**721**	1900	1691	I						
	II		1900	1691	II						
	III		2211	1691	III						
	V	**2659**	1900	1691	IV	303					
	VI	**3094**	1900	1691							
18467,99	I,IV	**729**	1900	1694	I						
	II	**3**	1900	1694	II						
	III		2216	1694	III						
	V	**2673**	1900	1694	IV	309					
	VI	**3108**	1900	1694							
18503,99	I,IV	**736**	1900	1697	I						
	II	**8**	1900	1697	II						
	III		2220	1697	III						
	V	**2687**	1900	1697	IV	315					
	VI	**3122**	1900	1697							
18539,99	I,IV	**743**	1900	1701	I						
	II	**13**	1900	1701	II						
	III		2224	1701	III						
	V	**2701**	1900	1701	IV	321					
	VI	**3136**	1900	1701							
18575,99	I,IV	**751**	1900	1704	I						
	II	**17**	1900	1704	II						
	III		2229	1704	III						
	V	**2714**	1900	1704	IV	327					
	VI	**3150**	1900	1704							

* Zur LSt-Berechnung für privat versicherte Arbeitnehmer s. Beispiele **Vorbemerkung S. 4 f.**
** Basisvorsorgepauschale KV und PV *** Typisierter Arbeitgeberzuschuss

Lohn/ Gehalt in € bis	Steuerklasse	Lohn-steuer*	BVSP**	TAGZ***	Steuerklasse	Bemessungsgrundlage für Kirchensteuer und Solidaritätszuschlag Freibeträge für ... Kinder 0,5	1,0	1,5	2,0	2,5	3,0
18611,99	I,IV	**758**	1900	1707	I						
	II	**22**	1900	1707	II						
	III		2233	1707	III						
	V	**2728**	1900	1707	IV	333					
	VI	**3163**	1900	1707							
18647,99	I,IV	**765**	1900	1710	I						
	II	**27**	1900	1710	II						
	III		2237	1710	III						
	V	**2742**	1900	1710	IV	339					
	VI	**3177**	1900	1710							
18683,99	I,IV	**773**	1900	1714	I	5					
	II	**32**	1900	1714	II						
	III		2242	1714	III						
	V	**2756**	1900	1714	IV	345	5				
	VI	**3191**	1900	1714							
18719,99	I,IV	**780**	1900	1717	I	10					
	II	**36**	1900	1717	II						
	III		2246	1717	III						
	V	**2770**	1900	1717	IV	351	10				
	VI	**3205**	1900	1717							
18755,99	I,IV	**788**	1900	1720	I	14					
	II	**41**	1900	1720	II						
	III		2250	1720	III						
	V	**2784**	1900	1720	IV	357	14				
	VI	**3219**	1900	1720							
18791,99	I,IV	**796**	1900	1724	I	19					
	II	**46**	1900	1724	II						
	III		2255	1724	III						
	V	**2798**	1900	1724	IV	363	19				
	VI	**3233**	1900	1724							
18827,99	I,IV	**803**	1900	1727	I	24					
	II	**51**	1900	1727	II						
	III		2259	1727	III						
	V	**2812**	1900	1727	IV	369	24				
	VI	**3247**	1900	1727							
18863,99	I,IV	**811**	1900	1730	I	29					
	II	**56**	1900	1730	II						
	III		2263	1730	III						
	V	**2826**	1900	1730	IV	375	29				
	VI	**3261**	1900	1730							
18899,99	I,IV	**818**	1900	1734	I	33					
	II	**61**	1900	1734	II						
	III		2267	1734	III						
	V	**2840**	1900	1734	IV	381	33				
	VI	**3275**	1900	1734							
18935,99	I,IV	**826**	1900	1737	I	38					
	II	**66**	1900	1737	II						
	III		2272	1737	III						
	V	**2853**	1900	1737	IV	388	38				
	VI	**3289**	1900	1737							
18971,99	I,IV	**833**	1900	1740	I	43					
	II	**71**	1900	1740	II						
	III		2276	1740	III						
	V	**2867**	1900	1740	IV	394	43				
	VI	**3302**	1900	1740							
19007,99	I,IV	**841**	1900	1743	I	48					
	II	**75**	1900	1743	II						
	III		2280	1743	III						
	V	**2881**	1900	1743	IV	400	48				
	VI	**3316**	1900	1743							

* Zur LSt-Berechnung für privat versicherte Arbeitnehmer s. Beispiele **Vorbemerkung S. 4 f.**
** Basisvorsorgepauschale KV und PV *** Typisierter Arbeitgeberzuschuss

Lohn/ Gehalt in € bis	Steuerklasse	**Lohn-steuer***	BVSP**	TAGZ***	Steuerklasse	Bemessungsgrundlage für Kirchensteuer und Solidaritätszuschlag					
						Freibeträge für ... Kinder					
						0,5	**1,0**	1,5	**2,0**	2,5	**3,0**
19043,99	I,IV	**849**	1900	1747	I	53					
	II	**80**	1900	1747	II						
	III		2285	1747	III						
	V	**2895**	1900	1747	IV	406	53				
	VI	**3330**	1900	1747							
19079,99	I,IV	**856**	1900	1750	I	58					
	II	**85**	1900	1750	II						
	III		2289	1750	III						
	V	**2909**	1900	1750	IV	413	58				
	VI	**3344**	1900	1750							
19115,99	I,IV	**864**	1900	1753	I	62					
	II	**90**	1900	1753	II						
	III		2293	1753	III						
	V	**2923**	1900	1753	IV	419	62				
	VI	**3358**	1900	1753							
19151,99	I,IV	**872**	1900	1757	I	67					
	II	**96**	1900	1757	II						
	III		2298	1757	III						
	V	**2937**	1900	1757	IV	425	67				
	VI	**3372**	1900	1757							
19187,99	I,IV	**879**	1900	1760	I	72					
	II	**101**	1900	1760	II						
	III		2302	1760	III						
	V	**2951**	1900	1760	IV	431	72				
	VI	**3386**	1900	1760							
19223,99	I,IV	**887**	1900	1763	I	77					
	II	**106**	1900	1763	II						
	III		2306	1763	III						
	V	**2964**	1900	1763	IV	438	77				
	VI	**3399**	1900	1763							
19259,99	I,IV	**895**	1900	1767	I	82					
	II	**111**	1900	1767	II						
	III		2311	1767	III						
	V	**2978**	1900	1767	IV	444	82				
	VI	**3413**	1900	1767							
19295,99	I,IV	**903**	1900	1770	I	87					
	II	**116**	1900	1770	II						
	III		2315	1770	III						
	V	**2992**	1900	1770	IV	451	87				
	VI	**3427**	1900	1770							
19331,99	I,IV	**911**	1900	1773	I	92					
	II	**121**	1900	1773	II						
	III		2319	1773	III						
	V	**3006**	1900	1773	IV	457	92				
	VI	**3441**	1900	1773							
19367,99	I,IV	**918**	1900	1777	I	97					
	II	**126**	1900	1777	II						
	III		2324	1777	III						
	V	**3020**	1900	1777	IV	464	97				
	VI	**3455**	1900	1777							
19403,99	I,IV	**926**	1900	1780	I	102					
	II	**131**	1900	1780	II						
	III		2328	1780	III						
	V	**3034**	1900	1780	IV	470	102				
	VI	**3469**	1900	1780							
19439,99	I,IV	**934**	1900	1783	I	108					
	II	**137**	1900	1783	II						
	III		2332	1783	III						
	V	**3048**	1900	1783	IV	477	108				
	VI	**3483**	1900	1783							

* Zur LSt-Berechnung für privat versicherte Arbeitnehmer s. Beispiele **Vorbemerkung S. 4 f.**
** Basisvorsorgepauschale KV und PV *** Typisierter Arbeitgeberzuschuss

Lohn/ Gehalt in € bis	Steuerklasse	Lohn-steuer*	BVSP**	TAGZ***	Steuerklasse	Bemessungsgrundlage für Kirchensteuer und Solidaritätszuschlag					
						Freibeträge für ... Kinder					
						0,5	**1,0**	1,5	**2,0**	2,5	**3,0**
19475,99	I,IV	**942**	1900	1786	I	113					
	II	**142**	1900	1786	II						
	III		2337	1786	III						
	V	**3062**	1900	1786	IV	483	113				
	VI	**3497**	1900	1786							
19511,99	I,IV	**950**	1900	1790	I	118					
	II	**147**	1900	1790	II						
	III		2341	1790	III						
	V	**3076**	1900	1790	IV	490	118				
	VI	**3511**	1900	1790							
19547,99	I,IV	**958**	1900	1793	I	123					
	II	**153**	1900	1793	II						
	III		2345	1793	III						
	V	**3090**	1900	1793	IV	496	123				
	VI	**3525**	1900	1793							
19583,99	I,IV	**966**	1900	1796	I	128					
	II	**158**	1900	1796	II						
	III		2350	1796	III						
	V	**3103**	1900	1796	IV	503	128				
	VI	**3539**	1900	1796							
19619,99	I,IV	**974**	1900	1800	I	134					
	II	**163**	1900	1800	II						
	III		2354	1800	III						
	V	**3117**	1900	1800	IV	509	134				
	VI	**3552**	1900	1800							
19655,99	I,IV	**982**	1900	1803	I	139					
	II	**169**	1900	1803	II						
	III		2358	1803	III						
	V	**3131**	1900	1803	IV	516	139				
	VI	**3566**	1900	1803							
19691,99	I,IV	**990**	1900	1806	I	144					
	II	**174**	1900	1806	II						
	III		2363	1806	III						
	V	**3145**	1900	1806	IV	523	144				
	VI	**3580**	1900	1806							
19727,99	I,IV	**998**	1900	1810	I	149					
	II	**179**	1900	1810	II						
	III		2367	1810	III						
	V	**3159**	1900	1810	IV	529	149				
	VI	**3594**	1900	1810							
19763,99	I,IV	**1006**	1900	1813	I	155					
	II	**185**	1900	1813	II						
	III		2371	1813	III						
	V	**3173**	1900	1813	IV	536	155				
	VI	**3608**	1900	1813							
19799,99	I,IV	**1014**	1900	1816	I	160					
	II	**190**	1900	1816	II						
	III		2375	1816	III						
	V	**3187**	1900	1816	IV	543	160				
	VI	**3622**	1900	1816							
19835,99	I,IV	**1022**	1900	1819	I	165					
	II	**196**	1900	1819	II						
	III		2380	1819	III						
	V	**3200**	1900	1819	IV	550	165				
	VI	**3636**	1900	1819							
19871,99	I,IV	**1030**	1900	1823	I	171					
	II	**201**	1900	1823	II						
	III		2384	1823	III						
	V	**3214**	1900	1823	IV	556	171				
	VI	**3649**	1900	1823							

* Zur LSt-Berechnung für privat versicherte Arbeitnehmer s. Beispiele **Vorbemerkung S. 4 f.**
** Basisvorsorgepauschale KV und PV *** Typisierter Arbeitgeberzuschuss

Lohn/ Gehalt in € bis	Steuerklasse	Lohn-steuer*	BVSP**	TAGZ***	Steuerklasse	Bemessungsgrundlage für Kirchensteuer und Solidaritätszuschlag					
						Freibeträge für ... Kinder					
						0,5	**1,0**	1,5	**2,0**	2,5	**3,0**
19907,99	I,IV	**1038**	1900	1826	I	176					
	II	**207**	1900	1826	II						
	III		2388	1826	III						
	V	**3228**	1900	1826	IV	563	176				
	VI	**3663**	1900	1826							
19943,99	I,IV	**1046**	1900	1829	I	181					
	II	**212**	1900	1829	II						
	III		2393	1829	III						
	V	**3242**	1900	1829	IV	570	181				
	VI	**3677**	1900	1829							
19979,99	I,IV	**1054**	1900	1833	I	187					
	II	**218**	1900	1833	II						
	III		2397	1833	III						
	V	**3256**	1900	1833	IV	577	187				
	VI	**3691**	1900	1833							
20015,99	I,IV	**1061**	1900	1836	I	192					
	II	**223**	1900	1836	II						
	III		2401	1836	III						
	V	**3270**	1900	1836	IV	584	192				
	VI	**3705**	1900	1836							
20051,99	I,IV	**1069**	1900	1839	I	198					
	II	**229**	1900	1839	II						
	III		2406	1839	III						
	V	**3284**	1900	1839	IV	590	198				
	VI	**3719**	1900	1839							
20087,99	I,IV	**1078**	1900	1843	I	203					
	II	**235**	1900	1843	II						
	III		2410	1843	III						
	V	**3298**	1900	1843	IV	598	203				
	VI	**3733**	1900	1843							
20123,99	I,IV	**1086**	1900	1846	I	209					
	II	**240**	1900	1846	II						
	III		2414	1846	III						
	V	**3312**	1900	1846	IV	604	209				
	VI	**3747**	1900	1846							
20159,99	I,IV	**1094**	1900	1849	I	214					
	II	**246**	1900	1849	II						
	III		2419	1849	III						
	V	**3326**	1900	1849	IV	611	214				
	VI	**3761**	1900	1849							
20195,99	I,IV	**1102**	1900	1852	I	220					
	II	**252**	1900	1852	II						
	III		2423	1852	III						
	V	**3339**	1900	1852	IV	618	220				
	VI	**3775**	1900	1852							
20231,99	I,IV	**1110**	1900	1856	I	226					
	II	**257**	1900	1856	II						
	III		2427	1856	III						
	V	**3353**	1900	1856	IV	625	226				
	VI	**3788**	1900	1856							
20267,99	I,IV	**1118**	1900	1859	I	231					
	II	**263**	1900	1859	II						
	III		2432	1859	III						
	V	**3367**	1900	1859	IV	632	231				
	VI	**3802**	1900	1859							
20303,99	I,IV	**1126**	1900	1862	I	237					
	II	**269**	1900	1862	II						
	III		2436	1862	III						
	V	**3381**	1900	1862	IV	639	237				
	VI	**3816**	1900	1862							

* Zur LSt-Berechnung für privat versicherte Arbeitnehmer s. Beispiele **Vorbemerkung S. 4 f.**
** Basisvorsorgepauschale KV und PV *** Typisierter Arbeitgeberzuschuss

Lohn/ Gehalt in € bis	Steuerklasse	Lohn- steuer*	BVSP**	TAGZ***	Steuerklasse	Bemessungsgrundlage für Kirchensteuer und Solidaritätszuschlag					
						Freibeträge für ... Kinder					
						0,5	**1,0**	1,5	**2,0**	2,5	**3,0**
20 339,99	I,IV	**1 134**	1 900	1 866	I	242					
	II	**275**	1 900	1 866	II						
	III		2 440	1 866	III						
	V	**3 395**	1 900	1 866	IV	646	242				
	VI	**3 830**	1 900	1 866							
20 375,99	I,IV	**1 142**	1 900	1 869	I	248					
	II	**280**	1 900	1 869	II						
	III		2 445	1 869	III						
	V	**3 409**	1 900	1 869	IV	653	248				
	VI	**3 844**	1 900	1 869							
20 411,99	I,IV	**1 150**	1 900	1 872	I	254					
	II	**286**	1 900	1 872	II						
	III		2 449	1 872	III						
	V	**3 423**	1 900	1 872	IV	661	254				
	VI	**3 858**	1 900	1 872							
20 447,99	I,IV	**1 158**	1 900	1 876	I	260					
	II	**292**	1 900	1 876	II						
	III		2 453	1 876	III						
	V	**3 436**	1 900	1 876	IV	668	260				
	VI	**3 872**	1 900	1 876							
20 483,99	I,IV	**1 166**	1 900	1 879	I	265					
	II	**298**	1 900	1 879	II						
	III		2 458	1 879	III						
	V	**3 450**	1 900	1 879	IV	675	265				
	VI	**3 885**	1 900	1 879							
20 519,99	I,IV	**1 174**	1 900	1 882	I	271					
	II	**304**	1 900	1 882	II						
	III		2 462	1 882	III						
	V	**3 464**	1 900	1 882	IV	682	271				
	VI	**3 899**	1 900	1 882							
20 555,99	I,IV	**1 182**	1 900	1 886	I	277					
	II	**310**	1 900	1 886	II						
	III		2 466	1 886	III						
	V	**3 478**	1 900	1 886	IV	689	277				
	VI	**3 913**	1 900	1 886							
20 591,99	I,IV	**1 190**	1 900	1 889	I	283					
	II	**316**	1 900	1 889	II						
	III		2 471	1 889	III						
	V	**3 492**	1 900	1 889	IV	696	283				
	VI	**3 927**	1 900	1 889							
20 627,99	I,IV	**1 198**	1 900	1 892	I	288					
	II	**322**	1 900	1 892	II						
	III		2 475	1 892	III						
	V	**3 506**	1 900	1 892	IV	704	288				
	VI	**3 941**	1 900	1 892							
20 663,99	I,IV	**1 206**	1 900	1 895	I	294					
	II	**328**	1 900	1 895	II						
	III		2 479	1 895	III						
	V	**3 520**	1 900	1 895	IV	711	294				
	VI	**3 955**	1 900	1 895							
20 699,99	I,IV	**1 214**	1 900	1 899	I	300					
	II	**334**	1 900	1 899	II						
	III		2 483	1 899	III						
	V	**3 533**	1 900	1 899	IV	718	300				
	VI	**3 969**	1 900	1 899							
20 735,99	I,IV	**1 222**	1 902	1 902	I	306					
	II	**339**	1 902	1 902	II						
	III		2 488	1 902	III						
	V	**3 546**	1 902	1 902	IV	725	306				
	VI	**3 982**	1 902	1 902							

* Zur LSt-Berechnung für privat versicherte Arbeitnehmer s. Beispiele **Vorbemerkung S. 4 f.**
** Basisvorsorgepauschale KV und PV *** Typisierter Arbeitgeberzuschuss

Lohn/ Gehalt in € bis	Steuerklasse	**Lohn-steuer***	BVSP**	TAGZ***	Steuerklasse	Bemessungsgrundlage für Kirchensteuer und Solidaritätszuschlag					
						Freibeträge für ... Kinder					
						0,5	**1,0**	1,5	**2,0**	2,5	**3,0**
20771,99	I,IV	**1229**	1905	1905	I	311					
	II	**345**	1905	1905	II						
	III		2492	1905	III						
	V	**3559**	1905	1905	IV	732	311				
	VI	**3994**	1905	1905							
20807,99	I,IV	**1236**	1909	1909	I	316					
	II	**350**	1909	1909	II						
	III		2496	1909	III						
	V	**3571**	1909	1909	IV	738	316				
	VI	**4006**	1909	1909							
20843,99	I,IV	**1244**	1912	1912	I	322					
	II	**356**	1912	1912	II						
	III		2501	1912	III						
	V	**3584**	1912	1912	IV	745	322				
	VI	**4019**	1912	1912							
20879,99	I,IV	**1251**	1915	1915	I	327					
	II	**361**	1915	1915	II						
	III		2505	1915	III						
	V	**3596**	1915	1915	IV	751	327				
	VI	**4032**	1915	1915							
20915,99	I,IV	**1258**	1919	1919	I	333					
	II	**367**	1919	1919	II						
	III		2509	1919	III						
	V	**3609**	1919	1919	IV	758	333				
	VI	**4044**	1919	1919							
20951,99	I,IV	**1265**	1922	1922	I	338					
	II	**372**	1922	1922	II						
	III		2514	1922	III						
	V	**3621**	1922	1922	IV	765	338				
	VI	**4056**	1922	1922							
20987,99	I,IV	**1273**	1925	1925	I	343					
	II	**378**	1925	1925	II						
	III		2518	1925	III						
	V	**3634**	1925	1925	IV	771	343	4			
	VI	**4069**	1925	1925							
21023,99	I,IV	**1280**	1928	1928	I	349					
	II	**383**	1928	1928	II						
	III		2522	1928	III						
	V	**3646**	1928	1928	IV	778	349	8			
	VI	**4082**	1928	1928							
21059,99	I,IV	**1287**	1932	1932	I	354					
	II	**389**	1932	1932	II						
	III		2527	1932	III						
	V	**3659**	1932	1932	IV	785	354	12			
	VI	**4094**	1932	1932							
21095,99	I,IV	**1295**	1935	1935	I	360					
	II	**394**	1935	1935	II						
	III		2531	1935	III						
	V	**3671**	1935	1935	IV	791	360	17			
	VI	**4106**	1935	1935							
21131,99	I,IV	**1302**	1938	1938	I	365					
	II	**400**	1938	1938	II						
	III		2535	1938	III						
	V	**3684**	1938	1938	IV	798	365	21			
	VI	**4119**	1938	1938							
21167,99	I,IV	**1309**	1942	1942	I	371					
	II	**406**	1942	1942	II						
	III		2540	1942	III						
	V	**3696**	1942	1942	IV	805	371	25			
	VI	**4132**	1942	1942							

* Zur LSt-Berechnung für privat versicherte Arbeitnehmer s. Beispiele **Vorbemerkung S. 4f.**
** Basisvorsorgepauschale KV und PV *** Typisierter Arbeitgeberzuschuss

Lohn/ Gehalt in € bis	Steuerklasse	Lohnsteuer*	BVSP**	TAGZ***	Steuerklasse	Bemessungsgrundlage für Kirchensteuer und Solidaritätszuschlag – Freibeträge für ... Kinder 0,5	**1,0**	1,5	**2,0**	2,5	**3,0**
21 203,99	I,IV	**1 317**	1 945	1 945	I	376					
	II	**411**	1 945	1 945	II						
	III		2 544	1 945	III						
	V	**3 709**	1 945	1 945	IV	812	376	29			
	VI	**4 144**	1 945	1 945							
21 239,99	I,IV	**1 324**	1 948	1 948	I	382					
	II	**417**	1 948	1 948	II						
	III		2 548	1 948	III						
	V	**3 721**	1 948	1 948	IV	819	382	34			
	VI	**4 156**	1 948	1 948							
21 275,99	I,IV	**1 331**	1 952	1 952	I	387					
	II	**423**	1 952	1 952	II						
	III		2 553	1 952	III						
	V	**3 734**	1 952	1 952	IV	825	387	38			
	VI	**4 169**	1 952	1 952							
21 311,99	I,IV	**1 339**	1 955	1 955	I	393					
	II	**428**	1 955	1 955	II						
	III		2 557	1 955	III						
	V	**3 746**	1 955	1 955	IV	832	393	42			
	VI	**4 182**	1 955	1 955							
21 347,99	I,IV	**1 346**	1 958	1 958	I	399					
	II	**434**	1 958	1 958	II						
	III		2 561	1 958	III						
	V	**3 759**	1 958	1 958	IV	839	399	47			
	VI	**4 194**	1 958	1 958							
21 383,99	I,IV	**1 353**	1 961	1 961	I	404					
	II	**440**	1 961	1 961	II						
	III		2 566	1 961	III						
	V	**3 771**	1 961	1 961	IV	846	404	51			
	VI	**4 206**	1 961	1 961							
21 419,99	I,IV	**1 361**	1 965	1 965	I	410					
	II	**446**	1 965	1 965	II						
	III		2 570	1 965	III						
	V	**3 784**	1 965	1 965	IV	853	410	55			
	VI	**4 219**	1 965	1 965							
21 455,99	I,IV	**1 368**	1 968	1 968	I	416					
	II	**451**	1 968	1 968	II						
	III		2 574	1 968	III						
	V	**3 796**	1 968	1 968	IV	860	416	60			
	VI	**4 232**	1 968	1 968							
21 491,99	I,IV	**1 375**	1 971	1 971	I	421					
	II	**457**	1 971	1 971	II						
	III		2 579	1 971	III						
	V	**3 809**	1 971	1 971	IV	867	421	64			
	VI	**4 244**	1 971	1 971							
21 527,99	I,IV	**1 383**	1 975	1 975	I	427					
	II	**463**	1 975	1 975	II						
	III		2 583	1 975	III						
	V	**3 821**	1 975	1 975	IV	874	427	69			
	VI	**4 256**	1 975	1 975							
21 563,99	I,IV	**1 390**	1 978	1 978	I	433					
	II	**469**	1 978	1 978	II						
	III		2 587	1 978	III						
	V	**3 834**	1 978	1 978	IV	881	433	73			
	VI	**4 269**	1 978	1 978							
21 599,99	I,IV	**1 397**	1 981	1 981	I	438					
	II	**475**	1 981	1 981	II						
	III		2 591	1 981	III						
	V	**3 846**	1 981	1 981	IV	888	438	78			
	VI	**4 281**	1 981	1 981							

* Zur LSt-Berechnung für privat versicherte Arbeitnehmer s. Beispiele **Vorbemerkung S. 4 f.**
** Basisvorsorgepauschale KV und PV *** Typisierter Arbeitgeberzuschuss

Lohn/ Gehalt in € bis	Steuerklasse	**Lohn-steuer***	BVSP**	TAGZ***	Steuerklasse	Bemessungsgrundlage für Kirchensteuer und Solidaritätszuschlag					
						Freibeträge für ... Kinder					
						0,5	**1,0**	1,5	**2,0**	2,5	**3,0**
21 635,99	I,IV	**1 405**	1 985	1 985	I	444					
	II	**481**	1 985	1 985	II						
	III		2 596	1 985	III						
	V	**3 859**	1 985	1 985	IV	895	444	82			
	VI	**4 294**	1 985	1 985							
21 671,99	I,IV	**1 412**	1 988	1 988	I	450					
	II	**486**	1 988	1 988	II						
	III		2 600	1 988	III						
	V	**3 871**	1 988	1 988	IV	902	450	87			
	VI	**4 306**	1 988	1 988							
21 707,99	I,IV	**1 419**	1 991	1 991	I	456					
	II	**492**	1 991	1 991	II						
	III		2 604	1 991	III						
	V	**3 884**	1 991	1 991	IV	909	456	91			
	VI	**4 319**	1 991	1 991							
21 743,99	I,IV	**1 427**	1 995	1 995	I	462					
	II	**498**	1 995	1 995	II						
	III		2 609	1 995	III						
	V	**3 896**	1 995	1 995	IV	916	462	96			
	VI	**4 331**	1 995	1 995							
21 779,99	I,IV	**1 434**	1 998	1 998	I	467					
	II	**504**	1 998	1 998	II						
	III		2 613	1 998	III						
	V	**3 909**	1 998	1 998	IV	923	467	100			
	VI	**4 344**	1 998	1 998							
21 815,99	I,IV	**1 442**	2 001	2 001	I	473					
	II	**510**	2 001	2 001	II						
	III		2 617	2 001	III						
	V	**3 921**	2 001	2 001	IV	930	473	105			
	VI	**4 356**	2 001	2 001							
21 851,99	I,IV	**1 449**	2 004	2 004	I	479					
	II	**516**	2 004	2 004	II						
	III		2 622	2 004	III						
	V	**3 934**	2 004	2 004	IV	937	479	110			
	VI	**4 369**	2 004	2 004							
21 887,99	I,IV	**1 456**	2 008	2 008	I	485					
	II	**522**	2 008	2 008	II						
	III		2 626	2 008	III						
	V	**3 946**	2 008	2 008	IV	944	485	114			
	VI	**4 381**	2 008	2 008							
21 923,99	I,IV	**1 464**	2 011	2 011	I	491					
	II	**528**	2 011	2 011	II						
	III		2 630	2 011	III						
	V	**3 959**	2 011	2 011	IV	952	491	119			
	VI	**4 394**	2 011	2 011							
21 959,99	I,IV	**1 471**	2 014	2 014	I	497					
	II	**534**	2 014	2 014	II						
	III		2 635	2 014	III						
	V	**3 971**	2 014	2 014	IV	959	497	123			
	VI	**4 406**	2 014	2 014							
21 995,99	I,IV	**1 479**	2 018	2 018	I	503					
	II	**540**	2 018	2 018	II						
	III		2 639	2 018	III						
	V	**3 984**	2 018	2 018	IV	966	503	128			
	VI	**4 419**	2 018	2 018							
22 031,99	I,IV	**1 486**	2 021	2 021	I	509					
	II	**546**	2 021	2 021	II						
	III		2 643	2 021	III						
	V	**3 996**	2 021	2 021	IV	973	509	133			
	VI	**4 431**	2 021	2 021							

* Zur LSt-Berechnung für privat versicherte Arbeitnehmer s. Beispiele **Vorbemerkung S. 4 f.**
** Basisvorsorgepauschale KV und PV *** Typisierter Arbeitgeberzuschuss

Lohn/ Gehalt in € bis	Steuerklasse	Lohn- steuer*	BVSP**	TAGZ***	Steuerklasse	Bemessungsgrundlage für Kirchensteuer und Solidaritätszuschlag – Freibeträge für ... Kinder 0,5	1,0	1,5	2,0	2,5	3,0
22 067,99	I,IV	**1 493**	2 024	2 024	I	515					
	II	**552**	2 024	2 024	II						
	III		2 648	2 024	III						
	V	**4 009**	2 024	2 024	IV	980	515	138			
	VI	**4 444**	2 024	2 024							
22 103,99	I,IV	**1 501**	2 028	2 028	I	521					
	II	**558**	2 028	2 028	II						
	III		2 652	2 028	III						
	V	**4 021**	2 028	2 028	IV	987	521	142			
	VI	**4 456**	2 028	2 028							
22 139,99	I,IV	**1 508**	2 031	2 031	I	527					
	II	**565**	2 031	2 031	II						
	III		2 656	2 031	III						
	V	**4 034**	2 031	2 031	IV	994	527	147			
	VI	**4 469**	2 031	2 031							
22 175,99	I,IV	**1 516**	2 034	2 034	I	533					
	II	**571**	2 034	2 034	II						
	III		2 661	2 034	III						
	V	**4 046**	2 034	2 034	IV	1 002	533	152			
	VI	**4 481**	2 034	2 034							
22 211,99	I,IV	**1 523**	2 037	2 037	I	539					
	II	**577**	2 037	2 037	II						
	III		2 665	2 037	III						
	V	**4 059**	2 037	2 037	IV	1 009	539	157			
	VI	**4 494**	2 037	2 037							
22 247,99	I,IV	**1 530**	2 041	2 041	I	545					
	II	**583**	2 041	2 041	II						
	III		2 669	2 041	III						
	V	**4 071**	2 041	2 041	IV	1 016	545	161			
	VI	**4 506**	2 041	2 041							
22 283,99	I,IV	**1 538**	2 044	2 044	I	551					
	II	**589**	2 044	2 044	II						
	III		2 674	2 044	III						
	V	**4 084**	2 044	2 044	IV	1 023	551	166			
	VI	**4 519**	2 044	2 044							
22 319,99	I,IV	**1 545**	2 047	2 047	I	557					
	II	**595**	2 047	2 047	II						
	III		2 678	2 047	III						
	V	**4 096**	2 047	2 047	IV	1 030	557	171			
	VI	**4 531**	2 047	2 047							
22 355,99	I,IV	**1 553**	2 051	2 051	I	563					
	II	**602**	2 051	2 051	II						
	III		2 682	2 051	III						
	V	**4 109**	2 051	2 051	IV	1 038	563	176			
	VI	**4 544**	2 051	2 051							
22 391,99	I,IV	**1 560**	2 054	2 054	I	569					
	II	**608**	2 054	2 054	II						
	III		2 687	2 054	III						
	V	**4 121**	2 054	2 054	IV	1 045	569	181			
	VI	**4 556**	2 054	2 054							
22 427,99	I,IV	**1 568**	2 057	2 057	I	575					
	II	**614**	2 057	2 057	II						
	III		2 691	2 057	III						
	V	**4 134**	2 057	2 057	IV	1 052	575	186			
	VI	**4 569**	2 057	2 057							
22 463,99	I,IV	**1 575**	2 061	2 061	I	581					
	II	**620**	2 061	2 061	II						
	III		2 695	2 061	III						
	V	**4 146**	2 061	2 061	IV	1 059	581	191			
	VI	**4 581**	2 061	2 061							

* Zur LSt-Berechnung für privat versicherte Arbeitnehmer s. Beispiele **Vorbemerkung S. 4 f.**
** Basisvorsorgepauschale KV und PV *** Typisierter Arbeitgeberzuschuss

Lohn/ Gehalt in € bis	Steuerklasse	**Lohn-steuer***	BVSP**	TAGZ***	Steuerklasse	Bemessungsgrundlage für Kirchensteuer und Solidaritätszuschlag – Freibeträge für ... Kinder 0,5	**1,0**	1,5	**2,0**	2,5	**3,0**
22 499,99	I,IV	**1 583**	2 064	2 064	I	588					
	II	**627**	2 064	2 064	II						
	III		2 699	2 064	III						
	V	**4 159**	2 064	2 064	IV	1 066	588	196			
	VI	**4 594**	2 064	2 064							
22 535,99	I,IV	**1 590**	2 067	2 067	I	594					
	II	**633**	2 067	2 067	II						
	III		2 704	2 067	III						
	V	**4 171**	2 067	2 067	IV	1 073	594	200			
	VI	**4 606**	2 067	2 067							
22 571,99	I,IV	**1 597**	2 070	2 070	I	600					
	II	**639**	2 070	2 070	II						
	III		2 708	2 070	III						
	V	**4 184**	2 070	2 070	IV	1 081	600	205			
	VI	**4 619**	2 070	2 070							
22 607,99	I,IV	**1 605**	2 074	2 074	I	606					
	II	**646**	2 074	2 074	II						
	III		2 712	2 074	III						
	V	**4 196**	2 074	2 074	IV	1 088	606	210			
	VI	**4 631**	2 074	2 074							
22 643,99	I,IV	**1 613**	2 077	2 077	I	613					
	II	**652**	2 077	2 077	II						
	III		2 717	2 077	III						
	V	**4 209**	2 077	2 077	IV	1 095	613	215			
	VI	**4 644**	2 077	2 077							
22 679,99	I,IV	**1 620**	2 080	2 080	I	619					
	II	**658**	2 080	2 080	II						
	III		2 721	2 080	III						
	V	**4 221**	2 080	2 080	IV	1 102	619	220			
	VI	**4 656**	2 080	2 080							
22 715,99	I,IV	**1 627**	2 084	2 084	I	625					
	II	**665**	2 084	2 084	II						
	III		2 725	2 084	III						
	V	**4 234**	2 084	2 084	IV	1 109	625	225			
	VI	**4 669**	2 084	2 084							
22 751,99	I,IV	**1 635**	2 087	2 087	I	631					
	II	**671**	2 087	2 087	II						
	III		2 730	2 087	III						
	V	**4 246**	2 087	2 087	IV	1 117	631	230			
	VI	**4 681**	2 087	2 087							
22 787,99	I,IV	**1 642**	2 090	2 090	I	638					
	II	**678**	2 090	2 090	II						
	III		2 734	2 090	III						
	V	**4 259**	2 090	2 090	IV	1 124	638	236			
	VI	**4 694**	2 090	2 090							
22 823,99	I,IV	**1 650**	2 094	2 094	I	644					
	II	**684**	2 094	2 094	II						
	III		2 738	2 094	III						
	V	**4 271**	2 094	2 094	IV	1 131	644	241			
	VI	**4 706**	2 094	2 094							
22 859,99	I,IV	**1 657**	2 097	2 097	I	650					
	II	**691**	2 097	2 097	II						
	III		2 743	2 097	III						
	V	**4 284**	2 097	2 097	IV	1 138	650	246			
	VI	**4 719**	2 097	2 097							
22 895,99	I,IV	**1 665**	2 100	2 100	I	657					
	II	**697**	2 100	2 100	II						
	III		2 747	2 100	III						
	V	**4 296**	2 100	2 100	IV	1 146	657	251			
	VI	**4 731**	2 100	2 100							

* Zur LSt-Berechnung für privat versicherte Arbeitnehmer s. Beispiele **Vorbemerkung S. 4 f.**
** Basisvorsorgepauschale KV und PV *** Typisierter Arbeitgeberzuschuss

Lohn/ Gehalt in € bis	Steuerklasse	Lohn-steuer*	BVSP**	TAGZ***	Steuerklasse	Bemessungsgrundlage für Kirchensteuer und Solidaritätszuschlag Freibeträge für ... Kinder 0,5	1,0	1,5	2,0	2,5	3,0
22931,99	I,IV	**1672**	2104	2104	I	663					
	II	**704**	2104	2104	II						
	III		2751	2104	III						
	V	**4309**	2104	2104	IV	1153	663	256			
	VI	**4744**	2104	2104							
22967,99	I,IV	**1680**	2107	2107	I	670					
	II	**710**	2107	2107	II						
	III		2756	2107	III						
	V	**4321**	2107	2107	IV	1160	670	261			
	VI	**4756**	2107	2107							
23003,99	I,IV	**1687**	2110	2110	I	676					
	II	**717**	2110	2110	II						
	III		2760	2110	III						
	V	**4334**	2110	2110	IV	1167	676	266			
	VI	**4769**	2110	2110							
23039,99	I,IV	**1695**	2113	2113	I	683					
	II	**723**	2113	2113	II						
	III		2764	2113	III						
	V	**4346**	2113	2113	IV	1175	683	272			
	VI	**4781**	2113	2113							
23075,99	I,IV	**1702**	2117	2117	I	689					
	II	**730**	2117	2117	II						
	III		2769	2117	III						
	V	**4359**	2117	2117	IV	1182	689	277			
	VI	**4794**	2117	2117							
23111,99	I,IV	**1710**	2120	2120	I	696					
	II	**737**	2120	2120	II						
	III		2773	2120	III						
	V	**4371**	2120	2120	IV	1189	696	282			
	VI	**4806**	2120	2120							
23147,99	I,IV	**1717**	2123	2123	I	702					
	II	**743**	2123	2123	II						
	III		2777	2123	III						
	V	**4384**	2123	2123	IV	1196	702	287			
	VI	**4819**	2123	2123							
23183,99	I,IV	**1725**	2127	2127	I	709					
	II	**750**	2127	2127	II						
	III		2782	2127	III						
	V	**4396**	2127	2127	IV	1204	709	292			
	VI	**4831**	2127	2127							
23219,99	I,IV	**1732**	2130	2130	I	715					
	II	**756**	2130	2130	II						
	III		2786	2130	III						
	V	**4409**	2130	2130	IV	1211	715	298			
	VI	**4844**	2130	2130							
23255,99	I,IV	**1740**	2133	2133	I	722					
	II	**763**	2133	2133	II						
	III		2790	2133	III						
	V	**4421**	2133	2133	IV	1218	722	303			
	VI	**4856**	2133	2133							
23291,99	I,IV	**1747**	2137	2137	I	728					
	II	**770**	2137	2137	II	3					
	III		2795	2137	III						
	V	**4434**	2137	2137	IV	1225	728	308			
	VI	**4869**	2137	2137							
23327,99	I,IV	**1755**	2140	2140	I	735					
	II	**776**	2140	2140	II	7					
	III		2799	2140	III						
	V	**4446**	2140	2140	IV	1233	735	314			
	VI	**4881**	2140	2140							

* Zur LSt-Berechnung für privat versicherte Arbeitnehmer s. Beispiele **Vorbemerkung S. 4 f.**
** Basisvorsorgepauschale KV und PV *** Typisierter Arbeitgeberzuschuss

Lohn/ Gehalt in € bis	Steuerklasse	**Lohn-steuer***	BVSP**	TAGZ***	Steuerklasse	Bemessungsgrundlage für Kirchensteuer und Solidaritätszuschlag – Freibeträge für ... Kinder 0,5	**1,0**	1,5	**2,0**	2,5	**3,0**
23363,99	I,IV	**1763**	2143	2143	I	742					
	II	**783**	2143	2143	II	11					
	III		2803	2143	III						
	V	**4459**	2143	2143	IV	1240	742	319			
	VI	**4894**	2143	2143							
23399,99	I,IV	**1770**	2146	2146	I	748					
	II	**790**	2146	2146	II	16					
	III		2807	2146	III						
	V	**4471**	2146	2146	IV	1247	748	325			
	VI	**4906**	2146	2146							
23435,99	I,IV	**1778**	2150	2150	I	755					
	II	**797**	2150	2150	II	20					
	III		2812	2150	III						
	V	**4484**	2150	2150	IV	1255	755	330			
	VI	**4919**	2150	2150							
23471,99	I,IV	**1785**	2153	2153	I	761					
	II	**803**	2153	2153	II	24					
	III		2816	2153	III						
	V	**4496**	2153	2153	IV	1262	761	335			
	VI	**4931**	2153	2153							
23507,99	I,IV	**1793**	2156	2156	I	768	2				
	II	**810**	2156	2156	II	28					
	III		2820	2156	III						
	V	**4509**	2156	2156	IV	1269	768	341	2		
	VI	**4944**	2156	2156							
23543,99	I,IV	**1800**	2160	2160	I	775	6				
	II	**817**	2160	2160	II	33					
	III		2825	2160	III						
	V	**4521**	2160	2160	IV	1277	775	346	6		
	VI	**4956**	2160	2160							
23579,99	I,IV	**1808**	2163	2163	I	781	10				
	II	**824**	2163	2163	II	37					
	III		2829	2163	III						
	V	**4533**	2163	2163	IV	1284	781	352	10		
	VI	**4969**	2163	2163							
23615,99	I,IV	**1815**	2166	2166	I	788	15				
	II	**831**	2166	2166	II	41					
	III		2833	2166	III						
	V	**4546**	2166	2166	IV	1291	788	357	15		
	VI	**4981**	2166	2166							
23651,99	I,IV	**1823**	2170	2170	I	795	19				
	II	**838**	2170	2170	II	46					
	III		2838	2170	III						
	V	**4559**	2170	2170	IV	1298	795	363	19		
	VI	**4994**	2170	2170							
23687,99	I,IV	**1831**	2173	2173	I	802	23				
	II	**845**	2173	2173	II	50					
	III		2842	2173	III						
	V	**4571**	2173	2173	IV	1306	802	368	23		
	VI	**5006**	2173	2173							
23723,99	I,IV	**1838**	2176	2176	I	808	27				
	II	**851**	2176	2176	II	54					
	III		2846	2176	III						
	V	**4583**	2176	2176	IV	1313	808	374	27		
	VI	**5019**	2176	2176							
23759,99	I,IV	**1846**	2179	2179	I	815	32				
	II	**858**	2179	2179	II	59					
	III		2851	2179	III						
	V	**4596**	2179	2179	IV	1320	815	379	32		
	VI	**5031**	2179	2179							

* Zur LSt-Berechnung für privat versicherte Arbeitnehmer s. Beispiele **Vorbemerkung S. 4 f.**
** Basisvorsorgepauschale KV und PV *** Typisierter Arbeitgeberzuschuss

Lohn/ Gehalt in € bis	Steuerklasse	Lohn- steuer*	BVSP**	TAGZ***	Steuerklasse	Bemessungsgrundlage für Kirchensteuer und Solidaritätszuschlag – Freibeträge für ... Kinder 0,5	1,0	1,5	2,0	2,5	3,0
23795,99	I,IV	**1853**	2183	2183	I	822	36				
	II	**865**	2183	2183	II	63					
	III		2855	2183	III						
	V	**4609**	2183	2183	IV	1328	822	385	36		
	VI	**5044**	2183	2183							
23831,99	I,IV	**1861**	2186	2186	I	829	40				
	II	**872**	2186	2186	II	68					
	III		2859	2186	III						
	V	**4621**	2186	2186	IV	1335	829	390	40		
	VI	**5056**	2186	2186							
23867,99	I,IV	**1868**	2189	2189	I	836	45				
	II	**879**	2189	2189	II	72					
	III		2864	2189	III						
	V	**4633**	2189	2189	IV	1342	836	396	45		
	VI	**5069**	2189	2189							
23903,99	I,IV	**1876**	2193	2193	I	843	49				
	II	**886**	2193	2193	II	77					
	III		2868	2193	III						
	V	**4646**	2193	2193	IV	1350	843	402	49		
	VI	**5081**	2193	2193							
23939,99	I,IV	**1884**	2196	2196	I	850	53				
	II	**893**	2196	2196	II	81					
	III		2872	2196	III						
	V	**4659**	2196	2196	IV	1357	850	407	53		
	VI	**5094**	2196	2196							
23975,99	I,IV	**1891**	2199	2199	I	857	58				
	II	**900**	2199	2199	II	86					
	III		2877	2199	III						
	V	**4671**	2199	2199	IV	1365	857	413	58		
	VI	**5106**	2199	2199							
24011,99	I,IV	**1899**	2203	2203	I	863	62				
	II	**907**	2203	2203	II	90					
	III		2881	2203	III						
	V	**4683**	2203	2203	IV	1372	863	418	62		
	VI	**5119**	2203	2203							
24047,99	I,IV	**1907**	2206	2206	I	870	67				
	II	**914**	2206	2206	II	95					
	III		2885	2206	III						
	V	**4696**	2206	2206	IV	1379	870	424	67		
	VI	**5131**	2206	2206							
24083,99	I,IV	**1914**	2209	2209	I	878	71				
	II	**921**	2209	2209	II	99					
	III		2890	2209	III						
	V	**4709**	2209	2209	IV	1387	878	430	71		
	VI	**5144**	2209	2209							
24119,99	I,IV	**1922**	2213	2213	I	885	76				
	II	**929**	2213	2213	II	104					
	III		2894	2213	III						
	V	**4721**	2213	2213	IV	1394	885	436	76		
	VI	**5156**	2213	2213							
24155,99	I,IV	**1929**	2216	2216	I	891	80				
	II	**936**	2216	2216	II	108					
	III		2898	2216	III						
	V	**4733**	2216	2216	IV	1401	891	441	80		
	VI	**5169**	2216	2216							
24191,99	I,IV	**1937**	2219	2219	I	898	85				
	II	**943**	2219	2219	II	113					
	III		2903	2219	III						
	V	**4746**	2219	2219	IV	1409	898	447	85		
	VI	**5181**	2219	2219							

* Zur LSt-Berechnung für privat versicherte Arbeitnehmer s. Beispiele **Vorbemerkung S. 4 f.**
** Basisvorsorgepauschale KV und PV *** Typisierter Arbeitgeberzuschuss

Lohn/ Gehalt in € bis	Steuerklasse	**Lohn-steuer***	BVSP**	TAGZ***	Steuerklasse	Bemessungsgrundlage für Kirchensteuer und Solidaritätszuschlag — Freibeträge für ... Kinder 0,5	**1,0**	1,5	**2,0**	2,5	**3,0**
24227,99	I,IV	**1945**	2222	2222	I	906	89				
	II	**950**	2222	2222	II	118					
	III		2907	2222	III						
	V	**4759**	2222	2222	IV	1416	906	453	89		
	VI	**5194**	2222	2222							
24263,99	I,IV	**1952**	2226	2226	I	913	94				
	II	**957**	2226	2226	II	122					
	III		2911	2226	III						
	V	**4771**	2226	2226	IV	1423	913	459	94		
	VI	**5206**	2226	2226							
24299,99	I,IV	**1960**	2229	2229	I	920	98				
	II	**964**	2229	2229	II	127					
	III		2915	2229	III						
	V	**4783**	2229	2229	IV	1431	920	465	98		
	VI	**5219**	2229	2229							
24335,99	I,IV	**1968**	2232	2232	I	927	103				
	II	**971**	2232	2232	II	132					
	III		2920	2232	III						
	V	**4796**	2232	2232	IV	1438	927	470	103		
	VI	**5231**	2232	2232							
24371,99	I,IV	**1975**	2236	2236	I	934	107				
	II	**979**	2236	2236	II	137					
	III		2924	2236	III						
	V	**4809**	2236	2236	IV	1445	934	476	107		
	VI	**5244**	2236	2236							
24407,99	I,IV	**1983**	2239	2239	I	941	112				
	II	**986**	2239	2239	II	141					
	III		2928	2239	III						
	V	**4821**	2239	2239	IV	1453	941	482	112		
	VI	**5256**	2239	2239							
24443,99	I,IV	**1990**	2242	2242	I	948	117				
	II	**993**	2242	2242	II	146					
	III		2933	2242	III						
	V	**4833**	2242	2242	IV	1460	948	488	117		
	VI	**5268**	2242	2242							
24479,99	I,IV	**1998**	2246	2246	I	955	121				
	II	**1000**	2246	2246	II	151					
	III		2937	2246	III						
	V	**4846**	2246	2246	IV	1468	955	494	121		
	VI	**5281**	2246	2246							
24515,99	I,IV	**2006**	2249	2249	I	962	126				
	II	**1007**	2249	2249	II	156					
	III		2941	2249	III						
	V	**4859**	2249	2249	IV	1475	962	500	126		
	VI	**5294**	2249	2249							
24551,99	I,IV	**2014**	2252	2252	I	970	131				
	II	**1014**	2252	2252	II	160					
	III		2946	2252	III						
	V	**4871**	2252	2252	IV	1483	970	506	131		
	VI	**5306**	2252	2252							
24587,99	I,IV	**2021**	2255	2255	I	977	135				
	II	**1021**	2255	2255	II	165					
	III		2950	2255	III						
	V	**4883**	2255	2255	IV	1490	977	512	135		
	VI	**5318**	2255	2255							
24623,99	I,IV	**2029**	2259	2259	I	984	140				
	II	**1029**	2259	2259	II	170					
	III		2954	2259	III						
	V	**4896**	2259	2259	IV	1497	984	518	140		
	VI	**5331**	2259	2259							

* Zur LSt-Berechnung für privat versicherte Arbeitnehmer s. Beispiele **Vorbemerkung S. 4 f.**
** Basisvorsorgepauschale KV und PV *** Typisierter Arbeitgeberzuschuss

Lohn/ Gehalt in € bis	Steuerklasse	Lohn- steuer*	BVSP**	TAGZ***	Steuerklasse	Bemessungsgrundlage für Kirchensteuer und Solidaritätszuschlag – Freibeträge für ... Kinder 0,5	1,0	1,5	2,0	2,5	3,0
24 659,99	I,IV	**2 037**	2 262	2 262	I	991	145				
	II	**1 036**	2 262	2 262	II	175					
	III		2 959	2 262	III						
	V	**4 909**	2 262	2 262	IV	1 505	991	524	145		
	VI	**5 342**	2 262	2 262							
24 695,99	I,IV	**2 044**	2 265	2 265	I	998	150				
	II	**1 043**	2 265	2 265	II	180					
	III		2 963	2 265	III						
	V	**4 921**	2 265	2 265	IV	1 512	998	530	150		
	VI	**5 354**	2 265	2 265							
24 731,99	I,IV	**2 052**	2 269	2 269	I	1 005	154				
	II	**1 050**	2 269	2 269	II	184					
	III		2 967	2 269	III						
	V	**4 933**	2 269	2 269	IV	1 519	1 005	536	154		
	VI	**5 364**	2 269	2 269							
24 767,99	I,IV	**2 059**	2 272	2 272	I	1 012	159				
	II	**1 057**	2 272	2 272	II	189					
	III		2 972	2 272	III						
	V	**4 946**	2 272	2 272	IV	1 527	1 012	542	159		
	VI	**5 374**	2 272	2 272							
24 803,99	I,IV	**2 067**	2 275	2 275	I	1 020	164				
	II	**1 065**	2 275	2 275	II	194					
	III		2 976	2 275	III						
	V	**4 959**	2 275	2 275	IV	1 534	1 020	548	164		
	VI	**5 386**	2 275	2 275							
24 839,99	I,IV	**2 075**	2 279	2 279	I	1 027	169				
	II	**1 072**	2 279	2 279	II	199					
	III		2 980	2 279	III						
	V	**4 971**	2 279	2 279	IV	1 542	1 027	554	169		
	VI	**5 394**	2 279	2 279							
24 875,99	I,IV	**2 082**	2 282	2 282	I	1 034	174				
	II	**1 079**	2 282	2 282	II	204					
	III		2 985	2 282	III						
	V	**4 983**	2 282	2 282	IV	1 549	1 034	560	174		
	VI	**5 404**	2 282	2 282							
24 911,99	I,IV	**2 090**	2 285	2 285	I	1 041	178				
	II	**1 086**	2 285	2 285	II	209					
	III		2 989	2 285	III						
	V	**4 996**	2 285	2 285	IV	1 557	1 041	566	178		
	VI	**5 416**	2 285	2 285							
24 947,99	I,IV	**2 098**	2 288	2 288	I	1 048	183				
	II	**1 093**	2 288	2 288	II	214					
	III		2 993	2 288	III						
	V	**5 009**	2 288	2 288	IV	1 564	1 048	572	183		
	VI	**5 426**	2 288	2 288							
24 983,99	I,IV	**2 106**	2 292	2 292	I	1 056	188				
	II	**1 101**	2 292	2 292	II	219					
	III		2 998	2 292	III						
	V	**5 021**	2 292	2 292	IV	1 572	1 056	579	188		
	VI	**5 436**	2 292	2 292							
25 019,99	I,IV	**2 113**	2 295	2 295	I	1 063	193				
	II	**1 108**	2 295	2 295	II	224					
	III		3 000	2 295	III						
	V	**5 033**	2 295	2 295	IV	1 579	1 063	585	193		
	VI	**5 446**	2 295	2 295							
25 055,99	I,IV	**2 121**	2 298	2 298	I	1 070	198				
	II	**1 115**	2 298	2 298	II	229					
	III		3 000	2 298	III						
	V	**5 046**	2 298	2 298	IV	1 586	1 070	591	198		
	VI	**5 456**	2 298	2 298							

* Zur LSt-Berechnung für privat versicherte Arbeitnehmer s. Beispiele **Vorbemerkung S. 4 f.**
** Basisvorsorgepauschale KV und PV *** Typisierter Arbeitgeberzuschuss

Lohn/ Gehalt in € bis	Steuerklasse	Lohnsteuer*	BVSP**	TAGZ***	Steuerklasse	Bemessungsgrundlage für Kirchensteuer und Solidaritätszuschlag – Freibeträge für ... Kinder 0,5	**1,0**	1,5	**2,0**	2,5	**3,0**
25 091,99	I,IV	**2 129**	2 302	2 302	I	1 077	203				
	II	**1 122**	2 302	2 302	II	234					
	III		3 000	2 302	III						
	V	**5 058**	2 302	2 302	IV	1 594	1 077	597	203		
	VI	**5 468**	2 302	2 302							
25 127,99	I,IV	**2 137**	2 305	2 305	I	1 084	208				
	II	**1 130**	2 305	2 305	II	240					
	III		3 000	2 305	III						
	V	**5 071**	2 305	2 305	IV	1 601	1 084	603	208		
	VI	**5 478**	2 305	2 305							
25 163,99	I,IV	**2 144**	2 308	2 308	I	1 092	213				
	II	**1 137**	2 308	2 308	II	245					
	III		3 000	2 308	III						
	V	**5 083**	2 308	2 308	IV	1 609	1 092	609	213		
	VI	**5 488**	2 308	2 308							
25 199,99	I,IV	**2 152**	2 312	2 312	I	1 099	218				
	II	**1 144**	2 312	2 312	II	250					
	III		3 000	2 312	III						
	V	**5 096**	2 312	2 312	IV	1 616	1 099	616	218		
	VI	**5 498**	2 312	2 312							
25 235,99	I,IV	**2 160**	2 315	2 315	I	1 106	223				
	II	**1 151**	2 315	2 315	II	255					
	III		3 000	2 315	III						
	V	**5 108**	2 315	2 315	IV	1 624	1 106	622	223		
	VI	**5 510**	2 315	2 315							
25 271,99	I,IV	**2 168**	2 318	2 318	I	1 113	228				
	II	**1 159**	2 318	2 318	II	260					
	III		3 000	2 318	III						
	V	**5 121**	2 318	2 318	IV	1 631	1 113	628	228		
	VI	**5 518**	2 318	2 318							
25 307,99	I,IV	**2 175**	2 322	2 322	I	1 120	233				
	II	**1 166**	2 322	2 322	II	265					
	III		3 000	2 322	III						
	V	**5 133**	2 322	2 322	IV	1 639	1 120	635	233		
	VI	**5 530**	2 322	2 322							
25 343,99	I,IV	**2 183**	2 325	2 325	I	1 128	238				
	II	**1 173**	2 325	2 325	II	270					
	III		3 000	2 325	III						
	V	**5 146**	2 325	2 325	IV	1 646	1 128	641	238		
	VI	**5 540**	2 325	2 325							
25 379,99	I,IV	**2 191**	2 328	2 328	I	1 135	243				
	II	**1 180**	2 328	2 328	II	276					
	III		3 000	2 328	III						
	V	**5 158**	2 328	2 328	IV	1 654	1 135	647	243		
	VI	**5 550**	2 328	2 328							
25 415,99	I,IV	**2 199**	2 331	2 331	I	1 142	248				
	II	**1 188**	2 331	2 331	II	281					
	III		3 000	2 331	III						
	V	**5 171**	2 331	2 331	IV	1 661	1 142	654	248		
	VI	**5 562**	2 331	2 331							
25 451,99	I,IV	**2 206**	2 335	2 335	I	1 149	253				
	II	**1 195**	2 335	2 335	II	286					
	III		3 000	2 335	III						
	V	**5 183**	2 335	2 335	IV	1 669	1 149	660	253		
	VI	**5 572**	2 335	2 335							
25 487,99	I,IV	**2 214**	2 338	2 338	I	1 157	259				
	II	**1 202**	2 338	2 338	II	291					
	III		3 000	2 338	III						
	V	**5 196**	2 338	2 338	IV	1 676	1 157	667	259		
	VI	**5 582**	2 338	2 338							

* Zur LSt-Berechnung für privat versicherte Arbeitnehmer s. Beispiele **Vorbemerkung S. 4 f.**
** Basisvorsorgepauschale KV und PV *** Typisierter Arbeitgeberzuschuss

Lohn/ Gehalt in € bis	Steuerklasse	**Lohn-steuer***	BVSP**	TAGZ***	Steuerklasse	Bemessungsgrundlage für Kirchensteuer und Solidaritätszuschlag					
						Freibeträge für ... Kinder					
						0,5	**1,0**	1,5	**2,0**	2,5	**3,0**
25 523,99	I,IV	**2 222**	2 341	2 341	I	1 164	264				
	II	**1 209**	2 341	2 341	II	297					
	III		3 000	2 341	III						
	V	**5 208**	2 341	2 341	IV	1 684	1 164	673	264		
	VI	**5 594**	2 341	2 341							
25 559,99	I,IV	**2 230**	2 345	2 345	I	1 171	269				
	II	**1 217**	2 345	2 345	II	302					
	III		3 000	2 345	III						
	V	**5 221**	2 345	2 345	IV	1 691	1 171	680	269		
	VI	**5 604**	2 345	2 345							
25 595,99	I,IV	**2 237**	2 348	2 348	I	1 178	274				
	II	**1 224**	2 348	2 348	II	307					
	III		3 000	2 348	III						
	V	**5 233**	2 348	2 348	IV	1 699	1 178	686	274		
	VI	**5 614**	2 348	2 348							
25 631,99	I,IV	**2 245**	2 351	2 351	I	1 186	279				
	II	**1 231**	2 351	2 351	II	312					
	III		3 000	2 351	III						
	V	**5 246**	2 351	2 351	IV	1 706	1 186	692	279		
	VI	**5 624**	2 351	2 351							
25 667,99	I,IV	**2 253**	2 355	2 355	I	1 193	285				
	II	**1 238**	2 355	2 355	II	318					
	III		3 000	2 355	III						
	V	**5 258**	2 355	2 355	IV	1 714	1 193	699	285		
	VI	**5 636**	2 355	2 355							
25 703,99	I,IV	**2 261**	2 358	2 358	I	1 200	290				
	II	**1 246**	2 358	2 358	II	323					
	III		3 000	2 358	III						
	V	**5 271**	2 358	2 358	IV	1 721	1 200	705	290		
	VI	**5 644**	2 358	2 358							
25 739,99	I,IV	**2 268**	2 361	2 361	I	1 207	295				
	II	**1 253**	2 361	2 361	II	329					
	III		3 000	2 361	III						
	V	**5 283**	2 361	2 361	IV	1 729	1 207	712	295		
	VI	**5 656**	2 361	2 361							
25 775,99	I,IV	**2 276**	2 364	2 364	I	1 215	300				
	II	**1 260**	2 364	2 364	II	334					
	III		3 000	2 364	III						
	V	**5 296**	2 364	2 364	IV	1 736	1 215	718	300		
	VI	**5 668**	2 364	2 364							
25 811,99	I,IV	**2 284**	2 368	2 368	I	1 222	306				
	II	**1 268**	2 368	2 368	II	339					
	III		3 000	2 368	III						
	V	**5 308**	2 368	2 368	IV	1 744	1 222	725	306		
	VI	**5 676**	2 368	2 368							
25 847,99	I,IV	**2 292**	2 371	2 371	I	1 229	311				
	II	**1 275**	2 371	2 371	II	345					
	III		3 000	2 371	III						
	V	**5 321**	2 371	2 371	IV	1 751	1 229	732	311		
	VI	**5 688**	2 371	2 371							
25 883,99	I,IV	**2 299**	2 374	2 374	I	1 236	316				
	II	**1 282**	2 374	2 374	II	350					
	III		3 000	2 374	III						
	V	**5 333**	2 374	2 374	IV	1 759	1 236	738	316		
	VI	**5 698**	2 374	2 374							
25 919,99	I,IV	**2 307**	2 378	2 378	I	1 244	322				
	II	**1 289**	2 378	2 378	II	356					
	III		3 000	2 378	III						
	V	**5 344**	2 378	2 378	IV	1 766	1 244	745	322		
	VI	**5 708**	2 378	2 378							

* Zur LSt-Berechnung für privat versicherte Arbeitnehmer s. Beispiele **Vorbemerkung S. 4 f.**
** Basisvorsorgepauschale KV und PV *** Typisierter Arbeitgeberzuschuss

Lohn/ Gehalt in € bis	Steuerklasse	**Lohn-steuer***	BVSP**	TAGZ***	Steuerklasse	Bemessungsgrundlage für Kirchensteuer und Solidaritätszuschlag					
						Freibeträge für ... Kinder					
						0,5	**1,0**	1,5	**2,0**	2,5	**3,0**
25 955,99	I,IV	**2 315**	2 381	2 381	I	1 251	327				
	II	**1 297**	2 381	2 381	II	361					
	III		3 000	2 381	III						
	V	**5 356**	2 381	2 381	IV	1 774	1 251	752	327		
	VI	**5 718**	2 381	2 381							
25 991,99	I,IV	**2 323**	2 384	2 384	I	1 258	333				
	II	**1 304**	2 384	2 384	II	367					
	III		3 000	2 384	III						
	V	**5 366**	2 384	2 384	IV	1 782	1 258	758	333		
	VI	**5 730**	2 384	2 384							
26 027,99	I,IV	**2 331**	2 388	2 388	I	1 266	338				
	II	**1 311**	2 388	2 388	II	372					
	III		3 000	2 388	III						
	V	**5 376**	2 388	2 388	IV	1 789	1 266	765	338		
	VI	**5 740**	2 388	2 388							
26 063,99	I,IV	**2 338**	2 391	2 391	I	1 273	343				
	II	**1 319**	2 391	2 391	II	378					
	III		3 000	2 391	III						
	V	**5 386**	2 391	2 391	IV	1 797	1 273	772	343	4	
	VI	**5 750**	2 391	2 391							
26 099,99	I,IV	**2 346**	2 394	2 394	I	1 280	349				
	II	**1 326**	2 394	2 394	II	383					
	III		3 000	2 394	III						
	V	**5 396**	2 394	2 394	IV	1 804	1 280	778	349	8	
	VI	**5 760**	2 394	2 394							
26 135,99	I,IV	**2 354**	2 397	2 397	I	1 288	354				
	II	**1 333**	2 397	2 397	II	389					
	III		3 000	2 397	III						
	V	**5 408**	2 397	2 397	IV	1 812	1 288	785	354	13	
	VI	**5 772**	2 397	2 397							
26 171,99	I,IV	**2 362**	2 401	2 401	I	1 295	360				
	II	**1 341**	2 401	2 401	II	395					
	III	**2**	3 000	2 401	III						
	V	**5 418**	2 401	2 401	IV	1 819	1 295	792	360	17	
	VI	**5 784**	2 401	2 401							
26 207,99	I,IV	**2 370**	2 404	2 404	I	1 302	365				
	II	**1 348**	2 404	2 404	II	400					
	III	**8**	3 000	2 404	III						
	V	**5 428**	2 404	2 404	IV	1 827	1 302	798	365	21	
	VI	**5 792**	2 404	2 404							
26 243,99	I,IV	**2 378**	2 407	2 407	I	1 310	371				
	II	**1 355**	2 407	2 407	II	406					
	III	**12**	3 000	2 407	III						
	V	**5 438**	2 407	2 407	IV	1 835	1 310	805	371	25	
	VI	**5 804**	2 407	2 407							
26 279,99	I,IV	**2 386**	2 411	2 411	I	1 317	377				
	II	**1 363**	2 411	2 411	II	412					
	III	**16**	3 000	2 411	III						
	V	**5 448**	2 411	2 411	IV	1 842	1 317	812	377	30	
	VI	**5 814**	2 411	2 411							
26 315,99	I,IV	**2 393**	2 414	2 414	I	1 324	382				
	II	**1 370**	2 414	2 414	II	417					
	III	**20**	3 000	2 414	III						
	V	**5 458**	2 414	2 414	IV	1 850	1 324	819	382	34	
	VI	**5 826**	2 414	2 414							
26 351,99	I,IV	**2 401**	2 417	2 417	I	1 331	388				
	II	**1 377**	2 417	2 417	II	423					
	III	**26**	3 000	2 417	III						
	V	**5 470**	2 417	2 417	IV	1 857	1 331	826	388	38	
	VI	**5 836**	2 417	2 417							

* Zur LSt-Berechnung für privat versicherte Arbeitnehmer s. Beispiele **Vorbemerkung S. 4 f.**
** Basisvorsorgepauschale KV und PV *** Typisierter Arbeitgeberzuschuss

Lohn/ Gehalt in € bis	Steuerklasse	**Lohn-steuer***	BVSP**	TAGZ***	Steuerklasse	Bemessungsgrundlage für Kirchensteuer und Solidaritätszuschlag					
						Freibeträge für ... Kinder					
						0,5	**1,0**	1,5	**2,0**	2,5	**3,0**
26 387,99	I,IV	**2 409**	2 421	2 421	I	1 339	393				
	II	**1 385**	2 421	2 421	II	429					
	III	**30**	3 000	2 421	III						
	V	**5 480**	2 421	2 421	IV	1 865	1 339	833	393	43	
	VI	**5 848**	2 421	2 421							
26 423,99	I,IV	**2 417**	2 424	2 424	I	1 346	399				
	II	**1 392**	2 424	2 424	II	434					
	III	**36**	3 000	2 424	III						
	V	**5 490**	2 424	2 424	IV	1 873	1 346	840	399	47	
	VI	**5 856**	2 424	2 424							
26 459,99	I,IV	**2 425**	2 427	2 427	I	1 353	404				
	II	**1 399**	2 427	2 427	II	440					
	III	**40**	3 000	2 427	III						
	V	**5 500**	2 427	2 427	IV	1 880	1 353	846	404	51	
	VI	**5 868**	2 427	2 427							
26 495,99	I,IV	**2 433**	2 431	2 431	I	1 361	410				
	II	**1 407**	2 431	2 431	II	446					
	III	**44**	3 000	2 431	III						
	V	**5 510**	2 431	2 431	IV	1 888	1 361	853	410	56	
	VI	**5 878**	2 431	2 431							
26 531,99	I,IV	**2 440**	2 434	2 434	I	1 368	416				
	II	**1 414**	2 434	2 434	II	452					
	III	**50**	3 000	2 434	III						
	V	**5 522**	2 434	2 434	IV	1 895	1 368	860	416	60	
	VI	**5 890**	2 434	2 434							
26 567,99	I,IV	**2 448**	2 437	2 437	I	1 376	422				
	II	**1 422**	2 437	2 437	II	457					
	III	**54**	3 000	2 437	III						
	V	**5 532**	2 437	2 437	IV	1 903	1 376	867	422	65	
	VI	**5 900**	2 437	2 437							
26 603,99	I,IV	**2 456**	2 440	2 440	I	1 383	427				
	II	**1 429**	2 440	2 440	II	463					
	III	**58**	3 000	2 440	III						
	V	**5 542**	2 440	2 440	IV	1 910	1 383	874	427	69	
	VI	**5 910**	2 440	2 440							
26 639,99	I,IV	**2 464**	2 444	2 444	I	1 390	433				
	II	**1 436**	2 444	2 444	II	469					
	III	**64**	3 000	2 444	III						
	V	**5 552**	2 444	2 444	IV	1 918	1 390	881	433	73	
	VI	**5 920**	2 444	2 444							
26 675,99	I,IV	**2 472**	2 447	2 447	I	1 398	439				
	II	**1 444**	2 447	2 447	II	475					
	III	**68**	3 000	2 447	III						
	V	**5 564**	2 447	2 447	IV	1 926	1 398	888	439	78	
	VI	**5 932**	2 447	2 447							
26 711,99	I,IV	**2 480**	2 450	2 450	I	1 405	444				
	II	**1 451**	2 450	2 450	II	481					
	III	**74**	3 000	2 450	III						
	V	**5 572**	2 450	2 450	IV	1 933	1 405	895	444	82	
	VI	**5 942**	2 450	2 450							
26 747,99	I,IV	**2 488**	2 454	2 454	I	1 412	450				
	II	**1 458**	2 454	2 454	II	487					
	III	**78**	3 000	2 454	III						
	V	**5 584**	2 454	2 454	IV	1 941	1 412	902	450	87	
	VI	**5 954**	2 454	2 454							
26 783,99	I,IV	**2 496**	2 457	2 457	I	1 420	456				
	II	**1 466**	2 457	2 457	II	493					
	III	**82**	3 000	2 457	III						
	V	**5 596**	2 457	2 457	IV	1 949	1 420	909	456	91	
	VI	**5 964**	2 457	2 457							

* Zur LSt-Berechnung für privat versicherte Arbeitnehmer s. Beispiele **Vorbemerkung S. 4 f.**
** Basisvorsorgepauschale KV und PV *** Typisierter Arbeitgeberzuschuss

Lohn/ Gehalt in € bis	Steuerklasse	Lohn- steuer*	BVSP**	TAGZ***	Steuerklasse	Bemessungsgrundlage für Kirchensteuer und Solidaritätszuschlag					
						Freibeträge für ... Kinder					
						0,5	**1,0**	1,5	**2,0**	2,5	**3,0**
26 819,99	I,IV	**2 503**	2 460	2 460	I	1 427	462				
	II	**1 473**	2 460	2 460	II	498					
	III	**88**	3 000	2 460	III						
	V	**5 604**	2 460	2 460	IV	1 956	1 427	916	462	96	
	VI	**5 976**	2 460	2 460							
26 855,99	I,IV	**2 511**	2 464	2 464	I	1 435	468				
	II	**1 481**	2 464	2 464	II	504					
	III	**92**	3 000	2 464	III						
	V	**5 616**	2 464	2 464	IV	1 964	1 435	923	468	101	
	VI	**5 986**	2 464	2 464							
26 891,99	I,IV	**2 519**	2 467	2 467	I	1 442	473				
	II	**1 488**	2 467	2 467	II	510					
	III	**98**	3 000	2 467	III						
	V	**5 626**	2 467	2 467	IV	1 971	1 442	930	473	105	
	VI	**5 996**	2 467	2 467							
26 927,99	I,IV	**2 527**	2 470	2 470	I	1 449	479				
	II	**1 495**	2 470	2 470	II	516					
	III	**102**	3 000	2 470	III						
	V	**5 636**	2 470	2 470	IV	1 979	1 449	937	479	110	
	VI	**6 006**	2 470	2 470							
26 963,99	I,IV	**2 535**	2 473	2 473	I	1 457	485				
	II	**1 503**	2 473	2 473	II	522					
	III	**108**	3 000	2 473	III						
	V	**5 646**	2 473	2 473	IV	1 987	1 457	945	485	114	
	VI	**6 018**	2 473	2 473							
26 999,99	I,IV	**2 543**	2 477	2 477	I	1 464	491				
	II	**1 510**	2 477	2 477	II	528					
	III	**112**	3 000	2 477	III						
	V	**5 658**	2 477	2 477	IV	1 995	1 464	952	491	119	
	VI	**6 028**	2 477	2 477							
27 035,99	I,IV	**2 551**	2 480	2 480	I	1 471	497				
	II	**1 518**	2 480	2 480	II	534					
	III	**116**	3 000	2 480	III						
	V	**5 668**	2 480	2 480	IV	2 002	1 471	959	497	124	
	VI	**6 040**	2 480	2 480							
27 071,99	I,IV	**2 559**	2 483	2 483	I	1 479	503				
	II	**1 525**	2 483	2 483	II	540					
	III	**122**	3 000	2 483	III						
	V	**5 678**	2 483	2 483	IV	2 010	1 479	966	503	128	
	VI	**6 050**	2 483	2 483							
27 107,99	I,IV	**2 567**	2 487	2 487	I	1 486	509				
	II	**1 533**	2 487	2 487	II	546					
	III	**126**	3 000	2 487	III						
	V	**5 690**	2 487	2 487	IV	2 017	1 486	973	509	133	
	VI	**6 062**	2 487	2 487							
27 143,99	I,IV	**2 575**	2 490	2 490	I	1 494	515				
	II	**1 540**	2 490	2 490	II	553					
	III	**132**	3 000	2 490	III						
	V	**5 700**	2 490	2 490	IV	2 025	1 494	980	515	138	
	VI	**6 072**	2 490	2 490							
27 179,99	I,IV	**2 582**	2 493	2 493	I	1 501	521				
	II	**1 547**	2 493	2 493	II	559					
	III	**136**	3 000	2 493	III						
	V	**5 710**	2 493	2 493	IV	2 033	1 501	987	521	142	
	VI	**6 082**	2 493	2 493							
27 215,99	I,IV	**2 590**	2 497	2 497	I	1 508	527				
	II	**1 555**	2 497	2 497	II	565					
	III	**142**	3 000	2 497	III						
	V	**5 720**	2 497	2 497	IV	2 040	1 508	995	527	147	
	VI	**6 092**	2 497	2 497							

* Zur LSt-Berechnung für privat versicherte Arbeitnehmer s. Beispiele **Vorbemerkung S. 4f.**
** Basisvorsorgepauschale KV und PV *** Typisierter Arbeitgeberzuschuss

Lohn/ Gehalt in € bis	Steuerklasse	Lohnsteuer*	BVSP**	TAGZ***	Steuerklasse	Bemessungsgrundlage für Kirchensteuer und Solidaritätszuschlag – Freibeträge für ... Kinder 0,5	1,0	1,5	2,0	2,5	3,0
27 251,99	I,IV	**2 598**	2 500	2 500	I	1 516	533				
	II	**1 562**	2 500	2 500	II	571					
	III	**146**	3 000	2 500	III						
	V	**5 732**	2 500	2 500	IV	2 048	1 516	1 002	533	152	
	VI	**6 106**	2 500	2 500							
27 287,99	I,IV	**2 606**	2 503	2 503	I	1 523	539				
	II	**1 570**	2 503	2 503	II	577					
	III	**152**	3 000	2 503	III						
	V	**5 742**	2 503	2 503	IV	2 056	1 523	1 009	539	157	
	VI	**6 116**	2 503	2 503							
27 323,99	I,IV	**2 614**	2 506	2 506	I	1 531	545				
	II	**1 577**	2 506	2 506	II	583					
	III	**156**	3 000	2 506	III						
	V	**5 752**	2 506	2 506	IV	2 063	1 531	1 016	545	161	
	VI	**6 126**	2 506	2 506							
27 359,99	I,IV	**2 622**	2 510	2 510	I	1 538	551				
	II	**1 585**	2 510	2 510	II	589					
	III	**162**	3 000	2 510	III						
	V	**5 762**	2 510	2 510	IV	2 071	1 538	1 023	551	166	
	VI	**6 136**	2 510	2 510							
27 395,99	I,IV	**2 630**	2 513	2 513	I	1 546	557				
	II	**1 592**	2 513	2 513	II	596					
	III	**166**	3 000	2 513	III						
	V	**5 774**	2 513	2 513	IV	2 079	1 546	1 031	557	171	
	VI	**6 146**	2 513	2 513							
27 431,99	I,IV	**2 638**	2 516	2 516	I	1 553	563				
	II	**1 600**	2 516	2 516	II	602					
	III	**172**	3 000	2 516	III						
	V	**5 784**	2 516	2 516	IV	2 087	1 553	1 038	563	176	
	VI	**6 158**	2 516	2 516							
27 467,99	I,IV	**2 646**	2 520	2 520	I	1 560	569				
	II	**1 607**	2 520	2 520	II	608					
	III	**176**	3 000	2 520	III						
	V	**5 794**	2 520	2 520	IV	2 094	1 560	1 045	569	181	
	VI	**6 168**	2 520	2 520							
27 503,99	I,IV	**2 654**	2 523	2 523	I	1 568	575				
	II	**1 615**	2 523	2 523	II	614					
	III	**182**	3 000	2 523	III						
	V	**5 806**	2 523	2 523	IV	2 102	1 568	1 052	575	186	
	VI	**6 180**	2 523	2 523							
27 539,99	I,IV	**2 662**	2 526	2 526	I	1 575	582				
	II	**1 622**	2 526	2 526	II	621					
	III	**186**	3 000	2 526	III						
	V	**5 816**	2 526	2 526	IV	2 110	1 575	1 059	582	191	
	VI	**6 190**	2 526	2 526							
27 575,99	I,IV	**2 670**	2 530	2 530	I	1 583	588				
	II	**1 630**	2 530	2 530	II	627					
	III	**192**	3 000	2 530	III						
	V	**5 828**	2 530	2 530	IV	2 117	1 583	1 067	588	196	
	VI	**6 202**	2 530	2 530							
27 611,99	I,IV	**2 678**	2 533	2 533	I	1 590	594				
	II	**1 637**	2 533	2 533	II	633					
	III	**196**	3 000	2 533	III						
	V	**5 836**	2 533	2 533	IV	2 125	1 590	1 074	594	201	
	VI	**6 212**	2 533	2 533							
27 647,99	I,IV	**2 686**	2 536	2 536	I	1 598	600				
	II	**1 644**	2 536	2 536	II	640					
	III	**202**	3 000	2 536	III						
	V	**5 848**	2 536	2 536	IV	2 133	1 598	1 081	600	206	
	VI	**6 224**	2 536	2 536							

* Zur LSt-Berechnung für privat versicherte Arbeitnehmer s. Beispiele **Vorbemerkung S. 4 f.**
** Basisvorsorgepauschale KV und PV *** Typisierter Arbeitgeberzuschuss

Lohn/ Gehalt in € bis	Steuerklasse	Lohn-steuer*	BVSP**	TAGZ***	Steuerklasse	Bemessungsgrundlage für Kirchensteuer und Solidaritätszuschlag – Freibeträge für ... Kinder 0,5	**1,0**	1,5	**2,0**	2,5	**3,0**
27 683,99	I,IV	**2 694**	2 540	2 540	I	1 605	607				
	II	**1 652**	2 540	2 540	II	646					
	III	**206**	3 000	2 540	III						
	V	**5 858**	2 540	2 540	IV	2 141	1 605	1 088	607	211	
	VI	**6 234**	2 540	2 540							
27 719,99	I,IV	**2 702**	2 543	2 543	I	1 613	613				
	II	**1 660**	2 543	2 543	II	652					
	III	**212**	3 000	2 543	III						
	V	**5 870**	2 543	2 543	IV	2 148	1 613	1 095	613	216	
	VI	**6 244**	2 543	2 543							
27 755,99	I,IV	**2 710**	2 546	2 546	I	1 620	619				
	II	**1 667**	2 546	2 546	II	659					
	III	**216**	3 000	2 546	III						
	V	**5 880**	2 546	2 546	IV	2 156	1 620	1 102	619	220	
	VI	**6 256**	2 546	2 546							
27 791,99	I,IV	**2 718**	2 549	2 549	I	1 628	625				
	II	**1 674**	2 549	2 549	II	665					
	III	**222**	3 000	2 549	III						
	V	**5 892**	2 549	2 549	IV	2 164	1 628	1 110	625	226	
	VI	**6 266**	2 549	2 549							
27 827,99	I,IV	**2 726**	2 553	2 553	I	1 635	632				
	II	**1 682**	2 553	2 553	II	672					
	III	**228**	3 000	2 553	III						
	V	**5 902**	2 553	2 553	IV	2 171	1 635	1 117	632	231	
	VI	**6 278**	2 553	2 553							
27 863,99	I,IV	**2 734**	2 556	2 556	I	1 643	638				
	II	**1 690**	2 556	2 556	II	678					
	III	**232**	3 000	2 556	III						
	V	**5 912**	2 556	2 556	IV	2 179	1 643	1 124	638	236	
	VI	**6 288**	2 556	2 556							
27 899,99	I,IV	**2 742**	2 559	2 559	I	1 650	644				
	II	**1 697**	2 559	2 559	II	684					
	III	**238**	3 000	2 559	III						
	V	**5 922**	2 559	2 559	IV	2 187	1 650	1 131	644	241	
	VI	**6 300**	2 559	2 559							
27 935,99	I,IV	**2 750**	2 563	2 563	I	1 658	651				
	II	**1 704**	2 563	2 563	II	691					
	III	**242**	3 000	2 563	III						
	V	**5 934**	2 563	2 563	IV	2 195	1 658	1 139	651	246	
	VI	**6 310**	2 563	2 563							
27 971,99	I,IV	**2 758**	2 566	2 566	I	1 665	657				
	II	**1 712**	2 566	2 566	II	697					
	III	**248**	3 000	2 566	III						
	V	**5 944**	2 566	2 566	IV	2 202	1 665	1 146	657	251	
	VI	**6 324**	2 566	2 566							
28 007,99	I,IV	**2 766**	2 569	2 569	I	1 673	664				
	II	**1 720**	2 569	2 569	II	704					
	III	**254**	3 000	2 569	III						
	V	**5 956**	2 569	2 569	IV	2 210	1 673	1 153	664	256	
	VI	**6 334**	2 569	2 569							
28 043,99	I,IV	**2 774**	2 573	2 573	I	1 680	670				
	II	**1 727**	2 573	2 573	II	710					
	III	**258**	3 000	2 573	III						
	V	**5 964**	2 573	2 573	IV	2 218	1 680	1 160	670	261	
	VI	**6 342**	2 573	2 573							
28 079,99	I,IV	**2 782**	2 576	2 576	I	1 688	676				
	II	**1 735**	2 576	2 576	II	717					
	III	**264**	3 000	2 576	III						
	V	**5 976**	2 576	2 576	IV	2 226	1 688	1 168	676	266	
	VI	**6 356**	2 576	2 576							

* Zur LSt-Berechnung für privat versicherte Arbeitnehmer s. Beispiele **Vorbemerkung S. 4f.**
** Basisvorsorgepauschale KV und PV *** Typisierter Arbeitgeberzuschuss

Lohn/ Gehalt in € bis	Steuerklasse	Lohn-steuer*	BVSP**	TAGZ***	Steuerklasse	Bemessungsgrundlage für Kirchensteuer und Solidaritätszuschlag – Freibeträge für ... Kinder 0,5	1,0	1,5	2,0	2,5	3,0
28115,99	I,IV	**2790**	2579	2579	I	1695	683				
	II	**1742**	2579	2579	II	724					
	III	**268**	3000	2579	III						
	V	**5986**	2579	2579	IV	2233	1695	1175	683	272	
	VI	**6366**	2579	2579							
28151,99	I,IV	**2798**	2582	2582	I	1703	689				
	II	**1750**	2582	2582	II	730					
	III	**274**	3000	2582	III						
	V	**5998**	2582	2582	IV	2241	1703	1182	689	277	
	VI	**6378**	2582	2582							
28187,99	I,IV	**2806**	2586	2586	I	1710	696				
	II	**1757**	2586	2586	II	737					
	III	**280**	3000	2586	III						
	V	**6008**	2586	2586	IV	2249	1710	1189	696	282	
	VI	**6388**	2586	2586							
28223,99	I,IV	**2814**	2589	2589	I	1718	702				
	II	**1765**	2589	2589	II	743					
	III	**284**	3000	2589	III						
	V	**6020**	2589	2589	IV	2257	1718	1197	702	287	
	VI	**6400**	2589	2589							
28259,99	I,IV	**2822**	2592	2592	I	1725	709				
	II	**1772**	2592	2592	II	750					
	III	**290**	3000	2592	III						
	V	**6030**	2592	2592	IV	2265	1725	1204	709	293	
	VI	**6410**	2592	2592							
28295,99	I,IV	**2830**	2596	2596	I	1733	715				
	II	**1780**	2596	2596	II	757					
	III	**296**	3000	2596	III						
	V	**6042**	2596	2596	IV	2272	1733	1211	715	298	
	VI	**6420**	2596	2596							
28331,99	I,IV	**2838**	2599	2599	I	1740	722				
	II	**1787**	2599	2599	II	763					
	III	**300**	3000	2599	III						
	V	**6052**	2599	2599	IV	2280	1740	1218	722	303	
	VI	**6432**	2599	2599							
28367,99	I,IV	**2846**	2602	2602	I	1748	728				
	II	**1795**	2602	2602	II	770	3				
	III	**306**	3000	2602	III						
	V	**6064**	2602	2602	IV	2288	1748	1226	728	309	
	VI	**6442**	2602	2602							
28403,99	I,IV	**2854**	2606	2606	I	1755	735				
	II	**1802**	2606	2606	II	777	7				
	III	**312**	3000	2606	III						
	V	**6074**	2606	2606	IV	2296	1755	1233	735	314	
	VI	**6456**	2606	2606							
28439,99	I,IV	**2862**	2609	2609	I	1763	742				
	II	**1810**	2609	2609	II	783	12				
	III	**316**	3000	2609	III						
	V	**6086**	2609	2609	IV	2304	1763	1240	742	319	
	VI	**6466**	2609	2609							
28475,99	I,IV	**2870**	2612	2612	I	1770	748				
	II	**1817**	2612	2612	II	790	16				
	III	**322**	3000	2612	III						
	V	**6094**	2612	2612	IV	2311	1770	1247	748	325	
	VI	**6476**	2612	2612							
28511,99	I,IV	**2878**	2615	2615	I	1778	755				
	II	**1825**	2615	2615	II	797	20				
	III	**326**	3000	2615	III						
	V	**6106**	2615	2615	IV	2319	1778	1255	755	330	
	VI	**6488**	2615	2615							

* Zur LSt-Berechnung für privat versicherte Arbeitnehmer s. Beispiele **Vorbemerkung S. 4f.**
** Basisvorsorgepauschale KV und PV *** Typisierter Arbeitgeberzuschuss

Lohn/ Gehalt in € bis	Steuerklasse	**Lohn-steuer***	BVSP**	TAGZ***	Steuerklasse	Bemessungsgrundlage für Kirchensteuer und Solidaritätszuschlag – Freibeträge für ... Kinder 0,5	**1,0**	1,5	**2,0**	2,5	**3,0**
28 547,99	I,IV	**2 887**	2 619	2 619	I	1 785	762				
	II	**1 833**	2 619	2 619	II	804	24				
	III	**332**	3 000	2 619	III						
	V	**6 116**	2 619	2 619	IV	2 327	1 785	1 262	762	335	
	VI	**6 498**	2 619	2 619							
28 583,99	I,IV	**2 895**	2 622	2 622	I	1 793	768	2			
	II	**1 840**	2 622	2 622	II	811	29				
	III	**338**	3 000	2 622	III						
	V	**6 126**	2 622	2 622	IV	2 335	1 793	1 270	768	341	2
	VI	**6 508**	2 622	2 622							
28 619,99	I,IV	**2 903**	2 625	2 625	I	1 800	775	6			
	II	**1 848**	2 625	2 625	II	817	33				
	III	**344**	3 000	2 625	III						
	V	**6 138**	2 625	2 625	IV	2 342	1 800	1 277	775	346	6
	VI	**6 520**	2 625	2 625							
28 655,99	I,IV	**2 911**	2 629	2 629	I	1 808	782	10			
	II	**1 855**	2 629	2 629	II	824	37				
	III	**348**	3 000	2 629	III						
	V	**6 148**	2 629	2 629	IV	2 350	1 808	1 284	782	352	10
	VI	**6 532**	2 629	2 629							
28 691,99	I,IV	**2 919**	2 632	2 632	I	1 816	788	15			
	II	**1 863**	2 632	2 632	II	831	42				
	III	**354**	3 000	2 632	III						
	V	**6 160**	2 632	2 632	IV	2 358	1 816	1 291	788	357	15
	VI	**6 544**	2 632	2 632							
28 727,99	I,IV	**2 927**	2 635	2 635	I	1 823	795	19			
	II	**1 871**	2 635	2 635	II	838	46				
	III	**360**	3 000	2 635	III						
	V	**6 170**	2 635	2 635	IV	2 366	1 823	1 299	795	363	19
	VI	**6 554**	2 635	2 635							
28 763,99	I,IV	**2 935**	2 639	2 639	I	1 831	802	23			
	II	**1 878**	2 639	2 639	II	845	50				
	III	**364**	3 000	2 639	III						
	V	**6 182**	2 639	2 639	IV	2 374	1 831	1 306	802	368	23
	VI	**6 566**	2 639	2 639							
28 799,99	I,IV	**2 943**	2 642	2 642	I	1 838	809	27			
	II	**1 886**	2 642	2 642	II	852	55				
	III	**370**	3 000	2 642	III						
	V	**6 192**	2 642	2 642	IV	2 382	1 838	1 313	809	374	27
	VI	**6 576**	2 642	2 642							
28 835,99	I,IV	**2 951**	2 645	2 645	I	1 846	816	32			
	II	**1 893**	2 645	2 645	II	859	59				
	III	**376**	3 000	2 645	III						
	V	**6 204**	2 645	2 645	IV	2 390	1 846	1 321	816	379	32
	VI	**6 588**	2 645	2 645							
28 871,99	I,IV	**2 959**	2 649	2 649	I	1 854	822	36			
	II	**1 901**	2 649	2 649	II	866	63				
	III	**382**	3 000	2 649	III						
	V	**6 214**	2 649	2 649	IV	2 397	1 854	1 328	822	385	36
	VI	**6 600**	2 649	2 649							
28 907,99	I,IV	**2 967**	2 652	2 652	I	1 861	829	40			
	II	**1 909**	2 652	2 652	II	872	68				
	III	**386**	3 000	2 652	III						
	V	**6 226**	2 652	2 652	IV	2 405	1 861	1 335	829	390	40
	VI	**6 610**	2 652	2 652							
28 943,99	I,IV	**2 975**	2 655	2 655	I	1 869	836	45			
	II	**1 916**	2 655	2 655	II	879	72				
	III	**392**	3 000	2 655	III						
	V	**6 236**	2 655	2 655	IV	2 413	1 869	1 343	836	396	45
	VI	**6 620**	2 655	2 655							

* Zur LSt-Berechnung für privat versicherte Arbeitnehmer s. Beispiele **Vorbemerkung S. 4 f.**
** Basisvorsorgepauschale KV und PV *** Typisierter Arbeitgeberzuschuss

Lohn/ Gehalt in € bis	Steuerklasse	Lohnsteuer*	BVSP**	TAGZ***	Steuerklasse	Bemessungsgrundlage für Kirchensteuer und Solidaritätszuschlag – Freibeträge für ... Kinder 0,5	1,0	1,5	2,0	2,5	3,0
28979,99	I,IV	**2984**	2658	2658	I	1876	843	49			
	II	**1924**	2658	2658	II	886	77				
	III	**398**	3000	2658	III						
	V	**6246**	2658	2658	IV	2421	1876	1350	843	402	49
	VI	**6632**	2658	2658							
29015,99	I,IV	**2992**	2662	2662	I	1884	850	54			
	II	**1932**	2662	2662	II	894	81				
	III	**404**	3000	2662	III						
	V	**6258**	2662	2662	IV	2429	1884	1357	850	407	54
	VI	**6644**	2662	2662							
29051,99	I,IV	**3000**	2665	2665	I	1891	857	58			
	II	**1939**	2665	2665	II	900	86				
	III	**408**	3000	2665	III						
	V	**6268**	2665	2665	IV	2437	1891	1365	857	413	58
	VI	**6656**	2665	2665							
29087,99	I,IV	**3008**	2668	2668	I	1899	864	62			
	II	**1947**	2668	2668	II	907	90				
	III	**414**	3000	2668	III						
	V	**6280**	2668	2668	IV	2444	1899	1372	864	419	62
	VI	**6666**	2668	2668							
29123,99	I,IV	**3016**	2672	2672	I	1907	871	67			
	II	**1954**	2672	2672	II	915	95				
	III	**420**	3000	2672	III						
	V	**6290**	2672	2672	IV	2452	1907	1379	871	424	67
	VI	**6676**	2672	2672							
29159,99	I,IV	**3024**	2675	2675	I	1914	878	71			
	II	**1962**	2675	2675	II	922	100				
	III	**426**	3000	2675	III						
	V	**6302**	2675	2675	IV	2460	1914	1387	878	430	71
	VI	**6690**	2675	2675							
29195,99	I,IV	**3032**	2678	2678	I	1922	885	76			
	II	**1970**	2678	2678	II	929	104				
	III	**430**	3000	2678	III						
	V	**6312**	2678	2678	IV	2468	1922	1394	885	436	76
	VI	**6700**	2678	2678							
29231,99	I,IV	**3040**	2682	2682	I	1930	892	80			
	II	**1977**	2682	2682	II	936	109				
	III	**436**	3000	2682	III						
	V	**6324**	2682	2682	IV	2476	1930	1401	892	442	80
	VI	**6710**	2682	2682							
29267,99	I,IV	**3049**	2685	2685	I	1937	899	85			
	II	**1985**	2685	2685	II	943	113				
	III	**442**	3000	2685	III						
	V	**6336**	2685	2685	IV	2484	1937	1409	899	447	85
	VI	**6722**	2685	2685							
29303,99	I,IV	**3057**	2688	2688	I	1945	906	89			
	II	**1993**	2688	2688	II	950	118				
	III	**448**	3000	2688	III						
	V	**6346**	2688	2688	IV	2492	1945	1416	906	453	89
	VI	**6734**	2688	2688							
29339,99	I,IV	**3065**	2691	2691	I	1952	913	94			
	II	**2000**	2691	2691	II	957	122				
	III	**452**	3000	2691	III						
	V	**6358**	2691	2691	IV	2500	1952	1423	913	459	94
	VI	**6744**	2691	2691							
29375,99	I,IV	**3073**	2695	2695	I	1960	920	98			
	II	**2008**	2695	2695	II	964	127				
	III	**458**	3000	2695	III						
	V	**6368**	2695	2695	IV	2507	1960	1431	920	465	98
	VI	**6756**	2695	2695							

* Zur LSt-Berechnung für privat versicherte Arbeitnehmer s. Beispiele **Vorbemerkung S. 4 f.**
** Basisvorsorgepauschale KV und PV *** Typisierter Arbeitgeberzuschuss

Lohn/ Gehalt in € bis	Steuerklasse	Lohn-steuer*	BVSP**	TAGZ***	Steuerklasse	Bemessungsgrundlage für Kirchensteuer und Solidaritätszuschlag – Freibeträge für ... Kinder 0,5	**1,0**	1,5	**2,0**	2,5	**3,0**
29411,99	I,IV	**3081**	2698	2698	I	1968	927	103			
	II	**2016**	2698	2698	II	972	132				
	III	**464**	3000	2698	III						
	V	**6380**	2698	2698	IV	2515	1968	1438	927	471	103
	VI	**6766**	2698	2698							
29447,99	I,IV	**3089**	2701	2701	I	1975	934	108			
	II	**2023**	2701	2701	II	979	137				
	III	**470**	3000	2701	III						
	V	**6390**	2701	2701	IV	2523	1975	1446	934	476	108
	VI	**6778**	2701	2701							
29483,99	I,IV	**3097**	2705	2705	I	1983	941	112			
	II	**2031**	2705	2705	II	986	141				
	III	**476**	3000	2705	III						
	V	**6402**	2705	2705	IV	2531	1983	1453	941	482	112
	VI	**6790**	2705	2705							
29519,99	I,IV	**3106**	2708	2708	I	1991	948	117			
	II	**2039**	2708	2708	II	993	146				
	III	**482**	3000	2708	III						
	V	**6412**	2708	2708	IV	2539	1991	1460	948	488	117
	VI	**6800**	2708	2708							
29555,99	I,IV	**3114**	2711	2711	I	1998	955	121			
	II	**2046**	2711	2711	II	1000	151				
	III	**486**	3000	2711	III						
	V	**6422**	2711	2711	IV	2547	1998	1468	955	494	121
	VI	**6812**	2711	2711							
29591,99	I,IV	**3122**	2715	2715	I	2006	963	126			
	II	**2054**	2715	2715	II	1007	156				
	III	**492**	3000	2715	III						
	V	**6434**	2715	2715	IV	2555	2006	1475	963	500	126
	VI	**6824**	2715	2715							
29627,99	I,IV	**3130**	2718	2718	I	2014	970	131			
	II	**2062**	2718	2718	II	1014	160				
	III	**498**	3000	2718	III						
	V	**6444**	2718	2718	IV	2563	2014	1483	970	506	131
	VI	**6834**	2718	2718							
29663,99	I,IV	**3138**	2721	2721	I	2021	977	135			
	II	**2069**	2721	2721	II	1022	165				
	III	**504**	3000	2721	III						
	V	**6458**	2721	2721	IV	2571	2021	1490	977	512	135
	VI	**6848**	2721	2721							
29699,99	I,IV	**3147**	2724	2724	I	2029	984	140			
	II	**2077**	2724	2724	II	1029	170				
	III	**510**	3000	2724	III						
	V	**6468**	2724	2724	IV	2579	2029	1497	984	518	140
	VI	**6858**	2724	2724							
29735,99	I,IV	**3155**	2728	2728	I	2037	991	145			
	II	**2085**	2728	2728	II	1036	175				
	III	**516**	3000	2728	III						
	V	**6478**	2728	2728	IV	2587	2037	1505	991	524	145
	VI	**6868**	2728	2728							
29771,99	I,IV	**3163**	2731	2731	I	2044	998	150			
	II	**2092**	2731	2731	II	1043	180				
	III	**522**	3000	2731	III						
	V	**6490**	2731	2731	IV	2594	2044	1512	998	530	150
	VI	**6880**	2731	2731							
29807,99	I,IV	**3171**	2734	2734	I	2052	1005	154			
	II	**2100**	2734	2734	II	1050	185				
	III	**526**	3000	2734	III						
	V	**6500**	2734	2734	IV	2602	2052	1520	1005	536	154
	VI	**6892**	2734	2734							

* Zur LSt-Berechnung für privat versicherte Arbeitnehmer s. Beispiele **Vorbemerkung S. 4f.**
** Basisvorsorgepauschale KV und PV *** Typisierter Arbeitgeberzuschuss

Lohn/ Gehalt in € bis	Steuerklasse	**Lohn-steuer***	BVSP**	TAGZ***	Steuerklasse	Bemessungsgrundlage für Kirchensteuer und Solidaritätszuschlag					
						Freibeträge für ... Kinder					
						0,5	**1,0**	1,5	**2,0**	2,5	**3,0**
29843,99	I,IV	**3179**	2738	2738	I	2060	1013	159			
	II	**2108**	2738	2738	II	1058	190				
	III	**532**	3000	2738	III						
	V	**6512**	2738	2738	IV	2610	2060	1527	1013	542	159
	VI	**6902**	2738	2738							
29879,99	I,IV	**3188**	2741	2741	I	2067	1020	164			
	II	**2116**	2741	2741	II	1065	195				
	III	**538**	3000	2741	III						
	V	**6524**	2741	2741	IV	2618	2067	1535	1020	548	164
	VI	**6914**	2741	2741							
29915,99	I,IV	**3196**	2744	2744	I	2075	1027	169			
	II	**2123**	2744	2744	II	1072	199				
	III	**544**	3000	2744	III						
	V	**6532**	2744	2744	IV	2626	2075	1542	1027	554	169
	VI	**6926**	2744	2744							
29951,99	I,IV	**3204**	2748	2748	I	2083	1034	174			
	II	**2131**	2748	2748	II	1079	204				
	III	**550**	3000	2748	III						
	V	**6546**	2748	2748	IV	2634	2083	1549	1034	560	174
	VI	**6936**	2748	2748							
29987,99	I,IV	**3212**	2751	2751	I	2091	1041	179			
	II	**2139**	2751	2751	II	1086	209				
	III	**556**	3000	2751	III						
	V	**6556**	2751	2751	IV	2642	2091	1557	1041	566	179
	VI	**6948**	2751	2751							
30023,99	I,IV	**3220**	2754	2754	I	2098	1049	184			
	II	**2147**	2754	2754	II	1094	214				
	III	**562**	3000	2754	III						
	V	**6566**	2754	2754	IV	2650	2098	1564	1049	573	184
	VI	**6960**	2754	2754							
30059,99	I,IV	**3229**	2758	2758	I	2106	1056	188			
	II	**2154**	2758	2758	II	1101	219				
	III	**568**	3000	2758	III						
	V	**6578**	2758	2758	IV	2658	2106	1572	1056	579	188
	VI	**6970**	2758	2758							
30095,99	I,IV	**3237**	2761	2761	I	2114	1063	193			
	II	**2162**	2761	2761	II	1108	224				
	III	**572**	3000	2761	III						
	V	**6588**	2761	2761	IV	2666	2114	1579	1063	585	193
	VI	**6982**	2761	2761							
30131,99	I,IV	**3245**	2764	2764	I	2121	1070	198			
	II	**2170**	2764	2764	II	1115	229				
	III	**578**	3000	2764	III						
	V	**6602**	2764	2764	IV	2674	2121	1587	1070	591	198
	VI	**6994**	2764	2764							
30167,99	I,IV	**3253**	2767	2767	I	2129	1077	203			
	II	**2177**	2767	2767	II	1123	235				
	III	**584**	3000	2767	III						
	V	**6612**	2767	2767	IV	2682	2129	1594	1077	597	203
	VI	**7006**	2767	2767							
30203,99	I,IV	**3261**	2771	2771	I	2137	1084	208			
	II	**2185**	2771	2771	II	1130	240				
	III	**590**	3000	2771	III						
	V	**6622**	2771	2771	IV	2690	2137	1601	1084	603	208
	VI	**7016**	2771	2771							
30239,99	I,IV	**3270**	2774	2774	I	2144	1092	213			
	II	**2193**	2774	2774	II	1137	245				
	III	**596**	3000	2774	III						
	V	**6634**	2774	2774	IV	2698	2144	1609	1092	610	213
	VI	**7028**	2774	2774							

* Zur LSt-Berechnung für privat versicherte Arbeitnehmer s. Beispiele **Vorbemerkung S. 4f.**
** Basisvorsorgepauschale KV und PV *** Typisierter Arbeitgeberzuschuss

Lohn/ Gehalt in € bis	Steuerklasse	Lohn-steuer*	BVSP**	TAGZ***	Steuerklasse	Bemessungsgrundlage für Kirchensteuer und Solidaritätszuschlag – Freibeträge für ... Kinder 0,5	**1,0**	1,5	**2,0**	2,5	**3,0**
30 275,99	I,IV	**3 278**	2 777	2 777	I	2 152	1 099	218			
	II	**2 201**	2 777	2 777	II	1 144	250				
	III	**602**	3 000	2 777	III						
	V	**6 646**	2 777	2 777	IV	2 706	2 152	1 617	1 099	616	218
	VI	**7 040**	2 777	2 777							
30 311,99	I,IV	**3 286**	2 781	2 781	I	2 160	1 106	223			
	II	**2 208**	2 781	2 781	II	1 151	255				
	III	**608**	3 000	2 781	III						
	V	**6 656**	2 781	2 781	IV	2 714	2 160	1 624	1 106	622	223
	VI	**7 052**	2 781	2 781							
30 347,99	I,IV	**3 294**	2 784	2 784	I	2 168	1 113	228			
	II	**2 216**	2 784	2 784	II	1 159	260				
	III	**614**	3 000	2 784	III						
	V	**6 668**	2 784	2 784	IV	2 722	2 168	1 631	1 113	628	228
	VI	**7 064**	2 784	2 784							
30 383,99	I,IV	**3 303**	2 787	2 787	I	2 175	1 121	233			
	II	**2 224**	2 787	2 787	II	1 166	265				
	III	**620**	3 000	2 787	III						
	V	**6 678**	2 787	2 787	IV	2 730	2 175	1 639	1 121	635	233
	VI	**7 074**	2 787	2 787							
30 419,99	I,IV	**3 311**	2 791	2 791	I	2 183	1 128	238			
	II	**2 232**	2 791	2 791	II	1 173	270				
	III	**626**	3 000	2 791	III						
	V	**6 692**	2 791	2 791	IV	2 738	2 183	1 646	1 128	641	238
	VI	**7 086**	2 791	2 791							
30 455,99	I,IV	**3 319**	2 794	2 794	I	2 191	1 135	243			
	II	**2 239**	2 794	2 794	II	1 180	276				
	III	**632**	3 000	2 794	III						
	V	**6 702**	2 794	2 794	IV	2 746	2 191	1 654	1 135	648	243
	VI	**7 096**	2 794	2 794							
30 491,99	I,IV	**3 327**	2 797	2 797	I	2 199	1 142	248			
	II	**2 247**	2 797	2 797	II	1 188	281				
	III	**638**	3 000	2 797	III						
	V	**6 712**	2 797	2 797	IV	2 754	2 199	1 661	1 142	654	248
	VI	**7 108**	2 797	2 797							
30 527,99	I,IV	**3 336**	2 800	2 800	I	2 206	1 150	254			
	II	**2 255**	2 800	2 800	II	1 195	286				
	III	**644**	3 000	2 800	III						
	V	**6 724**	2 800	2 800	IV	2 762	2 206	1 669	1 150	660	254
	VI	**7 120**	2 800	2 800							
30 563,99	I,IV	**3 344**	2 804	2 804	I	2 214	1 157	259			
	II	**2 263**	2 804	2 804	II	1 202	291				
	III	**650**	3 000	2 804	III						
	V	**6 736**	2 804	2 804	IV	2 770	2 214	1 676	1 157	667	259
	VI	**7 132**	2 804	2 804							
30 599,99	I,IV	**3 352**	2 807	2 807	I	2 222	1 164	264			
	II	**2 271**	2 807	2 807	II	1 210	297				
	III	**656**	3 000	2 807	III						
	V	**6 746**	2 807	2 807	IV	2 778	2 222	1 684	1 164	673	264
	VI	**7 142**	2 807	2 807							
30 635,99	I,IV	**3 361**	2 810	2 810	I	2 230	1 171	269			
	II	**2 278**	2 810	2 810	II	1 217	302				
	III	**662**	3 000	2 810	III						
	V	**6 758**	2 810	2 810	IV	2 786	2 230	1 691	1 171	680	269
	VI	**7 154**	2 810	2 810							
30 671,99	I,IV	**3 369**	2 814	2 814	I	2 237	1 179	274			
	II	**2 286**	2 814	2 814	II	1 224	307				
	III	**668**	3 000	2 814	III						
	V	**6 768**	2 814	2 814	IV	2 794	2 237	1 699	1 179	686	274
	VI	**7 166**	2 814	2 814							

* Zur LSt-Berechnung für privat versicherte Arbeitnehmer s. Beispiele **Vorbemerkung S. 4 f.**
** Basisvorsorgepauschale KV und PV *** Typisierter Arbeitgeberzuschuss

Lohn/ Gehalt in € bis	Steuerklasse	Lohn-steuer*	BVSP**	TAGZ***	Steuerklasse	Bemessungsgrundlage für Kirchensteuer und Solidaritätszuschlag – Freibeträge für ... Kinder 0,5	1,0	1,5	2,0	2,5	3,0
30 707,99	I,IV	**3 377**	2 817	2 817	I	2 245	1 186	280			
	II	**2 294**	2 817	2 817	II	1 231	313				
	III	**674**	3 000	2 817	III						
	V	**6 780**	2 817	2 817	IV	2 802	2 245	1 706	1 186	693	280
	VI	**7 176**	2 817	2 817							
30 743,99	I,IV	**3 386**	2 820	2 820	I	2 253	1 193	285			
	II	**2 302**	2 820	2 820	II	1 239	318				
	III	**680**	3 000	2 820	III	2					
	V	**6 792**	2 820	2 820	IV	2 810	2 253	1 714	1 193	699	285
	VI	**7 188**	2 820	2 820							
30 779,99	I,IV	**3 394**	2 824	2 824	I	2 261	1 200	290			
	II	**2 309**	2 824	2 824	II	1 246	323				
	III	**686**	3 000	2 824	III	8					
	V	**6 802**	2 824	2 824	IV	2 818	2 261	1 721	1 200	705	290
	VI	**7 200**	2 824	2 824							
30 815,99	I,IV	**3 402**	2 827	2 827	I	2 268	1 208	295			
	II	**2 317**	2 827	2 827	II	1 253	329				
	III	**692**	3 000	2 827	III	12					
	V	**6 814**	2 827	2 827	IV	2 826	2 268	1 729	1 208	712	295
	VI	**7 212**	2 827	2 827							
30 851,99	I,IV	**3 410**	2 830	2 830	I	2 276	1 215	301			
	II	**2 325**	2 830	2 830	II	1 260	334				
	III	**698**	3 000	2 830	III	18					
	V	**6 826**	2 830	2 830	IV	2 834	2 276	1 737	1 215	719	301
	VI	**7 222**	2 830	2 830							
30 887,99	I,IV	**3 419**	2 833	2 833	I	2 284	1 222	306			
	II	**2 333**	2 833	2 833	II	1 268	340				
	III	**704**	3 000	2 833	III	22					
	V	**6 836**	2 833	2 833	IV	2 842	2 284	1 744	1 222	725	306
	VI	**7 236**	2 833	2 833							
30 923,99	I,IV	**3 427**	2 837	2 837	I	2 292	1 229	311			
	II	**2 341**	2 837	2 837	II	1 275	345				
	III	**710**	3 000	2 837	III	26					
	V	**6 848**	2 837	2 837	IV	2 850	2 292	1 751	1 229	732	311
	VI	**7 246**	2 837	2 837							
30 959,99	I,IV	**3 435**	2 840	2 840	I	2 300	1 237	317			
	II	**2 348**	2 840	2 840	II	1 282	350				
	III	**716**	3 000	2 840	III	30					
	V	**6 860**	2 840	2 840	IV	2 858	2 300	1 759	1 237	738	317
	VI	**7 258**	2 840	2 840							
30 995,99	I,IV	**3 444**	2 843	2 843	I	2 308	1 244	322			
	II	**2 356**	2 843	2 843	II	1 290	356				
	III	**722**	3 000	2 843	III	36					
	V	**6 870**	2 843	2 843	IV	2 866	2 308	1 767	1 244	745	322
	VI	**7 270**	2 843	2 843							
31 031,99	I,IV	**3 452**	2 847	2 847	I	2 315	1 251	327			
	II	**2 364**	2 847	2 847	II	1 297	361				
	III	**728**	3 000	2 847	III	40					
	V	**6 882**	2 847	2 847	IV	2 875	2 315	1 774	1 251	752	327
	VI	**7 282**	2 847	2 847							
31 067,99	I,IV	**3 460**	2 850	2 850	I	2 323	1 258	333			
	II	**2 372**	2 850	2 850	II	1 304	367				
	III	**734**	3 000	2 850	III	46					
	V	**6 894**	2 850	2 850	IV	2 882	2 323	1 782	1 258	758	333
	VI	**7 292**	2 850	2 850							
31 103,99	I,IV	**3 469**	2 853	2 853	I	2 331	1 266	338			
	II	**2 380**	2 853	2 853	II	1 312	372				
	III	**740**	3 000	2 853	III	50					
	V	**6 904**	2 853	2 853	IV	2 891	2 331	1 789	1 266	765	338
	VI	**7 304**	2 853	2 853							

* Zur LSt-Berechnung für privat versicherte Arbeitnehmer s. Beispiele **Vorbemerkung S. 4 f.**
** Basisvorsorgepauschale KV und PV *** Typisierter Arbeitgeberzuschuss

Lohn/ Gehalt in € bis	Steuerklasse	**Lohn-steuer***	BVSP**	TAGZ***	Steuerklasse	Bemessungsgrundlage für Kirchensteuer und Solidaritätszuschlag					
						Freibeträge für ... Kinder					
						0,5	**1,0**	1,5	**2,0**	2,5	**3,0**
31 139,99	I,IV	**3477**	2857	2857	I	2339	1273	344			
	II	**2388**	2857	2857	II	1319	378				
	III	**748**	3000	2857	III	54					
	V	**6916**	2857	2857	IV	2899	2339	1797	1273	772	344
	VI	**7316**	2857	2857							
31 175,99	I,IV	**3485**	2860	2860	I	2347	1281	349			
	II	**2396**	2860	2860	II	1326	384				
	III	**754**	3000	2860	III	60					
	V	**6928**	2860	2860	IV	2907	2347	1805	1281	779	349
	VI	**7328**	2860	2860							
31 211,99	I,IV	**3493**	2863	2863	I	2354	1288	354			
	II	**2403**	2863	2863	II	1333	389				
	III	**760**	3000	2863	III	64					
	V	**6938**	2863	2863	IV	2915	2354	1812	1288	785	354
	VI	**7340**	2863	2863							
31 247,99	I,IV	**3502**	2867	2867	I	2362	1295	360			
	II	**2411**	2867	2867	II	1341	395				
	III	**766**	3000	2867	III	68					
	V	**6950**	2867	2867	IV	2923	2362	1820	1295	792	360
	VI	**7350**	2867	2867							
31 283,99	I,IV	**3510**	2870	2870	I	2370	1302	366			
	II	**2419**	2870	2870	II	1348	400				
	III	**772**	3000	2870	III	74					
	V	**6962**	2870	2870	IV	2931	2370	1827	1302	799	366
	VI	**7362**	2870	2870							
31 319,99	I,IV	**3519**	2873	2873	I	2378	1310	371			
	II	**2427**	2873	2873	II	1356	406				
	III	**778**	3000	2873	III	78					
	V	**6974**	2873	2873	IV	2939	2378	1835	1310	806	371
	VI	**7376**	2873	2873							
31 355,99	I,IV	**3527**	2876	2876	I	2386	1317	377			
	II	**2435**	2876	2876	II	1363	412				
	III	**784**	3000	2876	III	84					
	V	**6984**	2876	2876	IV	2947	2386	1842	1317	812	377
	VI	**7386**	2876	2876							
31 391,99	I,IV	**3535**	2880	2880	I	2393	1324	382			
	II	**2443**	2880	2880	II	1370	417				
	III	**790**	3000	2880	III	88					
	V	**6996**	2880	2880	IV	2955	2393	1850	1324	819	382
	VI	**7398**	2880	2880							
31 427,99	I,IV	**3544**	2883	2883	I	2401	1332	388			
	II	**2451**	2883	2883	II	1378	423				
	III	**796**	3000	2883	III	94					
	V	**7008**	2883	2883	IV	2963	2401	1857	1332	826	388
	VI	**7408**	2883	2883							
31 463,99	I,IV	**3552**	2886	2886	I	2409	1339	393			
	II	**2458**	2886	2886	II	1385	429				
	III	**802**	3000	2886	III	98					
	V	**7018**	2886	2886	IV	2972	2409	1865	1339	833	393
	VI	**7420**	2886	2886							
31 499,99	I,IV	**3560**	2890	2890	I	2417	1346	399			
	II	**2466**	2890	2890	II	1392	434				
	III	**810**	3000	2890	III	102					
	V	**7030**	2890	2890	IV	2980	2417	1873	1346	840	399
	VI	**7432**	2890	2890							
31 535,99	I,IV	**3569**	2893	2893	I	2425	1354	405			
	II	**2474**	2893	2893	II	1400	440				
	III	**816**	3000	2893	III	108					
	V	**7042**	2893	2893	IV	2988	2425	1880	1354	846	405
	VI	**7444**	2893	2893							

* Zur LSt-Berechnung für privat versicherte Arbeitnehmer s. Beispiele **Vorbemerkung S. 4f.**
** Basisvorsorgepauschale KV und PV *** Typisierter Arbeitgeberzuschuss

Lohn/ Gehalt in € bis	Steuerklasse	**Lohn-steuer***	BVSP**	TAGZ***	Steuerklasse	Bemessungsgrundlage für Kirchensteuer und Solidaritätszuschlag – Freibeträge für ... Kinder 0,5	**1,0**	1,5	**2,0**	2,5	**3,0**
31 571,99	I,IV	**3 577**	2 896	2 896	I	2 433	1 361	410			
	II	**2 482**	2 896	2 896	II	1 407	446				
	III	**822**	3 000	2 896	III	112					
	V	**7 052**	2 896	2 896	IV	2 996	2 433	1 888	1 361	853	410
	VI	**7 456**	2 896	2 896							
31 607,99	I,IV	**3 586**	2 900	2 900	I	2 441	1 368	416			
	II	**2 490**	2 900	2 900	II	1 414	452				
	III	**828**	3 000	2 900	III	118					
	V	**7 064**	2 900	2 900	IV	3 004	2 441	1 896	1 368	860	416
	VI	**7 468**	2 900	2 900							
31 643,99	I,IV	**3 594**	2 903	2 903	I	2 448	1 376	422			
	II	**2 498**	2 903	2 903	II	1 422	457				
	III	**834**	3 000	2 903	III	122					
	V	**7 076**	2 903	2 903	IV	3 012	2 448	1 903	1 376	867	422
	VI	**7 480**	2 903	2 903							
31 679,99	I,IV	**3 602**	2 906	2 906	I	2 456	1 383	427			
	II	**2 506**	2 906	2 906	II	1 429	463				
	III	**840**	3 000	2 906	III	128					
	V	**7 088**	2 906	2 906	IV	3 020	2 456	1 911	1 383	874	427
	VI	**7 492**	2 906	2 906							
31 715,99	I,IV	**3 611**	2 909	2 909	I	2 464	1 390	433			
	II	**2 514**	2 909	2 909	II	1 437	469				
	III	**846**	3 000	2 909	III	132					
	V	**7 098**	2 909	2 909	IV	3 028	2 464	1 918	1 390	881	433
	VI	**7 502**	2 909	2 909							
31 751,99	I,IV	**3 619**	2 913	2 913	I	2 472	1 398	439			
	II	**2 522**	2 913	2 913	II	1 444	475				
	III	**854**	3 000	2 913	III	138					
	V	**7 112**	2 913	2 913	IV	3 037	2 472	1 926	1 398	888	439
	VI	**7 514**	2 913	2 913							
31 787,99	I,IV	**3 627**	2 916	2 916	I	2 480	1 405	444			
	II	**2 529**	2 916	2 916	II	1 451	481				
	III	**860**	3 000	2 916	III	142					
	V	**7 122**	2 916	2 916	IV	3 045	2 480	1 933	1 405	895	444
	VI	**7 528**	2 916	2 916							
31 823,99	I,IV	**3 636**	2 919	2 919	I	2 488	1 413	450			
	II	**2 537**	2 919	2 919	II	1 459	487				
	III	**866**	3 000	2 919	III	148					
	V	**7 132**	2 919	2 919	IV	3 053	2 488	1 941	1 413	902	450
	VI	**7 538**	2 919	2 919							
31 859,99	I,IV	**3 644**	2 923	2 923	I	2 496	1 420	456			
	II	**2 545**	2 923	2 923	II	1 466	493				
	III	**872**	3 000	2 923	III	152					
	V	**7 144**	2 923	2 923	IV	3 061	2 496	1 949	1 420	909	456
	VI	**7 550**	2 923	2 923							
31 895,99	I,IV	**3 653**	2 926	2 926	I	2 504	1 427	462			
	II	**2 553**	2 926	2 926	II	1 474	499				
	III	**878**	3 000	2 926	III	156					
	V	**7 158**	2 926	2 926	IV	3 069	2 504	1 956	1 427	916	462
	VI	**7 562**	2 926	2 926							
31 931,99	I,IV	**3 661**	2 929	2 929	I	2 511	1 435	468			
	II	**2 561**	2 929	2 929	II	1 481	504				
	III	**884**	3 000	2 929	III	162					
	V	**7 168**	2 929	2 929	IV	3 077	2 511	1 964	1 435	923	468
	VI	**7 572**	2 929	2 929							
31 967,99	I,IV	**3 669**	2 933	2 933	I	2 519	1 442	474			
	II	**2 569**	2 933	2 933	II	1 488	510				
	III	**892**	3 000	2 933	III	166					
	V	**7 178**	2 933	2 933	IV	3 085	2 519	1 972	1 442	931	474
	VI	**7 586**	2 933	2 933							

* Zur LSt-Berechnung für privat versicherte Arbeitnehmer s. Beispiele **Vorbemerkung S. 4 f.**
** Basisvorsorgepauschale KV und PV *** Typisierter Arbeitgeberzuschuss

Lohn/ Gehalt in € bis	Steuerklasse	**Lohn-steuer***	BVSP**	TAGZ***	Steuerklasse	Bemessungsgrundlage für Kirchensteuer und Solidaritätszuschlag – Freibeträge für ... Kinder 0,5	**1,0**	1,5	**2,0**	2,5	**3,0**
32 003,99	I,IV	**3 678**	2 936	2 936	I	2 527	1 449	479			
	II	**2 577**	2 936	2 936	II	1 496	517				
	III	**898**	3 000	2 936	III	172					
	V	**7 192**	2 936	2 936	IV	3 094	2 527	1 979	1 449	938	479
	VI	**7 598**	2 936	2 936							
32 039,99	I,IV	**3 686**	2 939	2 939	I	2 535	1 457	485			
	II	**2 585**	2 939	2 939	II	1 503	523				
	III	**904**	3 000	2 939	III	178					
	V	**7 204**	2 939	2 939	IV	3 102	2 535	1 987	1 457	945	485
	VI	**7 610**	2 939	2 939							
32 075,99	I,IV	**3 695**	2 942	2 942	I	2 543	1 464	491			
	II	**2 593**	2 942	2 942	II	1 510	528				
	III	**910**	3 000	2 942	III	182					
	V	**7 214**	2 942	2 942	IV	3 110	2 543	1 995	1 464	952	491
	VI	**7 620**	2 942	2 942							
32 111,99	I,IV	**3 703**	2 946	2 946	I	2 551	1 472	497			
	II	**2 601**	2 946	2 946	II	1 518	534				
	III	**918**	3 000	2 946	III	188					
	V	**7 224**	2 946	2 946	IV	3 118	2 551	2 002	1 472	959	497
	VI	**7 632**	2 946	2 946							
32 147,99	I,IV	**3 712**	2 949	2 949	I	2 559	1 479	503			
	II	**2 609**	2 949	2 949	II	1 525	541				
	III	**924**	3 000	2 949	III	192					
	V	**7 238**	2 949	2 949	IV	3 126	2 559	2 010	1 479	966	503
	VI	**7 646**	2 949	2 949							
32 183,99	I,IV	**3 720**	2 952	2 952	I	2 567	1 487	509			
	II	**2 617**	2 952	2 952	II	1 533	547				
	III	**930**	3 000	2 952	III	198					
	V	**7 250**	2 952	2 952	IV	3 135	2 567	2 018	1 487	974	509
	VI	**7 658**	2 952	2 952							
32 219,99	I,IV	**3 728**	2 956	2 956	I	2 575	1 494	515			
	II	**2 624**	2 956	2 956	II	1 540	553				
	III	**936**	3 000	2 956	III	202					
	V	**7 260**	2 956	2 956	IV	3 142	2 575	2 025	1 494	980	515
	VI	**7 668**	2 956	2 956							
32 255,99	I,IV	**3 737**	2 959	2 959	I	2 583	1 501	521			
	II	**2 632**	2 959	2 959	II	1 548	559				
	III	**944**	3 000	2 959	III	208					
	V	**7 272**	2 959	2 959	IV	3 151	2 583	2 033	1 501	988	521
	VI	**7 680**	2 959	2 959							
32 291,99	I,IV	**3 745**	2 962	2 962	I	2 591	1 509	527			
	II	**2 640**	2 962	2 962	II	1 555	565				
	III	**950**	3 000	2 962	III	212					
	V	**7 284**	2 962	2 962	IV	3 159	2 591	2 041	1 509	995	527
	VI	**7 692**	2 962	2 962							
32 327,99	I,IV	**3 754**	2 966	2 966	I	2 599	1 516	533			
	II	**2 648**	2 966	2 966	II	1 563	571				
	III	**956**	3 000	2 966	III	218					
	V	**7 296**	2 966	2 966	IV	3 167	2 599	2 048	1 516	1 002	533
	VI	**7 704**	2 966	2 966							
32 363,99	I,IV	**3 762**	2 969	2 969	I	2 606	1 523	539			
	II	**2 656**	2 969	2 969	II	1 570	577				
	III	**962**	3 000	2 969	III	222					
	V	**7 306**	2 969	2 969	IV	3 175	2 606	2 056	1 523	1 009	539
	VI	**7 716**	2 969	2 969							
32 399,99	I,IV	**3 771**	2 972	2 972	I	2 614	1 531	545			
	II	**2 664**	2 972	2 972	II	1 577	583				
	III	**970**	3 000	2 972	III	228					
	V	**7 318**	2 972	2 972	IV	3 184	2 614	2 064	1 531	1 016	545
	VI	**7 728**	2 972	2 972							

* Zur LSt-Berechnung für privat versicherte Arbeitnehmer s. Beispiele **Vorbemerkung S. 4 f.**
** Basisvorsorgepauschale KV und PV *** Typisierter Arbeitgeberzuschuss

Lohn/ Gehalt in € bis	Steuerklasse	**Lohn-steuer***	BVSP**	TAGZ***	Steuerklasse	Bemessungsgrundlage für Kirchensteuer und Solidaritätszuschlag – Freibeträge für ... Kinder 0,5	**1,0**	1,5	**2,0**	2,5	**3,0**
32435,99	I,IV	**3779**	2976	2976	I	2622	1538	551			
	II	**2672**	2976	2976	II	1585	590				
	III	**976**	3000	2976	III	234					
	V	**7330**	2976	2976	IV	3192	2622	2071	1538	1024	551
	VI	**7740**	2976	2976							
32471,99	I,IV	**3788**	2979	2979	I	2631	1546	557			
	II	**2680**	2979	2979	II	1592	596				
	III	**982**	3000	2979	III	238					
	V	**7342**	2979	2979	IV	3200	2631	2079	1546	1031	557
	VI	**7752**	2979	2979							
32507,99	I,IV	**3796**	2982	2982	I	2638	1553	563			
	II	**2688**	2982	2982	II	1600	602				
	III	**990**	3000	2982	III	244					
	V	**7352**	2982	2982	IV	3208	2638	2087	1553	1038	563
	VI	**7762**	2982	2982							
32543,99	I,IV	**3805**	2985	2985	I	2646	1561	569			
	II	**2696**	2985	2985	II	1607	608				
	III	**996**	3000	2985	III	248					
	V	**7364**	2985	2985	IV	3216	2646	2094	1561	1045	569
	VI	**7776**	2985	2985							
32579,99	I,IV	**3813**	2989	2989	I	2654	1568	576			
	II	**2704**	2989	2989	II	1615	615				
	III	**1002**	3000	2989	III	254					
	V	**7378**	2989	2989	IV	3225	2654	2102	1568	1052	576
	VI	**7788**	2989	2989							
32615,99	I,IV	**3822**	2992	2992	I	2662	1576	582			
	II	**2712**	2992	2992	II	1622	621				
	III	**1008**	3000	2992	III	258					
	V	**7388**	2992	2992	IV	3233	2662	2110	1576	1060	582
	VI	**7800**	2992	2992							
32651,99	I,IV	**3830**	2995	2995	I	2670	1583	588			
	II	**2720**	2995	2995	II	1630	627				
	III	**1016**	3000	2995	III	264					
	V	**7400**	2995	2995	IV	3241	2670	2117	1583	1067	588
	VI	**7810**	2995	2995							
32687,99	I,IV	**3838**	2999	2999	I	2678	1590	594			
	II	**2728**	2999	2999	II	1637	633				
	III	**1022**	3000	2999	III	270					
	V	**7410**	2999	2999	IV	3249	2678	2125	1590	1074	594
	VI	**7822**	2999	2999							
32723,99	I,IV	**3847**	3002	3002	I	2686	1598	600			
	II	**2736**	3002	3002	II	1645	640				
	III	**1028**	3002	3002	III	274					
	V	**7424**	3002	3002	IV	3258	2686	2133	1598	1081	600
	VI	**7834**	3002	3002							
32759,99	I,IV	**3856**	3005	3005	I	2694	1605	607			
	II	**2744**	3005	3005	II	1652	646				
	III	**1034**	3005	3005	III	280					
	V	**7436**	3005	3005	IV	3266	2694	2141	1605	1088	607
	VI	**7846**	3005	3005							
32795,99	I,IV	**3864**	3009	3009	I	2702	1613	613			
	II	**2752**	3009	3009	II	1660	652				
	III	**1040**	3009	3009	III	284					
	V	**7446**	3009	3009	IV	3274	2702	2148	1613	1095	613
	VI	**7858**	3009	3009							
32831,99	I,IV	**3872**	3012	3012	I	2710	1620	619			
	II	**2760**	3012	3012	II	1667	659				
	III	**1046**	3012	3012	III	288					
	V	**7458**	3012	3012	IV	3282	2710	2156	1620	1103	619
	VI	**7870**	3012	3012							

* Zur LSt-Berechnung für privat versicherte Arbeitnehmer s. Beispiele **Vorbemerkung S. 4 f.**
** Basisvorsorgepauschale KV und PV *** Typisierter Arbeitgeberzuschuss

Lohn/ Gehalt in € bis	Steuerklasse	**Lohn-steuer***	BVSP**	TAGZ***	Steuerklasse	Bemessungsgrundlage für Kirchensteuer und Solidaritätszuschlag – Freibeträge für ... Kinder 0,5	**1,0**	1,5	**2,0**	2,5	**3,0**
32 867,99	I,IV	**3 881**	3 015	3 015	I	2 718	1 628	626			
	II	**2 768**	3 015	3 015	II	1 675	665				
	III	**1 052**	3 015	3 015	III	294					
	V	**7 470**	3 015	3 015	IV	3 291	2 718	2 164	1 628	1 110	626
	VI	**7 882**	3 015	3 015							
32 903,99	I,IV	**3 890**	3 018	3 018	I	2 726	1 635	632			
	II	**2 776**	3 018	3 018	II	1 682	672				
	III	**1 058**	3 018	3 018	III	298					
	V	**7 482**	3 018	3 018	IV	3 299	2 726	2 172	1 635	1 117	632
	VI	**7 894**	3 018	3 018							
32 939,99	I,IV	**3 898**	3 022	3 022	I	2 734	1 643	638			
	II	**2 784**	3 022	3 022	II	1 690	678				
	III	**1 064**	3 022	3 022	III	302					
	V	**7 494**	3 022	3 022	IV	3 307	2 734	2 179	1 643	1 124	638
	VI	**7 906**	3 022	3 022							
32 975,99	I,IV	**3 907**	3 025	3 025	I	2 742	1 650	644			
	II	**2 792**	3 025	3 025	II	1 697	685				
	III	**1 070**	3 025	3 025	III	308					
	V	**7 504**	3 025	3 025	IV	3 315	2 742	2 187	1 650	1 132	644
	VI	**7 918**	3 025	3 025							
33 011,99	I,IV	**3 915**	3 028	3 028	I	2 750	1 658	651			
	II	**2 800**	3 028	3 028	II	1 705	691				
	III	**1 076**	3 028	3 028	III	312					
	V	**7 516**	3 028	3 028	IV	3 324	2 750	2 195	1 658	1 139	651
	VI	**7 932**	3 028	3 028							
33 047,99	I,IV	**3 924**	3 032	3 032	I	2 758	1 665	657			
	II	**2 808**	3 032	3 032	II	1 712	698				
	III	**1 082**	3 032	3 032	III	318					
	V	**7 528**	3 032	3 032	IV	3 332	2 758	2 203	1 665	1 146	657
	VI	**7 944**	3 032	3 032							
33 083,99	I,IV	**3 932**	3 035	3 035	I	2 766	1 673	664			
	II	**2 816**	3 035	3 035	II	1 720	704				
	III	**1 088**	3 035	3 035	III	322					
	V	**7 540**	3 035	3 035	IV	3 340	2 766	2 210	1 673	1 153	664
	VI	**7 954**	3 035	3 035							
33 119,99	I,IV	**3 941**	3 038	3 038	I	2 774	1 680	670			
	II	**2 824**	3 038	3 038	II	1 727	711				
	III	**1 094**	3 038	3 038	III	326					
	V	**7 552**	3 038	3 038	IV	3 348	2 774	2 218	1 680	1 160	670
	VI	**7 966**	3 038	3 038							
33 155,99	I,IV	**3 949**	3 042	3 042	I	2 782	1 688	677			
	II	**2 832**	3 042	3 042	II	1 735	717				
	III	**1 100**	3 042	3 042	III	332					
	V	**7 564**	3 042	3 042	IV	3 357	2 782	2 226	1 688	1 168	677
	VI	**7 978**	3 042	3 042							
33 191,99	I,IV	**3 958**	3 045	3 045	I	2 790	1 695	683			
	II	**2 841**	3 045	3 045	II	1 742	724				
	III	**1 106**	3 045	3 045	III	336					
	V	**7 576**	3 045	3 045	IV	3 365	2 790	2 234	1 695	1 175	683
	VI	**7 990**	3 045	3 045							
33 227,99	I,IV	**3 966**	3 048	3 048	I	2 798	1 703	689			
	II	**2 848**	3 048	3 048	II	1 750	730				
	III	**1 112**	3 048	3 048	III	342					
	V	**7 588**	3 048	3 048	IV	3 373	2 798	2 241	1 703	1 182	689
	VI	**8 002**	3 048	3 048							
33 263,99	I,IV	**3 975**	3 051	3 051	I	2 806	1 710	696			
	II	**2 856**	3 051	3 051	II	1 757	737				
	III	**1 118**	3 051	3 051	III	346					
	V	**7 600**	3 051	3 051	IV	3 381	2 806	2 249	1 710	1 190	696
	VI	**8 016**	3 051	3 051							

* Zur LSt-Berechnung für privat versicherte Arbeitnehmer s. Beispiele **Vorbemerkung S. 4 f.**
** Basisvorsorgepauschale KV und PV *** Typisierter Arbeitgeberzuschuss

Lohn/ Gehalt in € bis	Steuerklasse	Lohn- steuer*	BVSP**	TAGZ***	Steuerklasse	Bemessungsgrundlage für Kirchensteuer und Solidaritätszuschlag					
						Freibeträge für ... Kinder					
						0,5	**1,0**	1,5	**2,0**	2,5	**3,0**
33 299,99	I,IV	**3 983**	3 055	3 055	I	2 814	1 718	702			
	II	**2 865**	3 055	3 055	II	1 765	744				
	III	**1 124**	3 055	3 055	III	350					
	V	**7 612**	3 055	3 055	IV	3 390	2 814	2 257	1 718	1 197	702
	VI	**8 028**	3 055	3 055							
33 335,99	I,IV	**3 992**	3 058	3 058	I	2 822	1 725	709			
	II	**2 873**	3 058	3 058	II	1 773	750				
	III	**1 132**	3 058	3 058	III	356					
	V	**7 622**	3 058	3 058	IV	3 398	2 822	2 265	1 725	1 204	709
	VI	**8 040**	3 058	3 058							
33 371,99	I,IV	**4 000**	3 061	3 061	I	2 830	1 733	715			
	II	**2 881**	3 061	3 061	II	1 780	757				
	III	**1 136**	3 061	3 061	III	360					
	V	**7 634**	3 061	3 061	IV	3 406	2 830	2 272	1 733	1 211	715
	VI	**8 050**	3 061	3 061							
33 407,99	I,IV	**4 009**	3 065	3 065	I	2 838	1 740	722			
	II	**2 889**	3 065	3 065	II	1 787	763				
	III	**1 144**	3 065	3 065	III	366					
	V	**7 648**	3 065	3 065	IV	3 415	2 838	2 280	1 740	1 219	722
	VI	**8 062**	3 065	3 065							
33 443,99	I,IV	**4 018**	3 068	3 068	I	2 846	1 748	729			
	II	**2 897**	3 068	3 068	II	1 795	770	3			
	III	**1 150**	3 068	3 068	III	370					
	V	**7 660**	3 068	3 068	IV	3 423	2 846	2 288	1 748	1 226	729
	VI	**8 074**	3 068	3 068							
33 479,99	I,IV	**4 026**	3 071	3 071	I	2 855	1 756	735			
	II	**2 905**	3 071	3 071	II	1 803	777	8			
	III	**1 156**	3 071	3 071	III	376					
	V	**7 670**	3 071	3 071	IV	3 431	2 855	2 296	1 756	1 233	735
	VI	**8 086**	3 071	3 071							
33 515,99	I,IV	**4 035**	3 075	3 075	I	2 862	1 763	742			
	II	**2 913**	3 075	3 075	II	1 810	783	12			
	III	**1 162**	3 075	3 075	III	380					
	V	**7 682**	3 075	3 075	IV	3 439	2 862	2 304	1 763	1 240	742
	VI	**8 098**	3 075	3 075							
33 551,99	I,IV	**4 043**	3 078	3 078	I	2 871	1 770	748			
	II	**2 921**	3 078	3 078	II	1 818	790	16			
	III	**1 168**	3 078	3 078	III	386					
	V	**7 694**	3 078	3 078	IV	3 448	2 871	2 311	1 770	1 248	748
	VI	**8 110**	3 078	3 078							
33 587,99	I,IV	**4 052**	3 081	3 081	I	2 879	1 778	755			
	II	**2 929**	3 081	3 081	II	1 825	797	20			
	III	**1 174**	3 081	3 081	III	390					
	V	**7 704**	3 081	3 081	IV	3 456	2 879	2 319	1 778	1 255	755
	VI	**8 124**	3 081	3 081							
33 623,99	I,IV	**4 061**	3 085	3 085	I	2 887	1 786	762			
	II	**2 937**	3 085	3 085	II	1 833	804	24			
	III	**1 180**	3 085	3 085	III	396					
	V	**7 718**	3 085	3 085	IV	3 465	2 887	2 327	1 786	1 262	762
	VI	**8 136**	3 085	3 085							
33 659,99	I,IV	**4 069**	3 088	3 088	I	2 895	1 793	768	2		
	II	**2 945**	3 088	3 088	II	1 840	811	29			
	III	**1 186**	3 088	3 088	III	400					
	V	**7 730**	3 088	3 088	IV	3 473	2 895	2 335	1 793	1 270	768
	VI	**8 148**	3 088	3 088							
33 695,99	I,IV	**4 078**	3 091	3 091	I	2 903	1 801	775	6		
	II	**2 953**	3 091	3 091	II	1 848	817	33			
	III	**1 192**	3 091	3 091	III	404					
	V	**7 742**	3 091	3 091	IV	3 481	2 903	2 343	1 801	1 277	775
	VI	**8 160**	3 091	3 091							

* Zur LSt-Berechnung für privat versicherte Arbeitnehmer s. Beispiele **Vorbemerkung S. 4 f.**
** Basisvorsorgepauschale KV und PV *** Typisierter Arbeitgeberzuschuss

Lohn/ Gehalt in € bis	Steuerklasse	**Lohn-steuer***	BVSP**	TAGZ***	Steuerklasse	Bemessungsgrundlage für Kirchensteuer und Solidaritätszuschlag					
						Freibeträge für ... Kinder					
						0,5	**1,0**	1,5	**2,0**	2,5	**3,0**
33 731,99	I,IV	**4 086**	3 094	3 094	I	2 911	1 808	782	11		
	II	**2 962**	3 094	3 094	II	1 856	824	37			
	III	**1 198**	3 094	3 094	III	410					
	V	**7 754**	3 094	3 094	IV	3 490	2 911	2 351	1 808	1 284	782
	VI	**8 172**	3 094	3 094							
33 767,99	I,IV	**4 095**	3 098	3 098	I	2 919	1 816	789	15		
	II	**2 970**	3 098	3 098	II	1 863	831	42			
	III	**1 206**	3 098	3 098	III	414					
	V	**7 764**	3 098	3 098	IV	3 498	2 919	2 358	1 816	1 292	789
	VI	**8 184**	3 098	3 098							
33 803,99	I,IV	**4 103**	3 101	3 101	I	2 927	1 823	795	19		
	II	**2 978**	3 101	3 101	II	1 871	838	46			
	III	**1 212**	3 101	3 101	III	420					
	V	**7 778**	3 101	3 101	IV	3 506	2 927	2 366	1 823	1 299	795
	VI	**8 196**	3 101	3 101							
33 839,99	I,IV	**4 112**	3 104	3 104	I	2 935	1 831	802	23		
	II	**2 986**	3 104	3 104	II	1 878	845	50			
	III	**1 218**	3 104	3 104	III	424					
	V	**7 790**	3 104	3 104	IV	3 514	2 935	2 374	1 831	1 306	802
	VI	**8 208**	3 104	3 104							
33 875,99	I,IV	**4 121**	3 108	3 108	I	2 943	1 839	809	28		
	II	**2 994**	3 108	3 108	II	1 886	852	55			
	III	**1 224**	3 108	3 108	III	430					
	V	**7 802**	3 108	3 108	IV	3 523	2 943	2 382	1 839	1 313	809
	VI	**8 220**	3 108	3 108							
33 911,99	I,IV	**4 129**	3 111	3 111	I	2 951	1 846	816	32		
	II	**3 002**	3 111	3 111	II	1 894	859	59			
	III	**1 230**	3 111	3 111	III	434					
	V	**7 814**	3 111	3 111	IV	3 531	2 951	2 390	1 846	1 321	816
	VI	**8 232**	3 111	3 111							
33 947,99	I,IV	**4 138**	3 114	3 114	I	2 959	1 854	822	36		
	II	**3 010**	3 114	3 114	II	1 901	866	63			
	III	**1 236**	3 114	3 114	III	440					
	V	**7 824**	3 114	3 114	IV	3 539	2 959	2 397	1 854	1 328	822
	VI	**8 246**	3 114	3 114							
33 983,99	I,IV	**4 146**	3 118	3 118	I	2 968	1 861	829	41		
	II	**3 018**	3 118	3 118	II	1 909	873	68			
	III	**1 242**	3 118	3 118	III	444					
	V	**7 836**	3 118	3 118	IV	3 548	2 968	2 405	1 861	1 335	829
	VI	**8 258**	3 118	3 118							
34 019,99	I,IV	**4 155**	3 121	3 121	I	2 976	1 869	836	45		
	II	**3 026**	3 121	3 121	II	1 917	880	72			
	III	**1 248**	3 121	3 121	III	450					
	V	**7 848**	3 121	3 121	IV	3 556	2 976	2 413	1 869	1 343	836
	VI	**8 270**	3 121	3 121							
34 055,99	I,IV	**4 164**	3 124	3 124	I	2 984	1 877	843	49		
	II	**3 035**	3 124	3 124	II	1 924	887	77			
	III	**1 256**	3 124	3 124	III	454					
	V	**7 862**	3 124	3 124	IV	3 565	2 984	2 421	1 877	1 350	843
	VI	**8 282**	3 124	3 124							
34 091,99	I,IV	**4 172**	3 127	3 127	I	2 992	1 884	850	54		
	II	**3 043**	3 127	3 127	II	1 932	894	81			
	III	**1 262**	3 127	3 127	III	460					
	V	**7 872**	3 127	3 127	IV	3 573	2 992	2 429	1 884	1 357	850
	VI	**8 294**	3 127	3 127							
34 127,99	I,IV	**4 181**	3 131	3 131	I	3 000	1 892	857	58		
	II	**3 051**	3 131	3 131	II	1 939	901	86			
	III	**1 268**	3 131	3 131	III	466					
	V	**7 884**	3 131	3 131	IV	3 581	3 000	2 437	1 892	1 365	857
	VI	**8 306**	3 131	3 131							

* Zur LSt-Berechnung für privat versicherte Arbeitnehmer s. Beispiele **Vorbemerkung S. 4 f.**
** Basisvorsorgepauschale KV und PV *** Typisierter Arbeitgeberzuschuss

Lohn/ Gehalt in € bis	Steuerklasse	Lohn- steuer*	BVSP**	TAGZ***	Steuerklasse	Bemessungsgrundlage für Kirchensteuer und Solidaritätszuschlag – Freibeträge für ... Kinder 0,5	1,0	1,5	2,0	2,5	3,0
34 163,99	I,IV	**4 190**	3 134	3 134	I	3 008	1 899	864	62		
	II	**3 059**	3 134	3 134	II	1 947	908	90			
	III	**1 274**	3 134	3 134	III	470					
	V	**7 896**	3 134	3 134	IV	3 590	3 008	2 445	1 899	1 372	864
	VI	**8 318**	3 134	3 134							
34 199,99	I,IV	**4 198**	3 137	3 137	I	3 016	1 907	871	67		
	II	**3 067**	3 137	3 137	II	1 955	915	95			
	III	**1 280**	3 137	3 137	III	476					
	V	**7 908**	3 137	3 137	IV	3 598	3 016	2 453	1 907	1 380	871
	VI	**8 330**	3 137	3 137							
34 235,99	I,IV	**4 207**	3 141	3 141	I	3 024	1 914	878	71		
	II	**3 075**	3 141	3 141	II	1 962	922	100			
	III	**1 286**	3 141	3 141	III	480					
	V	**7 920**	3 141	3 141	IV	3 606	3 024	2 460	1 914	1 387	878
	VI	**8 342**	3 141	3 141							
34 271,99	I,IV	**4 216**	3 144	3 144	I	3 033	1 922	885	76		
	II	**3 083**	3 144	3 144	II	1 970	929	104			
	III	**1 294**	3 144	3 144	III	486					
	V	**7 934**	3 144	3 144	IV	3 615	3 033	2 468	1 922	1 394	885
	VI	**8 354**	3 144	3 144							
34 307,99	I,IV	**4 224**	3 147	3 147	I	3 041	1 930	892	80		
	II	**3 092**	3 147	3 147	II	1 978	936	109			
	III	**1 300**	3 147	3 147	III	490					
	V	**7 946**	3 147	3 147	IV	3 623	3 041	2 476	1 930	1 402	892
	VI	**8 366**	3 147	3 147							
34 343,99	I,IV	**4 233**	3 151	3 151	I	3 049	1 938	899	85		
	II	**3 100**	3 151	3 151	II	1 985	943	113			
	III	**1 306**	3 151	3 151	III	496					
	V	**7 958**	3 151	3 151	IV	3 632	3 049	2 484	1 938	1 409	899
	VI	**8 378**	3 151	3 151							
34 379,99	I,IV	**4 241**	3 154	3 154	I	3 057	1 945	906	89		
	II	**3 108**	3 154	3 154	II	1 993	950	118			
	III	**1 312**	3 154	3 154	III	500					
	V	**7 968**	3 154	3 154	IV	3 640	3 057	2 492	1 945	1 416	906
	VI	**8 392**	3 154	3 154							
34 415,99	I,IV	**4 250**	3 157	3 157	I	3 065	1 953	913	94		
	II	**3 116**	3 157	3 157	II	2 000	957	123			
	III	**1 318**	3 157	3 157	III	506					
	V	**7 980**	3 157	3 157	IV	3 649	3 065	2 500	1 953	1 424	913
	VI	**8 404**	3 157	3 157							
34 451,99	I,IV	**4 259**	3 160	3 160	I	3 073	1 960	920	98		
	II	**3 124**	3 160	3 160	II	2 008	965	127			
	III	**1 326**	3 160	3 160	III	512					
	V	**7 992**	3 160	3 160	IV	3 657	3 073	2 508	1 960	1 431	920
	VI	**8 418**	3 160	3 160							
34 487,99	I,IV	**4 268**	3 164	3 164	I	3 082	1 968	927	103		
	II	**3 133**	3 164	3 164	II	2 016	972	132			
	III	**1 332**	3 164	3 164	III	516					
	V	**8 004**	3 164	3 164	IV	3 665	3 082	2 516	1 968	1 439	927
	VI	**8 430**	3 164	3 164							
34 523,99	I,IV	**4 276**	3 167	3 167	I	3 089	1 975	934	108		
	II	**3 141**	3 167	3 167	II	2 023	979	137			
	III	**1 338**	3 167	3 167	III	522					
	V	**8 018**	3 167	3 167	IV	3 674	3 089	2 523	1 975	1 446	934
	VI	**8 442**	3 167	3 167							
34 559,99	I,IV	**4 285**	3 170	3 170	I	3 098	1 983	941	112		
	II	**3 149**	3 170	3 170	II	2 031	986	141			
	III	**1 344**	3 170	3 170	III	526					
	V	**8 030**	3 170	3 170	IV	3 682	3 098	2 531	1 983	1 453	941
	VI	**8 454**	3 170	3 170							

* Zur LSt-Berechnung für privat versicherte Arbeitnehmer s. Beispiele **Vorbemerkung S. 4 f.**
** Basisvorsorgepauschale KV und PV *** Typisierter Arbeitgeberzuschuss

Lohn/ Gehalt in € bis	Steuerklasse	**Lohn-steuer***	BVSP**	TAGZ***	Steuerklasse	Bemessungsgrundlage für Kirchensteuer und Solidaritätszuschlag – Freibeträge für ... Kinder 0,5	**1,0**	1,5	**2,0**	2,5	**3,0**
34 595,99	I,IV	**4 294**	3 174	3 174	I	3 106	1 991	949	117		
	II	**3 157**	3 174	3 174	II	2 039	993	146			
	III	**1 350**	3 174	3 174	III	532					
	V	**8 042**	3 174	3 174	IV	3 691	3 106	2 539	1 991	1 461	949
	VI	**8 466**	3 174	3 174							
34 631,99	I,IV	**4 302**	3 177	3 177	I	3 114	1 999	956	122		
	II	**3 165**	3 177	3 177	II	2 047	1 000	151			
	III	**1 358**	3 177	3 177	III	536					
	V	**8 054**	3 177	3 177	IV	3 699	3 114	2 547	1 999	1 468	956
	VI	**8 478**	3 177	3 177							
34 667,99	I,IV	**4 311**	3 180	3 180	I	3 122	2 006	963	126		
	II	**3 174**	3 180	3 180	II	2 054	1 008	156			
	III	**1 364**	3 180	3 180	III	542					
	V	**8 066**	3 180	3 180	IV	3 708	3 122	2 555	2 006	1 476	963
	VI	**8 490**	3 180	3 180							
34 703,99	I,IV	**4 320**	3 184	3 184	I	3 130	2 014	970	131		
	II	**3 182**	3 184	3 184	II	2 062	1 015	161			
	III	**1 370**	3 184	3 184	III	548					
	V	**8 076**	3 184	3 184	IV	3 716	3 130	2 563	2 014	1 483	970
	VI	**8 502**	3 184	3 184							
34 739,99	I,IV	**4 328**	3 187	3 187	I	3 139	2 022	977	136		
	II	**3 190**	3 187	3 187	II	2 070	1 022	165			
	III	**1 376**	3 187	3 187	III	552					
	V	**8 088**	3 187	3 187	IV	3 724	3 139	2 571	2 022	1 490	977
	VI	**8 514**	3 187	3 187							
34 775,99	I,IV	**4 337**	3 190	3 190	I	3 147	2 029	984	140		
	II	**3 198**	3 190	3 190	II	2 077	1 029	170			
	III	**1 384**	3 190	3 190	III	558					
	V	**8 100**	3 190	3 190	IV	3 733	3 147	2 579	2 029	1 498	984
	VI	**8 528**	3 190	3 190							
34 811,99	I,IV	**4 346**	3 194	3 194	I	3 155	2 037	991	145		
	II	**3 206**	3 194	3 194	II	2 085	1 036	175			
	III	**1 390**	3 194	3 194	III	562					
	V	**8 112**	3 194	3 194	IV	3 741	3 155	2 587	2 037	1 505	991
	VI	**8 538**	3 194	3 194							
34 847,99	I,IV	**4 354**	3 197	3 197	I	3 163	2 045	999	150		
	II	**3 214**	3 197	3 197	II	2 093	1 043	180			
	III	**1 396**	3 197	3 197	III	568					
	V	**8 126**	3 197	3 197	IV	3 750	3 163	2 595	2 045	1 512	999
	VI	**8 552**	3 197	3 197							
34 883,99	I,IV	**4 363**	3 200	3 200	I	3 171	2 052	1 006	155		
	II	**3 223**	3 200	3 200	II	2 100	1 051	185			
	III	**1 402**	3 200	3 200	III	574					
	V	**8 138**	3 200	3 200	IV	3 758	3 171	2 603	2 052	1 520	1 006
	VI	**8 564**	3 200	3 200							
34 919,99	I,IV	**4 372**	3 203	3 203	I	3 180	2 060	1 013	159		
	II	**3 231**	3 203	3 203	II	2 108	1 058	190			
	III	**1 410**	3 203	3 203	III	578					
	V	**8 150**	3 203	3 203	IV	3 767	3 180	2 611	2 060	1 527	1 013
	VI	**8 576**	3 203	3 203							
34 955,99	I,IV	**4 381**	3 207	3 207	I	3 188	2 068	1 020	164		
	II	**3 239**	3 207	3 207	II	2 116	1 065	195			
	III	**1 416**	3 207	3 207	III	584					
	V	**8 162**	3 207	3 207	IV	3 775	3 188	2 619	2 068	1 535	1 020
	VI	**8 590**	3 207	3 207							
34 991,99	I,IV	**4 389**	3 210	3 210	I	3 196	2 075	1 027	169		
	II	**3 247**	3 210	3 210	II	2 123	1 072	200			
	III	**1 422**	3 210	3 210	III	590					
	V	**8 174**	3 210	3 210	IV	3 783	3 196	2 627	2 075	1 542	1 027
	VI	**8 600**	3 210	3 210							

* Zur LSt-Berechnung für privat versicherte Arbeitnehmer s. Beispiele **Vorbemerkung S. 4f.**
** Basisvorsorgepauschale KV und PV *** Typisierter Arbeitgeberzuschuss

Lohn/ Gehalt in € bis	Steuerklasse	Lohn- steuer*	BVSP**	TAGZ***	Steuerklasse	Bemessungsgrundlage für Kirchensteuer und Solidaritätszuschlag					
						Freibeträge für ... Kinder					
						0,5	**1,0**	1,5	**2,0**	2,5	**3,0**
35027,99	I,IV	**4398**	3213	3213	I	3204	2083	1034	174		
	II	**3256**	3213	3213	II	2131	1079	205			
	III	**1430**	3213	3213	III	594					
	V	**8186**	3213	3213	IV	3792	3204	2635	2083	1550	1034
	VI	**8614**	3213	3213							
35063,99	I,IV	**4407**	3217	3217	I	3212	2091	1042	179		
	II	**3264**	3217	3217	II	2139	1087	210			
	III	**1436**	3217	3217	III	600					
	V	**8198**	3217	3217	IV	3801	3212	2643	2091	1557	1042
	VI	**8626**	3217	3217							
35099,99	I,IV	**4416**	3220	3220	I	3221	2099	1049	184		
	II	**3272**	3220	3220	II	2147	1094	215			
	III	**1442**	3220	3220	III	606					
	V	**8210**	3220	3220	IV	3809	3221	2651	2099	1565	1049
	VI	**8638**	3220	3220							
35135,99	I,IV	**4424**	3223	3223	I	3229	2106	1056	188		
	II	**3280**	3223	3223	II	2154	1101	219			
	III	**1448**	3223	3223	III	610					
	V	**8222**	3223	3223	IV	3817	3229	2658	2106	1572	1056
	VI	**8650**	3223	3223							
35171,99	I,IV	**4433**	3227	3227	I	3237	2114	1063	193		
	II	**3289**	3227	3227	II	2162	1108	225			
	III	**1456**	3227	3227	III	616					
	V	**8234**	3227	3227	IV	3826	3237	2666	2114	1579	1063
	VI	**8662**	3227	3227							
35207,99	I,IV	**4442**	3230	3230	I	3245	2122	1070	198		
	II	**3297**	3230	3230	II	2170	1116	230			
	III	**1462**	3230	3230	III	620					
	V	**8246**	3230	3230	IV	3834	3245	2674	2122	1587	1070
	VI	**8676**	3230	3230							
35243,99	I,IV	**4451**	3233	3233	I	3254	2129	1078	203		
	II	**3305**	3233	3233	II	2178	1123	235			
	III	**1468**	3233	3233	III	626					
	V	**8258**	3233	3233	IV	3843	3254	2682	2129	1594	1078
	VI	**8688**	3233	3233							
35279,99	I,IV	**4459**	3236	3236	I	3262	2137	1085	208		
	II	**3313**	3236	3236	II	2185	1130	240			
	III	**1476**	3236	3236	III	632					
	V	**8272**	3236	3236	IV	3851	3262	2690	2137	1602	1085
	VI	**8700**	3236	3236							
35315,99	I,IV	**4468**	3240	3240	I	3270	2145	1092	213		
	II	**3322**	3240	3240	II	2193	1137	245			
	III	**1482**	3240	3240	III	638					
	V	**8284**	3240	3240	IV	3860	3270	2698	2145	1609	1092
	VI	**8712**	3240	3240							
35351,99	I,IV	**4477**	3243	3243	I	3278	2152	1099	218		
	II	**3330**	3243	3243	II	2201	1144	250			
	III	**1488**	3243	3243	III	642					
	V	**8296**	3243	3243	IV	3868	3278	2706	2152	1617	1099
	VI	**8726**	3243	3243							
35387,99	I,IV	**4486**	3246	3246	I	3287	2160	1107	223		
	II	**3338**	3246	3246	II	2209	1152	255			
	III	**1496**	3246	3246	III	648					
	V	**8308**	3246	3246	IV	3877	3287	2714	2160	1624	1107
	VI	**8738**	3246	3246							
35423,99	I,IV	**4494**	3250	3250	I	3295	2168	1114	228		
	II	**3346**	3250	3250	II	2216	1159	260			
	III	**1502**	3250	3250	III	654					
	V	**8320**	3250	3250	IV	3885	3295	2722	2168	1632	1114
	VI	**8750**	3250	3250							

* Zur LSt-Berechnung für privat versicherte Arbeitnehmer s. Beispiele **Vorbemerkung S. 4 f.**
** Basisvorsorgepauschale KV und PV *** Typisierter Arbeitgeberzuschuss

Lohn/ Gehalt in € bis	Steuerklasse	**Lohn-steuer***	BVSP**	TAGZ***	Steuerklasse	Bemessungsgrundlage für Kirchensteuer und Solidaritätszuschlag					
						Freibeträge für ... Kinder					
						0,5	**1,0**	1,5	**2,0**	2,5	**3,0**
35 459,99	I,IV	**4 503**	3 253	3 253	I	3 303	2 176	1 121	233		
	II	**3 355**	3 253	3 253	II	2 224	1 166	265			
	III	**1 508**	3 253	3 253	III	658					
	V	**8 332**	3 253	3 253	IV	3 894	3 303	2 730	2 176	1 639	1 121
	VI	**8 762**	3 253	3 253							
35 495,99	I,IV	**4 512**	3 256	3 256	I	3 311	2 183	1 128	239		
	II	**3 363**	3 256	3 256	II	2 232	1 173	271			
	III	**1 514**	3 256	3 256	III	664					
	V	**8 344**	3 256	3 256	IV	3 902	3 311	2 738	2 183	1 647	1 128
	VI	**8 774**	3 256	3 256							
35 531,99	I,IV	**4 521**	3 260	3 260	I	3 320	2 191	1 135	244		
	II	**3 371**	3 260	3 260	II	2 240	1 181	276			
	III	**1 522**	3 260	3 260	III	670					
	V	**8 358**	3 260	3 260	IV	3 911	3 320	2 746	2 191	1 654	1 135
	VI	**8 787**	3 260	3 260							
35 567,99	I,IV	**4 529**	3 263	3 263	I	3 328	2 199	1 142	249		
	II	**3 379**	3 263	3 263	II	2 247	1 188	281			
	III	**1 528**	3 263	3 263	III	674					
	V	**8 368**	3 263	3 263	IV	3 919	3 328	2 754	2 199	1 662	1 142
	VI	**8 799**	3 263	3 263							
35 603,99	I,IV	**4 538**	3 266	3 266	I	3 336	2 207	1 150	254		
	II	**3 388**	3 266	3 266	II	2 255	1 195	286			
	III	**1 534**	3 266	3 266	III	680	4				
	V	**8 380**	3 266	3 266	IV	3 928	3 336	2 762	2 207	1 669	1 150
	VI	**8 812**	3 266	3 266							
35 639,99	I,IV	**4 547**	3 269	3 269	I	3 344	2 214	1 157	259		
	II	**3 396**	3 269	3 269	II	2 263	1 202	292			
	III	**1 542**	3 269	3 269	III	686	8				
	V	**8 394**	3 269	3 269	IV	3 937	3 344	2 770	2 214	1 677	1 157
	VI	**8 824**	3 269	3 269							
35 675,99	I,IV	**4 556**	3 273	3 273	I	3 353	2 222	1 164	264		
	II	**3 405**	3 273	3 273	II	2 271	1 210	297			
	III	**1 548**	3 273	3 273	III	692	12				
	V	**8 406**	3 273	3 273	IV	3 945	3 353	2 778	2 222	1 684	1 164
	VI	**8 837**	3 273	3 273							
35 711,99	I,IV	**4 564**	3 276	3 276	I	3 361	2 230	1 171	269		
	II	**3 413**	3 276	3 276	II	2 278	1 217	302			
	III	**1 554**	3 276	3 276	III	696	16				
	V	**8 420**	3 276	3 276	IV	3 954	3 361	2 786	2 230	1 692	1 171
	VI	**8 849**	3 276	3 276							
35 747,99	I,IV	**4 573**	3 279	3 279	I	3 369	2 238	1 179	275		
	II	**3 421**	3 279	3 279	II	2 286	1 224	307			
	III	**1 562**	3 279	3 279	III	702	20				
	V	**8 432**	3 279	3 279	IV	3 962	3 369	2 794	2 238	1 699	1 179
	VI	**8 862**	3 279	3 279							
35 783,99	I,IV	**4 582**	3 283	3 283	I	3 377	2 245	1 186	280		
	II	**3 429**	3 283	3 283	II	2 294	1 232	313			
	III	**1 568**	3 283	3 283	III	708	24				
	V	**8 444**	3 283	3 283	IV	3 971	3 377	2 802	2 245	1 707	1 186
	VI	**8 874**	3 283	3 283							
35 819,99	I,IV	**4 591**	3 286	3 286	I	3 386	2 253	1 193	285		
	II	**3 438**	3 286	3 286	II	2 302	1 239	318			
	III	**1 576**	3 286	3 286	III	714	28				
	V	**8 456**	3 286	3 286	IV	3 979	3 386	2 811	2 253	1 714	1 193
	VI	**8 887**	3 286	3 286							
35 855,99	I,IV	**4 600**	3 289	3 289	I	3 394	2 261	1 200	290		
	II	**3 446**	3 289	3 289	II	2 310	1 246	323			
	III	**1 582**	3 289	3 289	III	718	32				
	V	**8 468**	3 289	3 289	IV	3 988	3 394	2 818	2 261	1 722	1 200
	VI	**8 899**	3 289	3 289							

* Zur LSt-Berechnung für privat versicherte Arbeitnehmer s. Beispiele **Vorbemerkung S. 4 f.**
** Basisvorsorgepauschale KV und PV *** Typisierter Arbeitgeberzuschuss

Lohn/ Gehalt in € bis	Steuerklasse	Lohn-steuer*	BVSP**	TAGZ***	Steuerklasse	Bemessungsgrundlage für Kirchensteuer und Solidaritätszuschlag					
						Freibeträge für ... Kinder					
						0,5	**1,0**	1,5	**2,0**	2,5	**3,0**
35 891,99	I,IV	**4 608**	3 293	3 293	I	3 402	2 269	1 208	296		
	II	**3 454**	3 293	3 293	II	2 317	1 253	329			
	III	**1 588**	3 293	3 293	III	724	36				
	V	**8 480**	3 293	3 293	IV	3 996	3 402	2 826	2 269	1 729	1 208
	VI	**8 912**	3 293	3 293							
35 927,99	I,IV	**4 617**	3 296	3 296	I	3 411	2 277	1 215	301		
	II	**3 463**	3 296	3 296	II	2 325	1 261	334			
	III	**1 596**	3 296	3 296	III	730	42				
	V	**8 492**	3 296	3 296	IV	4 005	3 411	2 835	2 277	1 737	1 215
	VI	**8 924**	3 296	3 296							
35 963,99	I,IV	**4 626**	3 299	3 299	I	3 419	2 284	1 222	306		
	II	**3 471**	3 299	3 299	II	2 333	1 268	340			
	III	**1 602**	3 299	3 299	III	736	46				
	V	**8 506**	3 299	3 299	IV	4 014	3 419	2 843	2 284	1 744	1 222
	VI	**8 937**	3 299	3 299							
35 999,99	I,IV	**4 635**	3 302	3 302	I	3 427	2 292	1 230	311		
	II	**3 479**	3 302	3 302	II	2 341	1 275	345			
	III	**1 608**	3 302	3 302	III	740	50				
	V	**8 516**	3 302	3 302	IV	4 022	3 427	2 851	2 292	1 752	1 230
	VI	**8 949**	3 302	3 302							
36 035,99	I,IV	**4 644**	3 306	3 306	I	3 436	2 300	1 237	317		
	II	**3 488**	3 306	3 306	II	2 349	1 283	351			
	III	**1 616**	3 306	3 306	III	746	54				
	V	**8 530**	3 306	3 306	IV	4 031	3 436	2 859	2 300	1 759	1 237
	VI	**8 962**	3 306	3 306							
36 071,99	I,IV	**4 653**	3 309	3 309	I	3 444	2 308	1 244	322		
	II	**3 496**	3 309	3 309	II	2 357	1 290	356			
	III	**1 622**	3 309	3 309	III	752	58				
	V	**8 542**	3 309	3 309	IV	4 039	3 444	2 867	2 308	1 767	1 244
	VI	**8 974**	3 309	3 309							
36 107,99	I,IV	**4 662**	3 312	3 312	I	3 452	2 316	1 252	328		
	II	**3 504**	3 312	3 312	II	2 365	1 297	362			
	III	**1 630**	3 312	3 312	III	758	62				
	V	**8 554**	3 312	3 312	IV	4 048	3 452	2 875	2 316	1 775	1 252
	VI	**8 987**	3 312	3 312							
36 143,99	I,IV	**4 670**	3 316	3 316	I	3 460	2 323	1 259	333		
	II	**3 513**	3 316	3 316	II	2 372	1 304	367			
	III	**1 636**	3 316	3 316	III	762	66				
	V	**8 566**	3 316	3 316	IV	4 056	3 460	2 883	2 323	1 782	1 259
	VI	**8 999**	3 316	3 316							
36 179,99	I,IV	**4 679**	3 319	3 319	I	3 469	2 331	1 266	338		
	II	**3 521**	3 319	3 319	II	2 380	1 312	373			
	III	**1 644**	3 319	3 319	III	768	72				
	V	**8 578**	3 319	3 319	IV	4 065	3 469	2 891	2 331	1 790	1 266
	VI	**9 012**	3 319	3 319							
36 215,99	I,IV	**4 688**	3 322	3 322	I	3 477	2 339	1 273	344		
	II	**3 529**	3 322	3 322	II	2 388	1 319	378			
	III	**1 650**	3 322	3 322	III	774	76				
	V	**8 592**	3 322	3 322	IV	4 074	3 477	2 899	2 339	1 797	1 273
	VI	**9 024**	3 322	3 322							
36 251,99	I,IV	**4 697**	3 326	3 326	I	3 486	2 347	1 281	349		
	II	**3 538**	3 326	3 326	II	2 396	1 327	384			
	III	**1 656**	3 326	3 326	III	780	80				
	V	**8 604**	3 326	3 326	IV	4 082	3 486	2 907	2 347	1 805	1 281
	VI	**9 037**	3 326	3 326							
36 287,99	I,IV	**4 706**	3 329	3 329	I	3 494	2 355	1 288	355		
	II	**3 546**	3 329	3 329	II	2 404	1 334	389			
	III	**1 664**	3 329	3 329	III	784	84				
	V	**8 616**	3 329	3 329	IV	4 091	3 494	2 915	2 355	1 812	1 288
	VI	**9 049**	3 329	3 329							

* Zur LSt-Berechnung für privat versicherte Arbeitnehmer s. Beispiele **Vorbemerkung S. 4 f.**
** Basisvorsorgepauschale KV und PV *** Typisierter Arbeitgeberzuschuss

Lohn/ Gehalt in € bis	Steuerklasse	**Lohn-steuer***	BVSP**	TAGZ***	Steuerklasse	Bemessungsgrundlage für Kirchensteuer und Solidaritätszuschlag – Freibeträge für ... Kinder: 0,5	**1,0**	1,5	**2,0**	2,5	**3,0**
36 323,99	I,IV	**4 715**	3 332	3 332	I	3 502	2 362	1 295	360		
	II	**3 554**	3 332	3 332	II	2 411	1 341	395			
	III	**1 670**	3 332	3 332	III	790	88				
	V	**8 628**	3 332	3 332	IV	4 099	3 502	2 923	2 362	1 820	1 295
	VI	**9 061**	3 332	3 332							
36 359,99	I,IV	**4 723**	3 336	3 336	I	3 511	2 370	1 303	366		
	II	**3 563**	3 336	3 336	II	2 419	1 348	401			
	III	**1 678**	3 336	3 336	III	796	92				
	V	**8 640**	3 336	3 336	IV	4 108	3 511	2 931	2 370	1 827	1 303
	VI	**9 074**	3 336	3 336							
36 395,99	I,IV	**4 732**	3 339	3 339	I	3 519	2 378	1 310	371		
	II	**3 571**	3 339	3 339	II	2 427	1 356	406			
	III	**1 684**	3 339	3 339	III	802	98				
	V	**8 654**	3 339	3 339	IV	4 117	3 519	2 940	2 378	1 835	1 310
	VI	**9 087**	3 339	3 339							
36 431,99	I,IV	**4 741**	3 342	3 342	I	3 527	2 386	1 317	377		
	II	**3 579**	3 342	3 342	II	2 435	1 363	412			
	III	**1 692**	3 342	3 342	III	808	102				
	V	**8 664**	3 342	3 342	IV	4 125	3 527	2 947	2 386	1 842	1 317
	VI	**9 099**	3 342	3 342							
36 467,99	I,IV	**4 750**	3 345	3 345	I	3 536	2 394	1 325	382		
	II	**3 588**	3 345	3 345	II	2 443	1 370	418			
	III	**1 698**	3 345	3 345	III	814	106				
	V	**8 678**	3 345	3 345	IV	4 134	3 536	2 956	2 394	1 850	1 325
	VI	**9 111**	3 345	3 345							
36 503,99	I,IV	**4 759**	3 349	3 349	I	3 544	2 402	1 332	388		
	II	**3 596**	3 349	3 349	II	2 451	1 378	423			
	III	**1 706**	3 349	3 349	III	818	110				
	V	**8 690**	3 349	3 349	IV	4 142	3 544	2 964	2 402	1 858	1 332
	VI	**9 124**	3 349	3 349							
36 539,99	I,IV	**4 768**	3 352	3 352	I	3 552	2 410	1 339	394		
	II	**3 605**	3 352	3 352	II	2 459	1 385	429			
	III	**1 712**	3 352	3 352	III	824	114				
	V	**8 702**	3 352	3 352	IV	4 151	3 552	2 972	2 410	1 865	1 339
	VI	**9 137**	3 352	3 352							
36 575,99	I,IV	**4 777**	3 355	3 355	I	3 561	2 417	1 347	399		
	II	**3 613**	3 355	3 355	II	2 466	1 392	435			
	III	**1 718**	3 355	3 355	III	830	118				
	V	**8 714**	3 355	3 355	IV	4 159	3 561	2 980	2 417	1 873	1 347
	VI	**9 149**	3 355	3 355							
36 611,99	I,IV	**4 785**	3 359	3 359	I	3 569	2 425	1 354	405		
	II	**3 621**	3 359	3 359	II	2 474	1 400	440			
	III	**1 726**	3 359	3 359	III	836	124				
	V	**8 728**	3 359	3 359	IV	4 168	3 569	2 988	2 425	1 880	1 354
	VI	**9 161**	3 359	3 359							
36 647,99	I,IV	**4 794**	3 362	3 362	I	3 577	2 433	1 361	410		
	II	**3 630**	3 362	3 362	II	2 482	1 407	446			
	III	**1 732**	3 362	3 362	III	842	128				
	V	**8 740**	3 362	3 362	IV	4 177	3 577	2 996	2 433	1 888	1 361
	VI	**9 174**	3 362	3 362							
36 683,99	I,IV	**4 803**	3 365	3 365	I	3 586	2 441	1 369	416		
	II	**3 638**	3 365	3 365	II	2 490	1 415	452			
	III	**1 740**	3 365	3 365	III	848	132				
	V	**8 752**	3 365	3 365	IV	4 186	3 586	3 004	2 441	1 896	1 369
	VI	**9 187**	3 365	3 365							
36 719,99	I,IV	**4 812**	3 369	3 369	I	3 594	2 449	1 376	422		
	II	**3 647**	3 369	3 369	II	2 498	1 422	458			
	III	**1 746**	3 369	3 369	III	852	136				
	V	**8 764**	3 369	3 369	IV	4 194	3 594	3 012	2 449	1 903	1 376
	VI	**9 199**	3 369	3 369							

* Zur LSt-Berechnung für privat versicherte Arbeitnehmer s. Beispiele **Vorbemerkung S. 4f.**
** Basisvorsorgepauschale KV und PV *** Typisierter Arbeitgeberzuschuss

Lohn/ Gehalt in € bis	Steuerklasse	Lohn-steuer*	BVSP**	TAGZ***	Steuerklasse	Bemessungsgrundlage für Kirchensteuer und Solidaritätszuschlag – Freibeträge für ... Kinder 0,5	1,0	1,5	2,0	2,5	3,0
36 755,99	I,IV	**4 821**	3 372	3 372	I	3 603	2 457	1 383	427		
	II	**3 655**	3 372	3 372	II	2 506	1 429	464			
	III	**1 754**	3 372	3 372	III	858	142				
	V	**8 776**	3 372	3 372	IV	4 203	3 603	3 020	2 457	1 911	1 383
	VI	**9 211**	3 372	3 372							
36 791,99	I,IV	**4 830**	3 375	3 375	I	3 611	2 465	1 391	433		
	II	**3 664**	3 375	3 375	II	2 514	1 437	469			
	III	**1 760**	3 375	3 375	III	864	146				
	V	**8 789**	3 375	3 375	IV	4 211	3 611	3 029	2 465	1 919	1 391
	VI	**9 224**	3 375	3 375							
36 827,99	I,IV	**4 839**	3 378	3 378	I	3 619	2 472	1 398	439		
	II	**3 672**	3 378	3 378	II	2 522	1 444	475			
	III	**1 768**	3 378	3 378	III	870	150				
	V	**8 802**	3 378	3 378	IV	4 220	3 619	3 037	2 472	1 926	1 398
	VI	**9 237**	3 378	3 378							
36 863,99	I,IV	**4 848**	3 382	3 382	I	3 628	2 480	1 405	445		
	II	**3 680**	3 382	3 382	II	2 530	1 451	481			
	III	**1 774**	3 382	3 382	III	876	154				
	V	**8 814**	3 382	3 382	IV	4 229	3 628	3 045	2 480	1 934	1 405
	VI	**9 249**	3 382	3 382							
36 899,99	I,IV	**4 857**	3 385	3 385	I	3 636	2 488	1 413	450		
	II	**3 689**	3 385	3 385	II	2 537	1 459	487			
	III	**1 782**	3 385	3 385	III	882	160				
	V	**8 826**	3 385	3 385	IV	4 237	3 636	3 053	2 488	1 941	1 413
	VI	**9 261**	3 385	3 385							
36 935,99	I,IV	**4 866**	3 388	3 388	I	3 645	2 496	1 420	456		
	II	**3 697**	3 388	3 388	II	2 545	1 466	493			
	III	**1 788**	3 388	3 388	III	888	164				
	V	**8 839**	3 388	3 388	IV	4 246	3 645	3 061	2 496	1 949	1 420
	VI	**9 274**	3 388	3 388							
36 971,99	I,IV	**4 875**	3 392	3 392	I	3 653	2 504	1 428	462		
	II	**3 706**	3 392	3 392	II	2 553	1 474	499			
	III	**1 796**	3 392	3 392	III	894	168				
	V	**8 851**	3 392	3 392	IV	4 255	3 653	3 069	2 504	1 957	1 428
	VI	**9 287**	3 392	3 392							
37 007,99	I,IV	**4 883**	3 395	3 395	I	3 661	2 512	1 435	468		
	II	**3 714**	3 395	3 395	II	2 561	1 481	505			
	III	**1 802**	3 395	3 395	III	898	172				
	V	**8 864**	3 395	3 395	IV	4 263	3 661	3 077	2 512	1 964	1 435
	VI	**9 299**	3 395	3 395							
37 043,99	I,IV	**4 892**	3 398	3 398	I	3 670	2 520	1 442	474		
	II	**3 722**	3 398	3 398	II	2 569	1 489	511			
	III	**1 810**	3 398	3 398	III	904	178				
	V	**8 876**	3 398	3 398	IV	4 272	3 670	3 086	2 520	1 972	1 442
	VI	**9 311**	3 398	3 398							
37 079,99	I,IV	**4 901**	3 402	3 402	I	3 678	2 528	1 450	480		
	II	**3 731**	3 402	3 402	II	2 577	1 496	517			
	III	**1 816**	3 402	3 402	III	910	182				
	V	**8 889**	3 402	3 402	IV	4 281	3 678	3 094	2 528	1 980	1 450
	VI	**9 324**	3 402	3 402							
37 115,99	I,IV	**4 910**	3 405	3 405	I	3 687	2 536	1 457	486		
	II	**3 739**	3 405	3 405	II	2 585	1 503	523			
	III	**1 824**	3 405	3 405	III	916	186				
	V	**8 901**	3 405	3 405	IV	4 289	3 687	3 102	2 536	1 987	1 457
	VI	**9 337**	3 405	3 405							
37 151,99	I,IV	**4 919**	3 408	3 408	I	3 695	2 543	1 464	491		
	II	**3 748**	3 408	3 408	II	2 593	1 511	529			
	III	**1 830**	3 408	3 408	III	922	190				
	V	**8 914**	3 408	3 408	IV	4 298	3 695	3 110	2 543	1 995	1 464
	VI	**9 349**	3 408	3 408							

* Zur LSt-Berechnung für privat versicherte Arbeitnehmer s. Beispiele **Vorbemerkung S. 4 f.**
** Basisvorsorgepauschale KV und PV *** Typisierter Arbeitgeberzuschuss

Lohn/ Gehalt in € bis	Steuerklasse	Lohn- steuer*	BVSP**	TAGZ***	Steuerklasse	Bemessungsgrundlage für Kirchensteuer und Solidaritätszuschlag					
						Freibeträge für ... Kinder					
						0,5	**1,0**	1,5	**2,0**	2,5	**3,0**
37 187,99	I,IV	**4928**	3411	3411	I	3703	2551	1472	497		
	II	**3756**	3411	3411	II	2601	1518	535			
	III	**1838**	3411	3411	III	928	196				
	V	**8926**	3411	3411	IV	4307	3703	3118	2551	2003	1472
	VI	**9361**	3411	3411							
37 223,99	I,IV	**4937**	3415	3415	I	3712	2559	1479	503		
	II	**3765**	3415	3415	II	2609	1526	541			
	III	**1844**	3415	3415	III	934	200				
	V	**8939**	3415	3415	IV	4315	3712	3127	2559	2010	1479
	VI	**9374**	3415	3415							
37 259,99	I,IV	**4946**	3418	3418	I	3720	2567	1487	509		
	II	**3773**	3418	3418	II	2617	1533	547			
	III	**1852**	3418	3418	III	940	204				
	V	**8951**	3418	3418	IV	4324	3720	3135	2567	2018	1487
	VI	**9387**	3418	3418							
37 295,99	I,IV	**4955**	3421	3421	I	3729	2575	1494	515		
	II	**3781**	3421	3421	II	2625	1540	553			
	III	**1860**	3421	3421	III	946	210				
	V	**8964**	3421	3421	IV	4333	3729	3143	2575	2025	1494
	VI	**9399**	3421	3421							
37 331,99	I,IV	**4964**	3425	3425	I	3737	2583	1501	521		
	II	**3790**	3425	3425	II	2633	1548	559			
	III	**1866**	3425	3425	III	952	214				
	V	**8976**	3425	3425	IV	4341	3737	3151	2583	2033	1501
	VI	**9411**	3425	3425							
37 367,99	I,IV	**4973**	3428	3428	I	3746	2591	1509	527		
	II	**3799**	3428	3428	II	2641	1555	565			
	III	**1874**	3428	3428	III	958	218				
	V	**8989**	3428	3428	IV	4350	3746	3159	2591	2041	1509
	VI	**9424**	3428	3428							
37 403,99	I,IV	**4982**	3431	3431	I	3754	2599	1516	533		
	II	**3807**	3431	3431	II	2649	1563	571			
	III	**1880**	3431	3431	III	964	224				
	V	**9001**	3431	3431	IV	4359	3754	3168	2599	2049	1516
	VI	**9437**	3431	3431							
37 439,99	I,IV	**4991**	3435	3435	I	3762	2607	1524	539		
	II	**3815**	3435	3435	II	2656	1570	577			
	III	**1888**	3435	3435	III	968	228				
	V	**9014**	3435	3435	IV	4368	3762	3176	2607	2056	1524
	VI	**9449**	3435	3435							
37 475,99	I,IV	**5000**	3438	3438	I	3771	2615	1531	545		
	II	**3824**	3438	3438	II	2664	1578	584			
	III	**1894**	3438	3438	III	974	232				
	V	**9026**	3438	3438	IV	4376	3771	3184	2615	2064	1531
	VI	**9461**	3438	3438							
37 511,99	I,IV	**5009**	3441	3441	I	3780	2623	1539	551		
	II	**3832**	3441	3441	II	2673	1585	590			
	III	**1902**	3441	3441	III	980	236				
	V	**9039**	3441	3441	IV	4385	3780	3192	2623	2072	1539
	VI	**9474**	3441	3441							
37 547,99	I,IV	**5018**	3445	3445	I	3788	2631	1546	558		
	II	**3841**	3445	3445	II	2681	1593	596			
	III	**1910**	3445	3445	III	986	242				
	V	**9051**	3445	3445	IV	4394	3788	3200	2631	2079	1546
	VI	**9487**	3445	3445							
37 583,99	I,IV	**5027**	3448	3448	I	3796	2639	1553	564		
	II	**3849**	3448	3448	II	2688	1600	602			
	III	**1916**	3448	3448	III	992	246				
	V	**9064**	3448	3448	IV	4402	3796	3208	2639	2087	1553
	VI	**9499**	3448	3448							

* Zur LSt-Berechnung für privat versicherte Arbeitnehmer s. Beispiele **Vorbemerkung S. 4 f.**
** Basisvorsorgepauschale KV und PV *** Typisierter Arbeitgeberzuschuss

Lohn/ Gehalt in € bis	Steuerklasse	Lohn-steuer*	BVSP**	TAGZ***	Steuerklasse	Bemessungsgrundlage für Kirchensteuer und Solidaritätszuschlag – Freibeträge für ... Kinder 0,5	1,0	1,5	2,0	2,5	3,0
37 619,99	I,IV	**5 036**	3 451	3 451	I	3 805	2 647	1 561	570		
	II	**3 858**	3 451	3 451	II	2 696	1 608	608			
	III	**1 924**	3 451	3 451	III	998	250				
	V	**9 076**	3 451	3 451	IV	4 411	3 805	3 217	2 647	2 095	1 561
	VI	**9 511**	3 451	3 451							
37 655,99	I,IV	**5 045**	3 454	3 454	I	3 813	2 655	1 568	576		
	II	**3 866**	3 454	3 454	II	2 704	1 615	615			
	III	**1 930**	3 454	3 454	III	1 004	256				
	V	**9 089**	3 454	3 454	IV	4 420	3 813	3 225	2 655	2 102	1 568
	VI	**9 524**	3 454	3 454							
37 691,99	I,IV	**5 054**	3 458	3 458	I	3 822	2 663	1 576	582		
	II	**3 875**	3 458	3 458	II	2 712	1 623	621			
	III	**1 938**	3 458	3 458	III	1 010	260				
	V	**9 101**	3 458	3 458	IV	4 429	3 822	3 233	2 663	2 110	1 576
	VI	**9 537**	3 458	3 458							
37 727,99	I,IV	**5 063**	3 461	3 461	I	3 830	2 670	1 583	588		
	II	**3 883**	3 461	3 461	II	2 720	1 630	627			
	III	**1 944**	3 461	3 461	III	1 016	264				
	V	**9 114**	3 461	3 461	IV	4 437	3 830	3 241	2 670	2 118	1 583
	VI	**9 549**	3 461	3 461							
37 763,99	I,IV	**5 072**	3 464	3 464	I	3 839	2 678	1 591	594		
	II	**3 892**	3 464	3 464	II	2 728	1 637	634			
	III	**1 952**	3 464	3 464	III	1 022	270				
	V	**9 126**	3 464	3 464	IV	4 446	3 839	3 250	2 678	2 125	1 591
	VI	**9 561**	3 464	3 464							
37 799,99	I,IV	**5 081**	3 468	3 468	I	3 847	2 686	1 598	601		
	II	**3 900**	3 468	3 468	II	2 736	1 645	640			
	III	**1 960**	3 468	3 468	III	1 028	274				
	V	**9 139**	3 468	3 468	IV	4 455	3 847	3 258	2 686	2 133	1 598
	VI	**9 574**	3 468	3 468							
37 835,99	I,IV	**5 090**	3 471	3 471	I	3 856	2 695	1 606	607		
	II	**3 909**	3 471	3 471	II	2 744	1 652	646			
	III	**1 966**	3 471	3 471	III	1 034	280				
	V	**9 151**	3 471	3 471	IV	4 464	3 856	3 266	2 695	2 141	1 606
	VI	**9 586**	3 471	3 471							
37 871,99	I,IV	**5 099**	3 474	3 474	I	3 864	2 702	1 613	613		
	II	**3 917**	3 474	3 474	II	2 752	1 660	653			
	III	**1 974**	3 474	3 474	III	1 040	284				
	V	**9 164**	3 474	3 474	IV	4 472	3 864	3 274	2 702	2 149	1 613
	VI	**9 599**	3 474	3 474							
37 907,99	I,IV	**5 108**	3 478	3 478	I	3 873	2 710	1 621	619		
	II	**3 926**	3 478	3 478	II	2 760	1 667	659			
	III	**1 980**	3 478	3 478	III	1 046	288				
	V	**9 176**	3 478	3 478	IV	4 481	3 873	3 282	2 710	2 156	1 621
	VI	**9 611**	3 478	3 478							
37 943,99	I,IV	**5 117**	3 481	3 481	I	3 881	2 718	1 628	626		
	II	**3 935**	3 481	3 481	II	2 768	1 675	665			
	III	**1 988**	3 481	3 481	III	1 052	294				
	V	**9 189**	3 481	3 481	IV	4 490	3 881	3 291	2 718	2 164	1 628
	VI	**9 624**	3 481	3 481							
37 979,99	I,IV	**5 126**	3 484	3 484	I	3 890	2 726	1 636	632		
	II	**3 943**	3 484	3 484	II	2 777	1 682	672			
	III	**1 996**	3 484	3 484	III	1 058	298				
	V	**9 201**	3 484	3 484	IV	4 499	3 890	3 299	2 726	2 172	1 636
	VI	**9 636**	3 484	3 484							
38 015,99	I,IV	**5 135**	3 487	3 487	I	3 898	2 734	1 643	638		
	II	**3 952**	3 487	3 487	II	2 784	1 690	678			
	III	**2 002**	3 487	3 487	III	1 064	302				
	V	**9 214**	3 487	3 487	IV	4 507	3 898	3 307	2 734	2 180	1 643
	VI	**9 649**	3 487	3 487							

* Zur LSt-Berechnung für privat versicherte Arbeitnehmer s. Beispiele **Vorbemerkung S. 4 f.**
** Basisvorsorgepauschale KV und PV *** Typisierter Arbeitgeberzuschuss

Lohn/ Gehalt in € bis	Steuerklasse	**Lohn-steuer***	BVSP**	TAGZ***	Steuerklasse	Bemessungsgrundlage für Kirchensteuer und Solidaritätszuschlag – Freibeträge für ... Kinder 0,5	**1,0**	1,5	**2,0**	2,5	**3,0**
38051,99	I,IV	**5144**	3491	3491	I	3907	2742	1650	645		
	II	**3960**	3491	3491	II	2792	1697	685			
	III	**2010**	3491	3491	III	1070	308				
	V	**9226**	3491	3491	IV	4516	3907	3315	2742	2187	1650
	VI	**9661**	3491	3491							
38087,99	I,IV	**5153**	3494	3494	I	3915	2750	1658	651		
	II	**3969**	3494	3494	II	2801	1705	691			
	III	**2016**	3494	3494	III	1076	312				
	V	**9239**	3494	3494	IV	4525	3915	3324	2750	2195	1658
	VI	**9674**	3494	3494							
38123,99	I,IV	**5162**	3497	3497	I	3924	2758	1666	658		
	II	**3977**	3497	3497	II	2809	1713	698			
	III	**2024**	3497	3497	III	1082	318				
	V	**9251**	3497	3497	IV	4534	3924	3332	2758	2203	1666
	VI	**9686**	3497	3497							
38159,99	I,IV	**5171**	3501	3501	I	3932	2766	1673	664		
	II	**3986**	3501	3501	II	2816	1720	704			
	III	**2030**	3501	3501	III	1088	322				
	V	**9264**	3501	3501	IV	4543	3932	3340	2766	2211	1673
	VI	**9699**	3501	3501							
38195,99	I,IV	**5180**	3504	3504	I	3941	2774	1680	670		
	II	**3994**	3504	3504	II	2825	1727	711			
	III	**2038**	3504	3504	III	1094	326				
	V	**9276**	3504	3504	IV	4551	3941	3349	2774	2218	1680
	VI	**9711**	3504	3504							
38231,99	I,IV	**5189**	3507	3507	I	3949	2782	1688	677		
	II	**4003**	3507	3507	II	2833	1735	717			
	III	**2046**	3507	3507	III	1100	332				
	V	**9289**	3507	3507	IV	4560	3949	3357	2782	2226	1688
	VI	**9724**	3507	3507							
38267,99	I,IV	**5198**	3511	3511	I	3958	2791	1696	683		
	II	**4012**	3511	3511	II	2841	1743	724			
	III	**2052**	3511	3511	III	1106	336				
	V	**9301**	3511	3511	IV	4569	3958	3365	2791	2234	1696
	VI	**9736**	3511	3511							
38303,99	I,IV	**5207**	3514	3514	I	3966	2798	1703	690		
	II	**4020**	3514	3514	II	2849	1750	730			
	III	**2060**	3514	3514	III	1112	342				
	V	**9313**	3514	3514	IV	4578	3966	3373	2798	2242	1703
	VI	**9749**	3514	3514							
38339,99	I,IV	**5216**	3517	3517	I	3975	2806	1710	696		
	II	**4029**	3517	3517	II	2857	1758	737			
	III	**2066**	3517	3517	III	1118	346				
	V	**9326**	3517	3517	IV	4587	3975	3382	2806	2249	1710
	VI	**9761**	3517	3517							
38375,99	I,IV	**5225**	3520	3520	I	3984	2815	1718	703		
	II	**4037**	3520	3520	II	2865	1765	744			
	III	**2074**	3520	3520	III	1124	350				
	V	**9339**	3520	3520	IV	4595	3984	3390	2815	2257	1718
	VI	**9774**	3520	3520							
38411,99	I,IV	**5235**	3524	3524	I	3992	2823	1726	709		
	II	**4046**	3524	3524	II	2873	1773	750			
	III	**2080**	3524	3524	III	1132	356				
	V	**9351**	3524	3524	IV	4604	3992	3398	2823	2265	1726
	VI	**9786**	3524	3524							
38447,99	I,IV	**5243**	3527	3527	I	4001	2831	1733	716		
	II	**4054**	3527	3527	II	2881	1780	757			
	III	**2088**	3527	3527	III	1138	360				
	V	**9363**	3527	3527	IV	4613	4001	3406	2831	2273	1733
	VI	**9799**	3527	3527							

* Zur LSt-Berechnung für privat versicherte Arbeitnehmer s. Beispiele **Vorbemerkung S. 4 f.**
** Basisvorsorgepauschale KV und PV *** Typisierter Arbeitgeberzuschuss

Lohn/ Gehalt in € bis	Steuerklasse	Lohn-steuer*	BVSP**	TAGZ***	Steuerklasse	Bemessungsgrundlage für Kirchensteuer und Solidaritätszuschlag – Freibeträge für ... Kinder 0,5	**1,0**	1,5	**2,0**	2,5	**3,0**
38483,99	I,IV	**5253**	3530	3530	I	4009	2839	1741	722		
	II	**4063**	3530	3530	II	2889	1788	764			
	III	**2096**	3530	3530	III	1144	366				
	V	**9376**	3530	3530	IV	4622	4009	3415	2839	2281	1741
	VI	**9811**	3530	3530							
38519,99	I,IV	**5262**	3534	3534	I	4018	2847	1748	729		
	II	**4072**	3534	3534	II	2897	1795	770	3		
	III	**2102**	3534	3534	III	1150	370				
	V	**9389**	3534	3534	IV	4631	4018	3423	2847	2288	1748
	VI	**9824**	3534	3534							
38555,99	I,IV	**5271**	3537	3537	I	4027	2855	1756	736		
	II	**4080**	3537	3537	II	2905	1803	777	8		
	III	**2110**	3537	3537	III	1156	376				
	V	**9401**	3537	3537	IV	4640	4027	3432	2855	2296	1756
	VI	**9836**	3537	3537							
38591,99	I,IV	**5280**	3540	3540	I	4035	2863	1763	742		
	II	**4089**	3540	3540	II	2913	1810	784	12		
	III	**2116**	3540	3540	III	1162	380				
	V	**9413**	3540	3540	IV	4648	4035	3440	2863	2304	1763
	VI	**9849**	3540	3540							
38627,99	I,IV	**5289**	3544	3544	I	4044	2871	1771	749		
	II	**4097**	3544	3544	II	2921	1818	791	16		
	III	**2124**	3544	3544	III	1168	386				
	V	**9426**	3544	3544	IV	4657	4044	3448	2871	2312	1771
	VI	**9861**	3544	3544							
38663,99	I,IV	**5298**	3547	3547	I	4052	2879	1778	755		
	II	**4106**	3547	3547	II	2929	1826	797	20		
	III	**2132**	3547	3547	III	1174	390				
	V	**9439**	3547	3547	IV	4666	4052	3457	2879	2320	1778
	VI	**9874**	3547	3547							
38699,99	I,IV	**5307**	3550	3550	I	4061	2887	1786	762		
	II	**4115**	3550	3550	II	2938	1833	804	25		
	III	**2138**	3550	3550	III	1180	396				
	V	**9451**	3550	3550	IV	4675	4061	3465	2887	2327	1786
	VI	**9886**	3550	3550							
38735,99	I,IV	**5316**	3554	3554	I	4069	2895	1793	769	2	
	II	**4123**	3554	3554	II	2946	1841	811	29		
	III	**2146**	3554	3554	III	1186	400				
	V	**9463**	3554	3554	IV	4684	4069	3473	2895	2335	1793
	VI	**9899**	3554	3554							
38771,99	I,IV	**5325**	3557	3557	I	4078	2903	1801	775	7	
	II	**4132**	3557	3557	II	2954	1848	818	33		
	III	**2152**	3557	3557	III	1192	406				
	V	**9476**	3557	3557	IV	4692	4078	3481	2903	2343	1801
	VI	**9911**	3557	3557							
38807,99	I,IV	**5334**	3560	3560	I	4087	2911	1809	782	11	
	II	**4140**	3560	3560	II	2962	1856	825	37		
	III	**2160**	3560	3560	III	1200	410				
	V	**9489**	3560	3560	IV	4701	4087	3490	2911	2351	1809
	VI	**9924**	3560	3560							
38843,99	I,IV	**5344**	3563	3563	I	4095	2919	1816	789	15	
	II	**4149**	3563	3563	II	2970	1864	831	42		
	III	**2168**	3563	3563	III	1206	416				
	V	**9501**	3563	3563	IV	4710	4095	3498	2919	2359	1816
	VI	**9936**	3563	3563							
38879,99	I,IV	**5353**	3567	3567	I	4104	2927	1824	796	19	
	II	**4157**	3567	3567	II	2978	1871	838	46		
	III	**2174**	3567	3567	III	1212	420				
	V	**9513**	3567	3567	IV	4719	4104	3506	2927	2366	1824
	VI	**9949**	3567	3567							

* Zur LSt-Berechnung für privat versicherte Arbeitnehmer s. Beispiele **Vorbemerkung S. 4 f.**
** Basisvorsorgepauschale KV und PV *** Typisierter Arbeitgeberzuschuss

Lohn/ Gehalt in € bis	Steuerklasse	**Lohn-steuer***	BVSP**	TAGZ***	Steuerklasse	Bemessungsgrundlage für Kirchensteuer und Solidaritätszuschlag – Freibeträge für ... Kinder 0,5	**1,0**	1,5	**2,0**	2,5	**3,0**
38 915,99	I,IV	**5 362**	3 570	3 570	I	4 112	2 935	1 831	802	23	
	II	**4 166**	3 570	3 570	II	2 986	1 879	845	50		
	III	**2 182**	3 570	3 570	III	1 218	424				
	V	**9 526**	3 570	3 570	IV	4 728	4 112	3 515	2 935	2 374	1 831
	VI	**9 961**	3 570	3 570							
38 951,99	I,IV	**5 371**	3 573	3 573	I	4 121	2 944	1 839	809	28	
	II	**4 175**	3 573	3 573	II	2 994	1 886	852	55		
	III	**2 188**	3 573	3 573	III	1 224	430				
	V	**9 539**	3 573	3 573	IV	4 737	4 121	3 523	2 944	2 382	1 839
	VI	**9 974**	3 573	3 573							
38 987,99	I,IV	**5 380**	3 577	3 577	I	4 130	2 952	1 847	816	32	
	II	**4 184**	3 577	3 577	II	3 002	1 894	859	59		
	III	**2 196**	3 577	3 577	III	1 230	434				
	V	**9 551**	3 577	3 577	IV	4 746	4 130	3 532	2 952	2 390	1 847
	VI	**9 986**	3 577	3 577							
39 023,99	I,IV	**5 389**	3 580	3 580	I	4 138	2 960	1 854	823	36	
	II	**4 192**	3 580	3 580	II	3 010	1 901	866	64		
	III	**2 204**	3 580	3 580	III	1 236	440				
	V	**9 563**	3 580	3 580	IV	4 754	4 138	3 540	2 960	2 398	1 854
	VI	**9 999**	3 580	3 580							
39 059,99	I,IV	**5 398**	3 583	3 583	I	4 147	2 968	1 862	830	41	
	II	**4 201**	3 583	3 583	II	3 019	1 909	873	68		
	III	**2 210**	3 583	3 583	III	1 244	446				
	V	**9 576**	3 583	3 583	IV	4 763	4 147	3 548	2 968	2 406	1 862
	VI	**10 011**	3 583	3 583							
39 095,99	I,IV	**5 407**	3 587	3 587	I	4 155	2 976	1 869	837	45	
	II	**4 209**	3 587	3 587	II	3 027	1 917	880	73		
	III	**2 218**	3 587	3 587	III	1 250	450				
	V	**9 589**	3 587	3 587	IV	4 772	4 155	3 557	2 976	2 414	1 869
	VI	**10 024**	3 587	3 587							
39 131,99	I,IV	**5 417**	3 590	3 590	I	4 164	2 984	1 877	843	49	
	II	**4 218**	3 590	3 590	II	3 035	1 924	887	77		
	III	**2 226**	3 590	3 590	III	1 256	456				
	V	**9 601**	3 590	3 590	IV	4 781	4 164	3 565	2 984	2 421	1 877
	VI	**10 036**	3 590	3 590							
39 167,99	I,IV	**5 426**	3 593	3 593	I	4 173	2 992	1 884	850	54	
	II	**4 227**	3 593	3 593	II	3 043	1 932	894	82		
	III	**2 232**	3 593	3 593	III	1 262	460				
	V	**9 613**	3 593	3 593	IV	4 790	4 173	3 573	2 992	2 429	1 884
	VI	**10 048**	3 593	3 593							
39 203,99	I,IV	**5 435**	3 596	3 596	I	4 181	3 000	1 892	857	58	
	II	**4 235**	3 596	3 596	II	3 051	1 940	901	86		
	III	**2 240**	3 596	3 596	III	1 268	466				
	V	**9 626**	3 596	3 596	IV	4 799	4 181	3 582	3 000	2 437	1 892
	VI	**10 061**	3 596	3 596							
39 239,99	I,IV	**5 444**	3 600	3 600	I	4 190	3 008	1 900	864	63	
	II	**4 244**	3 600	3 600	II	3 059	1 947	908	91		
	III	**2 246**	3 600	3 600	III	1 274	470				
	V	**9 639**	3 600	3 600	IV	4 808	4 190	3 590	3 008	2 445	1 900
	VI	**10 074**	3 600	3 600							
39 275,99	I,IV	**5 453**	3 603	3 603	I	4 199	3 017	1 907	871	67	
	II	**4 253**	3 603	3 603	II	3 068	1 955	915	95		
	III	**2 254**	3 603	3 603	III	1 280	476				
	V	**9 651**	3 603	3 603	IV	4 817	4 199	3 599	3 017	2 453	1 907
	VI	**10 086**	3 603	3 603							
39 311,99	I,IV	**5 462**	3 606	3 606	I	4 207	3 025	1 915	878	71	
	II	**4 261**	3 606	3 606	II	3 075	1 962	922	100		
	III	**2 262**	3 606	3 606	III	1 288	480				
	V	**9 663**	3 606	3 606	IV	4 826	4 207	3 607	3 025	2 461	1 915
	VI	**10 098**	3 606	3 606							

* Zur LSt-Berechnung für privat versicherte Arbeitnehmer s. Beispiele **Vorbemerkung S. 4 f.**
** Basisvorsorgepauschale KV und PV *** Typisierter Arbeitgeberzuschuss

Lohn/ Gehalt in € bis	Steuerklasse	Lohn-steuer*	BVSP**	TAGZ***	Steuerklasse	Bemessungsgrundlage für Kirchensteuer und Solidaritätszuschlag – Freibeträge für ... Kinder 0,5	**1,0**	1,5	**2,0**	2,5	**3,0**
39347,99	I,IV	**5471**	3610	3610	I	4216	3033	1922	885	76	
	II	**4270**	3610	3610	II	3084	1970	929	104		
	III	**2268**	3610	3610	III	1294	486				
	V	**9676**	3610	3610	IV	4835	4216	3615	3033	2469	1922
	VI	**10111**	3610	3610							
39383,99	I,IV	**5481**	3613	3613	I	4225	3041	1930	892	80	
	II	**4279**	3613	3613	II	3092	1978	936	109		
	III	**2276**	3613	3613	III	1300	490				
	V	**9689**	3613	3613	IV	4844	4225	3624	3041	2476	1930
	VI	**10124**	3613	3613							
39419,99	I,IV	**5490**	3616	3616	I	4233	3049	1938	899	85	
	II	**4287**	3616	3616	II	3100	1986	943	114		
	III	**2284**	3616	3616	III	1306	496				
	V	**9701**	3616	3616	IV	4853	4233	3632	3049	2484	1938
	VI	**10136**	3616	3616							
39455,99	I,IV	**5499**	3620	3620	I	4242	3057	1945	906	89	
	II	**4296**	3620	3620	II	3108	1993	950	118		
	III	**2290**	3620	3620	III	1312	500				
	V	**9713**	3620	3620	IV	4861	4242	3640	3057	2492	1945
	VI	**10148**	3620	3620							
39491,99	I,IV	**5508**	3623	3623	I	4250	3065	1953	913	94	
	II	**4305**	3623	3623	II	3116	2001	958	123		
	III	**2298**	3623	3623	III	1318	506				
	V	**9726**	3623	3623	IV	4870	4250	3649	3065	2500	1953
	VI	**10161**	3623	3623							
39527,99	I,IV	**5517**	3626	3626	I	4259	3074	1961	920	99	
	II	**4313**	3626	3626	II	3125	2008	965	128		
	III	**2304**	3626	3626	III	1326	512				
	V	**9739**	3626	3626	IV	4879	4259	3657	3074	2508	1961
	VI	**10174**	3626	3626							
39563,99	I,IV	**5527**	3629	3629	I	4268	3082	1968	927	103	
	II	**4322**	3629	3629	II	3133	2016	972	132		
	III	**2312**	3629	3629	III	1332	516				
	V	**9751**	3629	3629	IV	4888	4268	3666	3082	2516	1968
	VI	**10186**	3629	3629							
39599,99	I,IV	**5536**	3633	3633	I	4276	3090	1976	934	108	
	II	**4331**	3633	3633	II	3141	2024	979	137		
	III	**2320**	3633	3633	III	1338	522				
	V	**9763**	3633	3633	IV	4897	4276	3674	3090	2524	1976
	VI	**10198**	3633	3633							
39635,99	I,IV	**5545**	3636	3636	I	4285	3098	1983	942	112	
	II	**4339**	3636	3636	II	3149	2031	986	142		
	III	**2326**	3636	3636	III	1344	526				
	V	**9776**	3636	3636	IV	4906	4285	3682	3098	2532	1983
	VI	**10211**	3636	3636							
39671,99	I,IV	**5554**	3639	3639	I	4294	3106	1991	949	117	
	II	**4348**	3639	3639	II	3157	2039	993	146		
	III	**2334**	3639	3639	III	1352	532				
	V	**9789**	3639	3639	IV	4915	4294	3691	3106	2540	1991
	VI	**10224**	3639	3639							
39707,99	I,IV	**5563**	3643	3643	I	4303	3114	1999	956	122	
	II	**4357**	3643	3643	II	3166	2047	1001	151		
	III	**2340**	3643	3643	III	1358	538				
	V	**9801**	3643	3643	IV	4924	4303	3699	3114	2548	1999
	VI	**10236**	3643	3643							
39743,99	I,IV	**5572**	3646	3646	I	4311	3122	2006	963	126	
	II	**4365**	3646	3646	II	3174	2054	1008	156		
	III	**2348**	3646	3646	III	1364	542				
	V	**9813**	3646	3646	IV	4933	4311	3708	3122	2555	2006
	VI	**10248**	3646	3646							

* Zur LSt-Berechnung für privat versicherte Arbeitnehmer s. Beispiele **Vorbemerkung S. 4 f.**
** Basisvorsorgepauschale KV und PV *** Typisierter Arbeitgeberzuschuss

Lohn/ Gehalt in € bis	Steuerklasse	**Lohn-steuer***	BVSP**	TAGZ***	Steuerklasse	Bemessungsgrundlage für Kirchensteuer und Solidaritätszuschlag					
						Freibeträge für ... Kinder					
						0,5	**1,0**	1,5	**2,0**	2,5	**3,0**
39779,99	I,IV	**5582**	3649	3649	I	4320	3131	2014	970	131	
	II	**4374**	3649	3649	II	3182	2062	1015	161		
	III	**2356**	3649	3649	III	1370	548				
	V	**9826**	3649	3649	IV	4942	4320	3716	3131	2563	2014
	VI	**10261**	3649	3649							
39815,99	I,IV	**5591**	3653	3653	I	4329	3139	2022	977	136	
	II	**4383**	3653	3653	II	3190	2070	1022	166		
	III	**2362**	3653	3653	III	1376	552				
	V	**9838**	3653	3653	IV	4951	4329	3725	3139	2571	2022
	VI	**10274**	3653	3653							
39851,99	I,IV	**5600**	3656	3656	I	4337	3147	2030	985	140	
	II	**4392**	3656	3656	II	3198	2078	1029	170		
	III	**2370**	3656	3656	III	1384	558				
	V	**9851**	3656	3656	IV	4960	4337	3733	3147	2579	2030
	VI	**10286**	3656	3656							
39887,99	I,IV	**5609**	3659	3659	I	4346	3155	2037	992	145	
	II	**4400**	3659	3659	II	3206	2085	1036	175		
	III	**2378**	3659	3659	III	1390	564				
	V	**9863**	3659	3659	IV	4968	4346	3741	3155	2587	2037
	VI	**10298**	3659	3659							
39923,99	I,IV	**5619**	3663	3663	I	4355	3163	2045	999	150	
	II	**4409**	3663	3663	II	3215	2093	1044	180		
	III	**2384**	3663	3663	III	1396	568				
	V	**9876**	3663	3663	IV	4978	4355	3750	3163	2595	2045
	VI	**10311**	3663	3663							
39959,99	I,IV	**5628**	3666	3666	I	4363	3172	2053	1006	155	
	II	**4418**	3666	3666	II	3223	2101	1051	185		
	III	**2392**	3666	3666	III	1404	574				
	V	**9888**	3666	3666	IV	4987	4363	3758	3172	2603	2053
	VI	**10324**	3666	3666							
39995,99	I,IV	**5637**	3669	3669	I	4372	3180	2060	1013	160	
	II	**4427**	3669	3669	II	3231	2108	1058	190		
	III	**2400**	3669	3669	III	1410	578				
	V	**9901**	3669	3669	IV	4996	4372	3767	3180	2611	2060
	VI	**10336**	3669	3669							
40031,99	I,IV	**5646**	3672	3672	I	4381	3188	2068	1020	164	
	II	**4435**	3672	3672	II	3239	2116	1065	195		
	III	**2406**	3672	3672	III	1416	584				
	V	**9913**	3672	3672	IV	5004	4381	3775	3188	2619	2068
	VI	**10348**	3672	3672							
40067,99	I,IV	**5655**	3676	3676	I	4390	3196	2076	1027	169	
	II	**4444**	3676	3676	II	3248	2124	1072	200		
	III	**2414**	3676	3676	III	1422	590				
	V	**9926**	3676	3676	IV	5013	4390	3784	3196	2627	2076
	VI	**10361**	3676	3676							
40103,99	I,IV	**5665**	3679	3679	I	4398	3204	2083	1035	174	
	II	**4453**	3679	3679	II	3256	2131	1080	205		
	III	**2420**	3679	3679	III	1430	594				
	V	**9938**	3679	3679	IV	5022	4398	3792	3204	2635	2083
	VI	**10374**	3679	3679							
40139,99	I,IV	**5674**	3682	3682	I	4407	3213	2091	1042	179	
	II	**4462**	3682	3682	II	3264	2139	1087	210		
	III	**2428**	3682	3682	III	1436	600				
	V	**9951**	3682	3682	IV	5032	4407	3801	3213	2643	2091
	VI	**10386**	3682	3682							
40175,99	I,IV	**5683**	3686	3686	I	4416	3221	2099	1049	184	
	II	**4470**	3686	3686	II	3272	2147	1094	215		
	III	**2436**	3686	3686	III	1442	606				
	V	**9963**	3686	3686	IV	5040	4416	3809	3221	2651	2099
	VI	**10398**	3686	3686							

* Zur LSt-Berechnung für privat versicherte Arbeitnehmer s. Beispiele **Vorbemerkung S. 4f.**
** Basisvorsorgepauschale KV und PV *** Typisierter Arbeitgeberzuschuss

Lohn/ Gehalt in € bis	Steuerklasse	Lohn-steuer*	BVSP**	TAGZ***	Steuerklasse	Bemessungsgrundlage für Kirchensteuer und Solidaritätszuschlag – Freibeträge für ... Kinder 0,5	1,0	1,5	2,0	2,5	3,0
40 211,99	I,IV	**5 692**	3 689	3 689	I	4 424	3 229	2 106	1 056	189	
	II	**4 479**	3 689	3 689	II	3 281	2 155	1 101	220		
	III	**2 442**	3 689	3 689	III	1 448	610				
	V	**9 976**	3 689	3 689	IV	5 049	4 424	3 818	3 229	2 659	2 106
	VI	**10 411**	3 689	3 689							
40 247,99	I,IV	**5 702**	3 692	3 692	I	4 433	3 237	2 114	1 063	194	
	II	**4 488**	3 692	3 692	II	3 289	2 162	1 108	225		
	III	**2 450**	3 692	3 692	III	1 456	616				
	V	**9 988**	3 692	3 692	IV	5 058	4 433	3 826	3 237	2 667	2 114
	VI	**10 424**	3 692	3 692							
40 283,99	I,IV	**5 711**	3 696	3 696	I	4 442	3 246	2 122	1 071	199	
	II	**4 497**	3 696	3 696	II	3 297	2 170	1 116	230		
	III	**2 458**	3 696	3 696	III	1 462	622				
	V	**10 001**	3 696	3 696	IV	5 067	4 442	3 835	3 246	2 675	2 122
	VI	**10 436**	3 696	3 696							
40 319,99	I,IV	**5 720**	3 699	3 699	I	4 451	3 254	2 129	1 078	203	
	II	**4 505**	3 699	3 699	II	3 305	2 178	1 123	235		
	III	**2 464**	3 699	3 699	III	1 468	626				
	V	**10 013**	3 699	3 699	IV	5 076	4 451	3 843	3 254	2 682	2 129
	VI	**10 448**	3 699	3 699							
40 355,99	I,IV	**5 729**	3 702	3 702	I	4 459	3 262	2 137	1 085	208	
	II	**4 514**	3 702	3 702	II	3 314	2 186	1 130	240		
	III	**2 472**	3 702	3 702	III	1 476	632				
	V	**10 026**	3 702	3 702	IV	5 085	4 459	3 852	3 262	2 690	2 137
	VI	**10 461**	3 702	3 702							
40 391,99	I,IV	**5 739**	3 705	3 705	I	4 468	3 270	2 145	1 092	213	
	II	**4 523**	3 705	3 705	II	3 322	2 193	1 137	245		
	III	**2 478**	3 705	3 705	III	1 482	638				
	V	**10 038**	3 705	3 705	IV	5 094	4 468	3 860	3 270	2 699	2 145
	VI	**10 474**	3 705	3 705							
40 427,99	I,IV	**5 748**	3 709	3 709	I	4 477	3 279	2 153	1 100	218	
	II	**4 532**	3 709	3 709	II	3 330	2 201	1 145	250		
	III	**2 486**	3 709	3 709	III	1 488	642				
	V	**10 051**	3 709	3 709	IV	5 104	4 477	3 869	3 279	2 707	2 153
	VI	**10 486**	3 709	3 709							
40 463,99	I,IV	**5 757**	3 712	3 712	I	4 486	3 287	2 160	1 107	223	
	II	**4 540**	3 712	3 712	II	3 338	2 209	1 152	255		
	III	**2 494**	3 712	3 712	III	1 496	648				
	V	**10 063**	3 712	3 712	IV	5 112	4 486	3 877	3 287	2 714	2 160
	VI	**10 498**	3 712	3 712							
40 499,99	I,IV	**5 767**	3 715	3 715	I	4 494	3 295	2 168	1 114	228	
	II	**4 549**	3 715	3 715	II	3 347	2 217	1 159	260		
	III	**2 500**	3 715	3 715	III	1 502	654				
	V	**10 076**	3 715	3 715	IV	5 121	4 494	3 886	3 295	2 722	2 168
	VI	**10 511**	3 715	3 715							
40 535,99	I,IV	**5 776**	3 719	3 719	I	4 503	3 303	2 176	1 121	234	
	II	**4 558**	3 719	3 719	II	3 355	2 224	1 166	266		
	III	**2 508**	3 719	3 719	III	1 508	658				
	V	**10 088**	3 719	3 719	IV	5 131	4 503	3 894	3 303	2 730	2 176
	VI	**10 524**	3 719	3 719							
40 571,99	I,IV	**5 785**	3 722	3 722	I	4 512	3 312	2 184	1 128	239	
	II	**4 567**	3 722	3 722	II	3 363	2 232	1 174	271		
	III	**2 516**	3 722	3 722	III	1 516	664				
	V	**10 101**	3 722	3 722	IV	5 140	4 512	3 903	3 312	2 739	2 184
	VI	**10 536**	3 722	3 722							
40 607,99	I,IV	**5 794**	3 725	3 725	I	4 521	3 320	2 191	1 135	244	
	II	**4 576**	3 725	3 725	II	3 371	2 240	1 181	276		
	III	**2 522**	3 725	3 725	III	1 522	670				
	V	**10 113**	3 725	3 725	IV	5 148	4 521	3 911	3 320	2 746	2 191
	VI	**10 548**	3 725	3 725							

* Zur LSt-Berechnung für privat versicherte Arbeitnehmer s. Beispiele **Vorbemerkung S. 4 f.**
** Basisvorsorgepauschale KV und PV *** Typisierter Arbeitgeberzuschuss

Lohn/ Gehalt in € bis	Steuerklasse	Lohn-steuer*	BVSP**	TAGZ***	Steuerklasse	Bemessungsgrundlage für Kirchensteuer und Solidaritätszuschlag					
						Freibeträge für ... Kinder					
						0,5	**1,0**	1,5	**2,0**	2,5	**3,0**
40 643,99	I,IV	**5 804**	3 729	3 729	I	4 530	3 328	2 199	1 143	249	
	II	**4 585**	3 729	3 729	II	3 380	2 248	1 188	281		
	III	**2 530**	3 729	3 729	III	1 528	674				
	V	**10 126**	3 729	3 729	IV	5 158	4 530	3 920	3 328	2 754	2 199
	VI	**10 561**	3 729	3 729							
40 679,99	I,IV	**5 813**	3 732	3 732	I	4 538	3 336	2 207	1 150	254	
	II	**4 593**	3 732	3 732	II	3 388	2 255	1 195	286		
	III	**2 538**	3 732	3 732	III	1 534	680	4			
	V	**10 138**	3 732	3 732	IV	5 167	4 538	3 928	3 336	2 763	2 207
	VI	**10 573**	3 732	3 732							
40 715,99	I,IV	**5 822**	3 735	3 735	I	4 547	3 345	2 215	1 157	259	
	II	**4 602**	3 735	3 735	II	3 396	2 263	1 203	292		
	III	**2 544**	3 735	3 735	III	1 542	686	8			
	V	**10 151**	3 735	3 735	IV	5 176	4 547	3 937	3 345	2 771	2 215
	VI	**10 586**	3 735	3 735							
40 751,99	I,IV	**5 832**	3 738	3 738	I	4 556	3 353	2 222	1 164	264	
	II	**4 611**	3 738	3 738	II	3 405	2 271	1 210	297		
	III	**2 552**	3 738	3 738	III	1 548	692	12			
	V	**10 163**	3 738	3 738	IV	5 185	4 556	3 945	3 353	2 778	2 222
	VI	**10 598**	3 738	3 738							
40 787,99	I,IV	**5 841**	3 742	3 742	I	4 565	3 361	2 230	1 172	269	
	II	**4 620**	3 742	3 742	II	3 413	2 279	1 217	302		
	III	**2 560**	3 742	3 742	III	1 556	696	16			
	V	**10 176**	3 742	3 742	IV	5 194	4 565	3 954	3 361	2 786	2 230
	VI	**10 611**	3 742	3 742							
40 823,99	I,IV	**5 850**	3 745	3 745	I	4 574	3 369	2 238	1 179	275	
	II	**4 629**	3 745	3 745	II	3 421	2 287	1 224	308		
	III	**2 566**	3 745	3 745	III	1 562	702	20			
	V	**10 188**	3 745	3 745	IV	5 203	4 574	3 962	3 369	2 795	2 238
	VI	**10 623**	3 745	3 745							
40 859,99	I,IV	**5 860**	3 748	3 748	I	4 582	3 378	2 246	1 186	280	
	II	**4 638**	3 748	3 748	II	3 430	2 294	1 232	313		
	III	**2 574**	3 748	3 748	III	1 568	708	24			
	V	**10 201**	3 748	3 748	IV	5 212	4 582	3 971	3 378	2 803	2 246
	VI	**10 636**	3 748	3 748							
40 895,99	I,IV	**5 869**	3 752	3 752	I	4 591	3 386	2 253	1 193	285	
	II	**4 646**	3 752	3 752	II	3 438	2 302	1 239	318		
	III	**2 580**	3 752	3 752	III	1 576	714	28			
	V	**10 213**	3 752	3 752	IV	5 221	4 591	3 979	3 386	2 811	2 253
	VI	**10 648**	3 752	3 752							
40 931,99	I,IV	**5 878**	3 755	3 755	I	4 600	3 394	2 261	1 201	290	
	II	**4 655**	3 755	3 755	II	3 446	2 310	1 246	324		
	III	**2 588**	3 755	3 755	III	1 582	718	32			
	V	**10 226**	3 755	3 755	IV	5 230	4 600	3 988	3 394	2 819	2 261
	VI	**10 661**	3 755	3 755							
40 967,99	I,IV	**5 888**	3 758	3 758	I	4 609	3 403	2 269	1 208	296	
	II	**4 664**	3 758	3 758	II	3 455	2 318	1 254	329		
	III	**2 596**	3 758	3 758	III	1 588	724	36			
	V	**10 238**	3 758	3 758	IV	5 239	4 609	3 997	3 403	2 827	2 269
	VI	**10 673**	3 758	3 758							
41 003,99	I,IV	**5 897**	3 762	3 762	I	4 618	3 411	2 277	1 215	301	
	II	**4 673**	3 762	3 762	II	3 463	2 326	1 261	335		
	III	**2 602**	3 762	3 762	III	1 596	730	42			
	V	**10 251**	3 762	3 762	IV	5 248	4 618	4 005	3 411	2 835	2 277
	VI	**10 686**	3 762	3 762							
41 039,99	I,IV	**5 906**	3 765	3 765	I	4 626	3 419	2 284	1 222	306	
	II	**4 681**	3 765	3 765	II	3 471	2 333	1 268	340		
	III	**2 610**	3 765	3 765	III	1 602	736	46			
	V	**10 263**	3 765	3 765	IV	5 257	4 626	4 014	3 419	2 843	2 284
	VI	**10 698**	3 765	3 765							

* Zur LSt-Berechnung für privat versicherte Arbeitnehmer s. Beispiele **Vorbemerkung S. 4 f.**
** Basisvorsorgepauschale KV und PV *** Typisierter Arbeitgeberzuschuss

Lohn/ Gehalt in € bis	Steuerklasse	Lohn-steuer*	BVSP**	TAGZ***	Steuerklasse	Bemessungsgrundlage für Kirchensteuer und Solidaritätszuschlag – Freibeträge für ... Kinder 0,5	1,0	1,5	2,0	2,5	3,0
41 075,99	I,IV	**5 916**	3 768	3 768	I	4 635	3 427	2 292	1 230	312	
	II	**4 690**	3 768	3 768	II	3 479	2 341	1 275	345		
	III	**2 618**	3 768	3 768	III	1 610	740	50			
	V	**10 276**	3 768	3 768	IV	5 266	4 635	4 022	3 427	2 851	2 292
	VI	**10 711**	3 768	3 768							
41 111,99	I,IV	**5 925**	3 772	3 772	I	4 644	3 436	2 300	1 237	317	
	II	**4 699**	3 772	3 772	II	3 488	2 349	1 283	351		
	III	**2 626**	3 772	3 772	III	1 616	746	54			
	V	**10 288**	3 772	3 772	IV	5 275	4 644	4 031	3 436	2 859	2 300
	VI	**10 723**	3 772	3 772							
41 147,99	I,IV	**5 934**	3 775	3 775	I	4 653	3 444	2 308	1 245	322	
	II	**4 708**	3 775	3 775	II	3 496	2 357	1 290	356		
	III	**2 632**	3 775	3 775	III	1 622	752	58			
	V	**10 301**	3 775	3 775	IV	5 285	4 653	4 040	3 444	2 867	2 308
	VI	**10 736**	3 775	3 775							
41 183,99	I,IV	**5 943**	3 778	3 778	I	4 662	3 452	2 316	1 252	328	
	II	**4 717**	3 778	3 778	II	3 504	2 365	1 297	362		
	III	**2 640**	3 778	3 778	III	1 630	758	62			
	V	**10 313**	3 778	3 778	IV	5 293	4 662	4 048	3 452	2 875	2 316
	VI	**10 748**	3 778	3 778							
41 219,99	I,IV	**5 953**	3 781	3 781	I	4 670	3 461	2 324	1 259	333	
	II	**4 726**	3 781	3 781	II	3 513	2 372	1 305	367		
	III	**2 646**	3 781	3 781	III	1 636	762	66			
	V	**10 326**	3 781	3 781	IV	5 303	4 670	4 057	3 461	2 883	2 324
	VI	**10 761**	3 781	3 781							
41 255,99	I,IV	**5 962**	3 785	3 785	I	4 679	3 469	2 331	1 266	339	
	II	**4 735**	3 785	3 785	II	3 521	2 380	1 312	373		
	III	**2 654**	3 785	3 785	III	1 644	768	72			
	V	**10 338**	3 785	3 785	IV	5 312	4 679	4 065	3 469	2 891	2 331
	VI	**10 773**	3 785	3 785							
41 291,99	I,IV	**5 972**	3 788	3 788	I	4 688	3 477	2 339	1 274	344	
	II	**4 744**	3 788	3 788	II	3 530	2 388	1 319	378		
	III	**2 662**	3 788	3 788	III	1 650	774	76			
	V	**10 351**	3 788	3 788	IV	5 321	4 688	4 074	3 477	2 899	2 339
	VI	**10 786**	3 788	3 788							
41 327,99	I,IV	**5 981**	3 791	3 791	I	4 697	3 486	2 347	1 281	349	
	II	**4 752**	3 791	3 791	II	3 538	2 396	1 327	384		
	III	**2 668**	3 791	3 791	III	1 656	780	80			
	V	**10 363**	3 791	3 791	IV	5 330	4 697	4 082	3 486	2 907	2 347
	VI	**10 798**	3 791	3 791							
41 363,99	I,IV	**5 990**	3 795	3 795	I	4 706	3 494	2 355	1 288	355	
	II	**4 761**	3 795	3 795	II	3 546	2 404	1 334	389		
	III	**2 676**	3 795	3 795	III	1 664	786	84			
	V	**10 376**	3 795	3 795	IV	5 339	4 706	4 091	3 494	2 915	2 355
	VI	**10 811**	3 795	3 795							
41 399,99	I,IV	**6 000**	3 798	3 798	I	4 715	3 502	2 363	1 296	360	
	II	**4 770**	3 798	3 798	II	3 555	2 412	1 341	395		
	III	**2 684**	3 798	3 798	III	1 670	790	88			
	V	**10 388**	3 798	3 798	IV	5 348	4 715	4 100	3 502	2 923	2 363
	VI	**10 823**	3 798	3 798							
41 435,99	I,IV	**6 009**	3 801	3 801	I	4 724	3 511	2 371	1 303	366	
	II	**4 779**	3 801	3 801	II	3 563	2 420	1 349	401		
	III	**2 692**	3 801	3 801	III	1 678	796	94			
	V	**10 401**	3 801	3 801	IV	5 357	4 724	4 108	3 511	2 932	2 371
	VI	**10 836**	3 801	3 801							
41 471,99	I,IV	**6 018**	3 805	3 805	I	4 732	3 519	2 378	1 310	371	
	II	**4 788**	3 805	3 805	II	3 571	2 427	1 356	406		
	III	**2 698**	3 805	3 805	III	1 684	802	98			
	V	**10 413**	3 805	3 805	IV	5 366	4 732	4 117	3 519	2 940	2 378
	VI	**10 848**	3 805	3 805							

* Zur LSt-Berechnung für privat versicherte Arbeitnehmer s. Beispiele **Vorbemerkung S. 4 f.**
** Basisvorsorgepauschale KV und PV   *** Typisierter Arbeitgeberzuschuss

Lohn/ Gehalt in € bis	Steuerklasse	**Lohn-steuer***	BVSP**	TAGZ***	Steuerklasse	Bemessungsgrundlage für Kirchensteuer und Solidaritätszuschlag – Freibeträge für ... Kinder 0,5	**1,0**	1,5	**2,0**	2,5	**3,0**
41 507,99	I,IV	**6 028**	3 808	3 808	I	4 741	3 527	2 386	1 317	377	
	II	**4 797**	3 808	3 808	II	3 580	2 435	1 363	412		
	III	**2 706**	3 808	3 808	III	1 692	808	102			
	V	**10 426**	3 808	3 808	IV	5 376	4 741	4 125	3 527	2 948	2 386
	VI	**10 861**	3 808	3 808							
41 543,99	I,IV	**6 037**	3 811	3 811	I	4 750	3 536	2 394	1 325	383	
	II	**4 806**	3 811	3 811	II	3 588	2 443	1 371	418		
	III	**2 712**	3 811	3 811	III	1 698	814	106			
	V	**10 438**	3 811	3 811	IV	5 385	4 750	4 134	3 536	2 956	2 394
	VI	**10 873**	3 811	3 811							
41 579,99	I,IV	**6 047**	3 814	3 814	I	4 759	3 544	2 402	1 332	388	
	II	**4 815**	3 814	3 814	II	3 597	2 451	1 378	423		
	III	**2 720**	3 814	3 814	III	1 706	818	110			
	V	**10 451**	3 814	3 814	IV	5 394	4 759	4 143	3 544	2 964	2 402
	VI	**10 886**	3 814	3 814							
41 615,99	I,IV	**6 056**	3 818	3 818	I	4 768	3 552	2 410	1 339	394	
	II	**4 823**	3 818	3 818	II	3 605	2 459	1 385	429		
	III	**2 728**	3 818	3 818	III	1 712	824	114			
	V	**10 463**	3 818	3 818	IV	5 403	4 768	4 151	3 552	2 972	2 410
	VI	**10 898**	3 818	3 818							
41 651,99	I,IV	**6 065**	3 821	3 821	I	4 777	3 561	2 417	1 347	399	
	II	**4 832**	3 821	3 821	II	3 613	2 467	1 393	435		
	III	**2 734**	3 821	3 821	III	1 720	830	120			
	V	**10 476**	3 821	3 821	IV	5 412	4 777	4 160	3 561	2 980	2 417
	VI	**10 911**	3 821	3 821							
41 687,99	I,IV	**6 075**	3 824	3 824	I	4 786	3 569	2 425	1 354	405	
	II	**4 841**	3 824	3 824	II	3 622	2 475	1 400	441		
	III	**2 742**	3 824	3 824	III	1 726	836	124			
	V	**10 488**	3 824	3 824	IV	5 421	4 786	4 168	3 569	2 988	2 425
	VI	**10 923**	3 824	3 824							
41 723,99	I,IV	**6 084**	3 828	3 828	I	4 795	3 578	2 433	1 362	411	
	II	**4 850**	3 828	3 828	II	3 630	2 483	1 408	446		
	III	**2 750**	3 828	3 828	III	1 734	842	128			
	V	**10 501**	3 828	3 828	IV	5 430	4 795	4 177	3 578	2 996	2 433
	VI	**10 936**	3 828	3 828							
41 759,99	I,IV	**6 094**	3 831	3 831	I	4 803	3 586	2 441	1 369	416	
	II	**4 859**	3 831	3 831	II	3 638	2 490	1 415	452		
	III	**2 756**	3 831	3 831	III	1 740	848	132			
	V	**10 513**	3 831	3 831	IV	5 439	4 803	4 186	3 586	3 004	2 441
	VI	**10 948**	3 831	3 831							
41 795,99	I,IV	**6 103**	3 834	3 834	I	4 812	3 594	2 449	1 376	422	
	II	**4 868**	3 834	3 834	II	3 647	2 498	1 422	458		
	III	**2 764**	3 834	3 834	III	1 746	852	136			
	V	**10 526**	3 834	3 834	IV	5 449	4 812	4 194	3 594	3 013	2 449
	VI	**10 961**	3 834	3 834							
41 831,99	I,IV	**6 113**	3 838	3 838	I	4 821	3 603	2 457	1 384	428	
	II	**4 877**	3 838	3 838	II	3 655	2 506	1 430	464		
	III	**2 772**	3 838	3 838	III	1 754	858	142			
	V	**10 538**	3 838	3 838	IV	5 458	4 821	4 203	3 603	3 021	2 457
	VI	**10 973**	3 838	3 838							
41 867,99	I,IV	**6 122**	3 841	3 841	I	4 830	3 611	2 465	1 391	433	
	II	**4 886**	3 841	3 841	II	3 664	2 514	1 437	470		
	III	**2 778**	3 841	3 841	III	1 760	864	146			
	V	**10 551**	3 841	3 841	IV	5 467	4 830	4 212	3 611	3 029	2 465
	VI	**10 986**	3 841	3 841							
41 903,99	I,IV	**6 131**	3 844	3 844	I	4 839	3 619	2 472	1 398	439	
	II	**4 895**	3 844	3 844	II	3 672	2 522	1 444	475		
	III	**2 786**	3 844	3 844	III	1 768	870	150			
	V	**10 563**	3 844	3 844	IV	5 476	4 839	4 220	3 619	3 037	2 472
	VI	**10 998**	3 844	3 844							

* Zur LSt-Berechnung für privat versicherte Arbeitnehmer s. Beispiele **Vorbemerkung S. 4 f.**
** Basisvorsorgepauschale KV und PV *** Typisierter Arbeitgeberzuschuss

Lohn/ Gehalt in € bis	Steuerklasse	Lohn-steuer*	BVSP**	TAGZ***	Steuerklasse	Bemessungsgrundlage für Kirchensteuer und Solidaritätszuschlag – Freibeträge für ... Kinder 0,5	1,0	1,5	2,0	2,5	3,0
41 939,99	I,IV	**6 141**	3 847	3 847	I	4 848	3 628	2 480	1 406	445	
	II	**4 904**	3 847	3 847	II	3 680	2 530	1 452	481		
	III	**2 794**	3 847	3 847	III	1 774	876	154			
	V	**10 576**	3 847	3 847	IV	5 485	4 848	4 229	3 628	3 045	2 480
	VI	**11 011**	3 847	3 847							
41 975,99	I,IV	**6 150**	3 851	3 851	I	4 857	3 636	2 488	1 413	451	
	II	**4 913**	3 851	3 851	II	3 689	2 538	1 459	487		
	III	**2 802**	3 851	3 851	III	1 782	882	160			
	V	**10 588**	3 851	3 851	IV	5 495	4 857	4 238	3 636	3 053	2 488
	VI	**11 023**	3 851	3 851							
42 011,99	I,IV	**6 160**	3 854	3 854	I	4 866	3 645	2 496	1 420	456	
	II	**4 922**	3 854	3 854	II	3 697	2 546	1 467	493		
	III	**2 808**	3 854	3 854	III	1 788	888	164			
	V	**10 601**	3 854	3 854	IV	5 504	4 866	4 246	3 645	3 062	2 496
	VI	**11 036**	3 854	3 854							
42 047,99	I,IV	**6 169**	3 857	3 857	I	4 875	3 653	2 504	1 428	462	
	II	**4 931**	3 857	3 857	II	3 706	2 553	1 474	499		
	III	**2 816**	3 857	3 857	III	1 796	894	168			
	V	**10 613**	3 857	3 857	IV	5 513	4 875	4 255	3 653	3 069	2 504
	VI	**11 048**	3 857	3 857							
42 083,99	I,IV	**6 178**	3 861	3 861	I	4 884	3 662	2 512	1 435	468	
	II	**4 940**	3 861	3 861	II	3 714	2 561	1 481	505		
	III	**2 824**	3 861	3 861	III	1 802	898	172			
	V	**10 626**	3 861	3 861	IV	5 522	4 884	4 264	3 662	3 078	2 512
	VI	**11 061**	3 861	3 861							
42 119,99	I,IV	**6 188**	3 864	3 864	I	4 893	3 670	2 520	1 443	474	
	II	**4 949**	3 864	3 864	II	3 723	2 569	1 489	511		
	III	**2 830**	3 864	3 864	III	1 810	904	178			
	V	**10 638**	3 864	3 864	IV	5 531	4 893	4 272	3 670	3 086	2 520
	VI	**11 073**	3 864	3 864							
42 155,99	I,IV	**6 198**	3 867	3 867	I	4 902	3 678	2 528	1 450	480	
	II	**4 958**	3 867	3 867	II	3 731	2 577	1 496	517		
	III	**2 838**	3 867	3 867	III	1 816	910	182			
	V	**10 651**	3 867	3 867	IV	5 541	4 902	4 281	3 678	3 094	2 528
	VI	**11 086**	3 867	3 867							
42 191,99	I,IV	**6 207**	3 871	3 871	I	4 910	3 687	2 536	1 457	486	
	II	**4 966**	3 871	3 871	II	3 739	2 585	1 503	523		
	III	**2 846**	3 871	3 871	III	1 824	916	186			
	V	**10 663**	3 871	3 871	IV	5 549	4 910	4 289	3 687	3 102	2 536
	VI	**11 098**	3 871	3 871							
42 227,99	I,IV	**6 216**	3 874	3 874	I	4 919	3 695	2 544	1 465	492	
	II	**4 975**	3 874	3 874	II	3 748	2 593	1 511	529		
	III	**2 852**	3 874	3 874	III	1 832	922	192			
	V	**10 676**	3 874	3 874	IV	5 559	4 919	4 298	3 695	3 110	2 544
	VI	**11 111**	3 874	3 874							
42 263,99	I,IV	**6 226**	3 877	3 877	I	4 928	3 704	2 552	1 472	497	
	II	**4 984**	3 877	3 877	II	3 756	2 601	1 518	535		
	III	**2 860**	3 877	3 877	III	1 838	928	196			
	V	**10 688**	3 877	3 877	IV	5 568	4 928	4 307	3 704	3 119	2 552
	VI	**11 123**	3 877	3 877							
42 299,99	I,IV	**6 235**	3 881	3 881	I	4 937	3 712	2 560	1 480	503	
	II	**4 993**	3 881	3 881	II	3 765	2 609	1 526	541		
	III	**2 868**	3 881	3 881	III	1 846	934	200			
	V	**10 701**	3 881	3 881	IV	5 577	4 937	4 316	3 712	3 127	2 560
	VI	**11 136**	3 881	3 881							
42 335,99	I,IV	**6 245**	3 884	3 884	I	4 946	3 720	2 567	1 487	509	
	II	**5 002**	3 884	3 884	II	3 773	2 617	1 533	547		
	III	**2 874**	3 884	3 884	III	1 852	940	204			
	V	**10 713**	3 884	3 884	IV	5 586	4 946	4 324	3 720	3 135	2 567
	VI	**11 148**	3 884	3 884							

* Zur LSt-Berechnung für privat versicherte Arbeitnehmer s. Beispiele **Vorbemerkung S. 4 f.**
** Basisvorsorgepauschale KV und PV *** Typisierter Arbeitgeberzuschuss

Lohn/ Gehalt in € bis	Steuerklasse	**Lohn-steuer***	BVSP**	TAGZ***	Steuerklasse	Bemessungsgrundlage für Kirchensteuer und Solidaritätszuschlag – Freibeträge für ... Kinder 0,5	**1,0**	1,5	**2,0**	2,5	**3,0**
42371,99	I,IV	**6254**	3887	3887	I	4955	3729	2575	1494	515	
	II	**5011**	3887	3887	II	3782	2625	1541	553		
	III	**2882**	3887	3887	III	1860	946	210			
	V	**10726**	3887	3887	IV	5596	4955	4333	3729	3143	2575
	VI	**11161**	3887	3887							
42407,99	I,IV	**6264**	3890	3890	I	4964	3737	2583	1502	521	
	II	**5020**	3890	3890	II	3790	2633	1548	559		
	III	**2890**	3890	3890	III	1866	952	214			
	V	**10738**	3890	3890	IV	5605	4964	4342	3737	3151	2583
	VI	**11173**	3890	3890							
42443,99	I,IV	**6273**	3894	3894	I	4973	3746	2591	1509	527	
	II	**5029**	3894	3894	II	3799	2641	1556	565		
	III	**2896**	3894	3894	III	1874	958	218			
	V	**10751**	3894	3894	IV	5614	4973	4351	3746	3160	2591
	VI	**11186**	3894	3894							
42479,99	I,IV	**6282**	3897	3897	I	4982	3754	2599	1516	533	
	II	**5038**	3897	3897	II	3807	2649	1563	571		
	III	**2904**	3897	3897	III	1880	964	224			
	V	**10763**	3897	3897	IV	5623	4982	4359	3754	3168	2599
	VI	**11198**	3897	3897							
42515,99	I,IV	**6292**	3900	3900	I	4991	3763	2607	1524	539	
	II	**5047**	3900	3900	II	3816	2657	1570	578		
	III	**2912**	3900	3900	III	1888	970	228			
	V	**10776**	3900	3900	IV	5632	4991	4368	3763	3176	2607
	VI	**11211**	3900	3900							
42551,99	I,IV	**6302**	3904	3904	I	5000	3771	2615	1531	545	
	II	**5056**	3904	3904	II	3824	2665	1578	584		
	III	**2920**	3904	3904	III	1896	976	232			
	V	**10788**	3904	3904	IV	5642	5000	4377	3771	3184	2615
	VI	**11223**	3904	3904							
42587,99	I,IV	**6311**	3907	3907	I	5009	3780	2623	1539	552	
	II	**5065**	3907	3907	II	3833	2673	1585	590		
	III	**2926**	3907	3907	III	1902	982	238			
	V	**10801**	3907	3907	IV	5651	5009	4385	3780	3192	2623
	VI	**11236**	3907	3907							
42623,99	I,IV	**6320**	3910	3910	I	5018	3788	2631	1546	558	
	II	**5074**	3910	3910	II	3841	2681	1593	596		
	III	**2934**	3910	3910	III	1910	986	242			
	V	**10813**	3910	3910	IV	5660	5018	4394	3788	3200	2631
	VI	**11248**	3910	3910							
42659,99	I,IV	**6330**	3914	3914	I	5027	3797	2639	1554	564	
	II	**5083**	3914	3914	II	3850	2689	1600	602		
	III	**2942**	3914	3914	III	1916	992	246			
	V	**10825**	3914	3914	IV	5669	5027	4403	3797	3209	2639
	VI	**11261**	3914	3914							
42695,99	I,IV	**6340**	3917	3917	I	5036	3805	2647	1561	570	
	II	**5092**	3917	3917	II	3858	2697	1608	609		
	III	**2948**	3917	3917	III	1924	998	250			
	V	**10838**	3917	3917	IV	5679	5036	4412	3805	3217	2647
	VI	**11273**	3917	3917							
42731,99	I,IV	**6349**	3920	3920	I	5045	3814	2655	1569	576	
	II	**5101**	3920	3920	II	3867	2705	1615	615		
	III	**2956**	3920	3920	III	1930	1004	256			
	V	**10851**	3920	3920	IV	5688	5045	4420	3814	3225	2655
	VI	**11286**	3920	3920							
42767,99	I,IV	**6358**	3923	3923	I	5054	3822	2663	1576	582	
	II	**5110**	3923	3923	II	3875	2712	1623	621		
	III	**2964**	3923	3923	III	1938	1010	260			
	V	**10863**	3923	3923	IV	5697	5054	4429	3822	3233	2663
	VI	**11298**	3923	3923							

* Zur LSt-Berechnung für privat versicherte Arbeitnehmer s. Beispiele **Vorbemerkung S. 4f.**
** Basisvorsorgepauschale KV und PV *** Typisierter Arbeitgeberzuschuss

Lohn/ Gehalt in € bis	Steuerklasse	Lohn-steuer*	BVSP**	TAGZ***	Steuerklasse	Bemessungsgrundlage für Kirchensteuer und Solidaritätszuschlag – Freibeträge für ... Kinder 0,5	1,0	1,5	2,0	2,5	3,0
42 803,99	I,IV	**6 368**	3 927	3 927	I	5 063	3 830	2 671	1 583	588	
	II	**5 119**	3 927	3 927	II	3 884	2 721	1 630	627		
	III	**2 972**	3 927	3 927	III	1 946	1 016	266			
	V	**10 875**	3 927	3 927	IV	5 706	5 063	4 438	3 830	3 241	2 671
	VI	**11 311**	3 927	3 927							
42 839,99	I,IV	**6 378**	3 930	3 930	I	5 072	3 839	2 679	1 591	595	
	II	**5 128**	3 930	3 930	II	3 892	2 729	1 638	634		
	III	**2 978**	3 930	3 930	III	1 952	1 022	270			
	V	**10 888**	3 930	3 930	IV	5 716	5 072	4 446	3 839	3 250	2 679
	VI	**11 323**	3 930	3 930							
42 875,99	I,IV	**6 387**	3 933	3 933	I	5 081	3 848	2 687	1 598	601	
	II	**5 138**	3 933	3 933	II	3 901	2 737	1 645	640		
	III	**2 986**	3 933	3 933	III	1 960	1 028	274			
	V	**10 901**	3 933	3 933	IV	5 725	5 081	4 455	3 848	3 258	2 687
	VI	**11 336**	3 933	3 933							
42 911,99	I,IV	**6 397**	3 937	3 937	I	5 090	3 856	2 695	1 606	607	
	II	**5 146**	3 937	3 937	II	3 909	2 744	1 652	646		
	III	**2 992**	3 937	3 937	III	1 966	1 034	280			
	V	**10 913**	3 937	3 937	IV	5 734	5 090	4 464	3 856	3 266	2 695
	VI	**11 348**	3 937	3 937							
42 947,99	I,IV	**6 406**	3 940	3 940	I	5 099	3 864	2 703	1 613	613	
	II	**5 155**	3 940	3 940	II	3 918	2 753	1 660	653		
	III	**3 000**	3 940	3 940	III	1 974	1 040	284			
	V	**10 925**	3 940	3 940	IV	5 743	5 099	4 473	3 864	3 274	2 703
	VI	**11 361**	3 940	3 940							
42 983,99	I,IV	**6 416**	3 943	3 943	I	5 108	3 873	2 711	1 621	620	
	II	**5 165**	3 943	3 943	II	3 926	2 761	1 668	659		
	III	**3 008**	3 943	3 943	III	1 980	1 046	288			
	V	**10 938**	3 943	3 943	IV	5 753	5 108	4 481	3 873	3 283	2 711
	VI	**11 373**	3 943	3 943							
43 019,99	I,IV	**6 425**	3 947	3 947	I	5 117	3 882	2 719	1 628	626	
	II	**5 174**	3 947	3 947	II	3 935	2 769	1 675	666		
	III	**3 016**	3 947	3 947	III	1 988	1 052	294			
	V	**10 951**	3 947	3 947	IV	5 762	5 117	4 490	3 882	3 291	2 719
	VI	**11 386**	3 947	3 947							
43 055,99	I,IV	**6 435**	3 950	3 950	I	5 126	3 890	2 726	1 636	632	
	II	**5 182**	3 950	3 950	II	3 943	2 777	1 682	672		
	III	**3 022**	3 950	3 950	III	1 996	1 058	298			
	V	**10 963**	3 950	3 950	IV	5 771	5 126	4 499	3 890	3 299	2 726
	VI	**11 398**	3 950	3 950							
43 091,99	I,IV	**6 444**	3 953	3 953	I	5 135	3 898	2 735	1 643	638	
	II	**5 192**	3 953	3 953	II	3 952	2 785	1 690	678		
	III	**3 030**	3 953	3 953	III	2 002	1 064	304			
	V	**10 975**	3 953	3 953	IV	5 781	5 135	4 508	3 898	3 307	2 735
	VI	**11 411**	3 953	3 953							
43 127,99	I,IV	**6 454**	3 956	3 956	I	5 144	3 907	2 743	1 651	645	
	II	**5 201**	3 956	3 956	II	3 960	2 793	1 698	685		
	III	**3 038**	3 956	3 956	III	2 010	1 070	308			
	V	**10 988**	3 956	3 956	IV	5 790	5 144	4 517	3 907	3 316	2 743
	VI	**11 423**	3 956	3 956							
43 163,99	I,IV	**6 464**	3 960	3 960	I	5 153	3 916	2 751	1 658	651	
	II	**5 210**	3 960	3 960	II	3 969	2 801	1 705	691		
	III	**3 046**	3 960	3 960	III	2 016	1 076	312			
	V	**11 001**	3 960	3 960	IV	5 799	5 153	4 525	3 916	3 324	2 751
	VI	**11 436**	3 960	3 960							
43 199,99	I,IV	**6 473**	3 963	3 963	I	5 162	3 924	2 758	1 666	658	
	II	**5 219**	3 963	3 963	II	3 977	2 809	1 713	698		
	III	**3 052**	3 963	3 963	III	2 024	1 082	318			
	V	**11 013**	3 963	3 963	IV	5 808	5 162	4 534	3 924	3 332	2 758
	VI	**11 448**	3 963	3 963							

* Zur LSt-Berechnung für privat versicherte Arbeitnehmer s. Beispiele **Vorbemerkung S. 4 f.**
** Basisvorsorgepauschale KV und PV *** Typisierter Arbeitgeberzuschuss

Lohn/ Gehalt in € bis	Steuerklasse	Lohn-steuer*	BVSP**	TAGZ***	Steuerklasse	Bemessungsgrundlage für Kirchensteuer und Solidaritätszuschlag					
						Freibeträge für ... Kinder					
						0,5	**1,0**	1,5	**2,0**	2,5	**3,0**
43 235,99	I,IV	**6 482**	3 966	3 966	I	5 171	3 933	2 767	1 673	664	
	II	**5 228**	3 966	3 966	II	3 986	2 817	1 720	704		
	III	**3 060**	3 966	3 966	III	2 030	1 088	322			
	V	**11 025**	3 966	3 966	IV	5 818	5 171	4 543	3 933	3 340	2 767
	VI	**11 461**	3 966	3 966							
43 271,99	I,IV	**6 492**	3 970	3 970	I	5 180	3 941	2 775	1 681	670	
	II	**5 237**	3 970	3 970	II	3 995	2 825	1 728	711		
	III	**3 068**	3 970	3 970	III	2 038	1 094	326			
	V	**11 038**	3 970	3 970	IV	5 827	5 180	4 552	3 941	3 349	2 775
	VI	**11 473**	3 970	3 970							
43 307,99	I,IV	**6 502**	3 973	3 973	I	5 189	3 950	2 783	1 688	677	
	II	**5 246**	3 973	3 973	II	4 003	2 833	1 735	718		
	III	**3 074**	3 973	3 973	III	2 046	1 100	332			
	V	**11 051**	3 973	3 973	IV	5 837	5 189	4 561	3 950	3 357	2 783
	VI	**11 486**	3 973	3 973							
43 343,99	I,IV	**6 511**	3 976	3 976	I	5 198	3 958	2 791	1 696	683	
	II	**5 255**	3 976	3 976	II	4 012	2 841	1 743	724		
	III	**3 082**	3 976	3 976	III	2 052	1 106	336			
	V	**11 063**	3 976	3 976	IV	5 846	5 198	4 569	3 958	3 365	2 791
	VI	**11 498**	3 976	3 976							
43 379,99	I,IV	**6 521**	3 980	3 980	I	5 207	3 967	2 799	1 703	690	
	II	**5 264**	3 980	3 980	II	4 020	2 849	1 750	731		
	III	**3 090**	3 980	3 980	III	2 060	1 114	342			
	V	**11 075**	3 980	3 980	IV	5 855	5 207	4 578	3 967	3 374	2 799
	VI	**11 511**	3 980	3 980							
43 415,99	I,IV	**6 530**	3 983	3 983	I	5 217	3 975	2 807	1 711	696	
	II	**5 273**	3 983	3 983	II	4 029	2 857	1 758	737		
	III	**3 098**	3 983	3 983	III	2 066	1 120	346			
	V	**11 088**	3 983	3 983	IV	5 864	5 217	4 587	3 975	3 382	2 807
	VI	**11 523**	3 983	3 983							
43 451,99	I,IV	**6 540**	3 986	3 986	I	5 226	3 984	2 815	1 718	703	
	II	**5 282**	3 986	3 986	II	4 037	2 865	1 765	744		
	III	**3 104**	3 986	3 986	III	2 074	1 126	352			
	V	**11 101**	3 986	3 986	IV	5 874	5 226	4 596	3 984	3 390	2 815
	VI	**11 536**	3 986	3 986							
43 487,99	I,IV	**6 549**	3 990	3 990	I	5 235	3 992	2 823	1 726	709	
	II	**5 291**	3 990	3 990	II	4 046	2 873	1 773	750		
	III	**3 112**	3 990	3 990	III	2 080	1 132	356			
	V	**11 113**	3 990	3 990	IV	5 883	5 235	4 604	3 992	3 398	2 823
	VI	**11 548**	3 990	3 990							
43 523,99	I,IV	**6 559**	3 993	3 993	I	5 244	4 001	2 831	1 733	716	
	II	**5 300**	3 993	3 993	II	4 054	2 881	1 780	757		
	III	**3 120**	3 993	3 993	III	2 088	1 138	360			
	V	**11 125**	3 993	3 993	IV	5 892	5 244	4 613	4 001	3 407	2 831
	VI	**11 560**	3 993	3 993							
43 559,99	I,IV	**6 569**	3 996	3 996	I	5 253	4 010	2 839	1 741	722	
	II	**5 310**	3 996	3 996	II	4 063	2 889	1 788	764		
	III	**3 126**	3 996	3 996	III	2 096	1 144	366			
	V	**11 138**	3 996	3 996	IV	5 902	5 253	4 622	4 010	3 415	2 839
	VI	**11 573**	3 996	3 996							
43 595,99	I,IV	**6 578**	3 999	3 999	I	5 262	4 018	2 847	1 748	729	
	II	**5 319**	3 999	3 999	II	4 072	2 897	1 796	771	4	
	III	**3 134**	3 999	3 999	III	2 102	1 150	370			
	V	**11 151**	3 999	3 999	IV	5 911	5 262	4 631	4 018	3 424	2 847
	VI	**11 586**	3 999	3 999							
43 631,99	I,IV	**6 588**	4 003	4 003	I	5 271	4 027	2 855	1 756	736	
	II	**5 328**	4 003	4 003	II	4 080	2 905	1 803	777	8	
	III	**3 142**	4 003	4 003	III	2 110	1 156	376			
	V	**11 163**	4 003	4 003	IV	5 920	5 271	4 640	4 027	3 432	2 855
	VI	**11 598**	4 003	4 003							

* Zur LSt-Berechnung für privat versicherte Arbeitnehmer s. Beispiele **Vorbemerkung S. 4 f.**
** Basisvorsorgepauschale KV und PV *** Typisierter Arbeitgeberzuschuss

Lohn/ Gehalt in € bis	Steuerklasse	Lohn- steuer*	BVSP**	TAGZ***	Steuerklasse	Bemessungsgrundlage für Kirchensteuer und Solidaritätszuschlag					
						Freibeträge für ... Kinder					
						0,5	**1,0**	1,5	**2,0**	2,5	**3,0**
43 667,99	I,IV	**6 597**	4 006	4 006	I	5 280	4 035	2 863	1 763	742	
	II	**5 337**	4 006	4 006	II	4 089	2 913	1 811	784	12	
	III	**3 150**	4 006	4 006	III	2 118	1 162	380			
	V	**11 175**	4 006	4 006	IV	5 930	5 280	4 649	4 035	3 440	2 863
	VI	**11 610**	4 006	4 006							
43 703,99	I,IV	**6 607**	4 009	4 009	I	5 289	4 044	2 871	1 771	749	
	II	**5 346**	4 009	4 009	II	4 098	2 922	1 818	791	16	
	III	**3 156**	4 009	4 009	III	2 124	1 168	386			
	V	**11 188**	4 009	4 009	IV	5 939	5 289	4 657	4 044	3 448	2 871
	VI	**11 623**	4 009	4 009							
43 739,99	I,IV	**6 617**	4 013	4 013	I	5 298	4 052	2 879	1 779	756	
	II	**5 355**	4 013	4 013	II	4 106	2 930	1 826	798	20	
	III	**3 164**	4 013	4 013	III	2 132	1 174	390			
	V	**11 201**	4 013	4 013	IV	5 949	5 298	4 666	4 052	3 457	2 879
	VI	**11 636**	4 013	4 013							
43 775,99	I,IV	**6 626**	4 016	4 016	I	5 307	4 061	2 887	1 786	762	
	II	**5 364**	4 016	4 016	II	4 115	2 938	1 833	804	25	
	III	**3 172**	4 016	4 016	III	2 138	1 180	396			
	V	**11 213**	4 016	4 016	IV	5 958	5 307	4 675	4 061	3 465	2 887
	VI	**11 648**	4 016	4 016							
43 811,99	I,IV	**6 636**	4 019	4 019	I	5 316	4 070	2 895	1 794	769	2
	II	**5 373**	4 019	4 019	II	4 123	2 946	1 841	811	29	
	III	**3 178**	4 019	4 019	III	2 146	1 186	400			
	V	**11 225**	4 019	4 019	IV	5 967	5 316	4 684	4 070	3 473	2 895
	VI	**11 660**	4 019	4 019							
43 847,99	I,IV	**6 646**	4 023	4 023	I	5 326	4 078	2 903	1 801	776	7
	II	**5 383**	4 023	4 023	II	4 132	2 954	1 849	818	33	
	III	**3 186**	4 023	4 023	III	2 152	1 192	406			
	V	**11 238**	4 023	4 023	IV	5 977	5 326	4 693	4 078	3 482	2 903
	VI	**11 673**	4 023	4 023							
43 883,99	I,IV	**6 655**	4 026	4 026	I	5 335	4 087	2 912	1 809	782	11
	II	**5 392**	4 026	4 026	II	4 141	2 962	1 856	825	38	
	III	**3 194**	4 026	4 026	III	2 160	1 200	410			
	V	**11 251**	4 026	4 026	IV	5 986	5 335	4 702	4 087	3 490	2 912
	VI	**11 686**	4 026	4 026							
43 919,99	I,IV	**6 665**	4 029	4 029	I	5 344	4 095	2 919	1 816	789	15
	II	**5 401**	4 029	4 029	II	4 149	2 970	1 864	831	42	
	III	**3 202**	4 029	4 029	III	2 168	1 206	416			
	V	**11 263**	4 029	4 029	IV	5 995	5 344	4 710	4 095	3 498	2 919
	VI	**11 698**	4 029	4 029							
43 955,99	I,IV	**6 674**	4 032	4 032	I	5 353	4 104	2 928	1 824	796	19
	II	**5 410**	4 032	4 032	II	4 158	2 978	1 871	838	46	
	III	**3 208**	4 032	4 032	III	2 174	1 212	420			
	V	**11 275**	4 032	4 032	IV	6 005	5 353	4 719	4 104	3 507	2 928
	VI	**11 710**	4 032	4 032							
43 991,99	I,IV	**6 684**	4 036	4 036	I	5 362	4 113	2 936	1 831	803	24
	II	**5 419**	4 036	4 036	II	4 166	2 986	1 879	845	51	
	III	**3 216**	4 036	4 036	III	2 182	1 218	426			
	V	**11 288**	4 036	4 036	IV	6 014	5 362	4 728	4 113	3 515	2 936
	VI	**11 723**	4 036	4 036							
44 027,99	I,IV	**6 694**	4 039	4 039	I	5 371	4 121	2 944	1 839	809	28
	II	**5 428**	4 039	4 039	II	4 175	2 995	1 887	852	55	
	III	**3 224**	4 039	4 039	III	2 190	1 224	430			
	V	**11 301**	4 039	4 039	IV	6 023	5 371	4 737	4 121	3 523	2 944
	VI	**11 736**	4 039	4 039							
44 063,99	I,IV	**6 703**	4 042	4 042	I	5 380	4 130	2 952	1 847	816	32
	II	**5 437**	4 042	4 042	II	4 184	3 002	1 894	859	59	
	III	**3 232**	4 042	4 042	III	2 196	1 230	434			
	V	**11 313**	4 042	4 042	IV	6 033	5 380	4 746	4 130	3 532	2 952
	VI	**11 748**	4 042	4 042							

* Zur LSt-Berechnung für privat versicherte Arbeitnehmer s. Beispiele **Vorbemerkung S. 4 f.**
** Basisvorsorgepauschale KV und PV *** Typisierter Arbeitgeberzuschuss

Lohn/ Gehalt in € bis	Steuerklasse	**Lohn-steuer***	BVSP**	TAGZ***	Steuerklasse	Bemessungsgrundlage für Kirchensteuer und Solidaritätszuschlag – Freibeträge für ... Kinder 0,5	**1,0**	1,5	**2,0**	2,5	**3,0**
44 099,99	I,IV	**6 713**	4 046	4 046	I	5 389	4 138	2 960	1 854	823	36
	II	**5 446**	4 046	4 046	II	4 192	3 011	1 902	866	64	
	III	**3 238**	4 046	4 046	III	2 204	1 236	440			
	V	**11 325**	4 046	4 046	IV	6 042	5 389	4 755	4 138	3 540	2 960
	VI	**11 760**	4 046	4 046							
44 135,99	I,IV	**6 723**	4 049	4 049	I	5 399	4 147	2 968	1 862	830	41
	II	**5 456**	4 049	4 049	II	4 201	3 019	1 909	873	68	
	III	**3 246**	4 049	4 049	III	2 210	1 244	446			
	V	**11 338**	4 049	4 049	IV	6 052	5 399	4 764	4 147	3 548	2 968
	VI	**11 773**	4 049	4 049							
44 171,99	I,IV	**6 732**	4 052	4 052	I	5 408	4 156	2 976	1 869	837	45
	II	**5 465**	4 052	4 052	II	4 210	3 027	1 917	880	73	
	III	**3 254**	4 052	4 052	III	2 218	1 250	450			
	V	**11 350**	4 052	4 052	IV	6 061	5 408	4 773	4 156	3 557	2 976
	VI	**11 786**	4 052	4 052							
44 207,99	I,IV	**6 742**	4 056	4 056	I	5 417	4 164	2 984	1 877	843	49
	II	**5 474**	4 056	4 056	II	4 218	3 035	1 924	887	77	
	III	**3 262**	4 056	4 056	III	2 226	1 256	456			
	V	**11 363**	4 056	4 056	IV	6 070	5 417	4 781	4 164	3 565	2 984
	VI	**11 798**	4 056	4 056							
44 243,99	I,IV	**6 752**	4 059	4 059	I	5 426	4 173	2 992	1 885	850	54
	II	**5 483**	4 059	4 059	II	4 227	3 043	1 932	894	82	
	III	**3 268**	4 059	4 059	III	2 232	1 262	460			
	V	**11 375**	4 059	4 059	IV	6 080	5 426	4 790	4 173	3 574	2 992
	VI	**11 810**	4 059	4 059							
44 279,99	I,IV	**6 761**	4 062	4 062	I	5 435	4 182	3 001	1 892	857	58
	II	**5 492**	4 062	4 062	II	4 236	3 051	1 940	901	86	
	III	**3 276**	4 062	4 062	III	2 240	1 268	466			
	V	**11 388**	4 062	4 062	IV	6 089	5 435	4 799	4 182	3 582	3 001
	VI	**11 823**	4 062	4 062							
44 315,99	I,IV	**6 771**	4 065	4 065	I	5 444	4 190	3 009	1 900	864	63
	II	**5 502**	4 065	4 065	II	4 244	3 060	1 948	908	91	
	III	**3 284**	4 065	4 065	III	2 248	1 274	470			
	V	**11 400**	4 065	4 065	IV	6 099	5 444	4 808	4 190	3 590	3 009
	VI	**11 836**	4 065	4 065							
44 351,99	I,IV	**6 780**	4 069	4 069	I	5 453	4 199	3 017	1 907	871	67
	II	**5 511**	4 069	4 069	II	4 253	3 068	1 955	915	95	
	III	**3 290**	4 069	4 069	III	2 254	1 280	476			
	V	**11 413**	4 069	4 069	IV	6 108	5 453	4 817	4 199	3 599	3 017
	VI	**11 848**	4 069	4 069							
44 387,99	I,IV	**6 790**	4 072	4 072	I	5 462	4 207	3 025	1 915	878	72
	II	**5 520**	4 072	4 072	II	4 261	3 076	1 963	922	100	
	III	**3 298**	4 072	4 072	III	2 262	1 288	480			
	V	**11 425**	4 072	4 072	IV	6 117	5 462	4 826	4 207	3 607	3 025
	VI	**11 860**	4 072	4 072							
44 423,99	I,IV	**6 800**	4 075	4 075	I	5 472	4 216	3 033	1 923	885	76
	II	**5 529**	4 075	4 075	II	4 270	3 084	1 970	929	104	
	III	**3 306**	4 075	4 075	III	2 268	1 294	486			
	V	**11 438**	4 075	4 075	IV	6 127	5 472	4 835	4 216	3 615	3 033
	VI	**11 873**	4 075	4 075							
44 459,99	I,IV	**6 810**	4 079	4 079	I	5 481	4 225	3 041	1 930	892	81
	II	**5 538**	4 079	4 079	II	4 279	3 092	1 978	937	109	
	III	**3 314**	4 079	4 079	III	2 276	1 300	490			
	V	**11 450**	4 079	4 079	IV	6 136	5 481	4 844	4 225	3 624	3 041
	VI	**11 886**	4 079	4 079							
44 495,99	I,IV	**6 819**	4 082	4 082	I	5 490	4 233	3 049	1 938	899	85
	II	**5 547**	4 082	4 082	II	4 287	3 100	1 986	943	114	
	III	**3 322**	4 082	4 082	III	2 284	1 306	496			
	V	**11 463**	4 082	4 082	IV	6 145	5 490	4 853	4 233	3 632	3 049
	VI	**11 898**	4 082	4 082							

* Zur LSt-Berechnung für privat versicherte Arbeitnehmer s. Beispiele **Vorbemerkung S. 4f.**
** Basisvorsorgepauschale KV und PV *** Typisierter Arbeitgeberzuschuss

Lohn/ Gehalt in € bis	Steuerklasse	Lohn- steuer*	BVSP**	TAGZ***	Steuerklasse	Bemessungsgrundlage für Kirchensteuer und Solidaritätszuschlag					
						Freibeträge für ... Kinder					
						0,5	**1,0**	1,5	**2,0**	2,5	**3,0**
44 531,99	I,IV	**6 829**	4 085	4 085	I	5 499	4 242	3 057	1 945	906	90
	II	**5 557**	4 085	4 085	II	4 296	3 108	1 993	951	118	
	III	**3 328**	4 085	4 085	III	2 290	1 312	502			
	V	**11 475**	4 085	4 085	IV	6 155	5 499	4 861	4 242	3 641	3 057
	VI	**11 910**	4 085	4 085							
44 567,99	I,IV	**6 839**	4 089	4 089	I	5 508	4 251	3 066	1 953	913	94
	II	**5 566**	4 089	4 089	II	4 305	3 117	2 001	958	123	
	III	**3 336**	4 089	4 089	III	2 298	1 320	506			
	V	**11 488**	4 089	4 089	IV	6 165	5 508	4 870	4 251	3 649	3 066
	VI	**11 923**	4 089	4 089							
44 603,99	I,IV	**6 849**	4 092	4 092	I	5 518	4 259	3 074	1 961	921	99
	II	**5 575**	4 092	4 092	II	4 314	3 125	2 009	965	128	
	III	**3 344**	4 092	4 092	III	2 304	1 326	512			
	V	**11 500**	4 092	4 092	IV	6 174	5 518	4 879	4 259	3 658	3 074
	VI	**11 936**	4 092	4 092							
44 639,99	I,IV	**6 858**	4 095	4 095	I	5 527	4 268	3 082	1 968	927	103
	II	**5 584**	4 095	4 095	II	4 322	3 133	2 016	972	132	
	III	**3 350**	4 095	4 095	III	2 312	1 332	516			
	V	**11 513**	4 095	4 095	IV	6 183	5 527	4 888	4 268	3 666	3 082
	VI	**11 948**	4 095	4 095							
44 675,99	I,IV	**6 868**	4 099	4 099	I	5 536	4 277	3 090	1 976	935	108
	II	**5 593**	4 099	4 099	II	4 331	3 141	2 024	979	137	
	III	**3 358**	4 099	4 099	III	2 320	1 338	522			
	V	**11 525**	4 099	4 099	IV	6 193	5 536	4 897	4 277	3 674	3 090
	VI	**11 960**	4 099	4 099							
44 711,99	I,IV	**6 878**	4 102	4 102	I	5 545	4 285	3 098	1 984	942	113
	II	**5 603**	4 102	4 102	II	4 340	3 149	2 032	986	142	
	III	**3 366**	4 102	4 102	III	2 326	1 344	526			
	V	**11 538**	4 102	4 102	IV	6 202	5 545	4 906	4 285	3 683	3 098
	VI	**11 973**	4 102	4 102							
44 747,99	I,IV	**6 887**	4 105	4 105	I	5 554	4 294	3 106	1 991	949	117
	II	**5 612**	4 105	4 105	II	4 349	3 158	2 039	994	147	
	III	**3 374**	4 105	4 105	III	2 334	1 352	532			
	V	**11 550**	4 105	4 105	IV	6 212	5 554	4 915	4 294	3 691	3 106
	VI	**11 986**	4 105	4 105							
44 783,99	I,IV	**6 897**	4 108	4 108	I	5 563	4 303	3 114	1 999	956	122
	II	**5 621**	4 108	4 108	II	4 357	3 166	2 047	1 001	151	
	III	**3 382**	4 108	4 108	III	2 340	1 358	538			
	V	**11 563**	4 108	4 108	IV	6 221	5 563	4 924	4 303	3 699	3 114
	VI	**11 998**	4 108	4 108							
44 819,99	I,IV	**6 907**	4 112	4 112	I	5 573	4 311	3 123	2 007	963	126
	II	**5 630**	4 112	4 112	II	4 366	3 174	2 055	1 008	156	
	III	**3 388**	4 112	4 112	III	2 348	1 364	542			
	V	**11 575**	4 112	4 112	IV	6 231	5 573	4 933	4 311	3 708	3 123
	VI	**12 010**	4 112	4 112							
44 855,99	I,IV	**6 916**	4 115	4 115	I	5 582	4 320	3 131	2 014	970	131
	II	**5 640**	4 115	4 115	II	4 375	3 182	2 062	1 015	161	
	III	**3 396**	4 115	4 115	III	2 356	1 370	548			
	V	**11 588**	4 115	4 115	IV	6 240	5 582	4 942	4 320	3 716	3 131
	VI	**12 023**	4 115	4 115							
44 891,99	I,IV	**6 926**	4 118	4 118	I	5 591	4 329	3 139	2 022	978	136
	II	**5 649**	4 118	4 118	II	4 383	3 190	2 070	1 022	166	
	III	**3 404**	4 118	4 118	III	2 362	1 378	552			
	V	**11 600**	4 118	4 118	IV	6 250	5 591	4 951	4 329	3 725	3 139
	VI	**12 036**	4 118	4 118							
44 927,99	I,IV	**6 936**	4 122	4 122	I	5 600	4 337	3 147	2 030	985	140
	II	**5 658**	4 122	4 122	II	4 392	3 198	2 078	1 029	170	
	III	**3 410**	4 122	4 122	III	2 370	1 384	558			
	V	**11 613**	4 122	4 122	IV	6 259	5 600	4 960	4 337	3 733	3 147
	VI	**12 048**	4 122	4 122							

* Zur LSt-Berechnung für privat versicherte Arbeitnehmer s. Beispiele **Vorbemerkung S. 4 f.**
** Basisvorsorgepauschale KV und PV *** Typisierter Arbeitgeberzuschuss

Lohn/ Gehalt in € bis	Steuerklasse	Lohn-steuer*	BVSP**	TAGZ***	Steuerklasse	Bemessungsgrundlage für Kirchensteuer und Solidaritätszuschlag – Freibeträge für ... Kinder 0,5	**1,0**	1,5	**2,0**	2,5	**3,0**
44 963,99	I,IV	**6 946**	4 125	4 125	I	5 610	4 346	3 155	2 037	992	145
	II	**5 667**	4 125	4 125	II	4 401	3 207	2 085	1 037	175	
	III	**3 418**	4 125	4 125	III	2 378	1 390	564			
	V	**11 625**	4 125	4 125	IV	6 268	5 610	4 969	4 346	3 742	3 155
	VI	**12 060**	4 125	4 125							
44 999,99	I,IV	**6 955**	4 128	4 128	I	5 619	4 355	3 164	2 045	999	150
	II	**5 677**	4 128	4 128	II	4 409	3 215	2 093	1 044	180	
	III	**3 426**	4 128	4 128	III	2 384	1 396	568			
	V	**11 638**	4 128	4 128	IV	6 278	5 619	4 978	4 355	3 750	3 164
	VI	**12 073**	4 128	4 128							
45 035,99	I,IV	**6 965**	4 132	4 132	I	5 628	4 364	3 172	2 053	1 006	155
	II	**5 686**	4 132	4 132	II	4 418	3 223	2 101	1 051	185	
	III	**3 434**	4 132	4 132	III	2 392	1 404	574			
	V	**11 650**	4 132	4 132	IV	6 288	5 628	4 987	4 364	3 759	3 172
	VI	**12 085**	4 132	4 132							
45 071,99	I,IV	**6 975**	4 135	4 135	I	5 637	4 372	3 180	2 060	1 013	160
	II	**5 695**	4 135	4 135	II	4 427	3 231	2 108	1 058	190	
	III	**3 442**	4 135	4 135	III	2 400	1 410	578			
	V	**11 663**	4 135	4 135	IV	6 297	5 637	4 996	4 372	3 767	3 180
	VI	**12 098**	4 135	4 135							
45 107,99	I,IV	**6 984**	4 138	4 138	I	5 646	4 381	3 188	2 068	1 020	164
	II	**5 704**	4 138	4 138	II	4 436	3 240	2 116	1 065	195	
	III	**3 448**	4 138	4 138	III	2 406	1 416	584			
	V	**11 675**	4 138	4 138	IV	6 306	5 646	5 005	4 381	3 776	3 188
	VI	**12 110**	4 138	4 138							
45 143,99	I,IV	**6 994**	4 141	4 141	I	5 656	4 390	3 196	2 076	1 028	169
	II	**5 714**	4 141	4 141	II	4 444	3 248	2 124	1 073	200	
	III	**3 456**	4 141	4 141	III	2 414	1 422	590			
	V	**11 688**	4 141	4 141	IV	6 316	5 656	5 014	4 390	3 784	3 196
	VI	**12 123**	4 141	4 141							
45 179,99	I,IV	**7 004**	4 145	4 145	I	5 665	4 399	3 205	2 084	1 035	174
	II	**5 723**	4 145	4 145	II	4 453	3 256	2 132	1 080	205	
	III	**3 464**	4 145	4 145	III	2 422	1 430	594			
	V	**11 700**	4 145	4 145	IV	6 326	5 665	5 023	4 399	3 793	3 205
	VI	**12 135**	4 145	4 145							
45 215,99	I,IV	**7 014**	4 148	4 148	I	5 674	4 407	3 213	2 091	1 042	179
	II	**5 732**	4 148	4 148	II	4 462	3 264	2 139	1 087	210	
	III	**3 472**	4 148	4 148	III	2 428	1 436	600			
	V	**11 713**	4 148	4 148	IV	6 335	5 674	5 032	4 407	3 801	3 213
	VI	**12 148**	4 148	4 148							
45 251,99	I,IV	**7 024**	4 151	4 151	I	5 683	4 416	3 221	2 099	1 049	184
	II	**5 741**	4 151	4 151	II	4 471	3 272	2 147	1 094	215	
	III	**3 478**	4 151	4 151	III	2 436	1 442	606			
	V	**11 725**	4 151	4 151	IV	6 344	5 683	5 041	4 416	3 809	3 221
	VI	**12 160**	4 151	4 151							
45 287,99	I,IV	**7 033**	4 155	4 155	I	5 693	4 425	3 229	2 107	1 056	189
	II	**5 751**	4 155	4 155	II	4 479	3 281	2 155	1 101	220	
	III	**3 486**	4 155	4 155	III	2 442	1 448	610			
	V	**11 738**	4 155	4 155	IV	6 354	5 693	5 050	4 425	3 818	3 229
	VI	**12 173**	4 155	4 155							
45 323,99	I,IV	**7 043**	4 158	4 158	I	5 702	4 434	3 238	2 114	1 064	194
	II	**5 760**	4 158	4 158	II	4 488	3 289	2 163	1 109	225	
	III	**3 494**	4 158	4 158	III	2 450	1 456	616			
	V	**11 750**	4 158	4 158	IV	6 364	5 702	5 059	4 434	3 827	3 238
	VI	**12 185**	4 158	4 158							
45 359,99	I,IV	**7 053**	4 161	4 161	I	5 711	4 442	3 246	2 122	1 071	199
	II	**5 769**	4 161	4 161	II	4 497	3 297	2 170	1 116	230	
	III	**3 502**	4 161	4 161	III	2 458	1 462	622			
	V	**11 763**	4 161	4 161	IV	6 373	5 711	5 067	4 442	3 835	3 246
	VI	**12 198**	4 161	4 161							

* Zur LSt-Berechnung für privat versicherte Arbeitnehmer s. Beispiele **Vorbemerkung S. 4 f.**
** Basisvorsorgepauschale KV und PV *** Typisierter Arbeitgeberzuschuss

Lohn/ Gehalt in € bis	Steuerklasse	Lohn- steuer*	BVSP**	TAGZ***	Steuerklasse	Bemessungsgrundlage für Kirchensteuer und Solidaritätszuschlag					
						Freibeträge für ... Kinder					
						0,5	**1,0**	1,5	**2,0**	2,5	**3,0**
45 395,99	I,IV	**7 063**	4 165	4 165	I	5 720	4 451	3 254	2 130	1 078	204
	II	**5 778**	4 165	4 165	II	4 506	3 305	2 178	1 123	235	
	III	**3 510**	4 165	4 165	III	2 464	1 468	626			
	V	**11 775**	4 165	4 165	IV	6 382	5 720	5 077	4 451	3 843	3 254
	VI	**12 210**	4 165	4 165							
45 431,99	I,IV	**7 072**	4 168	4 168	I	5 730	4 460	3 262	2 137	1 085	209
	II	**5 788**	4 168	4 168	II	4 514	3 314	2 186	1 130	240	
	III	**3 516**	4 168	4 168	III	2 472	1 476	632			
	V	**11 788**	4 168	4 168	IV	6 392	5 730	5 086	4 460	3 852	3 262
	VI	**12 223**	4 168	4 168							
45 467,99	I,IV	**7 082**	4 171	4 171	I	5 739	4 469	3 271	2 145	1 092	214
	II	**5 797**	4 171	4 171	II	4 523	3 322	2 194	1 138	245	
	III	**3 524**	4 171	4 171	III	2 480	1 482	638			
	V	**11 800**	4 171	4 171	IV	6 402	5 739	5 095	4 469	3 860	3 271
	VI	**12 235**	4 171	4 171							
45 503,99	I,IV	**7 092**	4 174	4 174	I	5 748	4 477	3 279	2 153	1 100	218
	II	**5 806**	4 174	4 174	II	4 532	3 330	2 201	1 145	250	
	III	**3 532**	4 174	4 174	III	2 486	1 488	642			
	V	**11 812**	4 174	4 174	IV	6 411	5 748	5 104	4 477	3 869	3 279
	VI	**12 248**	4 174	4 174							
45 539,99	I,IV	**7 102**	4 178	4 178	I	5 758	4 486	3 287	2 161	1 107	224
	II	**5 816**	4 178	4 178	II	4 541	3 339	2 209	1 152	255	
	III	**3 538**	4 178	4 178	III	2 494	1 496	648			
	V	**11 825**	4 178	4 178	IV	6 421	5 758	5 113	4 486	3 877	3 287
	VI	**12 260**	4 178	4 178							
45 575,99	I,IV	**7 112**	4 181	4 181	I	5 767	4 495	3 295	2 168	1 114	229
	II	**5 825**	4 181	4 181	II	4 550	3 347	2 217	1 159	261	
	III	**3 546**	4 181	4 181	III	2 500	1 502	654			
	V	**11 838**	4 181	4 181	IV	6 430	5 767	5 122	4 495	3 886	3 295
	VI	**12 273**	4 181	4 181							
45 611,99	I,IV	**7 121**	4 184	4 184	I	5 776	4 504	3 304	2 176	1 121	234
	II	**5 834**	4 184	4 184	II	4 558	3 355	2 225	1 167	266	
	III	**3 554**	4 184	4 184	III	2 508	1 508	658			
	V	**11 850**	4 184	4 184	IV	6 440	5 776	5 131	4 504	3 894	3 304
	VI	**12 285**	4 184	4 184							
45 647,99	I,IV	**7 131**	4 188	4 188	I	5 785	4 512	3 312	2 184	1 128	239
	II	**5 843**	4 188	4 188	II	4 567	3 363	2 232	1 174	271	
	III	**3 562**	4 188	4 188	III	2 516	1 516	664			
	V	**11 862**	4 188	4 188	IV	6 449	5 785	5 140	4 512	3 903	3 312
	VI	**12 298**	4 188	4 188							
45 683,99	I,IV	**7 141**	4 191	4 191	I	5 795	4 521	3 320	2 191	1 136	244
	II	**5 853**	4 191	4 191	II	4 576	3 372	2 240	1 181	276	
	III	**3 570**	4 191	4 191	III	2 522	1 522	670			
	V	**11 875**	4 191	4 191	IV	6 459	5 795	5 149	4 521	3 911	3 320
	VI	**12 310**	4 191	4 191							
45 719,99	I,IV	**7 151**	4 194	4 194	I	5 804	4 530	3 328	2 199	1 143	249
	II	**5 862**	4 194	4 194	II	4 585	3 380	2 248	1 188	281	
	III	**3 578**	4 194	4 194	III	2 530	1 528	676			
	V	**11 888**	4 194	4 194	IV	6 468	5 804	5 158	4 530	3 920	3 328
	VI	**12 323**	4 194	4 194							
45 755,99	I,IV	**7 161**	4 198	4 198	I	5 813	4 539	3 337	2 207	1 150	254
	II	**5 872**	4 198	4 198	II	4 594	3 388	2 256	1 196	287	
	III	**3 584**	4 198	4 198	III	2 538	1 536	680	4		
	V	**11 900**	4 198	4 198	IV	6 478	5 813	5 167	4 539	3 929	3 337
	VI	**12 335**	4 198	4 198							
45 791,99	I,IV	**7 170**	4 201	4 201	I	5 822	4 547	3 345	2 215	1 157	259
	II	**5 881**	4 201	4 201	II	4 602	3 396	2 263	1 203	292	
	III	**3 592**	4 201	4 201	III	2 544	1 542	686	8		
	V	**11 912**	4 201	4 201	IV	6 487	5 822	5 176	4 547	3 937	3 345
	VI	**12 348**	4 201	4 201							

* Zur LSt-Berechnung für privat versicherte Arbeitnehmer s. Beispiele **Vorbemerkung S. 4 f.**
** Basisvorsorgepauschale KV und PV *** Typisierter Arbeitgeberzuschuss

Lohn/ Gehalt in € bis	Steuerklasse	Lohn-steuer*	BVSP**	TAGZ***	Steuerklasse	Bemessungsgrundlage für Kirchensteuer und Solidaritätszuschlag – Freibeträge für ... Kinder 0,5	**1,0**	1,5	**2,0**	2,5	**3,0**
45 827,99	I,IV	**7 180**	4 204	4 204	I	5 832	4 556	3 353	2 223	1 165	264
	II	**5 890**	4 204	4 204	II	4 611	3 405	2 271	1 210	297	
	III	**3 600**	4 204	4 204	III	2 552	1 548	692	12		
	V	**11 925**	4 204	4 204	IV	6 497	5 832	5 185	4 556	3 945	3 353
	VI	**12 360**	4 204	4 204							
45 863,99	I,IV	**7 190**	4 208	4 208	I	5 841	4 565	3 361	2 230	1 172	270
	II	**5 900**	4 208	4 208	II	4 620	3 413	2 279	1 217	302	
	III	**3 608**	4 208	4 208	III	2 560	1 556	696	16		
	V	**11 938**	4 208	4 208	IV	6 507	5 841	5 194	4 565	3 954	3 361
	VI	**12 373**	4 208	4 208							
45 899,99	I,IV	**7 200**	4 211	4 211	I	5 851	4 574	3 370	2 238	1 179	275
	II	**5 909**	4 211	4 211	II	4 629	3 422	2 287	1 225	308	
	III	**3 614**	4 211	4 211	III	2 566	1 562	702	20		
	V	**11 950**	4 211	4 211	IV	6 516	5 851	5 203	4 574	3 963	3 370
	VI	**12 385**	4 211	4 211							
45 935,99	I,IV	**7 210**	4 214	4 214	I	5 860	4 582	3 378	2 246	1 186	280
	II	**5 918**	4 214	4 214	II	4 638	3 430	2 294	1 232	313	
	III	**3 622**	4 214	4 214	III	2 574	1 568	708	24		
	V	**11 962**	4 214	4 214	IV	6 526	5 860	5 212	4 582	3 971	3 378
	VI	**12 398**	4 214	4 214							
45 971,99	I,IV	**7 220**	4 217	4 217	I	5 869	4 591	3 386	2 254	1 194	285
	II	**5 927**	4 217	4 217	II	4 646	3 438	2 302	1 239	318	
	III	**3 630**	4 217	4 217	III	2 582	1 576	714	28		
	V	**11 975**	4 217	4 217	IV	6 535	5 869	5 221	4 591	3 980	3 386
	VI	**12 410**	4 217	4 217							
46 007,99	I,IV	**7 229**	4 221	4 221	I	5 879	4 600	3 395	2 261	1 201	291
	II	**5 937**	4 221	4 221	II	4 655	3 446	2 310	1 246	324	
	III	**3 638**	4 221	4 221	III	2 588	1 582	718	32		
	V	**11 988**	4 221	4 221	IV	6 545	5 879	5 230	4 600	3 988	3 395
	VI	**12 423**	4 221	4 221							
46 043,99	I,IV	**7 239**	4 224	4 224	I	5 888	4 609	3 403	2 269	1 208	296
	II	**5 946**	4 224	4 224	II	4 664	3 455	2 318	1 254	329	
	III	**3 646**	4 224	4 224	III	2 596	1 590	724	38		
	V	**12 000**	4 224	4 224	IV	6 555	5 888	5 239	4 609	3 997	3 403
	VI	**12 435**	4 224	4 224							
46 079,99	I,IV	**7 249**	4 227	4 227	I	5 897	4 618	3 411	2 277	1 215	301
	II	**5 955**	4 227	4 227	II	4 673	3 463	2 326	1 261	335	
	III	**3 652**	4 227	4 227	III	2 602	1 596	730	42		
	V	**12 012**	4 227	4 227	IV	6 564	5 897	5 248	4 618	4 005	3 411
	VI	**12 448**	4 227	4 227							
46 115,99	I,IV	**7 259**	4 231	4 231	I	5 906	4 627	3 419	2 285	1 223	306
	II	**5 965**	4 231	4 231	II	4 682	3 471	2 333	1 268	340	
	III	**3 660**	4 231	4 231	III	2 610	1 602	736	46		
	V	**12 025**	4 231	4 231	IV	6 574	5 906	5 257	4 627	4 014	3 419
	VI	**12 460**	4 231	4 231							
46 151,99	I,IV	**7 269**	4 234	4 234	I	5 916	4 635	3 428	2 293	1 230	312
	II	**5 974**	4 234	4 234	II	4 691	3 480	2 341	1 276	345	
	III	**3 668**	4 234	4 234	III	2 618	1 610	740	50		
	V	**12 038**	4 234	4 234	IV	6 583	5 916	5 267	4 635	4 023	3 428
	VI	**12 473**	4 234	4 234							
46 187,99	I,IV	**7 279**	4 237	4 237	I	5 925	4 644	3 436	2 300	1 237	317
	II	**5 984**	4 237	4 237	II	4 700	3 488	2 349	1 283	351	
	III	**3 676**	4 237	4 237	III	2 626	1 616	746	54		
	V	**12 050**	4 237	4 237	IV	6 593	5 925	5 276	4 644	4 031	3 436
	VI	**12 485**	4 237	4 237							
46 223,99	I,IV	**7 288**	4 241	4 241	I	5 934	4 653	3 444	2 308	1 245	322
	II	**5 993**	4 241	4 241	II	4 708	3 496	2 357	1 290	356	
	III	**3 682**	4 241	4 241	III	2 632	1 622	752	58		
	V	**12 062**	4 241	4 241	IV	6 602	5 934	5 285	4 653	4 040	3 444
	VI	**12 498**	4 241	4 241							

* Zur LSt-Berechnung für privat versicherte Arbeitnehmer s. Beispiele **Vorbemerkung S. 4 f.**
** Basisvorsorgepauschale KV und PV *** Typisierter Arbeitgeberzuschuss

Lohn/ Gehalt in € bis	Steuerklasse	Lohnsteuer*	BVSP**	TAGZ***	Steuerklasse	Bemessungsgrundlage für Kirchensteuer und Solidaritätszuschlag					
						Freibeträge für ... Kinder					
						0,5	**1,0**	1,5	**2,0**	2,5	**3,0**
46 259,99	I,IV	**7 298**	4 244	4 244	I	5 944	4 662	3 453	2 316	1 252	328
	II	**6 002**	4 244	4 244	II	4 717	3 505	2 365	1 298	362	
	III	**3 690**	4 244	4 244	III	2 640	1 630	758	62		
	V	**12 075**	4 244	4 244	IV	6 612	5 944	5 294	4 662	4 048	3 453
	VI	**12 510**	4 244	4 244							
46 295,99	I,IV	**7 308**	4 247	4 247	I	5 953	4 671	3 461	2 324	1 259	333
	II	**6 012**	4 247	4 247	II	4 726	3 513	2 373	1 305	367	
	III	**3 698**	4 247	4 247	III	2 648	1 636	764	68		
	V	**12 088**	4 247	4 247	IV	6 622	5 953	5 303	4 671	4 057	3 461
	VI	**12 523**	4 247	4 247							
46 331,99	I,IV	**7 318**	4 250	4 250	I	5 963	4 680	3 469	2 332	1 267	339
	II	**6 021**	4 250	4 250	II	4 735	3 522	2 381	1 312	373	
	III	**3 706**	4 250	4 250	III	2 654	1 644	768	72		
	V	**12 100**	4 250	4 250	IV	6 631	5 963	5 312	4 680	4 065	3 469
	VI	**12 535**	4 250	4 250							
46 367,99	I,IV	**7 328**	4 254	4 254	I	5 972	4 688	3 477	2 339	1 274	344
	II	**6 030**	4 254	4 254	II	4 744	3 530	2 388	1 319	378	
	III	**3 712**	4 254	4 254	III	2 662	1 650	774	76		
	V	**12 112**	4 254	4 254	IV	6 641	5 972	5 321	4 688	4 074	3 477
	VI	**12 547**	4 254	4 254							
46 403,99	I,IV	**7 338**	4 257	4 257	I	5 981	4 697	3 486	2 347	1 281	350
	II	**6 040**	4 257	4 257	II	4 753	3 538	2 396	1 327	384	
	III	**3 720**	4 257	4 257	III	2 668	1 656	780	80		
	V	**12 125**	4 257	4 257	IV	6 650	5 981	5 330	4 697	4 082	3 486
	VI	**12 560**	4 257	4 257							
46 439,99	I,IV	**7 348**	4 260	4 260	I	5 991	4 706	3 494	2 355	1 288	355
	II	**6 049**	4 260	4 260	II	4 762	3 547	2 404	1 334	390	
	III	**3 728**	4 260	4 260	III	2 676	1 664	786	84		
	V	**12 138**	4 260	4 260	IV	6 660	5 991	5 339	4 706	4 091	3 494
	VI	**12 573**	4 260	4 260							
46 475,99	I,IV	**7 358**	4 264	4 264	I	6 000	4 715	3 503	2 363	1 296	361
	II	**6 059**	4 264	4 264	II	4 771	3 555	2 412	1 342	395	
	III	**3 736**	4 264	4 264	III	2 684	1 670	790	88		
	V	**12 150**	4 264	4 264	IV	6 670	6 000	5 349	4 715	4 100	3 503
	VI	**12 585**	4 264	4 264							
46 511,99	I,IV	**7 367**	4 267	4 267	I	6 009	4 724	3 511	2 371	1 303	366
	II	**6 068**	4 267	4 267	II	4 779	3 563	2 420	1 349	401	
	III	**3 744**	4 267	4 267	III	2 692	1 678	796	94		
	V	**12 162**	4 267	4 267	IV	6 679	6 009	5 357	4 724	4 108	3 511
	VI	**12 597**	4 267	4 267							
46 547,99	I,IV	**7 377**	4 270	4 270	I	6 019	4 733	3 519	2 378	1 310	372
	II	**6 077**	4 270	4 270	II	4 788	3 572	2 428	1 356	406	
	III	**3 752**	4 270	4 270	III	2 698	1 684	802	98		
	V	**12 175**	4 270	4 270	IV	6 689	6 019	5 367	4 733	4 117	3 519
	VI	**12 610**	4 270	4 270							
46 583,99	I,IV	**7 387**	4 274	4 274	I	6 028	4 742	3 528	2 386	1 318	377
	II	**6 087**	4 274	4 274	II	4 797	3 580	2 435	1 364	412	
	III	**3 758**	4 274	4 274	III	2 706	1 692	808	102		
	V	**12 188**	4 274	4 274	IV	6 699	6 028	5 376	4 742	4 126	3 528
	VI	**12 623**	4 274	4 274							
46 619,99	I,IV	**7 397**	4 277	4 277	I	6 038	4 751	3 536	2 394	1 325	383
	II	**6 096**	4 277	4 277	II	4 806	3 588	2 443	1 371	418	
	III	**3 766**	4 277	4 277	III	2 714	1 698	814	106		
	V	**12 200**	4 277	4 277	IV	6 708	6 038	5 385	4 751	4 134	3 536
	VI	**12 635**	4 277	4 277							
46 655,99	I,IV	**7 407**	4 280	4 280	I	6 047	4 760	3 545	2 402	1 332	388
	II	**6 106**	4 280	4 280	II	4 815	3 597	2 451	1 378	424	
	III	**3 774**	4 280	4 280	III	2 720	1 706	820	110		
	V	**12 213**	4 280	4 280	IV	6 718	6 047	5 394	4 760	4 143	3 545
	VI	**12 648**	4 280	4 280							

* Zur LSt-Berechnung für privat versicherte Arbeitnehmer s. Beispiele **Vorbemerkung S. 4 f.**
** Basisvorsorgepauschale KV und PV *** Typisierter Arbeitgeberzuschuss

Lohn/ Gehalt in € bis	Steuerklasse	Lohn-steuer*	BVSP**	TAGZ***	Steuerklasse	Bemessungsgrundlage für Kirchensteuer und Solidaritätszuschlag – Freibeträge für ... Kinder 0,5	1,0	1,5	2,0	2,5	3,0
46 691,99	I,IV	**7 417**	4 283	4 283	I	6 056	4 768	3 553	2 410	1 340	394
	II	**6 115**	4 283	4 283	II	4 824	3 605	2 459	1 386	429	
	III	**3 782**	4 283	4 283	III	2 728	1 712	824	114		
	V	**12 225**	4 283	4 283	IV	6 728	6 056	5 403	4 768	4 151	3 553
	VI	**12 660**	4 283	4 283							
46 727,99	I,IV	**7 427**	4 287	4 287	I	6 066	4 777	3 561	2 418	1 347	399
	II	**6 125**	4 287	4 287	II	4 833	3 614	2 467	1 393	435	
	III	**3 790**	4 287	4 287	III	2 734	1 720	830	120		
	V	**12 238**	4 287	4 287	IV	6 737	6 066	5 412	4 777	4 160	3 561
	VI	**12 673**	4 287	4 287							
46 763,99	I,IV	**7 437**	4 290	4 290	I	6 075	4 786	3 570	2 426	1 354	405
	II	**6 134**	4 290	4 290	II	4 842	3 622	2 475	1 400	441	
	III	**3 796**	4 290	4 290	III	2 742	1 726	836	124		
	V	**12 250**	4 290	4 290	IV	6 747	6 075	5 422	4 786	4 169	3 570
	VI	**12 685**	4 290	4 290							
46 799,99	I,IV	**7 447**	4 293	4 293	I	6 085	4 795	3 578	2 434	1 362	411
	II	**6 144**	4 293	4 293	II	4 851	3 630	2 483	1 408	447	
	III	**3 804**	4 293	4 293	III	2 750	1 734	842	128		
	V	**12 263**	4 293	4 293	IV	6 757	6 085	5 431	4 795	4 177	3 578
	VI	**12 698**	4 293	4 293							
46 835,99	I,IV	**7 457**	4 297	4 297	I	6 094	4 804	3 586	2 441	1 369	416
	II	**6 153**	4 297	4 297	II	4 859	3 639	2 491	1 415	452	
	III	**3 812**	4 297	4 297	III	2 758	1 740	848	132		
	V	**12 275**	4 297	4 297	IV	6 766	6 094	5 440	4 804	4 186	3 586
	VI	**12 710**	4 297	4 297							
46 871,99	I,IV	**7 467**	4 300	4 300	I	6 103	4 813	3 595	2 449	1 376	422
	II	**6 162**	4 300	4 300	II	4 868	3 647	2 498	1 422	458	
	III	**3 820**	4 300	4 300	III	2 764	1 748	854	138		
	V	**12 288**	4 300	4 300	IV	6 776	6 103	5 449	4 813	4 195	3 595
	VI	**12 723**	4 300	4 300							
46 907,99	I,IV	**7 477**	4 303	4 303	I	6 113	4 822	3 603	2 457	1 384	428
	II	**6 172**	4 303	4 303	II	4 877	3 656	2 506	1 430	464	
	III	**3 828**	4 303	4 303	III	2 772	1 754	860	142		
	V	**12 300**	4 303	4 303	IV	6 786	6 113	5 458	4 822	4 203	3 603
	VI	**12 735**	4 303	4 303							
46 943,99	I,IV	**7 487**	4 307	4 307	I	6 122	4 831	3 612	2 465	1 391	434
	II	**6 181**	4 307	4 307	II	4 886	3 664	2 514	1 437	470	
	III	**3 836**	4 307	4 307	III	2 780	1 762	864	146		
	V	**12 313**	4 307	4 307	IV	6 795	6 122	5 467	4 831	4 212	3 612
	VI	**12 748**	4 307	4 307							
46 979,99	I,IV	**7 496**	4 310	4 310	I	6 132	4 839	3 620	2 473	1 398	439
	II	**6 191**	4 310	4 310	II	4 895	3 672	2 522	1 445	476	
	III	**3 842**	4 310	4 310	III	2 786	1 768	870	150		
	V	**12 325**	4 310	4 310	IV	6 805	6 132	5 476	4 839	4 220	3 620
	VI	**12 760**	4 310	4 310							
47 015,99	I,IV	**7 506**	4 313	4 313	I	6 141	4 848	3 628	2 481	1 406	445
	II	**6 200**	4 313	4 313	II	4 904	3 681	2 530	1 452	481	
	III	**3 850**	4 313	4 313	III	2 794	1 774	876	154		
	V	**12 337**	4 313	4 313	IV	6 815	6 141	5 486	4 848	4 229	3 628
	VI	**12 773**	4 313	4 313							
47 051,99	I,IV	**7 516**	4 317	4 317	I	6 151	4 857	3 637	2 489	1 413	451
	II	**6 210**	4 317	4 317	II	4 913	3 689	2 538	1 459	487	
	III	**3 858**	4 317	4 317	III	2 802	1 782	882	160		
	V	**12 350**	4 317	4 317	IV	6 824	6 151	5 495	4 857	4 238	3 637
	VI	**12 785**	4 317	4 317							
47 087,99	I,IV	**7 526**	4 320	4 320	I	6 160	4 866	3 645	2 497	1 421	457
	II	**6 219**	4 320	4 320	II	4 922	3 698	2 546	1 467	493	
	III	**3 866**	4 320	4 320	III	2 808	1 788	888	164		
	V	**12 363**	4 320	4 320	IV	6 834	6 160	5 504	4 866	4 247	3 645
	VI	**12 798**	4 320	4 320							

* Zur LSt-Berechnung für privat versicherte Arbeitnehmer s. Beispiele **Vorbemerkung S. 4f.**
** Basisvorsorgepauschale KV und PV *** Typisierter Arbeitgeberzuschuss

Lohn/ Gehalt in € bis	Steuerklasse	Lohn-steuer*	BVSP**	TAGZ***	Steuerklasse	Bemessungsgrundlage für Kirchensteuer und Solidaritätszuschlag – Freibeträge für ... Kinder 0,5	**1,0**	1,5	**2,0**	2,5	**3,0**
47123,99	I,IV	**7536**	4323	4323	I	6169	4875	3653	2504	1428	462
	II	**6228**	4323	4323	II	4931	3706	2554	1474	499	
	III	**3872**	4323	4323	III	2816	1796	894	168		
	V	**12375**	4323	4323	IV	6844	6169	5513	4875	4255	3653
	VI	**12810**	4323	4323							
47159,99	I,IV	**7546**	4326	4326	I	6179	4884	3662	2512	1435	468
	II	**6238**	4326	4326	II	4940	3714	2562	1482	505	
	III	**3880**	4326	4326	III	2824	1804	900	174		
	V	**12387**	4326	4326	IV	6853	6179	5522	4884	4264	3662
	VI	**12823**	4326	4326							
47195,99	I,IV	**7556**	4330	4330	I	6188	4893	3670	2520	1443	474
	II	**6247**	4330	4330	II	4949	3723	2570	1489	511	
	III	**3888**	4330	4330	III	2830	1810	906	178		
	V	**12400**	4330	4330	IV	6863	6188	5532	4893	4273	3670
	VI	**12835**	4330	4330							
47231,99	I,IV	**7566**	4333	4333	I	6198	4902	3679	2528	1450	480
	II	**6257**	4333	4333	II	4958	3731	2578	1496	517	
	III	**3896**	4333	4333	III	2838	1818	912	182		
	V	**12413**	4333	4333	IV	6873	6198	5541	4902	4281	3679
	VI	**12848**	4333	4333							
47267,99	I,IV	**7576**	4336	4336	I	6207	4911	3687	2536	1457	486
	II	**6266**	4336	4336	II	4967	3740	2585	1504	523	
	III	**3904**	4336	4336	III	2846	1824	916	186		
	V	**12425**	4336	4336	IV	6882	6207	5550	4911	4290	3687
	VI	**12860**	4336	4336							
47303,99	I,IV	**7586**	4340	4340	I	6217	4920	3695	2544	1465	492
	II	**6276**	4340	4340	II	4976	3748	2593	1511	529	
	III	**3910**	4340	4340	III	2852	1832	922	192		
	V	**12437**	4340	4340	IV	6892	6217	5559	4920	4299	3695
	VI	**12873**	4340	4340							
47339,99	I,IV	**7596**	4343	4343	I	6226	4929	3704	2552	1472	498
	II	**6285**	4343	4343	II	4985	3757	2601	1519	535	
	III	**3918**	4343	4343	III	2860	1838	928	196		
	V	**12450**	4343	4343	IV	6902	6226	5568	4929	4307	3704
	VI	**12885**	4343	4343							
47375,99	I,IV	**7606**	4346	4346	I	6236	4938	3712	2560	1480	504
	II	**6295**	4346	4346	II	4994	3765	2609	1526	541	
	III	**3926**	4346	4346	III	2868	1846	934	200		
	V	**12463**	4346	4346	IV	6912	6236	5578	4938	4316	3712
	VI	**12898**	4346	4346							
47411,99	I,IV	**7616**	4350	4350	I	6245	4946	3721	2568	1487	509
	II	**6304**	4350	4350	II	5003	3774	2617	1533	547	
	III	**3934**	4350	4350	III	2876	1852	940	204		
	V	**12475**	4350	4350	IV	6921	6245	5587	4946	4325	3721
	VI	**12910**	4350	4350							
47447,99	I,IV	**7626**	4353	4353	I	6254	4956	3729	2576	1494	516
	II	**6314**	4353	4353	II	5012	3782	2625	1541	553	
	III	**3942**	4353	4353	III	2882	1860	946	210		
	V	**12487**	4353	4353	IV	6931	6254	5596	4956	4333	3729
	VI	**12923**	4353	4353							
47483,99	I,IV	**7636**	4356	4356	I	6264	4965	3738	2584	1502	522
	II	**6323**	4356	4356	II	5021	3791	2633	1548	559	
	III	**3950**	4356	4356	III	2890	1866	952	214		
	V	**12500**	4356	4356	IV	6941	6264	5605	4965	4342	3738
	VI	**12935**	4356	4356							
47519,99	I,IV	**7646**	4359	4359	I	6274	4974	3746	2592	1509	528
	II	**6333**	4359	4359	II	5030	3799	2641	1556	566	
	III	**3958**	4359	4359	III	2898	1874	958	218		
	V	**12513**	4359	4359	IV	6951	6274	5614	4974	4351	3746
	VI	**12948**	4359	4359							

* Zur LSt-Berechnung für privat versicherte Arbeitnehmer s. Beispiele **Vorbemerkung S. 4 f.**
** Basisvorsorgepauschale KV und PV *** Typisierter Arbeitgeberzuschuss

Lohn/ Gehalt in € bis	Steuerklasse	**Lohn-steuer***	BVSP**	TAGZ***	Steuerklasse	Bemessungsgrundlage für Kirchensteuer und Solidaritätszuschlag					
						Freibeträge für ... Kinder					
						0,5	**1,0**	1,5	**2,0**	2,5	**3,0**
47 555,99	I,IV	**7 656**	4 363	4 363	I	6 283	4 982	3 754	2 599	1 517	533
	II	**6 342**	4 363	4 363	II	5 038	3 807	2 649	1 563	572	
	III	**3 964**	4 363	4 363	III	2 904	1 880	964	224		
	V	**12 525**	4 363	4 363	IV	6 960	6 283	5 623	4 982	4 359	3 754
	VI	**12 960**	4 363	4 363							
47 591,99	I,IV	**7 666**	4 366	4 366	I	6 292	4 991	3 763	2 607	1 524	540
	II	**6 352**	4 366	4 366	II	5 048	3 816	2 657	1 571	578	
	III	**3 972**	4 366	4 366	III	2 912	1 888	970	228		
	V	**12 537**	4 366	4 366	IV	6 970	6 292	5 633	4 991	4 368	3 763
	VI	**12 973**	4 366	4 366							
47 627,99	I,IV	**7 676**	4 369	4 369	I	6 302	5 000	3 772	2 615	1 532	546
	II	**6 361**	4 369	4 369	II	5 057	3 825	2 665	1 578	584	
	III	**3 980**	4 369	4 369	III	2 920	1 896	976	232		
	V	**12 550**	4 369	4 369	IV	6 980	6 302	5 642	5 000	4 377	3 772
	VI	**12 985**	4 369	4 369							
47 663,99	I,IV	**7 686**	4 373	4 373	I	6 311	5 009	3 780	2 623	1 539	552
	II	**6 371**	4 373	4 373	II	5 066	3 833	2 673	1 586	590	
	III	**3 988**	4 373	4 373	III	2 926	1 902	982	238		
	V	**12 563**	4 373	4 373	IV	6 990	6 311	5 651	5 009	4 386	3 780
	VI	**12 998**	4 373	4 373							
47 699,99	I,IV	**7 696**	4 376	4 376	I	6 321	5 018	3 788	2 631	1 546	558
	II	**6 380**	4 376	4 376	II	5 074	3 841	2 681	1 593	596	
	III	**3 996**	4 376	4 376	III	2 934	1 910	988	242		
	V	**12 575**	4 376	4 376	IV	6 999	6 321	5 660	5 018	4 394	3 788
	VI	**13 010**	4 376	4 376							
47 735,99	I,IV	**7 706**	4 379	4 379	I	6 330	5 027	3 797	2 639	1 554	564
	II	**6 390**	4 379	4 379	II	5 084	3 850	2 689	1 600	603	
	III	**4 002**	4 379	4 379	III	2 942	1 916	992	246		
	V	**12 587**	4 379	4 379	IV	7 009	6 330	5 670	5 027	4 403	3 797
	VI	**13 023**	4 379	4 379							
47 771,99	I,IV	**7 716**	4 383	4 383	I	6 340	5 036	3 805	2 647	1 561	570
	II	**6 399**	4 383	4 383	II	5 093	3 858	2 697	1 608	609	
	III	**4 010**	4 383	4 383	III	2 950	1 924	998	252		
	V	**12 600**	4 383	4 383	IV	7 019	6 340	5 679	5 036	4 412	3 805
	VI	**13 035**	4 383	4 383							
47 807,99	I,IV	**7 726**	4 386	4 386	I	6 349	5 045	3 814	2 655	1 569	576
	II	**6 409**	4 386	4 386	II	5 102	3 867	2 705	1 616	615	
	III	**4 018**	4 386	4 386	III	2 956	1 932	1 004	256		
	V	**12 613**	4 386	4 386	IV	7 029	6 349	5 688	5 045	4 421	3 814
	VI	**13 048**	4 386	4 386							
47 843,99	I,IV	**7 736**	4 389	4 389	I	6 359	5 054	3 822	2 663	1 576	582
	II	**6 418**	4 389	4 389	II	5 111	3 875	2 713	1 623	621	
	III	**4 026**	4 389	4 389	III	2 964	1 938	1 010	260		
	V	**12 625**	4 389	4 389	IV	7 038	6 359	5 697	5 054	4 429	3 822
	VI	**13 060**	4 389	4 389							
47 879,99	I,IV	**7 746**	4 392	4 392	I	6 368	5 063	3 831	2 671	1 584	589
	II	**6 428**	4 392	4 392	II	5 120	3 884	2 721	1 630	628	
	III	**4 034**	4 392	4 392	III	2 972	1 946	1 016	266		
	V	**12 637**	4 392	4 392	IV	7 048	6 368	5 707	5 063	4 438	3 831
	VI	**13 072**	4 392	4 392							
47 915,99	I,IV	**7 756**	4 396	4 396	I	6 378	5 072	3 839	2 679	1 591	595
	II	**6 438**	4 396	4 396	II	5 129	3 892	2 729	1 638	634	
	III	**4 042**	4 396	4 396	III	2 978	1 952	1 022	270		
	V	**12 650**	4 396	4 396	IV	7 058	6 378	5 716	5 072	4 447	3 839
	VI	**13 085**	4 396	4 396							
47 951,99	I,IV	**7 766**	4 399	4 399	I	6 388	5 081	3 848	2 687	1 599	601
	II	**6 447**	4 399	4 399	II	5 138	3 901	2 737	1 645	640	
	III	**4 048**	4 399	4 399	III	2 986	1 960	1 028	274		
	V	**12 663**	4 399	4 399	IV	7 068	6 388	5 725	5 081	4 456	3 848
	VI	**13 098**	4 399	4 399							

* Zur LSt-Berechnung für privat versicherte Arbeitnehmer s. Beispiele **Vorbemerkung S. 4 f.**
** Basisvorsorgepauschale KV und PV *** Typisierter Arbeitgeberzuschuss

Lohn/ Gehalt in € bis	Steuerklasse	Lohn-steuer*	BVSP**	TAGZ***	Steuerklasse	Bemessungsgrundlage für Kirchensteuer und Solidaritätszuschlag – Freibeträge für ... Kinder 0,5	1,0	1,5	2,0	2,5	3,0
47 987,99	I,IV	**7 776**	4 402	4 402	I	6 397	5 090	3 856	2 695	1 606	607
	II	**6 456**	4 402	4 402	II	5 147	3 909	2 745	1 653	647	
	III	**4 056**	4 402	4 402	III	2 994	1 966	1 034	280		
	V	**12 675**	4 402	4 402	IV	7 077	6 397	5 734	5 090	4 464	3 856
	VI	**13 110**	4 402	4 402							
48 023,99	I,IV	**7 786**	4 406	4 406	I	6 406	5 099	3 865	2 703	1 614	613
	II	**6 466**	4 406	4 406	II	5 156	3 918	2 753	1 660	653	
	III	**4 064**	4 406	4 406	III	3 000	1 974	1 040	284		
	V	**12 687**	4 406	4 406	IV	7 087	6 406	5 744	5 099	4 473	3 865
	VI	**13 122**	4 406	4 406							
48 059,99	I,IV	**7 796**	4 409	4 409	I	6 416	5 108	3 873	2 711	1 621	620
	II	**6 476**	4 409	4 409	II	5 165	3 927	2 761	1 668	659	
	III	**4 072**	4 409	4 409	III	3 008	1 982	1 046	288		
	V	**12 700**	4 409	4 409	IV	7 097	6 416	5 753	5 108	4 482	3 873
	VI	**13 135**	4 409	4 409							
48 095,99	I,IV	**7 806**	4 412	4 412	I	6 426	5 117	3 882	2 719	1 629	626
	II	**6 485**	4 412	4 412	II	5 174	3 935	2 769	1 675	666	
	III	**4 080**	4 412	4 412	III	3 016	1 988	1 052	294		
	V	**12 713**	4 412	4 412	IV	7 107	6 426	5 762	5 117	4 491	3 882
	VI	**13 148**	4 412	4 412							
48 131,99	I,IV	**7 816**	4 416	4 416	I	6 435	5 126	3 890	2 727	1 636	632
	II	**6 495**	4 416	4 416	II	5 183	3 943	2 777	1 683	672	
	III	**4 086**	4 416	4 416	III	3 022	1 996	1 058	298		
	V	**12 725**	4 416	4 416	IV	7 117	6 435	5 772	5 126	4 499	3 890
	VI	**13 160**	4 416	4 416							
48 167,99	I,IV	**7 826**	4 419	4 419	I	6 445	5 135	3 899	2 735	1 643	639
	II	**6 504**	4 419	4 419	II	5 192	3 952	2 785	1 690	679	
	III	**4 094**	4 419	4 419	III	3 030	2 002	1 064	304		
	V	**12 737**	4 419	4 419	IV	7 126	6 445	5 781	5 135	4 508	3 899
	VI	**13 172**	4 419	4 419							
48 203,99	I,IV	**7 837**	4 422	4 422	I	6 454	5 144	3 907	2 743	1 651	645
	II	**6 514**	4 422	4 422	II	5 201	3 961	2 793	1 698	685	
	III	**4 102**	4 422	4 422	III	3 038	2 010	1 070	308		
	V	**12 750**	4 422	4 422	IV	7 136	6 454	5 790	5 144	4 517	3 907
	VI	**13 185**	4 422	4 422							
48 239,99	I,IV	**7 847**	4 426	4 426	I	6 464	5 154	3 916	2 751	1 659	652
	II	**6 524**	4 426	4 426	II	5 210	3 969	2 801	1 705	692	
	III	**4 110**	4 426	4 426	III	3 046	2 016	1 076	312		
	V	**12 763**	4 426	4 426	IV	7 146	6 464	5 800	5 154	4 526	3 916
	VI	**13 198**	4 426	4 426							
48 275,99	I,IV	**7 857**	4 429	4 429	I	6 473	5 162	3 924	2 759	1 666	658
	II	**6 533**	4 429	4 429	II	5 219	3 978	2 809	1 713	698	
	III	**4 118**	4 429	4 429	III	3 052	2 024	1 082	318		
	V	**12 775**	4 429	4 429	IV	7 156	6 473	5 809	5 162	4 534	3 924
	VI	**13 210**	4 429	4 429							
48 311,99	I,IV	**7 867**	4 432	4 432	I	6 483	5 172	3 933	2 767	1 673	664
	II	**6 543**	4 432	4 432	II	5 228	3 986	2 817	1 720	705	
	III	**4 126**	4 432	4 432	III	3 060	2 032	1 088	322		
	V	**12 787**	4 432	4 432	IV	7 166	6 483	5 818	5 172	4 543	3 933
	VI	**13 222**	4 432	4 432							
48 347,99	I,IV	**7 877**	4 435	4 435	I	6 492	5 181	3 941	2 775	1 681	671
	II	**6 552**	4 435	4 435	II	5 237	3 995	2 825	1 728	711	
	III	**4 134**	4 435	4 435	III	3 068	2 038	1 096	328		
	V	**12 800**	4 435	4 435	IV	7 176	6 492	5 827	5 181	4 552	3 941
	VI	**13 235**	4 435	4 435							
48 383,99	I,IV	**7 887**	4 439	4 439	I	6 502	5 190	3 950	2 783	1 689	677
	II	**6 562**	4 439	4 439	II	5 246	4 004	2 833	1 736	718	
	III	**4 142**	4 439	4 439	III	3 076	2 046	1 102	332		
	V	**12 813**	4 439	4 439	IV	7 185	6 502	5 837	5 190	4 561	3 950
	VI	**13 248**	4 439	4 439							

* Zur LSt-Berechnung für privat versicherte Arbeitnehmer s. Beispiele **Vorbemerkung S. 4f.**
** Basisvorsorgepauschale KV und PV *** Typisierter Arbeitgeberzuschuss

Lohn/ Gehalt in € bis	Steuerklasse	**Lohnsteuer***	BVSP**	TAGZ***	Steuerklasse	Bemessungsgrundlage für Kirchensteuer und Solidaritätszuschlag – Freibeträge für ... Kinder 0,5	**1,0**	1,5	**2,0**	2,5	**3,0**
48 419,99	I,IV	**7 897**	4 442	4 442	I	6 511	5 199	3 958	2 791	1 696	683
	II	**6 571**	4 442	4 442	II	5 255	4 012	2 841	1 743	724	
	III	**4 148**	4 442	4 442	III	3 082	2 052	1 106	336		
	V	**12 825**	4 442	4 442	IV	7 195	6 511	5 846	5 199	4 569	3 958
	VI	**13 260**	4 442	4 442							
48 455,99	I,IV	**7 907**	4 445	4 445	I	6 521	5 208	3 967	2 799	1 703	690
	II	**6 581**	4 445	4 445	II	5 264	4 020	2 849	1 750	731	
	III	**4 156**	4 445	4 445	III	3 090	2 060	1 114	342		
	V	**12 837**	4 445	4 445	IV	7 205	6 521	5 855	5 208	4 578	3 967
	VI	**13 272**	4 445	4 445							
48 491,99	I,IV	**7 917**	4 449	4 449	I	6 531	5 217	3 976	2 807	1 711	697
	II	**6 591**	4 449	4 449	II	5 274	4 029	2 857	1 758	738	
	III	**4 164**	4 449	4 449	III	3 098	2 066	1 120	346		
	V	**12 850**	4 449	4 449	IV	7 215	6 531	5 865	5 217	4 587	3 976
	VI	**13 285**	4 449	4 449							
48 527,99	I,IV	**7 927**	4 452	4 452	I	6 540	5 226	3 984	2 815	1 719	703
	II	**6 600**	4 452	4 452	II	5 283	4 038	2 865	1 766	744	
	III	**4 172**	4 452	4 452	III	3 104	2 074	1 126	352		
	V	**12 862**	4 452	4 452	IV	7 225	6 540	5 874	5 226	4 596	3 984
	VI	**13 298**	4 452	4 452							
48 563,99	I,IV	**7 937**	4 455	4 455	I	6 550	5 235	3 993	2 823	1 726	709
	II	**6 610**	4 455	4 455	II	5 292	4 046	2 873	1 773	751	
	III	**4 180**	4 455	4 455	III	3 112	2 082	1 132	356		
	V	**12 875**	4 455	4 455	IV	7 234	6 550	5 883	5 235	4 605	3 993
	VI	**13 310**	4 455	4 455							
48 599,99	I,IV	**7 947**	4 459	4 459	I	6 559	5 244	4 001	2 831	1 734	716
	II	**6 619**	4 459	4 459	II	5 301	4 055	2 881	1 781	757	
	III	**4 188**	4 459	4 459	III	3 120	2 088	1 138	362		
	V	**12 887**	4 459	4 459	IV	7 244	6 559	5 893	5 244	4 614	4 001
	VI	**13 322**	4 459	4 459							
48 635,99	I,IV	**7 958**	4 462	4 462	I	6 569	5 253	4 010	2 839	1 741	723
	II	**6 629**	4 462	4 462	II	5 310	4 063	2 890	1 788	764	
	III	**4 194**	4 462	4 462	III	3 128	2 096	1 144	366		
	V	**12 900**	4 462	4 462	IV	7 254	6 569	5 902	5 253	4 622	4 010
	VI	**13 335**	4 462	4 462							
48 671,99	I,IV	**7 968**	4 465	4 465	I	6 579	5 262	4 018	2 847	1 749	729
	II	**6 639**	4 465	4 465	II	5 319	4 072	2 898	1 796	771	4
	III	**4 202**	4 465	4 465	III	3 134	2 104	1 150	370		
	V	**12 912**	4 465	4 465	IV	7 264	6 579	5 911	5 262	4 631	4 018
	VI	**13 348**	4 465	4 465							
48 707,99	I,IV	**7 978**	4 468	4 468	I	6 588	5 271	4 027	2 855	1 756	736
	II	**6 648**	4 468	4 468	II	5 328	4 080	2 906	1 803	777	8
	III	**4 210**	4 468	4 468	III	3 142	2 110	1 156	376		
	V	**12 925**	4 468	4 468	IV	7 274	6 588	5 921	5 271	4 640	4 027
	VI	**13 360**	4 468	4 468							
48 743,99	I,IV	**7 988**	4 472	4 472	I	6 598	5 280	4 035	2 863	1 764	742
	II	**6 658**	4 472	4 472	II	5 337	4 089	2 914	1 811	784	12
	III	**4 218**	4 472	4 472	III	3 150	2 118	1 162	380		
	V	**12 937**	4 472	4 472	IV	7 284	6 598	5 930	5 280	4 649	4 035
	VI	**13 372**	4 472	4 472							
48 779,99	I,IV	**7 998**	4 475	4 475	I	6 607	5 289	4 044	2 871	1 771	749
	II	**6 668**	4 475	4 475	II	5 346	4 098	2 922	1 819	791	16
	III	**4 226**	4 475	4 475	III	3 156	2 124	1 168	386		
	V	**12 950**	4 475	4 475	IV	7 294	6 607	5 939	5 289	4 658	4 044
	VI	**13 385**	4 475	4 475							
48 815,99	I,IV	**8 008**	4 478	4 478	I	6 617	5 299	4 053	2 880	1 779	756
	II	**6 677**	4 478	4 478	II	5 356	4 106	2 930	1 826	798	21
	III	**4 234**	4 478	4 478	III	3 164	2 132	1 174	390		
	V	**12 962**	4 478	4 478	IV	7 304	6 617	5 949	5 299	4 667	4 053
	VI	**13 398**	4 478	4 478							

* Zur LSt-Berechnung für privat versicherte Arbeitnehmer s. Beispiele **Vorbemerkung S. 4f.**
** Basisvorsorgepauschale KV und PV *** Typisierter Arbeitgeberzuschuss

Lohn/ Gehalt in € bis	Steuerklasse	Lohn-steuer*	BVSP**	TAGZ***	Steuerklasse	Bemessungsgrundlage für Kirchensteuer und Solidaritätszuschlag – Freibeträge für ... Kinder 0,5	1,0	1,5	2,0	2,5	3,0
48 851,99	I,IV	**8 018**	4 482	4 482	I	6 627	5 308	4 061	2 887	1 786	762
	II	**6 687**	4 482	4 482	II	5 364	4 115	2 938	1 834	804	25
	III	**4 242**	4 482	4 482	III	3 172	2 138	1 180	396		
	V	**12 975**	4 482	4 482	IV	7 313	6 627	5 958	5 308	4 675	4 061
	VI	**13 410**	4 482	4 482							
48 887,99	I,IV	**8 028**	4 485	4 485	I	6 636	5 317	4 070	2 896	1 794	769
	II	**6 696**	4 485	4 485	II	5 374	4 124	2 946	1 841	811	29
	III	**4 248**	4 485	4 485	III	3 180	2 146	1 188	400		
	V	**12 987**	4 485	4 485	IV	7 323	6 636	5 967	5 317	4 684	4 070
	VI	**13 422**	4 485	4 485							
48 923,99	I,IV	**8 039**	4 488	4 488	I	6 646	5 326	4 078	2 904	1 801	776
	II	**6 706**	4 488	4 488	II	5 383	4 132	2 954	1 849	818	33
	III	**4 256**	4 488	4 488	III	3 186	2 154	1 194	406		
	V	**13 000**	4 488	4 488	IV	7 333	6 646	5 977	5 326	4 693	4 078
	VI	**13 435**	4 488	4 488							
48 959,99	I,IV	**8 049**	4 492	4 492	I	6 656	5 335	4 087	2 912	1 809	783
	II	**6 716**	4 492	4 492	II	5 392	4 141	2 962	1 856	825	38
	III	**4 264**	4 492	4 492	III	3 194	2 160	1 200	410		
	V	**13 012**	4 492	4 492	IV	7 343	6 656	5 986	5 335	4 702	4 087
	VI	**13 448**	4 492	4 492							
48 995,99	I,IV	**8 059**	4 495	4 495	I	6 665	5 344	4 095	2 920	1 816	789
	II	**6 725**	4 495	4 495	II	5 401	4 149	2 970	1 864	832	42
	III	**4 272**	4 495	4 495	III	3 202	2 168	1 206	416		
	V	**13 025**	4 495	4 495	IV	7 353	6 665	5 995	5 344	4 711	4 095
	VI	**13 460**	4 495	4 495							
49 031,99	I,IV	**8 069**	4 498	4 498	I	6 675	5 353	4 104	2 928	1 824	796
	II	**6 735**	4 498	4 498	II	5 410	4 158	2 978	1 872	839	46
	III	**4 280**	4 498	4 498	III	3 208	2 174	1 212	420		
	V	**13 037**	4 498	4 498	IV	7 363	6 675	6 005	5 353	4 720	4 104
	VI	**13 472**	4 498	4 498							
49 067,99	I,IV	**8 079**	4 501	4 501	I	6 684	5 362	4 113	2 936	1 832	803
	II	**6 745**	4 501	4 501	II	5 419	4 167	2 987	1 879	846	51
	III	**4 288**	4 501	4 501	III	3 216	2 182	1 218	426		
	V	**13 050**	4 501	4 501	IV	7 373	6 684	6 014	5 362	4 729	4 113
	VI	**13 485**	4 501	4 501							
49 103,99	I,IV	**8 089**	4 505	4 505	I	6 694	5 372	4 122	2 944	1 839	810
	II	**6 754**	4 505	4 505	II	5 429	4 175	2 995	1 887	853	55
	III	**4 296**	4 505	4 505	III	3 224	2 190	1 224	430		
	V	**13 062**	4 505	4 505	IV	7 383	6 694	6 024	5 372	4 737	4 122
	VI	**13 498**	4 505	4 505							
49 139,99	I,IV	**8 099**	4 508	4 508	I	6 704	5 380	4 130	2 952	1 847	816
	II	**6 764**	4 508	4 508	II	5 438	4 184	3 003	1 894	859	59
	III	**4 302**	4 508	4 508	III	3 232	2 196	1 230	436		
	V	**13 075**	4 508	4 508	IV	7 392	6 704	6 033	5 380	4 746	4 130
	VI	**13 510**	4 508	4 508							
49 175,99	I,IV	**8 110**	4 511	4 511	I	6 713	5 390	4 139	2 960	1 854	823
	II	**6 774**	4 511	4 511	II	5 447	4 193	3 011	1 902	866	64
	III	**4 310**	4 511	4 511	III	3 240	2 204	1 238	440		
	V	**13 087**	4 511	4 511	IV	7 402	6 713	6 042	5 390	4 755	4 139
	VI	**13 522**	4 511	4 511							
49 211,99	I,IV	**8 120**	4 515	4 515	I	6 723	5 399	4 147	2 968	1 862	830
	II	**6 783**	4 515	4 515	II	5 456	4 201	3 019	1 910	873	68
	III	**4 318**	4 515	4 515	III	3 246	2 212	1 244	446		
	V	**13 100**	4 515	4 515	IV	7 412	6 723	6 052	5 399	4 764	4 147
	VI	**13 535**	4 515	4 515							
49 247,99	I,IV	**8 130**	4 518	4 518	I	6 733	5 408	4 156	2 977	1 870	837
	II	**6 793**	4 518	4 518	II	5 465	4 210	3 027	1 917	880	73
	III	**4 326**	4 518	4 518	III	3 254	2 218	1 250	450		
	V	**13 112**	4 518	4 518	IV	7 422	6 733	6 061	5 408	4 773	4 156
	VI	**13 548**	4 518	4 518							

* Zur LSt-Berechnung für privat versicherte Arbeitnehmer s. Beispiele **Vorbemerkung S. 4 f.**
** Basisvorsorgepauschale KV und PV *** Typisierter Arbeitgeberzuschuss

Lohn/ Gehalt in € bis	Steuerklasse	Lohn-steuer*	BVSP**	TAGZ***	Steuerklasse	Bemessungsgrundlage für Kirchensteuer und Solidaritätszuschlag – Freibeträge für ... Kinder 0,5	**1,0**	1,5	**2,0**	2,5	**3,0**
49283,99	I,IV	**8140**	4521	4521	I	6742	5417	4164	2984	1877	844
	II	**6803**	4521	4521	II	5474	4218	3035	1925	887	77
	III	**4334**	4521	4521	III	3262	2226	1256	456		
	V	**13125**	4521	4521	IV	7432	6742	6070	5417	4782	4164
	VI	**13560**	4521	4521							
49319,99	I,IV	**8150**	4525	4525	I	6752	5426	4173	2993	1885	851
	II	**6812**	4525	4525	II	5483	4227	3043	1932	894	82
	III	**4342**	4525	4525	III	3268	2232	1262	460		
	V	**13137**	4525	4525	IV	7442	6752	6080	5426	4791	4173
	VI	**13572**	4525	4525							
49355,99	I,IV	**8160**	4528	4528	I	6762	5435	4182	3001	1892	858
	II	**6822**	4528	4528	II	5493	4236	3052	1940	901	86
	III	**4350**	4528	4528	III	3276	2240	1268	466		
	V	**13150**	4528	4528	IV	7452	6762	6089	5435	4800	4182
	VI	**13585**	4528	4528							
49391,99	I,IV	**8171**	4531	4531	I	6771	5445	4191	3009	1900	865
	II	**6832**	4531	4531	II	5502	4245	3060	1948	908	91
	III	**4356**	4531	4531	III	3284	2248	1274	470		
	V	**13162**	4531	4531	IV	7462	6771	6099	5445	4809	4191
	VI	**13597**	4531	4531							
49427,99	I,IV	**8181**	4535	4535	I	6781	5454	4199	3017	1908	871
	II	**6841**	4535	4535	II	5511	4253	3068	1955	915	95
	III	**4364**	4535	4535	III	3292	2254	1282	476		
	V	**13175**	4535	4535	IV	7472	6781	6108	5454	4817	4199
	VI	**13610**	4535	4535							
49463,99	I,IV	**8191**	4538	4538	I	6791	5463	4208	3025	1915	878
	II	**6851**	4538	4538	II	5520	4262	3076	1963	922	100
	III	**4372**	4538	4538	III	3298	2262	1288	480		
	V	**13187**	4538	4538	IV	7482	6791	6118	5463	4826	4208
	VI	**13622**	4538	4538							
49499,99	I,IV	**8201**	4541	4541	I	6800	5472	4216	3033	1923	885
	II	**6861**	4541	4541	II	5529	4271	3084	1971	930	105
	III	**4380**	4541	4541	III	3306	2268	1294	486		
	V	**13200**	4541	4541	IV	7492	6800	6127	5472	4835	4216
	VI	**13635**	4541	4541							
49535,99	I,IV	**8212**	4544	4544	I	6810	5481	4225	3042	1931	893
	II	**6871**	4544	4544	II	5539	4279	3092	1978	937	109
	III	**4388**	4544	4544	III	3314	2276	1300	492		
	V	**13212**	4544	4544	IV	7502	6810	6137	5481	4844	4225
	VI	**13647**	4544	4544							
49571,99	I,IV	**8221**	4548	4548	I	6820	5490	4234	3049	1938	899
	II	**6880**	4548	4548	II	5548	4288	3100	1986	944	114
	III	**4396**	4548	4548	III	3322	2284	1306	496		
	V	**13225**	4548	4548	IV	7511	6820	6146	5490	4853	4234
	VI	**13660**	4548	4548							
49607,99	I,IV	**8232**	4551	4551	I	6829	5499	4242	3058	1946	907
	II	**6890**	4551	4551	II	5557	4296	3109	1993	951	118
	III	**4404**	4551	4551	III	3328	2290	1312	502		
	V	**13237**	4551	4551	IV	7521	6829	6155	5499	4862	4242
	VI	**13672**	4551	4551							
49643,99	I,IV	**8242**	4554	4554	I	6839	5509	4251	3066	1953	914
	II	**6900**	4554	4554	II	5566	4305	3117	2001	958	123
	III	**4412**	4554	4554	III	3336	2298	1320	506		
	V	**13250**	4554	4554	IV	7531	6839	6165	5509	4871	4251
	VI	**13685**	4554	4554							
49679,99	I,IV	**8252**	4558	4558	I	6849	5518	4260	3074	1961	921
	II	**6910**	4558	4558	II	5575	4314	3125	2009	965	128
	III	**4418**	4558	4558	III	3344	2304	1326	512		
	V	**13262**	4558	4558	IV	7542	6849	6174	5518	4880	4260
	VI	**13697**	4558	4558							

* Zur LSt-Berechnung für privat versicherte Arbeitnehmer s. Beispiele **Vorbemerkung S. 4f.**
** Basisvorsorgepauschale KV und PV *** Typisierter Arbeitgeberzuschuss

Lohn/ Gehalt in € bis	Steuerklasse	Lohnsteuer*	BVSP**	TAGZ***	Steuerklasse	Bemessungsgrundlage für Kirchensteuer und Solidaritätszuschlag – Freibeträge für ... Kinder 0,5	1,0	1,5	2,0	2,5	3,0
49 715,99	I,IV	**8 262**	4 561	4 561	I	6 858	5 527	4 268	3 082	1 969	928
	II	**6 919**	4 561	4 561	II	5 584	4 322	3 133	2 016	972	132
	III	**4 426**	4 561	4 561	III	3 352	2 312	1 332	516		
	V	**13 275**	4 561	4 561	IV	7 551	6 858	6 184	5 527	4 888	4 268
	VI	**13 710**	4 561	4 561							
49 751,99	I,IV	**8 273**	4 564	4 564	I	6 868	5 536	4 277	3 090	1 976	935
	II	**6 929**	4 564	4 564	II	5 594	4 331	3 141	2 024	980	137
	III	**4 434**	4 564	4 564	III	3 358	2 320	1 338	522		
	V	**13 287**	4 564	4 564	IV	7 561	6 868	6 193	5 536	4 897	4 277
	VI	**13 722**	4 564	4 564							
49 787,99	I,IV	**8 283**	4 568	4 568	I	6 878	5 545	4 286	3 099	1 984	942
	II	**6 939**	4 568	4 568	II	5 603	4 340	3 150	2 032	987	142
	III	**4 442**	4 568	4 568	III	3 366	2 326	1 346	528		
	V	**13 300**	4 568	4 568	IV	7 571	6 878	6 203	5 545	4 907	4 286
	VI	**13 735**	4 568	4 568							
49 823,99	I,IV	**8 293**	4 571	4 571	I	6 888	5 555	4 294	3 107	1 992	949
	II	**6 948**	4 571	4 571	II	5 612	4 349	3 158	2 040	994	147
	III	**4 450**	4 571	4 571	III	3 374	2 334	1 352	532		
	V	**13 312**	4 571	4 571	IV	7 581	6 888	6 212	5 555	4 916	4 294
	VI	**13 747**	4 571	4 571							
49 859,99	I,IV	**8 303**	4 574	4 574	I	6 897	5 564	4 303	3 115	1 999	956
	II	**6 958**	4 574	4 574	II	5 621	4 357	3 166	2 047	1 001	151
	III	**4 458**	4 574	4 574	III	3 382	2 340	1 358	538		
	V	**13 324**	4 574	4 574	IV	7 591	6 897	6 221	5 564	4 924	4 303
	VI	**13 760**	4 574	4 574							
49 895,99	I,IV	**8 314**	4 577	4 577	I	6 907	5 573	4 312	3 123	2 007	963
	II	**6 968**	4 577	4 577	II	5 631	4 366	3 174	2 055	1 008	156
	III	**4 466**	4 577	4 577	III	3 388	2 348	1 364	542		
	V	**13 337**	4 577	4 577	IV	7 601	6 907	6 231	5 573	4 933	4 312
	VI	**13 772**	4 577	4 577							
49 931,99	I,IV	**8 324**	4 581	4 581	I	6 917	5 582	4 320	3 131	2 015	971
	II	**6 978**	4 581	4 581	II	5 640	4 375	3 182	2 063	1 015	161
	III	**4 474**	4 581	4 581	III	3 396	2 356	1 370	548		
	V	**13 350**	4 581	4 581	IV	7 611	6 917	6 240	5 582	4 942	4 320
	VI	**13 785**	4 581	4 581							
49 967,99	I,IV	**8 334**	4 584	4 584	I	6 927	5 592	4 329	3 139	2 022	978
	II	**6 987**	4 584	4 584	II	5 649	4 384	3 191	2 070	1 023	166
	III	**4 482**	4 584	4 584	III	3 404	2 362	1 378	552		
	V	**13 362**	4 584	4 584	IV	7 621	6 927	6 250	5 592	4 951	4 329
	VI	**13 797**	4 584	4 584							
50 003,99	I,IV	**8 344**	4 587	4 587	I	6 936	5 601	4 338	3 147	2 030	985
	II	**6 997**	4 587	4 587	II	5 658	4 392	3 199	2 078	1 030	171
	III	**4 488**	4 587	4 587	III	3 412	2 370	1 384	558		
	V	**13 374**	4 587	4 587	IV	7 631	6 936	6 259	5 601	4 960	4 338
	VI	**13 810**	4 587	4 587							
50 039,99	I,IV	**8 354**	4 591	4 591	I	6 946	5 610	4 346	3 156	2 038	992
	II	**7 007**	4 591	4 591	II	5 668	4 401	3 207	2 086	1 037	175
	III	**4 496**	4 591	4 591	III	3 418	2 378	1 390	564		
	V	**13 387**	4 591	4 591	IV	7 641	6 946	6 269	5 610	4 969	4 346
	VI	**13 822**	4 591	4 591							
50 075,99	I,IV	**8 365**	4 594	4 594	I	6 956	5 619	4 355	3 164	2 045	999
	II	**7 017**	4 594	4 594	II	5 677	4 410	3 215	2 093	1 044	180
	III	**4 504**	4 594	4 594	III	3 426	2 384	1 396	568		
	V	**13 400**	4 594	4 594	IV	7 651	6 956	6 278	5 619	4 978	4 355
	VI	**13 835**	4 594	4 594							
50 111,99	I,IV	**8 375**	4 597	4 597	I	6 965	5 628	4 364	3 172	2 053	1 006
	II	**7 026**	4 597	4 597	II	5 686	4 419	3 224	2 101	1 051	185
	III	**4 512**	4 597	4 597	III	3 434	2 392	1 404	574		
	V	**13 412**	4 597	4 597	IV	7 661	6 965	6 288	5 628	4 987	4 364
	VI	**13 847**	4 597	4 597							

* Zur LSt-Berechnung für privat versicherte Arbeitnehmer s. Beispiele **Vorbemerkung S. 4 f.**
** Basisvorsorgepauschale KV und PV *** Typisierter Arbeitgeberzuschuss

Lohn/ Gehalt in € bis	Steuerklasse	Lohn-steuer*	BVSP**	TAGZ***	Steuerklasse	Bemessungsgrundlage für Kirchensteuer und Solidaritätszuschlag – Freibeträge für ... Kinder 0,5	**1,0**	1,5	**2,0**	2,5	**3,0**
50147,99	I,IV	**8385**	4601	4601	I	6975	5637	4373	3180	2061	1013
	II	**7036**	4601	4601	II	5695	4427	3232	2109	1058	190
	III	**4520**	4601	4601	III	3442	2400	1410	578		
	V	**13424**	4601	4601	IV	7671	6975	6297	5637	4996	4373
	VI	**13860**	4601	4601							
50183,99	I,IV	**8396**	4604	4604	I	6985	5647	4381	3188	2068	1021
	II	**7046**	4604	4604	II	5705	4436	3240	2116	1066	195
	III	**4528**	4604	4604	III	3448	2406	1416	584		
	V	**13437**	4604	4604	IV	7681	6985	6307	5647	5005	4381
	VI	**13872**	4604	4604							
50219,99	I,IV	**8406**	4607	4607	I	6995	5656	4390	3197	2076	1028
	II	**7056**	4607	4607	II	5714	4445	3248	2124	1073	200
	III	**4536**	4607	4607	III	3456	2414	1422	590		
	V	**13450**	4607	4607	IV	7691	6995	6316	5656	5014	4390
	VI	**13885**	4607	4607							
50255,99	I,IV	**8416**	4610	4610	I	7004	5665	4399	3205	2084	1035
	II	**7066**	4610	4610	II	5723	4454	3256	2132	1080	205
	III	**4544**	4610	4610	III	3464	2422	1430	594		
	V	**13462**	4610	4610	IV	7701	7004	6326	5665	5023	4399
	VI	**13897**	4610	4610							
50291,99	I,IV	**8426**	4614	4614	I	7014	5674	4407	3213	2091	1042
	II	**7075**	4614	4614	II	5732	4462	3264	2139	1087	210
	III	**4552**	4614	4614	III	3472	2428	1436	600		
	V	**13474**	4614	4614	IV	7711	7014	6335	5674	5032	4407
	VI	**13910**	4614	4614							
50327,99	I,IV	**8437**	4617	4617	I	7024	5684	4416	3221	2099	1049
	II	**7085**	4617	4617	II	5742	4471	3273	2147	1094	215
	III	**4558**	4617	4617	III	3480	2436	1442	606		
	V	**13487**	4617	4617	IV	7721	7024	6345	5684	5041	4416
	VI	**13922**	4617	4617							
50363,99	I,IV	**8447**	4620	4620	I	7034	5693	4425	3230	2107	1057
	II	**7095**	4620	4620	II	5751	4480	3281	2155	1102	220
	III	**4566**	4620	4620	III	3486	2444	1450	610		
	V	**13500**	4620	4620	IV	7731	7034	6354	5693	5050	4425
	VI	**13935**	4620	4620							
50399,99	I,IV	**8457**	4624	4624	I	7044	5702	4434	3238	2115	1064
	II	**7105**	4624	4624	II	5760	4489	3289	2163	1109	225
	III	**4574**	4624	4624	III	3494	2450	1456	616		
	V	**13512**	4624	4624	IV	7741	7044	6364	5702	5059	4434
	VI	**13947**	4624	4624							
50435,99	I,IV	**8467**	4627	4627	I	7053	5711	4442	3246	2122	1071
	II	**7114**	4627	4627	II	5769	4497	3297	2170	1116	230
	III	**4582**	4627	4627	III	3502	2458	1462	622		
	V	**13524**	4627	4627	IV	7751	7053	6373	5711	5068	4442
	VI	**13960**	4627	4627							
50471,99	I,IV	**8478**	4630	4630	I	7063	5721	4451	3254	2130	1078
	II	**7124**	4630	4630	II	5779	4506	3306	2178	1123	235
	III	**4590**	4630	4630	III	3510	2464	1468	626		
	V	**13537**	4630	4630	IV	7761	7063	6383	5721	5077	4451
	VI	**13972**	4630	4630							
50507,99	I,IV	**8488**	4634	4634	I	7073	5730	4460	3263	2138	1085
	II	**7134**	4634	4634	II	5788	4515	3314	2186	1131	240
	III	**4598**	4634	4634	III	3516	2472	1476	632		
	V	**13550**	4634	4634	IV	7771	7073	6392	5730	5086	4460
	VI	**13985**	4634	4634							
50543,99	I,IV	**8499**	4637	4637	I	7083	5739	4469	3271	2145	1093
	II	**7144**	4637	4637	II	5797	4524	3322	2194	1138	245
	III	**4606**	4637	4637	III	3524	2480	1482	638		
	V	**13562**	4637	4637	IV	7782	7083	6402	5739	5095	4469
	VI	**13997**	4637	4637							

* Zur LSt-Berechnung für privat versicherte Arbeitnehmer s. Beispiele **Vorbemerkung S. 4f.**
** Basisvorsorgepauschale KV und PV   *** Typisierter Arbeitgeberzuschuss

Lohn/ Gehalt in € bis	Steuerklasse	Lohnsteuer*	BVSP**	TAGZ***	Steuerklasse	Bemessungsgrundlage für Kirchensteuer und Solidaritätszuschlag – Freibeträge für ... Kinder 0,5	**1,0**	1,5	**2,0**	2,5	**3,0**
50579,99	I,IV	**8509**	4640	4640	I	7092	5748	4477	3279	2153	1100
	II	**7153**	4640	4640	II	5807	4532	3330	2201	1145	250
	III	**4614**	4640	4640	III	3532	2486	1488	642		
	V	**13574**	4640	4640	IV	7791	7092	6411	5748	5104	4477
	VI	**14010**	4640	4640							
50615,99	I,IV	**8519**	4644	4644	I	7102	5758	4486	3287	2161	1107
	II	**7163**	4644	4644	II	5816	4541	3339	2209	1152	256
	III	**4622**	4644	4644	III	3540	2494	1496	648		
	V	**13587**	4644	4644	IV	7801	7102	6421	5758	5113	4486
	VI	**14022**	4644	4644							
50651,99	I,IV	**8529**	4647	4647	I	7112	5767	4495	3296	2169	1114
	II	**7173**	4647	4647	II	5825	4550	3347	2217	1160	261
	III	**4630**	4647	4647	III	3548	2502	1502	654		
	V	**13600**	4647	4647	IV	7812	7112	6430	5767	5122	4495
	VI	**14035**	4647	4647							
50687,99	I,IV	**8540**	4650	4650	I	7122	5777	4504	3304	2176	1122
	II	**7183**	4650	4650	II	5835	4559	3356	2225	1167	266
	III	**4638**	4650	4650	III	3554	2508	1508	660		
	V	**13612**	4650	4650	IV	7822	7122	6440	5777	5131	4504
	VI	**14047**	4650	4650							
50723,99	I,IV	**8550**	4653	4653	I	7131	5786	4512	3312	2184	1129
	II	**7193**	4653	4653	II	5844	4567	3364	2232	1174	271
	III	**4644**	4653	4653	III	3562	2516	1516	664		
	V	**13624**	4653	4653	IV	7832	7131	6449	5786	5140	4512
	VI	**14059**	4653	4653							
50759,99	I,IV	**8560**	4657	4657	I	7141	5795	4521	3320	2192	1136
	II	**7203**	4657	4657	II	5853	4576	3372	2240	1181	276
	III	**4652**	4657	4657	III	3570	2522	1522	670		
	V	**13637**	4657	4657	IV	7842	7141	6459	5795	5149	4521
	VI	**14072**	4657	4657							
50795,99	I,IV	**8571**	4660	4660	I	7151	5804	4530	3329	2200	1143
	II	**7213**	4660	4660	II	5863	4585	3380	2248	1189	282
	III	**4660**	4660	4660	III	3578	2530	1528	676		
	V	**13650**	4660	4660	IV	7852	7151	6469	5804	5158	4530
	VI	**14085**	4660	4660							
50831,99	I,IV	**8581**	4663	4663	I	7161	5814	4539	3337	2207	1151
	II	**7222**	4663	4663	II	5872	4594	3389	2256	1196	287
	III	**4668**	4663	4663	III	3584	2538	1536	680	4	
	V	**13662**	4663	4663	IV	7862	7161	6478	5814	5167	4539
	VI	**14097**	4663	4663							
50867,99	I,IV	**8591**	4667	4667	I	7171	5823	4548	3345	2215	1158
	II	**7232**	4667	4667	II	5881	4603	3397	2264	1203	292
	III	**4676**	4667	4667	III	3592	2544	1542	686	8	
	V	**13674**	4667	4667	IV	7872	7171	6488	5823	5176	4548
	VI	**14109**	4667	4667							
50903,99	I,IV	**8602**	4670	4670	I	7181	5832	4556	3353	2223	1165
	II	**7242**	4670	4670	II	5890	4611	3405	2271	1210	297
	III	**4684**	4670	4670	III	3600	2552	1548	692	12	
	V	**13687**	4670	4670	IV	7882	7181	6497	5832	5185	4556
	VI	**14122**	4670	4670							
50939,99	I,IV	**8612**	4673	4673	I	7190	5842	4565	3362	2231	1172
	II	**7252**	4673	4673	II	5900	4620	3413	2279	1218	303
	III	**4692**	4673	4673	III	3608	2560	1556	698	16	
	V	**13700**	4673	4673	IV	7892	7190	6507	5842	5194	4565
	VI	**14135**	4673	4673							
50975,99	I,IV	**8622**	4677	4677	I	7200	5851	4574	3370	2238	1180
	II	**7262**	4677	4677	II	5909	4629	3422	2287	1225	308
	III	**4700**	4677	4677	III	3616	2568	1562	702	20	
	V	**13712**	4677	4677	IV	7902	7200	6517	5851	5203	4574
	VI	**14147**	4677	4677							

* Zur LSt-Berechnung für privat versicherte Arbeitnehmer s. Beispiele **Vorbemerkung S. 4f.**
** Basisvorsorgepauschale KV und PV *** Typisierter Arbeitgeberzuschuss

Lohn/ Gehalt in € bis	Steuerklasse	**Lohn-steuer***	BVSP**	TAGZ***	Steuerklasse	Bemessungsgrundlage für Kirchensteuer und Solidaritätszuschlag – Freibeträge für ... Kinder 0,5	**1,0**	1,5	**2,0**	2,5	**3,0**
51 011,99	I,IV	**8 632**	4 680	4 680	I	7 210	5 860	4 583	3 378	2 246	1 187
	II	**7 271**	4 680	4 680	II	5 918	4 638	3 430	2 295	1 232	313
	III	**4 706**	4 680	4 680	III	3 622	2 574	1 568	708	24	
	V	**13 724**	4 680	4 680	IV	7 912	7 210	6 526	5 860	5 212	4 583
	VI	**14 159**	4 680	4 680							
51 047,99	I,IV	**8 643**	4 683	4 683	I	7 220	5 869	4 592	3 386	2 254	1 194
	II	**7 281**	4 683	4 683	II	5 928	4 647	3 438	2 303	1 239	319
	III	**4 714**	4 683	4 683	III	3 630	2 582	1 576	714	28	
	V	**13 737**	4 683	4 683	IV	7 922	7 220	6 536	5 869	5 221	4 592
	VI	**14 172**	4 683	4 683							
51 083,99	I,IV	**8 653**	4 686	4 686	I	7 230	5 879	4 600	3 395	2 262	1 201
	II	**7 291**	4 686	4 686	II	5 937	4 656	3 447	2 310	1 247	324
	III	**4 722**	4 686	4 686	III	3 638	2 588	1 582	718	32	
	V	**13 750**	4 686	4 686	IV	7 932	7 230	6 545	5 879	5 231	4 600
	VI	**14 185**	4 686	4 686							
51 119,99	I,IV	**8 664**	4 690	4 690	I	7 240	5 888	4 609	3 403	2 270	1 209
	II	**7 301**	4 690	4 690	II	5 947	4 665	3 455	2 318	1 254	329
	III	**4 730**	4 690	4 690	III	3 646	2 596	1 590	724	38	
	V	**13 762**	4 690	4 690	IV	7 943	7 240	6 555	5 888	5 240	4 609
	VI	**14 197**	4 690	4 690							
51 155,99	I,IV	**8 674**	4 693	4 693	I	7 249	5 897	4 618	3 411	2 277	1 216
	II	**7 311**	4 693	4 693	II	5 956	4 673	3 463	2 326	1 261	335
	III	**4 738**	4 693	4 693	III	3 652	2 604	1 596	730	42	
	V	**13 774**	4 693	4 693	IV	7 953	7 249	6 564	5 897	5 249	4 618
	VI	**14 209**	4 693	4 693							
51 191,99	I,IV	**8 684**	4 696	4 696	I	7 259	5 907	4 627	3 420	2 285	1 223
	II	**7 321**	4 696	4 696	II	5 965	4 682	3 472	2 334	1 269	340
	III	**4 746**	4 696	4 696	III	3 660	2 610	1 602	736	46	
	V	**13 787**	4 696	4 696	IV	7 963	7 259	6 574	5 907	5 258	4 627
	VI	**14 222**	4 696	4 696							
51 227,99	I,IV	**8 695**	4 700	4 700	I	7 269	5 916	4 636	3 428	2 293	1 230
	II	**7 331**	4 700	4 700	II	5 975	4 691	3 480	2 342	1 276	346
	III	**4 754**	4 700	4 700	III	3 668	2 618	1 610	742	50	
	V	**13 800**	4 700	4 700	IV	7 973	7 269	6 584	5 916	5 267	4 636
	VI	**14 235**	4 700	4 700							
51 263,99	I,IV	**8 705**	4 703	4 703	I	7 279	5 926	4 645	3 436	2 301	1 238
	II	**7 341**	4 703	4 703	II	5 984	4 700	3 488	2 350	1 283	351
	III	**4 762**	4 703	4 703	III	3 676	2 626	1 616	746	54	
	V	**13 812**	4 703	4 703	IV	7 983	7 279	6 593	5 926	5 276	4 645
	VI	**14 247**	4 703	4 703							
51 299,99	I,IV	**8 715**	4 706	4 706	I	7 289	5 935	4 653	3 444	2 308	1 245
	II	**7 350**	4 706	4 706	II	5 993	4 709	3 497	2 357	1 290	357
	III	**4 770**	4 706	4 706	III	3 682	2 632	1 622	752	58	
	V	**13 824**	4 706	4 706	IV	7 993	7 289	6 603	5 935	5 285	4 653
	VI	**14 259**	4 706	4 706							
51 335,99	I,IV	**8 726**	4 710	4 710	I	7 299	5 944	4 662	3 453	2 316	1 252
	II	**7 360**	4 710	4 710	II	6 003	4 717	3 505	2 365	1 298	362
	III	**4 778**	4 710	4 710	III	3 690	2 640	1 630	758	62	
	V	**13 837**	4 710	4 710	IV	8 003	7 299	6 612	5 944	5 294	4 662
	VI	**14 272**	4 710	4 710							
51 371,99	I,IV	**8 736**	4 713	4 713	I	7 309	5 954	4 671	3 461	2 324	1 259
	II	**7 370**	4 713	4 713	II	6 012	4 726	3 513	2 373	1 305	368
	III	**4 786**	4 713	4 713	III	3 698	2 648	1 636	764	68	
	V	**13 849**	4 713	4 713	IV	8 013	7 309	6 622	5 954	5 303	4 671
	VI	**14 285**	4 713	4 713							
51 407,99	I,IV	**8 747**	4 716	4 716	I	7 319	5 963	4 680	3 470	2 332	1 267
	II	**7 380**	4 716	4 716	II	6 022	4 735	3 522	2 381	1 313	373
	III	**4 794**	4 716	4 716	III	3 706	2 654	1 644	768	72	
	V	**13 862**	4 716	4 716	IV	8 024	7 319	6 632	5 963	5 312	4 680
	VI	**14 297**	4 716	4 716							

* Zur LSt-Berechnung für privat versicherte Arbeitnehmer s. Beispiele **Vorbemerkung S. 4 f.**
** Basisvorsorgepauschale KV und PV *** Typisierter Arbeitgeberzuschuss

Lohn/ Gehalt in € bis	Steuerklasse	Lohn- steuer*	BVSP**	TAGZ***	Steuerklasse	Bemessungsgrundlage für Kirchensteuer und Solidaritätszuschlag – Freibeträge für ... Kinder 0,5	1,0	1,5	2,0	2,5	3,0
51 443,99	I,IV	**8 757**	4 719	4 719	I	7 328	5 972	4 689	3 478	2 340	1 274
	II	**7 390**	4 719	4 719	II	6 031	4 744	3 530	2 388	1 320	379
	III	**4 802**	4 719	4 719	III	3 714	2 662	1 650	774	76	
	V	**13 874**	4 719	4 719	IV	8 033	7 328	6 641	5 972	5 321	4 689
	VI	**14 309**	4 719	4 719							
51 479,99	I,IV	**8 767**	4 723	4 723	I	7 338	5 982	4 698	3 486	2 347	1 281
	II	**7 400**	4 723	4 723	II	6 040	4 753	3 538	2 396	1 327	384
	III	**4 810**	4 723	4 723	III	3 722	2 670	1 658	780	80	
	V	**13 887**	4 723	4 723	IV	8 044	7 338	6 651	5 982	5 330	4 698
	VI	**14 322**	4 723	4 723							
51 515,99	I,IV	**8 778**	4 726	4 726	I	7 348	5 991	4 706	3 495	2 355	1 289
	II	**7 410**	4 726	4 726	II	6 050	4 762	3 547	2 404	1 334	390
	III	**4 818**	4 726	4 726	III	3 728	2 676	1 664	786	84	
	V	**13 899**	4 726	4 726	IV	8 054	7 348	6 660	5 991	5 340	4 706
	VI	**14 335**	4 726	4 726							
51 551,99	I,IV	**8 788**	4 729	4 729	I	7 358	6 000	4 715	3 503	2 363	1 296
	II	**7 420**	4 729	4 729	II	6 059	4 771	3 555	2 412	1 342	395
	III	**4 824**	4 729	4 729	III	3 736	2 684	1 672	792	88	
	V	**13 912**	4 729	4 729	IV	8 064	7 358	6 670	6 000	5 349	4 715
	VI	**14 347**	4 729	4 729							
51 587,99	I,IV	**8 799**	4 733	4 733	I	7 368	6 010	4 724	3 511	2 371	1 303
	II	**7 430**	4 733	4 733	II	6 068	4 780	3 563	2 420	1 349	401
	III	**4 832**	4 733	4 733	III	3 744	2 692	1 678	796	94	
	V	**13 924**	4 733	4 733	IV	8 074	7 368	6 680	6 010	5 358	4 724
	VI	**14 359**	4 733	4 733							
51 623,99	I,IV	**8 809**	4 736	4 736	I	7 378	6 019	4 733	3 520	2 379	1 311
	II	**7 440**	4 736	4 736	II	6 078	4 788	3 572	2 428	1 356	407
	III	**4 840**	4 736	4 736	III	3 752	2 698	1 684	802	98	
	V	**13 937**	4 736	4 736	IV	8 084	7 378	6 689	6 019	5 367	4 733
	VI	**14 372**	4 736	4 736							
51 659,99	I,IV	**8 819**	4 739	4 739	I	7 388	6 028	4 742	3 528	2 387	1 318
	II	**7 450**	4 739	4 739	II	6 087	4 797	3 580	2 436	1 364	412
	III	**4 848**	4 739	4 739	III	3 758	2 706	1 692	808	102	
	V	**13 949**	4 739	4 739	IV	8 095	7 388	6 699	6 028	5 376	4 742
	VI	**14 385**	4 739	4 739							
51 695,99	I,IV	**8 830**	4 743	4 743	I	7 398	6 038	4 751	3 536	2 395	1 325
	II	**7 460**	4 743	4 743	II	6 097	4 806	3 589	2 444	1 371	418
	III	**4 856**	4 743	4 743	III	3 766	2 714	1 698	814	106	
	V	**13 962**	4 743	4 743	IV	8 105	7 398	6 709	6 038	5 385	4 751
	VI	**14 397**	4 743	4 743							
51 731,99	I,IV	**8 840**	4 746	4 746	I	7 407	6 047	4 760	3 545	2 402	1 332
	II	**7 469**	4 746	4 746	II	6 106	4 815	3 597	2 451	1 378	424
	III	**4 864**	4 746	4 746	III	3 774	2 720	1 706	820	110	
	V	**13 974**	4 746	4 746	IV	8 115	7 407	6 718	6 047	5 394	4 760
	VI	**14 409**	4 746	4 746							
51 767,99	I,IV	**8 851**	4 749	4 749	I	7 417	6 057	4 768	3 553	2 410	1 340
	II	**7 479**	4 749	4 749	II	6 115	4 824	3 605	2 459	1 386	429
	III	**4 872**	4 749	4 749	III	3 782	2 728	1 712	826	116	
	V	**13 987**	4 749	4 749	IV	8 125	7 417	6 728	6 057	5 403	4 768
	VI	**14 422**	4 749	4 749							
51 803,99	I,IV	**8 861**	4 753	4 753	I	7 427	6 066	4 777	3 561	2 418	1 347
	II	**7 489**	4 753	4 753	II	6 125	4 833	3 614	2 467	1 393	435
	III	**4 880**	4 753	4 753	III	3 790	2 736	1 720	830	120	
	V	**13 999**	4 753	4 753	IV	8 135	7 427	6 738	6 066	5 413	4 777
	VI	**14 435**	4 753	4 753							
51 839,99	I,IV	**8 872**	4 756	4 756	I	7 437	6 076	4 786	3 570	2 426	1 355
	II	**7 499**	4 756	4 756	II	6 134	4 842	3 622	2 475	1 401	441
	III	**4 888**	4 756	4 756	III	3 798	2 742	1 726	836	124	
	V	**14 012**	4 756	4 756	IV	8 145	7 437	6 747	6 076	5 422	4 786
	VI	**14 447**	4 756	4 756							

* Zur LSt-Berechnung für privat versicherte Arbeitnehmer s. Beispiele **Vorbemerkung S. 4f.**
** Basisvorsorgepauschale KV und PV *** Typisierter Arbeitgeberzuschuss

Lohn/ Gehalt in € bis	Steuerklasse	Lohn-steuer*	BVSP**	TAGZ***	Steuerklasse	Bemessungsgrundlage für Kirchensteuer und Solidaritätszuschlag					
						Freibeträge für ... Kinder					
						0,5	**1,0**	1,5	**2,0**	2,5	**3,0**
51 875,99	I,IV	**8 882**	4 759	4 759	I	7 447	6 085	4 795	3 578	2 434	1 362
	II	**7 509**	4 759	4 759	II	6 144	4 851	3 630	2 483	1 408	447
	III	**4 896**	4 759	4 759	III	3 804	2 750	1 734	842	128	
	V	**14 024**	4 759	4 759	IV	8 155	7 447	6 757	6 085	5 431	4 795
	VI	**14 459**	4 759	4 759							
51 911,99	I,IV	**8 892**	4 762	4 762	I	7 457	6 094	4 804	3 586	2 442	1 369
	II	**7 519**	4 762	4 762	II	6 153	4 860	3 639	2 491	1 415	452
	III	**4 904**	4 762	4 762	III	3 812	2 758	1 740	848	132	
	V	**14 037**	4 762	4 762	IV	8 166	7 457	6 767	6 094	5 440	4 804
	VI	**14 472**	4 762	4 762							
51 947,99	I,IV	**8 903**	4 766	4 766	I	7 467	6 104	4 813	3 595	2 449	1 377
	II	**7 529**	4 766	4 766	II	6 163	4 869	3 647	2 499	1 423	458
	III	**4 912**	4 766	4 766	III	3 820	2 764	1 748	854	138	
	V	**14 049**	4 766	4 766	IV	8 176	7 467	6 776	6 104	5 449	4 813
	VI	**14 485**	4 766	4 766							
51 983,99	I,IV	**8 913**	4 769	4 769	I	7 477	6 113	4 822	3 603	2 457	1 384
	II	**7 539**	4 769	4 769	II	6 172	4 878	3 656	2 507	1 430	464
	III	**4 920**	4 769	4 769	III	3 828	2 772	1 754	860	142	
	V	**14 062**	4 769	4 769	IV	8 186	7 477	6 786	6 113	5 458	4 822
	VI	**14 497**	4 769	4 769							
52 019,99	I,IV	**8 924**	4 772	4 772	I	7 487	6 122	4 831	3 612	2 465	1 391
	II	**7 549**	4 772	4 772	II	6 181	4 886	3 664	2 514	1 437	470
	III	**4 926**	4 772	4 772	III	3 836	2 780	1 762	864	146	
	V	**14 074**	4 772	4 772	IV	8 196	7 487	6 795	6 122	5 467	4 831
	VI	**14 509**	4 772	4 772							
52 055,99	I,IV	**8 934**	4 776	4 776	I	7 497	6 132	4 840	3 620	2 473	1 399
	II	**7 559**	4 776	4 776	II	6 191	4 895	3 673	2 522	1 445	476
	III	**4 934**	4 776	4 776	III	3 842	2 786	1 768	870	150	
	V	**14 087**	4 776	4 776	IV	8 206	7 497	6 805	6 132	5 477	4 840
	VI	**14 522**	4 776	4 776							
52 091,99	I,IV	**8 945**	4 779	4 779	I	7 507	6 141	4 849	3 628	2 481	1 406
	II	**7 569**	4 779	4 779	II	6 200	4 904	3 681	2 530	1 452	482
	III	**4 942**	4 779	4 779	III	3 850	2 794	1 776	876	156	
	V	**14 099**	4 779	4 779	IV	8 217	7 507	6 815	6 141	5 486	4 849
	VI	**14 535**	4 779	4 779							
52 127,99	I,IV	**8 955**	4 782	4 782	I	7 517	6 151	4 858	3 637	2 489	1 414
	II	**7 579**	4 782	4 782	II	6 210	4 913	3 690	2 538	1 460	488
	III	**4 950**	4 782	4 782	III	3 858	2 802	1 782	882	160	
	V	**14 112**	4 782	4 782	IV	8 227	7 517	6 825	6 151	5 495	4 858
	VI	**14 547**	4 782	4 782							
52 163,99	I,IV	**8 965**	4 786	4 786	I	7 526	6 160	4 866	3 645	2 497	1 421
	II	**7 589**	4 786	4 786	II	6 219	4 922	3 698	2 546	1 467	493
	III	**4 958**	4 786	4 786	III	3 866	2 808	1 788	888	164	
	V	**14 124**	4 786	4 786	IV	8 237	7 526	6 834	6 160	5 504	4 866
	VI	**14 559**	4 786	4 786							
52 199,99	I,IV	**8 976**	4 789	4 789	I	7 536	6 170	4 875	3 654	2 505	1 428
	II	**7 599**	4 789	4 789	II	6 229	4 931	3 706	2 554	1 474	499
	III	**4 966**	4 789	4 789	III	3 872	2 816	1 796	894	168	
	V	**14 137**	4 789	4 789	IV	8 247	7 536	6 844	6 170	5 513	4 875
	VI	**14 572**	4 789	4 789							
52 235,99	I,IV	**8 987**	4 792	4 792	I	7 547	6 179	4 884	3 662	2 513	1 436
	II	**7 609**	4 792	4 792	II	6 238	4 940	3 715	2 562	1 482	505
	III	**4 974**	4 792	4 792	III	3 880	2 824	1 804	900	174	
	V	**14 149**	4 792	4 792	IV	8 257	7 547	6 854	6 179	5 523	4 884
	VI	**14 584**	4 792	4 792							
52 271,99	I,IV	**8 997**	4 795	4 795	I	7 557	6 189	4 893	3 671	2 520	1 443
	II	**7 619**	4 795	4 795	II	6 248	4 949	3 723	2 570	1 489	511
	III	**4 982**	4 795	4 795	III	3 888	2 830	1 810	906	178	
	V	**14 162**	4 795	4 795	IV	8 268	7 557	6 864	6 189	5 532	4 893
	VI	**14 597**	4 795	4 795							

* Zur LSt-Berechnung für privat versicherte Arbeitnehmer s. Beispiele **Vorbemerkung S. 4f.**
** Basisvorsorgepauschale KV und PV *** Typisierter Arbeitgeberzuschuss

Lohn/ Gehalt in € bis	Steuerklasse	Lohn-steuer*	BVSP**	TAGZ***	Steuerklasse	Bemessungsgrundlage für Kirchensteuer und Solidaritätszuschlag – Freibeträge für ... Kinder 0,5	**1,0**	1,5	**2,0**	2,5	**3,0**
52 307,99	I,IV	**9 007**	4 799	4 799	I	7 566	6 198	4 902	3 679	2 528	1 450
	II	**7 629**	4 799	4 799	II	6 257	4 958	3 731	2 578	1 496	517
	III	**4 990**	4 799	4 799	III	3 896	2 838	1 818	912	182	
	V	**14 174**	4 799	4 799	IV	8 278	7 566	6 873	6 198	5 541	4 902
	VI	**14 609**	4 799	4 799							
52 343,99	I,IV	**9 018**	4 802	4 802	I	7 576	6 207	4 911	3 687	2 536	1 458
	II	**7 639**	4 802	4 802	II	6 267	4 967	3 740	2 586	1 504	523
	III	**4 998**	4 802	4 802	III	3 904	2 846	1 824	916	186	
	V	**14 187**	4 802	4 802	IV	8 288	7 576	6 883	6 207	5 550	4 911
	VI	**14 622**	4 802	4 802							
52 379,99	I,IV	**9 029**	4 805	4 805	I	7 586	6 217	4 920	3 696	2 544	1 465
	II	**7 649**	4 805	4 805	II	6 276	4 976	3 749	2 594	1 511	529
	III	**5 006**	4 805	4 805	III	3 912	2 854	1 832	922	192	
	V	**14 199**	4 805	4 805	IV	8 298	7 586	6 893	6 217	5 559	4 920
	VI	**14 634**	4 805	4 805							
52 415,99	I,IV	**9 039**	4 809	4 809	I	7 596	6 226	4 929	3 704	2 552	1 473
	II	**7 659**	4 809	4 809	II	6 286	4 985	3 757	2 602	1 519	535
	III	**5 014**	4 809	4 809	III	3 920	2 860	1 838	928	196	
	V	**14 212**	4 809	4 809	IV	8 309	7 596	6 902	6 226	5 569	4 929
	VI	**14 647**	4 809	4 809							
52 451,99	I,IV	**9 049**	4 812	4 812	I	7 606	6 236	4 938	3 712	2 560	1 480
	II	**7 669**	4 812	4 812	II	6 295	4 994	3 765	2 609	1 526	541
	III	**5 022**	4 812	4 812	III	3 926	2 868	1 846	934	200	
	V	**14 224**	4 812	4 812	IV	8 319	7 606	6 912	6 236	5 578	4 938
	VI	**14 659**	4 812	4 812							
52 487,99	I,IV	**9 060**	4 815	4 815	I	7 616	6 245	4 947	3 721	2 568	1 487
	II	**7 679**	4 815	4 815	II	6 304	5 003	3 774	2 617	1 534	547
	III	**5 030**	4 815	4 815	III	3 934	2 876	1 852	940	204	
	V	**14 237**	4 815	4 815	IV	8 329	7 616	6 922	6 245	5 587	4 947
	VI	**14 672**	4 815	4 815							
52 523,99	I,IV	**9 070**	4 819	4 819	I	7 626	6 255	4 956	3 730	2 576	1 495
	II	**7 689**	4 819	4 819	II	6 314	5 012	3 782	2 625	1 541	553
	III	**5 038**	4 819	4 819	III	3 942	2 882	1 860	946	210	
	V	**14 249**	4 819	4 819	IV	8 339	7 626	6 931	6 255	5 596	4 956
	VI	**14 684**	4 819	4 819							
52 559,99	I,IV	**9 081**	4 822	4 822	I	7 636	6 264	4 965	3 738	2 584	1 502
	II	**7 699**	4 822	4 822	II	6 324	5 021	3 791	2 633	1 549	560
	III	**5 046**	4 822	4 822	III	3 950	2 890	1 866	952	214	
	V	**14 262**	4 822	4 822	IV	8 350	7 636	6 941	6 264	5 606	4 965
	VI	**14 697**	4 822	4 822							
52 595,99	I,IV	**9 091**	4 825	4 825	I	7 646	6 274	4 974	3 746	2 592	1 509
	II	**7 709**	4 825	4 825	II	6 333	5 030	3 799	2 641	1 556	566
	III	**5 054**	4 825	4 825	III	3 958	2 898	1 874	958	218	
	V	**14 274**	4 825	4 825	IV	8 360	7 646	6 951	6 274	5 614	4 974
	VI	**14 709**	4 825	4 825							
52 631,99	I,IV	**9 102**	4 828	4 828	I	7 656	6 283	4 983	3 755	2 600	1 517
	II	**7 719**	4 828	4 828	II	6 342	5 039	3 808	2 649	1 563	572
	III	**5 062**	4 828	4 828	III	3 964	2 904	1 882	964	224	
	V	**14 287**	4 828	4 828	IV	8 370	7 656	6 961	6 283	5 624	4 983
	VI	**14 722**	4 828	4 828							
52 667,99	I,IV	**9 113**	4 832	4 832	I	7 666	6 293	4 992	3 763	2 608	1 524
	II	**7 729**	4 832	4 832	II	6 352	5 048	3 816	2 657	1 571	578
	III	**5 070**	4 832	4 832	III	3 972	2 912	1 888	970	228	
	V	**14 299**	4 832	4 832	IV	8 380	7 666	6 970	6 293	5 633	4 992
	VI	**14 734**	4 832	4 832							
52 703,99	I,IV	**9 123**	4 835	4 835	I	7 676	6 302	5 001	3 772	2 616	1 532
	II	**7 739**	4 835	4 835	II	6 362	5 057	3 825	2 665	1 578	584
	III	**5 078**	4 835	4 835	III	3 980	2 920	1 896	976	232	
	V	**14 312**	4 835	4 835	IV	8 391	7 676	6 980	6 302	5 642	5 001
	VI	**14 747**	4 835	4 835							

* Zur LSt-Berechnung für privat versicherte Arbeitnehmer s. Beispiele **Vorbemerkung S. 4 f.**
** Basisvorsorgepauschale KV und PV *** Typisierter Arbeitgeberzuschuss

Lohn/ Gehalt in € bis	Steuerklasse	**Lohn-steuer***	BVSP**	TAGZ***	Steuerklasse	Bemessungsgrundlage für Kirchensteuer und Solidaritätszuschlag					
						Freibeträge für ... Kinder					
						0,5	**1,0**	1,5	**2,0**	2,5	**3,0**
52 739,99	I,IV	**9133**	4838	4838	I	7686	6311	5009	3780	2623	1539
	II	**7749**	4838	4838	II	6371	5066	3833	2673	1586	590
	III	**5084**	4838	4838	III	3988	2926	1902	982	238	
	V	**14324**	4838	4838	IV	8401	7686	6990	6311	5651	5009
	VI	**14759**	4838	4838							
52 775,99	I,IV	**9144**	4842	4842	I	7696	6321	5019	3789	2631	1547
	II	**7759**	4842	4842	II	6381	5075	3842	2681	1593	596
	III	**5092**	4842	4842	III	3996	2934	1910	988	242	
	V	**14337**	4842	4842	IV	8411	7696	7000	6321	5661	5019
	VI	**14772**	4842	4842							
52 811,99	I,IV	**9155**	4845	4845	I	7706	6331	5028	3797	2639	1554
	II	**7769**	4845	4845	II	6390	5084	3850	2689	1601	603
	III	**5100**	4845	4845	III	4002	2942	1916	992	246	
	V	**14349**	4845	4845	IV	8421	7706	7009	6331	5670	5028
	VI	**14784**	4845	4845							
52 847,99	I,IV	**9165**	4848	4848	I	7716	6340	5037	3806	2647	1562
	II	**7779**	4848	4848	II	6400	5093	3859	2697	1608	609
	III	**5108**	4848	4848	III	4010	2950	1924	998	252	
	V	**14362**	4848	4848	IV	8432	7716	7019	6340	5679	5037
	VI	**14797**	4848	4848							
52 883,99	I,IV	**9176**	4852	4852	I	7726	6349	5045	3814	2655	1569
	II	**7789**	4852	4852	II	6409	5102	3867	2705	1616	615
	III	**5116**	4852	4852	III	4018	2956	1932	1004	256	
	V	**14374**	4852	4852	IV	8442	7726	7029	6349	5688	5045
	VI	**14809**	4852	4852							
52 919,99	I,IV	**9186**	4855	4855	I	7736	6359	5054	3823	2663	1576
	II	**7799**	4855	4855	II	6419	5111	3876	2713	1623	622
	III	**5124**	4855	4855	III	4026	2964	1938	1010	260	
	V	**14387**	4855	4855	IV	8452	7736	7039	6359	5698	5054
	VI	**14822**	4855	4855							
52 955,99	I,IV	**9197**	4858	4858	I	7746	6369	5064	3831	2671	1584
	II	**7809**	4858	4858	II	6428	5120	3884	2721	1631	628
	III	**5132**	4858	4858	III	4034	2972	1946	1016	266	
	V	**14399**	4858	4858	IV	8463	7746	7048	6369	5707	5064
	VI	**14834**	4858	4858							
52 991,99	I,IV	**9207**	4862	4862	I	7757	6378	5073	3840	2679	1591
	II	**7819**	4862	4862	II	6438	5129	3893	2729	1638	634
	III	**5140**	4862	4862	III	4042	2980	1952	1022	270	
	V	**14412**	4862	4862	IV	8473	7757	7058	6378	5716	5073
	VI	**14847**	4862	4862							
53 027,99	I,IV	**9218**	4865	4865	I	7766	6388	5081	3848	2687	1599
	II	**7829**	4865	4865	II	6447	5138	3901	2737	1645	640
	III	**5148**	4865	4865	III	4048	2986	1960	1028	274	
	V	**14424**	4865	4865	IV	8483	7766	7068	6388	5725	5081
	VI	**14859**	4865	4865							
53 063,99	I,IV	**9228**	4868	4868	I	7776	6397	5091	3856	2695	1606
	II	**7839**	4868	4868	II	6457	5147	3910	2745	1653	647
	III	**5156**	4868	4868	III	4056	2994	1966	1034	280	
	V	**14437**	4868	4868	IV	8493	7776	7078	6397	5735	5091
	VI	**14872**	4868	4868							
53 099,99	I,IV	**9239**	4871	4871	I	7787	6407	5100	3865	2703	1614
	II	**7849**	4871	4871	II	6466	5156	3918	2753	1661	653
	III	**5164**	4871	4871	III	4064	3000	1974	1040	284	
	V	**14449**	4871	4871	IV	8504	7787	7088	6407	5744	5100
	VI	**14884**	4871	4871							
53 135,99	I,IV	**9250**	4875	4875	I	7797	6416	5109	3874	2711	1621
	II	**7860**	4875	4875	II	6476	5165	3927	2761	1668	660
	III	**5172**	4875	4875	III	4072	3008	1982	1046	288	
	V	**14462**	4875	4875	IV	8514	7797	7097	6416	5753	5109
	VI	**14897**	4875	4875							

* Zur LSt-Berechnung für privat versicherte Arbeitnehmer s. Beispiele **Vorbemerkung S. 4f.**
** Basisvorsorgepauschale KV und PV *** Typisierter Arbeitgeberzuschuss

Lohn/ Gehalt in € bis	Steuerklasse	Lohn-steuer*	BVSP**	TAGZ***	Steuerklasse	Bemessungsgrundlage für Kirchensteuer und Solidaritätszuschlag					
						Freibeträge für ... Kinder					
						0,5	**1,0**	1,5	**2,0**	2,5	**3,0**
53171,99	I,IV	**9260**	4878	4878	I	7806	6426	5117	3882	2719	1629
	II	**7869**	4878	4878	II	6485	5174	3935	2769	1675	666
	III	**5180**	4878	4878	III	4080	3016	1988	1052	294	
	V	**14474**	4878	4878	IV	8524	7806	7107	6426	5762	5117
	VI	**14909**	4878	4878							
53207,99	I,IV	**9271**	4881	4881	I	7817	6435	5127	3890	2727	1636
	II	**7880**	4881	4881	II	6495	5183	3944	2777	1683	672
	III	**5188**	4881	4881	III	4088	3024	1996	1058	298	
	V	**14487**	4881	4881	IV	8535	7817	7117	6435	5772	5127
	VI	**14922**	4881	4881							
53243,99	I,IV	**9281**	4885	4885	I	7827	6445	5136	3899	2735	1644
	II	**7890**	4885	4885	II	6505	5192	3952	2785	1691	679
	III	**5196**	4885	4885	III	4096	3030	2002	1064	304	
	V	**14499**	4885	4885	IV	8545	7827	7127	6445	5781	5136
	VI	**14934**	4885	4885							
53279,99	I,IV	**9292**	4888	4888	I	7837	6455	5145	3908	2743	1651
	II	**7900**	4888	4888	II	6514	5201	3961	2793	1698	685
	III	**5204**	4888	4888	III	4102	3038	2010	1072	308	
	V	**14512**	4888	4888	IV	8555	7837	7137	6455	5791	5145
	VI	**14947**	4888	4888							
53315,99	I,IV	**9302**	4891	4891	I	7847	6464	5154	3916	2751	1659
	II	**7910**	4891	4891	II	6524	5210	3969	2801	1705	692
	III	**5212**	4891	4891	III	4110	3046	2016	1076	312	
	V	**14524**	4891	4891	IV	8565	7847	7146	6464	5800	5154
	VI	**14959**	4891	4891							
53351,99	I,IV	**9313**	4895	4895	I	7857	6473	5163	3925	2759	1666
	II	**7920**	4895	4895	II	6533	5219	3978	2809	1713	698
	III	**5220**	4895	4895	III	4118	3052	2024	1082	318	
	V	**14537**	4895	4895	IV	8576	7857	7156	6473	5809	5163
	VI	**14972**	4895	4895							
53387,99	I,IV	**9324**	4898	4898	I	7867	6483	5172	3933	2767	1674
	II	**7930**	4898	4898	II	6543	5228	3987	2817	1721	705
	III	**5228**	4898	4898	III	4126	3060	2032	1088	322	
	V	**14549**	4898	4898	IV	8586	7867	7166	6483	5818	5172
	VI	**14984**	4898	4898							
53423,99	I,IV	**9334**	4901	4901	I	7877	6493	5181	3942	2775	1681
	II	**7940**	4901	4901	II	6553	5238	3995	2825	1728	711
	III	**5236**	4901	4901	III	4134	3068	2038	1096	328	
	V	**14562**	4901	4901	IV	8597	7877	7176	6493	5828	5181
	VI	**14997**	4901	4901							
53459,99	I,IV	**9345**	4904	4904	I	7887	6502	5190	3950	2783	1689
	II	**7950**	4904	4904	II	6562	5246	4004	2833	1736	718
	III	**5244**	4904	4904	III	4142	3076	2046	1102	332	
	V	**14574**	4904	4904	IV	8607	7887	7185	6502	5837	5190
	VI	**15009**	4904	4904							
53495,99	I,IV	**9355**	4908	4908	I	7897	6512	5199	3959	2791	1696
	II	**7960**	4908	4908	II	6572	5256	4012	2841	1743	724
	III	**5252**	4908	4908	III	4148	3082	2052	1108	336	
	V	**14587**	4908	4908	IV	8617	7897	7195	6512	5846	5199
	VI	**15022**	4908	4908							
53531,99	I,IV	**9366**	4911	4911	I	7907	6521	5208	3967	2799	1704
	II	**7971**	4911	4911	II	6581	5265	4021	2849	1751	731
	III	**5260**	4911	4911	III	4156	3090	2060	1114	342	
	V	**14599**	4911	4911	IV	8628	7907	7205	6521	5856	5208
	VI	**15034**	4911	4911							
53567,99	I,IV	**9377**	4914	4914	I	7918	6531	5217	3976	2807	1711
	II	**7981**	4914	4914	II	6591	5274	4029	2858	1758	738
	III	**5268**	4914	4914	III	4164	3098	2068	1120	346	
	V	**14612**	4914	4914	IV	8638	7918	7215	6531	5865	5217
	VI	**15047**	4914	4914							

* Zur LSt-Berechnung für privat versicherte Arbeitnehmer s. Beispiele **Vorbemerkung S. 4f.**
** Basisvorsorgepauschale KV und PV *** Typisierter Arbeitgeberzuschuss

Lohn/ Gehalt in € bis	Steuerklasse	Lohn-steuer*	BVSP**	TAGZ***	Steuerklasse	Bemessungsgrundlage für Kirchensteuer und Solidaritätszuschlag – Freibeträge für ... Kinder 0,5	**1,0**	1,5	**2,0**	2,5	**3,0**
53 603,99	I,IV	**9 387**	4 918	4 918	I	7 927	6 540	5 226	3 984	2 815	1 719
	II	**7 991**	4 918	4 918	II	6 600	5 283	4 038	2 865	1 766	744
	III	**5 274**	4 918	4 918	III	4 172	3 104	2 074	1 126	352	
	V	**14 624**	4 918	4 918	IV	8 648	7 927	7 225	6 540	5 874	5 226
	VI	**15 059**	4 918	4 918							
53 639,99	I,IV	**9 398**	4 921	4 921	I	7 938	6 550	5 235	3 993	2 823	1 726
	II	**8 001**	4 921	4 921	II	6 610	5 292	4 046	2 874	1 773	751
	III	**5 282**	4 921	4 921	III	4 180	3 112	2 082	1 132	356	
	V	**14 637**	4 921	4 921	IV	8 659	7 938	7 235	6 550	5 884	5 235
	VI	**15 072**	4 921	4 921							
53 675,99	I,IV	**9 408**	4 924	4 924	I	7 948	6 560	5 244	4 001	2 831	1 734
	II	**8 011**	4 924	4 924	II	6 620	5 301	4 055	2 882	1 781	758
	III	**5 290**	4 924	4 924	III	4 188	3 120	2 088	1 138	362	
	V	**14 649**	4 924	4 924	IV	8 669	7 948	7 245	6 560	5 893	5 244
	VI	**15 084**	4 924	4 924							
53 711,99	I,IV	**9 419**	4 928	4 928	I	7 958	6 569	5 253	4 010	2 839	1 741
	II	**8 021**	4 928	4 928	II	6 629	5 310	4 064	2 890	1 789	764
	III	**5 300**	4 928	4 928	III	4 194	3 128	2 096	1 144	366	
	V	**14 662**	4 928	4 928	IV	8 679	7 958	7 255	6 569	5 902	5 253
	VI	**15 097**	4 928	4 928							
53 747,99	I,IV	**9 429**	4 931	4 931	I	7 968	6 579	5 262	4 018	2 847	1 749
	II	**8 031**	4 931	4 931	II	6 639	5 319	4 072	2 898	1 796	771
	III	**5 308**	4 931	4 931	III	4 202	3 134	2 104	1 150	370	
	V	**14 674**	4 931	4 931	IV	8 690	7 968	7 264	6 579	5 911	5 262
	VI	**15 109**	4 931	4 931							
53 783,99	I,IV	**9 440**	4 934	4 934	I	7 978	6 588	5 271	4 027	2 855	1 756
	II	**8 041**	4 934	4 934	II	6 649	5 328	4 081	2 906	1 804	778
	III	**5 316**	4 934	4 934	III	4 210	3 142	2 110	1 156	376	
	V	**14 687**	4 934	4 934	IV	8 700	7 978	7 274	6 588	5 921	5 271
	VI	**15 122**	4 934	4 934							
53 819,99	I,IV	**9 451**	4 937	4 937	I	7 988	6 598	5 281	4 036	2 864	1 764
	II	**8 052**	4 937	4 937	II	6 658	5 338	4 089	2 914	1 811	784
	III	**5 324**	4 937	4 937	III	4 218	3 150	2 118	1 162	380	
	V	**14 699**	4 937	4 937	IV	8 710	7 988	7 284	6 598	5 930	5 281
	VI	**15 134**	4 937	4 937							
53 855,99	I,IV	**9 462**	4 941	4 941	I	7 998	6 608	5 290	4 044	2 872	1 772
	II	**8 062**	4 941	4 941	II	6 668	5 347	4 098	2 922	1 819	791
	III	**5 332**	4 941	4 941	III	4 226	3 158	2 124	1 168	386	
	V	**14 712**	4 941	4 941	IV	8 721	7 998	7 294	6 608	5 940	5 290
	VI	**15 147**	4 941	4 941							
53 891,99	I,IV	**9 472**	4 944	4 944	I	8 008	6 617	5 299	4 053	2 880	1 779
	II	**8 072**	4 944	4 944	II	6 677	5 356	4 106	2 930	1 826	798
	III	**5 338**	4 944	4 944	III	4 234	3 164	2 132	1 174	390	
	V	**14 724**	4 944	4 944	IV	8 731	8 008	7 304	6 617	5 949	5 299
	VI	**15 159**	4 944	4 944							
53 927,99	I,IV	**9 483**	4 947	4 947	I	8 018	6 627	5 308	4 061	2 888	1 786
	II	**8 082**	4 947	4 947	II	6 687	5 365	4 115	2 938	1 834	805
	III	**5 346**	4 947	4 947	III	4 242	3 172	2 138	1 180	396	
	V	**14 737**	4 947	4 947	IV	8 742	8 018	7 314	6 627	5 958	5 308
	VI	**15 172**	4 947	4 947							
53 963,99	I,IV	**9 493**	4 951	4 951	I	8 029	6 637	5 317	4 070	2 896	1 794
	II	**8 092**	4 951	4 951	II	6 697	5 374	4 124	2 946	1 841	811
	III	**5 354**	4 951	4 951	III	4 248	3 180	2 146	1 188	400	
	V	**14 749**	4 951	4 951	IV	8 752	8 029	7 324	6 637	5 968	5 317
	VI	**15 184**	4 951	4 951							
53 999,99	I,IV	**9 504**	4 954	4 954	I	8 039	6 646	5 326	4 079	2 904	1 802
	II	**8 102**	4 954	4 954	II	6 706	5 383	4 133	2 954	1 849	818
	III	**5 362**	4 954	4 954	III	4 256	3 186	2 154	1 194	406	
	V	**14 762**	4 954	4 954	IV	8 762	8 039	7 334	6 646	5 977	5 326
	VI	**15 197**	4 954	4 954							

* Zur LSt-Berechnung für privat versicherte Arbeitnehmer s. Beispiele **Vorbemerkung S. 4 f.**
** Basisvorsorgepauschale KV und PV *** Typisierter Arbeitgeberzuschuss

Lohn/ Gehalt in € bis	Steuerklasse	Lohn-steuer*	BVSP**	TAGZ***	Steuerklasse	Bemessungsgrundlage für Kirchensteuer und Solidaritätszuschlag – Freibeträge für ... Kinder 0,5	1,0	1,5	2,0	2,5	3,0
54035,99	I,IV	**9515**	4957	4957	I	8049	6656	5335	4087	2912	1809
	II	**8112**	4957	4957	II	6716	5392	4141	2962	1856	825
	III	**5370**	4957	4957	III	4264	3194	2160	1200	410	
	V	**14774**	4957	4957	IV	8773	8049	7343	6656	5986	5335
	VI	**15209**	4957	4957							
54071,99	I,IV	**9525**	4961	4961	I	8059	6665	5344	4096	2920	1817
	II	**8123**	4961	4961	II	6726	5401	4150	2971	1864	832
	III	**5378**	4961	4961	III	4272	3202	2168	1206	416	
	V	**14787**	4961	4961	IV	8783	8059	7353	6665	5996	5344
	VI	**15222**	4961	4961							
54107,99	I,IV	**9536**	4964	4964	I	8069	6675	5353	4104	2928	1824
	II	**8133**	4964	4964	II	6735	5411	4158	2979	1872	839
	III	**5386**	4964	4964	III	4280	3210	2176	1212	420	
	V	**14799**	4964	4964	IV	8794	8069	7363	6675	6005	5353
	VI	**15234**	4964	4964							
54143,99	I,IV	**9547**	4967	4967	I	8079	6685	5363	4113	2936	1832
	II	**8143**	4967	4967	II	6745	5420	4167	2987	1879	846
	III	**5394**	4967	4967	III	4288	3218	2182	1218	426	
	V	**14812**	4967	4967	IV	8804	8079	7373	6685	6015	5363
	VI	**15247**	4967	4967							
54179,99	I,IV	**9557**	4971	4971	I	8089	6694	5372	4122	2944	1839
	II	**8153**	4971	4971	II	6754	5429	4175	2995	1887	853
	III	**5402**	4971	4971	III	4296	3224	2190	1224	430	
	V	**14824**	4971	4971	IV	8814	8089	7383	6694	6024	5372
	VI	**15259**	4971	4971							
54215,99	I,IV	**9568**	4974	4974	I	8100	6704	5381	4130	2952	1847
	II	**8163**	4974	4974	II	6764	5438	4184	3003	1895	860
	III	**5410**	4974	4974	III	4302	3232	2196	1230	436	
	V	**14836**	4974	4974	IV	8825	8100	7393	6704	6033	5381
	VI	**15272**	4974	4974							
54251,99	I,IV	**9579**	4977	4977	I	8110	6714	5390	4139	2960	1855
	II	**8173**	4977	4977	II	6774	5447	4193	3011	1902	867
	III	**5418**	4977	4977	III	4310	3240	2204	1238	440	
	V	**14849**	4977	4977	IV	8835	8110	7403	6714	6043	5390
	VI	**15284**	4977	4977							
54287,99	I,IV	**9590**	4980	4980	I	8120	6723	5399	4148	2969	1862
	II	**8184**	4980	4980	II	6784	5456	4202	3019	1910	874
	III	**5426**	4980	4980	III	4318	3246	2212	1244	446	
	V	**14862**	4980	4980	IV	8846	8120	7413	6723	6052	5399
	VI	**15297**	4980	4980							
54323,99	I,IV	**9600**	4984	4984	I	8130	6733	5408	4156	2977	1870
	II	**8194**	4984	4984	II	6793	5465	4210	3027	1917	880
	III	**5434**	4984	4984	III	4326	3254	2218	1250	450	
	V	**14874**	4984	4984	IV	8856	8130	7422	6733	6061	5408
	VI	**15309**	4984	4984							
54359,99	I,IV	**9611**	4987	4987	I	8140	6742	5417	4165	2985	1877
	II	**8204**	4987	4987	II	6803	5475	4219	3036	1925	887
	III	**5442**	4987	4987	III	4334	3262	2226	1256	456	
	V	**14886**	4987	4987	IV	8866	8140	7432	6742	6071	5417
	VI	**15322**	4987	4987							
54395,99	I,IV	**9622**	4990	4990	I	8151	6752	5426	4173	2993	1885
	II	**8214**	4990	4990	II	6813	5484	4227	3044	1933	894
	III	**5450**	4990	4990	III	4342	3270	2232	1262	460	
	V	**14899**	4990	4990	IV	8877	8151	7442	6752	6080	5426
	VI	**15334**	4990	4990							
54431,99	I,IV	**9632**	4994	4994	I	8161	6762	5436	4182	3001	1893
	II	**8225**	4994	4994	II	6822	5493	4236	3052	1940	902
	III	**5458**	4994	4994	III	4350	3276	2240	1268	466	
	V	**14912**	4994	4994	IV	8887	8161	7452	6762	6090	5436
	VI	**15347**	4994	4994							

* Zur LSt-Berechnung für privat versicherte Arbeitnehmer s. Beispiele **Vorbemerkung S. 4 f.**
** Basisvorsorgepauschale KV und PV *** Typisierter Arbeitgeberzuschuss

Lohn/ Gehalt in € bis	Steuerklasse	**Lohnsteuer***	BVSP**	TAGZ***	Steuerklasse	Bemessungsgrundlage für Kirchensteuer und Solidaritätszuschlag – Freibeträge für ... Kinder 0,5	**1,0**	1,5	**2,0**	2,5	**3,0**
54467,99	I,IV	**9643**	4997	4997	I	8171	6771	5445	4191	3009	1900
	II	**8234**	4997	4997	II	6832	5502	4245	3060	1948	908
	III	**5466**	4997	4997	III	4356	3284	2248	1274	470	
	V	**14924**	4997	4997	IV	8898	8171	7462	6771	6099	5445
	VI	**15359**	4997	4997							
54503,99	I,IV	**9654**	5000	5000	I	8181	6781	5454	4199	3017	1908
	II	**8245**	5000	5000	II	6842	5511	4253	3068	1955	916
	III	**5474**	5000	5000	III	4364	3292	2254	1282	476	
	V	**14936**	5000	5000	IV	8908	8181	7472	6781	6108	5454
	VI	**15372**	5000	5000							
54539,99	I,IV	**9664**	5004	5004	I	8191	6791	5463	4208	3025	1915
	II	**8255**	5004	5004	II	6851	5520	4262	3076	1963	923
	III	**5482**	5004	5004	III	4372	3298	2262	1288	480	
	V	**14949**	5004	5004	IV	8919	8191	7482	6791	6118	5463
	VI	**15384**	5004	5004							
54575,99	I,IV	**9675**	5007	5007	I	8202	6801	5472	4217	3034	1923
	II	**8265**	5007	5007	II	6861	5530	4271	3085	1971	930
	III	**5490**	5007	5007	III	4380	3306	2268	1294	486	
	V	**14962**	5007	5007	IV	8929	8202	7492	6801	6127	5472
	VI	**15397**	5007	5007							
54611,99	I,IV	**9686**	5010	5010	I	8212	6810	5481	4225	3042	1931
	II	**8275**	5010	5010	II	6871	5539	4279	3092	1978	937
	III	**5498**	5010	5010	III	4388	3314	2276	1300	492	
	V	**14974**	5010	5010	IV	8939	8212	7502	6810	6137	5481
	VI	**15409**	5010	5010							
54647,99	I,IV	**9696**	5013	5013	I	8222	6820	5491	4234	3050	1938
	II	**8286**	5013	5013	II	6880	5548	4288	3101	1986	944
	III	**5506**	5013	5013	III	4396	3322	2284	1306	496	
	V	**14986**	5013	5013	IV	8950	8222	7512	6820	6146	5491
	VI	**15422**	5013	5013							
54683,99	I,IV	**9707**	5017	5017	I	8232	6830	5500	4243	3058	1946
	II	**8296**	5017	5017	II	6890	5557	4297	3109	1994	951
	III	**5514**	5017	5017	III	4404	3330	2290	1314	502	
	V	**14999**	5017	5017	IV	8961	8232	7522	6830	6156	5500
	VI	**15434**	5017	5017							
54719,99	I,IV	**9718**	5020	5020	I	8242	6839	5509	4251	3066	1954
	II	**8306**	5020	5020	II	6900	5566	4306	3117	2001	958
	III	**5522**	5020	5020	III	4412	3336	2298	1320	506	
	V	**15012**	5020	5020	IV	8971	8242	7532	6839	6165	5509
	VI	**15447**	5020	5020							
54755,99	I,IV	**9728**	5023	5023	I	8252	6849	5518	4260	3074	1961
	II	**8316**	5023	5023	II	6910	5575	4314	3125	2009	965
	III	**5530**	5023	5023	III	4418	3344	2304	1326	512	
	V	**15024**	5023	5023	IV	8981	8252	7542	6849	6174	5518
	VI	**15459**	5023	5023							
54791,99	I,IV	**9739**	5027	5027	I	8263	6859	5527	4268	3082	1969
	II	**8327**	5027	5027	II	6919	5585	4323	3133	2017	973
	III	**5538**	5027	5027	III	4426	3352	2312	1332	516	
	V	**15036**	5027	5027	IV	8992	8263	7552	6859	6184	5527
	VI	**15472**	5027	5027							
54827,99	I,IV	**9750**	5030	5030	I	8273	6868	5537	4277	3091	1977
	II	**8337**	5030	5030	II	6929	5594	4332	3142	2024	980
	III	**5546**	5030	5030	III	4434	3358	2320	1338	522	
	V	**15049**	5030	5030	IV	9002	8273	7562	6868	6193	5537
	VI	**15484**	5030	5030							
54863,99	I,IV	**9761**	5033	5033	I	8283	6878	5546	4286	3099	1984
	II	**8347**	5033	5033	II	6939	5603	4340	3150	2032	987
	III	**5554**	5033	5033	III	4442	3366	2326	1346	528	
	V	**15062**	5033	5033	IV	9013	8283	7572	6878	6203	5546
	VI	**15497**	5033	5033							

* Zur LSt-Berechnung für privat versicherte Arbeitnehmer s. Beispiele **Vorbemerkung S. 4f.**
** Basisvorsorgepauschale KV und PV *** Typisierter Arbeitgeberzuschuss

Lohn/ Gehalt in € bis	Steuerklasse	Lohn-steuer*	BVSP**	TAGZ***	Steuerklasse	Bemessungsgrundlage für Kirchensteuer und Solidaritätszuschlag – Freibeträge für ... Kinder 0,5	1,0	1,5	2,0	2,5	3,0
54 899,99	I,IV	**9 771**	5 037	5 037	I	8 293	6 888	5 555	4 294	3 107	1 992
	II	**8 357**	5 037	5 037	II	6 948	5 612	4 349	3 158	2 040	994
	III	**5 562**	5 037	5 037	III	4 450	3 374	2 334	1 352	532	
	V	**15 074**	5 037	5 037	IV	9 023	8 293	7 581	6 888	6 212	5 555
	VI	**15 509**	5 037	5 037							
54 935,99	I,IV	**9 782**	5 040	5 040	I	8 304	6 897	5 564	4 303	3 115	1 999
	II	**8 368**	5 040	5 040	II	6 958	5 622	4 358	3 166	2 047	1 001
	III	**5 570**	5 040	5 040	III	4 458	3 382	2 342	1 358	538	
	V	**15 086**	5 040	5 040	IV	9 034	8 304	7 591	6 897	6 222	5 564
	VI	**15 522**	5 040	5 040							
54 971,99	I,IV	**9 793**	5 043	5 043	I	8 314	6 907	5 573	4 312	3 123	2 007
	II	**8 378**	5 043	5 043	II	6 968	5 631	4 366	3 174	2 055	1 008
	III	**5 578**	5 043	5 043	III	4 466	3 390	2 348	1 364	542	
	V	**15 099**	5 043	5 043	IV	9 044	8 314	7 601	6 907	6 231	5 573
	VI	**15 534**	5 043	5 043							
55 007,99	I,IV	**9 804**	5 046	5 046	I	8 324	6 917	5 583	4 321	3 131	2 015
	II	**8 388**	5 046	5 046	II	6 978	5 640	4 375	3 183	2 063	1 016
	III	**5 588**	5 046	5 046	III	4 474	3 396	2 356	1 372	548	
	V	**15 112**	5 046	5 046	IV	9 055	8 324	7 612	6 917	6 241	5 583
	VI	**15 547**	5 046	5 046							
55 043,99	I,IV	**9 814**	5 050	5 050	I	8 334	6 927	5 592	4 329	3 139	2 022
	II	**8 398**	5 050	5 050	II	6 987	5 649	4 384	3 191	2 070	1 023
	III	**5 594**	5 050	5 050	III	4 482	3 404	2 362	1 378	552	
	V	**15 124**	5 050	5 050	IV	9 065	8 334	7 621	6 927	6 250	5 592
	VI	**15 559**	5 050	5 050							
55 079,99	I,IV	**9 825**	5 053	5 053	I	8 344	6 936	5 601	4 338	3 148	2 030
	II	**8 409**	5 053	5 053	II	6 997	5 659	4 392	3 199	2 078	1 030
	III	**5 602**	5 053	5 053	III	4 488	3 412	2 370	1 384	558	
	V	**15 136**	5 053	5 053	IV	9 076	8 344	7 631	6 936	6 260	5 601
	VI	**15 571**	5 053	5 053							
55 115,99	I,IV	**9 836**	5 056	5 056	I	8 355	6 946	5 610	4 347	3 156	2 038
	II	**8 419**	5 056	5 056	II	7 007	5 668	4 401	3 207	2 086	1 037
	III	**5 610**	5 056	5 056	III	4 496	3 418	2 378	1 390	564	
	V	**15 149**	5 056	5 056	IV	9 086	8 355	7 641	6 946	6 269	5 610
	VI	**15 584**	5 056	5 056							
55 151,99	I,IV	**9 847**	5 060	5 060	I	8 365	6 956	5 619	4 356	3 164	2 046
	II	**8 429**	5 060	5 060	II	7 017	5 677	4 410	3 216	2 094	1 044
	III	**5 618**	5 060	5 060	III	4 504	3 426	2 384	1 396	568	
	V	**15 162**	5 060	5 060	IV	9 097	8 365	7 652	6 956	6 279	5 619
	VI	**15 597**	5 060	5 060							
55 187,99	I,IV	**9 857**	5 063	5 063	I	8 375	6 965	5 628	4 364	3 172	2 053
	II	**8 439**	5 063	5 063	II	7 026	5 686	4 419	3 224	2 101	1 051
	III	**5 626**	5 063	5 063	III	4 512	3 434	2 392	1 404	574	
	V	**15 174**	5 063	5 063	IV	9 107	8 375	7 661	6 965	6 288	5 628
	VI	**15 609**	5 063	5 063							
55 223,99	I,IV	**9 868**	5 066	5 066	I	8 386	6 975	5 638	4 373	3 180	2 061
	II	**8 450**	5 066	5 066	II	7 036	5 696	4 427	3 232	2 109	1 059
	III	**5 636**	5 066	5 066	III	4 520	3 442	2 400	1 410	580	
	V	**15 186**	5 066	5 066	IV	9 118	8 386	7 671	6 975	6 297	5 638
	VI	**15 621**	5 066	5 066							
55 259,99	I,IV	**9 879**	5 070	5 070	I	8 396	6 985	5 647	4 382	3 189	2 069
	II	**8 460**	5 070	5 070	II	7 046	5 705	4 436	3 240	2 117	1 066
	III	**5 644**	5 070	5 070	III	4 528	3 450	2 406	1 416	584	
	V	**15 199**	5 070	5 070	IV	9 128	8 396	7 681	6 985	6 307	5 647
	VI	**15 634**	5 070	5 070							
55 295,99	I,IV	**9 890**	5 073	5 073	I	8 406	6 995	5 656	4 390	3 197	2 076
	II	**8 470**	5 073	5 073	II	7 056	5 714	4 445	3 248	2 124	1 073
	III	**5 652**	5 073	5 073	III	4 536	3 456	2 414	1 424	590	
	V	**15 212**	5 073	5 073	IV	9 139	8 406	7 692	6 995	6 317	5 656
	VI	**15 647**	5 073	5 073							

* Zur LSt-Berechnung für privat versicherte Arbeitnehmer s. Beispiele **Vorbemerkung S. 4f.**
** Basisvorsorgepauschale KV und PV *** Typisierter Arbeitgeberzuschuss

Lohn/ Gehalt in € bis	Steuerklasse	**Lohn-steuer***	BVSP**	TAGZ***	Steuerklasse	Bemessungsgrundlage für Kirchensteuer und Solidaritätszuschlag					
						Freibeträge für ... Kinder					
						0,5	**1,0**	1,5	**2,0**	2,5	**3,0**
55 331,99	I,IV	**9 901**	5 076	5 076	I	8 416	7 004	5 665	4 399	3 205	2 084
	II	**8 481**	5 076	5 076	II	7 066	5 723	4 454	3 256	2 132	1 080
	III	**5 658**	5 076	5 076	III	4 544	3 464	2 422	1 430	594	
	V	**15 224**	5 076	5 076	IV	9 149	8 416	7 701	7 004	6 326	5 665
	VI	**15 659**	5 076	5 076							
55 367,99	I,IV	**9 911**	5 080	5 080	I	8 427	7 014	5 675	4 408	3 213	2 092
	II	**8 491**	5 080	5 080	II	7 075	5 733	4 462	3 265	2 140	1 087
	III	**5 666**	5 080	5 080	III	4 552	3 472	2 428	1 436	600	
	V	**15 236**	5 080	5 080	IV	9 160	8 427	7 711	7 014	6 335	5 675
	VI	**15 671**	5 080	5 080							
55 403,99	I,IV	**9 922**	5 083	5 083	I	8 437	7 024	5 684	4 416	3 222	2 099
	II	**8 501**	5 083	5 083	II	7 085	5 742	4 471	3 273	2 148	1 095
	III	**5 676**	5 083	5 083	III	4 558	3 480	2 436	1 442	606	
	V	**15 249**	5 083	5 083	IV	9 171	8 437	7 721	7 024	6 345	5 684
	VI	**15 684**	5 083	5 083							
55 439,99	I,IV	**9 933**	5 086	5 086	I	8 447	7 034	5 693	4 425	3 230	2 107
	II	**8 512**	5 086	5 086	II	7 095	5 751	4 480	3 281	2 155	1 102
	III	**5 684**	5 086	5 086	III	4 566	3 486	2 444	1 450	610	
	V	**15 262**	5 086	5 086	IV	9 181	8 447	7 732	7 034	6 355	5 693
	VI	**15 697**	5 086	5 086							
55 475,99	I,IV	**9 944**	5 089	5 089	I	8 457	7 044	5 702	4 434	3 238	2 115
	II	**8 522**	5 089	5 089	II	7 105	5 760	4 489	3 289	2 163	1 109
	III	**5 692**	5 089	5 089	III	4 574	3 494	2 450	1 456	616	
	V	**15 274**	5 089	5 089	IV	9 191	8 457	7 741	7 044	6 364	5 702
	VI	**15 709**	5 089	5 089							
55 511,99	I,IV	**9 955**	5 093	5 093	I	8 468	7 053	5 712	4 443	3 246	2 122
	II	**8 532**	5 093	5 093	II	7 115	5 770	4 497	3 298	2 171	1 116
	III	**5 700**	5 093	5 093	III	4 582	3 502	2 458	1 462	622	
	V	**15 286**	5 093	5 093	IV	9 202	8 468	7 751	7 053	6 373	5 712
	VI	**15 721**	5 093	5 093							
55 547,99	I,IV	**9 966**	5 096	5 096	I	8 478	7 063	5 721	4 451	3 254	2 130
	II	**8 543**	5 096	5 096	II	7 124	5 779	4 506	3 306	2 178	1 124
	III	**5 708**	5 096	5 096	III	4 590	3 510	2 466	1 470	628	
	V	**15 299**	5 096	5 096	IV	9 213	8 478	7 762	7 063	6 383	5 721
	VI	**15 734**	5 096	5 096							
55 583,99	I,IV	**9 976**	5 099	5 099	I	8 488	7 073	5 730	4 460	3 263	2 138
	II	**8 553**	5 099	5 099	II	7 134	5 788	4 515	3 314	2 186	1 131
	III	**5 716**	5 099	5 099	III	4 598	3 518	2 472	1 476	632	
	V	**15 312**	5 099	5 099	IV	9 223	8 488	7 772	7 073	6 393	5 730
	VI	**15 747**	5 099	5 099							
55 619,99	I,IV	**9 987**	5 103	5 103	I	8 499	7 083	5 739	4 469	3 271	2 145
	II	**8 563**	5 103	5 103	II	7 144	5 797	4 524	3 322	2 194	1 138
	III	**5 724**	5 103	5 103	III	4 606	3 524	2 480	1 482	638	
	V	**15 324**	5 103	5 103	IV	9 234	8 499	7 782	7 083	6 402	5 739
	VI	**15 759**	5 103	5 103							
55 655,99	I,IV	**9 998**	5 106	5 106	I	8 509	7 093	5 749	4 478	3 279	2 153
	II	**8 573**	5 106	5 106	II	7 154	5 807	4 532	3 331	2 202	1 145
	III	**5 732**	5 106	5 106	III	4 614	3 532	2 486	1 488	642	
	V	**15 336**	5 106	5 106	IV	9 244	8 509	7 792	7 093	6 412	5 749
	VI	**15 771**	5 106	5 106							
55 691,99	I,IV	**10 009**	5 109	5 109	I	8 519	7 102	5 758	4 486	3 287	2 161
	II	**8 584**	5 109	5 109	II	7 164	5 816	4 541	3 339	2 209	1 152
	III	**5 740**	5 109	5 109	III	4 622	3 540	2 494	1 496	648	
	V	**15 349**	5 109	5 109	IV	9 255	8 519	7 802	7 102	6 421	5 758
	VI	**15 784**	5 109	5 109							
55 727,99	I,IV	**10 020**	5 113	5 113	I	8 530	7 112	5 767	4 495	3 296	2 169
	II	**8 594**	5 113	5 113	II	7 174	5 826	4 550	3 347	2 217	1 160
	III	**5 748**	5 113	5 113	III	4 630	3 548	2 502	1 502	654	
	V	**15 361**	5 113	5 113	IV	9 266	8 530	7 812	7 112	6 431	5 767
	VI	**15 797**	5 113	5 113							

* Zur LSt-Berechnung für privat versicherte Arbeitnehmer s. Beispiele **Vorbemerkung S. 4 f.**
** Basisvorsorgepauschale KV und PV *** Typisierter Arbeitgeberzuschuss

Lohn/ Gehalt in € bis	Steuerklasse	Lohn-steuer*	BVSP**	TAGZ***	Steuerklasse	Bemessungsgrundlage für Kirchensteuer und Solidaritätszuschlag					
						Freibeträge für ... Kinder					
						0,5	**1,0**	1,5	**2,0**	2,5	**3,0**
55 763,99	I,IV	**10 030**	5 116	5 116	I	8 540	7 122	5 777	4 504	3 304	2 176
	II	**8 604**	5 116	5 116	II	7 183	5 835	4 559	3 356	2 225	1 167
	III	**5 756**	5 116	5 116	III	4 638	3 554	2 508	1 508	660	
	V	**15 374**	5 116	5 116	IV	9 276	8 540	7 822	7 122	6 440	5 777
	VI	**15 809**	5 116	5 116							
55 799,99	I,IV	**10 041**	5 119	5 119	I	8 550	7 132	5 786	4 513	3 312	2 184
	II	**8 615**	5 119	5 119	II	7 193	5 844	4 568	3 364	2 233	1 174
	III	**5 764**	5 119	5 119	III	4 644	3 562	2 516	1 516	664	
	V	**15 386**	5 119	5 119	IV	9 287	8 550	7 832	7 132	6 450	5 786
	VI	**15 821**	5 119	5 119							
55 835,99	I,IV	**10 052**	5 122	5 122	I	8 561	7 142	5 795	4 522	3 320	2 192
	II	**8 625**	5 122	5 122	II	7 203	5 853	4 577	3 372	2 241	1 181
	III	**5 772**	5 122	5 122	III	4 652	3 570	2 524	1 522	670	
	V	**15 399**	5 122	5 122	IV	9 297	8 561	7 842	7 142	6 459	5 795
	VI	**15 834**	5 122	5 122							
55 871,99	I,IV	**10 063**	5 126	5 126	I	8 571	7 151	5 805	4 530	3 329	2 200
	II	**8 636**	5 126	5 126	II	7 213	5 863	4 585	3 381	2 248	1 189
	III	**5 780**	5 126	5 126	III	4 660	3 578	2 530	1 530	676	
	V	**15 411**	5 126	5 126	IV	9 308	8 571	7 852	7 151	6 469	5 805
	VI	**15 847**	5 126	5 126							
55 907,99	I,IV	**10 074**	5 129	5 129	I	8 581	7 161	5 814	4 539	3 337	2 207
	II	**8 646**	5 129	5 129	II	7 222	5 872	4 594	3 389	2 256	1 196
	III	**5 788**	5 129	5 129	III	4 668	3 584	2 538	1 536	680	4
	V	**15 424**	5 129	5 129	IV	9 318	8 581	7 862	7 161	6 478	5 814
	VI	**15 859**	5 129	5 129							
55 943,99	I,IV	**10 085**	5 132	5 132	I	8 591	7 171	5 823	4 548	3 345	2 215
	II	**8 656**	5 132	5 132	II	7 232	5 881	4 603	3 397	2 264	1 203
	III	**5 796**	5 132	5 132	III	4 676	3 592	2 544	1 542	686	8
	V	**15 436**	5 132	5 132	IV	9 329	8 591	7 872	7 171	6 488	5 823
	VI	**15 871**	5 132	5 132							
55 979,99	I,IV	**10 095**	5 136	5 136	I	8 602	7 181	5 832	4 557	3 354	2 223
	II	**8 667**	5 136	5 136	II	7 242	5 891	4 612	3 405	2 272	1 211
	III	**5 804**	5 136	5 136	III	4 684	3 600	2 552	1 548	692	12
	V	**15 449**	5 136	5 136	IV	9 340	8 602	7 882	7 181	6 498	5 832
	VI	**15 884**	5 136	5 136							
56 015,99	I,IV	**10 106**	5 139	5 139	I	8 612	7 191	5 842	4 566	3 362	2 231
	II	**8 677**	5 139	5 139	II	7 252	5 900	4 621	3 414	2 279	1 218
	III	**5 812**	5 139	5 139	III	4 692	3 608	2 560	1 556	698	16
	V	**15 461**	5 139	5 139	IV	9 350	8 612	7 892	7 191	6 507	5 842
	VI	**15 897**	5 139	5 139							
56 051,99	I,IV	**10 117**	5 142	5 142	I	8 622	7 200	5 851	4 574	3 370	2 238
	II	**8 687**	5 142	5 142	II	7 262	5 909	4 629	3 422	2 287	1 225
	III	**5 820**	5 142	5 142	III	4 700	3 616	2 568	1 562	702	20
	V	**15 474**	5 142	5 142	IV	9 361	8 622	7 902	7 200	6 517	5 851
	VI	**15 909**	5 142	5 142							
56 087,99	I,IV	**10 128**	5 146	5 146	I	8 633	7 210	5 860	4 583	3 378	2 246
	II	**8 698**	5 146	5 146	II	7 272	5 919	4 638	3 430	2 295	1 232
	III	**5 828**	5 146	5 146	III	4 708	3 622	2 574	1 570	708	24
	V	**15 486**	5 146	5 146	IV	9 371	8 633	7 912	7 210	6 526	5 860
	VI	**15 921**	5 146	5 146							
56 123,99	I,IV	**10 139**	5 149	5 149	I	8 643	7 220	5 870	4 592	3 387	2 254
	II	**8 708**	5 149	5 149	II	7 282	5 928	4 647	3 439	2 303	1 240
	III	**5 836**	5 149	5 149	III	4 716	3 630	2 582	1 576	714	28
	V	**15 499**	5 149	5 149	IV	9 382	8 643	7 923	7 220	6 536	5 870
	VI	**15 934**	5 149	5 149							
56 159,99	I,IV	**10 150**	5 152	5 152	I	8 654	7 230	5 879	4 601	3 395	2 262
	II	**8 719**	5 152	5 152	II	7 292	5 938	4 656	3 447	2 311	1 247
	III	**5 844**	5 152	5 152	III	4 724	3 638	2 590	1 582	720	34
	V	**15 511**	5 152	5 152	IV	9 393	8 654	7 933	7 230	6 546	5 879
	VI	**15 947**	5 152	5 152							

* Zur LSt-Berechnung für privat versicherte Arbeitnehmer s. Beispiele **Vorbemerkung S. 4f.**
** Basisvorsorgepauschale KV und PV *** Typisierter Arbeitgeberzuschuss

Lohn/ Gehalt in € bis	Steuerklasse	Lohn- steuer*	BVSP**	TAGZ***	Steuerklasse	Bemessungsgrundlage für Kirchensteuer und Solidaritätszuschlag – Freibeträge für ... Kinder 0,5	**1,0**	1,5	**2,0**	2,5	**3,0**
56195,99	I,IV	**10160**	5155	5155	I	8664	7240	5888	4609	3403	2270
	II	**8729**	5155	5155	II	7301	5947	4665	3455	2318	1254
	III	**5852**	5155	5155	III	4730	3646	2596	1590	724	38
	V	**15524**	5155	5155	IV	9403	8664	7943	7240	6555	5888
	VI	**15959**	5155	5155							
56231,99	I,IV	**10171**	5159	5159	I	8674	7250	5898	4618	3412	2277
	II	**8739**	5159	5159	II	7311	5956	4673	3463	2326	1261
	III	**5860**	5159	5159	III	4738	3652	2604	1596	730	42
	V	**15536**	5159	5159	IV	9414	8674	7953	7250	6565	5898
	VI	**15971**	5159	5159							
56267,99	I,IV	**10182**	5162	5162	I	8685	7260	5907	4627	3420	2285
	II	**8750**	5162	5162	II	7321	5965	4682	3472	2334	1269
	III	**5868**	5162	5162	III	4746	3660	2610	1602	736	46
	V	**15549**	5162	5162	IV	9424	8685	7963	7260	6574	5907
	VI	**15984**	5162	5162							
56303,99	I,IV	**10193**	5165	5165	I	8695	7269	5916	4636	3428	2293
	II	**8760**	5165	5165	II	7331	5975	4691	3480	2342	1276
	III	**5876**	5165	5165	III	4754	3668	2618	1610	742	50
	V	**15561**	5165	5165	IV	9435	8695	7973	7269	6584	5916
	VI	**15997**	5165	5165							
56339,99	I,IV	**10204**	5169	5169	I	8705	7279	5926	4645	3436	2301
	II	**8770**	5169	5169	II	7341	5984	4700	3488	2350	1283
	III	**5886**	5169	5169	III	4762	3676	2626	1616	746	54
	V	**15574**	5169	5169	IV	9446	8705	7983	7279	6593	5926
	VI	**16009**	5169	5169							
56375,99	I,IV	**10215**	5172	5172	I	8716	7289	5935	4654	3445	2309
	II	**8781**	5172	5172	II	7351	5994	4709	3497	2357	1291
	III	**5894**	5172	5172	III	4770	3684	2632	1624	752	58
	V	**15586**	5172	5172	IV	9456	8716	7993	7289	6603	5935
	VI	**16021**	5172	5172							
56411,99	I,IV	**10226**	5175	5175	I	8726	7299	5944	4662	3453	2316
	II	**8791**	5175	5175	II	7361	6003	4718	3505	2365	1298
	III	**5902**	5175	5175	III	4778	3690	2640	1630	758	64
	V	**15599**	5175	5175	IV	9467	8726	8004	7299	6613	5944
	VI	**16034**	5175	5175							
56447,99	I,IV	**10237**	5179	5179	I	8737	7309	5954	4671	3462	2324
	II	**8802**	5179	5179	II	7371	6012	4727	3514	2373	1305
	III	**5910**	5179	5179	III	4786	3698	2648	1638	764	68
	V	**15611**	5179	5179	IV	9478	8737	8014	7309	6622	5954
	VI	**16047**	5179	5179							
56483,99	I,IV	**10248**	5182	5182	I	8747	7319	5963	4680	3470	2332
	II	**8812**	5182	5182	II	7380	6022	4735	3522	2381	1313
	III	**5918**	5182	5182	III	4794	3706	2654	1644	768	72
	V	**15624**	5182	5182	IV	9488	8747	8024	7319	6632	5963
	VI	**16059**	5182	5182							
56519,99	I,IV	**10259**	5185	5185	I	8757	7329	5972	4689	3478	2340
	II	**8822**	5185	5185	II	7390	6031	4744	3530	2389	1320
	III	**5926**	5185	5185	III	4802	3714	2662	1650	774	76
	V	**15636**	5185	5185	IV	9499	8757	8034	7329	6641	5972
	VI	**16071**	5185	5185							
56555,99	I,IV	**10270**	5189	5189	I	8768	7338	5982	4698	3486	2348
	II	**8833**	5189	5189	II	7400	6040	4753	3539	2397	1327
	III	**5934**	5189	5189	III	4810	3722	2670	1658	780	80
	V	**15649**	5189	5189	IV	9510	8768	8044	7338	6651	5982
	VI	**16084**	5189	5189							
56591,99	I,IV	**10281**	5192	5192	I	8778	7348	5991	4707	3495	2356
	II	**8843**	5192	5192	II	7410	6050	4762	3547	2405	1335
	III	**5942**	5192	5192	III	4818	3728	2676	1664	786	84
	V	**15661**	5192	5192	IV	9520	8778	8054	7348	6661	5991
	VI	**16096**	5192	5192							

* Zur LSt-Berechnung für privat versicherte Arbeitnehmer s. Beispiele **Vorbemerkung S. 4f.**
** Basisvorsorgepauschale KV und PV *** Typisierter Arbeitgeberzuschuss

Lohn/ Gehalt in € bis	Steuerklasse	Lohn- steuer*	BVSP**	TAGZ***	Steuerklasse	Bemessungsgrundlage für Kirchensteuer und Solidaritätszuschlag – Freibeträge für ... Kinder 0,5	1,0	1,5	2,0	2,5	3,0
56 627,99	I,IV	**10 291**	5 195	5 195	I	8 788	7 358	6 000	4 715	3 503	2 363
	II	**8 853**	5 195	5 195	II	7 420	6 059	4 771	3 555	2 412	1 342
	III	**5 950**	5 195	5 195	III	4 824	3 736	2 684	1 672	792	88
	V	**15 674**	5 195	5 195	IV	9 531	8 788	8 064	7 358	6 670	6 000
	VI	**16 109**	5 195	5 195							
56 663,99	I,IV	**10 302**	5 198	5 198	I	8 799	7 368	6 010	4 724	3 511	2 371
	II	**8 864**	5 198	5 198	II	7 430	6 069	4 780	3 564	2 420	1 349
	III	**5 958**	5 198	5 198	III	4 832	3 744	2 692	1 678	798	94
	V	**15 686**	5 198	5 198	IV	9 541	8 799	8 074	7 368	6 680	6 010
	VI	**16 121**	5 198	5 198							
56 699,99	I,IV	**10 313**	5 202	5 202	I	8 809	7 378	6 019	4 733	3 520	2 379
	II	**8 875**	5 202	5 202	II	7 440	6 078	4 789	3 572	2 428	1 357
	III	**5 966**	5 202	5 202	III	4 840	3 752	2 698	1 686	802	98
	V	**15 699**	5 202	5 202	IV	9 552	8 809	8 085	7 378	6 690	6 019
	VI	**16 134**	5 202	5 202							
56 735,99	I,IV	**10 324**	5 205	5 205	I	8 820	7 388	6 029	4 742	3 528	2 387
	II	**8 885**	5 205	5 205	II	7 450	6 088	4 798	3 581	2 436	1 364
	III	**5 974**	5 205	5 205	III	4 848	3 760	2 706	1 692	808	102
	V	**15 711**	5 205	5 205	IV	9 563	8 820	8 095	7 388	6 699	6 029
	VI	**16 146**	5 205	5 205							
56 771,99	I,IV	**10 335**	5 208	5 208	I	8 830	7 398	6 038	4 751	3 536	2 395
	II	**8 895**	5 208	5 208	II	7 460	6 097	4 806	3 589	2 444	1 371
	III	**5 982**	5 208	5 208	III	4 856	3 766	2 714	1 698	814	106
	V	**15 724**	5 208	5 208	IV	9 573	8 830	8 105	7 398	6 709	6 038
	VI	**16 159**	5 208	5 208							
56 807,99	I,IV	**10 346**	5 212	5 212	I	8 841	7 408	6 047	4 760	3 545	2 402
	II	**8 906**	5 212	5 212	II	7 470	6 106	4 815	3 597	2 452	1 379
	III	**5 990**	5 212	5 212	III	4 864	3 774	2 720	1 706	820	110
	V	**15 736**	5 212	5 212	IV	9 584	8 841	8 115	7 408	6 718	6 047
	VI	**16 171**	5 212	5 212							
56 843,99	I,IV	**10 357**	5 215	5 215	I	8 851	7 418	6 057	4 769	3 553	2 410
	II	**8 916**	5 215	5 215	II	7 480	6 116	4 824	3 606	2 460	1 386
	III	**5 998**	5 215	5 215	III	4 872	3 782	2 728	1 712	826	116
	V	**15 749**	5 215	5 215	IV	9 595	8 851	8 125	7 418	6 728	6 057
	VI	**16 184**	5 215	5 215							
56 879,99	I,IV	**10 368**	5 218	5 218	I	8 862	7 428	6 066	4 778	3 562	2 418
	II	**8 927**	5 218	5 218	II	7 490	6 125	4 833	3 614	2 467	1 393
	III	**6 006**	5 218	5 218	III	4 880	3 790	2 736	1 720	830	120
	V	**15 761**	5 218	5 218	IV	9 606	8 862	8 136	7 428	6 738	6 066
	VI	**16 196**	5 218	5 218							
56 915,99	I,IV	**10 379**	5 222	5 222	I	8 872	7 437	6 076	4 786	3 570	2 426
	II	**8 937**	5 222	5 222	II	7 499	6 134	4 842	3 622	2 475	1 401
	III	**6 014**	5 222	5 222	III	4 888	3 798	2 742	1 726	836	124
	V	**15 774**	5 222	5 222	IV	9 616	8 872	8 145	7 437	6 747	6 076
	VI	**16 209**	5 222	5 222							
56 951,99	I,IV	**10 390**	5 225	5 225	I	8 882	7 447	6 085	4 795	3 578	2 434
	II	**8 948**	5 225	5 225	II	7 509	6 144	4 851	3 631	2 483	1 408
	III	**6 022**	5 225	5 225	III	4 896	3 804	2 750	1 734	842	128
	V	**15 786**	5 225	5 225	IV	9 627	8 882	8 156	7 447	6 757	6 085
	VI	**16 221**	5 225	5 225							
56 987,99	I,IV	**10 401**	5 228	5 228	I	8 893	7 457	6 095	4 804	3 587	2 442
	II	**8 958**	5 228	5 228	II	7 519	6 153	4 860	3 639	2 491	1 415
	III	**6 032**	5 228	5 228	III	4 904	3 812	2 758	1 740	848	132
	V	**15 799**	5 228	5 228	IV	9 638	8 893	8 166	7 457	6 767	6 095
	VI	**16 234**	5 228	5 228							
57 023,99	I,IV	**10 412**	5 231	5 231	I	8 903	7 467	6 104	4 813	3 595	2 450
	II	**8 969**	5 231	5 231	II	7 529	6 163	4 869	3 648	2 499	1 423
	III	**6 040**	5 231	5 231	III	4 912	3 820	2 766	1 748	854	138
	V	**15 811**	5 231	5 231	IV	9 648	8 903	8 176	7 467	6 777	6 104
	VI	**16 246**	5 231	5 231							

* Zur LSt-Berechnung für privat versicherte Arbeitnehmer s. Beispiele **Vorbemerkung S. 4f.**
** Basisvorsorgepauschale KV und PV *** Typisierter Arbeitgeberzuschuss

Lohn/ Gehalt in € bis	Steuerklasse	Lohn-steuer*	BVSP**	TAGZ***	Steuerklasse	Bemessungsgrundlage für Kirchensteuer und Solidaritätszuschlag – Freibeträge für ... Kinder 0,5	**1,0**	1,5	**2,0**	2,5	**3,0**
57 059,99	I,IV	**10 423**	5 235	5 235	I	8 913	7 477	6 113	4 822	3 603	2 457
	II	**8 979**	5 235	5 235	II	7 539	6 172	4 878	3 656	2 507	1 430
	III	**6 046**	5 235	5 235	III	4 920	3 828	2 772	1 754	860	142
	V	**15 823**	5 235	5 235	IV	9 659	8 913	8 186	7 477	6 786	6 113
	VI	**16 259**	5 235	5 235							
57 095,99	I,IV	**10 434**	5 238	5 238	I	8 924	7 487	6 123	4 831	3 612	2 465
	II	**8 989**	5 238	5 238	II	7 549	6 182	4 887	3 664	2 515	1 438
	III	**6 056**	5 238	5 238	III	4 926	3 836	2 780	1 762	864	146
	V	**15 836**	5 238	5 238	IV	9 670	8 924	8 196	7 487	6 796	6 123
	VI	**16 271**	5 238	5 238							
57 131,99	I,IV	**10 445**	5 241	5 241	I	8 935	7 497	6 132	4 840	3 620	2 473
	II	**9 000**	5 241	5 241	II	7 559	6 191	4 896	3 673	2 523	1 445
	III	**6 064**	5 241	5 241	III	4 934	3 842	2 786	1 768	870	150
	V	**15 849**	5 241	5 241	IV	9 681	8 935	8 207	7 497	6 806	6 132
	VI	**16 284**	5 241	5 241							
57 167,99	I,IV	**10 456**	5 245	5 245	I	8 945	7 507	6 142	4 849	3 629	2 481
	II	**9 011**	5 245	5 245	II	7 569	6 201	4 905	3 681	2 531	1 452
	III	**6 072**	5 245	5 245	III	4 942	3 850	2 794	1 776	876	156
	V	**15 861**	5 245	5 245	IV	9 691	8 945	8 217	7 507	6 815	6 142
	VI	**16 296**	5 245	5 245							
57 203,99	I,IV	**10 466**	5 248	5 248	I	8 955	7 517	6 151	4 858	3 637	2 489
	II	**9 021**	5 248	5 248	II	7 579	6 210	4 913	3 690	2 538	1 460
	III	**6 080**	5 248	5 248	III	4 950	3 858	2 802	1 782	882	160
	V	**15 873**	5 248	5 248	IV	9 702	8 955	8 227	7 517	6 825	6 151
	VI	**16 309**	5 248	5 248							
57 239,99	I,IV	**10 477**	5 251	5 251	I	8 966	7 527	6 160	4 867	3 645	2 497
	II	**9 031**	5 251	5 251	II	7 589	6 219	4 922	3 698	2 546	1 467
	III	**6 088**	5 251	5 251	III	4 958	3 866	2 810	1 790	888	164
	V	**15 886**	5 251	5 251	IV	9 713	8 966	8 237	7 527	6 835	6 160
	VI	**16 321**	5 251	5 251							
57 275,99	I,IV	**10 489**	5 255	5 255	I	8 976	7 537	6 170	4 876	3 654	2 505
	II	**9 042**	5 255	5 255	II	7 599	6 229	4 931	3 707	2 554	1 475
	III	**6 096**	5 255	5 255	III	4 966	3 874	2 816	1 796	894	168
	V	**15 899**	5 255	5 255	IV	9 723	8 976	8 248	7 537	6 844	6 170
	VI	**16 334**	5 255	5 255							
57 311,99	I,IV	**10 500**	5 258	5 258	I	8 987	7 547	6 179	4 885	3 662	2 513
	II	**9 052**	5 258	5 258	II	7 609	6 239	4 940	3 715	2 562	1 482
	III	**6 104**	5 258	5 258	III	4 974	3 882	2 824	1 804	900	174
	V	**15 911**	5 258	5 258	IV	9 734	8 987	8 258	7 547	6 854	6 179
	VI	**16 346**	5 258	5 258							
57 347,99	I,IV	**10 510**	5 261	5 261	I	8 997	7 557	6 189	4 893	3 671	2 520
	II	**9 063**	5 261	5 261	II	7 619	6 248	4 949	3 723	2 570	1 489
	III	**6 112**	5 261	5 261	III	4 982	3 888	2 830	1 810	906	178
	V	**15 923**	5 261	5 261	IV	9 745	8 997	8 268	7 557	6 864	6 189
	VI	**16 359**	5 261	5 261							
57 383,99	I,IV	**10 521**	5 264	5 264	I	9 008	7 567	6 198	4 902	3 679	2 528
	II	**9 073**	5 264	5 264	II	7 629	6 257	4 958	3 732	2 578	1 497
	III	**6 120**	5 264	5 264	III	4 990	3 896	2 838	1 818	912	182
	V	**15 936**	5 264	5 264	IV	9 756	9 008	8 278	7 567	6 873	6 198
	VI	**16 371**	5 264	5 264							
57 419,99	I,IV	**10 533**	5 268	5 268	I	9 018	7 577	6 208	4 911	3 688	2 536
	II	**9 084**	5 268	5 268	II	7 639	6 267	4 967	3 740	2 586	1 504
	III	**6 128**	5 268	5 268	III	4 998	3 904	2 846	1 824	916	186
	V	**15 949**	5 268	5 268	IV	9 766	9 018	8 288	7 577	6 883	6 208
	VI	**16 384**	5 268	5 268							
57 455,99	I,IV	**10 544**	5 271	5 271	I	9 029	7 587	6 217	4 920	3 696	2 544
	II	**9 095**	5 271	5 271	II	7 649	6 276	4 976	3 749	2 594	1 512
	III	**6 136**	5 271	5 271	III	5 006	3 912	2 854	1 832	922	192
	V	**15 961**	5 271	5 271	IV	9 777	9 029	8 299	7 587	6 893	6 217
	VI	**16 396**	5 271	5 271							

* Zur LSt-Berechnung für privat versicherte Arbeitnehmer s. Beispiele **Vorbemerkung S. 4 f.**
** Basisvorsorgepauschale KV und PV *** Typisierter Arbeitgeberzuschuss

Lohn/ Gehalt in € bis	Steuerklasse	**Lohn-steuer***	BVSP**	TAGZ***	Steuerklasse	Bemessungsgrundlage für Kirchensteuer und Solidaritätszuschlag – Freibeträge für ... Kinder 0,5	**1,0**	1,5	**2,0**	2,5	**3,0**
57 491,99	I,IV	**10 554**	5 274	5 274	I	9 039	7 596	6 226	4 929	3 704	2 552
	II	**9 105**	5 274	5 274	II	7 659	6 286	4 985	3 757	2 602	1 519
	III	**6 144**	5 274	5 274	III	5 014	3 920	2 860	1 838	928	196
	V	**15 973**	5 274	5 274	IV	9 788	9 039	8 309	7 596	6 902	6 226
	VI	**16 409**	5 274	5 274							
57 527,99	I,IV	**10 565**	5 278	5 278	I	9 050	7 607	6 236	4 938	3 713	2 560
	II	**9 115**	5 278	5 278	II	7 669	6 295	4 994	3 766	2 610	1 526
	III	**6 154**	5 278	5 278	III	5 022	3 926	2 868	1 846	934	200
	V	**15 986**	5 278	5 278	IV	9 798	9 050	8 319	7 607	6 912	6 236
	VI	**16 421**	5 278	5 278							
57 563,99	I,IV	**10 577**	5 281	5 281	I	9 060	7 617	6 246	4 947	3 721	2 568
	II	**9 126**	5 281	5 281	II	7 679	6 305	5 003	3 774	2 618	1 534
	III	**6 162**	5 281	5 281	III	5 030	3 934	2 876	1 852	940	206
	V	**15 999**	5 281	5 281	IV	9 809	9 060	8 329	7 617	6 922	6 246
	VI	**16 434**	5 281	5 281							
57 599,99	I,IV	**10 588**	5 284	5 284	I	9 071	7 627	6 255	4 956	3 730	2 576
	II	**9 137**	5 284	5 284	II	7 689	6 314	5 012	3 783	2 626	1 541
	III	**6 170**	5 284	5 284	III	5 038	3 942	2 884	1 860	946	210
	V	**16 011**	5 284	5 284	IV	9 820	9 071	8 340	7 627	6 932	6 255
	VI	**16 446**	5 284	5 284							
57 635,99	I,IV	**10 598**	5 288	5 288	I	9 081	7 636	6 264	4 965	3 738	2 584
	II	**9 147**	5 288	5 288	II	7 699	6 324	5 021	3 791	2 633	1 549
	III	**6 178**	5 288	5 288	III	5 046	3 950	2 890	1 866	952	214
	V	**16 023**	5 288	5 288	IV	9 831	9 081	8 350	7 636	6 941	6 264
	VI	**16 459**	5 288	5 288							
57 671,99	I,IV	**10 610**	5 291	5 291	I	9 092	7 646	6 274	4 974	3 747	2 592
	II	**9 157**	5 291	5 291	II	7 709	6 333	5 030	3 799	2 641	1 556
	III	**6 186**	5 291	5 291	III	5 054	3 958	2 898	1 874	958	218
	V	**16 036**	5 291	5 291	IV	9 842	9 092	8 360	7 646	6 951	6 274
	VI	**16 471**	5 291	5 291							
57 707,99	I,IV	**10 621**	5 294	5 294	I	9 102	7 657	6 283	4 983	3 755	2 600
	II	**9 168**	5 294	5 294	II	7 719	6 343	5 039	3 808	2 650	1 564
	III	**6 194**	5 294	5 294	III	5 062	3 964	2 904	1 882	964	224
	V	**16 049**	5 294	5 294	IV	9 852	9 102	8 370	7 657	6 961	6 283
	VI	**16 484**	5 294	5 294							
57 743,99	I,IV	**10 632**	5 298	5 298	I	9 113	7 667	6 293	4 992	3 764	2 608
	II	**9 179**	5 298	5 298	II	7 729	6 352	5 048	3 817	2 658	1 571
	III	**6 202**	5 298	5 298	III	5 070	3 972	2 912	1 888	970	228
	V	**16 061**	5 298	5 298	IV	9 863	9 113	8 381	7 667	6 971	6 293
	VI	**16 496**	5 298	5 298							
57 779,99	I,IV	**10 643**	5 301	5 301	I	9 123	7 676	6 302	5 001	3 772	2 616
	II	**9 189**	5 301	5 301	II	7 739	6 362	5 057	3 825	2 665	1 578
	III	**6 210**	5 301	5 301	III	5 078	3 980	2 920	1 896	976	232
	V	**16 073**	5 301	5 301	IV	9 874	9 123	8 391	7 676	6 980	6 302
	VI	**16 509**	5 301	5 301							
57 815,99	I,IV	**10 654**	5 304	5 304	I	9 134	7 686	6 312	5 010	3 780	2 624
	II	**9 200**	5 304	5 304	II	7 749	6 371	5 066	3 833	2 673	1 586
	III	**6 218**	5 304	5 304	III	5 086	3 988	2 928	1 902	982	238
	V	**16 086**	5 304	5 304	IV	9 885	9 134	8 401	7 686	6 990	6 312
	VI	**16 521**	5 304	5 304							
57 851,99	I,IV	**10 665**	5 307	5 307	I	9 144	7 697	6 321	5 019	3 789	2 632
	II	**9 210**	5 307	5 307	II	7 759	6 381	5 075	3 842	2 681	1 593
	III	**6 226**	5 307	5 307	III	5 094	3 996	2 934	1 910	988	242
	V	**16 099**	5 307	5 307	IV	9 895	9 144	8 411	7 697	7 000	6 321
	VI	**16 534**	5 307	5 307							
57 887,99	I,IV	**10 676**	5 311	5 311	I	9 155	7 707	6 331	5 028	3 797	2 640
	II	**9 221**	5 311	5 311	II	7 769	6 390	5 084	3 850	2 689	1 601
	III	**6 234**	5 311	5 311	III	5 102	4 004	2 942	1 918	994	246
	V	**16 111**	5 311	5 311	IV	9 906	9 155	8 422	7 707	7 010	6 331
	VI	**16 546**	5 311	5 311							

* Zur LSt-Berechnung für privat versicherte Arbeitnehmer s. Beispiele **Vorbemerkung S. 4 f.**
** Basisvorsorgepauschale KV und PV   *** Typisierter Arbeitgeberzuschuss

Lohn/ Gehalt in € bis	Steuerklasse	Lohn- steuer*	BVSP**	TAGZ***	Steuerklasse	Bemessungsgrundlage für Kirchensteuer und Solidaritätszuschlag					
						Freibeträge für ... Kinder					
						0,5	**1,0**	1,5	**2,0**	2,5	**3,0**
57 923,99	I,IV	**10 687**	5 314	5 314	I	9 165	7 716	6 340	5 037	3 806	2 647
	II	**9 231**	5 314	5 314	II	7 779	6 400	5 093	3 859	2 697	1 608
	III	**6 242**	5 314	5 314	III	5 108	4 010	2 950	1 924	998	252
	V	**16 123**	5 314	5 314	IV	9 917	9 165	8 432	7 716	7 019	6 340
	VI	**16 558**	5 314	5 314							
57 959,99	I,IV	**10 698**	5 317	5 317	I	9 176	7 727	6 350	5 046	3 814	2 655
	II	**9 242**	5 317	5 317	II	7 789	6 409	5 102	3 867	2 705	1 616
	III	**6 250**	5 317	5 317	III	5 116	4 018	2 956	1 932	1 004	256
	V	**16 136**	5 317	5 317	IV	9 928	9 176	8 442	7 727	7 029	6 350
	VI	**16 571**	5 317	5 317							
57 995,99	I,IV	**10 709**	5 321	5 321	I	9 186	7 737	6 359	5 055	3 823	2 663
	II	**9 252**	5 321	5 321	II	7 799	6 419	5 111	3 876	2 713	1 623
	III	**6 260**	5 321	5 321	III	5 124	4 026	2 964	1 938	1 010	260
	V	**16 149**	5 321	5 321	IV	9 939	9 186	8 452	7 737	7 039	6 359
	VI	**16 584**	5 321	5 321							
58 031,99	I,IV	**10 720**	5 324	5 324	I	9 197	7 747	6 369	5 064	3 831	2 671
	II	**9 263**	5 324	5 324	II	7 810	6 429	5 120	3 884	2 721	1 631
	III	**6 268**	5 324	5 324	III	5 132	4 034	2 972	1 946	1 016	266
	V	**16 161**	5 324	5 324	IV	9 950	9 197	8 463	7 747	7 049	6 369
	VI	**16 596**	5 324	5 324							
58 067,99	I,IV	**10 732**	5 326	5 326	I	9 208	7 757	6 379	5 073	3 840	2 680
	II	**9 274**	5 326	5 326	II	7 820	6 439	5 130	3 893	2 730	1 639
	III	**6 276**	5 326	5 326	III	5 140	4 042	2 980	1 954	1 024	270
	V	**16 174**	5 326	5 326	IV	9 961	9 208	8 474	7 757	7 059	6 379
	VI	**16 609**	5 326	5 326							
58 103,99	I,IV	**10 744**	5 326	5 326	I	9 220	7 768	6 389	5 083	3 850	2 689
	II	**9 286**	5 326	5 326	II	7 831	6 449	5 140	3 903	2 739	1 647
	III	**6 284**	5 326	5 326	III	5 150	4 050	2 988	1 960	1 030	276
	V	**16 188**	5 326	5 326	IV	9 973	9 220	8 485	7 768	7 070	6 389
	VI	**16 623**	5 326	5 326							
58 139,99	I,IV	**10 756**	5 326	5 326	I	9 232	7 779	6 400	5 093	3 859	2 697
	II	**9 298**	5 326	5 326	II	7 842	6 460	5 150	3 912	2 747	1 655
	III	**6 294**	5 326	5 326	III	5 158	4 060	2 996	1 970	1 036	280
	V	**16 202**	5 326	5 326	IV	9 985	9 232	8 496	7 779	7 081	6 400
	VI	**16 637**	5 326	5 326							
58 175,99	I,IV	**10 768**	5 326	5 326	I	9 243	7 791	6 411	5 103	3 868	2 706
	II	**9 309**	5 326	5 326	II	7 854	6 470	5 160	3 922	2 756	1 664
	III	**6 304**	5 326	5 326	III	5 168	4 068	3 004	1 976	1 044	286
	V	**16 216**	5 326	5 326	IV	9 997	9 243	8 508	7 791	7 092	6 411
	VI	**16 651**	5 326	5 326							
58 211,99	I,IV	**10 781**	5 326	5 326	I	9 255	7 802	6 421	5 113	3 878	2 715
	II	**9 321**	5 326	5 326	II	7 865	6 481	5 170	3 931	2 765	1 672
	III	**6 312**	5 326	5 326	III	5 176	4 076	3 012	1 984	1 050	292
	V	**16 230**	5 326	5 326	IV	10 009	9 255	8 519	7 802	7 102	6 421
	VI	**16 665**	5 326	5 326							
58 247,99	I,IV	**10 793**	5 326	5 326	I	9 267	7 813	6 432	5 123	3 887	2 724
	II	**9 333**	5 326	5 326	II	7 876	6 491	5 180	3 941	2 774	1 680
	III	**6 322**	5 326	5 326	III	5 184	4 084	3 020	1 992	1 056	296
	V	**16 243**	5 326	5 326	IV	10 021	9 267	8 531	7 813	7 113	6 432
	VI	**16 679**	5 326	5 326							
58 283,99	I,IV	**10 805**	5 326	5 326	I	9 278	7 824	6 442	5 133	3 897	2 733
	II	**9 345**	5 326	5 326	II	7 887	6 502	5 190	3 950	2 783	1 689
	III	**6 330**	5 326	5 326	III	5 194	4 094	3 028	2 000	1 064	302
	V	**16 257**	5 326	5 326	IV	10 033	9 278	8 542	7 824	7 124	6 442
	VI	**16 692**	5 326	5 326							
58 319,99	I,IV	**10 818**	5 326	5 326	I	9 290	7 836	6 453	5 144	3 907	2 742
	II	**9 357**	5 326	5 326	II	7 899	6 513	5 200	3 960	2 792	1 697
	III	**6 340**	5 326	5 326	III	5 202	4 102	3 038	2 010	1 070	308
	V	**16 272**	5 326	5 326	IV	10 045	9 290	8 554	7 836	7 135	6 453
	VI	**16 707**	5 326	5 326							

* Zur LSt-Berechnung für privat versicherte Arbeitnehmer s. Beispiele **Vorbemerkung S. 4 f.**
** Basisvorsorgepauschale KV und PV *** Typisierter Arbeitgeberzuschuss

Lohn/ Gehalt in € bis	Steuerklasse	**Lohn-steuer***	BVSP**	TAGZ***	Steuerklasse	Bemessungsgrundlage für Kirchensteuer und Solidaritätszuschlag – Freibeträge für ... Kinder 0,5	**1,0**	1,5	**2,0**	2,5	**3,0**
58 355,99	I,IV	**10 830**	5 326	5 326	I	9 302	7 847	6 464	5 154	3 916	2 751
	II	**9 368**	5 326	5 326	II	7 910	6 524	5 210	3 969	2 801	1 705
	III	**6 348**	5 326	5 326	III	5 212	4 110	3 046	2 016	1 076	312
	V	**16 285**	5 326	5 326	IV	10 057	9 302	8 565	7 847	7 146	6 464
	VI	**16 721**	5 326	5 326							
58 391,99	I,IV	**10 843**	5 326	5 326	I	9 314	7 858	6 474	5 164	3 925	2 760
	II	**9 380**	5 326	5 326	II	7 921	6 534	5 220	3 979	2 810	1 714
	III	**6 358**	5 326	5 326	III	5 220	4 118	3 054	2 024	1 084	318
	V	**16 299**	5 326	5 326	IV	10 069	9 314	8 577	7 858	7 157	6 474
	VI	**16 734**	5 326	5 326							
58 427,99	I,IV	**10 855**	5 326	5 326	I	9 326	7 869	6 485	5 174	3 935	2 769
	II	**9 392**	5 326	5 326	II	7 932	6 545	5 230	3 988	2 819	1 722
	III	**6 368**	5 326	5 326	III	5 228	4 128	3 062	2 032	1 090	324
	V	**16 313**	5 326	5 326	IV	10 081	9 326	8 588	7 869	7 168	6 485
	VI	**16 748**	5 326	5 326							
58 463,99	I,IV	**10 867**	5 326	5 326	I	9 337	7 880	6 496	5 184	3 944	2 778
	II	**9 404**	5 326	5 326	II	7 943	6 556	5 240	3 998	2 828	1 730
	III	**6 376**	5 326	5 326	III	5 238	4 136	3 070	2 040	1 098	328
	V	**16 327**	5 326	5 326	IV	10 093	9 337	8 600	7 880	7 179	6 496
	VI	**16 762**	5 326	5 326							
58 499,99	I,IV	**10 880**	5 326	5 326	I	9 349	7 891	6 506	5 194	3 954	2 786
	II	**9 416**	5 326	5 326	II	7 955	6 566	5 250	4 007	2 837	1 739
	III	**6 386**	5 326	5 326	III	5 246	4 144	3 078	2 048	1 104	334
	V	**16 341**	5 326	5 326	IV	10 105	9 349	8 611	7 891	7 190	6 506
	VI	**16 776**	5 326	5 326							
58 535,99	I,IV	**10 892**	5 326	5 326	I	9 361	7 903	6 517	5 204	3 963	2 795
	II	**9 427**	5 326	5 326	II	7 966	6 577	5 260	4 017	2 846	1 747
	III	**6 394**	5 326	5 326	III	5 256	4 154	3 086	2 056	1 110	340
	V	**16 355**	5 326	5 326	IV	10 117	9 361	8 623	7 903	7 201	6 517
	VI	**16 790**	5 326	5 326							
58 571,99	I,IV	**10 904**	5 326	5 326	I	9 373	7 914	6 528	5 214	3 973	2 804
	II	**9 439**	5 326	5 326	II	7 977	6 587	5 271	4 026	2 855	1 756
	III	**6 404**	5 326	5 326	III	5 264	4 162	3 094	2 064	1 118	344
	V	**16 369**	5 326	5 326	IV	10 129	9 373	8 634	7 914	7 212	6 528
	VI	**16 804**	5 326	5 326							
58 607,99	I,IV	**10 917**	5 326	5 326	I	9 385	7 925	6 538	5 224	3 982	2 813
	II	**9 451**	5 326	5 326	II	7 988	6 598	5 281	4 036	2 864	1 764
	III	**6 412**	5 326	5 326	III	5 274	4 170	3 104	2 072	1 124	350
	V	**16 383**	5 326	5 326	IV	10 141	9 385	8 646	7 925	7 222	6 538
	VI	**16 818**	5 326	5 326							
58 643,99	I,IV	**10 929**	5 326	5 326	I	9 396	7 936	6 549	5 234	3 992	2 822
	II	**9 463**	5 326	5 326	II	7 999	6 609	5 291	4 045	2 872	1 772
	III	**6 422**	5 326	5 326	III	5 282	4 178	3 112	2 080	1 130	356
	V	**16 396**	5 326	5 326	IV	10 154	9 396	8 657	7 936	7 233	6 549
	VI	**16 831**	5 326	5 326							
58 679,99	I,IV	**10 941**	5 326	5 326	I	9 408	7 947	6 559	5 244	4 001	2 831
	II	**9 475**	5 326	5 326	II	8 011	6 619	5 301	4 055	2 881	1 781
	III	**6 432**	5 326	5 326	III	5 290	4 188	3 120	2 088	1 138	362
	V	**16 410**	5 326	5 326	IV	10 166	9 408	8 669	7 947	7 244	6 559
	VI	**16 845**	5 326	5 326							
58 715,99	I,IV	**10 954**	5 326	5 326	I	9 420	7 959	6 570	5 254	4 011	2 840
	II	**9 486**	5 326	5 326	II	8 022	6 630	5 311	4 064	2 890	1 789
	III	**6 440**	5 326	5 326	III	5 300	4 196	3 128	2 096	1 144	366
	V	**16 424**	5 326	5 326	IV	10 178	9 420	8 680	7 959	7 255	6 570
	VI	**16 859**	5 326	5 326							
58 751,99	I,IV	**10 966**	5 326	5 326	I	9 432	7 970	6 581	5 264	4 020	2 849
	II	**9 498**	5 326	5 326	II	8 033	6 641	5 321	4 074	2 899	1 797
	III	**6 450**	5 326	5 326	III	5 308	4 204	3 136	2 104	1 152	372
	V	**16 438**	5 326	5 326	IV	10 190	9 432	8 692	7 970	7 266	6 581
	VI	**16 873**	5 326	5 326							

* Zur LSt-Berechnung für privat versicherte Arbeitnehmer s. Beispiele **Vorbemerkung S. 4 f.**
** Basisvorsorgepauschale KV und PV *** Typisierter Arbeitgeberzuschuss

Lohn/ Gehalt in € bis	Steuerklasse	Lohn-steuer*	BVSP**	TAGZ***	Steuerklasse	Bemessungsgrundlage für Kirchensteuer und Solidaritätszuschlag					
						Freibeträge für ... Kinder					
						0,5	**1,0**	1,5	**2,0**	2,5	**3,0**
58 787,99	I,IV	**10 978**	5 326	5 326	I	9 443	7 981	6 591	5 274	4 030	2 858
	II	**9 510**	5 326	5 326	II	8 044	6 651	5 331	4 083	2 908	1 806
	III	**6 458**	5 326	5 326	III	5 318	4 212	3 144	2 112	1 158	378
	V	**16 452**	5 326	5 326	IV	10 202	9 443	8 703	7 981	7 277	6 591
	VI	**16 887**	5 326	5 326							
58 823,99	I,IV	**10 991**	5 326	5 326	I	9 455	7 992	6 602	5 284	4 039	2 867
	II	**9 522**	5 326	5 326	II	8 056	6 662	5 341	4 093	2 917	1 814
	III	**6 468**	5 326	5 326	III	5 326	4 222	3 152	2 120	1 166	382
	V	**16 466**	5 326	5 326	IV	10 214	9 455	8 715	7 992	7 288	6 602
	VI	**16 901**	5 326	5 326							
58 859,99	I,IV	**11 003**	5 326	5 326	I	9 467	8 004	6 613	5 294	4 049	2 876
	II	**9 534**	5 326	5 326	II	8 067	6 673	5 351	4 102	2 926	1 823
	III	**6 476**	5 326	5 326	III	5 334	4 230	3 160	2 128	1 172	388
	V	**16 480**	5 326	5 326	IV	10 226	9 467	8 726	8 004	7 299	6 613
	VI	**16 915**	5 326	5 326							
58 895,99	I,IV	**11 016**	5 326	5 326	I	9 479	8 015	6 623	5 304	4 058	2 885
	II	**9 545**	5 326	5 326	II	8 078	6 683	5 361	4 112	2 935	1 831
	III	**6 486**	5 326	5 326	III	5 344	4 238	3 170	2 136	1 178	394
	V	**16 493**	5 326	5 326	IV	10 238	9 479	8 738	8 015	7 310	6 623
	VI	**16 929**	5 326	5 326							
58 931,99	I,IV	**11 028**	5 326	5 326	I	9 491	8 026	6 634	5 315	4 068	2 894
	II	**9 557**	5 326	5 326	II	8 089	6 694	5 372	4 122	2 944	1 839
	III	**6 494**	5 326	5 326	III	5 352	4 246	3 178	2 144	1 186	400
	V	**16 507**	5 326	5 326	IV	10 250	9 491	8 749	8 026	7 321	6 634
	VI	**16 942**	5 326	5 326							
58 967,99	I,IV	**11 040**	5 326	5 326	I	9 502	8 037	6 645	5 325	4 077	2 903
	II	**9 569**	5 326	5 326	II	8 101	6 705	5 382	4 131	2 953	1 848
	III	**6 504**	5 326	5 326	III	5 362	4 256	3 186	2 152	1 192	404
	V	**16 521**	5 326	5 326	IV	10 262	9 502	8 761	8 037	7 332	6 645
	VI	**16 956**	5 326	5 326							
59 003,99	I,IV	**11 053**	5 326	5 326	I	9 515	8 049	6 656	5 335	4 087	2 912
	II	**9 581**	5 326	5 326	II	8 112	6 716	5 392	4 141	2 962	1 856
	III	**6 514**	5 326	5 326	III	5 370	4 264	3 194	2 160	1 200	410
	V	**16 535**	5 326	5 326	IV	10 275	9 515	8 773	8 049	7 343	6 656
	VI	**16 971**	5 326	5 326							
59 039,99	I,IV	**11 065**	5 326	5 326	I	9 526	8 060	6 666	5 345	4 097	2 921
	II	**9 593**	5 326	5 326	II	8 124	6 727	5 402	4 150	2 971	1 865
	III	**6 522**	5 326	5 326	III	5 380	4 272	3 202	2 168	1 206	416
	V	**16 549**	5 326	5 326	IV	10 287	9 526	8 784	8 060	7 354	6 666
	VI	**16 984**	5 326	5 326							
59 075,99	I,IV	**11 078**	5 326	5 326	I	9 538	8 071	6 677	5 355	4 106	2 930
	II	**9 605**	5 326	5 326	II	8 135	6 737	5 412	4 160	2 980	1 873
	III	**6 532**	5 326	5 326	III	5 388	4 282	3 210	2 176	1 214	422
	V	**16 563**	5 326	5 326	IV	10 299	9 538	8 796	8 071	7 365	6 677
	VI	**16 998**	5 326	5 326							
59 111,99	I,IV	**11 090**	5 326	5 326	I	9 550	8 083	6 688	5 365	4 116	2 939
	II	**9 617**	5 326	5 326	II	8 146	6 748	5 422	4 170	2 989	1 882
	III	**6 540**	5 326	5 326	III	5 398	4 290	3 220	2 184	1 220	426
	V	**16 577**	5 326	5 326	IV	10 311	9 550	8 807	8 083	7 376	6 688
	VI	**17 012**	5 326	5 326							
59 147,99	I,IV	**11 103**	5 326	5 326	I	9 562	8 094	6 698	5 376	4 125	2 948
	II	**9 629**	5 326	5 326	II	8 157	6 759	5 433	4 179	2 998	1 890
	III	**6 550**	5 326	5 326	III	5 406	4 298	3 228	2 192	1 228	432
	V	**16 591**	5 326	5 326	IV	10 323	9 562	8 819	8 094	7 387	6 698
	VI	**17 026**	5 326	5 326							
59 183,99	I,IV	**11 115**	5 326	5 326	I	9 574	8 105	6 709	5 386	4 135	2 957
	II	**9 641**	5 326	5 326	II	8 169	6 769	5 443	4 189	3 007	1 899
	III	**6 558**	5 326	5 326	III	5 414	4 308	3 236	2 200	1 234	438
	V	**16 605**	5 326	5 326	IV	10 335	9 574	8 830	8 105	7 398	6 709
	VI	**17 040**	5 326	5 326							

* Zur LSt-Berechnung für privat versicherte Arbeitnehmer s. Beispiele **Vorbemerkung S. 4f.**
** Basisvorsorgepauschale KV und PV *** Typisierter Arbeitgeberzuschuss

Lohn/ Gehalt in € bis	Steuerklasse	Lohn-steuer*	BVSP**	TAGZ***	Steuerklasse	Bemessungsgrundlage für Kirchensteuer und Solidaritätszuschlag					
						Freibeträge für ... Kinder					
						0,5	**1,0**	1,5	**2,0**	2,5	**3,0**
59 219,99	I,IV	**11 127**	5 326	5 326	I	9 586	8 116	6 720	5 396	4 144	2 966
	II	**9 652**	5 326	5 326	II	8 180	6 780	5 453	4 198	3 016	1 907
	III	**6 568**	5 326	5 326	III	5 424	4 316	3 244	2 208	1 242	444
	V	**16 619**	5 326	5 326	IV	10 347	9 586	8 842	8 116	7 409	6 720
	VI	**17 054**	5 326	5 326							
59 255,99	I,IV	**11 140**	5 326	5 326	I	9 597	8 128	6 730	5 406	4 154	2 975
	II	**9 664**	5 326	5 326	II	8 191	6 791	5 463	4 208	3 025	1 915
	III	**6 578**	5 326	5 326	III	5 432	4 324	3 252	2 216	1 248	450
	V	**16 632**	5 326	5 326	IV	10 360	9 597	8 853	8 128	7 420	6 730
	VI	**17 068**	5 326	5 326							
59 291,99	I,IV	**11 152**	5 326	5 326	I	9 609	8 139	6 741	5 416	4 164	2 984
	II	**9 676**	5 326	5 326	II	8 203	6 802	5 473	4 218	3 034	1 924
	III	**6 586**	5 326	5 326	III	5 442	4 334	3 260	2 224	1 256	454
	V	**16 646**	5 326	5 326	IV	10 372	9 609	8 865	8 139	7 431	6 741
	VI	**17 081**	5 326	5 326							
59 327,99	I,IV	**11 165**	5 326	5 326	I	9 621	8 150	6 752	5 426	4 173	2 993
	II	**9 688**	5 326	5 326	II	8 214	6 812	5 483	4 227	3 043	1 932
	III	**6 596**	5 326	5 326	III	5 450	4 342	3 268	2 232	1 262	460
	V	**16 660**	5 326	5 326	IV	10 384	9 621	8 877	8 150	7 442	6 752
	VI	**17 095**	5 326	5 326							
59 363,99	I,IV	**11 177**	5 326	5 326	I	9 633	8 162	6 763	5 436	4 183	3 002
	II	**9 700**	5 326	5 326	II	8 225	6 823	5 494	4 237	3 052	1 941
	III	**6 604**	5 326	5 326	III	5 460	4 350	3 278	2 240	1 270	466
	V	**16 674**	5 326	5 326	IV	10 396	9 633	8 888	8 162	7 453	6 763
	VI	**17 109**	5 326	5 326							
59 399,99	I,IV	**11 190**	5 326	5 326	I	9 645	8 173	6 773	5 446	4 192	3 011
	II	**9 712**	5 326	5 326	II	8 237	6 834	5 504	4 246	3 062	1 949
	III	**6 614**	5 326	5 326	III	5 468	4 358	3 286	2 248	1 276	472
	V	**16 688**	5 326	5 326	IV	10 408	9 645	8 900	8 173	7 464	6 773
	VI	**17 123**	5 326	5 326							
59 435,99	I,IV	**11 202**	5 326	5 326	I	9 657	8 184	6 784	5 457	4 202	3 020
	II	**9 724**	5 326	5 326	II	8 248	6 845	5 514	4 256	3 071	1 958
	III	**6 624**	5 326	5 326	III	5 478	4 368	3 294	2 256	1 284	478
	V	**16 702**	5 326	5 326	IV	10 420	9 657	8 911	8 184	7 475	6 784
	VI	**17 137**	5 326	5 326							
59 471,99	I,IV	**11 214**	5 326	5 326	I	9 669	8 195	6 795	5 467	4 211	3 029
	II	**9 736**	5 326	5 326	II	8 259	6 855	5 524	4 266	3 080	1 966
	III	**6 632**	5 326	5 326	III	5 486	4 376	3 302	2 264	1 290	482
	V	**16 716**	5 326	5 326	IV	10 432	9 669	8 923	8 195	7 486	6 795
	VI	**17 151**	5 326	5 326							
59 507,99	I,IV	**11 227**	5 326	5 326	I	9 681	8 207	6 806	5 477	4 221	3 038
	II	**9 748**	5 326	5 326	II	8 271	6 866	5 534	4 275	3 089	1 975
	III	**6 642**	5 326	5 326	III	5 494	4 384	3 310	2 272	1 298	488
	V	**16 729**	5 326	5 326	IV	10 445	9 681	8 935	8 207	7 497	6 806
	VI	**17 165**	5 326	5 326							
59 543,99	I,IV	**11 239**	5 326	5 326	I	9 692	8 218	6 816	5 487	4 231	3 047
	II	**9 759**	5 326	5 326	II	8 282	6 877	5 545	4 285	3 098	1 983
	III	**6 650**	5 326	5 326	III	5 504	4 392	3 318	2 280	1 304	494
	V	**16 743**	5 326	5 326	IV	10 457	9 692	8 946	8 218	7 508	6 816
	VI	**17 178**	5 326	5 326							
59 579,99	I,IV	**11 252**	5 326	5 326	I	9 704	8 229	6 827	5 497	4 240	3 056
	II	**9 771**	5 326	5 326	II	8 293	6 888	5 555	4 294	3 107	1 992
	III	**6 660**	5 326	5 326	III	5 512	4 402	3 328	2 288	1 312	500
	V	**16 757**	5 326	5 326	IV	10 469	9 704	8 958	8 229	7 519	6 827
	VI	**17 192**	5 326	5 326							
59 615,99	I,IV	**11 264**	5 326	5 326	I	9 716	8 241	6 838	5 507	4 250	3 065
	II	**9 783**	5 326	5 326	II	8 305	6 898	5 565	4 304	3 116	2 000
	III	**6 668**	5 326	5 326	III	5 522	4 410	3 336	2 296	1 318	506
	V	**16 771**	5 326	5 326	IV	10 481	9 716	8 969	8 241	7 530	6 838
	VI	**17 206**	5 326	5 326							

* Zur LSt-Berechnung für privat versicherte Arbeitnehmer s. Beispiele **Vorbemerkung S. 4f.**
** Basisvorsorgepauschale KV und PV *** Typisierter Arbeitgeberzuschuss

Lohn/ Gehalt in € bis	Steuerklasse	**Lohn-steuer***	BVSP**	TAGZ***	Steuerklasse	Bemessungsgrundlage für Kirchensteuer und Solidaritätszuschlag					
						Freibeträge für ... Kinder					
						0,5	**1,0**	1,5	**2,0**	2,5	**3,0**
59651,99	I,IV	**11277**	5326	5326	I	9728	8252	6849	5518	4260	3074
	II	**9796**	5326	5326	II	8316	6910	5575	4314	3125	2009
	III	**6678**	5326	5326	III	5530	4418	3344	2304	1326	512
	V	**16785**	5326	5326	IV	10494	9728	8981	8252	7542	6849
	VI	**17220**	5326	5326							
59687,99	I,IV	**11290**	5326	5326	I	9740	8264	6860	5528	4269	3083
	II	**9808**	5326	5326	II	8328	6920	5586	4324	3134	2017
	III	**6688**	5326	5326	III	5540	4428	3352	2314	1334	518
	V	**16799**	5326	5326	IV	10506	9740	8993	8264	7553	6860
	VI	**17234**	5326	5326							
59723,99	I,IV	**11302**	5326	5326	I	9752	8275	6870	5538	4279	3092
	II	**9819**	5326	5326	II	8339	6931	5596	4333	3143	2026
	III	**6696**	5326	5326	III	5548	4436	3360	2320	1340	522
	V	**16813**	5326	5326	IV	10518	9752	9005	8275	7564	6870
	VI	**17248**	5326	5326							
59759,99	I,IV	**11315**	5326	5326	I	9764	8286	6881	5549	4289	3101
	II	**9831**	5326	5326	II	8350	6942	5606	4343	3152	2034
	III	**6706**	5326	5326	III	5558	4446	3368	2330	1348	528
	V	**16827**	5326	5326	IV	10530	9764	9016	8286	7575	6881
	VI	**17262**	5326	5326							
59795,99	I,IV	**11327**	5326	5326	I	9776	8298	6892	5559	4298	3110
	II	**9843**	5326	5326	II	8362	6953	5616	4353	3161	2043
	III	**6714**	5326	5326	III	5566	4454	3378	2338	1354	534
	V	**16841**	5326	5326	IV	10543	9776	9028	8298	7586	6892
	VI	**17276**	5326	5326							
59831,99	I,IV	**11340**	5326	5326	I	9788	8309	6903	5569	4308	3119
	II	**9855**	5326	5326	II	8373	6964	5627	4362	3171	2051
	III	**6724**	5326	5326	III	5576	4462	3386	2346	1362	540
	V	**16855**	5326	5326	IV	10555	9788	9039	8309	7597	6903
	VI	**17290**	5326	5326							
59867,99	I,IV	**11352**	5326	5326	I	9800	8320	6913	5579	4318	3128
	II	**9867**	5326	5326	II	8384	6974	5637	4372	3180	2060
	III	**6734**	5326	5326	III	5584	4470	3394	2354	1368	546
	V	**16868**	5326	5326	IV	10567	9800	9051	8320	7608	6913
	VI	**17304**	5326	5326							
59903,99	I,IV	**11365**	5326	5326	I	9812	8332	6924	5589	4327	3138
	II	**9879**	5326	5326	II	8396	6985	5647	4382	3189	2069
	III	**6742**	5326	5326	III	5592	4480	3402	2362	1376	552
	V	**16882**	5326	5326	IV	10579	9812	9063	8332	7619	6924
	VI	**17317**	5326	5326							
59939,99	I,IV	**11377**	5326	5326	I	9824	8343	6935	5600	4337	3147
	II	**9891**	5326	5326	II	8407	6996	5657	4391	3198	2077
	III	**6752**	5326	5326	III	5602	4488	3410	2370	1382	558
	V	**16896**	5326	5326	IV	10591	9824	9074	8343	7630	6935
	VI	**17331**	5326	5326							
59975,99	I,IV	**11390**	5326	5326	I	9836	8354	6946	5610	4346	3156
	II	**9903**	5326	5326	II	8419	7007	5668	4401	3207	2086
	III	**6762**	5326	5326	III	5610	4496	3418	2378	1390	564
	V	**16910**	5326	5326	IV	10604	9836	9086	8354	7641	6946
	VI	**17345**	5326	5326							
60011,99	I,IV	**11402**	5326	5326	I	9848	8366	6957	5620	4356	3165
	II	**9915**	5326	5326	II	8430	7018	5678	4411	3216	2094
	III	**6770**	5326	5326	III	5620	4506	3428	2386	1398	570
	V	**16924**	5326	5326	IV	10616	9848	9098	8366	7652	6957
	VI	**17359**	5326	5326							
60047,99	I,IV	**11415**	5326	5326	I	9860	8377	6967	5630	4366	3174
	II	**9927**	5326	5326	II	8441	7028	5688	4420	3225	2103
	III	**6780**	5326	5326	III	5628	4514	3436	2394	1404	576
	V	**16938**	5326	5326	IV	10628	9860	9109	8377	7663	6967
	VI	**17373**	5326	5326							

* Zur LSt-Berechnung für privat versicherte Arbeitnehmer s. Beispiele **Vorbemerkung S. 4f.**
** Basisvorsorgepauschale KV und PV *** Typisierter Arbeitgeberzuschuss

Lohn/ Gehalt in € bis	Steuerklasse	Lohnsteuer*	BVSP**	TAGZ***	Steuerklasse	Bemessungsgrundlage für Kirchensteuer und Solidaritätszuschlag – Freibeträge für ... Kinder 0,5	1,0	1,5	2,0	2,5	3,0
60083,99	I,IV	**11427**	5326	5326	I	9872	8389	6978	5641	4375	3183
	II	**9939**	5326	5326	II	8453	7039	5698	4430	3234	2111
	III	**6788**	5326	5326	III	5638	4522	3444	2402	1412	580
	V	**16952**	5326	5326	IV	10640	9872	9121	8389	7674	6978
	VI	**17387**	5326	5326							
60119,99	I,IV	**11440**	5326	5326	I	9884	8400	6989	5651	4385	3192
	II	**9951**	5326	5326	II	8464	7050	5709	4440	3243	2120
	III	**6798**	5326	5326	III	5646	4532	3452	2410	1420	586
	V	**16965**	5326	5326	IV	10653	9884	9133	8400	7685	6989
	VI	**17401**	5326	5326							
60155,99	I,IV	**11452**	5326	5326	I	9895	8411	7000	5661	4395	3201
	II	**9963**	5326	5326	II	8476	7061	5719	4449	3253	2128
	III	**6806**	5326	5326	III	5656	4540	3460	2418	1426	592
	V	**16979**	5326	5326	IV	10665	9895	9144	8411	7697	7000
	VI	**17414**	5326	5326							
60191,99	I,IV	**11465**	5326	5326	I	9907	8423	7011	5671	4404	3210
	II	**9975**	5326	5326	II	8487	7072	5729	4459	3262	2137
	III	**6816**	5326	5326	III	5664	4548	3470	2426	1434	598
	V	**16993**	5326	5326	IV	10677	9907	9156	8423	7708	7011
	VI	**17428**	5326	5326							
60227,99	I,IV	**11477**	5326	5326	I	9919	8434	7022	5682	4414	3219
	II	**9987**	5326	5326	II	8499	7083	5739	4469	3271	2145
	III	**6826**	5326	5326	III	5672	4556	3478	2434	1440	604
	V	**17007**	5326	5326	IV	10689	9919	9168	8434	7719	7022
	VI	**17442**	5326	5326							
60263,99	I,IV	**11490**	5326	5326	I	9931	8446	7032	5692	4424	3229
	II	**9999**	5326	5326	II	8510	7094	5750	4479	3280	2154
	III	**6834**	5326	5326	III	5682	4566	3486	2442	1448	610
	V	**17021**	5326	5326	IV	10702	9931	9179	8446	7730	7032
	VI	**17456**	5326	5326							
60299,99	I,IV	**11502**	5326	5326	I	9943	8457	7043	5702	4434	3238
	II	**10011**	5326	5326	II	8521	7104	5760	4488	3289	2163
	III	**6844**	5326	5326	III	5690	4574	3494	2450	1456	616
	V	**17035**	5326	5326	IV	10714	9943	9191	8457	7741	7043
	VI	**17470**	5326	5326							
60335,99	I,IV	**11515**	5326	5326	I	9956	8469	7054	5713	4444	3247
	II	**10023**	5326	5326	II	8533	7116	5771	4498	3299	2171
	III	**6854**	5326	5326	III	5700	4584	3502	2458	1464	622
	V	**17049**	5326	5326	IV	10726	9956	9203	8469	7752	7054
	VI	**17484**	5326	5326							
60371,99	I,IV	**11528**	5326	5326	I	9968	8480	7065	5723	4453	3256
	II	**10035**	5326	5326	II	8545	7126	5781	4508	3308	2180
	III	**6862**	5326	5326	III	5710	4592	3512	2466	1470	628
	V	**17063**	5326	5326	IV	10739	9968	9215	8480	7764	7065
	VI	**17498**	5326	5326							
60407,99	I,IV	**11540**	5326	5326	I	9980	8492	7076	5733	4463	3265
	II	**10047**	5326	5326	II	8556	7137	5791	4518	3317	2189
	III	**6872**	5326	5326	III	5718	4600	3520	2474	1478	634
	V	**17077**	5326	5326	IV	10751	9980	9227	8492	7775	7076
	VI	**17512**	5326	5326							
60443,99	I,IV	**11553**	5326	5326	I	9992	8503	7087	5743	4473	3274
	II	**10059**	5326	5326	II	8567	7148	5802	4527	3326	2197
	III	**6882**	5326	5326	III	5728	4610	3528	2482	1486	640
	V	**17091**	5326	5326	IV	10763	9992	9238	8503	7786	7087
	VI	**17526**	5326	5326							
60479,99	I,IV	**11566**	5326	5326	I	10004	8514	7098	5754	4482	3284
	II	**10071**	5326	5326	II	8579	7159	5812	4537	3335	2206
	III	**6890**	5326	5326	III	5736	4618	3536	2490	1492	646
	V	**17104**	5326	5326	IV	10776	10004	9250	8514	7797	7098
	VI	**17540**	5326	5326							

* Zur LSt-Berechnung für privat versicherte Arbeitnehmer s. Beispiele **Vorbemerkung S. 4f.**
** Basisvorsorgepauschale KV und PV *** Typisierter Arbeitgeberzuschuss

Lohn/ Gehalt in € bis	Steuerklasse	**Lohn-steuer***	BVSP**	TAGZ***	Steuerklasse	Bemessungsgrundlage für Kirchensteuer und Solidaritätszuschlag – Freibeträge für ... Kinder 0,5	**1,0**	1,5	**2,0**	2,5	**3,0**
60515,99	I,IV	**11578**	5326	5326	I	10016	8526	7109	5764	4492	3293
	II	**10083**	5326	5326	II	8590	7170	5822	4547	3344	2214
	III	**6900**	5326	5326	III	5744	4626	3544	2498	1500	652
	V	**17118**	5326	5326	IV	10788	10016	9262	8526	7808	7109
	VI	**17553**	5326	5326							
60551,99	I,IV	**11591**	5326	5326	I	10028	8537	7120	5774	4502	3302
	II	**10095**	5326	5326	II	8602	7181	5832	4557	3354	2223
	III	**6908**	5326	5326	III	5754	4634	3552	2506	1508	658
	V	**17132**	5326	5326	IV	10800	10028	9273	8537	7819	7120
	VI	**17567**	5326	5326							
60587,99	I,IV	**11603**	5326	5326	I	10040	8549	7130	5785	4512	3311
	II	**10108**	5326	5326	II	8613	7192	5843	4566	3363	2232
	III	**6918**	5326	5326	III	5762	4644	3562	2514	1514	664
	V	**17146**	5326	5326	IV	10812	10040	9285	8549	7830	7130
	VI	**17581**	5326	5326							
60623,99	I,IV	**11616**	5326	5326	I	10052	8560	7141	5795	4521	3320
	II	**10120**	5326	5326	II	8625	7203	5853	4576	3372	2240
	III	**6926**	5326	5326	III	5772	4652	3570	2522	1522	670
	V	**17160**	5326	5326	IV	10825	10052	9297	8560	7842	7141
	VI	**17595**	5326	5326							
60659,99	I,IV	**11629**	5326	5326	I	10064	8572	7152	5805	4531	3329
	II	**10132**	5326	5326	II	8636	7214	5863	4586	3381	2249
	III	**6936**	5326	5326	III	5780	4662	3578	2532	1530	676
	V	**17174**	5326	5326	IV	10837	10064	9309	8572	7853	7152
	VI	**17609**	5326	5326							
60695,99	I,IV	**11641**	5326	5326	I	10076	8583	7163	5816	4541	3339
	II	**10144**	5326	5326	II	8648	7224	5874	4596	3390	2258
	III	**6946**	5326	5326	III	5790	4670	3586	2540	1536	682
	V	**17188**	5326	5326	IV	10849	10076	9320	8583	7864	7163
	VI	**17623**	5326	5326							
60731,99	I,IV	**11654**	5326	5326	I	10088	8595	7174	5826	4550	3348
	II	**10156**	5326	5326	II	8659	7235	5884	4606	3400	2266
	III	**6954**	5326	5326	III	5798	4678	3594	2548	1544	688
	V	**17202**	5326	5326	IV	10862	10088	9332	8595	7875	7174
	VI	**17637**	5326	5326							
60767,99	I,IV	**11666**	5326	5326	I	10100	8606	7185	5836	4560	3357
	II	**10168**	5326	5326	II	8671	7246	5894	4615	3409	2275
	III	**6964**	5326	5326	III	5808	4686	3602	2556	1552	694
	V	**17215**	5326	5326	IV	10874	10100	9344	8606	7886	7185
	VI	**17650**	5326	5326							
60803,99	I,IV	**11679**	5326	5326	I	10112	8618	7196	5847	4570	3366
	II	**10180**	5326	5326	II	8682	7257	5905	4625	3418	2283
	III	**6974**	5326	5326	III	5816	4696	3612	2564	1560	700
	V	**17229**	5326	5326	IV	10886	10112	9356	8618	7898	7196
	VI	**17664**	5326	5326							
60839,99	I,IV	**11692**	5326	5326	I	10124	8629	7207	5857	4580	3375
	II	**10192**	5326	5326	II	8694	7268	5915	4635	3427	2292
	III	**6982**	5326	5326	III	5826	4704	3620	2572	1566	706
	V	**17243**	5326	5326	IV	10899	10124	9367	8629	7909	7207
	VI	**17678**	5326	5326							
60875,99	I,IV	**11704**	5326	5326	I	10136	8640	7218	5867	4590	3384
	II	**10204**	5326	5326	II	8705	7279	5926	4645	3436	2301
	III	**6992**	5326	5326	III	5834	4714	3628	2580	1574	712
	V	**17257**	5326	5326	IV	10911	10136	9379	8640	7920	7218
	VI	**17692**	5326	5326							
60911,99	I,IV	**11717**	5326	5326	I	10148	8652	7228	5878	4599	3394
	II	**10216**	5326	5326	II	8717	7290	5936	4654	3446	2309
	III	**7000**	5326	5326	III	5844	4722	3636	2588	1582	718
	V	**17271**	5326	5326	IV	10923	10148	9391	8652	7931	7228
	VI	**17706**	5326	5326							

* Zur LSt-Berechnung für privat versicherte Arbeitnehmer s. Beispiele **Vorbemerkung S. 4f.**
** Basisvorsorgepauschale KV und PV *** Typisierter Arbeitgeberzuschuss

Lohn/ Gehalt in € bis	Steuerklasse	Lohn- steuer*	BVSP**	TAGZ***	Steuerklasse	Bemessungsgrundlage für Kirchensteuer und Solidaritätszuschlag – Freibeträge für ... Kinder 0,5	**1,0**	1,5	**2,0**	2,5	**3,0**
60 947,99	I,IV	**11 729**	5 326	5 326	I	10 160	8 663	7 239	5 888	4 609	3 403
	II	**10 228**	5 326	5 326	II	8 728	7 301	5 946	4 664	3 455	2 318
	III	**7 010**	5 326	5 326	III	5 852	4 730	3 646	2 596	1 590	724
	V	**17 285**	5 326	5 326	IV	10 936	10 160	9 403	8 663	7 942	7 239
	VI	**17 720**	5 326	5 326							
60 983,99	I,IV	**11 742**	5 326	5 326	I	10 173	8 675	7 251	5 899	4 619	3 412
	II	**10 241**	5 326	5 326	II	8 740	7 312	5 957	4 674	3 464	2 327
	III	**7 020**	5 326	5 326	III	5 862	4 740	3 654	2 604	1 596	730
	V	**17 299**	5 326	5 326	IV	10 948	10 173	9 415	8 675	7 954	7 251
	VI	**17 734**	5 326	5 326							
61 019,99	I,IV	**11 755**	5 326	5 326	I	10 185	8 687	7 262	5 909	4 629	3 422
	II	**10 253**	5 326	5 326	II	8 752	7 323	5 967	4 684	3 474	2 336
	III	**7 028**	5 326	5 326	III	5 870	4 748	3 662	2 612	1 604	736
	V	**17 313**	5 326	5 326	IV	10 961	10 185	9 427	8 687	7 965	7 262
	VI	**17 748**	5 326	5 326							
61 055,99	I,IV	**11 768**	5 326	5 326	I	10 197	8 698	7 272	5 919	4 639	3 431
	II	**10 265**	5 326	5 326	II	8 763	7 334	5 978	4 694	3 483	2 344
	III	**7 038**	5 326	5 326	III	5 880	4 756	3 670	2 620	1 612	744
	V	**17 327**	5 326	5 326	IV	10 973	10 197	9 438	8 698	7 976	7 272
	VI	**17 762**	5 326	5 326							
61 091,99	I,IV	**11 780**	5 326	5 326	I	10 209	8 710	7 283	5 930	4 649	3 440
	II	**10 277**	5 326	5 326	II	8 775	7 345	5 988	4 704	3 492	2 353
	III	**7 048**	5 326	5 326	III	5 888	4 766	3 678	2 628	1 620	748
	V	**17 341**	5 326	5 326	IV	10 986	10 209	9 450	8 710	7 988	7 283
	VI	**17 776**	5 326	5 326							
61 127,99	I,IV	**11 793**	5 326	5 326	I	10 221	8 721	7 294	5 940	4 658	3 449
	II	**10 289**	5 326	5 326	II	8 786	7 356	5 999	4 714	3 501	2 362
	III	**7 058**	5 326	5 326	III	5 898	4 774	3 688	2 636	1 628	756
	V	**17 354**	5 326	5 326	IV	10 998	10 221	9 462	8 721	7 999	7 294
	VI	**17 790**	5 326	5 326							
61 163,99	I,IV	**11 806**	5 326	5 326	I	10 233	8 733	7 305	5 950	4 668	3 458
	II	**10 301**	5 326	5 326	II	8 798	7 367	6 009	4 723	3 511	2 370
	III	**7 066**	5 326	5 326	III	5 906	4 782	3 696	2 644	1 634	762
	V	**17 368**	5 326	5 326	IV	11 010	10 233	9 474	8 733	8 010	7 305
	VI	**17 803**	5 326	5 326							
61 199,99	I,IV	**11 818**	5 326	5 326	I	10 245	8 744	7 316	5 961	4 678	3 468
	II	**10 313**	5 326	5 326	II	8 809	7 378	6 019	4 733	3 520	2 379
	III	**7 076**	5 326	5 326	III	5 916	4 792	3 704	2 654	1 642	768
	V	**17 382**	5 326	5 326	IV	11 023	10 245	9 486	8 744	8 021	7 316
	VI	**17 817**	5 326	5 326							
61 235,99	I,IV	**11 831**	5 326	5 326	I	10 257	8 756	7 327	5 971	4 688	3 477
	II	**10 325**	5 326	5 326	II	8 821	7 389	6 030	4 743	3 529	2 388
	III	**7 084**	5 326	5 326	III	5 924	4 800	3 712	2 660	1 650	774
	V	**17 396**	5 326	5 326	IV	11 035	10 257	9 497	8 756	8 032	7 327
	VI	**17 831**	5 326	5 326							
61 271,99	I,IV	**11 844**	5 326	5 326	I	10 269	8 767	7 338	5 982	4 698	3 486
	II	**10 338**	5 326	5 326	II	8 832	7 400	6 040	4 753	3 538	2 396
	III	**7 094**	5 326	5 326	III	5 934	4 810	3 722	2 670	1 658	780
	V	**17 410**	5 326	5 326	IV	11 047	10 269	9 509	8 767	8 044	7 338
	VI	**17 845**	5 326	5 326							
61 307,99	I,IV	**11 856**	5 326	5 326	I	10 281	8 779	7 349	5 992	4 707	3 495
	II	**10 350**	5 326	5 326	II	8 844	7 411	6 051	4 763	3 548	2 405
	III	**7 104**	5 326	5 326	III	5 942	4 818	3 730	2 678	1 664	786
	V	**17 424**	5 326	5 326	IV	11 060	10 281	9 521	8 779	8 055	7 349
	VI	**17 859**	5 326	5 326							
61 343,99	I,IV	**11 869**	5 326	5 326	I	10 293	8 790	7 360	6 002	4 717	3 505
	II	**10 362**	5 326	5 326	II	8 856	7 422	6 061	4 773	3 557	2 414
	III	**7 112**	5 326	5 326	III	5 952	4 826	3 738	2 686	1 672	792
	V	**17 438**	5 326	5 326	IV	11 072	10 293	9 533	8 790	8 066	7 360
	VI	**17 873**	5 326	5 326							

* Zur LSt-Berechnung für privat versicherte Arbeitnehmer s. Beispiele **Vorbemerkung S. 4 f.**
** Basisvorsorgepauschale KV und PV *** Typisierter Arbeitgeberzuschuss

Lohn/ Gehalt in € bis	Steuerklasse	Lohn-steuer*	BVSP**	TAGZ***	Steuerklasse	Bemessungsgrundlage für Kirchensteuer und Solidaritätszuschlag – Freibeträge für ... Kinder 0,5	**1,0**	1,5	**2,0**	2,5	**3,0**
61 379,99	I,IV	**11 882**	5 326	5 326	I	10 306	8 802	7 371	6 013	4 727	3 514
	II	**10 374**	5 326	5 326	II	8 867	7 433	6 071	4 783	3 566	2 423
	III	**7 122**	5 326	5 326	III	5 960	4 834	3 746	2 694	1 680	798
	V	**17 451**	5 326	5 326	IV	11 085	10 306	9 545	8 802	8 077	7 371
	VI	**17 887**	5 326	5 326							
61 415,99	I,IV	**11 894**	5 326	5 326	I	10 318	8 814	7 382	6 023	4 737	3 523
	II	**10 386**	5 326	5 326	II	8 879	7 444	6 082	4 792	3 575	2 431
	III	**7 132**	5 326	5 326	III	5 970	4 844	3 754	2 702	1 688	804
	V	**17 465**	5 326	5 326	IV	11 097	10 318	9 557	8 814	8 089	7 382
	VI	**17 900**	5 326	5 326							
61 451,99	I,IV	**11 907**	5 326	5 326	I	10 330	8 825	7 393	6 034	4 747	3 532
	II	**10 398**	5 326	5 326	II	8 890	7 455	6 092	4 802	3 585	2 440
	III	**7 140**	5 326	5 326	III	5 978	4 852	3 762	2 710	1 696	812
	V	**17 479**	5 326	5 326	IV	11 109	10 330	9 568	8 825	8 100	7 393
	VI	**17 914**	5 326	5 326							
61 487,99	I,IV	**11 920**	5 326	5 326	I	10 342	8 837	7 404	6 044	4 757	3 542
	II	**10 410**	5 326	5 326	II	8 902	7 466	6 103	4 812	3 594	2 449
	III	**7 150**	5 326	5 326	III	5 988	4 862	3 772	2 718	1 704	818
	V	**17 493**	5 326	5 326	IV	11 122	10 342	9 580	8 837	8 111	7 404
	VI	**17 928**	5 326	5 326							
61 523,99	I,IV	**11 933**	5 326	5 326	I	10 354	8 848	7 415	6 054	4 766	3 551
	II	**10 423**	5 326	5 326	II	8 913	7 477	6 113	4 822	3 603	2 457
	III	**7 158**	5 326	5 326	III	5 996	4 870	3 780	2 726	1 710	824
	V	**17 507**	5 326	5 326	IV	11 134	10 354	9 592	8 848	8 123	7 415
	VI	**17 942**	5 326	5 326							
61 559,99	I,IV	**11 945**	5 326	5 326	I	10 366	8 860	7 426	6 065	4 776	3 560
	II	**10 435**	5 326	5 326	II	8 925	7 488	6 124	4 832	3 613	2 466
	III	**7 168**	5 326	5 326	III	6 006	4 878	3 788	2 734	1 718	830
	V	**17 521**	5 326	5 326	IV	11 147	10 366	9 604	8 860	8 134	7 426
	VI	**17 956**	5 326	5 326							
61 595,99	I,IV	**11 958**	5 326	5 326	I	10 378	8 871	7 437	6 075	4 786	3 570
	II	**10 447**	5 326	5 326	II	8 937	7 499	6 134	4 842	3 622	2 475
	III	**7 178**	5 326	5 326	III	6 014	4 888	3 796	2 742	1 726	836
	V	**17 535**	5 326	5 326	IV	11 159	10 378	9 616	8 871	8 145	7 437
	VI	**17 970**	5 326	5 326							
61 631,99	I,IV	**11 971**	5 326	5 326	I	10 390	8 883	7 448	6 086	4 796	3 579
	II	**10 459**	5 326	5 326	II	8 948	7 510	6 145	4 852	3 631	2 484
	III	**7 188**	5 326	5 326	III	6 024	4 896	3 806	2 750	1 734	842
	V	**17 548**	5 326	5 326	IV	11 172	10 390	9 628	8 883	8 156	7 448
	VI	**17 984**	5 326	5 326							
61 667,99	I,IV	**11 984**	5 326	5 326	I	10 403	8 895	7 459	6 096	4 806	3 588
	II	**10 472**	5 326	5 326	II	8 960	7 521	6 155	4 862	3 641	2 493
	III	**7 196**	5 326	5 326	III	6 032	4 906	3 814	2 760	1 742	850
	V	**17 563**	5 326	5 326	IV	11 184	10 403	9 640	8 895	8 168	7 459
	VI	**17 998**	5 326	5 326							
61 703,99	I,IV	**11 997**	5 326	5 326	I	10 415	8 906	7 470	6 107	4 816	3 598
	II	**10 484**	5 326	5 326	II	8 972	7 532	6 166	4 872	3 650	2 501
	III	**7 206**	5 326	5 326	III	6 042	4 914	3 822	2 768	1 750	856
	V	**17 577**	5 326	5 326	IV	11 197	10 415	9 652	8 906	8 179	7 470
	VI	**18 012**	5 326	5 326							
61 739,99	I,IV	**12 009**	5 326	5 326	I	10 427	8 918	7 481	6 117	4 826	3 607
	II	**10 496**	5 326	5 326	II	8 983	7 544	6 176	4 882	3 660	2 510
	III	**7 216**	5 326	5 326	III	6 050	4 922	3 830	2 776	1 758	862
	V	**17 590**	5 326	5 326	IV	11 209	10 427	9 664	8 918	8 191	7 481
	VI	**18 026**	5 326	5 326							
61 775,99	I,IV	**12 022**	5 326	5 326	I	10 439	8 930	7 492	6 128	4 836	3 616
	II	**10 508**	5 326	5 326	II	8 995	7 555	6 187	4 891	3 669	2 519
	III	**7 224**	5 326	5 326	III	6 060	4 932	3 840	2 784	1 764	868
	V	**17 604**	5 326	5 326	IV	11 222	10 439	9 675	8 930	8 202	7 492
	VI	**18 039**	5 326	5 326							

* Zur LSt-Berechnung für privat versicherte Arbeitnehmer s. Beispiele **Vorbemerkung S. 4 f.**
** Basisvorsorgepauschale KV und PV *** Typisierter Arbeitgeberzuschuss

Lohn/ Gehalt in € bis	Steuerklasse	Lohn-steuer*	BVSP**	TAGZ***	Steuerklasse	Bemessungsgrundlage für Kirchensteuer und Solidaritätszuschlag – Freibeträge für ... Kinder 0,5	1,0	1,5	2,0	2,5	3,0
61 811,99	I,IV	**12 035**	5 326	5 326	I	10 452	8 941	7 503	6 138	4 846	3 626
	II	**10 520**	5 326	5 326	II	9 007	7 566	6 197	4 901	3 678	2 528
	III	**7 234**	5 326	5 326	III	6 068	4 940	3 848	2 792	1 772	874
	V	**17 618**	5 326	5 326	IV	11 234	10 452	9 687	8 941	8 213	7 503
	VI	**18 053**	5 326	5 326							
61 847,99	I,IV	**12 047**	5 326	5 326	I	10 464	8 953	7 514	6 149	4 855	3 635
	II	**10 533**	5 326	5 326	II	9 018	7 577	6 208	4 911	3 688	2 536
	III	**7 242**	5 326	5 326	III	6 078	4 948	3 856	2 800	1 780	880
	V	**17 632**	5 326	5 326	IV	11 247	10 464	9 699	8 953	8 225	7 514
	VI	**18 067**	5 326	5 326							
61 883,99	I,IV	**12 060**	5 326	5 326	I	10 476	8 964	7 525	6 159	4 865	3 644
	II	**10 545**	5 326	5 326	II	9 030	7 588	6 218	4 921	3 697	2 545
	III	**7 252**	5 326	5 326	III	6 086	4 958	3 864	2 808	1 788	888
	V	**17 646**	5 326	5 326	IV	11 259	10 476	9 711	8 964	8 236	7 525
	VI	**18 081**	5 326	5 326							
61 919,99	I,IV	**12 073**	5 326	5 326	I	10 488	8 976	7 536	6 170	4 875	3 654
	II	**10 557**	5 326	5 326	II	9 042	7 599	6 229	4 931	3 706	2 554
	III	**7 262**	5 326	5 326	III	6 096	4 966	3 872	2 816	1 796	894
	V	**17 660**	5 326	5 326	IV	11 272	10 488	9 723	8 976	8 247	7 536
	VI	**18 095**	5 326	5 326							
61 955,99	I,IV	**12 086**	5 326	5 326	I	10 500	8 988	7 548	6 180	4 885	3 663
	II	**10 569**	5 326	5 326	II	9 053	7 610	6 239	4 941	3 716	2 563
	III	**7 272**	5 326	5 326	III	6 104	4 976	3 882	2 824	1 804	900
	V	**17 674**	5 326	5 326	IV	11 284	10 500	9 735	8 988	8 259	7 548
	VI	**18 109**	5 326	5 326							
61 991,99	I,IV	**12 098**	5 326	5 326	I	10 513	8 999	7 559	6 191	4 895	3 672
	II	**10 581**	5 326	5 326	II	9 065	7 621	6 250	4 951	3 725	2 572
	III	**7 280**	5 326	5 326	III	6 114	4 984	3 890	2 832	1 812	906
	V	**17 687**	5 326	5 326	IV	11 296	10 513	9 747	8 999	8 270	7 559
	VI	**18 123**	5 326	5 326							
62 027,99	I,IV	**12 111**	5 326	5 326	I	10 525	9 011	7 570	6 201	4 905	3 682
	II	**10 594**	5 326	5 326	II	9 076	7 632	6 260	4 961	3 734	2 580
	III	**7 290**	5 326	5 326	III	6 124	4 992	3 898	2 840	1 820	912
	V	**17 701**	5 326	5 326	IV	11 309	10 525	9 759	9 011	8 281	7 570
	VI	**18 136**	5 326	5 326							
62 063,99	I,IV	**12 124**	5 326	5 326	I	10 537	9 023	7 581	6 211	4 915	3 691
	II	**10 606**	5 326	5 326	II	9 088	7 643	6 271	4 971	3 744	2 589
	III	**7 298**	5 326	5 326	III	6 132	5 002	3 906	2 848	1 828	920
	V	**17 715**	5 326	5 326	IV	11 321	10 537	9 771	9 023	8 293	7 581
	VI	**18 150**	5 326	5 326							
62 099,99	I,IV	**12 137**	5 326	5 326	I	10 549	9 034	7 592	6 222	4 925	3 700
	II	**10 618**	5 326	5 326	II	9 100	7 654	6 281	4 981	3 753	2 598
	III	**7 308**	5 326	5 326	III	6 142	5 010	3 916	2 858	1 836	926
	V	**17 729**	5 326	5 326	IV	11 334	10 549	9 783	9 034	8 304	7 592
	VI	**18 164**	5 326	5 326							
62 135,99	I,IV	**12 150**	5 326	5 326	I	10 561	9 046	7 603	6 232	4 935	3 710
	II	**10 630**	5 326	5 326	II	9 111	7 665	6 292	4 991	3 762	2 607
	III	**7 318**	5 326	5 326	III	6 150	5 018	3 924	2 866	1 842	932
	V	**17 743**	5 326	5 326	IV	11 346	10 561	9 795	9 046	8 315	7 603
	VI	**18 178**	5 326	5 326							
62 171,99	I,IV	**12 162**	5 326	5 326	I	10 574	9 057	7 614	6 243	4 945	3 719
	II	**10 643**	5 326	5 326	II	9 123	7 676	6 302	5 001	3 772	2 616
	III	**7 328**	5 326	5 326	III	6 160	5 028	3 932	2 874	1 852	938
	V	**17 757**	5 326	5 326	IV	11 359	10 574	9 806	9 057	8 327	7 614
	VI	**18 192**	5 326	5 326							
62 207,99	I,IV	**12 175**	5 326	5 326	I	10 586	9 069	7 625	6 253	4 955	3 728
	II	**10 655**	5 326	5 326	II	9 135	7 687	6 313	5 011	3 781	2 624
	III	**7 336**	5 326	5 326	III	6 168	5 036	3 940	2 882	1 858	946
	V	**17 771**	5 326	5 326	IV	11 371	10 586	9 818	9 069	8 338	7 625
	VI	**18 206**	5 326	5 326							

* Zur LSt-Berechnung für privat versicherte Arbeitnehmer s. Beispiele **Vorbemerkung S. 4 f.**
** Basisvorsorgepauschale KV und PV *** Typisierter Arbeitgeberzuschuss

Lohn/ Gehalt in € bis	Steuerklasse	**Lohn-steuer***	BVSP**	TAGZ***	Steuerklasse	Bemessungsgrundlage für Kirchensteuer und Solidaritätszuschlag – Freibeträge für ... Kinder 0,5	**1,0**	1,5	**2,0**	2,5	**3,0**
62243,99	I,IV	**12188**	5326	5326	I	10598	9081	7636	6264	4965	3738
	II	**10667**	5326	5326	II	9146	7699	6323	5021	3791	2633
	III	**7346**	5326	5326	III	6178	5046	3950	2890	1866	952
	V	**17784**	5326	5326	IV	11384	10598	9830	9081	8349	7636
	VI	**18220**	5326	5326							
62279,99	I,IV	**12201**	5326	5326	I	10610	9092	7647	6275	4974	3747
	II	**10679**	5326	5326	II	9158	7710	6334	5031	3800	2642
	III	**7354**	5326	5326	III	6186	5054	3958	2898	1874	958
	V	**17798**	5326	5326	IV	11396	10610	9842	9092	8361	7647
	VI	**18233**	5326	5326							
62315,99	I,IV	**12214**	5326	5326	I	10622	9104	7658	6285	4984	3756
	II	**10692**	5326	5326	II	9170	7721	6344	5041	3809	2651
	III	**7364**	5326	5326	III	6196	5062	3966	2906	1882	964
	V	**17812**	5326	5326	IV	11409	10622	9854	9104	8372	7658
	VI	**18247**	5326	5326							
62351,99	I,IV	**12227**	5326	5326	I	10635	9116	7670	6296	4995	3766
	II	**10704**	5326	5326	II	9182	7732	6355	5051	3819	2660
	III	**7374**	5326	5326	III	6204	5072	3976	2914	1890	972
	V	**17826**	5326	5326	IV	11422	10635	9866	9116	8384	7670
	VI	**18262**	5326	5326							
62387,99	I,IV	**12240**	5326	5326	I	10647	9128	7681	6306	5005	3776
	II	**10716**	5326	5326	II	9194	7743	6366	5061	3828	2669
	III	**7384**	5326	5326	III	6214	5080	3984	2922	1898	978
	V	**17840**	5326	5326	IV	11434	10647	9878	9128	8395	7681
	VI	**18275**	5326	5326							
62423,99	I,IV	**12252**	5326	5326	I	10660	9139	7692	6317	5015	3785
	II	**10729**	5326	5326	II	9205	7755	6376	5071	3838	2678
	III	**7392**	5326	5326	III	6222	5090	3992	2932	1906	984
	V	**17854**	5326	5326	IV	11447	10660	9890	9139	8407	7692
	VI	**18289**	5326	5326							
62459,99	I,IV	**12265**	5326	5326	I	10672	9151	7703	6327	5025	3794
	II	**10741**	5326	5326	II	9217	7766	6387	5081	3847	2686
	III	**7402**	5326	5326	III	6232	5098	4000	2940	1914	990
	V	**17868**	5326	5326	IV	11459	10672	9902	9151	8418	7703
	VI	**18303**	5326	5326							
62495,99	I,IV	**12278**	5326	5326	I	10684	9163	7714	6338	5035	3804
	II	**10753**	5326	5326	II	9229	7777	6397	5091	3857	2695
	III	**7412**	5326	5326	III	6240	5106	4010	2948	1922	998
	V	**17882**	5326	5326	IV	11472	10684	9914	9163	8429	7714
	VI	**18317**	5326	5326							
62531,99	I,IV	**12291**	5326	5326	I	10696	9174	7725	6349	5045	3813
	II	**10766**	5326	5326	II	9240	7788	6408	5101	3866	2704
	III	**7420**	5326	5326	III	6250	5116	4018	2956	1930	1004
	V	**17896**	5326	5326	IV	11485	10696	9926	9174	8441	7725
	VI	**18331**	5326	5326							
62567,99	I,IV	**12304**	5326	5326	I	10709	9186	7736	6359	5054	3823
	II	**10778**	5326	5326	II	9252	7799	6419	5111	3876	2713
	III	**7430**	5326	5326	III	6260	5124	4026	2964	1938	1010
	V	**17910**	5326	5326	IV	11497	10709	9938	9186	8452	7736
	VI	**18345**	5326	5326							
62603,99	I,IV	**12317**	5326	5326	I	10721	9198	7747	6370	5064	3832
	II	**10790**	5326	5326	II	9264	7810	6429	5121	3885	2722
	III	**7440**	5326	5326	III	6268	5132	4034	2972	1946	1018
	V	**17923**	5326	5326	IV	11510	10721	9950	9198	8464	7747
	VI	**18359**	5326	5326							
62639,99	I,IV	**12329**	5326	5326	I	10733	9210	7759	6380	5074	3841
	II	**10802**	5326	5326	II	9276	7821	6440	5131	3894	2731
	III	**7448**	5326	5326	III	6278	5142	4044	2980	1954	1024
	V	**17937**	5326	5326	IV	11522	10733	9962	9210	8475	7759
	VI	**18372**	5326	5326							

* Zur LSt-Berechnung für privat versicherte Arbeitnehmer s. Beispiele **Vorbemerkung S. 4f.**
** Basisvorsorgepauschale KV und PV *** Typisierter Arbeitgeberzuschuss

Lohn/ Gehalt in € bis	Steuerklasse	Lohn- steuer*	BVSP**	TAGZ***	Steuerklasse	Bemessungsgrundlage für Kirchensteuer und Solidaritätszuschlag – Freibeträge für ... Kinder 0,5	1,0	1,5	2,0	2,5	3,0
62 675,99	I,IV	**12 342**	5 326	5 326	I	10 745	9 221	7 770	6 391	5 084	3 851
	II	**10 815**	5 326	5 326	II	9 287	7 833	6 450	5 141	3 904	2 740
	III	**7 458**	5 326	5 326	III	6 286	5 150	4 052	2 988	1 962	1 030
	V	**17 951**	5 326	5 326	IV	11 535	10 745	9 974	9 221	8 486	7 770
	VI	**18 386**	5 326	5 326							
62 711,99	I,IV	**12 355**	5 326	5 326	I	10 758	9 233	7 781	6 401	5 094	3 860
	II	**10 827**	5 326	5 326	II	9 299	7 844	6 461	5 151	3 913	2 749
	III	**7 468**	5 326	5 326	III	6 296	5 160	4 060	2 996	1 970	1 038
	V	**17 965**	5 326	5 326	IV	11 547	10 758	9 986	9 233	8 498	7 781
	VI	**18 400**	5 326	5 326							
62 747,99	I,IV	**12 368**	5 326	5 326	I	10 770	9 245	7 792	6 412	5 104	3 870
	II	**10 839**	5 326	5 326	II	9 311	7 855	6 472	5 161	3 923	2 757
	III	**7 476**	5 326	5 326	III	6 304	5 168	4 068	3 004	1 978	1 044
	V	**17 979**	5 326	5 326	IV	11 560	10 770	9 998	9 245	8 509	7 792
	VI	**18 414**	5 326	5 326							
62 783,99	I,IV	**12 381**	5 326	5 326	I	10 782	9 256	7 803	6 422	5 114	3 879
	II	**10 852**	5 326	5 326	II	9 323	7 866	6 482	5 171	3 932	2 766
	III	**7 486**	5 326	5 326	III	6 314	5 178	4 078	3 014	1 986	1 050
	V	**17 993**	5 326	5 326	IV	11 572	10 782	10 010	9 256	8 521	7 803
	VI	**18 428**	5 326	5 326							
62 819,99	I,IV	**12 394**	5 326	5 326	I	10 795	9 268	7 814	6 433	5 124	3 888
	II	**10 864**	5 326	5 326	II	9 334	7 877	6 493	5 181	3 942	2 775
	III	**7 496**	5 326	5 326	III	6 322	5 186	4 086	3 022	1 994	1 058
	V	**18 007**	5 326	5 326	IV	11 585	10 795	10 022	9 268	8 532	7 814
	VI	**18 442**	5 326	5 326							
62 855,99	I,IV	**12 407**	5 326	5 326	I	10 807	9 280	7 825	6 444	5 134	3 898
	II	**10 876**	5 326	5 326	II	9 346	7 888	6 503	5 191	3 951	2 784
	III	**7 506**	5 326	5 326	III	6 332	5 194	4 094	3 030	2 002	1 064
	V	**18 021**	5 326	5 326	IV	11 598	10 807	10 034	9 280	8 544	7 825
	VI	**18 456**	5 326	5 326							
62 891,99	I,IV	**12 419**	5 326	5 326	I	10 819	9 292	7 837	6 454	5 144	3 907
	II	**10 889**	5 326	5 326	II	9 358	7 900	6 514	5 201	3 961	2 793
	III	**7 514**	5 326	5 326	III	6 340	5 204	4 102	3 038	2 010	1 070
	V	**18 034**	5 326	5 326	IV	11 610	10 819	10 046	9 292	8 555	7 837
	VI	**18 469**	5 326	5 326							
62 927,99	I,IV	**12 432**	5 326	5 326	I	10 831	9 303	7 848	6 465	5 155	3 917
	II	**10 901**	5 326	5 326	II	9 370	7 911	6 525	5 211	3 970	2 802
	III	**7 524**	5 326	5 326	III	6 350	5 212	4 112	3 046	2 018	1 078
	V	**18 048**	5 326	5 326	IV	11 623	10 831	10 058	9 303	8 566	7 848
	VI	**18 483**	5 326	5 326							
62 963,99	I,IV	**12 445**	5 326	5 326	I	10 844	9 315	7 859	6 475	5 165	3 926
	II	**10 913**	5 326	5 326	II	9 381	7 922	6 535	5 221	3 980	2 811
	III	**7 532**	5 326	5 326	III	6 358	5 220	4 120	3 054	2 026	1 084
	V	**18 062**	5 326	5 326	IV	11 635	10 844	10 070	9 315	8 578	7 859
	VI	**18 497**	5 326	5 326							
62 999,99	I,IV	**12 458**	5 326	5 326	I	10 856	9 327	7 870	6 486	5 175	3 936
	II	**10 926**	5 326	5 326	II	9 393	7 933	6 546	5 231	3 989	2 820
	III	**7 542**	5 326	5 326	III	6 368	5 230	4 128	3 062	2 034	1 090
	V	**18 076**	5 326	5 326	IV	11 648	10 856	10 083	9 327	8 590	7 870
	VI	**18 511**	5 326	5 326							
63 035,99	I,IV	**12 471**	5 326	5 326	I	10 869	9 339	7 882	6 497	5 185	3 945
	II	**10 938**	5 326	5 326	II	9 405	7 945	6 557	5 242	3 999	2 829
	III	**7 552**	5 326	5 326	III	6 378	5 240	4 138	3 072	2 042	1 098
	V	**18 090**	5 326	5 326	IV	11 661	10 869	10 095	9 339	8 601	7 882
	VI	**18 525**	5 326	5 326							
63 071,99	I,IV	**12 484**	5 326	5 326	I	10 881	9 351	7 893	6 508	5 195	3 955
	II	**10 951**	5 326	5 326	II	9 417	7 956	6 567	5 252	4 008	2 838
	III	**7 562**	5 326	5 326	III	6 386	5 248	4 146	3 080	2 050	1 104
	V	**18 104**	5 326	5 326	IV	11 674	10 881	10 107	9 351	8 613	7 893
	VI	**18 539**	5 326	5 326							

* Zur LSt-Berechnung für privat versicherte Arbeitnehmer s. Beispiele **Vorbemerkung S. 4 f.**
** Basisvorsorgepauschale KV und PV *** Typisierter Arbeitgeberzuschuss

Lohn/ Gehalt in € bis	Steuerklasse	Lohn-steuer*	BVSP**	TAGZ***	Steuerklasse	Bemessungsgrundlage für Kirchensteuer und Solidaritätszuschlag – Freibeträge für ... Kinder 0,5	**1,0**	1,5	**2,0**	2,5	**3,0**
63 107,99	I,IV	**12 497**	5 326	5 326	I	10 893	9 362	7 904	6 518	5 205	3 964
	II	**10 963**	5 326	5 326	II	9 429	7 967	6 578	5 262	4 018	2 847
	III	**7 570**	5 326	5 326	III	6 396	5 256	4 154	3 088	2 058	1 112
	V	**18 118**	5 326	5 326	IV	11 686	10 893	10 119	9 362	8 624	7 904
	VI	**18 553**	5 326	5 326							
63 143,99	I,IV	**12 510**	5 326	5 326	I	10 906	9 374	7 915	6 529	5 215	3 974
	II	**10 975**	5 326	5 326	II	9 441	7 978	6 589	5 272	4 027	2 856
	III	**7 580**	5 326	5 326	III	6 404	5 266	4 162	3 096	2 066	1 118
	V	**18 132**	5 326	5 326	IV	11 699	10 906	10 131	9 374	8 636	7 915
	VI	**18 567**	5 326	5 326							
63 179,99	I,IV	**12 523**	5 326	5 326	I	10 918	9 386	7 926	6 539	5 225	3 983
	II	**10 988**	5 326	5 326	II	9 452	7 990	6 599	5 282	4 037	2 865
	III	**7 590**	5 326	5 326	III	6 414	5 274	4 172	3 104	2 074	1 124
	V	**18 146**	5 326	5 326	IV	11 711	10 918	10 143	9 386	8 647	7 926
	VI	**18 581**	5 326	5 326							
63 215,99	I,IV	**12 536**	5 326	5 326	I	10 930	9 398	7 938	6 550	5 235	3 993
	II	**11 000**	5 326	5 326	II	9 464	8 001	6 610	5 292	4 046	2 874
	III	**7 598**	5 326	5 326	III	6 422	5 282	4 180	3 112	2 082	1 132
	V	**18 160**	5 326	5 326	IV	11 724	10 930	10 155	9 398	8 659	7 938
	VI	**18 595**	5 326	5 326							
63 251,99	I,IV	**12 549**	5 326	5 326	I	10 943	9 409	7 949	6 561	5 245	4 002
	II	**11 013**	5 326	5 326	II	9 476	8 012	6 621	5 302	4 056	2 882
	III	**7 608**	5 326	5 326	III	6 432	5 292	4 188	3 120	2 090	1 138
	V	**18 173**	5 326	5 326	IV	11 737	10 943	10 167	9 409	8 670	7 949
	VI	**18 609**	5 326	5 326							
63 287,99	I,IV	**12 562**	5 326	5 326	I	10 955	9 421	7 960	6 571	5 255	4 012
	II	**11 025**	5 326	5 326	II	9 488	8 023	6 631	5 312	4 065	2 891
	III	**7 618**	5 326	5 326	III	6 440	5 300	4 196	3 128	2 098	1 146
	V	**18 187**	5 326	5 326	IV	11 749	10 955	10 179	9 421	8 682	7 960
	VI	**18 622**	5 326	5 326							
63 323,99	I,IV	**12 575**	5 326	5 326	I	10 968	9 433	7 971	6 582	5 265	4 021
	II	**11 037**	5 326	5 326	II	9 500	8 034	6 642	5 322	4 075	2 900
	III	**7 628**	5 326	5 326	III	6 450	5 310	4 206	3 138	2 106	1 152
	V	**18 201**	5 326	5 326	IV	11 762	10 968	10 191	9 433	8 693	7 971
	VI	**18 636**	5 326	5 326							
63 359,99	I,IV	**12 588**	5 326	5 326	I	10 980	9 445	7 982	6 593	5 275	4 031
	II	**11 050**	5 326	5 326	II	9 511	8 046	6 653	5 332	4 085	2 909
	III	**7 636**	5 326	5 326	III	6 460	5 318	4 214	3 146	2 114	1 158
	V	**18 215**	5 326	5 326	IV	11 775	10 980	10 203	9 445	8 705	7 982
	VI	**18 650**	5 326	5 326							
63 395,99	I,IV	**12 600**	5 326	5 326	I	10 992	9 457	7 994	6 603	5 286	4 040
	II	**11 062**	5 326	5 326	II	9 523	8 057	6 663	5 342	4 094	2 918
	III	**7 646**	5 326	5 326	III	6 468	5 328	4 222	3 154	2 122	1 166
	V	**18 229**	5 326	5 326	IV	11 787	10 992	10 215	9 457	8 716	7 994
	VI	**18 664**	5 326	5 326							
63 431,99	I,IV	**12 613**	5 326	5 326	I	11 005	9 468	8 005	6 614	5 296	4 050
	II	**11 074**	5 326	5 326	II	9 535	8 068	6 674	5 353	4 104	2 927
	III	**7 656**	5 326	5 326	III	6 478	5 336	4 230	3 162	2 130	1 172
	V	**18 243**	5 326	5 326	IV	11 800	11 005	10 227	9 468	8 728	8 005
	VI	**18 678**	5 326	5 326							
63 467,99	I,IV	**12 626**	5 326	5 326	I	11 017	9 480	8 016	6 625	5 306	4 059
	II	**11 087**	5 326	5 326	II	9 547	8 079	6 685	5 363	4 113	2 936
	III	**7 664**	5 326	5 326	III	6 486	5 346	4 240	3 170	2 138	1 180
	V	**18 257**	5 326	5 326	IV	11 813	11 017	10 240	9 480	8 739	8 016
	VI	**18 692**	5 326	5 326							
63 503,99	I,IV	**12 639**	5 326	5 326	I	11 029	9 492	8 027	6 635	5 316	4 069
	II	**11 099**	5 326	5 326	II	9 559	8 091	6 695	5 373	4 123	2 945
	III	**7 674**	5 326	5 326	III	6 496	5 354	4 248	3 178	2 146	1 186
	V	**18 270**	5 326	5 326	IV	11 825	11 029	10 252	9 492	8 751	8 027
	VI	**18 706**	5 326	5 326							

* Zur LSt-Berechnung für privat versicherte Arbeitnehmer s. Beispiele **Vorbemerkung S. 4f.**
** Basisvorsorgepauschale KV und PV *** Typisierter Arbeitgeberzuschuss

Lohn/ Gehalt in € bis	Steuerklasse	Lohn-steuer*	BVSP**	TAGZ***	Steuerklasse	Bemessungsgrundlage für Kirchensteuer und Solidaritätszuschlag – Freibeträge für ... Kinder 0,5	**1,0**	1,5	**2,0**	2,5	**3,0**
63 539,99	I,IV	**12 652**	5 326	5 326	I	11 042	9 504	8 039	6 646	5 326	4 078
	II	**11 112**	5 326	5 326	II	9 571	8 102	6 706	5 383	4 132	2 954
	III	**7 684**	5 326	5 326	III	6 506	5 362	4 256	3 186	2 154	1 194
	V	**18 284**	5 326	5 326	IV	11 838	11 042	10 264	9 504	8 762	8 039
	VI	**18 719**	5 326	5 326							
63 575,99	I,IV	**12 665**	5 326	5 326	I	11 054	9 516	8 050	6 657	5 336	4 088
	II	**11 124**	5 326	5 326	II	9 582	8 113	6 717	5 393	4 142	2 963
	III	**7 692**	5 326	5 326	III	6 514	5 372	4 264	3 194	2 162	1 200
	V	**18 298**	5 326	5 326	IV	11 851	11 054	10 276	9 516	8 774	8 050
	VI	**18 733**	5 326	5 326							
63 611,99	I,IV	**12 678**	5 326	5 326	I	11 067	9 528	8 061	6 667	5 346	4 098
	II	**11 136**	5 326	5 326	II	9 594	8 125	6 728	5 403	4 151	2 972
	III	**7 702**	5 326	5 326	III	6 524	5 380	4 274	3 204	2 170	1 208
	V	**18 312**	5 326	5 326	IV	11 863	11 067	10 288	9 528	8 785	8 061
	VI	**18 747**	5 326	5 326							
63 647,99	I,IV	**12 691**	5 326	5 326	I	11 079	9 539	8 072	6 678	5 356	4 107
	II	**11 149**	5 326	5 326	II	9 606	8 136	6 738	5 413	4 161	2 981
	III	**7 712**	5 326	5 326	III	6 532	5 390	4 282	3 212	2 178	1 214
	V	**18 326**	5 326	5 326	IV	11 876	11 079	10 300	9 539	8 797	8 072
	VI	**18 761**	5 326	5 326							
63 683,99	I,IV	**12 705**	5 326	5 326	I	11 092	9 552	8 084	6 689	5 367	4 117
	II	**11 162**	5 326	5 326	II	9 618	8 147	6 749	5 424	4 171	2 990
	III	**7 722**	5 326	5 326	III	6 542	5 398	4 290	3 220	2 186	1 222
	V	**18 340**	5 326	5 326	IV	11 889	11 092	10 313	9 552	8 809	8 084
	VI	**18 775**	5 326	5 326							
63 719,99	I,IV	**12 718**	5 326	5 326	I	11 104	9 563	8 095	6 700	5 377	4 126
	II	**11 174**	5 326	5 326	II	9 630	8 159	6 760	5 434	4 180	2 999
	III	**7 732**	5 326	5 326	III	6 552	5 408	4 300	3 228	2 194	1 228
	V	**18 354**	5 326	5 326	IV	11 902	11 104	10 325	9 563	8 820	8 095
	VI	**18 789**	5 326	5 326							
63 755,99	I,IV	**12 731**	5 326	5 326	I	11 117	9 575	8 106	6 710	5 387	4 136
	II	**11 187**	5 326	5 326	II	9 642	8 170	6 771	5 444	4 190	3 008
	III	**7 740**	5 326	5 326	III	6 560	5 416	4 308	3 236	2 202	1 234
	V	**18 368**	5 326	5 326	IV	11 914	11 117	10 337	9 575	8 832	8 106
	VI	**18 803**	5 326	5 326							
63 791,99	I,IV	**12 744**	5 326	5 326	I	11 129	9 587	8 118	6 721	5 397	4 146
	II	**11 199**	5 326	5 326	II	9 654	8 181	6 781	5 454	4 200	3 017
	III	**7 750**	5 326	5 326	III	6 570	5 424	4 316	3 246	2 210	1 242
	V	**18 382**	5 326	5 326	IV	11 927	11 129	10 349	9 587	8 843	8 118
	VI	**18 817**	5 326	5 326							
63 827,99	I,IV	**12 756**	5 326	5 326	I	11 141	9 599	8 129	6 732	5 407	4 155
	II	**11 211**	5 326	5 326	II	9 666	8 193	6 792	5 464	4 209	3 026
	III	**7 760**	5 326	5 326	III	6 578	5 434	4 326	3 254	2 218	1 248
	V	**18 396**	5 326	5 326	IV	11 940	11 141	10 361	9 599	8 855	8 129
	VI	**18 831**	5 326	5 326							
63 863,99	I,IV	**12 769**	5 326	5 326	I	11 154	9 611	8 140	6 742	5 417	4 165
	II	**11 224**	5 326	5 326	II	9 678	8 204	6 803	5 475	4 219	3 036
	III	**7 768**	5 326	5 326	III	6 588	5 442	4 334	3 262	2 226	1 256
	V	**18 409**	5 326	5 326	IV	11 953	11 154	10 373	9 611	8 866	8 140
	VI	**18 845**	5 326	5 326							
63 899,99	I,IV	**12 782**	5 326	5 326	I	11 166	9 623	8 152	6 753	5 427	4 174
	II	**11 236**	5 326	5 326	II	9 690	8 215	6 814	5 485	4 228	3 045
	III	**7 778**	5 326	5 326	III	6 596	5 452	4 342	3 270	2 234	1 262
	V	**18 423**	5 326	5 326	IV	11 965	11 166	10 385	9 623	8 878	8 152
	VI	**18 858**	5 326	5 326							
63 935,99	I,IV	**12 795**	5 326	5 326	I	11 179	9 634	8 163	6 764	5 438	4 184
	II	**11 249**	5 326	5 326	II	9 701	8 227	6 824	5 495	4 238	3 054
	III	**7 788**	5 326	5 326	III	6 606	5 460	4 352	3 278	2 242	1 270
	V	**18 437**	5 326	5 326	IV	11 978	11 179	10 397	9 634	8 890	8 163
	VI	**18 872**	5 326	5 326							

* Zur LSt-Berechnung für privat versicherte Arbeitnehmer s. Beispiele **Vorbemerkung S. 4 f.**
** Basisvorsorgepauschale KV und PV. *** Typisierter Arbeitgeberzuschuss

Lohn/ Gehalt in € bis	Steuerklasse	Lohn-steuer*	BVSP**	TAGZ***	Steuerklasse	Bemessungsgrundlage für Kirchensteuer und Solidaritätszuschlag					
						Freibeträge für ... Kinder					
						0,5	**1,0**	1,5	**2,0**	2,5	**3,0**
63971,99	I,IV	**12809**	5326	5326	I	11191	9646	8174	6775	5448	4193
	II	**11261**	5326	5326	II	9713	8238	6835	5505	4248	3063
	III	**7796**	5326	5326	III	6614	5470	4360	3286	2250	1276
	V	**18451**	5326	5326	IV	11991	11191	10410	9646	8901	8174
	VI	**18886**	5326	5326							
64007,99	I,IV	**12822**	5326	5326	I	11204	9658	8185	6785	5458	4203
	II	**11274**	5326	5326	II	9725	8249	6846	5515	4257	3072
	III	**7806**	5326	5326	III	6624	5478	4368	3294	2258	1284
	V	**18465**	5326	5326	IV	12003	11204	10422	9658	8913	8185
	VI	**18900**	5326	5326							
64043,99	I,IV	**12835**	5326	5326	I	11216	9670	8197	6796	5468	4213
	II	**11286**	5326	5326	II	9737	8261	6857	5525	4267	3081
	III	**7816**	5326	5326	III	6634	5486	4376	3302	2266	1292
	V	**18479**	5326	5326	IV	12016	11216	10434	9670	8924	8197
	VI	**18914**	5326	5326							
64079,99	I,IV	**12848**	5326	5326	I	11228	9682	8208	6807	5478	4222
	II	**11299**	5326	5326	II	9749	8272	6867	5536	4276	3090
	III	**7826**	5326	5326	III	6642	5496	4386	3312	2274	1298
	V	**18493**	5326	5326	IV	12029	11228	10446	9682	8936	8208
	VI	**18928**	5326	5326							
64115,99	I,IV	**12861**	5326	5326	I	11241	9694	8219	6818	5488	4232
	II	**11311**	5326	5326	II	9761	8283	6878	5546	4286	3099
	III	**7834**	5326	5326	III	6652	5504	4394	3320	2282	1306
	V	**18506**	5326	5326	IV	12042	11241	10458	9694	8948	8219
	VI	**18942**	5326	5326							
64151,99	I,IV	**12874**	5326	5326	I	11253	9706	8231	6828	5499	4241
	II	**11324**	5326	5326	II	9773	8295	6889	5556	4296	3108
	III	**7844**	5326	5326	III	6660	5514	4402	3328	2290	1312
	V	**18520**	5326	5326	IV	12054	11253	10470	9706	8959	8231
	VI	**18955**	5326	5326							
64187,99	I,IV	**12887**	5326	5326	I	11266	9718	8242	6839	5509	4251
	II	**11336**	5326	5326	II	9785	8306	6900	5566	4305	3117
	III	**7854**	5326	5326	III	6670	5522	4412	3336	2298	1320
	V	**18534**	5326	5326	IV	12067	11266	10483	9718	8971	8242
	VI	**18969**	5326	5326							
64223,99	I,IV	**12900**	5326	5326	I	11278	9730	8253	6850	5519	4261
	II	**11349**	5326	5326	II	9797	8317	6911	5576	4315	3126
	III	**7864**	5326	5326	III	6680	5532	4420	3344	2306	1326
	V	**18548**	5326	5326	IV	12080	11278	10495	9730	8982	8253
	VI	**18983**	5326	5326							
64259,99	I,IV	**12913**	5326	5326	I	11291	9741	8265	6861	5529	4270
	II	**11361**	5326	5326	II	9809	8329	6921	5587	4325	3135
	III	**7872**	5326	5326	III	6688	5540	4428	3352	2314	1334
	V	**18562**	5326	5326	IV	12093	11291	10507	9741	8994	8265
	VI	**18997**	5326	5326							
64295,99	I,IV	**12926**	5326	5326	I	11303	9753	8276	6871	5539	4280
	II	**11374**	5326	5326	II	9821	8340	6932	5597	4334	3144
	III	**7882**	5326	5326	III	6698	5550	4438	3362	2322	1340
	V	**18576**	5326	5326	IV	12105	11303	10519	9753	9006	8276
	VI	**19011**	5326	5326							
64331,99	I,IV	**12939**	5326	5326	I	11316	9766	8288	6882	5550	4290
	II	**11387**	5326	5326	II	9833	8352	6943	5607	4344	3153
	III	**7892**	5326	5326	III	6708	5558	4446	3370	2330	1348
	V	**18590**	5326	5326	IV	12119	11316	10532	9766	9018	8288
	VI	**19025**	5326	5326							
64367,99	I,IV	**12952**	5326	5326	I	11329	9778	8299	6893	5560	4299
	II	**11399**	5326	5326	II	9845	8363	6954	5618	4354	3163
	III	**7902**	5326	5326	III	6716	5568	4454	3378	2338	1356
	V	**18604**	5326	5326	IV	12131	11329	10544	9778	9029	8299
	VI	**19039**	5326	5326							

* Zur LSt-Berechnung für privat versicherte Arbeitnehmer s. Beispiele **Vorbemerkung S. 4f.**
** Basisvorsorgepauschale KV und PV *** Typisierter Arbeitgeberzuschuss

Lohn/ Gehalt in € bis	Steuerklasse	Lohn-steuer*	BVSP**	TAGZ***	Steuerklasse	Bemessungsgrundlage für Kirchensteuer und Solidaritätszuschlag – Freibeträge für ... Kinder 0,5	1,0	1,5	2,0	2,5	3,0
64 403,99	I,IV	**12 965**	5 326	5 326	I	11 341	9 789	8 310	6 904	5 570	4 309
	II	**11 412**	5 326	5 326	II	9 857	8 374	6 965	5 628	4 363	3 172
	III	**7 912**	5 326	5 326	III	6 726	5 576	4 464	3 386	2 346	1 362
	V	**18 618**	5 326	5 326	IV	12 144	11 341	10 556	9 789	9 041	8 310
	VI	**19 053**	5 326	5 326							
64 439,99	I,IV	**12 978**	5 326	5 326	I	11 354	9 801	8 322	6 915	5 580	4 319
	II	**11 424**	5 326	5 326	II	9 869	8 386	6 976	5 638	4 373	3 181
	III	**7 920**	5 326	5 326	III	6 734	5 584	4 472	3 394	2 354	1 370
	V	**18 632**	5 326	5 326	IV	12 157	11 354	10 568	9 801	9 052	8 322
	VI	**19 067**	5 326	5 326							
64 475,99	I,IV	**12 992**	5 326	5 326	I	11 366	9 813	8 333	6 926	5 591	4 328
	II	**11 437**	5 326	5 326	II	9 881	8 397	6 986	5 648	4 383	3 190
	III	**7 930**	5 326	5 326	III	6 744	5 594	4 480	3 404	2 362	1 376
	V	**18 645**	5 326	5 326	IV	12 170	11 366	10 581	9 813	9 064	8 333
	VI	**19 081**	5 326	5 326							
64 511,99	I,IV	**13 005**	5 326	5 326	I	11 379	9 825	8 344	6 936	5 601	4 338
	II	**11 449**	5 326	5 326	II	9 893	8 409	6 997	5 659	4 392	3 199
	III	**7 940**	5 326	5 326	III	6 752	5 602	4 488	3 412	2 370	1 384
	V	**18 659**	5 326	5 326	IV	12 183	11 379	10 593	9 825	9 076	8 344
	VI	**19 094**	5 326	5 326							
64 547,99	I,IV	**13 018**	5 326	5 326	I	11 391	9 837	8 356	6 947	5 611	4 348
	II	**11 462**	5 326	5 326	II	9 905	8 420	7 008	5 669	4 402	3 208
	III	**7 948**	5 326	5 326	III	6 762	5 612	4 498	3 420	2 378	1 392
	V	**18 673**	5 326	5 326	IV	12 195	11 391	10 605	9 837	9 087	8 356
	VI	**19 108**	5 326	5 326							
64 583,99	I,IV	**13 031**	5 326	5 326	I	11 404	9 849	8 367	6 958	5 621	4 357
	II	**11 474**	5 326	5 326	II	9 917	8 431	7 019	5 679	4 412	3 217
	III	**7 958**	5 326	5 326	III	6 772	5 620	4 506	3 428	2 386	1 398
	V	**18 687**	5 326	5 326	IV	12 208	11 404	10 617	9 849	9 099	8 367
	VI	**19 122**	5 326	5 326							
64 619,99	I,IV	**13 044**	5 326	5 326	I	11 416	9 861	8 379	6 969	5 632	4 367
	II	**11 487**	5 326	5 326	II	9 928	8 443	7 030	5 689	4 421	3 226
	III	**7 968**	5 326	5 326	III	6 780	5 630	4 516	3 436	2 394	1 406
	V	**18 701**	5 326	5 326	IV	12 221	11 416	10 630	9 861	9 111	8 379
	VI	**19 136**	5 326	5 326							
64 655,99	I,IV	**13 057**	5 326	5 326	I	11 429	9 873	8 390	6 980	5 642	4 377
	II	**11 499**	5 326	5 326	II	9 940	8 454	7 041	5 700	4 431	3 235
	III	**7 978**	5 326	5 326	III	6 790	5 638	4 524	3 444	2 402	1 412
	V	**18 715**	5 326	5 326	IV	12 234	11 429	10 642	9 873	9 122	8 390
	VI	**19 150**	5 326	5 326							
64 691,99	I,IV	**13 070**	5 326	5 326	I	11 441	9 885	8 401	6 990	5 652	4 386
	II	**11 512**	5 326	5 326	II	9 952	8 466	7 051	5 710	4 441	3 245
	III	**7 986**	5 326	5 326	III	6 800	5 648	4 532	3 454	2 410	1 420
	V	**18 729**	5 326	5 326	IV	12 247	11 441	10 654	9 885	9 134	8 401
	VI	**19 164**	5 326	5 326							
64 727,99	I,IV	**13 083**	5 326	5 326	I	11 454	9 897	8 413	7 001	5 662	4 396
	II	**11 524**	5 326	5 326	II	9 964	8 477	7 062	5 720	4 451	3 254
	III	**7 996**	5 326	5 326	III	6 808	5 656	4 540	3 462	2 418	1 428
	V	**18 742**	5 326	5 326	IV	12 259	11 454	10 666	9 897	9 146	8 413
	VI	**19 178**	5 326	5 326							
64 763,99	I,IV	**13 096**	5 326	5 326	I	11 466	9 909	8 424	7 012	5 673	4 406
	II	**11 537**	5 326	5 326	II	9 976	8 488	7 073	5 730	4 460	3 263
	III	**8 006**	5 326	5 326	III	6 818	5 666	4 550	3 470	2 426	1 434
	V	**18 756**	5 326	5 326	IV	12 272	11 466	10 679	9 909	9 157	8 424
	VI	**19 191**	5 326	5 326							
64 799,99	I,IV	**13 109**	5 326	5 326	I	11 479	9 921	8 436	7 023	5 683	4 415
	II	**11 550**	5 326	5 326	II	9 988	8 500	7 084	5 741	4 470	3 272
	III	**8 016**	5 326	5 326	III	6 826	5 674	4 558	3 478	2 434	1 442
	V	**18 770**	5 326	5 326	IV	12 285	11 479	10 691	9 921	9 169	8 436
	VI	**19 205**	5 326	5 326							

* Zur LSt-Berechnung für privat versicherte Arbeitnehmer s. Beispiele **Vorbemerkung S. 4 f.**
** Basisvorsorgepauschale KV und PV *** Typisierter Arbeitgeberzuschuss

Lohn/ Gehalt in € bis	Steuerklasse	Lohn-steuer*	BVSP**	TAGZ***	Steuerklasse	Bemessungsgrundlage für Kirchensteuer und Solidaritätszuschlag					
						Freibeträge für ... Kinder					
						0,5	**1,0**	1,5	**2,0**	2,5	**3,0**
64 835,99	I,IV	**13 122**	5 326	5 326	I	11 491	9 933	8 447	7 034	5 693	4 425
	II	**11 562**	5 326	5 326	II	10 000	8 511	7 095	5 751	4 480	3 281
	III	**8 024**	5 326	5 326	III	6 836	5 684	4 566	3 486	2 444	1 450
	V	**18 784**	5 326	5 326	IV	12 298	11 491	10 703	9 933	9 181	8 447
	VI	**19 219**	5 326	5 326							
64 871,99	I,IV	**13 136**	5 326	5 326	I	11 504	9 945	8 458	7 045	5 703	4 435
	II	**11 575**	5 326	5 326	II	10 012	8 523	7 106	5 761	4 489	3 290
	III	**8 034**	5 326	5 326	III	6 844	5 692	4 576	3 494	2 450	1 456
	V	**18 798**	5 326	5 326	IV	12 311	11 504	10 715	9 945	9 193	8 458
	VI	**19 233**	5 326	5 326							
64 907,99	I,IV	**13 149**	5 326	5 326	I	11 516	9 957	8 470	7 055	5 714	4 444
	II	**11 587**	5 326	5 326	II	10 024	8 534	7 117	5 772	4 499	3 299
	III	**8 044**	5 326	5 326	III	6 854	5 702	4 584	3 504	2 460	1 464
	V	**18 812**	5 326	5 326	IV	12 324	11 516	10 728	9 957	9 204	8 470
	VI	**19 247**	5 326	5 326							
64 943,99	I,IV	**13 162**	5 326	5 326	I	11 529	9 969	8 481	7 066	5 724	4 454
	II	**11 600**	5 326	5 326	II	10 036	8 546	7 127	5 782	4 509	3 309
	III	**8 054**	5 326	5 326	III	6 864	5 710	4 592	3 512	2 466	1 472
	V	**18 826**	5 326	5 326	IV	12 336	11 529	10 740	9 969	9 216	8 481
	VI	**19 261**	5 326	5 326							
64 979,99	I,IV	**13 175**	5 326	5 326	I	11 542	9 981	8 493	7 077	5 734	4 464
	II	**11 612**	5 326	5 326	II	10 048	8 557	7 138	5 792	4 519	3 318
	III	**8 062**	5 326	5 326	III	6 872	5 718	4 602	3 520	2 476	1 478
	V	**18 840**	5 326	5 326	IV	12 349	11 542	10 752	9 981	9 228	8 493
	VI	**19 275**	5 326	5 326							
65 015,99	I,IV	**13 189**	5 326	5 326	I	11 555	9 993	8 504	7 088	5 745	4 474
	II	**11 625**	5 326	5 326	II	10 061	8 569	7 150	5 803	4 529	3 327
	III	**8 072**	5 326	5 326	III	6 882	5 728	4 610	3 528	2 484	1 486
	V	**18 854**	5 326	5 326	IV	12 362	11 555	10 765	9 993	9 240	8 504
	VI	**19 289**	5 326	5 326							
65 051,99	I,IV	**13 202**	5 326	5 326	I	11 567	10 005	8 516	7 099	5 755	4 484
	II	**11 638**	5 326	5 326	II	10 073	8 580	7 160	5 813	4 538	3 336
	III	**8 082**	5 326	5 326	III	6 892	5 736	4 618	3 536	2 492	1 494
	V	**18 868**	5 326	5 326	IV	12 375	11 567	10 777	10 005	9 251	8 516
	VI	**19 303**	5 326	5 326							
65 087,99	I,IV	**13 215**	5 326	5 326	I	11 580	10 017	8 527	7 110	5 765	4 493
	II	**11 651**	5 326	5 326	II	10 085	8 592	7 171	5 823	4 548	3 345
	III	**8 092**	5 326	5 326	III	6 900	5 746	4 628	3 546	2 500	1 500
	V	**18 882**	5 326	5 326	IV	12 388	11 580	10 789	10 017	9 263	8 527
	VI	**19 317**	5 326	5 326							
65 123,99	I,IV	**13 228**	5 326	5 326	I	11 592	10 029	8 539	7 121	5 776	4 503
	II	**11 663**	5 326	5 326	II	10 097	8 603	7 182	5 834	4 558	3 355
	III	**8 100**	5 326	5 326	III	6 910	5 754	4 636	3 554	2 508	1 508
	V	**18 895**	5 326	5 326	IV	12 401	11 592	10 802	10 029	9 275	8 539
	VI	**19 330**	5 326	5 326							
65 159,99	I,IV	**13 241**	5 326	5 326	I	11 605	10 041	8 550	7 132	5 786	4 513
	II	**11 676**	5 326	5 326	II	10 109	8 615	7 193	5 844	4 568	3 364
	III	**8 110**	5 326	5 326	III	6 920	5 764	4 644	3 562	2 516	1 516
	V	**18 909**	5 326	5 326	IV	12 414	11 605	10 814	10 041	9 287	8 550
	VI	**19 344**	5 326	5 326							
65 195,99	I,IV	**13 254**	5 326	5 326	I	11 617	10 053	8 562	7 143	5 796	4 522
	II	**11 689**	5 326	5 326	II	10 121	8 626	7 204	5 854	4 577	3 373
	III	**8 120**	5 326	5 326	III	6 928	5 772	4 654	3 570	2 524	1 522
	V	**18 923**	5 326	5 326	IV	12 427	11 617	10 826	10 053	9 298	8 562
	VI	**19 358**	5 326	5 326							
65 231,99	I,IV	**13 267**	5 326	5 326	I	11 630	10 065	8 573	7 153	5 807	4 532
	II	**11 701**	5 326	5 326	II	10 133	8 638	7 215	5 865	4 587	3 382
	III	**8 130**	5 326	5 326	III	6 938	5 782	4 662	3 580	2 532	1 530
	V	**18 937**	5 326	5 326	IV	12 440	11 630	10 839	10 065	9 310	8 573
	VI	**19 372**	5 326	5 326							

* Zur LSt-Berechnung für privat versicherte Arbeitnehmer s. Beispiele **Vorbemerkung S. 4 f.**
** Basisvorsorgepauschale KV und PV *** Typisierter Arbeitgeberzuschuss

Lohn/ Gehalt in € bis	Steuerklasse	Lohn-steuer*	BVSP**	TAGZ***	Steuerklasse	Bemessungsgrundlage für Kirchensteuer und Solidaritätszuschlag – Freibeträge für … Kinder 0,5	1,0	1,5	2,0	2,5	3,0
65 267,99	I,IV	**13 281**	5 326	5 326	I	11 643	10 077	8 585	7 164	5 817	4 542
	II	**11 714**	5 326	5 326	II	10 145	8 649	7 226	5 875	4 597	3 391
	III	**8 140**	5 326	5 326	III	6 946	5 790	4 670	3 588	2 540	1 538
	V	**18 951**	5 326	5 326	IV	12 453	11 643	10 851	10 077	9 322	8 585
	VI	**19 386**	5 326	5 326							
65 303,99	I,IV	**13 294**	5 326	5 326	I	11 655	10 089	8 596	7 175	5 827	4 552
	II	**11 726**	5 326	5 326	II	10 157	8 661	7 237	5 885	4 607	3 401
	III	**8 148**	5 326	5 326	III	6 956	5 800	4 680	3 596	2 548	1 546
	V	**18 965**	5 326	5 326	IV	12 465	11 655	10 863	10 089	9 334	8 596
	VI	**19 400**	5 326	5 326							
65 339,99	I,IV	**13 307**	5 326	5 326	I	11 668	10 101	8 607	7 186	5 837	4 561
	II	**11 739**	5 326	5 326	II	10 169	8 672	7 248	5 896	4 616	3 410
	III	**8 158**	5 326	5 326	III	6 966	5 808	4 688	3 604	2 556	1 552
	V	**18 979**	5 326	5 326	IV	12 478	11 668	10 876	10 101	9 345	8 607
	VI	**19 414**	5 326	5 326							
65 375,99	I,IV	**13 320**	5 326	5 326	I	11 680	10 113	8 619	7 197	5 848	4 571
	II	**11 752**	5 326	5 326	II	10 181	8 684	7 259	5 906	4 626	3 419
	III	**8 168**	5 326	5 326	III	6 974	5 818	4 696	3 612	2 564	1 560
	V	**18 992**	5 326	5 326	IV	12 491	11 680	10 888	10 113	9 357	8 619
	VI	**19 428**	5 326	5 326							
65 411,99	I,IV	**13 333**	5 326	5 326	I	11 693	10 125	8 630	7 208	5 858	4 581
	II	**11 764**	5 326	5 326	II	10 193	8 695	7 269	5 916	4 636	3 428
	III	**8 178**	5 326	5 326	III	6 984	5 826	4 706	3 620	2 572	1 568
	V	**19 006**	5 326	5 326	IV	12 504	11 693	10 900	10 125	9 369	8 630
	VI	**19 441**	5 326	5 326							
65 447,99	I,IV	**13 347**	5 326	5 326	I	11 706	10 137	8 642	7 219	5 868	4 591
	II	**11 777**	5 326	5 326	II	10 205	8 707	7 280	5 927	4 646	3 437
	III	**8 186**	5 326	5 326	III	6 994	5 836	4 714	3 630	2 580	1 576
	V	**19 020**	5 326	5 326	IV	12 517	11 706	10 913	10 137	9 381	8 642
	VI	**19 455**	5 326	5 326							
65 483,99	I,IV	**13 360**	5 326	5 326	I	11 718	10 150	8 653	7 230	5 879	4 600
	II	**11 790**	5 326	5 326	II	10 218	8 718	7 291	5 937	4 656	3 447
	III	**8 196**	5 326	5 326	III	7 002	5 844	4 722	3 638	2 588	1 582
	V	**19 034**	5 326	5 326	IV	12 530	11 718	10 925	10 150	9 392	8 653
	VI	**19 469**	5 326	5 326							
65 519,99	I,IV	**13 373**	5 326	5 326	I	11 731	10 162	8 665	7 241	5 889	4 610
	II	**11 802**	5 326	5 326	II	10 230	8 730	7 302	5 948	4 665	3 456
	III	**8 206**	5 326	5 326	III	7 012	5 854	4 732	3 646	2 596	1 590
	V	**19 048**	5 326	5 326	IV	12 543	11 731	10 937	10 162	9 404	8 665
	VI	**19 483**	5 326	5 326							
65 555,99	I,IV	**13 386**	5 326	5 326	I	11 744	10 174	8 676	7 252	5 900	4 620
	II	**11 815**	5 326	5 326	II	10 242	8 741	7 313	5 958	4 675	3 465
	III	**8 216**	5 326	5 326	III	7 020	5 862	4 740	3 654	2 604	1 598
	V	**19 062**	5 326	5 326	IV	12 556	11 744	10 950	10 174	9 416	8 676
	VI	**19 497**	5 326	5 326							
65 591,99	I,IV	**13 399**	5 326	5 326	I	11 756	10 186	8 688	7 263	5 910	4 630
	II	**11 828**	5 326	5 326	II	10 254	8 753	7 324	5 968	4 685	3 474
	III	**8 226**	5 326	5 326	III	7 030	5 872	4 750	3 662	2 614	1 606
	V	**19 076**	5 326	5 326	IV	12 569	11 756	10 962	10 186	9 428	8 688
	VI	**19 511**	5 326	5 326							
65 627,99	I,IV	**13 413**	5 326	5 326	I	11 769	10 198	8 699	7 273	5 920	4 640
	II	**11 840**	5 326	5 326	II	10 266	8 764	7 335	5 979	4 695	3 484
	III	**8 234**	5 326	5 326	III	7 040	5 880	4 758	3 672	2 622	1 612
	V	**19 089**	5 326	5 326	IV	12 582	11 769	10 974	10 198	9 439	8 699
	VI	**19 525**	5 326	5 326							
65 663,99	I,IV	**13 426**	5 326	5 326	I	11 782	10 210	8 711	7 284	5 931	4 649
	II	**11 853**	5 326	5 326	II	10 278	8 776	7 346	5 989	4 705	3 493
	III	**8 244**	5 326	5 326	III	7 048	5 890	4 766	3 680	2 630	1 620
	V	**19 103**	5 326	5 326	IV	12 595	11 782	10 987	10 210	9 451	8 711
	VI	**19 538**	5 326	5 326							

* Zur LSt-Berechnung für privat versicherte Arbeitnehmer s. Beispiele **Vorbemerkung S. 4 f.**
** Basisvorsorgepauschale KV und PV *** Typisierter Arbeitgeberzuschuss

Lohn/ Gehalt in € bis	Steuerklasse	**Lohn-steuer***	BVSP**	TAGZ***	Steuerklasse	Bemessungsgrundlage für Kirchensteuer und Solidaritätszuschlag					
						Freibeträge für ... Kinder					
						0,5	**1,0**	1,5	**2,0**	2,5	**3,0**
65 699,99	I,IV	**13 439**	5 326	5 326	I	11 795	10 222	8 723	7 296	5 941	4 660
	II	**11 866**	5 326	5 326	II	10 291	8 788	7 357	6 000	4 715	3 502
	III	**8 254**	5 326	5 326	III	7 058	5 898	4 776	3 688	2 638	1 628
	V	**19 118**	5 326	5 326	IV	12 608	11 795	10 999	10 222	9 463	8 723
	VI	**19 553**	5 326	5 326							
65 735,99	I,IV	**13 453**	5 326	5 326	I	11 807	10 234	8 734	7 307	5 952	4 669
	II	**11 879**	5 326	5 326	II	10 303	8 799	7 368	6 010	4 725	3 512
	III	**8 264**	5 326	5 326	III	7 068	5 908	4 784	3 696	2 646	1 636
	V	**19 131**	5 326	5 326	IV	12 621	11 807	11 012	10 234	9 475	8 734
	VI	**19 567**	5 326	5 326							
65 771,99	I,IV	**13 466**	5 326	5 326	I	11 820	10 247	8 746	7 318	5 962	4 679
	II	**11 891**	5 326	5 326	II	10 315	8 811	7 379	6 021	4 734	3 521
	III	**8 274**	5 326	5 326	III	7 076	5 916	4 792	3 706	2 654	1 644
	V	**19 145**	5 326	5 326	IV	12 634	11 820	11 024	10 247	9 487	8 746
	VI	**19 580**	5 326	5 326							
65 807,99	I,IV	**13 479**	5 326	5 326	I	11 833	10 259	8 757	7 329	5 972	4 689
	II	**11 904**	5 326	5 326	II	10 327	8 822	7 390	6 031	4 744	3 530
	III	**8 282**	5 326	5 326	III	7 086	5 926	4 802	3 714	2 662	1 650
	V	**19 159**	5 326	5 326	IV	12 647	11 833	11 037	10 259	9 499	8 757
	VI	**19 594**	5 326	5 326							
65 843,99	I,IV	**13 492**	5 326	5 326	I	11 845	10 271	8 769	7 339	5 983	4 699
	II	**11 917**	5 326	5 326	II	10 339	8 834	7 401	6 041	4 754	3 539
	III	**8 292**	5 326	5 326	III	7 096	5 934	4 810	3 722	2 670	1 658
	V	**19 173**	5 326	5 326	IV	12 660	11 845	11 049	10 271	9 511	8 769
	VI	**19 608**	5 326	5 326							
65 879,99	I,IV	**13 506**	5 326	5 326	I	11 858	10 283	8 780	7 350	5 993	4 709
	II	**11 929**	5 326	5 326	II	10 351	8 845	7 412	6 052	4 764	3 549
	III	**8 302**	5 326	5 326	III	7 104	5 944	4 818	3 730	2 678	1 666
	V	**19 187**	5 326	5 326	IV	12 673	11 858	11 061	10 283	9 522	8 780
	VI	**19 622**	5 326	5 326							
65 915,99	I,IV	**13 519**	5 326	5 326	I	11 871	10 295	8 792	7 361	6 004	4 718
	II	**11 942**	5 326	5 326	II	10 363	8 857	7 423	6 062	4 774	3 558
	III	**8 312**	5 326	5 326	III	7 114	5 952	4 828	3 738	2 686	1 674
	V	**19 201**	5 326	5 326	IV	12 686	11 871	11 074	10 295	9 534	8 792
	VI	**19 636**	5 326	5 326							
65 951,99	I,IV	**13 532**	5 326	5 326	I	11 883	10 307	8 803	7 372	6 014	4 728
	II	**11 955**	5 326	5 326	II	10 375	8 869	7 434	6 073	4 784	3 567
	III	**8 320**	5 326	5 326	III	7 122	5 962	4 836	3 748	2 694	1 680
	V	**19 215**	5 326	5 326	IV	12 699	11 883	11 086	10 307	9 546	8 803
	VI	**19 650**	5 326	5 326							
65 987,99	I,IV	**13 545**	5 326	5 326	I	11 896	10 319	8 815	7 383	6 024	4 738
	II	**11 968**	5 326	5 326	II	10 388	8 880	7 445	6 083	4 794	3 577
	III	**8 330**	5 326	5 326	III	7 132	5 970	4 846	3 756	2 702	1 688
	V	**19 228**	5 326	5 326	IV	12 712	11 896	11 098	10 319	9 558	8 815
	VI	**19 664**	5 326	5 326							
66 023,99	I,IV	**13 559**	5 326	5 326	I	11 909	10 331	8 827	7 394	6 035	4 748
	II	**11 980**	5 326	5 326	II	10 400	8 892	7 456	6 094	4 803	3 586
	III	**8 340**	5 326	5 326	III	7 142	5 980	4 854	3 764	2 710	1 696
	V	**19 242**	5 326	5 326	IV	12 725	11 909	11 111	10 331	9 570	8 827
	VI	**19 677**	5 326	5 326							
66 059,99	I,IV	**13 572**	5 326	5 326	I	11 921	10 343	8 838	7 405	6 045	4 758
	II	**11 993**	5 326	5 326	II	10 412	8 903	7 467	6 104	4 813	3 595
	III	**8 350**	5 326	5 326	III	7 150	5 988	4 862	3 772	2 720	1 704
	V	**19 256**	5 326	5 326	IV	12 738	11 921	11 123	10 343	9 582	8 838
	VI	**19 691**	5 326	5 326							
66 095,99	I,IV	**13 585**	5 326	5 326	I	11 934	10 356	8 850	7 416	6 056	4 768
	II	**12 006**	5 326	5 326	II	10 424	8 915	7 478	6 114	4 823	3 604
	III	**8 358**	5 326	5 326	III	7 160	5 998	4 870	3 780	2 728	1 712
	V	**19 270**	5 326	5 326	IV	12 751	11 934	11 136	10 356	9 594	8 850
	VI	**19 705**	5 326	5 326							

* Zur LSt-Berechnung für privat versicherte Arbeitnehmer s. Beispiele **Vorbemerkung S. 4 f.**
** Basisvorsorgepauschale KV und PV *** Typisierter Arbeitgeberzuschuss

Lohn/ Gehalt in € bis	Steuerklasse	Lohn-steuer*	BVSP**	TAGZ***	Steuerklasse	Bemessungsgrundlage für Kirchensteuer und Solidaritätszuschlag – Freibeträge für ... Kinder 0,5	1,0	1,5	2,0	2,5	3,0
66131,99	I,IV	**13599**	5326	5326	I	11947	10368	8861	7427	6066	4777
	II	**12019**	5326	5326	II	10436	8926	7489	6125	4833	3614
	III	**8368**	5326	5326	III	7170	6006	4880	3790	2736	1720
	V	**19284**	5326	5326	IV	12764	11947	11148	10368	9605	8861
	VI	**19719**	5326	5326							
66167,99	I,IV	**13612**	5326	5326	I	11960	10380	8873	7438	6076	4787
	II	**12031**	5326	5326	II	10448	8938	7500	6135	4843	3623
	III	**8378**	5326	5326	III	7178	6016	4888	3798	2744	1726
	V	**19298**	5326	5326	IV	12777	11960	11161	10380	9617	8873
	VI	**19733**	5326	5326							
66203,99	I,IV	**13625**	5326	5326	I	11972	10392	8884	7449	6087	4797
	II	**12044**	5326	5326	II	10461	8950	7511	6146	4853	3632
	III	**8388**	5326	5326	III	7188	6024	4898	3806	2752	1734
	V	**19312**	5326	5326	IV	12790	11972	11173	10392	9629	8884
	VI	**19747**	5326	5326							
66239,99	I,IV	**13638**	5326	5326	I	11985	10404	8896	7460	6097	4807
	II	**12057**	5326	5326	II	10473	8961	7522	6156	4863	3642
	III	**8398**	5326	5326	III	7198	6034	4906	3814	2760	1742
	V	**19325**	5326	5326	IV	12803	11985	11185	10404	9641	8896
	VI	**19761**	5326	5326							
66275,99	I,IV	**13652**	5326	5326	I	11998	10416	8907	7471	6108	4817
	II	**12069**	5326	5326	II	10485	8973	7533	6167	4873	3651
	III	**8408**	5326	5326	III	7206	6042	4914	3824	2768	1750
	V	**19339**	5326	5326	IV	12816	11998	11198	10416	9653	8907
	VI	**19774**	5326	5326							
66311,99	I,IV	**13665**	5326	5326	I	12010	10428	8919	7482	6118	4827
	II	**12082**	5326	5326	II	10497	8984	7545	6177	4882	3660
	III	**8416**	5326	5326	III	7216	6052	4924	3832	2776	1758
	V	**19353**	5326	5326	IV	12829	12010	11210	10428	9665	8919
	VI	**19788**	5326	5326							
66347,99	I,IV	**13679**	5326	5326	I	12024	10441	8931	7494	6129	4837
	II	**12095**	5326	5326	II	10510	8996	7556	6188	4893	3670
	III	**8426**	5326	5326	III	7226	6060	4932	3840	2784	1766
	V	**19367**	5326	5326	IV	12842	12024	11223	10441	9677	8931
	VI	**19803**	5326	5326							
66383,99	I,IV	**13692**	5326	5326	I	12036	10453	8943	7505	6139	4847
	II	**12108**	5326	5326	II	10522	9008	7567	6198	4903	3679
	III	**8436**	5326	5326	III	7234	6070	4942	3848	2792	1774
	V	**19381**	5326	5326	IV	12855	12036	11236	10453	9689	8943
	VI	**19816**	5326	5326							
66419,99	I,IV	**13705**	5326	5326	I	12049	10465	8954	7516	6150	4857
	II	**12121**	5326	5326	II	10534	9020	7578	6209	4913	3689
	III	**8446**	5326	5326	III	7244	6078	4950	3858	2800	1782
	V	**19395**	5326	5326	IV	12868	12049	11248	10465	9701	8954
	VI	**19830**	5326	5326							
66455,99	I,IV	**13719**	5326	5326	I	12062	10477	8966	7527	6160	4867
	II	**12134**	5326	5326	II	10546	9031	7589	6219	4922	3698
	III	**8456**	5326	5326	III	7254	6088	4958	3866	2810	1790
	V	**19409**	5326	5326	IV	12881	12062	11261	10477	9713	8966
	VI	**19844**	5326	5326							
66491,99	I,IV	**13732**	5326	5326	I	12075	10490	8977	7538	6171	4876
	II	**12146**	5326	5326	II	10558	9043	7600	6230	4932	3707
	III	**8464**	5326	5326	III	7262	6096	4968	3874	2818	1796
	V	**19423**	5326	5326	IV	12894	12075	11273	10490	9724	8977
	VI	**19858**	5326	5326							
66527,99	I,IV	**13745**	5326	5326	I	12087	10502	8989	7549	6181	4886
	II	**12159**	5326	5326	II	10571	9055	7611	6240	4942	3717
	III	**8474**	5326	5326	III	7272	6106	4976	3882	2826	1804
	V	**19437**	5326	5326	IV	12907	12087	11285	10502	9736	8989
	VI	**19872**	5326	5326							

* Zur LSt-Berechnung für privat versicherte Arbeitnehmer s. Beispiele **Vorbemerkung S. 4 f.**
** Basisvorsorgepauschale KV und PV *** Typisierter Arbeitgeberzuschuss

Lohn/ Gehalt in € bis	Steuerklasse	**Lohn- steuer***	BVSP**	TAGZ***	Steuerklasse	Bemessungsgrundlage für Kirchensteuer und Solidaritätszuschlag – Freibeträge für ... Kinder 0,5	**1,0**	1,5	**2,0**	2,5	**3,0**
66 563,99	I,IV	**13 759**	5 326	5 326	I	12 100	10 514	9 001	7 560	6 192	4 896
	II	**12 172**	5 326	5 326	II	10 583	9 066	7 622	6 251	4 952	3 726
	III	**8 484**	5 326	5 326	III	7 282	6 114	4 984	3 890	2 834	1 812
	V	**19 451**	5 326	5 326	IV	12 920	12 100	11 298	10 514	9 748	9 001
	VI	**19 886**	5 326	5 326							
66 599,99	I,IV	**13 772**	5 326	5 326	I	12 113	10 526	9 012	7 571	6 202	4 906
	II	**12 185**	5 326	5 326	II	10 595	9 078	7 633	6 261	4 962	3 735
	III	**8 494**	5 326	5 326	III	7 290	6 124	4 994	3 900	2 842	1 820
	V	**19 464**	5 326	5 326	IV	12 933	12 113	11 310	10 526	9 760	9 012
	VI	**19 900**	5 326	5 326							
66 635,99	I,IV	**13 785**	5 326	5 326	I	12 126	10 538	9 024	7 582	6 213	4 916
	II	**12 198**	5 326	5 326	II	10 607	9 090	7 644	6 272	4 972	3 745
	III	**8 504**	5 326	5 326	III	7 300	6 132	5 002	3 908	2 850	1 828
	V	**19 478**	5 326	5 326	IV	12 946	12 126	11 323	10 538	9 772	9 024
	VI	**19 913**	5 326	5 326							
66 671,99	I,IV	**13 799**	5 326	5 326	I	12 138	10 551	9 036	7 593	6 223	4 926
	II	**12 210**	5 326	5 326	II	10 620	9 101	7 656	6 282	4 982	3 754
	III	**8 514**	5 326	5 326	III	7 310	6 142	5 012	3 916	2 858	1 836
	V	**19 492**	5 326	5 326	IV	12 959	12 138	11 335	10 551	9 784	9 036
	VI	**19 927**	5 326	5 326							
66 707,99	I,IV	**13 812**	5 326	5 326	I	12 151	10 563	9 047	7 604	6 234	4 936
	II	**12 223**	5 326	5 326	II	10 632	9 113	7 667	6 293	4 992	3 764
	III	**8 522**	5 326	5 326	III	7 318	6 150	5 020	3 924	2 866	1 844
	V	**19 506**	5 326	5 326	IV	12 972	12 151	11 348	10 563	9 796	9 047
	VI	**19 941**	5 326	5 326							
66 743,99	I,IV	**13 825**	5 326	5 326	I	12 164	10 575	9 059	7 615	6 244	4 946
	II	**12 236**	5 326	5 326	II	10 644	9 125	7 678	6 304	5 002	3 773
	III	**8 532**	5 326	5 326	III	7 328	6 160	5 028	3 934	2 874	1 852
	V	**19 520**	5 326	5 326	IV	12 986	12 164	11 360	10 575	9 808	9 059
	VI	**19 955**	5 326	5 326							
66 779,99	I,IV	**13 839**	5 326	5 326	I	12 177	10 587	9 070	7 626	6 255	4 956
	II	**12 249**	5 326	5 326	II	10 656	9 136	7 689	6 314	5 012	3 782
	III	**8 542**	5 326	5 326	III	7 338	6 170	5 038	3 942	2 882	1 860
	V	**19 534**	5 326	5 326	IV	12 999	12 177	11 373	10 587	9 820	9 070
	VI	**19 969**	5 326	5 326							
66 815,99	I,IV	**13 852**	5 326	5 326	I	12 189	10 600	9 082	7 637	6 265	4 966
	II	**12 262**	5 326	5 326	II	10 668	9 148	7 700	6 325	5 022	3 792
	III	**8 552**	5 326	5 326	III	7 346	6 178	5 046	3 950	2 890	1 868
	V	**19 548**	5 326	5 326	IV	13 012	12 189	11 385	10 600	9 832	9 082
	VI	**19 983**	5 326	5 326							
66 851,99	I,IV	**13 865**	5 326	5 326	I	12 202	10 612	9 094	7 648	6 276	4 976
	II	**12 275**	5 326	5 326	II	10 681	9 160	7 711	6 335	5 032	3 801
	III	**8 560**	5 326	5 326	III	7 356	6 188	5 054	3 958	2 898	1 876
	V	**19 561**	5 326	5 326	IV	13 025	12 202	11 398	10 612	9 844	9 094
	VI	**19 997**	5 326	5 326							
66 887,99	I,IV	**13 879**	5 326	5 326	I	12 215	10 624	9 105	7 660	6 286	4 986
	II	**12 287**	5 326	5 326	II	10 693	9 171	7 722	6 346	5 042	3 811
	III	**8 570**	5 326	5 326	III	7 366	6 196	5 064	3 968	2 908	1 884
	V	**19 575**	5 326	5 326	IV	13 038	12 215	11 410	10 624	9 856	9 105
	VI	**20 010**	5 326	5 326							
66 923,99	I,IV	**13 892**	5 326	5 326	I	12 228	10 636	9 117	7 671	6 297	4 996
	II	**12 300**	5 326	5 326	II	10 705	9 183	7 733	6 356	5 052	3 820
	III	**8 580**	5 326	5 326	III	7 374	6 206	5 072	3 976	2 916	1 892
	V	**19 589**	5 326	5 326	IV	13 051	12 228	11 423	10 636	9 868	9 117
	VI	**20 024**	5 326	5 326							
66 959,99	I,IV	**13 906**	5 326	5 326	I	12 241	10 648	9 129	7 682	6 307	5 006
	II	**12 313**	5 326	5 326	II	10 718	9 195	7 744	6 367	5 062	3 829
	III	**8 590**	5 326	5 326	III	7 384	6 214	5 082	3 984	2 924	1 900
	V	**19 603**	5 326	5 326	IV	13 064	12 241	11 436	10 648	9 880	9 129
	VI	**20 038**	5 326	5 326							

* Zur LSt-Berechnung für privat versicherte Arbeitnehmer s. Beispiele **Vorbemerkung S. 4f.**
** Basisvorsorgepauschale KV und PV *** Typisierter Arbeitgeberzuschuss

Lohn/ Gehalt in € bis	Steuerklasse	Lohn- steuer*	BVSP**	TAGZ***	Steuerklasse	Bemessungsgrundlage für Kirchensteuer und Solidaritätszuschlag – Freibeträge für ... Kinder 0,5	1,0	1,5	2,0	2,5	3,0
66 995,99	I,IV	**13 919**	5 326	5 326	I	12 254	10 661	9 140	7 693	6 318	5 016
	II	**12 326**	5 326	5 326	II	10 730	9 206	7 756	6 377	5 072	3 839
	III	**8 600**	5 326	5 326	III	7 394	6 224	5 090	3 992	2 932	1 908
	V	**19 617**	5 326	5 326	IV	13 077	12 254	11 448	10 661	9 891	9 140
	VI	**20 052**	5 326	5 326							
67 031,99	I,IV	**13 933**	5 326	5 326	I	12 267	10 673	9 152	7 704	6 329	5 026
	II	**12 339**	5 326	5 326	II	10 742	9 218	7 767	6 388	5 082	3 848
	III	**8 610**	5 326	5 326	III	7 402	6 232	5 098	4 002	2 940	1 916
	V	**19 631**	5 326	5 326	IV	13 091	12 267	11 461	10 673	9 904	9 152
	VI	**20 066**	5 326	5 326							
67 067,99	I,IV	**13 946**	5 326	5 326	I	12 280	10 686	9 164	7 715	6 339	5 036
	II	**12 352**	5 326	5 326	II	10 755	9 230	7 778	6 399	5 092	3 858
	III	**8 620**	5 326	5 326	III	7 412	6 242	5 108	4 010	2 948	1 924
	V	**19 645**	5 326	5 326	IV	13 104	12 280	11 473	10 686	9 916	9 164
	VI	**20 080**	5 326	5 326							
67 103,99	I,IV	**13 960**	5 326	5 326	I	12 292	10 698	9 176	7 727	6 350	5 046
	II	**12 365**	5 326	5 326	II	10 767	9 242	7 789	6 409	5 102	3 867
	III	**8 628**	5 326	5 326	III	7 422	6 250	5 116	4 018	2 956	1 932
	V	**19 659**	5 326	5 326	IV	13 117	12 292	11 486	10 698	9 928	9 176
	VI	**20 094**	5 326	5 326							
67 139,99	I,IV	**13 973**	5 326	5 326	I	12 305	10 710	9 188	7 738	6 360	5 056
	II	**12 378**	5 326	5 326	II	10 779	9 254	7 800	6 420	5 112	3 877
	III	**8 638**	5 326	5 326	III	7 432	6 260	5 126	4 028	2 966	1 940
	V	**19 673**	5 326	5 326	IV	13 130	12 305	11 499	10 710	9 940	9 188
	VI	**20 108**	5 326	5 326							
67 175,99	I,IV	**13 986**	5 326	5 326	I	12 318	10 722	9 199	7 749	6 371	5 066
	II	**12 391**	5 326	5 326	II	10 792	9 265	7 812	6 430	5 122	3 886
	III	**8 648**	5 326	5 326	III	7 440	6 270	5 134	4 036	2 974	1 948
	V	**19 687**	5 326	5 326	IV	13 143	12 318	11 511	10 722	9 952	9 199
	VI	**20 122**	5 326	5 326							
67 211,99	I,IV	**14 000**	5 326	5 326	I	12 331	10 735	9 211	7 760	6 381	5 076
	II	**12 403**	5 326	5 326	II	10 804	9 277	7 823	6 441	5 132	3 896
	III	**8 658**	5 326	5 326	III	7 450	6 278	5 144	4 044	2 982	1 956
	V	**19 701**	5 326	5 326	IV	13 156	12 331	11 524	10 735	9 964	9 211
	VI	**20 136**	5 326	5 326							
67 247,99	I,IV	**14 013**	5 326	5 326	I	12 344	10 747	9 223	7 771	6 392	5 086
	II	**12 416**	5 326	5 326	II	10 816	9 289	7 834	6 452	5 142	3 905
	III	**8 668**	5 326	5 326	III	7 460	6 288	5 152	4 052	2 990	1 962
	V	**19 714**	5 326	5 326	IV	13 169	12 344	11 536	10 747	9 976	9 223
	VI	**20 149**	5 326	5 326							
67 283,99	I,IV	**14 027**	5 326	5 326	I	12 357	10 759	9 234	7 782	6 403	5 096
	II	**12 429**	5 326	5 326	II	10 828	9 300	7 845	6 462	5 152	3 915
	III	**8 678**	5 326	5 326	III	7 468	6 296	5 160	4 062	2 998	1 972
	V	**19 728**	5 326	5 326	IV	13 183	12 357	11 549	10 759	9 988	9 234
	VI	**20 163**	5 326	5 326							
67 319,99	I,IV	**14 040**	5 326	5 326	I	12 369	10 771	9 246	7 793	6 413	5 106
	II	**12 442**	5 326	5 326	II	10 841	9 312	7 856	6 473	5 162	3 924
	III	**8 686**	5 326	5 326	III	7 478	6 306	5 170	4 070	3 006	1 978
	V	**19 742**	5 326	5 326	IV	13 196	12 369	11 561	10 771	10 000	9 246
	VI	**20 177**	5 326	5 326							
67 355,99	I,IV	**14 054**	5 326	5 326	I	12 382	10 784	9 258	7 804	6 424	5 116
	II	**12 455**	5 326	5 326	II	10 853	9 324	7 867	6 483	5 172	3 933
	III	**8 696**	5 326	5 326	III	7 488	6 314	5 178	4 078	3 014	1 986
	V	**19 756**	5 326	5 326	IV	13 209	12 382	11 574	10 784	10 012	9 258
	VI	**20 191**	5 326	5 326							
67 391,99	I,IV	**14 067**	5 326	5 326	I	12 395	10 796	9 270	7 816	6 434	5 126
	II	**12 468**	5 326	5 326	II	10 865	9 336	7 879	6 494	5 182	3 943
	III	**8 706**	5 326	5 326	III	7 496	6 324	5 186	4 086	3 022	1 994
	V	**19 770**	5 326	5 326	IV	13 222	12 395	11 587	10 796	10 024	9 270
	VI	**20 205**	5 326	5 326							

* Zur LSt-Berechnung für privat versicherte Arbeitnehmer s. Beispiele **Vorbemerkung S. 4 f.**
** Basisvorsorgepauschale KV und PV *** Typisierter Arbeitgeberzuschuss

Lohn/ Gehalt in € bis	Steuerklasse	Lohn-steuer*	BVSP**	TAGZ***	Steuerklasse	Bemessungsgrundlage für Kirchensteuer und Solidaritätszuschlag – Freibeträge für ... Kinder 0,5	**1,0**	1,5	**2,0**	2,5	**3,0**
67427,99	I,IV	**14080**	5326	5326	I	12408	10808	9281	7827	6445	5136
	II	**12481**	5326	5326	II	10878	9347	7890	6505	5192	3952
	III	**8716**	5326	5326	III	7506	6332	5196	4096	3030	2002
	V	**19784**	5326	5326	IV	13235	12408	11599	10808	10036	9281
	VI	**20219**	5326	5326							
67463,99	I,IV	**14094**	5326	5326	I	12421	10821	9293	7838	6456	5146
	II	**12494**	5326	5326	II	10890	9359	7901	6515	5202	3962
	III	**8726**	5326	5326	III	7516	6342	5204	4104	3038	2010
	V	**19798**	5326	5326	IV	13248	12421	11612	10821	10048	9293
	VI	**20233**	5326	5326							
67499,99	I,IV	**14107**	5326	5326	I	12434	10833	9305	7849	6466	5156
	II	**12507**	5326	5326	II	10902	9371	7912	6526	5212	3971
	III	**8736**	5326	5326	III	7524	6352	5214	4112	3048	2018
	V	**19811**	5326	5326	IV	13261	12434	11624	10833	10060	9305
	VI	**20247**	5326	5326							
67535,99	I,IV	**14121**	5326	5326	I	12447	10845	9316	7860	6477	5166
	II	**12519**	5326	5326	II	10915	9383	7923	6537	5222	3981
	III	**8744**	5326	5326	III	7534	6360	5222	4120	3056	2026
	V	**19825**	5326	5326	IV	13275	12447	11637	10845	10072	9316
	VI	**20260**	5326	5326							
67571,99	I,IV	**14134**	5326	5326	I	12460	10858	9328	7871	6487	5176
	II	**12532**	5326	5326	II	10927	9394	7935	6547	5232	3990
	III	**8754**	5326	5326	III	7544	6370	5232	4130	3064	2034
	V	**19839**	5326	5326	IV	13288	12460	11650	10858	10084	9328
	VI	**20274**	5326	5326							
67607,99	I,IV	**14148**	5326	5326	I	12472	10870	9340	7883	6498	5186
	II	**12545**	5326	5326	II	10939	9406	7946	6558	5242	4000
	III	**8764**	5326	5326	III	7552	6378	5240	4138	3072	2042
	V	**19853**	5326	5326	IV	13301	12472	11662	10870	10096	9340
	VI	**20288**	5326	5326							
67643,99	I,IV	**14161**	5326	5326	I	12485	10882	9352	7894	6509	5196
	II	**12558**	5326	5326	II	10952	9418	7957	6568	5253	4009
	III	**8774**	5326	5326	III	7562	6388	5248	4146	3080	2050
	V	**19867**	5326	5326	IV	13314	12485	11675	10882	10108	9352
	VI	**20302**	5326	5326							
67679,99	I,IV	**14175**	5326	5326	I	12498	10895	9363	7905	6519	5206
	II	**12571**	5326	5326	II	10964	9430	7968	6579	5263	4019
	III	**8784**	5326	5326	III	7572	6396	5258	4154	3088	2058
	V	**19881**	5326	5326	IV	13327	12498	11687	10895	10120	9363
	VI	**20316**	5326	5326							
67715,99	I,IV	**14189**	5326	5326	I	12512	10907	9376	7917	6530	5216
	II	**12584**	5326	5326	II	10977	9442	7980	6590	5273	4029
	III	**8794**	5326	5326	III	7582	6406	5266	4164	3096	2066
	V	**19895**	5326	5326	IV	13341	12512	11700	10907	10132	9376
	VI	**20330**	5326	5326							
67751,99	I,IV	**14202**	5326	5326	I	12525	10920	9387	7928	6541	5226
	II	**12597**	5326	5326	II	10989	9454	7991	6601	5283	4038
	III	**8804**	5326	5326	III	7590	6416	5276	4172	3106	2074
	V	**19909**	5326	5326	IV	13354	12525	11713	10920	10144	9387
	VI	**20344**	5326	5326							
67787,99	I,IV	**14215**	5326	5326	I	12537	10932	9399	7939	6551	5236
	II	**12610**	5326	5326	II	11002	9466	8002	6611	5293	4048
	III	**8812**	5326	5326	III	7600	6424	5284	4180	3114	2082
	V	**19923**	5326	5326	IV	13367	12537	11726	10932	10156	9399
	VI	**20358**	5326	5326							
67823,99	I,IV	**14229**	5326	5326	I	12550	10944	9411	7950	6562	5246
	II	**12623**	5326	5326	II	11014	9477	8013	6622	5303	4057
	III	**8822**	5326	5326	III	7610	6434	5294	4190	3122	2090
	V	**19937**	5326	5326	IV	13381	12550	11738	10944	10169	9411
	VI	**20372**	5326	5326							

* Zur LSt-Berechnung für privat versicherte Arbeitnehmer s. Beispiele **Vorbemerkung S. 4f.**
** Basisvorsorgepauschale KV und PV *** Typisierter Arbeitgeberzuschuss

Lohn/ Gehalt in € bis	Steuerklasse	Lohn-steuer*	BVSP**	TAGZ***	Steuerklasse	Bemessungsgrundlage für Kirchensteuer und Solidaritätszuschlag – Freibeträge für ... Kinder 0,5	1,0	1,5	2,0	2,5	3,0
67 859,99	I,IV	**14 242**	5 326	5 326	I	12 563	10 957	9 423	7 961	6 573	5 256
	II	**12 636**	5 326	5 326	II	11 026	9 489	8 025	6 633	5 313	4 067
	III	**8 832**	5 326	5 326	III	7 618	6 442	5 302	4 198	3 130	2 098
	V	**19 950**	5 326	5 326	IV	13 394	12 563	11 751	10 957	10 181	9 423
	VI	**20 386**	5 326	5 326							
67 895,99	I,IV	**14 256**	5 326	5 326	I	12 576	10 969	9 434	7 973	6 583	5 267
	II	**12 649**	5 326	5 326	II	11 039	9 501	8 036	6 643	5 323	4 076
	III	**8 842**	5 326	5 326	III	7 628	6 452	5 310	4 206	3 138	2 106
	V	**19 964**	5 326	5 326	IV	13 407	12 576	11 764	10 969	10 193	9 434
	VI	**20 399**	5 326	5 326							
67 931,99	I,IV	**14 269**	5 326	5 326	I	12 589	10 981	9 446	7 984	6 594	5 277
	II	**12 662**	5 326	5 326	II	11 051	9 513	8 047	6 654	5 334	4 086
	III	**8 852**	5 326	5 326	III	7 638	6 460	5 320	4 214	3 146	2 114
	V	**19 978**	5 326	5 326	IV	13 420	12 589	11 776	10 981	10 205	9 446
	VI	**20 413**	5 326	5 326							
67 967,99	I,IV	**14 283**	5 326	5 326	I	12 602	10 994	9 458	7 995	6 605	5 287
	II	**12 675**	5 326	5 326	II	11 064	9 525	8 058	6 665	5 344	4 095
	III	**8 862**	5 326	5 326	III	7 648	6 470	5 328	4 224	3 154	2 122
	V	**19 992**	5 326	5 326	IV	13 433	12 602	11 789	10 994	10 217	9 458
	VI	**20 427**	5 326	5 326							
68 003,99	I,IV	**14 297**	5 326	5 326	I	12 615	11 006	9 470	8 006	6 615	5 297
	II	**12 688**	5 326	5 326	II	11 076	9 536	8 070	6 675	5 354	4 105
	III	**8 870**	5 326	5 326	III	7 656	6 478	5 338	4 232	3 162	2 130
	V	**20 006**	5 326	5 326	IV	13 447	12 615	11 801	11 006	10 229	9 470
	VI	**20 441**	5 326	5 326							
68 039,99	I,IV	**14 310**	5 326	5 326	I	12 628	11 019	9 482	8 017	6 626	5 307
	II	**12 701**	5 326	5 326	II	11 088	9 548	8 081	6 686	5 364	4 114
	III	**8 880**	5 326	5 326	III	7 666	6 488	5 346	4 240	3 172	2 138
	V	**20 020**	5 326	5 326	IV	13 460	12 628	11 814	11 019	10 241	9 482
	VI	**20 455**	5 326	5 326							
68 075,99	I,IV	**14 324**	5 326	5 326	I	12 641	11 031	9 493	8 029	6 637	5 317
	II	**12 714**	5 326	5 326	II	11 101	9 560	8 092	6 697	5 374	4 124
	III	**8 890**	5 326	5 326	III	7 676	6 496	5 354	4 248	3 180	2 146
	V	**20 034**	5 326	5 326	IV	13 473	12 641	11 827	11 031	10 253	9 493
	VI	**20 469**	5 326	5 326							
68 111,99	I,IV	**14 337**	5 326	5 326	I	12 654	11 043	9 505	8 040	6 647	5 327
	II	**12 727**	5 326	5 326	II	11 113	9 572	8 103	6 707	5 384	4 133
	III	**8 900**	5 326	5 326	III	7 684	6 506	5 364	4 258	3 188	2 154
	V	**20 047**	5 326	5 326	IV	13 486	12 654	11 839	11 043	10 265	9 505
	VI	**20 483**	5 326	5 326							
68 147,99	I,IV	**14 351**	5 326	5 326	I	12 667	11 056	9 517	8 051	6 658	5 337
	II	**12 740**	5 326	5 326	II	11 126	9 584	8 115	6 718	5 394	4 143
	III	**8 910**	5 326	5 326	III	7 694	6 516	5 372	4 266	3 196	2 162
	V	**20 061**	5 326	5 326	IV	13 500	12 667	11 852	11 056	10 277	9 517
	VI	**20 496**	5 326	5 326							
68 183,99	I,IV	**14 364**	5 326	5 326	I	12 680	11 068	9 529	8 062	6 669	5 347
	II	**12 753**	5 326	5 326	II	11 138	9 596	8 126	6 729	5 404	4 153
	III	**8 920**	5 326	5 326	III	7 704	6 524	5 382	4 274	3 204	2 170
	V	**20 075**	5 326	5 326	IV	13 513	12 680	11 865	11 068	10 289	9 529
	VI	**20 510**	5 326	5 326							
68 219,99	I,IV	**14 378**	5 326	5 326	I	12 693	11 080	9 541	8 074	6 679	5 357
	II	**12 766**	5 326	5 326	II	11 150	9 608	8 137	6 740	5 415	4 162
	III	**8 928**	5 326	5 326	III	7 712	6 534	5 390	4 284	3 212	2 178
	V	**20 089**	5 326	5 326	IV	13 526	12 693	11 878	11 080	10 302	9 541
	VI	**20 524**	5 326	5 326							
68 255,99	I,IV	**14 391**	5 326	5 326	I	12 706	11 093	9 553	8 085	6 690	5 368
	II	**12 779**	5 326	5 326	II	11 163	9 619	8 149	6 750	5 425	4 172
	III	**8 938**	5 326	5 326	III	7 722	6 542	5 400	4 292	3 222	2 186
	V	**20 103**	5 326	5 326	IV	13 539	12 706	11 890	11 093	10 314	9 553
	VI	**20 538**	5 326	5 326							

* Zur LSt-Berechnung für privat versicherte Arbeitnehmer s. Beispiele **Vorbemerkung S. 4 f.**
** Basisvorsorgepauschale KV und PV *** Typisierter Arbeitgeberzuschuss

Lohn/ Gehalt in € bis	Steuerklasse	Lohn-steuer*	BVSP**	TAGZ***	Steuerklasse	Bemessungsgrundlage für Kirchensteuer und Solidaritätszuschlag – Freibeträge für ... Kinder 0,5	**1,0**	1,5	**2,0**	2,5	**3,0**
68 291,99	I,IV	**14 405**	5 326	5 326	I	12 719	11 105	9 564	8 096	6 701	5 378
	II	**12 792**	5 326	5 326	II	11 175	9 631	8 160	6 761	5 435	4 181
	III	**8 948**	5 326	5 326	III	7 732	6 552	5 408	4 300	3 230	2 194
	V	**20 117**	5 326	5 326	IV	13 553	12 719	11 903	11 105	10 326	9 564
	VI	**20 552**	5 326	5 326							
68 327,99	I,IV	**14 418**	5 326	5 326	I	12 732	11 118	9 576	8 107	6 711	5 388
	II	**12 805**	5 326	5 326	II	11 188	9 643	8 171	6 772	5 445	4 191
	III	**8 958**	5 326	5 326	III	7 742	6 562	5 416	4 310	3 238	2 202
	V	**20 131**	5 326	5 326	IV	13 566	12 732	11 916	11 118	10 338	9 576
	VI	**20 566**	5 326	5 326							
68 363,99	I,IV	**14 432**	5 326	5 326	I	12 745	11 130	9 588	8 119	6 722	5 398
	II	**12 818**	5 326	5 326	II	11 201	9 655	8 183	6 783	5 455	4 201
	III	**8 968**	5 326	5 326	III	7 752	6 570	5 426	4 318	3 246	2 210
	V	**20 145**	5 326	5 326	IV	13 580	12 745	11 929	11 130	10 350	9 588
	VI	**20 580**	5 326	5 326							
68 399,99	I,IV	**14 446**	5 326	5 326	I	12 758	11 143	9 600	8 130	6 733	5 408
	II	**12 831**	5 326	5 326	II	11 213	9 667	8 194	6 793	5 466	4 210
	III	**8 978**	5 326	5 326	III	7 760	6 580	5 434	4 326	3 254	2 218
	V	**20 159**	5 326	5 326	IV	13 593	12 758	11 941	11 143	10 363	9 600
	VI	**20 594**	5 326	5 326							
68 435,99	I,IV	**14 459**	5 326	5 326	I	12 771	11 155	9 612	8 142	6 744	5 419
	II	**12 844**	5 326	5 326	II	11 225	9 679	8 205	6 804	5 476	4 220
	III	**8 988**	5 326	5 326	III	7 770	6 588	5 444	4 336	3 262	2 226
	V	**20 173**	5 326	5 326	IV	13 606	12 771	11 954	11 155	10 375	9 612
	VI	**20 608**	5 326	5 326							
68 471,99	I,IV	**14 473**	5 326	5 326	I	12 784	11 168	9 624	8 153	6 754	5 429
	II	**12 857**	5 326	5 326	II	11 238	9 691	8 217	6 815	5 486	4 229
	III	**8 998**	5 326	5 326	III	7 780	6 598	5 452	4 344	3 270	2 234
	V	**20 186**	5 326	5 326	IV	13 619	12 784	11 967	11 168	10 387	9 624
	VI	**20 622**	5 326	5 326							
68 507,99	I,IV	**14 487**	5 326	5 326	I	12 797	11 180	9 636	8 164	6 765	5 439
	II	**12 870**	5 326	5 326	II	11 250	9 703	8 228	6 826	5 496	4 239
	III	**9 008**	5 326	5 326	III	7 788	6 608	5 462	4 352	3 280	2 242
	V	**20 200**	5 326	5 326	IV	13 633	12 797	11 980	11 180	10 399	9 636
	VI	**20 635**	5 326	5 326							
68 543,99	I,IV	**14 500**	5 326	5 326	I	12 810	11 193	9 648	8 176	6 776	5 449
	II	**12 884**	5 326	5 326	II	11 263	9 715	8 239	6 836	5 506	4 249
	III	**9 016**	5 326	5 326	III	7 798	6 616	5 470	4 360	3 288	2 250
	V	**20 214**	5 326	5 326	IV	13 646	12 810	11 992	11 193	10 411	9 648
	VI	**20 649**	5 326	5 326							
68 579,99	I,IV	**14 514**	5 326	5 326	I	12 823	11 205	9 660	8 187	6 787	5 459
	II	**12 897**	5 326	5 326	II	11 275	9 727	8 251	6 847	5 516	4 258
	III	**9 026**	5 326	5 326	III	7 808	6 626	5 480	4 370	3 296	2 258
	V	**20 228**	5 326	5 326	IV	13 659	12 823	12 005	11 205	10 423	9 660
	VI	**20 663**	5 326	5 326							
68 615,99	I,IV	**14 527**	5 326	5 326	I	12 836	11 218	9 672	8 198	6 797	5 469
	II	**12 910**	5 326	5 326	II	11 288	9 739	8 262	6 858	5 527	4 268
	III	**9 036**	5 326	5 326	III	7 818	6 634	5 488	4 378	3 304	2 266
	V	**20 242**	5 326	5 326	IV	13 673	12 836	12 018	11 218	10 435	9 672
	VI	**20 677**	5 326	5 326							
68 651,99	I,IV	**14 541**	5 326	5 326	I	12 849	11 230	9 683	8 209	6 808	5 479
	II	**12 923**	5 326	5 326	II	11 300	9 750	8 273	6 869	5 537	4 278
	III	**9 046**	5 326	5 326	III	7 826	6 644	5 498	4 386	3 312	2 274
	V	**20 256**	5 326	5 326	IV	13 686	12 849	12 030	11 230	10 448	9 683
	VI	**20 691**	5 326	5 326							
68 687,99	I,IV	**14 555**	5 326	5 326	I	12 862	11 242	9 695	8 221	6 819	5 490
	II	**12 936**	5 326	5 326	II	11 313	9 762	8 285	6 880	5 547	4 287
	III	**9 056**	5 326	5 326	III	7 836	6 652	5 506	4 394	3 320	2 282
	V	**20 270**	5 326	5 326	IV	13 699	12 862	12 043	11 242	10 460	9 695
	VI	**20 705**	5 326	5 326							

* Zur LSt-Berechnung für privat versicherte Arbeitnehmer s. Beispiele **Vorbemerkung S. 4f.**
** Basisvorsorgepauschale KV und PV *** Typisierter Arbeitgeberzuschuss

Lohn/ Gehalt in € bis	Steuerklasse	Lohn-steuer*	BVSP**	TAGZ***	Steuerklasse	Bemessungsgrundlage für Kirchensteuer und Solidaritätszuschlag – Freibeträge für ... Kinder 0,5	**1,0**	1,5	**2,0**	2,5	**3,0**
68723,99	I,IV	**14568**	5326	5326	I	12875	11255	9707	8232	6830	5500
	II	**12949**	5326	5326	II	11325	9774	8296	6890	5557	4297
	III	**9066**	5326	5326	III	7846	6662	5514	4404	3330	2290
	V	**20283**	5326	5326	IV	13713	12875	12056	11255	10472	9707
	VI	**20719**	5326	5326							
68759,99	I,IV	**14582**	5326	5326	I	12888	11267	9719	8243	6840	5510
	II	**12962**	5326	5326	II	11338	9786	8307	6901	5567	4306
	III	**9076**	5326	5326	III	7854	6670	5524	4412	3338	2298
	V	**20297**	5326	5326	IV	13726	12888	12069	11267	10484	9719
	VI	**20732**	5326	5326							
68795,99	I,IV	**14595**	5326	5326	I	12901	11280	9731	8255	6851	5520
	II	**12975**	5326	5326	II	11350	9798	8319	6912	5578	4316
	III	**9086**	5326	5326	III	7864	6680	5532	4422	3346	2306
	V	**20311**	5326	5326	IV	13739	12901	12081	11280	10496	9731
	VI	**20746**	5326	5326							
68831,99	I,IV	**14609**	5326	5326	I	12914	11292	9743	8266	6862	5530
	II	**12988**	5326	5326	II	11363	9810	8330	6923	5588	4326
	III	**9094**	5326	5326	III	7874	6690	5542	4430	3354	2314
	V	**20325**	5326	5326	IV	13753	12914	12094	11292	10509	9743
	VI	**20760**	5326	5326							
68867,99	I,IV	**14623**	5326	5326	I	12927	11305	9755	8277	6873	5541
	II	**13001**	5326	5326	II	11375	9822	8341	6933	5598	4335
	III	**9104**	5326	5326	III	7884	6698	5550	4438	3362	2322
	V	**20339**	5326	5326	IV	13766	12927	12107	11305	10521	9755
	VI	**20774**	5326	5326							
68903,99	I,IV	**14636**	5326	5326	I	12940	11317	9767	8289	6883	5551
	II	**13014**	5326	5326	II	11388	9834	8353	6944	5608	4345
	III	**9114**	5326	5326	III	7892	6708	5558	4446	3370	2330
	V	**20353**	5326	5326	IV	13779	12940	12120	11317	10533	9767
	VI	**20788**	5326	5326							
68939,99	I,IV	**14650**	5326	5326	I	12953	11330	9779	8300	6894	5561
	II	**13027**	5326	5326	II	11400	9846	8364	6955	5619	4355
	III	**9124**	5326	5326	III	7902	6718	5568	4456	3380	2340
	V	**20367**	5326	5326	IV	13793	12953	12133	11330	10545	9779
	VI	**20802**	5326	5326							
68975,99	I,IV	**14664**	5326	5326	I	12967	11342	9791	8311	6905	5571
	II	**13040**	5326	5326	II	11413	9858	8376	6966	5629	4364
	III	**9134**	5326	5326	III	7912	6726	5576	4464	3388	2346
	V	**20380**	5326	5326	IV	13806	12967	12145	11342	10557	9791
	VI	**20816**	5326	5326							
69011,99	I,IV	**14677**	5326	5326	I	12980	11355	9802	8323	6916	5581
	II	**13053**	5326	5326	II	11425	9870	8387	6977	5639	4374
	III	**9144**	5326	5326	III	7922	6736	5586	4472	3396	2356
	V	**20394**	5326	5326	IV	13819	12980	12158	11355	10570	9802
	VI	**20829**	5326	5326							
69047,99	I,IV	**14691**	5326	5326	I	12993	11368	9815	8335	6927	5592
	II	**13067**	5326	5326	II	11438	9882	8399	6988	5650	4384
	III	**9154**	5326	5326	III	7932	6744	5596	4482	3404	2364
	V	**20409**	5326	5326	IV	13833	12993	12171	11368	10582	9815
	VI	**20844**	5326	5326							
69083,99	I,IV	**14705**	5326	5326	I	13006	11380	9827	8346	6938	5602
	II	**13080**	5326	5326	II	11451	9894	8410	6999	5660	4394
	III	**9164**	5326	5326	III	7940	6754	5604	4490	3412	2372
	V	**20422**	5326	5326	IV	13846	13006	12184	11380	10594	9827
	VI	**20858**	5326	5326							
69119,99	I,IV	**14719**	5326	5326	I	13019	11393	9839	8357	6948	5612
	II	**13093**	5326	5326	II	11463	9906	8421	7009	5670	4403
	III	**9174**	5326	5326	III	7950	6764	5612	4498	3420	2380
	V	**20436**	5326	5326	IV	13860	13019	12197	11393	10607	9839
	VI	**20871**	5326	5326							

* Zur LSt-Berechnung für privat versicherte Arbeitnehmer s. Beispiele **Vorbemerkung S. 4f.**
** Basisvorsorgepauschale KV und PV *** Typisierter Arbeitgeberzuschuss

Lohn/ Gehalt in € bis	Steuerklasse	Lohn-steuer*	BVSP**	TAGZ***	Steuerklasse	Bemessungsgrundlage für Kirchensteuer und Solidaritätszuschlag					
						Freibeträge für ... Kinder					
						0,5	**1,0**	1,5	**2,0**	2,5	**3,0**
69155,99	I,IV	**14732**	5326	5326	I	13032	11405	9851	8369	6959	5623
	II	**13106**	5326	5326	II	11476	9918	8433	7020	5680	4413
	III	**9182**	5326	5326	III	7960	6772	5622	4508	3430	2388
	V	**20450**	5326	5326	IV	13873	13032	12210	11405	10619	9851
	VI	**20885**	5326	5326							
69191,99	I,IV	**14746**	5326	5326	I	13045	11418	9863	8380	6970	5633
	II	**13119**	5326	5326	II	11488	9930	8444	7031	5691	4423
	III	**9192**	5326	5326	III	7970	6782	5630	4516	3438	2396
	V	**20464**	5326	5326	IV	13887	13045	12222	11418	10631	9863
	VI	**20899**	5326	5326							
69227,99	I,IV	**14759**	5326	5326	I	13059	11430	9874	8391	6981	5643
	II	**13132**	5326	5326	II	11501	9942	8456	7042	5701	4432
	III	**9202**	5326	5326	III	7978	6790	5640	4524	3446	2404
	V	**20478**	5326	5326	IV	13900	13059	12235	11430	10643	9874
	VI	**20913**	5326	5326							
69263,99	I,IV	**14773**	5326	5326	I	13072	11443	9886	8403	6992	5653
	II	**13146**	5326	5326	II	11513	9954	8467	7053	5711	4442
	III	**9212**	5326	5326	III	7988	6800	5648	4534	3454	2412
	V	**20492**	5326	5326	IV	13913	13072	12248	11443	10655	9886
	VI	**20927**	5326	5326							
69299,99	I,IV	**14787**	5326	5326	I	13085	11455	9898	8414	7003	5664
	II	**13159**	5326	5326	II	11526	9966	8478	7064	5721	4452
	III	**9222**	5326	5326	III	7998	6810	5658	4542	3462	2420
	V	**20506**	5326	5326	IV	13927	13085	12261	11455	10668	9898
	VI	**20941**	5326	5326							
69335,99	I,IV	**14801**	5326	5326	I	13098	11468	9910	8426	7013	5674
	II	**13172**	5326	5326	II	11539	9978	8490	7074	5732	4461
	III	**9232**	5326	5326	III	8008	6818	5666	4550	3472	2428
	V	**20520**	5326	5326	IV	13940	13098	12274	11468	10680	9910
	VI	**20955**	5326	5326							
69371,99	I,IV	**14814**	5326	5326	I	13111	11480	9922	8437	7024	5684
	II	**13185**	5326	5326	II	11551	9990	8501	7085	5742	4471
	III	**9242**	5326	5326	III	8016	6828	5676	4558	3480	2436
	V	**20533**	5326	5326	IV	13954	13111	12287	11480	10692	9922
	VI	**20968**	5326	5326							
69407,99	I,IV	**14828**	5326	5326	I	13124	11493	9934	8448	7035	5694
	II	**13198**	5326	5326	II	11564	10002	8513	7096	5752	4481
	III	**9252**	5326	5326	III	8026	6836	5684	4568	3488	2444
	V	**20547**	5326	5326	IV	13967	13124	12299	11493	10705	9934
	VI	**20982**	5326	5326							
69443,99	I,IV	**14842**	5326	5326	I	13137	11505	9946	8460	7046	5705
	II	**13211**	5326	5326	II	11576	10014	8524	7107	5762	4491
	III	**9260**	5326	5326	III	8036	6846	5692	4576	3496	2452
	V	**20561**	5326	5326	IV	13980	13137	12312	11505	10717	9946
	VI	**20996**	5326	5326							
69479,99	I,IV	**14855**	5326	5326	I	13150	11518	9958	8471	7057	5715
	II	**13224**	5326	5326	II	11589	10026	8536	7118	5773	4500
	III	**9270**	5326	5326	III	8046	6856	5702	4586	3504	2460
	V	**20575**	5326	5326	IV	13994	13150	12325	11518	10729	9958
	VI	**21010**	5326	5326							
69515,99	I,IV	**14869**	5326	5326	I	13163	11531	9970	8483	7068	5725
	II	**13238**	5326	5326	II	11601	10038	8547	7129	5783	4510
	III	**9280**	5326	5326	III	8054	6864	5710	4594	3512	2468
	V	**20589**	5326	5326	IV	14007	13163	12338	11531	10741	9970
	VI	**21024**	5326	5326							
69551,99	I,IV	**14883**	5326	5326	I	13177	11543	9982	8494	7078	5735
	II	**13251**	5326	5326	II	11614	10050	8558	7140	5793	4520
	III	**9290**	5326	5326	III	8064	6874	5720	4602	3522	2476
	V	**20603**	5326	5326	IV	14021	13177	12351	11543	10754	9982
	VI	**21038**	5326	5326							

* Zur LSt-Berechnung für privat versicherte Arbeitnehmer s. Beispiele **Vorbemerkung S. 4f.**
** Basisvorsorgepauschale KV und PV *** Typisierter Arbeitgeberzuschuss

Lohn/ Gehalt in € bis	Steuerklasse	Lohn-steuer*	BVSP**	TAGZ***	Steuerklasse	Bemessungsgrundlage für Kirchensteuer und Solidaritätszuschlag – Freibeträge für ... Kinder 0,5	1,0	1,5	2,0	2,5	3,0
69587,99	I,IV	**14896**	5326	5326	I	13190	11556	9994	8505	7089	5746
	II	**13264**	5326	5326	II	11627	10062	8570	7151	5804	4530
	III	**9300**	5326	5326	III	8074	6882	5728	4610	3530	2484
	V	**20617**	5326	5326	IV	14034	13190	12364	11556	10766	9994
	VI	**21052**	5326	5326							
69623,99	I,IV	**14910**	5326	5326	I	13203	11568	10006	8517	7100	5756
	II	**13277**	5326	5326	II	11639	10074	8581	7161	5814	4539
	III	**9310**	5326	5326	III	8084	6892	5738	4620	3538	2492
	V	**20630**	5326	5326	IV	14047	13203	12376	11568	10778	10006
	VI	**21066**	5326	5326							
69659,99	I,IV	**14924**	5326	5326	I	13216	11581	10018	8528	7111	5766
	II	**13290**	5326	5326	II	11652	10086	8593	7172	5824	4549
	III	**9320**	5326	5326	III	8092	6902	5746	4628	3546	2500
	V	**20644**	5326	5326	IV	14061	13216	12389	11581	10790	10018
	VI	**21079**	5326	5326							
69695,99	I,IV	**14938**	5326	5326	I	13230	11594	10031	8540	7122	5777
	II	**13304**	5326	5326	II	11665	10098	8605	7184	5835	4559
	III	**9330**	5326	5326	III	8102	6910	5756	4638	3554	2508
	V	**20659**	5326	5326	IV	14075	13230	12403	11594	10803	10031
	VI	**21094**	5326	5326							
69731,99	I,IV	**14952**	5326	5326	I	13243	11606	10043	8552	7133	5787
	II	**13317**	5326	5326	II	11677	10110	8616	7194	5845	4569
	III	**9340**	5326	5326	III	8112	6920	5764	4646	3564	2516
	V	**20672**	5326	5326	IV	14088	13243	12415	11606	10815	10043
	VI	**21108**	5326	5326							
69767,99	I,IV	**14965**	5326	5326	I	13256	11619	10055	8563	7144	5797
	II	**13330**	5326	5326	II	11690	10123	8628	7205	5856	4579
	III	**9350**	5326	5326	III	8122	6930	5774	4654	3572	2524
	V	**20686**	5326	5326	IV	14102	13256	12428	11619	10828	10055
	VI	**21121**	5326	5326							
69803,99	I,IV	**14979**	5326	5326	I	13269	11632	10067	8574	7155	5808
	II	**13343**	5326	5326	II	11703	10135	8639	7216	5866	4588
	III	**9360**	5326	5326	III	8130	6938	5782	4664	3580	2534
	V	**20700**	5326	5326	IV	14115	13269	12441	11632	10840	10067
	VI	**21135**	5326	5326							
69839,99	I,IV	**14993**	5326	5326	I	13282	11644	10079	8586	7166	5818
	II	**13357**	5326	5326	II	11715	10147	8651	7227	5876	4598
	III	**9368**	5326	5326	III	8140	6948	5792	4672	3588	2540
	V	**20714**	5326	5326	IV	14129	13282	12454	11644	10852	10079
	VI	**21149**	5326	5326							
69875,99	I,IV	**15007**	5326	5326	I	13295	11657	10091	8597	7177	5828
	II	**13370**	5326	5326	II	11728	10159	8662	7238	5887	4608
	III	**9380**	5326	5326	III	8150	6958	5800	4680	3596	2550
	V	**20728**	5326	5326	IV	14142	13295	12467	11657	10865	10091
	VI	**21163**	5326	5326							
69911,99	I,IV	**15020**	5326	5326	I	13309	11669	10103	8609	7187	5839
	II	**13383**	5326	5326	II	11741	10171	8674	7249	5897	4618
	III	**9388**	5326	5326	III	8160	6966	5810	4690	3604	2558
	V	**20742**	5326	5326	IV	14155	13309	12480	11669	10877	10103
	VI	**21177**	5326	5326							
69947,99	I,IV	**15034**	5326	5326	I	13322	11682	10115	8620	7198	5849
	II	**13396**	5326	5326	II	11753	10183	8685	7260	5907	4627
	III	**9398**	5326	5326	III	8170	6976	5818	4698	3614	2566
	V	**20756**	5326	5326	IV	14169	13322	12493	11682	10889	10115
	VI	**21191**	5326	5326							
69983,99	I,IV	**15048**	5326	5326	I	13335	11695	10127	8632	7209	5859
	II	**13409**	5326	5326	II	11766	10195	8697	7271	5918	4637
	III	**9408**	5326	5326	III	8178	6984	5828	4706	3622	2574
	V	**20769**	5326	5326	IV	14182	13335	12506	11695	10902	10127
	VI	**21205**	5326	5326							

* Zur LSt-Berechnung für privat versicherte Arbeitnehmer s. Beispiele **Vorbemerkung S. 4f.**
** Basisvorsorgepauschale KV und PV *** Typisierter Arbeitgeberzuschuss

Lohn/ Gehalt in € bis	Steuerklasse	**Lohn-steuer***	BVSP**	TAGZ***	Steuerklasse	Bemessungsgrundlage für Kirchensteuer und Solidaritätszuschlag – Freibeträge für ... Kinder 0,5	**1,0**	1,5	**2,0**	2,5	**3,0**
70 019,99	I,IV	**15 062**	5 326	5 326	I	13 348	11 707	10 139	8 643	7 220	5 870
	II	**13 423**	5 326	5 326	II	11 778	10 207	8 708	7 282	5 928	4 647
	III	**9 418**	5 326	5 326	III	8 188	6 994	5 836	4 716	3 630	2 582
	V	**20 783**	5 326	5 326	IV	14 196	13 348	12 519	11 707	10 914	10 139
	VI	**21 218**	5 326	5 326							
70 055,99	I,IV	**15 076**	5 326	5 326	I	13 361	11 720	10 151	8 655	7 231	5 880
	II	**13 436**	5 326	5 326	II	11 791	10 219	8 720	7 293	5 938	4 657
	III	**9 428**	5 326	5 326	III	8 198	7 004	5 846	4 724	3 638	2 590
	V	**20 797**	5 326	5 326	IV	14 209	13 361	12 532	11 720	10 926	10 151
	VI	**21 232**	5 326	5 326							
70 091,99	I,IV	**15 089**	5 326	5 326	I	13 375	11 733	10 163	8 666	7 242	5 890
	II	**13 449**	5 326	5 326	II	11 804	10 231	8 731	7 304	5 949	4 667
	III	**9 438**	5 326	5 326	III	8 208	7 012	5 854	4 732	3 648	2 598
	V	**20 811**	5 326	5 326	IV	14 223	13 375	12 544	11 733	10 939	10 163
	VI	**21 246**	5 326	5 326							
70 127,99	I,IV	**15 103**	5 326	5 326	I	13 388	11 745	10 175	8 678	7 253	5 901
	II	**13 462**	5 326	5 326	II	11 816	10 243	8 743	7 315	5 959	4 676
	III	**9 448**	5 326	5 326	III	8 216	7 022	5 864	4 742	3 656	2 606
	V	**20 825**	5 326	5 326	IV	14 236	13 388	12 557	11 745	10 951	10 175
	VI	**21 260**	5 326	5 326							
70 163,99	I,IV	**15 117**	5 326	5 326	I	13 401	11 758	10 187	8 689	7 264	5 911
	II	**13 476**	5 326	5 326	II	11 829	10 255	8 754	7 326	5 970	4 686
	III	**9 458**	5 326	5 326	III	8 226	7 032	5 872	4 750	3 664	2 614
	V	**20 839**	5 326	5 326	IV	14 250	13 401	12 570	11 758	10 963	10 187
	VI	**21 274**	5 326	5 326							
70 199,99	I,IV	**15 131**	5 326	5 326	I	13 414	11 770	10 199	8 701	7 275	5 921
	II	**13 489**	5 326	5 326	II	11 842	10 267	8 766	7 336	5 980	4 696
	III	**9 468**	5 326	5 326	III	8 236	7 040	5 882	4 758	3 672	2 622
	V	**20 853**	5 326	5 326	IV	14 263	13 414	12 583	11 770	10 976	10 199
	VI	**21 288**	5 326	5 326							
70 235,99	I,IV	**15 144**	5 326	5 326	I	13 427	11 783	10 211	8 712	7 286	5 932
	II	**13 502**	5 326	5 326	II	11 854	10 280	8 777	7 347	5 990	4 706
	III	**9 478**	5 326	5 326	III	8 246	7 050	5 890	4 768	3 680	2 630
	V	**20 866**	5 326	5 326	IV	14 277	13 427	12 596	11 783	10 988	10 211
	VI	**21 302**	5 326	5 326							
70 271,99	I,IV	**15 158**	5 326	5 326	I	13 441	11 796	10 223	8 724	7 297	5 942
	II	**13 515**	5 326	5 326	II	11 867	10 292	8 789	7 358	6 001	4 716
	III	**9 486**	5 326	5 326	III	8 254	7 058	5 900	4 776	3 688	2 638
	V	**20 880**	5 326	5 326	IV	14 290	13 441	12 609	11 796	11 001	10 223
	VI	**21 315**	5 326	5 326							
70 307,99	I,IV	**15 172**	5 326	5 326	I	13 454	11 808	10 236	8 735	7 308	5 953
	II	**13 529**	5 326	5 326	II	11 880	10 304	8 800	7 369	6 011	4 726
	III	**9 496**	5 326	5 326	III	8 264	7 068	5 908	4 784	3 698	2 646
	V	**20 894**	5 326	5 326	IV	14 304	13 454	12 622	11 808	11 013	10 236
	VI	**21 329**	5 326	5 326							
70 343,99	I,IV	**15 186**	5 326	5 326	I	13 467	11 821	10 248	8 747	7 319	5 963
	II	**13 542**	5 326	5 326	II	11 893	10 316	8 812	7 380	6 022	4 735
	III	**9 506**	5 326	5 326	III	8 274	7 078	5 918	4 794	3 706	2 654
	V	**20 908**	5 326	5 326	IV	14 317	13 467	12 635	11 821	11 025	10 248
	VI	**21 343**	5 326	5 326							
70 379,99	I,IV	**15 200**	5 326	5 326	I	13 481	11 834	10 260	8 759	7 330	5 974
	II	**13 555**	5 326	5 326	II	11 906	10 328	8 824	7 392	6 032	4 745
	III	**9 516**	5 326	5 326	III	8 284	7 086	5 926	4 802	3 714	2 662
	V	**20 922**	5 326	5 326	IV	14 331	13 481	12 648	11 834	11 038	10 260
	VI	**21 357**	5 326	5 326							
70 415,99	I,IV	**15 214**	5 326	5 326	I	13 494	11 847	10 272	8 770	7 341	5 984
	II	**13 569**	5 326	5 326	II	11 918	10 340	8 835	7 403	6 043	4 755
	III	**9 526**	5 326	5 326	III	8 294	7 096	5 936	4 812	3 724	2 672
	V	**20 936**	5 326	5 326	IV	14 345	13 494	12 661	11 847	11 050	10 272
	VI	**21 371**	5 326	5 326							

* Zur LSt-Berechnung für privat versicherte Arbeitnehmer s. Beispiele **Vorbemerkung S. 4f.**
** Basisvorsorgepauschale KV und PV *** Typisierter Arbeitgeberzuschuss

Lohn/ Gehalt in € bis	Steuerklasse	Lohn-steuer*	BVSP**	TAGZ***	Steuerklasse	Bemessungsgrundlage für Kirchensteuer und Solidaritätszuschlag – Freibeträge für ... Kinder 0,5	1,0	1,5	2,0	2,5	3,0
70451,99	I,IV	**15228**	5326	5326	I	13507	11859	10284	8782	7352	5994
	II	**13582**	5326	5326	II	11931	10353	8847	7414	6053	4765
	III	**9536**	5326	5326	III	8302	7106	5944	4820	3732	2680
	V	**20950**	5326	5326	IV	14358	13507	12674	11859	11063	10284
	VI	**21385**	5326	5326							
70487,99	I,IV	**15242**	5326	5326	I	13521	11872	10296	8793	7363	6005
	II	**13595**	5326	5326	II	11944	10365	8858	7425	6064	4775
	III	**9546**	5326	5326	III	8312	7114	5954	4828	3740	2688
	V	**20964**	5326	5326	IV	14372	13521	12687	11872	11075	10296
	VI	**21399**	5326	5326							
70523,99	I,IV	**15255**	5326	5326	I	13534	11885	10309	8805	7374	6015
	II	**13609**	5326	5326	II	11956	10377	8870	7436	6074	4785
	III	**9556**	5326	5326	III	8322	7124	5962	4838	3748	2696
	V	**20978**	5326	5326	IV	14385	13534	12700	11885	11088	10309
	VI	**21413**	5326	5326							
70559,99	I,IV	**15269**	5326	5326	I	13547	11898	10321	8816	7385	6026
	II	**13622**	5326	5326	II	11969	10389	8882	7447	6084	4795
	III	**9566**	5326	5326	III	8332	7134	5972	4846	3756	2704
	V	**20992**	5326	5326	IV	14399	13547	12713	11898	11100	10321
	VI	**21427**	5326	5326							
70595,99	I,IV	**15283**	5326	5326	I	13560	11910	10333	8828	7396	6036
	II	**13635**	5326	5326	II	11982	10401	8893	7458	6095	4805
	III	**9576**	5326	5326	III	8340	7142	5980	4854	3764	2712
	V	**21005**	5326	5326	IV	14413	13560	12726	11910	11112	10333
	VI	**21441**	5326	5326							
70631,99	I,IV	**15297**	5326	5326	I	13574	11923	10345	8839	7407	6046
	II	**13648**	5326	5326	II	11995	10413	8905	7469	6105	4814
	III	**9586**	5326	5326	III	8350	7152	5990	4864	3774	2720
	V	**21019**	5326	5326	IV	14426	13574	12739	11923	11125	10345
	VI	**21454**	5326	5326							
70667,99	I,IV	**15311**	5326	5326	I	13587	11936	10357	8851	7418	6057
	II	**13662**	5326	5326	II	12007	10425	8916	7480	6116	4824
	III	**9596**	5326	5326	III	8360	7162	5998	4872	3782	2728
	V	**21033**	5326	5326	IV	14440	13587	12752	11936	11137	10357
	VI	**21468**	5326	5326							
70703,99	I,IV	**15325**	5326	5326	I	13600	11948	10369	8863	7429	6067
	II	**13675**	5326	5326	II	12020	10438	8928	7491	6126	4834
	III	**9606**	5326	5326	III	8370	7170	6008	4880	3790	2736
	V	**21047**	5326	5326	IV	14453	13600	12765	11948	11150	10369
	VI	**21482**	5326	5326							
70739,99	I,IV	**15338**	5326	5326	I	13613	11961	10381	8874	7440	6078
	II	**13688**	5326	5326	II	12033	10450	8939	7502	6137	4844
	III	**9616**	5326	5326	III	8380	7180	6016	4890	3798	2744
	V	**21061**	5326	5326	IV	14467	13613	12778	11961	11162	10381
	VI	**21496**	5326	5326							
70775,99	I,IV	**15352**	5326	5326	I	13627	11974	10393	8886	7451	6088
	II	**13702**	5326	5326	II	12046	10462	8951	7513	6147	4854
	III	**9626**	5326	5326	III	8390	7190	6026	4898	3808	2752
	V	**21075**	5326	5326	IV	14480	13627	12791	11974	11175	10393
	VI	**21510**	5326	5326							
70811,99	I,IV	**15366**	5326	5326	I	13640	11986	10406	8897	7462	6099
	II	**13715**	5326	5326	II	12058	10474	8963	7524	6158	4864
	III	**9634**	5326	5326	III	8398	7198	6034	4906	3816	2760
	V	**21089**	5326	5326	IV	14494	13640	12804	11986	11187	10406
	VI	**21524**	5326	5326							
70847,99	I,IV	**15380**	5326	5326	I	13653	11999	10418	8909	7473	6109
	II	**13728**	5326	5326	II	12071	10486	8974	7535	6168	4874
	III	**9646**	5326	5326	III	8408	7208	6044	4916	3824	2770
	V	**21102**	5326	5326	IV	14508	13653	12817	11999	11199	10418
	VI	**21538**	5326	5326							

* Zur LSt-Berechnung für privat versicherte Arbeitnehmer s. Beispiele **Vorbemerkung S. 4f.**
** Basisvorsorgepauschale KV und PV *** Typisierter Arbeitgeberzuschuss

Lohn/ Gehalt in € bis	Steuerklasse	Lohn-steuer*	BVSP**	TAGZ***	Steuerklasse	Bemessungsgrundlage für Kirchensteuer und Solidaritätszuschlag					
						Freibeträge für ... Kinder					
						0,5	**1,0**	1,5	**2,0**	2,5	**3,0**
70 883,99	I,IV	**15 394**	5 326	5 326	I	13 667	12 012	10 430	8 920	7 484	6 120
	II	**13 742**	5 326	5 326	II	12 084	10 499	8 986	7 546	6 178	4 884
	III	**9 654**	5 326	5 326	III	8 418	7 216	6 052	4 924	3 832	2 776
	V	**21 116**	5 326	5 326	IV	14 521	13 667	12 830	12 012	11 212	10 430
	VI	**21 551**	5 326	5 326							
70 919,99	I,IV	**15 408**	5 326	5 326	I	13 680	12 025	10 442	8 932	7 495	6 130
	II	**13 755**	5 326	5 326	II	12 097	10 511	8 998	7 557	6 189	4 894
	III	**9 664**	5 326	5 326	III	8 428	7 226	6 062	4 934	3 842	2 786
	V	**21 130**	5 326	5 326	IV	14 535	13 680	12 843	12 025	11 224	10 442
	VI	**21 565**	5 326	5 326							
70 955,99	I,IV	**15 422**	5 326	5 326	I	13 693	12 037	10 454	8 944	7 506	6 140
	II	**13 768**	5 326	5 326	II	12 109	10 523	9 009	7 568	6 199	4 903
	III	**9 674**	5 326	5 326	III	8 436	7 236	6 070	4 942	3 850	2 794
	V	**21 144**	5 326	5 326	IV	14 548	13 693	12 856	12 037	11 237	10 454
	VI	**21 579**	5 326	5 326							
70 991,99	I,IV	**15 436**	5 326	5 326	I	13 707	12 050	10 466	8 955	7 517	6 151
	II	**13 782**	5 326	5 326	II	12 122	10 535	9 021	7 579	6 210	4 913
	III	**9 684**	5 326	5 326	III	8 446	7 246	6 080	4 950	3 858	2 802
	V	**21 158**	5 326	5 326	IV	14 562	13 707	12 869	12 050	11 249	10 466
	VI	**21 593**	5 326	5 326							
71 027,99	I,IV	**15 449**	5 326	5 326	I	13 720	12 063	10 479	8 967	7 528	6 161
	II	**13 795**	5 326	5 326	II	12 135	10 547	9 032	7 590	6 220	4 923
	III	**9 694**	5 326	5 326	III	8 456	7 254	6 088	4 960	3 866	2 810
	V	**21 172**	5 326	5 326	IV	14 576	13 720	12 882	12 063	11 262	10 479
	VI	**21 607**	5 326	5 326							
71 063,99	I,IV	**15 464**	5 326	5 326	I	13 734	12 076	10 491	8 979	7 539	6 172
	II	**13 809**	5 326	5 326	II	12 148	10 560	9 044	7 601	6 231	4 934
	III	**9 704**	5 326	5 326	III	8 466	7 264	6 098	4 968	3 876	2 818
	V	**21 186**	5 326	5 326	IV	14 590	13 734	12 896	12 076	11 275	10 491
	VI	**21 621**	5 326	5 326							
71 099,99	I,IV	**15 478**	5 326	5 326	I	13 747	12 089	10 503	8 990	7 550	6 183
	II	**13 822**	5 326	5 326	II	12 161	10 572	9 056	7 613	6 242	4 943
	III	**9 714**	5 326	5 326	III	8 476	7 274	6 108	4 978	3 884	2 826
	V	**21 200**	5 326	5 326	IV	14 603	13 747	12 909	12 089	11 287	10 503
	VI	**21 635**	5 326	5 326							
71 135,99	I,IV	**15 491**	5 326	5 326	I	13 760	12 102	10 516	9 002	7 561	6 193
	II	**13 836**	5 326	5 326	II	12 174	10 584	9 068	7 624	6 252	4 953
	III	**9 724**	5 326	5 326	III	8 486	7 282	6 116	4 986	3 892	2 834
	V	**21 214**	5 326	5 326	IV	14 617	13 760	12 922	12 102	11 299	10 516
	VI	**21 649**	5 326	5 326							
71 171,99	I,IV	**15 505**	5 326	5 326	I	13 774	12 114	10 528	9 014	7 572	6 204
	II	**13 849**	5 326	5 326	II	12 186	10 597	9 079	7 635	6 263	4 963
	III	**9 734**	5 326	5 326	III	8 496	7 292	6 126	4 994	3 900	2 842
	V	**21 228**	5 326	5 326	IV	14 630	13 774	12 935	12 114	11 312	10 528
	VI	**21 663**	5 326	5 326							
71 207,99	I,IV	**15 519**	5 326	5 326	I	13 787	12 127	10 540	9 025	7 583	6 214
	II	**13 862**	5 326	5 326	II	12 199	10 609	9 091	7 646	6 273	4 973
	III	**9 744**	5 326	5 326	III	8 504	7 302	6 134	5 004	3 908	2 850
	V	**21 241**	5 326	5 326	IV	14 644	13 787	12 948	12 127	11 324	10 540
	VI	**21 677**	5 326	5 326							
71 243,99	I,IV	**15 533**	5 326	5 326	I	13 800	12 140	10 552	9 037	7 594	6 225
	II	**13 876**	5 326	5 326	II	12 212	10 621	9 103	7 657	6 284	4 983
	III	**9 754**	5 326	5 326	III	8 514	7 310	6 144	5 012	3 918	2 860
	V	**21 255**	5 326	5 326	IV	14 658	13 800	12 961	12 140	11 337	10 552
	VI	**21 690**	5 326	5 326							
71 279,99	I,IV	**15 547**	5 326	5 326	I	13 814	12 153	10 564	9 049	7 606	6 235
	II	**13 889**	5 326	5 326	II	12 225	10 633	9 114	7 668	6 294	4 993
	III	**9 764**	5 326	5 326	III	8 524	7 320	6 152	5 020	3 926	2 868
	V	**21 269**	5 326	5 326	IV	14 671	13 814	12 974	12 153	11 349	10 564
	VI	**21 704**	5 326	5 326							

* Zur LSt-Berechnung für privat versicherte Arbeitnehmer s. Beispiele **Vorbemerkung S. 4f.**
** Basisvorsorgepauschale KV und PV *** Typisierter Arbeitgeberzuschuss

Lohn/ Gehalt in € bis	Steuerklasse	**Lohn-steuer***	BVSP**	TAGZ***	Steuerklasse	Bemessungsgrundlage für Kirchensteuer und Solidaritätszuschlag					
						Freibeträge für ... Kinder					
						0,5	**1,0**	1,5	**2,0**	2,5	**3,0**
71 315,99	I,IV	**15 561**	5 326	5 326	I	13 827	12 165	10 577	9 060	7 617	6 246
	II	**13 902**	5 326	5 326	II	12 238	10 645	9 126	7 679	6 305	5 003
	III	**9 774**	5 326	5 326	III	8 534	7 330	6 162	5 030	3 934	2 876
	V	**21 283**	5 326	5 326	IV	14 685	13 827	12 987	12 165	11 362	10 577
	VI	**21 718**	5 326	5 326							
71 351,99	I,IV	**15 575**	5 326	5 326	I	13 840	12 178	10 589	9 072	7 628	6 256
	II	**13 916**	5 326	5 326	II	12 250	10 658	9 138	7 690	6 315	5 013
	III	**9 784**	5 326	5 326	III	8 542	7 338	6 170	5 038	3 942	2 884
	V	**21 297**	5 326	5 326	IV	14 699	13 840	13 000	12 178	11 374	10 589
	VI	**21 732**	5 326	5 326							
71 387,99	I,IV	**15 588**	5 326	5 326	I	13 854	12 191	10 601	9 084	7 639	6 267
	II	**13 929**	5 326	5 326	II	12 263	10 670	9 149	7 701	6 326	5 023
	III	**9 794**	5 326	5 326	III	8 552	7 348	6 180	5 048	3 952	2 892
	V	**21 311**	5 326	5 326	IV	14 712	13 854	13 013	12 191	11 387	10 601
	VI	**21 746**	5 326	5 326							
71 423,99	I,IV	**15 602**	5 326	5 326	I	13 867	12 204	10 613	9 095	7 650	6 277
	II	**13 943**	5 326	5 326	II	12 276	10 682	9 161	7 712	6 336	5 033
	III	**9 804**	5 326	5 326	III	8 562	7 356	6 188	5 056	3 960	2 900
	V	**21 325**	5 326	5 326	IV	14 726	13 867	13 026	12 204	11 399	10 613
	VI	**21 760**	5 326	5 326							
71 459,99	I,IV	**15 616**	5 326	5 326	I	13 880	12 217	10 625	9 107	7 661	6 288
	II	**13 956**	5 326	5 326	II	12 289	10 694	9 173	7 723	6 347	5 043
	III	**9 814**	5 326	5 326	III	8 572	7 366	6 198	5 064	3 968	2 908
	V	**21 339**	5 326	5 326	IV	14 740	13 880	13 039	12 217	11 412	10 625
	VI	**21 774**	5 326	5 326							
71 495,99	I,IV	**15 630**	5 326	5 326	I	13 894	12 229	10 638	9 119	7 672	6 298
	II	**13 969**	5 326	5 326	II	12 302	10 707	9 184	7 735	6 357	5 053
	III	**9 824**	5 326	5 326	III	8 582	7 376	6 206	5 074	3 976	2 916
	V	**21 352**	5 326	5 326	IV	14 753	13 894	13 053	12 229	11 424	10 638
	VI	**21 787**	5 326	5 326							
71 531,99	I,IV	**15 644**	5 326	5 326	I	13 907	12 242	10 650	9 130	7 683	6 309
	II	**13 983**	5 326	5 326	II	12 315	10 719	9 196	7 746	6 368	5 063
	III	**9 834**	5 326	5 326	III	8 592	7 386	6 216	5 082	3 986	2 924
	V	**21 366**	5 326	5 326	IV	14 767	13 907	13 066	12 242	11 437	10 650
	VI	**21 801**	5 326	5 326							
71 567,99	I,IV	**15 658**	5 326	5 326	I	13 921	12 255	10 662	9 142	7 694	6 319
	II	**13 996**	5 326	5 326	II	12 327	10 731	9 208	7 757	6 379	5 073
	III	**9 844**	5 326	5 326	III	8 600	7 394	6 224	5 090	3 994	2 932
	V	**21 380**	5 326	5 326	IV	14 781	13 921	13 079	12 255	11 450	10 662
	VI	**21 815**	5 326	5 326							
71 603,99	I,IV	**15 672**	5 326	5 326	I	13 934	12 268	10 674	9 154	7 705	6 330
	II	**14 010**	5 326	5 326	II	12 340	10 744	9 219	7 768	6 389	5 083
	III	**9 854**	5 326	5 326	III	8 610	7 404	6 234	5 100	4 002	2 942
	V	**21 394**	5 326	5 326	IV	14 794	13 934	13 092	12 268	11 462	10 674
	VI	**21 829**	5 326	5 326							
71 639,99	I,IV	**15 685**	5 326	5 326	I	13 947	12 281	10 687	9 165	7 716	6 340
	II	**14 023**	5 326	5 326	II	12 353	10 756	9 231	7 779	6 400	5 093
	III	**9 862**	5 326	5 326	III	8 620	7 414	6 242	5 108	4 010	2 950
	V	**21 408**	5 326	5 326	IV	14 808	13 947	13 105	12 281	11 475	10 687
	VI	**21 843**	5 326	5 326							
71 675,99	I,IV	**15 699**	5 326	5 326	I	13 961	12 294	10 699	9 177	7 728	6 351
	II	**14 036**	5 326	5 326	II	12 366	10 768	9 243	7 790	6 410	5 103
	III	**9 874**	5 326	5 326	III	8 630	7 422	6 252	5 118	4 020	2 958
	V	**21 422**	5 326	5 326	IV	14 822	13 961	13 118	12 294	11 487	10 699
	VI	**21 857**	5 326	5 326							
71 711,99	I,IV	**15 714**	5 326	5 326	I	13 975	12 307	10 712	9 189	7 739	6 362
	II	**14 050**	5 326	5 326	II	12 379	10 781	9 255	7 802	6 421	5 113
	III	**9 884**	5 326	5 326	III	8 640	7 432	6 262	5 126	4 028	2 966
	V	**21 436**	5 326	5 326	IV	14 836	13 975	13 132	12 307	11 500	10 712
	VI	**21 871**	5 326	5 326							

* Zur LSt-Berechnung für privat versicherte Arbeitnehmer s. Beispiele **Vorbemerkung S. 4 f.**
** Basisvorsorgepauschale KV und PV *** Typisierter Arbeitgeberzuschuss

Lohn/ Gehalt in € bis	Steuerklasse	**Lohn-steuer***	BVSP**	TAGZ***	Steuerklasse	Bemessungsgrundlage für Kirchensteuer und Solidaritätszuschlag – Freibeträge für ... Kinder 0,5	**1,0**	1,5	**2,0**	2,5	**3,0**
71 747,99	I,IV	**15 727**	5 326	5 326	I	13 988	12 320	10 724	9 201	7 750	6 372
	II	**14 064**	5 326	5 326	II	12 392	10 793	9 267	7 813	6 432	5 123
	III	**9 892**	5 326	5 326	III	8 650	7 442	6 270	5 136	4 036	2 974
	V	**21 450**	5 326	5 326	IV	14 849	13 988	13 145	12 320	11 513	10 724
	VI	**21 885**	5 326	5 326							
71 783,99	I,IV	**15 741**	5 326	5 326	I	14 001	12 332	10 736	9 212	7 761	6 383
	II	**14 077**	5 326	5 326	II	12 405	10 805	9 278	7 824	6 442	5 133
	III	**9 904**	5 326	5 326	III	8 658	7 452	6 280	5 144	4 046	2 982
	V	**21 464**	5 326	5 326	IV	14 863	14 001	13 158	12 332	11 525	10 736
	VI	**21 899**	5 326	5 326							
71 819,99	I,IV	**15 755**	5 326	5 326	I	14 015	12 345	10 748	9 224	7 772	6 393
	II	**14 091**	5 326	5 326	II	12 418	10 818	9 290	7 835	6 453	5 143
	III	**9 912**	5 326	5 326	III	8 668	7 460	6 288	5 152	4 054	2 990
	V	**21 478**	5 326	5 326	IV	14 877	14 015	13 171	12 345	11 538	10 748
	VI	**21 913**	5 326	5 326							
71 855,99	I,IV	**15 769**	5 326	5 326	I	14 028	12 358	10 761	9 236	7 784	6 404
	II	**14 104**	5 326	5 326	II	12 431	10 830	9 302	7 846	6 464	5 153
	III	**9 924**	5 326	5 326	III	8 678	7 470	6 298	5 162	4 062	2 998
	V	**21 491**	5 326	5 326	IV	14 891	14 028	13 184	12 358	11 550	10 761
	VI	**21 927**	5 326	5 326							
71 891,99	I,IV	**15 783**	5 326	5 326	I	14 042	12 371	10 773	9 248	7 795	6 414
	II	**14 118**	5 326	5 326	II	12 444	10 842	9 314	7 858	6 474	5 163
	III	**9 932**	5 326	5 326	III	8 688	7 478	6 306	5 170	4 070	3 006
	V	**21 505**	5 326	5 326	IV	14 904	14 042	13 197	12 371	11 563	10 773
	VI	**21 940**	5 326	5 326							
71 927,99	I,IV	**15 797**	5 326	5 326	I	14 055	12 384	10 785	9 259	7 806	6 425
	II	**14 131**	5 326	5 326	II	12 456	10 855	9 325	7 869	6 485	5 173
	III	**9 942**	5 326	5 326	III	8 698	7 488	6 316	5 180	4 080	3 016
	V	**21 519**	5 326	5 326	IV	14 918	14 055	13 210	12 384	11 575	10 785
	VI	**21 954**	5 326	5 326							
71 963,99	I,IV	**15 811**	5 326	5 326	I	14 069	12 397	10 798	9 271	7 817	6 436
	II	**14 144**	5 326	5 326	II	12 469	10 867	9 337	7 880	6 495	5 183
	III	**9 952**	5 326	5 326	III	8 706	7 498	6 324	5 188	4 088	3 024
	V	**21 533**	5 326	5 326	IV	14 932	14 069	13 224	12 397	11 588	10 798
	VI	**21 968**	5 326	5 326							
71 999,99	I,IV	**15 824**	5 326	5 326	I	14 082	12 410	10 810	9 283	7 828	6 446
	II	**14 158**	5 326	5 326	II	12 482	10 879	9 349	7 891	6 506	5 193
	III	**9 962**	5 326	5 326	III	8 716	7 508	6 334	5 196	4 096	3 032
	V	**21 547**	5 326	5 326	IV	14 945	14 082	13 237	12 410	11 601	10 810
	VI	**21 982**	5 326	5 326							
72 035,99	I,IV	**15 838**	5 326	5 326	I	14 095	12 423	10 822	9 294	7 839	6 457
	II	**14 171**	5 326	5 326	II	12 495	10 892	9 361	7 902	6 517	5 203
	III	**9 972**	5 326	5 326	III	8 726	7 516	6 342	5 206	4 104	3 040
	V	**21 561**	5 326	5 326	IV	14 959	14 095	13 250	12 423	11 613	10 822
	VI	**21 996**	5 326	5 326							
72 071,99	I,IV	**15 852**	5 326	5 326	I	14 109	12 435	10 834	9 306	7 850	6 467
	II	**14 185**	5 326	5 326	II	12 508	10 904	9 372	7 913	6 527	5 214
	III	**9 982**	5 326	5 326	III	8 736	7 526	6 352	5 214	4 114	3 048
	V	**21 575**	5 326	5 326	IV	14 973	14 109	13 263	12 435	11 626	10 834
	VI	**22 010**	5 326	5 326							
72 107,99	I,IV	**15 866**	5 326	5 326	I	14 122	12 448	10 847	9 318	7 862	6 478
	II	**14 198**	5 326	5 326	II	12 521	10 916	9 384	7 925	6 538	5 224
	III	**9 992**	5 326	5 326	III	8 746	7 536	6 360	5 224	4 122	3 056
	V	**21 588**	5 326	5 326	IV	14 987	14 122	13 276	12 448	11 638	10 847
	VI	**22 024**	5 326	5 326							
72 143,99	I,IV	**15 880**	5 326	5 326	I	14 136	12 461	10 859	9 330	7 873	6 489
	II	**14 212**	5 326	5 326	II	12 534	10 929	9 396	7 936	6 548	5 234
	III	**10 002**	5 326	5 326	III	8 756	7 544	6 370	5 232	4 130	3 064
	V	**21 602**	5 326	5 326	IV	15 000	14 136	13 289	12 461	11 651	10 859
	VI	**22 037**	5 326	5 326							

* Zur LSt-Berechnung für privat versicherte Arbeitnehmer s. Beispiele **Vorbemerkung S. 4 f.**
** Basisvorsorgepauschale KV und PV *** Typisierter Arbeitgeberzuschuss

Lohn/ Gehalt in € bis	Steuerklasse	Lohnsteuer*	BVSP**	TAGZ***	Steuerklasse	Bemessungsgrundlage für Kirchensteuer und Solidaritätszuschlag – Freibeträge für ... Kinder 0,5	1,0	1,5	2,0	2,5	3,0
72 179,99	I,IV	**15 894**	5 326	5 326	I	14 149	12 474	10 871	9 341	7 884	6 499
	II	**14 225**	5 326	5 326	II	12 547	10 941	9 408	7 947	6 559	5 244
	III	**10 012**	5 326	5 326	III	8 764	7 554	6 380	5 240	4 138	3 072
	V	**21 616**	5 326	5 326	IV	15 014	14 149	13 303	12 474	11 664	10 871
	VI	**22 051**	5 326	5 326							
72 215,99	I,IV	**15 908**	5 326	5 326	I	14 163	12 487	10 884	9 353	7 895	6 510
	II	**14 239**	5 326	5 326	II	12 560	10 953	9 419	7 958	6 570	5 254
	III	**10 022**	5 326	5 326	III	8 774	7 564	6 388	5 250	4 148	3 082
	V	**21 630**	5 326	5 326	IV	15 028	14 163	13 316	12 487	11 676	10 884
	VI	**22 065**	5 326	5 326							
72 251,99	I,IV	**15 921**	5 326	5 326	I	14 176	12 500	10 896	9 365	7 906	6 520
	II	**14 252**	5 326	5 326	II	12 573	10 966	9 431	7 970	6 580	5 264
	III	**10 032**	5 326	5 326	III	8 784	7 572	6 398	5 258	4 156	3 090
	V	**21 644**	5 326	5 326	IV	15 042	14 176	13 329	12 500	11 689	10 896
	VI	**22 079**	5 326	5 326							
72 287,99	I,IV	**15 935**	5 326	5 326	I	14 190	12 513	10 908	9 377	7 918	6 531
	II	**14 266**	5 326	5 326	II	12 586	10 978	9 443	7 981	6 591	5 274
	III	**10 042**	5 326	5 326	III	8 794	7 582	6 406	5 268	4 164	3 098
	V	**21 658**	5 326	5 326	IV	15 055	14 190	13 342	12 513	11 702	10 908
	VI	**22 093**	5 326	5 326							
72 323,99	I,IV	**15 949**	5 326	5 326	I	14 203	12 526	10 921	9 388	7 929	6 542
	II	**14 279**	5 326	5 326	II	12 599	10 990	9 455	7 992	6 602	5 284
	III	**10 052**	5 326	5 326	III	8 804	7 592	6 416	5 276	4 172	3 106
	V	**21 672**	5 326	5 326	IV	15 069	14 203	13 355	12 526	11 714	10 921
	VI	**22 107**	5 326	5 326							
72 359,99	I,IV	**15 963**	5 326	5 326	I	14 217	12 539	10 933	9 400	7 940	6 552
	II	**14 293**	5 326	5 326	II	12 611	11 003	9 467	8 003	6 612	5 294
	III	**10 062**	5 326	5 326	III	8 814	7 602	6 424	5 286	4 182	3 114
	V	**21 685**	5 326	5 326	IV	15 083	14 217	13 369	12 539	11 727	10 933
	VI	**22 121**	5 326	5 326							
72 395,99	I,IV	**15 977**	5 326	5 326	I	14 231	12 552	10 946	9 412	7 951	6 563
	II	**14 307**	5 326	5 326	II	12 625	11 016	9 479	8 015	6 623	5 304
	III	**10 072**	5 326	5 326	III	8 824	7 610	6 434	5 294	4 190	3 122
	V	**21 700**	5 326	5 326	IV	15 097	14 231	13 382	12 552	11 740	10 946
	VI	**22 135**	5 326	5 326							
72 431,99	I,IV	**15 991**	5 326	5 326	I	14 244	12 565	10 958	9 424	7 963	6 574
	II	**14 320**	5 326	5 326	II	12 638	11 028	9 491	8 026	6 634	5 315
	III	**10 082**	5 326	5 326	III	8 832	7 620	6 444	5 302	4 198	3 130
	V	**21 714**	5 326	5 326	IV	15 111	14 244	13 395	12 565	11 752	10 958
	VI	**22 149**	5 326	5 326							
72 467,99	I,IV	**16 005**	5 326	5 326	I	14 258	12 578	10 971	9 436	7 974	6 585
	II	**14 334**	5 326	5 326	II	12 651	11 040	9 502	8 037	6 645	5 325
	III	**10 092**	5 326	5 326	III	8 842	7 630	6 452	5 312	4 208	3 140
	V	**21 727**	5 326	5 326	IV	15 125	14 258	13 409	12 578	11 765	10 971
	VI	**22 163**	5 326	5 326							
72 503,99	I,IV	**16 019**	5 326	5 326	I	14 271	12 591	10 983	9 448	7 985	6 595
	II	**14 347**	5 326	5 326	II	12 664	11 053	9 514	8 048	6 655	5 335
	III	**10 102**	5 326	5 326	III	8 852	7 638	6 462	5 320	4 216	3 148
	V	**21 741**	5 326	5 326	IV	15 139	14 271	13 422	12 591	11 778	10 983
	VI	**22 176**	5 326	5 326							
72 539,99	I,IV	**16 033**	5 326	5 326	I	14 285	12 604	10 995	9 460	7 996	6 606
	II	**14 361**	5 326	5 326	II	12 677	11 065	9 526	8 060	6 666	5 345
	III	**10 112**	5 326	5 326	III	8 862	7 648	6 470	5 330	4 224	3 156
	V	**21 755**	5 326	5 326	IV	15 152	14 285	13 435	12 604	11 790	10 995
	VI	**22 190**	5 326	5 326							
72 575,99	I,IV	**16 047**	5 326	5 326	I	14 298	12 617	11 008	9 471	8 008	6 617
	II	**14 374**	5 326	5 326	II	12 690	11 077	9 538	8 071	6 677	5 355
	III	**10 122**	5 326	5 326	III	8 872	7 658	6 480	5 338	4 232	3 164
	V	**21 769**	5 326	5 326	IV	15 166	14 298	13 448	12 617	11 803	11 008
	VI	**22 204**	5 326	5 326							

* Zur LSt-Berechnung für privat versicherte Arbeitnehmer s. Beispiele **Vorbemerkung S. 4 f.**
** Basisvorsorgepauschale KV und PV *** Typisierter Arbeitgeberzuschuss

Lohn/ Gehalt in € bis	Steuerklasse	Lohn-steuer*	BVSP**	TAGZ***	Steuerklasse	Bemessungsgrundlage für Kirchensteuer und Solidaritätszuschlag – Freibeträge für ... Kinder 0,5	1,0	1,5	2,0	2,5	3,0
72611,99	I,IV	**16060**	5326	5326	I	14312	12630	11020	9483	8019	6627
	II	**14388**	5326	5326	II	12703	11090	9550	8082	6687	5365
	III	**10132**	5326	5326	III	8882	7668	6490	5348	4242	3172
	V	**21783**	5326	5326	IV	15180	14312	13462	12630	11816	11020
	VI	**22218**	5326	5326							
72647,99	I,IV	**16074**	5326	5326	I	14325	12642	11032	9495	8030	6638
	II	**14402**	5326	5326	II	12716	11102	9562	8093	6698	5375
	III	**10142**	5326	5326	III	8892	7676	6498	5356	4250	3180
	V	**21797**	5326	5326	IV	15194	14325	13475	12642	11828	11032
	VI	**22232**	5326	5326							
72683,99	I,IV	**16088**	5326	5326	I	14339	12655	11045	9507	8041	6649
	II	**14415**	5326	5326	II	12729	11115	9573	8105	6709	5385
	III	**10152**	5326	5326	III	8902	7686	6508	5364	4258	3188
	V	**21811**	5326	5326	IV	15208	14339	13488	12655	11841	11045
	VI	**22246**	5326	5326							
72719,99	I,IV	**16102**	5326	5326	I	14352	12668	11057	9519	8053	6659
	II	**14429**	5326	5326	II	12742	11127	9585	8116	6719	5395
	III	**10162**	5326	5326	III	8910	7696	6516	5374	4268	3196
	V	**21824**	5326	5326	IV	15221	14352	13501	12668	11854	11057
	VI	**22260**	5326	5326							
72755,99	I,IV	**16116**	5326	5326	I	14366	12681	11070	9530	8064	6670
	II	**14442**	5326	5326	II	12755	11139	9597	8127	6730	5406
	III	**10172**	5326	5326	III	8920	7704	6526	5382	4276	3206
	V	**21838**	5326	5326	IV	15235	14366	13514	12681	11866	11070
	VI	**22273**	5326	5326							
72791,99	I,IV	**16130**	5326	5326	I	14379	12694	11082	9542	8075	6681
	II	**14456**	5326	5326	II	12768	11152	9609	8139	6741	5416
	III	**10182**	5326	5326	III	8930	7714	6534	5392	4284	3214
	V	**21852**	5326	5326	IV	15249	14379	13528	12694	11879	11082
	VI	**22287**	5326	5326							
72827,99	I,IV	**16144**	5326	5326	I	14393	12707	11094	9554	8086	6691
	II	**14469**	5326	5326	II	12781	11164	9621	8150	6752	5426
	III	**10192**	5326	5326	III	8940	7724	6544	5400	4294	3222
	V	**21866**	5326	5326	IV	15263	14393	13541	12707	11892	11094
	VI	**22301**	5326	5326							
72863,99	I,IV	**16158**	5326	5326	I	14406	12720	11107	9566	8098	6702
	II	**14483**	5326	5326	II	12794	11177	9633	8161	6762	5436
	III	**10202**	5326	5326	III	8950	7732	6552	5408	4302	3230
	V	**21880**	5326	5326	IV	15277	14406	13554	12720	11904	11107
	VI	**22315**	5326	5326							
72899,99	I,IV	**16171**	5326	5326	I	14420	12733	11119	9578	8109	6713
	II	**14496**	5326	5326	II	12807	11189	9645	8172	6773	5446
	III	**10212**	5326	5326	III	8960	7742	6562	5418	4310	3238
	V	**21894**	5326	5326	IV	15291	14420	13568	12733	11917	11119
	VI	**22329**	5326	5326							
72935,99	I,IV	**16185**	5326	5326	I	14434	12746	11132	9590	8120	6723
	II	**14510**	5326	5326	II	12820	11202	9656	8184	6784	5456
	III	**10222**	5326	5326	III	8968	7752	6572	5426	4318	3246
	V	**21908**	5326	5326	IV	15304	14434	13581	12746	11930	11132
	VI	**22343**	5326	5326							
72971,99	I,IV	**16199**	5326	5326	I	14447	12759	11144	9601	8131	6734
	II	**14524**	5326	5326	II	12833	11214	9668	8195	6794	5466
	III	**10232**	5326	5326	III	8978	7762	6580	5436	4328	3256
	V	**21921**	5326	5326	IV	15318	14447	13594	12759	11943	11144
	VI	**22357**	5326	5326							
73007,99	I,IV	**16213**	5326	5326	I	14461	12772	11156	9613	8143	6745
	II	**14537**	5326	5326	II	12846	11227	9680	8206	6805	5477
	III	**10242**	5326	5326	III	8988	7770	6590	5444	4336	3264
	V	**21935**	5326	5326	IV	15332	14461	13607	12772	11955	11156
	VI	**22370**	5326	5326							

* Zur LSt-Berechnung für privat versicherte Arbeitnehmer s. Beispiele **Vorbemerkung S. 4f.**
** Basisvorsorgepauschale KV und PV *** Typisierter Arbeitgeberzuschuss

Lohn/ Gehalt in € bis	Steuerklasse	Lohn-steuer*	BVSP**	TAGZ***	Steuerklasse	Bemessungsgrundlage für Kirchensteuer und Solidaritätszuschlag – Freibeträge für ... Kinder 0,5	1,0	1,5	2,0	2,5	3,0
73043,99	I,IV	**16227**	5326	5326	I	14475	12786	11169	9625	8154	6756
	II	**14551**	5326	5326	II	12859	11239	9692	8218	6816	5487
	III	**10252**	5326	5326	III	8998	7780	6598	5454	4344	3272
	V	**21950**	5326	5326	IV	15346	14475	13621	12786	11968	11169
	VI	**22385**	5326	5326							
73079,99	I,IV	**16241**	5326	5326	I	14488	12799	11182	9637	8166	6767
	II	**14565**	5326	5326	II	12872	11252	9704	8229	6827	5497
	III	**10262**	5326	5326	III	9008	7790	6608	5462	4354	3280
	V	**21963**	5326	5326	IV	15360	14488	13634	12799	11981	11182
	VI	**22399**	5326	5326							
73115,99	I,IV	**16255**	5326	5326	I	14502	12812	11194	9649	8177	6777
	II	**14578**	5326	5326	II	12885	11264	9716	8241	6838	5507
	III	**10272**	5326	5326	III	9018	7800	6618	5472	4362	3288
	V	**21977**	5326	5326	IV	15374	14502	13648	12812	11994	11194
	VI	**22412**	5326	5326							
73151,99	I,IV	**16269**	5326	5326	I	14515	12825	11207	9661	8188	6788
	II	**14592**	5326	5326	II	12898	11277	9728	8252	6849	5518
	III	**10282**	5326	5326	III	9028	7810	6626	5480	4370	3296
	V	**21991**	5326	5326	IV	15388	14515	13661	12825	12007	11207
	VI	**22426**	5326	5326							
73187,99	I,IV	**16283**	5326	5326	I	14529	12838	11219	9673	8200	6799
	II	**14606**	5326	5326	II	12911	11289	9740	8263	6859	5528
	III	**10292**	5326	5326	III	9038	7818	6636	5488	4378	3304
	V	**22005**	5326	5326	IV	15402	14529	13674	12838	12019	11219
	VI	**22440**	5326	5326							
73223,99	I,IV	**16297**	5326	5326	I	14543	12851	11231	9685	8211	6809
	II	**14619**	5326	5326	II	12924	11302	9752	8275	6870	5538
	III	**10302**	5326	5326	III	9048	7828	6644	5498	4388	3314
	V	**22019**	5326	5326	IV	15416	14543	13688	12851	12032	11231
	VI	**22454**	5326	5326							
73259,99	I,IV	**16310**	5326	5326	I	14556	12864	11244	9697	8222	6820
	II	**14633**	5326	5326	II	12937	11314	9764	8286	6881	5548
	III	**10312**	5326	5326	III	9056	7838	6654	5506	4396	3322
	V	**22033**	5326	5326	IV	15430	14556	13701	12864	12045	11244
	VI	**22468**	5326	5326							
73295,99	I,IV	**16324**	5326	5326	I	14570	12877	11256	9709	8233	6831
	II	**14647**	5326	5326	II	12950	11327	9776	8297	6892	5558
	III	**10322**	5326	5326	III	9066	7846	6664	5516	4404	3330
	V	**22047**	5326	5326	IV	15444	14570	13714	12877	12058	11256
	VI	**22482**	5326	5326							
73331,99	I,IV	**16338**	5326	5326	I	14583	12890	11269	9721	8245	6842
	II	**14660**	5326	5326	II	12963	11339	9788	8309	6902	5569
	III	**10332**	5326	5326	III	9076	7856	6672	5524	4414	3338
	V	**22060**	5326	5326	IV	15457	14583	13728	12890	12070	11269
	VI	**22496**	5326	5326							
73367,99	I,IV	**16352**	5326	5326	I	14597	12903	11281	9732	8256	6852
	II	**14674**	5326	5326	II	12976	11352	9800	8320	6913	5579
	III	**10344**	5326	5326	III	9086	7866	6682	5534	4422	3346
	V	**22074**	5326	5326	IV	15471	14597	13741	12903	12083	11281
	VI	**22509**	5326	5326							
73403,99	I,IV	**16366**	5326	5326	I	14611	12916	11294	9744	8267	6863
	II	**14687**	5326	5326	II	12990	11364	9811	8331	6924	5589
	III	**10352**	5326	5326	III	9096	7874	6690	5542	4430	3354
	V	**22088**	5326	5326	IV	15485	14611	13754	12916	12096	11294
	VI	**22523**	5326	5326							
73439,99	I,IV	**16380**	5326	5326	I	14624	12929	11306	9756	8279	6874
	II	**14701**	5326	5326	II	13003	11377	9823	8343	6935	5599
	III	**10364**	5326	5326	III	9106	7884	6700	5552	4440	3364
	V	**22102**	5326	5326	IV	15499	14624	13768	12929	12109	11306
	VI	**22537**	5326	5326							

* Zur LSt-Berechnung für privat versicherte Arbeitnehmer s. Beispiele **Vorbemerkung S. 4f.**
** Basisvorsorgepauschale KV und PV *** Typisierter Arbeitgeberzuschuss

Lohn/ Gehalt in € bis	Steuerklasse	**Lohn-steuer***	BVSP**	TAGZ***	Steuerklasse	Bemessungsgrundlage für Kirchensteuer und Solidaritätszuschlag – Freibeträge für ... Kinder 0,5	**1,0**	1,5	**2,0**	2,5	**3,0**
73475,99	I,IV	**16394**	5326	5326	I	14638	12942	11319	9768	8290	6885
	II	**14715**	5326	5326	II	13016	11389	9835	8354	6946	5610
	III	**10372**	5326	5326	III	9116	7894	6708	5560	4448	3372
	V	**22116**	5326	5326	IV	15513	14638	13781	12942	12121	11319
	VI	**22551**	5326	5326							
73511,99	I,IV	**16407**	5326	5326	I	14652	12955	11331	9780	8301	6896
	II	**14728**	5326	5326	II	13029	11402	9847	8366	6956	5620
	III	**10384**	5326	5326	III	9126	7904	6718	5570	4456	3380
	V	**22130**	5326	5326	IV	15527	14652	13794	12955	12134	11331
	VI	**22565**	5326	5326							
73547,99	I,IV	**16421**	5326	5326	I	14665	12968	11344	9792	8313	6906
	II	**14742**	5326	5326	II	13042	11414	9859	8377	6967	5630
	III	**10392**	5326	5326	III	9134	7912	6728	5578	4464	3388
	V	**22144**	5326	5326	IV	15541	14665	13808	12968	12147	11344
	VI	**22579**	5326	5326							
73583,99	I,IV	**16435**	5326	5326	I	14679	12981	11356	9804	8324	6917
	II	**14756**	5326	5326	II	13055	11427	9871	8388	6978	5640
	III	**10404**	5326	5326	III	9144	7922	6736	5588	4474	3396
	V	**22158**	5326	5326	IV	15554	14679	13821	12981	12160	11356
	VI	**22593**	5326	5326							
73619,99	I,IV	**16449**	5326	5326	I	14692	12994	11369	9816	8336	6928
	II	**14769**	5326	5326	II	13068	11439	9883	8400	6989	5650
	III	**10414**	5326	5326	III	9154	7932	6746	5596	4482	3404
	V	**22171**	5326	5326	IV	15568	14692	13834	12994	12172	11369
	VI	**22606**	5326	5326							
73655,99	I,IV	**16463**	5326	5326	I	14706	13007	11381	9828	8347	6939
	II	**14783**	5326	5326	II	13081	11452	9895	8411	7000	5661
	III	**10424**	5326	5326	III	9164	7942	6754	5604	4490	3414
	V	**22185**	5326	5326	IV	15582	14706	13848	13007	12185	11381
	VI	**22620**	5326	5326							
73691,99	I,IV	**16477**	5326	5326	I	14720	13020	11394	9840	8358	6949
	II	**14797**	5326	5326	II	13094	11464	9907	8422	7010	5671
	III	**10434**	5326	5326	III	9174	7950	6764	5614	4500	3422
	V	**22199**	5326	5326	IV	15596	14720	13861	13020	12198	11394
	VI	**22634**	5326	5326							
73727,99	I,IV	**16491**	5326	5326	I	14734	13034	11407	9852	8370	6961
	II	**14811**	5326	5326	II	13108	11477	9919	8434	7022	5682
	III	**10444**	5326	5326	III	9184	7960	6774	5622	4508	3430
	V	**22213**	5326	5326	IV	15610	14734	13875	13034	12211	11407
	VI	**22648**	5326	5326							
73763,99	I,IV	**16505**	5326	5326	I	14747	13047	11419	9864	8381	6971
	II	**14825**	5326	5326	II	13121	11490	9931	8446	7032	5692
	III	**10454**	5326	5326	III	9194	7970	6782	5632	4518	3438
	V	**22227**	5326	5326	IV	15624	14747	13888	13047	12224	11419
	VI	**22662**	5326	5326							
73799,99	I,IV	**16519**	5326	5326	I	14761	13060	11432	9876	8393	6982
	II	**14838**	5326	5326	II	13134	11502	9943	8457	7043	5702
	III	**10464**	5326	5326	III	9204	7980	6792	5640	4526	3446
	V	**22241**	5326	5326	IV	15638	14761	13902	13060	12237	11432
	VI	**22676**	5326	5326							
73835,99	I,IV	**16533**	5326	5326	I	14775	13073	11444	9888	8404	6993
	II	**14852**	5326	5326	II	13147	11515	9955	8468	7054	5712
	III	**10474**	5326	5326	III	9214	7990	6802	5650	4534	3456
	V	**22255**	5326	5326	IV	15652	14775	13915	13073	12250	11444
	VI	**22690**	5326	5326							
73871,99	I,IV	**16546**	5326	5326	I	14789	13086	11457	9900	8416	7004
	II	**14866**	5326	5326	II	13160	11528	9967	8480	7065	5723
	III	**10484**	5326	5326	III	9222	7998	6810	5658	4542	3464
	V	**22269**	5326	5326	IV	15666	14789	13928	13086	12262	11457
	VI	**22704**	5326	5326							

* Zur LSt-Berechnung für privat versicherte Arbeitnehmer s. Beispiele **Vorbemerkung S. 4f.**
** Basisvorsorgepauschale KV und PV *** Typisierter Arbeitgeberzuschuss

Lohn/ Gehalt in € bis	Steuerklasse	**Lohn-steuer***	BVSP**	TAGZ***	Steuerklasse	Bemessungsgrundlage für Kirchensteuer und Solidaritätszuschlag – Freibeträge für ... Kinder 0,5	**1,0**	1,5	**2,0**	2,5	**3,0**
73 907,99	I,IV	**16 560**	5 326	5 326	I	14 802	13 099	11 469	9 912	8 427	7 015
	II	**14 879**	5 326	5 326	II	13 173	11 540	9 979	8 491	7 076	5 733
	III	**10 494**	5 326	5 326	III	9 232	8 008	6 820	5 668	4 552	3 472
	V	**22 283**	5 326	5 326	IV	15 680	14 802	13 942	13 099	12 275	11 469
	VI	**22 718**	5 326	5 326							
73 943,99	I,IV	**16 574**	5 326	5 326	I	14 816	13 113	11 482	9 924	8 438	7 025
	II	**14 893**	5 326	5 326	II	13 187	11 553	9 991	8 503	7 087	5 743
	III	**10 504**	5 326	5 326	III	9 242	8 018	6 828	5 676	4 560	3 480
	V	**22 297**	5 326	5 326	IV	15 693	14 816	13 955	13 113	12 288	11 482
	VI	**22 732**	5 326	5 326							
73 979,99	I,IV	**16 588**	5 326	5 326	I	14 830	13 126	11 494	9 936	8 450	7 036
	II	**14 907**	5 326	5 326	II	13 200	11 565	10 003	8 514	7 097	5 753
	III	**10 514**	5 326	5 326	III	9 252	8 028	6 838	5 686	4 568	3 488
	V	**22 310**	5 326	5 326	IV	15 707	14 830	13 969	13 126	12 301	11 494
	VI	**22 746**	5 326	5 326							
74 015,99	I,IV	**16 602**	5 326	5 326	I	14 843	13 139	11 507	9 948	8 461	7 047
	II	**14 921**	5 326	5 326	II	13 213	11 578	10 015	8 526	7 108	5 764
	III	**10 524**	5 326	5 326	III	9 262	8 036	6 848	5 694	4 578	3 496
	V	**22 324**	5 326	5 326	IV	15 721	14 843	13 982	13 139	12 314	11 507
	VI	**22 759**	5 326	5 326							
74 051,99	I,IV	**16 616**	5 326	5 326	I	14 857	13 152	11 520	9 960	8 473	7 058
	II	**14 934**	5 326	5 326	II	13 226	11 590	10 027	8 537	7 119	5 774
	III	**10 534**	5 326	5 326	III	9 272	8 046	6 856	5 704	4 586	3 506
	V	**22 338**	5 326	5 326	IV	15 735	14 857	13 995	13 152	12 327	11 520
	VI	**22 773**	5 326	5 326							
74 087,99	I,IV	**16 630**	5 326	5 326	I	14 871	13 165	11 532	9 972	8 484	7 069
	II	**14 948**	5 326	5 326	II	13 239	11 603	10 039	8 548	7 130	5 784
	III	**10 544**	5 326	5 326	III	9 282	8 056	6 866	5 712	4 594	3 514
	V	**22 352**	5 326	5 326	IV	15 749	14 871	14 009	13 165	12 339	11 532
	VI	**22 787**	5 326	5 326							
74 123,99	I,IV	**16 643**	5 326	5 326	I	14 884	13 178	11 545	9 984	8 495	7 080
	II	**14 962**	5 326	5 326	II	13 252	11 616	10 051	8 560	7 141	5 795
	III	**10 554**	5 326	5 326	III	9 292	8 066	6 874	5 722	4 604	3 522
	V	**22 366**	5 326	5 326	IV	15 763	14 884	14 022	13 178	12 352	11 545
	VI	**22 801**	5 326	5 326							
74 159,99	I,IV	**16 657**	5 326	5 326	I	14 898	13 191	11 557	9 996	8 507	7 091
	II	**14 975**	5 326	5 326	II	13 265	11 628	10 063	8 571	7 152	5 805
	III	**10 564**	5 326	5 326	III	9 302	8 074	6 884	5 730	4 612	3 530
	V	**22 380**	5 326	5 326	IV	15 777	14 898	14 036	13 191	12 365	11 557
	VI	**22 815**	5 326	5 326							
74 195,99	I,IV	**16 671**	5 326	5 326	I	14 912	13 204	11 570	10 008	8 518	7 101
	II	**14 989**	5 326	5 326	II	13 279	11 641	10 075	8 583	7 163	5 815
	III	**10 574**	5 326	5 326	III	9 312	8 084	6 894	5 738	4 620	3 538
	V	**22 394**	5 326	5 326	IV	15 790	14 912	14 049	13 204	12 378	11 570
	VI	**22 829**	5 326	5 326							
74 231,99	I,IV	**16 685**	5 326	5 326	I	14 926	13 218	11 582	10 020	8 530	7 112
	II	**15 003**	5 326	5 326	II	13 292	11 653	10 087	8 594	7 174	5 826
	III	**10 584**	5 326	5 326	III	9 320	8 094	6 902	5 748	4 630	3 548
	V	**22 407**	5 326	5 326	IV	15 804	14 926	14 062	13 218	12 391	11 582
	VI	**22 843**	5 326	5 326							
74 267,99	I,IV	**16 699**	5 326	5 326	I	14 939	13 231	11 595	10 032	8 541	7 123
	II	**15 017**	5 326	5 326	II	13 305	11 666	10 100	8 606	7 184	5 836
	III	**10 594**	5 326	5 326	III	9 330	8 104	6 912	5 756	4 638	3 556
	V	**22 421**	5 326	5 326	IV	15 818	14 939	14 076	13 231	12 404	11 595
	VI	**22 856**	5 326	5 326							
74 303,99	I,IV	**16 713**	5 326	5 326	I	14 953	13 244	11 608	10 044	8 553	7 134
	II	**15 030**	5 326	5 326	II	13 318	11 679	10 112	8 617	7 195	5 846
	III	**10 604**	5 326	5 326	III	9 340	8 112	6 920	5 766	4 646	3 564
	V	**22 435**	5 326	5 326	IV	15 832	14 953	14 089	13 244	12 417	11 608
	VI	**22 870**	5 326	5 326							

* Zur LSt-Berechnung für privat versicherte Arbeitnehmer s. Beispiele **Vorbemerkung S. 4f.**
** Basisvorsorgepauschale KV und PV *** Typisierter Arbeitgeberzuschuss

Lohn/ Gehalt in € bis	Steuerklasse	Lohn-steuer*	BVSP**	TAGZ***	Steuerklasse	Bemessungsgrundlage für Kirchensteuer und Solidaritätszuschlag: Freibeträge für ... Kinder 0,5	**1,0**	1,5	**2,0**	2,5	**3,0**
74 339,99	I,IV	**16 727**	5 326	5 326	I	14 967	13 257	11 620	10 056	8 564	7 145
	II	**15 044**	5 326	5 326	II	13 331	11 691	10 124	8 629	7 206	5 857
	III	**10 616**	5 326	5 326	III	9 350	8 122	6 930	5 774	4 656	3 572
	V	**22 449**	5 326	5 326	IV	15 846	14 967	14 103	13 257	12 430	11 620
	VI	**22 884**	5 326	5 326							
74 375,99	I,IV	**16 740**	5 326	5 326	I	14 980	13 270	11 633	10 068	8 575	7 156
	II	**15 058**	5 326	5 326	II	13 345	11 704	10 136	8 640	7 217	5 867
	III	**10 624**	5 326	5 326	III	9 360	8 132	6 940	5 784	4 664	3 580
	V	**22 463**	5 326	5 326	IV	15 860	14 980	14 116	13 270	12 442	11 633
	VI	**22 898**	5 326	5 326							
74 411,99	I,IV	**16 755**	5 326	5 326	I	14 995	13 284	11 646	10 080	8 587	7 167
	II	**15 072**	5 326	5 326	II	13 358	11 717	10 148	8 652	7 228	5 878
	III	**10 636**	5 326	5 326	III	9 370	8 142	6 948	5 792	4 672	3 590
	V	**22 477**	5 326	5 326	IV	15 874	14 995	14 130	13 284	12 456	11 646
	VI	**22 912**	5 326	5 326							
74 447,99	I,IV	**16 769**	5 326	5 326	I	15 008	13 297	11 658	10 092	8 599	7 178
	II	**15 086**	5 326	5 326	II	13 371	11 729	10 160	8 663	7 239	5 888
	III	**10 646**	5 326	5 326	III	9 380	8 152	6 958	5 802	4 682	3 598
	V	**22 491**	5 326	5 326	IV	15 888	15 008	14 144	13 297	12 469	11 658
	VI	**22 926**	5 326	5 326							
74 483,99	I,IV	**16 782**	5 326	5 326	I	15 022	13 310	11 671	10 104	8 610	7 189
	II	**15 100**	5 326	5 326	II	13 385	11 742	10 172	8 675	7 250	5 898
	III	**10 656**	5 326	5 326	III	9 390	8 160	6 968	5 810	4 690	3 606
	V	**22 505**	5 326	5 326	IV	15 902	15 022	14 157	13 310	12 481	11 671
	VI	**22 940**	5 326	5 326							
74 519,99	I,IV	**16 796**	5 326	5 326	I	15 036	13 323	11 684	10 116	8 622	7 200
	II	**15 113**	5 326	5 326	II	13 398	11 755	10 184	8 686	7 261	5 909
	III	**10 666**	5 326	5 326	III	9 400	8 170	6 976	5 820	4 700	3 614
	V	**22 519**	5 326	5 326	IV	15 916	15 036	14 171	13 323	12 494	11 684
	VI	**22 954**	5 326	5 326							
74 555,99	I,IV	**16 810**	5 326	5 326	I	15 050	13 337	11 696	10 128	8 633	7 211
	II	**15 127**	5 326	5 326	II	13 411	11 767	10 196	8 698	7 272	5 919
	III	**10 676**	5 326	5 326	III	9 410	8 180	6 986	5 828	4 708	3 622
	V	**22 533**	5 326	5 326	IV	15 929	15 050	14 184	13 337	12 507	11 696
	VI	**22 968**	5 326	5 326							
74 591,99	I,IV	**16 824**	5 326	5 326	I	15 063	13 350	11 709	10 140	8 645	7 222
	II	**15 141**	5 326	5 326	II	13 424	11 780	10 208	8 709	7 283	5 929
	III	**10 686**	5 326	5 326	III	9 420	8 190	6 996	5 838	4 716	3 632
	V	**22 546**	5 326	5 326	IV	15 943	15 063	14 198	13 350	12 520	11 709
	VI	**22 982**	5 326	5 326							
74 627,99	I,IV	**16 838**	5 326	5 326	I	15 077	13 363	11 721	10 152	8 656	7 232
	II	**15 155**	5 326	5 326	II	13 437	11 793	10 220	8 721	7 294	5 940
	III	**10 696**	5 326	5 326	III	9 430	8 198	7 004	5 846	4 724	3 640
	V	**22 560**	5 326	5 326	IV	15 957	15 077	14 211	13 363	12 533	11 721
	VI	**22 995**	5 326	5 326							
74 663,99	I,IV	**16 852**	5 326	5 326	I	15 091	13 376	11 734	10 165	8 668	7 243
	II	**15 169**	5 326	5 326	II	13 451	11 805	10 233	8 732	7 305	5 950
	III	**10 706**	5 326	5 326	III	9 440	8 208	7 014	5 856	4 734	3 648
	V	**22 574**	5 326	5 326	IV	15 971	15 091	14 224	13 376	12 546	11 734
	VI	**23 009**	5 326	5 326							
74 699,99	I,IV	**16 866**	5 326	5 326	I	15 105	13 389	11 747	10 177	8 679	7 254
	II	**15 182**	5 326	5 326	II	13 464	11 818	10 245	8 744	7 316	5 960
	III	**10 716**	5 326	5 326	III	9 448	8 218	7 022	5 864	4 742	3 656
	V	**22 588**	5 326	5 326	IV	15 985	15 105	14 238	13 389	12 559	11 747
	VI	**23 023**	5 326	5 326							
74 735,99	I,IV	**16 879**	5 326	5 326	I	15 119	13 403	11 759	10 189	8 691	7 265
	II	**15 196**	5 326	5 326	II	13 477	11 831	10 257	8 756	7 327	5 971
	III	**10 726**	5 326	5 326	III	9 458	8 228	7 032	5 874	4 752	3 666
	V	**22 602**	5 326	5 326	IV	15 999	15 119	14 251	13 403	12 572	11 759
	VI	**23 037**	5 326	5 326							

* Zur LSt-Berechnung für privat versicherte Arbeitnehmer s. Beispiele **Vorbemerkung S. 4 f.**
** Basisvorsorgepauschale KV und PV *** Typisierter Arbeitgeberzuschuss

Lohn/ Gehalt in € bis	Steuerklasse	Lohn-steuer*	BVSP**	TAGZ***	Steuerklasse	Bemessungsgrundlage für Kirchensteuer und Solidaritätszuschlag – Freibeträge für ... Kinder 0,5	1,0	1,5	2,0	2,5	3,0
74771,99	I,IV	**16893**	5326	5326	I	15132	13416	11772	10201	8702	7276
	II	**15210**	5326	5326	II	13490	11843	10269	8767	7338	5981
	III	**10736**	5326	5326	III	9468	8236	7042	5882	4760	3674
	V	**22616**	5326	5326	IV	16013	15132	14265	13416	12585	11772
	VI	**23051**	5326	5326							
74807,99	I,IV	**16907**	5326	5326	I	15146	13429	11785	10213	8714	7287
	II	**15224**	5326	5326	II	13504	11856	10281	8779	7349	5992
	III	**10746**	5326	5326	III	9478	8246	7050	5892	4768	3682
	V	**22630**	5326	5326	IV	16026	15146	14278	13429	12598	11785
	VI	**23065**	5326	5326							
74843,99	I,IV	**16921**	5326	5326	I	15160	13442	11797	10225	8725	7298
	II	**15238**	5326	5326	II	13517	11869	10293	8790	7360	6002
	III	**10756**	5326	5326	III	9488	8256	7060	5900	4776	3690
	V	**22643**	5326	5326	IV	16040	15160	14292	13442	12611	11797
	VI	**23079**	5326	5326							
74879,99	I,IV	**16935**	5326	5326	I	15174	13456	11810	10237	8737	7309
	II	**15252**	5326	5326	II	13530	11881	10305	8802	7371	6012
	III	**10766**	5326	5326	III	9498	8266	7070	5910	4786	3698
	V	**22657**	5326	5326	IV	16054	15174	14306	13456	12624	11810
	VI	**23092**	5326	5326							
74915,99	I,IV	**16949**	5326	5326	I	15188	13469	11823	10249	8748	7320
	II	**15265**	5326	5326	II	13543	11894	10317	8813	7382	6023
	III	**10776**	5326	5326	III	9508	8274	7078	5918	4794	3706
	V	**22671**	5326	5326	IV	16068	15188	14319	13469	12637	11823
	VI	**23106**	5326	5326							
74951,99	I,IV	**16963**	5326	5326	I	15201	13482	11835	10261	8760	7331
	II	**15279**	5326	5326	II	13557	11907	10329	8825	7393	6033
	III	**10788**	5326	5326	III	9518	8284	7088	5928	4804	3716
	V	**22685**	5326	5326	IV	16082	15201	14333	13482	12650	11835
	VI	**23120**	5326	5326							
74987,99	I,IV	**16977**	5326	5326	I	15215	13495	11848	10273	8771	7342
	II	**15293**	5326	5326	II	13570	11919	10342	8836	7404	6044
	III	**10798**	5326	5326	III	9528	8294	7096	5936	4812	3724
	V	**22699**	5326	5326	IV	16096	15215	14346	13495	12663	11848
	VI	**23134**	5326	5326							
75023,99	I,IV	**16990**	5326	5326	I	15229	13508	11861	10285	8783	7353
	II	**15307**	5326	5326	II	13583	11932	10354	8848	7415	6054
	III	**10808**	5326	5326	III	9538	8304	7106	5946	4820	3732
	V	**22713**	5326	5326	IV	16110	15229	14360	13508	12675	11861
	VI	**23148**	5326	5326							
75059,99	I,IV	**17005**	5326	5326	I	15243	13522	11874	10298	8795	7364
	II	**15321**	5326	5326	II	13597	11945	10366	8860	7426	6065
	III	**10818**	5326	5326	III	9548	8314	7116	5954	4830	3740
	V	**22727**	5326	5326	IV	16124	15243	14374	13522	12689	11874
	VI	**23162**	5326	5326							
75095,99	I,IV	**17019**	5326	5326	I	15257	13535	11886	10310	8806	7375
	II	**15335**	5326	5326	II	13610	11958	10378	8871	7437	6075
	III	**10828**	5326	5326	III	9558	8324	7126	5964	4838	3750
	V	**22741**	5326	5326	IV	16138	15257	14387	13535	12702	11886
	VI	**23176**	5326	5326							
75131,99	I,IV	**17032**	5326	5326	I	15271	13549	11899	10322	8818	7386
	II	**15349**	5326	5326	II	13623	11971	10390	8883	7448	6086
	III	**10838**	5326	5326	III	9568	8332	7134	5972	4848	3758
	V	**22755**	5326	5326	IV	16152	15271	14401	13549	12715	11899
	VI	**23190**	5326	5326							
75167,99	I,IV	**17046**	5326	5326	I	15285	13562	11912	10334	8829	7397
	II	**15363**	5326	5326	II	13637	11983	10403	8895	7459	6096
	III	**10848**	5326	5326	III	9576	8342	7144	5982	4856	3766
	V	**22769**	5326	5326	IV	16165	15285	14414	13562	12728	11912
	VI	**23204**	5326	5326							

* Zur LSt-Berechnung für privat versicherte Arbeitnehmer s. Beispiele **Vorbemerkung S. 4f.**
** Basisvorsorgepauschale KV und PV *** Typisierter Arbeitgeberzuschuss

Lohn/ Gehalt in € bis	Steuerklasse	Lohn-steuer*	BVSP**	TAGZ***	Steuerklasse	Bemessungsgrundlage für Kirchensteuer und Solidaritätszuschlag – Freibeträge für ... Kinder 0,5	**1,0**	1,5	**2,0**	2,5	**3,0**
75 203,99	I,IV	**17 060**	5 326	5 326	I	15 299	13 575	11 924	10 346	8 841	7 408
	II	**15 377**	5 326	5 326	II	13 650	11 996	10 415	8 906	7 470	6 107
	III	**10 858**	5 326	5 326	III	9 588	8 352	7 154	5 990	4 864	3 774
	V	**22 782**	5 326	5 326	IV	16 179	15 299	14 428	13 575	12 741	11 924
	VI	**23 218**	5 326	5 326							
75 239,99	I,IV	**17 074**	5 326	5 326	I	15 312	13 588	11 937	10 358	8 852	7 419
	II	**15 391**	5 326	5 326	II	13 663	12 009	10 427	8 918	7 481	6 117
	III	**10 868**	5 326	5 326	III	9 596	8 362	7 162	6 000	4 874	3 782
	V	**22 796**	5 326	5 326	IV	16 193	15 312	14 441	13 588	12 754	11 937
	VI	**23 231**	5 326	5 326							
75 275,99	I,IV	**17 088**	5 326	5 326	I	15 326	13 602	11 950	10 371	8 864	7 430
	II	**15 404**	5 326	5 326	II	13 677	12 022	10 439	8 929	7 492	6 127
	III	**10 878**	5 326	5 326	III	9 606	8 372	7 172	6 008	4 882	3 792
	V	**22 810**	5 326	5 326	IV	16 207	15 326	14 455	13 602	12 767	11 950
	VI	**23 245**	5 326	5 326							
75 311,99	I,IV	**17 102**	5 326	5 326	I	15 340	13 615	11 963	10 383	8 876	7 441
	II	**15 418**	5 326	5 326	II	13 690	12 034	10 451	8 941	7 503	6 138
	III	**10 888**	5 326	5 326	III	9 616	8 380	7 180	6 018	4 890	3 800
	V	**22 824**	5 326	5 326	IV	16 221	15 340	14 468	13 615	12 780	11 963
	VI	**23 259**	5 326	5 326							
75 347,99	I,IV	**17 116**	5 326	5 326	I	15 354	13 628	11 975	10 395	8 887	7 452
	II	**15 432**	5 326	5 326	II	13 703	12 047	10 463	8 952	7 514	6 148
	III	**10 900**	5 326	5 326	III	9 626	8 390	7 190	6 026	4 900	3 808
	V	**22 838**	5 326	5 326	IV	16 235	15 354	14 482	13 628	12 793	11 975
	VI	**23 273**	5 326	5 326							
75 383,99	I,IV	**17 129**	5 326	5 326	I	15 368	13 642	11 988	10 407	8 899	7 463
	II	**15 446**	5 326	5 326	II	13 717	12 060	10 476	8 964	7 525	6 159
	III	**10 908**	5 326	5 326	III	9 636	8 400	7 200	6 036	4 908	3 816
	V	**22 852**	5 326	5 326	IV	16 249	15 368	14 496	13 642	12 806	11 988
	VI	**23 287**	5 326	5 326							
75 419,99	I,IV	**17 143**	5 326	5 326	I	15 382	13 655	12 001	10 419	8 910	7 474
	II	**15 460**	5 326	5 326	II	13 730	12 073	10 488	8 976	7 536	6 169
	III	**10 920**	5 326	5 326	III	9 646	8 410	7 208	6 044	4 916	3 826
	V	**22 866**	5 326	5 326	IV	16 263	15 382	14 509	13 655	12 819	12 001
	VI	**23 301**	5 326	5 326							
75 455,99	I,IV	**17 157**	5 326	5 326	I	15 396	13 668	12 013	10 431	8 922	7 485
	II	**15 474**	5 326	5 326	II	13 743	12 085	10 500	8 987	7 547	6 180
	III	**10 930**	5 326	5 326	III	9 656	8 418	7 218	6 054	4 926	3 834
	V	**22 879**	5 326	5 326	IV	16 276	15 396	14 523	13 668	12 832	12 013
	VI	**23 315**	5 326	5 326							
75 491,99	I,IV	**17 171**	5 326	5 326	I	15 409	13 682	12 026	10 444	8 933	7 496
	II	**15 488**	5 326	5 326	II	13 757	12 098	10 512	8 999	7 558	6 190
	III	**10 940**	5 326	5 326	III	9 666	8 428	7 228	6 062	4 934	3 842
	V	**22 893**	5 326	5 326	IV	16 290	15 409	14 536	13 682	12 845	12 026
	VI	**23 328**	5 326	5 326							
75 527,99	I,IV	**17 185**	5 326	5 326	I	15 423	13 695	12 039	10 456	8 945	7 507
	II	**15 501**	5 326	5 326	II	13 770	12 111	10 524	9 011	7 569	6 201
	III	**10 950**	5 326	5 326	III	9 676	8 438	7 236	6 072	4 942	3 850
	V	**22 907**	5 326	5 326	IV	16 304	15 423	14 550	13 695	12 858	12 039
	VI	**23 342**	5 326	5 326							
75 563,99	I,IV	**17 199**	5 326	5 326	I	15 437	13 708	12 052	10 468	8 957	7 518
	II	**15 515**	5 326	5 326	II	13 783	12 124	10 537	9 022	7 580	6 211
	III	**10 960**	5 326	5 326	III	9 686	8 448	7 246	6 080	4 952	3 860
	V	**22 921**	5 326	5 326	IV	16 318	15 437	14 564	13 708	12 871	12 052
	VI	**23 356**	5 326	5 326							
75 599,99	I,IV	**17 213**	5 326	5 326	I	15 451	13 721	12 064	10 480	8 968	7 529
	II	**15 529**	5 326	5 326	II	13 797	12 136	10 549	9 034	7 591	6 222
	III	**10 970**	5 326	5 326	III	9 696	8 458	7 256	6 090	4 960	3 868
	V	**22 935**	5 326	5 326	IV	16 332	15 451	14 577	13 721	12 884	12 064
	VI	**23 370**	5 326	5 326							

* Zur LSt-Berechnung für privat versicherte Arbeitnehmer s. Beispiele **Vorbemerkung S. 4 f.**
** Basisvorsorgepauschale KV und PV *** Typisierter Arbeitgeberzuschuss

Lohn/ Gehalt in € bis	Steuerklasse	Lohn-steuer*	BVSP**	TAGZ***	Steuerklasse	Bemessungsgrundlage für Kirchensteuer und Solidaritätszuschlag					
						Freibeträge für ... Kinder					
						0,5	**1,0**	1,5	**2,0**	2,5	**3,0**
75 635,99	I,IV	**17 226**	5 326	5 326	I	15 465	13 735	12 077	10 492	8 980	7 540
	II	**15 543**	5 326	5 326	II	13 810	12 149	10 561	9 045	7 602	6 232
	III	**10 980**	5 326	5 326	III	9 706	8 468	7 264	6 098	4 970	3 876
	V	**22 949**	5 326	5 326	IV	16 346	15 465	14 591	13 735	12 897	12 077
	VI	**23 384**	5 326	5 326							
75 671,99	I,IV	**17 240**	5 326	5 326	I	15 479	13 748	12 090	10 504	8 992	7 551
	II	**15 557**	5 326	5 326	II	13 823	12 162	10 573	9 057	7 614	6 243
	III	**10 990**	5 326	5 326	III	9 716	8 476	7 274	6 108	4 978	3 884
	V	**22 963**	5 326	5 326	IV	16 360	15 479	14 604	13 748	12 910	12 090
	VI	**23 398**	5 326	5 326							
75 707,99	I,IV	**17 254**	5 326	5 326	I	15 493	13 761	12 103	10 517	9 003	7 562
	II	**15 571**	5 326	5 326	II	13 837	12 175	10 585	9 069	7 625	6 253
	III	**11 000**	5 326	5 326	III	9 726	8 486	7 284	6 118	4 986	3 892
	V	**22 977**	5 326	5 326	IV	16 373	15 493	14 618	13 761	12 923	12 103
	VI	**23 412**	5 326	5 326							
75 743,99	I,IV	**17 268**	5 326	5 326	I	15 507	13 775	12 116	10 529	9 015	7 574
	II	**15 585**	5 326	5 326	II	13 850	12 188	10 598	9 081	7 636	6 264
	III	**11 012**	5 326	5 326	III	9 736	8 496	7 294	6 126	4 996	3 902
	V	**22 991**	5 326	5 326	IV	16 388	15 507	14 632	13 775	12 936	12 116
	VI	**23 426**	5 326	5 326							
75 779,99	I,IV	**17 282**	5 326	5 326	I	15 521	13 789	12 129	10 541	9 027	7 585
	II	**15 599**	5 326	5 326	II	13 864	12 201	10 610	9 092	7 647	6 275
	III	**11 022**	5 326	5 326	III	9 746	8 506	7 302	6 136	5 004	3 910
	V	**23 005**	5 326	5 326	IV	16 402	15 521	14 646	13 789	12 950	12 129
	VI	**23 440**	5 326	5 326							
75 815,99	I,IV	**17 296**	5 326	5 326	I	15 535	13 802	12 141	10 554	9 038	7 596
	II	**15 613**	5 326	5 326	II	13 877	12 214	10 622	9 104	7 658	6 285
	III	**11 032**	5 326	5 326	III	9 756	8 516	7 312	6 144	5 014	3 918
	V	**23 019**	5 326	5 326	IV	16 415	15 535	14 659	13 802	12 963	12 141
	VI	**23 454**	5 326	5 326							
75 851,99	I,IV	**17 310**	5 326	5 326	I	15 549	13 815	12 154	10 566	9 050	7 607
	II	**15 627**	5 326	5 326	II	13 891	12 226	10 635	9 116	7 669	6 296
	III	**11 042**	5 326	5 326	III	9 764	8 524	7 320	6 154	5 022	3 926
	V	**23 032**	5 326	5 326	IV	16 429	15 549	14 673	13 815	12 976	12 154
	VI	**23 467**	5 326	5 326							
75 887,99	I,IV	**17 324**	5 326	5 326	I	15 562	13 829	12 167	10 578	9 062	7 618
	II	**15 640**	5 326	5 326	II	13 904	12 239	10 647	9 127	7 680	6 306
	III	**11 052**	5 326	5 326	III	9 776	8 534	7 330	6 162	5 030	3 936
	V	**23 046**	5 326	5 326	IV	16 443	15 562	14 687	13 829	12 989	12 167
	VI	**23 481**	5 326	5 326							
75 923,99	I,IV	**17 338**	5 326	5 326	I	15 576	13 842	12 180	10 590	9 073	7 629
	II	**15 654**	5 326	5 326	II	13 917	12 252	10 659	9 139	7 692	6 317
	III	**11 062**	5 326	5 326	III	9 784	8 544	7 340	6 172	5 040	3 944
	V	**23 060**	5 326	5 326	IV	16 457	15 576	14 700	13 842	13 002	12 180
	VI	**23 495**	5 326	5 326							
75 959,99	I,IV	**17 352**	5 326	5 326	I	15 590	13 855	12 193	10 602	9 085	7 640
	II	**15 668**	5 326	5 326	II	13 931	12 265	10 671	9 151	7 703	6 327
	III	**11 072**	5 326	5 326	III	9 794	8 554	7 350	6 180	5 048	3 952
	V	**23 074**	5 326	5 326	IV	16 471	15 590	14 714	13 855	13 015	12 193
	VI	**23 509**	5 326	5 326							
75 995,99	I,IV	**17 365**	5 326	5 326	I	15 604	13 869	12 205	10 615	9 097	7 651
	II	**15 682**	5 326	5 326	II	13 944	12 278	10 684	9 162	7 714	6 338
	III	**11 082**	5 326	5 326	III	9 804	8 564	7 358	6 190	5 056	3 960
	V	**23 088**	5 326	5 326	IV	16 485	15 604	14 728	13 869	13 028	12 205
	VI	**23 523**	5 326	5 326							
76 031,99	I,IV	**17 379**	5 326	5 326	I	15 618	13 882	12 218	10 627	9 108	7 662
	II	**15 696**	5 326	5 326	II	13 958	12 290	10 696	9 174	7 725	6 348
	III	**11 092**	5 326	5 326	III	9 814	8 574	7 368	6 198	5 066	3 970
	V	**23 102**	5 326	5 326	IV	16 499	15 618	14 741	13 882	13 041	12 218
	VI	**23 537**	5 326	5 326							

* Zur LSt-Berechnung für privat versicherte Arbeitnehmer s. Beispiele **Vorbemerkung S. 4 f.**
** Basisvorsorgepauschale KV und PV *** Typisierter Arbeitgeberzuschuss

Lohn/ Gehalt in € bis	Steuerklasse	Lohn-steuer*	BVSP**	TAGZ***	Steuerklasse	Bemessungsgrundlage für Kirchensteuer und Solidaritätszuschlag – Freibeträge für ... Kinder 0,5	**1,0**	1,5	**2,0**	2,5	**3,0**
76067,99	I,IV	**17393**	5326	5326	I	15632	13895	12231	10639	9120	7673
	II	**15710**	5326	5326	II	13971	12303	10708	9186	7736	6359
	III	**11102**	5326	5326	III	9824	8582	7376	6208	5074	3978
	V	**23116**	5326	5326	IV	16512	15632	14755	13895	13054	12231
	VI	**23551**	5326	5326							
76103,99	I,IV	**17407**	5326	5326	I	15646	13909	12244	10651	9132	7684
	II	**15724**	5326	5326	II	13984	12316	10720	9197	7747	6369
	III	**11114**	5326	5326	III	9834	8592	7386	6216	5084	3986
	V	**23129**	5326	5326	IV	16526	15646	14769	13909	13067	12244
	VI	**23565**	5326	5326							
76139,99	I,IV	**17421**	5326	5326	I	15659	13922	12257	10664	9143	7696
	II	**15738**	5326	5326	II	13998	12329	10733	9209	7758	6380
	III	**11124**	5326	5326	III	9844	8602	7396	6226	5092	3994
	V	**23143**	5326	5326	IV	16540	15659	14782	13922	13080	12257
	VI	**23578**	5326	5326							
76175,99	I,IV	**17435**	5326	5326	I	15673	13936	12269	10676	9155	7707
	II	**15751**	5326	5326	II	14011	12342	10745	9221	7769	6390
	III	**11134**	5326	5326	III	9854	8612	7406	6234	5102	4004
	V	**23157**	5326	5326	IV	16554	15673	14796	13936	13093	12269
	VI	**23592**	5326	5326							
76211,99	I,IV	**17449**	5326	5326	I	15687	13949	12282	10688	9167	7718
	II	**15765**	5326	5326	II	14025	12355	10757	9233	7780	6401
	III	**11144**	5326	5326	III	9864	8620	7414	6244	5110	4012
	V	**23171**	5326	5326	IV	16568	15687	14810	13949	13107	12282
	VI	**23606**	5326	5326							
76247,99	I,IV	**17462**	5326	5326	I	15701	13962	12295	10700	9178	7729
	II	**15779**	5326	5326	II	14038	12368	10770	9244	7792	6412
	III	**11154**	5326	5326	III	9874	8630	7424	6254	5118	4020
	V	**23185**	5326	5326	IV	16582	15701	14823	13962	13120	12295
	VI	**23620**	5326	5326							
76283,99	I,IV	**17476**	5326	5326	I	15715	13976	12308	10713	9190	7740
	II	**15793**	5326	5326	II	14052	12380	10782	9256	7803	6422
	III	**11164**	5326	5326	III	9884	8640	7432	6262	5128	4028
	V	**23199**	5326	5326	IV	16596	15715	14837	13976	13133	12308
	VI	**23634**	5326	5326							
76319,99	I,IV	**17490**	5326	5326	I	15729	13989	12321	10725	9202	7751
	II	**15807**	5326	5326	II	14065	12393	10794	9268	7814	6433
	III	**11174**	5326	5326	III	9894	8650	7442	6272	5136	4038
	V	**23213**	5326	5326	IV	16609	15729	14851	13989	13146	12321
	VI	**23648**	5326	5326							
76355,99	I,IV	**17504**	5326	5326	I	15743	14003	12334	10737	9213	7762
	II	**15821**	5326	5326	II	14078	12406	10806	9279	7825	6443
	III	**11184**	5326	5326	III	9904	8660	7452	6280	5144	4046
	V	**23226**	5326	5326	IV	16623	15743	14864	14003	13159	12334
	VI	**23662**	5326	5326							
76391,99	I,IV	**17518**	5326	5326	I	15757	14017	12347	10750	9225	7774
	II	**15835**	5326	5326	II	14092	12419	10819	9292	7837	6454
	III	**11194**	5326	5326	III	9914	8670	7462	6290	5154	4054
	V	**23241**	5326	5326	IV	16638	15757	14879	14017	13173	12347
	VI	**23676**	5326	5326							
76427,99	I,IV	**17532**	5326	5326	I	15771	14030	12360	10762	9237	7785
	II	**15849**	5326	5326	II	14106	12432	10831	9303	7848	6465
	III	**11206**	5326	5326	III	9924	8680	7470	6298	5162	4064
	V	**23255**	5326	5326	IV	16651	15771	14892	14030	13186	12360
	VI	**23690**	5326	5326							
76463,99	I,IV	**17546**	5326	5326	I	15785	14043	12373	10774	9249	7796
	II	**15863**	5326	5326	II	14119	12445	10844	9315	7859	6475
	III	**11216**	5326	5326	III	9934	8688	7480	6308	5172	4072
	V	**23268**	5326	5326	IV	16665	15785	14906	14043	13199	12373
	VI	**23704**	5326	5326							

* Zur LSt-Berechnung für privat versicherte Arbeitnehmer s. Beispiele **Vorbemerkung S. 4 f.**
** Basisvorsorgepauschale KV und PV *** Typisierter Arbeitgeberzuschuss

Lohn/ Gehalt in € bis	Steuerklasse	**Lohn-steuer***	BVSP**	TAGZ***	Steuerklasse	Bemessungsgrundlage für Kirchensteuer und Solidaritätszuschlag – Freibeträge für ... Kinder 0,5	**1,0**	1,5	**2,0**	2,5	**3,0**
76 499,99	I,IV	**17 560**	5 326	5 326	I	15 798	14 057	12 385	10 787	9 261	7 807
	II	**15 877**	5 326	5 326	II	14 133	12 458	10 856	9 327	7 870	6 486
	III	**11 226**	5 326	5 326	III	9 944	8 698	7 490	6 316	5 180	4 080
	V	**23 282**	5 326	5 326	IV	16 679	15 798	14 920	14 057	13 212	12 385
	VI	**23 717**	5 326	5 326							
76 535,99	I,IV	**17 574**	5 326	5 326	I	15 812	14 070	12 398	10 799	9 272	7 818
	II	**15 890**	5 326	5 326	II	14 146	12 471	10 868	9 339	7 881	6 497
	III	**11 236**	5 326	5 326	III	9 954	8 708	7 498	6 326	5 188	4 088
	V	**23 296**	5 326	5 326	IV	16 693	15 812	14 933	14 070	13 225	12 398
	VI	**23 731**	5 326	5 326							
76 571,99	I,IV	**17 588**	5 326	5 326	I	15 826	14 084	12 411	10 811	9 284	7 829
	II	**15 904**	5 326	5 326	II	14 160	12 484	10 881	9 350	7 892	6 507
	III	**11 246**	5 326	5 326	III	9 964	8 718	7 508	6 336	5 198	4 098
	V	**23 310**	5 326	5 326	IV	16 707	15 826	14 947	14 084	13 238	12 411
	VI	**23 745**	5 326	5 326							
76 607,99	I,IV	**17 601**	5 326	5 326	I	15 840	14 097	12 424	10 824	9 296	7 841
	II	**15 918**	5 326	5 326	II	14 173	12 497	10 893	9 362	7 904	6 518
	III	**11 256**	5 326	5 326	III	9 974	8 728	7 518	6 344	5 206	4 106
	V	**23 324**	5 326	5 326	IV	16 721	15 840	14 961	14 097	13 252	12 424
	VI	**23 759**	5 326	5 326							
76 643,99	I,IV	**17 615**	5 326	5 326	I	15 854	14 111	12 437	10 836	9 308	7 852
	II	**15 932**	5 326	5 326	II	14 186	12 510	10 905	9 374	7 915	6 528
	III	**11 266**	5 326	5 326	III	9 984	8 738	7 528	6 354	5 216	4 114
	V	**23 338**	5 326	5 326	IV	16 735	15 854	14 975	14 111	13 265	12 437
	VI	**23 773**	5 326	5 326							
76 679,99	I,IV	**17 629**	5 326	5 326	I	15 868	14 124	12 450	10 848	9 319	7 863
	II	**15 946**	5 326	5 326	II	14 200	12 523	10 918	9 386	7 926	6 539
	III	**11 276**	5 326	5 326	III	9 994	8 746	7 536	6 362	5 224	4 122
	V	**23 352**	5 326	5 326	IV	16 748	15 868	14 988	14 124	13 278	12 450
	VI	**23 787**	5 326	5 326							
76 715,99	I,IV	**17 643**	5 326	5 326	I	15 882	14 137	12 463	10 861	9 331	7 874
	II	**15 960**	5 326	5 326	II	14 213	12 535	10 930	9 397	7 937	6 550
	III	**11 288**	5 326	5 326	III	10 004	8 756	7 546	6 372	5 234	4 132
	V	**23 365**	5 326	5 326	IV	16 762	15 882	15 002	14 137	13 291	12 463
	VI	**23 801**	5 326	5 326							
76 751,99	I,IV	**17 657**	5 326	5 326	I	15 895	14 151	12 476	10 873	9 343	7 885
	II	**15 974**	5 326	5 326	II	14 227	12 548	10 942	9 409	7 948	6 560
	III	**11 298**	5 326	5 326	III	10 014	8 766	7 556	6 380	5 242	4 140
	V	**23 379**	5 326	5 326	IV	16 776	15 895	15 016	14 151	13 304	12 476
	VI	**23 814**	5 326	5 326							
76 787,99	I,IV	**17 671**	5 326	5 326	I	15 909	14 164	12 489	10 885	9 355	7 897
	II	**15 987**	5 326	5 326	II	14 240	12 561	10 955	9 421	7 960	6 571
	III	**11 308**	5 326	5 326	III	10 024	8 776	7 564	6 390	5 250	4 148
	V	**23 393**	5 326	5 326	IV	16 790	15 909	15 030	14 164	13 317	12 489
	VI	**23 828**	5 326	5 326							
76 823,99	I,IV	**17 685**	5 326	5 326	I	15 923	14 178	12 501	10 898	9 366	7 908
	II	**16 001**	5 326	5 326	II	14 254	12 574	10 967	9 433	7 971	6 582
	III	**11 318**	5 326	5 326	III	10 034	8 786	7 574	6 398	5 260	4 156
	V	**23 407**	5 326	5 326	IV	16 804	15 923	15 043	14 178	13 331	12 501
	VI	**23 842**	5 326	5 326							
76 859,99	I,IV	**17 698**	5 326	5 326	I	15 937	14 191	12 514	10 910	9 378	7 919
	II	**16 015**	5 326	5 326	II	14 267	12 587	10 980	9 444	7 982	6 592
	III	**11 328**	5 326	5 326	III	10 044	8 796	7 584	6 408	5 268	4 166
	V	**23 421**	5 326	5 326	IV	16 818	15 937	15 057	14 191	13 344	12 514
	VI	**23 856**	5 326	5 326							
76 895,99	I,IV	**17 712**	5 326	5 326	I	15 951	14 205	12 527	10 922	9 390	7 930
	II	**16 029**	5 326	5 326	II	14 281	12 600	10 992	9 456	7 993	6 603
	III	**11 338**	5 326	5 326	III	10 054	8 804	7 592	6 416	5 278	4 174
	V	**23 435**	5 326	5 326	IV	16 832	15 951	15 071	14 205	13 357	12 527
	VI	**23 870**	5 326	5 326							

* Zur LSt-Berechnung für privat versicherte Arbeitnehmer s. Beispiele **Vorbemerkung S. 4 f.**
** Basisvorsorgepauschale KV und PV *** Typisierter Arbeitgeberzuschuss

Lohn/ Gehalt in € bis	Steuerklasse	Lohn-steuer*	BVSP**	TAGZ***	Steuerklasse	Bemessungsgrundlage für Kirchensteuer und Solidaritätszuschlag – Freibeträge für ... Kinder 0,5	1,0	1,5	2,0	2,5	3,0
76 931,99	I,IV	**17 726**	5 326	5 326	I	15 965	14 218	12 540	10 935	9 402	7 941
	II	**16 043**	5 326	5 326	II	14 294	12 613	11 004	9 468	8 005	6 614
	III	**11 348**	5 326	5 326	III	10 064	8 814	7 602	6 426	5 286	4 182
	V	**23 449**	5 326	5 326	IV	16 845	15 965	15 085	14 218	13 370	12 540
	VI	**23 884**	5 326	5 326							
76 967,99	I,IV	**17 740**	5 326	5 326	I	15 979	14 232	12 553	10 947	9 413	7 953
	II	**16 057**	5 326	5 326	II	14 308	12 626	11 017	9 480	8 016	6 624
	III	**11 358**	5 326	5 326	III	10 074	8 824	7 612	6 434	5 294	4 190
	V	**23 462**	5 326	5 326	IV	16 859	15 979	15 098	14 232	13 383	12 553
	VI	**23 898**	5 326	5 326							
77 003,99	I,IV	**17 754**	5 326	5 326	I	15 992	14 245	12 566	10 959	9 425	7 964
	II	**16 071**	5 326	5 326	II	14 322	12 639	11 029	9 492	8 027	6 635
	III	**11 370**	5 326	5 326	III	10 084	8 834	7 622	6 444	5 304	4 200
	V	**23 476**	5 326	5 326	IV	16 873	15 992	15 112	14 245	13 397	12 566
	VI	**23 911**	5 326	5 326							
77 039,99	I,IV	**17 768**	5 326	5 326	I	16 006	14 259	12 579	10 972	9 437	7 975
	II	**16 084**	5 326	5 326	II	14 335	12 652	11 041	9 504	8 038	6 646
	III	**11 380**	5 326	5 326	III	10 094	8 844	7 630	6 454	5 312	4 208
	V	**23 490**	5 326	5 326	IV	16 887	16 006	15 126	14 259	13 410	12 579
	VI	**23 925**	5 326	5 326							
77 075,99	I,IV	**17 782**	5 326	5 326	I	16 021	14 273	12 592	10 984	9 449	7 986
	II	**16 099**	5 326	5 326	II	14 349	12 665	11 054	9 516	8 050	6 657
	III	**11 390**	5 326	5 326	III	10 104	8 854	7 640	6 462	5 322	4 216
	V	**23 504**	5 326	5 326	IV	16 901	16 021	15 140	14 273	13 423	12 592
	VI	**23 940**	5 326	5 326							
77 111,99	I,IV	**17 796**	5 326	5 326	I	16 034	14 286	12 605	10 997	9 461	7 998
	II	**16 113**	5 326	5 326	II	14 363	12 678	11 067	9 528	8 061	6 667
	III	**11 400**	5 326	5 326	III	10 114	8 864	7 650	6 472	5 330	4 226
	V	**23 518**	5 326	5 326	IV	16 915	16 034	15 154	14 286	13 437	12 605
	VI	**23 953**	5 326	5 326							
77 147,99	I,IV	**17 810**	5 326	5 326	I	16 048	14 300	12 618	11 009	9 473	8 009
	II	**16 126**	5 326	5 326	II	14 376	12 691	11 079	9 539	8 072	6 678
	III	**11 410**	5 326	5 326	III	10 124	8 872	7 658	6 480	5 340	4 234
	V	**23 532**	5 326	5 326	IV	16 929	16 048	15 168	14 300	13 450	12 618
	VI	**23 967**	5 326	5 326							
77 183,99	I,IV	**17 824**	5 326	5 326	I	16 062	14 313	12 631	11 022	9 485	8 020
	II	**16 140**	5 326	5 326	II	14 390	12 704	11 091	9 551	8 084	6 689
	III	**11 420**	5 326	5 326	III	10 134	8 882	7 668	6 490	5 348	4 242
	V	**23 546**	5 326	5 326	IV	16 943	16 062	15 182	14 313	13 463	12 631
	VI	**23 981**	5 326	5 326							
77 219,99	I,IV	**17 838**	5 326	5 326	I	16 076	14 327	12 644	11 034	9 496	8 031
	II	**16 154**	5 326	5 326	II	14 403	12 717	11 104	9 563	8 095	6 699
	III	**11 430**	5 326	5 326	III	10 144	8 892	7 678	6 500	5 356	4 250
	V	**23 560**	5 326	5 326	IV	16 957	16 076	15 195	14 327	13 476	12 644
	VI	**23 995**	5 326	5 326							
77 255,99	I,IV	**17 851**	5 326	5 326	I	16 090	14 340	12 657	11 046	9 508	8 043
	II	**16 168**	5 326	5 326	II	14 417	12 730	11 116	9 575	8 106	6 710
	III	**11 442**	5 326	5 326	III	10 154	8 902	7 688	6 508	5 366	4 260
	V	**23 574**	5 326	5 326	IV	16 971	16 090	15 209	14 340	13 490	12 657
	VI	**24 009**	5 326	5 326							
77 291,99	I,IV	**17 865**	5 326	5 326	I	16 104	14 354	12 670	11 059	9 520	8 054
	II	**16 182**	5 326	5 326	II	14 430	12 743	11 129	9 587	8 117	6 721
	III	**11 452**	5 326	5 326	III	10 164	8 912	7 696	6 518	5 374	4 268
	V	**23 588**	5 326	5 326	IV	16 984	16 104	15 223	14 354	13 503	12 670
	VI	**24 023**	5 326	5 326							
77 327,99	I,IV	**17 879**	5 326	5 326	I	16 118	14 367	12 683	11 071	9 532	8 065
	II	**16 196**	5 326	5 326	II	14 444	12 756	11 141	9 599	8 129	6 731
	III	**11 462**	5 326	5 326	III	10 174	8 922	7 706	6 526	5 384	4 276
	V	**23 601**	5 326	5 326	IV	16 998	16 118	15 237	14 367	13 516	12 683
	VI	**24 037**	5 326	5 326							

* Zur LSt-Berechnung für privat versicherte Arbeitnehmer s. Beispiele **Vorbemerkung S. 4f.**
** Basisvorsorgepauschale KV und PV *** Typisierter Arbeitgeberzuschuss

Lohn/ Gehalt in € bis	Steuerklasse	Lohn-steuer*	BVSP**	TAGZ***	Steuerklasse	Bemessungsgrundlage für Kirchensteuer und Solidaritätszuschlag – Freibeträge für ... Kinder 0,5	1,0	1,5	2,0	2,5	3,0
77 363,99	I,IV	**17 893**	5 326	5 326	I	16 131	14 381	12 696	11 083	9 544	8 076
	II	**16 210**	5 326	5 326	II	14 457	12 769	11 153	9 610	8 140	6 742
	III	**11 472**	5 326	5 326	III	10 184	8 932	7 716	6 536	5 392	4 286
	V	**23 615**	5 326	5 326	IV	17 012	16 131	15 251	14 381	13 529	12 696
	VI	**24 050**	5 326	5 326							
77 399,99	I,IV	**17 907**	5 326	5 326	I	16 145	14 395	12 709	11 096	9 555	8 088
	II	**16 223**	5 326	5 326	II	14 471	12 782	11 166	9 622	8 151	6 753
	III	**11 482**	5 326	5 326	III	10 194	8 942	7 724	6 544	5 402	4 294
	V	**23 629**	5 326	5 326	IV	17 026	16 145	15 265	14 395	13 543	12 709
	VI	**24 064**	5 326	5 326							
77 435,99	I,IV	**17 921**	5 326	5 326	I	16 159	14 408	12 722	11 108	9 567	8 099
	II	**16 237**	5 326	5 326	II	14 485	12 795	11 178	9 634	8 163	6 764
	III	**11 492**	5 326	5 326	III	10 204	8 950	7 734	6 554	5 410	4 302
	V	**23 643**	5 326	5 326	IV	17 040	16 159	15 278	14 408	13 556	12 722
	VI	**24 078**	5 326	5 326							
77 471,99	I,IV	**17 935**	5 326	5 326	I	16 173	14 422	12 735	11 121	9 579	8 110
	II	**16 251**	5 326	5 326	II	14 498	12 808	11 191	9 646	8 174	6 774
	III	**11 504**	5 326	5 326	III	10 214	8 960	7 744	6 564	5 420	4 312
	V	**23 657**	5 326	5 326	IV	17 054	16 173	15 292	14 422	13 569	12 735
	VI	**24 092**	5 326	5 326							
77 507,99	I,IV	**17 948**	5 326	5 326	I	16 187	14 435	12 748	11 133	9 591	8 121
	II	**16 265**	5 326	5 326	II	14 512	12 821	11 203	9 658	8 185	6 785
	III	**11 514**	5 326	5 326	III	10 224	8 970	7 752	6 572	5 428	4 320
	V	**23 671**	5 326	5 326	IV	17 068	16 187	15 306	14 435	13 582	12 748
	VI	**24 106**	5 326	5 326							
77 543,99	I,IV	**17 962**	5 326	5 326	I	16 201	14 449	12 761	11 146	9 603	8 133
	II	**16 279**	5 326	5 326	II	14 525	12 834	11 216	9 670	8 196	6 796
	III	**11 524**	5 326	5 326	III	10 234	8 980	7 762	6 582	5 436	4 328
	V	**23 685**	5 326	5 326	IV	17 082	16 201	15 320	14 449	13 596	12 761
	VI	**24 120**	5 326	5 326							
77 579,99	I,IV	**17 976**	5 326	5 326	I	16 215	14 462	12 774	11 158	9 615	8 144
	II	**16 293**	5 326	5 326	II	14 539	12 847	11 228	9 682	8 208	6 807
	III	**11 534**	5 326	5 326	III	10 244	8 990	7 772	6 590	5 446	4 336
	V	**23 698**	5 326	5 326	IV	17 095	16 215	15 334	14 462	13 609	12 774
	VI	**24 134**	5 326	5 326							
77 615,99	I,IV	**17 990**	5 326	5 326	I	16 228	14 476	12 787	11 170	9 627	8 155
	II	**16 307**	5 326	5 326	II	14 552	12 860	11 241	9 693	8 219	6 817
	III	**11 544**	5 326	5 326	III	10 254	9 000	7 782	6 600	5 454	4 346
	V	**23 712**	5 326	5 326	IV	17 109	16 228	15 348	14 476	13 622	12 787
	VI	**24 147**	5 326	5 326							
77 651,99	I,IV	**18 004**	5 326	5 326	I	16 242	14 489	12 800	11 183	9 638	8 167
	II	**16 320**	5 326	5 326	II	14 566	12 873	11 253	9 705	8 230	6 828
	III	**11 554**	5 326	5 326	III	10 264	9 008	7 790	6 608	5 464	4 354
	V	**23 726**	5 326	5 326	IV	17 123	16 242	15 362	14 489	13 636	12 800
	VI	**24 161**	5 326	5 326							
77 687,99	I,IV	**18 018**	5 326	5 326	I	16 256	14 503	12 813	11 195	9 650	8 178
	II	**16 334**	5 326	5 326	II	14 580	12 886	11 265	9 717	8 242	6 839
	III	**11 564**	5 326	5 326	III	10 274	9 018	7 800	6 618	5 472	4 362
	V	**23 740**	5 326	5 326	IV	17 137	16 256	15 375	14 503	13 649	12 813
	VI	**24 175**	5 326	5 326							
77 723,99	I,IV	**18 032**	5 326	5 326	I	16 270	14 517	12 826	11 208	9 662	8 189
	II	**16 348**	5 326	5 326	II	14 593	12 899	11 278	9 729	8 253	6 850
	III	**11 574**	5 326	5 326	III	10 284	9 028	7 810	6 628	5 480	4 372
	V	**23 754**	5 326	5 326	IV	17 151	16 270	15 389	14 517	13 662	12 826
	VI	**24 189**	5 326	5 326							
77 759,99	I,IV	**18 046**	5 326	5 326	I	16 284	14 531	12 839	11 221	9 674	8 201
	II	**16 362**	5 326	5 326	II	14 607	12 913	11 291	9 741	8 265	6 861
	III	**11 586**	5 326	5 326	III	10 294	9 038	7 820	6 636	5 490	4 380
	V	**23 768**	5 326	5 326	IV	17 165	16 284	15 404	14 531	13 676	12 839
	VI	**24 203**	5 326	5 326							

* Zur LSt-Berechnung für privat versicherte Arbeitnehmer s. Beispiele **Vorbemerkung S. 4 f.**
** Basisvorsorgepauschale KV und PV *** Typisierter Arbeitgeberzuschuss

Lohn/ Gehalt in € bis	Steuerklasse	Lohn-steuer*	BVSP**	TAGZ***	Steuerklasse	Bemessungsgrundlage für Kirchensteuer und Solidaritätszuschlag					
						Freibeträge für ... Kinder					
						0,5	**1,0**	1,5	**2,0**	2,5	**3,0**
77 795,99	I,IV	**18 060**	5 326	5 326	I	16 298	14 544	12 852	11 233	9 686	8 212
	II	**16 376**	5 326	5 326	II	14 621	12 926	11 303	9 753	8 276	6 871
	III	**11 596**	5 326	5 326	III	10 304	9 048	7 830	6 646	5 500	4 388
	V	**23 782**	5 326	5 326	IV	17 179	16 298	15 417	14 544	13 689	12 852
	VI	**24 217**	5 326	5 326							
77 831,99	I,IV	**18 074**	5 326	5 326	I	16 312	14 558	12 865	11 245	9 698	8 224
	II	**16 390**	5 326	5 326	II	14 635	12 939	11 316	9 765	8 287	6 882
	III	**11 606**	5 326	5 326	III	10 314	9 058	7 838	6 654	5 508	4 398
	V	**23 796**	5 326	5 326	IV	17 193	16 312	15 431	14 558	13 703	12 865
	VI	**24 231**	5 326	5 326							
77 867,99	I,IV	**18 087**	5 326	5 326	I	16 326	14 571	12 878	11 258	9 710	8 235
	II	**16 404**	5 326	5 326	II	14 648	12 952	11 328	9 777	8 299	6 893
	III	**11 616**	5 326	5 326	III	10 324	9 068	7 848	6 664	5 516	4 406
	V	**23 810**	5 326	5 326	IV	17 207	16 326	15 445	14 571	13 716	12 878
	VI	**24 245**	5 326	5 326							
77 903,99	I,IV	**18 101**	5 326	5 326	I	16 340	14 585	12 891	11 270	9 722	8 246
	II	**16 418**	5 326	5 326	II	14 662	12 965	11 341	9 789	8 310	6 904
	III	**11 626**	5 326	5 326	III	10 334	9 078	7 858	6 674	5 526	4 414
	V	**23 824**	5 326	5 326	IV	17 221	16 340	15 459	14 585	13 729	12 891
	VI	**24 259**	5 326	5 326							
77 939,99	I,IV	**18 115**	5 326	5 326	I	16 354	14 599	12 904	11 283	9 734	8 257
	II	**16 432**	5 326	5 326	II	14 675	12 978	11 353	9 801	8 321	6 914
	III	**11 638**	5 326	5 326	III	10 344	9 088	7 866	6 682	5 534	4 424
	V	**23 838**	5 326	5 326	IV	17 234	16 354	15 473	14 599	13 742	12 904
	VI	**24 273**	5 326	5 326							
77 975,99	I,IV	**18 129**	5 326	5 326	I	16 368	14 612	12 917	11 295	9 746	8 269
	II	**16 446**	5 326	5 326	II	14 689	12 991	11 366	9 813	8 333	6 925
	III	**11 648**	5 326	5 326	III	10 354	9 096	7 876	6 692	5 544	4 432
	V	**23 851**	5 326	5 326	IV	17 248	16 368	15 487	14 612	13 756	12 917
	VI	**24 286**	5 326	5 326							
78 011,99	I,IV	**18 143**	5 326	5 326	I	16 381	14 626	12 931	11 308	9 758	8 280
	II	**16 459**	5 326	5 326	II	14 703	13 004	11 378	9 825	8 344	6 936
	III	**11 658**	5 326	5 326	III	10 364	9 106	7 886	6 700	5 552	4 440
	V	**23 865**	5 326	5 326	IV	17 262	16 381	15 501	14 626	13 769	12 931
	VI	**24 300**	5 326	5 326							
78 047,99	I,IV	**18 157**	5 326	5 326	I	16 395	14 640	12 944	11 320	9 770	8 291
	II	**16 473**	5 326	5 326	II	14 716	13 017	11 391	9 837	8 356	6 947
	III	**11 668**	5 326	5 326	III	10 374	9 116	7 894	6 710	5 562	4 448
	V	**23 879**	5 326	5 326	IV	17 276	16 395	15 514	14 640	13 782	12 944
	VI	**24 314**	5 326	5 326							
78 083,99	I,IV	**18 171**	5 326	5 326	I	16 409	14 653	12 957	11 333	9 781	8 303
	II	**16 487**	5 326	5 326	II	14 730	13 030	11 403	9 849	8 367	6 958
	III	**11 678**	5 326	5 326	III	10 384	9 126	7 904	6 720	5 570	4 458
	V	**23 893**	5 326	5 326	IV	17 290	16 409	15 528	14 653	13 796	12 957
	VI	**24 328**	5 326	5 326							
78 119,99	I,IV	**18 184**	5 326	5 326	I	16 423	14 667	12 970	11 345	9 793	8 314
	II	**16 501**	5 326	5 326	II	14 744	13 043	11 416	9 861	8 378	6 968
	III	**11 688**	5 326	5 326	III	10 394	9 136	7 914	6 728	5 578	4 466
	V	**23 907**	5 326	5 326	IV	17 304	16 423	15 542	14 667	13 809	12 970
	VI	**24 342**	5 326	5 326							
78 155,99	I,IV	**18 198**	5 326	5 326	I	16 437	14 680	12 983	11 358	9 805	8 326
	II	**16 515**	5 326	5 326	II	14 757	13 057	11 428	9 873	8 390	6 979
	III	**11 700**	5 326	5 326	III	10 404	9 146	7 924	6 738	5 588	4 474
	V	**23 921**	5 326	5 326	IV	17 318	16 437	15 556	14 680	13 823	12 983
	VI	**24 356**	5 326	5 326							
78 191,99	I,IV	**18 212**	5 326	5 326	I	16 451	14 694	12 996	11 370	9 817	8 337
	II	**16 529**	5 326	5 326	II	14 771	13 070	11 441	9 885	8 401	6 990
	III	**11 710**	5 326	5 326	III	10 414	9 156	7 932	6 746	5 596	4 484
	V	**23 935**	5 326	5 326	IV	17 331	16 451	15 570	14 694	13 836	12 996
	VI	**24 370**	5 326	5 326							

* Zur LSt-Berechnung für privat versicherte Arbeitnehmer s. Beispiele **Vorbemerkung S. 4 f.**
** Basisvorsorgepauschale KV und PV *** Typisierter Arbeitgeberzuschuss

Lohn/ Gehalt in € bis	Steuerklasse	Lohn- steuer*	BVSP**	TAGZ***	Steuerklasse	Bemessungsgrundlage für Kirchensteuer und Solidaritätszuschlag Freibeträge für ... Kinder 0,5	1,0	1,5	2,0	2,5	3,0
78227,99	I,IV	**18226**	5326	5326	I	16465	14708	13009	11383	9829	8348
	II	**16543**	5326	5326	II	14785	13083	11453	9897	8412	7001
	III	**11720**	5326	5326	III	10424	9166	7942	6756	5606	4492
	V	**23948**	5326	5326	IV	17345	16465	15584	14708	13849	13009
	VI	**24384**	5326	5326							
78263,99	I,IV	**18240**	5326	5326	I	16478	14721	13022	11395	9841	8360
	II	**16557**	5326	5326	II	14798	13096	11466	9909	8424	7012
	III	**11730**	5326	5326	III	10434	9174	7952	6766	5614	4500
	V	**23962**	5326	5326	IV	17359	16478	15598	14721	13863	13022
	VI	**24397**	5326	5326							
78299,99	I,IV	**18254**	5326	5326	I	16492	14735	13035	11408	9853	8371
	II	**16570**	5326	5326	II	14812	13109	11478	9921	8435	7023
	III	**11740**	5326	5326	III	10444	9184	7962	6774	5624	4510
	V	**23976**	5326	5326	IV	17373	16492	15612	14735	13876	13035
	VI	**24411**	5326	5326							
78335,99	I,IV	**18268**	5326	5326	I	16506	14749	13048	11420	9865	8382
	II	**16584**	5326	5326	II	14826	13122	11491	9932	8447	7033
	III	**11750**	5326	5326	III	10454	9194	7970	6784	5632	4518
	V	**23990**	5326	5326	IV	17387	16506	15625	14749	13889	13048
	VI	**24425**	5326	5326							
78371,99	I,IV	**18281**	5326	5326	I	16520	14762	13061	11433	9877	8394
	II	**16598**	5326	5326	II	14840	13135	11504	9944	8458	7044
	III	**11762**	5326	5326	III	10464	9204	7980	6792	5642	4526
	V	**24004**	5326	5326	IV	17401	16520	15639	14762	13903	13061
	VI	**24439**	5326	5326							
78407,99	I,IV	**18296**	5326	5326	I	16534	14776	13075	11446	9889	8406
	II	**16612**	5326	5326	II	14854	13149	11516	9957	8470	7055
	III	**11772**	5326	5326	III	10476	9214	7990	6802	5650	4536
	V	**24018**	5326	5326	IV	17415	16534	15654	14776	13917	13075
	VI	**24453**	5326	5326							
78443,99	I,IV	**18310**	5326	5326	I	16548	14790	13088	11458	9901	8417
	II	**16626**	5326	5326	II	14867	13162	11529	9969	8481	7066
	III	**11782**	5326	5326	III	10484	9224	8000	6812	5660	4544
	V	**24032**	5326	5326	IV	17429	16548	15667	14790	13930	13088
	VI	**24467**	5326	5326							
78479,99	I,IV	**18323**	5326	5326	I	16562	14804	13101	11471	9913	8428
	II	**16640**	5326	5326	II	14881	13175	11542	9981	8493	7077
	III	**11792**	5326	5326	III	10496	9234	8010	6820	5668	4552
	V	**24046**	5326	5326	IV	17443	16562	15681	14804	13943	13101
	VI	**24481**	5326	5326							
78515,99	I,IV	**18337**	5326	5326	I	16576	14818	13114	11483	9925	8440
	II	**16654**	5326	5326	II	14895	13188	11554	9993	8504	7088
	III	**11802**	5326	5326	III	10506	9244	8018	6830	5678	4562
	V	**24060**	5326	5326	IV	17457	16576	15695	14818	13957	13114
	VI	**24495**	5326	5326							
78551,99	I,IV	**18351**	5326	5326	I	16590	14831	13127	11496	9937	8451
	II	**16668**	5326	5326	II	14908	13201	11567	10005	8515	7099
	III	**11814**	5326	5326	III	10516	9254	8028	6840	5686	4570
	V	**24074**	5326	5326	IV	17470	16590	15709	14831	13970	13127
	VI	**24509**	5326	5326							
78587,99	I,IV	**18365**	5326	5326	I	16604	14845	13140	11508	9949	8463
	II	**16682**	5326	5326	II	14922	13214	11579	10017	8527	7110
	III	**11824**	5326	5326	III	10526	9264	8038	6848	5696	4578
	V	**24087**	5326	5326	IV	17484	16604	15723	14845	13984	13140
	VI	**24523**	5326	5326							
78623,99	I,IV	**18379**	5326	5326	I	16617	14859	13154	11521	9961	8474
	II	**16696**	5326	5326	II	14936	13228	11592	10029	8538	7121
	III	**11834**	5326	5326	III	10536	9274	8048	6858	5704	4588
	V	**24101**	5326	5326	IV	17498	16617	15737	14859	13997	13154
	VI	**24536**	5326	5326							

* Zur LSt-Berechnung für privat versicherte Arbeitnehmer s. Beispiele **Vorbemerkung S. 4f.**
** Basisvorsorgepauschale KV und PV *** Typisierter Arbeitgeberzuschuss

Lohn/ Gehalt in € bis	Steuerklasse	**Lohn-steuer***	BVSP**	TAGZ***	Steuerklasse	Bemessungsgrundlage für Kirchensteuer und Solidaritätszuschlag – Freibeträge für ... Kinder 0,5	**1,0**	1,5	**2,0**	2,5	**3,0**
78659,99	I,IV	**18393**	5326	5326	I	16631	14872	13167	11534	9973	8485
	II	**16709**	5326	5326	II	14950	13241	11604	10041	8550	7131
	III	**11844**	5326	5326	III	10546	9282	8056	6866	5712	4596
	V	**24115**	5326	5326	IV	17512	16631	15751	14872	14010	13167
	VI	**24550**	5326	5326							
78695,99	I,IV	**18407**	5326	5326	I	16645	14886	13180	11546	9985	8497
	II	**16723**	5326	5326	II	14963	13254	11617	10053	8561	7142
	III	**11854**	5326	5326	III	10556	9292	8066	6876	5722	4604
	V	**24129**	5326	5326	IV	17526	16645	15764	14886	14024	13180
	VI	**24564**	5326	5326							
78731,99	I,IV	**18420**	5326	5326	I	16659	14900	13193	11559	9997	8508
	II	**16737**	5326	5326	II	14977	13267	11630	10065	8573	7153
	III	**11864**	5326	5326	III	10566	9302	8076	6886	5730	4612
	V	**24143**	5326	5326	IV	17540	16659	15778	14900	14037	13193
	VI	**24578**	5326	5326							
78767,99	I,IV	**18434**	5326	5326	I	16673	14913	13206	11571	10009	8520
	II	**16751**	5326	5326	II	14991	13280	11642	10077	8584	7164
	III	**11876**	5326	5326	III	10576	9312	8086	6894	5740	4622
	V	**24157**	5326	5326	IV	17554	16673	15792	14913	14051	13206
	VI	**24592**	5326	5326							
78803,99	I,IV	**18448**	5326	5326	I	16687	14927	13219	11584	10021	8531
	II	**16765**	5326	5326	II	15005	13293	11655	10089	8596	7175
	III	**11886**	5326	5326	III	10586	9322	8094	6904	5748	4630
	V	**24171**	5326	5326	IV	17567	16687	15806	14927	14064	13219
	VI	**24606**	5326	5326							
78839,99	I,IV	**18462**	5326	5326	I	16701	14941	13232	11596	10033	8543
	II	**16779**	5326	5326	II	15018	13307	11667	10101	8607	7186
	III	**11896**	5326	5326	III	10596	9332	8104	6914	5758	4640
	V	**24184**	5326	5326	IV	17581	16701	15820	14941	14078	13232
	VI	**24620**	5326	5326							
78875,99	I,IV	**18476**	5326	5326	I	16714	14955	13246	11609	10045	8554
	II	**16793**	5326	5326	II	15032	13320	11680	10113	8619	7197
	III	**11906**	5326	5326	III	10606	9342	8114	6922	5766	4648
	V	**24198**	5326	5326	IV	17595	16714	15834	14955	14091	13246
	VI	**24633**	5326	5326							
78911,99	I,IV	**18490**	5326	5326	I	16728	14968	13259	11622	10057	8565
	II	**16806**	5326	5326	II	15046	13333	11693	10125	8630	7208
	III	**11918**	5326	5326	III	10616	9352	8124	6932	5776	4656
	V	**24212**	5326	5326	IV	17609	16728	15848	14968	14104	13259
	VI	**24647**	5326	5326							
78947,99	I,IV	**18504**	5326	5326	I	16742	14982	13272	11634	10069	8577
	II	**16820**	5326	5326	II	15060	13346	11705	10137	8642	7219
	III	**11928**	5326	5326	III	10626	9362	8132	6940	5784	4664
	V	**24226**	5326	5326	IV	17623	16742	15861	14982	14118	13272
	VI	**24661**	5326	5326							
78983,99	I,IV	**18517**	5326	5326	I	16756	14996	13285	11647	10081	8588
	II	**16834**	5326	5326	II	15073	13359	11718	10149	8653	7229
	III	**11938**	5326	5326	III	10636	9372	8142	6950	5794	4674
	V	**24240**	5326	5326	IV	17637	16756	15875	14996	14131	13285
	VI	**24675**	5326	5326							
79019,99	I,IV	**18531**	5326	5326	I	16770	15010	13298	11659	10093	8600
	II	**16848**	5326	5326	II	15087	13373	11731	10161	8664	7240
	III	**11948**	5326	5326	III	10646	9380	8152	6958	5802	4682
	V	**24254**	5326	5326	IV	17651	16770	15889	15010	14145	13298
	VI	**24689**	5326	5326							
79055,99	I,IV	**18545**	5326	5326	I	16784	15023	13311	11672	10105	8611
	II	**16862**	5326	5326	II	15101	13386	11743	10173	8676	7251
	III	**11958**	5326	5326	III	10656	9390	8162	6968	5812	4692
	V	**24268**	5326	5326	IV	17664	16784	15903	15023	14158	13311
	VI	**24703**	5326	5326							

* Zur LSt-Berechnung für privat versicherte Arbeitnehmer s. Beispiele **Vorbemerkung S. 4f.**
** Basisvorsorgepauschale KV und PV *** Typisierter Arbeitgeberzuschuss

Lohn/ Gehalt in € bis	Steuerklasse	Lohn-steuer*	BVSP**	TAGZ***	Steuerklasse	Bemessungsgrundlage für Kirchensteuer und Solidaritätszuschlag – Freibeträge für ... Kinder 0,5	**1,0**	1,5	**2,0**	2,5	**3,0**
79091,99	I,IV	**18559**	5326	5326	I	16798	15038	13325	11685	10118	8623
	II	**16876**	5326	5326	II	15115	13399	11756	10186	8688	7263
	III	**11970**	5326	5326	III	10668	9402	8172	6978	5820	4700
	V	**24282**	5326	5326	IV	17679	16798	15917	15038	14172	13325
	VI	**24717**	5326	5326							
79127,99	I,IV	**18573**	5326	5326	I	16812	15051	13338	11698	10130	8635
	II	**16890**	5326	5326	II	15129	13413	11769	10198	8699	7273
	III	**11980**	5326	5326	III	10676	9410	8180	6986	5830	4708
	V	**24296**	5326	5326	IV	17693	16812	15931	15051	14186	13338
	VI	**24731**	5326	5326							
79163,99	I,IV	**18587**	5326	5326	I	16826	15065	13351	11710	10142	8646
	II	**16904**	5326	5326	II	15143	13426	11782	10210	8711	7284
	III	**11990**	5326	5326	III	10688	9420	8190	6996	5838	4718
	V	**24310**	5326	5326	IV	17706	16826	15945	15065	14199	13351
	VI	**24745**	5326	5326							
79199,99	I,IV	**18601**	5326	5326	I	16840	15079	13365	11723	10154	8658
	II	**16918**	5326	5326	II	15157	13439	11794	10222	8722	7295
	III	**12000**	5326	5326	III	10698	9430	8200	7006	5848	4726
	V	**24323**	5326	5326	IV	17720	16840	15959	15079	14213	13365
	VI	**24759**	5326	5326							
79235,99	I,IV	**18615**	5326	5326	I	16853	15093	13378	11736	10166	8669
	II	**16932**	5326	5326	II	15170	13452	11807	10234	8734	7306
	III	**12010**	5326	5326	III	10708	9440	8210	7014	5856	4734
	V	**24337**	5326	5326	IV	17734	16853	15973	15093	14226	13378
	VI	**24772**	5326	5326							
79271,99	I,IV	**18629**	5326	5326	I	16867	15106	13391	11748	10178	8681
	II	**16945**	5326	5326	II	15184	13466	11820	10246	8745	7317
	III	**12022**	5326	5326	III	10718	9450	8218	7024	5866	4744
	V	**24351**	5326	5326	IV	17748	16867	15987	15106	14240	13391
	VI	**24786**	5326	5326							
79307,99	I,IV	**18643**	5326	5326	I	16881	15120	13404	11761	10190	8692
	II	**16959**	5326	5326	II	15198	13479	11832	10258	8757	7328
	III	**12032**	5326	5326	III	10728	9460	8228	7034	5874	4752
	V	**24365**	5326	5326	IV	17762	16881	16000	15120	14253	13404
	VI	**24800**	5326	5326							
79343,99	I,IV	**18657**	5326	5326	I	16895	15134	13417	11773	10202	8704
	II	**16973**	5326	5326	II	15212	13492	11845	10270	8768	7339
	III	**12042**	5326	5326	III	10738	9470	8238	7042	5884	4760
	V	**24379**	5326	5326	IV	17776	16895	16014	15134	14267	13417
	VI	**24814**	5326	5326							
79379,99	I,IV	**18670**	5326	5326	I	16909	15148	13431	11786	10214	8715
	II	**16987**	5326	5326	II	15226	13505	11858	10282	8780	7350
	III	**12052**	5326	5326	III	10748	9480	8248	7052	5892	4770
	V	**24393**	5326	5326	IV	17790	16909	16028	15148	14280	13431
	VI	**24828**	5326	5326							
79415,99	I,IV	**18684**	5326	5326	I	16923	15162	13444	11799	10226	8727
	II	**17001**	5326	5326	II	15239	13519	11870	10295	8792	7361
	III	**12062**	5326	5326	III	10758	9490	8256	7060	5902	4778
	V	**24407**	5326	5326	IV	17803	16923	16042	15162	14294	13444
	VI	**24842**	5326	5326							
79451,99	I,IV	**18698**	5326	5326	I	16937	15175	13457	11811	10238	8738
	II	**17015**	5326	5326	II	15253	13532	11883	10307	8803	7372
	III	**12074**	5326	5326	III	10768	9500	8266	7070	5910	4786
	V	**24420**	5326	5326	IV	17817	16937	16056	15175	14307	13457
	VI	**24856**	5326	5326							
79487,99	I,IV	**18712**	5326	5326	I	16950	15189	13470	11824	10251	8750
	II	**17029**	5326	5326	II	15267	13545	11896	10319	8815	7383
	III	**12084**	5326	5326	III	10778	9508	8276	7080	5920	4796
	V	**24434**	5326	5326	IV	17831	16950	16070	15189	14321	13470
	VI	**24869**	5326	5326							

* Zur LSt-Berechnung für privat versicherte Arbeitnehmer s. Beispiele **Vorbemerkung S. 4f.**
** Basisvorsorgepauschale KV und PV *** Typisierter Arbeitgeberzuschuss

Lohn/ Gehalt in € bis	Steuerklasse	**Lohn-steuer***	BVSP**	TAGZ***	Steuerklasse	Bemessungsgrundlage für Kirchensteuer und Solidaritätszuschlag – Freibeträge für ... Kinder 0,5	**1,0**	1,5	**2,0**	2,5	**3,0**
79523,99	I,IV	**18726**	5326	5326	I	16964	15203	13484	11837	10263	8761
	II	**17042**	5326	5326	II	15281	13558	11908	10331	8826	7394
	III	**12094**	5326	5326	III	10788	9520	8286	7090	5928	4804
	V	**24448**	5326	5326	IV	17845	16964	16084	15203	14334	13484
	VI	**24883**	5326	5326							
79559,99	I,IV	**18740**	5326	5326	I	16978	15217	13497	11849	10275	8773
	II	**17056**	5326	5326	II	15295	13572	11921	10343	8838	7405
	III	**12104**	5326	5326	III	10798	9528	8296	7098	5938	4812
	V	**24462**	5326	5326	IV	17859	16978	16097	15217	14348	13497
	VI	**24897**	5326	5326							
79595,99	I,IV	**18754**	5326	5326	I	16992	15231	13510	11862	10287	8784
	II	**17070**	5326	5326	II	15309	13585	11934	10355	8849	7416
	III	**12116**	5326	5326	III	10808	9538	8306	7108	5946	4822
	V	**24476**	5326	5326	IV	17873	16992	16111	15231	14361	13510
	VI	**24911**	5326	5326							
79631,99	I,IV	**18767**	5326	5326	I	17006	15244	13523	11875	10299	8796
	II	**17084**	5326	5326	II	15322	13598	11946	10367	8861	7427
	III	**12126**	5326	5326	III	10818	9548	8314	7116	5956	4830
	V	**24490**	5326	5326	IV	17887	17006	16125	15244	14375	13523
	VI	**24925**	5326	5326							
79667,99	I,IV	**18781**	5326	5326	I	17020	15258	13537	11888	10311	8807
	II	**17098**	5326	5326	II	15336	13611	11959	10379	8872	7438
	III	**12136**	5326	5326	III	10830	9558	8324	7126	5964	4840
	V	**24504**	5326	5326	IV	17901	17020	16139	15258	14388	13537
	VI	**24939**	5326	5326							
79703,99	I,IV	**18795**	5326	5326	I	17034	15272	13550	11900	10323	8819
	II	**17112**	5326	5326	II	15350	13625	11972	10392	8884	7449
	III	**12146**	5326	5326	III	10838	9568	8334	7136	5974	4848
	V	**24517**	5326	5326	IV	17914	17034	16153	15272	14402	13550
	VI	**24953**	5326	5326							
79739,99	I,IV	**18809**	5326	5326	I	17048	15286	13564	11913	10336	8831
	II	**17126**	5326	5326	II	15365	13638	11985	10404	8896	7460
	III	**12156**	5326	5326	III	10850	9578	8344	7144	5982	4856
	V	**24532**	5326	5326	IV	17929	17048	16167	15286	14416	13564
	VI	**24967**	5326	5326							
79775,99	I,IV	**18823**	5326	5326	I	17062	15300	13577	11926	10348	8842
	II	**17140**	5326	5326	II	15378	13652	11998	10416	8907	7471
	III	**12168**	5326	5326	III	10860	9588	8354	7154	5992	4866
	V	**24546**	5326	5326	IV	17943	17062	16181	15300	14429	13577
	VI	**24981**	5326	5326							
79811,99	I,IV	**18837**	5326	5326	I	17076	15314	13590	11939	10360	8854
	II	**17154**	5326	5326	II	15392	13665	12010	10428	8919	7482
	III	**12178**	5326	5326	III	10870	9598	8362	7164	6000	4874
	V	**24559**	5326	5326	IV	17956	17076	16195	15314	14443	13590
	VI	**24995**	5326	5326							
79847,99	I,IV	**18851**	5326	5326	I	17089	15328	13603	11951	10372	8865
	II	**17168**	5326	5326	II	15406	13678	12023	10441	8931	7493
	III	**12188**	5326	5326	III	10880	9608	8372	7172	6010	4884
	V	**24573**	5326	5326	IV	17970	17089	16209	15328	14457	13603
	VI	**25008**	5326	5326							
79883,99	I,IV	**18865**	5326	5326	I	17103	15342	13617	11964	10384	8877
	II	**17181**	5326	5326	II	15420	13692	12036	10453	8942	7504
	III	**12198**	5326	5326	III	10890	9618	8382	7182	6018	4892
	V	**24587**	5326	5326	IV	17984	17103	16223	15342	14470	13617
	VI	**25022**	5326	5326							
79919,99	I,IV	**18879**	5326	5326	I	17117	15356	13630	11977	10396	8889
	II	**17195**	5326	5326	II	15434	13705	12049	10465	8954	7515
	III	**12210**	5326	5326	III	10900	9628	8392	7192	6028	4900
	V	**24601**	5326	5326	IV	17998	17117	16236	15356	14484	13630
	VI	**25036**	5326	5326							

* Zur LSt-Berechnung für privat versicherte Arbeitnehmer s. Beispiele **Vorbemerkung S. 4 f.**
** Basisvorsorgepauschale KV und PV *** Typisierter Arbeitgeberzuschuss

Lohn/ Gehalt in € bis	Steuerklasse	Lohn-steuer*	BVSP**	TAGZ***	Steuerklasse	Bemessungsgrundlage für Kirchensteuer und Solidaritätszuschlag – Freibeträge für ... Kinder 0,5	1,0	1,5	2,0	2,5	3,0
79 955,99	I,IV	**18 893**	5 326	5 326	I	17 131	15 370	13 643	11 990	10 409	8 900
	II	**17 209**	5 326	5 326	II	15 448	13 718	12 061	10 477	8 965	7 526
	III	**12 220**	5 326	5 326	III	10 910	9 638	8 400	7 200	6 036	4 908
	V	**24 615**	5 326	5 326	IV	18 012	17 131	16 250	15 370	14 497	13 643
	VI	**25 050**	5 326	5 326							
79 991,99	I,IV	**18 906**	5 326	5 326	I	17 145	15 383	13 657	12 002	10 421	8 912
	II	**17 223**	5 326	5 326	II	15 462	13 732	12 074	10 489	8 977	7 538
	III	**12 230**	5 326	5 326	III	10 920	9 648	8 410	7 210	6 046	4 918
	V	**24 629**	5 326	5 326	IV	18 026	17 145	16 264	15 383	14 511	13 657
	VI	**25 064**	5 326	5 326							
80 027,99	I,IV	**18 920**	5 326	5 326	I	17 159	15 397	13 670	12 015	10 433	8 923
	II	**17 237**	5 326	5 326	II	15 475	13 745	12 087	10 501	8 989	7 549
	III	**12 240**	5 326	5 326	III	10 930	9 658	8 420	7 220	6 054	4 926
	V	**24 643**	5 326	5 326	IV	18 040	17 159	16 278	15 397	14 524	13 670
	VI	**25 078**	5 326	5 326							
80 063,99	I,IV	**18 934**	5 326	5 326	I	17 173	15 411	13 683	12 028	10 445	8 935
	II	**17 251**	5 326	5 326	II	15 489	13 758	12 100	10 514	9 000	7 560
	III	**12 252**	5 326	5 326	III	10 940	9 668	8 430	7 228	6 064	4 936
	V	**24 657**	5 326	5 326	IV	18 053	17 173	16 292	15 411	14 538	13 683
	VI	**25 092**	5 326	5 326							
80 099,99	I,IV	**18 948**	5 326	5 326	I	17 187	15 425	13 696	12 041	10 457	8 946
	II	**17 265**	5 326	5 326	II	15 503	13 772	12 112	10 526	9 012	7 571
	III	**12 262**	5 326	5 326	III	10 950	9 676	8 440	7 238	6 072	4 944
	V	**24 670**	5 326	5 326	IV	18 067	17 187	16 306	15 425	14 552	13 696
	VI	**25 105**	5 326	5 326							
80 135,99	I,IV	**18 962**	5 326	5 326	I	17 200	15 439	13 710	12 053	10 469	8 958
	II	**17 278**	5 326	5 326	II	15 517	13 785	12 125	10 538	9 024	7 582
	III	**12 272**	5 326	5 326	III	10 962	9 688	8 450	7 248	6 082	4 952
	V	**24 684**	5 326	5 326	IV	18 081	17 200	16 320	15 439	14 565	13 710
	VI	**25 119**	5 326	5 326							
80 171,99	I,IV	**18 976**	5 326	5 326	I	17 214	15 453	13 723	12 066	10 482	8 970
	II	**17 292**	5 326	5 326	II	15 531	13 798	12 138	10 550	9 035	7 593
	III	**12 282**	5 326	5 326	III	10 972	9 696	8 458	7 256	6 090	4 962
	V	**24 698**	5 326	5 326	IV	18 095	17 214	16 333	15 453	14 579	13 723
	VI	**25 133**	5 326	5 326							
80 207,99	I,IV	**18 990**	5 326	5 326	I	17 228	15 467	13 736	12 079	10 494	8 981
	II	**17 306**	5 326	5 326	II	15 545	13 812	12 151	10 562	9 047	7 604
	III	**12 292**	5 326	5 326	III	10 982	9 706	8 468	7 266	6 100	4 970
	V	**24 712**	5 326	5 326	IV	18 109	17 228	16 347	15 467	14 592	13 736
	VI	**25 147**	5 326	5 326							
80 243,99	I,IV	**19 003**	5 326	5 326	I	17 242	15 480	13 750	12 092	10 506	8 993
	II	**17 320**	5 326	5 326	II	15 559	13 825	12 164	10 575	9 058	7 615
	III	**12 304**	5 326	5 326	III	10 992	9 716	8 478	7 276	6 108	4 978
	V	**24 726**	5 326	5 326	IV	18 123	17 242	16 361	15 480	14 606	13 750
	VI	**25 161**	5 326	5 326							
80 279,99	I,IV	**19 017**	5 326	5 326	I	17 256	15 494	13 763	12 104	10 518	9 005
	II	**17 334**	5 326	5 326	II	15 572	13 838	12 176	10 587	9 070	7 626
	III	**12 314**	5 326	5 326	III	11 002	9 726	8 488	7 284	6 118	4 988
	V	**24 740**	5 326	5 326	IV	18 137	17 256	16 375	15 494	14 620	13 763
	VI	**25 175**	5 326	5 326							
80 315,99	I,IV	**19 031**	5 326	5 326	I	17 270	15 508	13 776	12 117	10 530	9 016
	II	**17 348**	5 326	5 326	II	15 586	13 852	12 189	10 599	9 082	7 637
	III	**12 324**	5 326	5 326	III	11 012	9 736	8 496	7 294	6 126	4 996
	V	**24 754**	5 326	5 326	IV	18 150	17 270	16 389	15 508	14 633	13 776
	VI	**25 189**	5 326	5 326							
80 351,99	I,IV	**19 045**	5 326	5 326	I	17 284	15 522	13 790	12 130	10 543	9 028
	II	**17 362**	5 326	5 326	II	15 600	13 865	12 202	10 611	9 093	7 648
	III	**12 334**	5 326	5 326	III	11 022	9 746	8 506	7 304	6 136	5 006
	V	**24 767**	5 326	5 326	IV	18 164	17 284	16 403	15 522	14 647	13 790
	VI	**25 203**	5 326	5 326							

* Zur LSt-Berechnung für privat versicherte Arbeitnehmer s. Beispiele **Vorbemerkung S. 4 f.**
** Basisvorsorgepauschale KV und PV *** Typisierter Arbeitgeberzuschuss

Lohn/ Gehalt in € bis	Steuerklasse	**Lohn-steuer***	BVSP**	TAGZ***	Steuerklasse	Bemessungsgrundlage für Kirchensteuer und Solidaritätszuschlag – Freibeträge für ... Kinder 0,5	**1,0**	1,5	**2,0**	2,5	**3,0**
80 387,99	I,IV	**19 059**	5 326	5 326	I	17 297	15 536	13 803	12 143	10 555	9 039
	II	**17 376**	5 326	5 326	II	15 614	13 878	12 215	10 624	9 105	7 659
	III	**12 344**	5 326	5 326	III	11 032	9 756	8 516	7 312	6 144	5 014
	V	**24 781**	5 326	5 326	IV	18 178	17 297	16 417	15 536	14 661	13 803
	VI	**25 216**	5 326	5 326							
80 423,99	I,IV	**19 073**	5 326	5 326	I	17 312	15 550	13 817	12 156	10 567	9 051
	II	**17 390**	5 326	5 326	II	15 628	13 892	12 228	10 636	9 117	7 671
	III	**12 356**	5 326	5 326	III	11 042	9 766	8 526	7 322	6 154	5 022
	V	**24 796**	5 326	5 326	IV	18 192	17 312	16 431	15 550	14 675	13 817
	VI	**25 231**	5 326	5 326							
80 459,99	I,IV	**19 087**	5 326	5 326	I	17 326	15 564	13 830	12 169	10 580	9 063
	II	**17 404**	5 326	5 326	II	15 642	13 906	12 241	10 648	9 129	7 682
	III	**12 366**	5 326	5 326	III	11 054	9 776	8 536	7 332	6 164	5 032
	V	**24 809**	5 326	5 326	IV	18 206	17 326	16 445	15 564	14 688	13 830
	VI	**25 245**	5 326	5 326							
80 495,99	I,IV	**19 101**	5 326	5 326	I	17 339	15 578	13 844	12 181	10 592	9 075
	II	**17 418**	5 326	5 326	II	15 656	13 919	12 254	10 661	9 140	7 693
	III	**12 376**	5 326	5 326	III	11 064	9 786	8 546	7 340	6 172	5 040
	V	**24 823**	5 326	5 326	IV	18 220	17 339	16 459	15 578	14 702	13 844
	VI	**25 258**	5 326	5 326							
80 531,99	I,IV	**19 115**	5 326	5 326	I	17 353	15 592	13 857	12 194	10 604	9 086
	II	**17 431**	5 326	5 326	II	15 670	13 932	12 266	10 673	9 152	7 704
	III	**12 388**	5 326	5 326	III	11 074	9 796	8 556	7 350	6 182	5 050
	V	**24 837**	5 326	5 326	IV	18 234	17 353	16 473	15 592	14 716	13 857
	VI	**25 272**	5 326	5 326							
80 567,99	I,IV	**19 129**	5 326	5 326	I	17 367	15 606	13 870	12 207	10 616	9 098
	II	**17 445**	5 326	5 326	II	15 684	13 946	12 279	10 685	9 164	7 715
	III	**12 398**	5 326	5 326	III	11 084	9 806	8 564	7 360	6 190	5 058
	V	**24 851**	5 326	5 326	IV	18 248	17 367	16 486	15 606	14 729	13 870
	VI	**25 286**	5 326	5 326							
80 603,99	I,IV	**19 142**	5 326	5 326	I	17 381	15 619	13 884	12 220	10 628	9 110
	II	**17 459**	5 326	5 326	II	15 698	13 959	12 292	10 697	9 176	7 726
	III	**12 408**	5 326	5 326	III	11 094	9 816	8 574	7 368	6 200	5 068
	V	**24 865**	5 326	5 326	IV	18 262	17 381	16 500	15 619	14 743	13 884
	VI	**25 300**	5 326	5 326							
80 639,99	I,IV	**19 156**	5 326	5 326	I	17 395	15 633	13 897	12 233	10 641	9 121
	II	**17 473**	5 326	5 326	II	15 711	13 973	12 305	10 710	9 187	7 737
	III	**12 418**	5 326	5 326	III	11 104	9 826	8 584	7 378	6 208	5 076
	V	**24 879**	5 326	5 326	IV	18 276	17 395	16 514	15 633	14 757	13 897
	VI	**25 314**	5 326	5 326							
80 675,99	I,IV	**19 170**	5 326	5 326	I	17 409	15 647	13 910	12 245	10 653	9 133
	II	**17 487**	5 326	5 326	II	15 725	13 986	12 318	10 722	9 199	7 748
	III	**12 430**	5 326	5 326	III	11 114	9 836	8 594	7 388	6 218	5 084
	V	**24 893**	5 326	5 326	IV	18 289	17 409	16 528	15 647	14 770	13 910
	VI	**25 328**	5 326	5 326							
80 711,99	I,IV	**19 184**	5 326	5 326	I	17 423	15 661	13 924	12 258	10 665	9 145
	II	**17 501**	5 326	5 326	II	15 739	13 999	12 331	10 734	9 211	7 760
	III	**12 440**	5 326	5 326	III	11 124	9 846	8 602	7 396	6 226	5 094
	V	**24 906**	5 326	5 326	IV	18 303	17 423	16 542	15 661	14 784	13 924
	VI	**25 342**	5 326	5 326							
80 747,99	I,IV	**19 198**	5 326	5 326	I	17 436	15 675	13 937	12 271	10 677	9 156
	II	**17 515**	5 326	5 326	II	15 753	14 013	12 343	10 747	9 222	7 771
	III	**12 450**	5 326	5 326	III	11 134	9 856	8 612	7 406	6 236	5 102
	V	**24 920**	5 326	5 326	IV	18 317	17 436	16 556	15 675	14 798	13 937
	VI	**25 355**	5 326	5 326							
80 783,99	I,IV	**19 212**	5 326	5 326	I	17 450	15 689	13 951	12 284	10 690	9 168
	II	**17 528**	5 326	5 326	II	15 767	14 026	12 356	10 759	9 234	7 782
	III	**12 460**	5 326	5 326	III	11 144	9 866	8 622	7 416	6 244	5 110
	V	**24 934**	5 326	5 326	IV	18 331	17 450	16 570	15 689	14 811	13 951
	VI	**25 369**	5 326	5 326							

* Zur LSt-Berechnung für privat versicherte Arbeitnehmer s. Beispiele **Vorbemerkung S. 4 f.**
** Basisvorsorgepauschale KV und PV *** Typisierter Arbeitgeberzuschuss

Lohn/ Gehalt in € bis	Steuerklasse	Lohn- steuer*	BVSP**	TAGZ***	Steuerklasse	Bemessungsgrundlage für Kirchensteuer und Solidaritätszuschlag – Freibeträge für ... Kinder 0,5	1,0	1,5	2,0	2,5	3,0
80 819,99 West	I,IV	**19 226**	5 326	5 326	I	17 464	15 703	13 964	12 297	10 702	9 180
	II	**17 542**	5 326	5 326	II	15 781	14 040	12 369	10 771	9 246	7 793
	III	**12 472**	5 326	5 326	III	11 156	9 876	8 632	7 424	6 254	5 120
	V	**24 948**	5 326	5 326	IV	18 345	17 464	16 583	15 703	14 825	13 964
	VI	**25 383**	5 326	5 326							
80 819,99 Ost	I,IV	**19 226**	5 326	5 326	I	17 464	15 703	13 964	12 297	10 702	9 180
	II	**17 542**	5 326	5 326	II	15 781	14 040	12 369	10 771	9 246	7 793
	III	**12 472**	5 326	5 326	III	11 156	9 876	8 632	7 424	6 254	5 120
	V	**24 948**	5 326	5 326	IV	18 345	17 464	16 583	15 703	14 825	13 964
	VI	**25 383**	5 326	5 326							
80 855,99 West	I,IV	**19 239**	5 326	5 326	I	17 478	15 717	13 977	12 310	10 714	9 191
	II	**17 556**	5 326	5 326	II	15 795	14 053	12 382	10 783	9 257	7 804
	III	**12 482**	5 326	5 326	III	11 166	9 886	8 642	7 434	6 262	5 128
	V	**24 962**	5 326	5 326	IV	18 359	17 478	16 597	15 717	14 839	13 977
	VI	**25 397**	5 326	5 326							
80 855,99 Ost	I,IV	**19 239**	5 326	5 326	I	17 478	15 717	13 977	12 310	10 714	9 191
	II	**17 556**	5 326	5 326	II	15 795	14 053	12 382	10 783	9 257	7 804
	III	**12 482**	5 326	5 326	III	11 166	9 886	8 642	7 434	6 262	5 128
	V	**24 962**	5 326	5 326	IV	18 359	17 478	16 597	15 717	14 839	13 977
	VI	**25 397**	5 326	5 326							
80 891,99 West	I,IV	**19 253**	5 326	5 326	I	17 492	15 730	13 991	12 322	10 726	9 203
	II	**17 570**	5 326	5 326	II	15 808	14 067	12 395	10 796	9 269	7 815
	III	**12 492**	5 326	5 326	III	11 176	9 896	8 652	7 444	6 272	5 138
	V	**24 976**	5 326	5 326	IV	18 373	17 492	16 611	15 730	14 852	13 991
	VI	**25 411**	5 326	5 326							
80 891,99 Ost	I,IV	**19 253**	5 326	5 326	I	17 492	15 730	13 991	12 322	10 726	9 203
	II	**17 570**	5 326	5 326	II	15 808	14 067	12 395	10 796	9 269	7 815
	III	**12 492**	5 326	5 326	III	11 176	9 896	8 652	7 444	6 272	5 138
	V	**24 976**	5 326	5 326	IV	18 373	17 492	16 611	15 730	14 852	13 991
	VI	**25 411**	5 326	5 326							
80 927,99 West	I,IV	**19 267**	5 326	5 326	I	17 506	15 744	14 004	12 335	10 739	9 215
	II	**17 584**	5 326	5 326	II	15 822	14 080	12 408	10 808	9 281	7 826
	III	**12 502**	5 326	5 326	III	11 186	9 906	8 660	7 452	6 282	5 146
	V	**24 990**	5 326	5 326	IV	18 386	17 506	16 625	15 744	14 866	14 004
	VI	**25 425**	5 326	5 326							
80 927,99 Ost	I,IV	**19 267**	5 326	5 326	I	17 506	15 744	14 004	12 335	10 739	9 215
	II	**17 584**	5 326	5 326	II	15 822	14 080	12 408	10 808	9 281	7 826
	III	**12 502**	5 326	5 326	III	11 186	9 906	8 660	7 452	6 282	5 146
	V	**24 990**	5 326	5 326	IV	18 386	17 506	16 625	15 744	14 866	14 004
	VI	**25 425**	5 326	5 326							
80 963,99 West	I,IV	**19 281**	5 326	5 326	I	17 520	15 758	14 018	12 348	10 751	9 227
	II	**17 598**	5 326	5 326	II	15 836	14 093	12 421	10 820	9 293	7 838
	III	**12 514**	5 326	5 326	III	11 196	9 916	8 670	7 462	6 290	5 154
	V	**25 003**	5 326	5 326	IV	18 400	17 520	16 639	15 758	14 880	14 018
	VI	**25 439**	5 326	5 326							
80 963,99 Ost	I,IV	**19 281**	5 326	5 326	I	17 520	15 758	14 018	12 348	10 751	9 227
	II	**17 598**	5 326	5 326	II	15 836	14 093	12 421	10 820	9 293	7 838
	III	**12 514**	5 326	5 326	III	11 196	9 916	8 670	7 462	6 290	5 154
	V	**25 003**	5 326	5 326	IV	18 400	17 520	16 639	15 758	14 880	14 018
	VI	**25 439**	5 326	5 326							
80 999,99 West	I,IV	**19 295**	5 326	5 326	I	17 533	15 772	14 031	12 361	10 763	9 238
	II	**17 612**	5 326	5 326	II	15 850	14 107	12 433	10 833	9 304	7 849
	III	**12 524**	5 326	5 326	III	11 206	9 924	8 680	7 472	6 300	5 164
	V	**25 017**	5 326	5 326	IV	18 414	17 533	16 653	15 772	14 894	14 031
	VI	**25 452**	5 326	5 326							
80 999,99 Ost	I,IV	**19 295**	5 326	5 326	I	17 533	15 772	14 031	12 361	10 763	9 238
	II	**17 612**	5 326	5 326	II	15 850	14 107	12 433	10 833	9 304	7 849
	III	**12 524**	5 326	5 326	III	11 206	9 924	8 680	7 472	6 300	5 164
	V	**25 017**	5 326	5 326	IV	18 414	17 533	16 653	15 772	14 894	14 031
	VI	**25 452**	5 326	5 326							

* Zur LSt-Berechnung für privat versicherte Arbeitnehmer s. Beispiele **Vorbemerkung S. 4 f.**
** Basisvorsorgepauschale KV und PV *** Typisierter Arbeitgeberzuschuss

Lohn/ Gehalt in € bis	Steuerklasse	**Lohn- steuer***	BVSP**	TAGZ***	Steuerklasse	Bemessungsgrundlage für Kirchensteuer und Solidaritätszuschlag – Freibeträge für ... Kinder 0,5	**1,0**	1,5	**2,0**	2,5	**3,0**
81 035,99	I,IV	**19 309**	5 326	5 326	I	17 547	15 786	14 045	12 374	10 776	9 250
West	II	**17 625**	5 326	5 326	II	15 864	14 120	12 446	10 845	9 316	7 860
	III	**12 534**	5 326	5 326	III	11 216	9 936	8 690	7 482	6 308	5 172
	V	**25 031**	5 326	5 326	IV	18 428	17 547	16 667	15 786	14 907	14 045
	VI	**25 466**	5 326	5 326							
81 035,99	I,IV	**19 310**	5 326	5 326	I	17 549	15 787	14 046	12 375	10 777	9 251
Ost	II	**17 627**	5 326	5 326	II	15 865	14 122	12 447	10 846	9 317	7 861
	III	**12 534**	5 326	5 326	III	11 218	9 936	8 690	7 482	6 310	5 172
	V	**25 032**	5 326	5 326	IV	18 429	17 549	16 668	15 787	14 908	14 046
	VI	**25 468**	5 326	5 326							
81 071,99	I,IV	**19 323**	5 326	5 326	I	17 561	15 800	14 058	12 387	10 788	9 262
West	II	**17 639**	5 326	5 326	II	15 878	14 134	12 459	10 857	9 328	7 871
	III	**12 544**	5 326	5 326	III	11 226	9 944	8 700	7 490	6 318	5 180
	V	**25 045**	5 326	5 326	IV	18 442	17 561	16 680	15 800	14 921	14 058
	VI	**25 480**	5 326	5 326							
81 071,99	I,IV	**19 325**	5 326	5 326	I	17 564	15 802	14 060	12 389	10 790	9 264
Ost	II	**17 642**	5 326	5 326	II	15 880	14 136	12 462	10 859	9 330	7 873
	III	**12 546**	5 326	5 326	III	11 228	9 946	8 702	7 492	6 320	5 182
	V	**25 048**	5 326	5 326	IV	18 444	17 564	16 683	15 802	14 923	14 060
	VI	**25 483**	5 326	5 326							
81 107,99	I,IV	**19 337**	5 326	5 326	I	17 575	15 814	14 072	12 400	10 801	9 274
West	II	**17 654**	5 326	5 326	II	15 892	14 148	12 472	10 870	9 340	7 883
	III	**12 556**	5 326	5 326	III	11 238	9 956	8 710	7 500	6 326	5 190
	V	**25 059**	5 326	5 326	IV	18 456	17 575	16 695	15 814	14 935	14 072
	VI	**25 494**	5 326	5 326							
81 107,99	I,IV	**19 340**	5 326	5 326	I	17 579	15 817	14 075	12 403	10 804	9 277
Ost	II	**17 657**	5 326	5 326	II	15 895	14 151	12 476	10 873	9 343	7 885
	III	**12 558**	5 326	5 326	III	11 240	9 958	8 712	7 502	6 328	5 192
	V	**25 063**	5 326	5 326	IV	18 460	17 579	16 698	15 817	14 938	14 075
	VI	**25 498**	5 326	5 326							
81 143,99	I,IV	**19 351**	5 326	5 326	I	17 589	15 828	14 085	12 413	10 813	9 286
West	II	**17 667**	5 326	5 326	II	15 906	14 161	12 485	10 882	9 352	7 894
	III	**12 566**	5 326	5 326	III	11 248	9 966	8 720	7 510	6 336	5 200
	V	**25 073**	5 326	5 326	IV	18 470	17 589	16 709	15 828	14 949	14 085
	VI	**25 508**	5 326	5 326							
81 143,99	I,IV	**19 355**	5 326	5 326	I	17 594	15 832	14 090	12 417	10 817	9 289
Ost	II	**17 672**	5 326	5 326	II	15 911	14 166	12 490	10 886	9 356	7 898
	III	**12 570**	5 326	5 326	III	11 250	9 968	8 722	7 512	6 338	5 202
	V	**25 078**	5 326	5 326	IV	18 475	17 594	16 713	15 832	14 953	14 090
	VI	**25 513**	5 326	5 326							
81 179,99	I,IV	**19 365**	5 326	5 326	I	17 603	15 842	14 099	12 426	10 825	9 297
West	II	**17 681**	5 326	5 326	II	15 920	14 175	12 498	10 895	9 363	7 905
	III	**12 576**	5 326	5 326	III	11 258	9 974	8 728	7 518	6 344	5 208
	V	**25 087**	5 326	5 326	IV	18 484	17 603	16 722	15 842	14 963	14 099
	VI	**25 522**	5 326	5 326							
81 179,99	I,IV	**19 371**	5 326	5 326	I	17 609	15 848	14 104	12 431	10 830	9 302
Ost	II	**17 687**	5 326	5 326	II	15 926	14 180	12 504	10 900	9 368	7 910
	III	**12 580**	5 326	5 326	III	11 262	9 980	8 732	7 522	6 348	5 212
	V	**25 093**	5 326	5 326	IV	18 490	17 609	16 728	15 848	14 968	14 104
	VI	**25 528**	5 326	5 326							
81 215,99	I,IV	**19 378**	5 326	5 326	I	17 617	15 856	14 112	12 439	10 837	9 309
West	II	**17 695**	5 326	5 326	II	15 934	14 188	12 511	10 907	9 375	7 916
	III	**12 588**	5 326	5 326	III	11 268	9 986	8 738	7 528	6 354	5 216
	V	**25 101**	5 326	5 326	IV	18 498	17 617	16 736	15 856	14 976	14 112
	VI	**25 536**	5 326	5 326							
81 215,99	I,IV	**19 386**	5 326	5 326	I	17 624	15 863	14 119	12 445	10 844	9 315
Ost	II	**17 702**	5 326	5 326	II	15 941	14 195	12 518	10 913	9 381	7 922
	III	**12 592**	5 326	5 326	III	11 274	9 990	8 744	7 532	6 358	5 220
	V	**25 108**	5 326	5 326	IV	18 505	17 624	16 743	15 863	14 983	14 119
	VI	**25 543**	5 326	5 326							

* Zur LSt-Berechnung für privat versicherte Arbeitnehmer s. Beispiele **Vorbemerkung S. 4 f.**
** Basisvorsorgepauschale KV und PV *** Typisierter Arbeitgeberzuschuss

Lohn/ Gehalt in € bis	Steuerklasse	Lohn-steuer*	BVSP**	TAGZ***	Steuerklasse	Bemessungsgrundlage für Kirchensteuer und Solidaritätszuschlag – Freibeträge für ... Kinder 0,5	1,0	1,5	2,0	2,5	3,0
81 251,99 West	I,IV	**19 392**	5 326	5 326	I	17 631	15 869	14 126	12 451	10 850	9 321
	II	**17 709**	5 326	5 326	II	15 948	14 202	12 524	10 919	9 387	7 927
	III	**12 598**	5 326	5 326	III	11 278	9 994	8 748	7 538	6 364	5 226
	V	**25 115**	5 326	5 326	IV	18 512	17 631	16 750	15 869	14 990	14 126
	VI	**25 550**	5 326	5 326							
81 251,99 Ost	I,IV	**19 401**	5 326	5 326	I	17 639	15 878	14 134	12 459	10 857	9 328
	II	**17 717**	5 326	5 326	II	15 956	14 210	12 532	10 927	9 394	7 934
	III	**12 604**	5 326	5 326	III	11 284	10 000	8 754	7 544	6 368	5 230
	V	**25 123**	5 326	5 326	IV	18 520	17 639	16 759	15 878	14 998	14 134
	VI	**25 558**	5 326	5 326							
81 287,99 West	I,IV	**19 406**	5 326	5 326	I	17 645	15 883	14 139	12 464	10 862	9 332
	II	**17 723**	5 326	5 326	II	15 961	14 215	12 537	10 932	9 399	7 939
	III	**12 608**	5 326	5 326	III	11 288	10 006	8 758	7 548	6 372	5 234
	V	**25 129**	5 326	5 326	IV	18 525	17 645	16 764	15 883	15 004	14 139
	VI	**25 564**	5 326	5 326							
81 287,99 Ost	I,IV	**19 416**	5 326	5 326	I	17 654	15 893	14 149	12 473	10 871	9 341
	II	**17 733**	5 326	5 326	II	15 971	14 224	12 546	10 940	9 407	7 946
	III	**12 616**	5 326	5 326	III	11 296	10 012	8 764	7 554	6 378	5 240
	V	**25 138**	5 326	5 326	IV	18 535	17 654	16 774	15 893	15 013	14 149
	VI	**25 573**	5 326	5 326							
81 323,99 West	I,IV	**19 420**	5 326	5 326	I	17 659	15 897	14 153	12 477	10 874	9 344
	II	**17 737**	5 326	5 326	II	15 975	14 229	12 550	10 944	9 411	7 950
	III	**12 618**	5 326	5 326	III	11 298	10 014	8 768	7 556	6 382	5 242
	V	**25 142**	5 326	5 326	IV	18 539	17 659	16 778	15 897	15 018	14 153
	VI	**25 578**	5 326	5 326							
81 323,99 Ost	I,IV	**19 431**	5 326	5 326	I	17 670	15 908	14 163	12 487	10 884	9 353
	II	**17 748**	5 326	5 326	II	15 986	14 239	12 560	10 954	9 420	7 959
	III	**12 626**	5 326	5 326	III	11 306	10 022	8 774	7 564	6 388	5 250
	V	**25 153**	5 326	5 326	IV	18 550	17 670	16 789	15 908	15 028	14 163
	VI	**25 588**	5 326	5 326							
81 359,99 West	I,IV	**19 434**	5 326	5 326	I	17 672	15 911	14 166	12 490	10 887	9 356
	II	**17 751**	5 326	5 326	II	15 989	14 242	12 563	10 956	9 422	7 961
	III	**12 630**	5 326	5 326	III	11 310	10 024	8 778	7 566	6 390	5 252
	V	**25 156**	5 326	5 326	IV	18 553	17 672	16 792	15 911	15 031	14 166
	VI	**25 591**	5 326	5 326							
81 359,99 Ost	I,IV	**19 446**	5 326	5 326	I	17 685	15 923	14 178	12 501	10 898	9 366
	II	**17 763**	5 326	5 326	II	16 001	14 254	12 574	10 967	9 433	7 971
	III	**12 638**	5 326	5 326	III	11 318	10 034	8 786	7 574	6 398	5 260
	V	**25 168**	5 326	5 326	IV	18 565	17 685	16 804	15 923	15 043	14 178
	VI	**25 604**	5 326	5 326							
81 395,99 West	I,IV	**19 448**	5 326	5 326	I	17 686	15 925	14 180	12 503	10 899	9 368
	II	**17 764**	5 326	5 326	II	16 003	14 256	12 576	10 969	9 434	7 972
	III	**12 640**	5 326	5 326	III	11 318	10 034	8 786	7 574	6 400	5 260
	V	**25 170**	5 326	5 326	IV	18 567	17 686	16 806	15 925	15 045	14 180
	VI	**25 605**	5 326	5 326							
81 395,99 Ost	I,IV	**19 461**	5 326	5 326	I	17 700	15 938	14 193	12 516	10 911	9 379
	II	**17 778**	5 326	5 326	II	16 016	14 269	12 588	10 981	9 446	7 983
	III	**12 650**	5 326	5 326	III	11 328	10 044	8 796	7 584	6 408	5 270
	V	**25 184**	5 326	5 326	IV	18 580	17 700	16 819	15 938	15 058	14 193
	VI	**25 619**	5 326	5 326							
81 431,99 West	I,IV	**19 462**	5 326	5 326	I	17 700	15 939	14 193	12 516	10 911	9 380
	II	**17 778**	5 326	5 326	II	16 017	14 269	12 589	10 981	9 446	7 983
	III	**12 650**	5 326	5 326	III	11 330	10 044	8 796	7 584	6 408	5 270
	V	**25 184**	5 326	5 326	IV	18 581	17 700	16 819	15 939	15 059	14 193
	VI	**25 619**	5 326	5 326							
81 431,99 Ost	I,IV	**19 476**	5 326	5 326	I	17 715	15 953	14 207	12 530	10 924	9 392
	II	**17 793**	5 326	5 326	II	16 032	14 283	12 602	10 994	9 458	7 995
	III	**12 662**	5 326	5 326	III	11 340	10 056	8 806	7 594	6 418	5 278
	V	**25 199**	5 326	5 326	IV	18 596	17 715	16 834	15 953	15 073	14 207
	VI	**25 634**	5 326	5 326							

* Zur LSt-Berechnung für privat versicherte Arbeitnehmer s. Beispiele **Vorbemerkung S. 4 f.**
** Basisvorsorgepauschale KV und PV *** Typisierter Arbeitgeberzuschuss

Lohn/ Gehalt in € bis	Steuerklasse	Lohn-steuer*	BVSP**	TAGZ***	Steuerklasse	Bemessungsgrundlage für Kirchensteuer und Solidaritätszuschlag					
						Freibeträge für ... Kinder					
						0,5	**1,0**	1,5	**2,0**	2,5	**3,0**
81 467,99	I,IV	**19 476**	5 326	5 326	I	17 714	15 953	14 207	12 529	10 924	9 391
West	II	**17 792**	5 326	5 326	II	16 031	14 283	12 602	10 993	9 458	7 995
	III	**12 660**	5 326	5 326	III	11 340	10 054	8 806	7 594	6 418	5 278
	V	**25 198**	5 326	5 326	IV	18 595	17 714	16 833	15 953	15 073	14 207
	VI	**25 633**	5 326	5 326							
81 467,99	I,IV	**19 491**	5 326	5 326	I	17 730	15 969	14 222	12 544	10 938	9 405
Ost	II	**17 808**	5 326	5 326	II	16 047	14 298	12 617	11 008	9 471	8 008
	III	**12 672**	5 326	5 326	III	11 352	10 066	8 818	7 604	6 428	5 288
	V	**25 214**	5 326	5 326	IV	18 611	17 730	16 849	15 969	15 088	14 222
	VI	**25 649**	5 326	5 326							
81 503,99	I,IV	**19 489**	5 326	5 326	I	17 728	15 966	14 220	12 542	10 936	9 403
West	II	**17 806**	5 326	5 326	II	16 045	14 296	12 615	11 006	9 470	8 006
	III	**12 672**	5 326	5 326	III	11 350	10 064	8 816	7 604	6 428	5 288
	V	**25 212**	5 326	5 326	IV	18 609	17 728	16 847	15 966	15 086	14 220
	VI	**25 647**	5 326	5 326							
81 503,99	I,IV	**19 507**	5 326	5 326	I	17 745	15 984	14 237	12 558	10 951	9 418
Ost	II	**17 823**	5 326	5 326	II	16 062	14 313	12 631	11 021	9 484	8 020
	III	**12 684**	5 326	5 326	III	11 362	10 076	8 828	7 614	6 438	5 298
	V	**25 229**	5 326	5 326	IV	18 626	17 745	16 864	15 984	15 103	14 237
	VI	**25 664**	5 326	5 326							
81 539,99	I,IV	**19 503**	5 326	5 326	I	17 742	15 980	14 233	12 555	10 948	9 415
West	II	**17 820**	5 326	5 326	II	16 058	14 310	12 628	11 018	9 481	8 017
	III	**12 682**	5 326	5 326	III	11 360	10 074	8 826	7 612	6 436	5 296
	V	**25 226**	5 326	5 326	IV	18 622	17 742	16 861	15 980	15 100	14 233
	VI	**25 661**	5 326	5 326							
81 539,99	I,IV	**19 522**	5 326	5 326	I	17 760	15 999	14 251	12 572	10 965	9 431
Ost	II	**17 838**	5 326	5 326	II	16 077	14 328	12 645	11 035	9 497	8 032
	III	**12 696**	5 326	5 326	III	11 374	10 088	8 838	7 626	6 448	5 308
	V	**25 244**	5 326	5 326	IV	18 641	17 760	16 879	15 999	15 119	14 251
	VI	**25 679**	5 326	5 326							
81 575,99	I,IV	**19 517**	5 326	5 326	I	17 756	15 994	14 247	12 568	10 961	9 427
West	II	**17 834**	5 326	5 326	II	16 072	14 323	12 641	11 031	9 493	8 028
	III	**12 692**	5 326	5 326	III	11 370	10 084	8 836	7 622	6 446	5 304
	V	**25 239**	5 326	5 326	IV	18 636	17 756	16 875	15 994	15 114	14 247
	VI	**25 675**	5 326	5 326							
81 575,99	I,IV	**19 537**	5 326	5 326	I	17 775	16 014	14 266	12 586	10 978	9 443
Ost	II	**17 853**	5 326	5 326	II	16 092	14 342	12 659	11 048	9 510	8 044
	III	**12 708**	5 326	5 326	III	11 384	10 098	8 848	7 636	6 458	5 318
	V	**25 259**	5 326	5 326	IV	18 656	17 775	16 895	16 014	15 134	14 266
	VI	**25 694**	5 326	5 326							
81 611,99	I,IV	**19 531**	5 326	5 326	I	17 769	16 008	14 260	12 581	10 973	9 438
West	II	**17 848**	5 326	5 326	II	16 086	14 337	12 653	11 043	9 505	8 040
	III	**12 702**	5 326	5 326	III	11 380	10 094	8 844	7 632	6 454	5 314
	V	**25 253**	5 326	5 326	IV	18 650	17 769	16 889	16 008	15 128	14 260
	VI	**25 688**	5 326	5 326							
81 611,99	I,IV	**19 552**	5 326	5 326	I	17 790	16 029	14 281	12 600	10 992	9 456
Ost	II	**17 869**	5 326	5 326	II	16 107	14 357	12 673	11 062	9 523	8 057
	III	**12 718**	5 326	5 326	III	11 396	10 110	8 860	7 646	6 468	5 326
	V	**25 274**	5 326	5 326	IV	18 671	17 790	16 910	16 029	15 149	14 281
	VI	**25 709**	5 326	5 326							
81 647,99	I,IV	**19 545**	5 326	5 326	I	17 783	16 022	14 274	12 593	10 986	9 450
West	II	**17 861**	5 326	5 326	II	16 100	14 350	12 666	11 055	9 517	8 051
	III	**12 714**	5 326	5 326	III	11 392	10 104	8 854	7 642	6 464	5 322
	V	**25 267**	5 326	5 326	IV	18 664	17 783	16 903	16 022	15 141	14 274
	VI	**25 702**	5 326	5 326							
81 647,99	I,IV	**19 567**	5 326	5 326	I	17 806	16 044	14 296	12 614	11 005	9 469
Ost	II	**17 884**	5 326	5 326	II	16 122	14 372	12 687	11 075	9 536	8 069
	III	**12 730**	5 326	5 326	III	11 408	10 120	8 870	7 656	6 478	5 336
	V	**25 289**	5 326	5 326	IV	18 686	17 806	16 925	16 044	15 164	14 296
	VI	**25 725**	5 326	5 326							

* Zur LSt-Berechnung für privat versicherte Arbeitnehmer s. Beispiele **Vorbemerkung S. 4f.**
** Basisvorsorgepauschale KV und PV *** Typisierter Arbeitgeberzuschuss

Lohn/ Gehalt in € bis	Steuerklasse	Lohn-steuer*	BVSP**	TAGZ***	Steuerklasse	Bemessungsgrundlage für Kirchensteuer und Solidaritätszuschlag – Freibeträge für ... Kinder 0,5	**1,0**	1,5	**2,0**	2,5	**3,0**
81 683,99	I,IV	**19 559**	5 326	5 326	I	17 797	16 036	14 288	12 606	10 998	9 462
West	II	**17 875**	5 326	5 326	II	16 114	14 364	12 679	11 068	9 529	8 062
	III	**12 724**	5 326	5 326	III	11 402	10 114	8 864	7 650	6 472	5 332
	V	**25 281**	5 326	5 326	IV	18 678	17 797	16 916	16 036	15 155	14 288
	VI	**25 716**	5 326	5 326							
81 683,99	I,IV	**19 582**	5 326	5 326	I	17 821	16 059	14 310	12 628	11 019	9 482
Ost	II	**17 899**	5 326	5 326	II	16 137	14 387	12 701	11 089	9 549	8 081
	III	**12 742**	5 326	5 326	III	11 418	10 132	8 880	7 666	6 488	5 346
	V	**25 305**	5 326	5 326	IV	18 701	17 821	16 940	16 059	15 179	14 310
	VI	**25 740**	5 326	5 326							
81 719,99	I,IV	**19 573**	5 326	5 326	I	17 811	16 050	14 301	12 619	11 010	9 474
West	II	**17 889**	5 326	5 326	II	16 128	14 377	12 692	11 080	9 540	8 073
	III	**12 734**	5 326	5 326	III	11 412	10 124	8 874	7 660	6 482	5 340
	V	**25 295**	5 326	5 326	IV	18 692	17 811	16 930	16 050	15 169	14 301
	VI	**25 730**	5 326	5 326							
81 719,99	I,IV	**19 597**	5 326	5 326	I	17 836	16 074	14 325	12 642	11 032	9 495
Ost	II	**17 914**	5 326	5 326	II	16 152	14 402	12 716	11 102	9 562	8 093
	III	**12 754**	5 326	5 326	III	11 430	10 142	8 892	7 676	6 498	5 356
	V	**25 320**	5 326	5 326	IV	18 717	17 836	16 955	16 074	15 194	14 325
	VI	**25 755**	5 326	5 326							
81 755,99	I,IV	**19 587**	5 326	5 326	I	17 825	16 064	14 315	12 633	11 023	9 486
West	II	**17 903**	5 326	5 326	II	16 142	14 391	12 706	11 093	9 553	8 085
	III	**12 746**	5 326	5 326	III	11 422	10 134	8 884	7 670	6 492	5 350
	V	**25 309**	5 326	5 326	IV	18 706	17 825	16 945	16 064	15 183	14 315
	VI	**25 744**	5 326	5 326							
81 755,99	I,IV	**19 612**	5 326	5 326	I	17 851	16 089	14 340	12 657	11 046	9 508
Ost	II	**17 929**	5 326	5 326	II	16 168	14 416	12 730	11 116	9 574	8 106
	III	**12 764**	5 326	5 326	III	11 440	10 154	8 902	7 686	6 508	5 366
	V	**25 335**	5 326	5 326	IV	18 732	17 851	16 970	16 089	15 209	14 340
	VI	**25 770**	5 326	5 326							
81 791,99	I,IV	**19 601**	5 326	5 326	I	17 839	16 078	14 328	12 646	11 035	9 498
West	II	**17 917**	5 326	5 326	II	16 156	14 405	12 719	11 105	9 564	8 096
	III	**12 756**	5 326	5 326	III	11 432	10 144	8 894	7 678	6 500	5 358
	V	**25 323**	5 326	5 326	IV	18 720	17 839	16 958	16 078	15 197	14 328
	VI	**25 758**	5 326	5 326							
81 791,99	I,IV	**19 628**	5 326	5 326	I	17 866	16 105	14 355	12 671	11 059	9 521
Ost	II	**17 944**	5 326	5 326	II	16 183	14 431	12 744	11 129	9 587	8 118
	III	**12 776**	5 326	5 326	III	11 452	10 164	8 912	7 696	6 518	5 376
	V	**25 350**	5 326	5 326	IV	18 747	17 866	16 985	16 105	15 224	14 355
	VI	**25 785**	5 326	5 326							
81 827,99	I,IV	**19 615**	5 326	5 326	I	17 853	16 092	14 342	12 659	11 048	9 510
West	II	**17 931**	5 326	5 326	II	16 170	14 418	12 732	11 118	9 576	8 107
	III	**12 766**	5 326	5 326	III	11 442	10 154	8 904	7 688	6 510	5 368
	V	**25 337**	5 326	5 326	IV	18 734	17 853	16 972	16 092	15 211	14 342
	VI	**25 772**	5 326	5 326							
81 827,99	I,IV	**19 643**	5 326	5 326	I	17 881	16 120	14 369	12 685	11 073	9 534
Ost	II	**17 959**	5 326	5 326	II	16 198	14 446	12 758	11 143	9 600	8 130
	III	**12 788**	5 326	5 326	III	11 464	10 174	8 922	7 708	6 528	5 384
	V	**25 365**	5 326	5 326	IV	18 762	17 881	17 000	16 120	15 239	14 369
	VI	**25 800**	5 326	5 326							
81 863,99	I,IV	**19 628**	5 326	5 326	I	17 867	16 105	14 356	12 672	11 060	9 521
West	II	**17 945**	5 326	5 326	II	16 184	14 432	12 745	11 130	9 588	8 119
	III	**12 778**	5 326	5 326	III	11 452	10 164	8 912	7 698	6 518	5 376
	V	**25 351**	5 326	5 326	IV	18 748	17 867	16 986	16 105	15 225	14 356
	VI	**25 786**	5 326	5 326							
81 863,99	I,IV	**19 658**	5 326	5 326	I	17 896	16 135	14 384	12 699	11 086	9 547
Ost	II	**17 974**	5 326	5 326	II	16 213	14 461	12 772	11 156	9 613	8 143
	III	**12 800**	5 326	5 326	III	11 474	10 186	8 934	7 718	6 538	5 394
	V	**25 380**	5 326	5 326	IV	18 777	17 896	17 016	16 135	15 254	14 384
	VI	**25 815**	5 326	5 326							

* Zur LSt-Berechnung für privat versicherte Arbeitnehmer s. Beispiele **Vorbemerkung S. 4 f.**
** Basisvorsorgepauschale KV und PV *** Typisierter Arbeitgeberzuschuss

Lohn/ Gehalt in € bis	Steuerklasse	Lohn-steuer*	BVSP**	TAGZ***	Steuerklasse	Bemessungsgrundlage für Kirchensteuer und Solidaritätszuschlag – Freibeträge für ... Kinder 0,5	1,0	1,5	2,0	2,5	3,0
81 899,99 West	I,IV	**19 642**	5 326	5 326	I	17 881	16 119	14 369	12 685	11 073	9 533
	II	**17 959**	5 326	5 326	II	16 197	14 445	12 758	11 143	9 600	8 130
	III	**12 788**	5 326	5 326	III	11 464	10 174	8 922	7 708	6 528	5 384
	V	**25 365**	5 326	5 326	IV	18 762	17 881	17 000	16 119	15 239	14 369
	VI	**25 800**	5 326	5 326							
81 899,99 Ost	I,IV	**19 673**	5 326	5 326	I	17 911	16 150	14 399	12 713	11 100	9 559
	II	**17 990**	5 326	5 326	II	16 228	14 475	12 786	11 170	9 626	8 155
	III	**12 810**	5 326	5 326	III	11 486	10 196	8 944	7 728	6 548	5 404
	V	**25 395**	5 326	5 326	IV	18 792	17 911	17 031	16 150	15 269	14 399
	VI	**25 830**	5 326	5 326							
81 935,99 West	I,IV	**19 656**	5 326	5 326	I	17 895	16 133	14 383	12 697	11 085	9 545
	II	**17 973**	5 326	5 326	II	16 211	14 459	12 771	11 155	9 612	8 141
	III	**12 798**	5 326	5 326	III	11 474	10 184	8 932	7 716	6 536	5 394
	V	**25 378**	5 326	5 326	IV	18 775	17 895	17 014	16 133	15 252	14 383
	VI	**25 814**	5 326	5 326							
81 935,99 Ost	I,IV	**19 688**	5 326	5 326	I	17 927	16 165	14 414	12 727	11 114	9 572
	II	**18 005**	5 326	5 326	II	16 243	14 490	12 801	11 184	9 639	8 167
	III	**12 822**	5 326	5 326	III	11 496	10 208	8 954	7 738	6 558	5 414
	V	**25 410**	5 326	5 326	IV	18 807	17 927	17 046	16 165	15 284	14 414
	VI	**25 846**	5 326	5 326							
81 971,99 West	I,IV	**19 670**	5 326	5 326	I	17 908	16 147	14 396	12 710	11 097	9 557
	II	**17 987**	5 326	5 326	II	16 225	14 473	12 784	11 167	9 624	8 153
	III	**12 810**	5 326	5 326	III	11 484	10 194	8 942	7 726	6 546	5 402
	V	**25 392**	5 326	5 326	IV	18 789	17 908	17 028	16 147	15 266	14 396
	VI	**25 827**	5 326	5 326							
81 971,99 Ost	I,IV	**19 703**	5 326	5 326	I	17 942	16 180	14 429	12 742	11 127	9 585
	II	**18 020**	5 326	5 326	II	16 258	14 505	12 815	11 197	9 652	8 180
	III	**12 834**	5 326	5 326	III	11 508	10 218	8 966	7 748	6 568	5 424
	V	**25 426**	5 326	5 326	IV	18 822	17 942	17 061	16 180	15 299	14 429
	VI	**25 861**	5 326	5 326							
82 007,99 West	I,IV	**19 684**	5 326	5 326	I	17 922	16 161	14 410	12 723	11 110	9 569
	II	**18 000**	5 326	5 326	II	16 239	14 486	12 797	11 180	9 636	8 164
	III	**12 820**	5 326	5 326	III	11 494	10 204	8 952	7 736	6 554	5 412
	V	**25 406**	5 326	5 326	IV	18 803	17 922	17 042	16 161	15 280	14 410
	VI	**25 841**	5 326	5 326							
82 007,99 Ost	I,IV	**19 718**	5 326	5 326	I	17 957	16 195	14 443	12 756	11 141	9 598
	II	**18 035**	5 326	5 326	II	16 273	14 520	12 829	11 211	9 665	8 192
	III	**12 846**	5 326	5 326	III	11 520	10 230	8 976	7 758	6 578	5 434
	V	**25 441**	5 326	5 326	IV	18 838	17 957	17 076	16 195	15 314	14 443
	VI	**25 876**	5 326	5 326							
82 043,99 West	I,IV	**19 698**	5 326	5 326	I	17 936	16 175	14 423	12 736	11 122	9 581
	II	**18 014**	5 326	5 326	II	16 253	14 500	12 810	11 192	9 647	8 175
	III	**12 830**	5 326	5 326	III	11 504	10 214	8 962	7 744	6 564	5 420
	V	**25 420**	5 326	5 326	IV	18 817	17 936	17 055	16 175	15 294	14 423
	VI	**25 855**	5 326	5 326							
82 043,99 Ost	I,IV	**19 733**	5 326	5 326	I	17 972	16 210	14 458	12 770	11 154	9 611
	II	**18 050**	5 326	5 326	II	16 289	14 535	12 843	11 224	9 678	8 204
	III	**12 858**	5 326	5 326	III	11 530	10 240	8 986	7 768	6 588	5 442
	V	**25 456**	5 326	5 326	IV	18 853	17 972	17 091	16 210	15 330	14 458
	VI	**25 891**	5 326	5 326							
82 079,99 West	I,IV	**19 712**	5 326	5 326	I	17 950	16 189	14 437	12 749	11 135	9 592
	II	**18 028**	5 326	5 326	II	16 267	14 513	12 823	11 205	9 659	8 186
	III	**12 840**	5 326	5 326	III	11 514	10 224	8 972	7 754	6 574	5 428
	V	**25 434**	5 326	5 326	IV	18 831	17 950	17 069	16 189	15 308	14 437
	VI	**25 869**	5 326	5 326							
82 079,99 Ost	I,IV	**19 749**	5 326	5 326	I	17 987	16 226	14 473	12 784	11 168	9 624
	II	**18 065**	5 326	5 326	II	16 304	14 550	12 857	11 238	9 691	8 217
	III	**12 868**	5 326	5 326	III	11 542	10 252	8 998	7 780	6 598	5 452
	V	**25 471**	5 326	5 326	IV	18 868	17 987	17 106	16 226	15 345	14 473
	VI	**25 906**	5 326	5 326							

* Zur LSt-Berechnung für privat versicherte Arbeitnehmer s. Beispiele **Vorbemerkung S. 4f.**
** Basisvorsorgepauschale KV und PV *** Typisierter Arbeitgeberzuschuss

Lohn/ Gehalt in € bis	Steuerklasse	Lohn-steuer*	BVSP**	TAGZ***	Steuerklasse	Bemessungsgrundlage für Kirchensteuer und Solidaritätszuschlag					
						Freibeträge für ... Kinder					
						0,5	**1,0**	1,5	**2,0**	2,5	**3,0**
82 115,99	I,IV	**19 725**	5 326	5 326	I	17 964	16 202	14 450	12 762	11 147	9 604
West	II	**18 042**	5 326	5 326	II	16 281	14 527	12 836	11 217	9 671	8 198
	III	**12 852**	5 326	5 326	III	11 524	10 234	8 982	7 764	6 582	5 438
	V	**25 448**	5 326	5 326	IV	18 845	17 964	17 083	16 202	15 322	14 450
	VI	**25 883**	5 326	5 326							
82 115,99	I,IV	**19 764**	5 326	5 326	I	18 002	16 241	14 488	12 798	11 181	9 637
Ost	II	**18 080**	5 326	5 326	II	16 319	14 564	12 872	11 251	9 704	8 229
	III	**12 880**	5 326	5 326	III	11 554	10 262	9 008	7 790	6 608	5 462
	V	**25 486**	5 326	5 326	IV	18 883	18 002	17 121	16 241	15 360	14 488
	VI	**25 921**	5 326	5 326							
82 151,99	I,IV	**19 739**	5 326	5 326	I	17 978	16 216	14 464	12 775	11 159	9 616
West	II	**18 056**	5 326	5 326	II	16 294	14 541	12 849	11 230	9 683	8 209
	III	**12 862**	5 326	5 326	III	11 534	10 244	8 990	7 772	6 592	5 446
	V	**25 462**	5 326	5 326	IV	18 859	17 978	17 097	16 216	15 335	14 464
	VI	**25 897**	5 326	5 326							
82 151,99	I,IV	**19 779**	5 326	5 326	I	18 017	16 256	14 503	12 812	11 195	9 650
Ost	II	**18 095**	5 326	5 326	II	16 334	14 579	12 886	11 265	9 717	8 241
	III	**12 892**	5 326	5 326	III	11 564	10 274	9 018	7 800	6 618	5 472
	V	**25 501**	5 326	5 326	IV	18 898	18 017	17 137	16 256	15 375	14 503
	VI	**25 936**	5 326	5 326							
82 187,99	I,IV	**19 753**	5 326	5 326	I	17 992	16 230	14 478	12 788	11 172	9 628
West	II	**18 070**	5 326	5 326	II	16 308	14 554	12 862	11 242	9 695	8 220
	III	**12 872**	5 326	5 326	III	11 546	10 254	9 000	7 782	6 600	5 456
	V	**25 476**	5 326	5 326	IV	18 872	17 992	17 111	16 230	15 349	14 478
	VI	**25 911**	5 326	5 326							
82 187,99	I,IV	**19 794**	5 326	5 326	I	18 032	16 271	14 517	12 827	11 208	9 663
Ost	II	**18 111**	5 326	5 326	II	16 349	14 594	12 900	11 279	9 730	8 254
	III	**12 904**	5 326	5 326	III	11 576	10 284	9 028	7 810	6 628	5 482
	V	**25 516**	5 326	5 326	IV	18 913	18 032	17 152	16 271	15 390	14 517
	VI	**25 951**	5 326	5 326							
82 223,99	I,IV	**19 767**	5 326	5 326	I	18 006	16 244	14 491	12 801	11 184	9 640
West	II	**18 084**	5 326	5 326	II	16 322	14 568	12 875	11 255	9 707	8 232
	III	**12 882**	5 326	5 326	III	11 556	10 264	9 010	7 792	6 610	5 464
	V	**25 489**	5 326	5 326	IV	18 886	18 006	17 125	16 244	15 363	14 491
	VI	**25 924**	5 326	5 326							
82 223,99	I,IV	**19 809**	5 326	5 326	I	18 048	16 286	14 532	12 841	11 222	9 676
Ost	II	**18 126**	5 326	5 326	II	16 364	14 609	12 914	11 292	9 743	8 266
	III	**12 914**	5 326	5 326	III	11 586	10 296	9 040	7 820	6 638	5 492
	V	**25 531**	5 326	5 326	IV	18 928	18 048	17 167	16 286	15 405	14 532
	VI	**25 966**	5 326	5 326							
82 259,99	I,IV	**19 781**	5 326	5 326	I	18 019	16 258	14 505	12 814	11 197	9 652
West	II	**18 097**	5 326	5 326	II	16 336	14 581	12 888	11 267	9 719	8 243
	III	**12 894**	5 326	5 326	III	11 566	10 276	9 020	7 802	6 620	5 474
	V	**25 503**	5 326	5 326	IV	18 900	18 019	17 139	16 258	15 377	14 505
	VI	**25 938**	5 326	5 326							
82 259,99	I,IV	**19 824**	5 326	5 326	I	18 063	16 301	14 547	12 855	11 236	9 689
Ost	II	**18 141**	5 326	5 326	II	16 379	14 624	12 929	11 306	9 756	8 278
	III	**12 926**	5 326	5 326	III	11 598	10 306	9 050	7 830	6 648	5 500
	V	**25 546**	5 326	5 326	IV	18 943	18 063	17 182	16 301	15 420	14 547
	VI	**25 982**	5 326	5 326							
82 295,99	I,IV	**19 795**	5 326	5 326	I	18 033	16 272	14 518	12 827	11 209	9 664
West	II	**18 111**	5 326	5 326	II	16 350	14 595	12 901	11 279	9 731	8 254
	III	**12 904**	5 326	5 326	III	11 576	10 284	9 030	7 810	6 628	5 482
	V	**25 517**	5 326	5 326	IV	18 914	18 033	17 152	16 272	15 391	14 518
	VI	**25 952**	5 326	5 326							
82 295,99	I,IV	**19 839**	5 326	5 326	I	18 078	16 316	14 562	12 869	11 249	9 702
Ost	II	**18 156**	5 326	5 326	II	16 394	14 639	12 943	11 320	9 769	8 291
	III	**12 938**	5 326	5 326	III	11 610	10 316	9 060	7 842	6 658	5 510
	V	**25 562**	5 326	5 326	IV	18 958	18 078	17 197	16 316	15 436	14 562
	VI	**25 997**	5 326	5 326							

* Zur LSt-Berechnung für privat versicherte Arbeitnehmer s. Beispiele **Vorbemerkung S. 4 f.**
** Basisvorsorgepauschale KV und PV *** Typisierter Arbeitgeberzuschuss

Lohn/ Gehalt in € bis	Steuerklasse	**Lohn-steuer***	BVSP**	TAGZ***	Steuerklasse	Bemessungsgrundlage für Kirchensteuer und Solidaritätszuschlag – Freibeträge für ... Kinder 0,5	**1,0**	1,5	**2,0**	2,5	**3,0**
82331,99 West	I,IV	**19809**	5326	5326	I	18047	16286	14532	12840	11222	9675
	II	**18125**	5326	5326	II	16364	14609	12914	11292	9743	8266
	III	**12914**	5326	5326	III	11586	10296	9040	7820	6638	5492
	V	**25531**	5326	5326	IV	18928	18047	17166	16286	15405	14532
	VI	**25966**	5326	5326							
82331,99 Ost	I,IV	**19854**	5326	5326	I	18093	16331	14577	12884	11263	9715
	II	**18171**	5326	5326	II	16410	14654	12957	11333	9782	8303
	III	**12950**	5326	5326	III	11620	10328	9072	7852	6668	5520
	V	**25577**	5326	5326	IV	18974	18093	17212	16331	15451	14577
	VI	**26012**	5326	5326							
82367,99 West	I,IV	**19822**	5326	5326	I	18061	16299	14545	12853	11234	9687
	II	**18139**	5326	5326	II	16378	14622	12927	11304	9754	8277
	III	**12926**	5326	5326	III	11596	10304	9050	7830	6646	5500
	V	**25545**	5326	5326	IV	18942	18061	17180	16299	15419	14545
	VI	**25980**	5326	5326							
82367,99 Ost	I,IV	**19869**	5326	5326	I	18108	16347	14592	12898	11276	9728
	II	**18186**	5326	5326	II	16425	14668	12971	11347	9795	8316
	III	**12962**	5326	5326	III	11632	10338	9082	7862	6678	5530
	V	**25592**	5326	5326	IV	18989	18108	17227	16347	15466	14592
	VI	**26027**	5326	5326							
82403,99 West	I,IV	**19836**	5326	5326	I	18075	16313	14559	12867	11247	9699
	II	**18153**	5326	5326	II	16391	14636	12940	11317	9766	8288
	III	**12936**	5326	5326	III	11608	10316	9060	7840	6656	5508
	V	**25559**	5326	5326	IV	18956	18075	17194	16313	15433	14559
	VI	**25994**	5326	5326							
82403,99 Ost	I,IV	**19885**	5326	5326	I	18123	16362	14607	12912	11290	9741
	II	**18201**	5326	5326	II	16440	14683	12986	11360	9808	8328
	III	**12972**	5326	5326	III	11644	10350	9092	7872	6688	5540
	V	**25607**	5326	5326	IV	19004	18123	17242	16362	15481	14607
	VI	**26042**	5326	5326							
82439,99 West	I,IV	**19851**	5326	5326	I	18089	16328	14573	12880	11259	9711
	II	**18167**	5326	5326	II	16406	14650	12953	11330	9779	8300
	III	**12946**	5326	5326	III	11618	10326	9070	7850	6666	5518
	V	**25573**	5326	5326	IV	18970	18089	17208	16328	15447	14573
	VI	**26008**	5326	5326							
82439,99 Ost	I,IV	**19900**	5326	5326	I	18138	16377	14621	12926	11304	9754
	II	**18216**	5326	5326	II	16455	14698	13000	11374	9821	8340
	III	**12984**	5326	5326	III	11654	10360	9104	7882	6698	5550
	V	**25622**	5326	5326	IV	19019	18138	17257	16377	15496	14621
	VI	**26057**	5326	5326							
82475,99 West	I,IV	**19864**	5326	5326	I	18103	16341	14587	12893	11272	9723
	II	**18181**	5326	5326	II	16420	14664	12967	11342	9791	8311
	III	**12958**	5326	5326	III	11628	10336	9078	7858	6674	5526
	V	**25587**	5326	5326	IV	18984	18103	17222	16341	15461	14587
	VI	**26022**	5326	5326							
82475,99 Ost	I,IV	**19915**	5326	5326	I	18153	16392	14636	12940	11317	9767
	II	**18231**	5326	5326	II	16470	14713	13014	11388	9834	8353
	III	**12996**	5326	5326	III	11666	10372	9114	7892	6708	5558
	V	**25637**	5326	5326	IV	19034	18153	17273	16392	15511	14636
	VI	**26072**	5326	5326							
82511,99 West	I,IV	**19878**	5326	5326	I	18117	16355	14600	12906	11284	9735
	II	**18195**	5326	5326	II	16433	14677	12980	11355	9802	8323
	III	**12968**	5326	5326	III	11638	10346	9088	7868	6684	5536
	V	**25601**	5326	5326	IV	18998	18117	17236	16355	15475	14600
	VI	**26036**	5326	5326							
82511,99 Ost	I,IV	**19930**	5326	5326	I	18168	16407	14651	12955	11331	9780
	II	**18247**	5326	5326	II	16485	14728	13028	11401	9847	8365
	III	**13008**	5326	5326	III	11676	10382	9124	7904	6718	5568
	V	**25652**	5326	5326	IV	19049	18168	17288	16407	15526	14651
	VI	**26087**	5326	5326							

* Zur LSt-Berechnung für privat versicherte Arbeitnehmer s. Beispiele **Vorbemerkung S. 4f.**
** Basisvorsorgepauschale KV und PV *** Typisierter Arbeitgeberzuschuss

Lohn/ Gehalt in € bis	Steuerklasse	Lohn-steuer*	BVSP**	TAGZ***	Steuerklasse	Bemessungsgrundlage für Kirchensteuer und Solidaritätszuschlag – Freibeträge für ... Kinder 0,5	1,0	1,5	2,0	2,5	3,0
82 547,99 West	I,IV	**19 892**	5 326	5 326	I	18 131	16 369	14 614	12 919	11 297	9 747
	II	**18 209**	5 326	5 326	II	16 447	14 691	12 993	11 367	9 814	8 334
	III	**12 978**	5 326	5 326	III	11 648	10 356	9 098	7 878	6 692	5 544
	V	**25 615**	5 326	5 326	IV	19 011	18 131	17 250	16 369	15 488	14 614
	VI	**26 050**	5 326	5 326							
82 547,99 Ost	I,IV	**19 945**	5 326	5 326	I	18 184	16 422	14 666	12 969	11 345	9 793
	II	**18 262**	5 326	5 326	II	16 500	14 743	13 043	11 415	9 860	8 378
	III	**13 018**	5 326	5 326	III	11 688	10 394	9 136	7 914	6 728	5 578
	V	**25 667**	5 326	5 326	IV	19 064	18 184	17 303	16 422	15 541	14 666
	VI	**26 103**	5 326	5 326							
82 583,99 West	I,IV	**19 906**	5 326	5 326	I	18 145	16 383	14 628	12 932	11 309	9 759
	II	**18 223**	5 326	5 326	II	16 461	14 704	13 006	11 380	9 826	8 346
	III	**12 990**	5 326	5 326	III	11 660	10 366	9 108	7 886	6 702	5 554
	V	**25 628**	5 326	5 326	IV	19 025	18 145	17 264	16 383	15 502	14 628
	VI	**26 064**	5 326	5 326							
82 583,99 Ost	I,IV	**19 960**	5 326	5 326	I	18 199	16 437	14 681	12 983	11 358	9 806
	II	**18 277**	5 326	5 326	II	16 515	14 758	13 057	11 429	9 873	8 390
	III	**13 030**	5 326	5 326	III	11 700	10 404	9 146	7 924	6 738	5 588
	V	**25 683**	5 326	5 326	IV	19 079	18 199	17 318	16 437	15 556	14 681
	VI	**26 118**	5 326	5 326							
82 619,99 West	I,IV	**19 920**	5 326	5 326	I	18 158	16 397	14 641	12 945	11 322	9 771
	II	**18 237**	5 326	5 326	II	16 475	14 718	13 019	11 392	9 838	8 357
	III	**13 000**	5 326	5 326	III	11 670	10 376	9 118	7 896	6 712	5 562
	V	**25 642**	5 326	5 326	IV	19 039	18 158	17 278	16 397	15 516	14 641
	VI	**26 077**	5 326	5 326							
82 619,99 Ost	I,IV	**19 975**	5 326	5 326	I	18 214	16 452	14 696	12 997	11 372	9 819
	II	**18 292**	5 326	5 326	II	16 530	14 773	13 071	11 442	9 886	8 402
	III	**13 042**	5 326	5 326	III	11 710	10 416	9 156	7 934	6 748	5 598
	V	**25 698**	5 326	5 326	IV	19 095	18 214	17 333	16 452	15 572	14 696
	VI	**26 133**	5 326	5 326							
82 655,99 West	I,IV	**19 934**	5 326	5 326	I	18 172	16 411	14 655	12 958	11 334	9 783
	II	**18 250**	5 326	5 326	II	16 489	14 732	13 032	11 405	9 850	8 368
	III	**13 010**	5 326	5 326	III	11 680	10 386	9 128	7 906	6 720	5 572
	V	**25 656**	5 326	5 326	IV	19 053	18 172	17 292	16 411	15 530	14 655
	VI	**26 091**	5 326	5 326							
82 655,99 Ost	I,IV	**19 990**	5 326	5 326	I	18 229	16 467	14 711	13 012	11 385	9 832
	II	**18 307**	5 326	5 326	II	16 546	14 788	13 086	11 456	9 899	8 415
	III	**13 054**	5 326	5 326	III	11 722	10 426	9 168	7 944	6 758	5 608
	V	**25 713**	5 326	5 326	IV	19 110	18 229	17 348	16 467	15 587	14 711
	VI	**26 148**	5 326	5 326							
82 691,99 West	I,IV	**19 948**	5 326	5 326	I	18 186	16 425	14 668	12 971	11 347	9 795
	II	**18 264**	5 326	5 326	II	16 503	14 745	13 045	11 417	9 862	8 380
	III	**13 020**	5 326	5 326	III	11 690	10 396	9 138	7 916	6 730	5 580
	V	**25 670**	5 326	5 326	IV	19 067	18 186	17 305	16 425	15 544	14 668
	VI	**26 105**	5 326	5 326							
82 691,99 Ost	I,IV	**20 006**	5 326	5 326	I	18 244	16 483	14 726	13 026	11 399	9 845
	II	**18 322**	5 326	5 326	II	16 561	14 803	13 100	11 470	9 912	8 427
	III	**13 066**	5 326	5 326	III	11 734	10 438	9 178	7 954	6 768	5 618
	V	**25 728**	5 326	5 326	IV	19 125	18 244	17 363	16 483	15 602	14 726
	VI	**26 163**	5 326	5 326							
82 727,99 West	I,IV	**19 961**	5 326	5 326	I	18 200	16 438	14 682	12 984	11 359	9 807
	II	**18 278**	5 326	5 326	II	16 517	14 759	13 058	11 430	9 874	8 391
	III	**13 032**	5 326	5 326	III	11 700	10 406	9 148	7 924	6 738	5 590
	V	**25 684**	5 326	5 326	IV	19 081	18 200	17 319	16 438	15 558	14 682
	VI	**26 119**	5 326	5 326							
82 727,99 Ost	I,IV	**20 021**	5 326	5 326	I	18 259	16 498	14 740	13 040	11 413	9 858
	II	**18 337**	5 326	5 326	II	16 576	14 818	13 114	11 483	9 925	8 440
	III	**13 076**	5 326	5 326	III	11 744	10 448	9 188	7 966	6 778	5 626
	V	**25 743**	5 326	5 326	IV	19 140	18 259	17 378	16 498	15 617	14 740
	VI	**26 178**	5 326	5 326							

* Zur LSt-Berechnung für privat versicherte Arbeitnehmer s. Beispiele **Vorbemerkung S. 4f.**
** Basisvorsorgepauschale KV und PV *** Typisierter Arbeitgeberzuschuss

Lohn/ Gehalt in € bis	Steuerklasse	Lohn-steuer*	BVSP**	TAGZ***	Steuerklasse	Bemessungsgrundlage für Kirchensteuer und Solidaritätszuschlag					
						Freibeträge für ... Kinder					
						0,5	**1,0**	1,5	**2,0**	2,5	**3,0**
82 763,99 West	I,IV	**19 975**	5 326	5 326	I	18 214	16 452	14 696	12 997	11 372	9 819
	II	**18 292**	5 326	5 326	II	16 530	14 773	13 071	11 442	9 886	8 402
	III	**13 042**	5 326	5 326	III	11 710	10 416	9 156	7 934	6 748	5 598
	V	**25 698**	5 326	5 326	IV	19 095	18 214	17 333	16 452	15 572	14 696
	VI	**26 133**	5 326	5 326							
82 763,99 Ost	I,IV	**20 036**	5 326	5 326	I	18 274	16 513	14 755	13 055	11 426	9 871
	II	**18 352**	5 326	5 326	II	16 591	14 832	13 128	11 497	9 938	8 452
	III	**13 088**	5 326	5 326	III	11 756	10 460	9 200	7 976	6 788	5 636
	V	**25 758**	5 326	5 326	IV	19 155	18 274	17 394	16 513	15 632	14 755
	VI	**26 193**	5 326	5 326							
82 799,99 West	I,IV	**19 989**	5 326	5 326	I	18 228	16 466	14 709	13 011	11 384	9 831
	II	**18 306**	5 326	5 326	II	16 544	14 786	13 084	11 455	9 898	8 414
	III	**13 054**	5 326	5 326	III	11 722	10 426	9 166	7 944	6 758	5 606
	V	**25 712**	5 326	5 326	IV	19 108	18 228	17 347	16 466	15 585	14 709
	VI	**26 147**	5 326	5 326							
82 799,99 Ost	I,IV	**20 051**	5 326	5 326	I	18 289	16 528	14 770	13 069	11 440	9 884
	II	**18 368**	5 326	5 326	II	16 606	14 847	13 143	11 511	9 951	8 465
	III	**13 100**	5 326	5 326	III	11 768	10 470	9 210	7 986	6 798	5 646
	V	**25 773**	5 326	5 326	IV	19 170	18 289	17 409	16 528	15 647	14 770
	VI	**26 208**	5 326	5 326							
82 835,99 West	I,IV	**20 003**	5 326	5 326	I	18 242	16 480	14 723	13 024	11 397	9 843
	II	**18 320**	5 326	5 326	II	16 558	14 800	13 097	11 467	9 910	8 425
	III	**13 064**	5 326	5 326	III	11 732	10 436	9 176	7 952	6 766	5 616
	V	**25 725**	5 326	5 326	IV	19 122	18 242	17 361	16 480	15 599	14 723
	VI	**26 161**	5 326	5 326							
82 835,99 Ost	I,IV	**20 066**	5 326	5 326	I	18 305	16 543	14 785	13 083	11 454	9 897
	II	**18 383**	5 326	5 326	II	16 621	14 862	13 157	11 524	9 964	8 477
	III	**13 112**	5 326	5 326	III	11 778	10 482	9 220	7 996	6 808	5 656
	V	**25 788**	5 326	5 326	IV	19 185	18 305	17 424	16 543	15 662	14 785
	VI	**26 224**	5 326	5 326							
82 871,99 West	I,IV	**20 017**	5 326	5 326	I	18 255	16 494	14 737	13 037	11 409	9 855
	II	**18 334**	5 326	5 326	II	16 572	14 814	13 111	11 480	9 922	8 437
	III	**13 074**	5 326	5 326	III	11 742	10 446	9 186	7 962	6 776	5 624
	V	**25 739**	5 326	5 326	IV	19 136	18 255	17 375	16 494	15 613	14 737
	VI	**26 174**	5 326	5 326							
82 871,99 Ost	I,IV	**20 081**	5 326	5 326	I	18 320	16 558	14 800	13 097	11 467	9 910
	II	**18 398**	5 326	5 326	II	16 636	14 877	13 171	11 538	9 978	8 490
	III	**13 124**	5 326	5 326	III	11 790	10 492	9 232	8 006	6 818	5 666
	V	**25 804**	5 326	5 326	IV	19 200	18 320	17 439	16 558	15 677	14 800
	VI	**26 239**	5 326	5 326							
82 907,99 West	I,IV	**20 031**	5 326	5 326	I	18 269	16 508	14 750	13 050	11 422	9 866
	II	**18 347**	5 326	5 326	II	16 586	14 827	13 124	11 492	9 934	8 448
	III	**13 084**	5 326	5 326	III	11 752	10 456	9 196	7 972	6 784	5 634
	V	**25 753**	5 326	5 326	IV	19 150	18 269	17 389	16 508	15 627	14 750
	VI	**26 188**	5 326	5 326							
82 907,99 Ost	I,IV	**20 096**	5 326	5 326	I	18 335	16 573	14 815	13 112	11 481	9 923
	II	**18 413**	5 326	5 326	II	16 651	14 892	13 186	11 552	9 991	8 502
	III	**13 134**	5 326	5 326	III	11 800	10 504	9 242	8 016	6 828	5 676
	V	**25 819**	5 326	5 326	IV	19 216	18 335	17 454	16 573	15 693	14 815
	VI	**26 254**	5 326	5 326							
82 943,99 West	I,IV	**20 045**	5 326	5 326	I	18 283	16 522	14 764	13 063	11 434	9 878
	II	**18 361**	5 326	5 326	II	16 600	14 841	13 137	11 505	9 946	8 459
	III	**13 096**	5 326	5 326	III	11 762	10 466	9 206	7 982	6 794	5 642
	V	**25 767**	5 326	5 326	IV	19 164	18 283	17 402	16 522	15 641	14 764
	VI	**26 202**	5 326	5 326							
82 943,99 Ost	I,IV	**20 111**	5 326	5 326	I	18 350	16 588	14 830	13 126	11 495	9 936
	II	**18 428**	5 326	5 326	II	16 667	14 907	13 200	11 566	10 004	8 514
	III	**13 146**	5 326	5 326	III	11 812	10 514	9 252	8 028	6 838	5 686
	V	**25 834**	5 326	5 326	IV	19 231	18 350	17 469	16 588	15 708	14 830
	VI	**26 269**	5 326	5 326							

* Zur LSt-Berechnung für privat versicherte Arbeitnehmer s. Beispiele **Vorbemerkung S. 4f.**
** Basisvorsorgepauschale KV und PV *** Typisierter Arbeitgeberzuschuss

Lohn/ Gehalt in € bis	Steuerklasse	Lohn-steuer*	BVSP**	TAGZ***	Steuerklasse	Bemessungsgrundlage für Kirchensteuer und Solidaritätszuschlag – Freibeträge für ... Kinder 0,5	1,0	1,5	2,0	2,5	3,0
82 979,99	I,IV	**20 058**	5 326	5 326	I	18 297	16 536	14 778	13 076	11 447	9 890
West	II	**18 375**	5 326	5 326	II	16 614	14 855	13 150	11 518	9 958	8 471
	III	**13 106**	5 326	5 326	III	11 772	10 476	9 216	7 990	6 802	5 652
	V	**25 781**	5 326	5 326	IV	19 178	18 297	17 416	16 536	15 655	14 778
	VI	**26 216**	5 326	5 326							
82 979,99	I,IV	**20 127**	5 326	5 326	I	18 365	16 604	14 845	13 140	11 508	9 949
Ost	II	**18 443**	5 326	5 326	II	16 682	14 922	13 214	11 579	10 017	8 527
	III	**13 158**	5 326	5 326	III	11 824	10 526	9 264	8 038	6 848	5 696
	V	**25 849**	5 326	5 326	IV	19 246	18 365	17 484	16 604	15 723	14 845
	VI	**26 284**	5 326	5 326							
83 015,99	I,IV	**20 072**	5 326	5 326	I	18 311	16 549	14 791	13 089	11 459	9 902
West	II	**18 389**	5 326	5 326	II	16 627	14 869	13 163	11 530	9 970	8 482
	III	**13 116**	5 326	5 326	III	11 784	10 486	9 226	8 000	6 812	5 660
	V	**25 795**	5 326	5 326	IV	19 192	18 311	17 430	16 549	15 669	14 791
	VI	**26 230**	5 326	5 326							
83 015,99	I,IV	**20 142**	5 326	5 326	I	18 380	16 619	14 860	13 155	11 522	9 962
Ost	II	**18 458**	5 326	5 326	II	16 697	14 937	13 229	11 593	10 030	8 539
	III	**13 170**	5 326	5 326	III	11 834	10 536	9 274	8 048	6 858	5 704
	V	**25 864**	5 326	5 326	IV	19 261	18 380	17 499	16 619	15 738	14 860
	VI	**26 299**	5 326	5 326							
83 051,99	I,IV	**20 086**	5 326	5 326	I	18 325	16 563	14 805	13 102	11 472	9 914
West	II	**18 403**	5 326	5 326	II	16 641	14 882	13 176	11 543	9 982	8 494
	III	**13 128**	5 326	5 326	III	11 794	10 496	9 234	8 010	6 822	5 670
	V	**25 809**	5 326	5 326	IV	19 205	18 325	17 444	16 563	15 682	14 805
	VI	**26 244**	5 326	5 326							
83 051,99	I,IV	**20 157**	5 326	5 326	I	18 395	16 634	14 875	13 169	11 536	9 975
Ost	II	**18 473**	5 326	5 326	II	16 712	14 952	13 243	11 607	10 043	8 552
	III	**13 182**	5 326	5 326	III	11 846	10 548	9 284	8 058	6 868	5 714
	V	**25 879**	5 326	5 326	IV	19 276	18 395	17 515	16 634	15 753	14 875
	VI	**26 314**	5 326	5 326							
83 087,99	I,IV	**20 100**	5 326	5 326	I	18 339	16 578	14 819	13 116	11 485	9 927
West	II	**18 417**	5 326	5 326	II	16 656	14 896	13 190	11 556	9 994	8 505
	III	**13 138**	5 326	5 326	III	11 804	10 506	9 244	8 020	6 830	5 678
	V	**25 823**	5 326	5 326	IV	19 220	18 339	17 458	16 578	15 697	14 819
	VI	**26 258**	5 326	5 326							
83 087,99	I,IV	**20 172**	5 326	5 326	I	18 410	16 649	14 890	13 183	11 550	9 988
Ost	II	**18 489**	5 326	5 326	II	16 727	14 967	13 258	11 621	10 056	8 564
	III	**13 192**	5 326	5 326	III	11 858	10 558	9 296	8 068	6 878	5 724
	V	**25 894**	5 326	5 326	IV	19 291	18 410	17 530	16 649	15 768	14 890
	VI	**26 329**	5 326	5 326							
83 123,99	I,IV	**20 114**	5 326	5 326	I	18 353	16 591	14 833	13 129	11 497	9 939
West	II	**18 431**	5 326	5 326	II	16 669	14 910	13 203	11 568	10 006	8 517
	III	**13 150**	5 326	5 326	III	11 814	10 516	9 254	8 030	6 840	5 688
	V	**25 837**	5 326	5 326	IV	19 234	18 353	17 472	16 591	15 711	14 833
	VI	**26 272**	5 326	5 326							
83 123,99	I,IV	**20 187**	5 326	5 326	I	18 426	16 664	14 905	13 198	11 563	10 002
Ost	II	**18 504**	5 326	5 326	II	16 742	14 982	13 272	11 634	10 069	8 577
	III	**13 204**	5 326	5 326	III	11 868	10 570	9 306	8 080	6 888	5 734
	V	**25 909**	5 326	5 326	IV	19 306	18 426	17 545	16 664	15 783	14 905
	VI	**26 344**	5 326	5 326							
83 159,99	I,IV	**20 128**	5 326	5 326	I	18 367	16 605	14 847	13 142	11 510	9 951
West	II	**18 445**	5 326	5 326	II	16 683	14 924	13 216	11 581	10 018	8 528
	III	**13 160**	5 326	5 326	III	11 824	10 526	9 264	8 038	6 850	5 696
	V	**25 851**	5 326	5 326	IV	19 247	18 367	17 486	16 605	15 724	14 847
	VI	**26 286**	5 326	5 326							
83 159,99	I,IV	**20 202**	5 326	5 326	I	18 441	16 679	14 920	13 212	11 577	10 015
Ost	II	**18 519**	5 326	5 326	II	16 757	14 997	13 286	11 648	10 082	8 589
	III	**13 216**	5 326	5 326	III	11 880	10 580	9 316	8 090	6 898	5 744
	V	**25 924**	5 326	5 326	IV	19 321	18 441	17 560	16 679	15 798	14 920
	VI	**26 360**	5 326	5 326							

* Zur LSt-Berechnung für privat versicherte Arbeitnehmer s. Beispiele **Vorbemerkung S. 4 f.**
** Basisvorsorgepauschale KV und PV *** Typisierter Arbeitgeberzuschuss

Lohn/ Gehalt in € bis	Steuerklasse	**Lohn- steuer***	BVSP**	TAGZ***	Steuerklasse	Bemessungsgrundlage für Kirchensteuer und Solidaritätszuschlag – Freibeträge für ... Kinder: 0,5	**1,0**	1,5	**2,0**	2,5	**3,0**
83 195,99	I,IV	**20 142**	5 326	5 326	I	18 381	16 619	14 860	13 155	11 523	9 963
West	II	**18 459**	5 326	5 326	II	16 697	14 938	13 229	11 593	10 030	8 540
	III	**13 170**	5 326	5 326	III	11 836	10 536	9 274	8 048	6 858	5 706
	V	**25 864**	5 326	5 326	IV	19 261	18 381	17 500	16 619	15 738	14 860
	VI	**26 300**	5 326	5 326							
83 195,99	I,IV	**20 217**	5 326	5 326	I	18 456	16 694	14 935	13 226	11 591	10 028
Ost	II	**18 534**	5 326	5 326	II	16 772	15 012	13 301	11 662	10 095	8 602
	III	**13 228**	5 326	5 326	III	11 892	10 592	9 328	8 100	6 908	5 754
	V	**25 940**	5 326	5 326	IV	19 336	18 456	17 575	16 694	15 814	14 935
	VI	**26 375**	5 326	5 326							
83 231,99	I,IV	**20 156**	5 326	5 326	I	18 394	16 633	14 874	13 168	11 535	9 975
West	II	**18 473**	5 326	5 326	II	16 711	14 951	13 242	11 606	10 042	8 551
	III	**13 180**	5 326	5 326	III	11 846	10 546	9 284	8 058	6 868	5 714
	V	**25 878**	5 326	5 326	IV	19 275	18 394	17 514	16 633	15 752	14 874
	VI	**26 313**	5 326	5 326							
83 231,99	I,IV	**20 232**	5 326	5 326	I	18 471	16 709	14 950	13 241	11 604	10 041
Ost	II	**18 549**	5 326	5 326	II	16 788	15 027	13 315	11 676	10 109	8 614
	III	**13 240**	5 326	5 326	III	11 902	10 602	9 338	8 110	6 918	5 764
	V	**25 955**	5 326	5 326	IV	19 352	18 471	17 590	16 709	15 829	14 950
	VI	**26 390**	5 326	5 326							
83 267,99	I,IV	**20 170**	5 326	5 326	I	18 408	16 647	14 888	13 181	11 548	9 987
West	II	**18 486**	5 326	5 326	II	16 725	14 965	13 256	11 619	10 054	8 563
	III	**13 192**	5 326	5 326	III	11 856	10 556	9 294	8 068	6 878	5 724
	V	**25 892**	5 326	5 326	IV	19 289	18 408	17 528	16 647	15 766	14 888
	VI	**26 327**	5 326	5 326							
83 267,99	I,IV	**20 247**	5 326	5 326	I	18 486	16 725	14 965	13 255	11 618	10 054
Ost	II	**18 564**	5 326	5 326	II	16 803	15 042	13 329	11 689	10 122	8 627
	III	**13 252**	5 326	5 326	III	11 914	10 614	9 348	8 120	6 928	5 774
	V	**25 970**	5 326	5 326	IV	19 367	18 486	17 605	16 725	15 844	14 965
	VI	**26 405**	5 326	5 326							
83 303,99	I,IV	**20 184**	5 326	5 326	I	18 422	16 661	14 901	13 195	11 560	9 999
West	II	**18 500**	5 326	5 326	II	16 739	14 979	13 269	11 631	10 066	8 574
	III	**13 202**	5 326	5 326	III	11 866	10 566	9 304	8 076	6 886	5 732
	V	**25 906**	5 326	5 326	IV	19 303	18 422	17 541	16 661	15 780	14 901
	VI	**26 341**	5 326	5 326							
83 303,99	I,IV	**20 263**	5 326	5 326	I	18 501	16 740	14 980	13 269	11 632	10 067
Ost	II	**18 579**	5 326	5 326	II	16 818	15 057	13 344	11 703	10 135	8 639
	III	**13 262**	5 326	5 326	III	11 926	10 624	9 360	8 130	6 938	5 782
	V	**25 985**	5 326	5 326	IV	19 382	18 501	17 620	16 740	15 859	14 980
	VI	**26 420**	5 326	5 326							
83 339,99	I,IV	**20 197**	5 326	5 326	I	18 436	16 675	14 915	13 208	11 573	10 011
West	II	**18 514**	5 326	5 326	II	16 753	14 993	13 282	11 644	10 078	8 586
	III	**13 212**	5 326	5 326	III	11 876	10 578	9 314	8 086	6 896	5 742
	V	**25 920**	5 326	5 326	IV	19 317	18 436	17 555	16 675	15 794	14 915
	VI	**26 355**	5 326	5 326							
83 339,99	I,IV	**20 278**	5 326	5 326	I	18 516	16 755	14 995	13 284	11 646	10 080
Ost	II	**18 594**	5 326	5 326	II	16 833	15 072	13 358	11 717	10 148	8 652
	III	**13 274**	5 326	5 326	III	11 936	10 636	9 370	8 142	6 948	5 792
	V	**26 000**	5 326	5 326	IV	19 397	18 516	17 635	16 755	15 874	14 995
	VI	**26 435**	5 326	5 326							
83 375,99	I,IV	**20 211**	5 326	5 326	I	18 450	16 688	14 929	13 221	11 585	10 023
West	II	**18 528**	5 326	5 326	II	16 767	15 006	13 295	11 656	10 090	8 597
	III	**13 224**	5 326	5 326	III	11 886	10 586	9 324	8 096	6 904	5 750
	V	**25 934**	5 326	5 326	IV	19 331	18 450	17 569	16 688	15 808	14 929
	VI	**26 369**	5 326	5 326							
83 375,99	I,IV	**20 293**	5 326	5 326	I	18 531	16 770	15 010	13 298	11 659	10 093
Ost	II	**18 609**	5 326	5 326	II	16 848	15 087	13 373	11 731	10 161	8 664
	III	**13 286**	5 326	5 326	III	11 948	10 646	9 380	8 152	6 958	5 802
	V	**26 015**	5 326	5 326	IV	19 412	18 531	17 651	16 770	15 889	15 010
	VI	**26 450**	5 326	5 326							

* Zur LSt-Berechnung für privat versicherte Arbeitnehmer s. Beispiele **Vorbemerkung S. 4f.**
** Basisvorsorgepauschale KV und PV *** Typisierter Arbeitgeberzuschuss

Lohn/ Gehalt in € bis	Steuerklasse	Lohnsteuer*	BVSP**	TAGZ***	Steuerklasse	Bemessungsgrundlage für Kirchensteuer und Solidaritätszuschlag – Freibeträge für ... Kinder 0,5	1,0	1,5	2,0	2,5	3,0
83 411,99 West	I,IV	**20 225**	5 326	5 326	I	18 464	16 702	14 943	13 234	11 598	10 035
	II	**18 542**	5 326	5 326	II	16 780	15 020	13 308	11 669	10 102	8 608
	III	**13 234**	5 326	5 326	III	11 898	10 598	9 334	8 106	6 914	5 760
	V	**25 948**	5 326	5 326	IV	19 344	18 464	17 583	16 702	15 822	14 943
	VI	**26 383**	5 326	5 326							
83 411,99 Ost	I,IV	**20 308**	5 326	5 326	I	18 546	16 785	15 025	13 313	11 673	10 106
	II	**18 625**	5 326	5 326	II	16 863	15 102	13 387	11 744	10 174	8 677
	III	**13 298**	5 326	5 326	III	11 960	10 658	9 392	8 162	6 968	5 812
	V	**26 030**	5 326	5 326	IV	19 427	18 546	17 666	16 785	15 904	15 025
	VI	**26 465**	5 326	5 326							
83 447,99 West	I,IV	**20 239**	5 326	5 326	I	18 478	16 716	14 956	13 247	11 611	10 047
	II	**18 556**	5 326	5 326	II	16 794	15 034	13 321	11 682	10 114	8 620
	III	**13 244**	5 326	5 326	III	11 908	10 608	9 342	8 114	6 924	5 768
	V	**25 961**	5 326	5 326	IV	19 358	18 478	17 597	16 716	15 835	14 956
	VI	**26 397**	5 326	5 326							
83 447,99 Ost	I,IV	**20 323**	5 326	5 326	I	18 562	16 800	15 040	13 327	11 687	10 120
	II	**18 640**	5 326	5 326	II	16 878	15 117	13 401	11 758	10 188	8 690
	III	**13 310**	5 326	5 326	III	11 970	10 668	9 402	8 172	6 980	5 822
	V	**26 045**	5 326	5 326	IV	19 442	18 562	17 681	16 800	15 919	15 040
	VI	**26 481**	5 326	5 326							
83 483,99 West	I,IV	**20 253**	5 326	5 326	I	18 491	16 730	14 970	13 260	11 623	10 059
	II	**18 570**	5 326	5 326	II	16 808	15 048	13 335	11 694	10 127	8 631
	III	**13 256**	5 326	5 326	III	11 918	10 618	9 352	8 124	6 932	5 776
	V	**25 975**	5 326	5 326	IV	19 372	18 491	17 611	16 730	15 849	14 970
	VI	**26 410**	5 326	5 326							
83 483,99 Ost	I,IV	**20 338**	5 326	5 326	I	18 577	16 815	15 055	13 341	11 701	10 133
	II	**18 655**	5 326	5 326	II	16 893	15 132	13 416	11 772	10 201	8 702
	III	**13 320**	5 326	5 326	III	11 982	10 680	9 412	8 182	6 990	5 832
	V	**26 061**	5 326	5 326	IV	19 457	18 577	17 696	16 815	15 934	15 055
	VI	**26 496**	5 326	5 326							
83 519,99 West	I,IV	**20 267**	5 326	5 326	I	18 505	16 744	14 984	13 273	11 636	10 071
	II	**18 583**	5 326	5 326	II	16 822	15 061	13 348	11 707	10 139	8 643
	III	**13 266**	5 326	5 326	III	11 928	10 628	9 362	8 134	6 942	5 786
	V	**25 989**	5 326	5 326	IV	19 386	18 505	17 625	16 744	15 863	14 984
	VI	**26 424**	5 326	5 326							
83 519,99 Ost	I,IV	**20 353**	5 326	5 326	I	18 592	16 830	15 070	13 356	11 715	10 146
	II	**18 670**	5 326	5 326	II	16 908	15 147	13 430	11 786	10 214	8 715
	III	**13 332**	5 326	5 326	III	11 994	10 690	9 424	8 194	7 000	5 842
	V	**26 076**	5 326	5 326	IV	19 473	18 592	17 711	16 830	15 950	15 070
	VI	**26 511**	5 326	5 326							
83 555,99 West	I,IV	**20 281**	5 326	5 326	I	18 519	16 758	14 998	13 287	11 648	10 083
	II	**18 597**	5 326	5 326	II	16 836	15 075	13 361	11 719	10 151	8 654
	III	**13 276**	5 326	5 326	III	11 940	10 638	9 372	8 144	6 952	5 794
	V	**26 003**	5 326	5 326	IV	19 400	18 519	17 638	16 758	15 877	14 998
	VI	**26 438**	5 326	5 326							
83 555,99 Ost	I,IV	**20 368**	5 326	5 326	I	18 607	16 845	15 085	13 370	11 728	10 159
	II	**18 685**	5 326	5 326	II	16 924	15 162	13 445	11 800	10 227	8 727
	III	**13 344**	5 326	5 326	III	12 004	10 702	9 434	8 204	7 010	5 852
	V	**26 091**	5 326	5 326	IV	19 488	18 607	17 726	16 845	15 965	15 085
	VI	**26 526**	5 326	5 326							
83 591,99 West	I,IV	**20 295**	5 326	5 326	I	18 533	16 772	15 011	13 300	11 661	10 095
	II	**18 611**	5 326	5 326	II	16 850	15 089	13 374	11 732	10 163	8 666
	III	**13 288**	5 326	5 326	III	11 950	10 648	9 382	8 152	6 960	5 804
	V	**26 017**	5 326	5 326	IV	19 414	18 533	17 652	16 772	15 891	15 011
	VI	**26 452**	5 326	5 326							
83 591,99 Ost	I,IV	**20 384**	5 326	5 326	I	18 622	16 861	15 100	13 385	11 742	10 172
	II	**18 700**	5 326	5 326	II	16 939	15 177	13 459	11 813	10 240	8 740
	III	**13 356**	5 326	5 326	III	12 016	10 712	9 446	8 214	7 020	5 862
	V	**26 106**	5 326	5 326	IV	19 503	18 622	17 741	16 861	15 980	15 100
	VI	**26 541**	5 326	5 326							

* Zur LSt-Berechnung für privat versicherte Arbeitnehmer s. Beispiele **Vorbemerkung S. 4 f.**
** Basisvorsorgepauschale KV und PV *** Typisierter Arbeitgeberzuschuss

Lohn/ Gehalt in € bis	Steuerklasse	Lohn-steuer*	BVSP**	TAGZ***	Steuerklasse	Bemessungsgrundlage für Kirchensteuer und Solidaritätszuschlag – Freibeträge für ... Kinder 0,5	**1,0**	1,5	**2,0**	2,5	**3,0**
83 627,99 West	I,IV	**20 308**	5 326	5 326	I	18 547	16 785	15 025	13 313	11 674	10 107
	II	**18 625**	5 326	5 326	II	16 864	15 103	13 387	11 745	10 175	8 677
	III	**13 298**	5 326	5 326	III	11 960	10 658	9 392	8 162	6 970	5 812
	V	**26 031**	5 326	5 326	IV	19 428	18 547	17 666	16 785	15 905	15 025
	VI	**26 466**	5 326	5 326							
83 627,99 Ost	I,IV	**20 399**	5 326	5 326	I	18 637	16 876	15 115	13 399	11 756	10 185
	II	**18 715**	5 326	5 326	II	16 954	15 193	13 474	11 827	10 253	8 752
	III	**13 368**	5 326	5 326	III	12 028	10 724	9 456	8 224	7 030	5 870
	V	**26 121**	5 326	5 326	IV	19 518	18 637	17 756	16 876	15 995	15 115
	VI	**26 556**	5 326	5 326							
83 663,99 West	I,IV	**20 322**	5 326	5 326	I	18 561	16 799	15 039	13 326	11 686	10 119
	II	**18 639**	5 326	5 326	II	16 877	15 116	13 401	11 757	10 187	8 689
	III	**13 308**	5 326	5 326	III	11 970	10 668	9 402	8 172	6 978	5 822
	V	**26 045**	5 326	5 326	IV	19 441	18 561	17 680	16 799	15 919	15 039
	VI	**26 480**	5 326	5 326							
83 663,99 Ost	I,IV	**20 414**	5 326	5 326	I	18 652	16 891	15 130	13 413	11 770	10 199
	II	**18 730**	5 326	5 326	II	16 969	15 208	13 488	11 841	10 267	8 765
	III	**13 380**	5 326	5 326	III	12 038	10 734	9 466	8 234	7 040	5 880
	V	**26 136**	5 326	5 326	IV	19 533	18 652	17 772	16 891	16 010	15 130
	VI	**26 571**	5 326	5 326							
83 699,99 West	I,IV	**20 336**	5 326	5 326	I	18 575	16 813	15 053	13 339	11 699	10 131
	II	**18 653**	5 326	5 326	II	16 891	15 130	13 414	11 770	10 199	8 700
	III	**13 320**	5 326	5 326	III	11 980	10 678	9 412	8 182	6 988	5 830
	V	**26 058**	5 326	5 326	IV	19 455	18 575	17 694	16 813	15 932	15 053
	VI	**26 494**	5 326	5 326							
83 699,99 Ost	I,IV	**20 429**	5 326	5 326	I	18 667	16 906	15 145	13 428	11 783	10 212
	II	**18 746**	5 326	5 326	II	16 984	15 223	13 502	11 855	10 280	8 778
	III	**13 390**	5 326	5 326	III	12 050	10 746	9 478	8 246	7 050	5 890
	V	**26 151**	5 326	5 326	IV	19 548	18 667	17 787	16 906	16 025	15 145
	VI	**26 586**	5 326	5 326							
83 735,99 West	I,IV	**20 350**	5 326	5 326	I	18 588	16 827	15 066	13 353	11 711	10 143
	II	**18 667**	5 326	5 326	II	16 905	15 144	13 427	11 783	10 211	8 712
	III	**13 330**	5 326	5 326	III	11 990	10 688	9 422	8 190	6 998	5 840
	V	**26 072**	5 326	5 326	IV	19 469	18 588	17 708	16 827	15 946	15 066
	VI	**26 507**	5 326	5 326							
83 735,99 Ost	I,IV	**20 444**	5 326	5 326	I	18 683	16 921	15 160	13 442	11 797	10 225
	II	**18 761**	5 326	5 326	II	16 999	15 238	13 517	11 869	10 293	8 790
	III	**13 402**	5 326	5 326	III	12 062	10 756	9 488	8 256	7 060	5 900
	V	**26 166**	5 326	5 326	IV	19 563	18 683	17 802	16 921	16 040	15 160
	VI	**26 602**	5 326	5 326							
83 771,99 West	I,IV	**20 364**	5 326	5 326	I	18 603	16 841	15 081	13 366	11 724	10 155
	II	**18 681**	5 326	5 326	II	16 919	15 158	13 441	11 796	10 223	8 724
	III	**13 342**	5 326	5 326	III	12 002	10 698	9 432	8 200	7 006	5 848
	V	**26 087**	5 326	5 326	IV	19 483	18 603	17 722	16 841	15 961	15 081
	VI	**26 522**	5 326	5 326							
83 771,99 Ost	I,IV	**20 459**	5 326	5 326	I	18 698	16 936	15 175	13 457	11 811	10 238
	II	**18 776**	5 326	5 326	II	17 014	15 253	13 531	11 883	10 306	8 803
	III	**13 414**	5 326	5 326	III	12 072	10 768	9 498	8 266	7 070	5 910
	V	**26 182**	5 326	5 326	IV	19 578	18 698	17 817	16 936	16 055	15 175
	VI	**26 617**	5 326	5 326							
83 807,99 West	I,IV	**20 378**	5 326	5 326	I	18 617	16 855	15 094	13 379	11 737	10 167
	II	**18 695**	5 326	5 326	II	16 933	15 172	13 454	11 808	10 236	8 735
	III	**13 352**	5 326	5 326	III	12 012	10 708	9 442	8 210	7 016	5 858
	V	**26 100**	5 326	5 326	IV	19 497	18 617	17 736	16 855	15 974	15 094
	VI	**26 536**	5 326	5 326							
83 807,99 Ost	I,IV	**20 474**	5 326	5 326	I	18 713	16 951	15 190	13 471	11 825	10 251
	II	**18 791**	5 326	5 326	II	17 029	15 268	13 546	11 896	10 320	8 815
	III	**13 426**	5 326	5 326	III	12 084	10 778	9 510	8 276	7 080	5 920
	V	**26 197**	5 326	5 326	IV	19 594	18 713	17 832	16 951	16 071	15 190
	VI	**26 632**	5 326	5 326							

* Zur LSt-Berechnung für privat versicherte Arbeitnehmer s. Beispiele **Vorbemerkung S. 4 f.**
** Basisvorsorgepauschale KV und PV *** Typisierter Arbeitgeberzuschuss

Lohn/ Gehalt in € bis	Steuerklasse	Lohn-steuer*	BVSP**	TAGZ***	Steuerklasse	Bemessungsgrundlage für Kirchensteuer und Solidaritätszuschlag – Freibeträge für ... Kinder 0,5	**1,0**	1,5	**2,0**	2,5	**3,0**
83 843,99 West	I,IV	**20 392**	5 326	5 326	I	18 630	16 869	15 108	13 393	11 750	10 180
	II	**18 709**	5 326	5 326	II	16 947	15 186	13 467	11 821	10 248	8 747
	III	**13 362**	5 326	5 326	III	12 022	10 718	9 452	8 220	7 026	5 866
	V	**26 114**	5 326	5 326	IV	19 511	18 630	17 750	16 869	15 988	15 108
	VI	**26 549**	5 326	5 326							
83 843,99 Ost	I,IV	**20 489**	5 326	5 326	I	18 728	16 966	15 205	13 486	11 839	10 264
	II	**18 806**	5 326	5 326	II	17 045	15 283	13 560	11 910	10 333	8 828
	III	**13 438**	5 326	5 326	III	12 096	10 790	9 520	8 288	7 090	5 930
	V	**26 212**	5 326	5 326	IV	19 609	18 728	17 847	16 966	16 086	15 205
	VI	**26 647**	5 326	5 326							
83 879,99 West	I,IV	**20 406**	5 326	5 326	I	18 644	16 883	15 122	13 406	11 762	10 192
	II	**18 722**	5 326	5 326	II	16 961	15 200	13 480	11 834	10 260	8 758
	III	**13 374**	5 326	5 326	III	12 034	10 728	9 462	8 230	7 034	5 876
	V	**26 128**	5 326	5 326	IV	19 525	18 644	17 764	16 883	16 002	15 122
	VI	**26 563**	5 326	5 326							
83 879,99 Ost	I,IV	**20 505**	5 326	5 326	I	18 743	16 982	15 220	13 500	11 853	10 278
	II	**18 821**	5 326	5 326	II	17 060	15 298	13 575	11 924	10 346	8 841
	III	**13 450**	5 326	5 326	III	12 106	10 800	9 530	8 298	7 100	5 940
	V	**26 227**	5 326	5 326	IV	19 624	18 743	17 862	16 982	16 101	15 220
	VI	**26 662**	5 326	5 326							
83 915,99 West	I,IV	**20 420**	5 326	5 326	I	18 658	16 897	15 136	13 419	11 775	10 204
	II	**18 736**	5 326	5 326	II	16 975	15 213	13 494	11 846	10 272	8 770
	III	**13 384**	5 326	5 326	III	12 044	10 738	9 470	8 238	7 044	5 884
	V	**26 142**	5 326	5 326	IV	19 539	18 658	17 777	16 897	16 016	15 136
	VI	**26 577**	5 326	5 326							
83 915,99 Ost	I,IV	**20 520**	5 326	5 326	I	18 758	16 997	15 235	13 514	11 866	10 291
	II	**18 836**	5 326	5 326	II	17 075	15 313	13 589	11 938	10 359	8 853
	III	**13 460**	5 326	5 326	III	12 118	10 812	9 542	8 308	7 110	5 950
	V	**26 242**	5 326	5 326	IV	19 639	18 758	17 877	16 997	16 116	15 235
	VI	**26 677**	5 326	5 326							
83 951,99 West	I,IV	**20 434**	5 326	5 326	I	18 672	16 911	15 149	13 432	11 788	10 216
	II	**18 750**	5 326	5 326	II	16 989	15 227	13 507	11 859	10 284	8 781
	III	**13 394**	5 326	5 326	III	12 054	10 750	9 480	8 248	7 054	5 894
	V	**26 156**	5 326	5 326	IV	19 553	18 672	17 791	16 911	16 030	15 149
	VI	**26 591**	5 326	5 326							
83 951,99 Ost	I,IV	**20 535**	5 326	5 326	I	18 773	17 012	15 250	13 529	11 880	10 304
	II	**18 851**	5 326	5 326	II	17 090	15 328	13 604	11 952	10 372	8 866
	III	**13 472**	5 326	5 326	III	12 130	10 822	9 552	8 318	7 120	5 960
	V	**26 257**	5 326	5 326	IV	19 654	18 773	17 893	17 012	16 131	15 250
	VI	**26 692**	5 326	5 326							
83 987,99 West	I,IV	**20 447**	5 326	5 326	I	18 686	16 924	15 163	13 445	11 800	10 228
	II	**18 764**	5 326	5 326	II	17 003	15 241	13 520	11 872	10 296	8 793
	III	**13 406**	5 326	5 326	III	12 064	10 760	9 490	8 258	7 062	5 902
	V	**26 170**	5 326	5 326	IV	19 567	18 686	17 805	16 924	16 044	15 163
	VI	**26 605**	5 326	5 326							
83 987,99 Ost	I,IV	**20 550**	5 326	5 326	I	18 788	17 027	15 265	13 543	11 894	10 317
	II	**18 867**	5 326	5 326	II	17 105	15 344	13 618	11 966	10 386	8 878
	III	**13 484**	5 326	5 326	III	12 140	10 834	9 564	8 328	7 130	5 968
	V	**26 272**	5 326	5 326	IV	19 669	18 788	17 908	17 027	16 146	15 265
	VI	**26 707**	5 326	5 326							
84 023,99 West	I,IV	**20 461**	5 326	5 326	I	18 700	16 938	15 177	13 459	11 813	10 240
	II	**18 778**	5 326	5 326	II	17 016	15 255	13 533	11 884	10 308	8 804
	III	**13 416**	5 326	5 326	III	12 074	10 770	9 500	8 268	7 072	5 912
	V	**26 184**	5 326	5 326	IV	19 581	18 700	17 819	16 938	16 058	15 177
	VI	**26 619**	5 326	5 326							
84 023,99 Ost	I,IV	**20 565**	5 326	5 326	I	18 804	17 042	15 281	13 558	11 908	10 331
	II	**18 882**	5 326	5 326	II	17 120	15 359	13 633	11 980	10 399	8 891
	III	**13 496**	5 326	5 326	III	12 152	10 844	9 574	8 340	7 140	5 978
	V	**26 287**	5 326	5 326	IV	19 684	18 804	17 923	17 042	16 161	15 281
	VI	**26 722**	5 326	5 326							

* Zur LSt-Berechnung für privat versicherte Arbeitnehmer s. Beispiele **Vorbemerkung S. 4 f.**
** Basisvorsorgepauschale KV und PV *** Typisierter Arbeitgeberzuschuss

Lohn/ Gehalt in € bis	Steuerklasse	Lohn- steuer*	BVSP**	TAGZ***	Steuerklasse	Bemessungsgrundlage für Kirchensteuer und Solidaritätszuschlag					
						Freibeträge für ... Kinder					
						0,5	**1,0**	1,5	**2,0**	2,5	**3,0**
84 059,99	I,IV	**20 475**	5 326	5 326	I	18 714	16 952	15 191	13 472	11 826	10 252
West	II	**18 792**	5 326	5 326	II	17 030	15 269	13 547	11 897	10 320	8 816
	III	**13 426**	5 326	5 326	III	12 084	10 780	9 510	8 278	7 080	5 920
	V	**26 197**	5 326	5 326	IV	19 594	18 714	17 833	16 952	16 071	15 191
	VI	**26 633**	5 326	5 326							
84 059,99	I,IV	**20 580**	5 326	5 326	I	18 819	17 057	15 296	13 572	11 922	10 344
Ost	II	**18 897**	5 326	5 326	II	17 135	15 374	13 647	11 993	10 412	8 904
	III	**13 508**	5 326	5 326	III	12 164	10 856	9 584	8 350	7 150	5 988
	V	**26 302**	5 326	5 326	IV	19 699	18 819	17 938	17 057	16 176	15 296
	VI	**26 738**	5 326	5 326							
84 095,99	I,IV	**20 489**	5 326	5 326	I	18 727	16 966	15 205	13 485	11 838	10 264
West	II	**18 806**	5 326	5 326	II	17 044	15 283	13 560	11 910	10 332	8 828
	III	**13 438**	5 326	5 326	III	12 096	10 790	9 520	8 288	7 090	5 930
	V	**26 211**	5 326	5 326	IV	19 608	18 727	17 847	16 966	16 085	15 205
	VI	**26 646**	5 326	5 326							
84 095,99	I,IV	**20 595**	5 326	5 326	I	18 834	17 072	15 311	13 587	11 936	10 357
Ost	II	**18 912**	5 326	5 326	II	17 150	15 389	13 662	12 007	10 425	8 916
	III	**13 520**	5 326	5 326	III	12 176	10 868	9 596	8 360	7 162	5 998
	V	**26 318**	5 326	5 326	IV	19 714	18 834	17 953	17 072	16 192	15 311
	VI	**26 753**	5 326	5 326							
84 131,99	I,IV	**20 503**	5 326	5 326	I	18 741	16 980	15 218	13 498	11 851	10 276
West	II	**18 819**	5 326	5 326	II	17 058	15 296	13 573	11 923	10 345	8 839
	III	**13 448**	5 326	5 326	III	12 106	10 800	9 530	8 296	7 100	5 938
	V	**26 225**	5 326	5 326	IV	19 622	18 741	17 861	16 980	16 099	15 218
	VI	**26 660**	5 326	5 326							
84 131,99	I,IV	**20 610**	5 326	5 326	I	18 849	17 087	15 326	13 601	11 949	10 370
Ost	II	**18 927**	5 326	5 326	II	17 166	15 404	13 676	12 021	10 439	8 929
	III	**13 532**	5 326	5 326	III	12 186	10 878	9 606	8 370	7 172	6 008
	V	**26 333**	5 326	5 326	IV	19 730	18 849	17 968	17 087	16 207	15 326
	VI	**26 768**	5 326	5 326							
84 167,99	I,IV	**20 517**	5 326	5 326	I	18 755	16 994	15 232	13 512	11 864	10 288
West	II	**18 833**	5 326	5 326	II	17 072	15 310	13 586	11 935	10 357	8 851
	III	**13 458**	5 326	5 326	III	12 116	10 810	9 540	8 306	7 108	5 948
	V	**26 239**	5 326	5 326	IV	19 636	18 755	17 874	16 994	16 113	15 232
	VI	**26 674**	5 326	5 326							
84 167,99	I,IV	**20 625**	5 326	5 326	I	18 864	17 103	15 341	13 616	11 963	10 384
Ost	II	**18 942**	5 326	5 326	II	17 181	15 419	13 691	12 035	10 452	8 942
	III	**13 542**	5 326	5 326	III	12 198	10 890	9 618	8 382	7 182	6 018
	V	**26 348**	5 326	5 326	IV	19 745	18 864	17 983	17 103	16 222	15 341
	VI	**26 783**	5 326	5 326							
84 203,99	I,IV	**20 531**	5 326	5 326	I	18 769	17 008	15 246	13 525	11 876	10 300
West	II	**18 847**	5 326	5 326	II	17 086	15 324	13 600	11 948	10 369	8 862
	III	**13 470**	5 326	5 326	III	12 126	10 820	9 550	8 316	7 118	5 956
	V	**26 253**	5 326	5 326	IV	19 650	18 769	17 888	17 008	16 127	15 246
	VI	**26 688**	5 326	5 326							
84 203,99	I,IV	**20 641**	5 326	5 326	I	18 879	17 118	15 356	13 630	11 977	10 397
Ost	II	**18 957**	5 326	5 326	II	17 196	15 434	13 705	12 049	10 465	8 954
	III	**13 554**	5 326	5 326	III	12 210	10 900	9 628	8 392	7 192	6 028
	V	**26 363**	5 326	5 326	IV	19 760	18 879	17 998	17 118	16 237	15 356
	VI	**26 798**	5 326	5 326							
84 239,99	I,IV	**20 544**	5 326	5 326	I	18 783	17 021	15 260	13 538	11 889	10 313
West	II	**18 861**	5 326	5 326	II	17 100	15 338	13 613	11 961	10 381	8 874
	III	**13 480**	5 326	5 326	III	12 138	10 830	9 560	8 326	7 128	5 966
	V	**26 267**	5 326	5 326	IV	19 664	18 783	17 902	17 021	16 141	15 260
	VI	**26 702**	5 326	5 326							
84 239,99	I,IV	**20 656**	5 326	5 326	I	18 894	17 133	15 371	13 645	11 991	10 410
Ost	II	**18 972**	5 326	5 326	II	17 211	15 449	13 720	12 063	10 479	8 967
	III	**13 566**	5 326	5 326	III	12 220	10 912	9 638	8 402	7 202	6 038
	V	**26 378**	5 326	5 326	IV	19 775	18 894	18 013	17 133	16 252	15 371
	VI	**26 813**	5 326	5 326							

* Zur LSt-Berechnung für privat versicherte Arbeitnehmer s. Beispiele **Vorbemerkung S. 4f.**
** Basisvorsorgepauschale KV und PV *** Typisierter Arbeitgeberzuschuss

Lohn/ Gehalt in € bis	Steuerklasse	Lohn-steuer*	BVSP**	TAGZ***	Steuerklasse	Bemessungsgrundlage für Kirchensteuer und Solidaritätszuschlag – Freibeträge für ... Kinder 0,5	1,0	1,5	2,0	2,5	3,0
84 275,99	I,IV	**20 558**	5 326	5 326	I	18 797	17 035	15 274	13 551	11 902	10 325
West	II	**18 875**	5 326	5 326	II	17 113	15 352	13 626	11 973	10 393	8 885
	III	**13 490**	5 326	5 326	III	12 148	10 840	9 570	8 334	7 136	5 974
	V	**26 281**	5 326	5 326	IV	19 678	18 797	17 916	17 035	16 155	15 274
	VI	**26 716**	5 326	5 326							
84 275,99	I,IV	**20 671**	5 326	5 326	I	18 909	17 148	15 386	13 659	12 005	10 423
Ost	II	**18 987**	5 326	5 326	II	17 226	15 465	13 734	12 077	10 492	8 980
	III	**13 578**	5 326	5 326	III	12 232	10 922	9 650	8 412	7 212	6 048
	V	**26 393**	5 326	5 326	IV	19 790	18 909	18 029	17 148	16 267	15 386
	VI	**26 828**	5 326	5 326							
84 311,99	I,IV	**20 572**	5 326	5 326	I	18 811	17 049	15 288	13 565	11 914	10 337
West	II	**18 889**	5 326	5 326	II	17 127	15 366	13 640	11 986	10 405	8 897
	III	**13 502**	5 326	5 326	III	12 158	10 850	9 580	8 344	7 146	5 984
	V	**26 295**	5 326	5 326	IV	19 691	18 811	17 930	17 049	16 168	15 288
	VI	**26 730**	5 326	5 326							
84 311,99	I,IV	**20 686**	5 326	5 326	I	18 924	17 163	15 402	13 674	12 019	10 437
Ost	II	**19 003**	5 326	5 326	II	17 241	15 480	13 749	12 091	10 505	8 992
	III	**13 590**	5 326	5 326	III	12 244	10 934	9 660	8 422	7 222	6 058
	V	**26 408**	5 326	5 326	IV	19 805	18 924	18 044	17 163	16 282	15 402
	VI	**26 843**	5 326	5 326							
84 347,99	I,IV	**20 586**	5 326	5 326	I	18 825	17 063	15 301	13 578	11 927	10 349
West	II	**18 903**	5 326	5 326	II	17 141	15 380	13 653	11 999	10 417	8 909
	III	**13 512**	5 326	5 326	III	12 168	10 860	9 588	8 354	7 154	5 992
	V	**26 308**	5 326	5 326	IV	19 705	18 825	17 944	17 063	16 182	15 301
	VI	**26 743**	5 326	5 326							
84 347,99	I,IV	**20 701**	5 326	5 326	I	18 940	17 178	15 417	13 688	12 033	10 450
Ost	II	**19 018**	5 326	5 326	II	17 256	15 495	13 763	12 105	10 518	9 005
	III	**13 602**	5 326	5 326	III	12 254	10 944	9 670	8 434	7 232	6 068
	V	**26 423**	5 326	5 326	IV	19 820	18 940	18 059	17 178	16 297	15 417
	VI	**26 859**	5 326	5 326							
84 383,99	I,IV	**20 600**	5 326	5 326	I	18 838	17 077	15 315	13 591	11 940	10 361
West	II	**18 916**	5 326	5 326	II	17 155	15 394	13 666	12 012	10 430	8 920
	III	**13 524**	5 326	5 326	III	12 178	10 870	9 600	8 364	7 164	6 002
	V	**26 322**	5 326	5 326	IV	19 719	18 838	17 958	17 077	16 196	15 315
	VI	**26 757**	5 326	5 326							
84 383,99	I,IV	**20 716**	5 326	5 326	I	18 955	17 193	15 432	13 703	12 047	10 463
Ost	II	**19 033**	5 326	5 326	II	17 271	15 510	13 778	12 119	10 532	9 018
	III	**13 614**	5 326	5 326	III	12 266	10 956	9 682	8 444	7 242	6 078
	V	**26 439**	5 326	5 326	IV	19 835	18 955	18 074	17 193	16 312	15 432
	VI	**26 874**	5 326	5 326							
84 419,99	I,IV	**20 614**	5 326	5 326	I	18 852	17 091	15 329	13 605	11 953	10 373
West	II	**18 930**	5 326	5 326	II	17 169	15 407	13 680	12 024	10 442	8 932
	III	**13 534**	5 326	5 326	III	12 190	10 880	9 608	8 372	7 174	6 010
	V	**26 336**	5 326	5 326	IV	19 733	18 852	17 971	17 091	16 210	15 329
	VI	**26 771**	5 326	5 326							
84 419,99	I,IV	**20 731**	5 326	5 326	I	18 970	17 208	15 447	13 717	12 061	10 476
Ost	II	**19 048**	5 326	5 326	II	17 286	15 525	13 793	12 133	10 545	9 030
	III	**13 624**	5 326	5 326	III	12 278	10 966	9 692	8 454	7 252	6 086
	V	**26 454**	5 326	5 326	IV	19 851	18 970	18 089	17 208	16 328	15 447
	VI	**26 889**	5 326	5 326							
84 455,99	I,IV	**20 628**	5 326	5 326	I	18 867	17 105	15 344	13 618	11 966	10 386
West	II	**18 945**	5 326	5 326	II	17 183	15 422	13 693	12 037	10 454	8 944
	III	**13 544**	5 326	5 326	III	12 200	10 892	9 618	8 382	7 184	6 020
	V	**26 350**	5 326	5 326	IV	19 747	18 867	17 986	17 105	16 224	15 344
	VI	**26 785**	5 326	5 326							
84 455,99	I,IV	**20 746**	5 326	5 326	I	18 985	17 223	15 462	13 732	12 075	10 490
Ost	II	**19 063**	5 326	5 326	II	17 302	15 540	13 807	12 146	10 558	9 043
	III	**13 636**	5 326	5 326	III	12 290	10 978	9 704	8 464	7 262	6 096
	V	**26 469**	5 326	5 326	IV	19 866	18 985	18 104	17 223	16 343	15 462
	VI	**26 904**	5 326	5 326							

* Zur LSt-Berechnung für privat versicherte Arbeitnehmer s. Beispiele **Vorbemerkung S. 4 f.**
** Basisvorsorgepauschale KV und PV *** Typisierter Arbeitgeberzuschuss

Lohn/ Gehalt in € bis	Steuerklasse	**Lohn-steuer***	BVSP**	TAGZ***	Steuerklasse	Bemessungsgrundlage für Kirchensteuer und Solidaritätszuschlag – Freibeträge für ... Kinder 0,5	**1,0**	1,5	**2,0**	2,5	**3,0**
84 491,99 West	I,IV	**20 642**	5 326	5 326	I	18 880	17 119	15 357	13 632	11 978	10 398
	II	**18 958**	5 326	5 326	II	17 197	15 436	13 707	12 050	10 466	8 955
	III	**13 556**	5 326	5 326	III	12 210	10 902	9 628	8 392	7 192	6 028
	V	**26 364**	5 326	5 326	IV	19 761	18 880	18 000	17 119	16 238	15 357
	VI	**26 799**	5 326	5 326							
84 491,99 Ost	I,IV	**20 762**	5 326	5 326	I	19 000	17 239	15 477	13 747	12 088	10 503
	II	**19 078**	5 326	5 326	II	17 317	15 555	13 822	12 160	10 572	9 056
	III	**13 648**	5 326	5 326	III	12 300	10 990	9 714	8 476	7 272	6 106
	V	**26 484**	5 326	5 326	IV	19 881	19 000	18 119	17 239	16 358	15 477
	VI	**26 919**	5 326	5 326							
84 527,99 West	I,IV	**20 656**	5 326	5 326	I	18 894	17 133	15 371	13 645	11 991	10 410
	II	**18 972**	5 326	5 326	II	17 211	15 449	13 720	12 063	10 479	8 967
	III	**13 566**	5 326	5 326	III	12 220	10 912	9 638	8 402	7 202	6 038
	V	**26 378**	5 326	5 326	IV	19 775	18 894	18 013	17 133	16 252	15 371
	VI	**26 813**	5 326	5 326							
84 527,99 Ost	I,IV	**20 777**	5 326	5 326	I	19 015	17 254	15 492	13 761	12 102	10 516
	II	**19 093**	5 326	5 326	II	17 332	15 570	13 836	12 174	10 585	9 068
	III	**13 660**	5 326	5 326	III	12 312	11 000	9 724	8 486	7 282	6 116
	V	**26 499**	5 326	5 326	IV	19 896	19 015	18 134	17 254	16 373	15 492
	VI	**26 934**	5 326	5 326							
84 563,99 West	I,IV	**20 670**	5 326	5 326	I	18 908	17 147	15 385	13 658	12 004	10 422
	II	**18 986**	5 326	5 326	II	17 225	15 463	13 733	12 076	10 491	8 978
	III	**13 578**	5 326	5 326	III	12 232	10 922	9 648	8 412	7 212	6 046
	V	**26 392**	5 326	5 326	IV	19 789	18 908	18 027	17 147	16 266	15 385
	VI	**26 827**	5 326	5 326							
84 563,99 Ost	I,IV	**20 792**	5 326	5 326	I	19 030	17 269	15 507	13 776	12 116	10 530
	II	**19 108**	5 326	5 326	II	17 347	15 585	13 851	12 188	10 598	9 081
	III	**13 672**	5 326	5 326	III	12 324	11 012	9 736	8 496	7 294	6 126
	V	**26 514**	5 326	5 326	IV	19 911	19 030	18 150	17 269	16 388	15 507
	VI	**26 949**	5 326	5 326							
84 599,99 West	I,IV	**20 683**	5 326	5 326	I	18 922	17 160	15 399	13 671	12 017	10 434
	II	**19 000**	5 326	5 326	II	17 239	15 477	13 747	12 088	10 503	8 990
	III	**13 588**	5 326	5 326	III	12 242	10 932	9 658	8 422	7 220	6 056
	V	**26 406**	5 326	5 326	IV	19 803	18 922	18 041	17 160	16 280	15 399
	VI	**26 841**	5 326	5 326							
84 599,99 Ost	I,IV	**20 807**	5 326	5 326	I	19 045	17 284	15 522	13 790	12 130	10 543
	II	**19 124**	5 326	5 326	II	17 362	15 601	13 865	12 202	10 612	9 094
	III	**13 684**	5 326	5 326	III	12 334	11 022	9 746	8 506	7 304	6 136
	V	**26 529**	5 326	5 326	IV	19 926	19 045	18 165	17 284	16 403	15 522
	VI	**26 964**	5 326	5 326							
84 635,99 West	I,IV	**20 699**	5 326	5 326	I	18 937	17 176	15 414	13 686	12 030	10 448
	II	**19 015**	5 326	5 326	II	17 254	15 492	13 761	12 102	10 516	9 003
	III	**13 600**	5 326	5 326	III	12 252	10 942	9 670	8 432	7 230	6 066
	V	**26 421**	5 326	5 326	IV	19 818	18 937	18 056	17 176	16 295	15 414
	VI	**26 856**	5 326	5 326							
84 635,99 Ost	I,IV	**20 822**	5 326	5 326	I	19 061	17 299	15 538	13 805	12 144	10 556
	II	**19 139**	5 326	5 326	II	17 377	15 616	13 880	12 216	10 625	9 107
	III	**13 696**	5 326	5 326	III	12 346	11 034	9 758	8 518	7 314	6 146
	V	**26 544**	5 326	5 326	IV	19 941	19 061	18 180	17 299	16 418	15 538
	VI	**26 980**	5 326	5 326							
84 671,99 West	I,IV	**20 714**	5 326	5 326	I	18 952	17 191	15 429	13 700	12 044	10 461
	II	**19 030**	5 326	5 326	II	17 269	15 507	13 776	12 116	10 530	9 015
	III	**13 612**	5 326	5 326	III	12 264	10 954	9 680	8 442	7 240	6 076
	V	**26 436**	5 326	5 326	IV	19 833	18 952	18 071	17 191	16 310	15 429
	VI	**26 871**	5 326	5 326							
84 671,99 Ost	I,IV	**20 837**	5 326	5 326	I	19 076	17 314	15 553	13 819	12 158	10 570
	II	**19 154**	5 326	5 326	II	17 392	15 631	13 895	12 230	10 638	9 119
	III	**13 706**	5 326	5 326	III	12 358	11 044	9 768	8 528	7 324	6 156
	V	**26 560**	5 326	5 326	IV	19 956	19 076	18 195	17 314	16 433	15 553
	VI	**26 995**	5 326	5 326							

* Zur LSt-Berechnung für privat versicherte Arbeitnehmer s. Beispiele **Vorbemerkung S. 4 f.**
** Basisvorsorgepauschale KV und PV *** Typisierter Arbeitgeberzuschuss

Lohn/ Gehalt in € bis	Steuerklasse	Lohn-steuer*	BVSP**	TAGZ***	Steuerklasse	Bemessungsgrundlage für Kirchensteuer und Solidaritätszuschlag – Freibeträge für ... Kinder 0,5	1,0	1,5	2,0	2,5	3,0
84 707,99 West	I,IV	**20 729**	5 326	5 326	I	18 967	17 206	15 444	13 715	12 058	10 474
	II	**19 045**	5 326	5 326	II	17 284	15 522	13 790	12 130	10 543	9 028
	III	**13 622**	5 326	5 326	III	12 276	10 966	9 690	8 452	7 250	6 086
	V	**26 451**	5 326	5 326	IV	19 848	18 967	18 087	17 206	16 325	15 444
	VI	**26 886**	5 326	5 326							
84 707,99 Ost	I,IV	**20 852**	5 326	5 326	I	19 091	17 329	15 568	13 834	12 172	10 583
	II	**19 169**	5 326	5 326	II	17 407	15 646	13 909	12 244	10 652	9 132
	III	**13 718**	5 326	5 326	III	12 368	11 056	9 778	8 538	7 334	6 166
	V	**26 575**	5 326	5 326	IV	19 972	19 091	18 210	17 329	16 449	15 568
	VI	**27 010**	5 326	5 326							
84 743,99 West	I,IV	**20 744**	5 326	5 326	I	18 982	17 221	15 459	13 730	12 072	10 487
	II	**19 061**	5 326	5 326	II	17 299	15 538	13 805	12 144	10 556	9 041
	III	**13 634**	5 326	5 326	III	12 288	10 976	9 702	8 462	7 260	6 096
	V	**26 466**	5 326	5 326	IV	19 863	18 982	18 102	17 221	16 340	15 459
	VI	**26 901**	5 326	5 326							
84 743,99 Ost	I,IV	**20 867**	5 326	5 326	I	19 106	17 344	15 583	13 848	12 186	10 596
	II	**19 184**	5 326	5 326	II	17 423	15 661	13 924	12 258	10 665	9 145
	III	**13 730**	5 326	5 326	III	12 380	11 066	9 790	8 548	7 344	6 176
	V	**26 590**	5 326	5 326	IV	19 987	19 106	18 225	17 344	16 464	15 583
	VI	**27 025**	5 326	5 326							
84 779,99 West	I,IV	**20 759**	5 326	5 326	I	18 998	17 236	15 475	13 744	12 086	10 501
	II	**19 076**	5 326	5 326	II	17 314	15 553	13 819	12 158	10 570	9 054
	III	**13 646**	5 326	5 326	III	12 298	10 988	9 712	8 474	7 272	6 104
	V	**26 481**	5 326	5 326	IV	19 878	18 998	18 117	17 236	16 355	15 475
	VI	**26 917**	5 326	5 326							
84 779,99 Ost	I,IV	**20 883**	5 326	5 326	I	19 121	17 360	15 598	13 863	12 200	10 610
	II	**19 199**	5 326	5 326	II	17 438	15 676	13 938	12 272	10 679	9 157
	III	**13 742**	5 326	5 326	III	12 392	11 078	9 800	8 560	7 354	6 186
	V	**26 605**	5 326	5 326	IV	20 002	19 121	18 240	17 360	16 479	15 598
	VI	**27 040**	5 326	5 326							
84 815,99 West	I,IV	**20 774**	5 326	5 326	I	19 013	17 251	15 490	13 759	12 100	10 514
	II	**19 091**	5 326	5 326	II	17 329	15 568	13 834	12 172	10 583	9 066
	III	**13 658**	5 326	5 326	III	12 310	10 998	9 722	8 484	7 282	6 114
	V	**26 497**	5 326	5 326	IV	19 893	19 013	18 132	17 251	16 370	15 490
	VI	**26 932**	5 326	5 326							
84 815,99 Ost	I,IV	**20 898**	5 326	5 326	I	19 136	17 375	15 613	13 878	12 214	10 623
	II	**19 214**	5 326	5 326	II	17 453	15 691	13 953	12 286	10 692	9 170
	III	**13 754**	5 326	5 326	III	12 404	11 090	9 812	8 570	7 364	6 196
	V	**26 620**	5 326	5 326	IV	20 017	19 136	18 255	17 375	16 494	15 613
	VI	**27 055**	5 326	5 326							
84 851,99 West	I,IV	**20 789**	5 326	5 326	I	19 028	17 266	15 505	13 773	12 114	10 527
	II	**19 106**	5 326	5 326	II	17 344	15 583	13 848	12 186	10 596	9 079
	III	**13 670**	5 326	5 326	III	12 322	11 010	9 734	8 494	7 292	6 124
	V	**26 512**	5 326	5 326	IV	19 909	19 028	18 147	17 266	16 386	15 505
	VI	**26 947**	5 326	5 326							
84 851,99 Ost	I,IV	**20 913**	5 326	5 326	I	19 151	17 390	15 628	13 892	12 228	10 636
	II	**19 229**	5 326	5 326	II	17 468	15 706	13 968	12 300	10 705	9 183
	III	**13 766**	5 326	5 326	III	12 414	11 100	9 822	8 580	7 374	6 206
	V	**26 635**	5 326	5 326	IV	20 032	19 151	18 271	17 390	16 509	15 628
	VI	**27 070**	5 326	5 326							
84 887,99 West	I,IV	**20 804**	5 326	5 326	I	19 043	17 281	15 520	13 788	12 128	10 541
	II	**19 121**	5 326	5 326	II	17 360	15 598	13 863	12 200	10 610	9 092
	III	**13 682**	5 326	5 326	III	12 332	11 020	9 744	8 504	7 302	6 134
	V	**26 527**	5 326	5 326	IV	19 924	19 043	18 162	17 281	16 401	15 520
	VI	**26 962**	5 326	5 326							
84 887,99 Ost	I,IV	**20 928**	5 326	5 326	I	19 166	17 405	15 643	13 907	12 242	10 650
	II	**19 245**	5 326	5 326	II	17 483	15 722	13 982	12 314	10 719	9 196
	III	**13 778**	5 326	5 326	III	12 426	11 112	9 832	8 590	7 384	6 216
	V	**26 650**	5 326	5 326	IV	20 047	19 166	18 286	17 405	16 524	15 643
	VI	**27 085**	5 326	5 326							

* Zur LSt-Berechnung für privat versicherte Arbeitnehmer s. Beispiele **Vorbemerkung S. 4 f.**
** Basisvorsorgepauschale KV und PV *** Typisierter Arbeitgeberzuschuss

Lohn/ Gehalt in € bis	Steuerklasse	Lohn-steuer*	BVSP**	TAGZ***	Steuerklasse	Bemessungsgrundlage für Kirchensteuer und Solidaritätszuschlag					
						Freibeträge für ... Kinder					
						0,5	**1,0**	1,5	**2,0**	2,5	**3,0**
84 923,99 West	I,IV	**20 820**	5 326	5 326	I	19 058	17 297	15 535	13 802	12 142	10 554
	II	**19 136**	5 326	5 326	II	17 375	15 613	13 878	12 214	10 623	9 104
	III	**13 694**	5 326	5 326	III	12 344	11 032	9 756	8 516	7 312	6 144
	V	**26 542**	5 326	5 326	IV	19 939	19 058	18 177	17 297	16 416	15 535
	VI	**26 977**	5 326	5 326							
84 923,99 Ost	I,IV	**20 943**	5 326	5 326	I	19 182	17 420	15 659	13 921	12 256	10 663
	II	**19 260**	5 326	5 326	II	17 498	15 737	13 997	12 328	10 732	9 208
	III	**13 790**	5 326	5 326	III	12 438	11 122	9 844	8 602	7 394	6 226
	V	**26 665**	5 326	5 326	IV	20 062	19 182	18 301	17 420	16 539	15 659
	VI	**27 100**	5 326	5 326							
84 959,99 West	I,IV	**20 835**	5 326	5 326	I	19 073	17 312	15 550	13 817	12 156	10 567
	II	**19 151**	5 326	5 326	II	17 390	15 628	13 892	12 228	10 636	9 117
	III	**13 704**	5 326	5 326	III	12 356	11 042	9 766	8 526	7 322	6 154
	V	**26 557**	5 326	5 326	IV	19 954	19 073	18 192	17 312	16 431	15 550
	VI	**26 992**	5 326	5 326							
84 959,99 Ost	I,IV	**20 958**	5 326	5 326	I	19 197	17 435	15 674	13 936	12 270	10 676
	II	**19 275**	5 326	5 326	II	17 513	15 752	14 012	12 342	10 745	9 221
	III	**13 800**	5 326	5 326	III	12 450	11 134	9 854	8 612	7 406	6 234
	V	**26 680**	5 326	5 326	IV	20 077	19 197	18 316	17 435	16 554	15 674
	VI	**27 116**	5 326	5 326							
84 995,99 West	I,IV	**20 850**	5 326	5 326	I	19 088	17 327	15 565	13 831	12 170	10 581
	II	**19 166**	5 326	5 326	II	17 405	15 643	13 907	12 242	10 650	9 130
	III	**13 716**	5 326	5 326	III	12 368	11 054	9 776	8 536	7 332	6 164
	V	**26 572**	5 326	5 326	IV	19 969	19 088	18 208	17 327	16 446	15 565
	VI	**27 007**	5 326	5 326							
84 995,99 Ost	I,IV	**20 973**	5 326	5 326	I	19 212	17 450	15 689	13 951	12 284	10 690
	II	**19 290**	5 326	5 326	II	17 528	15 767	14 026	12 356	10 759	9 234
	III	**13 812**	5 326	5 326	III	12 460	11 144	9 866	8 622	7 416	6 244
	V	**26 696**	5 326	5 326	IV	20 092	19 212	18 331	17 450	16 570	15 689
	VI	**27 131**	5 326	5 326							
85 031,99 West	I,IV	**20 865**	5 326	5 326	I	19 103	17 342	15 580	13 846	12 184	10 594
	II	**19 182**	5 326	5 326	II	17 420	15 659	13 921	12 256	10 663	9 143
	III	**13 728**	5 326	5 326	III	12 378	11 064	9 788	8 546	7 342	6 174
	V	**26 587**	5 326	5 326	IV	19 984	19 103	18 223	17 342	16 461	15 580
	VI	**27 022**	5 326	5 326							
85 031,99 Ost	I,IV	**20 988**	5 326	5 326	I	19 227	17 465	15 704	13 965	12 298	10 703
	II	**19 305**	5 326	5 326	II	17 544	15 782	14 041	12 370	10 772	9 247
	III	**13 824**	5 326	5 326	III	12 472	11 156	9 876	8 632	7 426	6 254
	V	**26 711**	5 326	5 326	IV	20 108	19 227	18 346	17 465	16 585	15 704
	VI	**27 146**	5 326	5 326							
85 067,99 West	I,IV	**20 880**	5 326	5 326	I	19 119	17 357	15 596	13 861	12 198	10 607
	II	**19 197**	5 326	5 326	II	17 435	15 674	13 936	12 270	10 676	9 155
	III	**13 740**	5 326	5 326	III	12 390	11 076	9 798	8 558	7 352	6 184
	V	**26 602**	5 326	5 326	IV	19 999	19 119	18 238	17 357	16 476	15 596
	VI	**27 037**	5 326	5 326							
85 067,99 Ost	I,IV	**21 003**	5 326	5 326	I	19 242	17 481	15 719	13 980	12 312	10 716
	II	**19 320**	5 326	5 326	II	17 559	15 797	14 056	12 384	10 786	9 260
	III	**13 836**	5 326	5 326	III	12 484	11 168	9 886	8 644	7 436	6 264
	V	**26 726**	5 326	5 326	IV	20 123	19 242	18 361	17 481	16 600	15 719
	VI	**27 161**	5 326	5 326							
85 103,99 West	I,IV	**20 895**	5 326	5 326	I	19 134	17 372	15 611	13 875	12 212	10 621
	II	**19 212**	5 326	5 326	II	17 450	15 689	13 951	12 284	10 690	9 168
	III	**13 752**	5 326	5 326	III	12 402	11 088	9 810	8 568	7 362	6 194
	V	**26 617**	5 326	5 326	IV	20 014	19 134	18 253	17 372	16 491	15 611
	VI	**27 053**	5 326	5 326							
85 103,99 Ost	I,IV	**21 019**	5 326	5 326	I	19 257	17 496	15 734	13 995	12 326	10 730
	II	**19 335**	5 326	5 326	II	17 574	15 812	14 070	12 398	10 799	9 272
	III	**13 848**	5 326	5 326	III	12 494	11 178	9 898	8 654	7 446	6 274
	V	**26 741**	5 326	5 326	IV	20 138	19 257	18 376	17 496	16 615	15 734
	VI	**27 176**	5 326	5 326							

* Zur LSt-Berechnung für privat versicherte Arbeitnehmer s. Beispiele **Vorbemerkung S. 4f.**
** Basisvorsorgepauschale KV und PV *** Typisierter Arbeitgeberzuschuss

Lohn/ Gehalt in € bis	Steuerklasse	Lohn-steuer*	BVSP**	TAGZ***	Steuerklasse	Bemessungsgrundlage für Kirchensteuer und Solidaritätszuschlag – Freibeträge für ... Kinder 0,5	1,0	1,5	2,0	2,5	3,0
85139,99 West	I,IV	**20910**	5326	5326	I	19149	17387	15626	13890	12226	10634
	II	**19227**	5326	5326	II	17465	15704	13965	12298	10703	9181
	III	**13764**	5326	5326	III	12412	11098	9820	8578	7372	6204
	V	**26633**	5326	5326	IV	20029	19149	18268	17387	16507	15626
	VI	**27068**	5326	5326							
85139,99 Ost	I,IV	**21034**	5326	5326	I	19272	17511	15749	14009	12340	10743
	II	**19350**	5326	5326	II	17589	15827	14085	12412	10812	9285
	III	**13860**	5326	5326	III	12506	11190	9908	8664	7456	6284
	V	**26756**	5326	5326	IV	20153	19272	18391	17511	16630	15749
	VI	**27191**	5326	5326							
85175,99 West	I,IV	**20925**	5326	5326	I	19164	17402	15641	13904	12240	10647
	II	**19242**	5326	5326	II	17481	15719	13980	12312	10716	9194
	III	**13776**	5326	5326	III	12424	11110	9832	8588	7384	6214
	V	**26648**	5326	5326	IV	20045	19164	18283	17402	16522	15641
	VI	**27083**	5326	5326							
85175,99 Ost	I,IV	**21049**	5326	5326	I	19287	17526	15764	14024	12354	10757
	II	**19365**	5326	5326	II	17604	15843	14100	12426	10826	9298
	III	**13872**	5326	5326	III	12518	11200	9920	8674	7466	6294
	V	**26771**	5326	5326	IV	20168	19287	18407	17526	16645	15764
	VI	**27206**	5326	5326							
85211,99 West	I,IV	**20940**	5326	5326	I	19179	17418	15656	13919	12254	10661
	II	**19257**	5326	5326	II	17496	15734	13995	12326	10730	9206
	III	**13788**	5326	5326	III	12436	11120	9842	8600	7394	6224
	V	**26663**	5326	5326	IV	20060	19179	18298	17418	16537	15656
	VI	**27098**	5326	5326							
85211,99 Ost	I,IV	**21064**	5326	5326	I	19302	17541	15780	14038	12368	10770
	II	**19381**	5326	5326	II	17619	15858	14114	12440	10839	9311
	III	**13884**	5326	5326	III	12530	11212	9930	8686	7476	6304
	V	**26786**	5326	5326	IV	20183	19302	18422	17541	16660	15780
	VI	**27221**	5326	5326							
85247,99 West	I,IV	**20956**	5326	5326	I	19194	17433	15671	13934	12268	10674
	II	**19272**	5326	5326	II	17511	15749	14009	12340	10743	9219
	III	**13798**	5326	5326	III	12448	11132	9852	8610	7404	6234
	V	**26678**	5326	5326	IV	20075	19194	18313	17433	16552	15671
	VI	**27113**	5326	5326							
85247,99 Ost	I,IV	**21079**	5326	5326	I	19318	17556	15795	14053	12382	10783
	II	**19396**	5326	5326	II	17634	15873	14129	12455	10853	9324
	III	**13894**	5326	5326	III	12540	11222	9942	8696	7486	6314
	V	**26801**	5326	5326	IV	20198	19318	18437	17556	16675	15795
	VI	**27237**	5326	5326							
85283,99 West	I,IV	**20971**	5326	5326	I	19209	17448	15686	13948	12282	10687
	II	**19287**	5326	5326	II	17526	15764	14024	12354	10757	9232
	III	**13810**	5326	5326	III	12458	11142	9864	8620	7414	6244
	V	**26693**	5326	5326	IV	20090	19209	18328	17448	16567	15686
	VI	**27128**	5326	5326							
85283,99 Ost	I,IV	**21094**	5326	5326	I	19333	17571	15810	14068	12396	10797
	II	**19411**	5326	5326	II	17649	15888	14144	12469	10866	9336
	III	**13906**	5326	5326	III	12552	11234	9952	8706	7498	6324
	V	**26817**	5326	5326	IV	20213	19333	18452	17571	16690	15810
	VI	**27252**	5326	5326							
85319,99 West	I,IV	**20986**	5326	5326	I	19224	17463	15701	13963	12296	10701
	II	**19302**	5326	5326	II	17541	15780	14038	12368	10770	9245
	III	**13822**	5326	5326	III	12470	11154	9874	8630	7424	6254
	V	**26708**	5326	5326	IV	20105	19224	18344	17463	16582	15701
	VI	**27143**	5326	5326							
85319,99 Ost	I,IV	**21109**	5326	5326	I	19348	17586	15825	14082	12410	10810
	II	**19426**	5326	5326	II	17664	15903	14158	12483	10880	9349
	III	**13918**	5326	5326	III	12564	11246	9962	8716	7508	6334
	V	**26832**	5326	5326	IV	20229	19348	18467	17586	16706	15825
	VI	**27267**	5326	5326							

* Zur LSt-Berechnung für privat versicherte Arbeitnehmer s. Beispiele **Vorbemerkung S. 4 f.**
** Basisvorsorgepauschale KV und PV   *** Typisierter Arbeitgeberzuschuss

Lohn/ Gehalt in € bis	Steuerklasse	**Lohn-steuer***	BVSP**	TAGZ***	Steuerklasse	Bemessungsgrundlage für Kirchensteuer und Solidaritätszuschlag – Freibeträge für ... Kinder 0,5	**1,0**	1,5	**2,0**	2,5	**3,0**
85 355,99	I,IV	**21 001**	5 326	5 326	I	19 239	17 478	15 717	13 977	12 310	10 714
West	II	**19 318**	5 326	5 326	II	17 556	15 795	14 053	12 382	10 783	9 257
	III	**13 834**	5 326	5 326	III	12 482	11 166	9 886	8 642	7 434	6 262
	V	**26 723**	5 326	5 326	IV	20 120	19 239	18 359	17 478	16 597	15 717
	VI	**27 158**	5 326	5 326							
85 355,99	I,IV	**21 124**	5 326	5 326	I	19 363	17 601	15 840	14 097	12 424	10 824
Ost	II	**19 441**	5 326	5 326	II	17 680	15 918	14 173	12 497	10 893	9 362
	III	**13 930**	5 326	5 326	III	12 576	11 256	9 974	8 728	7 518	6 344
	V	**26 847**	5 326	5 326	IV	20 244	19 363	18 482	17 601	16 721	15 840
	VI	**27 282**	5 326	5 326							
85 391,99	I,IV	**21 016**	5 326	5 326	I	19 255	17 493	15 732	13 992	12 324	10 728
West	II	**19 333**	5 326	5 326	II	17 571	15 810	14 068	12 396	10 797	9 270
	III	**13 846**	5 326	5 326	III	12 492	11 176	9 896	8 652	7 444	6 272
	V	**26 738**	5 326	5 326	IV	20 135	19 255	18 374	17 493	16 612	15 732
	VI	**27 174**	5 326	5 326							
85 391,99	I,IV	**21 140**	5 326	5 326	I	19 378	17 617	15 855	14 112	12 438	10 837
Ost	II	**19 456**	5 326	5 326	II	17 695	15 933	14 188	12 511	10 907	9 375
	III	**13 942**	5 326	5 326	III	12 586	11 268	9 984	8 738	7 528	6 354
	V	**26 862**	5 326	5 326	IV	20 259	19 378	18 497	17 617	16 736	15 855
	VI	**27 297**	5 326	5 326							
85 427,99	I,IV	**21 031**	5 326	5 326	I	19 270	17 508	15 747	14 007	12 338	10 741
West	II	**19 348**	5 326	5 326	II	17 586	15 825	14 082	12 410	10 810	9 283
	III	**13 858**	5 326	5 326	III	12 504	11 188	9 906	8 662	7 454	6 282
	V	**26 754**	5 326	5 326	IV	20 150	19 270	18 389	17 508	16 627	15 747
	VI	**27 189**	5 326	5 326							
85 427,99	I,IV	**21 155**	5 326	5 326	I	19 393	17 632	15 870	14 126	12 452	10 851
Ost	II	**19 471**	5 326	5 326	II	17 710	15 948	14 202	12 525	10 920	9 388
	III	**13 954**	5 326	5 326	III	12 598	11 278	9 996	8 748	7 538	6 364
	V	**26 877**	5 326	5 326	IV	20 274	19 393	18 512	17 632	16 751	15 870
	VI	**27 312**	5 326	5 326							
85 463,99	I,IV	**21 046**	5 326	5 326	I	19 285	17 523	15 762	14 021	12 352	10 754
West	II	**19 363**	5 326	5 326	II	17 601	15 840	14 097	12 424	10 824	9 296
	III	**13 870**	5 326	5 326	III	12 516	11 198	9 918	8 674	7 464	6 292
	V	**26 769**	5 326	5 326	IV	20 166	19 285	18 404	17 523	16 643	15 762
	VI	**27 204**	5 326	5 326							
85 463,99	I,IV	**21 170**	5 326	5 326	I	19 408	17 647	15 885	14 141	12 466	10 864
Ost	II	**19 486**	5 326	5 326	II	17 725	15 963	14 217	12 539	10 933	9 401
	III	**13 966**	5 326	5 326	III	12 610	11 290	10 006	8 760	7 548	6 374
	V	**26 892**	5 326	5 326	IV	20 289	19 408	18 528	17 647	16 766	15 885
	VI	**27 327**	5 326	5 326							
85 499,99	I,IV	**21 061**	5 326	5 326	I	19 300	17 538	15 777	14 036	12 366	10 768
West	II	**19 378**	5 326	5 326	II	17 617	15 855	14 112	12 438	10 837	9 309
	III	**13 882**	5 326	5 326	III	12 528	11 210	9 928	8 684	7 474	6 302
	V	**26 784**	5 326	5 326	IV	20 181	19 300	18 419	17 538	16 658	15 777
	VI	**27 219**	5 326	5 326							
85 499,99	I,IV	**21 185**	5 326	5 326	I	19 423	17 662	15 900	14 156	12 480	10 877
Ost	II	**19 502**	5 326	5 326	II	17 740	15 979	14 232	12 553	10 947	9 413
	III	**13 978**	5 326	5 326	III	12 622	11 300	10 018	8 770	7 558	6 384
	V	**26 907**	5 326	5 326	IV	20 304	19 423	18 543	17 662	16 781	15 900
	VI	**27 342**	5 326	5 326							
85 535,99	I,IV	**21 077**	5 326	5 326	I	19 315	17 554	15 792	14 051	12 380	10 781
West	II	**19 393**	5 326	5 326	II	17 632	15 870	14 126	12 452	10 851	9 321
	III	**13 894**	5 326	5 326	III	12 538	11 220	9 940	8 694	7 486	6 312
	V	**26 799**	5 326	5 326	IV	20 196	19 315	18 434	17 554	16 673	15 792
	VI	**27 234**	5 326	5 326							
85 535,99	I,IV	**21 200**	5 326	5 326	I	19 439	17 677	15 916	14 171	12 494	10 891
Ost	II	**19 517**	5 326	5 326	II	17 755	15 994	14 247	12 567	10 960	9 426
	III	**13 990**	5 326	5 326	III	12 632	11 312	10 028	8 780	7 568	6 394
	V	**26 922**	5 326	5 326	IV	20 319	19 439	18 558	17 677	16 796	15 916
	VI	**27 358**	5 326	5 326							

* Zur LSt-Berechnung für privat versicherte Arbeitnehmer s. Beispiele **Vorbemerkung S. 4 f.**
** Basisvorsorgepauschale KV und PV *** Typisierter Arbeitgeberzuschuss

Lohn/ Gehalt in € bis	Steuerklasse	Lohn-steuer*	BVSP**	TAGZ***	Steuerklasse	Bemessungsgrundlage für Kirchensteuer und Solidaritätszuschlag – Freibeträge für ... Kinder 0,5	1,0	1,5	2,0	2,5	3,0
85 571,99 West	I,IV	**21 092**	5 326	5 326	I	19 330	17 569	15 807	14 065	12 394	10 795
	II	**19 408**	5 326	5 326	II	17 647	15 885	14 141	12 466	10 864	9 334
	III	**13 904**	5 326	5 326	III	12 550	11 232	9 950	8 704	7 496	6 322
	V	**26 814**	5 326	5 326	IV	20 211	19 330	18 449	17 569	16 688	15 807
	VI	**27 249**	5 326	5 326							
85 571,99 Ost	I,IV	**21 215**	5 326	5 326	I	19 454	17 692	15 931	14 185	12 508	10 904
	II	**19 532**	5 326	5 326	II	17 770	16 009	14 261	12 581	10 974	9 439
	III	**14 002**	5 326	5 326	III	12 644	11 324	10 038	8 790	7 578	6 404
	V	**26 938**	5 326	5 326	IV	20 334	19 454	18 573	17 692	16 811	15 931
	VI	**27 373**	5 326	5 326							
85 607,99 West	I,IV	**21 107**	5 326	5 326	I	19 345	17 584	15 822	14 080	12 408	10 808
	II	**19 423**	5 326	5 326	II	17 662	15 900	14 156	12 480	10 877	9 347
	III	**13 916**	5 326	5 326	III	12 562	11 244	9 962	8 716	7 506	6 332
	V	**26 829**	5 326	5 326	IV	20 226	19 345	18 465	17 584	16 703	15 822
	VI	**27 264**	5 326	5 326							
85 607,99 Ost	I,IV	**21 230**	5 326	5 326	I	19 469	17 707	15 946	14 200	12 523	10 918
	II	**19 547**	5 326	5 326	II	17 785	16 024	14 276	12 595	10 987	9 452
	III	**14 012**	5 326	5 326	III	12 656	11 334	10 050	8 802	7 590	6 414
	V	**26 953**	5 326	5 326	IV	20 350	19 469	18 588	17 707	16 827	15 946
	VI	**27 388**	5 326	5 326							
85 643,99 West	I,IV	**21 122**	5 326	5 326	I	19 360	17 599	15 837	14 095	12 422	10 821
	II	**19 439**	5 326	5 326	II	17 677	15 916	14 171	12 494	10 891	9 360
	III	**13 928**	5 326	5 326	III	12 574	11 254	9 972	8 726	7 516	6 342
	V	**26 844**	5 326	5 326	IV	20 241	19 360	18 480	17 599	16 718	15 837
	VI	**27 279**	5 326	5 326							
85 643,99 Ost	I,IV	**21 245**	5 326	5 326	I	19 484	17 722	15 961	14 215	12 537	10 931
	II	**19 562**	5 326	5 326	II	17 801	16 039	14 291	12 610	11 001	9 465
	III	**14 024**	5 326	5 326	III	12 668	11 346	10 060	8 812	7 600	6 424
	V	**26 968**	5 326	5 326	IV	20 365	19 484	18 603	17 722	16 842	15 961
	VI	**27 403**	5 326	5 326							
85 679,99 West	I,IV	**21 137**	5 326	5 326	I	19 376	17 614	15 853	14 109	12 436	10 835
	II	**19 454**	5 326	5 326	II	17 692	15 931	14 185	12 508	10 904	9 373
	III	**13 940**	5 326	5 326	III	12 584	11 266	9 982	8 736	7 526	6 352
	V	**26 859**	5 326	5 326	IV	20 256	19 376	18 495	17 614	16 733	15 853
	VI	**27 295**	5 326	5 326							
85 679,99 Ost	I,IV	**21 261**	5 326	5 326	I	19 499	17 738	15 976	14 229	12 551	10 945
	II	**19 577**	5 326	5 326	II	17 816	16 054	14 306	12 624	11 014	9 478
	III	**14 036**	5 326	5 326	III	12 678	11 356	10 072	8 822	7 610	6 434
	V	**26 983**	5 326	5 326	IV	20 380	19 499	18 618	17 738	16 857	15 976
	VI	**27 418**	5 326	5 326							
85 715,99 West	I,IV	**21 152**	5 326	5 326	I	19 391	17 629	15 868	14 124	12 450	10 848
	II	**19 469**	5 326	5 326	II	17 707	15 946	14 200	12 523	10 918	9 386
	III	**13 952**	5 326	5 326	III	12 596	11 276	9 994	8 746	7 536	6 362
	V	**26 875**	5 326	5 326	IV	20 271	19 391	18 510	17 629	16 748	15 868
	VI	**27 310**	5 326	5 326							
85 715,99 Ost	I,IV	**21 276**	5 326	5 326	I	19 514	17 753	15 991	14 244	12 565	10 958
	II	**19 592**	5 326	5 326	II	17 831	16 069	14 320	12 638	11 028	9 491
	III	**14 048**	5 326	5 326	III	12 690	11 368	10 082	8 832	7 620	6 444
	V	**26 998**	5 326	5 326	IV	20 395	19 514	18 633	17 753	16 872	15 991
	VI	**27 433**	5 326	5 326							
85 751,99 West	I,IV	**21 167**	5 326	5 326	I	19 406	17 644	15 883	14 139	12 464	10 862
	II	**19 484**	5 326	5 326	II	17 722	15 961	14 215	12 537	10 931	9 398
	III	**13 964**	5 326	5 326	III	12 608	11 288	10 004	8 758	7 546	6 372
	V	**26 890**	5 326	5 326	IV	20 287	19 406	18 525	17 644	16 764	15 883
	VI	**27 325**	5 326	5 326							
85 751,99 Ost	I,IV	**21 291**	5 326	5 326	I	19 529	17 768	16 006	14 259	12 579	10 972
	II	**19 607**	5 326	5 326	II	17 846	16 084	14 335	12 652	11 041	9 504
	III	**14 060**	5 326	5 326	III	12 702	11 380	10 094	8 844	7 630	6 454
	V	**27 013**	5 326	5 326	IV	20 410	19 529	18 649	17 768	16 887	16 006
	VI	**27 448**	5 326	5 326							

* Zur LSt-Berechnung für privat versicherte Arbeitnehmer s. Beispiele **Vorbemerkung S. 4 f.**
** Basisvorsorgepauschale KV und PV *** Typisierter Arbeitgeberzuschuss

Lohn/ Gehalt in € bis	Steuerklasse	Lohn-steuer*	BVSP**	TAGZ***	Steuerklasse	Bemessungsgrundlage für Kirchensteuer und Solidaritätszuschlag – Freibeträge für ... Kinder 0,5	1,0	1,5	2,0	2,5	3,0
85 787,99	I,IV	**21 182**	5 326	5 326	I	19 421	17 659	15 898	14 153	12 478	10 875
West	II	**19 499**	5 326	5 326	II	17 738	15 976	14 229	12 551	10 945	9 411
	III	**13 976**	5 326	5 326	III	12 620	11 300	10 016	8 768	7 556	6 382
	V	**26 905**	5 326	5 326	IV	20 302	19 421	18 540	17 659	16 779	15 898
	VI	**27 340**	5 326	5 326							
85 787,99	I,IV	**21 306**	5 326	5 326	I	19 544	17 783	16 021	14 274	12 593	10 985
Ost	II	**19 623**	5 326	5 326	II	17 861	16 100	14 350	12 666	11 055	9 516
	III	**14 072**	5 326	5 326	III	12 714	11 390	10 104	8 854	7 640	6 464
	V	**27 028**	5 326	5 326	IV	20 425	19 544	18 664	17 783	16 902	16 021
	VI	**27 463**	5 326	5 326							
85 823,99	I,IV	**21 198**	5 326	5 326	I	19 436	17 675	15 913	14 168	12 492	10 889
West	II	**19 514**	5 326	5 326	II	17 753	15 991	14 244	12 565	10 958	9 424
	III	**13 988**	5 326	5 326	III	12 630	11 310	10 026	8 778	7 566	6 392
	V	**26 920**	5 326	5 326	IV	20 317	19 436	18 555	17 675	16 794	15 913
	VI	**27 355**	5 326	5 326							
85 823,99	I,IV	**21 321**	5 326	5 326	I	19 560	17 798	16 037	14 288	12 607	10 999
Ost	II	**19 638**	5 326	5 326	II	17 876	16 115	14 365	12 680	11 068	9 529
	III	**14 084**	5 326	5 326	III	12 724	11 402	10 116	8 864	7 650	6 474
	V	**27 043**	5 326	5 326	IV	20 440	19 560	18 679	17 798	16 917	16 037
	VI	**27 478**	5 326	5 326							
85 859,99	I,IV	**21 213**	5 326	5 326	I	19 451	17 690	15 928	14 183	12 506	10 902
West	II	**19 529**	5 326	5 326	II	17 768	16 006	14 259	12 579	10 972	9 437
	III	**14 000**	5 326	5 326	III	12 642	11 322	10 038	8 788	7 578	6 402
	V	**26 935**	5 326	5 326	IV	20 332	19 451	18 570	17 690	16 809	15 928
	VI	**27 370**	5 326	5 326							
85 859,99	I,IV	**21 336**	5 326	5 326	I	19 575	17 813	16 052	14 303	12 621	11 012
Ost	II	**19 653**	5 326	5 326	II	17 891	16 130	14 379	12 694	11 082	9 542
	III	**14 096**	5 326	5 326	III	12 736	11 412	10 126	8 876	7 660	6 482
	V	**27 058**	5 326	5 326	IV	20 455	19 575	18 694	17 813	16 932	16 052
	VI	**27 494**	5 326	5 326							
85 895,99	I,IV	**21 228**	5 326	5 326	I	19 466	17 705	15 943	14 198	12 520	10 916
West	II	**19 544**	5 326	5 326	II	17 783	16 021	14 274	12 593	10 985	9 450
	III	**14 010**	5 326	5 326	III	12 654	11 332	10 048	8 800	7 588	6 412
	V	**26 950**	5 326	5 326	IV	20 347	19 466	18 586	17 705	16 824	15 943
	VI	**27 385**	5 326	5 326							
85 895,99	I,IV	**21 351**	5 326	5 326	I	19 590	17 828	16 067	14 318	12 635	11 026
Ost	II	**19 668**	5 326	5 326	II	17 906	16 145	14 394	12 708	11 095	9 555
	III	**14 108**	5 326	5 326	III	12 748	11 424	10 136	8 886	7 672	6 492
	V	**27 074**	5 326	5 326	IV	20 470	19 590	18 709	17 828	16 948	16 067
	VI	**27 509**	5 326	5 326							
85 931,99	I,IV	**21 243**	5 326	5 326	I	19 481	17 720	15 958	14 212	12 534	10 929
West	II	**19 560**	5 326	5 326	II	17 798	16 037	14 288	12 607	10 999	9 463
	III	**14 022**	5 326	5 326	III	12 666	11 344	10 058	8 810	7 598	6 422
	V	**26 965**	5 326	5 326	IV	20 362	19 481	18 601	17 720	16 839	15 958
	VI	**27 400**	5 326	5 326							
85 931,99	I,IV	**21 366**	5 326	5 326	I	19 605	17 843	16 082	14 333	12 650	11 039
Ost	II	**19 683**	5 326	5 326	II	17 922	16 160	14 409	12 723	11 109	9 568
	III	**14 120**	5 326	5 326	III	12 760	11 436	10 148	8 896	7 682	6 502
	V	**27 089**	5 326	5 326	IV	20 486	19 605	18 724	17 843	16 963	16 082
	VI	**27 524**	5 326	5 326							
85 967,99	I,IV	**21 258**	5 326	5 326	I	19 497	17 735	15 974	14 227	12 548	10 942
West	II	**19 575**	5 326	5 326	II	17 813	16 052	14 303	12 621	11 012	9 476
	III	**14 034**	5 326	5 326	III	12 676	11 354	10 070	8 820	7 608	6 432
	V	**26 980**	5 326	5 326	IV	20 377	19 497	18 616	17 735	16 854	15 974
	VI	**27 415**	5 326	5 326							
85 967,99	I,IV	**21 381**	5 326	5 326	I	19 620	17 859	16 097	14 347	12 664	11 053
Ost	II	**19 698**	5 326	5 326	II	17 937	16 175	14 424	12 737	11 123	9 581
	III	**14 132**	5 326	5 326	III	12 770	11 446	10 158	8 908	7 692	6 512
	V	**27 104**	5 326	5 326	IV	20 501	19 620	18 739	17 859	16 978	16 097
	VI	**27 539**	5 326	5 326							

* Zur LSt-Berechnung für privat versicherte Arbeitnehmer s. Beispiele **Vorbemerkung S. 4 f.**
** Basisvorsorgepauschale KV und PV *** Typisierter Arbeitgeberzuschuss

Lohn/ Gehalt in € bis	Steuerklasse	Lohn-steuer*	BVSP**	TAGZ***	Steuerklasse	Bemessungsgrundlage für Kirchensteuer und Solidaritätszuschlag					
						Freibeträge für ... Kinder					
						0,5	**1,0**	1,5	**2,0**	2,5	**3,0**
86 003,99	I,IV	**21 273**	5 326	5 326	I	19 512	17 750	15 989	14 242	12 562	10 956
West	II	**19 590**	5 326	5 326	II	17 828	16 067	14 318	12 635	11 026	9 488
	III	**14 046**	5 326	5 326	III	12 688	11 366	10 080	8 832	7 618	6 442
	V	**26 995**	5 326	5 326	IV	20 392	19 512	18 631	17 750	16 869	15 989
	VI	**27 431**	5 326	5 326							
86 003,99	I,IV	**21 397**	5 326	5 326	I	19 635	17 874	16 112	14 362	12 678	11 066
Ost	II	**19 713**	5 326	5 326	II	17 952	16 190	14 438	12 751	11 136	9 594
	III	**14 142**	5 326	5 326	III	12 782	11 458	10 170	8 918	7 702	6 522
	V	**27 119**	5 326	5 326	IV	20 516	19 635	18 754	17 874	16 993	16 112
	VI	**27 554**	5 326	5 326							
86 039,99	I,IV	**21 288**	5 326	5 326	I	19 527	17 765	16 004	14 256	12 577	10 969
West	II	**19 605**	5 326	5 326	II	17 843	16 082	14 333	12 650	11 039	9 501
	III	**14 058**	5 326	5 326	III	12 700	11 378	10 092	8 842	7 628	6 452
	V	**27 011**	5 326	5 326	IV	20 407	19 527	18 646	17 765	16 885	16 004
	VI	**27 446**	5 326	5 326							
86 039,99	I,IV	**21 412**	5 326	5 326	I	19 650	17 889	16 127	14 377	12 692	11 080
Ost	II	**19 728**	5 326	5 326	II	17 967	16 205	14 453	12 765	11 150	9 607
	III	**14 154**	5 326	5 326	III	12 794	11 468	10 180	8 928	7 712	6 532
	V	**27 134**	5 326	5 326	IV	20 531	19 650	18 769	17 889	17 008	16 127
	VI	**27 569**	5 326	5 326							
86 075,99	I,IV	**21 303**	5 326	5 326	I	19 542	17 780	16 019	14 271	12 591	10 983
West	II	**19 620**	5 326	5 326	II	17 859	16 097	14 347	12 664	11 053	9 514
	III	**14 070**	5 326	5 326	III	12 712	11 388	10 102	8 852	7 638	6 462
	V	**27 026**	5 326	5 326	IV	20 423	19 542	18 661	17 780	16 900	16 019
	VI	**27 461**	5 326	5 326							
86 075,99	I,IV	**21 427**	5 326	5 326	I	19 665	17 904	16 142	14 392	12 706	11 093
Ost	II	**19 743**	5 326	5 326	II	17 982	16 221	14 468	12 779	11 163	9 620
	III	**14 166**	5 326	5 326	III	12 806	11 480	10 192	8 938	7 722	6 542
	V	**27 149**	5 326	5 326	IV	20 546	19 665	18 785	17 904	17 023	16 142
	VI	**27 584**	5 326	5 326							
86 111,99	I,IV	**21 318**	5 326	5 326	I	19 557	17 796	16 034	14 286	12 605	10 996
West	II	**19 635**	5 326	5 326	II	17 874	16 112	14 362	12 678	11 066	9 527
	III	**14 082**	5 326	5 326	III	12 722	11 400	10 114	8 862	7 650	6 472
	V	**27 041**	5 326	5 326	IV	20 438	19 557	18 676	17 796	16 915	16 034
	VI	**27 476**	5 326	5 326							
86 111,99	I,IV	**21 442**	5 326	5 326	I	19 680	17 919	16 158	14 406	12 720	11 107
Ost	II	**19 759**	5 326	5 326	II	17 997	16 236	14 483	12 794	11 177	9 633
	III	**14 178**	5 326	5 326	III	12 816	11 492	10 202	8 950	7 732	6 552
	V	**27 164**	5 326	5 326	IV	20 561	19 680	18 800	17 919	17 038	16 158
	VI	**27 599**	5 326	5 326							
86 147,99	I,IV	**21 334**	5 326	5 326	I	19 572	17 811	16 049	14 301	12 619	11 010
West	II	**19 650**	5 326	5 326	II	17 889	16 127	14 377	12 692	11 080	9 540
	III	**14 094**	5 326	5 326	III	12 734	11 410	10 124	8 874	7 660	6 482
	V	**27 056**	5 326	5 326	IV	20 453	19 572	18 691	17 811	16 930	16 049
	VI	**27 491**	5 326	5 326							
86 147,99	I,IV	**21 457**	5 326	5 326	I	19 696	17 934	16 173	14 421	12 734	11 120
Ost	II	**19 774**	5 326	5 326	II	18 012	16 251	14 498	12 808	11 190	9 646
	III	**14 190**	5 326	5 326	III	12 828	11 502	10 214	8 960	7 744	6 562
	V	**27 179**	5 326	5 326	IV	20 576	19 696	18 815	17 934	17 053	16 173
	VI	**27 615**	5 326	5 326							
86 183,99	I,IV	**21 349**	5 326	5 326	I	19 587	17 826	16 064	14 315	12 633	11 023
West	II	**19 665**	5 326	5 326	II	17 904	16 142	14 392	12 706	11 093	9 553
	III	**14 106**	5 326	5 326	III	12 746	11 422	10 134	8 884	7 670	6 492
	V	**27 071**	5 326	5 326	IV	20 468	19 587	18 706	17 826	16 945	16 064
	VI	**27 506**	5 326	5 326							
86 183,99	I,IV	**21 472**	5 326	5 326	I	19 711	17 949	16 188	14 436	12 749	11 134
Ost	II	**19 789**	5 326	5 326	II	18 027	16 266	14 513	12 822	11 204	9 659
	III	**14 202**	5 326	5 326	III	12 840	11 514	10 224	8 970	7 754	6 572
	V	**27 195**	5 326	5 326	IV	20 591	19 711	18 830	17 949	17 068	16 188
	VI	**27 630**	5 326	5 326							

* Zur LSt-Berechnung für privat versicherte Arbeitnehmer s. Beispiele **Vorbemerkung S. 4 f.**
** Basisvorsorgepauschale KV und PV *** Typisierter Arbeitgeberzuschuss

Lohn/ Gehalt in € bis	Steuerklasse	**Lohn- steuer***	BVSP**	TAGZ***	Steuerklasse	Bemessungsgrundlage für Kirchensteuer und Solidaritätszuschlag					
						Freibeträge für ... Kinder					
						0,5	**1,0**	1,5	**2,0**	2,5	**3,0**
86 219,99	I,IV	**21 364**	5 326	5 326	I	19 602	17 841	16 079	14 330	12 647	11 037
West	II	**19 680**	5 326	5 326	II	17 919	16 158	14 406	12 720	11 107	9 566
	III	**14 118**	5 326	5 326	III	12 758	11 434	10 146	8 894	7 680	6 502
	V	**27 086**	5 326	5 326	IV	20 483	19 602	18 722	17 841	16 960	16 079
	VI	**27 521**	5 326	5 326							
86 219,99	I,IV	**21 487**	5 326	5 326	I	19 726	17 964	16 203	14 451	12 763	11 147
Ost	II	**19 804**	5 326	5 326	II	18 042	16 281	14 527	12 836	11 218	9 672
	III	**14 214**	5 326	5 326	III	12 852	11 524	10 234	8 982	7 764	6 582
	V	**27 210**	5 326	5 326	IV	20 607	19 726	18 845	17 964	17 084	16 203
	VI	**27 645**	5 326	5 326							
86 255,99	I,IV	**21 379**	5 326	5 326	I	19 617	17 856	16 095	14 345	12 661	11 050
West	II	**19 696**	5 326	5 326	II	17 934	16 173	14 421	12 734	11 120	9 579
	III	**14 130**	5 326	5 326	III	12 768	11 444	10 156	8 906	7 690	6 512
	V	**27 101**	5 326	5 326	IV	20 498	19 617	18 737	17 856	16 975	16 095
	VI	**27 536**	5 326	5 326							
86 255,99	I,IV	**21 502**	5 326	5 326	I	19 741	17 979	16 218	14 466	12 777	11 161
Ost	II	**19 819**	5 326	5 326	II	18 058	16 296	14 542	12 850	11 231	9 684
	III	**14 226**	5 326	5 326	III	12 862	11 536	10 246	8 992	7 774	6 592
	V	**27 225**	5 326	5 326	IV	20 622	19 741	18 860	17 979	17 099	16 218
	VI	**27 660**	5 326	5 326							
86 291,99	I,IV	**21 394**	5 326	5 326	I	19 633	17 871	16 110	14 360	12 675	11 064
West	II	**19 711**	5 326	5 326	II	17 949	16 188	14 436	12 749	11 134	9 592
	III	**14 140**	5 326	5 326	III	12 780	11 456	10 168	8 916	7 700	6 522
	V	**27 116**	5 326	5 326	IV	20 513	19 633	18 752	17 871	16 990	16 110
	VI	**27 552**	5 326	5 326							
86 291,99	I,IV	**21 518**	5 326	5 326	I	19 756	17 995	16 233	14 480	12 791	11 175
Ost	II	**19 834**	5 326	5 326	II	18 073	16 311	14 557	12 865	11 245	9 697
	III	**14 238**	5 326	5 326	III	12 874	11 548	10 256	9 002	7 784	6 602
	V	**27 240**	5 326	5 326	IV	20 637	19 756	18 875	17 995	17 114	16 233
	VI	**27 675**	5 326	5 326							
86 327,99	I,IV	**21 409**	5 326	5 326	I	19 648	17 886	16 125	14 374	12 690	11 077
West	II	**19 726**	5 326	5 326	II	17 964	16 203	14 451	12 763	11 147	9 605
	III	**14 152**	5 326	5 326	III	12 792	11 468	10 178	8 926	7 710	6 532
	V	**27 132**	5 326	5 326	IV	20 528	19 648	18 767	17 886	17 005	16 125
	VI	**27 567**	5 326	5 326							
86 327,99	I,IV	**21 533**	5 326	5 326	I	19 771	18 010	16 248	14 495	12 805	11 188
Ost	II	**19 849**	5 326	5 326	II	18 088	16 326	14 572	12 879	11 258	9 710
	III	**14 250**	5 326	5 326	III	12 886	11 558	10 268	9 014	7 794	6 612
	V	**27 255**	5 326	5 326	IV	20 652	19 771	18 890	18 010	17 129	16 248
	VI	**27 690**	5 326	5 326							
86 363,99	I,IV	**21 424**	5 326	5 326	I	19 663	17 901	16 140	14 389	12 704	11 091
West	II	**19 741**	5 326	5 326	II	17 979	16 218	14 466	12 777	11 161	9 618
	III	**14 164**	5 326	5 326	III	12 804	11 478	10 190	8 938	7 720	6 542
	V	**27 147**	5 326	5 326	IV	20 544	19 663	18 782	17 901	17 021	16 140
	VI	**27 582**	5 326	5 326							
86 363,99	I,IV	**21 548**	5 326	5 326	I	19 786	18 025	16 263	14 510	12 820	11 202
Ost	II	**19 864**	5 326	5 326	II	18 103	16 341	14 587	12 893	11 272	9 723
	III	**14 262**	5 326	5 326	III	12 898	11 570	10 278	9 024	7 804	6 622
	V	**27 270**	5 326	5 326	IV	20 667	19 786	18 906	18 025	17 144	16 263
	VI	**27 705**	5 326	5 326							
86 399,99	I,IV	**21 439**	5 326	5 326	I	19 678	17 916	16 155	14 404	12 718	11 105
West	II	**19 756**	5 326	5 326	II	17 995	16 233	14 480	12 791	11 175	9 631
	III	**14 176**	5 326	5 326	III	12 814	11 490	10 200	8 948	7 732	6 552
	V	**27 162**	5 326	5 326	IV	20 559	19 678	18 797	17 916	17 036	16 155
	VI	**27 597**	5 326	5 326							
86 399,99	I,IV	**21 563**	5 326	5 326	I	19 801	18 040	16 278	14 525	12 834	11 215
Ost	II	**19 880**	5 326	5 326	II	18 118	16 357	14 602	12 907	11 285	9 736
	III	**14 274**	5 326	5 326	III	12 910	11 582	10 290	9 034	7 816	6 632
	V	**27 285**	5 326	5 326	IV	20 682	19 801	18 921	18 040	17 159	16 278
	VI	**27 720**	5 326	5 326							

* Zur LSt-Berechnung für privat versicherte Arbeitnehmer s. Beispiele **Vorbemerkung S. 4 f.**
** Basisvorsorgepauschale KV und PV *** Typisierter Arbeitgeberzuschuss

Lohn/ Gehalt in € bis	Steuerklasse	Lohnsteuer*	BVSP**	TAGZ***	Steuerklasse	Bemessungsgrundlage für Kirchensteuer und Solidaritätszuschlag – Freibeträge für ... Kinder 0,5	1,0	1,5	2,0	2,5	3,0
86435,99	I,IV	**21455**	5326	5326	I	19693	17932	16170	14419	12732	11118
West	II	**19771**	5326	5326	II	18010	16248	14495	12805	11188	9643
	III	**14188**	5326	5326	III	12826	11500	10212	8958	7742	6562
	V	**27177**	5326	5326	IV	20574	19693	18812	17932	17051	16170
	VI	**27612**	5326	5326							
86435,99	I,IV	**21578**	5326	5326	I	19817	18055	16294	14540	12848	11229
Ost	II	**19895**	5326	5326	II	18133	16372	14616	12921	11299	9749
	III	**14286**	5326	5326	III	12920	11592	10300	9044	7826	6642
	V	**27300**	5326	5326	IV	20697	19817	18936	18055	17174	16294
	VI	**27736**	5326	5326							
86471,99	I,IV	**21470**	5326	5326	I	19708	17947	16185	14434	12746	11132
West	II	**19786**	5326	5326	II	18025	16263	14510	12820	11202	9656
	III	**14200**	5326	5326	III	12838	11512	10222	8968	7752	6572
	V	**27192**	5326	5326	IV	20589	19708	18827	17947	17066	16185
	VI	**27627**	5326	5326							
86471,99	I,IV	**21593**	5326	5326	I	19832	18070	16309	14555	12862	11242
Ost	II	**19910**	5326	5326	II	18148	16387	14631	12936	11313	9762
	III	**14298**	5326	5326	III	12932	11604	10312	9056	7836	6652
	V	**27316**	5326	5326	IV	20712	19832	18951	18070	17189	16309
	VI	**27751**	5326	5326							
86507,99	I,IV	**21485**	5326	5326	I	19723	17962	16200	14448	12760	11145
West	II	**19801**	5326	5326	II	18040	16278	14525	12834	11215	9669
	III	**14212**	5326	5326	III	12850	11524	10234	8980	7762	6582
	V	**27207**	5326	5326	IV	20604	19723	18843	17962	17081	16200
	VI	**27642**	5326	5326							
86507,99	I,IV	**21608**	5326	5326	I	19847	18085	16324	14569	12876	11256
Ost	II	**19925**	5326	5326	II	18163	16402	14646	12950	11326	9775
	III	**14308**	5326	5326	III	12944	11614	10322	9066	7846	6662
	V	**27331**	5326	5326	IV	20728	19847	18966	18085	17205	16324
	VI	**27766**	5326	5326							
86543,99	I,IV	**21500**	5326	5326	I	19738	17977	16215	14463	12775	11159
West	II	**19817**	5326	5326	II	18055	16294	14540	12848	11229	9682
	III	**14224**	5326	5326	III	12860	11534	10244	8990	7772	6592
	V	**27222**	5326	5326	IV	20619	19738	18858	17977	17096	16215
	VI	**27657**	5326	5326							
86543,99	I,IV	**21623**	5326	5326	I	19862	18100	16339	14584	12891	11270
Ost	II	**19940**	5326	5326	II	18179	16417	14661	12964	11340	9788
	III	**14320**	5326	5326	III	12956	11626	10334	9076	7856	6672
	V	**27346**	5326	5326	IV	20743	19862	18981	18100	17220	16339
	VI	**27781**	5326	5326							
86579,99	I,IV	**21515**	5326	5326	I	19754	17992	16231	14478	12789	11172
West	II	**19832**	5326	5326	II	18070	16309	14555	12862	11242	9695
	III	**14236**	5326	5326	III	12872	11546	10254	9000	7782	6600
	V	**27237**	5326	5326	IV	20634	19754	18873	17992	17111	16231
	VI	**27673**	5326	5326							
86579,99	I,IV	**21639**	5326	5326	I	19877	18116	16354	14599	12905	11283
Ost	II	**19955**	5326	5326	II	18194	16432	14676	12978	11354	9801
	III	**14332**	5326	5326	III	12966	11638	10344	9088	7866	6682
	V	**27361**	5326	5326	IV	20758	19877	18996	18116	17235	16354
	VI	**27796**	5326	5326							
86615,99	I,IV	**21530**	5326	5326	I	19769	18007	16246	14493	12803	11186
West	II	**19847**	5326	5326	II	18085	16324	14569	12876	11256	9708
	III	**14248**	5326	5326	III	12884	11556	10266	9012	7792	6610
	V	**27253**	5326	5326	IV	20649	19769	18888	18007	17126	16246
	VI	**27688**	5326	5326							
86615,99	I,IV	**21654**	5326	5326	I	19892	18131	16369	14614	12919	11297
Ost	II	**19970**	5326	5326	II	18209	16447	14691	12993	11367	9814
	III	**14344**	5326	5326	III	12978	11648	10356	9098	7878	6692
	V	**27376**	5326	5326	IV	20773	19892	19011	18131	17250	16369
	VI	**27811**	5326	5326							

* Zur LSt-Berechnung für privat versicherte Arbeitnehmer s. Beispiele **Vorbemerkung S. 4 f.**
** Basisvorsorgepauschale KV und PV *** Typisierter Arbeitgeberzuschuss

Lohn/ Gehalt in € bis	Steuerklasse	Lohn-steuer*	BVSP**	TAGZ***	Steuerklasse	Bemessungsgrundlage für Kirchensteuer und Solidaritätszuschlag – Freibeträge für ... Kinder 0,5	**1,0**	1,5	**2,0**	2,5	**3,0**
86 651,99 West	I,IV	**21 545**	5 326	5 326	I	19 784	18 022	16 261	14 508	12 817	11 199
	II	**19 862**	5 326	5 326	II	18 100	16 339	14 584	12 891	11 270	9 721
	III	**14 260**	5 326	5 326	III	12 896	11 568	10 276	9 022	7 804	6 620
	V	**27 268**	5 326	5 326	IV	20 665	19 784	18 903	18 022	17 142	16 261
	VI	**27 703**	5 326	5 326							
86 651,99 Ost	I,IV	**21 669**	5 326	5 326	I	19 907	18 146	16 384	14 629	12 933	11 310
	II	**19 985**	5 326	5 326	II	18 224	16 462	14 706	13 007	11 381	9 827
	III	**14 356**	5 326	5 326	III	12 990	11 660	10 366	9 108	7 888	6 702
	V	**27 391**	5 326	5 326	IV	20 788	19 907	19 027	18 146	17 265	16 384
	VI	**27 826**	5 326	5 326							
86 687,99 West	I,IV	**21 560**	5 326	5 326	I	19 799	18 037	16 276	14 522	12 831	11 213
	II	**19 877**	5 326	5 326	II	18 116	16 354	14 599	12 905	11 283	9 734
	III	**14 272**	5 326	5 326	III	12 908	11 580	10 288	9 032	7 814	6 630
	V	**27 283**	5 326	5 326	IV	20 680	19 799	18 918	18 037	17 157	16 276
	VI	**27 718**	5 326	5 326							
86 687,99 Ost	I,IV	**21 684**	5 326	5 326	I	19 922	18 161	16 399	14 644	12 948	11 324
	II	**20 001**	5 326	5 326	II	18 239	16 478	14 721	13 021	11 395	9 840
	III	**14 368**	5 326	5 326	III	13 002	11 672	10 378	9 120	7 898	6 712
	V	**27 406**	5 326	5 326	IV	20 803	19 922	19 042	18 161	17 280	16 399
	VI	**27 841**	5 326	5 326							
86 723,99 West	I,IV	**21 576**	5 326	5 326	I	19 814	18 053	16 291	14 537	12 846	11 227
	II	**19 892**	5 326	5 326	II	18 131	16 369	14 614	12 919	11 297	9 747
	III	**14 284**	5 326	5 326	III	12 918	11 590	10 298	9 044	7 824	6 640
	V	**27 298**	5 326	5 326	IV	20 695	19 814	18 933	18 053	17 172	16 291
	VI	**27 733**	5 326	5 326							
86 723,99 Ost	I,IV	**21 699**	5 326	5 326	I	19 938	18 176	16 415	14 659	12 962	11 338
	II	**20 016**	5 326	5 326	II	18 254	16 493	14 735	13 036	11 408	9 853
	III	**14 380**	5 326	5 326	III	13 014	11 682	10 388	9 130	7 908	6 722
	V	**27 421**	5 326	5 326	IV	20 818	19 938	19 057	18 176	17 295	16 415
	VI	**27 856**	5 326	5 326							
86 759,99 West	I,IV	**21 591**	5 326	5 326	I	19 829	18 068	16 306	14 552	12 860	11 240
	II	**19 907**	5 326	5 326	II	18 146	16 384	14 629	12 933	11 310	9 760
	III	**14 296**	5 326	5 326	III	12 930	11 602	10 310	9 054	7 834	6 650
	V	**27 313**	5 326	5 326	IV	20 710	19 829	18 948	18 068	17 187	16 306
	VI	**27 748**	5 326	5 326							
86 759,99 Ost	I,IV	**21 714**	5 326	5 326	I	19 953	18 191	16 430	14 673	12 976	11 351
	II	**20 031**	5 326	5 326	II	18 269	16 508	14 750	13 050	11 422	9 866
	III	**14 392**	5 326	5 326	III	13 024	11 694	10 400	9 140	7 918	6 732
	V	**27 436**	5 326	5 326	IV	20 833	19 953	19 072	18 191	17 310	16 430
	VI	**27 872**	5 326	5 326							
86 795,99 West	I,IV	**21 606**	5 326	5 326	I	19 844	18 083	16 321	14 567	12 874	11 254
	II	**19 922**	5 326	5 326	II	18 161	16 399	14 644	12 948	11 324	9 773
	III	**14 306**	5 326	5 326	III	12 942	11 614	10 320	9 064	7 844	6 660
	V	**27 328**	5 326	5 326	IV	20 725	19 844	18 964	18 083	17 202	16 321
	VI	**27 763**	5 326	5 326							
86 795,99 Ost	I,IV	**21 729**	5 326	5 326	I	19 968	18 206	16 445	14 688	12 990	11 365
	II	**20 046**	5 326	5 326	II	18 284	16 523	14 765	13 064	11 436	9 880
	III	**14 404**	5 326	5 326	III	13 036	11 706	10 410	9 152	7 928	6 742
	V	**27 452**	5 326	5 326	IV	20 848	19 968	19 087	18 206	17 326	16 445
	VI	**27 887**	5 326	5 326							
86 831,99 West	I,IV	**21 621**	5 326	5 326	I	19 859	18 098	16 336	14 582	12 888	11 267
	II	**19 938**	5 326	5 326	II	18 176	16 415	14 659	12 962	11 338	9 786
	III	**14 318**	5 326	5 326	III	12 954	11 624	10 332	9 076	7 854	6 670
	V	**27 343**	5 326	5 326	IV	20 740	19 859	18 979	18 098	17 217	16 336
	VI	**27 778**	5 326	5 326							
86 831,99 Ost	I,IV	**21 744**	5 326	5 326	I	19 983	18 221	16 460	14 703	13 005	11 379
	II	**20 061**	5 326	5 326	II	18 300	16 538	14 780	13 078	11 449	9 893
	III	**14 416**	5 326	5 326	III	13 048	11 716	10 420	9 162	7 940	6 752
	V	**27 467**	5 326	5 326	IV	20 864	19 983	19 102	18 221	17 341	16 460
	VI	**27 902**	5 326	5 326							

* Zur LSt-Berechnung für privat versicherte Arbeitnehmer s. Beispiele **Vorbemerkung S. 4 f.**
** Basisvorsorgepauschale KV und PV *** Typisierter Arbeitgeberzuschuss

Lohn/ Gehalt in € bis	Steuerklasse	Lohnsteuer*	BVSP**	TAGZ***	Steuerklasse	Bemessungsgrundlage für Kirchensteuer und Solidaritätszuschlag – Freibeträge für ... Kinder 0,5	1,0	1,5	2,0	2,5	3,0
86 867,99 West	I,IV	**21 636**	5 326	5 326	I	19 875	18 113	16 352	14 597	12 902	11 281
	II	**19 953**	5 326	5 326	II	18 191	16 430	14 673	12 976	11 351	9 799
	III	**14 330**	5 326	5 326	III	12 964	11 636	10 342	9 086	7 866	6 680
	V	**27 358**	5 326	5 326	IV	20 755	19 875	18 994	18 113	17 232	16 352
	VI	**27 793**	5 326	5 326							
86 867,99 Ost	I,IV	**21 759**	5 326	5 326	I	19 998	18 237	16 475	14 718	13 019	11 392
	II	**20 076**	5 326	5 326	II	18 315	16 553	14 795	13 093	11 463	9 906
	III	**14 428**	5 326	5 326	III	13 060	11 728	10 432	9 172	7 950	6 762
	V	**27 482**	5 326	5 326	IV	20 879	19 998	19 117	18 237	17 356	16 475
	VI	**27 917**	5 326	5 326							
86 903,99 West	I,IV	**21 651**	5 326	5 326	I	19 890	18 128	16 367	14 611	12 917	11 295
	II	**19 968**	5 326	5 326	II	18 206	16 445	14 688	12 990	11 365	9 812
	III	**14 342**	5 326	5 326	III	12 976	11 646	10 354	9 096	7 876	6 690
	V	**27 373**	5 326	5 326	IV	20 770	19 890	19 009	18 128	17 247	16 367
	VI	**27 809**	5 326	5 326							
86 903,99 Ost	I,IV	**21 775**	5 326	5 326	I	20 013	18 252	16 490	14 733	13 033	11 406
	II	**20 091**	5 326	5 326	II	18 330	16 568	14 810	13 107	11 477	9 919
	III	**14 440**	5 326	5 326	III	13 072	11 738	10 442	9 184	7 960	6 772
	V	**27 497**	5 326	5 326	IV	20 894	20 013	19 132	18 252	17 371	16 490
	VI	**27 932**	5 326	5 326							
86 939,99 West	I,IV	**21 666**	5 326	5 326	I	19 905	18 143	16 382	14 626	12 931	11 308
	II	**19 983**	5 326	5 326	II	18 221	16 460	14 703	13 005	11 379	9 825
	III	**14 354**	5 326	5 326	III	12 988	11 658	10 364	9 106	7 886	6 700
	V	**27 389**	5 326	5 326	IV	20 785	19 905	19 024	18 143	17 263	16 382
	VI	**27 824**	5 326	5 326							
86 939,99 Ost	I,IV	**21 790**	5 326	5 326	I	20 028	18 267	16 505	14 748	13 047	11 420
	II	**20 106**	5 326	5 326	II	18 345	16 583	14 825	13 121	11 490	9 932
	III	**14 452**	5 326	5 326	III	13 082	11 750	10 454	9 194	7 970	6 782
	V	**27 512**	5 326	5 326	IV	20 909	20 028	19 147	18 267	17 386	16 505
	VI	**27 947**	5 326	5 326							
86 975,99 West	I,IV	**21 681**	5 326	5 326	I	19 920	18 158	16 397	14 641	12 945	11 322
	II	**19 998**	5 326	5 326	II	18 237	16 475	14 718	13 019	11 392	9 838
	III	**14 366**	5 326	5 326	III	13 000	11 670	10 376	9 118	7 896	6 712
	V	**27 404**	5 326	5 326	IV	20 801	19 920	19 039	18 158	17 278	16 397
	VI	**27 839**	5 326	5 326							
86 975,99 Ost	I,IV	**21 805**	5 326	5 326	I	20 043	18 282	16 520	14 763	13 062	11 433
	II	**20 121**	5 326	5 326	II	18 360	16 599	14 840	13 136	11 504	9 945
	III	**14 464**	5 326	5 326	III	13 094	11 762	10 464	9 204	7 980	6 792
	V	**27 527**	5 326	5 326	IV	20 924	20 043	19 163	18 282	17 401	16 520
	VI	**27 962**	5 326	5 326							
87 011,99 West	I,IV	**21 696**	5 326	5 326	I	19 935	18 174	16 412	14 656	12 959	11 335
	II	**20 013**	5 326	5 326	II	18 252	16 490	14 733	13 033	11 406	9 851
	III	**14 378**	5 326	5 326	III	13 012	11 680	10 386	9 128	7 906	6 722
	V	**27 419**	5 326	5 326	IV	20 816	19 935	19 054	18 174	17 293	16 412
	VI	**27 854**	5 326	5 326							
87 011,99 Ost	I,IV	**21 820**	5 326	5 326	I	20 058	18 297	16 536	14 778	13 076	11 447
	II	**20 137**	5 326	5 326	II	18 375	16 614	14 855	13 150	11 518	9 958
	III	**14 476**	5 326	5 326	III	13 106	11 772	10 476	9 216	7 990	6 802
	V	**27 542**	5 326	5 326	IV	20 939	20 058	19 178	18 297	17 416	16 536
	VI	**27 977**	5 326	5 326							
87 047,99 West	I,IV	**21 712**	5 326	5 326	I	19 950	18 189	16 427	14 671	12 974	11 349
	II	**20 028**	5 326	5 326	II	18 267	16 505	14 748	13 047	11 420	9 864
	III	**14 390**	5 326	5 326	III	13 022	11 692	10 398	9 138	7 916	6 732
	V	**27 434**	5 326	5 326	IV	20 831	19 950	19 069	18 189	17 308	16 427
	VI	**27 869**	5 326	5 326							
87 047,99 Ost	I,IV	**21 835**	5 326	5 326	I	20 074	18 312	16 551	14 793	13 090	11 461
	II	**20 152**	5 326	5 326	II	18 390	16 629	14 870	13 164	11 531	9 971
	III	**14 488**	5 326	5 326	III	13 118	11 784	10 486	9 226	8 002	6 812
	V	**27 557**	5 326	5 326	IV	20 954	20 074	19 193	18 312	17 431	16 551
	VI	**27 993**	5 326	5 326							

* Zur LSt-Berechnung für privat versicherte Arbeitnehmer s. Beispiele **Vorbemerkung S. 4 f.**
** Basisvorsorgepauschale KV und PV *** Typisierter Arbeitgeberzuschuss

Lohn/ Gehalt in € bis	Steuerklasse	Lohn- steuer*	BVSP**	TAGZ***	Steuerklasse	Bemessungsgrundlage für Kirchensteuer und Solidaritätszuschlag					
						Freibeträge für ... Kinder					
						0,5	**1,0**	1,5	**2,0**	2,5	**3,0**
87 083,99	I,IV	**21 727**	5 326	5 326	I	19 965	18 204	16 442	14 686	12 988	11 363
West	II	**20 043**	5 326	5 326	II	18 282	16 520	14 763	13 062	11 433	9 877
	III	**14 402**	5 326	5 326	III	13 034	11 704	10 408	9 150	7 928	6 742
	V	**27 449**	5 326	5 326	IV	20 846	19 965	19 084	18 204	17 323	16 442
	VI	**27 884**	5 326	5 326							
87 083,99	I,IV	**21 850**	5 326	5 326	I	20 089	18 327	16 566	14 808	13 105	11 474
Ost	II	**20 167**	5 326	5 326	II	18 405	16 644	14 885	13 179	11 545	9 984
	III	**14 500**	5 326	5 326	III	13 130	11 796	10 498	9 236	8 012	6 824
	V	**27 573**	5 326	5 326	IV	20 969	20 089	19 208	18 327	17 446	16 566
	VI	**28 008**	5 326	5 326							
87 119,99	I,IV	**21 742**	5 326	5 326	I	19 980	18 219	16 457	14 701	13 002	11 376
West	II	**20 058**	5 326	5 326	II	18 297	16 536	14 778	13 076	11 447	9 890
	III	**14 414**	5 326	5 326	III	13 046	11 714	10 420	9 160	7 938	6 752
	V	**27 464**	5 326	5 326	IV	20 861	19 980	19 100	18 219	17 338	16 457
	VI	**27 899**	5 326	5 326							
87 119,99	I,IV	**21 865**	5 326	5 326	I	20 104	18 342	16 581	14 823	13 119	11 488
Ost	II	**20 182**	5 326	5 326	II	18 420	16 659	14 900	13 193	11 559	9 997
	III	**14 512**	5 326	5 326	III	13 140	11 806	10 508	9 248	8 022	6 834
	V	**27 588**	5 326	5 326	IV	20 985	20 104	19 223	18 342	17 462	16 581
	VI	**28 023**	5 326	5 326							
87 155,99	I,IV	**21 757**	5 326	5 326	I	19 995	18 234	16 473	14 716	13 016	11 390
West	II	**20 074**	5 326	5 326	II	18 312	16 551	14 793	13 090	11 461	9 903
	III	**14 426**	5 326	5 326	III	13 058	11 726	10 430	9 170	7 948	6 762
	V	**27 479**	5 326	5 326	IV	20 876	19 995	19 115	18 234	17 353	16 473
	VI	**27 914**	5 326	5 326							
87 155,99	I,IV	**21 880**	5 326	5 326	I	20 119	18 357	16 596	14 837	13 133	11 502
Ost	II	**20 197**	5 326	5 326	II	18 436	16 674	14 915	13 207	11 572	10 010
	III	**14 524**	5 326	5 326	III	13 152	11 818	10 520	9 258	8 032	6 844
	V	**27 603**	5 326	5 326	IV	21 000	20 119	19 238	18 357	17 477	16 596
	VI	**28 038**	5 326	5 326							
87 191,99	I,IV	**21 772**	5 326	5 326	I	20 011	18 249	16 488	14 731	13 031	11 404
West	II	**20 089**	5 326	5 326	II	18 327	16 566	14 808	13 105	11 474	9 917
	III	**14 438**	5 326	5 326	III	13 070	11 736	10 442	9 182	7 958	6 772
	V	**27 494**	5 326	5 326	IV	20 891	20 011	19 130	18 249	17 368	16 488
	VI	**27 930**	5 326	5 326							
87 191,99	I,IV	**21 896**	5 326	5 326	I	20 134	18 373	16 611	14 852	13 148	11 515
Ost	II	**20 212**	5 326	5 326	II	18 451	16 689	14 930	13 222	11 586	10 023
	III	**14 536**	5 326	5 326	III	13 164	11 830	10 530	9 268	8 042	6 854
	V	**27 618**	5 326	5 326	IV	21 015	20 134	19 253	18 373	17 492	16 611
	VI	**28 053**	5 326	5 326							
87 227,99	I,IV	**21 787**	5 326	5 326	I	20 026	18 264	16 503	14 745	13 045	11 417
West	II	**20 104**	5 326	5 326	II	18 342	16 581	14 823	13 119	11 488	9 930
	III	**14 450**	5 326	5 326	III	13 080	11 748	10 452	9 192	7 968	6 782
	V	**27 510**	5 326	5 326	IV	20 906	20 026	19 145	18 264	17 383	16 503
	VI	**27 945**	5 326	5 326							
87 227,99	I,IV	**21 911**	5 326	5 326	I	20 149	18 388	16 626	14 867	13 162	11 529
Ost	II	**20 227**	5 326	5 326	II	18 466	16 704	14 945	13 236	11 600	10 036
	III	**14 546**	5 326	5 326	III	13 176	11 840	10 542	9 280	8 054	6 864
	V	**27 633**	5 326	5 326	IV	21 030	20 149	19 268	18 388	17 507	16 626
	VI	**28 068**	5 326	5 326							
87 263,99	I,IV	**21 802**	5 326	5 326	I	20 041	18 279	16 518	14 760	13 059	11 431
West	II	**20 119**	5 326	5 326	II	18 357	16 596	14 837	13 133	11 502	9 943
	III	**14 462**	5 326	5 326	III	13 092	11 760	10 462	9 202	7 978	6 792
	V	**27 525**	5 326	5 326	IV	20 922	20 041	19 160	18 279	17 399	16 518
	VI	**27 960**	5 326	5 326							
87 263,99	I,IV	**21 926**	5 326	5 326	I	20 164	18 403	16 641	14 882	13 176	11 543
Ost	II	**20 242**	5 326	5 326	II	18 481	16 719	14 960	13 250	11 614	10 050
	III	**14 558**	5 326	5 326	III	13 188	11 852	10 552	9 290	8 064	6 874
	V	**27 648**	5 326	5 326	IV	21 045	20 164	19 284	18 403	17 522	16 641
	VI	**28 083**	5 326	5 326							

* Zur LSt-Berechnung für privat versicherte Arbeitnehmer s. Beispiele **Vorbemerkung S. 4 f.**
** Basisvorsorgepauschale KV und PV *** Typisierter Arbeitgeberzuschuss

Lohn/ Gehalt in € bis	Steuerklasse	Lohn- steuer*	BVSP**	TAGZ***	Steuerklasse	Bemessungsgrundlage für Kirchensteuer und Solidaritätszuschlag – Freibeträge für ... Kinder 0,5	1,0	1,5	2,0	2,5	3,0
87 299,99 West	I,IV	**21 817**	5 326	5 326	I	20 056	18 294	16 533	14 775	13 074	11 445
	II	**20 134**	5 326	5 326	II	18 373	16 611	14 852	13 148	11 515	9 956
	III	**14 474**	5 326	5 326	III	13 104	11 770	10 474	9 214	7 990	6 802
	V	**27 540**	5 326	5 326	IV	20 937	20 056	19 175	18 294	17 414	16 533
	VI	**27 975**	5 326	5 326							
87 299,99 Ost	I,IV	**21 941**	5 326	5 326	I	20 179	18 418	16 656	14 897	13 191	11 556
	II	**20 258**	5 326	5 326	II	18 496	16 735	14 975	13 265	11 627	10 063
	III	**14 570**	5 326	5 326	III	13 198	11 864	10 564	9 300	8 074	6 884
	V	**27 663**	5 326	5 326	IV	21 060	20 179	19 299	18 418	17 537	16 656
	VI	**28 098**	5 326	5 326							
87 335,99 West	I,IV	**21 833**	5 326	5 326	I	20 071	18 310	16 548	14 790	13 088	11 458
	II	**20 149**	5 326	5 326	II	18 388	16 626	14 867	13 162	11 529	9 969
	III	**14 486**	5 326	5 326	III	13 116	11 782	10 484	9 224	8 000	6 812
	V	**27 555**	5 326	5 326	IV	20 952	20 071	19 190	18 310	17 429	16 548
	VI	**27 990**	5 326	5 326							
87 335,99 Ost	I,IV	**21 956**	5 326	5 326	I	20 195	18 433	16 672	14 912	13 205	11 570
	II	**20 273**	5 326	5 326	II	18 511	16 750	14 990	13 279	11 641	10 076
	III	**14 582**	5 326	5 326	III	13 210	11 874	10 574	9 312	8 084	6 894
	V	**27 678**	5 326	5 326	IV	21 075	20 195	19 314	18 433	17 552	16 672
	VI	**28 114**	5 326	5 326							
87 371,99 West	I,IV	**21 848**	5 326	5 326	I	20 086	18 325	16 563	14 805	13 102	11 472
	II	**20 164**	5 326	5 326	II	18 403	16 641	14 882	13 176	11 543	9 982
	III	**14 498**	5 326	5 326	III	13 128	11 794	10 496	9 234	8 010	6 822
	V	**27 570**	5 326	5 326	IV	20 967	20 086	19 205	18 325	17 444	16 563
	VI	**28 005**	5 326	5 326							
87 371,99 Ost	I,IV	**21 971**	5 326	5 326	I	20 210	18 448	16 687	14 927	13 219	11 584
	II	**20 288**	5 326	5 326	II	18 526	16 765	15 005	13 293	11 655	10 089
	III	**14 594**	5 326	5 326	III	13 222	11 886	10 586	9 322	8 094	6 904
	V	**27 694**	5 326	5 326	IV	21 090	20 210	19 329	18 448	17 567	16 687
	VI	**28 129**	5 326	5 326							
87 407,99 West	I,IV	**21 863**	5 326	5 326	I	20 101	18 340	16 578	14 820	13 117	11 486
	II	**20 179**	5 326	5 326	II	18 418	16 656	14 897	13 191	11 556	9 995
	III	**14 510**	5 326	5 326	III	13 138	11 804	10 506	9 246	8 020	6 832
	V	**27 585**	5 326	5 326	IV	20 982	20 101	19 221	18 340	17 459	16 578
	VI	**28 020**	5 326	5 326							
87 407,99 Ost	I,IV	**21 986**	5 326	5 326	I	20 225	18 463	16 702	14 942	13 234	11 598
	II	**20 303**	5 326	5 326	II	18 541	16 780	15 020	13 308	11 669	10 102
	III	**14 606**	5 326	5 326	III	13 234	11 898	10 596	9 332	8 104	6 914
	V	**27 709**	5 326	5 326	IV	21 106	20 225	19 344	18 463	17 583	16 702
	VI	**28 144**	5 326	5 326							
87 443,99 West	I,IV	**21 878**	5 326	5 326	I	20 116	18 355	16 593	14 835	13 131	11 499
	II	**20 195**	5 326	5 326	II	18 433	16 672	14 912	13 205	11 570	10 008
	III	**14 522**	5 326	5 326	III	13 150	11 816	10 518	9 256	8 030	6 842
	V	**27 600**	5 326	5 326	IV	20 997	20 116	19 236	18 355	17 474	16 593
	VI	**28 035**	5 326	5 326							
87 443,99 Ost	I,IV	**22 001**	5 326	5 326	I	20 240	18 478	16 717	14 957	13 248	11 611
	II	**20 318**	5 326	5 326	II	18 557	16 795	15 035	13 322	11 682	10 115
	III	**14 618**	5 326	5 326	III	13 246	11 908	10 608	9 344	8 116	6 924
	V	**27 724**	5 326	5 326	IV	21 121	20 240	19 359	18 478	17 598	16 717
	VI	**28 159**	5 326	5 326							
87 479,99 West	I,IV	**21 893**	5 326	5 326	I	20 132	18 370	16 609	14 850	13 145	11 513
	II	**20 210**	5 326	5 326	II	18 448	16 687	14 927	13 219	11 584	10 021
	III	**14 534**	5 326	5 326	III	13 162	11 828	10 528	9 266	8 040	6 852
	V	**27 615**	5 326	5 326	IV	21 012	20 132	19 251	18 370	17 489	16 609
	VI	**28 051**	5 326	5 326							
87 479,99 Ost	I,IV	**22 017**	5 326	5 326	I	20 255	18 494	16 732	14 972	13 262	11 625
	II	**20 333**	5 326	5 326	II	18 572	16 810	15 050	13 337	11 696	10 128
	III	**14 630**	5 326	5 326	III	13 256	11 920	10 618	9 354	8 126	6 934
	V	**27 739**	5 326	5 326	IV	21 136	20 255	19 374	18 494	17 613	16 732
	VI	**28 174**	5 326	5 326							

* Zur LSt-Berechnung für privat versicherte Arbeitnehmer s. Beispiele **Vorbemerkung S. 4 f.**
** Basisvorsorgepauschale KV und PV *** Typisierter Arbeitgeberzuschuss

Lohn/ Gehalt in € bis	Steuerklasse	**Lohn-steuer***	BVSP**	TAGZ***	Steuerklasse	Bemessungsgrundlage für Kirchensteuer und Solidaritätszuschlag – Freibeträge für ... Kinder 0,5	**1,0**	1,5	**2,0**	2,5	**3,0**
87 515,99	I,IV	**21 908**	5 326	5 326	I	20 147	18 385	16 624	14 865	13 159	11 527
West	II	**20 225**	5 326	5 326	II	18 463	16 702	14 942	13 234	11 598	10 034
	III	**14 544**	5 326	5 326	III	13 174	11 838	10 540	9 278	8 052	6 862
	V	**27 631**	5 326	5 326	IV	21 027	20 147	19 266	18 385	17 504	16 624
	VI	**28 066**	5 326	5 326							
87 515,99	I,IV	**22 032**	5 326	5 326	I	20 270	18 509	16 747	14 987	13 277	11 639
Ost	II	**20 348**	5 326	5 326	II	18 587	16 825	15 065	13 351	11 710	10 141
	III	**14 642**	5 326	5 326	III	13 268	11 930	10 630	9 364	8 136	6 944
	V	**27 754**	5 326	5 326	IV	21 151	20 270	19 389	18 509	17 628	16 747
	VI	**28 189**	5 326	5 326							
87 551,99	I,IV	**21 923**	5 326	5 326	I	20 162	18 400	16 639	14 880	13 174	11 540
West	II	**20 240**	5 326	5 326	II	18 478	16 717	14 957	13 248	11 611	10 047
	III	**14 556**	5 326	5 326	III	13 186	11 850	10 550	9 288	8 062	6 872
	V	**27 646**	5 326	5 326	IV	21 043	20 162	19 281	18 400	17 520	16 639
	VI	**28 081**	5 326	5 326							
87 551,99	I,IV	**22 047**	5 326	5 326	I	20 285	18 524	16 762	15 002	13 291	11 653
Ost	II	**20 363**	5 326	5 326	II	18 602	16 840	15 080	13 365	11 724	10 155
	III	**14 654**	5 326	5 326	III	13 280	11 942	10 640	9 376	8 146	6 954
	V	**27 769**	5 326	5 326	IV	21 166	20 285	19 405	18 524	17 643	16 762
	VI	**28 204**	5 326	5 326							
87 587,99	I,IV	**21 938**	5 326	5 326	I	20 177	18 415	16 654	14 895	13 188	11 554
West	II	**20 255**	5 326	5 326	II	18 494	16 732	14 972	13 262	11 625	10 060
	III	**14 568**	5 326	5 326	III	13 196	11 862	10 562	9 298	8 072	6 882
	V	**27 661**	5 326	5 326	IV	21 058	20 177	19 296	18 415	17 535	16 654
	VI	**28 096**	5 326	5 326							
87 587,99	I,IV	**22 062**	5 326	5 326	I	20 300	18 539	16 777	15 017	13 305	11 666
Ost	II	**20 379**	5 326	5 326	II	18 617	16 856	15 095	13 380	11 737	10 168
	III	**14 666**	5 326	5 326	III	13 292	11 954	10 652	9 386	8 156	6 964
	V	**27 784**	5 326	5 326	IV	21 181	20 300	19 420	18 539	17 658	16 777
	VI	**28 219**	5 326	5 326							
87 623,99	I,IV	**21 954**	5 326	5 326	I	20 192	18 431	16 669	14 910	13 202	11 568
West	II	**20 270**	5 326	5 326	II	18 509	16 747	14 987	13 277	11 639	10 074
	III	**14 580**	5 326	5 326	III	13 208	11 872	10 572	9 310	8 082	6 892
	V	**27 676**	5 326	5 326	IV	21 073	20 192	19 311	18 431	17 550	16 669
	VI	**28 111**	5 326	5 326							
87 623,99	I,IV	**22 077**	5 326	5 326	I	20 316	18 554	16 793	15 032	13 320	11 680
Ost	II	**20 394**	5 326	5 326	II	18 632	16 871	15 110	13 394	11 751	10 181
	III	**14 678**	5 326	5 326	III	13 304	11 964	10 662	9 396	8 168	6 974
	V	**27 799**	5 326	5 326	IV	21 196	20 316	19 435	18 554	17 673	16 793
	VI	**28 234**	5 326	5 326							
87 659,99	I,IV	**21 969**	5 326	5 326	I	20 207	18 446	16 684	14 925	13 217	11 582
West	II	**20 285**	5 326	5 326	II	18 524	16 762	15 002	13 291	11 653	10 087
	III	**14 592**	5 326	5 326	III	13 220	11 884	10 584	9 320	8 092	6 902
	V	**27 691**	5 326	5 326	IV	21 088	20 207	19 326	18 446	17 565	16 684
	VI	**28 126**	5 326	5 326							
87 659,99	I,IV	**22 092**	5 326	5 326	I	20 331	18 569	16 808	15 047	13 334	11 694
Ost	II	**20 409**	5 326	5 326	II	18 647	16 886	15 125	13 409	11 765	10 194
	III	**14 690**	5 326	5 326	III	13 316	11 976	10 674	9 408	8 178	6 984
	V	**27 814**	5 326	5 326	IV	21 211	20 331	19 450	18 569	17 688	16 808
	VI	**28 250**	5 326	5 326							
87 695,99	I,IV	**21 984**	5 326	5 326	I	20 222	18 461	16 699	14 940	13 231	11 595
West	II	**20 300**	5 326	5 326	II	18 539	16 777	15 017	13 305	11 666	10 100
	III	**14 604**	5 326	5 326	III	13 232	11 896	10 594	9 330	8 104	6 912
	V	**27 706**	5 326	5 326	IV	21 103	20 222	19 342	18 461	17 580	16 699
	VI	**28 141**	5 326	5 326							
87 695,99	I,IV	**22 107**	5 326	5 326	I	20 346	18 584	16 823	15 062	13 349	11 708
Ost	II	**20 424**	5 326	5 326	II	18 662	16 901	15 140	13 423	11 779	10 207
	III	**14 702**	5 326	5 326	III	13 326	11 988	10 684	9 418	8 188	6 994
	V	**27 830**	5 326	5 326	IV	21 226	20 346	19 465	18 584	17 704	16 823
	VI	**28 265**	5 326	5 326							

* Zur LSt-Berechnung für privat versicherte Arbeitnehmer s. Beispiele **Vorbemerkung S. 4f.**
** Basisvorsorgepauschale KV und PV *** Typisierter Arbeitgeberzuschuss

Lohn/ Gehalt in € bis	Steuerklasse	**Lohnsteuer***	BVSP**	TAGZ***	Steuerklasse	Bemessungsgrundlage für Kirchensteuer und Solidaritätszuschlag – Freibeträge für ... Kinder 0,5	**1,0**	1,5	**2,0**	2,5	**3,0**
87 731,99	I,IV	**21 999**	5 326	5 326	I	20 237	18 476	16 714	14 955	13 246	11 609
West	II	**20 316**	5 326	5 326	II	18 554	16 793	15 032	13 320	11 680	10 113
	III	**14 616**	5 326	5 326	III	13 244	11 906	10 606	9 342	8 114	6 922
	V	**27 721**	5 326	5 326	IV	21 118	20 237	19 357	18 476	17 595	16 714
	VI	**28 156**	5 326	5 326							
87 731,99	I,IV	**22 122**	5 326	5 326	I	20 361	18 599	16 838	15 077	13 363	11 721
Ost	II	**20 439**	5 326	5 326	II	18 678	16 916	15 155	13 437	11 793	10 220
	III	**14 714**	5 326	5 326	III	13 338	11 998	10 696	9 430	8 198	7 004
	V	**27 845**	5 326	5 326	IV	21 242	20 361	19 480	18 599	17 719	16 838
	VI	**28 280**	5 326	5 326							
87 767,99	I,IV	**22 014**	5 326	5 326	I	20 253	18 491	16 730	14 970	13 260	11 623
West	II	**20 331**	5 326	5 326	II	18 569	16 808	15 047	13 334	11 694	10 126
	III	**14 628**	5 326	5 326	III	13 254	11 918	10 616	9 352	8 124	6 932
	V	**27 736**	5 326	5 326	IV	21 133	20 253	19 372	18 491	17 610	16 730
	VI	**28 171**	5 326	5 326							
87 767,99	I,IV	**22 137**	5 326	5 326	I	20 376	18 615	16 853	15 092	13 377	11 735
Ost	II	**20 454**	5 326	5 326	II	18 693	16 931	15 170	13 452	11 806	10 234
	III	**14 726**	5 326	5 326	III	13 350	12 010	10 706	9 440	8 208	7 014
	V	**27 860**	5 326	5 326	IV	21 257	20 376	19 495	18 615	17 734	16 853
	VI	**28 295**	5 326	5 326							
87 803,99	I,IV	**22 029**	5 326	5 326	I	20 268	18 506	16 745	14 985	13 274	11 637
West	II	**20 346**	5 326	5 326	II	18 584	16 823	15 062	13 349	11 708	10 139
	III	**14 640**	5 326	5 326	III	13 266	11 930	10 628	9 362	8 134	6 942
	V	**27 751**	5 326	5 326	IV	21 148	20 268	19 387	18 506	17 625	16 745
	VI	**28 187**	5 326	5 326							
87 803,99	I,IV	**22 153**	5 326	5 326	I	20 391	18 630	16 868	15 107	13 392	11 749
Ost	II	**20 469**	5 326	5 326	II	18 708	16 946	15 185	13 466	11 820	10 247
	III	**14 738**	5 326	5 326	III	13 362	12 022	10 718	9 450	8 220	7 024
	V	**27 875**	5 326	5 326	IV	21 272	20 391	19 510	18 630	17 749	16 868
	VI	**28 310**	5 326	5 326							
87 839,99	I,IV	**22 044**	5 326	5 326	I	20 283	18 521	16 760	15 000	13 289	11 650
West	II	**20 361**	5 326	5 326	II	18 599	16 838	15 077	13 363	11 721	10 152
	III	**14 652**	5 326	5 326	III	13 278	11 940	10 638	9 374	8 144	6 952
	V	**27 767**	5 326	5 326	IV	21 163	20 283	19 402	18 521	17 641	16 760
	VI	**28 202**	5 326	5 326							
87 839,99	I,IV	**22 168**	5 326	5 326	I	20 406	18 645	16 883	15 122	13 406	11 763
Ost	II	**20 484**	5 326	5 326	II	18 723	16 961	15 200	13 481	11 834	10 260
	III	**14 750**	5 326	5 326	III	13 374	12 034	10 728	9 462	8 230	7 034
	V	**27 890**	5 326	5 326	IV	21 287	20 406	19 525	18 645	17 764	16 883
	VI	**28 325**	5 326	5 326							
87 875,99	I,IV	**22 059**	5 326	5 326	I	20 298	18 536	16 775	15 015	13 303	11 664
West	II	**20 376**	5 326	5 326	II	18 615	16 853	15 092	13 377	11 735	10 166
	III	**14 664**	5 326	5 326	III	13 290	11 952	10 650	9 384	8 156	6 962
	V	**27 782**	5 326	5 326	IV	21 179	20 298	19 417	18 536	17 656	16 775
	VI	**28 217**	5 326	5 326							
87 875,99	I,IV	**22 183**	5 326	5 326	I	20 421	18 660	16 898	15 137	13 421	11 777
Ost	II	**20 499**	5 326	5 326	II	18 738	16 977	15 215	13 495	11 848	10 273
	III	**14 762**	5 326	5 326	III	13 386	12 044	10 740	9 472	8 240	7 044
	V	**27 905**	5 326	5 326	IV	21 302	20 421	19 541	18 660	17 779	16 898
	VI	**28 340**	5 326	5 326							
87 911,99	I,IV	**22 074**	5 326	5 326	I	20 313	18 552	16 790	15 030	13 317	11 678
West	II	**20 391**	5 326	5 326	II	18 630	16 868	15 107	13 392	11 749	10 179
	III	**14 676**	5 326	5 326	III	13 302	11 964	10 660	9 396	8 166	6 972
	V	**27 797**	5 326	5 326	IV	21 194	20 313	19 432	18 552	17 671	16 790
	VI	**28 232**	5 326	5 326							
87 911,99	I,IV	**22 198**	5 326	5 326	I	20 436	18 675	16 914	15 152	13 435	11 790
Ost	II	**20 515**	5 326	5 326	II	18 753	16 992	15 230	13 510	11 862	10 286
	III	**14 774**	5 326	5 326	III	13 396	12 056	10 752	9 482	8 250	7 054
	V	**27 920**	5 326	5 326	IV	21 317	20 436	19 556	18 675	17 794	16 914
	VI	**28 355**	5 326	5 326							

* Zur LSt-Berechnung für privat versicherte Arbeitnehmer s. Beispiele **Vorbemerkung S. 4 f.**
** Basisvorsorgepauschale KV und PV *** Typisierter Arbeitgeberzuschuss

Lohn/ Gehalt in € bis	Steuerklasse	Lohn-steuer*	BVSP**	TAGZ***	Steuerklasse	Bemessungsgrundlage für Kirchensteuer und Solidaritätszuschlag – Freibeträge für ... Kinder 0,5	**1,0**	1,5	**2,0**	2,5	**3,0**
87 947,99 West	I,IV	**22 090**	5 326	5 326	I	20 328	18 567	16 805	15 045	13 332	11 692
	II	**20 406**	5 326	5 326	II	18 645	16 883	15 122	13 406	11 763	10 192
	III	**14 688**	5 326	5 326	III	13 314	11 974	10 672	9 406	8 176	6 982
	V	**27 812**	5 326	5 326	IV	21 209	20 328	19 447	18 567	17 686	16 805
	VI	**28 247**	5 326	5 326							
87 947,99 Ost	I,IV	**22 213**	5 326	5 326	I	20 452	18 690	16 929	15 167	13 449	11 804
	II	**20 530**	5 326	5 326	II	18 768	17 007	15 245	13 524	11 876	10 300
	III	**14 786**	5 326	5 326	III	13 408	12 068	10 762	9 494	8 260	7 064
	V	**27 935**	5 326	5 326	IV	21 332	20 452	19 571	18 690	17 809	16 929
	VI	**28 371**	5 326	5 326							
87 983,99 West	I,IV	**22 105**	5 326	5 326	I	20 343	18 582	16 820	15 060	13 346	11 705
	II	**20 421**	5 326	5 326	II	18 660	16 898	15 137	13 421	11 777	10 205
	III	**14 700**	5 326	5 326	III	13 324	11 986	10 682	9 416	8 186	6 992
	V	**27 827**	5 326	5 326	IV	21 224	20 343	19 462	18 582	17 701	16 820
	VI	**28 262**	5 326	5 326							
87 983,99 Ost	I,IV	**22 228**	5 326	5 326	I	20 467	18 705	16 944	15 182	13 464	11 818
	II	**20 545**	5 326	5 326	II	18 783	17 022	15 260	13 539	11 889	10 313
	III	**14 798**	5 326	5 326	III	13 420	12 078	10 774	9 504	8 272	7 076
	V	**27 951**	5 326	5 326	IV	21 347	20 467	19 586	18 705	17 824	16 944
	VI	**28 386**	5 326	5 326							
88 019,99 West	I,IV	**22 120**	5 326	5 326	I	20 358	18 597	16 835	15 075	13 361	11 719
	II	**20 436**	5 326	5 326	II	18 675	16 914	15 152	13 435	11 790	10 218
	III	**14 712**	5 326	5 326	III	13 336	11 998	10 694	9 428	8 196	7 002
	V	**27 842**	5 326	5 326	IV	21 239	20 358	19 478	18 597	17 716	16 835
	VI	**28 277**	5 326	5 326							
88 019,99 Ost	I,IV	**22 243**	5 326	5 326	I	20 482	18 720	16 959	15 198	13 478	11 832
	II	**20 560**	5 326	5 326	II	18 798	17 037	15 275	13 553	11 903	10 326
	III	**14 810**	5 326	5 326	III	13 432	12 090	10 784	9 514	8 282	7 086
	V	**27 966**	5 326	5 326	IV	21 363	20 482	19 601	18 720	17 840	16 959
	VI	**28 401**	5 326	5 326							
88 055,99 West	I,IV	**22 135**	5 326	5 326	I	20 373	18 612	16 851	15 090	13 375	11 733
	II	**20 452**	5 326	5 326	II	18 690	16 929	15 167	13 449	11 804	10 231
	III	**14 724**	5 326	5 326	III	13 348	12 008	10 706	9 438	8 208	7 012
	V	**27 857**	5 326	5 326	IV	21 254	20 373	19 493	18 612	17 731	16 851
	VI	**28 292**	5 326	5 326							
88 055,99 Ost	I,IV	**22 258**	5 326	5 326	I	20 497	18 735	16 974	15 213	13 493	11 846
	II	**20 575**	5 326	5 326	II	18 814	17 052	15 291	13 568	11 917	10 339
	III	**14 822**	5 326	5 326	III	13 444	12 102	10 796	9 526	8 292	7 096
	V	**27 981**	5 326	5 326	IV	21 378	20 497	19 616	18 735	17 855	16 974
	VI	**28 416**	5 326	5 326							
88 091,99 West	I,IV	**22 150**	5 326	5 326	I	20 389	18 627	16 866	15 105	13 389	11 747
	II	**20 467**	5 326	5 326	II	18 705	16 944	15 182	13 464	11 818	10 245
	III	**14 736**	5 326	5 326	III	13 360	12 020	10 716	9 448	8 218	7 022
	V	**27 872**	5 326	5 326	IV	21 269	20 389	19 508	18 627	17 746	16 866
	VI	**28 308**	5 326	5 326							
88 091,99 Ost	I,IV	**22 274**	5 326	5 326	I	20 512	18 751	16 989	15 228	13 507	11 859
	II	**20 590**	5 326	5 326	II	18 829	17 067	15 306	13 582	11 931	10 353
	III	**14 834**	5 326	5 326	III	13 456	12 112	10 806	9 536	8 302	7 106
	V	**27 996**	5 326	5 326	IV	21 393	20 512	19 631	18 751	17 870	16 989
	VI	**28 431**	5 326	5 326							
88 127,99 West	I,IV	**22 165**	5 326	5 326	I	20 404	18 642	16 881	15 120	13 404	11 760
	II	**20 482**	5 326	5 326	II	18 720	16 959	15 198	13 478	11 832	10 258
	III	**14 748**	5 326	5 326	III	13 372	12 032	10 728	9 460	8 228	7 032
	V	**27 888**	5 326	5 326	IV	21 284	20 404	19 523	18 642	17 761	16 881
	VI	**28 323**	5 326	5 326							
88 127,99 Ost	I,IV	**22 289**	5 326	5 326	I	20 527	18 766	17 004	15 243	13 522	11 873
	II	**20 605**	5 326	5 326	II	18 844	17 082	15 321	13 597	11 945	10 366
	III	**14 846**	5 326	5 326	III	13 466	12 124	10 818	9 548	8 314	7 116
	V	**28 011**	5 326	5 326	IV	21 408	20 527	19 646	18 766	17 885	17 004
	VI	**28 446**	5 326	5 326							

* Zur LSt-Berechnung für privat versicherte Arbeitnehmer s. Beispiele **Vorbemerkung S. 4f.**
** Basisvorsorgepauschale KV und PV *** Typisierter Arbeitgeberzuschuss

Lohn/ Gehalt in € bis	Steuerklasse	Lohn- steuer*	BVSP**	TAGZ***	Steuerklasse	Bemessungsgrundlage für Kirchensteuer und Solidaritätszuschlag – Freibeträge für ... Kinder 0,5	1,0	1,5	2,0	2,5	3,0
88 163,99 West	I,IV	**22 180**	5 326	5 326	I	20 419	18 657	16 896	15 135	13 418	11 774
	II	**20 497**	5 326	5 326	II	18 735	16 974	15 213	13 493	11 846	10 271
	III	**14 760**	5 326	5 326	III	13 384	12 042	10 738	9 470	8 238	7 044
	V	**27 903**	5 326	5 326	IV	21 300	20 419	19 538	18 657	17 777	16 896
	VI	**28 338**	5 326	5 326							
88 163,99 Ost	I,IV	**22 304**	5 326	5 326	I	20 542	18 781	17 019	15 258	13 536	11 887
	II	**20 620**	5 326	5 326	II	18 859	17 097	15 336	13 611	11 959	10 379
	III	**14 858**	5 326	5 326	III	13 478	12 136	10 828	9 558	8 324	7 126
	V	**28 026**	5 326	5 326	IV	21 423	20 542	19 662	18 781	17 900	17 019
	VI	**28 461**	5 326	5 326							
88 199,99 West	I,IV	**22 195**	5 326	5 326	I	20 434	18 672	16 911	15 150	13 433	11 788
	II	**20 512**	5 326	5 326	II	18 751	16 989	15 228	13 507	11 859	10 284
	III	**14 772**	5 326	5 326	III	13 394	12 054	10 750	9 480	8 248	7 054
	V	**27 918**	5 326	5 326	IV	21 315	20 434	19 553	18 672	17 792	16 911
	VI	**28 353**	5 326	5 326							
88 199,99 Ost	I,IV	**22 319**	5 326	5 326	I	20 557	18 796	17 034	15 273	13 551	11 901
	II	**20 636**	5 326	5 326	II	18 874	17 113	15 351	13 626	11 973	10 392
	III	**14 870**	5 326	5 326	III	13 490	12 146	10 840	9 568	8 334	7 136
	V	**28 041**	5 326	5 326	IV	21 438	20 557	19 677	18 796	17 915	17 034
	VI	**28 476**	5 326	5 326							
88 235,99 West	I,IV	**22 211**	5 326	5 326	I	20 449	18 688	16 926	15 165	13 447	11 802
	II	**20 527**	5 326	5 326	II	18 766	17 004	15 243	13 522	11 873	10 297
	III	**14 784**	5 326	5 326	III	13 406	12 066	10 760	9 492	8 260	7 064
	V	**27 933**	5 326	5 326	IV	21 330	20 449	19 568	18 688	17 807	16 926
	VI	**28 368**	5 326	5 326							
88 235,99 Ost	I,IV	**22 334**	5 326	5 326	I	20 573	18 811	17 050	15 288	13 565	11 915
	II	**20 651**	5 326	5 326	II	18 889	17 128	15 366	13 640	11 986	10 406
	III	**14 882**	5 326	5 326	III	13 502	12 158	10 850	9 580	8 344	7 146
	V	**28 056**	5 326	5 326	IV	21 453	20 573	19 692	18 811	17 930	17 050
	VI	**28 492**	5 326	5 326							
88 271,99 West	I,IV	**22 226**	5 326	5 326	I	20 464	18 703	16 941	15 180	13 462	11 816
	II	**20 542**	5 326	5 326	II	18 781	17 019	15 258	13 536	11 887	10 311
	III	**14 796**	5 326	5 326	III	13 418	12 076	10 772	9 502	8 270	7 074
	V	**27 948**	5 326	5 326	IV	21 345	20 464	19 583	18 703	17 822	16 941
	VI	**28 383**	5 326	5 326							
88 271,99 Ost	I,IV	**22 349**	5 326	5 326	I	20 588	18 826	17 065	15 303	13 580	11 929
	II	**20 666**	5 326	5 326	II	18 904	17 143	15 381	13 655	12 000	10 419
	III	**14 894**	5 326	5 326	III	13 514	12 170	10 862	9 590	8 354	7 156
	V	**28 072**	5 326	5 326	IV	21 468	20 588	19 707	18 826	17 945	17 065
	VI	**28 507**	5 326	5 326							
88 307,99 West	I,IV	**22 241**	5 326	5 326	I	20 479	18 718	16 956	15 195	13 476	11 830
	II	**20 557**	5 326	5 326	II	18 796	17 034	15 273	13 551	11 901	10 324
	III	**14 808**	5 326	5 326	III	13 430	12 088	10 782	9 514	8 280	7 084
	V	**27 963**	5 326	5 326	IV	21 360	20 479	19 599	18 718	17 837	16 956
	VI	**28 398**	5 326	5 326							
88 307,99 Ost	I,IV	**22 364**	5 326	5 326	I	20 603	18 841	17 080	15 318	13 594	11 943
	II	**20 681**	5 326	5 326	II	18 919	17 158	15 396	13 669	12 014	10 432
	III	**14 906**	5 326	5 326	III	13 526	12 180	10 872	9 600	8 366	7 166
	V	**28 087**	5 326	5 326	IV	21 484	20 603	19 722	18 841	17 961	17 080
	VI	**28 522**	5 326	5 326							
88 343,99 West	I,IV	**22 256**	5 326	5 326	I	20 494	18 733	16 971	15 210	13 490	11 843
	II	**20 573**	5 326	5 326	II	18 811	17 050	15 288	13 565	11 915	10 337
	III	**14 820**	5 326	5 326	III	13 442	12 100	10 794	9 524	8 290	7 094
	V	**27 978**	5 326	5 326	IV	21 375	20 494	19 614	18 733	17 852	16 971
	VI	**28 413**	5 326	5 326							
88 343,99 Ost	I,IV	**22 379**	5 326	5 326	I	20 618	18 856	17 095	15 333	13 609	11 956
	II	**20 696**	5 326	5 326	II	18 935	17 173	15 412	13 684	12 028	10 445
	III	**14 918**	5 326	5 326	III	13 536	12 192	10 884	9 612	8 376	7 176
	V	**28 102**	5 326	5 326	IV	21 499	20 618	19 737	18 856	17 976	17 095
	VI	**28 537**	5 326	5 326							

* Zur LSt-Berechnung für privat versicherte Arbeitnehmer s. Beispiele **Vorbemerkung S. 4 f.**
** Basisvorsorgepauschale KV und PV *** Typisierter Arbeitgeberzuschuss

Solidaritätszuschlag für Monatslohnsteuerbeträge

Steuerklasse III		Steuerklasse III		Steuerklasse III		Steuerklasse III	
Maßstabs-lohnsteuer €	Solidari-tätszu-schlag €	Maßstabs-lohnsteuer €	Solidari-tätszu-schlag €	Maßstabs-lohnsteuer €	Solidari-tätszu-schlag €	Maßstabs-lohnsteuer €	Solidari-tätszu-schlag €
2825,83	0,00	2905,16	9,42	2984,50	18,86	3063,83	28,30
2827,00	0,11	2906,33	9,55	2985,83	19,02	3065,16	28,46
2828,33	0,27	2907,66	9,71	2987,00	19,15	3066,33	28,59
2829,50	0,41	2908,83	9,85	2988,33	19,31	3067,66	28,75
2830,83	0,57	2910,16	10,01	2989,50	19,45	3069,00	28,91
2832,00	0,71	2911,50	10,17	2990,83	19,61	3070,16	29,05
2833,33	0,87	2912,66	10,31	2992,00	19,75	3071,50	29,21
2834,50	1,01	2914,00	10,47	2993,33	19,91	3072,66	29,35
2835,83	1,17	2915,16	10,61	2994,66	20,07	3074,00	29,51
2837,16	1,32	2916,50	10,76	2995,83	20,21	3075,16	29,65
2838,33	1,46	2917,66	10,90	2997,16	20,36	3076,50	29,80
2839,66	1,62	2919,00	11,06	2998,33	20,50	3077,83	29,96
2840,83	1,76	2920,33	11,22	2999,66	20,66	3079,00	30,10
2842,16	1,92	2921,50	11,36	3000,83	20,80	3080,33	30,26
2843,33	2,06	2922,83	11,52	3002,16	20,96	3081,50	30,40
2844,66	2,22	2924,00	11,66	3003,33	21,10	3082,83	30,56
2845,83	2,36	2925,33	11,82	3004,66	21,26	3084,00	30,70
2847,16	2,51	2926,50	11,95	3006,00	21,42	3085,33	30,86
2848,50	2,67	2927,83	12,11	3007,16	21,55	3086,50	30,99
2849,66	2,81	2929,00	12,25	3008,50	21,71	3087,83	31,15
2851,00	2,97	2930,33	12,41	3009,66	21,85	3089,16	31,31
2852,16	3,11	2931,66	12,57	3011,00	22,01	3090,33	31,45
2853,50	3,27	2932,83	12,71	3012,16	22,15	3091,66	31,61
2854,66	3,41	2934,16	12,87	3013,50	22,31	3092,83	31,75
2856,00	3,57	2935,33	13,01	3014,83	22,47	3094,16	31,91
2857,33	3,72	2936,66	13,16	3016,00	22,61	3095,33	32,05
2858,50	3,86	2937,83	13,30	3017,33	22,76	3096,66	32,20
2859,83	4,02	2939,16	13,46	3018,50	22,90	3097,83	32,34
2861,00	4,16	2940,33	13,60	3019,83	23,06	3099,16	32,50
2862,33	4,32	2941,66	13,76	3021,00	23,20	3100,50	32,66
2863,50	4,46	2943,00	13,92	3022,33	23,36	3101,66	32,80
2864,83	4,62	2944,16	14,06	3023,50	23,50	3103,00	32,96
2866,00	4,76	2945,50	14,22	3024,83	23,66	3104,16	33,10
2867,33	4,91	2946,66	14,35	3026,16	23,81	3105,50	33,26
2868,66	5,07	2948,00	14,51	3027,33	23,95	3106,66	33,39
2869,83	5,21	2949,16	14,65	3028,66	24,11	3108,00	33,55
2871,16	5,37	2950,50	14,81	3029,83	24,25	3109,33	33,71
2872,33	5,51	2951,83	14,97	3031,16	24,41	3110,50	33,85
2873,66	5,67	2953,00	15,11	3032,33	24,55	3111,83	34,01
2874,83	5,81	2954,33	15,27	3033,66	24,71	3113,00	34,15
2876,16	5,96	2955,50	15,41	3034,83	24,85	3114,33	34,31
2877,33	6,10	2956,83	15,56	3036,16	25,00	3115,50	34,45
2878,66	6,26	2958,00	15,70	3037,50	25,16	3116,83	34,60
2880,00	6,42	2959,33	15,86	3038,66	25,30	3118,00	34,74
2881,16	6,56	2960,50	16,00	3040,00	25,46	3119,33	34,90
2882,50	6,72	2961,83	16,16	3041,16	25,60	3120,66	35,06
2883,66	6,86	2963,16	16,32	3042,50	25,76	3121,83	35,20
2885,00	7,02	2964,33	16,46	3043,66	25,90	3123,16	35,36
2886,16	7,15	2965,66	16,62	3045,00	26,06	3124,33	35,50
2887,50	7,31	2966,83	16,75	3046,33	26,21	3125,66	35,66
2888,83	7,47	2968,16	16,91	3047,50	26,35	3126,83	35,79
2890,00	7,61	2969,33	17,05	3048,83	26,51	3128,16	35,95
2891,33	7,77	2970,66	17,21	3050,00	26,65	3129,33	36,09
2892,50	7,91	2971,83	17,35	3051,33	26,81	3130,66	36,25
2893,83	8,07	2973,16	17,51	3052,50	26,95	3132,00	36,41
2895,00	8,21	2974,50	17,67	3053,83	27,11	3133,16	36,55
2896,33	8,36	2975,66	17,81	3055,00	27,25	3134,50	36,71
2897,50	8,50	2977,00	17,96	3056,33	27,40	3135,66	36,85
2898,83	8,66	2978,16	18,10	3057,66	27,56	3137,00	37,00
2900,16	8,82	2979,50	18,26	3058,83	27,70	3138,16	37,14
2901,33	8,96	2980,66	18,40	3060,16	27,86	3139,50	37,30
2902,66	9,12	2982,00	18,56	3061,33	28,00	3140,83	37,46
2903,83	9,26	2983,33	18,72	3062,66	28,16	3142,00	37,60

Steuerklasse III		Steuerklasse III		Steuerklasse III		Steuerklasse III	
Maßstabs-lohnsteuer €	Solidari-tätszu-schlag €	Maßstabs-lohnsteuer €	Solidari-tätszu-schlag €	Maßstabs-lohnsteuer €	Solidari-tätszu-schlag €	Maßstabs-lohnsteuer €	Solidari-tätszu-schlag €
3143,33	37,76	3229,00	47,95	3314,66	58,15	3400,33	68,34
3144,50	37,90	3230,16	48,09	3315,83	58,29	3401,50	68,48
3145,83	38,06	3231,50	48,25	3317,16	58,44	3402,83	68,64
3147,00	38,19	3232,66	48,39	3318,33	58,58	3404,16	68,80
3148,33	38,35	3234,00	48,55	3319,66	58,74	3405,33	68,94
3149,50	38,49	3235,33	48,71	3321,00	58,90	3406,66	69,09
3150,83	38,65	3236,50	48,84	3322,16	59,04	3407,83	69,23
3152,16	38,81	3237,83	49,00	3323,50	59,20	3409,16	69,39
3153,33	38,95	3239,00	49,14	3324,66	59,34	3410,33	69,53
3154,66	39,11	3240,33	49,30	3326,00	59,50	3411,66	69,69
3155,83	39,25	3241,50	49,44	3327,16	59,63	3412,83	69,83
3157,16	39,40	3242,83	49,60	3328,50	59,79	3414,16	69,99
3158,33	39,54	3244,00	49,74	3329,83	59,95	3415,50	70,15
3159,66	39,70	3245,33	49,90	3331,00	60,09	3416,66	70,28
3160,83	39,84	3246,66	50,05	3332,33	60,25	3418,00	70,44
3162,16	40,00	3247,83	50,19	3333,50	60,39	3419,16	70,58
3163,50	40,16	3249,16	50,35	3334,83	60,55	3420,50	70,74
3164,66	40,30	3250,33	50,49	3336,00	60,69	3421,66	70,88
3166,00	40,46	3251,66	50,65	3337,33	60,84	3423,00	71,04
3167,16	40,59	3252,83	50,79	3338,50	60,98	3424,33	71,20
3168,50	40,75	3254,16	50,95	3339,83	61,14	3425,50	71,34
3169,66	40,89	3255,33	51,09	3341,16	61,30	3426,83	71,49
3171,00	41,05	3256,66	51,24	3342,33	61,44	3428,00	71,63
3172,33	41,21	3258,00	51,40	3343,66	61,60	3429,33	71,79
3173,50	41,35	3259,16	51,54	3344,83	61,74	3430,50	71,93
3174,83	41,51	3260,50	51,70	3346,16	61,89	3431,83	72,09
3176,00	41,65	3261,66	51,84	3347,33	62,03	3433,00	72,23
3177,33	41,80	3263,00	52,00	3348,66	62,19	3434,33	72,39
3178,50	41,94	3264,16	52,14	3349,83	62,33	3435,66	72,55
3179,83	42,10	3265,50	52,30	3351,16	62,49	3436,83	72,68
3181,00	42,24	3266,83	52,45	3352,50	62,65	3438,16	72,84
3182,33	42,40	3268,00	52,59	3353,66	62,79	3439,33	72,98
3183,66	42,56	3269,33	52,75	3355,00	62,95	3440,66	73,14
3184,83	42,70	3270,50	52,89	3356,16	63,08	3441,83	73,28
3186,16	42,85	3271,83	53,05	3357,50	63,24	3443,16	73,44
3187,33	42,99	3273,00	53,19	3358,66	63,38	3444,33	73,58
3188,66	43,15	3274,33	53,35	3360,00	63,54	3445,66	73,74
3189,83	43,29	3275,50	53,49	3361,33	63,70	3447,00	73,89
3191,16	43,45	3276,83	53,64	3362,50	63,84	3448,16	74,03
3192,33	43,59	3278,16	53,80	3363,83	64,00	3449,50	74,19
3193,66	43,75	3279,33	53,94	3365,00	64,14	3450,66	74,33
3195,00	43,91	3280,66	54,10	3366,33	64,29	3452,00	74,49
3196,16	44,04	3281,83	54,24	3367,50	64,43	3453,16	74,63
3197,50	44,20	3283,16	54,40	3368,83	64,59	3454,50	74,79
3198,66	44,34	3284,33	54,54	3370,00	64,73	3455,83	74,95
3200,00	44,50	3285,66	54,70	3371,33	64,89	3457,00	75,08
3201,16	44,64	3286,83	54,83	3372,66	65,05	3458,33	75,24
3202,50	44,80	3288,16	54,99	3373,83	65,19	3459,50	75,38
3203,83	44,96	3289,50	55,15	3375,16	65,35	3460,83	75,54
3205,00	45,10	3290,66	55,29	3376,33	65,48	3462,00	75,68
3206,33	45,25	3292,00	55,45	3377,66	65,64	3463,33	75,84
3207,50	45,39	3293,16	55,59	3378,83	65,78	3464,50	75,98
3208,83	45,55	3294,50	55,75	3380,16	65,94	3465,83	76,14
3210,00	45,69	3295,66	55,89	3381,33	66,08	3467,16	76,29
3211,33	45,85	3297,00	56,04	3382,66	66,24	3468,33	76,43
3212,50	45,99	3298,33	56,20	3384,00	66,40	3469,66	76,59
3213,83	46,15	3299,50	56,34	3385,16	66,54	3470,83	76,73
3215,16	46,31	3300,83	56,50	3386,50	66,69	3472,16	76,89
3216,33	46,44	3302,00	56,64	3387,66	66,83	3473,33	77,03
3217,66	46,60	3303,33	56,80	3389,00	66,99	3474,66	77,19
3218,83	46,74	3304,50	56,94	3390,16	67,13	3475,83	77,33
3220,16	46,90	3305,83	57,10	3391,50	67,29	3477,16	77,48
3221,33	47,04	3307,00	57,23	3392,83	67,45	3478,50	77,64
3222,66	47,20	3308,33	57,39	3394,00	67,59	3479,66	77,78
3223,83	47,34	3309,66	57,55	3395,33	67,75	3481,00	77,94
3225,16	47,50	3310,83	57,69	3396,50	67,88	3482,16	78,08
3226,50	47,65	3312,16	57,85	3397,83	68,04	3483,50	78,24
3227,66	47,79	3313,33	57,99	3399,00	68,18	3484,66	78,38

Steuerklasse III		Steuerklasse III		Steuerklasse III		Steuerklasse III	
Maßstabs-lohnsteuer €	Solidari-tätszu-schlag €	Maßstabs-lohnsteuer €	Solidari-tätszu-schlag €	Maßstabs-lohnsteuer €	Solidari-tätszu-schlag €	Maßstabs-lohnsteuer €	Solidari-tätszu-schlag €
3486,00	78,54	3571,66	88,73	3657,33	98,92	3743,00	109,12
3487,33	78,69	3573,00	88,89	3658,66	99,08	3744,33	109,28
3488,50	78,83	3574,16	89,03	3659,83	99,22	3745,50	109,42
3489,83	78,99	3575,50	89,19	3661,16	99,38	3746,83	109,57
3491,00	79,13	3576,66	89,32	3662,33	99,52	3748,00	109,71
3492,33	79,29	3578,00	89,48	3663,66	99,68	3749,33	109,87
3493,50	79,43	3579,16	89,62	3664,83	99,82	3750,66	110,03
3494,83	79,59	3580,50	89,78	3666,16	99,97	3751,83	110,17
3496,00	79,73	3581,83	89,94	3667,50	100,13	3753,16	110,33
3497,33	79,88	3583,00	90,08	3668,66	100,27	3754,33	110,47
3498,66	80,04	3584,33	90,24	3670,00	100,43	3755,66	110,63
3499,83	80,18	3585,50	90,38	3671,16	100,57	3756,83	110,76
3501,16	80,34	3586,83	90,53	3672,50	100,73	3758,16	110,92
3502,33	80,48	3588,00	90,67	3673,66	100,87	3759,33	111,06
3503,66	80,64	3589,33	90,83	3675,00	101,03	3760,66	111,22
3504,83	80,78	3590,50	90,97	3676,33	101,18	3762,00	111,38
3506,16	80,93	3591,83	91,13	3677,50	101,32	3763,16	111,52
3507,33	81,07	3593,16	91,29	3678,83	101,48	3764,50	111,68
3508,66	81,23	3594,33	91,43	3680,00	101,62	3765,66	111,82
3510,00	81,39	3595,66	91,59	3681,33	101,78	3767,00	111,97
3511,16	81,53	3596,83	91,72	3682,50	101,92	3768,16	112,11
3512,50	81,69	3598,16	91,88	3683,83	102,08	3769,50	112,27
3513,66	81,83	3599,33	92,02	3685,00	102,22	3770,83	112,43
3515,00	81,99	3600,66	92,18	3686,33	102,37	3772,00	112,57
3516,16	82,12	3601,83	92,32	3687,66	102,53	3773,33	112,73
3517,50	82,28	3603,16	92,48	3688,83	102,67	3774,50	112,87
3518,83	82,44	3604,50	92,64	3690,16	102,83	3775,83	113,03
3520,00	82,58	3605,66	92,78	3691,33	102,97	3777,00	113,16
3521,33	82,74	3607,00	92,93	3692,66	103,13	3778,33	113,32
3522,50	82,88	3608,16	93,07	3693,83	103,27	3779,50	113,46
3523,83	83,04	3609,50	93,23	3695,16	103,43	3780,83	113,62
3525,00	83,18	3610,66	93,37	3696,33	103,56	3782,16	113,78
3526,33	83,33	3612,00	93,53	3697,66	103,72	3783,33	113,92
3527,50	83,47	3613,33	93,69	3699,00	103,88	3784,66	114,08
3528,83	83,63	3614,50	93,83	3700,16	104,02	3785,83	114,22
3530,16	83,79	3615,83	93,99	3701,50	104,18	3787,16	114,37
3531,33	83,93	3617,00	94,12	3702,66	104,32	3788,33	114,51
3532,66	84,09	3618,33	94,28	3704,00	104,48	3789,66	114,67
3533,83	84,23	3619,50	94,42	3705,16	104,62	3790,83	114,81
3535,16	84,39	3620,83	94,58	3706,50	104,77	3792,16	114,97
3536,33	84,52	3622,00	94,72	3707,83	104,93	3793,50	115,13
3537,66	84,68	3623,33	94,88	3709,00	105,07	3794,66	115,27
3538,83	84,82	3624,66	95,04	3710,33	105,23	3796,00	115,43
3540,16	84,98	3625,83	95,18	3711,50	105,37	3797,16	115,56
3541,50	85,14	3627,16	95,33	3712,83	105,53	3798,50	115,72
3542,66	85,28	3628,33	95,47	3714,00	105,67	3799,66	115,86
3544,00	85,44	3629,66	95,63	3715,33	105,83	3801,00	116,02
3545,16	85,58	3630,83	95,77	3716,50	105,96	3802,33	116,18
3546,50	85,73	3632,16	95,93	3717,83	106,12	3803,50	116,32
3547,66	85,87	3633,33	96,07	3719,16	106,28	3804,83	116,48
3549,00	86,03	3634,66	96,23	3720,33	106,42	3806,00	116,62
3550,33	86,19	3636,00	96,39	3721,66	106,58	3807,33	116,77
3551,50	86,33	3637,16	96,52	3722,83	106,72	3808,50	116,91
3552,83	86,49	3638,50	96,68	3724,16	106,88	3809,83	117,07
3554,00	86,63	3639,66	96,82	3725,33	107,02	3811,00	117,21
3555,33	86,79	3641,00	96,98	3726,66	107,17	3812,33	117,37
3556,50	86,92	3642,16	97,12	3727,83	107,31	3813,66	117,53
3557,83	87,08	3643,50	97,28	3729,16	107,47	3814,83	117,67
3559,00	87,22	3644,83	97,44	3730,50	107,63	3816,16	117,82
3560,33	87,38	3646,00	97,58	3731,66	107,77	3817,33	117,96
3561,66	87,54	3647,33	97,73	3733,00	107,93	3818,66	118,12
3562,83	87,68	3648,50	97,87	3734,16	108,07	3819,83	118,26
3564,16	87,84	3649,83	98,03	3735,50	108,23	3821,16	118,42
3565,33	87,98	3651,00	98,17	3736,66	108,36	3822,33	118,56
3566,66	88,13	3652,33	98,33	3738,00	108,52	3823,66	118,72
3567,83	88,27	3653,50	98,47	3739,33	108,68	3825,00	118,88
3569,16	88,43	3654,83	98,63	3740,50	108,82	3826,16	119,01
3570,33	88,57	3656,16	98,78	3741,83	108,98	3827,50	119,17

Steuerklasse III		Steuerklasse III		Steuerklasse III		Steuerklasse III	
Maßstabs-lohnsteuer €	Solidari-tätszu-schlag €	Maßstabs-lohnsteuer €	Solidari-tätszu-schlag €	Maßstabs-lohnsteuer €	Solidari-tätszu-schlag €	Maßstabs-lohnsteuer €	Solidari-tätszu-schlag €
3828,66	119,31	3914,33	129,51	4000,00	139,70	4085,83	149,92
3830,00	119,47	3915,66	129,67	4001,33	139,86	4087,00	150,05
3831,16	119,61	3916,83	129,80	4002,66	140,02	4088,33	150,21
3832,50	119,77	3918,16	129,96	4003,83	140,16	4089,50	150,35
3833,83	119,93	3919,50	130,12	4005,16	140,32	4090,83	150,51
3835,00	120,07	3920,66	130,26	4006,33	140,45	4092,00	150,65
3836,33	120,22	3922,00	130,42	4007,66	140,61	4093,33	150,81
3837,50	120,36	3923,16	130,56	4008,83	140,75	4094,50	150,95
3838,83	120,52	3924,50	130,72	4010,16	140,91	4095,83	151,11
3840,00	120,66	3925,66	130,86	4011,33	141,05	4097,16	151,26
3841,33	120,82	3927,00	131,01	4012,66	141,21	4098,33	151,40
3842,50	120,96	3928,33	131,17	4014,00	141,37	4099,66	151,56
3843,83	121,12	3929,50	131,31	4015,16	141,51	4100,83	151,70
3845,16	121,28	3930,83	131,47	4016,50	141,66	4102,16	151,86
3846,33	121,41	3932,00	131,61	4017,66	141,80	4103,33	152,00
3847,66	121,57	3933,33	131,77	4019,00	141,96	4104,66	152,16
3848,83	121,71	3934,50	131,91	4020,16	142,10	4105,83	152,30
3850,16	121,87	3935,83	132,07	4021,50	142,26	4107,16	152,45
3851,33	122,01	3937,00	132,20	4022,83	142,42	4108,50	152,61
3852,66	122,17	3938,33	132,36	4024,00	142,56	4109,66	152,75
3853,83	122,31	3939,66	132,52	4025,33	142,72	4111,00	152,91
3855,16	122,47	3940,83	132,66	4026,50	142,85	4112,16	153,05
3856,50	122,62	3942,16	132,82	4027,83	143,01	4113,50	153,21
3857,66	122,76	3943,33	132,96	4029,00	143,15	4114,66	153,35
3859,00	122,92	3944,66	133,12	4030,33	143,31	4116,00	153,51
3860,16	123,06	3945,83	133,26	4031,50	143,45	4117,33	153,66
3861,50	123,22	3947,16	133,41	4032,83	143,61	4118,50	153,80
3862,66	123,36	3948,33	133,55	4034,16	143,77	4119,83	153,96
3864,00	123,52	3949,66	133,71	4035,33	143,91	4121,00	154,10
3865,33	123,68	3951,00	133,87	4036,66	144,06	4122,33	154,26
3866,50	123,81	3952,16	134,01	4037,83	144,20	4123,50	154,40
3867,83	123,97	3953,50	134,17	4039,16	144,36	4124,83	154,56
3869,00	124,11	3954,66	134,31	4040,33	144,50	4126,00	154,70
3870,33	124,27	3956,00	134,47	4041,66	144,66	4127,33	154,85
3871,50	124,41	3957,16	134,60	4042,83	144,80	4128,66	155,01
3872,83	124,57	3958,50	134,76	4044,16	144,96	4129,83	155,15
3874,00	124,71	3959,83	134,92	4045,50	145,12	4131,16	155,31
3875,33	124,87	3961,00	135,06	4046,66	145,25	4132,33	155,45
3876,66	125,02	3962,33	135,22	4048,00	145,41	4133,66	155,61
3877,83	125,16	3963,50	135,36	4049,16	145,55	4134,83	155,75
3879,16	125,32	3964,83	135,52	4050,50	145,71	4136,16	155,90
3880,33	125,46	3966,00	135,66	4051,66	145,85	4137,33	156,04
3881,66	125,62	3967,33	135,81	4053,00	146,01	4138,66	156,20
3882,83	125,76	3968,50	135,95	4054,33	146,17	4140,00	156,36
3884,16	125,92	3969,83	136,11	4055,50	146,31	4141,16	156,50
3885,33	126,06	3971,16	136,27	4056,83	146,46	4142,50	156,66
3886,66	126,21	3972,33	136,41	4058,00	146,60	4143,66	156,80
3888,00	126,37	3973,66	136,57	4059,33	146,76	4145,00	156,96
3889,16	126,51	3974,83	136,71	4060,50	146,90	4146,16	157,09
3890,50	126,67	3976,16	136,86	4061,83	147,06	4147,50	157,25
3891,66	126,81	3977,33	137,00	4063,00	147,20	4148,83	157,41
3893,00	126,97	3978,66	137,16	4064,33	147,36	4150,00	157,55
3894,16	127,11	3979,83	137,30	4065,66	147,52	4151,33	157,71
3895,50	127,27	3981,16	137,46	4066,83	147,65	4152,50	157,85
3896,83	127,42	3982,50	137,62	4068,16	147,81	4153,83	158,01
3898,00	127,56	3983,66	137,76	4069,33	147,95	4155,00	158,15
3899,33	127,72	3985,00	137,92	4070,66	148,11	4156,33	158,30
3900,50	127,86	3986,16	138,05	4071,83	148,25	4157,50	158,44
3901,83	128,02	3987,50	138,21	4073,16	148,41	4158,83	158,60
3903,00	128,16	3988,66	138,35	4074,33	148,55	4160,16	158,76
3904,33	128,32	3990,00	138,51	4075,66	148,71	4161,33	158,90
3905,50	128,46	3991,33	138,67	4077,00	148,86	4162,66	159,06
3906,83	128,61	3992,50	138,81	4078,16	149,00	4163,83	159,20
3908,16	128,77	3993,83	138,97	4079,50	149,16	4165,16	159,36
3909,33	128,91	3995,00	139,11	4080,66	149,30	4166,33	159,49
3910,66	129,07	3996,33	139,26	4082,00	149,46	4167,66	159,65
3911,83	129,21	3997,50	139,40	4083,16	149,60	4168,83	159,79
3913,16	129,37	3998,83	139,56	4084,50	149,76	4170,16	159,95

Steuerklasse III		Steuerklasse III		Steuerklasse III		Steuerklasse III	
Maßstabs-lohnsteuer €	Solidari-tätszu-schlag €	Maßstabs-lohnsteuer €	Solidari-tätszu-schlag €	Maßstabs-lohnsteuer €	Solidari-tätszu-schlag €	Maßstabs-lohnsteuer €	Solidari-tätszu-schlag €
4171,50	160,11	4257,16	170,30	4342,83	180,50	4428,50	190,69
4172,66	160,25	4258,33	170,44	4344,00	180,64	4429,66	190,83
4174,00	160,41	4259,66	170,60	4345,33	180,80	4431,00	190,99
4175,16	160,55	4260,83	170,74	4346,50	180,93	4432,33	191,15
4176,50	160,70	4262,16	170,90	4347,83	181,09	4433,50	191,29
4177,66	160,84	4263,33	171,04	4349,16	181,25	4434,83	191,45
4179,00	161,00	4264,66	171,20	4350,33	181,39	4436,00	191,59
4180,33	161,16	4266,00	171,36	4351,66	181,55	4437,33	191,74
4181,50	161,30	4267,16	171,49	4352,83	181,69	4438,50	191,88
4182,83	161,46	4268,50	171,65	4354,16	181,85	4439,83	192,04
4184,00	161,60	4269,66	171,79	4355,33	181,99	4441,00	192,18
4185,33	161,76	4271,00	171,95	4356,66	182,14	4442,33	192,34
4186,50	161,89	4272,16	172,09	4357,83	182,28	4443,66	192,50
4187,83	162,05	4273,50	172,25	4359,16	182,44	4444,83	192,64
4189,00	162,19	4274,83	172,41	4360,50	182,60	4446,16	192,79
4190,33	162,35	4276,00	172,55	4361,66	182,74	4447,33	192,93
4191,66	162,51	4277,33	172,70	4363,00	182,90	4448,66	193,09
4192,83	162,65	4278,50	172,84	4364,16	183,04	4449,83	193,23
4194,16	162,81	4279,83	173,00	4365,50	183,20	4451,16	193,39
4195,33	162,95	4281,00	173,14	4366,66	183,33	4452,33	193,53
4196,66	163,10	4282,33	173,30	4368,00	183,49	4453,66	193,69
4197,83	163,24	4283,50	173,44	4369,33	183,65	4455,00	193,85
4199,16	163,40	4284,83	173,60	4370,50	183,79	4456,16	193,98
4200,33	163,54	4286,16	173,75	4371,83	183,95	4457,50	194,14
4201,66	163,70	4287,33	173,89	4373,00	184,09	4458,66	194,28
4203,00	163,86	4288,66	174,05	4374,33	184,25	4460,00	194,44
4204,16	164,00	4289,83	174,19	4375,50	184,39	4461,16	194,58
4205,50	164,16	4291,16	174,35	4376,83	184,54	4462,50	194,74
4206,66	164,29	4292,33	174,49	4378,00	184,68	4463,83	194,90
4208,00	164,45	4293,66	174,65	4379,33	184,84	4465,00	195,04
4209,16	164,59	4294,83	174,79	4380,66	185,00	4466,33	195,19
4210,50	164,75	4296,16	174,94	4381,83	185,14	4467,50	195,33
4211,83	164,91	4297,50	175,10	4383,16	185,30	4468,83	195,49
4213,00	165,05	4298,66	175,24	4384,33	185,44	4470,00	195,63
4214,33	165,21	4300,00	175,40	4385,66	185,60	4471,33	195,79
4215,50	165,35	4301,16	175,54	4386,83	185,73	4472,50	195,93
4216,83	165,50	4302,50	175,70	4388,16	185,89	4473,83	196,09
4218,00	165,64	4303,66	175,84	4389,33	186,03	4475,16	196,25
4219,33	165,80	4305,00	176,00	4390,66	186,19	4476,33	196,38
4220,50	165,94	4306,33	176,15	4392,00	186,35	4477,66	196,54
4221,83	166,10	4307,50	176,29	4393,16	186,49	4478,83	196,68
4223,16	166,26	4308,83	176,45	4394,50	186,65	4480,16	196,84
4224,33	166,40	4310,00	176,59	4395,66	186,79	4481,33	196,98
4225,66	166,56	4311,33	176,75	4397,00	186,94	4482,66	197,14
4226,83	166,69	4312,50	176,89	4398,16	187,08	4483,83	197,28
4228,16	166,85	4313,83	177,05	4399,50	187,24	4485,16	197,44
4229,33	166,99	4315,00	177,19	4400,83	187,40	4486,50	197,59
4230,66	167,15	4316,33	177,34	4402,00	187,54	4487,66	197,73
4231,83	167,29	4317,66	177,50	4403,33	187,70	4489,00	197,89
4233,16	167,45	4318,83	177,64	4404,50	187,84	4490,16	198,03
4234,50	167,61	4320,16	177,80	4405,83	188,00	4491,50	198,19
4235,66	167,75	4321,33	177,94	4407,00	188,13	4492,66	198,33
4237,00	167,90	4322,66	178,10	4408,33	188,29	4494,00	198,49
4238,16	168,04	4323,83	178,24	4409,50	188,43	4495,33	198,65
4239,50	168,20	4325,16	178,40	4410,83	188,59	4496,50	198,78
4240,66	168,34	4326,33	178,53	4412,16	188,75	4497,83	198,94
4242,00	168,50	4327,66	178,69	4413,33	188,89	4499,00	199,08
4243,33	168,66	4329,00	178,85	4414,66	189,05	4500,33	199,24
4244,50	168,80	4330,16	178,99	4415,83	189,19	4501,50	199,38
4245,83	168,96	4331,50	179,15	4417,16	189,34	4502,83	199,54
4247,00	169,09	4332,66	179,29	4418,33	189,48	4504,00	199,68
4248,33	169,25	4334,00	179,45	4419,66	189,64	4505,33	199,84
4249,50	169,39	4335,16	179,59	4420,83	189,78	4506,66	199,99
4250,83	169,55	4336,50	179,74	4422,16	189,94	4507,83	200,13
4252,00	169,69	4337,83	179,90	4423,50	190,10	4509,16	200,29
4253,33	169,85	4339,00	180,04	4424,66	190,24	4510,33	200,43
4254,66	170,01	4340,33	180,20	4426,00	190,40	4511,66	200,59
4255,83	170,15	4341,50	180,34	4427,16	190,53	4512,83	200,73

Steuerklasse III		Steuerklasse III		Steuerklasse III		Steuerklasse III	
Maßstabs-lohnsteuer €	Solidari-tätszu-schlag €	Maßstabs-lohnsteuer €	Solidari-tätszu-schlag €	Maßstabs-lohnsteuer €	Solidari-tätszu-schlag €	Maßstabs-lohnsteuer €	Solidari-tätszu-schlag €
4514,16	200,89	4599,83	211,08	4685,50	221,28	4771,16	231,47
4515,33	201,03	4601,16	211,24	4686,83	221,43	4772,50	231,63
4516,66	201,18	4602,33	211,38	4688,00	221,57	4773,66	231,77
4518,00	201,34	4603,66	211,54	4689,33	221,73	4775,00	231,93
4519,16	201,48	4604,83	211,68	4690,50	221,87	4776,16	232,06
4520,50	201,64	4606,16	211,83	4691,83	222,03	4777,50	232,22
4521,66	201,78	4607,33	211,97	4693,00	222,17	4778,83	232,38
4523,00	201,94	4608,66	212,13	4694,33	222,33	4780,00	232,52
4524,16	202,08	4609,83	212,27	4695,66	222,49	4781,33	232,68
4525,50	202,24	4611,16	212,43	4696,83	222,62	4782,50	232,82
4526,83	202,39	4612,50	212,59	4698,16	222,78	4783,83	232,98
4528,00	202,53	4613,66	212,73	4699,33	222,92	4785,00	233,12
4529,33	202,69	4615,00	212,89	4700,66	223,08	4786,33	233,27
4530,50	202,83	4616,16	213,02	4701,83	223,22	4787,50	233,41
4531,83	202,99	4617,50	213,18	4703,16	223,38	4788,83	233,57
4533,00	203,13	4618,66	213,32	4704,33	223,52	4790,16	233,73
4534,33	203,29	4620,00	213,48	4705,66	223,68	4791,33	233,87
4535,50	203,43	4621,33	213,64	4707,00	223,83	4792,66	234,03
4536,83	203,58	4622,50	213,78	4708,16	223,97	4793,83	234,17
4538,16	203,74	4623,83	213,94	4709,50	224,13	4795,16	234,33
4539,33	203,88	4625,00	214,08	4710,66	224,27	4796,33	234,46
4540,66	204,04	4626,33	214,23	4712,00	224,43	4797,66	234,62
4541,83	204,18	4627,50	214,37	4713,16	224,57	4798,83	234,76
4543,16	204,34	4628,83	214,53	4714,50	224,73	4800,16	234,92
4544,33	204,48	4630,00	214,67	4715,83	224,89	4801,50	235,08
4545,66	204,64	4631,33	214,83	4717,00	225,02	4802,66	235,22
4546,83	204,77	4632,66	214,99	4718,33	225,18	4804,00	235,38
4548,16	204,93	4633,83	215,13	4719,50	225,32	4805,16	235,52
4549,50	205,09	4635,16	215,29	4720,83	225,48	4806,50	235,67
4550,66	205,23	4636,33	215,42	4722,00	225,62	4807,66	235,81
4552,00	205,39	4637,66	215,58	4723,33	225,78	4809,00	235,97
4553,16	205,53	4638,83	215,72	4724,50	225,92	4810,33	236,13
4554,50	205,69	4640,16	215,88	4725,83	226,08	4811,50	236,27
4555,66	205,83	4641,33	216,02	4727,16	226,23	4812,83	236,43
4557,00	205,98	4642,66	216,18	4728,33	226,37	4814,00	236,57
4558,33	206,14	4644,00	216,34	4729,66	226,53	4815,33	236,73
4559,50	206,28	4645,16	216,48	4730,83	226,67	4816,50	236,86
4560,83	206,44	4646,50	216,63	4732,16	226,83	4817,83	237,02
4562,00	206,58	4647,66	216,77	4733,33	226,97	4819,00	237,16
4563,33	206,74	4649,00	216,93	4734,66	227,13	4820,33	237,32
4564,50	206,88	4650,16	217,07	4735,83	227,27	4821,66	237,48
4565,83	207,04	4651,50	217,23	4737,16	227,42	4822,83	237,62
4567,00	207,17	4652,83	217,39	4738,50	227,58	4824,16	237,78
4568,33	207,33	4654,00	217,53	4739,66	227,72	4825,33	237,92
4569,66	207,49	4655,33	217,69	4741,00	227,88	4826,66	238,07
4570,83	207,63	4656,50	217,82	4742,16	228,02	4827,83	238,21
4572,16	207,79	4657,83	217,98	4743,50	228,18	4829,16	238,37
4573,33	207,93	4659,00	218,12	4744,66	228,32	4830,33	238,51
4574,66	208,09	4660,33	218,28	4746,00	228,48	4831,66	238,67
4575,83	208,23	4661,50	218,42	4747,33	228,63	4833,00	238,83
4577,16	208,38	4662,83	218,58	4748,50	228,77	4834,16	238,97
4578,33	208,52	4664,16	218,74	4749,83	228,93	4835,50	239,13
4579,66	208,68	4665,33	218,88	4751,00	229,07	4836,66	239,26
4581,00	208,84	4666,66	219,03	4752,33	229,23	4838,00	239,42
4582,16	208,98	4667,83	219,17	4753,50	229,37	4839,16	239,56
4583,50	209,14	4669,16	219,33	4754,83	229,53	4840,50	239,72
4584,66	209,28	4670,33	219,47	4756,00	229,67	4841,83	239,88
4586,00	209,44	4671,66	219,63	4757,33	229,82	4843,00	240,02
4587,16	209,57	4672,83	219,77	4758,66	229,98	4844,33	240,18
4588,50	209,73	4674,16	219,93	4759,83	230,12	4845,50	240,32
4589,83	209,89	4675,50	220,09	4761,16	230,28	4846,83	240,47
4591,00	210,03	4676,66	220,22	4762,33	230,42	4848,00	240,61
4592,33	210,19	4678,00	220,38	4763,66	230,58	4849,33	240,77
4593,50	210,33	4679,16	220,52	4764,83	230,72	4850,50	240,91
4594,83	210,49	4680,50	220,68	4766,16	230,87	4851,83	241,07
4596,00	210,63	4681,66	220,82	4767,33	231,01	4853,16	241,23
4597,33	210,78	4683,00	220,98	4768,66	231,17	4854,33	241,37
4598,50	210,92	4684,33	221,14	4770,00	231,33	4855,66	241,53

Steuerklasse III		Steuerklasse III		Steuerklasse III		Steuerklasse III	
Maßstabs-lohnsteuer €	Solidari-tätszu-schlag €	Maßstabs-lohnsteuer €	Solidari-tätszu-schlag €	Maßstabs-lohnsteuer €	Solidari-tätszu-schlag €	Maßstabs-lohnsteuer €	Solidari-tätszu-schlag €
4856,83	241,66	4942,50	251,86	5028,16	262,05	5113,83	272,25
4858,16	241,82	4943,83	252,02	5029,50	262,21	5115,16	272,41
4859,33	241,96	4945,00	252,16	5030,83	262,37	5116,50	272,56
4860,66	242,12	4946,33	252,31	5032,00	262,51	5117,66	272,70
4861,83	242,26	4947,66	252,47	5033,33	262,67	5119,00	272,86
4863,16	242,42	4948,83	252,61	5034,50	262,81	5120,16	273,00
4864,50	242,58	4950,16	252,77	5035,83	262,97	5121,50	273,16
4865,66	242,72	4951,33	252,91	5037,00	263,10	5122,66	273,30
4867,00	242,87	4952,66	253,07	5038,33	263,26	5124,00	273,46
4868,16	243,01	4953,83	253,21	5039,50	263,40	5125,33	273,62
4869,50	243,17	4955,16	253,37	5040,83	263,56	5126,50	273,75
4870,66	243,31	4956,33	253,50	5042,16	263,72	5127,83	273,91
4872,00	243,47	4957,66	253,66	5043,33	263,86	5129,00	274,05
4873,33	243,63	4959,00	253,82	5044,66	264,02	5130,33	274,21
4874,50	243,77	4960,16	253,96	5045,83	264,16	5131,50	274,35
4875,83	243,93	4961,50	254,12	5047,16	264,31	5132,83	274,51
4877,00	244,06	4962,66	254,26	5048,33	264,45	5134,00	274,65
4878,33	244,22	4964,00	254,42	5049,66	264,61	5135,33	274,81
4879,50	244,36	4965,16	254,56	5050,83	264,75	5136,66	274,96
4880,83	244,52	4966,50	254,71	5052,16	264,91	5137,83	275,10
4882,00	244,66	4967,83	254,87	5053,50	265,07	5139,16	275,26
4883,33	244,82	4969,00	255,01	5054,66	265,21	5140,33	275,40
4884,66	244,98	4970,33	255,17	5056,00	265,37	5141,66	275,56
4885,83	245,12	4971,50	255,31	5057,16	265,50	5142,83	275,70
4887,16	245,27	4972,83	255,47	5058,50	265,66	5144,16	275,86
4888,33	245,41	4974,00	255,61	5059,66	265,80	5145,33	276,00
4889,66	245,57	4975,33	255,77	5061,00	265,96	5146,66	276,15
4890,83	245,71	4976,50	255,90	5062,33	266,12	5148,00	276,31
4892,16	245,87	4977,83	256,06	5063,50	266,26	5149,16	276,45
4893,33	246,01	4979,16	256,22	5064,83	266,42	5150,50	276,61
4894,66	246,17	4980,33	256,36	5066,00	266,56	5151,66	276,75
4896,00	246,33	4981,66	256,52	5067,33	266,71	5153,00	276,91
4897,16	246,46	4982,83	256,66	5068,50	266,85	5154,16	277,05
4898,50	246,62	4984,16	256,82	5069,83	267,01	5155,50	277,21
4899,66	246,76	4985,33	256,96	5071,00	267,15	5156,83	277,36
4901,00	246,92	4986,66	257,11	5072,33	267,31	5158,00	277,50
4902,16	247,06	4987,83	257,25	5073,66	267,47	5159,33	277,66
4903,50	247,22	4989,16	257,41	5074,83	267,61	5160,50	277,80
4904,83	247,38	4990,50	257,57	5076,16	267,76	5161,83	277,96
4906,00	247,52	4991,66	257,71	5077,33	267,90	5163,00	278,10
4907,33	247,67	4993,00	257,87	5078,66	268,06	5164,33	278,26
4908,50	247,81	4994,16	258,01	5079,83	268,20	5165,50	278,40
4909,83	247,97	4995,50	258,17	5081,16	268,36	5166,83	278,55
4911,00	248,11	4996,66	258,30	5082,33	268,50	5168,16	278,71
4912,33	248,27	4998,00	258,46	5083,66	268,66	5169,33	278,85
4913,50	248,41	4999,33	258,62	5085,00	268,82	5170,66	279,01
4914,83	248,57	5000,50	258,76	5086,16	268,95	5171,83	279,15
4916,16	248,72	5001,83	258,92	5087,50	269,11	5173,16	279,31
4917,33	248,86	5003,00	259,06	5088,66	269,25	5174,33	279,45
4918,66	249,02	5004,33	259,22	5090,00	269,41	5175,66	279,61
4919,83	249,16	5005,50	259,36	5091,16	269,55	5176,83	279,74
4921,16	249,32	5006,83	259,51	5092,50	269,71	5178,16	279,90
4922,33	249,46	5008,00	259,65	5093,83	269,87	5179,50	280,06
4923,66	249,62	5009,33	259,81	5095,00	270,01	5180,66	280,20
4924,83	249,76	5010,66	259,97	5096,33	270,16	5182,00	280,36
4926,16	249,91	5011,83	260,11	5097,50	270,30	5183,16	280,50
4927,50	250,07	5013,16	260,27	5098,83	270,46	5184,50	280,66
4928,66	250,21	5014,33	260,41	5100,00	270,60	5185,66	280,80
4930,00	250,37	5015,66	260,57	5101,33	270,76	5187,00	280,95
4931,16	250,51	5016,83	260,70	5102,50	270,90	5188,33	281,11
4932,50	250,67	5018,16	260,86	5103,83	271,06	5189,50	281,25
4933,66	250,81	5019,33	261,00	5105,16	271,22	5190,83	281,41
4935,00	250,97	5020,66	261,16	5106,33	271,35	5192,00	281,55
4936,33	251,12	5022,00	261,32	5107,66	271,51	5193,33	281,71
4937,50	251,26	5023,16	261,46	5108,83	271,65	5194,50	281,85
4938,83	251,42	5024,50	261,62	5110,16	271,81	5195,83	282,01
4940,00	251,56	5025,66	261,76	5111,33	271,95	5197,00	282,14
4941,33	251,72	5027,00	261,91	5112,66	272,11	5198,33	282,30

Steuerklasse III		Steuerklasse III		Steuerklasse III		Steuerklasse III	
Maßstabs-lohnsteuer €	Solidari-tätszu-schlag €	Maßstabs-lohnsteuer €	Solidari-tätszu-schlag €	Maßstabs-lohnsteuer €	Solidari-tätszu-schlag €	Maßstabs-lohnsteuer €	Solidari-tätszu-schlag €
5199,66	282,46	5214,66	284,25	5229,83	286,05	5245,00	287,86
5200,83	282,60	5216,00	284,41	5231,16	286,21	5246,16	287,99
5202,16	282,76	5217,16	284,54	5232,33	286,35	5247,50	288,15
5203,33	282,90	5218,50	284,70	5233,66	286,51	5248,66	288,29
5204,66	283,06	5219,83	284,86	5234,83	286,65	5250,00	288,45
5205,83	283,20	5221,00	285,00	5236,16	286,80	5251,33	288,61
5207,16	283,35	5222,33	285,16	5237,33	286,94	5252,50	288,75
5208,33	283,49	5223,50	285,30	5238,66	287,10	5253,83	288,91
5209,66	283,65	5224,83	285,46	5239,83	287,24	5255,00	289,02
5211,00	283,81	5226,00	285,60	5241,16	287,40		
5212,16	283,95	5227,33	285,75	5242,50	287,56		
5213,50	284,11	5228,50	285,89	5243,66	287,70		

Steuerklassen I, II, IV, V, VI		Steuerklassen I, II, IV, V, VI		Steuerklassen I, II, IV, V, VI		Steuerklassen I, II, IV, V, VI	
Maßstabs-lohnsteuer €	Solidari-tätszu-schlag €	Maßstabs-lohnsteuer €	Solidari-tätszu-schlag €	Maßstabs-lohnsteuer €	Solidari-tätszu-schlag €	Maßstabs-lohnsteuer €	Solidari-tätszu-schlag €
1412,91	0,00	1471,00	6,90	1529,08	13,81	1587,16	20,72
1414,08	0,12	1472,16	7,04	1530,16	13,94	1588,33	20,86
1415,25	0,26	1473,25	7,16	1531,41	14,09	1589,41	20,99
1416,41	0,40	1474,41	7,30	1532,58	14,23	1590,58	21,13
1417,50	0,53	1475,66	7,45	1533,66	14,35	1591,75	21,27
1418,66	0,67	1476,75	7,58	1534,83	14,49	1592,91	21,41
1419,91	0,82	1477,91	7,72	1536,00	14,63	1594,08	21,54
1421,00	0,95	1479,08	7,86	1537,16	14,77	1595,25	21,68
1422,16	1,09	1480,25	8,00	1538,33	14,91	1596,41	21,82
1423,33	1,22	1481,41	8,14	1539,50	15,05	1597,58	21,96
1424,50	1,36	1482,58	8,28	1540,66	15,19	1598,75	22,10
1425,66	1,50	1483,75	8,41	1541,83	15,33	1599,91	22,24
1426,83	1,64	1484,91	8,55	1543,00	15,47	1601,08	22,38
1428,00	1,78	1486,08	8,69	1544,16	15,60	1602,25	22,52
1429,16	1,92	1487,25	8,83	1545,33	15,74	1603,41	22,65
1430,33	2,06	1488,41	8,97	1546,50	15,88	1604,50	22,78
1431,50	2,20	1489,58	9,11	1547,66	16,02	1605,75	22,93
1432,66	2,34	1490,75	9,25	1548,75	16,15	1606,91	23,07
1433,83	2,47	1491,83	9,38	1550,00	16,30	1608,00	23,20
1435,00	2,61	1493,00	9,52	1551,16	16,44	1609,16	23,34
1436,08	2,74	1494,25	9,66	1552,25	16,57	1610,33	23,48
1437,25	2,88	1495,33	9,79	1553,41	16,70	1611,50	23,62
1438,50	3,03	1496,50	9,93	1554,58	16,84	1612,66	23,76
1439,58	3,16	1497,66	10,07	1555,75	16,98	1613,83	23,89
1440,75	3,30	1498,83	10,21	1556,91	17,12	1615,00	24,03
1441,91	3,44	1500,00	10,35	1558,08	17,26	1616,16	24,17
1443,08	3,57	1501,16	10,49	1559,25	17,40	1617,33	24,31
1444,25	3,71	1502,33	10,63	1560,41	17,54	1618,50	24,45
1445,41	3,85	1503,50	10,76	1561,58	17,68	1619,66	24,59
1446,58	3,99	1504,66	10,90	1562,75	17,82	1620,83	24,73
1447,75	4,13	1505,83	11,04	1563,91	17,95	1622,00	24,87
1448,91	4,27	1507,00	11,18	1565,08	18,09	1623,08	24,99
1450,08	4,41	1508,16	11,32	1566,25	18,23	1624,33	25,14
1451,25	4,55	1509,33	11,46	1567,33	18,36	1625,50	25,28
1452,41	4,69	1510,41	11,59	1568,58	18,51	1626,58	25,41
1453,58	4,82	1511,58	11,73	1569,75	18,65	1627,75	25,55
1454,66	4,95	1512,83	11,88	1570,83	18,78	1628,91	25,69
1455,83	5,09	1513,91	12,00	1572,00	18,92	1630,08	25,83
1457,08	5,24	1515,08	12,14	1573,16	19,05	1631,25	25,97
1458,16	5,37	1516,25	12,28	1574,33	19,19	1632,41	26,11
1459,33	5,51	1517,41	12,42	1575,50	19,33	1633,58	26,24
1460,50	5,65	1518,58	12,56	1576,66	19,47	1634,75	26,38
1461,66	5,79	1519,75	12,70	1577,83	19,61	1635,91	26,52
1462,83	5,93	1520,91	12,84	1579,00	19,75	1637,08	26,66
1464,00	6,06	1522,08	12,98	1580,16	19,89	1638,25	26,80
1465,16	6,20	1523,25	13,11	1581,33	20,03	1639,41	26,94
1466,33	6,34	1524,41	13,25	1582,50	20,17	1640,58	27,08
1467,50	6,48	1525,58	13,39	1583,66	20,30	1641,66	27,21
1468,66	6,62	1526,75	13,53	1584,83	20,44	1642,91	27,36
1469,83	6,76	1527,91	13,67	1585,91	20,57	1644,08	27,49

Steuerklassen I, II, IV, V, VI		Steuerklassen I, II, IV, V, VI		Steuerklassen I, II, IV, V, VI		Steuerklassen I, II, IV, V, VI	
Maßstabs-lohnsteuer €	Solidari-tätszu-schlag €	Maßstabs-lohnsteuer €	Solidari-tätszu-schlag €	Maßstabs-lohnsteuer €	Solidari-tätszu-schlag €	Maßstabs-lohnsteuer €	Solidari-tätszu-schlag €
1645,16	27,62	1724,16	37,02	1806,83	46,86	1892,50	57,06
1646,33	27,76	1725,33	37,16	1808,08	47,01	1893,75	57,20
1647,50	27,90	1726,50	37,30	1809,33	47,16	1895,00	57,35
1648,66	28,04	1727,66	37,44	1810,58	47,31	1896,33	57,51
1649,83	28,18	1728,83	37,58	1811,91	47,47	1897,58	57,66
1651,00	28,32	1730,00	37,72	1813,16	47,61	1898,83	57,81
1652,16	28,46	1731,16	37,86	1814,41	47,76	1900,08	57,96
1653,33	28,59	1732,33	38,00	1815,66	47,91	1901,33	58,11
1654,50	28,73	1733,50	38,13	1816,91	48,06	1902,58	58,26
1655,66	28,87	1734,66	38,27	1818,16	48,21	1903,83	58,40
1656,83	29,01	1735,83	38,41	1819,41	48,36	1905,08	58,55
1658,00	29,15	1737,00	38,55	1820,66	48,51	1906,41	58,71
1659,16	29,29	1738,16	38,69	1821,91	48,66	1907,66	58,86
1660,33	29,43	1739,25	38,82	1823,25	48,81	1908,91	59,01
1661,50	29,57	1740,41	38,96	1824,50	48,96	1910,16	59,16
1662,66	29,71	1741,66	39,11	1825,75	49,11	1911,41	59,31
1663,83	29,84	1742,75	39,24	1827,00	49,26	1912,66	59,46
1664,91	29,97	1743,91	39,37	1828,25	49,41	1913,91	59,60
1666,08	30,11	1745,08	39,51	1829,50	49,56	1915,16	59,75
1667,33	30,26	1746,25	39,65	1830,75	49,71	1916,41	59,90
1668,41	30,39	1747,41	39,79	1832,00	49,86	1917,75	60,06
1669,58	30,53	1748,58	39,93	1833,33	50,01	1919,00	60,21
1670,75	30,67	1749,75	40,07	1834,58	50,16	1920,25	60,36
1671,91	30,81	1750,91	40,21	1835,83	50,31	1921,50	60,51
1673,08	30,94	1752,08	40,35	1837,08	50,46	1922,75	60,66
1674,25	31,08	1753,25	40,48	1838,33	50,61	1924,00	60,80
1675,41	31,22	1754,41	40,62	1839,58	50,76	1925,25	60,95
1676,58	31,36	1755,58	40,76	1840,83	50,91	1926,50	61,10
1677,75	31,50	1756,75	40,90	1842,08	51,06	1927,83	61,26
1678,91	31,64	1757,83	41,03	1843,41	51,21	1929,08	61,41
1680,08	31,78	1759,00	41,17	1844,66	51,36	1930,33	61,56
1681,25	31,92	1760,25	41,32	1845,91	51,51	1931,58	61,71
1682,41	32,06	1761,50	41,47	1847,16	51,66	1932,83	61,86
1683,50	32,18	1762,75	41,62	1848,41	51,81	1934,08	62,00
1684,66	32,32	1764,00	41,76	1849,66	51,96	1935,33	62,15
1685,91	32,47	1765,25	41,91	1850,91	52,11	1936,58	62,30
1687,00	32,60	1766,50	42,06	1852,16	52,26	1937,91	62,46
1688,16	32,74	1767,75	42,21	1853,41	52,40	1939,16	62,61
1689,33	32,88	1769,00	42,36	1854,75	52,56	1940,41	62,76
1690,50	33,02	1770,33	42,52	1856,00	52,71	1941,66	62,91
1691,66	33,16	1771,58	42,67	1857,25	52,86	1942,91	63,06
1692,83	33,30	1772,83	42,82	1858,50	53,01	1944,16	63,20
1694,00	33,43	1774,08	42,96	1859,75	53,16	1945,41	63,35
1695,16	33,57	1775,33	43,11	1861,00	53,31	1946,66	63,50
1696,33	33,71	1776,58	43,26	1862,25	53,46	1947,91	63,65
1697,50	33,85	1777,83	43,41	1863,50	53,60	1949,25	63,81
1698,66	33,99	1779,08	43,56	1864,83	53,76	1950,50	63,96
1699,83	34,13	1780,41	43,72	1866,08	53,91	1951,75	64,11
1701,00	34,27	1781,66	43,87	1867,33	54,06	1953,00	64,26
1702,08	34,40	1782,91	44,02	1868,58	54,21	1954,25	64,40
1703,25	34,53	1784,16	44,16	1869,83	54,36	1955,50	64,55
1704,50	34,68	1785,41	44,31	1871,08	54,51	1956,75	64,70
1705,58	34,81	1786,66	44,46	1872,33	54,66	1958,00	64,85
1706,75	34,95	1787,91	44,61	1873,58	54,80	1959,33	65,01
1707,91	35,09	1789,16	44,76	1874,91	54,96	1960,58	65,16
1709,08	35,23	1790,41	44,91	1876,16	55,11	1961,83	65,31
1710,25	35,37	1791,75	45,07	1877,41	55,26	1963,08	65,45
1711,41	35,51	1793,00	45,22	1878,66	55,41	1964,33	65,60
1712,58	35,65	1794,25	45,36	1879,91	55,56	1965,58	65,75
1713,75	35,78	1795,50	45,51	1881,16	55,71	1966,83	65,90
1714,91	35,92	1796,75	45,66	1882,41	55,86	1968,08	66,05
1716,08	36,06	1798,00	45,81	1883,66	56,00	1969,41	66,21
1717,25	36,20	1799,25	45,96	1884,91	56,15	1970,66	66,36
1718,41	36,34	1800,50	46,11	1886,25	56,31	1971,91	66,51
1719,58	36,48	1801,83	46,27	1887,50	56,46	1973,16	66,65
1720,66	36,61	1803,08	46,41	1888,75	56,61	1974,41	66,80
1721,83	36,75	1804,33	46,56	1890,00	56,76	1975,66	66,95
1723,08	36,89	1805,58	46,71	1891,25	56,91	1976,91	67,10

Steuerklassen I, II, IV, V, VI		Steuerklassen I, II, IV, V, VI		Steuerklassen I, II, IV, V, VI		Steuerklassen I, II, IV, V, VI	
Maßstabs-lohnsteuer €	Solidari-tätszu-schlag €	Maßstabs-lohnsteuer €	Solidari-tätszu-schlag €	Maßstabs-lohnsteuer €	Solidari-tätszu-schlag €	Maßstabs-lohnsteuer €	Solidari-tätszu-schlag €
1978,16	67,25	2063,91	77,45	2149,58	87,65	2235,25	97,84
1979,41	67,40	2065,16	77,60	2150,83	87,80	2236,50	97,99
1980,75	67,56	2066,41	77,75	2152,08	87,95	2237,75	98,14
1982,00	67,71	2067,66	77,90	2153,33	88,09	2239,00	98,29
1983,25	67,85	2068,91	78,05	2154,58	88,24	2240,25	98,44
1984,50	68,00	2070,16	78,20	2155,83	88,39	2241,50	98,59
1985,75	68,15	2071,41	78,35	2157,08	88,54	2242,83	98,75
1987,00	68,30	2072,66	78,50	2158,41	88,70	2244,08	98,89
1988,25	68,45	2073,91	78,64	2159,66	88,85	2245,33	99,04
1989,50	68,60	2075,25	78,80	2160,91	89,00	2246,58	99,19
1990,83	68,76	2076,50	78,95	2162,16	89,15	2247,83	99,34
1992,08	68,91	2077,75	79,10	2163,41	89,29	2249,08	99,49
1993,33	69,05	2079,00	79,25	2164,66	89,44	2250,33	99,64
1994,58	69,20	2080,25	79,40	2165,91	89,59	2251,58	99,79
1995,83	69,35	2081,50	79,55	2167,16	89,74	2252,91	99,95
1997,08	69,50	2082,75	79,70	2168,41	89,89	2254,16	100,09
1998,33	69,65	2084,00	79,84	2169,75	90,05	2255,41	100,24
1999,58	69,80	2085,33	80,00	2171,00	90,20	2256,66	100,39
2000,91	69,96	2086,58	80,15	2172,25	90,35	2257,91	100,54
2002,16	70,11	2087,83	80,30	2173,50	90,49	2259,16	100,69
2003,41	70,25	2089,08	80,45	2174,75	90,64	2260,41	100,84
2004,66	70,40	2090,33	80,60	2176,00	90,79	2261,66	100,99
2005,91	70,55	2091,58	80,75	2177,25	90,94	2262,91	101,14
2007,16	70,70	2092,83	80,90	2178,50	91,09	2264,25	101,29
2008,41	70,85	2094,08	81,04	2179,83	91,25	2265,50	101,44
2009,66	71,00	2095,41	81,20	2181,08	91,40	2266,75	101,59
2010,91	71,15	2096,66	81,35	2182,33	91,55	2268,00	101,74
2012,25	71,31	2097,91	81,50	2183,58	91,69	2269,25	101,89
2013,50	71,45	2099,16	81,65	2184,83	91,84	2270,50	102,04
2014,75	71,60	2100,41	81,80	2186,08	91,99	2271,75	102,19
2016,00	71,75	2101,66	81,95	2187,33	92,14	2273,00	102,34
2017,25	71,90	2102,91	82,10	2188,58	92,29	2274,33	102,49
2018,50	72,05	2104,16	82,24	2189,91	92,45	2275,58	102,64
2019,75	72,20	2105,41	82,39	2191,16	92,60	2276,83	102,79
2021,00	72,35	2106,75	82,55	2192,41	92,75	2278,08	102,94
2022,33	72,51	2108,00	82,70	2193,66	92,89	2279,33	103,09
2023,58	72,65	2109,25	82,85	2194,91	93,04	2280,58	103,24
2024,83	72,80	2110,50	83,00	2196,16	93,19	2281,83	103,39
2026,08	72,95	2111,75	83,15	2197,41	93,34	2283,08	103,53
2027,33	73,10	2113,00	83,30	2198,66	93,49	2284,41	103,69
2028,58	73,25	2114,25	83,44	2199,91	93,64	2285,66	103,84
2029,83	73,40	2115,50	83,59	2201,25	93,80	2286,91	103,99
2031,08	73,55	2116,83	83,75	2202,50	93,95	2288,16	104,14
2032,41	73,71	2118,08	83,90	2203,75	94,09	2289,41	104,29
2033,66	73,85	2119,33	84,05	2205,00	94,24	2290,66	104,44
2034,91	74,00	2120,58	84,20	2206,25	94,39	2291,91	104,59
2036,16	74,15	2121,83	84,35	2207,50	94,54	2293,16	104,73
2037,41	74,30	2123,08	84,49	2208,75	94,69	2294,41	104,88
2038,66	74,45	2124,33	84,64	2210,00	94,84	2295,75	105,04
2039,91	74,60	2125,58	84,79	2211,33	95,00	2297,00	105,19
2041,16	74,75	2126,91	84,95	2212,58	95,15	2298,25	105,34
2042,41	74,90	2128,16	85,10	2213,83	95,29	2299,50	105,49
2043,75	75,05	2129,41	85,25	2215,08	95,44	2300,75	105,64
2045,00	75,20	2130,66	85,40	2216,33	95,59	2302,00	105,79
2046,25	75,35	2131,91	85,55	2217,58	95,74	2303,25	105,93
2047,50	75,50	2133,16	85,69	2218,83	95,89	2304,50	106,08
2048,75	75,65	2134,41	85,84	2220,08	96,04	2305,83	106,24
2050,00	75,80	2135,66	85,99	2221,41	96,20	2307,08	106,39
2051,25	75,95	2136,91	86,14	2222,66	96,35	2308,33	106,54
2052,50	76,10	2138,25	86,30	2223,91	96,49	2309,58	106,69
2053,83	76,25	2139,50	86,45	2225,16	96,64	2310,83	106,84
2055,08	76,40	2140,75	86,60	2226,41	96,79	2312,08	106,99
2056,33	76,55	2142,00	86,75	2227,66	96,94	2313,33	107,13
2057,58	76,70	2143,25	86,89	2228,91	97,09	2314,58	107,28
2058,83	76,85	2144,50	87,04	2230,16	97,24	2315,91	107,44
2060,08	77,00	2145,75	87,19	2231,41	97,39	2317,16	107,59
2061,33	77,15	2147,00	87,34	2232,75	97,55	2318,41	107,74
2062,58	77,30	2148,33	87,50	2234,00	97,69	2319,66	107,89

Steuerklassen I, II, IV, V, VI		Steuerklassen I, II, IV, V, VI		Steuerklassen I, II, IV, V, VI		Steuerklassen I, II, IV, V, VI	
Maßstabs-lohnsteuer €	Solidari-tätszu-schlag €	Maßstabs-lohnsteuer €	Solidari-tätszu-schlag €	Maßstabs-lohnsteuer €	Solidari-tätszu-schlag €	Maßstabs-lohnsteuer €	Solidari-tätszu-schlag €
2320,91	108,04	2406,58	118,23	2492,25	128,43	2577,91	138,62
2322,16	108,19	2407,83	118,38	2493,50	128,57	2579,25	138,78
2323,41	108,33	2409,08	118,53	2494,83	128,73	2580,50	138,93
2324,66	108,48	2410,41	118,69	2496,08	128,88	2581,75	139,08
2325,91	108,63	2411,66	118,84	2497,33	129,03	2583,00	139,23
2327,25	108,79	2412,91	118,99	2498,58	129,18	2584,25	139,37
2328,50	108,94	2414,16	119,13	2499,83	129,33	2585,50	139,52
2329,75	109,09	2415,41	119,28	2501,08	129,48	2586,75	139,67
2331,00	109,24	2416,66	119,43	2502,33	129,63	2588,00	139,82
2332,25	109,39	2417,91	119,58	2503,58	129,77	2589,33	139,98
2333,50	109,53	2419,16	119,73	2504,91	129,93	2590,58	140,13
2334,75	109,68	2420,41	119,88	2506,16	130,08	2591,83	140,28
2336,00	109,83	2421,75	120,04	2507,41	130,23	2593,08	140,42
2337,33	109,99	2423,00	120,19	2508,66	130,38	2594,33	140,57
2338,58	110,14	2424,25	120,33	2509,91	130,53	2595,58	140,72
2339,83	110,29	2425,50	120,48	2511,16	130,68	2596,83	140,87
2341,08	110,44	2426,75	120,63	2512,41	130,83	2598,08	141,02
2342,33	110,59	2428,00	120,78	2513,66	130,97	2599,41	141,18
2343,58	110,73	2429,25	120,93	2514,91	131,12	2600,66	141,33
2344,83	110,88	2430,50	121,08	2516,25	131,28	2601,91	141,48
2346,08	111,03	2431,83	121,24	2517,50	131,43	2603,16	141,62
2347,41	111,19	2433,08	121,38	2518,75	131,58	2604,41	141,77
2348,66	111,34	2434,33	121,53	2520,00	131,73	2605,66	141,92
2349,91	111,49	2435,58	121,68	2521,25	131,88	2606,91	142,07
2351,16	111,64	2436,83	121,83	2522,50	132,03	2608,16	142,22
2352,41	111,79	2438,08	121,98	2523,75	132,17	2609,41	142,37
2353,66	111,93	2439,33	122,13	2525,00	132,32	2610,75	142,53
2354,91	112,08	2440,58	122,28	2526,33	132,48	2612,00	142,68
2356,16	112,23	2441,91	122,44	2527,58	132,63	2613,25	142,82
2357,41	112,38	2443,16	122,58	2528,83	132,78	2614,50	142,97
2358,75	112,54	2444,41	122,73	2530,08	132,93	2615,75	143,12
2360,00	112,69	2445,66	122,88	2531,33	133,08	2617,00	143,27
2361,25	112,84	2446,91	123,03	2532,58	133,23	2618,25	143,42
2362,50	112,99	2448,16	123,18	2533,83	133,37	2619,50	143,57
2363,75	113,13	2449,41	123,33	2535,08	133,52	2620,83	143,73
2365,00	113,28	2450,66	123,48	2536,41	133,68	2622,08	143,88
2366,25	113,43	2451,91	123,63	2537,66	133,83	2623,33	144,02
2367,50	113,58	2453,25	123,78	2538,91	133,98	2624,58	144,17
2368,83	113,74	2454,50	123,93	2540,16	134,13	2625,83	144,32
2370,08	113,89	2455,75	124,08	2541,41	134,28	2627,08	144,47
2371,33	114,04	2457,00	124,23	2542,66	134,43	2628,33	144,55
2372,58	114,19	2458,25	124,38	2543,91	134,57		
2373,83	114,33	2459,50	124,53	2545,16	134,72		
2375,08	114,48	2460,75	124,68	2546,41	134,87		
2376,33	114,63	2462,00	124,83	2547,75	135,03		
2377,58	114,78	2463,33	124,98	2549,00	135,18		
2378,91	114,94	2464,58	125,13	2550,25	135,33		
2380,16	115,09	2465,83	125,28	2551,50	135,48		
2381,41	115,24	2467,08	125,43	2552,75	135,63		
2382,66	115,39	2468,33	125,58	2554,00	135,77		
2383,91	115,53	2469,58	125,73	2555,25	135,92		
2385,16	115,68	2470,83	125,88	2556,50	136,07		
2386,41	115,83	2472,08	126,03	2557,83	136,23		
2387,66	115,98	2473,41	126,18	2559,08	136,38		
2388,91	116,13	2474,66	126,33	2560,33	136,53		
2390,25	116,29	2475,91	126,48	2561,58	136,68		
2391,50	116,44	2477,16	126,63	2562,83	136,83		
2392,75	116,59	2478,41	126,78	2564,08	136,97		
2394,00	116,73	2479,66	126,93	2565,33	137,12		
2395,25	116,88	2480,91	127,08	2566,58	137,27		
2396,50	117,03	2482,16	127,23	2567,91	137,43		
2397,75	117,18	2483,41	127,37	2569,16	137,58		
2399,00	117,33	2484,75	127,53	2570,41	137,73		
2400,33	117,49	2486,00	127,68	2571,66	137,88		
2401,58	117,64	2487,25	127,83	2572,91	138,03		
2402,83	117,79	2488,50	127,98	2574,16	138,17		
2404,08	117,93	2489,75	128,13	2575,41	138,32		
2405,33	118,08	2491,00	128,28	2576,66	138,47		

Lohn/ Gehalt in € bis	Steuerklasse	**Lohn-steuer***	BVSP**	TAGZ***
2,99	I,IV		0,33	0,25
	II		0,33	0,25
	III		0,33	0,25
	V		0,33	0,25
	VI	**0,25**	0,33	0,25
5,99	I,IV		0,66	0,50
	II		0,66	0,50
	III		0,66	0,50
	V		0,66	0,50
	VI	**0,58**	0,66	0,50
8,99	I,IV		1,00	0,75
	II		1,00	0,75
	III		1,00	0,75
	V		1,00	0,75
	VI	**0,91**	1,00	0,75
11,99	I,IV		1,41	1,08
	II		1,41	1,08
	III		1,41	1,08
	V		1,41	1,08
	VI	**1,25**	1,41	1,08
14,99	I,IV		1,75	1,33
	II		1,75	1,33
	III		1,75	1,33
	V		1,75	1,33
	VI	**1,58**	1,75	1,33
17,99	I,IV		2,08	1,58
	II		2,08	1,58
	III		2,08	1,58
	V		2,08	1,58
	VI	**1,91**	2,08	1,58
20,99	I,IV		2,50	1,91
	II		2,50	1,91
	III		2,50	1,91
	V		2,50	1,91
	VI	**2,33**	2,50	1,91
23,99	I,IV		2,83	2,16
	II		2,83	2,16
	III		2,83	2,16
	V		2,83	2,16
	VI	**2,58**	2,83	2,16
26,99	I,IV		3,16	2,41
	II		3,16	2,41
	III		3,16	2,41
	V		3,16	2,41
	VI	**2,91**	3,16	2,41
29,99	I,IV		3,58	2,75
	II		3,58	2,75
	III		3,58	2,75
	V		3,58	2,75
	VI	**3,33**	3,58	2,75
32,99	I,IV		3,91	3,00
	II		3,91	3,00
	III		3,91	3,00
	V		3,91	3,00
	VI	**3,66**	3,91	3,00
35,99	I,IV		4,25	3,25
	II		4,25	3,25
	III		4,25	3,25
	V		4,25	3,25
	VI	**4,00**	4,25	3,25

Lohn/ Gehalt in € bis	Steuerklasse	**Lohn-steuer***	BVSP**	TAGZ***
38,99	I,IV		4,66	3,50
	II		4,66	3,50
	III		4,66	3,50
	V		4,66	3,50
	VI	**4,33**	4,66	3,50
41,99	I,IV		5,00	3,83
	II		5,00	3,83
	III		5,00	3,83
	V		5,00	3,83
	VI	**4,66**	5,00	3,83
44,99	I,IV		5,33	4,08
	II		5,33	4,08
	III		5,33	4,08
	V		5,33	4,08
	VI	**5,00**	5,33	4,08
47,99	I,IV		5,75	4,33
	II		5,75	4,33
	III		5,75	4,33
	V		5,75	4,33
	VI	**5,33**	5,75	4,33
50,99	I,IV		6,08	4,66
	II		6,08	4,66
	III		6,08	4,66
	V		6,08	4,66
	VI	**5,66**	6,08	4,66
53,99	I,IV		6,41	4,91
	II		6,41	4,91
	III		6,41	4,91
	V		6,41	4,91
	VI	**6,00**	6,41	4,91
56,99	I,IV		6,83	5,16
	II		6,83	5,16
	III		6,83	5,16
	V		6,83	5,16
	VI	**6,33**	6,83	5,16
59,99	I,IV		7,16	5,50
	II		7,16	5,50
	III		7,16	5,50
	V		7,16	5,50
	VI	**6,66**	7,16	5,50
62,99	I,IV		7,50	5,75
	II		7,50	5,75
	III		7,50	5,75
	V		7,50	5,75
	VI	**7,00**	7,50	5,75
65,99	I,IV		7,91	6,00
	II		7,91	6,00
	III		7,91	6,00
	V		7,91	6,00
	VI	**7,33**	7,91	6,00
68,99	I,IV		8,25	6,25
	II		8,25	6,25
	III		8,25	6,25
	V		8,25	6,25
	VI	**7,66**	8,25	6,25
71,99	I,IV		8,58	6,58
	II		8,58	6,58
	III		8,58	6,58
	V		8,58	6,58
	VI	**8,00**	8,58	6,58

* Zur LSt-Berechnung für privat versicherte Arbeitnehmer s. Beispiele **Vorbemerkung S. 4f.**
** Basisvorsorgepauschale KV und PV *** Typisierter Arbeitgeberzuschuss

Lohn/ Gehalt in € bis	Steuerklasse	Lohnsteuer*	BVSP**	TAGZ***
74,99	I,IV		8,91	6,83
	II		8,91	6,83
	III		8,91	6,83
	V		8,91	6,83
	VI	**8,33**	8,91	6,83
77,99	I,IV		9,33	7,08
	II		9,33	7,08
	III		9,33	7,08
	V		9,33	7,08
	VI	**8,66**	9,33	7,08
80,99	I,IV		9,66	7,41
	II		9,66	7,41
	III		9,66	7,41
	V		9,66	7,41
	VI	**9,00**	9,66	7,41
83,99	I,IV		10,00	7,66
	II		10,00	7,66
	III		10,00	7,66
	V		10,00	7,66
	VI	**9,33**	10,00	7,66
86,99	I,IV		10,41	7,91
	II		10,41	7,91
	III		10,41	7,91
	V		10,41	7,91
	VI	**9,66**	10,41	7,91
89,99	I,IV		10,75	8,25
	II		10,75	8,25
	III		10,75	8,25
	V		10,75	8,25
	VI	**10,00**	10,75	8,25
92,99	I,IV		11,08	8,50
	II		11,08	8,50
	III		11,08	8,50
	V		11,08	8,50
	VI	**10,33**	11,08	8,50
95,99	I,IV		11,50	8,75
	II		11,50	8,75
	III		11,50	8,75
	V		11,50	8,75
	VI	**10,66**	11,50	8,75
98,99	I,IV		11,83	9,00
	II		11,83	9,00
	III		11,83	9,00
	V		11,83	9,00
	VI	**11,00**	11,83	9,00
101,99	I,IV		12,16	9,33
	II		12,16	9,33
	III		12,16	9,33
	V		12,16	9,33
	VI	**11,33**	12,16	9,33
104,99	I,IV		12,58	9,58
	II		12,58	9,58
	III		12,58	9,58
	V		12,58	9,58
	VI	**11,66**	12,58	9,58
107,99	I,IV		12,91	9,83
	II		12,91	9,83
	III		12,91	9,83
	V		12,91	9,83
	VI	**12,00**	12,91	9,83
110,99	I,IV		13,25	10,16
	II		13,25	10,16
	III		13,25	10,16
	V	**0,25**	13,25	10,16
	VI	**12,33**	13,25	10,16
113,99	I,IV		13,66	10,41
	II		13,66	10,41
	III		13,66	10,41
	V	**0,58**	13,66	10,41
	VI	**12,66**	13,66	10,41
116,99	I,IV		14,00	10,66
	II		14,00	10,66
	III		14,00	10,66
	V	**0,91**	14,00	10,66
	VI	**13,00**	14,00	10,66
119,99	I,IV		14,33	11,00
	II		14,33	11,00
	III		14,33	11,00
	V	**1,25**	14,33	11,00
	VI	**13,33**	14,33	11,00
122,99	I,IV		14,75	11,25
	II		14,75	11,25
	III		14,75	11,25
	V	**1,58**	14,75	11,25
	VI	**13,66**	14,75	11,25
125,99	I,IV		15,08	11,50
	II		15,08	11,50
	III		15,08	11,50
	V	**1,91**	15,08	11,50
	VI	**14,00**	15,08	11,50
128,99	I,IV		15,41	11,83
	II		15,41	11,83
	III		15,41	11,83
	V	**2,25**	15,41	11,83
	VI	**14,33**	15,41	11,83
131,99	I,IV		15,83	12,08
	II		15,83	12,08
	III		15,83	12,08
	V	**2,58**	15,83	12,08
	VI	**14,66**	15,83	12,08
134,99	I,IV		16,16	12,33
	II		16,16	12,33
	III		16,16	12,33
	V	**2,91**	16,16	12,33
	VI	**15,00**	16,16	12,33
137,99	I,IV		16,50	12,58
	II		16,50	12,58
	III		16,50	12,58
	V	**3,25**	16,50	12,58
	VI	**15,33**	16,50	12,58
140,99	I,IV		16,91	12,91
	II		16,91	12,91
	III		16,91	12,91
	V	**3,58**	16,91	12,91
	VI	**15,66**	16,91	12,91
143,99	I,IV		17,25	13,16
	II		17,25	13,16
	III		17,25	13,16
	V	**3,91**	17,25	13,16
	VI	**16,00**	17,25	13,16

* Zur LSt-Berechnung für privat versicherte Arbeitnehmer s. Beispiele **Vorbemerkung S. 4 f.**
** Basisvorsorgepauschale KV und PV *** Typisierter Arbeitgeberzuschuss

Lohn/ Gehalt in € bis	Steuerklasse	Lohn-steuer*	BVSP**	TAGZ***
146,99	I,IV		17,58	13,41
	II		17,58	13,41
	III		17,58	13,41
	V	**4,25**	17,58	13,41
	VI	**16,33**	17,58	13,41
149,99	I,IV		17,91	13,75
	II		17,91	13,75
	III		17,91	13,75
	V	**4,58**	17,91	13,75
	VI	**16,66**	17,91	13,75
152,99	I,IV		18,33	14,00
	II		18,33	14,00
	III		18,33	14,00
	V	**4,91**	18,33	14,00
	VI	**17,00**	18,33	14,00
155,99	I,IV		18,66	14,25
	II		18,66	14,25
	III		18,66	14,25
	V	**5,25**	18,66	14,25
	VI	**17,41**	18,66	14,25
158,99	I,IV		19,00	14,58
	II		19,00	14,58
	III		19,00	14,58
	V	**5,58**	19,00	14,58
	VI	**17,66**	19,00	14,58
161,99	I,IV		19,41	14,83
	II		19,41	14,83
	III		19,41	14,83
	V	**5,91**	19,41	14,83
	VI	**18,08**	19,41	14,83
164,99	I,IV		19,75	15,08
	II		19,75	15,08
	III		19,75	15,08
	V	**6,33**	19,75	15,08
	VI	**18,41**	19,75	15,08
167,99	I,IV		20,08	15,33
	II		20,08	15,33
	III		20,08	15,33
	V	**6,66**	20,08	15,33
	VI	**18,75**	20,08	15,33
170,99	I,IV		20,50	15,66
	II		20,50	15,66
	III		20,50	15,66
	V	**7,00**	20,50	15,66
	VI	**19,08**	20,50	15,66
173,99	I,IV		20,83	15,91
	II		20,83	15,91
	III		20,83	15,91
	V	**7,33**	20,83	15,91
	VI	**19,41**	20,83	15,91
176,99	I,IV		21,16	16,16
	II		21,16	16,16
	III		21,16	16,16
	V	**7,66**	21,16	16,16
	VI	**19,75**	21,16	16,16
179,99	I,IV		21,58	16,50
	II		21,58	16,50
	III		21,58	16,50
	V	**8,00**	21,58	16,50
	VI	**20,08**	21,58	16,50

Lohn/ Gehalt in € bis	Steuerklasse	Lohn-steuer*	BVSP**	TAGZ***
182,99	I,IV		21,91	16,75
	II		21,91	16,75
	III		21,91	16,75
	V	**8,33**	21,91	16,75
	VI	**20,41**	21,91	16,75
185,99	I,IV		22,25	17,00
	II		22,25	17,00
	III		22,25	17,00
	V	**8,66**	22,25	17,00
	VI	**20,75**	22,25	17,00
188,99	I,IV		22,66	17,33
	II		22,66	17,33
	III		22,66	17,33
	V	**9,00**	22,66	17,33
	VI	**21,08**	22,66	17,33
191,99	I,IV		23,00	17,58
	II		23,00	17,58
	III		23,00	17,58
	V	**9,33**	23,00	17,58
	VI	**21,41**	23,00	17,58
194,99	I,IV		23,33	17,83
	II		23,33	17,83
	III		23,33	17,83
	V	**9,66**	23,33	17,83
	VI	**21,75**	23,33	17,83
197,99	I,IV		23,75	18,08
	II		23,75	18,08
	III		23,75	18,08
	V	**10,00**	23,75	18,08
	VI	**22,08**	23,75	18,08
200,99	I,IV		24,08	18,41
	II		24,08	18,41
	III		24,08	18,41
	V	**10,33**	24,08	18,41
	VI	**22,41**	24,08	18,41
203,99	I,IV		24,41	18,66
	II		24,41	18,66
	III		24,41	18,66
	V	**10,66**	24,41	18,66
	VI	**22,75**	24,41	18,66
206,99	I,IV		24,83	18,91
	II		24,83	18,91
	III		24,83	18,91
	V	**11,00**	24,83	18,91
	VI	**23,08**	24,83	18,91
209,99	I,IV		25,16	19,25
	II		25,16	19,25
	III		25,16	19,25
	V	**11,33**	25,16	19,25
	VI	**23,41**	25,16	19,25
212,99	I,IV		25,50	19,50
	II		25,50	19,50
	III		25,50	19,50
	V	**11,66**	25,50	19,50
	VI	**23,75**	25,50	19,50
215,99	I,IV		25,91	19,75
	II		25,91	19,75
	III		25,91	19,75
	V	**12,00**	25,91	19,75
	VI	**24,08**	25,91	19,75

* Zur LSt-Berechnung für privat versicherte Arbeitnehmer s. Beispiele **Vorbemerkung S. 4 f.**
** Basisvorsorgepauschale KV und PV *** Typisierter Arbeitgeberzuschuss

Lohn/ Gehalt in € bis	Steuerklasse	Lohn-steuer*	BVSP**	TAGZ***
218,99	I,IV		26,25	20,08
	II		26,25	20,08
	III		26,25	20,08
	V	**12,33**	26,25	20,08
	VI	**24,41**	26,25	20,08
221,99	I,IV		26,58	20,33
	II		26,58	20,33
	III		26,58	20,33
	V	**12,66**	26,58	20,33
	VI	**24,75**	26,58	20,33
224,99	I,IV		26,91	20,58
	II		26,91	20,58
	III		26,91	20,58
	V	**13,00**	26,91	20,58
	VI	**25,08**	26,91	20,58
227,99	I,IV		27,33	20,91
	II		27,33	20,91
	III		27,33	20,91
	V	**13,33**	27,33	20,91
	VI	**25,41**	27,33	20,91
230,99	I,IV		27,66	21,16
	II		27,66	21,16
	III		27,66	21,16
	V	**13,66**	27,66	21,16
	VI	**25,75**	27,66	21,16
233,99	I,IV		28,00	21,41
	II		28,00	21,41
	III		28,00	21,41
	V	**14,00**	28,00	21,41
	VI	**26,08**	28,00	21,41
236,99	I,IV		28,41	21,66
	II		28,41	21,66
	III		28,41	21,66
	V	**14,33**	28,41	21,66
	VI	**26,41**	28,41	21,66
239,99	I,IV		28,75	22,00
	II		28,75	22,00
	III		28,75	22,00
	V	**14,66**	28,75	22,00
	VI	**26,75**	28,75	22,00
242,99	I,IV		29,08	22,25
	II		29,08	22,25
	III		29,08	22,25
	V	**15,00**	29,08	22,25
	VI	**27,08**	29,08	22,25
245,99	I,IV		29,50	22,50
	II		29,50	22,50
	III		29,50	22,50
	V	**15,33**	29,50	22,50
	VI	**27,41**	29,50	22,50
248,99	I,IV		29,83	22,83
	II		29,83	22,83
	III		29,83	22,83
	V	**15,66**	29,83	22,83
	VI	**27,75**	29,83	22,83
251,99	I,IV		30,16	23,08
	II		30,16	23,08
	III		30,16	23,08
	V	**16,00**	30,16	23,08
	VI	**28,08**	30,16	23,08

Lohn/ Gehalt in € bis	Steuerklasse	Lohn-steuer*	BVSP**	TAGZ***
254,99	I,IV		30,58	23,33
	II		30,58	23,33
	III		30,58	23,33
	V	**16,33**	30,58	23,33
	VI	**28,41**	30,58	23,33
257,99	I,IV		30,91	23,66
	II		30,91	23,66
	III		30,91	23,66
	V	**16,66**	30,91	23,66
	VI	**28,75**	30,91	23,66
260,99	I,IV		31,25	23,91
	II		31,25	23,91
	III		31,25	23,91
	V	**17,00**	31,25	23,91
	VI	**29,08**	31,25	23,91
263,99	I,IV		31,66	24,16
	II		31,66	24,16
	III		31,66	24,16
	V	**17,33**	31,66	24,16
	VI	**29,41**	31,66	24,16
266,99	I,IV		32,00	24,41
	II		32,00	24,41
	III		32,00	24,41
	V	**17,66**	32,00	24,41
	VI	**29,75**	32,00	24,41
269,99	I,IV		32,33	24,75
	II		32,33	24,75
	III		32,33	24,75
	V	**18,00**	32,33	24,75
	VI	**30,08**	32,33	24,75
272,99	I,IV		32,75	25,00
	II		32,75	25,00
	III		32,75	25,00
	V	**18,33**	32,75	25,00
	VI	**30,41**	32,75	25,00
275,99	I,IV		33,08	25,25
	II		33,08	25,25
	III		33,08	25,25
	V	**18,66**	33,08	25,25
	VI	**30,75**	33,08	25,25
278,99	I,IV		33,41	25,58
	II		33,41	25,58
	III		33,41	25,58
	V	**19,00**	33,41	25,58
	VI	**31,08**	33,41	25,58
281,99	I,IV		33,83	25,83
	II		33,83	25,83
	III		33,83	25,83
	V	**19,33**	33,83	25,83
	VI	**31,41**	33,83	25,83
284,99	I,IV		34,16	26,08
	II		34,16	26,08
	III		34,16	26,08
	V	**19,66**	34,16	26,08
	VI	**31,75**	34,16	26,08
287,99	I,IV		34,50	26,41
	II		34,50	26,41
	III		34,50	26,41
	V	**20,00**	34,50	26,41
	VI	**32,08**	34,50	26,41

* Zur LSt-Berechnung für privat versicherte Arbeitnehmer s. Beispiele **Vorbemerkung S. 4 f.**
** Basisvorsorgepauschale KV und PV *** Typisierter Arbeitgeberzuschuss

Lohn/ Gehalt in € bis	Steuerklasse	Lohn-steuer*	BVSP**	TAGZ***
290,99	I,IV		34,91	26,66
	II		34,91	26,66
	III		34,91	26,66
	V	**20,41**	34,91	26,66
	VI	**32,50**	34,91	26,66
293,99	I,IV		35,25	26,91
	II		35,25	26,91
	III		35,25	26,91
	V	**20,66**	35,25	26,91
	VI	**32,75**	35,25	26,91
296,99	I,IV		35,58	27,16
	II		35,58	27,16
	III		35,58	27,16
	V	**21,00**	35,58	27,16
	VI	**33,16**	35,58	27,16
299,99	I,IV		35,91	27,50
	II		35,91	27,50
	III		35,91	27,50
	V	**21,41**	35,91	27,50
	VI	**33,50**	35,91	27,50
302,99	I,IV		36,33	27,75
	II		36,33	27,75
	III		36,33	27,75
	V	**21,75**	36,33	27,75
	VI	**33,83**	36,33	27,75
305,99	I,IV		36,66	28,00
	II		36,66	28,00
	III		36,66	28,00
	V	**22,08**	36,66	28,00
	VI	**34,16**	36,66	28,00
308,99	I,IV		37,00	28,33
	II		37,00	28,33
	III		37,00	28,33
	V	**22,41**	37,00	28,33
	VI	**34,50**	37,00	28,33
311,99	I,IV		37,41	28,58
	II		37,41	28,58
	III		37,41	28,58
	V	**22,75**	37,41	28,58
	VI	**34,83**	37,41	28,58
314,99	I,IV		37,75	28,83
	II		37,75	28,83
	III		37,75	28,83
	V	**23,08**	37,75	28,83
	VI	**35,16**	37,75	28,83
317,99	I,IV		38,08	29,16
	II		38,08	29,16
	III		38,08	29,16
	V	**23,41**	38,08	29,16
	VI	**35,50**	38,08	29,16
320,99	I,IV		38,50	29,41
	II		38,50	29,41
	III		38,50	29,41
	V	**23,75**	38,50	29,41
	VI	**35,83**	38,50	29,41
323,99	I,IV		38,83	29,66
	II		38,83	29,66
	III		38,83	29,66
	V	**24,08**	38,83	29,66
	VI	**36,16**	38,83	29,66

Lohn/ Gehalt in € bis	Steuerklasse	Lohn-steuer*	BVSP**	TAGZ***
326,99	I,IV		39,16	30,00
	II		39,16	30,00
	III		39,16	30,00
	V	**24,41**	39,16	30,00
	VI	**36,50**	39,16	30,00
329,99	I,IV		39,58	30,25
	II		39,58	30,25
	III		39,58	30,25
	V	**24,75**	39,58	30,25
	VI	**36,83**	39,58	30,25
332,99	I,IV		39,91	30,50
	II		39,91	30,50
	III		39,91	30,50
	V	**25,08**	39,91	30,50
	VI	**37,16**	39,91	30,50
335,99	I,IV		40,25	30,75
	II		40,25	30,75
	III		40,25	30,75
	V	**25,41**	40,25	30,75
	VI	**37,50**	40,25	30,75
338,99	I,IV		40,66	31,08
	II		40,66	31,08
	III		40,66	31,08
	V	**25,75**	40,66	31,08
	VI	**37,83**	40,66	31,08
341,99	I,IV		41,00	31,33
	II		41,00	31,33
	III		41,00	31,33
	V	**26,08**	41,00	31,33
	VI	**38,16**	41,00	31,33
344,99	I,IV		41,33	31,58
	II		41,33	31,58
	III		41,33	31,58
	V	**26,41**	41,33	31,58
	VI	**38,50**	41,33	31,58
347,99	I,IV		41,75	31,91
	II		41,75	31,91
	III		41,75	31,91
	V	**26,75**	41,75	31,91
	VI	**38,83**	41,75	31,91
350,99	I,IV		42,08	32,16
	II		42,08	32,16
	III		42,08	32,16
	V	**27,08**	42,08	32,16
	VI	**39,16**	42,08	32,16
353,99	I,IV		42,41	32,41
	II		42,41	32,41
	III		42,41	32,41
	V	**27,41**	42,41	32,41
	VI	**39,50**	42,41	32,41
356,99	I,IV		42,83	32,75
	II		42,83	32,75
	III		42,83	32,75
	V	**27,75**	42,83	32,75
	VI	**39,83**	42,83	32,75
359,99	I,IV		43,16	33,00
	II		43,16	33,00
	III		43,16	33,00
	V	**28,08**	43,16	33,00
	VI	**40,16**	43,16	33,00

* Zur LSt-Berechnung für privat versicherte Arbeitnehmer s. Beispiele **Vorbemerkung S. 4 f.**
** Basisvorsorgepauschale KV und PV *** Typisierter Arbeitgeberzuschuss

Lohn/ Gehalt in € bis	Steuerklasse	Lohn-steuer*	BVSP**	TAGZ***
362,99	I,IV		43,50	33,25
	II		43,50	33,25
	III		43,50	33,25
	V	**28,41**	43,50	33,25
	VI	**40,50**	43,50	33,25
365,99	I,IV		43,91	33,50
	II		43,91	33,50
	III		43,91	33,50
	V	**28,75**	43,91	33,50
	VI	**40,83**	43,91	33,50
368,99	I,IV		44,25	33,83
	II		44,25	33,83
	III		44,25	33,83
	V	**29,08**	44,25	33,83
	VI	**41,16**	44,25	33,83
371,99	I,IV		44,58	34,08
	II		44,58	34,08
	III		44,58	34,08
	V	**29,41**	44,58	34,08
	VI	**41,50**	44,58	34,08
374,99	I,IV		44,91	34,33
	II		44,91	34,33
	III		44,91	34,33
	V	**29,75**	44,91	34,33
	VI	**41,83**	44,91	34,33
377,99	I,IV		45,33	34,66
	II		45,33	34,66
	III		45,33	34,66
	V	**30,08**	45,33	34,66
	VI	**42,16**	45,33	34,66
380,99	I,IV		45,66	34,91
	II		45,66	34,91
	III		45,66	34,91
	V	**30,41**	45,66	34,91
	VI	**42,50**	45,66	34,91
383,99	I,IV		46,00	35,16
	II		46,00	35,16
	III		46,00	35,16
	V	**30,75**	46,00	35,16
	VI	**42,83**	46,00	35,16
386,99	I,IV		46,41	35,50
	II		46,41	35,50
	III		46,41	35,50
	V	**31,08**	46,41	35,50
	VI	**43,16**	46,41	35,50
389,99	I,IV		46,75	35,75
	II		46,75	35,75
	III		46,75	35,75
	V	**31,41**	46,75	35,75
	VI	**43,50**	46,75	35,75
392,99	I,IV		47,08	36,00
	II		47,08	36,00
	III		47,08	36,00
	V	**31,75**	47,08	36,00
	VI	**43,83**	47,08	36,00
395,99	I,IV		47,50	36,25
	II		47,50	36,25
	III		47,50	36,25
	V	**32,08**	47,50	36,25
	VI	**44,16**	47,50	36,25

Lohn/ Gehalt in € bis	Steuerklasse	Lohn-steuer*	BVSP**	TAGZ***
398,99	I,IV		47,83	36,58
	II		47,83	36,58
	III		47,83	36,58
	V	**32,41**	47,83	36,58
	VI	**44,50**	47,83	36,58
401,99	I,IV		48,16	36,83
	II		48,16	36,83
	III		48,16	36,83
	V	**32,75**	48,16	36,83
	VI	**44,83**	48,16	36,83
404,99	I,IV		48,58	37,08
	II		48,58	37,08
	III		48,58	37,08
	V	**33,08**	48,58	37,08
	VI	**45,16**	48,58	37,08
407,99	I,IV		48,91	37,41
	II		48,91	37,41
	III		48,91	37,41
	V	**33,41**	48,91	37,41
	VI	**45,50**	48,91	37,41
410,99	I,IV		49,25	37,66
	II		49,25	37,66
	III		49,25	37,66
	V	**33,75**	49,25	37,66
	VI	**45,83**	49,25	37,66
413,99	I,IV		49,66	37,91
	II		49,66	37,91
	III		49,66	37,91
	V	**34,08**	49,66	37,91
	VI	**46,16**	49,66	37,91
416,99	I,IV		50,00	38,25
	II		50,00	38,25
	III		50,00	38,25
	V	**34,41**	50,00	38,25
	VI	**46,58**	50,00	38,25
419,99	I,IV		50,33	38,50
	II		50,33	38,50
	III		50,33	38,50
	V	**34,75**	50,33	38,50
	VI	**46,83**	50,33	38,50
422,99	I,IV		50,75	38,75
	II		50,75	38,75
	III		50,75	38,75
	V	**35,08**	50,75	38,75
	VI	**47,25**	50,75	38,75
425,99	I,IV		51,08	39,08
	II		51,08	39,08
	III		51,08	39,08
	V	**35,50**	51,08	39,08
	VI	**47,58**	51,08	39,08
428,99	I,IV		51,41	39,33
	II		51,41	39,33
	III		51,41	39,33
	V	**35,75**	51,41	39,33
	VI	**47,83**	51,41	39,33
431,99	I,IV		51,83	39,58
	II		51,83	39,58
	III		51,83	39,58
	V	**36,16**	51,83	39,58
	VI	**48,25**	51,83	39,58

* Zur LSt-Berechnung für privat versicherte Arbeitnehmer s. Beispiele **Vorbemerkung S. 4 f.**
** Basisvorsorgepauschale KV und PV *** Typisierter Arbeitgeberzuschuss

Lohn/ Gehalt in € bis	Steuerklasse	**Lohn-steuer***	BVSP**	TAGZ***
434,99	I,IV		52,16	39,83
	II		52,16	39,83
	III		52,16	39,83
	V	**36,50**	52,16	39,83
	VI	**48,58**	52,16	39,83
437,99	I,IV		52,50	40,16
	II		52,50	40,16
	III		52,50	40,16
	V	**36,83**	52,50	40,16
	VI	**48,91**	52,50	40,16
440,99	I,IV		52,91	40,41
	II		52,91	40,41
	III		52,91	40,41
	V	**37,16**	52,91	40,41
	VI	**49,25**	52,91	40,41
443,99	I,IV		53,25	40,66
	II		53,25	40,66
	III		53,25	40,66
	V	**37,50**	53,25	40,66
	VI	**49,58**	53,25	40,66
446,99	I,IV		53,58	41,00
	II		53,58	41,00
	III		53,58	41,00
	V	**37,83**	53,58	41,00
	VI	**49,91**	53,58	41,00
449,99	I,IV		53,91	41,25
	II		53,91	41,25
	III		53,91	41,25
	V	**38,16**	53,91	41,25
	VI	**50,25**	53,91	41,25
452,99	I,IV		54,33	41,50
	II		54,33	41,50
	III		54,33	41,50
	V	**38,50**	54,33	41,50
	VI	**50,58**	54,33	41,50
455,99	I,IV		54,66	41,83
	II		54,66	41,83
	III		54,66	41,83
	V	**38,83**	54,66	41,83
	VI	**50,91**	54,66	41,83
458,99	I,IV		55,00	42,08
	II		55,00	42,08
	III		55,00	42,08
	V	**39,16**	55,00	42,08
	VI	**51,25**	55,00	42,08
461,99	I,IV		55,41	42,33
	II		55,41	42,33
	III		55,41	42,33
	V	**39,50**	55,41	42,33
	VI	**51,58**	55,41	42,33
464,99	I,IV		55,75	42,58
	II		55,75	42,58
	III		55,75	42,58
	V	**39,83**	55,75	42,58
	VI	**51,91**	55,75	42,58
467,99	I,IV		56,08	42,91
	II		56,08	42,91
	III		56,08	42,91
	V	**40,16**	56,08	42,91
	VI	**52,25**	56,08	42,91

Lohn/ Gehalt in € bis	Steuerklasse	**Lohn-steuer***	BVSP**	TAGZ***
470,99	I,IV		56,50	43,16
	II		56,50	43,16
	III		56,50	43,16
	V	**40,50**	56,50	43,16
	VI	**52,58**	56,50	43,16
473,99	I,IV		56,83	43,41
	II		56,83	43,41
	III		56,83	43,41
	V	**40,83**	56,83	43,41
	VI	**52,91**	56,83	43,41
476,99	I,IV		57,16	43,75
	II		57,16	43,75
	III		57,16	43,75
	V	**41,16**	57,16	43,75
	VI	**53,25**	57,16	43,75
479,99	I,IV		57,58	44,00
	II		57,58	44,00
	III		57,58	44,00
	V	**41,50**	57,58	44,00
	VI	**53,58**	57,58	44,00
482,99	I,IV		57,91	44,25
	II		57,91	44,25
	III		57,91	44,25
	V	**41,83**	57,91	44,25
	VI	**53,91**	57,91	44,25
485,99	I,IV		58,25	44,58
	II		58,25	44,58
	III		58,25	44,58
	V	**42,16**	58,25	44,58
	VI	**54,25**	58,25	44,58
488,99	I,IV		58,66	44,83
	II		58,66	44,83
	III		58,66	44,83
	V	**42,50**	58,66	44,83
	VI	**54,58**	58,66	44,83
491,99	I,IV		59,00	45,08
	II		59,00	45,08
	III		59,00	45,08
	V	**42,83**	59,00	45,08
	VI	**54,91**	59,00	45,08
494,99	I,IV		59,33	45,33
	II		59,33	45,33
	III		59,33	45,33
	V	**43,16**	59,33	45,33
	VI	**55,25**	59,33	45,33
497,99	I,IV		59,75	45,66
	II		59,75	45,66
	III		59,75	45,66
	V	**43,50**	59,75	45,66
	VI	**55,58**	59,75	45,66
500,99	I,IV		60,08	45,91
	II		60,08	45,91
	III		60,08	45,91
	V	**43,83**	60,08	45,91
	VI	**55,91**	60,08	45,91
503,99	I,IV		60,41	46,16
	II		60,41	46,16
	III		60,41	46,16
	V	**44,16**	60,41	46,16
	VI	**56,25**	60,41	46,16

* Zur LSt-Berechnung für privat versicherte Arbeitnehmer s. Beispiele **Vorbemerkung S. 4f.**
** Basisvorsorgepauschale KV und PV *** Typisierter Arbeitgeberzuschuss

Lohn/ Gehalt in € bis	Steuerklasse	Lohn-steuer*	BVSP**	TAGZ***
506,99	I,IV		60,83	46,50
	II		60,83	46,50
	III		60,83	46,50
	V	**44,50**	60,83	46,50
	VI	**56,58**	60,83	46,50
509,99	I,IV		61,16	46,75
	II		61,16	46,75
	III		61,16	46,75
	V	**44,83**	61,16	46,75
	VI	**56,91**	61,16	46,75
512,99	I,IV		61,50	47,00
	II		61,50	47,00
	III		61,50	47,00
	V	**45,16**	61,50	47,00
	VI	**57,25**	61,50	47,00
515,99	I,IV		61,91	47,33
	II		61,91	47,33
	III		61,91	47,33
	V	**45,50**	61,91	47,33
	VI	**57,58**	61,91	47,33
518,99	I,IV		62,25	47,58
	II		62,25	47,58
	III		62,25	47,58
	V	**45,83**	62,25	47,58
	VI	**57,91**	62,25	47,58
521,99	I,IV		62,58	47,83
	II		62,58	47,83
	III		62,58	47,83
	V	**46,16**	62,58	47,83
	VI	**58,25**	62,58	47,83
524,99	I,IV		62,91	48,16
	II		62,91	48,16
	III		62,91	48,16
	V	**46,50**	62,91	48,16
	VI	**58,58**	62,91	48,16
527,99	I,IV		63,33	48,41
	II		63,33	48,41
	III		63,33	48,41
	V	**46,83**	63,33	48,41
	VI	**58,91**	63,33	48,41
530,99	I,IV		63,66	48,66
	II		63,66	48,66
	III		63,66	48,66
	V	**47,16**	63,66	48,66
	VI	**59,25**	63,66	48,66
533,99	I,IV		64,00	48,91
	II		64,00	48,91
	III		64,00	48,91
	V	**47,50**	64,00	48,91
	VI	**59,58**	64,00	48,91
536,99	I,IV		64,41	49,25
	II		64,41	49,25
	III		64,41	49,25
	V	**47,83**	64,41	49,25
	VI	**59,91**	64,41	49,25
539,99	I,IV		64,75	49,50
	II		64,75	49,50
	III		64,75	49,50
	V	**48,16**	64,75	49,50
	VI	**60,25**	64,75	49,50

Lohn/ Gehalt in € bis	Steuerklasse	Lohn-steuer*	BVSP**	TAGZ***
542,99	I,IV		65,08	49,75
	II		65,08	49,75
	III		65,08	49,75
	V	**48,50**	65,08	49,75
	VI	**60,58**	65,08	49,75
545,99	I,IV		65,50	50,08
	II		65,50	50,08
	III		65,50	50,08
	V	**48,83**	65,50	50,08
	VI	**60,91**	65,50	50,08
548,99	I,IV		65,83	50,33
	II		65,83	50,33
	III		65,83	50,33
	V	**49,16**	65,83	50,33
	VI	**61,25**	65,83	50,33
551,99	I,IV		66,16	50,58
	II		66,16	50,58
	III		66,16	50,58
	V	**49,58**	66,16	50,58
	VI	**61,66**	66,16	50,58
554,99	I,IV		66,58	50,91
	II		66,58	50,91
	III		66,58	50,91
	V	**49,83**	66,58	50,91
	VI	**61,91**	66,58	50,91
557,99	I,IV		66,91	51,16
	II		66,91	51,16
	III		66,91	51,16
	V	**50,16**	66,91	51,16
	VI	**62,33**	66,91	51,16
560,99	I,IV		67,25	51,41
	II		67,25	51,41
	III		67,25	51,41
	V	**50,58**	67,25	51,41
	VI	**62,66**	67,25	51,41
563,99	I,IV		67,66	51,66
	II		67,66	51,66
	III		67,66	51,66
	V	**50,83**	67,66	51,66
	VI	**63,00**	67,66	51,66
566,99	I,IV		68,00	52,00
	II		68,00	52,00
	III		68,00	52,00
	V	**51,25**	68,00	52,00
	VI	**63,33**	68,00	52,00
569,99	I,IV		68,33	52,25
	II		68,33	52,25
	III		68,33	52,25
	V	**51,58**	68,33	52,25
	VI	**63,66**	68,33	52,25
572,99	I,IV		68,75	52,50
	II		68,75	52,50
	III		68,75	52,50
	V	**51,91**	68,75	52,50
	VI	**64,00**	68,75	52,50
575,99	I,IV		69,08	52,83
	II		69,08	52,83
	III		69,08	52,83
	V	**52,25**	69,08	52,83
	VI	**64,33**	69,08	52,83

* Zur LSt-Berechnung für privat versicherte Arbeitnehmer s. Beispiele **Vorbemerkung S. 4 f.**
** Basisvorsorgepauschale KV und PV *** Typisierter Arbeitgeberzuschuss

Lohn/ Gehalt in € bis	Steuerklasse	**Lohn-steuer***	BVSP**	TAGZ***
578,99	I,IV		69,41	53,08
	II		69,41	53,08
	III		69,41	53,08
	V	**52,58**	69,41	53,08
	VI	**64,66**	69,41	53,08
581,99	I,IV		69,83	53,33
	II		69,83	53,33
	III		69,83	53,33
	V	**52,91**	69,83	53,33
	VI	**65,00**	69,83	53,33
584,99	I,IV		70,16	53,66
	II		70,16	53,66
	III		70,16	53,66
	V	**53,25**	70,16	53,66
	VI	**65,33**	70,16	53,66
587,99	I,IV		70,50	53,91
	II		70,50	53,91
	III		70,50	53,91
	V	**53,58**	70,50	53,91
	VI	**65,66**	70,50	53,91
590,99	I,IV		70,91	54,16
	II		70,91	54,16
	III		70,91	54,16
	V	**53,91**	70,91	54,16
	VI	**66,00**	70,91	54,16
593,99	I,IV		71,25	54,41
	II		71,25	54,41
	III		71,25	54,41
	V	**54,25**	71,25	54,41
	VI	**66,33**	71,25	54,41
596,99	I,IV		71,58	54,75
	II		71,58	54,75
	III		71,58	54,75
	V	**54,58**	71,58	54,75
	VI	**66,66**	71,58	54,75
599,99	I,IV		71,91	55,00
	II		71,91	55,00
	III		71,91	55,00
	V	**54,91**	71,91	55,00
	VI	**67,00**	71,91	55,00
602,99	I,IV		72,33	55,25
	II		72,33	55,25
	III		72,33	55,25
	V	**55,25**	72,33	55,25
	VI	**67,33**	72,33	55,25
605,99	I,IV		72,66	55,58
	II		72,66	55,58
	III		72,66	55,58
	V	**55,58**	72,66	55,58
	VI	**67,66**	72,66	55,58
608,99	I,IV		73,00	55,83
	II		73,00	55,83
	III		73,00	55,83
	V	**55,91**	73,00	55,83
	VI	**68,00**	73,00	55,83
611,99	I,IV		73,41	56,08
	II		73,41	56,08
	III		73,41	56,08
	V	**56,25**	73,41	56,08
	VI	**68,33**	73,41	56,08

Lohn/ Gehalt in € bis	Steuerklasse	**Lohn-steuer***	BVSP**	TAGZ***
614,99	I,IV		73,75	56,41
	II		73,75	56,41
	III		73,75	56,41
	V	**56,58**	73,75	56,41
	VI	**68,66**	73,75	56,41
617,99	I,IV		74,08	56,66
	II		74,08	56,66
	III		74,08	56,66
	V	**56,91**	74,08	56,66
	VI	**69,00**	74,08	56,66
620,99	I,IV		74,50	56,91
	II		74,50	56,91
	III		74,50	56,91
	V	**57,25**	74,50	56,91
	VI	**69,33**	74,50	56,91
623,99	I,IV		74,83	57,25
	II		74,83	57,25
	III		74,83	57,25
	V	**57,58**	74,83	57,25
	VI	**69,66**	74,83	57,25
626,99	I,IV		75,16	57,50
	II		75,16	57,50
	III		75,16	57,50
	V	**57,91**	75,16	57,50
	VI	**70,00**	75,16	57,50
629,99	I,IV		75,58	57,75
	II		75,58	57,75
	III		75,58	57,75
	V	**58,25**	75,58	57,75
	VI	**70,33**	75,58	57,75
632,99	I,IV		75,91	58,00
	II		75,91	58,00
	III		75,91	58,00
	V	**58,58**	75,91	58,00
	VI	**70,66**	75,91	58,00
635,99	I,IV		76,25	58,33
	II		76,25	58,33
	III		76,25	58,33
	V	**58,91**	76,25	58,33
	VI	**71,00**	76,25	58,33
638,99	I,IV		76,66	58,58
	II		76,66	58,58
	III		76,66	58,58
	V	**59,25**	76,66	58,58
	VI	**71,33**	76,66	58,58
641,99	I,IV		77,00	58,83
	II		77,00	58,83
	III		77,00	58,83
	V	**59,58**	77,00	58,83
	VI	**71,66**	77,00	58,83
644,99	I,IV		77,33	59,16
	II		77,33	59,16
	III		77,33	59,16
	V	**59,91**	77,33	59,16
	VI	**72,00**	77,33	59,16
647,99	I,IV		77,75	59,41
	II		77,75	59,41
	III		77,75	59,41
	V	**60,25**	77,75	59,41
	VI	**72,33**	77,75	59,41

* Zur LSt-Berechnung für privat versicherte Arbeitnehmer s. Beispiele **Vorbemerkung S. 4f.**
** Basisvorsorgepauschale KV und PV *** Typisierter Arbeitgeberzuschuss

Lohn/ Gehalt in € bis	Steuerklasse	Lohn- steuer*	BVSP**	TAGZ***
650,99	I,IV		78,08	59,66
	II		78,08	59,66
	III		78,08	59,66
	V	**60,58**	78,08	59,66
	VI	**72,66**	78,08	59,66
653,99	I,IV		78,41	60,00
	II		78,41	60,00
	III		78,41	60,00
	V	**60,91**	78,41	60,00
	VI	**73,00**	78,41	60,00
656,99	I,IV		78,83	60,25
	II		78,83	60,25
	III		78,83	60,25
	V	**61,25**	78,83	60,25
	VI	**73,33**	78,83	60,25
659,99	I,IV		79,16	60,50
	II		79,16	60,50
	III		79,16	60,50
	V	**61,58**	79,16	60,50
	VI	**73,66**	79,16	60,50
662,99	I,IV		79,50	60,75
	II		79,50	60,75
	III		79,50	60,75
	V	**61,91**	79,50	60,75
	VI	**74,00**	79,50	60,75
665,99	I,IV		79,91	61,08
	II		79,91	61,08
	III		79,91	61,08
	V	**62,25**	79,91	61,08
	VI	**74,33**	79,91	61,08
668,99	I,IV		80,25	61,33
	II		80,25	61,33
	III		80,25	61,33
	V	**62,58**	80,25	61,33
	VI	**74,66**	80,25	61,33
671,99	I,IV		80,58	61,58
	II		80,58	61,58
	III		80,58	61,58
	V	**62,91**	80,58	61,58
	VI	**75,00**	80,58	61,58
674,99	I,IV		80,91	61,91
	II		80,91	61,91
	III		80,91	61,91
	V	**63,25**	80,91	61,91
	VI	**75,33**	80,91	61,91
677,99	I,IV		81,33	62,16
	II		81,33	62,16
	III		81,33	62,16
	V	**63,58**	81,33	62,16
	VI	**75,66**	81,33	62,16
680,99	I,IV		81,66	62,41
	II		81,66	62,41
	III		81,66	62,41
	V	**63,91**	81,66	62,41
	VI	**76,00**	81,66	62,41
683,99	I,IV		82,00	62,75
	II		82,00	62,75
	III		82,00	62,75
	V	**64,25**	82,00	62,75
	VI	**76,41**	82,00	62,75

Lohn/ Gehalt in € bis	Steuerklasse	Lohn- steuer*	BVSP**	TAGZ***
686,99	I,IV		82,41	63,00
	II		82,41	63,00
	III		82,41	63,00
	V	**64,66**	82,41	63,00
	VI	**76,75**	82,41	63,00
689,99	I,IV		82,75	63,25
	II		82,75	63,25
	III		82,75	63,25
	V	**64,91**	82,75	63,25
	VI	**77,00**	82,75	63,25
692,99	I,IV		83,08	63,50
	II		83,08	63,50
	III		83,08	63,50
	V	**65,33**	83,08	63,50
	VI	**77,41**	83,08	63,50
695,99	I,IV		83,50	63,83
	II		83,50	63,83
	III		83,50	63,83
	V	**65,66**	83,50	63,83
	VI	**77,75**	83,50	63,83
698,99	I,IV		83,83	64,08
	II		83,83	64,08
	III		83,83	64,08
	V	**65,91**	83,83	64,08
	VI	**78,08**	83,83	64,08
701,99	I,IV		84,16	64,33
	II		84,16	64,33
	III		84,16	64,33
	V	**66,33**	84,16	64,33
	VI	**78,41**	84,16	64,33
704,99	I,IV		84,58	64,66
	II		84,58	64,66
	III		84,58	64,66
	V	**66,66**	84,58	64,66
	VI	**78,75**	84,58	64,66
707,99	I,IV		84,91	64,91
	II		84,91	64,91
	III		84,91	64,91
	V	**67,00**	84,91	64,91
	VI	**79,08**	84,91	64,91
710,99	I,IV		85,25	65,16
	II		85,25	65,16
	III		85,25	65,16
	V	**67,33**	85,25	65,16
	VI	**79,41**	85,25	65,16
713,99	I,IV		85,66	65,50
	II		85,66	65,50
	III		85,66	65,50
	V	**67,66**	85,66	65,50
	VI	**79,75**	85,66	65,50
716,99	I,IV		86,00	65,75
	II		86,00	65,75
	III		86,00	65,75
	V	**68,00**	86,00	65,75
	VI	**80,08**	86,00	65,75
719,99	I,IV		86,33	66,00
	II		86,33	66,00
	III		86,33	66,00
	V	**68,33**	86,33	66,00
	VI	**80,41**	86,33	66,00

* Zur LSt-Berechnung für privat versicherte Arbeitnehmer s. Beispiele **Vorbemerkung S. 4 f.**
** Basisvorsorgepauschale KV und PV *** Typisierter Arbeitgeberzuschuss

Lohn/ Gehalt in € bis	Steuerklasse	Lohn-steuer*	BVSP**	TAGZ***
722,99	I,IV		86,75	66,33
	II		86,75	66,33
	III		86,75	66,33
	V	**68,66**	86,75	66,33
	VI	**80,75**	86,75	66,33
725,99	I,IV		87,08	66,58
	II		87,08	66,58
	III		87,08	66,58
	V	**69,00**	87,08	66,58
	VI	**81,08**	87,08	66,58
728,99	I,IV		87,41	66,83
	II		87,41	66,83
	III		87,41	66,83
	V	**69,33**	87,41	66,83
	VI	**81,41**	87,41	66,83
731,99	I,IV		87,83	67,08
	II		87,83	67,08
	III		87,83	67,08
	V	**69,66**	87,83	67,08
	VI	**81,75**	87,83	67,08
734,99	I,IV		88,16	67,41
	II		88,16	67,41
	III		88,16	67,41
	V	**70,00**	88,16	67,41
	VI	**82,08**	88,16	67,41
737,99	I,IV		88,50	67,66
	II		88,50	67,66
	III		88,50	67,66
	V	**70,33**	88,50	67,66
	VI	**82,41**	88,50	67,66
740,99	I,IV		88,91	67,91
	II		88,91	67,91
	III		88,91	67,91
	V	**70,66**	88,91	67,91
	VI	**82,75**	88,91	67,91
743,99	I,IV		89,25	68,25
	II		89,25	68,25
	III		89,25	68,25
	V	**71,00**	89,25	68,25
	VI	**83,08**	89,25	68,25
746,99	I,IV		89,58	68,50
	II		89,58	68,50
	III		89,58	68,50
	V	**71,33**	89,58	68,50
	VI	**83,41**	89,58	68,50
749,99	I,IV		89,91	68,75
	II		89,91	68,75
	III		89,91	68,75
	V	**71,66**	89,91	68,75
	VI	**83,75**	89,91	68,75
752,99	I,IV		90,33	69,08
	II		90,33	69,08
	III		90,33	69,08
	V	**72,00**	90,33	69,08
	VI	**84,08**	90,33	69,08
755,99	I,IV		90,66	69,33
	II		90,66	69,33
	III		90,66	69,33
	V	**72,33**	90,66	69,33
	VI	**84,41**	90,66	69,33

Lohn/ Gehalt in € bis	Steuerklasse	Lohn-steuer*	BVSP**	TAGZ***
758,99	I,IV		91,00	69,58
	II		91,00	69,58
	III		91,00	69,58
	V	**72,66**	91,00	69,58
	VI	**84,75**	91,00	69,58
761,99	I,IV		91,41	69,83
	II		91,41	69,83
	III		91,41	69,83
	V	**73,00**	91,41	69,83
	VI	**85,08**	91,41	69,83
764,99	I,IV		91,75	70,16
	II		91,75	70,16
	III		91,75	70,16
	V	**73,33**	91,75	70,16
	VI	**85,41**	91,75	70,16
767,99	I,IV		92,08	70,41
	II		92,08	70,41
	III		92,08	70,41
	V	**73,66**	92,08	70,41
	VI	**85,75**	92,08	70,41
770,99	I,IV		92,50	70,66
	II		92,50	70,66
	III		92,50	70,66
	V	**74,00**	92,50	70,66
	VI	**86,08**	92,50	70,66
773,99	I,IV		92,83	71,00
	II		92,83	71,00
	III		92,83	71,00
	V	**74,33**	92,83	71,00
	VI	**86,41**	92,83	71,00
776,99	I,IV		93,16	71,25
	II		93,16	71,25
	III		93,16	71,25
	V	**74,66**	93,16	71,25
	VI	**86,75**	93,16	71,25
779,99	I,IV		93,58	71,50
	II		93,58	71,50
	III		93,58	71,50
	V	**75,00**	93,58	71,50
	VI	**87,08**	93,58	71,50
782,99	I,IV		93,91	71,83
	II		93,91	71,83
	III		93,91	71,83
	V	**75,33**	93,91	71,83
	VI	**87,41**	93,91	71,83
785,99	I,IV		94,25	72,08
	II		94,25	72,08
	III		94,25	72,08
	V	**75,66**	94,25	72,08
	VI	**87,75**	94,25	72,08
788,99	I,IV		94,66	72,33
	II		94,66	72,33
	III		94,66	72,33
	V	**76,00**	94,66	72,33
	VI	**88,08**	94,66	72,33
791,99	I,IV		95,00	72,58
	II		95,00	72,58
	III		95,00	72,58
	V	**76,33**	95,00	72,58
	VI	**88,41**	95,00	72,58

* Zur LSt-Berechnung für privat versicherte Arbeitnehmer s. Beispiele **Vorbemerkung S. 4f.**
** Basisvorsorgepauschale KV und PV *** Typisierter Arbeitgeberzuschuss

Lohn/ Gehalt in € bis	Steuerklasse	Lohnsteuer*	BVSP**	TAGZ***
794,99	I,IV		95,33	72,91
	II		95,33	72,91
	III		95,33	72,91
	V	**76,66**	95,33	72,91
	VI	**88,75**	95,33	72,91
797,99	I,IV		95,75	73,16
	II		95,75	73,16
	III		95,75	73,16
	V	**77,00**	95,75	73,16
	VI	**89,08**	95,75	73,16
800,99	I,IV		96,08	73,41
	II		96,08	73,41
	III		96,08	73,41
	V	**77,33**	96,08	73,41
	VI	**89,41**	96,08	73,41
803,99	I,IV		96,41	73,75
	II		96,41	73,75
	III		96,41	73,75
	V	**77,66**	96,41	73,75
	VI	**89,75**	96,41	73,75
806,99	I,IV		96,83	74,00
	II		96,83	74,00
	III		96,83	74,00
	V	**78,00**	96,83	74,00
	VI	**90,08**	96,83	74,00
809,99	I,IV		97,16	74,25
	II		97,16	74,25
	III		97,16	74,25
	V	**78,33**	97,16	74,25
	VI	**90,41**	97,16	74,25
812,99	I,IV		97,50	74,58
	II		97,50	74,58
	III		97,50	74,58
	V	**78,66**	97,50	74,58
	VI	**90,75**	97,50	74,58
815,99	I,IV		97,91	74,83
	II		97,91	74,83
	III		97,91	74,83
	V	**79,00**	97,91	74,83
	VI	**91,08**	97,91	74,83
818,99	I,IV		98,25	75,08
	II		98,25	75,08
	III		98,25	75,08
	V	**79,33**	98,25	75,08
	VI	**91,50**	98,25	75,08
821,99	I,IV		98,58	75,41
	II		98,58	75,41
	III		98,58	75,41
	V	**79,75**	98,58	75,41
	VI	**91,83**	98,58	75,41
824,99	I,IV		98,91	75,66
	II		98,91	75,66
	III		98,91	75,66
	V	**80,00**	98,91	75,66
	VI	**92,16**	98,91	75,66
827,99	I,IV		99,33	75,91
	II		99,33	75,91
	III		99,33	75,91
	V	**80,41**	99,33	75,91
	VI	**92,50**	99,33	75,91

Lohn/ Gehalt in € bis	Steuerklasse	Lohnsteuer*	BVSP**	TAGZ***
830,99	I,IV		99,66	76,16
	II		99,66	76,16
	III		99,66	76,16
	V	**80,75**	99,66	76,16
	VI	**92,83**	99,66	76,16
833,99	I,IV		100,00	76,50
	II		100,00	76,50
	III		100,00	76,50
	V	**81,08**	100,00	76,50
	VI	**93,16**	100,00	76,50
836,99	I,IV		100,41	76,75
	II		100,41	76,75
	III		100,41	76,75
	V	**81,41**	100,41	76,75
	VI	**93,50**	100,41	76,75
839,99	I,IV		100,75	77,00
	II		100,75	77,00
	III		100,75	77,00
	V	**81,75**	100,75	77,00
	VI	**93,83**	100,75	77,00
842,99	I,IV		101,08	77,33
	II		101,08	77,33
	III		101,08	77,33
	V	**82,08**	101,08	77,33
	VI	**94,16**	101,08	77,33
845,99	I,IV		101,50	77,58
	II		101,50	77,58
	III		101,50	77,58
	V	**82,41**	101,50	77,58
	VI	**94,50**	101,50	77,58
848,99	I,IV		101,83	77,83
	II		101,83	77,83
	III		101,83	77,83
	V	**82,75**	101,83	77,83
	VI	**94,83**	101,83	77,83
851,99	I,IV		102,16	78,16
	II		102,16	78,16
	III		102,16	78,16
	V	**83,08**	102,16	78,16
	VI	**95,16**	102,16	78,16
854,99	I,IV		102,58	78,41
	II		102,58	78,41
	III		102,58	78,41
	V	**83,41**	102,58	78,41
	VI	**95,50**	102,58	78,41
857,99	I,IV		102,91	78,66
	II		102,91	78,66
	III		102,91	78,66
	V	**83,75**	102,91	78,66
	VI	**95,83**	102,91	78,66
860,99	I,IV		103,25	78,91
	II		103,25	78,91
	III		103,25	78,91
	V	**84,08**	103,25	78,91
	VI	**96,16**	103,25	78,91
863,99	I,IV		103,66	79,25
	II		103,66	79,25
	III		103,66	79,25
	V	**84,41**	103,66	79,25
	VI	**96,50**	103,66	79,25

* Zur LSt-Berechnung für privat versicherte Arbeitnehmer s. Beispiele **Vorbemerkung S. 4 f.**
** Basisvorsorgepauschale KV und PV *** Typisierter Arbeitgeberzuschuss

Lohn/ Gehalt in € bis	Steuerklasse	Lohn-steuer*	BVSP**	TAGZ***
866,99	I,IV		104,00	79,50
	II		104,00	79,50
	III		104,00	79,50
	V	**84,75**	104,00	79,50
	VI	**96,83**	104,00	79,50
869,99	I,IV		104,33	79,75
	II		104,33	79,75
	III		104,33	79,75
	V	**85,08**	104,33	79,75
	VI	**97,16**	104,33	79,75
872,99	I,IV		104,75	80,08
	II		104,75	80,08
	III		104,75	80,08
	V	**85,41**	104,75	80,08
	VI	**97,50**	104,75	80,08
875,99	I,IV		105,08	80,33
	II		105,08	80,33
	III		105,08	80,33
	V	**85,75**	105,08	80,33
	VI	**97,83**	105,08	80,33
878,99	I,IV		105,41	80,58
	II		105,41	80,58
	III		105,41	80,58
	V	**86,08**	105,41	80,58
	VI	**98,16**	105,41	80,58
881,99	I,IV		105,83	80,91
	II		105,83	80,91
	III		105,83	80,91
	V	**86,41**	105,83	80,91
	VI	**98,50**	105,83	80,91
884,99	I,IV		106,16	81,16
	II		106,16	81,16
	III		106,16	81,16
	V	**86,75**	106,16	81,16
	VI	**98,83**	106,16	81,16
887,99	I,IV		106,50	81,41
	II		106,50	81,41
	III		106,50	81,41
	V	**87,08**	106,50	81,41
	VI	**99,16**	106,50	81,41
890,99	I,IV		106,91	81,66
	II		106,91	81,66
	III		106,91	81,66
	V	**87,41**	106,91	81,66
	VI	**99,50**	106,91	81,66
893,99	I,IV		107,25	82,00
	II		107,25	82,00
	III		107,25	82,00
	V	**87,75**	107,25	82,00
	VI	**99,83**	107,25	82,00
896,99	I,IV		107,58	82,25
	II		107,58	82,25
	III		107,58	82,25
	V	**88,08**	107,58	82,25
	VI	**100,16**	107,58	82,25
899,99	I,IV		107,91	82,50
	II		107,91	82,50
	III		107,91	82,50
	V	**88,41**	107,91	82,50
	VI	**100,50**	107,91	82,50

Lohn/ Gehalt in € bis	Steuerklasse	Lohn-steuer*	BVSP**	TAGZ***
902,99	I,IV		108,33	82,83
	II		108,33	82,83
	III		108,33	82,83
	V	**88,75**	108,33	82,83
	VI	**100,83**	108,33	82,83
905,99	I,IV		108,66	83,08
	II		108,66	83,08
	III		108,66	83,08
	V	**89,08**	108,66	83,08
	VI	**101,16**	108,66	83,08
908,99	I,IV		109,00	83,33
	II		109,00	83,33
	III		109,00	83,33
	V	**89,41**	109,00	83,33
	VI	**101,50**	109,00	83,33
911,99	I,IV		109,41	83,66
	II		109,41	83,66
	III		109,41	83,66
	V	**89,75**	109,41	83,66
	VI	**101,83**	109,41	83,66
914,99	I,IV		109,75	83,91
	II		109,75	83,91
	III		109,75	83,91
	V	**90,08**	109,75	83,91
	VI	**102,16**	109,75	83,91
917,99	I,IV		110,08	84,16
	II		110,08	84,16
	III		110,08	84,16
	V	**90,41**	110,08	84,16
	VI	**102,50**	110,08	84,16
920,99	I,IV		110,50	84,50
	II		110,50	84,50
	III		110,50	84,50
	V	**90,75**	110,50	84,50
	VI	**102,83**	110,50	84,50
923,99	I,IV		110,83	84,75
	II		110,83	84,75
	III		110,83	84,75
	V	**91,08**	110,83	84,75
	VI	**103,16**	110,83	84,75
926,99	I,IV		111,16	85,00
	II		111,16	85,00
	III		111,16	85,00
	V	**91,41**	111,16	85,00
	VI	**103,50**	111,16	85,00
929,99	I,IV		111,58	85,25
	II		111,58	85,25
	III		111,58	85,25
	V	**91,75**	111,58	85,25
	VI	**103,83**	111,58	85,25
932,99	I,IV		111,91	85,58
	II		111,91	85,58
	III		111,91	85,58
	V	**92,08**	111,91	85,58
	VI	**104,16**	111,91	85,58
935,99	I,IV		112,25	85,83
	II		112,25	85,83
	III		112,25	85,83
	V	**92,41**	112,25	85,83
	VI	**104,50**	112,25	85,83

* Zur LSt-Berechnung für privat versicherte Arbeitnehmer s. Beispiele **Vorbemerkung S. 4 f.**
** Basisvorsorgepauschale KV und PV *** Typisierter Arbeitgeberzuschuss

Lohn/ Gehalt in € bis	Steuerklasse	Lohn-steuer*	BVSP**	TAGZ***
938,99	I,IV		112,66	86,08
	II		112,66	86,08
	III		112,66	86,08
	V	**92,75**	112,66	86,08
	VI	**104,83**	112,66	86,08
941,99	I,IV		113,00	86,41
	II		113,00	86,41
	III		113,00	86,41
	V	**93,08**	113,00	86,41
	VI	**105,16**	113,00	86,41
944,99	I,IV		113,33	86,66
	II		113,33	86,66
	III		113,33	86,66
	V	**93,41**	113,33	86,66
	VI	**105,58**	113,33	86,66
947,99	I,IV		113,75	86,91
	II		113,75	86,91
	III		113,75	86,91
	V	**93,75**	113,75	86,91
	VI	**105,83**	113,75	86,91
950,99	I,IV		114,08	87,25
	II		114,08	87,25
	III		114,08	87,25
	V	**94,08**	114,08	87,25
	VI	**106,16**	114,08	87,25
953,99	I,IV		114,41	87,50
	II		114,41	87,50
	III		114,41	87,50
	V	**94,50**	114,41	87,50
	VI	**106,58**	114,41	87,50
956,99	I,IV		114,83	87,75
	II		114,83	87,75
	III		114,83	87,75
	V	**94,83**	114,83	87,75
	VI	**106,91**	114,83	87,75
959,99	I,IV		115,16	88,00
	II		115,16	88,00
	III		115,16	88,00
	V	**95,08**	115,16	88,00
	VI	**107,25**	115,16	88,00
962,99	I,IV		115,50	88,33
	II		115,50	88,33
	III		115,50	88,33
	V	**95,50**	115,50	88,33
	VI	**107,58**	115,50	88,33
965,99	I,IV		115,91	88,58
	II		115,91	88,58
	III		115,91	88,58
	V	**95,83**	115,91	88,58
	VI	**107,91**	115,91	88,58
968,99	I,IV		116,25	88,83
	II		116,25	88,83
	III		116,25	88,83
	V	**96,16**	116,25	88,83
	VI	**108,25**	116,25	88,83
971,99	I,IV		116,58	89,16
	II		116,58	89,16
	III		116,58	89,16
	V	**96,50**	116,58	89,16
	VI	**108,58**	116,58	89,16
974,99	I,IV		116,91	89,41
	II		116,91	89,41
	III		116,91	89,41
	V	**96,83**	116,91	89,41
	VI	**108,91**	116,91	89,41
977,99	I,IV		117,33	89,66
	II		117,33	89,66
	III		117,33	89,66
	V	**97,16**	117,33	89,66
	VI	**109,25**	117,33	89,66
980,99	I,IV		117,66	90,00
	II		117,66	90,00
	III		117,66	90,00
	V	**97,50**	117,66	90,00
	VI	**109,58**	117,66	90,00
983,99	I,IV		118,00	90,25
	II		118,00	90,25
	III		118,00	90,25
	V	**97,83**	118,00	90,25
	VI	**109,91**	118,00	90,25
986,99	I,IV		118,41	90,50
	II		118,41	90,50
	III		118,41	90,50
	V	**98,16**	118,41	90,50
	VI	**110,25**	118,41	90,50
989,99	I,IV		118,75	90,75
	II		118,75	90,75
	III		118,75	90,75
	V	**98,50**	118,75	90,75
	VI	**110,58**	118,75	90,75
992,99	I,IV		119,08	91,08
	II		119,08	91,08
	III		119,08	91,08
	V	**98,83**	119,08	91,08
	VI	**110,91**	119,08	91,08
995,99	I,IV		119,50	91,33
	II		119,50	91,33
	III		119,50	91,33
	V	**99,16**	119,50	91,33
	VI	**111,25**	119,50	91,33
998,99	I,IV		119,83	91,58
	II		119,83	91,58
	III		119,83	91,58
	V	**99,50**	119,83	91,58
	VI	**111,58**	119,83	91,58
1 001,99	I,IV		120,16	91,91
	II		120,16	91,91
	III		120,16	91,91
	V	**99,83**	120,16	91,91
	VI	**111,91**	120,16	91,91
1 004,99	I,IV		120,58	92,16
	II		120,58	92,16
	III		120,58	92,16
	V	**100,16**	120,58	92,16
	VI	**112,25**	120,58	92,16
1 007,99	I,IV		120,91	92,41
	II		120,91	92,41
	III		120,91	92,41
	V	**100,50**	120,91	92,41
	VI	**112,58**	120,91	92,41

* Zur LSt-Berechnung für privat versicherte Arbeitnehmer s. Beispiele **Vorbemerkung S. 4 f.**
** Basisvorsorgepauschale KV und PV *** Typisierter Arbeitgeberzuschuss

Lohn/ Gehalt in € bis	Steuerklasse	Lohnsteuer*	BVSP**	TAGZ***
1010,99	I,IV		121,25	92,75
	II		121,25	92,75
	III		121,25	92,75
	V	**100,83**	121,25	92,75
	VI	**112,91**	121,25	92,75
1013,99	I,IV		121,66	93,00
	II		121,66	93,00
	III		121,66	93,00
	V	**101,16**	121,66	93,00
	VI	**113,25**	121,66	93,00
1016,99	I,IV		122,00	93,25
	II		122,00	93,25
	III		122,00	93,25
	V	**101,50**	122,00	93,25
	VI	**113,58**	122,00	93,25
1019,99	I,IV		122,33	93,58
	II		122,33	93,58
	III		122,33	93,58
	V	**101,83**	122,33	93,58
	VI	**113,91**	122,33	93,58
1022,99	I,IV		122,75	93,83
	II		122,75	93,83
	III		122,75	93,83
	V	**102,16**	122,75	93,83
	VI	**114,25**	122,75	93,83
1025,99	I,IV		123,08	94,08
	II		123,08	94,08
	III		123,08	94,08
	V	**102,50**	123,08	94,08
	VI	**114,58**	123,08	94,08
1028,99	I,IV		123,41	94,33
	II		123,41	94,33
	III		123,41	94,33
	V	**102,83**	123,41	94,33
	VI	**114,91**	123,41	94,33
1031,99	I,IV		123,83	94,66
	II		123,83	94,66
	III		123,83	94,66
	V	**103,16**	123,83	94,66
	VI	**115,25**	123,83	94,66
1034,99	I,IV		124,16	94,91
	II		124,16	94,91
	III		124,16	94,91
	V	**103,50**	124,16	94,91
	VI	**115,58**	124,16	94,91
1037,99	I,IV		124,50	95,16
	II		124,50	95,16
	III		124,50	95,16
	V	**103,83**	124,50	95,16
	VI	**115,91**	124,50	95,16
1040,99	I,IV		124,91	95,50
	II		124,91	95,50
	III		124,91	95,50
	V	**104,16**	124,91	95,50
	VI	**116,25**	124,91	95,50
1043,99	I,IV		125,25	95,75
	II		125,25	95,75
	III		125,25	95,75
	V	**104,50**	125,25	95,75
	VI	**116,58**	125,25	95,75
1046,99	I,IV		125,58	96,00
	II		125,58	96,00
	III		125,58	96,00
	V	**104,83**	125,58	96,00
	VI	**116,91**	125,58	96,00
1049,99	I,IV		125,91	96,33
	II		125,91	96,33
	III		125,91	96,33
	V	**105,16**	125,91	96,33
	VI	**117,25**	125,91	96,33
1052,99	I,IV		126,33	96,58
	II		126,33	96,58
	III		126,33	96,58
	V	**105,50**	126,33	96,58
	VI	**117,58**	126,33	96,58
1055,99	I,IV		126,66	96,83
	II		126,66	96,83
	III		126,66	96,83
	V	**105,83**	126,66	96,83
	VI	**117,91**	126,66	96,83
1058,99	I,IV		127,00	97,08
	II		127,00	97,08
	III		127,00	97,08
	V	**106,16**	127,00	97,08
	VI	**118,25**	127,00	97,08
1061,99	I,IV		127,41	97,41
	II		127,41	97,41
	III		127,41	97,41
	V	**106,50**	127,41	97,41
	VI	**118,58**	127,41	97,41
1064,99	I,IV		127,75	97,66
	II		127,75	97,66
	III		127,75	97,66
	V	**106,83**	127,75	97,66
	VI	**118,91**	127,75	97,66
1067,99	I,IV		128,08	97,91
	II		128,08	97,91
	III		128,08	97,91
	V	**107,16**	128,08	97,91
	VI	**119,25**	128,08	97,91
1070,99	I,IV		128,50	98,25
	II		128,50	98,25
	III		128,50	98,25
	V	**107,50**	128,50	98,25
	VI	**119,58**	128,50	98,25
1073,99	I,IV		128,83	98,50
	II		128,83	98,50
	III		128,83	98,50
	V	**107,83**	128,83	98,50
	VI	**119,91**	128,83	98,50
1076,99	I,IV		129,16	98,75
	II		129,16	98,75
	III		129,16	98,75
	V	**108,16**	129,16	98,75
	VI	**120,25**	129,16	98,75
1079,99	I,IV		129,58	99,08
	II		129,58	99,08
	III		129,58	99,08
	V	**108,50**	129,58	99,08
	VI	**120,66**	129,58	99,08

* Zur LSt-Berechnung für privat versicherte Arbeitnehmer s. Beispiele **Vorbemerkung S. 4 f.**
** Basisvorsorgepauschale KV und PV *** Typisierter Arbeitgeberzuschuss

Lohn/ Gehalt in € bis	Steuerklasse	Lohn- steuer*	BVSP**	TAGZ***
1 082,99	I,IV		129,91	99,33
	II		129,91	99,33
	III		129,91	99,33
	V	**108,83**	129,91	99,33
	VI	**120,91**	129,91	99,33
1 085,99	I,IV		130,25	99,58
	II		130,25	99,58
	III		130,25	99,58
	V	**109,16**	130,25	99,58
	VI	**121,33**	130,25	99,58
1 088,99	I,IV		130,66	99,83
	II		130,66	99,83
	III		130,66	99,83
	V	**109,58**	130,66	99,83
	VI	**121,66**	130,66	99,83
1 091,99	I,IV		131,00	100,16
	II		131,00	100,16
	III		131,00	100,16
	V	**109,91**	131,00	100,16
	VI	**122,00**	131,00	100,16
1 094,99	I,IV		131,33	100,41
	II		131,33	100,41
	III		131,33	100,41
	V	**110,25**	131,33	100,41
	VI	**122,33**	131,33	100,41
1 097,99	I,IV		131,75	100,66
	II		131,75	100,66
	III		131,75	100,66
	V	**110,58**	131,75	100,66
	VI	**122,66**	131,75	100,66
1 100,99	I,IV		132,08	101,00
	II		132,08	101,00
	III		132,08	101,00
	V	**110,91**	132,08	101,00
	VI	**123,00**	132,08	101,00
1 103,99	I,IV		132,41	101,25
	II		132,41	101,25
	III		132,41	101,25
	V	**111,25**	132,41	101,25
	VI	**123,33**	132,41	101,25
1 106,99	I,IV		132,83	101,50
	II		132,83	101,50
	III		132,83	101,50
	V	**111,58**	132,83	101,50
	VI	**123,66**	132,83	101,50
1 109,99	I,IV		133,16	101,83
	II		133,16	101,83
	III		133,16	101,83
	V	**111,91**	133,16	101,83
	VI	**124,00**	133,16	101,83
1 112,99	I,IV		133,50	102,08
	II		133,50	102,08
	III		133,50	102,08
	V	**112,25**	133,50	102,08
	VI	**124,33**	133,50	102,08
1 115,99	I,IV		133,91	102,33
	II		133,91	102,33
	III		133,91	102,33
	V	**112,58**	133,91	102,33
	VI	**124,66**	133,91	102,33
1 118,99	I,IV		134,25	102,66
	II		134,25	102,66
	III		134,25	102,66
	V	**112,91**	134,25	102,66
	VI	**125,00**	134,25	102,66
1 121,99	I,IV		134,58	102,91
	II		134,58	102,91
	III		134,58	102,91
	V	**113,25**	134,58	102,91
	VI	**125,33**	134,58	102,91
1 124,99	I,IV		134,91	103,16
	II		134,91	103,16
	III		134,91	103,16
	V	**113,58**	134,91	103,16
	VI	**125,66**	134,91	103,16
1 127,99	I,IV		135,33	103,41
	II		135,33	103,41
	III		135,33	103,41
	V	**113,91**	135,33	103,41
	VI	**126,00**	135,33	103,41
1 130,99	I,IV		135,66	103,75
	II		135,66	103,75
	III		135,66	103,75
	V	**114,25**	135,66	103,75
	VI	**126,33**	135,66	103,75
1 133,99	I,IV		136,00	104,00
	II		136,00	104,00
	III		136,00	104,00
	V	**114,58**	136,00	104,00
	VI	**126,66**	136,00	104,00
1 136,99	I,IV		136,41	104,25
	II		136,41	104,25
	III		136,41	104,25
	V	**114,91**	136,41	104,25
	VI	**127,00**	136,41	104,25
1 139,99	I,IV		136,75	104,58
	II		136,75	104,58
	III		136,75	104,58
	V	**115,25**	136,75	104,58
	VI	**127,33**	136,75	104,58
1 142,99	I,IV		137,08	104,83
	II		137,08	104,83
	III		137,08	104,83
	V	**115,58**	137,08	104,83
	VI	**127,66**	137,08	104,83
1 145,99	I,IV		137,50	105,08
	II		137,50	105,08
	III		137,50	105,08
	V	**115,91**	137,50	105,08
	VI	**128,00**	137,50	105,08
1 148,99	I,IV		137,83	105,41
	II		137,83	105,41
	III		137,83	105,41
	V	**116,25**	137,83	105,41
	VI	**128,33**	137,83	105,41
1 151,99	I,IV	**0,08**	138,16	105,66
	II		138,16	105,66
	III		138,16	105,66
	V	**116,58**	138,16	105,66
	VI	**128,66**	138,16	105,66

* Zur LSt-Berechnung für privat versicherte Arbeitnehmer s. Beispiele **Vorbemerkung S. 4 f.**
** Basisvorsorgepauschale KV und PV *** Typisierter Arbeitgeberzuschuss

Lohn/ Gehalt in € bis	Steuerklasse	Lohn-steuer*	BVSP**	TAGZ***
1 154,99	I,IV	**0,41**	138,58	105,91
	II		138,58	105,91
	III		138,58	105,91
	V	**116,91**	138,58	105,91
	VI	**129,00**	138,58	105,91
1 157,99	I,IV	**0,75**	138,91	106,16
	II		138,91	106,16
	III		138,91	106,16
	V	**117,25**	138,91	106,16
	VI	**129,33**	138,91	106,16
1 160,99	I,IV	**1,08**	139,25	106,50
	II		139,25	106,50
	III		139,25	106,50
	V	**117,58**	139,25	106,50
	VI	**129,66**	139,25	106,50
1 163,99	I,IV	**1,41**	139,66	106,75
	II		139,66	106,75
	III		139,66	106,75
	V	**117,91**	139,66	106,75
	VI	**130,00**	139,66	106,75
1 166,99	I,IV	**1,83**	140,00	107,00
	II		140,00	107,00
	III		140,00	107,00
	V	**118,25**	140,00	107,00
	VI	**130,33**	140,00	107,00
1 169,99	I,IV	**2,16**	140,33	107,33
	II		140,33	107,33
	III		140,33	107,33
	V	**118,58**	140,33	107,33
	VI	**130,66**	140,33	107,33
1 172,99	I,IV	**2,50**	140,75	107,58
	II		140,75	107,58
	III		140,75	107,58
	V	**118,91**	140,75	107,58
	VI	**131,00**	140,75	107,58
1 175,99	I,IV	**2,83**	141,08	107,83
	II		141,08	107,83
	III		141,08	107,83
	V	**119,25**	141,08	107,83
	VI	**131,33**	141,08	107,83
1 178,99	I,IV	**3,16**	141,41	108,16
	II		141,41	108,16
	III		141,41	108,16
	V	**119,58**	141,41	108,16
	VI	**131,66**	141,41	108,16
1 181,99	I,IV	**3,50**	141,83	108,41
	II		141,83	108,41
	III		141,83	108,41
	V	**119,91**	141,83	108,41
	VI	**132,00**	141,83	108,41
1 184,99	I,IV	**3,91**	142,16	108,66
	II		142,16	108,66
	III		142,16	108,66
	V	**120,25**	142,16	108,66
	VI	**132,33**	142,16	108,66
1 187,99	I,IV	**4,25**	142,50	108,91
	II		142,50	108,91
	III		142,50	108,91
	V	**120,58**	142,50	108,91
	VI	**132,66**	142,50	108,91

Lohn/ Gehalt in € bis	Steuerklasse	Lohn-steuer*	BVSP**	TAGZ***
1 190,99	I,IV	**4,58**	142,91	109,25
	II		142,91	109,25
	III		142,91	109,25
	V	**120,91**	142,91	109,25
	VI	**133,00**	142,91	109,25
1 193,99	I,IV	**4,91**	143,25	109,50
	II		143,25	109,50
	III		143,25	109,50
	V	**121,25**	143,25	109,50
	VI	**133,33**	143,25	109,50
1 196,99	I,IV	**5,25**	143,58	109,75
	II		143,58	109,75
	III		143,58	109,75
	V	**121,58**	143,58	109,75
	VI	**133,66**	143,58	109,75
1 199,99	I,IV	**5,66**	143,91	110,08
	II		143,91	110,08
	III		143,91	110,08
	V	**121,91**	143,91	110,08
	VI	**134,33**	143,91	110,08
1 202,99	I,IV	**6,00**	144,33	110,33
	II		144,33	110,33
	III		144,33	110,33
	V	**122,25**	144,33	110,33
	VI	**135,33**	144,33	110,33
1 205,99	I,IV	**6,33**	144,66	110,58
	II		144,66	110,58
	III		144,66	110,58
	V	**122,58**	144,66	110,58
	VI	**136,25**	144,66	110,58
1 208,99	I,IV	**6,75**	145,00	110,91
	II		145,00	110,91
	III		145,00	110,91
	V	**122,91**	145,00	110,91
	VI	**137,33**	145,00	110,91
1 211,99	I,IV	**7,08**	145,41	111,16
	II		145,41	111,16
	III		145,41	111,16
	V	**123,25**	145,41	111,16
	VI	**138,33**	145,41	111,16
1 214,99	I,IV	**7,50**	145,75	111,41
	II		145,75	111,41
	III		145,75	111,41
	V	**123,66**	145,75	111,41
	VI	**139,33**	145,75	111,41
1 217,99	I,IV	**7,83**	146,08	111,75
	II		146,08	111,75
	III		146,08	111,75
	V	**123,91**	146,08	111,75
	VI	**140,33**	146,08	111,75
1 220,99	I,IV	**8,16**	146,50	112,00
	II		146,50	112,00
	III		146,50	112,00
	V	**124,25**	146,50	112,00
	VI	**141,33**	146,50	112,00
1 223,99	I,IV	**8,58**	146,83	112,25
	II		146,83	112,25
	III		146,83	112,25
	V	**124,66**	146,83	112,25
	VI	**142,33**	146,83	112,25

* Zur LSt-Berechnung für privat versicherte Arbeitnehmer s. Beispiele **Vorbemerkung S. 4 f.**
** Basisvorsorgepauschale KV und PV *** Typisierter Arbeitgeberzuschuss

Lohn/ Gehalt in € bis	Steuerklasse	Lohn-steuer*	BVSP**	TAGZ***
1 226,99	I,IV	**8,91**	147,16	112,50
	II		147,16	112,50
	III		147,16	112,50
	V	**125,00**	147,16	112,50
	VI	**143,33**	147,16	112,50
1 229,99	I,IV	**9,33**	147,58	112,83
	II		147,58	112,83
	III		147,58	112,83
	V	**125,33**	147,58	112,83
	VI	**144,33**	147,58	112,83
1 232,99	I,IV	**9,66**	147,91	113,08
	II		147,91	113,08
	III		147,91	113,08
	V	**125,66**	147,91	113,08
	VI	**145,33**	147,91	113,08
1 235,99	I,IV	**10,08**	148,25	113,33
	II		148,25	113,33
	III		148,25	113,33
	V	**126,00**	148,25	113,33
	VI	**146,33**	148,25	113,33
1 238,99	I,IV	**10,41**	148,66	113,66
	II		148,66	113,66
	III		148,66	113,66
	V	**126,33**	148,66	113,66
	VI	**147,41**	148,66	113,66
1 241,99	I,IV	**10,83**	149,00	113,91
	II		149,00	113,91
	III		149,00	113,91
	V	**126,66**	149,00	113,91
	VI	**148,33**	149,00	113,91
1 244,99	I,IV	**11,16**	149,33	114,16
	II		149,33	114,16
	III		149,33	114,16
	V	**127,00**	149,33	114,16
	VI	**149,41**	149,33	114,16
1 247,99	I,IV	**11,58**	149,75	114,50
	II		149,75	114,50
	III		149,75	114,50
	V	**127,33**	149,75	114,50
	VI	**150,41**	149,75	114,50
1 250,99	I,IV	**11,91**	150,08	114,75
	II		150,08	114,75
	III		150,08	114,75
	V	**127,66**	150,08	114,75
	VI	**151,41**	150,08	114,75
1 253,99	I,IV	**12,33**	150,41	115,00
	II		150,41	115,00
	III		150,41	115,00
	V	**128,00**	150,41	115,00
	VI	**152,41**	150,41	115,00
1 256,99	I,IV	**12,66**	150,83	115,25
	II		150,83	115,25
	III		150,83	115,25
	V	**128,33**	150,83	115,25
	VI	**153,41**	150,83	115,25
1 259,99	I,IV	**13,08**	151,16	115,58
	II		151,16	115,58
	III		151,16	115,58
	V	**128,66**	151,16	115,58
	VI	**154,41**	151,16	115,58

Lohn/ Gehalt in € bis	Steuerklasse	Lohn-steuer*	BVSP**	TAGZ***
1 262,99	I,IV	**13,50**	151,50	115,83
	II		151,50	115,83
	III		151,50	115,83
	V	**129,00**	151,50	115,83
	VI	**155,41**	151,50	115,83
1 265,99	I,IV	**13,83**	151,91	116,08
	II		151,91	116,08
	III		151,91	116,08
	V	**129,33**	151,91	116,08
	VI	**156,41**	151,91	116,08
1 268,99	I,IV	**14,25**	152,25	116,41
	II		152,25	116,41
	III		152,25	116,41
	V	**129,66**	152,25	116,41
	VI	**157,41**	152,25	116,41
1 271,99	I,IV	**14,66**	152,58	116,66
	II		152,58	116,66
	III		152,58	116,66
	V	**130,00**	152,58	116,66
	VI	**158,41**	152,58	116,66
1 274,99	I,IV	**15,00**	152,91	116,91
	II		152,91	116,91
	III		152,91	116,91
	V	**130,33**	152,91	116,91
	VI	**159,41**	152,91	116,91
1 277,99	I,IV	**15,41**	153,33	117,25
	II		153,33	117,25
	III		153,33	117,25
	V	**130,66**	153,33	117,25
	VI	**160,41**	153,33	117,25
1 280,99	I,IV	**15,83**	153,66	117,50
	II		153,66	117,50
	III		153,66	117,50
	V	**131,00**	153,66	117,50
	VI	**161,41**	153,66	117,50
1 283,99	I,IV	**16,25**	154,00	117,75
	II		154,00	117,75
	III		154,00	117,75
	V	**131,33**	154,00	117,75
	VI	**162,50**	154,00	117,75
1 286,99	I,IV	**16,58**	154,41	118,00
	II		154,41	118,00
	III		154,41	118,00
	V	**131,66**	154,41	118,00
	VI	**163,41**	154,41	118,00
1 289,99	I,IV	**17,00**	154,75	118,33
	II		154,75	118,33
	III		154,75	118,33
	V	**132,00**	154,75	118,33
	VI	**164,50**	154,75	118,33
1 292,99	I,IV	**17,41**	155,08	118,58
	II		155,08	118,58
	III		155,08	118,58
	V	**132,33**	155,08	118,58
	VI	**165,50**	155,08	118,58
1 295,99	I,IV	**17,83**	155,50	118,83
	II		155,50	118,83
	III		155,50	118,83
	V	**132,66**	155,50	118,83
	VI	**166,50**	155,50	118,83

* Zur LSt-Berechnung für privat versicherte Arbeitnehmer s. Beispiele **Vorbemerkung S. 4 f.**
** Basisvorsorgepauschale KV und PV *** Typisierter Arbeitgeberzuschuss

Lohn/ Gehalt in € bis	Steuerklasse	**Lohn-steuer***	BVSP**	TAGZ***	Steuerklasse	Bemessungsgrundlage für Kirchensteuer und Solidaritätszuschlag					
						Freibeträge für ... Kinder					
						0,5	**1,0**	1,5	**2,0**	2,5	**3,0**
1 298,99	I,IV	**18,25**	155,83	119,16	I						
	II		155,83	119,16	II						
	III		155,83	119,16	III						
	V	**133,00**	155,83	119,16	IV						
	VI	**167,50**	155,83	119,16							
1 301,99	I,IV	**18,66**	156,16	119,41	I						
	II		156,16	119,41	II						
	III		156,16	119,41	III						
	V	**133,33**	156,16	119,41	IV						
	VI	**168,50**	156,16	119,41							
1 304,99	I,IV	**19,00**	156,58	119,66	I						
	II		156,58	119,66	II						
	III		156,58	119,66	III						
	V	**133,66**	156,58	119,66	IV						
	VI	**169,50**	156,58	119,66							
1 307,99	I,IV	**19,41**	156,91	120,00	I						
	II		156,91	120,00	II						
	III		156,91	120,00	III						
	V	**134,25**	156,91	120,00	IV						
	VI	**170,50**	156,91	120,00							
1 310,99	I,IV	**19,83**	157,25	120,25	I						
	II		157,25	120,25	II						
	III		157,25	120,25	III						
	V	**135,25**	157,25	120,25	IV						
	VI	**171,50**	157,25	120,25							
1 313,99	I,IV	**20,25**	157,66	120,50	I						
	II		157,66	120,50	II						
	III		157,66	120,50	III						
	V	**136,25**	157,66	120,50	IV						
	VI	**172,50**	157,66	120,50							
1 316,99	I,IV	**20,66**	158,00	120,83	I						
	II		158,00	120,83	II						
	III		158,00	120,83	III						
	V	**137,25**	158,00	120,83	IV						
	VI	**173,50**	158,00	120,83							
1 319,99	I,IV	**21,08**	158,33	121,08	I						
	II		158,33	121,08	II						
	III		158,33	121,08	III						
	V	**138,25**	158,33	121,08	IV						
	VI	**174,58**	158,33	121,08							
1 322,99	I,IV	**21,58**	158,33	121,33	I						
	II		158,33	121,33	II						
	III		158,75	121,33	III						
	V	**139,41**	158,33	121,33	IV						
	VI	**175,66**	158,33	121,33							
1 325,99	I,IV	**22,08**	158,33	121,58	I						
	II		158,33	121,58	II						
	III		159,08	121,58	III						
	V	**140,58**	158,33	121,58	IV						
	VI	**176,83**	158,33	121,58							
1 328,99	I,IV	**22,50**	158,33	121,91	I						
	II		158,33	121,91	II						
	III		159,41	121,91	III						
	V	**141,75**	158,33	121,91	IV						
	VI	**178,00**	158,33	121,91							
1 331,99	I,IV	**23,00**	158,33	122,16	I						
	II		158,33	122,16	II						
	III		159,83	122,16	III						
	V	**142,91**	158,33	122,16	IV						
	VI	**179,16**	158,33	122,16							

* Zur LSt-Berechnung für privat versicherte Arbeitnehmer s. Beispiele **Vorbemerkung S. 4 f.**
** Basisvorsorgepauschale KV und PV *** Typisierter Arbeitgeberzuschuss

Lohn/ Gehalt in € bis	Steuerklasse	Lohn- steuer*	BVSP**	TAGZ***	Steuerklasse	Bemessungsgrundlage für Kirchensteuer und Solidaritätszuschlag					
						Freibeträge für ... Kinder					
						0,5	**1,0**	1,5	**2,0**	2,5	**3,0**
1 334,99	I,IV	**23,50**	158,33	122,41	I						
	II		158,33	122,41	II						
	III		160,16	122,41	III						
	V	**144,08**	158,33	122,41	IV						
	VI	**180,33**	158,33	122,41							
1 337,99	I,IV	**24,00**	158,33	122,75	I						
	II		158,33	122,75	II						
	III		160,50	122,75	III						
	V	**145,25**	158,33	122,75	IV						
	VI	**181,50**	158,33	122,75							
1 340,99	I,IV	**24,50**	158,33	123,00	I						
	II		158,33	123,00	II						
	III		160,91	123,00	III						
	V	**146,41**	158,33	123,00	IV						
	VI	**182,66**	158,33	123,00							
1 343,99	I,IV	**25,00**	158,33	123,25	I						
	II		158,33	123,25	II						
	III		161,25	123,25	III						
	V	**147,58**	158,33	123,25	IV						
	VI	**183,83**	158,33	123,25							
1 346,99	I,IV	**25,41**	158,33	123,58	I						
	II		158,33	123,58	II						
	III		161,58	123,58	III						
	V	**148,75**	158,33	123,58	IV						
	VI	**185,00**	158,33	123,58							
1 349,99	I,IV	**25,91**	158,33	123,83	I						
	II		158,33	123,83	II						
	III		161,91	123,83	III						
	V	**149,83**	158,33	123,83	IV						
	VI	**186,16**	158,33	123,83							
1 352,99	I,IV	**26,41**	158,33	124,08	I						
	II		158,33	124,08	II						
	III		162,33	124,08	III						
	V	**151,00**	158,33	124,08	IV						
	VI	**187,25**	158,33	124,08							
1 355,99	I,IV	**26,91**	158,33	124,33	I						
	II		158,33	124,33	II						
	III		162,66	124,33	III						
	V	**152,16**	158,33	124,33	IV						
	VI	**188,41**	158,33	124,33							
1 358,99	I,IV	**27,41**	158,33	124,66	I						
	II		158,33	124,66	II						
	III		163,00	124,66	III						
	V	**153,33**	158,33	124,66	IV						
	VI	**189,58**	158,33	124,66							
1 361,99	I,IV	**27,91**	158,33	124,91	I						
	II		158,33	124,91	II						
	III		163,41	124,91	III						
	V	**154,50**	158,33	124,91	IV						
	VI	**190,75**	158,33	124,91							
1 364,99	I,IV	**28,41**	158,33	125,16	I						
	II		158,33	125,16	II						
	III		163,75	125,16	III						
	V	**155,66**	158,33	125,16	IV	0,16					
	VI	**191,91**	158,33	125,16							
1 367,99	I,IV	**28,91**	158,33	125,50	I						
	II		158,33	125,50	II						
	III		164,08	125,50	III						
	V	**156,83**	158,33	125,50	IV	0,58					
	VI	**193,08**	158,33	125,50							

* Zur LSt-Berechnung für privat versicherte Arbeitnehmer s. Beispiele **Vorbemerkung S. 4 f.**
** Basisvorsorgepauschale KV und PV *** Typisierter Arbeitgeberzuschuss

Lohn/ Gehalt in € bis	Steuerklasse	Lohn-steuer*	BVSP**	TAGZ***	Steuerklasse	Bemessungsgrundlage für Kirchensteuer und Solidaritätszuschlag – Freibeträge für ... Kinder 0,5	**1,0**	1,5	**2,0**	2,5	**3,0**
1 370,99	I,IV	**29,41**	158,33	125,75	I						
	II		158,33	125,75	II						
	III		164,50	125,75	III						
	V	**157,91**	158,33	125,75	IV	1,00					
	VI	**194,25**	158,33	125,75							
1 373,99	I,IV	**29,91**	158,33	126,00	I						
	II		158,33	126,00	II						
	III		164,83	126,00	III						
	V	**159,08**	158,33	126,00	IV	1,33					
	VI	**195,33**	158,33	126,00							
1 376,99	I,IV	**30,50**	158,33	126,33	I						
	II		158,33	126,33	II						
	III		165,16	126,33	III						
	V	**160,25**	158,33	126,33	IV	1,75					
	VI	**196,50**	158,33	126,33							
1 379,99	I,IV	**31,00**	158,33	126,58	I						
	II		158,33	126,58	II						
	III		165,58	126,58	III						
	V	**161,41**	158,33	126,58	IV	2,16					
	VI	**197,66**	158,33	126,58							
1 382,99	I,IV	**31,50**	158,33	126,83	I						
	II		158,33	126,83	II						
	III		165,91	126,83	III						
	V	**162,58**	158,33	126,83	IV	2,58					
	VI	**198,83**	158,33	126,83							
1 385,99	I,IV	**32,00**	158,33	127,08	I						
	II		158,33	127,08	II						
	III		166,25	127,08	III						
	V	**163,75**	158,33	127,08	IV	2,91					
	VI	**200,00**	158,33	127,08							
1 388,99	I,IV	**32,50**	158,33	127,41	I						
	II		158,33	127,41	II						
	III		166,66	127,41	III						
	V	**164,91**	158,33	127,41	IV	3,33					
	VI	**201,16**	158,33	127,41							
1 391,99	I,IV	**33,00**	158,33	127,66	I						
	II		158,33	127,66	II						
	III		167,00	127,66	III						
	V	**166,00**	158,33	127,66	IV	3,75					
	VI	**202,33**	158,33	127,66							
1 394,99	I,IV	**33,58**	158,33	127,91	I						
	II		158,33	127,91	II						
	III		167,33	127,91	III						
	V	**167,25**	158,33	127,91	IV	4,16					
	VI	**203,50**	158,33	127,91							
1 397,99	I,IV	**34,08**	158,33	128,25	I						
	II		158,33	128,25	II						
	III		167,75	128,25	III						
	V	**168,41**	158,33	128,25	IV	4,58					
	VI	**204,66**	158,33	128,25							
1 400,99	I,IV	**34,58**	158,33	128,50	I						
	II		158,33	128,50	II						
	III		168,08	128,50	III						
	V	**169,50**	158,33	128,50	IV	5,00					
	VI	**205,83**	158,33	128,50							
1 403,99	I,IV	**35,16**	158,33	128,75	I						
	II		158,33	128,75	II						
	III		168,41	128,75	III						
	V	**170,66**	158,33	128,75	IV	5,41					
	VI	**206,91**	158,33	128,75							

* Zur LSt-Berechnung für privat versicherte Arbeitnehmer s. Beispiele **Vorbemerkung S. 4 f.**
** Basisvorsorgepauschale KV und PV *** Typisierter Arbeitgeberzuschuss

Lohn/ Gehalt in € bis	Steuerklasse	Lohn-steuer*	BVSP**	TAGZ***	Steuerklasse	Bemessungsgrundlage für Kirchensteuer und Solidaritätszuschlag – Freibeträge für ... Kinder 0,5	1,0	1,5	2,0	2,5	3,0
1 406,99	I,IV	**35,66**	158,33	129,08	I						
	II		158,33	129,08	II						
	III		168,83	129,08	III						
	V	**171,83**	158,33	129,08	IV	5,83					
	VI	**208,08**	158,33	129,08							
1 409,99	I,IV	**36,16**	158,33	129,33	I						
	II		158,33	129,33	II						
	III		169,16	129,33	III						
	V	**173,00**	158,33	129,33	IV	6,25					
	VI	**209,25**	158,33	129,33							
1 412,99	I,IV	**36,75**	158,33	129,58	I						
	II		158,33	129,58	II						
	III		169,50	129,58	III						
	V	**174,16**	158,33	129,58	IV	6,66					
	VI	**210,41**	158,33	129,58							
1 415,99	I,IV	**37,25**	158,33	129,91	I						
	II		158,33	129,91	II						
	III		169,91	129,91	III						
	V	**175,33**	158,33	129,91	IV	7,08					
	VI	**211,58**	158,33	129,91							
1 418,99	I,IV	**37,83**	158,33	130,16	I						
	II		158,33	130,16	II						
	III		170,25	130,16	III						
	V	**176,50**	158,33	130,16	IV	7,50					
	VI	**212,75**	158,33	130,16							
1 421,99	I,IV	**38,33**	158,33	130,41	I						
	II		158,33	130,41	II						
	III		170,58	130,41	III						
	V	**177,66**	158,33	130,41	IV	7,91					
	VI	**213,91**	158,33	130,41							
1 424,99	I,IV	**38,83**	158,33	130,66	I						
	II		158,33	130,66	II						
	III		170,91	130,66	III						
	V	**178,75**	158,33	130,66	IV	8,33					
	VI	**215,00**	158,33	130,66							
1 427,99	I,IV	**39,41**	158,33	131,00	I						
	II		158,33	131,00	II						
	III		171,33	131,00	III						
	V	**179,91**	158,33	131,00	IV	8,75					
	VI	**216,16**	158,33	131,00							
1 430,99	I,IV	**39,91**	158,33	131,25	I						
	II		158,33	131,25	II						
	III		171,66	131,25	III						
	V	**181,08**	158,33	131,25	IV	9,16					
	VI	**217,33**	158,33	131,25							
1 433,99	I,IV	**40,50**	158,33	131,50	I						
	II		158,33	131,50	II						
	III		172,00	131,50	III						
	V	**182,25**	158,33	131,50	IV	9,58					
	VI	**218,50**	158,33	131,50							
1 436,99	I,IV	**41,08**	158,33	131,83	I						
	II		158,33	131,83	II						
	III		172,41	131,83	III						
	V	**183,41**	158,33	131,83	IV	10,00					
	VI	**219,66**	158,33	131,83							
1 439,99	I,IV	**41,58**	158,33	132,08	I						
	II		158,33	132,08	II						
	III		172,75	132,08	III						
	V	**184,58**	158,33	132,08	IV	10,41					
	VI	**220,83**	158,33	132,08							

* Zur LSt-Berechnung für privat versicherte Arbeitnehmer s. Beispiele **Vorbemerkung S. 4 f.**
** Basisvorsorgepauschale KV und PV *** Typisierter Arbeitgeberzuschuss

Lohn/ Gehalt in € bis	Steuerklasse	**Lohn-steuer***	BVSP**	TAGZ***	Steuerklasse	Bemessungsgrundlage für Kirchensteuer und Solidaritätszuschlag — Freibeträge für ... Kinder 0,5	**1,0**	1,5	**2,0**	2,5	**3,0**
1442,99	I,IV	**42,16**	158,33	132,33	I						
	II		158,33	132,33	II						
	III		173,08	132,33	III						
	V	**185,75**	158,33	132,33	IV	10,91					
	VI	**222,00**	158,33	132,33							
1445,99	I,IV	**42,66**	158,33	132,66	I						
	II		158,33	132,66	II						
	III		173,50	132,66	III						
	V	**186,83**	158,33	132,66	IV	11,33					
	VI	**223,16**	158,33	132,66							
1448,99	I,IV	**43,25**	158,33	132,91	I						
	II		158,33	132,91	II						
	III		173,83	132,91	III						
	V	**188,00**	158,33	132,91	IV	11,75					
	VI	**224,25**	158,33	132,91							
1451,99	I,IV	**43,83**	158,33	133,16	I						
	II		158,33	133,16	II						
	III		174,16	133,16	III						
	V	**189,25**	158,33	133,16	IV	12,16					
	VI	**225,50**	158,33	133,16							
1454,99	I,IV	**44,33**	158,33	133,41	I						
	II		158,33	133,41	II						
	III		174,58	133,41	III						
	V	**190,33**	158,33	133,41	IV	12,66					
	VI	**226,66**	158,33	133,41							
1457,99	I,IV	**44,91**	158,33	133,75	I						
	II		158,33	133,75	II						
	III		174,91	133,75	III						
	V	**191,50**	158,33	133,75	IV	13,08					
	VI	**227,75**	158,33	133,75							
1460,99	I,IV	**45,50**	158,33	134,00	I						
	II		158,33	134,00	II						
	III		175,25	134,00	III						
	V	**192,66**	158,33	134,00	IV	13,50					
	VI	**228,91**	158,33	134,00							
1463,99	I,IV	**46,08**	158,33	134,25	I						
	II		158,33	134,25	II						
	III		175,66	134,25	III						
	V	**193,83**	158,33	134,25	IV	14,00					
	VI	**230,08**	158,33	134,25							
1466,99	I,IV	**46,58**	158,33	134,58	I						
	II		158,33	134,58	II						
	III		176,00	134,58	III						
	V	**195,00**	158,33	134,58	IV	14,41					
	VI	**231,25**	158,33	134,58							
1469,99	I,IV	**47,16**	158,33	134,83	I						
	II		158,33	134,83	II						
	III		176,33	134,83	III						
	V	**196,16**	158,33	134,83	IV	14,83					
	VI	**232,41**	158,33	134,83							
1472,99	I,IV	**47,75**	158,33	135,08	I						
	II		158,33	135,08	II						
	III		176,75	135,08	III						
	V	**197,33**	158,33	135,08	IV	15,33					
	VI	**233,58**	158,33	135,08							
1475,99	I,IV	**48,33**	158,33	135,41	I						
	II		158,33	135,41	II						
	III		177,08	135,41	III						
	V	**198,41**	158,33	135,41	IV	15,75					
	VI	**234,75**	158,33	135,41							

* Zur LSt-Berechnung für privat versicherte Arbeitnehmer s. Beispiele **Vorbemerkung S. 4f.**
** Basisvorsorgepauschale KV und PV *** Typisierter Arbeitgeberzuschuss

Lohn/ Gehalt in € bis	Steuerklasse	Lohn-steuer*	BVSP**	TAGZ***	Steuerklasse	Bemessungsgrundlage für Kirchensteuer und Solidaritätszuschlag					
						Freibeträge für ... Kinder					
						0,5	**1,0**	1,5	**2,0**	2,5	**3,0**
1 478,99	I,IV	**48,91**	158,33	135,66	I						
	II		158,33	135,66	II						
	III		177,41	135,66	III						
	V	**199,58**	158,33	135,66	IV	16,25					
	VI	**235,83**	158,33	135,66							
1 481,99	I,IV	**49,50**	158,33	135,91	I						
	II		158,33	135,91	II						
	III		177,83	135,91	III						
	V	**200,75**	158,33	135,91	IV	16,66					
	VI	**237,00**	158,33	135,91							
1 484,99	I,IV	**50,00**	158,33	136,16	I						
	II		158,33	136,16	II						
	III		178,16	136,16	III						
	V	**201,91**	158,33	136,16	IV	17,16					
	VI	**238,16**	158,33	136,16							
1 487,99	I,IV	**50,58**	158,33	136,50	I						
	II		158,33	136,50	II						
	III		178,50	136,50	III						
	V	**203,08**	158,33	136,50	IV	17,58					
	VI	**239,33**	158,33	136,50							
1 490,99	I,IV	**51,16**	158,33	136,75	I						
	II		158,33	136,75	II						
	III		178,91	136,75	III						
	V	**204,25**	158,33	136,75	IV	18,08					
	VI	**240,50**	158,33	136,75							
1 493,99	I,IV	**51,75**	158,33	137,00	I						
	II		158,33	137,00	II						
	III		179,25	137,00	III						
	V	**205,41**	158,33	137,00	IV	18,50					
	VI	**241,66**	158,33	137,00							
1 496,99	I,IV	**52,33**	158,33	137,33	I						
	II		158,33	137,33	II						
	III		179,58	137,33	III						
	V	**206,50**	158,33	137,33	IV	19,00					
	VI	**242,83**	158,33	137,33							
1 499,99	I,IV	**52,91**	158,33	137,58	I						
	II		158,33	137,58	II						
	III		179,91	137,58	III						
	V	**207,66**	158,33	137,58	IV	19,50					
	VI	**243,91**	158,33	137,58							
1 502,99	I,IV	**53,50**	158,33	137,83	I						
	II		158,33	137,83	II						
	III		180,33	137,83	III						
	V	**208,83**	158,33	137,83	IV	19,91					
	VI	**245,08**	158,33	137,83							
1 505,99	I,IV	**54,08**	158,33	138,16	I						
	II		158,33	138,16	II						
	III		180,66	138,16	III						
	V	**210,00**	158,33	138,16	IV	20,41					
	VI	**246,25**	158,33	138,16							
1 508,99	I,IV	**54,75**	158,33	138,41	I						
	II		158,33	138,41	II						
	III		181,00	138,41	III						
	V	**211,16**	158,33	138,41	IV	20,91					
	VI	**247,41**	158,33	138,41							
1 511,99	I,IV	**55,33**	158,33	138,66	I						
	II		158,33	138,66	II						
	III		181,41	138,66	III						
	V	**212,33**	158,33	138,66	IV	21,33					
	VI	**248,58**	158,33	138,66							

* Zur LSt-Berechnung für privat versicherte Arbeitnehmer s. Beispiele **Vorbemerkung S. 4 f.**
** Basisvorsorgepauschale KV und PV *** Typisierter Arbeitgeberzuschuss

Lohn/ Gehalt in € bis	Steuerklasse	Lohn-steuer*	BVSP**	TAGZ***	Steuerklasse	Bemessungsgrundlage für Kirchensteuer und Solidaritätszuschlag					
						Freibeträge für ... Kinder					
						0,5	**1,0**	1,5	**2,0**	2,5	**3,0**
1514,99	I,IV	**55,91**	158,33	139,00	I						
	II		158,33	139,00	II						
	III		181,75	139,00	III						
	V	**213,50**	158,33	139,00	IV	21,83					
	VI	**249,75**	158,33	139,00							
1517,99	I,IV	**56,50**	158,33	139,25	I						
	II		158,33	139,25	II						
	III		182,08	139,25	III						
	V	**214,66**	158,33	139,25	IV	22,33					
	VI	**250,91**	158,33	139,25							
1520,99	I,IV	**57,08**	158,33	139,50	I						
	II		158,33	139,50	II						
	III		182,50	139,50	III						
	V	**215,83**	158,33	139,50	IV	22,83					
	VI	**252,08**	158,33	139,50							
1523,99	I,IV	**57,66**	158,33	139,75	I						
	II		158,33	139,75	II						
	III		182,83	139,75	III						
	V	**217,00**	158,33	139,75	IV	23,25					
	VI	**253,25**	158,33	139,75							
1526,99	I,IV	**58,33**	158,33	140,08	I						
	II		158,33	140,08	II						
	III		183,16	140,08	III						
	V	**218,08**	158,33	140,08	IV	23,75					
	VI	**254,41**	158,33	140,08							
1529,99	I,IV	**58,91**	158,33	140,33	I						
	II		158,33	140,33	II						
	III		183,58	140,33	III						
	V	**219,25**	158,33	140,33	IV	24,25					
	VI	**255,50**	158,33	140,33							
1532,99	I,IV	**59,50**	158,33	140,58	I						
	II		158,33	140,58	II						
	III		183,91	140,58	III						
	V	**220,41**	158,33	140,58	IV	24,75					
	VI	**256,66**	158,33	140,58							
1535,99	I,IV	**60,08**	158,33	140,91	I						
	II		158,33	140,91	II						
	III		184,25	140,91	III						
	V	**221,58**	158,33	140,91	IV	25,25					
	VI	**257,83**	158,33	140,91							
1538,99	I,IV	**60,75**	158,33	141,16	I						
	II	**0,25**	158,33	141,16	II						
	III		184,66	141,16	III						
	V	**222,75**	158,33	141,16	IV	25,75					
	VI	**259,00**	158,33	141,16							
1541,99	I,IV	**61,33**	158,33	141,41	I						
	II	**0,66**	158,33	141,41	II						
	III		185,00	141,41	III						
	V	**223,91**	158,33	141,41	IV	26,25					
	VI	**260,16**	158,33	141,41							
1544,99	I,IV	**61,91**	158,33	141,75	I						
	II	**1,08**	158,33	141,75	II						
	III		185,33	141,75	III						
	V	**225,08**	158,33	141,75	IV	26,75					
	VI	**261,33**	158,33	141,75							
1547,99	I,IV	**62,58**	158,33	142,00	I						
	II	**1,41**	158,33	142,00	II						
	III		185,75	142,00	III						
	V	**226,16**	158,33	142,00	IV	27,25					
	VI	**262,50**	158,33	142,00							

* Zur LSt-Berechnung für privat versicherte Arbeitnehmer s. Beispiele **Vorbemerkung S. 4 f.**
** Basisvorsorgepauschale KV und PV *** Typisierter Arbeitgeberzuschuss

Lohn/ Gehalt in € bis	Steuerklasse	Lohn-steuer*	BVSP**	TAGZ***	Steuerklasse	Bemessungsgrundlage für Kirchensteuer und Solidaritätszuschlag – Freibeträge für ... Kinder 0,5	1,0	1,5	2,0	2,5	3,0
1 550,99	I,IV	**63,16**	158,33	142,25	I						
	II	**1,83**	158,33	142,25	II						
	III		186,08	142,25	III						
	V	**227,33**	158,33	142,25	IV	27,75					
	VI	**263,58**	158,33	142,25							
1 553,99	I,IV	**63,75**	158,33	142,50	I						
	II	**2,25**	158,33	142,50	II						
	III		186,41	142,50	III						
	V	**228,50**	158,33	142,50	IV	28,25					
	VI	**264,75**	158,33	142,50							
1 556,99	I,IV	**64,41**	158,33	142,83	I	0,41					
	II	**2,66**	158,33	142,83	II						
	III		186,83	142,83	III						
	V	**229,66**	158,33	142,83	IV	28,75	0,41				
	VI	**265,91**	158,33	142,83							
1 559,99	I,IV	**65,00**	158,33	143,08	I	0,83					
	II	**3,00**	158,33	143,08	II						
	III		187,16	143,08	III						
	V	**230,83**	158,33	143,08	IV	29,25	0,83				
	VI	**267,08**	158,33	143,08							
1 562,99	I,IV	**65,66**	158,33	143,33	I	1,16					
	II	**3,41**	158,33	143,33	II						
	III		187,50	143,33	III						
	V	**232,00**	158,33	143,33	IV	29,75	1,16				
	VI	**268,25**	158,33	143,33							
1 565,99	I,IV	**66,33**	158,33	143,66	I	1,58					
	II	**3,83**	158,33	143,66	II						
	III		187,91	143,66	III						
	V	**233,16**	158,33	143,66	IV	30,25	1,58				
	VI	**269,41**	158,33	143,66							
1 568,99	I,IV	**66,91**	158,33	143,91	I	2,00					
	II	**4,25**	158,33	143,91	II						
	III		188,25	143,91	III						
	V	**234,33**	158,33	143,91	IV	30,75	2,00				
	VI	**270,58**	158,33	143,91							
1 571,99	I,IV	**67,58**	158,33	144,16	I	2,41					
	II	**4,66**	158,33	144,16	II						
	III		188,58	144,16	III						
	V	**235,50**	158,33	144,16	IV	31,25	2,41				
	VI	**271,75**	158,33	144,16							
1 574,99	I,IV	**68,16**	158,33	144,50	I	2,75					
	II	**5,08**	158,33	144,50	II						
	III		188,91	144,50	III						
	V	**236,66**	158,33	144,50	IV	31,75	2,75				
	VI	**272,91**	158,33	144,50							
1 577,99	I,IV	**68,83**	158,33	144,75	I	3,16					
	II	**5,50**	158,33	144,75	II						
	III		189,33	144,75	III						
	V	**237,75**	158,33	144,75	IV	32,33	3,16				
	VI	**274,08**	158,33	144,75							
1 580,99	I,IV	**69,41**	158,33	145,00	I	3,58					
	II	**5,91**	158,33	145,00	II						
	III		189,66	145,00	III						
	V	**238,91**	158,33	145,00	IV	32,83	3,58				
	VI	**275,16**	158,33	145,00							
1 583,99	I,IV	**70,08**	158,33	145,25	I	4,00					
	II	**6,25**	158,33	145,25	II						
	III		190,00	145,25	III						
	V	**240,08**	158,33	145,25	IV	33,33	4,00				
	VI	**276,33**	158,33	145,25							

* Zur LSt-Berechnung für privat versicherte Arbeitnehmer s. Beispiele **Vorbemerkung S. 4 f.**
** Basisvorsorgepauschale KV und PV *** Typisierter Arbeitgeberzuschuss

Lohn/ Gehalt in € bis	Steuerklasse	Lohn- steuer*	BVSP**	TAGZ***	Steuerklasse	Bemessungsgrundlage für Kirchensteuer und Solidaritätszuschlag					
						Freibeträge für ... Kinder					
						0,5	**1,0**	1,5	**2,0**	2,5	**3,0**
1 586,99	I,IV	**70,75**	158,33	145,58	I	4,41					
	II	**6,66**	158,33	145,58	II						
	III		190,41	145,58	III						
	V	**241,25**	158,33	145,58	IV	33,83	4,41				
	VI	**277,50**	158,33	145,58							
1 589,99	I,IV	**71,33**	158,33	145,83	I	4,83					
	II	**7,08**	158,33	145,83	II						
	III		190,75	145,83	III						
	V	**242,41**	158,33	145,83	IV	34,41	4,83				
	VI	**278,66**	158,33	145,83							
1 592,99	I,IV	**72,00**	158,33	146,08	I	5,16					
	II	**7,50**	158,33	146,08	II						
	III		191,08	146,08	III						
	V	**243,58**	158,33	146,08	IV	34,91	5,16				
	VI	**279,83**	158,33	146,08							
1 595,99	I,IV	**72,66**	158,33	146,41	I	5,58					
	II	**8,00**	158,33	146,41	II						
	III		191,50	146,41	III						
	V	**244,75**	158,33	146,41	IV	35,41	5,58				
	VI	**281,00**	158,33	146,41							
1 598,99	I,IV	**73,25**	158,33	146,66	I	6,00					
	II	**8,41**	158,33	146,66	II						
	III		191,83	146,66	III						
	V	**245,91**	158,33	146,66	IV	35,91	6,00				
	VI	**282,16**	158,33	146,66							
1 601,99	I,IV	**73,91**	158,33	146,91	I	6,41					
	II	**8,83**	158,33	146,91	II						
	III		192,16	146,91	III						
	V	**247,00**	158,33	146,91	IV	36,50	6,41				
	VI	**283,25**	158,33	146,91							
1 604,99	I,IV	**74,58**	158,33	147,25	I	6,83					
	II	**9,25**	158,33	147,25	II						
	III		192,58	147,25	III						
	V	**248,16**	158,33	147,25	IV	37,00	6,83				
	VI	**284,41**	158,33	147,25							
1 607,99	I,IV	**75,25**	158,33	147,50	I	7,25					
	II	**9,66**	158,33	147,50	II						
	III		192,91	147,50	III						
	V	**249,33**	158,33	147,50	IV	37,58	7,25				
	VI	**285,58**	158,33	147,50							
1 610,99	I,IV	**75,91**	158,33	147,75	I	7,66					
	II	**10,08**	158,33	147,75	II						
	III		193,25	147,75	III						
	V	**250,50**	158,33	147,75	IV	38,08	7,66				
	VI	**286,75**	158,33	147,75							
1 613,99	I,IV	**76,50**	158,33	148,08	I	8,08					
	II	**10,50**	158,33	148,08	II						
	III		193,66	148,08	III						
	V	**251,66**	158,33	148,08	IV	38,66	8,08				
	VI	**287,91**	158,33	148,08							
1 616,99	I,IV	**77,16**	158,33	148,33	I	8,50					
	II	**10,91**	158,33	148,33	II						
	III		194,00	148,33	III						
	V	**252,83**	158,33	148,33	IV	39,16	8,50				
	VI	**289,08**	158,33	148,33							
1 619,99	I,IV	**77,83**	158,33	148,58	I	9,00					
	II	**11,41**	158,33	148,58	II						
	III		194,33	148,58	III						
	V	**254,00**	158,33	148,58	IV	39,75	9,00				
	VI	**290,25**	158,33	148,58							

* Zur LSt-Berechnung für privat versicherte Arbeitnehmer s. Beispiele **Vorbemerkung S. 4f.**
** Basisvorsorgepauschale KV und PV *** Typisierter Arbeitgeberzuschuss

Lohn/ Gehalt in € bis	Steuerklasse	**Lohn-steuer***	BVSP**	TAGZ***	Steuerklasse	Bemessungsgrundlage für Kirchensteuer und Solidaritätszuschlag — Freibeträge für ... Kinder 0,5	**1,0**	1,5	**2,0**	2,5	**3,0**
1 622,99	I,IV	**78,50**	158,33	148,83	I	9,41					
	II	**11,83**	158,33	148,83	II						
	III		194,75	148,83	III						
	V	**255,16**	158,33	148,83	IV	40,25	9,41				
	VI	**291,41**	158,33	148,83							
1 625,99	I,IV	**79,16**	158,33	149,16	I	9,83					
	II	**12,25**	158,33	149,16	II						
	III		195,08	149,16	III						
	V	**256,33**	158,33	149,16	IV	40,83	9,83				
	VI	**292,58**	158,33	149,16							
1 628,99	I,IV	**79,83**	158,33	149,41	I	10,25					
	II	**12,75**	158,33	149,41	II						
	III		195,41	149,41	III						
	V	**257,50**	158,33	149,41	IV	41,33	10,25				
	VI	**293,75**	158,33	149,41							
1 631,99	I,IV	**80,50**	158,33	149,66	I	10,66					
	II	**13,16**	158,33	149,66	II						
	III		195,83	149,66	III						
	V	**258,58**	158,33	149,66	IV	41,91	10,66				
	VI	**294,91**	158,33	149,66							
1 634,99	I,IV	**81,16**	158,33	150,00	I	11,16					
	II	**13,58**	158,33	150,00	II						
	III		196,16	150,00	III						
	V	**259,75**	158,33	150,00	IV	42,41	11,16				
	VI	**296,00**	158,33	150,00							
1 637,99	I,IV	**81,83**	158,33	150,25	I	11,58					
	II	**14,08**	158,33	150,25	II						
	III		196,50	150,25	III						
	V	**260,91**	158,33	150,25	IV	43,00	11,58				
	VI	**297,16**	158,33	150,25							
1 640,99	I,IV	**82,50**	158,33	150,50	I	12,00					
	II	**14,50**	158,33	150,50	II						
	III		196,91	150,50	III						
	V	**262,08**	158,33	150,50	IV	43,58	12,00				
	VI	**298,33**	158,33	150,50							
1 643,99	I,IV	**83,16**	158,33	150,83	I	12,41					
	II	**14,91**	158,33	150,83	II						
	III		197,25	150,83	III						
	V	**263,25**	158,33	150,83	IV	44,08	12,41				
	VI	**299,50**	158,33	150,83							
1 646,99	I,IV	**83,83**	158,33	151,08	I	12,91					
	II	**15,41**	158,33	151,08	II						
	III		197,58	151,08	III						
	V	**264,41**	158,33	151,08	IV	44,66	12,91				
	VI	**300,66**	158,33	151,08							
1 649,99	I,IV	**84,50**	158,33	151,33	I	13,33					
	II	**15,83**	158,33	151,33	II						
	III		197,91	151,33	III						
	V	**265,58**	158,33	151,33	IV	45,25	13,33				
	VI	**301,83**	158,33	151,33							
1 652,99	I,IV	**85,16**	158,33	151,58	I	13,75					
	II	**16,33**	158,33	151,58	II						
	III		198,33	151,58	III						
	V	**266,66**	158,33	151,58	IV	45,83	13,75				
	VI	**303,00**	158,33	151,58							
1 655,99	I,IV	**85,83**	158,33	151,91	I	14,25					
	II	**16,75**	158,33	151,91	II						
	III		198,66	151,91	III						
	V	**267,83**	158,33	151,91	IV	46,33	14,25				
	VI	**304,08**	158,33	151,91							

* Zur LSt-Berechnung für privat versicherte Arbeitnehmer s. Beispiele **Vorbemerkung S. 4 f.**
** Basisvorsorgepauschale KV und PV *** Typisierter Arbeitgeberzuschuss

Lohn/ Gehalt in € bis	Steuerklasse	Lohn-steuer*	BVSP**	TAGZ***	Steuerklasse	Bemessungsgrundlage für Kirchensteuer und Solidaritätszuschlag					
						Freibeträge für ... Kinder					
						0,5	**1,0**	1,5	**2,0**	2,5	**3,0**
1 658,99	I,IV	**86,50**	158,33	152,16	I	14,66					
	II	**17,25**	158,33	152,16	II						
	III		199,00	152,16	III						
	V	**269,00**	158,33	152,16	IV	46,91	14,66				
	VI	**305,25**	158,33	152,16							
1 661,99	I,IV	**87,16**	158,33	152,41	I	15,08					
	II	**17,66**	158,33	152,41	II						
	III		199,41	152,41	III						
	V	**270,16**	158,33	152,41	IV	47,50	15,08				
	VI	**306,41**	158,33	152,41							
1 664,99	I,IV	**87,83**	158,33	152,75	I	15,58					
	II	**18,16**	158,33	152,75	II						
	III		199,75	152,75	III						
	V	**271,33**	158,33	152,75	IV	48,08	15,58				
	VI	**307,58**	158,33	152,75							
1 667,99	I,IV	**88,41**	158,33	153,00	I	16,00					
	II	**18,58**	158,33	153,00	II						
	III		200,08	153,00	III						
	V	**272,50**	158,33	153,00	IV	48,66	16,00				
	VI	**308,75**	158,33	153,00							
1 670,99	I,IV	**89,08**	158,33	153,25	I	16,50					
	II	**19,08**	158,33	153,25	II						
	III		200,50	153,25	III						
	V	**273,66**	158,33	153,25	IV	49,16	16,50				
	VI	**309,91**	158,33	153,25							
1 673,99	I,IV	**89,83**	158,33	153,58	I	16,91					
	II	**19,58**	158,33	153,58	II						
	III		200,83	153,58	III						
	V	**274,83**	158,33	153,58	IV	49,83	16,91				
	VI	**311,08**	158,33	153,58							
1 676,99	I,IV	**90,50**	158,33	153,83	I	17,41					
	II	**20,00**	158,33	153,83	II						
	III		201,16	153,83	III						
	V	**276,00**	158,33	153,83	IV	50,33	17,41				
	VI	**312,25**	158,33	153,83							
1 679,99	I,IV	**91,16**	158,33	154,08	I	17,83					
	II	**20,50**	158,33	154,08	II						
	III		201,58	154,08	III						
	V	**277,16**	158,33	154,08	IV	50,91	17,83				
	VI	**313,41**	158,33	154,08							
1 682,99	I,IV	**91,83**	158,33	154,33	I	18,33					
	II	**21,00**	158,33	154,33	II						
	III		201,91	154,33	III						
	V	**278,25**	158,33	154,33	IV	51,50	18,33				
	VI	**314,58**	158,33	154,33							
1 685,99	I,IV	**92,50**	158,33	154,66	I	18,83					
	II	**21,41**	158,33	154,66	II						
	III		202,25	154,66	III						
	V	**279,41**	158,33	154,66	IV	52,08	18,83				
	VI	**315,66**	158,33	154,66							
1 688,99	I,IV	**93,16**	158,33	154,91	I	19,25					
	II	**21,91**	158,33	154,91	II						
	III		202,66	154,91	III						
	V	**280,58**	158,33	154,91	IV	52,66	19,25				
	VI	**316,83**	158,33	154,91							
1 691,99	I,IV	**93,83**	158,33	155,16	I	19,75					
	II	**22,41**	158,33	155,16	II						
	III		203,00	155,16	III						
	V	**281,75**	158,33	155,16	IV	53,25	19,75				
	VI	**318,00**	158,33	155,16							

* Zur LSt-Berechnung für privat versicherte Arbeitnehmer s. Beispiele **Vorbemerkung S. 4f.**
** Basisvorsorgepauschale KV und PV *** Typisierter Arbeitgeberzuschuss

Lohn/ Gehalt in € bis	Steuerklasse	Lohn-steuer*	BVSP**	TAGZ***	Steuerklasse	Bemessungsgrundlage für Kirchensteuer und Solidaritätszuschlag – Freibeträge für ... Kinder 0,5	1,0	1,5	2,0	2,5	3,0
1 694,99	I,IV	**94,50**	158,33	155,50	I	20,16					
	II	**22,91**	158,33	155,50	II						
	III		203,33	155,50	III						
	V	**282,91**	158,33	155,50	IV	53,83	20,16				
	VI	**319,16**	158,33	155,50							
1 697,99	I,IV	**95,16**	158,33	155,75	I	20,66					
	II	**23,33**	158,33	155,75	II						
	III		203,75	155,75	III						
	V	**284,08**	158,33	155,75	IV	54,41	20,66				
	VI	**320,33**	158,33	155,75							
1 700,99	I,IV	**95,83**	158,33	156,00	I	21,16					
	II	**23,83**	158,33	156,00	II						
	III		204,08	156,00	III						
	V	**285,25**	158,33	156,00	IV	55,08	21,16				
	VI	**321,50**	158,33	156,00							
1 703,99	I,IV	**96,50**	158,33	156,33	I	21,66					
	II	**24,33**	158,33	156,33	II						
	III		204,41	156,33	III						
	V	**286,33**	158,33	156,33	IV	55,66	21,66				
	VI	**322,66**	158,33	156,33							
1 706,99	I,IV	**97,16**	158,33	156,58	I	22,08					
	II	**24,83**	158,33	156,58	II						
	III		204,83	156,58	III						
	V	**287,50**	158,33	156,58	IV	56,25	22,08				
	VI	**323,75**	158,33	156,58							
1 709,99	I,IV	**97,83**	158,33	156,83	I	22,58					
	II	**25,33**	158,33	156,83	II						
	III		205,16	156,83	III						
	V	**288,66**	158,33	156,83	IV	56,83	22,58				
	VI	**324,91**	158,33	156,83							
1 712,99	I,IV	**98,50**	158,33	157,16	I	23,08					
	II	**25,83**	158,33	157,16	II						
	III		205,50	157,16	III						
	V	**289,83**	158,33	157,16	IV	57,41	23,08				
	VI	**326,08**	158,33	157,16							
1 715,99	I,IV	**99,16**	158,33	157,41	I	23,58					
	II	**26,33**	158,33	157,41	II						
	III		205,91	157,41	III						
	V	**291,00**	158,33	157,41	IV	58,00	23,58				
	VI	**327,25**	158,33	157,41							
1 718,99	I,IV	**99,83**	158,33	157,66	I	24,00					
	II	**26,83**	158,33	157,66	II						
	III		206,25	157,66	III						
	V	**292,16**	158,33	157,66	IV	58,66	24,00				
	VI	**328,41**	158,33	157,66							
1 721,99	I,IV	**100,50**	158,33	157,91	I	24,50					
	II	**27,33**	158,33	157,91	II						
	III		206,58	157,91	III						
	V	**293,33**	158,33	157,91	IV	59,25	24,50				
	VI	**329,58**	158,33	157,91							
1 724,99	I,IV	**101,16**	158,33	158,25	I	25,00					
	II	**27,83**	158,33	158,25	II						
	III		206,91	158,25	III						
	V	**294,41**	158,33	158,25	IV	59,83	25,00				
	VI	**330,75**	158,33	158,25							
1 727,99	I,IV	**101,83**	158,50	158,50	I	25,50					
	II	**28,25**	158,50	158,50	II						
	III		207,33	158,50	III						
	V	**295,50**	158,50	158,50	IV	60,41	25,50				
	VI	**331,83**	158,50	158,50							

* Zur LSt-Berechnung für privat versicherte Arbeitnehmer s. Beispiele **Vorbemerkung S. 4 f.**
** Basisvorsorgepauschale KV und PV *** Typisierter Arbeitgeberzuschuss

Lohn/ Gehalt in € bis	Steuerklasse	**Lohn-steuer***	BVSP**	TAGZ***	Steuerklasse	Bemessungsgrundlage für Kirchensteuer und Solidaritätszuschlag – Freibeträge für ... Kinder 0,5	**1,0**	1,5	**2,0**	2,5	**3,0**
1 730,99	I,IV	**102,41**	158,75	158,75	I	25,91					
	II	**28,75**	158,75	158,75	II						
	III		207,66	158,75	III						
	V	**296,58**	158,75	158,75	IV	61,00	25,91				
	VI	**332,83**	158,75	158,75							
1 733,99	I,IV	**103,00**	159,08	159,08	I	26,33					
	II	**29,16**	159,08	159,08	II						
	III		208,00	159,08	III						
	V	**297,58**	159,08	159,08	IV	61,50	26,33				
	VI	**333,83**	159,08	159,08							
1 736,99	I,IV	**103,66**	159,33	159,33	I	26,83					
	II	**29,66**	159,33	159,33	II						
	III		208,41	159,33	III						
	V	**298,66**	159,33	159,33	IV	62,08	26,83				
	VI	**334,91**	159,33	159,33							
1 739,99	I,IV	**104,25**	159,58	159,58	I	27,25					
	II	**30,08**	159,58	159,58	II						
	III		208,75	159,58	III						
	V	**299,66**	159,58	159,58	IV	62,58	27,25				
	VI	**336,00**	159,58	159,58							
1 742,99	I,IV	**104,83**	159,91	159,91	I	27,75					
	II	**30,58**	159,91	159,91	II						
	III		209,08	159,91	III						
	V	**300,75**	159,91	159,91	IV	63,16	27,75				
	VI	**337,00**	159,91	159,91							
1 745,99	I,IV	**105,41**	160,16	160,16	I	28,16					
	II	**31,00**	160,16	160,16	II						
	III		209,50	160,16	III						
	V	**301,75**	160,16	160,16	IV	63,75	28,16				
	VI	**338,00**	160,16	160,16							
1 748,99	I,IV	**106,08**	160,41	160,41	I	28,58					
	II	**31,50**	160,41	160,41	II						
	III		209,83	160,41	III						
	V	**302,83**	160,41	160,41	IV	64,25	28,58	0,33			
	VI	**339,08**	160,41	160,41							
1 751,99	I,IV	**106,66**	160,66	160,66	I	29,08					
	II	**31,91**	160,66	160,66	II						
	III		210,16	160,66	III						
	V	**303,83**	160,66	160,66	IV	64,83	29,08	0,66			
	VI	**340,16**	160,66	160,66							
1 754,99	I,IV	**107,25**	161,00	161,00	I	29,50					
	II	**32,41**	161,00	161,00	II						
	III		210,58	161,00	III						
	V	**304,91**	161,00	161,00	IV	65,41	29,50	1,00			
	VI	**341,16**	161,00	161,00							
1 757,99	I,IV	**107,91**	161,25	161,25	I	30,00					
	II	**32,83**	161,25	161,25	II						
	III		210,91	161,25	III						
	V	**305,91**	161,25	161,25	IV	65,91	30,00	1,41			
	VI	**342,16**	161,25	161,25							
1 760,99	I,IV	**108,50**	161,50	161,50	I	30,41					
	II	**33,33**	161,50	161,50	II						
	III		211,25	161,50	III						
	V	**307,00**	161,50	161,50	IV	66,50	30,41	1,75			
	VI	**343,25**	161,50	161,50							
1 763,99	I,IV	**109,08**	161,83	161,83	I	30,91					
	II	**33,83**	161,83	161,83	II						
	III		211,66	161,83	III						
	V	**308,00**	161,83	161,83	IV	67,08	30,91	2,08			
	VI	**344,33**	161,83	161,83							

* Zur LSt-Berechnung für privat versicherte Arbeitnehmer s. Beispiele **Vorbemerkung S. 4 f.**
** Basisvorsorgepauschale KV und PV *** Typisierter Arbeitgeberzuschuss

Lohn/ Gehalt in € bis	Steuerklasse	Lohn-steuer*	BVSP**	TAGZ***	Steuerklasse	Bemessungsgrundlage für Kirchensteuer und Solidaritätszuschlag					
						Freibeträge für ... Kinder					
						0,5	**1,0**	1,5	**2,0**	2,5	**3,0**
1 766,99	I,IV	**109,75**	162,08	162,08	I	31,33					
	II	**34,25**	162,08	162,08	II						
	III		212,00	162,08	III						
	V	**309,08**	162,08	162,08	IV	67,66	31,33	2,41			
	VI	**345,33**	162,08	162,08							
1 769,99	I,IV	**110,33**	162,33	162,33	I	31,83					
	II	**34,75**	162,33	162,33	II						
	III		212,33	162,33	III						
	V	**310,08**	162,33	162,33	IV	68,25	31,83	2,83			
	VI	**346,33**	162,33	162,33							
1 772,99	I,IV	**110,91**	162,66	162,66	I	32,25					
	II	**35,25**	162,66	162,66	II						
	III		212,75	162,66	III						
	V	**311,16**	162,66	162,66	IV	68,75	32,25	3,16			
	VI	**347,41**	162,66	162,66							
1 775,99	I,IV	**111,58**	162,91	162,91	I	32,75					
	II	**35,66**	162,91	162,91	II						
	III		213,08	162,91	III						
	V	**312,16**	162,91	162,91	IV	69,33	32,75	3,50			
	VI	**348,50**	162,91	162,91							
1 778,99	I,IV	**112,16**	163,16	163,16	I	33,25					
	II	**36,16**	163,16	163,16	II						
	III		213,41	163,16	III						
	V	**313,25**	163,16	163,16	IV	69,91	33,25	3,91			
	VI	**349,50**	163,16	163,16							
1 781,99	I,IV	**112,75**	163,41	163,41	I	33,66					
	II	**36,66**	163,41	163,41	II						
	III		213,83	163,41	III						
	V	**314,25**	163,41	163,41	IV	70,50	33,66	4,25			
	VI	**350,50**	163,41	163,41							
1 784,99	I,IV	**113,41**	163,75	163,75	I	34,16					
	II	**37,16**	163,75	163,75	II						
	III		214,16	163,75	III						
	V	**315,33**	163,75	163,75	IV	71,08	34,16	4,58			
	VI	**351,58**	163,75	163,75							
1 787,99	I,IV	**114,00**	164,00	164,00	I	34,66					
	II	**37,58**	164,00	164,00	II						
	III		214,50	164,00	III						
	V	**316,33**	164,00	164,00	IV	71,66	34,66	5,00			
	VI	**352,66**	164,00	164,00							
1 790,99	I,IV	**114,58**	164,25	164,25	I	35,08					
	II	**38,08**	164,25	164,25	II						
	III		214,91	164,25	III						
	V	**317,41**	164,25	164,25	IV	72,25	35,08	5,33			
	VI	**353,66**	164,25	164,25							
1 793,99	I,IV	**115,25**	164,58	164,58	I	35,58					
	II	**38,58**	164,58	164,58	II						
	III		215,25	164,58	III						
	V	**318,41**	164,58	164,58	IV	72,83	35,58	5,75			
	VI	**354,66**	164,58	164,58							
1 796,99	I,IV	**115,83**	164,83	164,83	I	36,08					
	II	**39,08**	164,83	164,83	II						
	III		215,58	164,83	III						
	V	**319,50**	164,83	164,83	IV	73,41	36,08	6,08			
	VI	**355,75**	164,83	164,83							
1 799,99	I,IV	**116,41**	165,08	165,08	I	36,50					
	II	**39,58**	165,08	165,08	II						
	III		215,91	165,08	III						
	V	**320,50**	165,08	165,08	IV	74,00	36,50	6,50			
	VI	**356,75**	165,08	165,08							

* Zur LSt-Berechnung für privat versicherte Arbeitnehmer s. Beispiele **Vorbemerkung S. 4 f.**
** Basisvorsorgepauschale KV und PV *** Typisierter Arbeitgeberzuschuss

Lohn/ Gehalt in € bis	Steuerklasse	Lohn-steuer*	BVSP**	TAGZ***	Steuerklasse	Bemessungsgrundlage für Kirchensteuer und Solidaritätszuschlag – Freibeträge für ... Kinder 0,5	**1,0**	1,5	**2,0**	2,5	**3,0**
1802,99	I,IV	**117,08**	165,41	165,41	I	37,00					
	II	**40,08**	165,41	165,41	II						
	III		216,33	165,41	III						
	V	**321,58**	165,41	165,41	IV	74,58	37,00	6,83			
	VI	**357,83**	165,41	165,41							
1805,99	I,IV	**117,66**	165,66	165,66	I	37,50					
	II	**40,50**	165,66	165,66	II						
	III		216,66	165,66	III						
	V	**322,58**	165,66	165,66	IV	75,16	37,50	7,25			
	VI	**358,83**	165,66	165,66							
1808,99	I,IV	**118,25**	165,91	165,91	I	38,00					
	II	**41,00**	165,91	165,91	II						
	III		217,00	165,91	III						
	V	**323,66**	165,91	165,91	IV	75,75	38,00	7,58			
	VI	**359,91**	165,91	165,91							
1811,99	I,IV	**118,91**	166,25	166,25	I	38,50					
	II	**41,50**	166,25	166,25	II						
	III		217,41	166,25	III						
	V	**324,66**	166,25	166,25	IV	76,33	38,50	8,00			
	VI	**360,91**	166,25	166,25							
1814,99	I,IV	**119,50**	166,50	166,50	I	38,91					
	II	**42,00**	166,50	166,50	II						
	III		217,75	166,50	III						
	V	**325,75**	166,50	166,50	IV	76,91	38,91	8,33			
	VI	**362,00**	166,50	166,50							
1817,99	I,IV	**120,16**	166,75	166,75	I	39,41					
	II	**42,50**	166,75	166,75	II						
	III		218,08	166,75	III						
	V	**326,75**	166,75	166,75	IV	77,50	39,41	8,75			
	VI	**363,00**	166,75	166,75							
1820,99	I,IV	**120,75**	167,00	167,00	I	39,91					
	II	**43,00**	167,00	167,00	II						
	III		218,50	167,00	III						
	V	**327,83**	167,00	167,00	IV	78,08	39,91	9,16			
	VI	**364,08**	167,00	167,00							
1823,99	I,IV	**121,33**	167,33	167,33	I	40,41					
	II	**43,50**	167,33	167,33	II						
	III		218,83	167,33	III						
	V	**328,83**	167,33	167,33	IV	78,66	40,41	9,50			
	VI	**365,08**	167,33	167,33							
1826,99	I,IV	**122,00**	167,58	167,58	I	40,91					
	II	**44,00**	167,58	167,58	II						
	III		219,16	167,58	III						
	V	**329,91**	167,58	167,58	IV	79,33	40,91	9,91			
	VI	**366,16**	167,58	167,58							
1829,99	I,IV	**122,58**	167,83	167,83	I	41,41					
	II	**44,50**	167,83	167,83	II						
	III		219,58	167,83	III						
	V	**330,91**	167,83	167,83	IV	79,91	41,41	10,25			
	VI	**367,16**	167,83	167,83							
1832,99	I,IV	**123,25**	168,16	168,16	I	41,91					
	II	**45,00**	168,16	168,16	II						
	III		219,91	168,16	III						
	V	**332,00**	168,16	168,16	IV	80,50	41,91	10,66			
	VI	**368,25**	168,16	168,16							
1835,99	I,IV	**123,83**	168,41	168,41	I	42,41					
	II	**45,50**	168,41	168,41	II						
	III		220,25	168,41	III						
	V	**333,00**	168,41	168,41	IV	81,08	42,41	11,08			
	VI	**369,25**	168,41	168,41							

* Zur LSt-Berechnung für privat versicherte Arbeitnehmer s. Beispiele **Vorbemerkung S. 4f.**
** Basisvorsorgepauschale KV und PV *** Typisierter Arbeitgeberzuschuss

Lohn/ Gehalt in € bis	Steuerklasse	Lohn-steuer*	BVSP**	TAGZ***	Steuerklasse	Bemessungsgrundlage für Kirchensteuer und Solidaritätszuschlag – Freibeträge für ... Kinder 0,5	1,0	1,5	2,0	2,5	3,0
1 838,99	I,IV	**124,41**	168,66	168,66	I	42,91					
	II	**46,00**	168,66	168,66	II						
	III		220,66	168,66	III						
	V	**334,08**	168,66	168,66	IV	81,66	42,91	11,50			
	VI	**370,33**	168,66	168,66							
1 841,99	I,IV	**125,08**	169,00	169,00	I	43,41					
	II	**46,50**	169,00	169,00	II						
	III		221,00	169,00	III						
	V	**335,08**	169,00	169,00	IV	82,25	43,41	11,83			
	VI	**371,33**	169,00	169,00							
1 844,99	I,IV	**125,66**	169,25	169,25	I	43,91					
	II	**47,08**	169,25	169,25	II						
	III		221,33	169,25	III						
	V	**336,16**	169,25	169,25	IV	82,83	43,91	12,25			
	VI	**372,41**	169,25	169,25							
1 847,99	I,IV	**126,33**	169,50	169,50	I	44,41					
	II	**47,58**	169,50	169,50	II						
	III		221,75	169,50	III						
	V	**337,16**	169,50	169,50	IV	83,50	44,41	12,66			
	VI	**373,41**	169,50	169,50							
1 850,99	I,IV	**126,91**	169,75	169,75	I	44,91					
	II	**48,08**	169,75	169,75	II						
	III		222,08	169,75	III						
	V	**338,25**	169,75	169,75	IV	84,08	44,91	13,08			
	VI	**374,50**	169,75	169,75							
1 853,99	I,IV	**127,50**	170,08	170,08	I	45,41					
	II	**48,58**	170,08	170,08	II						
	III		222,41	170,08	III						
	V	**339,25**	170,08	170,08	IV	84,66	45,41	13,41			
	VI	**375,50**	170,08	170,08							
1 856,99	I,IV	**128,16**	170,33	170,33	I	45,91					
	II	**49,08**	170,33	170,33	II						
	III		222,83	170,33	III						
	V	**340,33**	170,33	170,33	IV	85,25	45,91	13,83			
	VI	**376,58**	170,33	170,33							
1 859,99	I,IV	**128,75**	170,58	170,58	I	46,41					
	II	**49,58**	170,58	170,58	II						
	III		223,16	170,58	III						
	V	**341,33**	170,58	170,58	IV	85,83	46,41	14,25			
	VI	**377,58**	170,58	170,58							
1 862,99	I,IV	**129,41**	170,91	170,91	I	46,91					
	II	**50,16**	170,91	170,91	II						
	III		223,50	170,91	III						
	V	**342,41**	170,91	170,91	IV	86,50	46,91	14,66			
	VI	**378,66**	170,91	170,91							
1 865,99	I,IV	**130,00**	171,16	171,16	I	47,41					
	II	**50,66**	171,16	171,16	II						
	III		223,91	171,16	III						
	V	**343,41**	171,16	171,16	IV	87,08	47,41	15,08			
	VI	**379,66**	171,16	171,16							
1 868,99	I,IV	**130,66**	171,41	171,41	I	47,91					
	II	**51,16**	171,41	171,41	II						
	III		224,25	171,41	III						
	V	**344,50**	171,41	171,41	IV	87,66	47,91	15,50			
	VI	**380,75**	171,41	171,41							
1 871,99	I,IV	**131,25**	171,75	171,75	I	48,41					
	II	**51,66**	171,75	171,75	II						
	III		224,58	171,75	III						
	V	**345,50**	171,75	171,75	IV	88,25	48,41	15,91			
	VI	**381,75**	171,75	171,75							

* Zur LSt-Berechnung für privat versicherte Arbeitnehmer s. Beispiele **Vorbemerkung S. 4 f.**
** Basisvorsorgepauschale KV und PV *** Typisierter Arbeitgeberzuschuss

Lohn/ Gehalt in € bis	Steuerklasse	Lohn-steuer*	BVSP**	TAGZ***	Steuerklasse	Bemessungsgrundlage für Kirchensteuer und Solidaritätszuschlag					
						Freibeträge für ... Kinder					
						0,5	**1,0**	1,5	**2,0**	2,5	**3,0**
1874,99	I,IV	**131,91**	172,00	172,00	I	49,00					
	II	**52,25**	172,00	172,00	II						
	III		224,91	172,00	III						
	V	**346,58**	172,00	172,00	IV	88,83	49,00	16,33			
	VI	**382,83**	172,00	172,00							
1877,99	I,IV	**132,50**	172,25	172,25	I	49,50					
	II	**52,75**	172,25	172,25	II						
	III		225,33	172,25	III						
	V	**347,58**	172,25	172,25	IV	89,41	49,50	16,66			
	VI	**383,83**	172,25	172,25							
1880,99	I,IV	**133,08**	172,50	172,50	I	50,00					
	II	**53,25**	172,50	172,50	II						
	III		225,66	172,50	III						
	V	**348,66**	172,50	172,50	IV	90,08	50,00	17,08			
	VI	**384,91**	172,50	172,50							
1883,99	I,IV	**133,75**	172,83	172,83	I	50,50					
	II	**53,83**	172,83	172,83	II						
	III		226,00	172,83	III						
	V	**349,66**	172,83	172,83	IV	90,66	50,50	17,50			
	VI	**385,91**	172,83	172,83							
1886,99	I,IV	**134,41**	173,08	173,08	I	51,08					
	II	**54,33**	173,08	173,08	II						
	III		226,41	173,08	III						
	V	**350,75**	173,08	173,08	IV	91,25	51,08	17,91			
	VI	**387,00**	173,08	173,08							
1889,99	I,IV	**135,00**	173,33	173,33	I	51,58					
	II	**54,83**	173,33	173,33	II						
	III		226,75	173,33	III						
	V	**351,75**	173,33	173,33	IV	91,83	51,58	18,33			
	VI	**388,00**	173,33	173,33							
1892,99	I,IV	**135,58**	173,66	173,66	I	52,08					
	II	**55,41**	173,66	173,66	II						
	III		227,08	173,66	III						
	V	**352,83**	173,66	173,66	IV	92,41	52,08	18,75			
	VI	**389,08**	173,66	173,66							
1895,99	I,IV	**136,25**	173,91	173,91	I	52,58					
	II	**55,91**	173,91	173,91	II						
	III		227,50	173,91	III						
	V	**353,83**	173,91	173,91	IV	93,08	52,58	19,16			
	VI	**390,08**	173,91	173,91							
1898,99	I,IV	**136,83**	174,16	174,16	I	53,16					
	II	**56,50**	174,16	174,16	II						
	III		227,83	174,16	III						
	V	**354,91**	174,16	174,16	IV	93,66	53,16	19,66			
	VI	**391,16**	174,16	174,16							
1901,99	I,IV	**137,50**	174,50	174,50	I	53,66					
	II	**57,00**	174,50	174,50	II						
	III		228,16	174,50	III						
	V	**355,91**	174,50	174,50	IV	94,25	53,66	20,08			
	VI	**392,16**	174,50	174,50							
1904,99	I,IV	**138,08**	174,75	174,75	I	54,16					
	II	**57,58**	174,75	174,75	II						
	III		228,58	174,75	III						
	V	**357,00**	174,75	174,75	IV	94,83	54,16	20,50			
	VI	**393,25**	174,75	174,75							
1907,99	I,IV	**138,75**	175,00	175,00	I	54,75					
	II	**58,08**	175,00	175,00	II						
	III		228,91	175,00	III						
	V	**358,00**	175,00	175,00	IV	95,50	54,75	20,91			
	VI	**394,25**	175,00	175,00							

* Zur LSt-Berechnung für privat versicherte Arbeitnehmer s. Beispiele **Vorbemerkung S. 4 f.**
** Basisvorsorgepauschale KV und PV *** Typisierter Arbeitgeberzuschuss

Lohn/ Gehalt in € bis	Steuerklasse	Lohn-steuer*	BVSP**	TAGZ***	Steuerklasse	Bemessungsgrundlage für Kirchensteuer und Solidaritätszuschlag – Freibeträge für … Kinder 0,5	1,0	1,5	2,0	2,5	3,0
1910,99	I,IV	**139,33**	175,33	175,33	I	55,25					
	II	**58,66**	175,33	175,33	II						
	III		229,25	175,33	III						
	V	**359,08**	175,33	175,33	IV	96,08	55,25	21,33			
	VI	**395,33**	175,33	175,33							
1913,99	I,IV	**140,00**	175,58	175,58	I	55,83					
	II	**59,16**	175,58	175,58	II						
	III		229,66	175,58	III						
	V	**360,08**	175,58	175,58	IV	96,66	55,83	21,75			
	VI	**396,33**	175,58	175,58							
1916,99	I,IV	**140,58**	175,83	175,83	I	56,33					
	II	**59,75**	175,83	175,83	II						
	III		230,00	175,83	III						
	V	**361,16**	175,83	175,83	IV	97,25	56,33	22,16			
	VI	**397,41**	175,83	175,83							
1919,99	I,IV	**141,25**	176,08	176,08	I	56,91					
	II	**60,25**	176,08	176,08	II						
	III		230,33	176,08	III						
	V	**362,16**	176,08	176,08	IV	97,91	56,91	22,66			
	VI	**398,41**	176,08	176,08							
1922,99	I,IV	**141,83**	176,41	176,41	I	57,41					
	II	**60,83**	176,41	176,41	II						
	III		230,75	176,41	III						
	V	**363,25**	176,41	176,41	IV	98,50	57,41	23,08			
	VI	**399,50**	176,41	176,41							
1925,99	I,IV	**142,50**	176,66	176,66	I	58,00					
	II	**61,41**	176,66	176,66	II						
	III		231,08	176,66	III						
	V	**364,25**	176,66	176,66	IV	99,08	58,00	23,50			
	VI	**400,50**	176,66	176,66							
1928,99	I,IV	**143,08**	176,91	176,91	I	58,50					
	II	**61,91**	176,91	176,91	II						
	III		231,41	176,91	III						
	V	**365,33**	176,91	176,91	IV	99,66	58,50	23,91			
	VI	**401,58**	176,91	176,91							
1931,99	I,IV	**143,75**	177,25	177,25	I	59,08					
	II	**62,50**	177,25	177,25	II						
	III		231,83	177,25	III						
	V	**366,33**	177,25	177,25	IV	100,33	59,08	24,33			
	VI	**402,58**	177,25	177,25							
1934,99	I,IV	**144,33**	177,50	177,50	I	59,58					
	II	**63,00**	177,50	177,50	II						
	III		232,16	177,50	III						
	V	**367,41**	177,50	177,50	IV	100,91	59,58	24,83			
	VI	**403,66**	177,50	177,50							
1937,99	I,IV	**145,00**	177,75	177,75	I	60,16					
	II	**63,58**	177,75	177,75	II						
	III		232,50	177,75	III						
	V	**368,41**	177,75	177,75	IV	101,50	60,16	25,25			
	VI	**404,66**	177,75	177,75							
1940,99	I,IV	**145,58**	178,08	178,08	I	60,66					
	II	**64,16**	178,08	178,08	II	0,25					
	III		232,91	178,08	III						
	V	**369,50**	178,08	178,08	IV	102,08	60,66	25,66			
	VI	**405,75**	178,08	178,08							
1943,99	I,IV	**146,25**	178,33	178,33	I	61,25					
	II	**64,66**	178,33	178,33	II	0,58					
	III		233,25	178,33	III						
	V	**370,50**	178,33	178,33	IV	102,75	61,25	26,16			
	VI	**406,75**	178,33	178,33							

* Zur LSt-Berechnung für privat versicherte Arbeitnehmer s. Beispiele **Vorbemerkung S. 4 f.**
** Basisvorsorgepauschale KV und PV *** Typisierter Arbeitgeberzuschuss

Lohn/ Gehalt in € bis	Steuerklasse	**Lohn-steuer***	BVSP**	TAGZ***	Steuerklasse	Bemessungsgrundlage für Kirchensteuer und Solidaritätszuschlag					
						Freibeträge für ... Kinder					
						0,5	**1,0**	1,5	**2,0**	2,5	**3,0**
1946,99	I,IV	**146,91**	178,58	178,58	I	61,83					
	II	**65,25**	178,58	178,58	II	0,91					
	III		233,58	178,58	III						
	V	**371,58**	178,58	178,58	IV	103,33	61,83	26,58			
	VI	**407,83**	178,58	178,58							
1949,99	I,IV	**147,50**	178,83	178,83	I	62,33					
	II	**65,83**	178,83	178,83	II	1,33					
	III		233,91	178,83	III						
	V	**372,58**	178,83	178,83	IV	103,91	62,33	27,08			
	VI	**408,83**	178,83	178,83							
1952,99	I,IV	**148,16**	179,16	179,16	I	62,91					
	II	**66,41**	179,16	179,16	II	1,66					
	III		234,33	179,16	III						
	V	**373,66**	179,16	179,16	IV	104,58	62,91	27,50			
	VI	**409,91**	179,16	179,16							
1955,99	I,IV	**148,75**	179,41	179,41	I	63,41					
	II	**66,91**	179,41	179,41	II	2,00					
	III		234,66	179,41	III						
	V	**374,66**	179,41	179,41	IV	105,16	63,41	27,91			
	VI	**410,91**	179,41	179,41							
1958,99	I,IV	**149,41**	179,66	179,66	I	64,00	0,16				
	II	**67,50**	179,66	179,66	II	2,33					
	III		235,00	179,66	III						
	V	**375,75**	179,66	179,66	IV	105,75	64,00	28,41	0,16		
	VI	**412,00**	179,66	179,66							
1961,99	I,IV	**150,00**	180,00	180,00	I	64,58	0,50				
	II	**68,08**	180,00	180,00	II	2,75					
	III		235,41	180,00	III						
	V	**376,75**	180,00	180,00	IV	106,41	64,58	28,83	0,50		
	VI	**413,00**	180,00	180,00							
1964,99	I,IV	**150,66**	180,25	180,25	I	65,08	0,83				
	II	**68,66**	180,25	180,25	II	3,08					
	III		235,75	180,25	III						
	V	**377,75**	180,25	180,25	IV	107,00	65,08	29,33	0,83		
	VI	**414,08**	180,25	180,25							
1967,99	I,IV	**151,25**	180,50	180,50	I	65,66	1,25				
	II	**69,25**	180,50	180,50	II	3,41					
	III		236,08	180,50	III						
	V	**378,83**	180,50	180,50	IV	107,58	65,66	29,75	1,25		
	VI	**415,08**	180,50	180,50							
1970,99	I,IV	**151,91**	180,83	180,83	I	66,25	1,58				
	II	**69,83**	180,83	180,83	II	3,83					
	III		236,50	180,83	III						
	V	**379,91**	180,83	180,83	IV	108,16	66,25	30,25	1,58		
	VI	**416,16**	180,83	180,83							
1973,99	I,IV	**152,58**	181,08	181,08	I	66,83	1,91				
	II	**70,41**	181,08	181,08	II	4,16					
	III		236,83	181,08	III						
	V	**380,91**	181,08	181,08	IV	108,83	66,83	30,66	1,91		
	VI	**417,16**	181,08	181,08							
1976,99	I,IV	**153,16**	181,33	181,33	I	67,33	2,25				
	II	**70,91**	181,33	181,33	II	4,50					
	III		237,16	181,33	III						
	V	**381,91**	181,33	181,33	IV	109,41	67,33	31,16	2,25		
	VI	**418,25**	181,33	181,33							
1979,99	I,IV	**153,83**	181,58	181,58	I	67,91	2,66				
	II	**71,50**	181,58	181,58	II	4,91					
	III		237,58	181,58	III						
	V	**383,00**	181,58	181,58	IV	110,00	67,91	31,58	2,66		
	VI	**419,25**	181,58	181,58							

* Zur LSt-Berechnung für privat versicherte Arbeitnehmer s. Beispiele **Vorbemerkung S. 4f.**
** Basisvorsorgepauschale KV und PV *** Typisierter Arbeitgeberzuschuss

Lohn/ Gehalt in € bis	Steuerklasse	Lohn-steuer*	BVSP**	TAGZ***	Steuerklasse	Bemessungsgrundlage für Kirchensteuer und Solidaritätszuschlag					
						Freibeträge für ... Kinder					
						0,5	**1,0**	1,5	**2,0**	2,5	**3,0**
1982,99	I,IV	**154,41**	181,91	181,91	I	68,50	3,00				
	II	**72,08**	181,91	181,91	II	5,25					
	III		237,91	181,91	III						
	V	**384,08**	181,91	181,91	IV	110,66	68,50	32,08	3,00		
	VI	**420,33**	181,91	181,91							
1985,99	I,IV	**155,08**	182,16	182,16	I	69,08	3,33				
	II	**72,66**	182,16	182,16	II	5,66					
	III		238,25	182,16	III						
	V	**385,08**	182,16	182,16	IV	111,25	69,08	32,50	3,33		
	VI	**421,33**	182,16	182,16							
1988,99	I,IV	**155,66**	182,41	182,41	I	69,66	3,75				
	II	**73,25**	182,41	182,41	II	6,00					
	III		238,66	182,41	III						
	V	**386,08**	182,41	182,41	IV	111,83	69,66	33,00	3,75		
	VI	**422,41**	182,41	182,41							
1991,99	I,IV	**156,33**	182,75	182,75	I	70,25	4,08				
	II	**73,83**	182,75	182,75	II	6,41					
	III		239,00	182,75	III						
	V	**387,16**	182,75	182,75	IV	112,50	70,25	33,50	4,08		
	VI	**423,41**	182,75	182,75							
1994,99	I,IV	**157,00**	183,00	183,00	I	70,83	4,41				
	II	**74,41**	183,00	183,00	II	6,75					
	III		239,33	183,00	III						
	V	**388,25**	183,00	183,00	IV	113,08	70,83	33,91	4,41		
	VI	**424,50**	183,00	183,00							
1997,99	I,IV	**157,58**	183,25	183,25	I	71,41	4,83				
	II	**75,00**	183,25	183,25	II	7,16					
	III		239,75	183,25	III						
	V	**389,25**	183,25	183,25	IV	113,75	71,41	34,41	4,83		
	VI	**425,50**	183,25	183,25							
2000,99	I,IV	**158,25**	183,58	183,58	I	71,91	5,16				
	II	**75,58**	183,58	183,58	II	7,50					
	III		240,08	183,58	III						
	V	**390,25**	183,58	183,58	IV	114,33	71,91	34,83	5,16		
	VI	**426,58**	183,58	183,58							
2003,99	I,IV	**158,91**	183,83	183,83	I	72,50	5,58				
	II	**76,16**	183,83	183,83	II	7,91					
	III		240,41	183,83	III						
	V	**391,33**	183,83	183,83	IV	114,91	72,50	35,33	5,58		
	VI	**427,58**	183,83	183,83							
2006,99	I,IV	**159,50**	184,08	184,08	I	73,16	5,91				
	II	**76,75**	184,08	184,08	II	8,25					
	III		240,83	184,08	III						
	V	**392,41**	184,08	184,08	IV	115,58	73,16	35,83	5,91		
	VI	**428,66**	184,08	184,08							
2009,99	I,IV	**160,16**	184,41	184,41	I	73,75	6,33				
	II	**77,41**	184,41	184,41	II	8,66					
	III		241,16	184,41	III						
	V	**393,41**	184,41	184,41	IV	116,16	73,75	36,33	6,33		
	VI	**429,66**	184,41	184,41							
2012,99	I,IV	**160,75**	184,66	184,66	I	74,25	6,66				
	II	**78,00**	184,66	184,66	II	9,00					
	III		241,50	184,66	III						
	V	**394,41**	184,66	184,66	IV	116,75	74,25	36,75	6,66		
	VI	**430,75**	184,66	184,66							
2015,99	I,IV	**161,41**	184,91	184,91	I	74,83	7,08				
	II	**78,58**	184,91	184,91	II	9,41					
	III		241,91	184,91	III						
	V	**395,50**	184,91	184,91	IV	117,41	74,83	37,25	7,08		
	VI	**431,75**	184,91	184,91							

* Zur LSt-Berechnung für privat versicherte Arbeitnehmer s. Beispiele **Vorbemerkung S. 4 f.**
** Basisvorsorgepauschale KV und PV *** Typisierter Arbeitgeberzuschuss

Lohn/ Gehalt in € bis	Steuerklasse	Lohn-steuer*	BVSP**	TAGZ***	Steuerklasse	Bemessungsgrundlage für Kirchensteuer und Solidaritätszuschlag					
						Freibeträge für ... Kinder					
						0,5	**1,0**	1,5	**2,0**	2,5	**3,0**
2018,99	I,IV	**162,08**	185,16	185,16	I	75,50	7,41				
	II	**79,16**	185,16	185,16	II	9,83					
	III		242,25	185,16	III						
	V	**396,58**	185,16	185,16	IV	118,00	75,50	37,75	7,41		
	VI	**432,83**	185,16	185,16							
2021,99	I,IV	**162,66**	185,50	185,50	I	76,08	7,83				
	II	**79,75**	185,50	185,50	II	10,16					
	III		242,58	185,50	III						
	V	**397,58**	185,50	185,50	IV	118,58	76,08	38,25	7,83		
	VI	**433,83**	185,50	185,50							
2024,99	I,IV	**163,33**	185,75	185,75	I	76,66	8,16				
	II	**80,33**	185,75	185,75	II	10,58					
	III		242,91	185,75	III						
	V	**398,58**	185,75	185,75	IV	119,25	76,66	38,75	8,16		
	VI	**434,91**	185,75	185,75							
2027,99	I,IV	**164,00**	186,00	186,00	I	77,25	8,58				
	II	**80,91**	186,00	186,00	II	11,00					
	III		243,33	186,00	III						
	V	**399,66**	186,00	186,00	IV	119,83	77,25	39,16	8,58		
	VI	**435,91**	186,00	186,00							
2030,99	I,IV	**164,58**	186,33	186,33	I	77,83	8,91				
	II	**81,58**	186,33	186,33	II	11,41					
	III		243,66	186,33	III						
	V	**400,75**	186,33	186,33	IV	120,41	77,83	39,66	8,91		
	VI	**437,00**	186,33	186,33							
2033,99	I,IV	**165,25**	186,58	186,58	I	78,41	9,33				
	II	**82,16**	186,58	186,58	II	11,75					
	III		244,00	186,58	III						
	V	**401,75**	186,58	186,58	IV	121,08	78,41	40,16	9,33		
	VI	**438,00**	186,58	186,58							
2036,99	I,IV	**165,83**	186,83	186,83	I	79,00	9,75				
	II	**82,75**	186,83	186,83	II	12,16					
	III		244,41	186,83	III						
	V	**402,75**	186,83	186,83	IV	121,66	79,00	40,66	9,75		
	VI	**439,00**	186,83	186,83							
2039,99	I,IV	**166,50**	187,16	187,16	I	79,58	10,08				
	II	**83,33**	187,16	187,16	II	12,58					
	III		244,75	187,16	III						
	V	**403,83**	187,16	187,16	IV	122,33	79,58	41,16	10,08		
	VI	**440,08**	187,16	187,16							
2042,99	I,IV	**167,16**	187,41	187,41	I	80,16	10,50				
	II	**83,91**	187,41	187,41	II	13,00					
	III		245,08	187,41	III						
	V	**404,91**	187,41	187,41	IV	122,91	80,16	41,66	10,50		
	VI	**441,16**	187,41	187,41							
2045,99	I,IV	**167,83**	187,66	187,66	I	80,83	10,91				
	II	**84,50**	187,66	187,66	II	13,33					
	III		245,50	187,66	III						
	V	**405,91**	187,66	187,66	IV	123,58	80,83	42,16	10,91		
	VI	**442,16**	187,66	187,66							
2048,99	I,IV	**168,41**	187,91	187,91	I	81,41	11,25				
	II	**85,08**	187,91	187,91	II	13,75					
	III		245,83	187,91	III						
	V	**406,91**	187,91	187,91	IV	124,16	81,41	42,66	11,25		
	VI	**443,16**	187,91	187,91							
2051,99	I,IV	**169,08**	188,25	188,25	I	82,00	11,66				
	II	**85,75**	188,25	188,25	II	14,16					
	III		246,16	188,25	III						
	V	**408,00**	188,25	188,25	IV	124,75	82,00	43,16	11,66		
	VI	**444,25**	188,25	188,25							

* Zur LSt-Berechnung für privat versicherte Arbeitnehmer s. Beispiele **Vorbemerkung S. 4 f.**
** Basisvorsorgepauschale KV und PV *** Typisierter Arbeitgeberzuschuss

Lohn/ Gehalt in € bis	Steuerklasse	Lohn- steuer*	BVSP**	TAGZ***	Steuerklasse	Bemessungsgrundlage für Kirchensteuer und Solidaritätszuschlag – Freibeträge für ... Kinder 0,5	1,0	1,5	2,0	2,5	3,0
2054,99	I,IV	**169,75**	188,50	188,50	I	82,58	12,08				
	II	**86,33**	188,50	188,50	II	14,58					
	III		246,58	188,50	III						
	V	**409,08**	188,50	188,50	IV	125,41	82,58	43,66	12,08		
	VI	**445,16**	188,50	188,50							
2057,99	I,IV	**170,33**	188,75	188,75	I	83,16	12,50				
	II	**86,91**	188,75	188,75	II	15,00					
	III		246,91	188,75	III						
	V	**410,08**	188,75	188,75	IV	126,00	83,16	44,16	12,50		
	VI	**446,16**	188,75	188,75							
2060,99	I,IV	**171,00**	189,08	189,08	I	83,75	12,83				
	II	**87,50**	189,08	189,08	II	15,33					
	III		247,25	189,08	III						
	V	**411,08**	189,08	189,08	IV	126,58	83,75	44,66	12,83		
	VI	**447,00**	189,08	189,08							
2063,99	I,IV	**171,58**	189,33	189,33	I	84,33	13,25				
	II	**88,08**	189,33	189,33	II	15,75					
	III		247,66	189,33	III						
	V	**412,16**	189,33	189,33	IV	127,25	84,33	45,16	13,25		
	VI	**447,83**	189,33	189,33							
2066,99	I,IV	**172,25**	189,58	189,58	I	85,00	13,66				
	II	**88,75**	189,58	189,58	II	16,16					
	III		248,00	189,58	III						
	V	**413,25**	189,58	189,58	IV	127,83	85,00	45,66	13,66		
	VI	**448,83**	189,58	189,58							
2069,99	I,IV	**172,91**	189,91	189,91	I	85,58	14,08				
	II	**89,33**	189,91	189,91	II	16,58					
	III		248,33	189,91	III						
	V	**414,25**	189,91	189,91	IV	128,50	85,58	46,16	14,08		
	VI	**449,50**	189,91	189,91							
2072,99	I,IV	**173,50**	190,16	190,16	I	86,16	14,50				
	II	**89,91**	190,16	190,16	II	17,00					
	III		248,75	190,16	III						
	V	**415,25**	190,16	190,16	IV	129,08	86,16	46,66	14,50		
	VI	**450,33**	190,16	190,16							
2075,99	I,IV	**174,16**	190,41	190,41	I	86,75	14,83				
	II	**90,50**	190,41	190,41	II	17,41					
	III		249,08	190,41	III						
	V	**416,33**	190,41	190,41	IV	129,75	86,75	47,16	14,83		
	VI	**451,33**	190,41	190,41							
2078,99	I,IV	**174,83**	190,66	190,66	I	87,33	15,25				
	II	**91,08**	190,66	190,66	II	17,83					
	III		249,41	190,66	III						
	V	**417,41**	190,66	190,66	IV	130,33	87,33	47,66	15,25		
	VI	**452,16**	190,66	190,66							
2081,99	I,IV	**175,50**	191,00	191,00	I	88,00	15,66				
	II	**91,75**	191,00	191,00	II	18,25					
	III		249,83	191,00	III						
	V	**418,41**	191,00	191,00	IV	131,00	88,00	48,25	15,66		
	VI	**453,00**	191,00	191,00							
2084,99	I,IV	**176,08**	191,25	191,25	I	88,58	16,08				
	II	**92,33**	191,25	191,25	II	18,66					
	III		250,00	191,25	III						
	V	**419,41**	191,25	191,25	IV	131,58	88,58	48,75	16,08		
	VI	**453,83**	191,25	191,25							
2087,99	I,IV	**176,75**	191,50	191,50	I	89,16	16,50				
	II	**92,91**	191,50	191,50	II	19,08					
	III		250,00	191,50	III						
	V	**420,50**	191,50	191,50	IV	132,16	89,16	49,25	16,50		
	VI	**454,66**	191,50	191,50							

* Zur LSt-Berechnung für privat versicherte Arbeitnehmer s. Beispiele **Vorbemerkung S. 4 f.**
** Basisvorsorgepauschale KV und PV *** Typisierter Arbeitgeberzuschuss

Lohn/ Gehalt in € bis	Steuerklasse	**Lohn-steuer***	BVSP**	TAGZ***	Steuerklasse	Bemessungsgrundlage für Kirchensteuer und Solidaritätszuschlag – Freibeträge für ... Kinder 0,5	**1,0**	1,5	**2,0**	2,5	**3,0**
2090,99	I,IV	**177,41**	191,83	191,83	I	89,75	16,91				
	II	**93,50**	191,83	191,83	II	19,50					
	III		250,00	191,83	III						
	V	**421,50**	191,83	191,83	IV	132,83	89,75	49,75	16,91		
	VI	**455,66**	191,83	191,83							
2093,99	I,IV	**178,08**	192,08	192,08	I	90,33	17,33				
	II	**94,16**	192,08	192,08	II	20,00					
	III		250,00	192,08	III						
	V	**422,58**	192,08	192,08	IV	133,41	90,33	50,25	17,33		
	VI	**456,50**	192,08	192,08							
2096,99	I,IV	**178,66**	192,33	192,33	I	91,00	17,75				
	II	**94,75**	192,33	192,33	II	20,41					
	III		250,00	192,33	III						
	V	**423,58**	192,33	192,33	IV	134,08	91,00	50,75	17,75		
	VI	**457,33**	192,33	192,33							
2099,99	I,IV	**179,33**	192,66	192,66	I	91,58	18,16				
	II	**95,33**	192,66	192,66	II	20,83					
	III		250,00	192,66	III						
	V	**424,66**	192,66	192,66	IV	134,66	91,58	51,33	18,16		
	VI	**458,16**	192,66	192,66							
2102,99	I,IV	**180,00**	192,91	192,91	I	92,16	18,58				
	II	**95,91**	192,91	192,91	II	21,25					
	III		250,00	192,91	III						
	V	**425,66**	192,91	192,91	IV	135,33	92,16	51,83	18,58		
	VI	**459,16**	192,91	192,91							
2105,99	I,IV	**180,66**	193,16	193,16	I	92,75	19,00				
	II	**96,58**	193,16	193,16	II	21,66					
	III		250,00	193,16	III						
	V	**426,75**	193,16	193,16	IV	135,91	92,75	52,33	19,00		
	VI	**459,83**	193,16	193,16							
2108,99	I,IV	**181,25**	193,50	193,50	I	93,33	19,41				
	II	**97,16**	193,50	193,50	II	22,08					
	III		250,00	193,50	III						
	V	**427,75**	193,50	193,50	IV	136,58	93,33	52,91	19,41		
	VI	**460,83**	193,50	193,50							
2111,99	I,IV	**181,91**	193,75	193,75	I	94,00	19,83				
	II	**97,75**	193,75	193,75	II	22,50					
	III		250,00	193,75	III						
	V	**428,83**	193,75	193,75	IV	137,16	94,00	53,41	19,83		
	VI	**461,66**	193,75	193,75							
2114,99	I,IV	**182,58**	194,00	194,00	I	94,58	20,25				
	II	**98,33**	194,00	194,00	II	23,00					
	III		250,00	194,00	III						
	V	**429,83**	194,00	194,00	IV	137,83	94,58	53,91	20,25		
	VI	**462,50**	194,00	194,00							
2117,99	I,IV	**183,25**	194,25	194,25	I	95,16	20,66				
	II	**99,00**	194,25	194,25	II	23,41					
	III		250,00	194,25	III						
	V	**430,91**	194,25	194,25	IV	138,41	95,16	54,50	20,66		
	VI	**463,50**	194,25	194,25							
2120,99	I,IV	**183,83**	194,58	194,58	I	95,75	21,08				
	II	**99,58**	194,58	194,58	II	23,83					
	III		250,00	194,58	III						
	V	**431,91**	194,58	194,58	IV	139,08	95,75	55,00	21,08		
	VI	**464,33**	194,58	194,58							
2123,99	I,IV	**184,50**	194,83	194,83	I	96,41	21,58				
	II	**100,16**	194,83	194,83	II	24,25					
	III		250,00	194,83	III						
	V	**433,00**	194,83	194,83	IV	139,66	96,41	55,58	21,58		
	VI	**465,16**	194,83	194,83							

* Zur LSt-Berechnung für privat versicherte Arbeitnehmer s. Beispiele **Vorbemerkung S. 4f.**
** Basisvorsorgepauschale KV und PV *** Typisierter Arbeitgeberzuschuss

Lohn/ Gehalt in € bis	Steuerklasse	Lohn-steuer*	BVSP**	TAGZ***	Steuerklasse	Bemessungsgrundlage für Kirchensteuer und Solidaritätszuschlag – Freibeträge für ... Kinder 0,5	**1,0**	1,5	**2,0**	2,5	**3,0**
2126,99	I,IV	**185,16**	195,08	195,08	I	97,00	22,00				
	II	**100,75**	195,08	195,08	II	24,75					
	III		250,00	195,08	III						
	V	**434,00**	195,08	195,08	IV	140,33	97,00	56,08	22,00		
	VI	**466,16**	195,08	195,08							
2129,99	I,IV	**185,83**	195,41	195,41	I	97,58	22,41				
	II	**101,41**	195,41	195,41	II	25,16					
	III		250,00	195,41	III						
	V	**435,08**	195,41	195,41	IV	140,91	97,58	56,66	22,41		
	VI	**467,00**	195,41	195,41							
2132,99	I,IV	**186,41**	195,66	195,66	I	98,16	22,83				
	II	**102,00**	195,66	195,66	II	25,58					
	III		250,00	195,66	III						
	V	**436,08**	195,66	195,66	IV	141,58	98,16	57,16	22,83		
	VI	**467,83**	195,66	195,66							
2135,99	I,IV	**187,08**	195,91	195,91	I	98,83	23,25				
	II	**102,58**	195,91	195,91	II	26,00					
	III		250,00	195,91	III						
	V	**437,16**	195,91	195,91	IV	142,16	98,83	57,66	23,25		
	VI	**468,66**	195,91	195,91							
2138,99	I,IV	**187,75**	196,25	196,25	I	99,41	23,75				
	II	**103,16**	196,25	196,25	II	26,50					
	III		250,00	196,25	III						
	V	**438,16**	196,25	196,25	IV	142,83	99,41	58,25	23,75		
	VI	**469,66**	196,25	196,25							
2141,99	I,IV	**188,41**	196,50	196,50	I	100,00	24,16				
	II	**103,83**	196,50	196,50	II	26,91					
	III		250,00	196,50	III						
	V	**439,25**	196,50	196,50	IV	143,41	100,00	58,75	24,16		
	VI	**470,33**	196,50	196,50							
2144,99	I,IV	**189,00**	196,75	196,75	I	100,58	24,58				
	II	**104,41**	196,75	196,75	II	27,41					
	III		250,00	196,75	III						
	V	**440,25**	196,75	196,75	IV	144,08	100,58	59,33	24,58		
	VI	**471,33**	196,75	196,75							
2147,99	I,IV	**189,66**	197,00	197,00	I	101,25	25,00				
	II	**105,00**	197,00	197,00	II	27,83					
	III		250,00	197,00	III						
	V	**441,33**	197,00	197,00	IV	144,66	101,25	59,83	25,00		
	VI	**472,33**	197,00	197,00							
2150,99	I,IV	**190,33**	197,33	197,33	I	101,83	25,50				
	II	**105,66**	197,33	197,33	II	28,25					
	III		250,00	197,33	III						
	V	**442,33**	197,33	197,33	IV	145,33	101,83	60,41	25,50		
	VI	**473,00**	197,33	197,33							
2153,99	I,IV	**191,00**	197,58	197,58	I	102,41	25,91				
	II	**106,25**	197,58	197,58	II	28,75					
	III		250,00	197,58	III						
	V	**443,41**	197,58	197,58	IV	145,91	102,41	61,00	25,91		
	VI	**474,00**	197,58	197,58							
2156,99	I,IV	**191,58**	197,83	197,83	I	103,00	26,33				
	II	**106,83**	197,83	197,83	II	29,16					
	III		250,00	197,83	III						
	V	**444,41**	197,83	197,83	IV	146,58	103,00	61,50	26,33		
	VI	**474,83**	197,83	197,83							
2159,99	I,IV	**192,25**	198,16	198,16	I	103,66	26,83				
	II	**107,41**	198,16	198,16	II	29,66					
	III		250,00	198,16	III						
	V	**445,33**	198,16	198,16	IV	147,16	103,66	62,08	26,83		
	VI	**475,66**	198,16	198,16							

* Zur LSt-Berechnung für privat versicherte Arbeitnehmer s. Beispiele **Vorbemerkung S. 4 f.**
** Basisvorsorgepauschale KV und PV *** Typisierter Arbeitgeberzuschuss

Lohn/ Gehalt in € bis	Steuerklasse	Lohn-steuer*	BVSP**	TAGZ***	Steuerklasse	Bemessungsgrundlage für Kirchensteuer und Solidaritätszuschlag					
						Freibeträge für ... Kinder					
						0,5	**1,0**	1,5	**2,0**	2,5	**3,0**
2162,99	I,IV	**192,91**	198,41	198,41	I	104,25	27,25				
	II	**108,08**	198,41	198,41	II	30,08					
	III		250,00	198,41	III						
	V	**446,33**	198,41	198,41	IV	147,83	104,25	62,66	27,25		
	VI	**476,50**	198,41	198,41							
2165,99	I,IV	**193,58**	198,66	198,66	I	104,83	27,75				
	II	**108,66**	198,66	198,66	II	30,58					
	III		250,00	198,66	III						
	V	**447,16**	198,66	198,66	IV	148,50	104,83	63,16	27,75		
	VI	**477,50**	198,66	198,66							
2168,99	I,IV	**194,25**	199,00	199,00	I	105,50	28,16				
	II	**109,25**	199,00	199,00	II	31,00					
	III		250,00	199,00	III						
	V	**448,00**	199,00	199,00	IV	149,08	105,50	63,75	28,16		
	VI	**478,33**	199,00	199,00							
2171,99	I,IV	**194,83**	199,25	199,25	I	106,08	28,58				
	II	**109,91**	199,25	199,25	II	31,50					
	III		250,00	199,25	III						
	V	**448,83**	199,25	199,25	IV	149,75	106,08	64,33	28,58	0,33	
	VI	**479,16**	199,25	199,25							
2174,99	I,IV	**195,50**	199,50	199,50	I	106,66	29,08				
	II	**110,50**	199,50	199,50	II	31,91					
	III		250,00	199,50	III						
	V	**449,66**	199,50	199,50	IV	150,33	106,66	64,83	29,08	0,66	
	VI	**480,00**	199,50	199,50							
2177,99	I,IV	**196,16**	199,75	199,75	I	107,33	29,50				
	II	**111,08**	199,75	199,75	II	32,41					
	III		250,00	199,75	III						
	V	**450,66**	199,75	199,75	IV	151,00	107,33	65,41	29,50	1,08	
	VI	**481,00**	199,75	199,75							
2180,99	I,IV	**196,83**	200,08	200,08	I	107,91	30,00				
	II	**111,75**	200,08	200,08	II	32,91					
	III	**0,16**	250,00	200,08	III						
	V	**451,50**	200,08	200,08	IV	151,58	107,91	66,00	30,00	1,41	
	VI	**482,00**	200,08	200,08							
2183,99	I,IV	**197,50**	200,33	200,33	I	108,50	30,41				
	II	**112,33**	200,33	200,33	II	33,33					
	III	**0,66**	250,00	200,33	III						
	V	**452,33**	200,33	200,33	IV	152,25	108,50	66,50	30,41	1,75	
	VI	**482,66**	200,33	200,33							
2186,99	I,IV	**198,16**	200,58	200,58	I	109,16	30,91				
	II	**112,91**	200,58	200,58	II	33,83					
	III	**1,00**	250,00	200,58	III						
	V	**453,16**	200,58	200,58	IV	152,91	109,16	67,08	30,91	2,08	
	VI	**483,66**	200,58	200,58							
2189,99	I,IV	**198,83**	200,91	200,91	I	109,75	31,41				
	II	**113,58**	200,91	200,91	II	34,33					
	III	**1,33**	250,00	200,91	III						
	V	**454,00**	200,91	200,91	IV	153,50	109,75	67,66	31,41	2,50	
	VI	**484,50**	200,91	200,91							
2192,99	I,IV	**199,41**	201,16	201,16	I	110,33	31,83				
	II	**114,16**	201,16	201,16	II	34,75					
	III	**1,66**	250,00	201,16	III						
	V	**454,83**	201,16	201,16	IV	154,16	110,33	68,25	31,83	2,83	
	VI	**485,50**	201,16	201,16							
2195,99	I,IV	**200,08**	201,41	201,41	I	110,91	32,33				
	II	**114,75**	201,41	201,41	II	35,25					
	III	**2,16**	250,00	201,41	III						
	V	**455,83**	201,41	201,41	IV	154,75	110,91	68,83	32,33	3,16	
	VI	**486,33**	201,41	201,41							

* Zur LSt-Berechnung für privat versicherte Arbeitnehmer s. Beispiele **Vorbemerkung S. 4f.**
** Basisvorsorgepauschale KV und PV *** Typisierter Arbeitgeberzuschuss

Lohn/ Gehalt in € bis	Steuerklasse	Lohn-steuer*	BVSP**	TAGZ***	Steuerklasse	Bemessungsgrundlage für Kirchensteuer und Solidaritätszuschlag					
						Freibeträge für ... Kinder					
						0,5	**1,0**	1,5	**2,0**	2,5	**3,0**
2198,99	I,IV	**200,75**	201,75	201,75	I	111,58	32,75				
	II	**115,41**	201,75	201,75	II	35,75					
	III	**2,50**	250,00	201,75	III						
	V	**456,66**	201,75	201,75	IV	155,41	111,58	69,41	32,75	3,58	
	VI	**487,33**	201,75	201,75							
2201,99	I,IV	**201,41**	202,00	202,00	I	112,16	33,25				
	II	**116,00**	202,00	202,00	II	36,16					
	III	**3,00**	250,00	202,00	III						
	V	**457,50**	202,00	202,00	IV	156,08	112,16	70,00	33,25	3,91	
	VI	**488,00**	202,00	202,00							
2204,99	I,IV	**202,08**	202,25	202,25	I	112,75	33,66				
	II	**116,58**	202,25	202,25	II	36,66					
	III	**3,33**	250,00	202,25	III						
	V	**458,33**	202,25	202,25	IV	156,66	112,75	70,50	33,66	4,25	
	VI	**489,00**	202,25	202,25							
2207,99	I,IV	**202,75**	202,58	202,58	I	113,41	34,16				
	II	**117,25**	202,58	202,58	II	37,16					
	III	**3,66**	250,00	202,58	III						
	V	**459,16**	202,58	202,58	IV	157,33	113,41	71,08	34,16	4,66	
	VI	**489,83**	202,58	202,58							
2210,99	I,IV	**203,33**	202,83	202,83	I	114,00	34,66				
	II	**117,83**	202,83	202,83	II	37,66					
	III	**4,16**	250,00	202,83	III						
	V	**460,16**	202,83	202,83	IV	157,91	114,00	71,66	34,66	5,00	
	VI	**490,83**	202,83	202,83							
2213,99	I,IV	**204,00**	203,08	203,08	I	114,66	35,16				
	II	**118,50**	203,08	203,08	II	38,08					
	III	**4,50**	250,00	203,08	III						
	V	**461,00**	203,08	203,08	IV	158,58	114,66	72,25	35,16	5,41	
	VI	**491,66**	203,08	203,08							
2216,99	I,IV	**204,66**	203,33	203,33	I	115,25	35,58				
	II	**119,08**	203,33	203,33	II	38,58					
	III	**4,83**	250,00	203,33	III						
	V	**461,83**	203,33	203,33	IV	159,16	115,25	72,83	35,58	5,75	
	VI	**492,50**	203,33	203,33							
2219,99	I,IV	**205,33**	203,66	203,66	I	115,83	36,08				
	II	**119,66**	203,66	203,66	II	39,08					
	III	**5,33**	250,00	203,66	III						
	V	**462,66**	203,66	203,66	IV	159,83	115,83	73,41	36,08	6,08	
	VI	**493,33**	203,66	203,66							
2222,99	I,IV	**206,00**	203,91	203,91	I	116,50	36,58				
	II	**120,33**	203,91	203,91	II	39,58					
	III	**5,66**	250,00	203,91	III						
	V	**463,66**	203,91	203,91	IV	160,50	116,50	74,00	36,58	6,50	
	VI	**494,33**	203,91	203,91							
2225,99	I,IV	**206,66**	204,16	204,16	I	117,08	37,00				
	II	**120,91**	204,16	204,16	II	40,08					
	III	**6,16**	250,00	204,16	III						
	V	**464,33**	204,16	204,16	IV	161,08	117,08	74,58	37,00	6,83	
	VI	**495,16**	204,16	204,16							
2228,99	I,IV	**207,33**	204,50	204,50	I	117,66	37,50				
	II	**121,50**	204,50	204,50	II	40,58					
	III	**6,50**	250,00	204,50	III						
	V	**465,33**	204,50	204,50	IV	161,75	117,66	75,16	37,50	7,25	
	VI	**496,16**	204,50	204,50							
2231,99	I,IV	**208,00**	204,75	204,75	I	118,33	38,00				
	II	**122,16**	204,75	204,75	II	41,08					
	III	**6,83**	250,00	204,75	III						
	V	**466,33**	204,75	204,75	IV	162,41	118,33	75,75	38,00	7,58	
	VI	**497,00**	204,75	204,75							

* Zur LSt-Berechnung für privat versicherte Arbeitnehmer s. Beispiele **Vorbemerkung S. 4 f.**
** Basisvorsorgepauschale KV und PV *** Typisierter Arbeitgeberzuschuss

Lohn/ Gehalt in € bis	Steuerklasse	**Lohn-steuer***	BVSP**	TAGZ***	Steuerklasse	Bemessungsgrundlage für Kirchensteuer und Solidaritätszuschlag					
						Freibeträge für ... Kinder					
						0,5	**1,0**	1,5	**2,0**	2,5	**3,0**
2234,99	I,IV	**208,58**	205,00	205,00	I	118,91	38,50				
	II	**122,75**	205,00	205,00	II	41,50					
	III	**7,33**	250,00	205,00	III						
	V	**467,00**	205,00	205,00	IV	163,00	118,91	76,33	38,50	8,00	
	VI	**498,00**	205,00	205,00							
2237,99	I,IV	**209,25**	205,33	205,33	I	119,58	39,00				
	II	**123,41**	205,33	205,33	II	42,00					
	III	**7,66**	250,00	205,33	III						
	V	**468,00**	205,33	205,33	IV	163,66	119,58	76,91	39,00	8,41	
	VI	**498,83**	205,33	205,33							
2240,99	I,IV	**209,91**	205,58	205,58	I	120,16	39,41				
	II	**124,00**	205,58	205,58	II	42,50					
	III	**8,16**	250,00	205,58	III						
	V	**468,83**	205,58	205,58	IV	164,25	120,16	77,50	39,41	8,75	
	VI	**499,66**	205,58	205,58							
2243,99	I,IV	**210,58**	205,83	205,83	I	120,75	39,91				
	II	**124,58**	205,83	205,83	II	43,00					
	III	**8,50**	250,00	205,83	III						
	V	**469,66**	205,83	205,83	IV	164,91	120,75	78,08	39,91	9,16	
	VI	**500,50**	205,83	205,83							
2246,99	I,IV	**211,25**	206,08	206,08	I	121,41	40,41				
	II	**125,25**	206,08	206,08	II	43,50					
	III	**9,00**	250,00	206,08	III						
	V	**470,50**	206,08	206,08	IV	165,58	121,41	78,75	40,41	9,50	
	VI	**501,50**	206,08	206,08							
2249,99	I,IV	**211,91**	206,41	206,41	I	122,00	40,91				
	II	**125,83**	206,41	206,41	II	44,00					
	III	**9,33**	250,00	206,41	III						
	V	**471,50**	206,41	206,41	IV	166,25	122,00	79,33	40,91	9,91	
	VI	**502,33**	206,41	206,41							
2252,99	I,IV	**212,58**	206,66	206,66	I	122,58	41,41				
	II	**126,50**	206,66	206,66	II	44,50					
	III	**9,66**	250,00	206,66	III						
	V	**472,33**	206,66	206,66	IV	166,83	122,58	79,91	41,41	10,33	
	VI	**503,33**	206,66	206,66							
2255,99	I,IV	**213,25**	206,91	206,91	I	123,25	41,91				
	II	**127,08**	206,91	206,91	II	45,00					
	III	**10,16**	250,00	206,91	III						
	V	**473,16**	206,91	206,91	IV	167,50	123,25	80,50	41,91	10,66	
	VI	**504,16**	206,91	206,91							
2258,99	I,IV	**213,91**	207,25	207,25	I	123,83	42,41				
	II	**127,75**	207,25	207,25	II	45,50					
	III	**10,50**	250,00	207,25	III						
	V	**474,16**	207,25	207,25	IV	168,08	123,83	81,08	42,41	11,08	
	VI	**505,16**	207,25	207,25							
2261,99	I,IV	**214,58**	207,50	207,50	I	124,50	42,91				
	II	**128,33**	207,50	207,50	II	46,08					
	III	**11,00**	250,00	207,50	III						
	V	**475,00**	207,50	207,50	IV	168,75	124,50	81,66	42,91	11,50	
	VI	**506,00**	207,50	207,50							
2264,99	I,IV	**215,16**	207,75	207,75	I	125,08	43,41				
	II	**128,91**	207,75	207,75	II	46,58					
	III	**11,33**	250,00	207,75	III						
	V	**475,83**	207,75	207,75	IV	169,41	125,08	82,25	43,41	11,83	
	VI	**506,83**	207,75	207,75							
2267,99	I,IV	**215,83**	208,08	208,08	I	125,66	43,91				
	II	**129,58**	208,08	208,08	II	47,08					
	III	**11,83**	250,00	208,08	III						
	V	**476,66**	208,08	208,08	IV	170,00	125,66	82,91	43,91	12,25	
	VI	**507,66**	208,08	208,08							

* Zur LSt-Berechnung für privat versicherte Arbeitnehmer s. Beispiele **Vorbemerkung S. 4 f.**
** Basisvorsorgepauschale KV und PV *** Typisierter Arbeitgeberzuschuss

Lohn/ Gehalt in € bis	Steuerklasse	Lohn- steuer*	BVSP**	TAGZ***	Steuerklasse	Bemessungsgrundlage für Kirchensteuer und Solidaritätszuschlag – Freibeträge für ... Kinder 0,5	1,0	1,5	2,0	2,5	3,0
2270,99	I,IV	**216,50**	208,33	208,33	I	126,33	44,41				
	II	**130,16**	208,33	208,33	II	47,58					
	III	**12,16**	250,00	208,33	III						
	V	**477,66**	208,33	208,33	IV	170,66	126,33	83,50	44,41	12,66	
	VI	**508,83**	208,33	208,33							
2273,99	I,IV	**217,16**	208,58	208,58	I	126,91	44,91				
	II	**130,83**	208,58	208,58	II	48,08					
	III	**12,66**	250,00	208,58	III						
	V	**478,50**	208,58	208,58	IV	171,33	126,91	84,08	44,91	13,08	
	VI	**509,66**	208,58	208,58							
2276,99	I,IV	**217,83**	208,83	208,83	I	127,58	45,41				
	II	**131,41**	208,83	208,83	II	48,58					
	III	**13,00**	250,00	208,83	III						
	V	**479,33**	208,83	208,83	IV	171,91	127,58	84,66	45,41	13,41	
	VI	**510,50**	208,83	208,83							
2279,99	I,IV	**218,50**	209,16	209,16	I	128,16	45,91				
	II	**132,08**	209,16	209,16	II	49,08					
	III	**13,50**	250,00	209,16	III						
	V	**480,16**	209,16	209,16	IV	172,58	128,16	85,25	45,91	13,83	
	VI	**511,33**	209,16	209,16							
2282,99	I,IV	**219,16**	209,41	209,41	I	128,83	46,41				
	II	**132,66**	209,41	209,41	II	49,66					
	III	**13,83**	250,00	209,41	III						
	V	**481,16**	209,41	209,41	IV	173,25	128,83	85,91	46,41	14,25	
	VI	**512,16**	209,41	209,41							
2285,99	I,IV	**219,83**	209,66	209,66	I	129,41	46,91				
	II	**133,33**	209,66	209,66	II	50,16					
	III	**14,33**	250,00	209,66	III						
	V	**482,00**	209,66	209,66	IV	173,91	129,41	86,50	46,91	14,66	
	VI	**513,16**	209,66	209,66							
2288,99	I,IV	**220,50**	210,00	210,00	I	130,00	47,41				
	II	**133,91**	210,00	210,00	II	50,66					
	III	**14,66**	250,00	210,00	III						
	V	**482,83**	210,00	210,00	IV	174,50	130,00	87,08	47,41	15,08	
	VI	**514,00**	210,00	210,00							
2291,99	I,IV	**221,16**	210,25	210,25	I	130,66	47,91				
	II	**134,58**	210,25	210,25	II	51,16					
	III	**15,16**	250,00	210,25	III						
	V	**483,83**	210,25	210,25	IV	175,16	130,66	87,66	47,91	15,50	
	VI	**515,00**	210,25	210,25							
2294,99	I,IV	**221,83**	210,50	210,50	I	131,25	48,50				
	II	**135,16**	210,50	210,50	II	51,75					
	III	**15,50**	250,00	210,50	III						
	V	**484,66**	210,50	210,50	IV	175,83	131,25	88,25	48,50	15,91	
	VI	**515,83**	210,50	210,50							
2297,99	I,IV	**222,50**	210,83	210,83	I	131,91	49,00				
	II	**135,83**	210,83	210,83	II	52,25					
	III	**16,00**	250,00	210,83	III						
	V	**485,66**	210,83	210,83	IV	176,41	131,91	88,91	49,00	16,33	
	VI	**516,83**	210,83	210,83							
2300,99	I,IV	**223,16**	211,08	211,08	I	132,50	49,50				
	II	**136,41**	211,08	211,08	II	52,75					
	III	**16,33**	250,00	211,08	III						
	V	**486,33**	211,08	211,08	IV	177,08	132,50	89,50	49,50	16,75	
	VI	**517,66**	211,08	211,08							
2303,99	I,IV	**223,83**	211,33	211,33	I	133,16	50,00				
	II	**137,00**	211,33	211,33	II	53,33					
	III	**16,83**	250,00	211,33	III						
	V	**487,33**	211,33	211,33	IV	177,75	133,16	90,08	50,00	17,16	
	VI	**518,66**	211,33	211,33							

* Zur LSt-Berechnung für privat versicherte Arbeitnehmer s. Beispiele **Vorbemerkung S. 4f.**
** Basisvorsorgepauschale KV und PV *** Typisierter Arbeitgeberzuschuss

Lohn/ Gehalt in € bis	Steuerklasse	**Lohn-steuer***	BVSP**	TAGZ***	Steuerklasse	Bemessungsgrundlage für Kirchensteuer und Solidaritätszuschlag					
						Freibeträge für ... Kinder					
						0,5	**1,0**	1,5	**2,0**	2,5	**3,0**
2306,99	I,IV	**224,50**	211,66	211,66	I	133,75	50,58				
	II	**137,66**	211,66	211,66	II	53,83					
	III	**17,16**	250,00	211,66	III						
	V	**488,16**	211,66	211,66	IV	178,41	133,75	90,66	50,58	17,58	
	VI	**519,50**	211,66	211,66							
2309,99	I,IV	**225,16**	211,91	211,91	I	134,41	51,08				
	II	**138,33**	211,91	211,91	II	54,33					
	III	**17,66**	250,00	211,91	III						
	V	**489,16**	211,91	211,91	IV	179,00	134,41	91,25	51,08	18,00	
	VI	**520,33**	211,91	211,91							
2312,99	I,IV	**225,83**	212,16	212,16	I	135,00	51,58				
	II	**138,91**	212,16	212,16	II	54,91					
	III	**18,00**	250,00	212,16	III						
	V	**490,00**	212,16	212,16	IV	179,66	135,00	91,83	51,58	18,33	
	VI	**521,33**	212,16	212,16							
2315,99	I,IV	**226,50**	212,41	212,41	I	135,66	52,08				
	II	**139,50**	212,41	212,41	II	55,41					
	III	**18,50**	250,00	212,41	III						
	V	**491,00**	212,41	212,41	IV	180,33	135,66	92,50	52,08	18,83	
	VI	**522,16**	212,41	212,41							
2318,99	I,IV	**227,16**	212,75	212,75	I	136,25	52,66				
	II	**140,16**	212,75	212,75	II	56,00					
	III	**19,00**	250,00	212,75	III						
	V	**491,83**	212,75	212,75	IV	180,91	136,25	93,08	52,66	19,25	
	VI	**523,16**	212,75	212,75							
2321,99	I,IV	**227,83**	213,00	213,00	I	136,91	53,16				
	II	**140,83**	213,00	213,00	II	56,50					
	III	**19,33**	250,00	213,00	III						
	V	**492,66**	213,00	213,00	IV	181,58	136,91	93,66	53,16	19,66	
	VI	**524,00**	213,00	213,00							
2324,99	I,IV	**228,50**	213,25	213,25	I	137,50	53,66				
	II	**141,41**	213,25	213,25	II	57,00					
	III	**19,83**	250,00	213,25	III						
	V	**493,50**	213,25	213,25	IV	182,25	137,50	94,25	53,66	20,08	
	VI	**525,00**	213,25	213,25							
2327,99	I,IV	**229,16**	213,58	213,58	I	138,16	54,25				
	II	**142,00**	213,58	213,58	II	57,58					
	III	**20,16**	250,00	213,58	III						
	V	**494,50**	213,58	213,58	IV	182,91	138,16	94,91	54,25	20,50	
	VI	**525,83**	213,58	213,58							
2330,99	I,IV	**229,83**	213,83	213,83	I	138,75	54,75				
	II	**142,66**	213,83	213,83	II	58,08					
	III	**20,66**	250,00	213,83	III						
	V	**495,33**	213,83	213,83	IV	183,50	138,75	95,50	54,75	20,91	
	VI	**527,00**	213,83	213,83							
2333,99	I,IV	**230,50**	214,08	214,08	I	139,41	55,33				
	II	**143,33**	214,08	214,08	II	58,66					
	III	**21,16**	250,00	214,08	III						
	V	**496,33**	214,08	214,08	IV	184,16	139,41	96,08	55,33	21,33	
	VI	**527,83**	214,08	214,08							
2336,99	I,IV	**231,16**	214,41	214,41	I	140,00	55,83				
	II	**143,91**	214,41	214,41	II	59,16					
	III	**21,50**	250,00	214,41	III						
	V	**497,00**	214,41	214,41	IV	184,83	140,00	96,66	55,83	21,75	
	VI	**528,50**	214,41	214,41							
2339,99	I,IV	**231,83**	214,66	214,66	I	140,66	56,33				
	II	**144,58**	214,66	214,66	II	59,75					
	III	**22,00**	250,00	214,66	III						
	V	**498,00**	214,66	214,66	IV	185,50	140,66	97,33	56,33	22,16	
	VI	**529,66**	214,66	214,66							

* Zur LSt-Berechnung für privat versicherte Arbeitnehmer s. Beispiele **Vorbemerkung S. 4f.**
** Basisvorsorgepauschale KV und PV *** Typisierter Arbeitgeberzuschuss

Lohn/ Gehalt in € bis	Steuerklasse	Lohn- steuer*	BVSP**	TAGZ***	Steuerklasse	Bemessungsgrundlage für Kirchensteuer und Solidaritätszuschlag					
						Freibeträge für ... Kinder					
						0,5	**1,0**	1,5	**2,0**	2,5	**3,0**
2342,99	I,IV	**232,50**	214,91	214,91	I	141,25	56,91				
	II	**145,16**	214,91	214,91	II	60,33					
	III	**22,33**	250,00	214,91	III						
	V	**498,83**	214,91	214,91	IV	186,08	141,25	97,91	56,91	22,66	
	VI	**530,50**	214,91	214,91							
2345,99	I,IV	**233,16**	215,16	215,16	I	141,91	57,41				
	II	**145,83**	215,16	215,16	II	60,83					
	III	**22,83**	250,00	215,16	III						
	V	**499,83**	215,16	215,16	IV	186,75	141,91	98,50	57,41	23,08	
	VI	**531,50**	215,16	215,16							
2348,99	I,IV	**233,83**	215,50	215,50	I	142,50	58,00				
	II	**146,41**	215,50	215,50	II	61,41					
	III	**23,33**	250,00	215,50	III						
	V	**500,66**	215,50	215,50	IV	187,41	142,50	99,08	58,00	23,50	
	VI	**532,33**	215,50	215,50							
2351,99	I,IV	**234,50**	215,75	215,75	I	143,16	58,50				
	II	**147,08**	215,75	215,75	II	61,91					
	III	**23,66**	250,00	215,75	III						
	V	**501,66**	215,75	215,75	IV	188,08	143,16	99,75	58,50	23,91	
	VI	**533,33**	215,75	215,75							
2354,99	I,IV	**235,16**	216,00	216,00	I	143,75	59,08				
	II	**147,66**	216,00	216,00	II	62,50					
	III	**24,16**	250,00	216,00	III						
	V	**502,50**	216,00	216,00	IV	188,75	143,75	100,33	59,08	24,41	
	VI	**534,16**	216,00	216,00							
2357,99	I,IV	**235,83**	216,33	216,33	I	144,41	59,58				
	II	**148,33**	216,33	216,33	II	63,08					
	III	**24,66**	250,00	216,33	III						
	V	**503,50**	216,33	216,33	IV	189,33	144,41	100,91	59,58	24,83	
	VI	**535,00**	216,33	216,33							
2360,99	I,IV	**236,50**	216,58	216,58	I	145,00	60,16				
	II	**148,91**	216,58	216,58	II	63,58					
	III	**25,00**	250,00	216,58	III						
	V	**504,33**	216,58	216,58	IV	190,00	145,00	101,50	60,16	25,25	
	VI	**536,00**	216,58	216,58							
2363,99	I,IV	**237,16**	216,83	216,83	I	145,66	60,66				
	II	**149,58**	216,83	216,83	II	64,16	0,25				
	III	**25,50**	250,00	216,83	III						
	V	**505,33**	216,83	216,83	IV	190,66	145,66	102,16	60,66	25,75	
	VI	**536,83**	216,83	216,83							
2366,99	I,IV	**237,83**	217,16	217,16	I	146,25	61,25				
	II	**150,16**	217,16	217,16	II	64,75	0,58				
	III	**26,00**	250,00	217,16	III						
	V	**506,16**	217,16	217,16	IV	191,33	146,25	102,75	61,25	26,16	
	VI	**538,00**	217,16	217,16							
2369,99	I,IV	**238,50**	217,41	217,41	I	146,91	61,83				
	II	**150,83**	217,41	217,41	II	65,25	1,00				
	III	**26,33**	250,00	217,41	III						
	V	**507,16**	217,41	217,41	IV	192,00	146,91	103,33	61,83	26,58	
	VI	**538,83**	217,41	217,41							
2372,99	I,IV	**239,16**	217,66	217,66	I	147,50	62,33				
	II	**151,41**	217,66	217,66	II	65,83	1,33				
	III	**26,83**	250,00	217,66	III						
	V	**507,83**	217,66	217,66	IV	192,58	147,50	103,91	62,33	27,08	
	VI	**539,66**	217,66	217,66							
2375,99	I,IV	**239,83**	217,91	217,91	I	148,16	62,91				
	II	**152,08**	217,91	217,91	II	66,41	1,66				
	III	**27,16**	250,00	217,91	III						
	V	**508,83**	217,91	217,91	IV	193,25	148,16	104,58	62,91	27,50	
	VI	**540,66**	217,91	217,91							

* Zur LSt-Berechnung für privat versicherte Arbeitnehmer s. Beispiele **Vorbemerkung S. 4f.**
** Basisvorsorgepauschale KV und PV *** Typisierter Arbeitgeberzuschuss

Lohn/ Gehalt in € bis	Steuerklasse	**Lohn- steuer***	BVSP**	TAGZ***	Steuerklasse	Bemessungsgrundlage für Kirchensteuer und Solidaritätszuschlag					
						Freibeträge für ... Kinder					
						0,5	**1,0**	1,5	**2,0**	2,5	**3,0**
2 378,99	I,IV	**240,58**	218,25	218,25	I	148,75	63,50				
	II	**152,75**	218,25	218,25	II	67,00	2,00				
	III	**27,66**	250,00	218,25	III						
	V	**509,66**	218,25	218,25	IV	193,91	148,75	105,16	63,50	27,91	
	VI	**541,50**	218,25	218,25							
2 381,99	I,IV	**241,25**	218,50	218,50	I	149,41	64,00	0,16			
	II	**153,33**	218,50	218,50	II	67,58	2,41				
	III	**28,16**	250,00	218,50	III						
	V	**510,50**	218,50	218,50	IV	194,58	149,41	105,83	64,00	28,41	0,16
	VI	**542,33**	218,50	218,50							
2 384,99	I,IV	**241,91**	218,75	218,75	I	150,00	64,58	0,50			
	II	**154,00**	218,75	218,75	II	68,08	2,75				
	III	**28,66**	250,00	218,75	III						
	V	**511,50**	218,75	218,75	IV	195,16	150,00	106,41	64,58	28,83	0,50
	VI	**543,33**	218,75	218,75							
2 387,99	I,IV	**242,58**	219,08	219,08	I	150,66	65,16	0,83			
	II	**154,58**	219,08	219,08	II	68,66	3,08				
	III	**29,00**	250,00	219,08	III						
	V	**512,33**	219,08	219,08	IV	195,83	150,66	107,00	65,16	29,33	0,83
	VI	**544,33**	219,08	219,08							
2 390,99	I,IV	**243,25**	219,33	219,33	I	151,33	65,66	1,25			
	II	**155,25**	219,33	219,33	II	69,25	3,50				
	III	**29,50**	250,00	219,33	III						
	V	**513,33**	219,33	219,33	IV	196,50	151,33	107,58	65,66	29,75	1,25
	VI	**545,33**	219,33	219,33							
2 393,99	I,IV	**243,91**	219,58	219,58	I	151,91	66,25	1,58			
	II	**155,91**	219,58	219,58	II	69,83	3,83				
	III	**30,00**	250,00	219,58	III						
	V	**514,16**	219,58	219,58	IV	197,16	151,91	108,25	66,25	30,25	1,58
	VI	**546,16**	219,58	219,58							
2 396,99	I,IV	**244,58**	219,91	219,91	I	152,58	66,83	1,91			
	II	**156,50**	219,91	219,91	II	70,41	4,16				
	III	**30,33**	250,00	219,91	III						
	V	**515,16**	219,91	219,91	IV	197,83	152,58	108,83	66,83	30,66	1,91
	VI	**547,16**	219,91	219,91							
2 399,99	I,IV	**245,25**	220,16	220,16	I	153,16	67,41	2,25			
	II	**157,16**	220,16	220,16	II	71,00	4,58				
	III	**30,83**	250,00	220,16	III						
	V	**516,00**	220,16	220,16	IV	198,50	153,16	109,41	67,41	31,16	2,25
	VI	**548,00**	220,16	220,16							
2 402,99	I,IV	**245,91**	220,41	220,41	I	153,83	68,00	2,66			
	II	**157,75**	220,41	220,41	II	71,58	4,91				
	III	**31,33**	250,00	220,41	III						
	V	**517,00**	220,41	220,41	IV	199,16	153,83	110,08	68,00	31,58	2,66
	VI	**549,00**	220,41	220,41							
2 405,99	I,IV	**246,58**	220,75	220,75	I	154,50	68,50	3,00			
	II	**158,41**	220,75	220,75	II	72,16	5,25				
	III	**31,83**	250,00	220,75	III						
	V	**517,83**	220,75	220,75	IV	199,75	154,50	110,66	68,50	32,08	3,00
	VI	**550,00**	220,75	220,75							
2 408,99	I,IV	**247,25**	221,00	221,00	I	155,08	69,08	3,33			
	II	**159,08**	221,00	221,00	II	72,66	5,66				
	III	**32,16**	250,00	221,00	III						
	V	**518,83**	221,00	221,00	IV	200,41	155,08	111,25	69,08	32,50	3,33
	VI	**550,83**	221,00	221,00							
2 411,99	I,IV	**247,91**	221,25	221,25	I	155,75	69,66	3,75			
	II	**159,66**	221,25	221,25	II	73,25	6,00				
	III	**32,66**	250,00	221,25	III						
	V	**519,66**	221,25	221,25	IV	201,08	155,75	111,91	69,66	33,00	3,75
	VI	**551,66**	221,25	221,25							

* Zur LSt-Berechnung für privat versicherte Arbeitnehmer s. Beispiele **Vorbemerkung S. 4f.**
** Basisvorsorgepauschale KV und PV *** Typisierter Arbeitgeberzuschuss

Lohn/ Gehalt in € bis	Steuerklasse	Lohn- steuer*	BVSP**	TAGZ***	Steuerklasse	Bemessungsgrundlage für Kirchensteuer und Solidaritätszuschlag – Freibeträge für ... Kinder 0,5	1,0	1,5	2,0	2,5	3,0
2414,99	I,IV	**248,66**	221,50	221,50	I	156,33	70,25	4,08			
	II	**160,33**	221,50	221,50	II	73,83	6,41				
	III	**33,16**	250,00	221,50	III						
	V	**520,50**	221,50	221,50	IV	201,75	156,33	112,50	70,25	33,50	4,08
	VI	**552,66**	221,50	221,50							
2417,99	I,IV	**249,33**	221,83	221,83	I	157,00	70,83	4,50			
	II	**161,00**	221,83	221,83	II	74,50	6,75				
	III	**33,66**	250,00	221,83	III						
	V	**521,50**	221,83	221,83	IV	202,41	157,00	113,08	70,83	33,91	4,50
	VI	**553,66**	221,83	221,83							
2420,99	I,IV	**250,00**	222,08	222,08	I	157,58	71,41	4,83			
	II	**161,58**	222,08	222,08	II	75,00	7,16				
	III	**34,00**	250,00	222,08	III						
	V	**522,33**	222,08	222,08	IV	203,08	157,58	113,75	71,41	34,41	4,83
	VI	**554,66**	222,08	222,08							
2423,99	I,IV	**250,66**	222,33	222,33	I	158,25	72,00	5,16			
	II	**162,25**	222,33	222,33	II	75,58	7,50				
	III	**34,50**	250,00	222,33	III						
	V	**523,33**	222,33	222,33	IV	203,66	158,25	114,33	72,00	34,91	5,16
	VI	**555,50**	222,33	222,33							
2426,99	I,IV	**251,33**	222,66	222,66	I	158,91	72,58	5,58			
	II	**162,83**	222,66	222,66	II	76,25	7,91				
	III	**35,00**	250,00	222,66	III						
	V	**524,16**	222,66	222,66	IV	204,33	158,91	114,91	72,58	35,33	5,58
	VI	**556,33**	222,66	222,66							
2429,99	I,IV	**252,00**	222,91	222,91	I	159,50	73,16	5,91			
	II	**163,50**	222,91	222,91	II	76,83	8,33				
	III	**35,50**	250,00	222,91	III						
	V	**525,16**	222,91	222,91	IV	205,00	159,50	115,58	73,16	35,83	5,91
	VI	**557,50**	222,91	222,91							
2432,99	I,IV	**252,66**	223,16	223,16	I	160,16	73,75	6,33			
	II	**164,16**	223,16	223,16	II	77,41	8,66				
	III	**35,83**	250,00	223,16	III						
	V	**526,00**	223,16	223,16	IV	205,66	160,16	116,16	73,75	36,33	6,33
	VI	**558,33**	223,16	223,16							
2435,99	I,IV	**253,33**	223,50	223,50	I	160,83	74,33	6,66			
	II	**164,75**	223,50	223,50	II	78,00	9,08				
	III	**36,33**	250,00	223,50	III						
	V	**527,00**	223,50	223,50	IV	206,33	160,83	116,75	74,33	36,83	6,66
	VI	**559,16**	223,50	223,50							
2438,99	I,IV	**254,08**	223,75	223,75	I	161,41	74,91	7,08			
	II	**165,41**	223,75	223,75	II	78,58	9,41				
	III	**36,83**	250,00	223,75	III						
	V	**528,00**	223,75	223,75	IV	207,00	161,41	117,41	74,91	37,25	7,08
	VI	**560,16**	223,75	223,75							
2441,99	I,IV	**254,75**	224,00	224,00	I	162,08	75,50	7,41			
	II	**166,08**	224,00	224,00	II	79,16	9,83				
	III	**37,33**	250,00	224,00	III						
	V	**528,83**	224,00	224,00	IV	207,66	162,08	118,00	75,50	37,75	7,41
	VI	**561,16**	224,00	224,00							
2444,99	I,IV	**255,41**	224,25	224,25	I	162,66	76,08	7,83			
	II	**166,66**	224,25	224,25	II	79,75	10,16				
	III	**37,66**	250,00	224,25	III						
	V	**529,83**	224,25	224,25	IV	208,33	162,66	118,58	76,08	38,25	7,83
	VI	**562,00**	224,25	224,25							
2447,99	I,IV	**256,08**	224,58	224,58	I	163,33	76,66	8,16			
	II	**167,33**	224,58	224,58	II	80,33	10,58				
	III	**38,16**	250,00	224,58	III						
	V	**530,66**	224,58	224,58	IV	208,91	163,33	119,25	76,66	38,75	8,16
	VI	**563,00**	224,58	224,58							

* Zur LSt-Berechnung für privat versicherte Arbeitnehmer s. Beispiele **Vorbemerkung S. 4 f.**

** Basisvorsorgepauschale KV und PV *** Typisierter Arbeitgeberzuschuss

Lohn/ Gehalt in € bis	Steuerklasse	**Lohn-steuer***	BVSP**	TAGZ***	Steuerklasse	Bemessungsgrundlage für Kirchensteuer und Solidaritätszuschlag					
						Freibeträge für ... Kinder					
						0,5	**1,0**	1,5	**2,0**	2,5	**3,0**
2450,99	I,IV	**256,75**	224,83	224,83	I	164,00	77,25	8,58			
	II	**168,00**	224,83	224,83	II	81,00	11,00				
	III	**38,66**	250,00	224,83	III						
	V	**531,66**	224,83	224,83	IV	209,58	164,00	119,83	77,25	39,25	8,58
	VI	**563,83**	224,83	224,83							
2453,99	I,IV	**257,41**	225,08	225,08	I	164,58	77,83	9,00			
	II	**168,58**	225,08	225,08	II	81,58	11,41				
	III	**39,16**	250,00	225,08	III						
	V	**532,50**	225,08	225,08	IV	210,25	164,58	120,50	77,83	39,66	9,00
	VI	**564,83**	225,08	225,08							
2456,99	I,IV	**258,08**	225,41	225,41	I	165,25	78,41	9,33			
	II	**169,25**	225,41	225,41	II	82,16	11,75				
	III	**39,66**	250,00	225,41	III						
	V	**533,50**	225,41	225,41	IV	210,91	165,25	121,08	78,41	40,16	9,33
	VI	**565,83**	225,41	225,41							
2459,99	I,IV	**258,83**	225,66	225,66	I	165,91	79,00	9,75			
	II	**169,91**	225,66	225,66	II	82,75	12,16				
	III	**40,16**	250,00	225,66	III						
	V	**534,33**	225,66	225,66	IV	211,58	165,91	121,66	79,00	40,66	9,75
	VI	**566,66**	225,66	225,66							
2462,99	I,IV	**259,50**	225,91	225,91	I	166,50	79,58	10,08			
	II	**170,50**	225,91	225,91	II	83,33	12,58				
	III	**40,50**	250,00	225,91	III						
	V	**535,16**	225,91	225,91	IV	212,25	166,50	122,33	79,58	41,16	10,08
	VI	**567,66**	225,91	225,91							
2465,99	I,IV	**260,16**	226,25	226,25	I	167,16	80,25	10,50			
	II	**171,16**	226,25	226,25	II	83,91	13,00				
	III	**41,00**	250,00	226,25	III						
	V	**536,16**	226,25	226,25	IV	212,91	167,16	122,91	80,25	41,66	10,50
	VI	**568,66**	226,25	226,25							
2468,99	I,IV	**260,83**	226,50	226,50	I	167,83	80,83	10,91			
	II	**171,83**	226,50	226,50	II	84,50	13,33				
	III	**41,50**	250,00	226,50	III						
	V	**537,00**	226,50	226,50	IV	213,58	167,83	123,58	80,83	42,16	10,91
	VI	**569,50**	226,50	226,50							
2471,99	I,IV	**261,50**	226,75	226,75	I	168,41	81,41	11,25			
	II	**172,41**	226,75	226,75	II	85,16	13,75				
	III	**42,00**	250,00	226,75	III						
	V	**538,16**	226,75	226,75	IV	214,25	168,41	124,16	81,41	42,66	11,25
	VI	**570,66**	226,75	226,75							
2474,99	I,IV	**262,25**	227,00	227,00	I	169,08	82,00	11,66			
	II	**173,08**	227,00	227,00	II	85,75	14,16				
	III	**42,50**	250,00	227,00	III						
	V	**539,00**	227,00	227,00	IV	214,91	169,08	124,75	82,00	43,16	11,66
	VI	**571,50**	227,00	227,00							
2477,99	I,IV	**262,91**	227,33	227,33	I	169,75	82,58	12,08			
	II	**173,75**	227,33	227,33	II	86,33	14,58				
	III	**43,00**	250,00	227,33	III						
	V	**539,83**	227,33	227,33	IV	215,58	169,75	125,41	82,58	43,66	12,08
	VI	**572,33**	227,33	227,33							
2480,99	I,IV	**263,58**	227,58	227,58	I	170,33	83,16	12,50			
	II	**174,33**	227,58	227,58	II	86,91	15,00				
	III	**43,50**	250,00	227,58	III						
	V	**540,83**	227,58	227,58	IV	216,16	170,33	126,00	83,16	44,16	12,50
	VI	**573,33**	227,58	227,58							
2483,99	I,IV	**264,25**	227,83	227,83	I	171,00	83,75	12,83			
	II	**175,00**	227,83	227,83	II	87,50	15,41				
	III	**43,83**	250,00	227,83	III						
	V	**541,66**	227,83	227,83	IV	216,83	171,00	126,66	83,75	44,66	12,83
	VI	**574,33**	227,83	227,83							

* Zur LSt-Berechnung für privat versicherte Arbeitnehmer s. Beispiele **Vorbemerkung S. 4f.**
** Basisvorsorgepauschale KV und PV *** Typisierter Arbeitgeberzuschuss

Lohn/ Gehalt in € bis	Steuerklasse	Lohnsteuer*	BVSP**	TAGZ***	Steuerklasse	Bemessungsgrundlage für Kirchensteuer und Solidaritätszuschlag – Freibeträge für ... Kinder: 0,5	**1,0**	1,5	**2,0**	2,5	**3,0**
2486,99	I,IV	**264,91**	228,16	228,16	I	171,66	84,41	13,25			
	II	**175,66**	228,16	228,16	II	88,16	15,83				
	III	**44,33**	250,00	228,16	III						
	V	**542,66**	228,16	228,16	IV	217,50	171,66	127,25	84,41	45,16	13,25
	VI	**575,16**	228,16	228,16							
2489,99	I,IV	**265,66**	228,41	228,41	I	172,25	85,00	13,66			
	II	**176,33**	228,41	228,41	II	88,75	16,25				
	III	**44,83**	250,00	228,41	III						
	V	**543,66**	228,41	228,41	IV	218,16	172,25	127,91	85,00	45,66	13,66
	VI	**576,16**	228,41	228,41							
2492,99	I,IV	**266,33**	228,66	228,66	I	172,91	85,58	14,08			
	II	**176,91**	228,66	228,66	II	89,33	16,58				
	III	**45,33**	250,00	228,66	III						
	V	**544,33**	228,66	228,66	IV	218,83	172,91	128,50	85,58	46,16	14,08
	VI	**577,16**	228,66	228,66							
2495,99	I,IV	**267,00**	229,00	229,00	I	173,58	86,16	14,50			
	II	**177,58**	229,00	229,00	II	89,91	17,00				
	III	**45,83**	250,00	229,00	III						
	V	**545,50**	229,00	229,00	IV	219,50	173,58	129,08	86,16	46,66	14,50
	VI	**578,00**	229,00	229,00							
2498,99	I,IV	**267,66**	229,25	229,25	I	174,25	86,75	14,91			
	II	**178,25**	229,25	229,25	II	90,50	17,41				
	III	**46,33**	250,00	229,25	III						
	V	**546,33**	229,25	229,25	IV	220,16	174,25	129,75	86,75	47,16	14,91
	VI	**579,00**	229,25	229,25							
2501,99	I,IV	**268,33**	229,50	229,50	I	174,83	87,41	15,33			
	II	**178,91**	229,50	229,50	II	91,16	17,83				
	III	**46,83**	250,00	229,50	III						
	V	**547,16**	229,50	229,50	IV	220,83	174,83	130,33	87,41	47,75	15,33
	VI	**580,00**	229,50	229,50							
2504,99	I,IV	**269,08**	229,83	229,83	I	175,50	88,00	15,66			
	II	**179,50**	229,83	229,83	II	91,75	18,25				
	III	**47,33**	250,00	229,83	III						
	V	**548,16**	229,83	229,83	IV	221,50	175,50	131,00	88,00	48,25	15,66
	VI	**580,83**	229,83	229,83							
2507,99	I,IV	**269,75**	230,08	230,08	I	176,16	88,58	16,08			
	II	**180,16**	230,08	230,08	II	92,33	18,66				
	III	**47,66**	250,00	230,08	III						
	V	**549,00**	230,08	230,08	IV	222,16	176,16	131,58	88,58	48,75	16,08
	VI	**581,83**	230,08	230,08							
2510,99	I,IV	**270,41**	230,33	230,33	I	176,75	89,16	16,50			
	II	**180,83**	230,33	230,33	II	92,91	19,08				
	III	**48,16**	250,00	230,33	III						
	V	**550,16**	230,33	230,33	IV	222,83	176,75	132,25	89,16	49,25	16,50
	VI	**582,83**	230,33	230,33							
2513,99	I,IV	**271,08**	230,58	230,58	I	177,41	89,75	16,91			
	II	**181,41**	230,58	230,58	II	93,58	19,58				
	III	**48,66**	250,00	230,58	III						
	V	**551,00**	230,58	230,58	IV	223,50	177,41	132,83	89,75	49,75	16,91
	VI	**583,83**	230,58	230,58							
2516,99	I,IV	**271,75**	230,91	230,91	I	178,08	90,33	17,33			
	II	**182,08**	230,91	230,91	II	94,16	20,00				
	III	**49,16**	250,00	230,91	III						
	V	**551,83**	230,91	230,91	IV	224,16	178,08	133,41	90,33	50,25	17,33
	VI	**584,66**	230,91	230,91							
2519,99	I,IV	**272,50**	231,16	231,16	I	178,66	91,00	17,75			
	II	**182,75**	231,16	231,16	II	94,75	20,41				
	III	**49,66**	250,00	231,16	III						
	V	**552,83**	231,16	231,16	IV	224,83	178,66	134,08	91,00	50,83	17,75
	VI	**585,66**	231,16	231,16							

* Zur LSt-Berechnung für privat versicherte Arbeitnehmer s. Beispiele **Vorbemerkung S. 4 f.**
** Basisvorsorgepauschale KV und PV *** Typisierter Arbeitgeberzuschuss

Lohn/ Gehalt in € bis	Steuerklasse	**Lohn-steuer***	BVSP**	TAGZ***	Steuerklasse	Bemessungsgrundlage für Kirchensteuer und Solidaritätszuschlag					
						Freibeträge für ... Kinder					
						0,5	**1,0**	1,5	**2,0**	2,5	**3,0**
2522,99	I,IV	**273,16**	231,41	231,41	I	179,33	91,58	18,16			
	II	**183,41**	231,41	231,41	II	95,33	20,83				
	III	**50,16**	250,00	231,41	III						
	V	**553,83**	231,41	231,41	IV	225,50	179,33	134,75	91,58	51,33	18,16
	VI	**586,66**	231,41	231,41							
2525,99	I,IV	**273,83**	231,75	231,75	I	180,00	92,16	18,58			
	II	**184,00**	231,75	231,75	II	95,91	21,25				
	III	**50,66**	250,00	231,75	III						
	V	**554,66**	231,75	231,75	IV	226,16	180,00	135,33	92,16	51,83	18,58
	VI	**587,66**	231,75	231,75							
2528,99	I,IV	**274,50**	232,00	232,00	I	180,66	92,75	19,00			
	II	**184,66**	232,00	232,00	II	96,58	21,66				
	III	**51,16**	250,00	232,00	III						
	V	**555,66**	232,00	232,00	IV	226,83	180,66	135,91	92,75	52,33	19,00
	VI	**588,66**	232,00	232,00							
2531,99	I,IV	**275,25**	232,25	232,25	I	181,25	93,41	19,41			
	II	**185,33**	232,25	232,25	II	97,16	22,08				
	III	**51,66**	250,00	232,25	III						
	V	**556,50**	232,25	232,25	IV	227,50	181,25	136,58	93,41	52,91	19,41
	VI	**589,50**	232,25	232,25							
2534,99	I,IV	**275,91**	232,58	232,58	I	181,91	94,00	19,83			
	II	**186,00**	232,58	232,58	II	97,75	22,50				
	III	**52,16**	250,00	232,58	III						
	V	**557,66**	232,58	232,58	IV	228,16	181,91	137,16	94,00	53,41	19,83
	VI	**590,50**	232,58	232,58							
2537,99	I,IV	**276,58**	232,83	232,83	I	182,58	94,58	20,25			
	II	**186,58**	232,83	232,83	II	98,33	23,00				
	III	**52,66**	250,00	232,83	III						
	V	**558,50**	232,83	232,83	IV	228,83	182,58	137,83	94,58	54,00	20,25
	VI	**591,33**	232,83	232,83							
2540,99	I,IV	**277,25**	233,08	233,08	I	183,25	95,16	20,66			
	II	**187,25**	233,08	233,08	II	99,00	23,41				
	III	**53,16**	250,00	233,08	III						
	V	**559,33**	233,08	233,08	IV	229,50	183,25	138,41	95,16	54,50	20,66
	VI	**592,33**	233,08	233,08							
2543,99	I,IV	**278,00**	233,33	233,33	I	183,83	95,83	21,16			
	II	**187,91**	233,33	233,33	II	99,58	23,83				
	III	**53,66**	250,00	233,33	III						
	V	**560,33**	233,33	233,33	IV	230,16	183,83	139,08	95,83	55,00	21,16
	VI	**593,33**	233,33	233,33							
2546,99	I,IV	**278,66**	233,66	233,66	I	184,50	96,41	21,58			
	II	**188,58**	233,66	233,66	II	100,16	24,25				
	III	**54,16**	250,00	233,66	III						
	V	**561,33**	233,66	233,66	IV	230,83	184,50	139,66	96,41	55,58	21,58
	VI	**594,33**	233,66	233,66							
2549,99	I,IV	**279,33**	233,91	233,91	I	185,16	97,00	22,00			
	II	**189,25**	233,91	233,91	II	100,83	24,75				
	III	**54,66**	250,00	233,91	III						
	V	**562,16**	233,91	233,91	IV	231,50	185,16	140,33	97,00	56,08	22,00
	VI	**595,16**	233,91	233,91							
2552,99	I,IV	**280,08**	234,16	234,16	I	185,83	97,58	22,41			
	II	**189,83**	234,16	234,16	II	101,41	25,16				
	III	**55,16**	250,00	234,16	III						
	V	**563,16**	234,16	234,16	IV	232,16	185,83	140,91	97,58	56,66	22,41
	VI	**596,16**	234,16	234,16							
2555,99	I,IV	**280,75**	234,50	234,50	I	186,41	98,25	22,83			
	II	**190,50**	234,50	234,50	II	102,00	25,58				
	III	**55,66**	250,00	234,50	III						
	V	**564,00**	234,50	234,50	IV	232,83	186,41	141,58	98,25	57,16	22,83
	VI	**597,16**	234,50	234,50							

* Zur LSt-Berechnung für privat versicherte Arbeitnehmer s. Beispiele **Vorbemerkung S. 4f.**
** Basisvorsorgepauschale KV und PV *** Typisierter Arbeitgeberzuschuss

Lohn/ Gehalt in € bis	Steuerklasse	Lohn-steuer*	BVSP**	TAGZ***	Steuerklasse	Bemessungsgrundlage für Kirchensteuer und Solidaritätszuschlag – Freibeträge für ... Kinder 0,5	1,0	1,5	2,0	2,5	3,0
2 558,99	I,IV	**281,41**	234,75	234,75	I	187,08	98,83	23,33			
	II	**191,16**	234,75	234,75	II	102,58	26,08				
	III	**56,16**	250,00	234,75	III						
	V	**565,00**	234,75	234,75	IV	233,50	187,08	142,16	98,83	57,75	23,33
	VI	**598,00**	234,75	234,75							
2 561,99	I,IV	**282,16**	235,00	235,00	I	187,75	99,41	23,75			
	II	**191,83**	235,00	235,00	II	103,25	26,50				
	III	**56,66**	250,00	235,00	III	0,16					
	V	**566,00**	235,00	235,00	IV	234,16	187,75	142,83	99,41	58,25	23,75
	VI	**599,00**	235,00	235,00							
2 564,99	I,IV	**282,83**	235,33	235,33	I	188,41	100,00	24,16			
	II	**192,41**	235,33	235,33	II	103,83	26,91				
	III	**57,16**	250,00	235,33	III	0,66					
	V	**566,83**	235,33	235,33	IV	234,83	188,41	143,41	100,00	58,75	24,16
	VI	**600,00**	235,33	235,33							
2 567,99	I,IV	**283,50**	235,58	235,58	I	189,00	100,66	24,58			
	II	**193,08**	235,58	235,58	II	104,41	27,41				
	III	**57,66**	250,00	235,58	III	1,00					
	V	**567,83**	235,58	235,58	IV	235,50	189,00	144,08	100,66	59,33	24,58
	VI	**601,00**	235,58	235,58							
2 570,99	I,IV	**284,16**	235,83	235,83	I	189,66	101,25	25,08			
	II	**193,75**	235,83	235,83	II	105,00	27,83				
	III	**58,16**	250,00	235,83	III	1,50					
	V	**568,83**	235,83	235,83	IV	236,16	189,66	144,75	101,25	59,91	25,08
	VI	**601,83**	235,83	235,83							
2 573,99	I,IV	**284,91**	236,08	236,08	I	190,33	101,83	25,50			
	II	**194,41**	236,08	236,08	II	105,66	28,33				
	III	**58,66**	250,00	236,08	III	1,83					
	V	**569,66**	236,08	236,08	IV	236,83	190,33	145,33	101,83	60,41	25,50
	VI	**603,00**	236,08	236,08							
2 576,99	I,IV	**285,58**	236,41	236,41	I	191,00	102,41	25,91			
	II	**195,08**	236,41	236,41	II	106,25	28,75				
	III	**59,16**	250,00	236,41	III	2,16					
	V	**570,66**	236,41	236,41	IV	237,50	191,00	145,91	102,41	61,00	25,91
	VI	**603,83**	236,41	236,41							
2 579,99	I,IV	**286,25**	236,66	236,66	I	191,66	103,08	26,41			
	II	**195,66**	236,66	236,66	II	106,83	29,16				
	III	**59,66**	250,00	236,66	III	2,50					
	V	**571,66**	236,66	236,66	IV	238,16	191,66	146,58	103,08	61,50	26,41
	VI	**604,83**	236,66	236,66							
2 582,99	I,IV	**287,00**	236,91	236,91	I	192,33	103,66	26,83			
	II	**196,33**	236,91	236,91	II	107,50	29,66				
	III	**60,16**	250,00	236,91	III	3,00					
	V	**572,50**	236,91	236,91	IV	238,83	192,33	147,25	103,66	62,08	26,83
	VI	**605,83**	236,91	236,91							
2 585,99	I,IV	**287,66**	237,25	237,25	I	192,91	104,25	27,25			
	II	**197,00**	237,25	237,25	II	108,08	30,08				
	III	**60,66**	250,00	237,25	III	3,33					
	V	**573,50**	237,25	237,25	IV	239,58	192,91	147,83	104,25	62,66	27,25
	VI	**606,83**	237,25	237,25							
2 588,99	I,IV	**288,33**	237,50	237,50	I	193,58	104,83	27,75			
	II	**197,66**	237,50	237,50	II	108,66	30,58				
	III	**61,16**	250,00	237,50	III	3,83					
	V	**574,50**	237,50	237,50	IV	240,16	193,58	148,50	104,83	63,16	27,75
	VI	**607,66**	237,50	237,50							
2 591,99	I,IV	**289,08**	237,75	237,75	I	194,25	105,50	28,16			
	II	**198,33**	237,75	237,75	II	109,33	31,00				
	III	**61,66**	250,00	237,75	III	4,16					
	V	**575,33**	237,75	237,75	IV	240,91	194,25	149,08	105,50	63,75	28,16
	VI	**608,66**	237,75	237,75							

* Zur LSt-Berechnung für privat versicherte Arbeitnehmer s. Beispiele **Vorbemerkung S. 4 f.**
** Basisvorsorgepauschale KV und PV *** Typisierter Arbeitgeberzuschuss

Lohn/ Gehalt in € bis	Steuerklasse	**Lohn-steuer***	BVSP**	TAGZ***	Steuerklasse	Bemessungsgrundlage für Kirchensteuer und Solidaritätszuschlag – Freibeträge für ... Kinder 0,5	**1,0**	1,5	**2,0**	2,5	**3,0**
2594,99	I,IV	**289,75**	238,08	238,08	I	194,91	106,08	28,66			
	II	**199,00**	238,08	238,08	II	109,91	31,50				
	III	**62,33**	250,00	238,08	III	4,50					
	V	**576,33**	238,08	238,08	IV	241,58	194,91	149,75	106,08	64,33	28,66
	VI	**609,66**	238,08	238,08							
2597,99	I,IV	**290,41**	238,33	238,33	I	195,58	106,75	29,08			
	II	**199,66**	238,33	238,33	II	110,50	32,00				
	III	**62,83**	250,00	238,33	III	5,00					
	V	**577,33**	238,33	238,33	IV	242,25	195,58	150,41	106,75	64,91	29,08
	VI	**610,66**	238,33	238,33							
2600,99	I,IV	**291,08**	238,58	238,58	I	196,16	107,33	29,50			
	II	**200,25**	238,58	238,58	II	111,08	32,41				
	III	**63,33**	250,00	238,58	III	5,33					
	V	**578,16**	238,58	238,58	IV	242,91	196,16	151,00	107,33	65,41	29,50
	VI	**611,66**	238,58	238,58							
2603,99	I,IV	**291,83**	238,91	238,91	I	196,83	107,91	30,00			
	II	**200,91**	238,91	238,91	II	111,75	32,91				
	III	**63,83**	250,00	238,91	III	5,66					
	V	**579,16**	238,91	238,91	IV	243,58	196,83	151,66	107,91	66,00	30,00
	VI	**612,50**	238,91	238,91							
2606,99	I,IV	**292,50**	239,16	239,16	I	197,50	108,50	30,50			
	II	**201,58**	239,16	239,16	II	112,33	33,33				
	III	**64,33**	250,00	239,16	III	6,16					
	V	**580,16**	239,16	239,16	IV	244,25	197,50	152,25	108,50	66,58	30,50
	VI	**613,50**	239,16	239,16							
2609,99	I,IV	**293,25**	239,41	239,41	I	198,16	109,16	30,91			
	II	**202,25**	239,41	239,41	II	113,00	33,83				
	III	**64,83**	250,00	239,41	III	6,50					
	V	**581,16**	239,41	239,41	IV	244,91	198,16	152,91	109,16	67,16	30,91
	VI	**614,66**	239,41	239,41							
2612,99	I,IV	**293,91**	239,66	239,66	I	198,83	109,75	31,41			
	II	**202,91**	239,66	239,66	II	113,58	34,33				
	III	**65,33**	250,00	239,66	III	7,00					
	V	**582,00**	239,66	239,66	IV	245,58	198,83	153,50	109,75	67,66	31,41
	VI	**615,50**	239,66	239,66							
2615,99	I,IV	**294,58**	240,00	240,00	I	199,41	110,33	31,83			
	II	**203,58**	240,00	240,00	II	114,16	34,75				
	III	**65,83**	250,00	240,00	III	7,33					
	V	**583,00**	240,00	240,00	IV	246,25	199,41	154,16	110,33	68,25	31,83
	VI	**616,50**	240,00	240,00							
2618,99	I,IV	**295,33**	240,25	240,25	I	200,08	111,00	32,33			
	II	**204,25**	240,25	240,25	II	114,83	35,25				
	III	**66,33**	250,00	240,25	III	7,83					
	V	**584,00**	240,25	240,25	IV	246,91	200,08	154,75	111,00	68,83	32,33
	VI	**617,33**	240,25	240,25							
2621,99	I,IV	**296,00**	240,50	240,50	I	200,75	111,58	32,75			
	II	**204,83**	240,50	240,50	II	115,41	35,75				
	III	**66,83**	250,00	240,50	III	8,16					
	V	**584,83**	240,50	240,50	IV	247,66	200,75	155,41	111,58	69,41	32,75
	VI	**618,33**	240,50	240,50							
2624,99	I,IV	**296,66**	240,83	240,83	I	201,41	112,16	33,25			
	II	**205,50**	240,83	240,83	II	116,00	36,16				
	III	**67,50**	250,00	240,83	III	8,50					
	V	**585,83**	240,83	240,83	IV	248,33	201,41	156,08	112,16	70,00	33,25
	VI	**619,33**	240,83	240,83							
2627,99	I,IV	**297,41**	241,08	241,08	I	202,08	112,83	33,75			
	II	**206,16**	241,08	241,08	II	116,66	36,66				
	III	**68,00**	250,00	241,08	III	9,00					
	V	**586,83**	241,08	241,08	IV	249,00	202,08	156,66	112,83	70,50	33,75
	VI	**620,33**	241,08	241,08							

* Zur LSt-Berechnung für privat versicherte Arbeitnehmer s. Beispiele **Vorbemerkung S. 4 f.**
** Basisvorsorgepauschale KV und PV *** Typisierter Arbeitgeberzuschuss

Lohn/ Gehalt in € bis	Steuerklasse	Lohn- steuer*	BVSP**	TAGZ***	Steuerklasse	Bemessungsgrundlage für Kirchensteuer und Solidaritätszuschlag					
						Freibeträge für ... Kinder					
						0,5	**1,0**	1,5	**2,0**	2,5	**3,0**
2630,99	I,IV	**298,08**	241,33	241,33	I	202,75	113,41	34,16			
	II	**206,83**	241,33	241,33	II	117,25	37,16				
	III	**68,50**	250,00	241,33	III	9,33					
	V	**587,66**	241,33	241,33	IV	249,66	202,75	157,33	113,41	71,08	34,16
	VI	**621,33**	241,33	241,33							
2633,99	I,IV	**298,83**	241,66	241,66	I	203,41	114,00	34,66			
	II	**207,50**	241,66	241,66	II	117,83	37,66				
	III	**69,00**	250,00	241,66	III	9,83					
	V	**588,66**	241,66	241,66	IV	250,33	203,41	158,00	114,00	71,66	34,66
	VI	**622,33**	241,66	241,66							
2636,99	I,IV	**299,50**	241,91	241,91	I	204,00	114,66	35,16			
	II	**208,16**	241,91	241,91	II	118,50	38,08				
	III	**69,50**	250,00	241,91	III	10,16					
	V	**589,66**	241,91	241,91	IV	251,00	204,00	158,58	114,66	72,25	35,16
	VI	**623,33**	241,91	241,91							
2639,99	I,IV	**300,16**	242,16	242,16	I	204,66	115,25	35,58			
	II	**208,83**	242,16	242,16	II	119,08	38,58				
	III	**70,00**	250,00	242,16	III	10,66					
	V	**590,66**	242,16	242,16	IV	251,66	204,66	159,25	115,25	72,83	35,58
	VI	**624,33**	242,16	242,16							
2642,99	I,IV	**300,91**	242,41	242,41	I	205,33	115,83	36,08			
	II	**209,50**	242,41	242,41	II	119,75	39,08				
	III	**70,50**	250,00	242,41	III	11,00					
	V	**591,50**	242,41	242,41	IV	252,33	205,33	159,83	115,83	73,41	36,08
	VI	**625,16**	242,41	242,41							
2645,99	I,IV	**301,58**	242,75	242,75	I	206,00	116,50	36,58			
	II	**210,16**	242,75	242,75	II	120,33	39,58				
	III	**71,16**	250,00	242,75	III	11,50					
	V	**592,66**	242,75	242,75	IV	253,08	206,00	160,50	116,50	74,00	36,58
	VI	**626,16**	242,75	242,75							
2648,99	I,IV	**302,25**	243,00	243,00	I	206,66	117,08	37,00			
	II	**210,75**	243,00	243,00	II	120,91	40,08				
	III	**71,66**	250,00	243,00	III	11,83					
	V	**593,50**	243,00	243,00	IV	253,75	206,66	161,08	117,08	74,58	37,00
	VI	**627,33**	243,00	243,00							
2651,99	I,IV	**303,00**	243,25	243,25	I	207,33	117,75	37,50			
	II	**211,41**	243,25	243,25	II	121,58	40,58				
	III	**72,16**	250,00	243,25	III	12,33					
	V	**594,33**	243,25	243,25	IV	254,41	207,33	161,75	117,75	75,16	37,50
	VI	**628,16**	243,25	243,25							
2654,99	I,IV	**303,66**	243,58	243,58	I	208,00	118,33	38,00			
	II	**212,08**	243,58	243,58	II	122,16	41,08				
	III	**72,66**	250,00	243,58	III	12,66					
	V	**595,33**	243,58	243,58	IV	255,08	208,00	162,41	118,33	75,75	38,00
	VI	**629,16**	243,58	243,58							
2657,99	I,IV	**304,41**	243,83	243,83	I	208,66	118,91	38,50			
	II	**212,75**	243,83	243,83	II	122,83	41,58				
	III	**73,16**	250,00	243,83	III	13,00					
	V	**596,50**	243,83	243,83	IV	255,75	208,66	163,00	118,91	76,33	38,50
	VI	**630,16**	243,83	243,83							
2660,99	I,IV	**305,08**	244,08	244,08	I	209,25	119,58	39,00			
	II	**213,41**	244,08	244,08	II	123,41	42,00				
	III	**73,66**	250,00	244,08	III	13,50					
	V	**597,33**	244,08	244,08	IV	256,41	209,25	163,66	119,58	76,91	39,00
	VI	**631,00**	244,08	244,08							
2663,99	I,IV	**305,75**	244,41	244,41	I	209,91	120,16	39,50			
	II	**214,08**	244,41	244,41	II	124,00	42,50				
	III	**74,33**	250,00	244,41	III	13,83					
	V	**598,16**	244,41	244,41	IV	257,08	209,91	164,33	120,16	77,58	39,50
	VI	**632,16**	244,41	244,41							

* Zur LSt-Berechnung für privat versicherte Arbeitnehmer s. Beispiele **Vorbemerkung S. 4 f.**
** Basisvorsorgepauschale KV und PV *** Typisierter Arbeitgeberzuschuss

Lohn/ Gehalt in € bis	Steuerklasse	**Lohn-steuer***	BVSP**	TAGZ***	Steuerklasse	Bemessungsgrundlage für Kirchensteuer und Solidaritätszuschlag					
						Freibeträge für ... Kinder					
						0,5	**1,0**	1,5	**2,0**	2,5	**3,0**
2666,99	I,IV	**306,50**	244,66	244,66	I	210,58	120,75	39,91			
	II	**214,75**	244,66	244,66	II	124,66	43,08				
	III	**74,83**	250,00	244,66	III	14,33					
	V	**599,33**	244,66	244,66	IV	257,83	210,58	164,91	120,75	78,16	39,91
	VI	**633,16**	244,66	244,66							
2669,99	I,IV	**307,16**	244,91	244,91	I	211,25	121,41	40,41			
	II	**215,41**	244,91	244,91	II	125,25	43,58				
	III	**75,33**	250,00	244,91	III	14,83					
	V	**600,33**	244,91	244,91	IV	258,50	211,25	165,58	121,41	78,75	40,41
	VI	**634,16**	244,91	244,91							
2672,99	I,IV	**307,91**	245,16	245,16	I	211,91	122,00	40,91			
	II	**216,08**	245,16	245,16	II	125,83	44,00				
	III	**75,83**	250,00	245,16	III	15,16					
	V	**601,16**	245,16	245,16	IV	259,16	211,91	166,25	122,00	79,33	40,91
	VI	**635,00**	245,16	245,16							
2675,99	I,IV	**308,58**	245,50	245,50	I	212,58	122,66	41,41			
	II	**216,75**	245,50	245,50	II	126,50	44,50				
	III	**76,50**	250,00	245,50	III	15,66					
	V	**602,00**	245,50	245,50	IV	259,83	212,58	166,83	122,66	79,91	41,41
	VI	**636,00**	245,50	245,50							
2678,99	I,IV	**309,33**	245,75	245,75	I	213,25	123,25	41,91			
	II	**217,41**	245,75	245,75	II	127,08	45,08				
	III	**77,00**	250,00	245,75	III	16,00					
	V	**603,16**	245,75	245,75	IV	260,50	213,25	167,50	123,25	80,50	41,91
	VI	**637,16**	245,75	245,75							
2681,99	I,IV	**310,00**	246,00	246,00	I	213,91	123,91	42,41			
	II	**218,08**	246,00	246,00	II	127,75	45,58				
	III	**77,50**	250,00	246,00	III	16,50					
	V	**604,16**	246,00	246,00	IV	261,25	213,91	168,16	123,91	81,16	42,41
	VI	**638,16**	246,00	246,00							
2684,99	I,IV	**310,66**	246,33	246,33	I	214,58	124,50	42,91			
	II	**218,66**	246,33	246,33	II	128,33	46,08				
	III	**78,00**	250,00	246,33	III	16,83					
	V	**605,00**	246,33	246,33	IV	261,83	214,58	168,75	124,50	81,66	42,91
	VI	**639,00**	246,33	246,33							
2687,99	I,IV	**311,41**	246,58	246,58	I	215,25	125,08	43,41			
	II	**219,33**	246,58	246,58	II	129,00	46,58				
	III	**78,66**	250,00	246,58	III	17,33					
	V	**606,00**	246,58	246,58	IV	262,58	215,25	169,41	125,08	82,33	43,41
	VI	**640,00**	246,58	246,58							
2690,99	I,IV	**312,08**	246,83	246,83	I	215,91	125,75	43,91			
	II	**220,00**	246,83	246,83	II	129,58	47,08				
	III	**79,16**	250,00	246,83	III	17,66					
	V	**607,00**	246,83	246,83	IV	263,25	215,91	170,08	125,75	82,91	43,91
	VI	**641,00**	246,83	246,83							
2693,99	I,IV	**312,83**	247,16	247,16	I	216,58	126,33	44,41			
	II	**220,66**	247,16	247,16	II	130,25	47,58				
	III	**79,66**	250,00	247,16	III	18,16					
	V	**608,00**	247,16	247,16	IV	263,91	216,58	170,66	126,33	83,50	44,41
	VI	**642,00**	247,16	247,16							
2696,99	I,IV	**313,50**	247,41	247,41	I	217,16	126,91	44,91			
	II	**221,33**	247,41	247,41	II	130,83	48,08				
	III	**80,16**	250,00	247,41	III	18,50					
	V	**608,83**	247,41	247,41	IV	264,58	217,16	171,33	126,91	84,08	44,91
	VI	**643,00**	247,41	247,41							
2699,99	I,IV	**314,25**	247,66	247,66	I	217,83	127,58	45,41			
	II	**222,00**	247,66	247,66	II	131,41	48,58				
	III	**80,83**	250,00	247,66	III	19,00					
	V	**609,83**	247,66	247,66	IV	265,33	217,83	172,00	127,58	84,66	45,41
	VI	**644,00**	247,66	247,66							

* Zur LSt-Berechnung für privat versicherte Arbeitnehmer s. Beispiele **Vorbemerkung S. 4f.**
** Basisvorsorgepauschale KV und PV *** Typisierter Arbeitgeberzuschuss

Lohn/ Gehalt in € bis	Steuerklasse	Lohn- steuer*	BVSP**	TAGZ***	Steuerklasse	Bemessungsgrundlage für Kirchensteuer und Solidaritätszuschlag					
						Freibeträge für ... Kinder					
						0,5	**1,0**	1,5	**2,0**	2,5	**3,0**
2 702,99	I,IV	**314,91**	248,00	248,00	I	218,50	128,16	45,91			
	II	**222,66**	248,00	248,00	II	132,08	49,16				
	III	**81,33**	250,00	248,00	III	19,50					
	V	**610,83**	248,00	248,00	IV	266,00	218,50	172,58	128,16	85,33	45,91
	VI	**645,00**	248,00	248,00							
2 705,99	I,IV	**315,66**	248,25	248,25	I	219,25	128,83	46,41			
	II	**223,33**	248,25	248,25	II	132,66	49,66				
	III	**81,83**	250,00	248,25	III	19,83					
	V	**611,83**	248,25	248,25	IV	266,66	219,25	173,25	128,83	85,91	46,41
	VI	**646,00**	248,25	248,25							
2 708,99	I,IV	**316,33**	248,50	248,50	I	219,83	129,41	46,91			
	II	**224,00**	248,50	248,50	II	133,33	50,16				
	III	**82,50**	250,00	248,50	III	20,33					
	V	**612,66**	248,50	248,50	IV	267,33	219,83	173,91	129,41	86,50	46,91
	VI	**646,83**	248,50	248,50							
2 711,99	I,IV	**317,08**	248,75	248,75	I	220,50	130,08	47,41			
	II	**224,66**	248,75	248,75	II	133,91	50,66				
	III	**83,00**	250,00	248,75	III	20,66					
	V	**613,66**	248,75	248,75	IV	268,00	220,50	174,50	130,08	87,08	47,41
	VI	**648,00**	248,75	248,75							
2 714,99	I,IV	**317,75**	249,08	249,08	I	221,16	130,66	48,00			
	II	**225,33**	249,08	249,08	II	134,58	51,25				
	III	**83,50**	250,00	249,08	III	21,16					
	V	**614,83**	249,08	249,08	IV	268,75	221,16	175,16	130,66	87,66	48,00
	VI	**649,00**	249,08	249,08							
2 717,99	I,IV	**318,50**	249,33	249,33	I	221,83	131,33	48,50			
	II	**226,00**	249,33	249,33	II	135,16	51,75				
	III	**84,00**	250,00	249,33	III	21,50					
	V	**615,66**	249,33	249,33	IV	269,41	221,83	175,83	131,33	88,33	48,50
	VI	**650,00**	249,33	249,33							
2 720,99	I,IV	**319,16**	249,58	249,58	I	222,50	131,91	49,00			
	II	**226,66**	249,58	249,58	II	135,83	52,25				
	III	**84,66**	250,00	249,58	III	22,00					
	V	**616,66**	249,58	249,58	IV	270,08	222,50	176,41	131,91	88,91	49,00
	VI	**650,83**	249,58	249,58							
2 723,99	I,IV	**319,83**	249,91	249,91	I	223,16	132,50	49,50			
	II	**227,33**	249,91	249,91	II	136,41	52,75				
	III	**85,16**	250,00	249,91	III	22,50					
	V	**617,50**	249,91	249,91	IV	270,75	223,16	177,08	132,50	89,50	49,50
	VI	**651,83**	249,91	249,91							
2 726,99	I,IV	**320,58**	250,16	250,16	I	223,83	133,16	50,00			
	II	**228,00**	250,16	250,16	II	137,08	53,33				
	III	**85,66**	250,16	250,16	III	22,83					
	V	**618,66**	250,16	250,16	IV	271,50	223,83	177,75	133,16	90,08	50,00
	VI	**652,83**	250,16	250,16							
2 729,99	I,IV	**321,33**	250,41	250,41	I	224,50	133,75	50,58			
	II	**228,66**	250,41	250,41	II	137,66	53,83				
	III	**86,16**	250,41	250,41	III	23,33					
	V	**619,66**	250,41	250,41	IV	272,16	224,50	178,41	133,75	90,66	50,58
	VI	**653,83**	250,41	250,41							
2 732,99	I,IV	**322,00**	250,75	250,75	I	225,16	134,41	51,08			
	II	**229,33**	250,75	250,75	II	138,33	54,33				
	III	**86,66**	250,75	250,75	III	23,66					
	V	**620,50**	250,75	250,75	IV	272,83	225,16	179,00	134,41	91,25	51,08
	VI	**654,83**	250,75	250,75							
2 735,99	I,IV	**322,66**	251,00	251,00	I	225,83	135,00	51,58			
	II	**230,00**	251,00	251,00	II	138,91	54,91				
	III	**87,16**	251,00	251,00	III	24,00					
	V	**621,50**	251,00	251,00	IV	273,50	225,83	179,66	135,00	91,91	51,58
	VI	**655,83**	251,00	251,00							

* Zur LSt-Berechnung für privat versicherte Arbeitnehmer s. Beispiele **Vorbemerkung S. 4 f.**
** Basisvorsorgepauschale KV und PV *** Typisierter Arbeitgeberzuschuss

Lohn/ Gehalt in € bis	Steuerklasse	**Lohn-steuer***	BVSP**	TAGZ***	Steuerklasse	Bemessungsgrundlage für Kirchensteuer und Solidaritätszuschlag – Freibeträge für ... Kinder 0,5	**1,0**	1,5	**2,0**	2,5	**3,0**
2738,99	I,IV	**323,41**	251,25	251,25	I	226,50	135,66	52,16			
	II	**230,66**	251,25	251,25	II	139,58	55,41				
	III	**87,66**	251,25	251,25	III	24,50					
	V	**622,50**	251,25	251,25	IV	274,25	226,50	180,33	135,66	92,50	52,16
	VI	**656,83**	251,25	251,25							
2741,99	I,IV	**324,16**	251,50	251,50	I	227,16	136,25	52,66			
	II	**231,33**	251,50	251,50	II	140,16	56,00				
	III	**88,16**	251,50	251,50	III	24,83					
	V	**623,50**	251,50	251,50	IV	274,91	227,16	181,00	136,25	93,08	52,66
	VI	**657,83**	251,50	251,50							
2744,99	I,IV	**324,83**	251,83	251,83	I	227,83	136,91	53,16			
	II	**232,00**	251,83	251,83	II	140,83	56,50				
	III	**88,66**	251,83	251,83	III	25,16					
	V	**624,50**	251,83	251,83	IV	275,58	227,83	181,58	136,91	93,66	53,16
	VI	**658,83**	251,83	251,83							
2747,99	I,IV	**325,58**	252,08	252,08	I	228,50	137,50	53,66			
	II	**232,66**	252,08	252,08	II	141,41	57,08				
	III	**89,16**	252,08	252,08	III	25,66					
	V	**625,33**	252,08	252,08	IV	276,25	228,50	182,25	137,50	94,33	53,66
	VI	**659,83**	252,08	252,08							
2750,99	I,IV	**326,25**	252,33	252,33	I	229,16	138,16	54,25			
	II	**233,33**	252,33	252,33	II	142,08	57,58				
	III	**89,66**	252,33	252,33	III	26,00					
	V	**626,33**	252,33	252,33	IV	277,00	229,16	182,91	138,16	94,91	54,25
	VI	**661,00**	252,33	252,33							
2753,99	I,IV	**327,00**	252,66	252,66	I	229,83	138,75	54,75			
	II	**234,00**	252,66	252,66	II	142,66	58,16				
	III	**90,16**	252,66	252,66	III	26,50					
	V	**627,33**	252,66	252,66	IV	277,66	229,83	183,58	138,75	95,50	54,75
	VI	**662,00**	252,66	252,66							
2756,99	I,IV	**327,66**	252,91	252,91	I	230,50	139,41	55,33			
	II	**234,66**	252,91	252,91	II	143,33	58,66				
	III	**90,66**	252,91	252,91	III	26,83					
	V	**628,33**	252,91	252,91	IV	278,33	230,50	184,16	139,41	96,08	55,33
	VI	**662,83**	252,91	252,91							
2759,99	I,IV	**328,41**	253,16	253,16	I	231,16	140,00	55,83			
	II	**235,33**	253,16	253,16	II	143,91	59,25				
	III	**91,16**	253,16	253,16	III	27,16					
	V	**629,33**	253,16	253,16	IV	279,00	231,16	184,83	140,00	96,66	55,83
	VI	**663,83**	253,16	253,16							
2762,99	I,IV	**329,08**	253,50	253,50	I	231,83	140,66	56,41			
	II	**236,00**	253,50	253,50	II	144,58	59,75				
	III	**91,66**	253,50	253,50	III	27,66					
	V	**630,33**	253,50	253,50	IV	279,75	231,83	185,50	140,66	97,33	56,41
	VI	**664,83**	253,50	253,50							
2765,99	I,IV	**329,83**	253,75	253,75	I	232,50	141,25	56,91			
	II	**236,75**	253,75	253,75	II	145,16	60,33				
	III	**92,16**	253,75	253,75	III	28,00					
	V	**631,33**	253,75	253,75	IV	280,41	232,50	186,16	141,25	97,91	56,91
	VI	**665,83**	253,75	253,75							
2768,99	I,IV	**330,50**	254,00	254,00	I	233,16	141,91	57,41			
	II	**237,33**	254,00	254,00	II	145,83	60,83				
	III	**92,66**	254,00	254,00	III	28,50					
	V	**632,33**	254,00	254,00	IV	281,08	233,16	186,75	141,91	98,50	57,41
	VI	**666,83**	254,00	254,00							
2771,99	I,IV	**331,25**	254,25	254,25	I	233,83	142,50	58,00			
	II	**238,00**	254,25	254,25	II	146,41	61,41				
	III	**93,16**	254,25	254,25	III	28,83					
	V	**633,33**	254,25	254,25	IV	281,75	233,83	187,41	142,50	99,16	58,00
	VI	**668,00**	254,25	254,25							

* Zur LSt-Berechnung für privat versicherte Arbeitnehmer s. Beispiele **Vorbemerkung S. 4f.**
** Basisvorsorgepauschale KV und PV *** Typisierter Arbeitgeberzuschuss

Lohn/ Gehalt in € bis	Steuerklasse	Lohn-steuer*	BVSP**	TAGZ***	Steuerklasse	Bemessungsgrundlage für Kirchensteuer und Solidaritätszuschlag					
						Freibeträge für ... Kinder					
						0,5	**1,0**	1,5	**2,0**	2,5	**3,0**
2774,99	I,IV	**331,91**	254,58	254,58	I	234,50	143,16	58,50			
	II	**238,75**	254,58	254,58	II	147,08	62,00				
	III	**93,66**	254,58	254,58	III	29,16					
	V	**634,33**	254,58	254,58	IV	282,50	234,50	188,08	143,16	99,75	58,50
	VI	**669,00**	254,58	254,58							
2777,99	I,IV	**332,66**	254,83	254,83	I	235,16	143,75	59,08			
	II	**239,41**	254,83	254,83	II	147,75	62,50				
	III	**94,33**	254,83	254,83	III	29,66					
	V	**635,16**	254,83	254,83	IV	283,16	235,16	188,75	143,75	100,33	59,08
	VI	**670,00**	254,83	254,83							
2780,99	I,IV	**333,33**	255,08	255,08	I	235,83	144,41	59,58			
	II	**240,08**	255,08	255,08	II	148,33	63,08				
	III	**94,66**	255,08	255,08	III	30,00					
	V	**636,16**	255,08	255,08	IV	283,83	235,83	189,33	144,41	100,91	59,58
	VI	**670,83**	255,08	255,08							
2783,99	I,IV	**334,08**	255,41	255,41	I	236,50	145,00	60,16			
	II	**240,75**	255,41	255,41	II	148,91	63,58				
	III	**95,33**	255,41	255,41	III	30,50					
	V	**637,33**	255,41	255,41	IV	284,58	236,50	190,00	145,00	101,58	60,16
	VI	**671,83**	255,41	255,41							
2786,99	I,IV	**334,83**	255,66	255,66	I	237,16	145,66	60,75			
	II	**241,41**	255,66	255,66	II	149,58	64,16	0,25			
	III	**95,83**	255,66	255,66	III	30,83					
	V	**638,33**	255,66	255,66	IV	285,25	237,16	190,66	145,66	102,16	60,75
	VI	**672,83**	255,66	255,66							
2789,99	I,IV	**335,50**	255,91	255,91	I	237,91	146,33	61,25			
	II	**242,08**	255,91	255,91	II	150,25	64,75	0,66			
	III	**96,33**	255,91	255,91	III	31,33					
	V	**639,16**	255,91	255,91	IV	285,91	237,91	191,33	146,33	102,75	61,25
	VI	**673,83**	255,91	255,91							
2792,99	I,IV	**336,25**	256,25	256,25	I	238,50	146,91	61,83			
	II	**242,75**	256,25	256,25	II	150,83	65,25	1,00			
	III	**96,83**	256,25	256,25	III	31,66					
	V	**640,16**	256,25	256,25	IV	286,58	238,50	192,00	146,91	103,33	61,83
	VI	**674,83**	256,25	256,25							
2795,99	I,IV	**336,91**	256,50	256,50	I	239,25	147,50	62,33			
	II	**243,41**	256,50	256,50	II	151,50	65,83	1,33			
	III	**97,33**	256,50	256,50	III	32,16					
	V	**641,16**	256,50	256,50	IV	287,33	239,25	192,58	147,50	104,00	62,33
	VI	**675,83**	256,50	256,50							
2798,99	I,IV	**337,66**	256,75	256,75	I	239,91	148,16	62,91			
	II	**244,08**	256,75	256,75	II	152,08	66,41	1,66			
	III	**97,83**	256,75	256,75	III	32,50					
	V	**642,00**	256,75	256,75	IV	288,00	239,91	193,25	148,16	104,58	62,91
	VI	**677,00**	256,75	256,75							
2801,99	I,IV	**338,41**	257,08	257,08	I	240,58	148,83	63,50			
	II	**244,75**	257,08	257,08	II	152,75	67,00	2,00			
	III	**98,33**	257,08	257,08	III	33,00					
	V	**643,16**	257,08	257,08	IV	288,75	240,58	193,91	148,83	105,16	63,50
	VI	**678,00**	257,08	257,08							
2804,99	I,IV	**339,08**	257,33	257,33	I	241,25	149,41	64,00	0,16		
	II	**245,41**	257,33	257,33	II	153,33	67,58	2,41			
	III	**98,83**	257,33	257,33	III	33,33					
	V	**644,16**	257,33	257,33	IV	289,41	241,25	194,58	149,41	105,83	64,00
	VI	**679,00**	257,33	257,33							
2807,99	I,IV	**339,83**	257,58	257,58	I	241,91	150,08	64,58	0,50		
	II	**246,08**	257,58	257,58	II	154,00	68,08	2,75			
	III	**99,33**	257,58	257,58	III	33,66					
	V	**645,16**	257,58	257,58	IV	290,08	241,91	195,25	150,08	106,41	64,58
	VI	**680,00**	257,58	257,58							

* Zur LSt-Berechnung für privat versicherte Arbeitnehmer s. Beispiele **Vorbemerkung S. 4 f.**
** Basisvorsorgepauschale KV und PV   *** Typisierter Arbeitgeberzuschuss

Lohn/ Gehalt in € bis	Steuerklasse	Lohn- steuer*	BVSP**	TAGZ***	Steuerklasse	Bemessungsgrundlage für Kirchensteuer und Solidaritätszuschlag – Freibeträge für ... Kinder 0,5	1,0	1,5	2,0	2,5	3,0
2810,99	I,IV	**340,50**	257,83	257,83	I	242,58	150,66	65,16	0,91		
	II	**246,83**	257,83	257,83	II	154,66	68,66	3,08			
	III	**99,83**	257,83	257,83	III	34,16					
	V	**646,16**	257,83	257,83	IV	290,83	242,58	195,91	150,66	107,00	65,16
	VI	**681,00**	257,83	257,83							
2813,99	I,IV	**341,25**	258,16	258,16	I	243,25	151,33	65,75	1,25		
	II	**247,50**	258,16	258,16	II	155,25	69,25	3,50			
	III	**100,50**	258,16	258,16	III	34,50					
	V	**647,00**	258,16	258,16	IV	291,50	243,25	196,50	151,33	107,66	65,75
	VI	**682,00**	258,16	258,16							
2816,99	I,IV	**341,91**	258,41	258,41	I	243,91	151,91	66,25	1,58		
	II	**248,16**	258,41	258,41	II	155,91	69,83	3,83			
	III	**101,00**	258,41	258,41	III	35,00					
	V	**648,16**	258,41	258,41	IV	292,16	243,91	197,16	151,91	108,25	66,25
	VI	**683,00**	258,41	258,41							
2819,99	I,IV	**342,66**	258,66	258,66	I	244,58	152,58	66,83	1,91		
	II	**248,83**	258,66	258,66	II	156,50	70,41	4,16			
	III	**101,50**	258,66	258,66	III	35,33					
	V	**649,16**	258,66	258,66	IV	292,83	244,58	197,83	152,58	108,83	66,83
	VI	**684,00**	258,66	258,66							
2822,99	I,IV	**343,41**	259,00	259,00	I	245,25	153,25	67,41	2,33		
	II	**249,50**	259,00	259,00	II	157,16	71,00	4,58			
	III	**102,00**	259,00	259,00	III	35,83					
	V	**650,16**	259,00	259,00	IV	293,58	245,25	198,50	153,25	109,41	67,41
	VI	**685,00**	259,00	259,00							
2825,99	I,IV	**344,08**	259,25	259,25	I	245,91	153,83	68,00	2,66		
	II	**250,16**	259,25	259,25	II	157,83	71,58	4,91			
	III	**102,50**	259,25	259,25	III	36,16					
	V	**651,16**	259,25	259,25	IV	294,25	245,91	199,16	153,83	110,08	68,00
	VI	**686,00**	259,25	259,25							
2828,99	I,IV	**344,83**	259,50	259,50	I	246,58	154,50	68,50	3,00		
	II	**250,83**	259,50	259,50	II	158,41	72,16	5,25			
	III	**103,00**	259,50	259,50	III	36,66					
	V	**652,00**	259,50	259,50	IV	294,91	246,58	199,75	154,50	110,66	68,50
	VI	**687,16**	259,50	259,50							
2831,99	I,IV	**345,50**	259,83	259,83	I	247,33	155,08	69,08	3,41		
	II	**251,50**	259,83	259,83	II	159,08	72,75	5,66			
	III	**103,50**	259,83	259,83	III	37,00					
	V	**653,00**	259,83	259,83	IV	295,66	247,33	200,41	155,08	111,25	69,08
	VI	**688,16**	259,83	259,83							
2834,99	I,IV	**346,25**	260,08	260,08	I	248,00	155,75	69,66	3,75		
	II	**252,16**	260,08	260,08	II	159,75	73,33	6,00			
	III	**104,00**	260,08	260,08	III	37,50					
	V	**654,00**	260,08	260,08	IV	296,33	248,00	201,08	155,75	111,91	69,66
	VI	**689,16**	260,08	260,08							
2837,99	I,IV	**347,00**	260,33	260,33	I	248,66	156,41	70,25	4,08		
	II	**252,91**	260,33	260,33	II	160,33	73,91	6,41			
	III	**104,66**	260,33	260,33	III	37,83					
	V	**655,16**	260,33	260,33	IV	297,08	248,66	201,75	156,41	112,50	70,25
	VI	**690,16**	260,33	260,33							
2840,99	I,IV	**347,66**	260,58	260,58	I	249,33	157,00	70,83	4,50		
	II	**253,58**	260,58	260,58	II	161,00	74,50	6,75			
	III	**105,16**	260,58	260,58	III	38,33					
	V	**656,00**	260,58	260,58	IV	297,75	249,33	202,41	157,00	113,08	70,83
	VI	**691,16**	260,58	260,58							
2843,99	I,IV	**348,41**	260,91	260,91	I	250,00	157,66	71,41	4,83		
	II	**254,25**	260,91	260,91	II	161,58	75,08	7,16			
	III	**105,66**	260,91	260,91	III	38,83					
	V	**657,00**	260,91	260,91	IV	298,41	250,00	203,08	157,66	113,75	71,41
	VI	**692,16**	260,91	260,91							

* Zur LSt-Berechnung für privat versicherte Arbeitnehmer s. Beispiele **Vorbemerkung S. 4f.**
** Basisvorsorgepauschale KV und PV *** Typisierter Arbeitgeberzuschuss

Lohn/ Gehalt in € bis	Steuerklasse	Lohn-steuer*	BVSP**	TAGZ***	Steuerklasse	Bemessungsgrundlage für Kirchensteuer und Solidaritätszuschlag					
						Freibeträge für ... Kinder					
						0,5	**1,0**	1,5	**2,0**	2,5	**3,0**
2846,99	I,IV	**349,16**	261,16	261,16	I	250,66	158,25	72,00	5,16		
	II	**254,91**	261,16	261,16	II	162,25	75,66	7,50			
	III	**106,16**	261,16	261,16	III	39,16					
	V	**658,00**	261,16	261,16	IV	299,16	250,66	203,75	158,25	114,33	72,00
	VI	**693,16**	261,16	261,16							
2849,99	I,IV	**349,83**	261,41	261,41	I	251,33	158,91	72,58	5,58		
	II	**255,58**	261,41	261,41	II	162,91	76,25	7,91			
	III	**106,66**	261,41	261,41	III	39,66					
	V	**659,00**	261,41	261,41	IV	299,83	251,33	204,41	158,91	115,00	72,58
	VI	**694,16**	261,41	261,41							
2852,99	I,IV	**350,58**	261,75	261,75	I	252,00	159,50	73,16	5,91		
	II	**256,25**	261,75	261,75	II	163,50	76,83	8,33			
	III	**107,16**	261,75	261,75	III	40,00					
	V	**660,00**	261,75	261,75	IV	300,50	252,00	205,00	159,50	115,58	73,16
	VI	**695,16**	261,75	261,75							
2855,99	I,IV	**351,33**	262,00	262,00	I	252,75	160,16	73,75	6,33		
	II	**256,91**	262,00	262,00	II	164,16	77,41	8,66			
	III	**107,83**	262,00	262,00	III	40,50					
	V	**661,16**	262,00	262,00	IV	301,25	252,75	205,66	160,16	116,16	73,75
	VI	**696,16**	262,00	262,00							
2858,99	I,IV	**352,00**	262,25	262,25	I	253,41	160,83	74,33	6,66		
	II	**257,66**	262,25	262,25	II	164,83	78,00	9,08			
	III	**108,33**	262,25	262,25	III	40,83					
	V	**662,16**	262,25	262,25	IV	301,91	253,41	206,33	160,83	116,83	74,33
	VI	**697,16**	262,25	262,25							
2861,99	I,IV	**352,75**	262,58	262,58	I	254,08	161,50	74,91	7,08		
	II	**258,33**	262,58	262,58	II	165,41	78,58	9,41			
	III	**108,83**	262,58	262,58	III	41,33					
	V	**663,16**	262,58	262,58	IV	302,66	254,08	207,00	161,50	117,41	74,91
	VI	**698,16**	262,58	262,58							
2864,99	I,IV	**353,41**	262,83	262,83	I	254,75	162,08	75,50	7,41		
	II	**259,00**	262,83	262,83	II	166,08	79,16	9,83			
	III	**109,33**	262,83	262,83	III	41,66					
	V	**664,00**	262,83	262,83	IV	303,33	254,75	207,66	162,08	118,00	75,50
	VI	**699,33**	262,83	262,83							
2867,99	I,IV	**354,16**	263,08	263,08	I	255,41	162,75	76,08	7,83		
	II	**259,66**	263,08	263,08	II	166,66	79,75	10,25			
	III	**109,83**	263,08	263,08	III	42,16					
	V	**665,00**	263,08	263,08	IV	304,08	255,41	208,33	162,75	118,66	76,08
	VI	**700,33**	263,08	263,08							
2870,99	I,IV	**354,91**	263,33	263,33	I	256,08	163,33	76,66	8,16		
	II	**260,33**	263,33	263,33	II	167,33	80,41	10,58			
	III	**110,50**	263,33	263,33	III	42,66					
	V	**666,00**	263,33	263,33	IV	304,75	256,08	209,00	163,33	119,25	76,66
	VI	**701,50**	263,33	263,33							
2873,99	I,IV	**355,66**	263,66	263,66	I	256,83	164,00	77,25	8,58		
	II	**261,08**	263,66	263,66	II	168,00	81,00	11,00			
	III	**111,00**	263,66	263,66	III	43,00					
	V	**667,00**	263,66	263,66	IV	305,41	256,83	209,66	164,00	119,91	77,25
	VI	**702,50**	263,66	263,66							
2876,99	I,IV	**356,33**	263,91	263,91	I	257,41	164,58	77,83	9,00		
	II	**261,75**	263,91	263,91	II	168,58	81,58	11,41			
	III	**111,50**	263,91	263,91	III	43,50					
	V	**668,16**	263,91	263,91	IV	306,16	257,41	210,25	164,58	120,50	77,83
	VI	**703,50**	263,91	263,91							
2879,99	I,IV	**357,08**	264,16	264,16	I	258,16	165,25	78,41	9,33		
	II	**262,41**	264,16	264,16	II	169,25	82,16	11,75			
	III	**112,00**	264,16	264,16	III	43,83					
	V	**669,16**	264,16	264,16	IV	306,83	258,16	210,91	165,25	121,08	78,41
	VI	**704,50**	264,16	264,16							

* Zur LSt-Berechnung für privat versicherte Arbeitnehmer s. Beispiele **Vorbemerkung S. 4 f.**
** Basisvorsorgepauschale KV und PV *** Typisierter Arbeitgeberzuschuss

Lohn/ Gehalt in € bis	Steuerklasse	Lohn-steuer*	BVSP**	TAGZ***	Steuerklasse	Bemessungsgrundlage für Kirchensteuer und Solidaritätszuschlag — Freibeträge für ... Kinder 0,5	**1,0**	1,5	**2,0**	2,5	**3,0**
2882,99	I,IV	**357,83**	264,50	264,50	I	258,83	165,91	79,08	9,75		
	II	**263,08**	264,50	264,50	II	169,91	82,75	12,16			
	III	**112,50**	264,50	264,50	III	44,33					
	V	**670,16**	264,50	264,50	IV	307,58	258,83	211,58	165,91	121,75	79,08
	VI	**705,50**	264,50	264,50							
2885,99	I,IV	**358,50**	264,75	264,75	I	259,50	166,58	79,66	10,16		
	II	**263,75**	264,75	264,75	II	170,58	83,33	12,58			
	III	**113,16**	264,75	264,75	III	44,66					
	V	**671,16**	264,75	264,75	IV	308,25	259,50	212,25	166,58	122,33	79,66
	VI	**706,50**	264,75	264,75							
2888,99	I,IV	**359,25**	265,00	265,00	I	260,16	167,16	80,25	10,50		
	II	**264,50**	265,00	265,00	II	171,16	84,00	13,00			
	III	**113,66**	265,00	265,00	III	45,16					
	V	**672,16**	265,00	265,00	IV	309,00	260,16	212,91	167,16	123,00	80,25
	VI	**707,50**	265,00	265,00							
2891,99	I,IV	**360,00**	265,33	265,33	I	260,83	167,83	80,83	10,91		
	II	**265,16**	265,33	265,33	II	171,83	84,58	13,41			
	III	**114,16**	265,33	265,33	III	45,66					
	V	**673,00**	265,33	265,33	IV	309,66	260,83	213,58	167,83	123,58	80,83
	VI	**708,50**	265,33	265,33							
2894,99	I,IV	**360,66**	265,58	265,58	I	261,58	168,50	81,41	11,33		
	II	**265,83**	265,58	265,58	II	172,50	85,16	13,75			
	III	**114,66**	265,58	265,58	III	46,00					
	V	**674,00**	265,58	265,58	IV	310,33	261,58	214,25	168,50	124,16	81,41
	VI	**709,50**	265,58	265,58							
2897,99	I,IV	**361,41**	265,83	265,83	I	262,25	169,08	82,00	11,66		
	II	**266,50**	265,83	265,83	II	173,08	85,75	14,16			
	III	**115,33**	265,83	265,83	III	46,50					
	V	**675,00**	265,83	265,83	IV	311,08	262,25	214,91	169,08	124,83	82,00
	VI	**710,66**	265,83	265,83							
2900,99	I,IV	**362,16**	266,16	266,16	I	262,91	169,75	82,58	12,08		
	II	**267,16**	266,16	266,16	II	173,75	86,33	14,58			
	III	**115,83**	266,16	266,16	III	46,83					
	V	**676,00**	266,16	266,16	IV	311,75	262,91	215,58	169,75	125,41	82,58
	VI	**711,50**	266,16	266,16							
2903,99	I,IV	**362,83**	266,41	266,41	I	263,58	170,41	83,25	12,50		
	II	**267,83**	266,41	266,41	II	174,41	86,91	15,00			
	III	**116,33**	266,41	266,41	III	47,33					
	V	**677,16**	266,41	266,41	IV	312,50	263,58	216,25	170,41	126,00	83,25
	VI	**712,66**	266,41	266,41							
2906,99	I,IV	**363,58**	266,66	266,66	I	264,25	171,00	83,83	12,91		
	II	**268,58**	266,66	266,66	II	175,00	87,58	15,41			
	III	**116,83**	266,66	266,66	III	47,83					
	V	**678,16**	266,66	266,66	IV	313,16	264,25	216,91	171,00	126,66	83,83
	VI	**713,66**	266,66	266,66							
2909,99	I,IV	**364,33**	266,91	266,91	I	265,00	171,66	84,41	13,25		
	II	**269,25**	266,91	266,91	II	175,66	88,16	15,83			
	III	**117,50**	266,91	266,91	III	48,16					
	V	**679,16**	266,91	266,91	IV	313,91	265,00	217,58	171,66	127,25	84,41
	VI	**714,66**	266,91	266,91							
2912,99	I,IV	**365,08**	267,25	267,25	I	265,66	172,33	85,00	13,66		
	II	**269,91**	267,25	267,25	II	176,33	88,75	16,25			
	III	**118,00**	267,25	267,25	III	48,66					
	V	**680,16**	267,25	267,25	IV	314,58	265,66	218,25	172,33	127,91	85,00
	VI	**715,83**	267,25	267,25							
2915,99	I,IV	**365,75**	267,50	267,50	I	266,33	172,91	85,58	14,08		
	II	**270,58**	267,50	267,50	II	176,91	89,33	16,66			
	III	**118,50**	267,50	267,50	III	49,16					
	V	**681,16**	267,50	267,50	IV	315,25	266,33	218,91	172,91	128,50	85,58
	VI	**716,66**	267,50	267,50							

* Zur LSt-Berechnung für privat versicherte Arbeitnehmer s. Beispiele **Vorbemerkung S. 4f.**
** Basisvorsorgepauschale KV und PV *** Typisierter Arbeitgeberzuschuss

Lohn/ Gehalt in € bis	Steuerklasse	Lohn-steuer*	BVSP**	TAGZ***	Steuerklasse	Bemessungsgrundlage für Kirchensteuer und Solidaritätszuschlag – Freibeträge für ... Kinder 0,5	**1,0**	1,5	**2,0**	2,5	**3,0**
2918,99	I,IV	**366,50**	267,75	267,75	I	267,00	173,58	86,16	14,50		
	II	**271,33**	267,75	267,75	II	177,58	89,91	17,08			
	III	**119,16**	267,75	267,75	III	49,50					
	V	**682,16**	267,75	267,75	IV	316,00	267,00	219,58	173,58	129,16	86,16
	VI	**717,83**	267,75	267,75							
2921,99	I,IV	**367,25**	268,08	268,08	I	267,66	174,25	86,83	14,91		
	II	**272,00**	268,08	268,08	II	178,25	90,58	17,50			
	III	**119,66**	268,08	268,08	III	50,00					
	V	**683,16**	268,08	268,08	IV	316,75	267,66	220,25	174,25	129,75	86,83
	VI	**718,83**	268,08	268,08							
2924,99	I,IV	**368,00**	268,33	268,33	I	268,41	174,91	87,41	15,33		
	II	**272,66**	268,33	268,33	II	178,91	91,16	17,91			
	III	**120,16**	268,33	268,33	III	50,50					
	V	**684,16**	268,33	268,33	IV	317,41	268,41	220,91	174,91	130,41	87,41
	VI	**719,83**	268,33	268,33							
2927,99	I,IV	**368,66**	268,58	268,58	I	269,08	175,50	88,00	15,66		
	II	**273,33**	268,58	268,58	II	179,50	91,75	18,25			
	III	**120,66**	268,58	268,58	III	50,83					
	V	**685,16**	268,58	268,58	IV	318,08	269,08	221,50	175,50	131,00	88,00
	VI	**720,83**	268,58	268,58							
2930,99	I,IV	**369,41**	268,91	268,91	I	269,75	176,16	88,58	16,08		
	II	**274,08**	268,91	268,91	II	180,16	92,33	18,75			
	III	**121,33**	268,91	268,91	III	51,33					
	V	**686,16**	268,91	268,91	IV	318,83	269,75	222,16	176,16	131,58	88,58
	VI	**721,83**	268,91	268,91							
2933,99	I,IV	**370,16**	269,16	269,16	I	270,41	176,83	89,16	16,50		
	II	**274,75**	269,16	269,16	II	180,83	93,00	19,16			
	III	**121,83**	269,16	269,16	III	51,66					
	V	**687,16**	269,16	269,16	IV	319,50	270,41	222,83	176,83	132,25	89,16
	VI	**723,00**	269,16	269,16							
2936,99	I,IV	**370,91**	269,41	269,41	I	271,16	177,41	89,83	16,91		
	II	**275,41**	269,41	269,41	II	181,50	93,58	19,58			
	III	**122,33**	269,41	269,41	III	52,16					
	V	**688,16**	269,41	269,41	IV	320,25	271,16	223,50	177,41	132,83	89,83
	VI	**724,00**	269,41	269,41							
2939,99	I,IV	**371,58**	269,66	269,66	I	271,83	178,08	90,41	17,33		
	II	**276,08**	269,66	269,66	II	182,08	94,16	20,00			
	III	**123,00**	269,66	269,66	III	52,66					
	V	**689,33**	269,66	269,66	IV	320,91	271,83	224,16	178,08	133,50	90,41
	VI	**725,00**	269,66	269,66							
2942,99	I,IV	**372,33**	270,00	270,00	I	272,50	178,75	91,00	17,75		
	II	**276,83**	270,00	270,00	II	182,75	94,75	20,41			
	III	**123,50**	270,00	270,00	III	53,16					
	V	**690,33**	270,00	270,00	IV	321,66	272,50	224,83	178,75	134,08	91,00
	VI	**726,00**	270,00	270,00							
2945,99	I,IV	**373,08**	270,25	270,25	I	273,16	179,33	91,58	18,16		
	II	**277,50**	270,25	270,25	II	183,41	95,33	20,83			
	III	**124,00**	270,25	270,25	III	53,50					
	V	**691,33**	270,25	270,25	IV	322,33	273,16	225,50	179,33	134,75	91,58
	VI	**727,16**	270,25	270,25							
2948,99	I,IV	**373,83**	270,50	270,50	I	273,91	180,00	92,25	18,58		
	II	**278,16**	270,50	270,50	II	184,08	96,00	21,25			
	III	**124,66**	270,50	270,50	III	54,00					
	V	**692,33**	270,50	270,50	IV	323,08	273,91	226,16	180,00	135,33	92,25
	VI	**728,16**	270,50	270,50							
2951,99	I,IV	**374,50**	270,83	270,83	I	274,58	180,66	92,83	19,00		
	II	**278,83**	270,83	270,83	II	184,66	96,58	21,66			
	III	**125,16**	270,83	270,83	III	54,50					
	V	**693,33**	270,83	270,83	IV	323,75	274,58	226,83	180,66	136,00	92,83
	VI	**729,16**	270,83	270,83							

* Zur LSt-Berechnung für privat versicherte Arbeitnehmer s. Beispiele **Vorbemerkung S. 4f.**
** Basisvorsorgepauschale KV und PV *** Typisierter Arbeitgeberzuschuss

Lohn/ Gehalt in € bis	Steuerklasse	Lohn-steuer*	BVSP**	TAGZ***	Steuerklasse	Bemessungsgrundlage für Kirchensteuer und Solidaritätszuschlag Freibeträge für ... Kinder 0,5	**1,0**	1,5	**2,0**	2,5	**3,0**
2954,99	I,IV	**375,25**	271,08	271,08	I	275,25	181,33	93,41	19,41		
	II	**279,58**	271,08	271,08	II	185,33	97,16	22,08			
	III	**125,66**	271,08	271,08	III	54,83					
	V	**694,33**	271,08	271,08	IV	324,50	275,25	227,50	181,33	136,58	93,41
	VI	**730,16**	271,08	271,08							
2957,99	I,IV	**376,00**	271,33	271,33	I	275,91	181,91	94,00	19,91		
	II	**280,25**	271,33	271,33	II	186,00	97,75	22,58			
	III	**126,16**	271,33	271,33	III	55,33					
	V	**695,33**	271,33	271,33	IV	325,16	275,91	228,16	181,91	137,25	94,00
	VI	**731,16**	271,33	271,33							
2960,99	I,IV	**376,75**	271,66	271,66	I	276,66	182,58	94,58	20,33		
	II	**280,91**	271,66	271,66	II	186,66	98,41	23,00			
	III	**126,83**	271,66	271,66	III	55,83					
	V	**696,50**	271,66	271,66	IV	325,91	276,66	228,83	182,58	137,83	94,58
	VI	**732,25**	271,66	271,66							
2963,99	I,IV	**377,41**	271,91	271,91	I	277,33	183,25	95,16	20,75		
	II	**281,58**	271,91	271,91	II	187,25	99,00	23,41			
	III	**127,33**	271,91	271,91	III	56,16					
	V	**697,33**	271,91	271,91	IV	326,58	277,33	229,50	183,25	138,50	95,16
	VI	**733,25**	271,91	271,91							
2966,99	I,IV	**378,16**	272,16	272,16	I	278,00	183,91	95,83	21,16		
	II	**282,33**	272,16	272,16	II	187,91	99,58	23,83			
	III	**127,83**	272,16	272,16	III	56,66	0,33				
	V	**698,33**	272,16	272,16	IV	327,33	278,00	230,16	183,91	139,08	95,83
	VI	**734,33**	272,16	272,16							
2969,99	I,IV	**378,91**	272,41	272,41	I	278,66	184,50	96,41	21,58		
	II	**283,00**	272,41	272,41	II	188,58	100,16	24,33			
	III	**128,50**	272,41	272,41	III	57,16	0,66				
	V	**699,50**	272,41	272,41	IV	328,08	278,66	230,83	184,50	139,75	96,41
	VI	**735,33**	272,41	272,41							
2972,99	I,IV	**379,66**	272,75	272,75	I	279,41	185,16	97,00	22,00		
	II	**283,75**	272,75	272,75	II	189,25	100,83	24,75			
	III	**129,00**	272,75	272,75	III	57,66	1,00				
	V	**700,50**	272,75	272,75	IV	328,75	279,41	231,50	185,16	140,33	97,00
	VI	**736,41**	272,75	272,75							
2975,99	I,IV	**380,33**	273,00	273,00	I	280,08	185,83	97,58	22,41		
	II	**284,41**	273,00	273,00	II	189,83	101,41	25,16			
	III	**129,50**	273,00	273,00	III	58,00	1,33				
	V	**701,66**	273,00	273,00	IV	329,50	280,08	232,16	185,83	141,00	97,58
	VI	**737,41**	273,00	273,00							
2978,99	I,IV	**381,08**	273,25	273,25	I	280,75	186,50	98,25	22,91		
	II	**285,08**	273,25	273,25	II	190,50	102,00	25,58			
	III	**130,16**	273,25	273,25	III	58,50	1,66				
	V	**702,66**	273,25	273,25	IV	330,16	280,75	232,83	186,50	141,58	98,25
	VI	**738,50**	273,25	273,25							
2981,99	I,IV	**381,83**	273,58	273,58	I	281,41	187,08	98,83	23,33		
	II	**285,75**	273,58	273,58	II	191,16	102,66	26,08			
	III	**130,66**	273,58	273,58	III	59,00	2,00				
	V	**703,66**	273,58	273,58	IV	330,91	281,41	233,50	187,08	142,25	98,83
	VI	**739,50**	273,58	273,58							
2984,99	I,IV	**382,58**	273,83	273,83	I	282,16	187,75	99,41	23,75		
	II	**286,50**	273,83	273,83	II	191,83	103,25	26,50			
	III	**131,33**	273,83	273,83	III	59,50	2,33				
	V	**704,66**	273,83	273,83	IV	331,58	282,16	234,25	187,75	142,83	99,41
	VI	**740,58**	273,83	273,83							
2987,99	I,IV	**383,33**	274,08	274,08	I	282,83	188,41	100,00	24,16		
	II	**287,16**	274,08	274,08	II	192,50	103,83	26,91			
	III	**131,83**	274,08	274,08	III	59,83	2,66				
	V	**705,66**	274,08	274,08	IV	332,33	282,83	234,83	188,41	143,50	100,00
	VI	**741,58**	274,08	274,08							

* Zur LSt-Berechnung für privat versicherte Arbeitnehmer s. Beispiele **Vorbemerkung S. 4f.**
** Basisvorsorgepauschale KV und PV *** Typisierter Arbeitgeberzuschuss

Lohn/ Gehalt in € bis	Steuerklasse	Lohn-steuer*	BVSP**	TAGZ***	Steuerklasse	Bemessungsgrundlage für Kirchensteuer und Solidaritätszuschlag — Freibeträge für ... Kinder 0,5	1,0	1,5	2,0	2,5	3,0
2990,99	I,IV	**384,00**	274,41	274,41	I	283,50	189,08	100,66	24,66		
	II	**287,83**	274,41	274,41	II	193,08	104,41	27,41			
	III	**132,33**	274,41	274,41	III	60,33	3,00				
	V	**706,66**	274,41	274,41	IV	333,00	283,50	235,50	189,08	144,08	100,66
	VI	**742,66**	274,41	274,41							
2993,99	I,IV	**384,75**	274,66	274,66	I	284,25	189,75	101,25	25,08		
	II	**288,58**	274,66	274,66	II	193,75	105,08	27,83			
	III	**133,00**	274,66	274,66	III	60,83	3,50				
	V	**707,66**	274,66	274,66	IV	333,75	284,25	236,25	189,75	144,75	101,25
	VI	**743,66**	274,66	274,66							
2996,99	I,IV	**385,50**	274,91	274,91	I	284,91	190,33	101,83	25,50		
	II	**289,25**	274,91	274,91	II	194,41	105,66	28,33			
	III	**133,50**	274,91	274,91	III	61,33	3,83				
	V	**708,83**	274,91	274,91	IV	334,50	284,91	236,91	190,33	145,33	101,83
	VI	**744,75**	274,91	274,91							
2999,99	I,IV	**386,25**	275,16	275,16	I	285,58	191,00	102,50	25,91		
	II	**289,91**	275,16	275,16	II	195,08	106,25	28,75			
	III	**134,00**	275,16	275,16	III	61,66	4,16				
	V	**709,66**	275,16	275,16	IV	335,16	285,58	237,58	191,00	146,00	102,50
	VI	**745,75**	275,16	275,16							
3002,99	I,IV	**387,00**	275,50	275,50	I	286,33	191,66	103,08	26,41		
	II	**290,66**	275,50	275,50	II	195,75	106,91	29,25			
	III	**134,66**	275,50	275,50	III	62,16	4,50				
	V	**710,83**	275,50	275,50	IV	335,91	286,33	238,25	191,66	146,58	103,08
	VI	**746,83**	275,50	275,50							
3005,99	I,IV	**387,75**	275,75	275,75	I	287,00	192,33	103,66	26,83		
	II	**291,33**	275,75	275,75	II	196,41	107,50	29,66			
	III	**135,16**	275,75	275,75	III	62,66	4,83				
	V	**711,83**	275,75	275,75	IV	336,58	287,00	238,91	192,33	147,25	103,66
	VI	**747,83**	275,75	275,75							
3008,99	I,IV	**388,50**	276,00	276,00	I	287,66	193,00	104,33	27,33		
	II	**292,00**	276,00	276,00	II	197,08	108,08	30,16			
	III	**135,83**	276,00	276,00	III	63,16	5,16				
	V	**712,83**	276,00	276,00	IV	337,33	287,66	239,58	193,00	147,91	104,33
	VI	**748,91**	276,00	276,00							
3011,99	I,IV	**389,16**	276,33	276,33	I	288,33	193,58	104,91	27,75		
	II	**292,75**	276,33	276,33	II	197,66	108,66	30,58			
	III	**136,33**	276,33	276,33	III	63,50	5,50				
	V	**713,83**	276,33	276,33	IV	338,00	288,33	240,25	193,58	148,50	104,91
	VI	**749,91**	276,33	276,33							
3014,99	I,IV	**389,91**	276,58	276,58	I	289,08	194,25	105,50	28,16		
	II	**293,41**	276,58	276,58	II	198,33	109,33	31,08			
	III	**137,00**	276,58	276,58	III	64,00	6,00				
	V	**714,83**	276,58	276,58	IV	338,75	289,08	240,91	194,25	149,16	105,50
	VI	**751,00**	276,58	276,58							
3017,99	I,IV	**390,66**	276,83	276,83	I	289,75	194,91	106,08	28,66		
	II	**294,08**	276,83	276,83	II	199,00	109,91	31,50			
	III	**137,50**	276,83	276,83	III	64,50	6,33				
	V	**716,00**	276,83	276,83	IV	339,50	289,75	241,58	194,91	149,75	106,08
	VI	**752,00**	276,83	276,83							
3020,99	I,IV	**391,41**	277,16	277,16	I	290,50	195,58	106,75	29,08		
	II	**294,83**	277,16	277,16	II	199,66	110,58	32,00			
	III	**138,00**	277,16	277,16	III	65,00	6,66				
	V	**717,00**	277,16	277,16	IV	340,16	290,50	242,25	195,58	150,41	106,75
	VI	**753,08**	277,16	277,16							
3023,99	I,IV	**392,16**	277,41	277,41	I	291,16	196,25	107,33	29,58		
	II	**295,50**	277,41	277,41	II	200,33	111,16	32,41			
	III	**138,66**	277,41	277,41	III	65,33	7,00				
	V	**718,00**	277,41	277,41	IV	340,91	291,16	242,91	196,25	151,00	107,33
	VI	**754,08**	277,41	277,41							

* Zur LSt-Berechnung für privat versicherte Arbeitnehmer s. Beispiele **Vorbemerkung S. 4 f.**
** Basisvorsorgepauschale KV und PV *** Typisierter Arbeitgeberzuschuss

Lohn/ Gehalt in € bis	Steuerklasse	**Lohn-steuer***	BVSP**	TAGZ***	Steuerklasse	Bemessungsgrundlage für Kirchensteuer und Solidaritätszuschlag					
						Freibeträge für ... Kinder					
						0,5	**1,0**	1,5	**2,0**	2,5	**3,0**
3026,99	I,IV	**392,91**	277,66	277,66	I	291,83	196,83	107,91	30,00		
	II	**296,16**	277,66	277,66	II	200,91	111,75	32,91			
	III	**139,16**	277,66	277,66	III	65,83	7,33				
	V	**719,00**	277,66	277,66	IV	341,58	291,83	243,58	196,83	151,66	107,91
	VI	**755,08**	277,66	277,66							
3029,99	I,IV	**393,58**	278,00	278,00	I	292,58	197,50	108,58	30,50		
	II	**296,91**	278,00	278,00	II	201,58	112,33	33,41			
	III	**139,83**	278,00	278,00	III	66,33	7,66				
	V	**720,00**	278,00	278,00	IV	342,33	292,58	244,25	197,50	152,25	108,58
	VI	**756,16**	278,00	278,00							
3032,99	I,IV	**394,33**	278,25	278,25	I	293,25	198,16	109,16	30,91		
	II	**297,58**	278,25	278,25	II	202,25	113,00	33,83			
	III	**140,33**	278,25	278,25	III	66,83	8,16				
	V	**721,16**	278,25	278,25	IV	343,08	293,25	245,00	198,16	152,91	109,16
	VI	**757,25**	278,25	278,25							
3035,99	I,IV	**395,08**	278,50	278,50	I	293,91	198,83	109,75	31,41		
	II	**298,25**	278,50	278,50	II	202,91	113,58	34,33			
	III	**141,00**	278,50	278,50	III	67,33	8,50				
	V	**722,00**	278,50	278,50	IV	343,75	293,91	245,58	198,83	153,50	109,75
	VI	**758,25**	278,50	278,50							
3038,99	I,IV	**395,83**	278,75	278,75	I	294,66	199,50	110,41	31,83		
	II	**299,00**	278,75	278,75	II	203,58	114,16	34,83			
	III	**141,50**	278,75	278,75	III	67,83	8,83				
	V	**723,16**	278,75	278,75	IV	344,50	294,66	246,33	199,50	154,16	110,41
	VI	**759,25**	278,75	278,75							
3041,99	I,IV	**396,58**	279,08	279,08	I	295,33	200,16	111,00	32,33		
	II	**299,66**	279,08	279,08	II	204,25	114,83	35,25			
	III	**142,16**	279,08	279,08	III	68,16	9,16				
	V	**724,16**	279,08	279,08	IV	345,16	295,33	247,00	200,16	154,83	111,00
	VI	**760,33**	279,08	279,08							
3044,99	I,IV	**397,33**	279,33	279,33	I	296,00	200,83	111,58	32,83		
	II	**300,41**	279,33	279,33	II	204,91	115,41	35,75			
	III	**142,66**	279,33	279,33	III	68,66	9,50				
	V	**725,16**	279,33	279,33	IV	345,91	296,00	247,66	200,83	155,41	111,58
	VI	**761,41**	279,33	279,33							
3047,99	I,IV	**398,08**	279,58	279,58	I	296,75	201,41	112,25	33,25		
	II	**301,08**	279,58	279,58	II	205,50	116,00	36,25			
	III	**143,16**	279,58	279,58	III	69,16	9,83				
	V	**726,16**	279,58	279,58	IV	346,58	296,75	248,33	201,41	156,08	112,25
	VI	**762,41**	279,58	279,58							
3050,99	I,IV	**398,75**	279,91	279,91	I	297,41	202,08	112,83	33,75		
	II	**301,75**	279,91	279,91	II	206,16	116,66	36,66			
	III	**143,83**	279,91	279,91	III	69,66	10,33				
	V	**727,33**	279,91	279,91	IV	347,33	297,41	249,00	202,08	156,66	112,83
	VI	**763,41**	279,91	279,91							
3053,99	I,IV	**399,50**	280,16	280,16	I	298,08	202,75	113,41	34,16		
	II	**302,50**	280,16	280,16	II	206,83	117,25	37,16			
	III	**144,33**	280,16	280,16	III	70,16	10,66				
	V	**728,33**	280,16	280,16	IV	348,08	298,08	249,66	202,75	157,33	113,41
	VI	**764,50**	280,16	280,16							
3056,99	I,IV	**400,25**	280,41	280,41	I	298,83	203,41	114,08	34,66		
	II	**303,16**	280,41	280,41	II	207,50	117,91	37,66			
	III	**145,00**	280,41	280,41	III	70,66	11,00				
	V	**729,33**	280,41	280,41	IV	348,83	298,83	250,33	203,41	158,00	114,08
	VI	**765,58**	280,41	280,41							
3059,99	I,IV	**401,00**	280,75	280,75	I	299,50	204,08	114,66	35,16		
	II	**303,91**	280,75	280,75	II	208,16	118,50	38,16			
	III	**145,50**	280,75	280,75	III	71,00	11,33				
	V	**730,33**	280,75	280,75	IV	349,50	299,50	251,00	204,08	158,58	114,66
	VI	**766,58**	280,75	280,75							

* Zur LSt-Berechnung für privat versicherte Arbeitnehmer s. Beispiele **Vorbemerkung S. 4f.**

** Basisvorsorgepauschale KV und PV *** Typisierter Arbeitgeberzuschuss

Lohn/ Gehalt in € bis	Steuerklasse	Lohn-steuer*	BVSP**	TAGZ***	Steuerklasse	Bemessungsgrundlage für Kirchensteuer und Solidaritätszuschlag – Freibeträge für ... Kinder 0,5	1,0	1,5	2,0	2,5	3,0
3062,99	I,IV	**401,75**	281,00	281,00	I	300,25	204,75	115,25	35,58		
	II	**304,58**	281,00	281,00	II	208,83	119,08	38,66			
	III	**146,16**	281,00	281,00	III	71,50	11,83				
	V	**731,33**	281,00	281,00	IV	350,25	300,25	251,66	204,75	159,25	115,25
	VI	**767,58**	281,00	281,00							
3065,99	I,IV	**402,50**	281,25	281,25	I	300,91	205,41	115,91	36,08		
	II	**305,33**	281,25	281,25	II	209,50	119,75	39,08			
	III	**146,66**	281,25	281,25	III	72,00	12,16				
	V	**732,41**	281,25	281,25	IV	350,91	300,91	252,41	205,41	159,91	115,91
	VI	**768,66**	281,25	281,25							
3068,99	I,IV	**403,25**	281,50	281,50	I	301,58	206,00	116,50	36,58		
	II	**306,00**	281,50	281,50	II	210,16	120,33	39,58			
	III	**147,33**	281,50	281,50	III	72,50	12,50				
	V	**733,50**	281,50	281,50	IV	351,66	301,58	253,08	206,00	160,50	116,50
	VI	**769,75**	281,50	281,50							
3071,99	I,IV	**404,00**	281,83	281,83	I	302,33	206,66	117,08	37,08		
	II	**306,66**	281,83	281,83	II	210,83	120,91	40,08			
	III	**147,83**	281,83	281,83	III	73,00	12,83				
	V	**734,50**	281,83	281,83	IV	352,41	302,33	253,75	206,66	161,16	117,08
	VI	**770,75**	281,83	281,83							
3074,99	I,IV	**404,75**	282,08	282,08	I	303,00	207,33	117,75	37,50		
	II	**307,41**	282,08	282,08	II	211,41	121,58	40,58			
	III	**148,50**	282,08	282,08	III	73,50	13,33				
	V	**735,50**	282,08	282,08	IV	353,08	303,00	254,41	207,33	161,75	117,75
	VI	**771,75**	282,08	282,08							
3077,99	I,IV	**405,50**	282,33	282,33	I	303,75	208,00	118,33	38,00		
	II	**308,08**	282,33	282,33	II	212,08	122,16	41,08			
	III	**149,00**	282,33	282,33	III	74,00	13,66				
	V	**736,58**	282,33	282,33	IV	353,83	303,75	255,08	208,00	162,41	118,33
	VI	**772,83**	282,33	282,33							
3080,99	I,IV	**406,25**	282,66	282,66	I	304,41	208,66	119,00	38,50		
	II	**308,83**	282,66	282,66	II	212,75	122,83	41,58			
	III	**149,66**	282,66	282,66	III	74,50	14,00				
	V	**737,58**	282,66	282,66	IV	354,58	304,41	255,75	208,66	163,08	119,00
	VI	**773,91**	282,66	282,66							
3083,99	I,IV	**406,91**	282,91	282,91	I	305,08	209,33	119,58	39,00		
	II	**309,50**	282,91	282,91	II	213,41	123,41	42,08			
	III	**150,16**	282,91	282,91	III	74,83	14,33				
	V	**738,66**	282,91	282,91	IV	355,25	305,08	256,41	209,33	163,66	119,58
	VI	**774,91**	282,91	282,91							
3086,99	I,IV	**407,66**	283,16	283,16	I	305,83	210,00	120,16	39,50		
	II	**310,16**	283,16	283,16	II	214,08	124,08	42,58			
	III	**150,83**	283,16	283,16	III	75,33	14,83				
	V	**739,66**	283,16	283,16	IV	356,00	305,83	257,16	210,00	164,33	120,16
	VI	**775,91**	283,16	283,16							
3089,99	I,IV	**408,41**	283,50	283,50	I	306,50	210,66	120,83	40,00		
	II	**310,91**	283,50	283,50	II	214,75	124,66	43,08			
	III	**151,33**	283,50	283,50	III	75,83	15,16				
	V	**740,75**	283,50	283,50	IV	356,75	306,50	257,83	210,66	165,00	120,83
	VI	**777,00**	283,50	283,50							
3092,99	I,IV	**409,16**	283,75	283,75	I	307,25	211,33	121,41	40,50		
	II	**311,58**	283,75	283,75	II	215,41	125,25	43,58			
	III	**152,00**	283,75	283,75	III	76,33	15,50				
	V	**741,75**	283,75	283,75	IV	357,41	307,25	258,50	211,33	165,58	121,41
	VI	**778,08**	283,75	283,75							
3095,99	I,IV	**409,91**	284,00	284,00	I	307,91	211,91	122,00	40,91		
	II	**312,33**	284,00	284,00	II	216,08	125,91	44,08			
	III	**152,50**	284,00	284,00	III	76,83	15,83				
	V	**742,83**	284,00	284,00	IV	358,16	307,91	259,16	211,91	166,25	122,00
	VI	**779,08**	284,00	284,00							

* Zur LSt-Berechnung für privat versicherte Arbeitnehmer s. Beispiele **Vorbemerkung S. 4 f.**
** Basisvorsorgepauschale KV und PV *** Typisierter Arbeitgeberzuschuss

Lohn/ Gehalt in € bis	Steuerklasse	**Lohn-steuer***	BVSP**	TAGZ***	Steuerklasse	Bemessungsgrundlage für Kirchensteuer und Solidaritätszuschlag					
						Freibeträge für ... Kinder					
						0,5	**1,0**	1,5	**2,0**	2,5	**3,0**
3098,99	I,IV	**410,66**	284,25	284,25	I	308,58	212,58	122,66	41,41		
	II	**313,00**	284,25	284,25	II	216,75	126,50	44,58			
	III	**153,16**	284,25	284,25	III	77,33	16,33				
	V	**743,83**	284,25	284,25	IV	358,91	308,58	259,83	212,58	166,91	122,66
	VI	**780,08**	284,25	284,25							
3101,99	I,IV	**411,41**	284,58	284,58	I	309,33	213,25	123,25	41,91		
	II	**313,75**	284,58	284,58	II	217,41	127,16	45,08			
	III	**153,66**	284,58	284,58	III	77,83	16,66				
	V	**744,91**	284,58	284,58	IV	359,58	309,33	260,58	213,25	167,50	123,25
	VI	**781,16**	284,58	284,58							
3104,99	I,IV	**412,16**	284,83	284,83	I	310,00	213,91	123,91	42,41		
	II	**314,41**	284,83	284,83	II	218,08	127,75	45,58			
	III	**154,33**	284,83	284,83	III	78,33	17,00				
	V	**745,91**	284,83	284,83	IV	360,33	310,00	261,25	213,91	168,16	123,91
	VI	**782,25**	284,83	284,83							
3107,99	I,IV	**412,91**	285,08	285,08	I	310,75	214,58	124,50	42,91		
	II	**315,08**	285,08	285,08	II	218,75	128,33	46,08			
	III	**155,00**	285,08	285,08	III	78,83	17,50				
	V	**747,00**	285,08	285,08	IV	361,08	310,75	261,91	214,58	168,75	124,50
	VI	**783,25**	285,08	285,08							
3110,99	I,IV	**413,66**	285,41	285,41	I	311,41	215,25	125,08	43,41		
	II	**315,83**	285,41	285,41	II	219,41	129,00	46,58			
	III	**155,50**	285,41	285,41	III	79,33	17,83				
	V	**748,00**	285,41	285,41	IV	361,75	311,41	262,58	215,25	169,41	125,08
	VI	**784,25**	285,41	285,41							
3113,99	I,IV	**414,41**	285,66	285,66	I	312,16	215,91	125,75	43,91		
	II	**316,58**	285,66	285,66	II	220,08	129,58	47,08			
	III	**156,16**	285,66	285,66	III	79,83	18,16				
	V	**749,08**	285,66	285,66	IV	362,50	312,16	263,25	215,91	170,08	125,75
	VI	**785,33**	285,66	285,66							
3116,99	I,IV	**415,16**	285,91	285,91	I	312,83	216,58	126,33	44,41		
	II	**317,25**	285,91	285,91	II	220,75	130,25	47,58			
	III	**156,66**	285,91	285,91	III	80,33	18,66				
	V	**750,08**	285,91	285,91	IV	363,25	312,83	264,00	216,58	170,75	126,33
	VI	**786,41**	285,91	285,91							
3119,99	I,IV	**415,91**	286,25	286,25	I	313,50	217,25	127,00	44,91		
	II	**317,91**	286,25	286,25	II	221,33	130,83	48,08			
	III	**157,33**	286,25	286,25	III	80,66	19,00				
	V	**751,16**	286,25	286,25	IV	364,00	313,50	264,66	217,25	171,33	127,00
	VI	**787,41**	286,25	286,25							
3122,99	I,IV	**416,66**	286,50	286,50	I	314,25	217,91	127,58	45,41		
	II	**318,66**	286,50	286,50	II	222,00	131,50	48,66			
	III	**157,83**	286,50	286,50	III	81,16	19,33				
	V	**752,16**	286,50	286,50	IV	364,66	314,25	265,33	217,91	172,00	127,58
	VI	**788,41**	286,50	286,50							
3125,99	I,IV	**417,41**	286,75	286,75	I	315,00	218,58	128,25	45,91		
	II	**319,33**	286,75	286,75	II	222,75	132,08	49,16			
	III	**158,50**	286,75	286,75	III	81,66	19,66				
	V	**753,25**	286,75	286,75	IV	365,41	315,00	266,00	218,58	172,66	128,25
	VI	**789,50**	286,75	286,75							
3128,99	I,IV	**418,16**	287,08	287,08	I	315,66	219,25	128,83	46,50		
	II	**320,08**	287,08	287,08	II	223,41	132,75	49,66			
	III	**159,16**	287,08	287,08	III	82,16	20,16				
	V	**754,25**	287,08	287,08	IV	366,16	315,66	266,66	219,25	173,25	128,83
	VI	**790,58**	287,08	287,08							
3131,99	I,IV	**418,91**	287,33	287,33	I	316,33	219,91	129,41	47,00		
	II	**320,75**	287,33	287,33	II	224,00	133,33	50,16			
	III	**159,66**	287,33	287,33	III	82,66	20,50				
	V	**755,33**	287,33	287,33	IV	366,83	316,33	267,33	219,91	173,91	129,41
	VI	**791,58**	287,33	287,33							

* Zur LSt-Berechnung für privat versicherte Arbeitnehmer s. Beispiele **Vorbemerkung S. 4f.**
** Basisvorsorgepauschale KV und PV *** Typisierter Arbeitgeberzuschuss

Lohn/ Gehalt in € bis	Steuerklasse	Lohn-steuer*	BVSP**	TAGZ***	Steuerklasse	Bemessungsgrundlage für Kirchensteuer und Solidaritätszuschlag – Freibeträge für ... Kinder 0,5	1,0	1,5	2,0	2,5	3,0
3134,99	I,IV	**419,66**	287,58	287,58	I	317,08	220,58	130,08	47,50		
	II	**321,50**	287,58	287,58	II	224,66	134,00	50,66			
	III	**160,33**	287,58	287,58	III	83,16	20,83				
	V	**756,33**	287,58	287,58	IV	367,58	317,08	268,08	220,58	174,58	130,08
	VI	**792,58**	287,58	287,58							
3137,99	I,IV	**420,41**	287,83	287,83	I	317,75	221,25	130,66	48,00		
	II	**322,16**	287,83	287,83	II	225,33	134,58	51,25			
	III	**160,83**	287,83	287,83	III	83,66	21,33				
	V	**757,41**	287,83	287,83	IV	368,33	317,75	268,75	221,25	175,16	130,66
	VI	**793,66**	287,83	287,83							
3140,99	I,IV	**421,16**	288,16	288,16	I	318,50	221,91	131,33	48,50		
	II	**322,91**	288,16	288,16	II	226,00	135,25	51,75			
	III	**161,50**	288,16	288,16	III	84,16	21,66				
	V	**758,41**	288,16	288,16	IV	369,08	318,50	269,41	221,91	175,83	131,33
	VI	**794,75**	288,16	288,16							
3143,99	I,IV	**421,91**	288,41	288,41	I	319,16	222,50	131,91	49,00		
	II	**323,58**	288,41	288,41	II	226,66	135,83	52,25			
	III	**162,00**	288,41	288,41	III	84,66	22,00				
	V	**759,50**	288,41	288,41	IV	369,75	319,16	270,08	222,50	176,50	131,91
	VI	**795,75**	288,41	288,41							
3146,99	I,IV	**422,66**	288,66	288,66	I	319,91	223,16	132,58	49,50		
	II	**324,33**	288,66	288,66	II	227,33	136,41	52,83			
	III	**162,66**	288,66	288,66	III	85,16	22,50				
	V	**760,50**	288,66	288,66	IV	370,50	319,91	270,83	223,16	177,08	132,58
	VI	**796,75**	288,66	288,66							
3149,99	I,IV	**423,41**	289,00	289,00	I	320,58	223,83	133,16	50,08		
	II	**325,00**	289,00	289,00	II	228,00	137,08	53,33			
	III	**163,33**	289,00	289,00	III	85,66	22,83				
	V	**761,58**	289,00	289,00	IV	371,25	320,58	271,50	223,83	177,75	133,16
	VI	**797,83**	289,00	289,00							
3152,99	I,IV	**424,16**	289,25	289,25	I	321,33	224,58	133,83	50,58		
	II	**325,75**	289,25	289,25	II	228,66	137,66	53,83			
	III	**163,83**	289,25	289,25	III	86,16	23,33				
	V	**762,58**	289,25	289,25	IV	372,00	321,33	272,16	224,58	178,41	133,83
	VI	**798,83**	289,25	289,25							
3155,99	I,IV	**424,91**	289,50	289,50	I	322,00	225,16	134,41	51,08		
	II	**326,41**	289,50	289,50	II	229,33	138,33	54,41			
	III	**164,50**	289,50	289,50	III	86,66	23,66				
	V	**763,66**	289,50	289,50	IV	372,66	322,00	272,83	225,16	179,08	134,41
	VI	**799,91**	289,50	289,50							
3158,99	I,IV	**425,66**	289,83	289,83	I	322,75	225,83	135,08	51,58		
	II	**327,16**	289,83	289,83	II	230,00	138,91	54,91			
	III	**165,00**	289,83	289,83	III	87,16	24,00				
	V	**764,66**	289,83	289,83	IV	373,41	322,75	273,50	225,83	179,66	135,08
	VI	**800,91**	289,83	289,83							
3161,99	I,IV	**426,41**	290,08	290,08	I	323,41	226,50	135,66	52,16		
	II	**327,91**	290,08	290,08	II	230,66	139,58	55,41			
	III	**165,66**	290,08	290,08	III	87,66	24,50				
	V	**765,75**	290,08	290,08	IV	374,16	323,41	274,25	226,50	180,33	135,66
	VI	**802,00**	290,08	290,08							
3164,99	I,IV	**427,16**	290,33	290,33	I	324,16	227,16	136,33	52,66		
	II	**328,58**	290,33	290,33	II	231,41	140,16	56,00			
	III	**166,33**	290,33	290,33	III	88,16	24,83				
	V	**766,75**	290,33	290,33	IV	374,91	324,16	274,91	227,16	181,00	136,33
	VI	**803,00**	290,33	290,33							
3167,99	I,IV	**427,91**	290,58	290,58	I	324,83	227,83	136,91	53,16		
	II	**329,33**	290,58	290,58	II	232,00	140,83	56,50			
	III	**166,83**	290,58	290,58	III	88,66	25,16				
	V	**767,83**	290,58	290,58	IV	375,58	324,83	275,58	227,83	181,66	136,91
	VI	**804,08**	290,58	290,58							

* Zur LSt-Berechnung für privat versicherte Arbeitnehmer s. Beispiele **Vorbemerkung S. 4 f.**
** Basisvorsorgepauschale KV und PV *** Typisierter Arbeitgeberzuschuss

Lohn/ Gehalt in € bis	Steuerklasse	**Lohn-steuer***	BVSP**	TAGZ***	Steuerklasse	Bemessungsgrundlage für Kirchensteuer und Solidaritätszuschlag – Freibeträge für ... Kinder 0,5	**1,0**	1,5	**2,0**	2,5	**3,0**
3170,99	I,IV	**428,66**	290,91	290,91	I	325,58	228,50	137,50	53,75		
	II	**330,00**	290,91	290,91	II	232,66	141,41	57,08			
	III	**167,50**	290,91	290,91	III	89,16	25,66				
	V	**768,83**	290,91	290,91	IV	376,33	325,58	276,25	228,50	182,25	137,50
	VI	**805,08**	290,91	290,91							
3173,99	I,IV	**429,41**	291,16	291,16	I	326,25	229,16	138,16	54,25		
	II	**330,75**	291,16	291,16	II	233,41	142,08	57,58			
	III	**168,00**	291,16	291,16	III	89,66	26,00				
	V	**769,91**	291,16	291,16	IV	377,08	326,25	277,00	229,16	182,91	138,16
	VI	**806,16**	291,16	291,16							
3176,99	I,IV	**430,16**	291,41	291,41	I	327,00	229,83	138,83	54,83		
	II	**331,41**	291,41	291,41	II	234,08	142,75	58,16			
	III	**168,66**	291,41	291,41	III	90,16	26,50				
	V	**770,91**	291,41	291,41	IV	377,83	327,00	277,66	229,83	183,58	138,83
	VI	**807,16**	291,41	291,41							
3179,99	I,IV	**430,91**	291,75	291,75	I	327,66	230,50	139,41	55,33		
	II	**332,16**	291,75	291,75	II	234,66	143,33	58,66			
	III	**169,16**	291,75	291,75	III	90,66	26,83				
	V	**772,00**	291,75	291,75	IV	378,58	327,66	278,33	230,50	184,25	139,41
	VI	**808,25**	291,75	291,75							
3182,99	I,IV	**431,66**	292,00	292,00	I	328,41	231,16	140,00	55,83		
	II	**332,83**	292,00	292,00	II	235,41	143,91	59,25			
	III	**169,83**	292,00	292,00	III	91,16	27,16				
	V	**773,00**	292,00	292,00	IV	379,25	328,41	279,08	231,16	184,83	140,00
	VI	**809,25**	292,00	292,00							
3185,99	I,IV	**432,41**	292,25	292,25	I	329,08	231,83	140,66	56,41		
	II	**333,58**	292,25	292,25	II	236,08	144,58	59,75			
	III	**170,50**	292,25	292,25	III	91,66	27,66				
	V	**774,08**	292,25	292,25	IV	380,00	329,08	279,75	231,83	185,50	140,66
	VI	**810,33**	292,25	292,25							
3188,99	I,IV	**433,16**	292,58	292,58	I	329,83	232,58	141,33	56,91		
	II	**334,33**	292,58	292,58	II	236,75	145,25	60,33			
	III	**171,00**	292,58	292,58	III	92,16	28,00				
	V	**775,08**	292,58	292,58	IV	380,75	329,83	280,41	232,58	186,16	141,33
	VI	**811,33**	292,58	292,58							
3191,99	I,IV	**433,91**	292,83	292,83	I	330,50	233,16	141,91	57,50		
	II	**335,00**	292,83	292,83	II	237,41	145,83	60,83			
	III	**171,66**	292,83	292,83	III	92,66	28,50				
	V	**776,08**	292,83	292,83	IV	381,50	330,50	281,08	233,16	186,83	141,91
	VI	**812,41**	292,83	292,83							
3194,99	I,IV	**434,66**	293,08	293,08	I	331,25	233,83	142,50	58,00		
	II	**335,75**	293,08	293,08	II	238,08	146,50	61,41			
	III	**172,16**	293,08	293,08	III	93,16	28,83				
	V	**777,16**	293,08	293,08	IV	382,25	331,25	281,83	233,83	187,41	142,50
	VI	**813,41**	293,08	293,08							
3197,99	I,IV	**435,41**	293,33	293,33	I	332,00	234,58	143,16	58,58		
	II	**336,41**	293,33	293,33	II	238,75	147,08	62,00			
	III	**172,83**	293,33	293,33	III	93,66	29,16				
	V	**778,25**	293,33	293,33	IV	382,91	332,00	282,50	234,58	188,08	143,16
	VI	**814,50**	293,33	293,33							
3200,99	I,IV	**436,25**	293,66	293,66	I	332,66	235,25	143,83	59,08		
	II	**337,16**	293,66	293,66	II	239,41	147,75	62,50			
	III	**173,33**	293,66	293,66	III	94,33	29,66				
	V	**779,25**	293,66	293,66	IV	383,66	332,66	283,16	235,25	188,75	143,83
	VI	**815,50**	293,66	293,66							
3203,99	I,IV	**436,91**	293,91	293,91	I	333,41	235,91	144,41	59,66		
	II	**337,83**	293,91	293,91	II	240,08	148,33	63,08			
	III	**174,00**	293,91	293,91	III	94,83	30,00				
	V	**780,25**	293,91	293,91	IV	384,41	333,41	283,83	235,91	189,41	144,41
	VI	**816,58**	293,91	293,91							

* Zur LSt-Berechnung für privat versicherte Arbeitnehmer s. Beispiele **Vorbemerkung S. 4f.**
** Basisvorsorgepauschale KV und PV *** Typisierter Arbeitgeberzuschuss

Lohn/ Gehalt in € bis	Steuerklasse	Lohn-steuer*	BVSP**	TAGZ***	Steuerklasse	Bemessungsgrundlage für Kirchensteuer und Solidaritätszuschlag — Freibeträge für ... Kinder 0,5	1,0	1,5	2,0	2,5	3,0
3 206,99	I,IV	**437,75**	294,16	294,16	I	334,08	236,58	145,08	60,16		
	II	**338,58**	294,16	294,16	II	240,75	149,00	63,66			
	III	**174,66**	294,16	294,16	III	95,33	30,50				
	V	**781,33**	294,16	294,16	IV	385,16	334,08	284,58	236,58	190,08	145,08
	VI	**817,58**	294,16	294,16							
3 209,99	I,IV	**438,50**	294,50	294,50	I	334,83	237,25	145,66	60,75		
	II	**339,33**	294,50	294,50	II	241,41	149,58	64,16	0,25		
	III	**175,16**	294,50	294,50	III	95,83	30,83				
	V	**782,41**	294,50	294,50	IV	385,91	334,83	285,25	237,25	190,66	145,66
	VI	**818,66**	294,50	294,50							
3 212,99	I,IV	**439,25**	294,75	294,75	I	335,58	237,91	146,33	61,33		
	II	**340,00**	294,75	294,75	II	242,08	150,25	64,75	0,66		
	III	**175,83**	294,75	294,75	III	96,33	31,33				
	V	**783,41**	294,75	294,75	IV	386,66	335,58	286,00	237,91	191,33	146,33
	VI	**819,66**	294,75	294,75							
3 215,99	I,IV	**440,00**	295,00	295,00	I	336,25	238,58	146,91	61,83		
	II	**340,75**	295,00	295,00	II	242,75	150,83	65,33	1,00		
	III	**176,33**	295,00	295,00	III	96,83	31,66				
	V	**784,41**	295,00	295,00	IV	387,33	336,25	286,66	238,58	192,00	146,91
	VI	**820,75**	295,00	295,00							
3 218,99	I,IV	**440,75**	295,33	295,33	I	337,00	239,25	147,58	62,41		
	II	**341,41**	295,33	295,33	II	243,41	151,50	65,91	1,33		
	III	**177,00**	295,33	295,33	III	97,33	32,16				
	V	**785,50**	295,33	295,33	IV	388,08	337,00	287,33	239,25	192,66	147,58
	VI	**821,75**	295,33	295,33							
3 221,99	I,IV	**441,50**	295,58	295,58	I	337,66	239,91	148,16	62,91		
	II	**342,16**	295,58	295,58	II	244,08	152,16	66,41	1,66		
	III	**177,66**	295,58	295,58	III	97,83	32,50				
	V	**786,58**	295,58	295,58	IV	388,83	337,66	288,08	239,91	193,33	148,16
	VI	**822,83**	295,58	295,58							
3 224,99	I,IV	**442,25**	295,83	295,83	I	338,41	240,58	148,83	63,50		
	II	**342,91**	295,83	295,83	II	244,83	152,75	67,00	2,08		
	III	**178,16**	295,83	295,83	III	98,33	33,00				
	V	**787,58**	295,83	295,83	IV	389,58	338,41	288,75	240,58	193,91	148,83
	VI	**823,83**	295,83	295,83							
3 227,99	I,IV	**443,00**	296,16	296,16	I	339,08	241,25	149,41	64,08	0,16	
	II	**343,58**	296,16	296,16	II	245,50	153,41	67,58	2,41		
	III	**178,83**	296,16	296,16	III	98,83	33,33				
	V	**788,58**	296,16	296,16	IV	390,33	339,08	289,41	241,25	194,58	149,41
	VI	**824,91**	296,16	296,16							
3 230,99	I,IV	**443,75**	296,41	296,41	I	339,83	241,91	150,08	64,58	0,58	
	II	**344,33**	296,41	296,41	II	246,16	154,00	68,16	2,75		
	III	**179,33**	296,41	296,41	III	99,33	33,83				
	V	**789,66**	296,41	296,41	IV	391,00	339,83	290,08	241,91	195,25	150,08
	VI	**825,91**	296,41	296,41							
3 233,99	I,IV	**444,50**	296,66	296,66	I	340,58	242,58	150,75	65,16	0,91	
	II	**345,00**	296,66	296,66	II	246,83	154,66	68,75	3,08		
	III	**180,00**	296,66	296,66	III	100,00	34,16				
	V	**790,75**	296,66	296,66	IV	391,75	340,58	290,83	242,58	195,91	150,75
	VI	**827,00**	296,66	296,66							
3 236,99	I,IV	**445,33**	296,91	296,91	I	341,25	243,25	151,33	65,75	1,25	
	II	**345,75**	296,91	296,91	II	247,50	155,33	69,25	3,50		
	III	**180,66**	296,91	296,91	III	100,50	34,66				
	V	**791,75**	296,91	296,91	IV	392,50	341,25	291,50	243,25	196,58	151,33
	VI	**828,00**	296,91	296,91							
3 239,99	I,IV	**446,08**	297,25	297,25	I	342,00	243,91	152,00	66,33	1,58	
	II	**346,41**	297,25	297,25	II	248,16	155,91	69,83	3,83		
	III	**181,16**	297,25	297,25	III	101,00	35,00				
	V	**792,75**	297,25	297,25	IV	393,25	342,00	292,16	243,91	197,16	152,00
	VI	**829,08**	297,25	297,25							

* Zur LSt-Berechnung für privat versicherte Arbeitnehmer s. Beispiele **Vorbemerkung S. 4 f.**
** Basisvorsorgepauschale KV und PV *** Typisierter Arbeitgeberzuschuss

Lohn/ Gehalt in € bis	Steuerklasse	**Lohn-steuer***	BVSP**	TAGZ***	Steuerklasse	Bemessungsgrundlage für Kirchensteuer und Solidaritätszuschlag – Freibeträge für ... Kinder 0,5	**1,0**	1,5	**2,0**	2,5	**3,0**
3242,99	I,IV	**446,83**	297,50	297,50	I	342,66	244,58	152,58	66,83	1,91	
	II	**347,16**	297,50	297,50	II	248,83	156,58	70,41	4,16		
	III	**181,83**	297,50	297,50	III	101,50	35,33				
	V	**793,83**	297,50	297,50	IV	394,00	342,66	292,91	244,58	197,83	152,58
	VI	**830,08**	297,50	297,50							
3245,99	I,IV	**447,58**	297,75	297,75	I	343,41	245,33	153,25	67,41	2,33	
	II	**347,91**	297,75	297,75	II	249,50	157,16	71,00	4,58		
	III	**182,33**	297,75	297,75	III	102,00	35,83				
	V	**794,91**	297,75	297,75	IV	394,75	343,41	293,58	245,33	198,50	153,25
	VI	**831,16**	297,75	297,75							
3248,99	I,IV	**448,33**	298,08	298,08	I	344,16	246,00	153,91	68,00	2,66	
	II	**348,66**	298,08	298,08	II	250,16	157,83	71,58	4,91		
	III	**183,00**	298,08	298,08	III	102,50	36,16				
	V	**795,91**	298,08	298,08	IV	395,50	344,16	294,33	246,00	199,16	153,91
	VI	**832,16**	298,08	298,08							
3251,99	I,IV	**449,08**	298,33	298,33	I	344,83	246,66	154,50	68,58	3,00	
	II	**349,33**	298,33	298,33	II	250,83	158,41	72,16	5,33		
	III	**183,66**	298,33	298,33	III	103,00	36,66				
	V	**796,91**	298,33	298,33	IV	396,16	344,83	295,00	246,66	199,83	154,50
	VI	**833,25**	298,33	298,33							
3254,99	I,IV	**449,83**	298,58	298,58	I	345,58	247,33	155,16	69,16	3,41	
	II	**350,08**	298,58	298,58	II	251,58	159,08	72,75	5,66		
	III	**184,16**	298,58	298,58	III	103,66	37,16				
	V	**798,00**	298,58	298,58	IV	396,91	345,58	295,66	247,33	200,50	155,16
	VI	**834,25**	298,58	298,58							
3257,99	I,IV	**450,58**	298,91	298,91	I	346,25	248,00	155,75	69,75	3,75	
	II	**350,75**	298,91	298,91	II	252,25	159,75	73,33	6,08		
	III	**184,83**	298,91	298,91	III	104,16	37,50				
	V	**799,08**	298,91	298,91	IV	397,66	346,25	296,41	248,00	201,16	155,75
	VI	**835,33**	298,91	298,91							
3260,99	I,IV	**451,41**	299,16	299,16	I	347,00	248,66	156,41	70,25	4,08	
	II	**351,50**	299,16	299,16	II	252,91	160,33	73,91	6,41		
	III	**185,50**	299,16	299,16	III	104,66	38,00				
	V	**800,08**	299,16	299,16	IV	398,41	347,00	297,08	248,66	201,75	156,41
	VI	**836,33**	299,16	299,16							
3263,99	I,IV	**452,16**	299,41	299,41	I	347,75	249,33	157,00	70,83	4,50	
	II	**352,25**	299,41	299,41	II	253,58	161,00	74,50	6,83		
	III	**186,00**	299,41	299,41	III	105,16	38,33				
	V	**801,08**	299,41	299,41	IV	399,16	347,75	297,75	249,33	202,41	157,00
	VI	**837,33**	299,41	299,41							
3266,99	I,IV	**452,91**	299,66	299,66	I	348,41	250,00	157,66	71,41	4,83	
	II	**352,91**	299,66	299,66	II	254,25	161,66	75,08	7,16		
	III	**186,66**	299,66	299,66	III	105,66	38,83				
	V	**802,16**	299,66	299,66	IV	399,91	348,41	298,50	250,00	203,08	157,66
	VI	**838,41**	299,66	299,66							
3269,99	I,IV	**453,66**	300,00	300,00	I	349,16	250,66	158,33	72,00	5,25	
	II	**353,66**	300,00	300,00	II	254,91	162,25	75,66	7,58		
	III	**187,16**	300,00	300,00	III	106,16	39,16				
	V	**803,25**	300,00	300,00	IV	400,66	349,16	299,16	250,66	203,75	158,33
	VI	**839,50**	300,00	300,00							
3272,99	I,IV	**454,41**	300,25	300,25	I	349,91	251,41	158,91	72,58	5,58	
	II	**354,41**	300,25	300,25	II	255,66	162,91	76,25	7,91		
	III	**187,83**	300,25	300,25	III	106,66	39,66				
	V	**804,25**	300,25	300,25	IV	401,41	349,91	299,91	251,41	204,41	158,91
	VI	**840,50**	300,25	300,25							
3275,99	I,IV	**455,16**	300,50	300,50	I	350,58	252,08	159,58	73,16	5,91	
	II	**355,08**	300,50	300,50	II	256,25	163,50	76,83	8,33		
	III	**188,50**	300,50	300,50	III	107,33	40,00				
	V	**805,25**	300,50	300,50	IV	402,16	350,58	300,58	252,08	205,08	159,58
	VI	**841,50**	300,50	300,50							

* Zur LSt-Berechnung für privat versicherte Arbeitnehmer s. Beispiele **Vorbemerkung S. 4f.**
** Basisvorsorgepauschale KV und PV *** Typisierter Arbeitgeberzuschuss

Lohn/ Gehalt in € bis	Steuerklasse	**Lohn-steuer***	BVSP**	TAGZ***	Steuerklasse	Bemessungsgrundlage für Kirchensteuer und Solidaritätszuschlag – Freibeträge für ... Kinder 0,5	**1,0**	1,5	**2,0**	2,5	**3,0**
3278,99	I,IV	**455,91**	300,83	300,83	I	351,33	252,75	160,16	73,75	6,33	
	II	**355,83**	300,83	300,83	II	257,00	164,16	77,41	8,66		
	III	**189,00**	300,83	300,83	III	107,83	40,50				
	V	**806,33**	300,83	300,83	IV	402,91	351,33	301,25	252,75	205,75	160,16
	VI	**842,58**	300,83	300,83							
3281,99	I,IV	**456,75**	301,08	301,08	I	352,08	253,41	160,83	74,33	6,66	
	II	**356,58**	301,08	301,08	II	257,66	164,83	78,00	9,08		
	III	**189,66**	301,08	301,08	III	108,33	40,83				
	V	**807,41**	301,08	301,08	IV	403,66	352,08	302,00	253,41	206,33	160,83
	VI	**843,66**	301,08	301,08							
3284,99	I,IV	**457,50**	301,33	301,33	I	352,75	254,08	161,50	74,91	7,08	
	II	**357,25**	301,33	301,33	II	258,33	165,50	78,58	9,50		
	III	**190,33**	301,33	301,33	III	108,83	41,33				
	V	**808,41**	301,33	301,33	IV	404,41	352,75	302,66	254,08	207,00	161,50
	VI	**844,66**	301,33	301,33							
3287,99	I,IV	**458,25**	301,66	301,66	I	353,50	254,75	162,08	75,50	7,41	
	II	**358,00**	301,66	301,66	II	259,00	166,08	79,16	9,83		
	III	**190,83**	301,66	301,66	III	109,33	41,66				
	V	**809,41**	301,66	301,66	IV	405,08	353,50	303,33	254,75	207,66	162,08
	VI	**845,66**	301,66	301,66							
3290,99	I,IV	**459,00**	301,91	301,91	I	354,16	255,41	162,75	76,08	7,83	
	II	**358,75**	301,91	301,91	II	259,66	166,75	79,83	10,25		
	III	**191,50**	301,91	301,91	III	109,83	42,16				
	V	**810,50**	301,91	301,91	IV	405,83	354,16	304,08	255,41	208,33	162,75
	VI	**846,75**	301,91	301,91							
3293,99	I,IV	**459,75**	302,16	302,16	I	354,91	256,16	163,41	76,66	8,25	
	II	**359,41**	302,16	302,16	II	260,41	167,33	80,41	10,66		
	III	**192,00**	302,16	302,16	III	110,50	42,66				
	V	**811,58**	302,16	302,16	IV	406,58	354,91	304,75	256,16	209,00	163,41
	VI	**847,83**	302,16	302,16							
3296,99	I,IV	**460,58**	302,41	302,41	I	355,66	256,83	164,00	77,25	8,58	
	II	**360,16**	302,41	302,41	II	261,08	168,00	81,00	11,00		
	III	**192,66**	302,41	302,41	III	111,00	43,00				
	V	**812,58**	302,41	302,41	IV	407,33	355,66	305,50	256,83	209,66	164,00
	VI	**848,83**	302,41	302,41							
3299,99	I,IV	**461,33**	302,75	302,75	I	356,33	257,50	164,66	77,83	9,00	
	II	**360,91**	302,75	302,75	II	261,75	168,66	81,58	11,41		
	III	**193,33**	302,75	302,75	III	111,50	43,50				
	V	**813,58**	302,75	302,75	IV	408,08	356,33	306,16	257,50	210,33	164,66
	VI	**849,83**	302,75	302,75							
3302,99	I,IV	**462,08**	303,00	303,00	I	357,08	258,16	165,25	78,50	9,33	
	II	**361,58**	303,00	303,00	II	262,41	169,25	82,16	11,83		
	III	**193,83**	303,00	303,00	III	112,00	43,83				
	V	**814,66**	303,00	303,00	IV	408,83	357,08	306,83	258,16	211,00	165,25
	VI	**850,91**	303,00	303,00							
3305,99	I,IV	**462,83**	303,25	303,25	I	357,83	258,83	165,91	79,08	9,75	
	II	**362,33**	303,25	303,25	II	263,08	169,91	82,75	12,16		
	III	**194,50**	303,25	303,25	III	112,66	44,33				
	V	**815,75**	303,25	303,25	IV	409,58	357,83	307,58	258,83	211,66	165,91
	VI	**852,00**	303,25	303,25							
3308,99	I,IV	**463,58**	303,58	303,58	I	358,58	259,50	166,58	79,66	10,16	
	II	**363,08**	303,58	303,58	II	263,83	170,58	83,41	12,58		
	III	**195,00**	303,58	303,58	III	113,16	44,83				
	V	**816,75**	303,58	303,58	IV	410,33	358,58	308,25	259,50	212,33	166,58
	VI	**853,00**	303,58	303,58							
3311,99	I,IV	**464,33**	303,83	303,83	I	359,25	260,16	167,16	80,25	10,50	
	II	**363,75**	303,83	303,83	II	264,50	171,16	84,00	13,00		
	III	**195,66**	303,83	303,83	III	113,66	45,16				
	V	**817,75**	303,83	303,83	IV	411,08	359,25	309,00	260,16	212,91	167,16
	VI	**854,00**	303,83	303,83							

* Zur LSt-Berechnung für privat versicherte Arbeitnehmer s. Beispiele **Vorbemerkung S. 4 f.**
** Basisvorsorgepauschale KV und PV *** Typisierter Arbeitgeberzuschuss

Lohn/ Gehalt in € bis	Steuerklasse	**Lohn-steuer***	BVSP**	TAGZ***	Steuerklasse	Bemessungsgrundlage für Kirchensteuer und Solidaritätszuschlag – Freibeträge für ... Kinder 0,5	**1,0**	1,5	**2,0**	2,5	**3,0**
3 314,99	I,IV	**465,16**	304,08	304,08	I	360,00	260,91	167,83	80,83	10,91	
	II	**364,50**	304,08	304,08	II	265,16	171,83	84,58	13,41		
	III	**196,33**	304,08	304,08	III	114,16	45,66				
	V	**818,83**	304,08	304,08	IV	411,83	360,00	309,66	260,91	213,58	167,83
	VI	**855,08**	304,08	304,08							
3 317,99	I,IV	**465,91**	304,41	304,41	I	360,75	261,58	168,50	81,41	11,33	
	II	**365,25**	304,41	304,41	II	265,83	172,50	85,16	13,83		
	III	**196,83**	304,41	304,41	III	114,66	46,00				
	V	**819,83**	304,41	304,41	IV	412,58	360,75	310,41	261,58	214,25	168,50
	VI	**856,16**	304,41	304,41							
3 320,99	I,IV	**466,66**	304,66	304,66	I	361,41	262,25	169,16	82,08	11,66	
	II	**366,00**	304,66	304,66	II	266,50	173,16	85,75	14,16		
	III	**197,50**	304,66	304,66	III	115,33	46,50				
	V	**820,91**	304,66	304,66	IV	413,33	361,41	311,08	262,25	214,91	169,16
	VI	**857,16**	304,66	304,66							
3 323,99	I,IV	**467,41**	304,91	304,91	I	362,16	262,91	169,75	82,66	12,08	
	II	**366,66**	304,91	304,91	II	267,16	173,75	86,33	14,58		
	III	**198,16**	304,91	304,91	III	115,83	47,00				
	V	**821,91**	304,91	304,91	IV	414,00	362,16	311,75	262,91	215,58	169,75
	VI	**858,16**	304,91	304,91							
3 326,99	I,IV	**468,25**	305,25	305,25	I	362,91	263,58	170,41	83,25	12,50	
	II	**367,41**	305,25	305,25	II	267,91	174,41	87,00	15,00		
	III	**198,66**	305,25	305,25	III	116,33	47,33				
	V	**823,00**	305,25	305,25	IV	414,83	362,91	312,50	263,58	216,25	170,41
	VI	**859,25**	305,25	305,25							
3 329,99	I,IV	**469,00**	305,50	305,50	I	363,58	264,33	171,08	83,83	12,91	
	II	**368,16**	305,50	305,50	II	268,58	175,08	87,58	15,41		
	III	**199,33**	305,50	305,50	III	117,00	47,83				
	V	**824,00**	305,50	305,50	IV	415,58	363,58	313,16	264,33	216,91	171,08
	VI	**860,33**	305,50	305,50							
3 332,99	I,IV	**469,75**	305,75	305,75	I	364,33	265,00	171,66	84,41	13,33	
	II	**368,91**	305,75	305,75	II	269,25	175,66	88,16	15,83		
	III	**200,00**	305,75	305,75	III	117,50	48,16				
	V	**825,08**	305,75	305,75	IV	416,33	364,33	313,91	265,00	217,58	171,66
	VI	**861,33**	305,75	305,75							
3 335,99	I,IV	**470,50**	306,00	306,00	I	365,08	265,66	172,33	85,00	13,66	
	II	**369,58**	306,00	306,00	II	269,91	176,33	88,75	16,25		
	III	**200,50**	306,00	306,00	III	118,00	48,66				
	V	**826,08**	306,00	306,00	IV	417,00	365,08	314,58	265,66	218,25	172,33
	VI	**862,33**	306,00	306,00							
3 338,99	I,IV	**471,25**	306,33	306,33	I	365,83	266,33	173,00	85,58	14,08	
	II	**370,33**	306,33	306,33	II	270,66	177,00	89,33	16,66		
	III	**201,16**	306,33	306,33	III	118,50	49,16				
	V	**827,16**	306,33	306,33	IV	417,75	365,83	315,33	266,33	218,91	173,00
	VI	**863,41**	306,33	306,33							
3 341,99	I,IV	**472,08**	306,58	306,58	I	366,50	267,00	173,58	86,25	14,50	
	II	**371,08**	306,58	306,58	II	271,33	177,58	90,00	17,08		
	III	**201,66**	306,58	306,58	III	119,16	49,50				
	V	**828,16**	306,58	306,58	IV	418,50	366,50	316,00	267,00	219,58	173,58
	VI	**864,50**	306,58	306,58							
3 344,99	I,IV	**472,83**	306,83	306,83	I	367,25	267,75	174,25	86,83	14,91	
	II	**371,83**	306,83	306,83	II	272,00	178,25	90,58	17,50		
	III	**202,33**	306,83	306,83	III	119,66	50,00				
	V	**829,25**	306,83	306,83	IV	419,33	367,25	316,75	267,75	220,25	174,25
	VI	**865,50**	306,83	306,83							
3 347,99	I,IV	**473,58**	307,16	307,16	I	368,00	268,41	174,91	87,41	15,33	
	II	**372,50**	307,16	307,16	II	272,66	178,91	91,16	17,91		
	III	**203,00**	307,16	307,16	III	120,16	50,50				
	V	**830,25**	307,16	307,16	IV	420,00	368,00	317,41	268,41	220,91	174,91
	VI	**866,50**	307,16	307,16							

* Zur LSt-Berechnung für privat versicherte Arbeitnehmer s. Beispiele **Vorbemerkung S. 4 f.**
** Basisvorsorgepauschale KV und PV *** Typisierter Arbeitgeberzuschuss

Lohn/ Gehalt in € bis	Steuerklasse	Lohn-steuer*	BVSP**	TAGZ***	Steuerklasse	Bemessungsgrundlage für Kirchensteuer und Solidaritätszuschlag – Freibeträge für ... Kinder 0,5	**1,0**	1,5	**2,0**	2,5	**3,0**
3 350,99	I,IV	**474,33**	307,41	307,41	I	368,66	269,08	175,50	88,00	15,75	
	II	**373,25**	307,41	307,41	II	273,41	179,58	91,75	18,33		
	III	**203,50**	307,41	307,41	III	120,66	50,83				
	V	**831,33**	307,41	307,41	IV	420,75	368,66	318,16	269,08	221,58	175,50
	VI	**867,58**	307,41	307,41							
3 353,99	I,IV	**475,16**	307,66	307,66	I	369,41	269,75	176,16	88,58	16,16	
	II	**374,00**	307,66	307,66	II	274,08	180,16	92,33	18,75		
	III	**204,16**	307,66	307,66	III	121,33	51,33				
	V	**832,33**	307,66	307,66	IV	421,50	369,41	318,83	269,75	222,25	176,16
	VI	**868,66**	307,66	307,66							
3 356,99	I,IV	**475,91**	308,00	308,00	I	370,16	270,50	176,83	89,25	16,58	
	II	**374,75**	308,00	308,00	II	274,75	180,83	93,00	19,16		
	III	**204,83**	308,00	308,00	III	121,83	51,83				
	V	**833,41**	308,00	308,00	IV	422,25	370,16	319,58	270,50	222,91	176,83
	VI	**869,66**	308,00	308,00							
3 359,99	I,IV	**476,66**	308,25	308,25	I	370,91	271,16	177,41	89,83	16,91	
	II	**375,41**	308,25	308,25	II	275,41	181,50	93,58	19,58		
	III	**205,33**	308,25	308,25	III	122,33	52,16				
	V	**834,41**	308,25	308,25	IV	423,00	370,91	320,25	271,16	223,50	177,41
	VI	**870,66**	308,25	308,25							
3 362,99	I,IV	**477,41**	308,50	308,50	I	371,58	271,83	178,08	90,41	17,33	
	II	**376,16**	308,50	308,50	II	276,16	182,16	94,16	20,00		
	III	**206,00**	308,50	308,50	III	123,00	52,66				
	V	**835,50**	308,50	308,50	IV	423,75	371,58	321,00	271,83	224,16	178,08
	VI	**871,75**	308,50	308,50							
3 365,99	I,IV	**478,25**	308,75	308,75	I	372,33	272,50	178,75	91,00	17,75	
	II	**376,91**	308,75	308,75	II	276,83	182,75	94,75	20,41		
	III	**206,50**	308,75	308,75	III	123,50	53,16				
	V	**836,50**	308,75	308,75	IV	424,50	372,33	321,66	272,50	224,91	178,75
	VI	**872,83**	308,75	308,75							
3 368,99	I,IV	**479,00**	309,08	309,08	I	373,08	273,25	179,41	91,66	18,16	
	II	**377,66**	309,08	309,08	II	277,50	183,41	95,41	20,83		
	III	**207,16**	309,08	309,08	III	124,00	53,50				
	V	**837,58**	309,08	309,08	IV	425,33	373,08	322,41	273,25	225,58	179,41
	VI	**873,83**	309,08	309,08							
3 371,99	I,IV	**479,75**	309,33	309,33	I	373,83	273,91	180,00	92,25	18,58	
	II	**378,33**	309,33	309,33	II	278,16	184,08	96,00	21,25		
	III	**207,83**	309,33	309,33	III	124,66	54,00				
	V	**838,58**	309,33	309,33	IV	426,00	373,83	323,08	273,91	226,16	180,00
	VI	**874,83**	309,33	309,33							
3 374,99	I,IV	**480,58**	309,58	309,58	I	374,50	274,58	180,66	92,83	19,00	
	II	**379,08**	309,58	309,58	II	278,91	184,75	96,58	21,66		
	III	**208,33**	309,58	309,58	III	125,16	54,50				
	V	**839,66**	309,58	309,58	IV	426,75	374,50	323,83	274,58	226,83	180,66
	VI	**875,91**	309,58	309,58							
3 377,99	I,IV	**481,33**	309,91	309,91	I	375,25	275,25	181,33	93,41	19,50	
	II	**379,83**	309,91	309,91	II	279,58	185,33	97,16	22,16		
	III	**209,00**	309,91	309,91	III	125,66	54,83				
	V	**840,66**	309,91	309,91	IV	427,58	375,25	324,50	275,25	227,50	181,33
	VI	**877,00**	309,91	309,91							
3 380,99	I,IV	**482,08**	310,16	310,16	I	376,00	276,00	182,00	94,00	19,91	
	II	**380,58**	310,16	310,16	II	280,25	186,00	97,83	22,58		
	III	**209,66**	310,16	310,16	III	126,33	55,33				
	V	**841,75**	310,16	310,16	IV	428,33	376,00	325,25	276,00	228,25	182,00
	VI	**878,00**	310,16	310,16							
3 383,99	I,IV	**482,83**	310,41	310,41	I	376,75	276,66	182,58	94,58	20,33	
	II	**381,33**	310,41	310,41	II	280,91	186,66	98,41	23,00		
	III	**210,16**	310,41	310,41	III	126,83	55,83				
	V	**842,75**	310,41	310,41	IV	429,00	376,75	325,91	276,66	228,83	182,58
	VI	**879,00**	310,41	310,41							

* Zur LSt-Berechnung für privat versicherte Arbeitnehmer s. Beispiele **Vorbemerkung S. 4 f.**
** Basisvorsorgepauschale KV und PV *** Typisierter Arbeitgeberzuschuss

Lohn/ Gehalt in € bis	Steuerklasse	Lohn-steuer*	BVSP**	TAGZ***	Steuerklasse	Bemessungsgrundlage für Kirchensteuer und Solidaritätszuschlag – Freibeträge für ... Kinder 0,5	1,0	1,5	2,0	2,5	3,0
3386,99	I,IV	**483,66**	310,75	310,75	I	377,50	277,33	183,25	95,25	20,75	
	II	**382,08**	310,75	310,75	II	281,66	187,33	99,00	23,41		
	III	**210,83**	310,75	310,75	III	127,33	56,16				
	V	**843,83**	310,75	310,75	IV	429,83	377,50	326,66	277,33	229,50	183,25
	VI	**880,08**	310,75	310,75							
3389,99	I,IV	**484,41**	311,00	311,00	I	378,16	278,00	183,91	95,83	21,16	
	II	**382,75**	311,00	311,00	II	282,33	187,91	99,58	23,83		
	III	**211,50**	311,00	311,00	III	127,83	56,66	0,33			
	V	**844,83**	311,00	311,00	IV	430,58	378,16	327,33	278,00	230,25	183,91
	VI	**881,08**	311,00	311,00							
3392,99	I,IV	**485,16**	311,25	311,25	I	378,91	278,75	184,58	96,41	21,58	
	II	**383,50**	311,25	311,25	II	283,00	188,58	100,25	24,33		
	III	**212,00**	311,25	311,25	III	128,50	57,16	0,66			
	V	**845,91**	311,25	311,25	IV	431,33	378,91	328,08	278,75	230,91	184,58
	VI	**882,16**	311,25	311,25							
3395,99	I,IV	**486,00**	311,50	311,50	I	379,66	279,41	185,16	97,00	22,00	
	II	**384,25**	311,50	311,50	II	283,75	189,25	100,83	24,75		
	III	**212,66**	311,50	311,50	III	129,00	57,66	1,00			
	V	**846,91**	311,50	311,50	IV	432,08	379,66	328,75	279,41	231,50	185,16
	VI	**883,16**	311,50	311,50							
3398,99	I,IV	**486,75**	311,83	311,83	I	380,41	280,08	185,83	97,66	22,41	
	II	**385,00**	311,83	311,83	II	284,41	189,91	101,41	25,16		
	III	**213,33**	311,83	311,83	III	129,66	58,00	1,33			
	V	**848,00**	311,83	311,83	IV	432,83	380,41	329,50	280,08	232,16	185,83
	VI	**884,25**	311,83	311,83							
3401,99	I,IV	**487,50**	312,08	312,08	I	381,16	280,75	186,50	98,25	22,91	
	II	**385,75**	312,08	312,08	II	285,08	190,58	102,00	25,66		
	III	**213,83**	312,08	312,08	III	130,16	58,50	1,66			
	V	**849,00**	312,08	312,08	IV	433,58	381,16	330,16	280,75	232,91	186,50
	VI	**885,25**	312,08	312,08							
3404,99	I,IV	**488,33**	312,33	312,33	I	381,83	281,50	187,16	98,83	23,33	
	II	**386,50**	312,33	312,33	II	285,83	191,16	102,66	26,08		
	III	**214,50**	312,33	312,33	III	130,66	59,00	2,00			
	V	**850,08**	312,33	312,33	IV	434,33	381,83	330,91	281,50	233,58	187,16
	VI	**886,33**	312,33	312,33							
3407,99	I,IV	**489,08**	312,66	312,66	I	382,58	282,16	187,75	99,41	23,75	
	II	**387,16**	312,66	312,66	II	286,50	191,83	103,25	26,50		
	III	**215,00**	312,66	312,66	III	131,33	59,50	2,33			
	V	**851,08**	312,66	312,66	IV	435,08	382,58	331,58	282,16	234,25	187,75
	VI	**887,33**	312,66	312,66							
3410,99	I,IV	**489,83**	312,91	312,91	I	383,33	282,83	188,41	100,08	24,16	
	II	**387,91**	312,91	312,91	II	287,16	192,50	103,83	27,00		
	III	**215,66**	312,91	312,91	III	131,83	59,83	2,66			
	V	**852,16**	312,91	312,91	IV	435,83	383,33	332,33	282,83	234,91	188,41
	VI	**888,41**	312,91	312,91							
3413,99	I,IV	**490,66**	313,16	313,16	I	384,08	283,58	189,08	100,66	24,66	
	II	**388,66**	313,16	313,16	II	287,91	193,16	104,50	27,41		
	III	**216,33**	313,16	313,16	III	132,33	60,33	3,00			
	V	**853,16**	313,16	313,16	IV	436,58	384,08	333,08	283,58	235,58	189,08
	VI	**889,41**	313,16	313,16							
3416,99	I,IV	**491,41**	313,50	313,50	I	384,83	284,25	189,75	101,25	25,08	
	II	**389,41**	313,50	313,50	II	288,58	193,83	105,08	27,91		
	III	**216,83**	313,50	313,50	III	133,00	60,83	3,50			
	V	**854,25**	313,50	313,50	IV	437,33	384,83	333,75	284,25	236,25	189,75
	VI	**890,50**	313,50	313,50							
3419,99	I,IV	**492,16**	313,75	313,75	I	385,50	284,91	190,33	101,83	25,50	
	II	**390,08**	313,75	313,75	II	289,25	194,41	105,66	28,33		
	III	**217,50**	313,75	313,75	III	133,50	61,33	3,83			
	V	**855,25**	313,75	313,75	IV	438,08	385,50	334,50	284,91	236,91	190,33
	VI	**891,50**	313,75	313,75							

* Zur LSt-Berechnung für privat versicherte Arbeitnehmer s. Beispiele **Vorbemerkung S. 4 f.**
** Basisvorsorgepauschale KV und PV *** Typisierter Arbeitgeberzuschuss

Lohn/ Gehalt in € bis	Steuerklasse	Lohn-steuer*	BVSP**	TAGZ***	Steuerklasse	Bemessungsgrundlage für Kirchensteuer und Solidaritätszuschlag – Freibeträge für ... Kinder 0,5	1,0	1,5	2,0	2,5	3,0
3422,99	I,IV	**493,00**	314,00	314,00	I	386,25	285,58	191,00	102,50	26,00	
	II	**390,83**	314,00	314,00	II	289,91	195,08	106,25	28,75		
	III	**218,16**	314,00	314,00	III	134,16	61,66	4,16			
	V	**856,33**	314,00	314,00	IV	438,83	386,25	335,16	285,58	237,58	191,00
	VI	**892,58**	314,00	314,00							
3425,99	I,IV	**493,75**	314,33	314,33	I	387,00	286,33	191,66	103,08	26,41	
	II	**391,58**	314,33	314,33	II	290,66	195,75	106,91	29,25		
	III	**218,83**	314,33	314,33	III	134,66	62,16	4,50			
	V	**857,33**	314,33	314,33	IV	439,58	387,00	335,91	286,33	238,25	191,66
	VI	**893,58**	314,33	314,33							
3428,99	I,IV	**494,50**	314,58	314,58	I	387,75	287,00	192,33	103,75	26,83	
	II	**392,33**	314,58	314,58	II	291,33	196,41	107,50	29,66		
	III	**219,33**	314,58	314,58	III	135,16	62,66	4,83			
	V	**858,41**	314,58	314,58	IV	440,41	387,75	336,66	287,00	238,91	192,33
	VI	**894,66**	314,58	314,58							
3431,99	I,IV	**495,25**	314,83	314,83	I	388,50	287,66	193,00	104,33	27,33	
	II	**393,08**	314,83	314,83	II	292,00	197,08	108,08	30,16		
	III	**220,00**	314,83	314,83	III	135,83	63,16	5,16			
	V	**859,41**	314,83	314,83	IV	441,08	388,50	337,33	287,66	239,58	193,00
	VI	**895,66**	314,83	314,83							
3434,99	I,IV	**496,08**	315,08	315,08	I	389,16	288,41	193,66	104,91	27,75	
	II	**393,83**	315,08	315,08	II	292,75	197,66	108,75	30,58		
	III	**220,50**	315,08	315,08	III	136,33	63,50	5,50			
	V	**860,50**	315,08	315,08	IV	441,91	389,16	338,08	288,41	240,25	193,66
	VI	**896,75**	315,08	315,08							
3437,99	I,IV	**496,83**	315,41	315,41	I	389,91	289,08	194,25	105,50	28,25	
	II	**394,58**	315,41	315,41	II	293,41	198,33	109,33	31,08		
	III	**221,16**	315,41	315,41	III	137,00	64,00	6,00			
	V	**861,50**	315,41	315,41	IV	442,66	389,91	338,75	289,08	240,91	194,25
	VI	**897,75**	315,41	315,41							
3440,99	I,IV	**497,66**	315,66	315,66	I	390,66	289,75	194,91	106,16	28,66	
	II	**395,33**	315,66	315,66	II	294,16	199,00	109,91	31,50		
	III	**221,83**	315,66	315,66	III	137,50	64,50	6,33			
	V	**862,58**	315,66	315,66	IV	443,41	390,66	339,50	289,75	241,58	194,91
	VI	**898,83**	315,66	315,66							
3443,99	I,IV	**498,41**	315,91	315,91	I	391,41	290,50	195,58	106,75	29,08	
	II	**396,00**	315,91	315,91	II	294,83	199,66	110,58	32,00		
	III	**222,33**	315,91	315,91	III	138,00	65,00	6,66			
	V	**863,58**	315,91	315,91	IV	444,16	391,41	340,16	290,50	242,25	195,58
	VI	**899,83**	315,91	315,91							
3446,99	I,IV	**499,16**	316,25	316,25	I	392,16	291,16	196,25	107,33	29,58	
	II	**396,75**	316,25	316,25	II	295,50	200,33	111,16	32,41		
	III	**223,00**	316,25	316,25	III	138,66	65,50	7,00			
	V	**864,66**	316,25	316,25	IV	444,91	392,16	340,91	291,16	242,91	196,25
	VI	**900,91**	316,25	316,25							
3449,99	I,IV	**500,00**	316,50	316,50	I	392,91	291,83	196,91	108,00	30,00	
	II	**397,50**	316,50	316,50	II	296,25	201,00	111,75	32,91		
	III	**223,66**	316,50	316,50	III	139,16	65,83	7,33			
	V	**865,66**	316,50	316,50	IV	445,66	392,91	341,66	291,83	243,58	196,91
	VI	**901,91**	316,50	316,50							
3452,99	I,IV	**500,75**	316,75	316,75	I	393,66	292,58	197,58	108,58	30,50	
	II	**398,25**	316,75	316,75	II	296,91	201,66	112,41	33,41		
	III	**224,33**	316,75	316,75	III	139,83	66,33	7,83			
	V	**866,75**	316,75	316,75	IV	446,41	393,66	342,33	292,58	244,33	197,58
	VI	**903,00**	316,75	316,75							
3455,99	I,IV	**501,50**	317,08	317,08	I	394,33	293,25	198,16	109,16	30,91	
	II	**399,00**	317,08	317,08	II	297,58	202,25	113,00	33,83		
	III	**224,83**	317,08	317,08	III	140,33	66,83	8,16			
	V	**867,75**	317,08	317,08	IV	447,16	394,33	343,08	293,25	245,00	198,16
	VI	**904,00**	317,08	317,08							

* Zur LSt-Berechnung für privat versicherte Arbeitnehmer s. Beispiele **Vorbemerkung S. 4f.**
** Basisvorsorgepauschale KV und PV *** Typisierter Arbeitgeberzuschuss

Lohn/ Gehalt in € bis	Steuerklasse	Lohnsteuer*	BVSP**	TAGZ***	Steuerklasse	Bemessungsgrundlage für Kirchensteuer und Solidaritätszuschlag – Freibeträge für ... Kinder 0,5	**1,0**	1,5	**2,0**	2,5	**3,0**
3458,99	I,IV	**502,33**	317,33	317,33	I	395,08	293,91	198,83	109,75	31,41	
	II	**399,75**	317,33	317,33	II	298,33	202,91	113,58	34,33		
	III	**225,50**	317,33	317,33	III	141,00	67,33	8,50			
	V	**868,83**	317,33	317,33	IV	448,00	395,08	343,75	293,91	245,66	198,83
	VI	**905,08**	317,33	317,33							
3461,99	I,IV	**503,08**	317,58	317,58	I	395,83	294,66	199,50	110,41	31,91	
	II	**400,50**	317,58	317,58	II	299,00	203,58	114,25	34,83		
	III	**226,00**	317,58	317,58	III	141,50	67,83	8,83			
	V	**869,83**	317,58	317,58	IV	448,75	395,83	344,50	294,66	246,33	199,50
	VI	**906,08**	317,58	317,58							
3464,99	I,IV	**503,91**	317,83	317,83	I	396,58	295,33	200,16	111,00	32,33	
	II	**401,25**	317,83	317,83	II	299,75	204,25	114,83	35,25		
	III	**226,66**	317,83	317,83	III	142,16	68,16	9,16			
	V	**870,91**	317,83	317,83	IV	449,50	396,58	345,25	295,33	247,00	200,16
	VI	**907,16**	317,83	317,83							
3467,99	I,IV	**504,66**	318,16	318,16	I	397,33	296,00	200,83	111,58	32,83	
	II	**401,91**	318,16	318,16	II	300,41	204,91	115,41	35,75		
	III	**227,33**	318,16	318,16	III	142,66	68,66	9,50			
	V	**871,91**	318,16	318,16	IV	450,25	397,33	345,91	296,00	247,66	200,83
	VI	**908,16**	318,16	318,16							
3470,99	I,IV	**505,41**	318,41	318,41	I	398,08	296,75	201,41	112,25	33,25	
	II	**402,66**	318,41	318,41	II	301,08	205,58	116,08	36,25		
	III	**227,83**	318,41	318,41	III	143,33	69,16	10,00			
	V	**873,00**	318,41	318,41	IV	451,00	398,08	346,66	296,75	248,33	201,41
	VI	**909,25**	318,41	318,41							
3473,99	I,IV	**506,25**	318,66	318,66	I	398,83	297,41	202,08	112,83	33,75	
	II	**403,41**	318,66	318,66	II	301,83	206,25	116,66	36,75		
	III	**228,50**	318,66	318,66	III	143,83	69,66	10,33			
	V	**874,00**	318,66	318,66	IV	451,75	398,83	347,33	297,41	249,00	202,08
	VI	**910,25**	318,66	318,66							
3476,99	I,IV	**507,00**	319,00	319,00	I	399,58	298,16	202,75	113,50	34,25	
	II	**404,16**	319,00	319,00	II	302,50	206,91	117,33	37,16		
	III	**229,16**	319,00	319,00	III	144,50	70,16	10,66			
	V	**875,08**	319,00	319,00	IV	452,50	399,58	348,08	298,16	249,66	202,75
	VI	**911,33**	319,00	319,00							
3479,99	I,IV	**507,83**	319,25	319,25	I	400,25	298,83	203,41	114,08	34,66	
	II	**404,91**	319,25	319,25	II	303,16	207,50	117,91	37,66		
	III	**229,66**	319,25	319,25	III	145,00	70,66	11,00			
	V	**876,08**	319,25	319,25	IV	453,25	400,25	348,83	298,83	250,33	203,41
	VI	**912,33**	319,25	319,25							
3482,99	I,IV	**508,58**	319,50	319,50	I	401,00	299,50	204,08	114,66	35,16	
	II	**405,66**	319,50	319,50	II	303,91	208,16	118,50	38,16		
	III	**230,33**	319,50	319,50	III	145,50	71,00	11,33			
	V	**877,16**	319,50	319,50	IV	454,08	401,00	349,50	299,50	251,08	204,08
	VI	**913,41**	319,50	319,50							
3485,99	I,IV	**509,41**	319,83	319,83	I	401,75	300,25	204,75	115,33	35,66	
	II	**406,41**	319,83	319,83	II	304,58	208,83	119,16	38,66		
	III	**231,00**	319,83	319,83	III	146,16	71,50	11,83			
	V	**878,16**	319,83	319,83	IV	454,83	401,75	350,25	300,25	251,75	204,75
	VI	**914,41**	319,83	319,83							
3488,99	I,IV	**510,16**	320,08	320,08	I	402,50	300,91	205,41	115,91	36,08	
	II	**407,16**	320,08	320,08	II	305,33	209,50	119,75	39,16		
	III	**231,50**	320,08	320,08	III	146,66	72,00	12,16			
	V	**879,25**	320,08	320,08	IV	455,58	402,50	351,00	300,91	252,41	205,41
	VI	**915,50**	320,08	320,08							
3491,99	I,IV	**510,91**	320,33	320,33	I	403,25	301,58	206,00	116,50	36,58	
	II	**407,91**	320,33	320,33	II	306,00	210,16	120,33	39,58		
	III	**232,16**	320,33	320,33	III	147,33	72,50	12,50			
	V	**880,25**	320,33	320,33	IV	456,33	403,25	351,66	301,58	253,08	206,00
	VI	**916,50**	320,33	320,33							

* Zur LSt-Berechnung für privat versicherte Arbeitnehmer s. Beispiele **Vorbemerkung S. 4f.**
** Basisvorsorgepauschale KV und PV *** Typisierter Arbeitgeberzuschuss

Lohn/ Gehalt in € bis	Steuerklasse	Lohn-steuer*	BVSP**	TAGZ***	Steuerklasse	Bemessungsgrundlage für Kirchensteuer und Solidaritätszuschlag — Freibeträge für ... Kinder 0,5	**1,0**	1,5	**2,0**	2,5	**3,0**
3494,99	I,IV	**511,75**	320,58	320,58	I	404,00	302,33	206,66	117,16	37,08	
	II	**408,66**	320,58	320,58	II	306,66	210,83	121,00	40,08		
	III	**232,83**	320,58	320,58	III	147,83	73,00	12,83			
	V	**881,33**	320,58	320,58	IV	457,08	404,00	352,41	302,33	253,75	206,66
	VI	**917,58**	320,58	320,58							
3497,99	I,IV	**512,50**	320,91	320,91	I	404,75	303,00	207,33	117,75	37,58	
	II	**409,41**	320,91	320,91	II	307,41	211,50	121,58	40,58		
	III	**233,50**	320,91	320,91	III	148,50	73,50	13,33			
	V	**882,33**	320,91	320,91	IV	457,91	404,75	353,16	303,00	254,41	207,33
	VI	**918,58**	320,91	320,91							
3500,99	I,IV	**513,33**	321,16	321,16	I	405,50	303,75	208,00	118,33	38,00	
	II	**410,16**	321,16	321,16	II	308,08	212,16	122,25	41,08		
	III	**234,00**	321,16	321,16	III	149,00	74,00	13,66			
	V	**883,41**	321,16	321,16	IV	458,66	405,50	353,83	303,75	255,16	208,00
	VI	**919,66**	321,16	321,16							
3503,99	I,IV	**514,08**	321,41	321,41	I	406,25	304,41	208,66	119,00	38,50	
	II	**410,91**	321,41	321,41	II	308,83	212,75	122,83	41,58		
	III	**234,66**	321,41	321,41	III	149,66	74,50	14,00			
	V	**884,41**	321,41	321,41	IV	459,41	406,25	354,58	304,41	255,75	208,66
	VI	**920,66**	321,41	321,41							
3506,99	I,IV	**514,83**	321,75	321,75	I	407,00	305,16	209,33	119,58	39,00	
	II	**411,66**	321,75	321,75	II	309,50	213,41	123,41	42,08		
	III	**235,33**	321,75	321,75	III	150,16	74,83	14,33			
	V	**885,50**	321,75	321,75	IV	460,16	407,00	355,33	305,16	256,50	209,33
	VI	**921,75**	321,75	321,75							
3509,99	I,IV	**515,66**	322,00	322,00	I	407,75	305,83	210,00	120,25	39,50	
	II	**412,41**	322,00	322,00	II	310,25	214,08	124,08	42,58		
	III	**235,83**	322,00	322,00	III	150,83	75,33	14,83			
	V	**886,50**	322,00	322,00	IV	460,91	407,75	356,00	305,83	257,16	210,00
	VI	**922,75**	322,00	322,00							
3512,99	I,IV	**516,50**	322,25	322,25	I	408,50	306,50	210,66	120,83	40,00	
	II	**413,16**	322,25	322,25	II	310,91	214,75	124,66	43,08		
	III	**236,50**	322,25	322,25	III	151,33	75,83	15,16			
	V	**887,58**	322,25	322,25	IV	461,75	408,50	356,75	306,50	257,83	210,66
	VI	**923,83**	322,25	322,25							
3515,99	I,IV	**517,25**	322,58	322,58	I	409,16	307,25	211,33	121,41	40,50	
	II	**413,83**	322,58	322,58	II	311,58	215,41	125,25	43,58		
	III	**237,16**	322,58	322,58	III	152,00	76,33	15,50			
	V	**888,58**	322,58	322,58	IV	462,41	409,16	357,41	307,25	258,50	211,33
	VI	**924,83**	322,58	322,58							
3518,99	I,IV	**518,00**	322,83	322,83	I	409,91	307,91	212,00	122,08	41,00	
	II	**414,58**	322,83	322,83	II	312,33	216,08	125,91	44,08		
	III	**237,66**	322,83	322,83	III	152,66	76,83	16,00			
	V	**889,66**	322,83	322,83	IV	463,25	409,91	358,16	307,91	259,16	212,00
	VI	**925,91**	322,83	322,83							
3521,99	I,IV	**518,83**	323,08	323,08	I	410,66	308,66	212,66	122,66	41,41	
	II	**415,33**	323,08	323,08	II	313,00	216,75	126,50	44,58		
	III	**238,33**	323,08	323,08	III	153,16	77,33	16,33			
	V	**890,66**	323,08	323,08	IV	464,00	410,66	358,91	308,66	259,91	212,66
	VI	**926,91**	323,08	323,08							
3524,99	I,IV	**519,58**	323,41	323,41	I	411,41	309,33	213,33	123,33	41,91	
	II	**416,08**	323,41	323,41	II	313,75	217,41	127,16	45,08		
	III	**239,00**	323,41	323,41	III	153,83	77,83	16,66			
	V	**891,75**	323,41	323,41	IV	464,75	411,41	359,66	309,33	260,58	213,33
	VI	**928,00**	323,41	323,41							
3527,99	I,IV	**520,41**	323,66	323,66	I	412,16	310,00	213,91	123,91	42,41	
	II	**416,83**	323,66	323,66	II	314,41	218,08	127,75	45,58		
	III	**239,50**	323,66	323,66	III	154,33	78,33	17,00			
	V	**892,75**	323,66	323,66	IV	465,50	412,16	360,33	310,00	261,25	213,91
	VI	**929,00**	323,66	323,66							

* Zur LSt-Berechnung für privat versicherte Arbeitnehmer s. Beispiele **Vorbemerkung S. 4 f.**
** Basisvorsorgepauschale KV und PV *** Typisierter Arbeitgeberzuschuss

Lohn/ Gehalt in € bis	Steuerklasse	**Lohn-steuer***	BVSP**	TAGZ***	Steuerklasse	Bemessungsgrundlage für Kirchensteuer und Solidaritätszuschlag – Freibeträge für ... Kinder 0,5	**1,0**	1,5	**2,0**	2,5	**3,0**
3530,99	I,IV	**521,16**	323,91	323,91	I	412,91	310,75	214,58	124,50	42,91	
	II	**417,58**	323,91	323,91	II	315,16	218,75	128,41	46,08		
	III	**240,16**	323,91	323,91	III	155,00	78,83	17,50			
	V	**893,83**	323,91	323,91	IV	466,33	412,91	361,08	310,75	261,91	214,58
	VI	**930,08**	323,91	323,91							
3533,99	I,IV	**522,00**	324,16	324,16	I	413,66	311,41	215,25	125,16	43,41	
	II	**418,33**	324,16	324,16	II	315,83	219,41	129,00	46,58		
	III	**240,83**	324,16	324,16	III	155,50	79,33	17,83			
	V	**894,83**	324,16	324,16	IV	467,08	413,66	361,83	311,41	262,58	215,25
	VI	**931,08**	324,16	324,16							
3536,99	I,IV	**522,75**	324,50	324,50	I	414,41	312,16	215,91	125,75	43,91	
	II	**419,08**	324,50	324,50	II	316,58	220,08	129,66	47,08		
	III	**241,33**	324,50	324,50	III	156,16	79,83	18,16			
	V	**895,91**	324,50	324,50	IV	467,83	414,41	362,58	312,16	263,33	215,91
	VI	**932,16**	324,50	324,50							
3539,99	I,IV	**523,50**	324,75	324,75	I	415,16	312,83	216,58	126,33	44,41	
	II	**419,83**	324,75	324,75	II	317,25	220,75	130,25	47,58		
	III	**242,00**	324,75	324,75	III	156,66	80,33	18,66			
	V	**896,91**	324,75	324,75	IV	468,58	415,16	363,25	312,83	264,00	216,58
	VI	**933,16**	324,75	324,75							
3542,99	I,IV	**524,33**	325,00	325,00	I	415,91	313,58	217,25	127,00	44,91	
	II	**420,58**	325,00	325,00	II	318,00	221,41	130,83	48,16		
	III	**242,66**	325,00	325,00	III	157,33	80,83	19,00			
	V	**898,00**	325,00	325,00	IV	469,33	415,91	364,00	313,58	264,66	217,25
	VI	**934,25**	325,00	325,00							
3545,99	I,IV	**525,16**	325,33	325,33	I	416,66	314,25	217,91	127,58	45,41	
	II	**421,33**	325,33	325,33	II	318,66	222,08	131,50	48,66		
	III	**243,33**	325,33	325,33	III	158,00	81,33	19,33			
	V	**899,00**	325,33	325,33	IV	470,16	416,66	364,75	314,25	265,33	217,91
	VI	**935,25**	325,33	325,33							
3548,99	I,IV	**525,91**	325,58	325,58	I	417,41	315,00	218,58	128,25	46,00	
	II	**422,08**	325,58	325,58	II	319,41	222,75	132,08	49,16		
	III	**243,83**	325,58	325,58	III	158,50	81,83	19,83			
	V	**900,08**	325,58	325,58	IV	470,91	417,41	365,41	315,00	266,00	218,58
	VI	**936,33**	325,58	325,58							
3551,99	I,IV	**526,66**	325,83	325,83	I	418,16	315,66	219,25	128,83	46,50	
	II	**422,83**	325,83	325,83	II	320,08	223,41	132,75	49,66		
	III	**244,50**	325,83	325,83	III	159,16	82,16	20,16			
	V	**901,08**	325,83	325,83	IV	471,66	418,16	366,16	315,66	266,66	219,25
	VI	**937,33**	325,83	325,83							
3554,99	I,IV	**527,50**	326,16	326,16	I	418,91	316,41	219,91	129,50	47,00	
	II	**423,58**	326,16	326,16	II	320,83	224,08	133,33	50,16		
	III	**245,16**	326,16	326,16	III	159,66	82,66	20,50			
	V	**902,08**	326,16	326,16	IV	472,41	418,91	366,91	316,41	267,41	219,91
	VI	**938,41**	326,16	326,16							
3557,99	I,IV	**528,33**	326,41	326,41	I	419,66	317,08	220,58	130,08	47,50	
	II	**424,33**	326,41	326,41	II	321,50	224,75	134,00	50,75		
	III	**245,66**	326,41	326,41	III	160,33	83,16	20,83			
	V	**903,16**	326,41	326,41	IV	473,25	419,66	367,66	317,08	268,08	220,58
	VI	**939,41**	326,41	326,41							
3560,99	I,IV	**529,08**	326,66	326,66	I	420,41	317,83	221,25	130,75	48,00	
	II	**425,08**	326,66	326,66	II	322,25	225,41	134,58	51,25		
	III	**246,33**	326,66	326,66	III	160,83	83,66	21,33			
	V	**904,25**	326,66	326,66	IV	474,00	420,41	368,33	317,83	268,75	221,25
	VI	**940,50**	326,66	326,66							
3563,99	I,IV	**529,83**	326,91	326,91	I	421,16	318,50	221,91	131,33	48,50	
	II	**425,83**	326,91	326,91	II	322,91	226,00	135,25	51,75		
	III	**247,00**	326,91	326,91	III	161,50	84,16	21,66			
	V	**905,25**	326,91	326,91	IV	474,75	421,16	369,08	318,50	269,41	221,91
	VI	**941,50**	326,91	326,91							

* Zur LSt-Berechnung für privat versicherte Arbeitnehmer s. Beispiele **Vorbemerkung S. 4f.**
** Basisvorsorgepauschale KV und PV *** Typisierter Arbeitgeberzuschuss

Lohn/ Gehalt in € bis	Steuerklasse	Lohn-steuer*	BVSP**	TAGZ***	Steuerklasse	Bemessungsgrundlage für Kirchensteuer und Solidaritätszuschlag					
						Freibeträge für ... Kinder					
						0,5	**1,0**	1,5	**2,0**	2,5	**3,0**
3 566,99	I,IV	**530,66**	327,25	327,25	I	421,91	319,16	222,58	131,91	49,00	
	II	**426,58**	327,25	327,25	II	323,66	226,75	135,83	52,25		
	III	**247,66**	327,25	327,25	III	162,16	84,66	22,16			
	V	**906,25**	327,25	327,25	IV	475,50	421,91	369,83	319,16	270,08	222,58
	VI	**942,58**	327,25	327,25							
3 569,99	I,IV	**531,50**	327,50	327,50	I	422,66	319,91	223,25	132,58	49,58	
	II	**427,33**	327,50	327,50	II	324,33	227,41	136,50	52,83		
	III	**248,16**	327,50	327,50	III	162,66	85,16	22,50			
	V	**907,33**	327,50	327,50	IV	476,33	422,66	370,50	319,91	270,83	223,25
	VI	**943,58**	327,50	327,50							
3 572,99	I,IV	**532,25**	327,75	327,75	I	423,41	320,66	223,91	133,16	50,08	
	II	**428,16**	327,75	327,75	II	325,08	228,08	137,08	53,33		
	III	**248,83**	327,75	327,75	III	163,33	85,66	22,83			
	V	**908,41**	327,75	327,75	IV	477,08	423,41	371,25	320,66	271,50	223,91
	VI	**944,66**	327,75	327,75							
3 575,99	I,IV	**533,08**	328,08	328,08	I	424,16	321,33	224,58	133,83	50,58	
	II	**428,83**	328,08	328,08	II	325,75	228,66	137,66	53,83		
	III	**249,33**	328,08	328,08	III	163,83	86,16	23,33			
	V	**909,41**	328,08	328,08	IV	477,83	424,16	372,00	321,33	272,16	224,58
	VI	**945,66**	328,08	328,08							
3 578,99	I,IV	**533,83**	328,33	328,33	I	424,91	322,00	225,25	134,41	51,08	
	II	**429,58**	328,33	328,33	II	326,50	229,41	138,33	54,41		
	III	**250,00**	328,33	328,33	III	164,50	86,66	23,66			
	V	**910,41**	328,33	328,33	IV	478,58	424,91	372,75	322,00	272,83	225,25
	VI	**946,75**	328,33	328,33							
3 581,99	I,IV	**534,66**	328,58	328,58	I	425,66	322,75	225,91	135,08	51,66	
	II	**430,41**	328,58	328,58	II	327,16	230,08	139,00	54,91		
	III	**250,66**	328,58	328,58	III	165,00	87,16	24,00			
	V	**911,50**	328,58	328,58	IV	479,41	425,66	373,41	322,75	273,58	225,91
	VI	**947,75**	328,58	328,58							
3 584,99	I,IV	**535,41**	328,91	328,91	I	426,41	323,50	226,58	135,66	52,16	
	II	**431,16**	328,91	328,91	II	327,91	230,75	139,58	55,50		
	III	**251,33**	328,91	328,91	III	165,66	87,66	24,50			
	V	**912,58**	328,91	328,91	IV	480,16	426,41	374,16	323,50	274,25	226,58
	VI	**948,83**	328,91	328,91							
3 587,99	I,IV	**536,25**	329,16	329,16	I	427,16	324,16	227,16	136,33	52,66	
	II	**431,83**	329,16	329,16	II	328,58	231,41	140,16	56,00		
	III	**251,83**	329,16	329,16	III	166,33	88,16	24,83			
	V	**913,58**	329,16	329,16	IV	480,91	427,16	374,91	324,16	274,91	227,16
	VI	**949,83**	329,16	329,16							
3 590,99	I,IV	**537,00**	329,41	329,41	I	427,91	324,83	227,91	136,91	53,16	
	II	**432,66**	329,41	329,41	II	329,33	232,08	140,83	56,50		
	III	**252,50**	329,41	329,41	III	166,83	88,66	25,33			
	V	**914,58**	329,41	329,41	IV	481,75	427,91	375,66	324,83	275,58	227,91
	VI	**950,91**	329,41	329,41							
3 593,99	I,IV	**537,83**	329,66	329,66	I	428,66	325,58	228,58	137,58	53,75	
	II	**433,41**	329,66	329,66	II	330,00	232,75	141,50	57,08		
	III	**253,16**	329,66	329,66	III	167,50	89,16	25,66			
	V	**915,66**	329,66	329,66	IV	482,50	428,66	376,41	325,58	276,33	228,58
	VI	**951,91**	329,66	329,66							
3 596,99	I,IV	**538,66**	330,00	330,00	I	429,41	326,33	229,25	138,16	54,25	
	II	**434,16**	330,00	330,00	II	330,75	233,41	142,08	57,58		
	III	**253,83**	330,00	330,00	III	168,00	89,66	26,00			
	V	**916,75**	330,00	330,00	IV	483,25	429,41	377,08	326,33	277,00	229,25
	VI	**953,00**	330,00	330,00							
3 599,99	I,IV	**539,41**	330,25	330,25	I	430,16	327,00	229,83	138,83	54,83	
	II	**434,91**	330,25	330,25	II	331,41	234,08	142,75	58,16		
	III	**254,33**	330,25	330,25	III	168,66	90,16	26,50			
	V	**917,75**	330,25	330,25	IV	484,00	430,16	377,83	327,00	277,66	229,83
	VI	**954,00**	330,25	330,25							

* Zur LSt-Berechnung für privat versicherte Arbeitnehmer s. Beispiele **Vorbemerkung S. 4 f.**
** Basisvorsorgepauschale KV und PV *** Typisierter Arbeitgeberzuschuss

Lohn/ Gehalt in € bis	Steuerklasse	**Lohn-steuer***	BVSP**	TAGZ***	Steuerklasse	Bemessungsgrundlage für Kirchensteuer und Solidaritätszuschlag – Freibeträge für ... Kinder 0,5	**1,0**	1,5	**2,0**	2,5	**3,0**
3602,99	I,IV	**540,16**	330,50	330,50	I	430,91	327,75	230,58	139,41	55,33	
	II	**435,66**	330,50	330,50	II	332,16	234,75	143,33	58,66		
	III	**255,00**	330,50	330,50	III	169,16	90,66	26,83			
	V	**918,75**	330,50	330,50	IV	484,83	430,91	378,58	327,75	278,33	230,58
	VI	**955,08**	330,50	330,50							
3605,99	I,IV	**541,00**	330,83	330,83	I	431,66	328,41	231,25	140,08	55,83	
	II	**436,41**	330,83	330,83	II	332,91	235,41	144,00	59,25		
	III	**255,66**	330,83	330,83	III	169,83	91,16	27,16			
	V	**919,83**	330,83	330,83	IV	485,58	431,66	379,33	328,41	279,08	231,25
	VI	**956,08**	330,83	330,83							
3608,99	I,IV	**541,83**	331,08	331,08	I	432,41	329,16	231,91	140,66	56,41	
	II	**437,16**	331,08	331,08	II	333,58	236,08	144,58	59,83		
	III	**256,16**	331,08	331,08	III	170,50	91,66	27,66			
	V	**920,91**	331,08	331,08	IV	486,41	432,41	380,08	329,16	279,75	231,91
	VI	**957,16**	331,08	331,08							
3611,99	I,IV	**542,58**	331,33	331,33	I	433,16	329,83	232,58	141,33	56,91	
	II	**437,91**	331,33	331,33	II	334,33	236,75	145,25	60,33		
	III	**256,83**	331,33	331,33	III	171,00	92,16	28,00			
	V	**921,91**	331,33	331,33	IV	487,16	433,16	380,75	329,83	280,41	232,58
	VI	**958,16**	331,33	331,33							
3614,99	I,IV	**543,41**	331,66	331,66	I	433,91	330,58	233,25	141,91	57,50	
	II	**438,66**	331,66	331,66	II	335,00	237,41	145,83	60,91		
	III	**257,50**	331,66	331,66	III	171,66	92,83	28,50			
	V	**922,91**	331,66	331,66	IV	487,91	433,91	381,50	330,58	281,16	233,25
	VI	**959,25**	331,66	331,66							
3617,99	I,IV	**544,16**	331,91	331,91	I	434,75	331,25	233,91	142,58	58,00	
	II	**439,41**	331,91	331,91	II	335,75	238,08	146,50	61,41		
	III	**258,16**	331,91	331,91	III	172,16	93,33	28,83			
	V	**924,00**	331,91	331,91	IV	488,66	434,75	382,25	331,25	281,83	233,91
	VI	**960,25**	331,91	331,91							
3620,99	I,IV	**545,00**	332,16	332,16	I	435,50	332,00	234,58	143,16	58,58	
	II	**440,16**	332,16	332,16	II	336,41	238,75	147,08	62,00		
	III	**258,66**	332,16	332,16	III	172,83	93,83	29,33			
	V	**925,08**	332,16	332,16	IV	489,50	435,50	383,00	332,00	282,50	234,58
	VI	**961,33**	332,16	332,16							
3623,99	I,IV	**545,75**	332,50	332,50	I	436,25	332,66	235,25	143,83	59,08	
	II	**440,91**	332,50	332,50	II	337,16	239,41	147,75	62,50		
	III	**259,33**	332,50	332,50	III	173,33	94,33	29,66			
	V	**926,08**	332,50	332,50	IV	490,25	436,25	383,66	332,66	283,16	235,25
	VI	**962,33**	332,50	332,50							
3626,99	I,IV	**546,58**	332,75	332,75	I	437,00	333,41	235,91	144,41	59,66	
	II	**441,66**	332,75	332,75	II	337,83	240,08	148,33	63,08		
	III	**260,00**	332,75	332,75	III	174,00	94,83	30,00			
	V	**927,08**	332,75	332,75	IV	491,00	437,00	384,41	333,41	283,91	235,91
	VI	**963,33**	332,75	332,75							
3629,99	I,IV	**547,41**	333,00	333,00	I	437,75	334,16	236,58	145,08	60,16	
	II	**442,50**	333,00	333,00	II	338,58	240,75	149,00	63,66		
	III	**260,50**	333,00	333,00	III	174,66	95,33	30,50			
	V	**928,16**	333,00	333,00	IV	491,83	437,75	385,16	334,16	284,58	236,58
	VI	**964,41**	333,00	333,00							
3632,99	I,IV	**548,16**	333,25	333,25	I	438,50	334,83	237,25	145,66	60,75	
	II	**443,25**	333,25	333,25	II	339,33	241,41	149,66	64,25	0,33	
	III	**261,16**	333,25	333,25	III	175,16	95,83	30,83			
	V	**929,25**	333,25	333,25	IV	492,58	438,50	385,91	334,83	285,33	237,25
	VI	**965,50**	333,25	333,25							
3635,99	I,IV	**549,00**	333,58	333,58	I	439,25	335,58	237,91	146,33	61,33	
	II	**444,00**	333,58	333,58	II	340,00	242,08	150,25	64,75	0,66	
	III	**261,83**	333,58	333,58	III	175,83	96,33	31,33			
	V	**930,25**	333,58	333,58	IV	493,33	439,25	386,66	335,58	286,00	237,91
	VI	**966,50**	333,58	333,58							

* Zur LSt-Berechnung für privat versicherte Arbeitnehmer s. Beispiele **Vorbemerkung S. 4f.**
** Basisvorsorgepauschale KV und PV *** Typisierter Arbeitgeberzuschuss

Lohn/ Gehalt in € bis	Steuerklasse	Lohn-steuer*	BVSP**	TAGZ***	Steuerklasse	Bemessungsgrundlage für Kirchensteuer und Solidaritätszuschlag – Freibeträge für ... Kinder 0,5	**1,0**	1,5	**2,0**	2,5	**3,0**
3638,99	I,IV	**549,75**	333,83	333,83	I	440,00	336,25	238,58	146,91	61,83	
	II	**444,75**	333,83	333,83	II	340,75	242,75	150,91	65,33	1,00	
	III	**262,50**	333,83	333,83	III	176,50	96,83	31,66			
	V	**931,25**	333,83	333,83	IV	494,16	440,00	387,41	336,25	286,66	238,58
	VI	**967,50**	333,83	333,83							
3641,99	I,IV	**550,58**	334,08	334,08	I	440,75	337,00	239,25	147,58	62,41	
	II	**445,50**	334,08	334,08	II	341,50	243,50	151,50	65,91	1,33	
	III	**263,00**	334,08	334,08	III	177,00	97,33	32,16			
	V	**932,33**	334,08	334,08	IV	494,91	440,75	388,08	337,00	287,33	239,25
	VI	**968,58**	334,08	334,08							
3644,99	I,IV	**551,41**	334,41	334,41	I	441,50	337,66	239,91	148,25	63,00	
	II	**446,25**	334,41	334,41	II	342,16	244,16	152,16	66,50	1,66	
	III	**263,66**	334,41	334,41	III	177,66	97,83	32,50			
	V	**933,41**	334,41	334,41	IV	495,75	441,50	388,83	337,66	288,08	239,91
	VI	**969,66**	334,41	334,41							
3647,99	I,IV	**552,16**	334,66	334,66	I	442,25	338,41	240,58	148,83	63,50	
	II	**447,00**	334,66	334,66	II	342,91	244,83	152,75	67,00	2,08	
	III	**264,33**	334,66	334,66	III	178,16	98,33	33,00			
	V	**934,41**	334,66	334,66	IV	496,50	442,25	389,58	338,41	288,75	240,58
	VI	**970,66**	334,66	334,66							
3650,99	I,IV	**553,00**	334,91	334,91	I	443,00	339,16	241,25	149,50	64,08	0,16
	II	**447,75**	334,91	334,91	II	343,58	245,50	153,41	67,58	2,41	
	III	**264,83**	334,91	334,91	III	178,83	98,83	33,33			
	V	**935,41**	334,91	334,91	IV	497,25	443,00	390,33	339,16	289,41	241,25
	VI	**971,66**	334,91	334,91							
3653,99	I,IV	**553,83**	335,25	335,25	I	443,83	339,83	241,91	150,08	64,66	0,58
	II	**448,58**	335,25	335,25	II	344,33	246,16	154,08	68,16	2,75	
	III	**265,50**	335,25	335,25	III	179,33	99,33	33,83			
	V	**936,50**	335,25	335,25	IV	498,08	443,83	391,08	339,83	290,16	241,91
	VI	**972,75**	335,25	335,25							
3656,99	I,IV	**554,58**	335,50	335,50	I	444,58	340,58	242,66	150,75	65,16	0,91
	II	**449,33**	335,50	335,50	II	345,08	246,83	154,66	68,75	3,16	
	III	**266,16**	335,50	335,50	III	180,00	100,00	34,16			
	V	**937,58**	335,50	335,50	IV	498,83	444,58	391,83	340,58	290,83	242,66
	VI	**973,83**	335,50	335,50							
3659,99	I,IV	**555,41**	335,75	335,75	I	445,33	341,25	243,25	151,33	65,75	1,25
	II	**450,08**	335,75	335,75	II	345,75	247,50	155,33	69,25	3,50	
	III	**266,83**	335,75	335,75	III	180,66	100,50	34,66			
	V	**938,58**	335,75	335,75	IV	499,58	445,33	392,50	341,25	291,50	243,25
	VI	**974,83**	335,75	335,75							
3662,99	I,IV	**556,16**	336,00	336,00	I	446,08	342,00	244,00	152,00	66,33	1,58
	II	**450,83**	336,00	336,00	II	346,50	248,16	155,91	69,83	3,83	
	III	**267,33**	336,00	336,00	III	181,16	101,00	35,00			
	V	**939,58**	336,00	336,00	IV	500,41	446,08	393,25	342,00	292,25	244,00
	VI	**975,83**	336,00	336,00							
3665,99	I,IV	**557,00**	336,33	336,33	I	446,83	342,75	244,66	152,58	66,91	2,00
	II	**451,58**	336,33	336,33	II	347,16	248,83	156,58	70,41	4,25	
	III	**268,00**	336,33	336,33	III	181,83	101,50	35,50			
	V	**940,66**	336,33	336,33	IV	501,16	446,83	394,00	342,75	292,91	244,66
	VI	**976,91**	336,33	336,33							
3668,99	I,IV	**557,83**	336,58	336,58	I	447,58	343,41	245,33	153,25	67,41	2,33
	II	**452,33**	336,58	336,58	II	347,91	249,58	157,25	71,00	4,58	
	III	**268,66**	336,58	336,58	III	182,50	102,00	35,83			
	V	**941,75**	336,58	336,58	IV	501,91	447,58	394,75	343,41	293,58	245,33
	VI	**978,00**	336,58	336,58							
3671,99	I,IV	**558,58**	336,83	336,83	I	448,33	344,16	246,00	153,91	68,00	2,66
	II	**453,08**	336,83	336,83	II	348,66	250,16	157,83	71,58	4,91	
	III	**269,33**	336,83	336,83	III	183,00	102,50	36,16			
	V	**942,75**	336,83	336,83	IV	502,75	448,33	395,50	344,16	294,33	246,00
	VI	**979,00**	336,83	336,83							

* Zur LSt-Berechnung für privat versicherte Arbeitnehmer s. Beispiele **Vorbemerkung S. 4 f.**
** Basisvorsorgepauschale KV und PV *** Typisierter Arbeitgeberzuschuss

Lohn/ Gehalt in € bis	Steuerklasse	Lohn-steuer*	BVSP**	TAGZ***	Steuerklasse	Bemessungsgrundlage für Kirchensteuer und Solidaritätszuschlag – Freibeträge für ... Kinder 0,5	1,0	1,5	2,0	2,5	3,0
3674,99	I,IV	**559,41**	337,16	337,16	I	449,08	344,83	246,66	154,50	68,58	3,00
	II	**453,83**	337,16	337,16	II	349,33	250,91	158,50	72,16	5,33	
	III	**269,83**	337,16	337,16	III	183,66	103,00	36,66			
	V	**943,75**	337,16	337,16	IV	503,50	449,08	396,25	344,83	295,00	246,66
	VI	**980,00**	337,16	337,16							
3677,99	I,IV	**560,25**	337,41	337,41	I	449,91	345,58	247,33	155,16	69,16	3,41
	II	**454,66**	337,41	337,41	II	350,08	251,58	159,08	72,75	5,66	
	III	**270,50**	337,41	337,41	III	184,16	103,66	37,16			
	V	**944,83**	337,41	337,41	IV	504,33	449,91	397,00	345,58	295,66	247,33
	VI	**981,08**	337,41	337,41							
3680,99	I,IV	**561,00**	337,66	337,66	I	450,66	346,33	248,00	155,75	69,75	3,75
	II	**455,41**	337,66	337,66	II	350,83	252,25	159,75	73,33	6,08	
	III	**271,16**	337,66	337,66	III	184,83	104,16	37,50			
	V	**945,83**	337,66	337,66	IV	505,08	450,66	397,75	346,33	296,41	248,00
	VI	**982,16**	337,66	337,66							
3683,99	I,IV	**561,83**	338,00	338,00	I	451,41	347,00	248,66	156,41	70,25	4,08
	II	**456,16**	338,00	338,00	II	351,50	252,91	160,33	73,91	6,41	
	III	**271,83**	338,00	338,00	III	185,50	104,66	38,00			
	V	**946,91**	338,00	338,00	IV	505,83	451,41	398,41	347,00	297,08	248,66
	VI	**983,16**	338,00	338,00							
3686,99	I,IV	**562,66**	338,25	338,25	I	452,16	347,75	249,33	157,08	70,83	4,50
	II	**456,91**	338,25	338,25	II	352,25	253,58	161,00	74,50	6,83	
	III	**272,33**	338,25	338,25	III	186,00	105,16	38,33			
	V	**947,91**	338,25	338,25	IV	506,66	452,16	399,16	347,75	297,83	249,33
	VI	**984,16**	338,25	338,25							
3689,99	I,IV	**563,41**	338,50	338,50	I	452,91	348,50	250,08	157,66	71,41	4,83
	II	**457,66**	338,50	338,50	II	353,00	254,25	161,66	75,08	7,16	
	III	**273,00**	338,50	338,50	III	186,66	105,66	38,83			
	V	**949,00**	338,50	338,50	IV	507,41	452,91	399,91	348,50	298,50	250,08
	VI	**985,25**	338,50	338,50							
3692,99	I,IV	**564,25**	338,75	338,75	I	453,66	349,16	250,75	158,33	72,00	5,25
	II	**458,50**	338,75	338,75	II	353,66	255,00	162,33	75,66	7,58	
	III	**273,66**	338,75	338,75	III	187,33	106,16	39,16			
	V	**950,00**	338,75	338,75	IV	508,25	453,66	400,66	349,16	299,16	250,75
	VI	**986,33**	338,75	338,75							
3695,99	I,IV	**565,00**	339,08	339,08	I	454,41	349,91	251,41	158,91	72,58	5,58
	II	**459,25**	339,08	339,08	II	354,41	255,66	162,91	76,25	7,91	
	III	**274,16**	339,08	339,08	III	187,83	106,66	39,66			
	V	**951,08**	339,08	339,08	IV	509,00	454,41	401,41	349,91	299,91	251,41
	VI	**987,33**	339,08	339,08							
3698,99	I,IV	**565,83**	339,33	339,33	I	455,16	350,58	252,08	159,58	73,16	6,00
	II	**460,00**	339,33	339,33	II	355,08	256,33	163,58	76,83	8,33	
	III	**274,83**	339,33	339,33	III	188,50	107,33	40,00			
	V	**952,08**	339,33	339,33	IV	509,75	455,16	402,16	350,58	300,58	252,08
	VI	**988,33**	339,33	339,33							
3701,99	I,IV	**566,66**	339,58	339,58	I	456,00	351,33	252,75	160,25	73,75	6,33
	II	**460,75**	339,58	339,58	II	355,83	257,00	164,16	77,41	8,66	
	III	**275,50**	339,58	339,58	III	189,00	107,83	40,50			
	V	**953,16**	339,58	339,58	IV	510,58	456,00	402,91	351,33	301,25	252,75
	VI	**989,41**	339,58	339,58							
3704,99	I,IV	**567,50**	339,91	339,91	I	456,75	352,08	253,41	160,83	74,33	6,75
	II	**461,50**	339,91	339,91	II	356,58	257,66	164,83	78,08	9,08	
	III	**276,16**	339,91	339,91	III	189,66	108,33	40,83			
	V	**954,16**	339,91	339,91	IV	511,33	456,75	403,66	352,08	302,00	253,41
	VI	**990,50**	339,91	339,91							
3707,99	I,IV	**568,25**	340,16	340,16	I	457,50	352,75	254,08	161,50	74,91	7,08
	II	**462,25**	340,16	340,16	II	357,25	258,33	165,50	78,58	9,50	
	III	**276,83**	340,16	340,16	III	190,33	108,83	41,33			
	V	**955,25**	340,16	340,16	IV	512,08	457,50	404,41	352,75	302,66	254,08
	VI	**991,50**	340,16	340,16							

* Zur LSt-Berechnung für privat versicherte Arbeitnehmer s. Beispiele **Vorbemerkung S. 4f.**
** Basisvorsorgepauschale KV und PV *** Typisierter Arbeitgeberzuschuss

Lohn/ Gehalt in € bis	Steuerklasse	**Lohn-steuer***	BVSP**	TAGZ***	Steuerklasse	Bemessungsgrundlage für Kirchensteuer und Solidaritätszuschlag – Freibeträge für ... Kinder 0,5	**1,0**	1,5	**2,0**	2,5	**3,0**
3710,99	I,IV	**569,08**	340,41	340,41	I	458,25	353,50	254,75	162,08	75,50	7,50
	II	**463,08**	340,41	340,41	II	358,00	259,00	166,08	79,25	9,83	
	III	**277,33**	340,41	340,41	III	190,83	109,33	41,83			
	V	**956,25**	340,41	340,41	IV	512,91	458,25	405,08	353,50	303,41	254,75
	VI	**992,50**	340,41	340,41							
3713,99	I,IV	**569,91**	340,75	340,75	I	459,00	354,25	255,50	162,75	76,08	7,83
	II	**463,83**	340,75	340,75	II	358,75	259,75	166,75	79,83	10,25	
	III	**278,00**	340,75	340,75	III	191,50	110,00	42,16			
	V	**957,33**	340,75	340,75	IV	513,75	459,00	405,83	354,25	304,08	255,50
	VI	**993,58**	340,75	340,75							
3716,99	I,IV	**570,75**	341,00	341,00	I	459,83	354,91	256,16	163,41	76,75	8,25
	II	**464,58**	341,00	341,00	II	359,50	260,41	167,41	80,41	10,66	
	III	**278,66**	341,00	341,00	III	192,00	110,50	42,66			
	V	**958,33**	341,00	341,00	IV	514,50	459,83	406,58	354,91	304,83	256,16
	VI	**994,66**	341,00	341,00							
3719,99	I,IV	**571,50**	341,25	341,25	I	460,58	355,66	256,83	164,00	77,25	8,58
	II	**465,33**	341,25	341,25	II	360,16	261,08	168,00	81,00	11,00	
	III	**279,16**	341,25	341,25	III	192,66	111,00	43,00			
	V	**959,41**	341,25	341,25	IV	515,25	460,58	407,33	355,66	305,50	256,83
	VI	**995,66**	341,25	341,25							
3722,99	I,IV	**572,33**	341,58	341,58	I	461,33	356,41	257,50	164,66	77,91	9,00
	II	**466,08**	341,58	341,58	II	360,91	261,75	168,66	81,58	11,41	
	III	**279,83**	341,58	341,58	III	193,33	111,50	43,50			
	V	**960,41**	341,58	341,58	IV	516,08	461,33	408,08	356,41	306,16	257,50
	VI	**996,66**	341,58	341,58							
3725,99	I,IV	**573,16**	341,83	341,83	I	462,08	357,08	258,16	165,33	78,50	9,41
	II	**466,91**	341,83	341,83	II	361,66	262,41	169,33	82,16	11,83	
	III	**280,50**	341,83	341,83	III	193,83	112,00	43,83			
	V	**961,50**	341,83	341,83	IV	516,83	462,08	408,83	357,08	306,91	258,16
	VI	**997,75**	341,83	341,83							
3728,99	I,IV	**573,91**	342,08	342,08	I	462,83	357,83	258,83	165,91	79,08	9,75
	II	**467,66**	342,08	342,08	II	362,41	263,16	169,91	82,83	12,25	
	III	**281,16**	342,08	342,08	III	194,50	112,66	44,33			
	V	**962,50**	342,08	342,08	IV	517,66	462,83	409,58	357,83	307,58	258,83
	VI	**998,83**	342,08	342,08							
3731,99	I,IV	**574,75**	342,33	342,33	I	463,58	358,58	259,50	166,58	79,66	10,16
	II	**468,41**	342,33	342,33	II	363,08	263,83	170,58	83,41	12,58	
	III	**281,83**	342,33	342,33	III	195,00	113,16	44,83			
	V	**963,58**	342,33	342,33	IV	518,41	463,58	410,33	358,58	308,25	259,50
	VI	**999,83**	342,33	342,33							
3734,99	I,IV	**575,58**	342,66	342,66	I	464,41	359,25	260,25	167,25	80,25	10,50
	II	**469,16**	342,66	342,66	II	363,83	264,50	171,25	84,00	13,00	
	III	**282,33**	342,66	342,66	III	195,66	113,66	45,16			
	V	**964,58**	342,66	342,66	IV	519,25	464,41	411,08	359,25	309,00	260,25
	VI	**1000,83**	342,66	342,66							
3737,99	I,IV	**576,33**	342,91	342,91	I	465,16	360,00	260,91	167,83	80,83	10,91
	II	**470,00**	342,91	342,91	II	364,58	265,16	171,83	84,58	13,41	
	III	**283,00**	342,91	342,91	III	196,33	114,16	45,66			
	V	**965,66**	342,91	342,91	IV	520,00	465,16	411,83	360,00	309,66	260,91
	VI	**1001,91**	342,91	342,91							
3740,99	I,IV	**577,16**	343,16	343,16	I	465,91	360,75	261,58	168,50	81,50	11,33
	II	**470,75**	343,16	343,16	II	365,25	265,83	172,50	85,16	13,83	
	III	**283,66**	343,16	343,16	III	196,83	114,83	46,00			
	V	**966,66**	343,16	343,16	IV	520,83	465,91	412,58	360,75	310,41	261,58
	VI	**1003,00**	343,16	343,16							
3743,99	I,IV	**578,00**	343,50	343,50	I	466,66	361,41	262,25	169,16	82,08	11,66
	II	**471,50**	343,50	343,50	II	366,00	266,50	173,16	85,75	14,16	
	III	**284,16**	343,50	343,50	III	197,50	115,33	46,50			
	V	**967,75**	343,50	343,50	IV	521,58	466,66	413,33	361,41	311,08	262,25
	VI	**1004,00**	343,50	343,50							

* Zur LSt-Berechnung für privat versicherte Arbeitnehmer s. Beispiele **Vorbemerkung S. 4f.**
** Basisvorsorgepauschale KV und PV *** Typisierter Arbeitgeberzuschuss

Lohn/ Gehalt in € bis	Steuerklasse	**Lohn-steuer***	BVSP**	TAGZ***	Steuerklasse	Bemessungsgrundlage für Kirchensteuer und Solidaritätszuschlag					
						Freibeträge für ... Kinder					
						0,5	**1,0**	1,5	**2,0**	2,5	**3,0**
3746,99	I,IV	**578,83**	343,75	343,75	I	467,50	362,16	262,91	169,75	82,66	12,08
	II	**472,25**	343,75	343,75	II	366,75	267,25	173,75	86,41	14,58	
	III	**284,83**	343,75	343,75	III	198,16	115,83	47,00			
	V	**968,75**	343,75	343,75	IV	522,33	467,50	414,08	362,16	311,83	262,91
	VI	**1005,00**	343,75	343,75							
3749,99	I,IV	**579,58**	344,00	344,00	I	468,25	362,91	263,66	170,41	83,25	12,50
	II	**473,08**	344,00	344,00	II	367,41	267,91	174,41	87,00	15,00	
	III	**285,50**	344,00	344,00	III	198,66	116,33	47,33			
	V	**969,83**	344,00	344,00	IV	523,16	468,25	414,83	362,91	312,50	263,66
	VI	**1006,08**	344,00	344,00							
3752,99	I,IV	**580,41**	344,33	344,33	I	469,00	363,66	264,33	171,08	83,83	12,91
	II	**473,83**	344,33	344,33	II	368,16	268,58	175,08	87,58	15,41	
	III	**286,16**	344,33	344,33	III	199,33	117,00	47,83			
	V	**970,83**	344,33	344,33	IV	524,00	469,00	415,58	363,66	313,25	264,33
	VI	**1007,08**	344,33	344,33							
3755,99	I,IV	**581,25**	344,58	344,58	I	469,75	364,33	265,00	171,66	84,41	13,33
	II	**474,58**	344,58	344,58	II	368,91	269,25	175,66	88,16	15,83	
	III	**286,83**	344,58	344,58	III	200,00	117,50	48,16			
	V	**971,91**	344,58	344,58	IV	524,75	469,75	416,33	364,33	313,91	265,00
	VI	**1008,16**	344,58	344,58							
3758,99	I,IV	**582,00**	344,83	344,83	I	470,50	365,08	265,66	172,33	85,00	13,66
	II	**475,33**	344,83	344,83	II	369,66	270,00	176,33	88,75	16,25	
	III	**287,33**	344,83	344,83	III	200,50	118,00	48,66			
	V	**972,91**	344,83	344,83	IV	525,50	470,50	417,08	365,08	314,66	265,66
	VI	**1009,16**	344,83	344,83							
3761,99	I,IV	**582,83**	345,08	345,08	I	471,33	365,83	266,33	173,00	85,66	14,08
	II	**476,16**	345,08	345,08	II	370,33	270,66	177,00	89,41	16,66	
	III	**288,00**	345,08	345,08	III	201,16	118,50	49,16			
	V	**974,00**	345,08	345,08	IV	526,33	471,33	417,83	365,83	315,33	266,33
	VI	**1010,25**	345,08	345,08							
3764,99	I,IV	**583,66**	345,41	345,41	I	472,08	366,58	267,08	173,66	86,25	14,50
	II	**476,91**	345,41	345,41	II	371,08	271,33	177,66	90,00	17,08	
	III	**288,66**	345,41	345,41	III	201,83	119,16	49,50			
	V	**975,00**	345,41	345,41	IV	527,16	472,08	418,58	366,58	316,08	267,08
	VI	**1011,25**	345,41	345,41							
3767,99	I,IV	**584,50**	345,66	345,66	I	472,83	367,25	267,75	174,25	86,83	14,91
	II	**477,66**	345,66	345,66	II	371,83	272,00	178,25	90,58	17,50	
	III	**289,33**	345,66	345,66	III	202,33	119,66	50,00			
	V	**976,08**	345,66	345,66	IV	527,91	472,83	419,33	367,25	316,75	267,75
	VI	**1012,33**	345,66	345,66							
3770,99	I,IV	**585,33**	345,91	345,91	I	473,58	368,00	268,41	174,91	87,41	15,33
	II	**478,41**	345,91	345,91	II	372,58	272,66	178,91	91,16	17,91	
	III	**289,83**	345,91	345,91	III	203,00	120,16	50,50			
	V	**977,08**	345,91	345,91	IV	528,66	473,58	420,08	368,00	317,41	268,41
	VI	**1013,33**	345,91	345,91							
3773,99	I,IV	**586,08**	346,25	346,25	I	474,41	368,75	269,08	175,58	88,00	15,75
	II	**479,25**	346,25	346,25	II	373,25	273,41	179,58	91,75	18,33	
	III	**290,50**	346,25	346,25	III	203,50	120,66	50,83			
	V	**978,16**	346,25	346,25	IV	529,50	474,41	420,83	368,75	318,16	269,08
	VI	**1014,41**	346,25	346,25							
3776,99	I,IV	**586,91**	346,50	346,50	I	475,16	369,50	269,83	176,16	88,66	16,16
	II	**480,00**	346,50	346,50	II	374,00	274,08	180,25	92,41	18,75	
	III	**291,16**	346,50	346,50	III	204,16	121,33	51,33			
	V	**979,16**	346,50	346,50	IV	530,33	475,16	421,58	369,50	318,91	269,83
	VI	**1015,41**	346,50	346,50							
3779,99	I,IV	**587,75**	346,75	346,75	I	475,91	370,16	270,50	176,83	89,25	16,58
	II	**480,75**	346,75	346,75	II	374,75	274,75	180,83	93,00	19,16	
	III	**291,83**	346,75	346,75	III	204,83	121,83	51,83			
	V	**980,25**	346,75	346,75	IV	531,08	475,91	422,25	370,16	319,58	270,50
	VI	**1016,50**	346,75	346,75							

* Zur LSt-Berechnung für privat versicherte Arbeitnehmer s. Beispiele **Vorbemerkung S. 4f.**
** Basisvorsorgepauschale KV und PV *** Typisierter Arbeitgeberzuschuss

Lohn/ Gehalt in € bis	Steuerklasse	Lohn-steuer*	BVSP**	TAGZ***	Steuerklasse	Bemessungsgrundlage für Kirchensteuer und Solidaritätszuschlag – Freibeträge für ... Kinder 0,5	1,0	1,5	2,0	2,5	3,0
3782,99	I,IV	**588,58**	347,08	347,08	I	476,66	370,91	271,16	177,50	89,83	17,00
	II	**481,50**	347,08	347,08	II	375,50	275,41	181,50	93,58	19,58	
	III	**292,50**	347,08	347,08	III	205,33	122,33	52,16			
	V	**981,25**	347,08	347,08	IV	531,83	476,66	423,08	370,91	320,25	271,16
	VI	**1017,50**	347,08	347,08							
3785,99	I,IV	**589,33**	347,33	347,33	I	477,50	371,66	271,83	178,08	90,41	17,41
	II	**482,33**	347,33	347,33	II	376,16	276,16	182,16	94,16	20,00	
	III	**293,00**	347,33	347,33	III	206,00	123,00	52,66			
	V	**982,33**	347,33	347,33	IV	532,66	477,50	423,83	371,66	321,00	271,83
	VI	**1018,58**	347,33	347,33							
3788,99	I,IV	**590,16**	347,58	347,58	I	478,25	372,41	272,58	178,75	91,00	17,83
	II	**483,08**	347,58	347,58	II	376,91	276,83	182,83	94,83	20,41	
	III	**293,66**	347,58	347,58	III	206,66	123,50	53,16			
	V	**983,33**	347,58	347,58	IV	533,50	478,25	424,58	372,41	321,66	272,58
	VI	**1019,58**	347,58	347,58							
3791,99	I,IV	**591,00**	347,83	347,83	I	479,00	373,08	273,25	179,41	91,66	18,16
	II	**483,83**	347,83	347,83	II	377,66	277,50	183,41	95,41	20,83	
	III	**294,33**	347,83	347,83	III	207,16	124,00	53,50			
	V	**984,33**	347,83	347,83	IV	534,25	479,00	425,33	373,08	322,41	273,25
	VI	**1020,66**	347,83	347,83							
3794,99	I,IV	**591,83**	348,16	348,16	I	479,83	373,83	273,91	180,08	92,25	18,66
	II	**484,66**	348,16	348,16	II	378,41	278,25	184,08	96,00	21,25	
	III	**294,83**	348,16	348,16	III	207,83	124,66	54,00			
	V	**985,41**	348,16	348,16	IV	535,08	479,83	426,08	373,83	323,08	273,91
	VI	**1021,66**	348,16	348,16							
3797,99	I,IV	**592,66**	348,41	348,41	I	480,58	374,58	274,58	180,66	92,83	19,08
	II	**485,41**	348,41	348,41	II	379,16	278,91	184,75	96,58	21,75	
	III	**295,50**	348,41	348,41	III	208,33	125,16	54,50			
	V	**986,50**	348,41	348,41	IV	535,83	480,58	426,83	374,58	323,83	274,58
	VI	**1022,75**	348,41	348,41							
3800,99	I,IV	**593,41**	348,66	348,66	I	481,33	375,33	275,33	181,33	93,41	19,50
	II	**486,16**	348,66	348,66	II	379,83	279,58	185,41	97,25	22,16	
	III	**296,16**	348,66	348,66	III	209,00	125,66	54,83			
	V	**987,50**	348,66	348,66	IV	536,66	481,33	427,58	375,33	324,50	275,33
	VI	**1023,75**	348,66	348,66							
3803,99	I,IV	**594,25**	349,00	349,00	I	482,08	376,00	276,00	182,00	94,00	19,91
	II	**486,91**	349,00	349,00	II	380,58	280,25	186,00	97,83	22,58	
	III	**296,83**	349,00	349,00	III	209,66	126,33	55,33			
	V	**988,50**	349,00	349,00	IV	537,41	482,08	428,33	376,00	325,25	276,00
	VI	**1024,83**	349,00	349,00							
3806,99	I,IV	**595,08**	349,25	349,25	I	482,91	376,75	276,66	182,58	94,66	20,33
	II	**487,75**	349,25	349,25	II	381,33	281,00	186,66	98,41	23,00	
	III	**297,50**	349,25	349,25	III	210,16	126,83	55,83			
	V	**989,58**	349,25	349,25	IV	538,25	482,91	429,08	376,75	325,91	276,66
	VI	**1025,83**	349,25	349,25							
3809,99	I,IV	**595,91**	349,50	349,50	I	483,66	377,50	277,33	183,25	95,25	20,75
	II	**488,50**	349,50	349,50	II	382,08	281,66	187,33	99,00	23,41	
	III	**298,16**	349,50	349,50	III	210,83	127,33	56,33			
	V	**990,66**	349,50	349,50	IV	539,00	483,66	429,83	377,50	326,66	277,33
	VI	**1026,91**	349,50	349,50							
3812,99	I,IV	**596,75**	349,83	349,83	I	484,41	378,25	278,08	183,91	95,83	21,16
	II	**489,33**	349,83	349,83	II	382,83	282,33	188,00	99,66	23,91	
	III	**298,66**	349,83	349,83	III	211,50	128,00	56,66	0,33		
	V	**991,66**	349,83	349,83	IV	539,83	484,41	430,58	378,25	327,41	278,08
	VI	**1027,91**	349,83	349,83							
3815,99	I,IV	**597,50**	350,08	350,08	I	485,16	378,91	278,75	184,58	96,41	21,58
	II	**490,08**	350,08	350,08	II	383,50	283,00	188,58	100,25	24,33	
	III	**299,33**	350,08	350,08	III	212,00	128,50	57,16	0,66		
	V	**992,66**	350,08	350,08	IV	540,58	485,16	431,33	378,91	328,08	278,75
	VI	**1029,00**	350,08	350,08							

* Zur LSt-Berechnung für privat versicherte Arbeitnehmer s. Beispiele **Vorbemerkung S. 4f.**
** Basisvorsorgepauschale KV und PV *** Typisierter Arbeitgeberzuschuss

Lohn/ Gehalt in € bis	Steuerklasse	**Lohn-steuer***	BVSP**	TAGZ***	Steuerklasse	Bemessungsgrundlage für Kirchensteuer und Solidaritätszuschlag					
						Freibeträge für ... Kinder					
						0,5	**1,0**	1,5	**2,0**	2,5	**3,0**
3818,99	I,IV	**598,33**	350,33	350,33	I	486,00	379,66	279,41	185,25	97,08	22,00
	II	**490,83**	350,33	350,33	II	384,25	283,75	189,25	100,83	24,75	
	III	**300,00**	350,33	350,33	III	212,66	129,00	57,66	1,00		
	V	**993,75**	350,33	350,33	IV	541,41	486,00	432,08	379,66	328,75	279,41
	VI	**1030,00**	350,33	350,33							
3821,99	I,IV	**599,16**	350,66	350,66	I	486,75	380,41	280,08	185,83	97,66	22,50
	II	**491,66**	350,66	350,66	II	385,00	284,41	189,91	101,41	25,16	
	III	**300,66**	350,66	350,66	III	213,33	129,66	58,00	1,33		
	V	**994,83**	350,66	350,66	IV	542,25	486,75	432,83	380,41	329,50	280,08
	VI	**1031,08**	350,66	350,66							
3824,99	I,IV	**600,00**	350,91	350,91	I	487,58	381,16	280,83	186,50	98,25	22,91
	II	**492,41**	350,91	350,91	II	385,75	285,16	190,58	102,08	25,66	
	III	**301,16**	350,91	350,91	III	213,83	130,16	58,50	1,66		
	V	**995,83**	350,91	350,91	IV	543,00	487,58	433,58	381,16	330,25	280,83
	VI	**1032,08**	350,91	350,91							
3827,99	I,IV	**600,83**	351,16	351,16	I	488,33	381,83	281,50	187,16	98,83	23,33
	II	**493,16**	351,16	351,16	II	386,50	285,83	191,16	102,66	26,08	
	III	**301,83**	351,16	351,16	III	214,50	130,66	59,00	2,00		
	V	**996,83**	351,16	351,16	IV	543,83	488,33	434,33	381,83	330,91	281,50
	VI	**1033,16**	351,16	351,16							
3830,99	I,IV	**601,66**	351,41	351,41	I	489,08	382,58	282,16	187,83	99,50	23,75
	II	**493,91**	351,41	351,41	II	387,16	286,50	191,83	103,25	26,50	
	III	**302,50**	351,41	351,41	III	215,16	131,33	59,50	2,33		
	V	**997,91**	351,41	351,41	IV	544,58	489,08	435,08	382,58	331,66	282,16
	VI	**1034,16**	351,41	351,41							
3833,99	I,IV	**602,41**	351,75	351,75	I	489,91	383,33	282,91	188,41	100,08	24,25
	II	**494,75**	351,75	351,75	II	387,91	287,16	192,50	103,83	27,00	
	III	**303,16**	351,75	351,75	III	215,66	131,83	59,83	2,66		
	V	**999,00**	351,75	351,75	IV	545,41	489,91	435,83	383,33	332,33	282,91
	VI	**1035,25**	351,75	351,75							
3836,99	I,IV	**603,25**	352,00	352,00	I	490,66	384,08	283,58	189,08	100,66	24,66
	II	**495,50**	352,00	352,00	II	388,66	287,91	193,16	104,50	27,41	
	III	**303,83**	352,00	352,00	III	216,33	132,50	60,33	3,16		
	V	**1000,00**	352,00	352,00	IV	546,25	490,66	436,58	384,08	333,08	283,58
	VI	**1036,25**	352,00	352,00							
3839,99	I,IV	**604,08**	352,25	352,25	I	491,41	384,83	284,25	189,75	101,25	25,08
	II	**496,25**	352,25	352,25	II	389,41	288,58	193,83	105,08	27,91	
	III	**304,33**	352,25	352,25	III	216,83	133,00	60,83	3,50		
	V	**1001,00**	352,25	352,25	IV	547,00	491,41	437,33	384,83	333,75	284,25
	VI	**1037,33**	352,25	352,25							
3842,99	I,IV	**604,91**	352,58	352,58	I	492,16	385,58	284,91	190,41	101,91	25,50
	II	**497,08**	352,58	352,58	II	390,16	289,25	194,41	105,66	28,33	
	III	**305,00**	352,58	352,58	III	217,50	133,50	61,33	3,83		
	V	**1002,08**	352,58	352,58	IV	547,83	492,16	438,08	385,58	334,50	284,91
	VI	**1038,33**	352,58	352,58							
3845,99	I,IV	**605,75**	352,83	352,83	I	493,00	386,25	285,66	191,08	102,50	26,00
	II	**497,83**	352,83	352,83	II	390,91	290,00	195,08	106,33	28,75	
	III	**305,66**	352,83	352,83	III	218,16	134,16	61,66	4,16		
	V	**1003,16**	352,83	352,83	IV	548,58	493,00	438,91	386,25	335,25	285,66
	VI	**1039,41**	352,83	352,83							
3848,99	I,IV	**606,58**	353,08	353,08	I	493,75	387,00	286,33	191,66	103,08	26,41
	II	**498,66**	353,08	353,08	II	391,66	290,66	195,75	106,91	29,25	
	III	**306,33**	353,08	353,08	III	218,83	134,66	62,16	4,50		
	V	**1004,16**	353,08	353,08	IV	549,41	493,75	439,66	387,00	335,91	286,33
	VI	**1040,41**	353,08	353,08							
3851,99	I,IV	**607,33**	353,41	353,41	I	494,50	387,75	287,00	192,33	103,75	26,83
	II	**499,41**	353,41	353,41	II	392,33	291,33	196,41	107,50	29,66	
	III	**306,83**	353,41	353,41	III	219,33	135,16	62,66	4,83		
	V	**1005,16**	353,41	353,41	IV	550,16	494,50	440,41	387,75	336,66	287,00
	VI	**1041,50**	353,41	353,41							

* Zur LSt-Berechnung für privat versicherte Arbeitnehmer s. Beispiele **Vorbemerkung S. 4 f.**
** Basisvorsorgepauschale KV und PV *** Typisierter Arbeitgeberzuschuss

Lohn/ Gehalt in € bis	Steuerklasse	Lohn-steuer*	BVSP**	TAGZ***	Steuerklasse	Bemessungsgrundlage für Kirchensteuer und Solidaritätszuschlag – Freibeträge für ... Kinder 0,5	1,0	1,5	2,0	2,5	3,0
3854,99	I,IV	**608,16**	353,66	353,66	I	495,33	388,50	287,75	193,00	104,33	27,33
	II	**500,16**	353,66	353,66	II	393,08	292,08	197,08	108,16	30,16	
	III	**307,50**	353,66	353,66	III	220,00	135,83	63,16	5,16		
	V	**1006,25**	353,66	353,66	IV	551,00	495,33	441,16	388,50	337,33	287,75
	VI	**1042,50**	353,66	353,66							
3857,99	I,IV	**609,00**	353,91	353,91	I	496,08	389,25	288,41	193,66	104,91	27,75
	II	**501,00**	353,91	353,91	II	393,83	292,75	197,75	108,75	30,58	
	III	**308,16**	353,91	353,91	III	220,66	136,33	63,66	5,66		
	V	**1007,33**	353,91	353,91	IV	551,83	496,08	441,91	389,25	338,08	288,41
	VI	**1043,58**	353,91	353,91							
3860,99	I,IV	**609,83**	354,16	354,16	I	496,91	390,00	289,08	194,33	105,58	28,25
	II	**501,75**	354,16	354,16	II	394,58	293,50	198,41	109,33	31,08	
	III	**308,83**	354,16	354,16	III	221,16	137,00	64,00	6,00		
	V	**1008,33**	354,16	354,16	IV	552,58	496,91	442,66	390,00	338,75	289,08
	VI	**1044,58**	354,16	354,16							
3863,99	I,IV	**610,66**	354,50	354,50	I	497,66	390,66	289,75	194,91	106,16	28,66
	II	**502,50**	354,50	354,50	II	395,33	294,16	199,00	109,91	31,50	
	III	**309,33**	354,50	354,50	III	221,83	137,50	64,50	6,33		
	V	**1009,33**	354,50	354,50	IV	553,41	497,66	443,41	390,66	339,50	289,75
	VI	**1045,58**	354,50	354,50							
3866,99	I,IV	**611,50**	354,75	354,75	I	498,41	391,41	290,50	195,58	106,75	29,16
	II	**503,33**	354,75	354,75	II	396,08	294,83	199,66	110,58	32,00	
	III	**310,00**	354,75	354,75	III	222,33	138,00	65,00	6,66		
	V	**1010,41**	354,75	354,75	IV	554,16	498,41	444,16	391,41	340,16	290,50
	VI	**1046,66**	354,75	354,75							
3869,99	I,IV	**612,33**	355,00	355,00	I	499,25	392,16	291,16	196,25	107,33	29,58
	II	**504,08**	355,00	355,00	II	396,83	295,58	200,33	111,16	32,50	
	III	**310,66**	355,00	355,00	III	223,00	138,66	65,50	7,00		
	V	**1011,50**	355,00	355,00	IV	555,00	499,25	444,91	392,16	340,91	291,16
	VI	**1047,75**	355,00	355,00							
3872,99	I,IV	**613,16**	355,33	355,33	I	500,00	392,91	291,91	196,91	108,00	30,08
	II	**504,91**	355,33	355,33	II	397,58	296,25	201,00	111,83	32,91	
	III	**311,33**	355,33	355,33	III	223,66	139,16	65,83	7,33		
	V	**1012,50**	355,33	355,33	IV	555,83	500,00	445,75	392,91	341,66	291,91
	VI	**1048,75**	355,33	355,33							
3875,99	I,IV	**613,91**	355,58	355,58	I	500,75	393,66	292,58	197,58	108,58	30,50
	II	**505,66**	355,58	355,58	II	398,25	296,91	201,66	112,41	33,41	
	III	**312,00**	355,58	355,58	III	224,33	139,83	66,33	7,83		
	V	**1013,50**	355,58	355,58	IV	556,58	500,75	446,41	393,66	342,33	292,58
	VI	**1049,75**	355,58	355,58							
3878,99	I,IV	**614,75**	355,83	355,83	I	501,58	394,41	293,25	198,16	109,16	31,00
	II	**506,41**	355,83	355,83	II	399,00	297,66	202,33	113,00	33,83	
	III	**312,66**	355,83	355,83	III	224,83	140,33	66,83	8,16		
	V	**1014,58**	355,83	355,83	IV	557,41	501,58	447,25	394,41	343,08	293,25
	VI	**1050,83**	355,83	355,83							
3881,99	I,IV	**615,58**	356,16	356,16	I	502,33	395,16	294,00	198,83	109,83	31,41
	II	**507,25**	356,16	356,16	II	399,75	298,33	202,91	113,66	34,33	
	III	**313,16**	356,16	356,16	III	225,50	141,00	67,33	8,50		
	V	**1015,66**	356,16	356,16	IV	558,25	502,33	448,00	395,16	343,83	294,00
	VI	**1051,91**	356,16	356,16							
3884,99	I,IV	**616,41**	356,41	356,41	I	503,16	395,91	294,66	199,50	110,41	31,91
	II	**508,00**	356,41	356,41	II	400,50	299,00	203,58	114,25	34,83	
	III	**313,83**	356,41	356,41	III	226,16	141,50	67,83	8,83		
	V	**1016,66**	356,41	356,41	IV	559,00	503,16	448,75	395,91	344,50	294,66
	VI	**1052,91**	356,41	356,41							
3887,99	I,IV	**617,25**	356,66	356,66	I	503,91	396,66	295,41	200,16	111,00	32,33
	II	**508,83**	356,66	356,66	II	401,25	299,75	204,25	114,83	35,33	
	III	**314,50**	356,66	356,66	III	226,66	142,16	68,33	9,16		
	V	**1017,75**	356,66	356,66	IV	559,83	503,91	449,50	396,66	345,25	295,41
	VI	**1054,00**	356,66	356,66							

* Zur LSt-Berechnung für privat versicherte Arbeitnehmer s. Beispiele **Vorbemerkung S. 4 f.**
** Basisvorsorgepauschale KV und PV *** Typisierter Arbeitgeberzuschuss

Lohn/ Gehalt in € bis	Steuerklasse	**Lohn-steuer***	BVSP**	TAGZ***	Steuerklasse	Bemessungsgrundlage für Kirchensteuer und Solidaritätszuschlag: Freibeträge für ... Kinder 0,5	**1,0**	1,5	**2,0**	2,5	**3,0**
3890,99	I,IV	**618,08**	356,91	356,91	I	504,66	397,33	296,08	200,83	111,66	32,83
	II	**509,58**	356,91	356,91	II	402,00	300,41	204,91	115,50	35,75	
	III	**315,16**	356,91	356,91	III	227,33	142,66	68,66	9,50		
	V	**1018,75**	356,91	356,91	IV	560,66	504,66	450,25	397,33	345,91	296,08
	VI	**1055,00**	356,91	356,91							
3893,99	I,IV	**618,91**	357,25	357,25	I	505,50	398,08	296,75	201,50	112,25	33,25
	II	**510,41**	357,25	357,25	II	402,75	301,16	205,58	116,08	36,25	
	III	**315,83**	357,25	357,25	III	227,83	143,33	69,16	10,00		
	V	**1019,83**	357,25	357,25	IV	561,41	505,50	451,00	398,08	346,66	296,75
	VI	**1056,08**	357,25	357,25							
3896,99	I,IV	**619,75**	357,50	357,50	I	506,25	398,83	297,50	202,16	112,83	33,75
	II	**511,16**	357,50	357,50	II	403,50	301,83	206,25	116,66	36,75	
	III	**316,33**	357,50	357,50	III	228,50	143,83	69,66	10,33		
	V	**1020,83**	357,50	357,50	IV	562,25	506,25	451,83	398,83	347,41	297,50
	VI	**1057,08**	357,50	357,50							
3899,99	I,IV	**620,58**	357,75	357,75	I	507,08	399,58	298,16	202,83	113,50	34,25
	II	**512,00**	357,75	357,75	II	404,25	302,50	206,91	117,33	37,25	
	III	**317,00**	357,75	357,75	III	229,16	144,50	70,16	10,66		
	V	**1021,91**	357,75	357,75	IV	563,08	507,08	452,58	399,58	348,08	298,16
	VI	**1058,16**	357,75	357,75							
3902,99	I,IV	**621,41**	358,08	358,08	I	507,83	400,33	298,83	203,41	114,08	34,66
	II	**512,75**	358,08	358,08	II	404,91	303,25	207,58	117,91	37,66	
	III	**317,66**	358,08	358,08	III	229,83	145,00	70,66	11,00		
	V	**1022,91**	358,08	358,08	IV	563,83	507,83	453,33	400,33	348,83	298,83
	VI	**1059,16**	358,08	358,08							
3905,99	I,IV	**622,25**	358,33	358,33	I	508,58	401,08	299,58	204,08	114,66	35,16
	II	**513,50**	358,33	358,33	II	405,66	303,91	208,16	118,50	38,16	
	III	**318,33**	358,33	358,33	III	230,33	145,66	71,16	11,50		
	V	**1024,00**	358,33	358,33	IV	564,66	508,58	454,08	401,08	349,58	299,58
	VI	**1060,25**	358,33	358,33							
3908,99	I,IV	**623,08**	358,58	358,58	I	509,41	401,83	300,25	204,75	115,33	35,66
	II	**514,33**	358,58	358,58	II	406,41	304,66	208,83	119,16	38,66	
	III	**319,00**	358,58	358,58	III	231,00	146,16	71,66	11,83		
	V	**1025,00**	358,58	358,58	IV	565,50	509,41	454,83	401,83	350,25	300,25
	VI	**1061,25**	358,58	358,58							
3911,99	I,IV	**623,91**	358,91	358,91	I	510,16	402,58	301,00	205,41	115,91	36,16
	II	**515,08**	358,91	358,91	II	407,16	305,33	209,50	119,75	39,16	
	III	**319,66**	358,91	358,91	III	231,66	146,83	72,00	12,16		
	V	**1026,08**	358,91	358,91	IV	566,25	510,16	455,58	402,58	351,00	301,00
	VI	**1062,33**	358,91	358,91							
3914,99	I,IV	**624,66**	359,16	359,16	I	511,00	403,25	301,66	206,08	116,50	36,58
	II	**515,91**	359,16	359,16	II	407,91	306,00	210,16	120,41	39,66	
	III	**320,16**	359,16	359,16	III	232,16	147,33	72,50	12,50		
	V	**1027,08**	359,16	359,16	IV	567,08	511,00	456,33	403,25	351,66	301,66
	VI	**1063,33**	359,16	359,16							
3917,99	I,IV	**625,50**	359,41	359,41	I	511,75	404,00	302,33	206,75	117,16	37,08
	II	**516,66**	359,41	359,41	II	408,66	306,75	210,83	121,00	40,08	
	III	**320,83**	359,41	359,41	III	232,83	147,83	73,00	12,83		
	V	**1028,08**	359,41	359,41	IV	567,91	511,75	457,16	404,00	352,41	302,33
	VI	**1064,41**	359,41	359,41							
3920,99	I,IV	**626,33**	359,75	359,75	I	512,58	404,75	303,08	207,41	117,75	37,58
	II	**517,50**	359,75	359,75	II	409,41	307,41	211,50	121,58	40,58	
	III	**321,50**	359,75	359,75	III	233,50	148,50	73,50	13,33		
	V	**1029,16**	359,75	359,75	IV	568,66	512,58	457,91	404,75	353,16	303,08
	VI	**1065,41**	359,75	359,75							
3923,99	I,IV	**627,16**	360,00	360,00	I	513,33	405,50	303,75	208,08	118,41	38,08
	II	**518,25**	360,00	360,00	II	410,16	308,16	212,16	122,25	41,08	
	III	**322,16**	360,00	360,00	III	234,00	149,00	74,00	13,66		
	V	**1030,25**	360,00	360,00	IV	569,50	513,33	458,66	405,50	353,91	303,75
	VI	**1066,50**	360,00	360,00							

* Zur LSt-Berechnung für privat versicherte Arbeitnehmer s. Beispiele **Vorbemerkung S. 4f.**
** Basisvorsorgepauschale KV und PV *** Typisierter Arbeitgeberzuschuss

Lohn/ Gehalt in € bis	Steuerklasse	Lohnsteuer*	BVSP**	TAGZ***	Steuerklasse	Bemessungsgrundlage für Kirchensteuer und Solidaritätszuschlag – Freibeträge für ... Kinder 0,5	1,0	1,5	2,0	2,5	3,0
3926,99	I,IV	**628,00**	360,25	360,25	I	514,08	406,25	304,41	208,66	119,00	38,50
	II	**519,00**	360,25	360,25	II	410,91	308,83	212,83	122,83	41,58	
	III	**322,66**	360,25	360,25	III	234,66	149,66	74,50	14,00		
	V	**1031,25**	360,25	360,25	IV	570,33	514,08	459,41	406,25	354,58	304,41
	VI	**1067,50**	360,25	360,25							
3929,99	I,IV	**628,83**	360,50	360,50	I	514,91	407,00	305,16	209,33	119,58	39,00
	II	**519,83**	360,50	360,50	II	411,66	309,50	213,50	123,50	42,08	
	III	**323,33**	360,50	360,50	III	235,33	150,33	75,00	14,50		
	V	**1032,25**	360,50	360,50	IV	571,08	514,91	460,16	407,00	355,33	305,16
	VI	**1068,58**	360,50	360,50							
3932,99	I,IV	**629,66**	360,83	360,83	I	515,66	407,75	305,83	210,00	120,25	39,50
	II	**520,58**	360,83	360,83	II	412,41	310,25	214,16	124,08	42,58	
	III	**324,00**	360,83	360,83	III	235,83	150,83	75,50	14,83		
	V	**1033,33**	360,83	360,83	IV	571,91	515,66	461,00	407,75	356,08	305,83
	VI	**1069,58**	360,83	360,83							
3935,99	I,IV	**630,50**	361,08	361,08	I	516,50	408,50	306,58	210,66	120,83	40,00
	II	**521,41**	361,08	361,08	II	413,16	310,91	214,83	124,66	43,08	
	III	**324,66**	361,08	361,08	III	236,50	151,50	76,00	15,16		
	V	**1034,41**	361,08	361,08	IV	572,75	516,50	461,75	408,50	356,75	306,58
	VI	**1070,66**	361,08	361,08							
3938,99	I,IV	**631,33**	361,33	361,33	I	517,25	409,25	307,25	211,33	121,41	40,50
	II	**522,16**	361,33	361,33	II	413,91	311,66	215,41	125,33	43,58	
	III	**325,33**	361,33	361,33	III	237,16	152,00	76,33	15,50		
	V	**1035,41**	361,33	361,33	IV	573,50	517,25	462,50	409,25	357,50	307,25
	VI	**1071,66**	361,33	361,33							
3941,99	I,IV	**632,16**	361,66	361,66	I	518,08	410,00	307,91	212,00	122,08	41,00
	II	**523,00**	361,66	361,66	II	414,66	312,33	216,08	125,91	44,08	
	III	**325,83**	361,66	361,66	III	237,66	152,66	76,83	16,00		
	V	**1036,41**	361,66	361,66	IV	574,33	518,08	463,25	410,00	358,25	307,91
	VI	**1072,75**	361,66	361,66							
3944,99	I,IV	**633,00**	361,91	361,91	I	518,83	410,75	308,66	212,66	122,66	41,50
	II	**523,75**	361,91	361,91	II	415,41	313,08	216,75	126,58	44,58	
	III	**326,50**	361,91	361,91	III	238,33	153,16	77,33	16,33		
	V	**1037,50**	361,91	361,91	IV	575,16	518,83	464,00	410,75	358,91	308,66
	VI	**1073,75**	361,91	361,91							
3947,99	I,IV	**633,83**	362,16	362,16	I	519,66	411,50	309,33	213,33	123,33	42,00
	II	**524,58**	362,16	362,16	II	416,16	313,75	217,41	127,16	45,08	
	III	**327,16**	362,16	362,16	III	239,00	153,83	77,83	16,66		
	V	**1038,58**	362,16	362,16	IV	576,00	519,66	464,83	411,50	359,66	309,33
	VI	**1074,83**	362,16	362,16							
3950,99	I,IV	**634,66**	362,50	362,50	I	520,41	412,16	310,08	214,00	123,91	42,41
	II	**525,33**	362,50	362,50	II	416,91	314,50	218,08	127,75	45,58	
	III	**327,83**	362,50	362,50	III	239,66	154,33	78,33	17,00		
	V	**1039,58**	362,50	362,50	IV	576,75	520,41	465,58	412,16	360,41	310,08
	VI	**1075,83**	362,50	362,50							
3953,99	I,IV	**635,50**	362,75	362,75	I	521,16	413,00	310,75	214,66	124,50	43,00
	II	**526,16**	362,75	362,75	II	417,66	315,16	218,75	128,41	46,08	
	III	**328,50**	362,75	362,75	III	240,16	155,00	78,83	17,50		
	V	**1040,58**	362,75	362,75	IV	577,58	521,16	466,33	413,00	361,08	310,75
	VI	**1076,91**	362,75	362,75							
3956,99	I,IV	**636,33**	363,00	363,00	I	522,00	413,75	311,50	215,33	125,16	43,50
	II	**526,91**	363,00	363,00	II	418,41	315,91	219,41	129,00	46,58	
	III	**329,16**	363,00	363,00	III	240,83	155,50	79,33	17,83		
	V	**1041,66**	363,00	363,00	IV	578,41	522,00	467,08	413,75	361,83	311,50
	VI	**1077,91**	363,00	363,00							
3959,99	I,IV	**637,16**	363,25	363,25	I	522,83	414,50	312,16	216,00	125,75	44,00
	II	**527,75**	363,25	363,25	II	419,16	316,58	220,08	129,66	47,16	
	III	**329,83**	363,25	363,25	III	241,50	156,16	79,83	18,16		
	V	**1042,75**	363,25	363,25	IV	579,25	522,83	467,83	414,50	362,58	312,16
	VI	**1079,00**	363,25	363,25							

* Zur LSt-Berechnung für privat versicherte Arbeitnehmer s. Beispiele **Vorbemerkung S. 4f.**
** Basisvorsorgepauschale KV und PV *** Typisierter Arbeitgeberzuschuss

Lohn/ Gehalt in € bis	Steuerklasse	Lohn- steuer*	BVSP**	TAGZ***	Steuerklasse	Bemessungsgrundlage für Kirchensteuer und Solidaritätszuschlag					
						Freibeträge für ... Kinder					
						0,5	**1,0**	1,5	**2,0**	2,5	**3,0**
3962,99	I,IV	**638,00**	363,58	363,58	I	523,58	415,16	312,83	216,58	126,41	44,41
	II	**528,50**	363,58	363,58	II	419,83	317,25	220,75	130,25	47,66	
	III	**330,33**	363,58	363,58	III	242,00	156,66	80,33	18,66		
	V	**1043,75**	363,58	363,58	IV	580,00	523,58	468,58	415,16	363,25	312,83
	VI	**1080,00**	363,58	363,58							
3965,99	I,IV	**638,83**	363,83	363,83	I	524,33	415,91	313,58	217,25	127,00	45,00
	II	**529,33**	363,83	363,83	II	420,66	318,00	221,41	130,91	48,16	
	III	**331,00**	363,83	363,83	III	242,66	157,33	80,83	19,00		
	V	**1044,75**	363,83	363,83	IV	580,83	524,33	469,41	415,91	364,00	313,58
	VI	**1081,08**	363,83	363,83							
3968,99	I,IV	**639,66**	364,08	364,08	I	525,16	416,66	314,33	217,91	127,66	45,50
	II	**530,08**	364,08	364,08	II	421,41	318,75	222,08	131,50	48,66	
	III	**331,66**	364,08	364,08	III	243,33	158,00	81,33	19,33		
	V	**1045,83**	364,08	364,08	IV	581,66	525,16	470,16	416,66	364,75	314,33
	VI	**1082,08**	364,08	364,08							
3971,99	I,IV	**640,50**	364,41	364,41	I	525,91	417,41	315,00	218,58	128,25	46,00
	II	**530,91**	364,41	364,41	II	422,16	319,41	222,75	132,16	49,16	
	III	**332,33**	364,41	364,41	III	243,83	158,50	81,83	19,83		
	V	**1046,91**	364,41	364,41	IV	582,50	525,91	470,91	417,41	365,50	315,00
	VI	**1083,16**	364,41	364,41							
3974,99	I,IV	**641,33**	364,66	364,66	I	526,75	418,16	315,66	219,25	128,83	46,50
	II	**531,66**	364,66	364,66	II	422,83	320,08	223,41	132,75	49,66	
	III	**333,00**	364,66	364,66	III	244,50	159,16	82,33	20,16		
	V	**1047,91**	364,66	364,66	IV	583,25	526,75	471,66	418,16	366,16	315,66
	VI	**1084,16**	364,66	364,66							
3977,99	I,IV	**642,16**	364,91	364,91	I	527,50	418,91	316,41	219,91	129,50	47,00
	II	**532,50**	364,91	364,91	II	423,66	320,83	224,08	133,33	50,25	
	III	**333,50**	364,91	364,91	III	245,16	159,66	82,66	20,50		
	V	**1048,91**	364,91	364,91	IV	584,08	527,50	472,50	418,91	366,91	316,41
	VI	**1085,25**	364,91	364,91							
3980,99	I,IV	**643,00**	365,25	365,25	I	528,33	419,66	317,08	220,58	130,08	47,50
	II	**533,25**	365,25	365,25	II	424,41	321,50	224,75	134,00	50,75	
	III	**334,16**	365,25	365,25	III	245,83	160,33	83,16	21,00		
	V	**1050,00**	365,25	365,25	IV	584,91	528,33	473,25	419,66	367,66	317,08
	VI	**1086,25**	365,25	365,25							
3983,99	I,IV	**643,83**	365,50	365,50	I	529,08	420,41	317,83	221,25	130,75	48,00
	II	**534,08**	365,50	365,50	II	425,16	322,25	225,41	134,66	51,25	
	III	**334,83**	365,50	365,50	III	246,33	161,00	83,66	21,33		
	V	**1051,08**	365,50	365,50	IV	585,75	529,08	474,00	420,41	368,41	317,83
	VI	**1087,33**	365,50	365,50							
3986,99	I,IV	**644,66**	365,75	365,75	I	529,91	421,16	318,50	221,91	131,33	48,50
	II	**534,83**	365,75	365,75	II	425,91	322,91	226,08	135,25	51,75	
	III	**335,50**	365,75	365,75	III	247,00	161,50	84,16	21,66		
	V	**1052,08**	365,75	365,75	IV	586,50	529,91	474,75	421,16	369,08	318,50
	VI	**1088,33**	365,75	365,75							
3989,99	I,IV	**645,50**	366,00	366,00	I	530,66	421,91	319,25	222,58	132,00	49,08
	II	**535,66**	366,00	366,00	II	426,66	323,66	226,75	135,83	52,33	
	III	**336,16**	366,00	366,00	III	247,66	162,16	84,66	22,16		
	V	**1053,08**	366,00	366,00	IV	587,33	530,66	475,58	421,91	369,83	319,25
	VI	**1089,33**	366,00	366,00							
3992,99	I,IV	**646,33**	366,33	366,33	I	531,50	422,66	319,91	223,25	132,58	49,58
	II	**536,50**	366,33	366,33	II	427,41	324,33	227,41	136,50	52,83	
	III	**336,83**	366,33	366,33	III	248,16	162,66	85,16	22,50		
	V	**1054,16**	366,33	366,33	IV	588,16	531,50	476,33	422,66	370,58	319,91
	VI	**1090,41**	366,33	366,33							
3995,99	I,IV	**647,16**	366,58	366,58	I	532,33	423,41	320,66	223,91	133,25	50,08
	II	**537,25**	366,58	366,58	II	428,16	325,08	228,08	137,08	53,33	
	III	**337,33**	366,58	366,58	III	248,83	163,33	85,66	22,83		
	V	**1055,25**	366,58	366,58	IV	589,00	532,33	477,08	423,41	371,33	320,66
	VI	**1091,50**	366,58	366,58							

* Zur LSt-Berechnung für privat versicherte Arbeitnehmer s. Beispiele **Vorbemerkung S. 4f.**
** Basisvorsorgepauschale KV und PV *** Typisierter Arbeitgeberzuschuss

Lohn/ Gehalt in € bis	Steuerklasse	Lohn- steuer*	BVSP**	TAGZ***	Steuerklasse	Bemessungsgrundlage für Kirchensteuer und Solidaritätszuschlag – Freibeträge für ... Kinder 0,5	1,0	1,5	2,0	2,5	3,0
3 998,99	I,IV	**648,00**	366,83	366,83	I	533,08	424,16	321,33	224,58	133,83	50,58
	II	**538,00**	366,83	366,83	II	428,91	325,75	228,75	137,75	53,91	
	III	**338,00**	366,83	366,83	III	249,50	163,83	86,16	23,33		
	V	**1 056,25**	366,83	366,83	IV	589,75	533,08	477,83	424,16	372,00	321,33
	VI	**1 092,50**	366,83	366,83							
4 001,99	I,IV	**648,83**	367,16	367,16	I	533,83	424,91	322,08	225,25	134,50	51,08
	II	**538,83**	367,16	367,16	II	429,66	326,50	229,41	138,33	54,41	
	III	**338,66**	367,16	367,16	III	250,00	164,50	86,66	23,66		
	V	**1 057,25**	367,16	367,16	IV	590,58	533,83	478,66	424,91	372,75	322,08
	VI	**1 093,50**	367,16	367,16							
4 004,99	I,IV	**649,66**	367,41	367,41	I	534,66	425,66	322,75	225,91	135,08	51,66
	II	**539,66**	367,41	367,41	II	430,41	327,25	230,08	139,00	54,91	
	III	**339,33**	367,41	367,41	III	250,66	165,16	87,16	24,00		
	V	**1 058,33**	367,41	367,41	IV	591,41	534,66	479,41	425,66	373,50	322,75
	VI	**1 094,58**	367,41	367,41							
4 007,99	I,IV	**650,50**	367,66	367,66	I	535,50	426,41	323,50	226,58	135,75	52,16
	II	**540,41**	367,66	367,66	II	431,16	327,91	230,75	139,58	55,50	
	III	**340,00**	367,66	367,66	III	251,33	165,66	87,66	24,50		
	V	**1 059,41**	367,66	367,66	IV	592,25	535,50	480,16	426,41	374,25	323,50
	VI	**1 095,66**	367,66	367,66							
4 010,99	I,IV	**651,33**	368,00	368,00	I	536,25	427,16	324,16	227,25	136,33	52,66
	II	**541,25**	368,00	368,00	II	431,91	328,58	231,41	140,25	56,00	
	III	**340,50**	368,00	368,00	III	251,83	166,33	88,16	24,83		
	V	**1 060,41**	368,00	368,00	IV	593,08	536,25	481,00	427,16	374,91	324,16
	VI	**1 096,66**	368,00	368,00							
4 013,99	I,IV	**652,16**	368,25	368,25	I	537,08	427,91	324,91	227,91	136,91	53,25
	II	**542,00**	368,25	368,25	II	432,66	329,33	232,08	140,83	56,58	
	III	**341,16**	368,25	368,25	III	252,50	166,83	88,66	25,33		
	V	**1 061,41**	368,25	368,25	IV	593,83	537,08	481,75	427,91	375,66	324,91
	VI	**1 097,66**	368,25	368,25							
4 016,99	I,IV	**653,08**	368,50	368,50	I	537,83	428,66	325,58	228,58	137,58	53,75
	II	**542,83**	368,50	368,50	II	433,41	330,08	232,75	141,50	57,08	
	III	**341,83**	368,50	368,50	III	253,16	167,50	89,16	25,66		
	V	**1 062,50**	368,50	368,50	IV	594,66	537,83	482,50	428,66	376,41	325,58
	VI	**1 098,75**	368,50	368,50							
4 019,99	I,IV	**653,91**	368,83	368,83	I	538,66	429,50	326,33	229,25	138,25	54,33
	II	**543,66**	368,83	368,83	II	434,16	330,75	233,41	142,08	57,66	
	III	**342,50**	368,83	368,83	III	253,83	168,00	89,66	26,00		
	V	**1 063,58**	368,83	368,83	IV	595,50	538,66	483,33	429,50	377,16	326,33
	VI	**1 099,83**	368,83	368,83							
4 022,99	I,IV	**654,75**	369,08	369,08	I	539,41	430,16	327,00	229,91	138,83	54,83
	II	**544,41**	369,08	369,08	II	434,91	331,50	234,08	142,75	58,16	
	III	**343,16**	369,08	369,08	III	254,33	168,66	90,16	26,50		
	V	**1 064,58**	369,08	369,08	IV	596,33	539,41	484,08	430,16	377,83	327,00
	VI	**1 100,83**	369,08	369,08							
4 025,99	I,IV	**655,58**	369,33	369,33	I	540,25	431,00	327,75	230,58	139,41	55,33
	II	**545,25**	369,33	369,33	II	435,66	332,16	234,75	143,33	58,75	
	III	**343,83**	369,33	369,33	III	255,00	169,33	90,66	26,83		
	V	**1 065,58**	369,33	369,33	IV	597,16	540,25	484,83	431,00	378,58	327,75
	VI	**1 101,83**	369,33	369,33							
4 028,99	I,IV	**656,41**	369,58	369,58	I	541,00	431,75	328,41	231,25	140,08	55,91
	II	**546,00**	369,58	369,58	II	436,41	332,91	235,41	144,00	59,25	
	III	**344,50**	369,58	369,58	III	255,66	169,83	91,33	27,33		
	V	**1 066,66**	369,58	369,58	IV	598,00	541,00	485,58	431,75	379,33	328,41
	VI	**1 102,91**	369,58	369,58							
4 031,99	I,IV	**657,25**	369,91	369,91	I	541,83	432,50	329,16	231,91	140,75	56,41
	II	**546,83**	369,91	369,91	II	437,16	333,66	236,08	144,66	59,83	
	III	**345,16**	369,91	369,91	III	256,33	170,50	91,83	27,66		
	V	**1 067,75**	369,91	369,91	IV	598,75	541,83	486,41	432,50	380,08	329,16
	VI	**1 104,00**	369,91	369,91							

* Zur LSt-Berechnung für privat versicherte Arbeitnehmer s. Beispiele **Vorbemerkung S. 4 f.**
** Basisvorsorgepauschale KV und PV *** Typisierter Arbeitgeberzuschuss

Lohn/ Gehalt in € bis	Steuerklasse	**Lohn-steuer***	BVSP**	TAGZ***	Steuerklasse	Bemessungsgrundlage für Kirchensteuer und Solidaritätszuschlag – Freibeträge für ... Kinder 0,5	**1,0**	1,5	**2,0**	2,5	**3,0**
4034,99	I,IV	**658,08**	370,16	370,16	I	542,58	433,25	329,83	232,58	141,33	56,91
	II	**547,58**	370,16	370,16	II	437,91	334,33	236,75	145,25	60,33	
	III	**345,66**	370,16	370,16	III	256,83	171,00	92,16	28,00		
	V	**1068,75**	370,16	370,16	IV	599,58	542,58	487,16	433,25	380,75	329,83
	VI	**1105,00**	370,16	370,16							
4037,99	I,IV	**658,91**	370,41	370,41	I	543,41	434,00	330,58	233,25	141,91	57,50
	II	**548,41**	370,41	370,41	II	438,66	335,00	237,41	145,83	60,91	
	III	**346,33**	370,41	370,41	III	257,50	171,66	92,83	28,50		
	V	**1069,75**	370,41	370,41	IV	600,41	543,41	487,91	434,00	381,50	330,58
	VI	**1106,00**	370,41	370,41							
4040,99	I,IV	**659,75**	370,75	370,75	I	544,25	434,75	331,33	233,91	142,58	58,08
	II	**549,25**	370,75	370,75	II	439,50	335,75	238,08	146,50	61,50	
	III	**347,00**	370,75	370,75	III	258,16	172,16	93,33	28,83		
	V	**1070,83**	370,75	370,75	IV	601,25	544,25	488,75	434,75	382,25	331,33
	VI	**1107,08**	370,75	370,75							
4043,99	I,IV	**660,58**	371,00	371,00	I	545,00	435,50	332,00	234,58	143,25	58,58
	II	**550,00**	371,00	371,00	II	440,25	336,50	238,75	147,16	62,00	
	III	**347,66**	371,00	371,00	III	258,66	172,83	93,83	29,33		
	V	**1071,83**	371,00	371,00	IV	602,08	545,00	489,50	435,50	383,00	332,00
	VI	**1108,16**	371,00	371,00							
4046,99	I,IV	**661,41**	371,25	371,25	I	545,83	436,25	332,75	235,25	143,83	59,08
	II	**550,83**	371,25	371,25	II	441,00	337,16	239,41	147,75	62,58	
	III	**348,33**	371,25	371,25	III	259,33	173,50	94,33	29,66		
	V	**1072,91**	371,25	371,25	IV	602,83	545,83	490,25	436,25	383,75	332,75
	VI	**1109,16**	371,25	371,25							
4049,99	I,IV	**662,25**	371,58	371,58	I	546,58	437,00	333,41	235,91	144,50	59,66
	II	**551,58**	371,58	371,58	II	441,75	337,91	240,08	148,41	63,08	
	III	**349,00**	371,58	371,58	III	260,00	174,00	94,83	30,16		
	V	**1073,91**	371,58	371,58	IV	603,66	546,58	491,08	437,00	384,50	333,41
	VI	**1110,16**	371,58	371,58							
4052,99	I,IV	**663,16**	371,83	371,83	I	547,41	437,75	334,16	236,58	145,08	60,25
	II	**552,41**	371,83	371,83	II	442,50	338,58	240,83	149,00	63,66	
	III	**349,50**	371,83	371,83	III	260,66	174,66	95,33	30,50		
	V	**1075,00**	371,83	371,83	IV	604,50	547,41	491,83	437,75	385,16	334,16
	VI	**1111,25**	371,83	371,83							
4055,99	I,IV	**664,00**	372,08	372,08	I	548,25	438,50	334,83	237,25	145,75	60,75
	II	**553,25**	372,08	372,08	II	443,25	339,33	241,50	149,66	64,25	0,33
	III	**350,16**	372,08	372,08	III	261,16	175,33	95,83	30,83		
	V	**1076,00**	372,08	372,08	IV	605,33	548,25	492,58	438,50	385,91	334,83
	VI	**1112,33**	372,08	372,08							
4058,99	I,IV	**664,83**	372,33	372,33	I	549,00	439,25	335,58	237,91	146,33	61,33
	II	**554,00**	372,33	372,33	II	444,00	340,00	242,16	150,25	64,75	0,66
	III	**350,83**	372,33	372,33	III	261,83	175,83	96,33	31,33		
	V	**1077,08**	372,33	372,33	IV	606,16	549,00	493,41	439,25	386,66	335,58
	VI	**1113,33**	372,33	372,33							
4061,99	I,IV	**665,66**	372,66	372,66	I	549,83	440,00	336,25	238,58	147,00	61,83
	II	**554,83**	372,66	372,66	II	444,75	340,75	242,83	150,91	65,33	1,00
	III	**351,50**	372,66	372,66	III	262,50	176,50	96,83	31,66		
	V	**1078,08**	372,66	372,66	IV	607,00	549,83	494,16	440,00	387,41	336,25
	VI	**1114,33**	372,66	372,66							
4064,99	I,IV	**666,50**	372,91	372,91	I	550,58	440,75	337,00	239,25	147,58	62,41
	II	**555,66**	372,91	372,91	II	445,50	341,50	243,50	151,58	65,91	1,33
	III	**352,16**	372,91	372,91	III	263,00	177,00	97,33	32,16		
	V	**1079,16**	372,91	372,91	IV	607,83	550,58	494,91	440,75	388,16	337,00
	VI	**1115,41**	372,91	372,91							
4067,99	I,IV	**667,33**	373,16	373,16	I	551,41	441,58	337,75	240,00	148,25	63,00
	II	**556,41**	373,16	373,16	II	446,33	342,16	244,16	152,16	66,50	1,75
	III	**352,83**	373,16	373,16	III	263,66	177,66	97,83	32,50		
	V	**1080,16**	373,16	373,16	IV	608,66	551,41	495,75	441,58	388,91	337,75
	VI	**1116,50**	373,16	373,16							

* Zur LSt-Berechnung für privat versicherte Arbeitnehmer s. Beispiele **Vorbemerkung S. 4f.**
** Basisvorsorgepauschale KV und PV *** Typisierter Arbeitgeberzuschuss

Lohn/ Gehalt in € bis	Steuerklasse	Lohn-steuer*	BVSP**	TAGZ***	Steuerklasse	Bemessungsgrundlage für Kirchensteuer und Solidaritätszuschlag					
						Freibeträge für ... Kinder					
						0,5	**1,0**	1,5	**2,0**	2,5	**3,0**
4070,99	I,IV	**668,16**	373,50	373,50	I	552,25	442,33	338,41	240,58	148,83	63,50
	II	**557,25**	373,50	373,50	II	447,00	342,91	244,83	152,83	67,00	2,08
	III	**353,50**	373,50	373,50	III	264,33	178,16	98,33	33,00		
	V	**1 081,25**	373,50	373,50	IV	609,41	552,25	496,50	442,33	389,58	338,41
	VI	**1 117,50**	373,50	373,50							
4073,99	I,IV	**669,00**	373,75	373,75	I	553,00	443,08	339,16	241,33	149,50	64,08
	II	**558,00**	373,75	373,75	II	447,83	343,66	245,50	153,41	67,58	2,41
	III	**354,00**	373,75	373,75	III	265,00	178,83	99,00	33,33		
	V	**1 082,25**	373,75	373,75	IV	610,25	553,00	497,25	443,08	390,33	339,16
	VI	**1 118,50**	373,75	373,75							
4076,99	I,IV	**669,91**	374,00	374,00	I	553,83	443,83	339,83	242,00	150,08	64,66
	II	**558,83**	374,00	374,00	II	448,58	344,33	246,16	154,08	68,16	2,75
	III	**354,66**	374,00	374,00	III	265,50	179,50	99,50	33,83		
	V	**1 083,33**	374,00	374,00	IV	611,08	553,83	498,08	443,83	391,08	339,83
	VI	**1 119,58**	374,00	374,00							
4079,99	I,IV	**670,75**	374,33	374,33	I	554,66	444,58	340,58	242,66	150,75	65,25
	II	**559,66**	374,33	374,33	II	449,33	345,08	246,83	154,66	68,75	3,16
	III	**355,33**	374,33	374,33	III	266,16	180,00	100,00	34,16		
	V	**1 084,33**	374,33	374,33	IV	611,91	554,66	498,83	444,58	391,83	340,58
	VI	**1 120,66**	374,33	374,33							
4082,99	I,IV	**671,58**	374,58	374,58	I	555,41	445,33	341,25	243,33	151,33	65,75
	II	**560,41**	374,58	374,58	II	450,08	345,75	247,50	155,33	69,33	3,50
	III	**356,00**	374,58	374,58	III	266,83	180,66	100,50	34,66		
	V	**1 085,41**	374,58	374,58	IV	612,75	555,41	499,58	445,33	392,58	341,25
	VI	**1 121,66**	374,58	374,58							
4085,99	I,IV	**672,41**	374,83	374,83	I	556,25	446,08	342,00	244,00	152,00	66,33
	II	**561,25**	374,83	374,83	II	450,83	346,50	248,16	156,00	69,91	3,83
	III	**356,66**	374,83	374,83	III	267,33	181,16	101,00	35,00		
	V	**1 086,41**	374,83	374,83	IV	613,58	556,25	500,41	446,08	393,33	342,00
	VI	**1 122,66**	374,83	374,83							
4088,99	I,IV	**673,25**	375,08	375,08	I	557,00	446,83	342,75	244,66	152,66	66,91
	II	**562,08**	375,08	375,08	II	451,58	347,25	248,91	156,58	70,50	4,25
	III	**357,33**	375,08	375,08	III	268,00	181,83	101,50	35,50		
	V	**1 087,50**	375,08	375,08	IV	614,41	557,00	501,16	446,83	394,08	342,75
	VI	**1 123,75**	375,08	375,08							
4091,99	I,IV	**674,08**	375,41	375,41	I	557,83	447,66	343,50	245,33	153,25	67,50
	II	**562,83**	375,41	375,41	II	452,41	347,91	249,58	157,25	71,08	4,58
	III	**358,00**	375,41	375,41	III	268,66	182,50	102,00	35,83		
	V	**1 088,50**	375,41	375,41	IV	615,25	557,83	502,00	447,66	394,75	343,50
	VI	**1 124,83**	375,41	375,41							
4094,99	I,IV	**674,91**	375,66	375,66	I	558,66	448,33	344,16	246,00	153,91	68,00
	II	**563,66**	375,66	375,66	II	453,16	348,66	250,25	157,83	71,58	4,91
	III	**358,50**	375,66	375,66	III	269,33	183,00	102,50	36,33		
	V	**1 089,58**	375,66	375,66	IV	616,00	558,66	502,75	448,33	395,50	344,16
	VI	**1 125,83**	375,66	375,66							
4097,99	I,IV	**675,83**	375,91	375,91	I	559,41	449,16	344,91	246,66	154,50	68,58
	II	**564,50**	375,91	375,91	II	453,91	349,41	250,91	158,50	72,16	5,33
	III	**359,16**	375,91	375,91	III	270,00	183,66	103,16	36,66		
	V	**1 090,58**	375,91	375,91	IV	616,83	559,41	503,50	449,16	396,25	344,91
	VI	**1 126,83**	375,91	375,91							
4100,99	I,IV	**676,66**	376,25	376,25	I	560,25	449,91	345,58	247,33	155,16	69,16
	II	**565,25**	376,25	376,25	II	454,66	350,08	251,58	159,16	72,75	5,66
	III	**359,83**	376,25	376,25	III	270,50	184,33	103,66	37,16		
	V	**1 091,66**	376,25	376,25	IV	617,66	560,25	504,33	449,91	397,00	345,58
	VI	**1 127,91**	376,25	376,25							
4103,99	I,IV	**677,50**	376,50	376,50	I	561,08	450,66	346,33	248,08	155,83	69,75
	II	**566,08**	376,50	376,50	II	455,41	350,83	252,25	159,75	73,33	6,08
	III	**360,50**	376,50	376,50	III	271,16	184,83	104,16	37,50		
	V	**1 092,66**	376,50	376,50	IV	618,50	561,08	505,08	450,66	397,75	346,33
	VI	**1 129,00**	376,50	376,50							

* Zur LSt-Berechnung für privat versicherte Arbeitnehmer s. Beispiele **Vorbemerkung S. 4 f.**
** Basisvorsorgepauschale KV und PV *** Typisierter Arbeitgeberzuschuss

Lohn/ Gehalt in € bis	Steuerklasse	**Lohnsteuer***	BVSP**	TAGZ***	Steuerklasse	Bemessungsgrundlage für Kirchensteuer und Solidaritätszuschlag – Freibeträge für ... Kinder 0,5	**1,0**	1,5	**2,0**	2,5	**3,0**
4106,99	I,IV	**678,33**	376,75	376,75	I	561,83	451,41	347,00	248,66	156,41	70,33
	II	**566,91**	376,75	376,75	II	456,16	351,50	252,91	160,41	73,91	6,41
	III	**361,16**	376,75	376,75	III	271,83	185,50	104,66	38,00		
	V	**1093,75**	376,75	376,75	IV	619,33	561,83	505,83	451,41	398,50	347,00
	VI	**1130,00**	376,75	376,75							
4109,99	I,IV	**679,16**	377,08	377,08	I	562,66	452,16	347,75	249,41	157,08	70,91
	II	**567,66**	377,08	377,08	II	456,91	352,25	253,58	161,00	74,50	6,83
	III	**361,83**	377,08	377,08	III	272,33	186,00	105,16	38,33		
	V	**1094,75**	377,08	377,08	IV	620,16	562,66	506,66	452,16	399,25	347,75
	VI	**1131,00**	377,08	377,08							
4112,99	I,IV	**680,00**	377,33	377,33	I	563,50	452,91	348,50	250,08	157,66	71,50
	II	**568,50**	377,33	377,33	II	457,75	353,00	254,33	161,66	75,08	7,16
	III	**362,50**	377,33	377,33	III	273,00	186,66	105,66	38,83		
	V	**1095,83**	377,33	377,33	IV	621,00	563,50	507,41	452,91	400,00	348,50
	VI	**1132,08**	377,33	377,33							
4115,99	I,IV	**680,91**	377,58	377,58	I	564,25	453,75	349,25	250,75	158,33	72,08
	II	**569,33**	377,58	377,58	II	458,50	353,75	255,00	162,33	75,66	7,58
	III	**363,00**	377,58	377,58	III	273,66	187,33	106,16	39,16		
	V	**1096,83**	377,58	377,58	IV	621,83	564,25	508,25	453,75	400,75	349,25
	VI	**1133,08**	377,58	377,58							
4118,99	I,IV	**681,75**	377,91	377,91	I	565,08	454,50	349,91	251,41	159,00	72,58
	II	**570,08**	377,91	377,91	II	459,25	354,41	255,66	162,91	76,25	7,91
	III	**363,66**	377,91	377,91	III	274,33	187,83	106,83	39,66		
	V	**1097,91**	377,91	377,91	IV	622,66	565,08	509,00	454,50	401,41	349,91
	VI	**1134,16**	377,91	377,91							
4121,99	I,IV	**682,58**	378,16	378,16	I	565,91	455,25	350,66	252,08	159,58	73,16
	II	**570,91**	378,16	378,16	II	460,00	355,16	256,33	163,58	76,83	8,33
	III	**364,33**	378,16	378,16	III	274,83	188,50	107,33	40,00		
	V	**1098,91**	378,16	378,16	IV	623,50	565,91	509,83	455,25	402,16	350,66
	VI	**1135,16**	378,16	378,16							
4124,99	I,IV	**683,41**	378,41	378,41	I	566,66	456,00	351,33	252,75	160,25	73,75
	II	**571,75**	378,41	378,41	II	460,75	355,91	257,00	164,25	77,50	8,75
	III	**365,00**	378,41	378,41	III	275,50	189,00	107,83	40,50		
	V	**1100,00**	378,41	378,41	IV	624,33	566,66	510,58	456,00	402,91	351,33
	VI	**1136,25**	378,41	378,41							
4127,99	I,IV	**684,33**	378,66	378,66	I	567,50	456,75	352,08	253,50	160,91	74,41
	II	**572,58**	378,66	378,66	II	461,58	356,58	257,66	164,83	78,08	9,08
	III	**365,66**	378,66	378,66	III	276,16	189,66	108,33	41,00		
	V	**1101,00**	378,66	378,66	IV	625,16	567,50	511,41	456,75	403,66	352,08
	VI	**1137,25**	378,66	378,66							
4130,99	I,IV	**685,08**	379,00	379,00	I	568,33	457,50	352,83	254,08	161,50	74,91
	II	**573,33**	379,00	379,00	II	462,33	357,33	258,33	165,50	78,66	9,50
	III	**366,33**	379,00	379,00	III	276,83	190,33	108,83	41,33		
	V	**1102,08**	379,00	379,00	IV	625,91	568,33	512,16	457,50	404,41	352,83
	VI	**1138,33**	379,00	379,00							
4133,99	I,IV	**686,00**	379,25	379,25	I	569,08	458,25	353,50	254,83	162,16	75,58
	II	**574,16**	379,25	379,25	II	463,08	358,00	259,08	166,08	79,25	9,83
	III	**367,00**	379,25	379,25	III	277,33	190,83	109,33	41,83		
	V	**1103,08**	379,25	379,25	IV	626,75	569,08	512,91	458,25	405,16	353,50
	VI	**1139,33**	379,25	379,25							
4136,99	I,IV	**686,83**	379,50	379,50	I	569,91	459,08	354,25	255,50	162,75	76,16
	II	**575,00**	379,50	379,50	II	463,83	358,75	259,75	166,75	79,83	10,25
	III	**367,66**	379,50	379,50	III	278,00	191,50	110,00	42,16		
	V	**1104,16**	379,50	379,50	IV	627,58	569,91	513,75	459,08	405,91	354,25
	VI	**1140,41**	379,50	379,50							
4139,99	I,IV	**687,66**	379,83	379,83	I	570,75	459,83	355,00	256,16	163,41	76,75
	II	**575,83**	379,83	379,83	II	464,58	359,50	260,41	167,41	80,41	10,66
	III	**368,16**	379,83	379,83	III	278,66	192,00	110,50	42,66		
	V	**1105,16**	379,83	379,83	IV	628,50	570,75	514,50	459,83	406,66	355,00
	VI	**1141,41**	379,83	379,83							

* Zur LSt-Berechnung für privat versicherte Arbeitnehmer s. Beispiele **Vorbemerkung S. 4 f.**
** Basisvorsorgepauschale KV und PV *** Typisierter Arbeitgeberzuschuss

Lohn/ Gehalt in € bis	Steuerklasse	Lohn-steuer*	BVSP**	TAGZ***	Steuerklasse	Bemessungsgrundlage für Kirchensteuer und Solidaritätszuschlag – Freibeträge für ... Kinder 0,5	1,0	1,5	2,0	2,5	3,0
4142,99	I,IV	**688,50**	380,08	380,08	I	571,50	460,58	355,66	256,83	164,08	77,33
	II	**576,58**	380,08	380,08	II	465,33	360,16	261,08	168,00	81,00	11,00
	III	**368,83**	380,08	380,08	III	279,33	192,66	111,00	43,00		
	V	**1 106,25**	380,08	380,08	IV	629,25	571,50	515,33	460,58	407,33	355,66
	VI	**1 142,50**	380,08	380,08							
4145,99	I,IV	**689,41**	380,33	380,33	I	572,33	461,33	356,41	257,50	164,66	77,91
	II	**577,41**	380,33	380,33	II	466,16	360,91	261,75	168,66	81,66	11,41
	III	**369,50**	380,33	380,33	III	279,83	193,33	111,50	43,50		
	V	**1 107,25**	380,33	380,33	IV	630,08	572,33	516,08	461,33	408,08	356,41
	VI	**1 143,50**	380,33	380,33							
4148,99	I,IV	**690,25**	380,66	380,66	I	573,16	462,08	357,16	258,25	165,33	78,50
	II	**578,25**	380,66	380,66	II	466,91	361,66	262,50	169,33	82,25	11,83
	III	**370,16**	380,66	380,66	III	280,50	193,83	112,16	44,00		
	V	**1 108,33**	380,66	380,66	IV	630,91	573,16	516,91	462,08	408,91	357,16
	VI	**1 144,58**	380,66	380,66							
4151,99	I,IV	**691,08**	380,91	380,91	I	574,00	462,91	357,83	258,91	166,00	79,08
	II	**579,00**	380,91	380,91	II	467,66	362,41	263,16	170,00	82,83	12,25
	III	**370,83**	380,91	380,91	III	281,16	194,50	112,66	44,33		
	V	**1 109,33**	380,91	380,91	IV	631,75	574,00	517,66	462,91	409,66	357,83
	VI	**1 145,58**	380,91	380,91							
4154,99	I,IV	**691,91**	381,16	381,16	I	574,75	463,66	358,58	259,58	166,58	79,66
	II	**579,83**	381,16	381,16	II	468,41	363,08	263,83	170,58	83,41	12,58
	III	**371,50**	381,16	381,16	III	281,83	195,00	113,16	44,83		
	V	**1 110,33**	381,16	381,16	IV	632,58	574,75	518,41	463,66	410,33	358,58
	VI	**1 146,66**	381,16	381,16							
4157,99	I,IV	**692,83**	381,41	381,41	I	575,58	464,41	359,33	260,25	167,25	80,25
	II	**580,66**	381,41	381,41	II	469,25	363,83	264,50	171,25	84,00	13,00
	III	**372,16**	381,41	381,41	III	282,33	195,66	113,66	45,16		
	V	**1 111,41**	381,41	381,41	IV	633,41	575,58	519,25	464,41	411,08	359,33
	VI	**1 147,66**	381,41	381,41							
4160,99	I,IV	**693,66**	381,75	381,75	I	576,41	465,16	360,00	260,91	167,91	80,91
	II	**581,50**	381,75	381,75	II	470,00	364,58	265,16	171,91	84,58	13,41
	III	**372,83**	381,75	381,75	III	283,00	196,33	114,16	45,66		
	V	**1 112,50**	381,75	381,75	IV	634,25	576,41	520,00	465,16	411,83	360,00
	VI	**1 148,75**	381,75	381,75							
4163,99	I,IV	**694,50**	382,00	382,00	I	577,25	466,00	360,75	261,58	168,50	81,50
	II	**582,25**	382,00	382,00	II	470,75	365,33	265,91	172,50	85,25	13,83
	III	**373,50**	382,00	382,00	III	283,66	196,83	114,83	46,00		
	V	**1 113,50**	382,00	382,00	IV	635,08	577,25	520,83	466,00	412,58	360,75
	VI	**1 149,75**	382,00	382,00							
4166,99	I,IV	**695,33**	382,25	382,25	I	578,00	466,75	361,50	262,25	169,16	82,08
	II	**583,08**	382,25	382,25	II	471,50	366,00	266,58	173,16	85,83	14,25
	III	**374,00**	382,25	382,25	III	284,33	197,50	115,33	46,50		
	V	**1 114,50**	382,25	382,25	IV	635,91	578,00	521,58	466,75	413,33	361,50
	VI	**1 150,83**	382,25	382,25							
4169,99	I,IV	**696,16**	382,58	382,58	I	578,83	467,50	362,16	263,00	169,83	82,66
	II	**583,91**	382,58	382,58	II	472,33	366,75	267,25	173,83	86,41	14,58
	III	**374,66**	382,58	382,58	III	284,83	198,16	115,83	47,00		
	V	**1 115,58**	382,58	382,58	IV	636,75	578,83	522,41	467,50	414,08	362,16
	VI	**1 151,83**	382,58	382,58							
4172,99	I,IV	**697,08**	382,83	382,83	I	579,66	468,25	362,91	263,66	170,41	83,25
	II	**584,75**	382,83	382,83	II	473,08	367,50	267,91	174,41	87,00	15,00
	III	**375,33**	382,83	382,83	III	285,50	198,66	116,33	47,33		
	V	**1 116,66**	382,83	382,83	IV	637,58	579,66	523,16	468,25	414,83	362,91
	VI	**1 152,91**	382,83	382,83							
4175,99	I,IV	**697,91**	383,08	383,08	I	580,41	469,00	363,66	264,33	171,08	83,83
	II	**585,50**	383,08	383,08	II	473,83	368,25	268,66	175,08	87,58	15,41
	III	**376,00**	383,08	383,08	III	286,16	199,33	117,00	47,83		
	V	**1 117,66**	383,08	383,08	IV	638,41	580,41	524,00	469,00	415,58	363,66
	VI	**1 153,91**	383,08	383,08							

* Zur LSt-Berechnung für privat versicherte Arbeitnehmer s. Beispiele **Vorbemerkung S. 4 f.**
** Basisvorsorgepauschale KV und PV *** Typisierter Arbeitgeberzuschuss

Lohn/ Gehalt in € bis	Steuerklasse	Lohn-steuer*	BVSP**	TAGZ***	Steuerklasse	Bemessungsgrundlage für Kirchensteuer und Solidaritätszuschlag					
						Freibeträge für ... Kinder					
						0,5	**1,0**	1,5	**2,0**	2,5	**3,0**
4178,99	I,IV	**698,75**	383,41	383,41	I	581,25	469,75	364,41	265,00	171,75	84,41
	II	**586,33**	383,41	383,41	II	474,58	368,91	269,33	175,75	88,16	15,83
	III	**376,66**	383,41	383,41	III	286,83	200,00	117,50	48,16		
	V	**1118,66**	383,41	383,41	IV	639,25	581,25	524,75	469,75	416,33	364,41
	VI	**1155,00**	383,41	383,41							
4181,99	I,IV	**699,66**	383,66	383,66	I	582,08	470,58	365,08	265,66	172,33	85,08
	II	**587,16**	383,66	383,66	II	475,41	369,66	270,00	176,33	88,83	16,25
	III	**377,33**	383,66	383,66	III	287,33	200,50	118,00	48,66		
	V	**1119,75**	383,66	383,66	IV	640,08	582,08	525,58	470,58	417,08	365,08
	VI	**1156,00**	383,66	383,66							
4184,99	I,IV	**700,50**	383,91	383,91	I	582,91	471,33	365,83	266,41	173,00	85,66
	II	**588,00**	383,91	383,91	II	476,16	370,41	270,66	177,00	89,41	16,66
	III	**378,00**	383,91	383,91	III	288,00	201,16	118,50	49,16		
	V	**1120,83**	383,91	383,91	IV	640,91	582,91	526,33	471,33	417,83	365,83
	VI	**1157,08**	383,91	383,91							
4187,99	I,IV	**701,33**	384,16	384,16	I	583,66	472,08	366,58	267,08	173,66	86,25
	II	**588,83**	384,16	384,16	II	476,91	371,16	271,33	177,66	90,00	17,08
	III	**378,66**	384,16	384,16	III	288,66	201,83	119,16	49,50		
	V	**1121,83**	384,16	384,16	IV	641,75	583,66	527,16	472,08	418,58	366,58
	VI	**1158,08**	384,16	384,16							
4190,99	I,IV	**702,16**	384,50	384,50	I	584,50	472,83	367,25	267,75	174,25	86,83
	II	**589,58**	384,50	384,50	II	477,66	371,83	272,00	178,25	90,58	17,50
	III	**379,33**	384,50	384,50	III	289,33	202,33	119,66	50,00		
	V	**1122,83**	384,50	384,50	IV	642,58	584,50	527,91	472,83	419,33	367,25
	VI	**1159,16**	384,50	384,50							
4193,99	I,IV	**703,08**	384,75	384,75	I	585,33	473,66	368,00	268,41	174,91	87,41
	II	**590,41**	384,75	384,75	II	478,50	372,58	272,75	178,91	91,16	17,91
	III	**379,83**	384,75	384,75	III	290,00	203,00	120,16	50,50		
	V	**1123,91**	384,75	384,75	IV	643,41	585,33	528,75	473,66	420,08	368,00
	VI	**1160,16**	384,75	384,75							
4196,99	I,IV	**703,91**	385,00	385,00	I	586,16	474,41	368,75	269,16	175,58	88,08
	II	**591,25**	385,00	385,00	II	479,25	373,33	273,41	179,58	91,83	18,33
	III	**380,50**	385,00	385,00	III	290,50	203,66	120,83	50,83		
	V	**1125,00**	385,00	385,00	IV	644,25	586,16	529,50	474,41	420,83	368,75
	VI	**1161,25**	385,00	385,00							
4199,99	I,IV	**704,75**	385,33	385,33	I	587,00	475,16	369,50	269,83	176,25	88,66
	II	**592,08**	385,33	385,33	II	480,00	374,08	274,08	180,25	92,41	18,75
	III	**381,16**	385,33	385,33	III	291,16	204,16	121,33	51,33		
	V	**1126,00**	385,33	385,33	IV	645,08	587,00	530,33	475,16	421,58	369,50
	VI	**1162,25**	385,33	385,33							
4202,99	I,IV	**705,58**	385,58	385,58	I	587,75	475,91	370,16	270,50	176,83	89,25
	II	**592,83**	385,58	385,58	II	480,75	374,75	274,75	180,83	93,00	19,16
	III	**381,83**	385,58	385,58	III	291,83	204,83	121,83	51,83		
	V	**1127,00**	385,58	385,58	IV	645,91	587,75	531,08	475,91	422,33	370,16
	VI	**1163,33**	385,58	385,58							
4205,99	I,IV	**706,50**	385,83	385,83	I	588,58	476,75	370,91	271,16	177,50	89,83
	II	**593,66**	385,83	385,83	II	481,58	375,50	275,50	181,50	93,58	19,58
	III	**382,50**	385,83	385,83	III	292,50	205,33	122,33	52,16		
	V	**1128,08**	385,83	385,83	IV	646,75	588,58	531,91	476,75	423,08	370,91
	VI	**1164,33**	385,83	385,83							
4208,99	I,IV	**707,33**	386,16	386,16	I	589,41	477,50	371,66	271,91	178,16	90,41
	II	**594,50**	386,16	386,16	II	482,33	376,25	276,16	182,16	94,25	20,00
	III	**383,16**	386,16	386,16	III	293,00	206,00	123,00	52,66		
	V	**1129,16**	386,16	386,16	IV	647,58	589,41	532,66	477,50	423,83	371,66
	VI	**1165,41**	386,16	386,16							
4211,99	I,IV	**708,25**	386,41	386,41	I	590,25	478,25	372,41	272,58	178,75	91,08
	II	**595,33**	386,41	386,41	II	483,08	377,00	276,83	182,83	94,83	20,41
	III	**383,83**	386,41	386,41	III	293,66	206,66	123,50	53,16		
	V	**1130,16**	386,41	386,41	IV	648,50	590,25	533,50	478,25	424,58	372,41
	VI	**1166,41**	386,41	386,41							

* Zur LSt-Berechnung für privat versicherte Arbeitnehmer s. Beispiele **Vorbemerkung S. 4f.**
** Basisvorsorgepauschale KV und PV *** Typisierter Arbeitgeberzuschuss

Lohn/ Gehalt in € bis	Steuerklasse	Lohn-steuer*	BVSP**	TAGZ***	Steuerklasse	Bemessungsgrundlage für Kirchensteuer und Solidaritätszuschlag – Freibeträge für ... Kinder 0,5	**1,0**	1,5	**2,0**	2,5	**3,0**
4214,99	I,IV	**709,08**	386,66	386,66	I	591,00	479,00	373,08	273,25	179,41	91,66
	II	**596,08**	386,66	386,66	II	483,91	377,66	277,50	183,41	95,41	20,83
	III	**384,50**	386,66	386,66	III	294,33	207,16	124,00	53,50		
	V	**1131,16**	386,66	386,66	IV	649,25	591,00	534,25	479,00	425,33	373,08
	VI	**1167,50**	386,66	386,66							
4217,99	I,IV	**709,91**	387,00	387,00	I	591,83	479,83	373,83	273,91	180,08	92,25
	II	**596,91**	387,00	387,00	II	484,66	378,41	278,25	184,08	96,00	21,33
	III	**385,16**	387,00	387,00	III	295,00	207,83	124,66	54,00		
	V	**1132,25**	387,00	387,00	IV	650,08	591,83	535,08	479,83	426,08	373,83
	VI	**1168,50**	387,00	387,00							
4220,99	I,IV	**710,75**	387,25	387,25	I	592,66	480,58	374,58	274,66	180,75	92,83
	II	**597,75**	387,25	387,25	II	485,41	379,16	278,91	184,75	96,66	21,75
	III	**385,83**	387,25	387,25	III	295,66	208,50	125,16	54,50		
	V	**1133,33**	387,25	387,25	IV	651,00	592,66	535,83	480,58	426,83	374,58
	VI	**1169,58**	387,25	387,25							
4223,99	I,IV	**711,66**	387,50	387,50	I	593,50	481,41	375,33	275,33	181,33	93,50
	II	**598,58**	387,50	387,50	II	486,25	379,91	279,66	185,41	97,25	22,16
	III	**386,50**	387,50	387,50	III	296,16	209,00	125,66	55,00		
	V	**1134,33**	387,50	387,50	IV	651,83	593,50	536,66	481,41	427,58	375,33
	VI	**1170,58**	387,50	387,50							
4226,99	I,IV	**712,50**	387,75	387,75	I	594,25	482,16	376,00	276,00	182,00	94,08
	II	**599,41**	387,75	387,75	II	487,00	380,58	280,33	186,00	97,83	22,58
	III	**387,00**	387,75	387,75	III	296,83	209,66	126,33	55,33		
	V	**1135,33**	387,75	387,75	IV	652,66	594,25	537,41	482,16	428,33	376,00
	VI	**1171,58**	387,75	387,75							
4229,99	I,IV	**713,33**	388,08	388,08	I	595,08	482,91	376,75	276,66	182,66	94,66
	II	**600,25**	388,08	388,08	II	487,75	381,33	281,00	186,66	98,41	23,00
	III	**387,66**	388,08	388,08	III	297,50	210,16	126,83	55,83		
	V	**1136,41**	388,08	388,08	IV	653,50	595,08	538,25	482,91	429,08	376,75
	VI	**1172,66**	388,08	388,08							
4232,99	I,IV	**714,25**	388,33	388,33	I	595,91	483,66	377,50	277,41	183,33	95,25
	II	**601,08**	388,33	388,33	II	488,58	382,08	281,66	187,33	99,08	23,50
	III	**388,33**	388,33	388,33	III	298,16	210,83	127,33	56,33		
	V	**1137,50**	388,33	388,33	IV	654,33	595,91	539,08	483,66	429,83	377,50
	VI	**1173,75**	388,33	388,33							
4235,99	I,IV	**715,08**	388,58	388,58	I	596,75	484,50	378,25	278,08	183,91	95,91
	II	**601,83**	388,58	388,58	II	489,33	382,83	282,41	188,00	99,66	23,91
	III	**389,00**	388,58	388,58	III	298,66	211,50	128,00	56,66	0,33	
	V	**1138,50**	388,58	388,58	IV	655,16	596,75	539,83	484,50	430,58	378,25
	VI	**1174,75**	388,58	388,58							
4238,99	I,IV	**715,91**	388,91	388,91	I	597,58	485,25	379,00	278,75	184,58	96,50
	II	**602,66**	388,91	388,91	II	490,08	383,58	283,08	188,66	100,25	24,33
	III	**389,66**	388,91	388,91	III	299,33	212,00	128,50	57,16	0,66	
	V	**1139,50**	388,91	388,91	IV	656,00	597,58	540,66	485,25	431,33	379,00
	VI	**1175,75**	388,91	388,91							
4241,99	I,IV	**716,83**	389,16	389,16	I	598,41	486,00	379,66	279,41	185,25	97,08
	II	**603,50**	389,16	389,16	II	490,83	384,25	283,75	189,25	100,83	24,75
	III	**390,33**	389,16	389,16	III	300,00	212,66	129,00	57,66	1,00	
	V	**1140,58**	389,16	389,16	IV	656,83	598,41	541,41	486,00	432,08	379,66
	VI	**1176,83**	389,16	389,16							
4244,99	I,IV	**717,66**	389,41	389,41	I	599,16	486,83	380,41	280,16	185,91	97,66
	II	**604,33**	389,41	389,41	II	491,66	385,00	284,41	189,91	101,50	25,25
	III	**391,00**	389,41	389,41	III	300,66	213,33	129,66	58,16	1,33	
	V	**1141,66**	389,41	389,41	IV	657,66	599,16	542,25	486,83	432,83	380,41
	VI	**1177,91**	389,41	389,41							
4247,99	I,IV	**718,50**	389,75	389,75	I	600,00	487,58	381,16	280,83	186,50	98,33
	II	**605,16**	389,75	389,75	II	492,41	385,75	285,16	190,58	102,08	25,66
	III	**391,66**	389,75	389,75	III	301,33	214,00	130,16	58,50	1,66	
	V	**1142,66**	389,75	389,75	IV	658,50	600,00	543,08	487,58	433,58	381,16
	VI	**1178,91**	389,75	389,75							

* Zur LSt-Berechnung für privat versicherte Arbeitnehmer s. Beispiele **Vorbemerkung S. 4f.**
** Basisvorsorgepauschale KV und PV *** Typisierter Arbeitgeberzuschuss

Lohn/ Gehalt in € bis	Steuerklasse	**Lohn- steuer***	BVSP**	TAGZ***	Steuerklasse	Bemessungsgrundlage für Kirchensteuer und Solidaritätszuschlag – Freibeträge für ... Kinder 0,5	**1,0**	1,5	**2,0**	2,5	**3,0**
4250,99	I,IV	**719,33**	390,00	390,00	I	600,83	488,33	381,91	281,50	187,16	98,91
	II	**605,91**	390,00	390,00	II	493,16	386,50	285,83	191,25	102,66	26,08
	III	**392,16**	390,00	390,00	III	301,83	214,50	130,66	59,00	2,00	
	V	**1143,66**	390,00	390,00	IV	659,33	600,83	543,83	488,33	434,33	381,91
	VI	**1179,91**	390,00	390,00							
4253,99	I,IV	**720,25**	390,25	390,25	I	601,66	489,08	382,66	282,16	187,83	99,50
	II	**606,75**	390,25	390,25	II	494,00	387,25	286,50	191,91	103,25	26,58
	III	**392,83**	390,25	390,25	III	302,50	215,16	131,33	59,50	2,33	
	V	**1144,75**	390,25	390,25	IV	660,16	601,66	544,66	489,08	435,08	382,66
	VI	**1181,00**	390,25	390,25							
4256,99	I,IV	**721,08**	390,50	390,50	I	602,50	489,91	383,33	282,91	188,50	100,08
	II	**607,58**	390,50	390,50	II	494,75	388,00	287,25	192,50	103,91	27,00
	III	**393,50**	390,50	390,50	III	303,16	215,66	131,83	59,83	2,66	
	V	**1145,83**	390,50	390,50	IV	661,00	602,50	545,41	489,91	435,91	383,33
	VI	**1182,08**	390,50	390,50							
4259,99	I,IV	**722,00**	390,83	390,83	I	603,33	490,66	384,08	283,58	189,16	100,75
	II	**608,41**	390,83	390,83	II	495,58	388,75	287,91	193,16	104,50	27,41
	III	**394,16**	390,83	390,83	III	303,83	216,33	132,50	60,33	3,16	
	V	**1146,83**	390,83	390,83	IV	661,91	603,33	546,25	490,66	436,66	384,08
	VI	**1183,08**	390,83	390,83							
4262,99	I,IV	**722,83**	391,08	391,08	I	604,08	491,41	384,83	284,25	189,75	101,33
	II	**609,25**	391,08	391,08	II	496,33	389,41	288,58	193,83	105,08	27,91
	III	**394,83**	391,08	391,08	III	304,33	217,00	133,00	60,83	3,50	
	V	**1147,83**	391,08	391,08	IV	662,75	604,08	547,00	491,41	437,41	384,83
	VI	**1184,08**	391,08	391,08							
4265,99	I,IV	**723,66**	391,33	391,33	I	604,91	492,25	385,58	285,00	190,41	101,91
	II	**610,08**	391,33	391,33	II	497,08	390,16	289,33	194,50	105,75	28,33
	III	**395,50**	391,33	391,33	III	305,00	217,50	133,50	61,33	3,83	
	V	**1148,91**	391,33	391,33	IV	663,58	604,91	547,83	492,25	438,16	385,58
	VI	**1185,16**	391,33	391,33							
4268,99	I,IV	**724,58**	391,66	391,66	I	605,75	493,00	386,33	285,66	191,08	102,50
	II	**610,91**	391,66	391,66	II	497,91	390,91	290,00	195,16	106,33	28,83
	III	**396,16**	391,66	391,66	III	305,66	218,16	134,16	61,83	4,16	
	V	**1150,00**	391,66	391,66	IV	664,41	605,75	548,66	493,00	438,91	386,33
	VI	**1186,25**	391,66	391,66							
4271,99	I,IV	**725,41**	391,91	391,91	I	606,58	493,83	387,08	286,33	191,75	103,16
	II	**611,75**	391,91	391,91	II	498,66	391,66	290,66	195,83	106,91	29,25
	III	**396,83**	391,91	391,91	III	306,33	218,83	134,66	62,16	4,50	
	V	**1151,00**	391,91	391,91	IV	665,25	606,58	549,41	493,83	439,66	387,08
	VI	**1187,25**	391,91	391,91							
4274,99	I,IV	**726,25**	392,16	392,16	I	607,41	494,58	387,75	287,00	192,33	103,75
	II	**612,50**	392,16	392,16	II	499,41	392,41	291,41	196,41	107,50	29,75
	III	**397,50**	392,16	392,16	III	306,83	219,33	135,16	62,66	4,83	
	V	**1152,00**	392,16	392,16	IV	666,08	607,41	550,25	494,58	440,41	387,75
	VI	**1188,25**	392,16	392,16							
4277,99	I,IV	**727,16**	392,50	392,50	I	608,25	495,33	388,50	287,75	193,00	104,33
	II	**613,33**	392,50	392,50	II	500,25	393,08	292,08	197,08	108,16	30,16
	III	**398,16**	392,50	392,50	III	307,50	220,00	135,83	63,16	5,16	
	V	**1153,08**	392,50	392,50	IV	666,91	608,25	551,00	495,33	441,16	388,50
	VI	**1189,33**	392,50	392,50							
4280,99	I,IV	**728,00**	392,75	392,75	I	609,08	496,16	389,25	288,41	193,66	104,91
	II	**614,16**	392,75	392,75	II	501,00	393,83	292,75	197,75	108,75	30,66
	III	**398,83**	392,75	392,75	III	308,16	220,66	136,33	63,66	5,66	
	V	**1154,08**	392,75	392,75	IV	667,75	609,08	551,83	496,16	441,91	389,25
	VI	**1190,41**	392,75	392,75							
4283,99	I,IV	**728,91**	393,00	393,00	I	609,91	496,91	390,00	289,16	194,33	105,58
	II	**615,00**	393,00	393,00	II	501,83	394,58	293,50	198,41	109,41	31,08
	III	**399,50**	393,00	393,00	III	308,83	221,16	137,00	64,00	6,00	
	V	**1155,16**	393,00	393,00	IV	668,66	609,91	552,66	496,91	442,66	390,00
	VI	**1191,41**	393,00	393,00							

* Zur LSt-Berechnung für privat versicherte Arbeitnehmer s. Beispiele **Vorbemerkung S. 4f.**
** Basisvorsorgepauschale KV und PV *** Typisierter Arbeitgeberzuschuss

Lohn/ Gehalt in € bis	Steuerklasse	Lohn- steuer*	BVSP**	TAGZ***	Steuerklasse	Bemessungsgrundlage für Kirchensteuer und Solidaritätszuschlag – Freibeträge für ... Kinder 0,5	1,0	1,5	2,0	2,5	3,0
4 286,99	I,IV	**729,75**	393,25	393,25	I	610,66	497,66	390,75	289,83	195,00	106,16
	II	**615,83**	393,25	393,25	II	502,58	395,33	294,16	199,00	110,00	31,58
	III	**400,16**	393,25	393,25	III	309,50	221,83	137,50	64,50	6,33	
	V	**1 156,16**	393,25	393,25	IV	669,41	610,66	553,41	497,66	443,41	390,75
	VI	**1 192,41**	393,25	393,25							
4 289,99	I,IV	**730,58**	393,58	393,58	I	611,50	498,50	391,50	290,50	195,58	106,75
	II	**616,66**	393,58	393,58	II	503,33	396,08	294,83	199,66	110,58	32,00
	III	**400,83**	393,58	393,58	III	310,16	222,50	138,16	65,00	6,66	
	V	**1 157,25**	393,58	393,58	IV	670,33	611,50	554,25	498,50	444,16	391,50
	VI	**1 193,50**	393,58	393,58							
4 292,99	I,IV	**731,50**	393,83	393,83	I	612,33	499,25	392,16	291,25	196,25	107,41
	II	**617,50**	393,83	393,83	II	504,16	396,83	295,58	200,33	111,16	32,50
	III	**401,50**	393,83	393,83	III	310,66	223,00	138,66	65,50	7,00	
	V	**1 158,25**	393,83	393,83	IV	671,16	612,33	555,00	499,25	445,00	392,16
	VI	**1 194,58**	393,83	393,83							
4 295,99	I,IV	**732,33**	394,08	394,08	I	613,16	500,00	392,91	291,91	196,91	108,00
	II	**618,33**	394,08	394,08	II	504,91	397,58	296,25	201,00	111,83	32,91
	III	**402,00**	394,08	394,08	III	311,33	223,66	139,33	66,00	7,33	
	V	**1 159,33**	394,08	394,08	IV	672,00	613,16	555,83	500,00	445,75	392,91
	VI	**1 195,58**	394,08	394,08							
4 298,99	I,IV	**733,25**	394,41	394,41	I	614,00	500,83	393,66	292,58	197,58	108,58
	II	**619,16**	394,41	394,41	II	505,66	398,33	296,91	201,66	112,41	33,41
	III	**402,66**	394,41	394,41	III	312,00	224,33	139,83	66,33	7,83	
	V	**1 160,33**	394,41	394,41	IV	672,83	614,00	556,66	500,83	446,50	393,66
	VI	**1 196,58**	394,41	394,41							
4 301,99	I,IV	**734,08**	394,66	394,66	I	614,83	501,58	394,41	293,33	198,25	109,25
	II	**620,00**	394,66	394,66	II	506,50	399,00	297,66	202,33	113,00	33,91
	III	**403,33**	394,66	394,66	III	312,66	224,83	140,33	66,83	8,16	
	V	**1 161,41**	394,66	394,66	IV	673,66	614,83	557,41	501,58	447,25	394,41
	VI	**1 197,66**	394,66	394,66							
4 304,99	I,IV	**734,91**	394,91	394,91	I	615,66	502,33	395,16	294,00	198,91	109,83
	II	**620,83**	394,91	394,91	II	507,25	399,75	298,33	203,00	113,66	34,33
	III	**404,00**	394,91	394,91	III	313,16	225,50	141,00	67,33	8,50	
	V	**1 162,41**	394,91	394,91	IV	674,58	615,66	558,25	502,33	448,00	395,16
	VI	**1 198,75**	394,91	394,91							
4 307,99	I,IV	**735,83**	395,25	395,25	I	616,50	503,16	395,91	294,66	199,58	110,41
	II	**621,66**	395,25	395,25	II	508,08	400,50	299,08	203,66	114,25	34,83
	III	**404,66**	395,25	395,25	III	313,83	226,16	141,50	67,83	8,83	
	V	**1 163,50**	395,25	395,25	IV	675,41	616,50	559,08	503,16	448,75	395,91
	VI	**1 199,75**	395,25	395,25							
4 310,99	I,IV	**736,66**	395,50	395,50	I	617,25	503,91	396,66	295,41	200,16	111,00
	II	**622,41**	395,50	395,50	II	508,83	401,25	299,75	204,25	114,83	35,33
	III	**405,33**	395,50	395,50	III	314,50	226,66	142,16	68,33	9,16	
	V	**1 164,50**	395,50	395,50	IV	676,25	617,25	559,83	503,91	449,50	396,66
	VI	**1 200,75**	395,50	395,50							
4 313,99	I,IV	**737,58**	395,75	395,75	I	618,08	504,75	397,33	296,08	200,83	111,66
	II	**623,25**	395,75	395,75	II	509,58	402,00	300,41	204,91	115,50	35,75
	III	**406,00**	395,75	395,75	III	315,16	227,33	142,66	68,83	9,66	
	V	**1 165,58**	395,75	395,75	IV	677,08	618,08	560,66	504,75	450,25	397,33
	VI	**1 201,83**	395,75	395,75							
4 316,99	I,IV	**738,41**	396,08	396,08	I	618,91	505,50	398,08	296,75	201,50	112,25
	II	**624,08**	396,08	396,08	II	510,41	402,75	301,16	205,58	116,08	36,25
	III	**406,66**	396,08	396,08	III	315,83	228,00	143,33	69,16	10,00	
	V	**1 166,58**	396,08	396,08	IV	677,91	618,91	561,50	505,50	451,08	398,08
	VI	**1 202,91**	396,08	396,08							
4 319,99	I,IV	**739,33**	396,33	396,33	I	619,75	506,33	398,83	297,50	202,16	112,91
	II	**624,91**	396,33	396,33	II	511,16	403,50	301,83	206,25	116,75	36,75
	III	**407,33**	396,33	396,33	III	316,50	228,50	143,83	69,66	10,33	
	V	**1 167,66**	396,33	396,33	IV	678,75	619,75	562,25	506,33	451,83	398,83
	VI	**1 203,91**	396,33	396,33							

* Zur LSt-Berechnung für privat versicherte Arbeitnehmer s. Beispiele **Vorbemerkung S. 4f.**
** Basisvorsorgepauschale KV und PV *** Typisierter Arbeitgeberzuschuss

Lohn/ Gehalt in € bis	Steuerklasse	**Lohn-steuer***	BVSP**	TAGZ***	Steuerklasse	Bemessungsgrundlage für Kirchensteuer und Solidaritätszuschlag					
						Freibeträge für ... Kinder					
						0,5	**1,0**	1,5	**2,0**	2,5	**3,0**
4322,99	I,IV	**740,16**	396,58	396,58	I	620,58	507,08	399,58	298,16	202,83	113,50
	II	**625,75**	396,58	396,58	II	512,00	404,25	302,50	206,91	117,33	37,25
	III	**408,00**	396,58	396,58	III	317,00	229,16	144,50	70,16	10,66	
	V	**1168,66**	396,58	396,58	IV	679,58	620,58	563,08	507,08	452,58	399,58
	VI	**1204,91**	396,58	396,58							
4325,99	I,IV	**741,00**	396,83	396,83	I	621,41	507,83	400,33	298,83	203,50	114,08
	II	**626,58**	396,83	396,83	II	512,75	405,00	303,25	207,58	117,91	37,66
	III	**408,66**	396,83	396,83	III	317,66	229,83	145,00	70,66	11,00	
	V	**1169,75**	396,83	396,83	IV	680,50	621,41	563,91	507,83	453,33	400,33
	VI	**1206,00**	396,83	396,83							
4328,99	I,IV	**741,91**	397,16	397,16	I	622,25	508,66	401,08	299,58	204,08	114,75
	II	**627,41**	397,16	397,16	II	513,58	405,75	303,91	208,25	118,58	38,16
	III	**409,33**	397,16	397,16	III	318,33	230,33	145,66	71,16	11,50	
	V	**1170,75**	397,16	397,16	IV	681,33	622,25	564,66	508,66	454,08	401,08
	VI	**1207,08**	397,16	397,16							
4331,99	I,IV	**742,75**	397,41	397,41	I	623,08	509,41	401,83	300,25	204,75	115,33
	II	**628,25**	397,41	397,41	II	514,33	406,50	304,66	208,91	119,16	38,66
	III	**410,00**	397,41	397,41	III	319,00	231,00	146,16	71,66	11,83	
	V	**1171,83**	397,41	397,41	IV	682,16	623,08	565,50	509,41	454,83	401,83
	VI	**1208,08**	397,41	397,41							
4334,99	I,IV	**743,66**	397,66	397,66	I	623,91	510,16	402,58	301,00	205,41	115,91
	II	**629,08**	397,66	397,66	II	515,08	407,16	305,33	209,50	119,75	39,16
	III	**410,50**	397,66	397,66	III	319,66	231,66	146,83	72,00	12,16	
	V	**1172,83**	397,66	397,66	IV	683,00	623,91	566,25	510,16	455,58	402,58
	VI	**1209,08**	397,66	397,66							
4337,99	I,IV	**744,50**	398,00	398,00	I	624,75	511,00	403,33	301,66	206,08	116,58
	II	**629,91**	398,00	398,00	II	515,91	407,91	306,08	210,16	120,41	39,66
	III	**411,16**	398,00	398,00	III	320,16	232,16	147,33	72,50	12,50	
	V	**1173,91**	398,00	398,00	IV	683,83	624,75	567,08	511,00	456,41	403,33
	VI	**1210,16**	398,00	398,00							
4340,99	I,IV	**745,41**	398,25	398,25	I	625,58	511,75	404,08	302,33	206,75	117,16
	II	**630,75**	398,25	398,25	II	516,66	408,66	306,75	210,83	121,00	40,16
	III	**411,83**	398,25	398,25	III	320,83	232,83	148,00	73,00	13,00	
	V	**1174,91**	398,25	398,25	IV	684,75	625,58	567,91	511,75	457,16	404,08
	VI	**1211,25**	398,25	398,25							
4343,99	I,IV	**746,25**	398,50	398,50	I	626,41	512,58	404,83	303,08	207,41	117,83
	II	**631,58**	398,50	398,50	II	517,50	409,41	307,50	211,50	121,66	40,66
	III	**412,50**	398,50	398,50	III	321,50	233,50	148,50	73,50	13,33	
	V	**1176,00**	398,50	398,50	IV	685,58	626,41	568,75	512,58	457,91	404,83
	VI	**1212,25**	398,50	398,50							
4346,99	I,IV	**747,08**	398,83	398,83	I	627,16	513,33	405,50	303,75	208,08	118,41
	II	**632,41**	398,83	398,83	II	518,25	410,16	308,16	212,16	122,25	41,08
	III	**413,16**	398,83	398,83	III	322,16	234,00	149,00	74,00	13,66	
	V	**1177,00**	398,83	398,83	IV	686,41	627,16	569,50	513,33	458,66	405,50
	VI	**1213,25**	398,83	398,83							
4349,99	I,IV	**748,00**	399,08	399,08	I	628,00	514,16	406,25	304,50	208,75	119,00
	II	**633,25**	399,08	399,08	II	519,08	410,91	308,83	212,83	122,83	41,58
	III	**413,83**	399,08	399,08	III	322,66	234,66	149,66	74,50	14,00	
	V	**1178,08**	399,08	399,08	IV	687,25	628,00	570,33	514,16	459,41	406,25
	VI	**1214,33**	399,08	399,08							
4352,99	I,IV	**748,91**	399,33	399,33	I	628,91	514,91	407,00	305,16	209,41	119,66
	II	**634,08**	399,33	399,33	II	519,83	411,66	309,58	213,50	123,50	42,08
	III	**414,50**	399,33	399,33	III	323,33	235,33	150,33	75,00	14,50	
	V	**1179,08**	399,33	399,33	IV	688,08	628,91	571,16	514,91	460,25	407,00
	VI	**1215,33**	399,33	399,33							
4355,99	I,IV	**749,75**	399,58	399,58	I	629,75	515,75	407,75	305,91	210,00	120,25
	II	**634,91**	399,58	399,58	II	520,66	412,41	310,25	214,16	124,08	42,58
	III	**415,16**	399,58	399,58	III	324,00	235,83	150,83	75,50	14,83	
	V	**1180,16**	399,58	399,58	IV	689,00	629,75	572,00	515,75	461,00	407,75
	VI	**1216,41**	399,58	399,58							

* Zur LSt-Berechnung für privat versicherte Arbeitnehmer s. Beispiele **Vorbemerkung S. 4f.**
** Basisvorsorgepauschale KV und PV *** Typisierter Arbeitgeberzuschuss

Lohn/ Gehalt in € bis	Steuerklasse	Lohn- steuer*	BVSP**	TAGZ***	Steuerklasse	Bemessungsgrundlage für Kirchensteuer und Solidaritätszuschlag — Freibeträge für ... Kinder 0,5	1,0	1,5	2,0	2,5	3,0
4 358,99	I,IV	**750,58**	399,91	399,91	I	630,50	516,50	408,50	306,58	210,66	120,83
	II	**635,75**	399,91	399,91	II	521,41	413,16	310,91	214,83	124,66	43,08
	III	**415,83**	399,91	399,91	III	324,66	236,50	151,50	76,00	15,16	
	V	**1 181,16**	399,91	399,91	IV	689,83	630,50	572,75	516,50	461,75	408,50
	VI	**1 217,41**	399,91	399,91							
4 361,99	I,IV	**751,50**	400,16	400,16	I	631,33	517,25	409,25	307,25	211,33	121,50
	II	**636,58**	400,16	400,16	II	522,25	413,91	311,66	215,50	125,33	43,58
	III	**416,50**	400,16	400,16	III	325,33	237,16	152,00	76,33	15,50	
	V	**1 182,25**	400,16	400,16	IV	690,66	631,33	573,58	517,25	462,50	409,25
	VI	**1 218,50**	400,16	400,16							
4 364,99	I,IV	**752,41**	400,41	400,41	I	632,16	518,08	410,00	308,00	212,00	122,08
	II	**637,41**	400,41	400,41	II	523,00	414,66	312,41	216,16	125,91	44,08
	III	**417,16**	400,41	400,41	III	326,00	237,83	152,66	76,83	16,00	
	V	**1 183,25**	400,41	400,41	IV	691,50	632,16	574,41	518,08	463,25	410,00
	VI	**1 219,50**	400,41	400,41							
4 367,99	I,IV	**753,25**	400,75	400,75	I	633,00	518,83	410,75	308,66	212,66	122,75
	II	**638,25**	400,75	400,75	II	523,83	415,41	313,08	216,83	126,58	44,58
	III	**417,83**	400,75	400,75	III	326,66	238,33	153,16	77,33	16,33	
	V	**1 184,33**	400,75	400,75	IV	692,41	633,00	575,16	518,83	464,08	410,75
	VI	**1 220,58**	400,75	400,75							
4 370,99	I,IV	**754,08**	401,00	401,00	I	633,83	519,66	411,50	309,33	213,33	123,33
	II	**639,08**	401,00	401,00	II	524,58	416,16	313,75	217,41	127,16	45,08
	III	**418,50**	401,00	401,00	III	327,16	239,00	153,83	77,83	16,66	
	V	**1 185,33**	401,00	401,00	IV	693,25	633,83	576,00	519,66	464,83	411,50
	VI	**1 221,58**	401,00	401,00							
4 373,99	I,IV	**755,00**	401,25	401,25	I	634,66	520,41	412,25	310,08	214,00	123,91
	II	**639,91**	401,25	401,25	II	525,33	416,91	314,50	218,08	127,83	45,58
	III	**419,16**	401,25	401,25	III	327,83	239,66	154,33	78,33	17,00	
	V	**1 186,41**	401,25	401,25	IV	694,08	634,66	576,83	520,41	465,58	412,25
	VI	**1 222,66**	401,25	401,25							
4 376,99	I,IV	**755,83**	401,58	401,58	I	635,50	521,25	413,00	310,83	214,66	124,58
	II	**640,75**	401,58	401,58	II	526,16	417,66	315,16	218,75	128,41	46,08
	III	**419,83**	401,58	401,58	III	328,50	240,16	155,00	78,83	17,50	
	V	**1 187,41**	401,58	401,58	IV	694,91	635,50	577,58	521,25	466,33	413,00
	VI	**1 223,66**	401,58	401,58							
4 379,99	I,IV	**756,75**	401,83	401,83	I	636,33	522,00	413,75	311,50	215,33	125,16
	II	**641,58**	401,83	401,83	II	527,00	418,41	315,91	219,41	129,08	46,66
	III	**420,50**	401,83	401,83	III	329,16	240,83	155,50	79,33	17,83	
	V	**1 188,50**	401,83	401,83	IV	695,83	636,33	578,41	522,00	467,16	413,75
	VI	**1 224,75**	401,83	401,83							
4 382,99	I,IV	**757,58**	402,08	402,08	I	637,16	522,83	414,50	312,16	216,00	125,75
	II	**642,41**	402,08	402,08	II	527,75	419,16	316,58	220,08	129,66	47,16
	III	**421,16**	402,08	402,08	III	329,83	241,50	156,16	79,83	18,16	
	V	**1 189,50**	402,08	402,08	IV	696,66	637,16	579,25	522,83	467,83	414,50
	VI	**1 225,75**	402,08	402,08							
4 385,99	I,IV	**758,50**	402,33	402,33	I	638,00	523,58	415,25	312,91	216,66	126,41
	II	**643,25**	402,33	402,33	II	528,50	419,91	317,33	220,75	130,25	47,66
	III	**421,83**	402,33	402,33	III	330,33	242,00	156,83	80,33	18,66	
	V	**1 190,58**	402,33	402,33	IV	697,50	638,00	580,08	523,58	468,66	415,25
	VI	**1 226,83**	402,33	402,33							
4 388,99	I,IV	**759,41**	402,66	402,66	I	638,83	524,41	416,00	313,58	217,33	127,00
	II	**644,08**	402,66	402,66	II	529,33	420,66	318,00	221,41	130,91	48,16
	III	**422,50**	402,66	402,66	III	331,00	242,66	157,33	80,83	19,00	
	V	**1 191,58**	402,66	402,66	IV	698,33	638,83	580,83	524,41	469,41	416,00
	VI	**1 227,83**	402,66	402,66							
4 391,99	I,IV	**760,25**	402,91	402,91	I	639,66	525,16	416,75	314,33	218,00	127,66
	II	**644,91**	402,91	402,91	II	530,16	421,41	318,75	222,08	131,50	48,66
	III	**423,16**	402,91	402,91	III	331,66	243,33	158,00	81,33	19,33	
	V	**1 192,66**	402,91	402,91	IV	699,25	639,66	581,66	525,16	470,16	416,75
	VI	**1 228,91**	402,91	402,91							

* Zur LSt-Berechnung für privat versicherte Arbeitnehmer s. Beispiele **Vorbemerkung S. 4 f.**
** Basisvorsorgepauschale KV und PV *** Typisierter Arbeitgeberzuschuss

Lohn/ Gehalt in € bis	Steuerklasse	Lohn- steuer*	BVSP**	TAGZ***	Steuerklasse	Bemessungsgrundlage für Kirchensteuer und Solidaritätszuschlag – Freibeträge für ... Kinder 0,5	**1,0**	1,5	**2,0**	2,5	**3,0**
4394,99	I,IV	**761,08**	403,16	403,16	I	640,50	525,91	417,41	315,00	218,58	128,25
	II	**645,75**	403,16	403,16	II	530,91	422,16	319,41	222,75	132,16	49,16
	III	**423,66**	403,16	403,16	III	332,33	243,83	158,50	81,83	19,83	
	V	**1193,66**	403,16	403,16	IV	700,08	640,50	582,50	525,91	470,91	417,41
	VI	**1229,91**	403,16	403,16							
4397,99	I,IV	**762,00**	403,50	403,50	I	641,33	526,75	418,25	315,75	219,25	128,91
	II	**646,58**	403,50	403,50	II	531,75	422,91	320,16	223,41	132,75	49,66
	III	**424,33**	403,50	403,50	III	333,00	244,50	159,16	82,33	20,16	
	V	**1194,75**	403,50	403,50	IV	700,91	641,33	583,33	526,75	471,75	418,25
	VI	**1231,00**	403,50	403,50							
4400,99	I,IV	**762,91**	403,75	403,75	I	642,16	527,58	419,00	316,41	219,91	129,50
	II	**647,41**	403,75	403,75	II	532,50	423,66	320,83	224,08	133,41	50,25
	III	**425,00**	403,75	403,75	III	333,50	245,16	159,66	82,66	20,50	
	V	**1195,75**	403,75	403,75	IV	701,75	642,16	584,08	527,58	472,50	419,00
	VI	**1232,00**	403,75	403,75							
4403,99	I,IV	**763,75**	404,00	404,00	I	643,00	528,33	419,75	317,16	220,58	130,16
	II	**648,25**	404,00	404,00	II	533,33	424,41	321,58	224,75	134,00	50,75
	III	**425,66**	404,00	404,00	III	334,16	245,83	160,33	83,16	21,00	
	V	**1196,83**	404,00	404,00	IV	702,66	643,00	584,91	528,33	473,25	419,75
	VI	**1233,08**	404,00	404,00							
4406,99	I,IV	**764,66**	404,33	404,33	I	643,83	529,08	420,41	317,83	221,25	130,75
	II	**649,08**	404,33	404,33	II	534,08	425,16	322,25	225,41	134,66	51,25
	III	**426,33**	404,33	404,33	III	334,83	246,33	161,00	83,66	21,33	
	V	**1197,83**	404,33	404,33	IV	703,50	643,83	585,75	529,08	474,00	420,41
	VI	**1234,08**	404,33	404,33							
4409,99	I,IV	**765,50**	404,58	404,58	I	644,66	529,91	421,16	318,58	221,91	131,33
	II	**649,91**	404,58	404,58	II	534,91	425,91	323,00	226,08	135,25	51,83
	III	**427,00**	404,58	404,58	III	335,50	247,00	161,50	84,16	21,66	
	V	**1198,91**	404,58	404,58	IV	704,33	644,66	586,58	529,91	474,83	421,16
	VI	**1235,16**	404,58	404,58							
4412,99	I,IV	**766,41**	404,83	404,83	I	645,50	530,75	422,00	319,25	222,58	132,00
	II	**650,75**	404,83	404,83	II	535,66	426,66	323,66	226,75	135,91	52,33
	III	**427,66**	404,83	404,83	III	336,16	247,66	162,16	84,66	22,16	
	V	**1199,91**	404,83	404,83	IV	705,25	645,50	587,33	530,75	475,58	422,00
	VI	**1236,16**	404,83	404,83							
4415,99	I,IV	**767,25**	405,16	405,16	I	646,41	531,50	422,75	320,00	223,25	132,58
	II	**651,58**	405,16	405,16	II	536,50	427,41	324,41	227,41	136,50	52,83
	III	**428,33**	405,16	405,16	III	336,83	248,33	162,66	85,16	22,50	
	V	**1201,00**	405,16	405,16	IV	706,08	646,41	588,16	531,50	476,33	422,75
	VI	**1237,25**	405,16	405,16							
4418,99	I,IV	**768,16**	405,41	405,41	I	647,16	532,33	423,41	320,66	223,91	133,25
	II	**652,41**	405,41	405,41	II	537,25	428,16	325,08	228,08	137,08	53,33
	III	**429,00**	405,41	405,41	III	337,33	248,83	163,33	85,66	22,83	
	V	**1202,00**	405,41	405,41	IV	706,91	647,16	589,00	532,33	477,08	423,41
	VI	**1238,25**	405,41	405,41							
4421,99	I,IV	**769,00**	405,66	405,66	I	648,00	533,08	424,25	321,33	224,58	133,83
	II	**653,25**	405,66	405,66	II	538,08	428,91	325,83	228,75	137,75	53,91
	III	**429,66**	405,66	405,66	III	338,00	249,50	163,83	86,16	23,33	
	V	**1203,08**	405,66	405,66	IV	707,75	648,00	589,83	533,08	477,91	424,25
	VI	**1239,33**	405,66	405,66							
4424,99	I,IV	**769,91**	405,91	405,91	I	648,91	533,91	425,00	322,08	225,25	134,50
	II	**654,08**	405,91	405,91	II	538,83	429,66	326,50	229,41	138,41	54,41
	III	**430,33**	405,91	405,91	III	338,66	250,00	164,50	86,66	23,66	
	V	**1204,08**	405,91	405,91	IV	708,66	648,91	590,66	533,91	478,66	425,00
	VI	**1240,33**	405,91	405,91							
4427,99	I,IV	**770,83**	406,25	406,25	I	649,75	534,66	425,75	322,83	225,91	135,08
	II	**655,00**	406,25	406,25	II	539,66	430,41	327,25	230,08	139,00	55,00
	III	**431,00**	406,25	406,25	III	339,33	250,66	165,16	87,16	24,00	
	V	**1205,16**	406,25	406,25	IV	709,50	649,75	591,41	534,66	479,41	425,75
	VI	**1241,41**	406,25	406,25							

* Zur LSt-Berechnung für privat versicherte Arbeitnehmer s. Beispiele **Vorbemerkung S. 4f.**
** Basisvorsorgepauschale KV und PV *** Typisierter Arbeitgeberzuschuss

Lohn/ Gehalt in € bis	Steuerklasse	Lohn-steuer*	BVSP**	TAGZ***	Steuerklasse	Bemessungsgrundlage für Kirchensteuer und Solidaritätszuschlag – Freibeträge für ... Kinder 0,5	1,0	1,5	2,0	2,5	3,0
4430,99	I,IV	**771,66**	406,50	406,50	I	650,50	535,50	426,41	323,50	226,58	135,75
	II	**655,75**	406,50	406,50	II	540,41	431,16	327,91	230,75	139,58	55,50
	III	**431,66**	406,50	406,50	III	340,00	251,33	165,66	87,66	24,50	
	V	**1206,16**	406,50	406,50	IV	710,33	650,50	592,25	535,50	480,16	426,41
	VI	**1242,41**	406,50	406,50							
4433,99	I,IV	**772,58**	406,75	406,75	I	651,41	536,25	427,25	324,16	227,25	136,33
	II	**656,66**	406,75	406,75	II	541,25	431,91	328,66	231,41	140,25	56,00
	III	**432,33**	406,75	406,75	III	340,66	252,00	166,33	88,16	24,83	
	V	**1207,25**	406,75	406,75	IV	711,25	651,41	593,08	536,25	481,00	427,25
	VI	**1243,50**	406,75	406,75							
4436,99	I,IV	**773,41**	407,08	407,08	I	652,25	537,08	428,00	324,91	227,91	137,00
	II	**657,50**	407,08	407,08	II	542,08	432,66	329,33	232,08	140,91	56,58
	III	**433,00**	407,08	407,08	III	341,33	252,50	166,83	88,66	25,33	
	V	**1208,25**	407,08	407,08	IV	712,08	652,25	593,91	537,08	481,75	428,00
	VI	**1244,50**	407,08	407,08							
4439,99	I,IV	**774,33**	407,33	407,33	I	653,08	537,91	428,75	325,66	228,58	137,58
	II	**658,33**	407,33	407,33	II	542,83	433,41	330,08	232,75	141,50	57,08
	III	**433,66**	407,33	407,33	III	341,83	253,16	167,50	89,33	25,66	
	V	**1209,33**	407,33	407,33	IV	712,91	653,08	594,75	537,91	482,58	428,75
	VI	**1245,58**	407,33	407,33							
4442,99	I,IV	**775,16**	407,58	407,58	I	653,91	538,66	429,50	326,33	229,25	138,25
	II	**659,16**	407,58	407,58	II	543,66	434,16	330,75	233,41	142,08	57,66
	III	**434,33**	407,58	407,58	III	342,50	253,83	168,00	89,66	26,00	
	V	**1210,33**	407,58	407,58	IV	713,75	653,91	595,50	538,66	483,33	429,50
	VI	**1246,58**	407,58	407,58							
4445,99	I,IV	**776,08**	407,91	407,91	I	654,75	539,41	430,25	327,08	229,91	138,83
	II	**660,00**	407,91	407,91	II	544,41	434,91	331,50	234,08	142,75	58,16
	III	**435,00**	407,91	407,91	III	343,16	254,33	168,66	90,16	26,50	
	V	**1211,41**	407,91	407,91	IV	714,66	654,75	596,33	539,41	484,08	430,25
	VI	**1247,66**	407,91	407,91							
4448,99	I,IV	**777,00**	408,16	408,16	I	655,58	540,25	431,00	327,75	230,58	139,50
	II	**660,83**	408,16	408,16	II	545,25	435,66	332,25	234,75	143,41	58,75
	III	**435,66**	408,16	408,16	III	343,83	255,00	169,33	90,66	26,83	
	V	**1212,41**	408,16	408,16	IV	715,50	655,58	597,16	540,25	484,83	431,00
	VI	**1248,66**	408,16	408,16							
4451,99	I,IV	**777,83**	408,41	408,41	I	656,41	541,08	431,75	328,50	231,25	140,08
	II	**661,66**	408,41	408,41	II	546,08	436,50	332,91	235,41	144,00	59,25
	III	**436,33**	408,41	408,41	III	344,50	255,66	169,83	91,33	27,33	
	V	**1213,50**	408,41	408,41	IV	716,41	656,41	598,00	541,08	485,66	431,75
	VI	**1249,75**	408,41	408,41							
4454,99	I,IV	**778,75**	408,66	408,66	I	657,25	541,83	432,50	329,16	231,91	140,75
	II	**662,50**	408,66	408,66	II	546,83	437,16	333,66	236,08	144,66	59,83
	III	**437,00**	408,66	408,66	III	345,16	256,33	170,50	91,83	27,66	
	V	**1214,50**	408,66	408,66	IV	717,25	657,25	598,75	541,83	486,41	432,50
	VI	**1250,75**	408,66	408,66							
4457,99	I,IV	**779,58**	409,00	409,00	I	658,08	542,66	433,25	329,91	232,58	141,33
	II	**663,33**	409,00	409,00	II	547,66	438,00	334,33	236,75	145,25	60,33
	III	**437,66**	409,00	409,00	III	345,66	256,83	171,00	92,33	28,00	
	V	**1215,58**	409,00	409,00	IV	718,08	658,08	599,58	542,66	487,16	433,25
	VI	**1251,83**	409,00	409,00							
4460,99	I,IV	**780,50**	409,25	409,25	I	658,91	543,41	434,00	330,58	233,25	142,00
	II	**664,25**	409,25	409,25	II	548,41	438,75	335,08	237,41	145,91	60,91
	III	**438,33**	409,25	409,25	III	346,33	257,50	171,66	92,83	28,50	
	V	**1216,58**	409,25	409,25	IV	719,00	658,91	600,41	543,41	488,00	434,00
	VI	**1252,83**	409,25	409,25							
4463,99	I,IV	**781,41**	409,50	409,50	I	659,83	544,25	434,75	331,33	233,91	142,58
	II	**665,08**	409,50	409,50	II	549,25	439,50	335,75	238,16	146,50	61,50
	III	**439,00**	409,50	409,50	III	347,00	258,16	172,33	93,33	28,83	
	V	**1217,66**	409,50	409,50	IV	719,83	659,83	601,25	544,25	488,75	434,75
	VI	**1253,91**	409,50	409,50							

* Zur LSt-Berechnung für privat versicherte Arbeitnehmer s. Beispiele **Vorbemerkung S. 4f.**
** Basisvorsorgepauschale KV und PV *** Typisierter Arbeitgeberzuschuss

Lohn/ Gehalt in € bis	Steuerklasse	Lohn- steuer*	BVSP**	TAGZ***	Steuerklasse	Bemessungsgrundlage für Kirchensteuer und Solidaritätszuschlag – Freibeträge für ... Kinder 0,5	**1,0**	1,5	**2,0**	2,5	**3,0**
4466,99	I,IV	**782,25**	409,83	409,83	I	660,58	545,00	435,50	332,00	234,58	143,25
	II	**665,91**	409,83	409,83	II	550,00	440,25	336,50	238,75	147,16	62,00
	III	**439,50**	409,83	409,83	III	347,66	258,66	172,83	93,83	29,33	
	V	**1 218,66**	409,83	409,83	IV	720,66	660,58	602,08	545,00	489,50	435,50
	VI	**1 254,91**	409,83	409,83							
4469,99	I,IV	**783,16**	410,08	410,08	I	661,50	545,83	436,25	332,75	235,25	143,83
	II	**666,75**	410,08	410,08	II	550,83	441,00	337,16	239,50	147,75	62,58
	III	**440,16**	410,08	410,08	III	348,33	259,33	173,50	94,33	29,66	
	V	**1 219,75**	410,08	410,08	IV	721,58	661,50	602,91	545,83	490,33	436,25
	VI	**1 256,00**	410,08	410,08							
4472,99	I,IV	**784,00**	410,33	410,33	I	662,33	546,66	437,00	333,41	235,91	144,50
	II	**667,58**	410,33	410,33	II	551,66	441,75	337,91	240,16	148,41	63,16
	III	**440,83**	410,33	410,33	III	349,00	260,00	174,00	94,83	30,16	
	V	**1 220,75**	410,33	410,33	IV	722,41	662,33	603,75	546,66	491,08	437,00
	VI	**1 257,00**	410,33	410,33							
4475,99	I,IV	**784,91**	410,66	410,66	I	663,16	547,41	437,75	334,16	236,58	145,08
	II	**668,41**	410,66	410,66	II	552,41	442,50	338,66	240,83	149,08	63,66
	III	**441,66**	410,66	410,66	III	349,50	260,66	174,66	95,33	30,50	
	V	**1 221,83**	410,66	410,66	IV	723,25	663,16	604,58	547,41	491,83	437,75
	VI	**1 258,08**	410,66	410,66							
4478,99	I,IV	**785,75**	410,91	410,91	I	664,00	548,25	438,50	334,83	237,25	145,75
	II	**669,25**	410,91	410,91	II	553,25	443,25	339,33	241,50	149,66	64,25
	III	**442,33**	410,91	410,91	III	350,16	261,16	175,33	95,83	30,83	
	V	**1 222,83**	410,91	410,91	IV	724,16	664,00	605,33	548,25	492,58	438,50
	VI	**1 259,08**	410,91	410,91							
4481,99	I,IV	**786,66**	411,16	411,16	I	664,83	549,00	439,25	335,58	237,91	146,33
	II	**670,08**	411,16	411,16	II	554,08	444,00	340,08	242,16	150,33	64,83
	III	**443,00**	411,16	411,16	III	350,83	261,83	175,83	96,33	31,33	
	V	**1 223,91**	411,16	411,16	IV	725,00	664,83	606,16	549,00	493,41	439,25
	VI	**1 260,16**	411,16	411,16							
4484,99	I,IV	**787,58**	411,41	411,41	I	665,66	549,83	440,08	336,33	238,66	147,00
	II	**671,00**	411,41	411,41	II	554,83	444,83	340,75	242,83	150,91	65,33
	III	**443,66**	411,41	411,41	III	351,50	262,50	176,50	96,83	31,66	
	V	**1 224,91**	411,41	411,41	IV	725,83	665,66	607,00	549,83	494,16	440,08
	VI	**1 261,16**	411,41	411,41							
4487,99	I,IV	**788,50**	411,75	411,75	I	666,50	550,66	440,83	337,00	239,33	147,66
	II	**671,83**	411,75	411,75	II	555,66	445,58	341,50	243,50	151,58	65,91
	III	**444,33**	411,75	411,75	III	352,16	263,16	177,00	97,33	32,16	
	V	**1 226,00**	411,75	411,75	IV	726,75	666,50	607,83	550,66	495,00	440,83
	VI	**1 262,25**	411,75	411,75							
4490,99	I,IV	**789,33**	412,00	412,00	I	667,33	551,41	441,58	337,75	240,00	148,25
	II	**672,66**	412,00	412,00	II	556,41	446,33	342,16	244,16	152,16	66,50
	III	**444,83**	412,00	412,00	III	352,83	263,66	177,66	97,83	32,50	
	V	**1 227,00**	412,00	412,00	IV	727,58	667,33	608,66	551,41	495,75	441,58
	VI	**1 263,25**	412,00	412,00							
4493,99	I,IV	**790,25**	412,25	412,25	I	668,16	552,25	442,33	338,41	240,66	148,83
	II	**673,50**	412,25	412,25	II	557,25	447,08	342,91	244,83	152,83	67,08
	III	**445,50**	412,25	412,25	III	353,50	264,33	178,16	98,33	33,00	
	V	**1 228,08**	412,25	412,25	IV	728,50	668,16	609,50	552,25	496,50	442,33
	VI	**1 264,33**	412,25	412,25							
4496,99	I,IV	**791,08**	412,58	412,58	I	669,08	553,08	443,08	339,16	241,33	149,50
	II	**674,33**	412,58	412,58	II	558,08	447,83	343,66	245,50	153,41	67,58
	III	**446,16**	412,58	412,58	III	354,00	265,00	178,83	99,00	33,33	
	V	**1 229,08**	412,58	412,58	IV	729,33	669,08	610,33	553,08	497,33	443,08
	VI	**1 265,33**	412,58	412,58							
4499,99	I,IV	**792,00**	412,83	412,83	I	669,91	553,83	443,83	339,91	242,00	150,16
	II	**675,16**	412,83	412,83	II	558,83	448,58	344,41	246,16	154,08	68,16
	III	**446,83**	412,83	412,83	III	354,66	265,50	179,50	99,50	33,83	
	V	**1 230,16**	412,83	412,83	IV	730,16	669,91	611,16	553,83	498,08	443,83
	VI	**1 266,41**	412,83	412,83							

* Zur LSt-Berechnung für privat versicherte Arbeitnehmer s. Beispiele **Vorbemerkung S. 4 f.**
** Basisvorsorgepauschale KV und PV *** Typisierter Arbeitgeberzuschuss

Lohn/ Gehalt in € bis	Steuerklasse	Lohn- steuer*	BVSP**	TAGZ***	Steuerklasse	Bemessungsgrundlage für Kirchensteuer und Solidaritätszuschlag – Freibeträge für ... Kinder 0,5	1,0	1,5	2,0	2,5	3,0
4502,99	I,IV	**792,91**	413,08	413,08	I	670,75	554,66	444,58	340,58	242,66	150,75
	II	**676,00**	413,08	413,08	II	559,66	449,33	345,08	246,83	154,66	68,75
	III	**447,50**	413,08	413,08	III	355,33	266,16	180,00	100,00	34,16	
	V	**1231,16**	413,08	413,08	IV	731,08	670,75	611,91	554,66	498,83	444,58
	VI	**1267,41**	413,08	413,08							
4505,99	I,IV	**793,75**	413,41	413,41	I	671,58	555,41	445,33	341,33	243,33	151,41
	II	**676,91**	413,41	413,41	II	560,50	450,08	345,83	247,58	155,33	69,33
	III	**448,16**	413,41	413,41	III	356,00	266,83	180,66	100,50	34,66	
	V	**1232,25**	413,41	413,41	IV	731,91	671,58	612,75	555,41	499,66	445,33
	VI	**1268,50**	413,41	413,41							
4508,99	I,IV	**794,66**	413,66	413,66	I	672,41	556,25	446,08	342,00	244,00	152,00
	II	**677,75**	413,66	413,66	II	561,25	450,91	346,50	248,25	156,00	69,91
	III	**448,83**	413,66	413,66	III	356,66	267,50	181,33	101,00	35,00	
	V	**1233,25**	413,66	413,66	IV	732,83	672,41	613,58	556,25	500,41	446,08
	VI	**1269,50**	413,66	413,66							
4511,99	I,IV	**795,58**	413,91	413,91	I	673,25	557,08	446,91	342,75	244,66	152,66
	II	**678,58**	413,91	413,91	II	562,08	451,66	347,25	248,91	156,58	70,50
	III	**449,50**	413,91	413,91	III	357,33	268,16	181,83	101,50	35,50	
	V	**1234,33**	413,91	413,91	IV	733,66	673,25	614,41	557,08	501,25	446,91
	VI	**1270,58**	413,91	413,91							
4514,99	I,IV	**796,41**	414,25	414,25	I	674,08	557,83	447,66	343,50	245,33	153,25
	II	**679,41**	414,25	414,25	II	562,83	452,41	347,91	249,58	157,25	71,08
	III	**450,16**	414,25	414,25	III	358,00	268,66	182,50	102,00	35,83	
	V	**1235,33**	414,25	414,25	IV	734,50	674,08	615,25	557,83	502,00	447,66
	VI	**1271,58**	414,25	414,25							
4517,99	I,IV	**797,33**	414,50	414,50	I	675,00	558,66	448,41	344,16	246,00	153,91
	II	**680,25**	414,50	414,50	II	563,66	453,16	348,66	250,25	157,91	71,66
	III	**450,83**	414,50	414,50	III	358,50	269,33	183,00	102,50	36,33	
	V	**1236,33**	414,50	414,50	IV	735,41	675,00	616,08	558,66	502,75	448,41
	VI	**1272,66**	414,50	414,50							
4520,99	I,IV	**798,25**	414,75	414,75	I	675,83	559,50	449,16	344,91	246,66	154,58
	II	**681,08**	414,75	414,75	II	564,50	453,91	349,41	250,91	158,50	72,25
	III	**451,50**	414,75	414,75	III	359,16	270,00	183,66	103,16	36,66	
	V	**1237,41**	414,75	414,75	IV	736,25	675,83	616,91	559,50	503,58	449,16
	VI	**1273,66**	414,75	414,75							
4523,99	I,IV	**799,16**	415,00	415,00	I	676,66	560,25	449,91	345,66	247,41	155,16
	II	**682,00**	415,00	415,00	II	565,33	454,66	350,16	251,58	159,16	72,83
	III	**452,16**	415,00	415,00	III	359,83	270,50	184,33	103,66	37,16	
	V	**1238,50**	415,00	415,00	IV	737,16	676,66	617,75	560,25	504,33	449,91
	VI	**1274,75**	415,00	415,00							
4526,99	I,IV	**800,00**	415,33	415,33	I	677,50	561,08	450,66	346,33	248,08	155,83
	II	**682,83**	415,33	415,33	II	566,08	455,41	350,83	252,25	159,75	73,33
	III	**452,83**	415,33	415,33	III	360,50	271,16	184,83	104,16	37,50	
	V	**1239,50**	415,33	415,33	IV	738,00	677,50	618,50	561,08	505,08	450,66
	VI	**1275,75**	415,33	415,33							
4529,99	I,IV	**800,91**	415,58	415,58	I	678,33	561,83	451,41	347,08	248,75	156,41
	II	**683,66**	415,58	415,58	II	566,91	456,25	351,58	253,00	160,41	73,91
	III	**453,50**	415,58	415,58	III	361,16	271,83	185,50	104,66	38,00	
	V	**1240,50**	415,58	415,58	IV	738,83	678,33	619,33	561,83	505,91	451,41
	VI	**1276,83**	415,58	415,58							
4532,99	I,IV	**801,83**	415,83	415,83	I	679,25	562,66	452,16	347,75	249,41	157,08
	II	**684,50**	415,83	415,83	II	567,75	457,00	352,25	253,66	161,08	74,50
	III	**454,16**	415,83	415,83	III	361,83	272,50	186,00	105,16	38,33	
	V	**1241,58**	415,83	415,83	IV	739,75	679,25	620,16	562,66	506,66	452,16
	VI	**1277,83**	415,83	415,83							
4535,99	I,IV	**802,66**	416,16	416,16	I	680,08	563,50	453,00	348,50	250,08	157,75
	II	**685,41**	416,16	416,16	II	568,50	457,75	353,00	254,33	161,66	75,16
	III	**454,83**	416,16	416,16	III	362,50	273,00	186,66	105,66	38,83	
	V	**1242,66**	416,16	416,16	IV	740,58	680,08	621,00	563,50	507,50	453,00
	VI	**1278,91**	416,16	416,16							

* Zur LSt-Berechnung für privat versicherte Arbeitnehmer s. Beispiele **Vorbemerkung S. 4 f.**
** Basisvorsorgepauschale KV und PV *** Typisierter Arbeitgeberzuschuss

Lohn/ Gehalt in € bis	Steuerklasse	Lohn-steuer*	BVSP**	TAGZ***	Steuerklasse	Bemessungsgrundlage für Kirchensteuer und Solidaritätszuschlag – Freibeträge für ... Kinder 0,5	1,0	1,5	2,0	2,5	3,0
4538,99	I,IV	**803,58**	416,41	416,41	I	680,91	564,25	453,75	349,25	250,75	158,33
	II	**686,16**	416,41	416,41	II	569,33	458,50	353,75	255,00	162,33	75,66
	III	**455,50**	416,41	416,41	III	363,00	273,66	187,33	106,16	39,16	
	V	**1 243,66**	416,41	416,41	IV	741,50	680,91	621,83	564,25	508,25	453,75
	VI	**1 279,91**	416,41	416,41							
4541,99	I,IV	**804,50**	416,66	416,66	I	681,75	565,08	454,50	349,91	251,41	159,00
	II	**687,08**	416,66	416,66	II	570,16	459,25	354,41	255,66	162,91	76,33
	III	**456,16**	416,66	416,66	III	363,66	274,33	187,83	106,83	39,66	
	V	**1 244,66**	416,66	416,66	IV	742,33	681,75	622,66	565,08	509,00	454,50
	VI	**1 281,00**	416,66	416,66							
4544,99	I,IV	**805,33**	417,00	417,00	I	682,58	565,91	455,25	350,66	252,08	159,58
	II	**687,91**	417,00	417,00	II	570,91	460,00	355,16	256,33	163,58	76,91
	III	**456,83**	417,00	417,00	III	364,33	274,83	188,50	107,33	40,00	
	V	**1 245,75**	417,00	417,00	IV	743,25	682,58	623,50	565,91	509,83	455,25
	VI	**1 282,00**	417,00	417,00							
4547,99	I,IV	**806,25**	417,25	417,25	I	683,50	566,75	456,00	351,41	252,83	160,25
	II	**688,75**	417,25	417,25	II	571,75	460,83	355,91	257,08	164,25	77,50
	III	**457,50**	417,25	417,25	III	365,00	275,50	189,00	107,83	40,50	
	V	**1 246,83**	417,25	417,25	IV	744,08	683,50	624,33	566,75	510,58	456,00
	VI	**1 283,08**	417,25	417,25							
4550,99	I,IV	**807,16**	417,50	417,50	I	684,33	567,50	456,75	352,08	253,50	160,91
	II	**689,58**	417,50	417,50	II	572,58	461,58	356,58	257,66	164,83	78,08
	III	**458,16**	417,50	417,50	III	365,66	276,16	189,66	108,33	41,00	
	V	**1 247,83**	417,50	417,50	IV	744,91	684,33	625,16	567,50	511,41	456,75
	VI	**1 284,08**	417,50	417,50							
4553,99	I,IV	**808,00**	417,75	417,75	I	685,16	568,33	457,58	352,83	254,16	161,50
	II	**690,50**	417,75	417,75	II	573,33	462,33	357,33	258,41	165,50	78,66
	III	**458,83**	417,75	417,75	III	366,33	276,83	190,33	108,83	41,33	
	V	**1 248,83**	417,75	417,75	IV	745,83	685,16	626,00	568,33	512,16	457,58
	VI	**1 285,16**	417,75	417,75							
4556,99	I,IV	**808,91**	418,08	418,08	I	686,00	569,16	458,33	353,58	254,83	162,16
	II	**691,33**	418,08	418,08	II	574,16	463,08	358,08	259,08	166,16	79,25
	III	**459,50**	418,08	418,08	III	367,00	277,50	190,83	109,50	41,83	
	V	**1 249,91**	418,08	418,08	IV	746,75	686,00	626,83	569,16	513,00	458,33
	VI	**1 286,16**	418,08	418,08							
4559,99	I,IV	**809,83**	418,33	418,33	I	686,83	569,91	459,08	354,25	255,50	162,83
	II	**692,16**	418,33	418,33	II	575,00	463,83	358,83	259,75	166,75	79,83
	III	**460,16**	418,33	418,33	III	367,66	278,00	191,50	110,00	42,16	
	V	**1 251,00**	418,33	418,33	IV	747,58	686,83	627,66	569,91	513,75	459,08
	VI	**1 287,25**	418,33	418,33							
4562,99	I,IV	**810,66**	418,58	418,58	I	687,66	570,75	459,83	355,00	256,16	163,41
	II	**693,00**	418,58	418,58	II	575,83	464,58	359,50	260,41	167,41	80,41
	III	**460,83**	418,58	418,58	III	368,16	278,66	192,00	110,50	42,66	
	V	**1 252,00**	418,58	418,58	IV	748,41	687,66	628,50	570,75	514,50	459,83
	VI	**1 288,25**	418,58	418,58							
4565,99	I,IV	**811,58**	418,91	418,91	I	688,58	571,58	460,58	355,66	256,83	164,08
	II	**693,91**	418,91	418,91	II	576,58	465,41	360,25	261,08	168,08	81,08
	III	**461,50**	418,91	418,91	III	368,83	279,33	192,66	111,00	43,00	
	V	**1 253,00**	418,91	418,91	IV	749,33	688,58	629,33	571,58	515,33	460,58
	VI	**1 289,33**	418,91	418,91							
4568,99	I,IV	**812,50**	419,16	419,16	I	689,41	572,33	461,41	356,41	257,58	164,75
	II	**694,75**	419,16	419,16	II	577,41	466,16	361,00	261,83	168,66	81,66
	III	**462,16**	419,16	419,16	III	369,50	279,83	193,33	111,50	43,50	
	V	**1 254,08**	419,16	419,16	IV	750,16	689,41	630,16	572,33	516,08	461,41
	VI	**1 290,33**	419,16	419,16							
4571,99	I,IV	**813,41**	419,41	419,41	I	690,25	573,16	462,16	357,16	258,25	165,33
	II	**695,58**	419,41	419,41	II	578,25	466,91	361,66	262,50	169,33	82,25
	III	**462,83**	419,41	419,41	III	370,16	280,50	193,83	112,16	44,00	
	V	**1 255,16**	419,41	419,41	IV	751,08	690,25	631,00	573,16	516,91	462,16
	VI	**1 291,41**	419,41	419,41							

* Zur LSt-Berechnung für privat versicherte Arbeitnehmer s. Beispiele **Vorbemerkung S. 4f.**
** Basisvorsorgepauschale KV und PV *** Typisierter Arbeitgeberzuschuss

Lohn/ Gehalt in € bis	Steuerklasse	**Lohn- steuer***	BVSP**	TAGZ***	Steuerklasse	Bemessungsgrundlage für Kirchensteuer und Solidaritätszuschlag – Freibeträge für ... Kinder 0,5	**1,0**	1,5	**2,0**	2,5	**3,0**
4574,99	I,IV	**814,25**	419,75	419,75	I	691,08	574,00	462,91	357,83	258,91	166,00
	II	**696,41**	419,75	419,75	II	579,00	467,66	362,41	263,16	170,00	82,83
	III	**463,50**	419,75	419,75	III	370,83	281,16	194,50	112,66	44,33	
	V	**1 256,16**	419,75	419,75	IV	751,91	691,08	631,75	574,00	517,66	462,91
	VI	**1 292,41**	419,75	419,75							
4577,99	I,IV	**815,16**	420,00	420,00	I	692,00	574,75	463,66	358,58	259,58	166,58
	II	**697,33**	420,00	420,00	II	579,83	468,50	363,16	263,83	170,58	83,41
	III	**464,16**	420,00	420,00	III	371,50	281,83	195,16	113,16	44,83	
	V	**1 257,16**	420,00	420,00	IV	752,83	692,00	632,58	574,75	518,50	463,66
	VI	**1 293,50**	420,00	420,00							
4580,99	I,IV	**816,08**	420,25	420,25	I	692,83	575,58	464,41	359,33	260,25	167,25
	II	**698,16**	420,25	420,25	II	580,66	469,25	363,83	264,50	171,25	84,00
	III	**464,83**	420,25	420,25	III	372,16	282,50	195,66	113,66	45,16	
	V	**1 258,25**	420,25	420,25	IV	753,66	692,83	633,41	575,58	519,25	464,41
	VI	**1 294,50**	420,25	420,25							
4583,99	I,IV	**817,00**	420,50	420,50	I	693,66	576,41	465,25	360,08	260,91	167,91
	II	**699,00**	420,50	420,50	II	581,50	470,00	364,58	265,25	171,91	84,66
	III	**465,66**	420,50	420,50	III	372,83	283,00	196,33	114,33	45,66	
	V	**1 259,33**	420,50	420,50	IV	754,58	693,66	634,33	576,41	520,08	465,25
	VI	**1 295,58**	420,50	420,50							
4586,99	I,IV	**817,83**	420,83	420,83	I	694,50	577,25	466,00	360,75	261,58	168,50
	II	**699,83**	420,83	420,83	II	582,25	470,75	365,33	265,91	172,50	85,25
	III	**466,16**	420,83	420,83	III	373,50	283,66	196,83	114,83	46,00	
	V	**1 260,33**	420,83	420,83	IV	755,41	694,50	635,08	577,25	520,83	466,00
	VI	**1 296,58**	420,83	420,83							
4589,99	I,IV	**818,75**	421,08	421,08	I	695,33	578,00	466,75	361,50	262,33	169,16
	II	**700,75**	421,08	421,08	II	583,08	471,58	366,00	266,58	173,16	85,83
	III	**466,83**	421,08	421,08	III	374,00	284,33	197,50	115,33	46,50	
	V	**1 261,33**	421,08	421,08	IV	756,33	695,33	635,91	578,00	521,66	466,75
	VI	**1 297,58**	421,08	421,08							
4592,99	I,IV	**819,66**	421,33	421,33	I	696,25	578,83	467,50	362,25	263,00	169,83
	II	**701,58**	421,33	421,33	II	583,91	472,33	366,75	267,25	173,83	86,41
	III	**467,50**	421,33	421,33	III	374,66	284,83	198,16	115,83	47,00	
	V	**1 262,41**	421,33	421,33	IV	757,16	696,25	636,75	578,83	522,41	467,50
	VI	**1 298,66**	421,33	421,33							
4595,99	I,IV	**820,58**	421,66	421,66	I	697,08	579,66	468,25	363,00	263,66	170,50
	II	**702,41**	421,66	421,66	II	584,75	473,08	367,50	268,00	174,50	87,00
	III	**468,16**	421,66	421,66	III	375,33	285,50	198,66	116,33	47,33	
	V	**1 263,50**	421,66	421,66	IV	758,08	697,08	637,66	579,66	523,25	468,25
	VI	**1 299,75**	421,66	421,66							
4598,99	I,IV	**821,41**	421,91	421,91	I	697,91	580,41	469,00	363,66	264,33	171,08
	II	**703,25**	421,91	421,91	II	585,50	473,83	368,25	268,66	175,08	87,58
	III	**468,83**	421,91	421,91	III	376,00	286,16	199,33	117,00	47,83	
	V	**1 264,50**	421,91	421,91	IV	758,91	697,91	638,41	580,41	524,00	469,00
	VI	**1 300,75**	421,91	421,91							
4601,99	I,IV	**822,33**	422,16	422,16	I	698,83	581,25	469,83	364,41	265,00	171,75
	II	**704,16**	422,16	422,16	II	586,33	474,66	368,91	269,33	175,75	88,25
	III	**469,66**	422,16	422,16	III	376,66	286,83	200,00	117,50	48,33	
	V	**1 265,50**	422,16	422,16	IV	759,83	698,83	639,25	581,25	524,75	469,83
	VI	**1 301,75**	422,16	422,16							
4604,99	I,IV	**823,25**	422,50	422,50	I	699,66	582,08	470,58	365,16	265,75	172,41
	II	**705,00**	422,50	422,50	II	587,16	475,41	369,66	270,00	176,41	88,83
	III	**470,33**	422,50	422,50	III	377,33	287,50	200,50	118,00	48,66	
	V	**1 266,58**	422,50	422,50	IV	760,66	699,66	640,08	582,08	525,58	470,58
	VI	**1 302,83**	422,50	422,50							
4607,99	I,IV	**824,16**	422,75	422,75	I	700,50	582,91	471,33	365,83	266,41	173,00
	II	**705,83**	422,75	422,75	II	588,00	476,16	370,41	270,66	177,00	89,41
	III	**471,00**	422,75	422,75	III	378,00	288,00	201,16	118,66	49,16	
	V	**1 267,66**	422,75	422,75	IV	761,58	700,50	641,00	582,91	526,41	471,33
	VI	**1 303,91**	422,75	422,75							

* Zur LSt-Berechnung für privat versicherte Arbeitnehmer s. Beispiele **Vorbemerkung S. 4 f.**
** Basisvorsorgepauschale KV und PV   *** Typisierter Arbeitgeberzuschuss

Lohn/ Gehalt in € bis	Steuerklasse	Lohn-steuer*	BVSP**	TAGZ***	Steuerklasse	Bemessungsgrundlage für Kirchensteuer und Solidaritätszuschlag – Freibeträge für ... Kinder 0,5	**1,0**	1,5	**2,0**	2,5	**3,0**
4610,99	I,IV	**825,08**	423,00	423,00	I	701,33	583,66	472,08	366,58	267,08	173,66
	II	**706,75**	423,00	423,00	II	588,83	476,91	371,16	271,33	177,66	90,00
	III	**471,50**	423,00	423,00	III	378,66	288,66	201,83	119,16	49,50	
	V	**1 268,66**	423,00	423,00	IV	762,41	701,33	641,75	583,66	527,16	472,08
	VI	**1 304,91**	423,00	423,00							
4613,99	I,IV	**825,91**	423,33	423,33	I	702,25	584,50	472,91	367,33	267,75	174,33
	II	**707,58**	423,33	423,33	II	589,58	477,75	371,83	272,08	178,33	90,58
	III	**472,16**	423,33	423,33	III	379,33	289,33	202,33	119,66	50,00	
	V	**1 269,66**	423,33	423,33	IV	763,33	702,25	642,58	584,50	527,91	472,91
	VI	**1 305,91**	423,33	423,33							
4616,99	I,IV	**826,83**	423,58	423,58	I	703,08	585,33	473,66	368,00	268,50	174,91
	II	**708,41**	423,58	423,58	II	590,41	478,50	372,58	272,75	179,00	91,25
	III	**473,00**	423,58	423,58	III	379,83	290,00	203,00	120,16	50,50	
	V	**1 270,75**	423,58	423,58	IV	764,25	703,08	643,41	585,33	528,75	473,66
	VI	**1 307,00**	423,58	423,58							
4619,99	I,IV	**827,75**	423,83	423,83	I	703,91	586,16	474,41	368,75	269,16	175,58
	II	**709,33**	423,83	423,83	II	591,25	479,25	373,33	273,41	179,58	91,83
	III	**473,66**	423,83	423,83	III	380,50	290,50	203,66	120,83	50,83	
	V	**1 271,83**	423,83	423,83	IV	765,08	703,91	644,33	586,16	529,58	474,41
	VI	**1 308,08**	423,83	423,83							
4622,99	I,IV	**828,66**	424,08	424,08	I	704,75	587,00	475,16	369,50	269,83	176,25
	II	**710,16**	424,08	424,08	II	592,08	480,00	374,08	274,08	180,25	92,41
	III	**474,33**	424,08	424,08	III	381,16	291,16	204,16	121,33	51,33	
	V	**1 272,83**	424,08	424,08	IV	765,91	704,75	645,08	587,00	530,33	475,16
	VI	**1 309,08**	424,08	424,08							
4625,99	I,IV	**829,58**	424,41	424,41	I	705,66	587,75	476,00	370,25	270,50	176,83
	II	**711,00**	424,41	424,41	II	592,91	480,83	374,75	274,83	180,91	93,00
	III	**475,00**	424,41	424,41	III	381,83	291,83	204,83	121,83	51,83	
	V	**1 273,83**	424,41	424,41	IV	766,83	705,66	645,91	587,75	531,08	476,00
	VI	**1 310,08**	424,41	424,41							
4628,99	I,IV	**830,50**	424,66	424,66	I	706,50	588,58	476,75	370,91	271,16	177,50
	II	**711,91**	424,66	424,66	II	593,66	481,58	375,50	275,50	181,50	93,66
	III	**475,66**	424,66	424,66	III	382,50	292,50	205,50	122,50	52,33	
	V	**1 274,91**	424,66	424,66	IV	767,75	706,50	646,83	588,58	531,91	476,75
	VI	**1 311,16**	424,66	424,66							
4631,99	I,IV	**831,33**	424,91	424,91	I	707,33	589,41	477,50	371,66	271,91	178,16
	II	**712,75**	424,91	424,91	II	594,50	482,33	376,25	276,16	182,16	94,25
	III	**476,33**	424,91	424,91	III	383,16	293,16	206,00	123,00	52,66	
	V	**1 276,00**	424,91	424,91	IV	768,58	707,33	647,66	589,41	532,75	477,50
	VI	**1 312,25**	424,91	424,91							
4634,99	I,IV	**832,25**	425,25	425,25	I	708,25	590,25	478,25	372,41	272,58	178,75
	II	**713,58**	425,25	425,25	II	595,33	483,08	377,00	276,83	182,83	94,83
	III	**477,00**	425,25	425,25	III	383,83	293,66	206,66	123,50	53,16	
	V	**1 277,00**	425,25	425,25	IV	769,50	708,25	648,50	590,25	533,50	478,25
	VI	**1 313,25**	425,25	425,25							
4637,99	I,IV	**833,16**	425,50	425,50	I	709,08	591,08	479,08	373,16	273,25	179,41
	II	**714,41**	425,50	425,50	II	596,16	483,91	377,66	277,58	183,50	95,41
	III	**477,66**	425,50	425,50	III	384,50	294,33	207,16	124,00	53,50	
	V	**1 278,00**	425,50	425,50	IV	770,33	709,08	649,33	591,08	534,33	479,08
	VI	**1 314,25**	425,50	425,50							
4640,99	I,IV	**834,08**	425,75	425,75	I	709,91	591,83	479,83	373,83	273,91	180,08
	II	**715,33**	425,75	425,75	II	597,00	484,66	378,41	278,25	184,08	96,00
	III	**478,33**	425,75	425,75	III	385,16	295,00	207,83	124,66	54,00	
	V	**1 279,08**	425,75	425,75	IV	771,25	709,91	650,16	591,83	535,08	479,83
	VI	**1 315,33**	425,75	425,75							
4643,99	I,IV	**835,00**	426,08	426,08	I	710,83	592,66	480,58	374,58	274,66	180,75
	II	**716,16**	426,08	426,08	II	597,83	485,50	379,16	278,91	184,75	96,66
	III	**479,00**	426,08	426,08	III	385,83	295,66	208,50	125,16	54,50	
	V	**1 280,08**	426,08	426,08	IV	772,16	710,83	651,00	592,66	535,91	480,58
	VI	**1 316,41**	426,08	426,08							

* Zur LSt-Berechnung für privat versicherte Arbeitnehmer s. Beispiele **Vorbemerkung S. 4f.**

** Basisvorsorgepauschale KV und PV *** Typisierter Arbeitgeberzuschuss

Lohn/ Gehalt in € bis	Steuerklasse	Lohn- steuer*	BVSP**	TAGZ***	Steuerklasse	Bemessungsgrundlage für Kirchensteuer und Solidaritätszuschlag					
						Freibeträge für ... Kinder					
						0,5	**1,0**	1,5	**2,0**	2,5	**3,0**
4 646,99	I,IV	**835,83**	426,33	426,33	I	711,66	593,50	481,41	375,33	275,33	181,33
	II	**717,00**	426,33	426,33	II	598,58	486,25	379,91	279,66	185,41	97,25
	III	**479,66**	426,33	426,33	III	386,50	296,16	209,00	125,66	55,00	
	V	**1 281,16**	426,33	426,33	IV	773,00	711,66	651,83	593,50	536,66	481,41
	VI	**1 317,41**	426,33	426,33							
4 649,99	I,IV	**836,75**	426,58	426,58	I	712,50	594,33	482,16	376,08	276,00	182,00
	II	**717,91**	426,58	426,58	II	599,41	487,00	380,66	280,33	186,08	97,83
	III	**480,33**	426,58	426,58	III	387,00	296,83	209,66	126,33	55,33	
	V	**1 282,16**	426,58	426,58	IV	773,91	712,50	652,66	594,33	537,50	482,16
	VI	**1 318,41**	426,58	426,58							
4 652,99	I,IV	**837,66**	426,83	426,83	I	713,41	595,16	482,91	376,83	276,66	182,66
	II	**718,75**	426,83	426,83	II	600,25	487,75	381,41	281,00	186,75	98,41
	III	**481,00**	426,83	426,83	III	387,66	297,50	210,33	126,83	55,83	
	V	**1 283,25**	426,83	426,83	IV	774,75	713,41	653,50	595,16	538,25	482,91
	VI	**1 319,50**	426,83	426,83							
4 655,99	I,IV	**838,58**	427,16	427,16	I	714,25	595,91	483,75	377,50	277,41	183,33
	II	**719,66**	427,16	427,16	II	601,08	488,58	382,08	281,75	187,33	99,08
	III	**481,66**	427,16	427,16	III	388,33	298,16	210,83	127,50	56,33	
	V	**1 284,25**	427,16	427,16	IV	775,66	714,25	654,33	595,91	539,08	483,75
	VI	**1 320,58**	427,16	427,16							
4 658,99	I,IV	**839,50**	427,41	427,41	I	715,08	596,75	484,50	378,25	278,08	183,91
	II	**720,50**	427,41	427,41	II	601,83	489,33	382,83	282,41	188,00	99,66
	III	**482,33**	427,41	427,41	III	389,00	298,66	211,50	128,00	56,66	0,33
	V	**1 285,33**	427,41	427,41	IV	776,50	715,08	655,16	596,75	539,83	484,50
	VI	**1 321,58**	427,41	427,41							
4 661,99	I,IV	**840,41**	427,66	427,66	I	715,91	597,58	485,25	379,00	278,75	184,58
	II	**721,33**	427,66	427,66	II	602,66	490,08	383,58	283,08	188,66	100,25
	III	**483,00**	427,66	427,66	III	389,66	299,33	212,00	128,50	57,16	0,66
	V	**1 286,33**	427,66	427,66	IV	777,41	715,91	656,00	597,58	540,66	485,25
	VI	**1 322,58**	427,66	427,66							
4 664,99	I,IV	**841,25**	428,00	428,00	I	716,83	598,41	486,00	379,75	279,50	185,25
	II	**722,25**	428,00	428,00	II	603,50	490,91	384,33	283,75	189,33	100,91
	III	**483,66**	428,00	428,00	III	390,33	300,00	212,66	129,00	57,66	1,00
	V	**1 287,41**	428,00	428,00	IV	778,33	716,83	656,83	598,41	541,50	486,00
	VI	**1 323,66**	428,00	428,00							
4 667,99	I,IV	**842,16**	428,25	428,25	I	717,66	599,25	486,83	380,50	280,16	185,91
	II	**723,08**	428,25	428,25	II	604,33	491,66	385,08	284,50	189,91	101,50
	III	**484,33**	428,25	428,25	III	391,00	300,66	213,33	129,66	58,16	1,33
	V	**1 288,41**	428,25	428,25	IV	779,16	717,66	657,66	599,25	542,25	486,83
	VI	**1 324,75**	428,25	428,25							
4 670,99	I,IV	**843,08**	428,50	428,50	I	718,50	600,00	487,58	381,16	280,83	186,50
	II	**723,91**	428,50	428,50	II	605,16	492,41	385,75	285,16	190,58	102,08
	III	**485,00**	428,50	428,50	III	391,66	301,33	214,00	130,16	58,50	1,66
	V	**1 289,50**	428,50	428,50	IV	780,08	718,50	658,50	600,00	543,08	487,58
	VI	**1 325,75**	428,50	428,50							
4 673,99	I,IV	**844,00**	428,83	428,83	I	719,41	600,83	488,33	381,91	281,50	187,16
	II	**724,83**	428,83	428,83	II	606,00	493,25	386,50	285,83	191,25	102,66
	III	**485,66**	428,83	428,83	III	392,33	301,83	214,50	130,83	59,00	2,00
	V	**1 290,50**	428,83	428,83	IV	780,91	719,41	659,33	600,83	543,83	488,33
	VI	**1 326,75**	428,83	428,83							
4 676,99	I,IV	**844,91**	429,08	429,08	I	720,25	601,66	489,16	382,66	282,25	187,83
	II	**725,66**	429,08	429,08	II	606,83	494,00	387,25	286,58	191,91	103,33
	III	**486,33**	429,08	429,08	III	393,00	302,50	215,16	131,33	59,50	2,33
	V	**1 291,58**	429,08	429,08	IV	781,83	720,25	660,25	601,66	544,66	489,16
	VI	**1 327,83**	429,08	429,08							
4 679,99	I,IV	**845,83**	429,33	429,33	I	721,16	602,50	489,91	383,41	282,91	188,50
	II	**726,58**	429,33	429,33	II	607,66	494,83	388,00	287,25	192,58	103,91
	III	**487,00**	429,33	429,33	III	393,66	303,16	215,83	131,83	60,00	2,83
	V	**1 292,58**	429,33	429,33	IV	782,75	721,16	661,08	602,50	545,50	489,91
	VI	**1 328,91**	429,33	429,33							

* Zur LSt-Berechnung für privat versicherte Arbeitnehmer s. Beispiele **Vorbemerkung S. 4 f.**
** Basisvorsorgepauschale KV und PV *** Typisierter Arbeitgeberzuschuss

Lohn/ Gehalt in € bis	Steuerklasse	**Lohn-steuer***	BVSP**	TAGZ***	Steuerklasse	Bemessungsgrundlage für Kirchensteuer und Solidaritätszuschlag					
						Freibeträge für ... Kinder					
						0,5	**1,0**	1,5	**2,0**	2,5	**3,0**
4682,99	I,IV	**846,66**	429,58	429,58	I	722,00	603,33	490,66	384,08	283,58	189,16
	II	**727,41**	429,58	429,58	II	608,41	495,58	388,75	287,91	193,16	104,50
	III	**487,66**	429,58	429,58	III	394,16	303,83	216,33	132,50	60,33	3,16
	V	**1293,66**	429,58	429,58	IV	783,58	722,00	661,91	603,33	546,25	490,66
	VI	**1329,91**	429,58	429,58							
4685,99	I,IV	**847,58**	429,91	429,91	I	722,83	604,16	491,50	384,83	284,33	189,75
	II	**728,25**	429,91	429,91	II	609,25	496,33	389,41	288,58	193,83	105,08
	III	**488,33**	429,91	429,91	III	394,83	304,33	217,00	133,00	60,83	3,50
	V	**1294,66**	429,91	429,91	IV	784,50	722,83	662,75	604,16	547,08	491,50
	VI	**1330,91**	429,91	429,91							
4688,99	I,IV	**848,50**	430,16	430,16	I	723,75	605,00	492,25	385,58	285,00	190,41
	II	**729,16**	430,16	430,16	II	610,08	497,08	390,16	289,33	194,50	105,75
	III	**489,00**	430,16	430,16	III	395,50	305,00	217,50	133,50	61,33	3,83
	V	**1295,75**	430,16	430,16	IV	785,33	723,75	663,58	605,00	547,83	492,25
	VI	**1332,00**	430,16	430,16							
4691,99	I,IV	**849,41**	430,41	430,41	I	724,58	605,75	493,00	386,33	285,66	191,08
	II	**730,00**	430,41	430,41	II	610,91	497,91	390,91	290,00	195,16	106,33
	III	**489,66**	430,41	430,41	III	396,16	305,66	218,16	134,16	61,83	4,16
	V	**1296,75**	430,41	430,41	IV	786,25	724,58	664,41	605,75	548,66	493,00
	VI	**1333,08**	430,41	430,41							
4694,99	I,IV	**850,33**	430,75	430,75	I	725,41	606,58	493,83	387,08	286,33	191,75
	II	**730,83**	430,75	430,75	II	611,75	498,66	391,66	290,66	195,83	106,91
	III	**490,50**	430,75	430,75	III	396,83	306,33	218,83	134,66	62,16	4,50
	V	**1297,83**	430,75	430,75	IV	787,16	725,41	665,25	606,58	549,41	493,83
	VI	**1334,08**	430,75	430,75							
4697,99	I,IV	**851,25**	431,00	431,00	I	726,33	607,41	494,58	387,83	287,08	192,41
	II	**731,75**	431,00	431,00	II	612,58	499,50	392,41	291,41	196,41	107,58
	III	**491,16**	431,00	431,00	III	397,50	307,00	219,33	135,33	62,66	4,83
	V	**1298,83**	431,00	431,00	IV	788,00	726,33	666,08	607,41	550,25	494,58
	VI	**1335,08**	431,00	431,00							
4700,99	I,IV	**852,16**	431,25	431,25	I	727,16	608,25	495,33	388,50	287,75	193,00
	II	**732,58**	431,25	431,25	II	613,41	500,25	393,16	292,08	197,08	108,16
	III	**491,83**	431,25	431,25	III	398,16	307,50	220,00	135,83	63,16	5,33
	V	**1299,91**	431,25	431,25	IV	788,91	727,16	667,00	608,25	551,08	495,33
	VI	**1336,16**	431,25	431,25							
4703,99	I,IV	**853,08**	431,58	431,58	I	728,08	609,08	496,16	389,25	288,50	193,66
	II	**733,50**	431,58	431,58	II	614,25	501,00	393,91	292,83	197,75	108,75
	III	**492,50**	431,58	431,58	III	398,83	308,16	220,66	136,50	63,66	5,66
	V	**1300,91**	431,58	431,58	IV	789,83	728,08	667,83	609,08	551,83	496,16
	VI	**1337,25**	431,58	431,58							
4706,99	I,IV	**854,00**	431,83	431,83	I	728,91	609,91	496,91	390,00	289,16	194,33
	II	**734,33**	431,83	431,83	II	615,00	501,83	394,58	293,50	198,41	109,41
	III	**493,16**	431,83	431,83	III	399,50	308,83	221,16	137,00	64,00	6,00
	V	**1302,00**	431,83	431,83	IV	790,66	728,91	668,66	609,91	552,66	496,91
	VI	**1338,25**	431,83	431,83							
4709,99	I,IV	**854,91**	432,08	432,08	I	729,75	610,75	497,66	390,75	289,83	195,00
	II	**735,16**	432,08	432,08	II	615,83	502,58	395,33	294,16	199,08	110,00
	III	**493,83**	432,08	432,08	III	400,16	309,50	221,83	137,50	64,50	6,33
	V	**1303,00**	432,08	432,08	IV	791,58	729,75	669,50	610,75	553,41	497,66
	VI	**1339,25**	432,08	432,08							
4712,99	I,IV	**855,83**	432,41	432,41	I	730,66	611,50	498,50	391,50	290,50	195,66
	II	**736,08**	432,41	432,41	II	616,66	503,33	396,08	294,91	199,75	110,58
	III	**494,50**	432,41	432,41	III	400,83	310,16	222,50	138,16	65,00	6,66
	V	**1304,08**	432,41	432,41	IV	792,50	730,66	670,33	611,50	554,25	498,50
	VI	**1340,33**	432,41	432,41							
4715,99	I,IV	**856,75**	432,66	432,66	I	731,50	612,33	499,25	392,25	291,25	196,33
	II	**736,91**	432,66	432,66	II	617,50	504,16	396,83	295,58	200,41	111,25
	III	**495,16**	432,66	432,66	III	401,50	310,66	223,00	138,66	65,50	7,00
	V	**1305,08**	432,66	432,66	IV	793,33	731,50	671,16	612,33	555,08	499,25
	VI	**1341,33**	432,66	432,66							

* Zur LSt-Berechnung für privat versicherte Arbeitnehmer s. Beispiele **Vorbemerkung S. 4f.**
** Basisvorsorgepauschale KV und PV *** Typisierter Arbeitgeberzuschuss

Lohn/ Gehalt in € bis	Steuerklasse	Lohn-steuer*	BVSP**	TAGZ***	Steuerklasse	Bemessungsgrundlage für Kirchensteuer und Solidaritätszuschlag – Freibeträge für ... Kinder 0,5	1,0	1,5	2,0	2,5	3,0
4718,99	I,IV	**857,58**	432,91	432,91	I	732,33	613,16	500,00	392,91	291,91	196,91
	II	**737,75**	432,91	432,91	II	618,33	504,91	397,58	296,25	201,00	111,83
	III	**495,83**	432,91	432,91	III	402,00	311,33	223,66	139,33	66,00	7,33
	V	**1306,16**	432,91	432,91	IV	794,25	732,33	672,00	613,16	555,83	500,00
	VI	**1342,41**	432,91	432,91							
4721,99	I,IV	**858,50**	433,16	433,16	I	733,25	614,00	500,83	393,66	292,58	197,58
	II	**738,66**	433,16	433,16	II	619,16	505,75	398,33	297,00	201,66	112,41
	III	**496,50**	433,16	433,16	III	402,66	312,00	224,33	139,83	66,50	7,83
	V	**1307,16**	433,16	433,16	IV	795,08	733,25	672,83	614,00	556,66	500,83
	VI	**1343,41**	433,16	433,16							
4724,99	I,IV	**859,41**	433,50	433,50	I	734,08	614,83	501,58	394,41	293,33	198,25
	II	**739,58**	433,50	433,50	II	620,00	506,50	399,08	297,66	202,33	113,08
	III	**497,16**	433,50	433,50	III	403,33	312,66	224,83	140,50	66,83	8,16
	V	**1308,25**	433,50	433,50	IV	796,00	734,08	673,75	614,83	557,50	501,58
	VI	**1344,50**	433,50	433,50							
4727,99	I,IV	**860,33**	433,75	433,75	I	735,00	615,66	502,41	395,16	294,00	198,91
	II	**740,41**	433,75	433,75	II	620,83	507,33	399,83	298,41	203,00	113,66
	III	**497,83**	433,75	433,75	III	404,00	313,33	225,50	141,00	67,33	8,50
	V	**1309,25**	433,75	433,75	IV	796,91	735,00	674,58	615,66	558,25	502,41
	VI	**1345,50**	433,75	433,75							
4730,99	I,IV	**861,25**	434,00	434,00	I	735,83	616,50	503,16	395,91	294,66	199,58
	II	**741,25**	434,00	434,00	II	621,66	508,08	400,50	299,08	203,66	114,25
	III	**498,50**	434,00	434,00	III	404,66	313,83	226,16	141,50	67,83	8,83
	V	**1310,33**	434,00	434,00	IV	797,75	735,83	675,41	616,50	559,08	503,16
	VI	**1346,58**	434,00	434,00							
4733,99	I,IV	**862,16**	434,33	434,33	I	736,75	617,33	503,91	396,66	295,41	200,16
	II	**742,16**	434,33	434,33	II	622,50	508,83	401,25	299,75	204,33	114,91
	III	**499,16**	434,33	434,33	III	405,33	314,50	226,66	142,16	68,33	9,16
	V	**1311,33**	434,33	434,33	IV	798,66	736,75	676,25	617,33	559,83	503,91
	VI	**1347,58**	434,33	434,33							
4736,99	I,IV	**863,08**	434,58	434,58	I	737,58	618,16	504,75	397,41	296,08	200,83
	II	**743,00**	434,58	434,58	II	623,33	509,66	402,00	300,50	205,00	115,50
	III	**499,83**	434,58	434,58	III	406,00	315,16	227,33	142,66	68,83	9,66
	V	**1312,41**	434,58	434,58	IV	799,58	737,58	677,08	618,16	560,66	504,75
	VI	**1348,66**	434,58	434,58							
4739,99	I,IV	**864,00**	434,83	434,83	I	738,50	619,00	505,50	398,16	296,83	201,50
	II	**743,91**	434,83	434,83	II	624,16	510,41	402,75	301,16	205,58	116,08
	III	**500,50**	434,83	434,83	III	406,66	315,83	228,00	143,33	69,16	10,00
	V	**1313,41**	434,83	434,83	IV	800,50	738,50	678,00	619,00	561,50	505,50
	VI	**1349,66**	434,83	434,83							
4742,99	I,IV	**864,91**	435,16	435,16	I	739,33	619,75	506,33	398,83	297,50	202,16
	II	**744,75**	435,16	435,16	II	624,91	511,16	403,50	301,83	206,25	116,75
	III	**501,16**	435,16	435,16	III	407,33	316,50	228,50	143,83	69,66	10,33
	V	**1314,50**	435,16	435,16	IV	801,33	739,33	678,75	619,75	562,25	506,33
	VI	**1350,75**	435,16	435,16							
4745,99	I,IV	**865,83**	435,41	435,41	I	740,16	620,58	507,08	399,58	298,16	202,83
	II	**745,66**	435,41	435,41	II	625,75	512,00	404,25	302,58	206,91	117,33
	III	**501,83**	435,41	435,41	III	408,00	317,00	229,16	144,50	70,16	10,66
	V	**1315,50**	435,41	435,41	IV	802,25	740,16	679,66	620,58	563,08	507,08
	VI	**1351,75**	435,41	435,41							
4748,99	I,IV	**866,75**	435,66	435,66	I	741,08	621,41	507,91	400,33	298,91	203,50
	II	**746,50**	435,66	435,66	II	626,58	512,75	405,00	303,25	207,58	117,91
	III	**502,66**	435,66	435,66	III	408,66	317,66	229,83	145,00	70,66	11,00
	V	**1316,58**	435,66	435,66	IV	803,16	741,08	680,50	621,41	563,91	507,91
	VI	**1352,83**	435,66	435,66							
4751,99	I,IV	**867,66**	435,91	435,91	I	741,91	622,25	508,66	401,08	299,58	204,16
	II	**747,41**	435,91	435,91	II	627,41	513,58	405,75	304,00	208,25	118,58
	III	**503,33**	435,91	435,91	III	409,33	318,33	230,50	145,66	71,16	11,50
	V	**1317,58**	435,91	435,91	IV	804,00	741,91	681,33	622,25	564,75	508,66
	VI	**1353,83**	435,91	435,91							

* Zur LSt-Berechnung für privat versicherte Arbeitnehmer s. Beispiele **Vorbemerkung S. 4f.**
** Basisvorsorgepauschale KV und PV *** Typisierter Arbeitgeberzuschuss

Lohn/ Gehalt in € bis	Steuerklasse	Lohn-steuer*	BVSP**	TAGZ***	Steuerklasse	Bemessungsgrundlage für Kirchensteuer und Solidaritätszuschlag – Freibeträge für ... Kinder 0,5	1,0	1,5	2,0	2,5	3,0
4754,99	I,IV	**868,58**	436,25	436,25	I	742,75	623,08	509,41	401,83	300,25	204,75
	II	**748,25**	436,25	436,25	II	628,25	514,33	406,50	304,66	208,91	119,16
	III	**503,83**	436,25	436,25	III	410,00	319,00	231,00	146,16	71,66	11,83
	V	**1318,58**	436,25	436,25	IV	804,91	742,75	682,16	623,08	565,50	509,41
	VI	**1354,91**	436,25	436,25							
4757,99	I,IV	**869,50**	436,50	436,50	I	743,66	623,91	510,25	402,58	301,00	205,41
	II	**749,08**	436,50	436,50	II	629,08	515,16	407,25	305,33	209,58	119,83
	III	**504,66**	436,50	436,50	III	410,50	319,66	231,66	146,83	72,00	12,16
	V	**1319,66**	436,50	436,50	IV	805,83	743,66	683,00	623,91	566,33	510,25
	VI	**1355,91**	436,50	436,50							
4760,99	I,IV	**870,41**	436,75	436,75	I	744,58	624,75	511,00	403,33	301,66	206,08
	II	**750,00**	436,75	436,75	II	629,91	515,91	408,00	306,08	210,25	120,41
	III	**505,33**	436,75	436,75	III	411,16	320,16	232,16	147,33	72,50	12,50
	V	**1320,75**	436,75	436,75	IV	806,75	744,58	683,91	624,75	567,16	511,00
	VI	**1357,00**	436,75	436,75							
4763,99	I,IV	**871,33**	437,08	437,08	I	745,41	625,58	511,83	404,08	302,41	206,75
	II	**750,91**	437,08	437,08	II	630,75	516,75	408,75	306,75	210,91	121,00
	III	**506,00**	437,08	437,08	III	411,83	320,83	232,83	148,00	73,00	13,00
	V	**1321,75**	437,08	437,08	IV	807,58	745,41	684,75	625,58	567,91	511,83
	VI	**1358,00**	437,08	437,08							
4766,99	I,IV	**872,16**	437,33	437,33	I	746,25	626,41	512,58	404,83	303,08	207,41
	II	**751,75**	437,33	437,33	II	631,58	517,50	409,41	307,50	211,50	121,66
	III	**506,66**	437,33	437,33	III	412,50	321,50	233,50	148,50	73,50	13,33
	V	**1322,75**	437,33	437,33	IV	808,50	746,25	685,58	626,41	568,75	512,58
	VI	**1359,08**	437,33	437,33							
4769,99	I,IV	**873,08**	437,58	437,58	I	747,16	627,25	513,33	405,58	303,75	208,08
	II	**752,58**	437,58	437,58	II	632,41	518,25	410,16	308,16	212,16	122,25
	III	**507,33**	437,58	437,58	III	413,16	322,16	234,16	149,16	74,00	13,66
	V	**1323,83**	437,58	437,58	IV	809,41	747,16	686,41	627,25	569,58	513,33
	VI	**1360,08**	437,58	437,58							
4772,99	I,IV	**874,08**	437,91	437,91	I	748,00	628,08	514,16	406,33	304,50	208,75
	II	**753,50**	437,91	437,91	II	633,25	519,08	410,91	308,91	212,83	122,91
	III	**508,00**	437,91	437,91	III	413,83	322,83	234,66	149,66	74,50	14,00
	V	**1324,91**	437,91	437,91	IV	810,25	748,00	687,33	628,08	570,33	514,16
	VI	**1361,16**	437,91	437,91							
4775,99	I,IV	**875,00**	438,16	438,16	I	748,91	628,91	514,91	407,08	305,16	209,41
	II	**754,33**	438,16	438,16	II	634,08	519,91	411,66	309,58	213,50	123,50
	III	**508,66**	438,16	438,16	III	414,50	323,50	235,33	150,33	75,00	14,50
	V	**1325,91**	438,16	438,16	IV	811,16	748,91	688,16	628,91	571,16	514,91
	VI	**1362,16**	438,16	438,16							
4778,99	I,IV	**875,83**	438,41	438,41	I	749,75	629,75	515,75	407,75	305,91	210,00
	II	**755,25**	438,41	438,41	II	634,91	520,66	412,41	310,25	214,16	124,08
	III	**509,33**	438,41	438,41	III	415,16	324,00	235,83	150,83	75,50	14,83
	V	**1326,91**	438,41	438,41	IV	812,08	749,75	689,00	629,75	572,00	515,75
	VI	**1363,25**	438,41	438,41							
4781,99	I,IV	**876,75**	438,66	438,66	I	750,66	630,58	516,50	408,50	306,58	210,66
	II	**756,08**	438,66	438,66	II	635,75	521,41	413,16	311,00	214,83	124,75
	III	**510,00**	438,66	438,66	III	415,83	324,66	236,50	151,50	76,00	15,16
	V	**1328,00**	438,66	438,66	IV	813,00	750,66	689,83	630,58	572,75	516,50
	VI	**1364,25**	438,66	438,66							
4784,99	I,IV	**877,75**	439,00	439,00	I	751,50	631,41	517,33	409,25	307,33	211,33
	II	**757,00**	439,00	439,00	II	636,58	522,25	413,91	311,66	215,50	125,33
	III	**510,66**	439,00	439,00	III	416,50	325,33	237,16	152,00	76,33	15,50
	V	**1329,08**	439,00	439,00	IV	813,83	751,50	690,66	631,41	573,58	517,33
	VI	**1365,33**	439,00	439,00							
4787,99	I,IV	**878,66**	439,25	439,25	I	752,41	632,25	518,08	410,00	308,00	212,00
	II	**757,91**	439,25	439,25	II	637,41	523,00	414,66	312,41	216,16	126,00
	III	**511,33**	439,25	439,25	III	417,16	326,00	237,83	152,66	76,83	16,00
	V	**1330,08**	439,25	439,25	IV	814,75	752,41	691,58	632,25	574,41	518,08
	VI	**1366,33**	439,25	439,25							

* Zur LSt-Berechnung für privat versicherte Arbeitnehmer s. Beispiele **Vorbemerkung S. 4f.**
** Basisvorsorgepauschale KV und PV *** Typisierter Arbeitgeberzuschuss

Lohn/ Gehalt in € bis	Steuerklasse	Lohn- steuer*	BVSP**	TAGZ***	Steuerklasse	Bemessungsgrundlage für Kirchensteuer und Solidaritätszuschlag – Freibeträge für ... Kinder 0,5	1,0	1,5	2,0	2,5	3,0
4790,99	I,IV	**879,50**	439,50	439,50	I	753,25	633,00	518,83	410,75	308,66	212,66
	II	**758,75**	439,50	439,50	II	638,25	523,83	415,41	313,08	216,83	126,58
	III	**512,00**	439,50	439,50	III	417,83	326,66	238,33	153,16	77,33	16,33
	V	**1331,08**	439,50	439,50	IV	815,66	753,25	692,41	633,00	575,16	518,83
	VI	**1367,41**	439,50	439,50							
4793,99	I,IV	**880,41**	439,83	439,83	I	754,16	633,91	519,66	411,50	309,41	213,33
	II	**759,58**	439,83	439,83	II	639,08	524,58	416,16	313,83	217,50	127,16
	III	**512,83**	439,83	439,83	III	418,50	327,16	239,00	153,83	77,83	16,66
	V	**1332,16**	439,83	439,83	IV	816,50	754,16	693,25	633,91	576,00	519,66
	VI	**1368,41**	439,83	439,83							
4796,99	I,IV	**881,41**	440,08	440,08	I	755,00	634,75	520,50	412,25	310,08	214,00
	II	**760,50**	440,08	440,08	II	639,91	525,41	416,91	314,50	218,16	127,83
	III	**513,50**	440,08	440,08	III	419,16	327,83	239,66	154,33	78,33	17,16
	V	**1333,25**	440,08	440,08	IV	817,41	755,00	694,08	634,75	576,83	520,50
	VI	**1369,50**	440,08	440,08							
4799,99	I,IV	**882,33**	440,33	440,33	I	755,91	635,58	521,25	413,00	310,83	214,66
	II	**761,41**	440,33	440,33	II	640,75	526,16	417,66	315,25	218,83	128,41
	III	**514,16**	440,33	440,33	III	419,83	328,50	240,33	155,00	78,83	17,50
	V	**1334,25**	440,33	440,33	IV	818,33	755,91	695,00	635,58	577,66	521,25
	VI	**1370,50**	440,33	440,33							
4802,99	I,IV	**883,16**	440,66	440,66	I	756,75	636,33	522,00	413,75	311,50	215,33
	II	**762,25**	440,66	440,66	II	641,58	527,00	418,41	315,91	219,41	129,08
	III	**514,83**	440,66	440,66	III	420,50	329,16	240,83	155,50	79,33	17,83
	V	**1335,25**	440,66	440,66	IV	819,25	756,75	695,83	636,33	578,41	522,00
	VI	**1371,58**	440,66	440,66							
4805,99	I,IV	**884,16**	440,91	440,91	I	757,66	637,16	522,83	414,50	312,25	216,00
	II	**763,08**	440,91	440,91	II	642,41	527,75	419,16	316,58	220,08	129,66
	III	**515,50**	440,91	440,91	III	421,16	329,83	241,50	156,16	79,83	18,16
	V	**1336,33**	440,91	440,91	IV	820,16	757,66	696,66	637,16	579,25	522,83
	VI	**1372,58**	440,91	440,91							
4808,99	I,IV	**885,08**	441,16	441,16	I	758,50	638,08	523,58	415,25	312,91	216,66
	II	**764,00**	441,16	441,16	II	643,25	528,58	419,91	317,33	220,83	130,33
	III	**516,16**	441,16	441,16	III	421,83	330,33	242,00	156,83	80,33	18,66
	V	**1337,41**	441,16	441,16	IV	821,00	758,50	697,50	638,08	580,08	523,58
	VI	**1373,66**	441,16	441,16							
4811,99	I,IV	**886,00**	441,50	441,50	I	759,41	638,91	524,41	416,00	313,66	217,33
	II	**764,91**	441,50	441,50	II	644,08	529,33	420,66	318,08	221,50	130,91
	III	**516,83**	441,50	441,50	III	422,50	331,00	242,66	157,33	80,83	19,00
	V	**1338,41**	441,50	441,50	IV	821,91	759,41	698,41	638,91	580,91	524,41
	VI	**1374,66**	441,50	441,50							
4814,99	I,IV	**886,91**	441,75	441,75	I	760,25	639,66	525,16	416,75	314,33	218,00
	II	**765,75**	441,75	441,75	II	644,91	530,16	421,41	318,75	222,08	131,50
	III	**517,50**	441,75	441,75	III	423,16	331,66	243,33	158,00	81,33	19,33
	V	**1339,41**	441,75	441,75	IV	822,83	760,25	699,25	639,66	581,66	525,16
	VI	**1375,75**	441,75	441,75							
4817,99	I,IV	**887,83**	442,00	442,00	I	761,16	640,50	526,00	417,50	315,00	218,66
	II	**766,66**	442,00	442,00	II	645,75	530,91	422,16	319,41	222,75	132,16
	III	**518,16**	442,00	442,00	III	423,83	332,33	244,00	158,50	81,83	19,83
	V	**1340,50**	442,00	442,00	IV	823,75	761,16	700,08	640,50	582,50	526,00
	VI	**1376,75**	442,00	442,00							
4820,99	I,IV	**888,75**	442,25	442,25	I	762,00	641,41	526,75	418,25	315,75	219,33
	II	**767,50**	442,25	442,25	II	646,58	531,75	422,91	320,16	223,41	132,75
	III	**518,83**	442,25	442,25	III	424,50	333,00	244,50	159,16	82,33	20,16
	V	**1341,58**	442,25	442,25	IV	824,58	762,00	700,91	641,41	583,33	526,75
	VI	**1377,83**	442,25	442,25							
4823,99	I,IV	**889,66**	442,58	442,58	I	762,91	642,25	527,58	419,00	316,41	220,00
	II	**768,41**	442,58	442,58	II	647,41	532,50	423,66	320,83	224,08	133,41
	III	**519,50**	442,58	442,58	III	425,16	333,66	245,16	159,83	82,83	20,50
	V	**1342,58**	442,58	442,58	IV	825,50	762,91	701,83	642,25	584,16	527,58
	VI	**1378,83**	442,58	442,58							

* Zur LSt-Berechnung für privat versicherte Arbeitnehmer s. Beispiele **Vorbemerkung S. 4 f.**
** Basisvorsorgepauschale KV und PV *** Typisierter Arbeitgeberzuschuss

Lohn/ Gehalt in € bis	Steuerklasse	Lohn-steuer*	BVSP**	TAGZ***	Steuerklasse	Bemessungsgrundlage für Kirchensteuer und Solidaritätszuschlag – Freibeträge für ... Kinder 0,5	**1,0**	1,5	**2,0**	2,5	**3,0**
4826,99	I,IV	**890,58**	442,83	442,83	I	763,75	643,00	528,33	419,75	317,16	220,58
	II	**769,25**	442,83	442,83	II	648,25	533,33	424,41	321,58	224,75	134,00
	III	**520,16**	442,83	442,83	III	425,66	334,16	245,83	160,33	83,16	21,00
	V	**1343,58**	442,83	442,83	IV	826,41	763,75	702,66	643,00	584,91	528,33
	VI	**1379,83**	442,83	442,83							
4829,99	I,IV	**891,50**	443,08	443,08	I	764,66	643,91	529,16	420,50	317,83	221,25
	II	**770,16**	443,08	443,08	II	649,08	534,08	425,16	322,25	225,41	134,66
	III	**520,83**	443,08	443,08	III	426,33	334,83	246,33	161,00	83,66	21,33
	V	**1344,66**	443,08	443,08	IV	827,33	764,66	703,50	643,91	585,75	529,16
	VI	**1380,91**	443,08	443,08							
4832,99	I,IV	**892,41**	443,41	443,41	I	765,50	644,75	529,91	421,25	318,58	221,91
	II	**771,00**	443,41	443,41	II	649,91	534,91	425,91	323,00	226,08	135,25
	III	**521,66**	443,41	443,41	III	427,00	335,50	247,00	161,50	84,16	21,66
	V	**1345,75**	443,41	443,41	IV	828,25	765,50	704,33	644,75	586,58	529,91
	VI	**1382,00**	443,41	443,41							
4835,99	I,IV	**893,33**	443,66	443,66	I	766,41	645,58	530,75	422,00	319,25	222,58
	II	**771,91**	443,66	443,66	II	650,83	535,75	426,66	323,66	226,75	135,91
	III	**522,33**	443,66	443,66	III	427,66	336,16	247,66	162,16	84,66	22,16
	V	**1346,75**	443,66	443,66	IV	829,16	766,41	705,25	645,58	587,41	530,75
	VI	**1383,00**	443,66	443,66							
4838,99	I,IV	**894,33**	443,83	443,83	I	767,33	646,41	531,58	422,75	320,00	223,33
	II	**772,83**	443,83	443,83	II	651,66	536,58	427,50	324,41	227,50	136,58
	III	**523,00**	443,83	443,83	III	428,33	336,83	248,33	162,83	85,33	22,50
	V	**1347,83**	443,83	443,83	IV	830,08	767,33	706,16	646,41	588,25	531,58
	VI	**1384,08**	443,83	443,83							
4841,99	I,IV	**895,33**	443,83	443,83	I	768,33	647,33	532,41	423,58	320,83	224,08
	II	**773,83**	443,83	443,83	II	652,58	537,41	428,33	325,25	228,25	137,25
	III	**523,66**	443,83	443,83	III	429,16	337,50	249,00	163,33	85,83	23,00
	V	**1349,00**	443,83	443,83	IV	831,08	768,33	707,08	647,33	589,16	532,41
	VI	**1385,25**	443,83	443,83							
4844,99	I,IV	**896,33**	443,83	443,83	I	769,33	648,25	533,33	424,41	321,58	224,75
	II	**774,83**	443,83	443,83	II	653,50	538,33	429,16	326,00	228,91	137,91
	III	**524,50**	443,83	443,83	III	429,83	338,33	249,66	164,16	86,33	23,33
	V	**1350,16**	443,83	443,83	IV	832,08	769,33	708,00	648,25	590,08	533,33
	VI	**1386,41**	443,83	443,83							
4847,99	I,IV	**897,33**	443,83	443,83	I	770,25	649,25	534,25	425,25	322,33	225,50
	II	**775,75**	443,83	443,83	II	654,50	539,16	430,00	326,83	229,66	138,66
	III	**525,33**	443,83	443,83	III	430,66	339,00	250,33	164,66	87,00	23,83
	V	**1351,33**	443,83	443,83	IV	833,08	770,25	709,00	649,25	591,00	534,25
	VI	**1387,58**	443,83	443,83							
4850,99	I,IV	**898,41**	443,83	443,83	I	771,25	650,16	535,08	426,08	323,16	226,25
	II	**776,75**	443,83	443,83	II	655,41	540,08	430,83	327,58	230,41	139,33
	III	**526,00**	443,83	443,83	III	431,33	339,66	251,00	165,33	87,50	24,33
	V	**1352,50**	443,83	443,83	IV	834,08	771,25	709,91	650,16	591,83	535,08
	VI	**1388,75**	443,83	443,83							
4853,99	I,IV	**899,41**	443,83	443,83	I	772,25	651,08	536,00	426,91	323,91	227,00
	II	**777,75**	443,83	443,83	II	656,33	540,91	431,66	328,41	231,16	140,00
	III	**526,83**	443,83	443,83	III	432,00	340,33	251,66	166,00	88,00	24,66
	V	**1353,58**	443,83	443,83	IV	835,08	772,25	710,91	651,08	592,75	536,00
	VI	**1389,91**	443,83	443,83							
4856,99	I,IV	**900,41**	443,83	443,83	I	773,16	652,00	536,83	427,75	324,75	227,75
	II	**778,75**	443,83	443,83	II	657,25	541,83	432,50	329,16	231,91	140,75
	III	**527,50**	443,83	443,83	III	432,83	341,16	252,33	166,66	88,66	25,16
	V	**1354,75**	443,83	443,83	IV	836,08	773,16	711,83	652,00	593,66	536,83
	VI	**1391,00**	443,83	443,83							
4859,99	I,IV	**901,50**	443,83	443,83	I	774,16	653,00	537,75	428,66	325,58	228,50
	II	**779,75**	443,83	443,83	II	658,25	542,75	433,33	330,00	232,66	141,41
	III	**528,33**	443,83	443,83	III	433,50	341,83	253,16	167,50	89,16	25,66
	V	**1356,00**	443,83	443,83	IV	837,08	774,16	712,83	653,00	594,58	537,75
	VI	**1392,25**	443,83	443,83							

* Zur LSt-Berechnung für privat versicherte Arbeitnehmer s. Beispiele **Vorbemerkung S. 4f.**
** Basisvorsorgepauschale KV und PV *** Typisierter Arbeitgeberzuschuss

Lohn/ Gehalt in € bis	Steuerklasse	Lohn-steuer*	BVSP**	TAGZ***	Steuerklasse	Bemessungsgrundlage für Kirchensteuer und Solidaritätszuschlag – Freibeträge für ... Kinder 0,5	1,0	1,5	2,0	2,5	3,0
4 862,99	I,IV	**902,50**	443,83	443,83	I	775,16	653,91	538,66	429,50	326,33	229,25
	II	**780,66**	443,83	443,83	II	659,16	543,66	434,16	330,75	233,41	142,08
	III	**529,00**	443,83	443,83	III	434,33	342,50	253,83	168,00	89,66	26,00
	V	**1 357,08**	443,83	443,83	IV	838,08	775,16	713,75	653,91	595,50	538,66
	VI	**1 393,41**	443,83	443,83							
4 865,99	I,IV	**903,58**	443,83	443,83	I	776,16	654,83	539,50	430,33	327,08	230,00
	II	**781,66**	443,83	443,83	II	660,08	544,50	435,00	331,58	234,16	142,83
	III	**529,83**	443,83	443,83	III	435,00	343,16	254,50	168,66	90,33	26,50
	V	**1 358,25**	443,83	443,83	IV	839,08	776,16	714,75	654,83	596,41	539,50
	VI	**1 394,50**	443,83	443,83							
4 868,99	I,IV	**904,58**	443,83	443,83	I	777,16	655,75	540,41	431,16	327,91	230,75
	II	**782,66**	443,83	443,83	II	661,00	545,41	435,83	332,33	234,91	143,50
	III	**530,66**	443,83	443,83	III	435,66	344,00	255,16	169,33	90,83	27,00
	V	**1 359,41**	443,83	443,83	IV	840,08	777,16	715,66	655,75	597,33	540,41
	VI	**1 395,66**	443,83	443,83							
4 871,99	I,IV	**905,58**	443,83	443,83	I	778,08	656,66	541,33	432,00	328,66	231,50
	II	**783,66**	443,83	443,83	II	661,91	546,33	436,66	333,16	235,66	144,16
	III	**531,33**	443,83	443,83	III	436,50	344,66	255,83	170,00	91,50	27,33
	V	**1 360,58**	443,83	443,83	IV	841,08	778,08	716,66	656,66	598,25	541,33
	VI	**1 396,83**	443,83	443,83							
4 874,99	I,IV	**906,66**	443,83	443,83	I	779,08	657,58	542,16	432,83	329,50	232,16
	II	**784,66**	443,83	443,83	II	662,91	547,16	437,50	333,91	236,41	144,91
	III	**532,16**	443,83	443,83	III	437,16	345,33	256,50	170,66	92,00	27,83
	V	**1 361,75**	443,83	443,83	IV	842,08	779,08	717,58	657,58	599,16	542,16
	VI	**1 398,00**	443,83	443,83							
4 877,99	I,IV	**907,66**	443,83	443,83	I	780,08	658,58	543,08	433,66	330,25	232,91
	II	**785,58**	443,83	443,83	II	663,83	548,08	438,33	334,75	237,16	145,58
	III	**532,83**	443,83	443,83	III	438,00	346,16	257,16	171,33	92,50	28,33
	V	**1 362,91**	443,83	443,83	IV	843,08	780,08	718,58	658,58	600,08	543,08
	VI	**1 399,16**	443,83	443,83							
4 880,99	I,IV	**908,66**	443,83	443,83	I	781,08	659,50	544,00	434,50	331,08	233,66
	II	**786,58**	443,83	443,83	II	664,75	548,91	439,25	335,50	237,91	146,33
	III	**533,66**	443,83	443,83	III	438,66	346,83	257,83	172,00	93,16	28,66
	V	**1 364,08**	443,83	443,83	IV	844,08	781,08	719,50	659,50	601,00	544,00
	VI	**1 400,33**	443,83	443,83							
4 883,99	I,IV	**909,75**	443,83	443,83	I	782,08	660,41	544,83	435,33	331,83	234,41
	II	**787,58**	443,83	443,83	II	665,66	549,83	440,08	336,33	238,66	147,00
	III	**534,33**	443,83	443,83	III	439,50	347,50	258,66	172,66	93,66	29,16
	V	**1 365,25**	443,83	443,83	IV	845,08	782,08	720,50	660,41	601,83	544,83
	VI	**1 401,50**	443,83	443,83							
4 886,99	I,IV	**910,75**	443,83	443,83	I	783,00	661,33	545,75	436,16	332,66	235,16
	II	**788,58**	443,83	443,83	II	666,58	550,75	440,91	337,08	239,33	147,66
	III	**535,16**	443,83	443,83	III	440,16	348,16	259,33	173,33	94,16	29,66
	V	**1 366,33**	443,83	443,83	IV	846,16	783,00	721,41	661,33	602,75	545,75
	VI	**1 402,58**	443,83	443,83							
4 889,99	I,IV	**911,75**	443,83	443,83	I	784,00	662,25	546,58	437,00	333,41	235,91
	II	**789,58**	443,83	443,83	II	667,58	551,58	441,75	337,91	240,08	148,41
	III	**536,00**	443,83	443,83	III	440,83	349,00	260,00	174,00	94,83	30,16
	V	**1 367,50**	443,83	443,83	IV	847,16	784,00	722,41	662,25	603,66	546,58
	VI	**1 403,75**	443,83	443,83							
4 892,99	I,IV	**912,83**	443,83	443,83	I	785,00	663,25	547,50	437,83	334,25	236,66
	II	**790,50**	443,83	443,83	II	668,50	552,50	442,58	338,66	240,83	149,08
	III	**536,66**	443,83	443,83	III	441,66	349,66	260,66	174,66	95,33	30,50
	V	**1 368,66**	443,83	443,83	IV	848,16	785,00	723,33	663,25	604,58	547,50
	VI	**1 404,91**	443,83	443,83							
4 895,99	I,IV	**913,83**	443,83	443,83	I	786,00	664,16	548,41	438,66	335,00	237,41
	II	**791,50**	443,83	443,83	II	669,41	553,41	443,41	339,50	241,58	149,75
	III	**537,50**	443,83	443,83	III	442,33	350,33	261,33	175,33	96,00	31,00
	V	**1 369,83**	443,83	443,83	IV	849,16	786,00	724,33	664,16	605,50	548,41
	VI	**1 406,08**	443,83	443,83							

* Zur LSt-Berechnung für privat versicherte Arbeitnehmer s. Beispiele **Vorbemerkung S. 4 f.**
** Basisvorsorgepauschale KV und PV *** Typisierter Arbeitgeberzuschuss

Lohn/ Gehalt in € bis	Steuerklasse	**Lohn-steuer***	BVSP**	TAGZ***	Steuerklasse	Bemessungsgrundlage für Kirchensteuer und Solidaritätszuschlag – Freibeträge für ... Kinder 0,5	**1,0**	1,5	**2,0**	2,5	**3,0**
4898,99	I,IV	**914,83**	443,83	443,83	I	786,91	665,08	549,25	439,50	335,83	238,16
	II	**792,50**	443,83	443,83	II	670,33	554,25	444,25	340,25	242,33	150,50
	III	**538,16**	443,83	443,83	III	443,16	351,00	262,00	176,00	96,50	31,50
	V	**1371,00**	443,83	443,83	IV	850,16	786,91	725,25	665,08	606,41	549,25
	VI	**1407,25**	443,83	443,83							
4901,99	I,IV	**915,91**	443,83	443,83	I	787,91	666,00	550,16	440,33	336,58	238,91
	II	**793,50**	443,83	443,83	II	671,33	555,16	445,08	341,08	243,08	151,16
	III	**539,00**	443,83	443,83	III	443,83	351,83	262,66	176,66	97,16	31,83
	V	**1372,16**	443,83	443,83	IV	851,16	787,91	726,25	666,00	607,33	550,16
	VI	**1408,41**	443,83	443,83							
4904,99	I,IV	**916,91**	443,83	443,83	I	788,91	667,00	551,08	441,16	337,41	239,66
	II	**794,50**	443,83	443,83	II	672,25	556,08	445,91	341,83	243,83	151,91
	III	**539,66**	443,83	443,83	III	444,50	352,50	263,33	177,33	97,66	32,33
	V	**1373,33**	443,83	443,83	IV	852,16	788,91	727,16	667,00	608,25	551,08
	VI	**1409,58**	443,83	443,83							
4907,99	I,IV	**918,00**	443,83	443,83	I	789,91	667,91	551,91	442,00	338,16	240,41
	II	**795,41**	443,83	443,83	II	673,16	556,91	446,75	342,66	244,58	152,58
	III	**540,50**	443,83	443,83	III	445,33	353,16	264,16	178,00	98,16	32,83
	V	**1374,41**	443,83	443,83	IV	853,16	789,91	728,16	667,91	609,16	551,91
	VI	**1410,75**	443,83	443,83							
4910,99	I,IV	**919,00**	443,83	443,83	I	790,91	668,83	552,83	442,91	339,00	241,16
	II	**796,41**	443,83	443,83	II	674,08	557,83	447,66	343,50	245,33	153,25
	III	**541,16**	443,83	443,83	III	446,00	353,83	264,83	178,66	98,83	33,33
	V	**1375,58**	443,83	443,83	IV	854,16	790,91	729,08	668,83	610,08	552,83
	VI	**1411,83**	443,83	443,83							
4913,99	I,IV	**920,00**	443,83	443,83	I	791,83	669,75	553,75	443,75	339,75	241,91
	II	**797,41**	443,83	443,83	II	675,08	558,75	448,50	344,25	246,08	154,00
	III	**542,00**	443,83	443,83	III	446,83	354,66	265,50	179,33	99,33	33,66
	V	**1376,75**	443,83	443,83	IV	855,16	791,83	730,08	669,75	611,00	553,75
	VI	**1413,00**	443,83	443,83							
4916,99	I,IV	**921,08**	443,83	443,83	I	792,91	670,75	554,66	444,58	340,58	242,66
	II	**798,41**	443,83	443,83	II	676,00	559,66	449,33	345,08	246,83	154,66
	III	**542,83**	443,83	443,83	III	447,50	355,33	266,16	180,00	100,00	34,16
	V	**1377,91**	443,83	443,83	IV	856,25	792,91	731,08	670,75	611,91	554,66
	VI	**1414,25**	443,83	443,83							
4919,99	I,IV	**922,08**	443,83	443,83	I	793,83	671,66	555,50	445,41	341,41	243,41
	II	**799,41**	443,83	443,83	II	677,00	560,58	450,16	345,83	247,58	155,41
	III	**543,50**	443,83	443,83	III	448,33	356,00	266,83	180,66	100,50	34,66
	V	**1379,08**	443,83	443,83	IV	857,25	793,83	732,00	671,66	612,83	555,50
	VI	**1415,33**	443,83	443,83							
4922,99	I,IV	**923,16**	443,83	443,83	I	794,83	672,58	556,41	446,25	342,16	244,16
	II	**800,41**	443,83	443,83	II	677,91	561,41	451,00	346,66	248,33	156,08
	III	**544,33**	443,83	443,83	III	449,00	356,83	267,50	181,33	101,16	35,16
	V	**1380,25**	443,83	443,83	IV	858,25	794,83	733,00	672,58	613,75	556,41
	VI	**1416,50**	443,83	443,83							
4925,99	I,IV	**924,16**	443,83	443,83	I	795,83	673,58	557,33	447,08	343,00	244,91
	II	**801,41**	443,83	443,83	II	678,83	562,33	451,83	347,50	249,08	156,83
	III	**545,00**	443,83	443,83	III	449,83	357,50	268,33	182,00	101,66	35,50
	V	**1381,41**	443,83	443,83	IV	859,25	795,83	733,91	673,58	614,66	557,33
	VI	**1417,66**	443,83	443,83							
4928,99	I,IV	**925,25**	443,83	443,83	I	796,83	674,50	558,16	448,00	343,75	245,66
	II	**802,41**	443,83	443,83	II	679,75	563,25	452,75	348,25	249,83	157,50
	III	**545,83**	443,83	443,83	III	450,50	358,16	269,00	182,66	102,33	36,00
	V	**1382,58**	443,83	443,83	IV	860,25	796,83	734,91	674,50	615,58	558,16
	VI	**1418,83**	443,83	443,83							
4931,99	I,IV	**926,25**	443,83	443,83	I	797,83	675,41	559,08	448,83	344,58	246,41
	II	**803,41**	443,83	443,83	II	680,75	564,08	453,58	349,08	250,58	158,25
	III	**546,50**	443,83	443,83	III	451,16	359,00	269,66	183,33	102,83	36,50
	V	**1383,75**	443,83	443,83	IV	861,25	797,83	735,83	675,41	616,50	559,08
	VI	**1420,00**	443,83	443,83							

* Zur LSt-Berechnung für privat versicherte Arbeitnehmer s. Beispiele **Vorbemerkung S. 4f.**
** Basisvorsorgepauschale KV und PV *** Typisierter Arbeitgeberzuschuss

Lohn/ Gehalt in € bis	Steuerklasse	Lohn- steuer*	BVSP**	TAGZ***	Steuerklasse	Bemessungsgrundlage für Kirchensteuer und Solidaritätszuschlag – Freibeträge für ... Kinder 0,5	1,0	1,5	2,0	2,5	3,0
4 934,99	I,IV	**927,25**	443,83	443,83	I	798,83	676,33	560,00	449,66	345,33	247,16
	II	**804,33**	443,83	443,83	II	681,66	565,00	454,41	349,83	251,33	158,91
	III	**547,33**	443,83	443,83	III	452,00	359,66	270,33	184,00	103,50	37,00
	V	**1 384,91**	443,83	443,83	IV	862,25	798,83	736,83	676,33	617,41	560,00
	VI	**1 421,16**	443,83	443,83							
4 937,99	I,IV	**928,33**	443,83	443,83	I	799,75	677,33	560,83	450,50	346,16	247,91
	II	**805,33**	443,83	443,83	II	682,58	565,91	455,25	350,66	252,08	159,58
	III	**548,16**	443,83	443,83	III	452,66	360,33	271,00	184,66	104,00	37,50
	V	**1 386,00**	443,83	443,83	IV	863,33	799,75	737,75	677,33	618,33	560,83
	VI	**1 422,33**	443,83	443,83							
4 940,99	I,IV	**929,33**	443,83	443,83	I	800,75	678,25	561,75	451,33	347,00	248,66
	II	**806,33**	443,83	443,83	II	683,58	566,83	456,08	351,50	252,83	160,33
	III	**548,83**	443,83	443,83	III	453,50	361,16	271,66	185,33	104,66	37,83
	V	**1 387,16**	443,83	443,83	IV	864,33	800,75	738,75	678,25	619,25	561,75
	VI	**1 423,41**	443,83	443,83							
4 943,99	I,IV	**930,41**	443,83	443,83	I	801,75	679,16	562,66	452,16	347,75	249,41
	II	**807,33**	443,83	443,83	II	684,50	567,66	456,91	352,25	253,58	161,00
	III	**549,66**	443,83	443,83	III	454,16	361,83	272,33	186,00	105,16	38,33
	V	**1 388,33**	443,83	443,83	IV	865,33	801,75	739,75	679,16	620,16	562,66
	VI	**1 424,58**	443,83	443,83							
4 946,99	I,IV	**931,41**	443,83	443,83	I	802,75	680,16	563,58	453,00	348,58	250,16
	II	**808,33**	443,83	443,83	II	685,41	568,58	457,83	353,08	254,33	161,75
	III	**550,33**	443,83	443,83	III	455,00	362,50	273,16	186,66	105,83	38,83
	V	**1 389,50**	443,83	443,83	IV	866,33	802,75	740,66	680,16	621,08	563,58
	VI	**1 425,75**	443,83	443,83							
4 949,99	I,IV	**932,50**	443,83	443,83	I	803,75	681,08	564,41	453,83	349,33	250,91
	II	**809,33**	443,83	443,83	II	686,41	569,50	458,66	353,83	255,16	162,41
	III	**551,16**	443,83	443,83	III	455,66	363,16	273,83	187,33	106,33	39,33
	V	**1 390,66**	443,83	443,83	IV	867,33	803,75	741,66	681,08	622,00	564,41
	VI	**1 426,91**	443,83	443,83							
4 952,99	I,IV	**933,50**	443,83	443,83	I	804,75	682,00	565,33	454,75	350,16	251,66
	II	**810,33**	443,83	443,83	II	687,33	570,41	459,50	354,66	255,91	163,16
	III	**552,00**	443,83	443,83	III	456,50	364,00	274,50	188,00	107,00	39,83
	V	**1 391,83**	443,83	443,83	IV	868,33	804,75	742,58	682,00	622,91	565,33
	VI	**1 428,08**	443,83	443,83							
4 955,99	I,IV	**934,50**	443,83	443,83	I	805,75	682,91	566,25	455,58	350,91	252,41
	II	**811,33**	443,83	443,83	II	688,25	571,25	460,33	355,50	256,66	163,83
	III	**552,66**	443,83	443,83	III	457,16	364,66	275,16	188,66	107,50	40,16
	V	**1 393,00**	443,83	443,83	IV	869,33	805,75	743,58	682,91	623,83	566,25
	VI	**1 429,25**	443,83	443,83							
4 958,99	I,IV	**935,58**	443,83	443,83	I	806,75	683,91	567,16	456,41	351,75	253,16
	II	**812,33**	443,83	443,83	II	689,25	572,16	461,16	356,25	257,41	164,58
	III	**553,50**	443,83	443,83	III	457,83	365,33	275,83	189,33	108,16	40,66
	V	**1 394,08**	443,83	443,83	IV	870,41	806,75	744,58	683,91	624,75	567,16
	VI	**1 430,41**	443,83	443,83							
4 961,99	I,IV	**936,58**	443,83	443,83	I	807,66	684,83	568,00	457,25	352,58	253,91
	II	**813,25**	443,83	443,83	II	690,16	573,08	462,08	357,08	258,16	165,25
	III	**554,16**	443,83	443,83	III	458,66	366,00	276,50	190,00	108,66	41,16
	V	**1 395,25**	443,83	443,83	IV	871,41	807,66	745,50	684,83	625,66	568,00
	VI	**1 431,50**	443,83	443,83							
4 964,99	I,IV	**937,66**	443,83	443,83	I	808,66	685,75	568,91	458,08	353,33	254,66
	II	**814,25**	443,83	443,83	II	691,08	574,00	462,91	357,83	258,91	166,00
	III	**555,00**	443,83	443,83	III	459,33	366,83	277,33	190,66	109,33	41,66
	V	**1 396,41**	443,83	443,83	IV	872,41	808,66	746,50	685,75	626,58	568,91
	VI	**1 432,66**	443,83	443,83							
4 967,99	I,IV	**938,66**	443,83	443,83	I	809,66	686,75	569,83	458,91	354,16	255,41
	II	**815,25**	443,83	443,83	II	692,08	574,83	463,75	358,66	259,66	166,66
	III	**555,66**	443,83	443,83	III	460,16	367,50	278,00	191,33	109,83	42,16
	V	**1 397,58**	443,83	443,83	IV	873,41	809,66	747,41	686,75	627,50	569,83
	VI	**1 433,83**	443,83	443,83							

* Zur LSt-Berechnung für privat versicherte Arbeitnehmer s. Beispiele **Vorbemerkung S. 4 f.**
** Basisvorsorgepauschale KV und PV *** Typisierter Arbeitgeberzuschuss

Lohn/ Gehalt in € bis	Steuerklasse	**Lohn-steuer***	BVSP**	TAGZ***	Steuerklasse	Bemessungsgrundlage für Kirchensteuer und Solidaritätszuschlag – Freibeträge für ... Kinder 0,5	**1,0**	1,5	**2,0**	2,5	**3,0**
4970,99	I,IV	**939,75**	443,83	443,83	I	810,66	687,66	570,75	459,83	355,00	256,16
	II	**816,33**	443,83	443,83	II	693,00	575,83	464,58	359,50	260,41	167,41
	III	**556,50**	443,83	443,83	III	460,83	368,16	278,66	192,00	110,50	42,66
	V	**1398,75**	443,83	443,83	IV	874,50	810,66	748,41	687,66	628,50	570,75
	VI	**1435,00**	443,83	443,83							
4973,99	I,IV	**940,83**	443,83	443,83	I	811,66	688,66	571,66	460,66	355,75	256,91
	II	**817,33**	443,83	443,83	II	694,00	576,66	465,50	360,33	261,16	168,08
	III	**557,33**	443,83	443,83	III	461,66	369,00	279,33	192,83	111,16	43,16
	V	**1399,91**	443,83	443,83	IV	875,50	811,66	749,41	688,66	629,41	571,66
	VI	**1436,16**	443,83	443,83							
4976,99	I,IV	**941,83**	443,83	443,83	I	812,66	689,58	572,50	461,50	356,58	257,66
	II	**818,25**	443,83	443,83	II	694,91	577,58	466,33	361,08	261,91	168,83
	III	**558,00**	443,83	443,83	III	462,33	369,66	280,00	193,33	111,66	43,50
	V	**1401,08**	443,83	443,83	IV	876,50	812,66	750,41	689,58	630,33	572,50
	VI	**1437,33**	443,83	443,83							
4979,99	I,IV	**942,91**	443,83	443,83	I	813,66	690,50	573,41	462,41	357,41	258,41
	II	**819,25**	443,83	443,83	II	695,83	578,50	467,16	361,91	262,66	169,50
	III	**558,83**	443,83	443,83	III	463,16	370,50	280,66	194,16	112,33	44,00
	V	**1402,25**	443,83	443,83	IV	877,50	813,66	751,33	690,50	631,25	573,41
	VI	**1438,50**	443,83	443,83							
4982,99	I,IV	**943,91**	443,83	443,83	I	814,66	691,50	574,33	463,25	358,16	259,16
	II	**820,25**	443,83	443,83	II	696,83	579,41	468,00	362,75	263,41	170,25
	III	**559,50**	443,83	443,83	III	463,83	371,16	281,50	194,83	112,83	44,50
	V	**1403,41**	443,83	443,83	IV	878,58	814,66	752,33	691,50	632,16	574,33
	VI	**1439,66**	443,83	443,83							
4985,99	I,IV	**945,00**	443,83	443,83	I	815,66	692,41	575,25	464,08	359,00	259,91
	II	**821,25**	443,83	443,83	II	697,75	580,33	468,91	363,50	264,25	170,91
	III	**560,33**	443,83	443,83	III	464,66	371,83	282,16	195,50	113,50	45,00
	V	**1404,58**	443,83	443,83	IV	879,58	815,66	753,25	692,41	633,08	575,25
	VI	**1440,83**	443,83	443,83							
4988,99	I,IV	**946,00**	443,83	443,83	I	816,66	693,33	576,08	464,91	359,83	260,66
	II	**822,25**	443,83	443,83	II	698,66	581,16	469,75	364,33	265,00	171,66
	III	**561,16**	443,83	443,83	III	465,33	372,50	282,83	196,16	114,00	45,50
	V	**1405,66**	443,83	443,83	IV	880,58	816,66	754,25	693,33	634,00	576,08
	VI	**1442,00**	443,83	443,83							
4991,99	I,IV	**947,08**	443,83	443,83	I	817,66	694,33	577,00	465,75	360,58	261,50
	II	**823,25**	443,83	443,83	II	699,66	582,08	470,58	365,16	265,75	172,41
	III	**561,83**	443,83	443,83	III	466,00	373,33	283,50	196,83	114,66	46,00
	V	**1406,83**	443,83	443,83	IV	881,58	817,66	755,25	694,33	634,91	577,00
	VI	**1443,08**	443,83	443,83							
4994,99	I,IV	**948,08**	443,83	443,83	I	818,66	695,25	577,91	466,66	361,41	262,25
	II	**824,25**	443,83	443,83	II	700,58	583,00	471,41	365,91	266,50	173,08
	III	**562,66**	443,83	443,83	III	466,83	374,00	284,16	197,50	115,16	46,50
	V	**1408,00**	443,83	443,83	IV	882,58	818,66	756,16	695,25	635,83	577,91
	VI	**1444,25**	443,83	443,83							
4997,99	I,IV	**949,16**	443,83	443,83	I	819,66	696,16	578,83	467,50	362,16	263,00
	II	**825,25**	443,83	443,83	II	701,58	583,91	472,33	366,75	267,25	173,83
	III	**563,50**	443,83	443,83	III	467,50	374,66	284,83	198,16	115,83	47,00
	V	**1409,16**	443,83	443,83	IV	883,66	819,66	757,16	696,16	636,75	578,83
	VI	**1445,41**	443,83	443,83							
5000,99	I,IV	**950,16**	443,83	443,83	I	820,66	697,16	579,75	468,33	363,00	263,75
	II	**826,25**	443,83	443,83	II	702,50	584,83	473,16	367,58	268,00	174,50
	III	**564,16**	443,83	443,83	III	468,33	375,50	285,66	198,83	116,50	47,50
	V	**1410,33**	443,83	443,83	IV	884,66	820,66	758,16	697,16	637,66	579,75
	VI	**1446,58**	443,83	443,83							
5003,99	I,IV	**951,25**	443,83	443,83	I	821,66	698,08	580,58	469,16	363,83	264,50
	II	**827,25**	443,83	443,83	II	703,41	585,66	474,00	368,33	268,75	175,25
	III	**565,00**	443,83	443,83	III	469,00	376,16	286,33	199,50	117,00	48,00
	V	**1411,50**	443,83	443,83	IV	885,66	821,66	759,08	698,08	638,58	580,58
	VI	**1447,75**	443,83	443,83							

* Zur LSt-Berechnung für privat versicherte Arbeitnehmer s. Beispiele **Vorbemerkung S. 4f.**
** Basisvorsorgepauschale KV und PV *** Typisierter Arbeitgeberzuschuss

Lohn/ Gehalt in € bis	Steuerklasse	Lohn-steuer*	BVSP**	TAGZ***	Steuerklasse	Bemessungsgrundlage für Kirchensteuer und Solidaritätszuschlag – Freibeträge für ... Kinder 0,5	1,0	1,5	2,0	2,5	3,0
5006,99	I,IV	**952,25**	443,83	443,83	I	822,66	699,08	581,50	470,08	364,58	265,25
	II	**828,25**	443,83	443,83	II	704,41	586,58	474,83	369,16	269,50	175,91
	III	**565,66**	443,83	443,83	III	469,83	376,83	287,00	200,16	117,66	48,33
	V	**1412,66**	443,83	443,83	IV	886,66	822,66	760,08	699,08	639,50	581,50
	VI	**1448,91**	443,83	443,83							
5009,99	I,IV	**953,33**	443,83	443,83	I	823,66	700,00	582,41	470,91	365,41	266,00
	II	**829,25**	443,83	443,83	II	705,33	587,50	475,75	370,00	270,25	176,66
	III	**566,50**	443,83	443,83	III	470,50	377,66	287,66	200,83	118,33	48,83
	V	**1413,75**	443,83	443,83	IV	887,75	823,66	761,08	700,00	640,41	582,41
	VI	**1450,08**	443,83	443,83							
5012,99	I,IV	**954,33**	443,83	443,83	I	824,58	700,91	583,33	471,75	366,25	266,75
	II	**830,25**	443,83	443,83	II	706,33	588,41	476,58	370,75	271,08	177,33
	III	**567,16**	443,83	443,83	III	471,33	378,33	288,33	201,50	118,83	49,33
	V	**1414,91**	443,83	443,83	IV	888,75	824,58	762,00	700,91	641,41	583,33
	VI	**1451,16**	443,83	443,83							
5015,99	I,IV	**955,41**	443,83	443,83	I	825,58	701,91	584,25	472,58	367,00	267,50
	II	**831,25**	443,83	443,83	II	707,25	589,33	477,41	371,58	271,83	178,08
	III	**568,00**	443,83	443,83	III	472,00	379,00	289,16	202,16	119,50	49,83
	V	**1416,08**	443,83	443,83	IV	889,75	825,58	763,00	701,91	642,33	584,25
	VI	**1452,33**	443,83	443,83							
5018,99	I,IV	**956,41**	443,83	443,83	I	826,58	702,83	585,16	473,50	367,83	268,25
	II	**832,25**	443,83	443,83	II	708,25	590,25	478,25	372,41	272,58	178,75
	III	**568,83**	443,83	443,83	III	472,66	379,66	289,83	202,83	120,00	50,33
	V	**1417,25**	443,83	443,83	IV	890,75	826,58	764,00	702,83	643,25	585,16
	VI	**1453,50**	443,83	443,83							
5021,99	I,IV	**957,50**	443,83	443,83	I	827,58	703,83	586,00	474,33	368,66	269,08
	II	**833,25**	443,83	443,83	II	709,16	591,16	479,16	373,25	273,33	179,50
	III	**569,50**	443,83	443,83	III	473,50	380,50	290,50	203,50	120,66	50,83
	V	**1418,41**	443,83	443,83	IV	891,83	827,58	764,91	703,83	644,16	586,00
	VI	**1454,66**	443,83	443,83							
5024,99	I,IV	**958,50**	443,83	443,83	I	828,58	704,75	586,91	475,16	369,50	269,83
	II	**834,25**	443,83	443,83	II	710,08	592,00	480,00	374,00	274,08	180,25
	III	**570,33**	443,83	443,83	III	474,16	381,16	291,16	204,16	121,33	51,33
	V	**1419,58**	443,83	443,83	IV	892,83	828,58	765,91	704,75	645,08	586,91
	VI	**1455,83**	443,83	443,83							
5027,99	I,IV	**959,58**	443,83	443,83	I	829,66	705,75	587,83	476,08	370,33	270,58
	II	**835,25**	443,83	443,83	II	711,08	593,00	480,91	374,83	274,91	180,91
	III	**571,16**	443,83	443,83	III	475,00	382,00	291,83	204,83	122,00	51,83
	V	**1420,75**	443,83	443,83	IV	893,83	829,66	766,91	705,75	646,00	587,83
	VI	**1457,00**	443,83	443,83							
5030,99	I,IV	**960,66**	443,83	443,83	I	830,66	706,66	588,75	476,91	371,08	271,33
	II	**836,25**	443,83	443,83	II	712,08	593,83	481,75	375,66	275,66	181,66
	III	**571,83**	443,83	443,83	III	475,83	382,66	292,66	205,50	122,50	52,33
	V	**1421,91**	443,83	443,83	IV	894,91	830,66	767,91	706,66	647,00	588,75
	VI	**1458,16**	443,83	443,83							
5033,99	I,IV	**961,66**	443,83	443,83	I	831,66	707,66	589,66	477,75	371,91	272,08
	II	**837,25**	443,83	443,83	II	713,00	594,75	482,58	376,50	276,41	182,41
	III	**572,66**	443,83	443,83	III	476,50	383,33	293,33	206,16	123,16	52,83
	V	**1423,08**	443,83	443,83	IV	895,91	831,66	768,91	707,66	647,91	589,66
	VI	**1459,33**	443,83	443,83							
5036,99	I,IV	**962,75**	443,83	443,83	I	832,66	708,58	590,58	478,58	372,75	272,83
	II	**838,25**	443,83	443,83	II	713,91	595,66	483,50	377,25	277,16	183,08
	III	**573,50**	443,83	443,83	III	477,33	384,16	294,00	206,83	123,83	53,33
	V	**1424,25**	443,83	443,83	IV	896,91	832,66	769,83	708,58	648,83	590,58
	VI	**1460,50**	443,83	443,83							
5039,99	I,IV	**963,83**	443,83	443,83	I	833,66	709,50	591,50	479,50	373,50	273,66
	II	**839,25**	443,83	443,83	II	714,91	596,58	484,33	378,08	277,91	183,83
	III	**574,16**	443,83	443,83	III	478,00	384,83	294,66	207,50	124,33	53,83
	V	**1425,33**	443,83	443,83	IV	898,00	833,66	770,83	709,50	649,75	591,50
	VI	**1461,66**	443,83	443,83							

* Zur LSt-Berechnung für privat versicherte Arbeitnehmer s. Beispiele **Vorbemerkung S. 4 f.**
** Basisvorsorgepauschale KV und PV *** Typisierter Arbeitgeberzuschuss

Lohn/ Gehalt in € bis	Steuerklasse	Lohn- steuer*	BVSP**	TAGZ***	Steuerklasse	Bemessungsgrundlage für Kirchensteuer und Solidaritätszuschlag					
						Freibeträge für ... Kinder					
						0,5	**1,0**	1,5	**2,0**	2,5	**3,0**
5042,99	I,IV	**964,83**	443,83	443,83	I	834,66	710,50	592,41	480,33	374,33	274,41
	II	**840,25**	443,83	443,83	II	715,83	597,50	485,16	378,91	278,66	184,50
	III	**575,00**	443,83	443,83	III	478,66	385,50	295,33	208,16	125,00	54,33
	V	**1426,50**	443,83	443,83	IV	899,00	834,66	771,83	710,50	650,66	592,41
	VI	**1462,75**	443,83	443,83							
5045,99	I,IV	**965,91**	443,83	443,83	I	835,66	711,41	593,33	481,16	375,16	275,16
	II	**841,25**	443,83	443,83	II	716,83	598,41	486,00	379,75	279,50	185,25
	III	**575,66**	443,83	443,83	III	479,50	386,16	296,00	208,83	125,66	54,83
	V	**1427,66**	443,83	443,83	IV	900,00	835,66	772,75	711,41	651,58	593,33
	VI	**1463,91**	443,83	443,83							
5048,99	I,IV	**966,91**	443,83	443,83	I	836,66	712,41	594,16	482,08	376,00	275,91
	II	**842,33**	443,83	443,83	II	717,75	599,33	486,91	380,50	280,25	186,00
	III	**576,50**	443,83	443,83	III	480,16	387,00	296,83	209,50	126,16	55,33
	V	**1428,83**	443,83	443,83	IV	901,00	836,66	773,75	712,41	652,50	594,16
	VI	**1465,08**	443,83	443,83							
5051,99	I,IV	**968,00**	443,83	443,83	I	837,66	713,33	595,08	482,91	376,75	276,66
	II	**843,33**	443,83	443,83	II	718,75	600,25	487,75	381,33	281,00	186,66
	III	**577,16**	443,83	443,83	III	481,00	387,66	297,50	210,16	126,83	55,83
	V	**1430,00**	443,83	443,83	IV	902,08	837,66	774,75	713,33	653,50	595,08
	VI	**1466,25**	443,83	443,83							
5054,99	I,IV	**969,08**	443,83	443,83	I	838,66	714,33	596,00	483,75	377,58	277,41
	II	**844,33**	443,83	443,83	II	719,66	601,16	488,58	382,16	281,75	187,41
	III	**578,00**	443,83	443,83	III	481,66	388,50	298,16	211,00	127,50	56,33
	V	**1431,16**	443,83	443,83	IV	903,08	838,66	775,75	714,33	654,41	596,00
	VI	**1467,41**	443,83	443,83							
5057,99	I,IV	**970,08**	443,83	443,83	I	839,66	715,25	596,91	484,66	378,41	278,25
	II	**845,33**	443,83	443,83	II	720,66	602,00	489,50	383,00	282,50	188,16
	III	**578,83**	443,83	443,83	III	482,50	389,16	298,83	211,66	128,00	56,83
	V	**1432,33**	443,83	443,83	IV	904,08	839,66	776,66	715,25	655,33	596,91
	VI	**1468,58**	443,83	443,83							
5060,99	I,IV	**971,16**	443,83	443,83	I	840,66	716,25	597,83	485,50	379,16	279,00
	II	**846,33**	443,83	443,83	II	721,58	602,91	490,33	383,83	283,33	188,83
	III	**579,50**	443,83	443,83	III	483,16	389,83	299,50	212,33	128,66	57,33
	V	**1433,50**	443,83	443,83	IV	905,16	840,66	777,66	716,25	656,25	597,83
	VI	**1469,75**	443,83	443,83							
5063,99	I,IV	**972,16**	443,83	443,83	I	841,66	717,16	598,75	486,33	380,00	279,75
	II	**847,33**	443,83	443,83	II	722,58	603,83	491,16	384,58	284,08	189,58
	III	**580,33**	443,83	443,83	III	484,00	390,50	300,16	213,00	129,33	57,83
	V	**1434,58**	443,83	443,83	IV	906,16	841,66	778,66	717,16	657,16	598,75
	VI	**1470,83**	443,83	443,83							
5066,99	I,IV	**973,25**	443,83	443,83	I	842,66	718,16	599,66	487,25	380,83	280,50
	II	**848,33**	443,83	443,83	II	723,50	604,75	492,08	385,41	284,83	190,25
	III	**581,16**	443,83	443,83	III	484,66	391,33	301,00	213,66	130,00	58,33
	V	**1435,75**	443,83	443,83	IV	907,16	842,66	779,66	718,16	658,16	599,66
	VI	**1472,00**	443,83	443,83							
5069,99	I,IV	**974,33**	443,83	443,83	I	843,66	719,08	600,58	488,08	381,66	281,25
	II	**849,33**	443,83	443,83	II	724,50	605,66	492,91	386,25	285,58	191,00
	III	**581,83**	443,83	443,83	III	485,50	392,00	301,66	214,33	130,50	58,83
	V	**1436,91**	443,83	443,83	IV	908,25	843,66	780,58	719,08	659,08	600,58
	VI	**1473,16**	443,83	443,83							
5072,99	I,IV	**975,33**	443,83	443,83	I	844,66	720,00	601,50	488,91	382,50	282,00
	II	**850,33**	443,83	443,83	II	725,41	606,58	493,83	387,08	286,33	191,75
	III	**582,66**	443,83	443,83	III	486,16	392,83	302,33	215,00	131,16	59,33
	V	**1438,08**	443,83	443,83	IV	909,25	844,66	781,58	720,00	660,00	601,50
	VI	**1474,33**	443,83	443,83							
5075,99	I,IV	**976,41**	443,83	443,83	I	845,66	721,00	602,33	489,83	383,25	282,83
	II	**851,33**	443,83	443,83	II	726,41	607,50	494,66	387,83	287,16	192,41
	III	**583,33**	443,83	443,83	III	487,00	393,50	303,00	215,66	131,83	59,83
	V	**1439,25**	443,83	443,83	IV	910,25	845,66	782,58	721,00	660,91	602,33
	VI	**1475,50**	443,83	443,83							

* Zur LSt-Berechnung für privat versicherte Arbeitnehmer s. Beispiele **Vorbemerkung S. 4f.**
** Basisvorsorgepauschale KV und PV *** Typisierter Arbeitgeberzuschuss

Lohn/ Gehalt in € bis	Steuerklasse	Lohn-steuer*	BVSP**	TAGZ***	Steuerklasse	Bemessungsgrundlage für Kirchensteuer und Solidaritätszuschlag – Freibeträge für ... Kinder 0,5	1,0	1,5	2,0	2,5	3,0
5078,99	I,IV	**977,41**	443,83	443,83	I	846,66	721,91	603,25	490,66	384,08	283,58
	II	**852,33**	443,83	443,83	II	727,33	608,41	495,50	388,66	287,91	193,16
	III	**584,16**	443,83	443,83	III	487,66	394,16	303,83	216,33	132,50	60,33
	V	**1440,41**	443,83	443,83	IV	911,33	846,66	783,58	721,91	661,83	603,25
	VI	**1476,66**	443,83	443,83							
5081,99	I,IV	**978,50**	443,83	443,83	I	847,75	722,91	604,25	491,58	384,91	284,33
	II	**853,41**	443,83	443,83	II	728,33	609,33	496,41	389,50	288,66	193,91
	III	**585,00**	443,83	443,83	III	488,50	395,00	304,50	217,00	133,00	60,83
	V	**1441,58**	443,83	443,83	IV	912,33	847,75	784,58	722,91	662,83	604,25
	VI	**1477,83**	443,83	443,83							
5084,99	I,IV	**979,58**	443,83	443,83	I	848,75	723,91	605,16	492,41	385,75	285,16
	II	**854,41**	443,83	443,83	II	729,33	610,25	497,25	390,33	289,50	194,66
	III	**585,66**	443,83	443,83	III	489,16	395,66	305,16	217,66	133,66	61,33
	V	**1442,75**	443,83	443,83	IV	913,41	848,75	785,58	723,91	663,75	605,16
	VI	**1479,00**	443,83	443,83							
5087,99	I,IV	**980,66**	443,83	443,83	I	849,75	724,83	606,00	493,25	386,58	285,91
	II	**855,41**	443,83	443,83	II	730,25	611,16	498,16	391,16	290,25	195,33
	III	**586,50**	443,83	443,83	III	490,00	396,33	305,83	218,33	134,33	62,00
	V	**1443,91**	443,83	443,83	IV	914,41	849,75	786,50	724,83	664,66	606,00
	VI	**1480,16**	443,83	443,83							
5090,99	I,IV	**981,66**	443,83	443,83	I	850,75	725,83	606,91	494,16	387,41	286,66
	II	**856,41**	443,83	443,83	II	731,25	612,08	499,00	392,00	291,00	196,08
	III	**587,33**	443,83	443,83	III	490,66	397,16	306,50	219,00	135,00	62,33
	V	**1445,08**	443,83	443,83	IV	915,50	850,75	787,50	725,83	665,66	606,91
	VI	**1481,33**	443,83	443,83							
5093,99	I,IV	**982,75**	443,83	443,83	I	851,75	726,75	607,83	495,00	388,16	287,41
	II	**857,41**	443,83	443,83	II	732,16	613,00	499,91	392,83	291,75	196,83
	III	**588,16**	443,83	443,83	III	491,50	397,83	307,33	219,66	135,66	63,00
	V	**1446,16**	443,83	443,83	IV	916,50	851,75	788,50	726,75	666,58	607,83
	VI	**1482,50**	443,83	443,83							
5096,99	I,IV	**983,83**	443,83	443,83	I	852,75	727,75	608,75	495,83	389,00	288,16
	II	**858,41**	443,83	443,83	II	733,16	613,91	500,75	393,58	292,58	197,50
	III	**588,83**	443,83	443,83	III	492,16	398,50	308,00	220,33	136,16	63,50
	V	**1447,33**	443,83	443,83	IV	917,50	852,75	789,50	727,75	667,50	608,75
	VI	**1483,58**	443,83	443,83							
5099,99	I,IV	**984,83**	443,83	443,83	I	853,75	728,66	609,66	496,75	389,83	289,00
	II	**859,41**	443,83	443,83	II	734,08	614,83	501,58	394,41	293,33	198,25
	III	**589,66**	443,83	443,83	III	493,00	399,33	308,66	221,16	136,83	64,00
	V	**1448,50**	443,83	443,83	IV	918,58	853,75	790,50	728,66	668,41	609,66
	VI	**1484,75**	443,83	443,83							
5102,99	I,IV	**985,91**	443,83	443,83	I	854,75	729,66	610,58	497,58	390,66	289,75
	II	**860,41**	443,83	443,83	II	735,08	615,75	502,50	395,25	294,08	199,00
	III	**590,33**	443,83	443,83	III	493,66	400,00	309,33	221,66	137,50	64,50
	V	**1449,66**	443,83	443,83	IV	919,58	854,75	791,41	729,66	669,33	610,58
	VI	**1485,91**	443,83	443,83							
5105,99	I,IV	**987,00**	443,83	443,83	I	855,75	730,58	611,50	498,50	391,50	290,50
	II	**861,50**	443,83	443,83	II	736,00	616,66	503,33	396,08	294,83	199,66
	III	**591,16**	443,83	443,83	III	494,50	400,83	310,16	222,50	138,16	65,00
	V	**1450,83**	443,83	443,83	IV	920,58	855,75	792,41	730,58	670,33	611,50
	VI	**1487,08**	443,83	443,83							
5108,99	I,IV	**988,00**	443,83	443,83	I	856,75	731,58	612,41	499,33	392,25	291,25
	II	**862,50**	443,83	443,83	II	737,00	617,58	504,25	396,91	295,66	200,41
	III	**592,00**	443,83	443,83	III	495,16	401,50	310,83	223,16	138,66	65,50
	V	**1452,00**	443,83	443,83	IV	921,66	856,75	793,41	731,58	671,25	612,41
	VI	**1488,25**	443,83	443,83							
5111,99	I,IV	**989,08**	443,83	443,83	I	857,75	732,50	613,33	500,16	393,08	292,08
	II	**863,50**	443,83	443,83	II	738,00	618,50	505,08	397,75	296,41	201,16
	III	**592,66**	443,83	443,83	III	496,00	402,16	311,50	223,83	139,33	66,00
	V	**1453,16**	443,83	443,83	IV	922,66	857,75	794,41	732,50	672,16	613,33
	VI	**1489,41**	443,83	443,83							

* Zur LSt-Berechnung für privat versicherte Arbeitnehmer s. Beispiele **Vorbemerkung S. 4f.**
** Basisvorsorgepauschale KV und PV *** Typisierter Arbeitgeberzuschuss

Lohn/ Gehalt in € bis	Steuerklasse	**Lohn-steuer***	BVSP**	TAGZ***	Steuerklasse	Bemessungsgrundlage für Kirchensteuer und Solidaritätszuschlag – Freibeträge für ... Kinder 0,5	**1,0**	1,5	**2,0**	2,5	**3,0**
5114,99	I,IV	**990,16**	443,83	443,83	I	858,83	733,50	614,25	501,08	393,91	292,83
	II	**864,50**	443,83	443,83	II	738,91	619,41	505,91	398,58	297,16	201,91
	III	**593,50**	443,83	443,83	III	496,66	402,83	312,16	224,50	140,00	66,50
	V	**1454,25**	443,83	443,83	IV	923,75	858,83	795,41	733,50	673,08	614,25
	VI	**1490,58**	443,83	443,83							
5117,99	I,IV	**991,16**	443,83	443,83	I	859,83	734,50	615,16	501,91	394,75	293,58
	II	**865,50**	443,83	443,83	II	739,91	620,33	506,83	399,33	297,91	202,58
	III	**594,33**	443,83	443,83	III	497,50	403,66	312,83	225,16	140,66	67,00
	V	**1455,41**	443,83	443,83	IV	924,75	859,83	796,41	734,50	674,08	615,16
	VI	**1491,66**	443,83	443,83							
5120,99	I,IV	**992,25**	443,83	443,83	I	860,83	735,41	616,08	502,83	395,58	294,33
	II	**866,50**	443,83	443,83	II	740,83	621,25	507,66	400,16	298,75	203,33
	III	**595,00**	443,83	443,83	III	498,16	404,33	313,50	225,83	141,33	67,66
	V	**1456,58**	443,83	443,83	IV	925,75	860,83	797,33	735,41	675,00	616,08
	VI	**1492,83**	443,83	443,83							
5123,99	I,IV	**993,33**	443,83	443,83	I	861,83	736,41	617,00	503,66	396,41	295,16
	II	**867,50**	443,83	443,83	II	741,83	622,16	508,58	401,00	299,50	204,08
	III	**595,83**	443,83	443,83	III	499,00	405,16	314,33	226,50	142,00	68,16
	V	**1457,75**	443,83	443,83	IV	926,83	861,83	798,33	736,41	675,91	617,00
	VI	**1494,00**	443,83	443,83							
5126,99	I,IV	**994,41**	443,83	443,83	I	862,83	737,33	617,91	504,50	397,16	295,91
	II	**868,58**	443,83	443,83	II	742,75	623,08	509,41	401,83	300,25	204,75
	III	**596,50**	443,83	443,83	III	499,66	405,83	315,00	227,16	142,50	68,66
	V	**1458,91**	443,83	443,83	IV	927,83	862,83	799,33	737,33	676,91	617,91
	VI	**1495,16**	443,83	443,83							
5129,99	I,IV	**995,41**	443,83	443,83	I	863,83	738,33	618,83	505,41	398,00	296,66
	II	**869,58**	443,83	443,83	II	743,75	624,00	510,33	402,66	301,08	205,50
	III	**597,33**	443,83	443,83	III	500,50	406,50	315,66	227,83	143,16	69,16
	V	**1460,08**	443,83	443,83	IV	928,91	863,83	800,33	738,33	677,83	618,83
	VI	**1496,33**	443,83	443,83							
5132,99	I,IV	**996,50**	443,83	443,83	I	864,83	739,25	619,75	506,25	398,83	297,50
	II	**870,58**	443,83	443,83	II	744,75	624,91	511,16	403,50	301,83	206,25
	III	**598,16**	443,83	443,83	III	501,16	407,33	316,33	228,50	143,83	69,66
	V	**1461,25**	443,83	443,83	IV	929,91	864,83	801,33	739,25	678,75	619,75
	VI	**1497,50**	443,83	443,83							
5135,99	I,IV	**997,58**	443,83	443,83	I	865,83	740,25	620,66	507,16	399,66	298,25
	II	**871,58**	443,83	443,83	II	745,66	625,83	512,08	404,33	302,58	207,00
	III	**599,00**	443,83	443,83	III	502,00	408,00	317,16	229,16	144,50	70,16
	V	**1462,33**	443,83	443,83	IV	931,00	865,83	802,33	740,25	679,66	620,66
	VI	**1498,66**	443,83	443,83							
5138,99	I,IV	**998,66**	443,83	443,83	I	866,91	741,25	621,58	508,00	400,50	299,00
	II	**872,66**	443,83	443,83	II	746,66	626,75	512,91	405,16	303,41	207,75
	III	**599,66**	443,83	443,83	III	502,66	408,83	317,83	230,00	145,16	70,83
	V	**1463,58**	443,83	443,83	IV	932,00	866,91	803,33	741,25	680,66	621,58
	VI	**1499,83**	443,83	443,83							
5141,99	I,IV	**999,75**	443,83	443,83	I	867,91	742,16	622,50	508,91	401,33	299,83
	II	**873,66**	443,83	443,83	II	747,66	627,66	513,83	406,00	304,16	208,41
	III	**600,50**	443,83	443,83	III	503,50	409,50	318,50	230,66	145,83	71,33
	V	**1464,75**	443,83	443,83	IV	933,08	867,91	804,33	742,16	681,58	622,50
	VI	**1501,00**	443,83	443,83							
5144,99	I,IV	**1000,75**	443,83	443,83	I	868,91	743,16	623,41	509,75	402,16	300,58
	II	**874,66**	443,83	443,83	II	748,58	628,66	514,66	406,83	305,00	209,16
	III	**601,33**	443,83	443,83	III	504,16	410,16	319,16	231,33	146,50	71,83
	V	**1465,83**	443,83	443,83	IV	934,08	868,91	805,33	743,16	682,58	623,41
	VI	**1502,16**	443,83	443,83							
5147,99	I,IV	**1001,83**	443,83	443,83	I	869,91	744,16	624,33	510,66	403,00	301,33
	II	**875,66**	443,83	443,83	II	749,58	629,58	515,58	407,58	305,75	209,91
	III	**602,00**	443,83	443,83	III	505,00	411,00	320,00	232,00	147,00	72,33
	V	**1467,00**	443,83	443,83	IV	935,16	869,91	806,25	744,16	683,50	624,33
	VI	**1503,25**	443,83	443,83							

* Zur LSt-Berechnung für privat versicherte Arbeitnehmer s. Beispiele **Vorbemerkung S. 4f.**
** Basisvorsorgepauschale KV und PV *** Typisierter Arbeitgeberzuschuss

Lohn/ Gehalt in € bis	Steuerklasse	Lohn- steuer*	BVSP**	TAGZ***	Steuerklasse	Bemessungsgrundlage für Kirchensteuer und Solidaritätszuschlag					
						Freibeträge für ... Kinder					
						0,5	**1,0**	1,5	**2,0**	2,5	**3,0**
5150,99	I,IV	**1002,91**	443,83	443,83	I	871,00	745,08	625,25	511,50	403,83	302,16
	II	**876,66**	443,83	443,83	II	750,58	630,50	516,41	408,41	306,50	210,66
	III	**602,83**	443,83	443,83	III	505,66	411,66	320,66	232,66	147,66	72,83
	V	**1468,16**	443,83	443,83	IV	936,16	871,00	807,25	745,08	684,41	625,25
	VI	**1504,41**	443,83	443,83							
5153,99	I,IV	**1003,91**	443,83	443,83	I	872,00	746,08	626,16	512,41	404,58	302,91
	II	**877,75**	443,83	443,83	II	751,50	631,41	517,33	409,25	307,33	211,33
	III	**603,50**	443,83	443,83	III	506,50	412,33	321,33	233,33	148,33	73,33
	V	**1469,33**	443,83	443,83	IV	937,25	872,00	808,25	746,08	685,41	626,16
	VI	**1505,58**	443,83	443,83							
5156,99	I,IV	**1005,00**	443,83	443,83	I	873,00	747,00	627,08	513,25	405,41	303,66
	II	**878,75**	443,83	443,83	II	752,50	632,33	518,16	410,08	308,08	212,08
	III	**604,33**	443,83	443,83	III	507,16	413,16	322,00	234,00	149,00	74,00
	V	**1470,50**	443,83	443,83	IV	938,25	873,00	809,25	747,00	686,33	627,08
	VI	**1506,75**	443,83	443,83							
5159,99	I,IV	**1006,08**	443,83	443,83	I	874,00	748,00	628,00	514,16	406,25	304,50
	II	**879,75**	443,83	443,83	II	753,50	633,25	519,08	410,91	308,83	212,83
	III	**605,16**	443,83	443,83	III	508,00	413,83	322,66	234,66	149,66	74,50
	V	**1471,66**	443,83	443,83	IV	939,33	874,00	810,25	748,00	687,25	628,00
	VI	**1507,91**	443,83	443,83							
5162,99	I,IV	**1007,16**	443,83	443,83	I	875,00	749,00	629,00	515,00	407,08	305,25
	II	**880,75**	443,83	443,83	II	754,41	634,16	519,91	411,75	309,66	213,58
	III	**606,00**	443,83	443,83	III	508,66	414,66	323,50	235,33	150,33	75,00
	V	**1472,83**	443,83	443,83	IV	940,33	875,00	811,25	749,00	688,25	629,00
	VI	**1509,08**	443,83	443,83							
5165,99	I,IV	**1008,16**	443,83	443,83	I	876,08	749,91	629,91	515,91	407,91	306,00
	II	**881,75**	443,83	443,83	II	755,41	635,08	520,83	412,58	310,41	214,33
	III	**606,66**	443,83	443,83	III	509,50	415,33	324,16	236,00	151,00	75,50
	V	**1473,91**	443,83	443,83	IV	941,33	876,08	812,25	749,91	689,16	629,91
	VI	**1510,25**	443,83	443,83							
5168,99	I,IV	**1009,25**	443,83	443,83	I	877,08	750,91	630,83	516,75	408,75	306,83
	II	**882,83**	443,83	443,83	II	756,33	636,00	521,66	413,41	311,16	215,00
	III	**607,50**	443,83	443,83	III	510,33	416,00	324,83	236,66	151,66	76,00
	V	**1475,08**	443,83	443,83	IV	942,41	877,08	813,25	750,91	690,08	630,83
	VI	**1511,33**	443,83	443,83							
5171,99	I,IV	**1010,33**	443,83	443,83	I	878,08	751,91	631,75	517,58	409,58	307,58
	II	**883,83**	443,83	443,83	II	757,33	636,91	522,58	414,25	312,00	215,75
	III	**608,16**	443,83	443,83	III	511,00	416,83	325,50	237,33	152,33	76,66
	V	**1476,25**	443,83	443,83	IV	943,41	878,08	814,25	751,91	691,08	631,75
	VI	**1512,50**	443,83	443,83							
5174,99	I,IV	**1011,41**	443,83	443,83	I	879,08	752,83	632,66	518,50	410,41	308,33
	II	**884,83**	443,83	443,83	II	758,33	637,83	523,41	415,08	312,75	216,50
	III	**609,00**	443,83	443,83	III	511,83	417,50	326,33	238,16	153,00	77,16
	V	**1477,41**	443,83	443,83	IV	944,50	879,08	815,25	752,83	692,00	632,66
	VI	**1513,66**	443,83	443,83							
5177,99	I,IV	**1012,50**	443,83	443,83	I	880,08	753,83	633,58	519,33	411,25	309,16
	II	**885,83**	443,83	443,83	II	759,25	638,75	524,33	415,91	313,50	217,25
	III	**609,83**	443,83	443,83	III	512,50	418,16	327,00	238,83	153,50	77,66
	V	**1478,58**	443,83	443,83	IV	945,50	880,08	816,25	753,83	692,91	633,58
	VI	**1514,83**	443,83	443,83							
5180,99	I,IV	**1013,50**	443,83	443,83	I	881,16	754,75	634,50	520,25	412,08	309,91
	II	**886,91**	443,83	443,83	II	760,25	639,66	525,16	416,75	314,33	218,00
	III	**610,66**	443,83	443,83	III	513,33	419,00	327,66	239,50	154,33	78,16
	V	**1479,75**	443,83	443,83	IV	946,58	881,16	817,16	754,75	693,91	634,50
	VI	**1516,00**	443,83	443,83							
5183,99	I,IV	**1014,58**	443,83	443,83	I	882,16	755,75	635,41	521,08	412,91	310,66
	II	**887,91**	443,83	443,83	II	761,25	640,58	526,08	417,58	315,08	218,66
	III	**611,33**	443,83	443,83	III	514,00	419,66	328,33	240,16	154,83	78,83
	V	**1480,91**	443,83	443,83	IV	947,58	882,16	818,16	755,75	694,83	635,41
	VI	**1517,16**	443,83	443,83							

* Zur LSt-Berechnung für privat versicherte Arbeitnehmer s. Beispiele **Vorbemerkung S. 4f.**
** Basisvorsorgepauschale KV und PV *** Typisierter Arbeitgeberzuschuss

Lohn/ Gehalt in € bis	Steuerklasse	**Lohn-steuer***	BVSP**	TAGZ***	Steuerklasse	Bemessungsgrundlage für Kirchensteuer und Solidaritätszuschlag – Freibeträge für ... Kinder 0,5	**1,0**	1,5	**2,0**	2,5	**3,0**
5186,99	I,IV	**1015,66**	443,83	443,83	I	883,16	756,75	636,33	522,00	413,75	311,50
	II	**888,91**	443,83	443,83	II	762,16	641,58	526,91	418,41	315,91	219,41
	III	**612,16**	443,83	443,83	III	514,83	420,50	329,16	240,83	155,50	79,33
	V	**1482,00**	443,83	443,83	IV	948,66	883,16	819,16	756,75	695,75	636,33
	VI	**1518,33**	443,83	443,83							
5189,99	I,IV	**1016,75**	443,83	443,83	I	884,16	757,66	637,25	522,91	414,50	312,25
	II	**889,91**	443,83	443,83	II	763,16	642,50	527,83	419,25	316,66	220,16
	III	**612,83**	443,83	443,83	III	515,50	421,16	329,83	241,50	156,16	79,83
	V	**1483,16**	443,83	443,83	IV	949,66	884,16	820,16	757,66	696,75	637,25
	VI	**1519,41**	443,83	443,83							
5192,99	I,IV	**1017,83**	443,83	443,83	I	885,16	758,66	638,16	523,75	415,33	313,00
	II	**891,00**	443,83	443,83	II	764,16	643,41	528,66	420,08	317,41	220,91
	III	**613,66**	443,83	443,83	III	516,33	421,83	330,50	242,16	156,83	80,33
	V	**1484,33**	443,83	443,83	IV	950,75	885,16	821,16	758,66	697,66	638,16
	VI	**1520,58**	443,83	443,83							
5195,99	I,IV	**1018,91**	443,83	443,83	I	886,25	759,66	639,16	524,66	416,25	313,83
	II	**892,00**	443,83	443,83	II	765,16	644,33	529,58	420,91	318,25	221,66
	III	**614,50**	443,83	443,83	III	517,00	422,66	331,33	242,83	157,50	81,00
	V	**1485,50**	443,83	443,83	IV	951,83	886,25	822,16	759,66	698,66	639,16
	VI	**1521,83**	443,83	443,83							
5198,99	I,IV	**1020,00**	443,83	443,83	I	887,25	760,66	640,08	525,50	417,08	314,66
	II	**893,00**	443,83	443,83	II	766,16	645,25	530,50	421,75	319,00	222,41
	III	**615,33**	443,83	443,83	III	517,83	423,33	332,00	243,50	158,16	81,50
	V	**1486,66**	443,83	443,83	IV	952,83	887,25	823,16	760,66	699,58	640,08
	VI	**1522,91**	443,83	443,83							
5201,99	I,IV	**1021,00**	443,83	443,83	I	888,33	761,58	641,00	526,41	417,91	315,41
	II	**894,08**	443,83	443,83	II	767,08	646,25	531,33	422,58	319,83	223,16
	III	**616,00**	443,83	443,83	III	518,50	424,16	332,66	244,33	158,83	82,00
	V	**1487,83**	443,83	443,83	IV	953,91	888,33	824,16	761,58	700,58	641,00
	VI	**1524,08**	443,83	443,83							
5204,99	I,IV	**1022,08**	443,83	443,83	I	889,33	762,58	641,91	527,25	418,75	316,16
	II	**895,08**	443,83	443,83	II	768,08	647,16	532,25	423,41	320,58	223,83
	III	**616,83**	443,83	443,83	III	519,33	424,83	333,33	245,00	159,50	82,50
	V	**1489,00**	443,83	443,83	IV	954,91	889,33	825,16	762,58	701,50	641,91
	VI	**1525,25**	443,83	443,83							
5207,99	I,IV	**1023,16**	443,83	443,83	I	890,33	763,58	642,83	528,16	419,58	317,00
	II	**896,08**	443,83	443,83	II	769,08	648,08	533,08	424,25	321,41	224,58
	III	**617,66**	443,83	443,83	III	520,00	425,50	334,16	245,66	160,16	83,16
	V	**1490,16**	443,83	443,83	IV	956,00	890,33	826,16	763,58	702,41	642,83
	VI	**1526,41**	443,83	443,83							
5210,99	I,IV	**1024,25**	443,83	443,83	I	891,33	764,50	643,75	529,08	420,41	317,75
	II	**897,16**	443,83	443,83	II	770,00	649,00	534,00	425,08	322,16	225,33
	III	**618,33**	443,83	443,83	III	520,83	426,33	334,83	246,33	160,83	83,66
	V	**1491,33**	443,83	443,83	IV	957,08	891,33	827,16	764,50	703,41	643,75
	VI	**1527,58**	443,83	443,83							
5213,99	I,IV	**1025,33**	443,83	443,83	I	892,41	765,50	644,66	529,91	421,16	318,58
	II	**898,16**	443,83	443,83	II	771,00	649,91	534,91	425,91	323,00	226,08
	III	**619,16**	443,83	443,83	III	521,66	427,00	335,50	247,00	161,50	84,16
	V	**1492,50**	443,83	443,83	IV	958,08	892,41	828,16	765,50	704,33	644,66
	VI	**1528,75**	443,83	443,83							
5216,99	I,IV	**1026,41**	443,83	443,83	I	893,41	766,50	645,58	530,83	422,00	319,33
	II	**899,16**	443,83	443,83	II	772,00	650,83	535,75	426,75	323,75	226,83
	III	**620,00**	443,83	443,83	III	522,33	427,66	336,16	247,66	162,16	84,83
	V	**1493,58**	443,83	443,83	IV	959,16	893,41	829,16	766,50	705,33	645,58
	VI	**1529,91**	443,83	443,83							
5219,99	I,IV	**1027,41**	443,83	443,83	I	894,41	767,50	646,58	531,66	422,83	320,08
	II	**900,16**	443,83	443,83	II	773,00	651,75	536,66	427,58	324,50	227,58
	III	**620,66**	443,83	443,83	III	523,16	428,50	337,00	248,33	162,83	85,33
	V	**1494,75**	443,83	443,83	IV	960,16	894,41	830,16	767,50	706,25	646,58
	VI	**1531,00**	443,83	443,83							

* Zur LSt-Berechnung für privat versicherte Arbeitnehmer s. Beispiele **Vorbemerkung S. 4f.**
** Basisvorsorgepauschale KV und PV *** Typisierter Arbeitgeberzuschuss

Lohn/ Gehalt in € bis	Steuerklasse	Lohn- steuer*	BVSP**	TAGZ***	Steuerklasse	Bemessungsgrundlage für Kirchensteuer und Solidaritätszuschlag – Freibeträge für ... Kinder 0,5	1,0	1,5	2,0	2,5	3,0
5 222,99	I,IV	**1 028,50**	443,83	443,83	I	895,41	768,41	647,50	532,58	423,66	320,91
	II	**901,25**	443,83	443,83	II	773,91	652,75	537,50	428,41	325,33	228,33
	III	**621,50**	443,83	443,83	III	523,83	429,16	337,66	249,00	163,50	85,83
	V	**1 495,91**	443,83	443,83	IV	961,25	895,41	831,16	768,41	707,16	647,50
	VI	**1 532,16**	443,83	443,83							
5 225,99	I,IV	**1 029,58**	443,83	443,83	I	896,50	769,41	648,41	533,41	424,50	321,66
	II	**902,25**	443,83	443,83	II	774,91	653,66	538,41	429,25	326,08	229,08
	III	**622,33**	443,83	443,83	III	524,66	430,00	338,33	249,66	164,16	86,50
	V	**1 497,08**	443,83	443,83	IV	962,25	896,50	832,16	769,41	708,16	648,41
	VI	**1 533,33**	443,83	443,83							
5 228,99	I,IV	**1 030,66**	443,83	443,83	I	897,50	770,41	649,33	534,33	425,33	322,50
	II	**903,25**	443,83	443,83	II	775,91	654,58	539,33	430,08	326,91	229,75
	III	**623,00**	443,83	443,83	III	525,33	430,66	339,00	250,33	164,83	87,00
	V	**1 498,25**	443,83	443,83	IV	963,33	897,50	833,16	770,41	709,08	649,33
	VI	**1 534,50**	443,83	443,83							
5 231,99	I,IV	**1 031,75**	443,83	443,83	I	898,50	771,33	650,25	535,16	426,16	323,25
	II	**904,33**	443,83	443,83	II	776,91	655,50	540,16	430,91	327,66	230,50
	III	**623,83**	443,83	443,83	III	526,16	431,50	339,83	251,16	165,50	87,50
	V	**1 499,41**	443,83	443,83	IV	964,33	898,50	834,16	771,33	710,08	650,25
	VI	**1 535,66**	443,83	443,83							
5 234,99	I,IV	**1 032,83**	443,83	443,83	I	899,58	772,33	651,16	536,08	427,00	324,00
	II	**905,33**	443,83	443,83	II	777,83	656,41	541,08	431,75	328,50	231,25
	III	**624,66**	443,83	443,83	III	526,83	432,16	340,50	251,83	166,16	88,16
	V	**1 500,58**	443,83	443,83	IV	965,41	899,58	835,16	772,33	711,00	651,16
	VI	**1 536,83**	443,83	443,83							
5 237,99	I,IV	**1 033,91**	443,83	443,83	I	900,58	773,33	652,08	537,00	427,83	324,83
	II	**906,33**	443,83	443,83	II	778,83	657,33	541,91	432,58	329,25	232,00
	III	**625,50**	443,83	443,83	III	527,66	432,83	341,16	252,50	166,83	88,66
	V	**1 501,75**	443,83	443,83	IV	966,50	900,58	836,16	773,33	712,00	652,08
	VI	**1 538,00**	443,83	443,83							
5 240,99	I,IV	**1 034,91**	443,83	443,83	I	901,58	774,33	653,08	537,83	428,66	325,58
	II	**907,41**	443,83	443,83	II	779,83	658,33	542,83	433,41	330,08	232,75
	III	**626,16**	443,83	443,83	III	528,33	433,66	341,83	253,16	167,50	89,16
	V	**1 502,83**	443,83	443,83	IV	967,50	901,58	837,16	774,33	712,91	653,08
	VI	**1 539,08**	443,83	443,83							
5 243,99	I,IV	**1 036,00**	443,83	443,83	I	902,58	775,25	654,00	538,75	429,58	326,41
	II	**908,41**	443,83	443,83	II	780,83	659,25	543,75	434,25	330,83	233,50
	III	**627,00**	443,83	443,83	III	529,16	434,33	342,66	253,83	168,16	89,83
	V	**1 504,00**	443,83	443,83	IV	968,58	902,58	838,16	775,25	713,83	654,00
	VI	**1 540,25**	443,83	443,83							
5 246,99	I,IV	**1 037,08**	443,83	443,83	I	903,66	776,25	654,91	539,58	430,41	327,16
	II	**909,41**	443,83	443,83	II	781,75	660,16	544,58	435,08	331,66	234,25
	III	**627,66**	443,83	443,83	III	529,83	435,00	343,33	254,50	168,83	90,33
	V	**1 505,16**	443,83	443,83	IV	969,58	903,66	839,16	776,25	714,83	654,91
	VI	**1 541,41**	443,83	443,83							
5 249,99	I,IV	**1 038,16**	443,83	443,83	I	904,66	777,25	655,83	540,50	431,25	328,00
	II	**910,50**	443,83	443,83	II	782,75	661,08	545,50	435,91	332,41	235,00
	III	**628,50**	443,83	443,83	III	530,66	435,83	344,00	255,16	169,50	90,83
	V	**1 506,33**	443,83	443,83	IV	970,66	904,66	840,25	777,25	715,83	655,83
	VI	**1 542,58**	443,83	443,83							
5 252,99	I,IV	**1 039,25**	443,83	443,83	I	905,75	778,25	656,83	541,41	432,08	328,75
	II	**911,50**	443,83	443,83	II	783,75	662,08	546,41	436,83	333,25	235,75
	III	**629,33**	443,83	443,83	III	531,50	436,66	344,83	256,00	170,16	91,50
	V	**1 507,50**	443,83	443,83	IV	971,75	905,75	841,25	778,25	716,75	656,83
	VI	**1 543,75**	443,83	443,83							
5 255,99	I,IV	**1 040,33**	443,83	443,83	I	906,75	779,25	657,75	542,33	432,91	329,58
	II	**912,58**	443,83	443,83	II	784,75	663,00	547,25	437,66	334,00	236,50
	III	**630,16**	443,83	443,83	III	532,16	437,33	345,50	256,66	170,83	92,00
	V	**1 508,66**	443,83	443,83	IV	972,83	906,75	842,25	779,25	717,75	657,75
	VI	**1 544,91**	443,83	443,83							

* Zur LSt-Berechnung für privat versicherte Arbeitnehmer s. Beispiele **Vorbemerkung S. 4 f.**
** Basisvorsorgepauschale KV und PV *** Typisierter Arbeitgeberzuschuss

Lohn/ Gehalt in € bis	Steuerklasse	**Lohn-steuer***	BVSP**	TAGZ***	Steuerklasse	Bemessungsgrundlage für Kirchensteuer und Solidaritätszuschlag – Freibeträge für ... Kinder 0,5	**1,0**	1,5	**2,0**	2,5	**3,0**
5258,99	I,IV	**1041,41**	443,83	443,83	I	907,75	780,16	658,66	543,16	433,75	330,33
	II	**913,58**	443,83	443,83	II	785,75	663,91	548,16	438,50	334,83	237,25
	III	**630,83**	443,83	443,83	III	533,00	438,00	346,16	257,33	171,50	92,66
	V	**1509,83**	443,83	443,83	IV	973,83	907,75	843,25	780,16	718,66	658,66
	VI	**1546,08**	443,83	443,83							
5261,99	I,IV	**1042,50**	443,83	443,83	I	908,83	781,16	659,58	544,08	434,58	331,16
	II	**914,58**	443,83	443,83	II	786,75	664,83	549,08	439,33	335,58	238,00
	III	**631,66**	443,83	443,83	III	533,66	438,83	346,83	258,00	172,16	93,16
	V	**1511,00**	443,83	443,83	IV	974,91	908,83	844,25	781,16	719,66	659,58
	VI	**1547,25**	443,83	443,83							
5264,99	I,IV	**1043,58**	443,83	443,83	I	909,83	782,16	660,50	544,91	435,41	331,91
	II	**915,66**	443,83	443,83	II	787,66	665,83	549,91	440,16	336,41	238,75
	III	**632,50**	443,83	443,83	III	534,50	439,50	347,66	258,66	172,83	93,66
	V	**1512,16**	443,83	443,83	IV	975,91	909,83	845,25	782,16	720,58	660,50
	VI	**1548,41**	443,83	443,83							
5267,99	I,IV	**1044,66**	443,83	443,83	I	910,83	783,16	661,50	545,83	436,25	332,75
	II	**916,66**	443,83	443,83	II	788,66	666,75	550,83	441,00	337,16	239,50
	III	**633,16**	443,83	443,83	III	535,16	440,16	348,33	259,33	173,50	94,33
	V	**1513,33**	443,83	443,83	IV	977,00	910,83	846,25	783,16	721,58	661,50
	VI	**1549,58**	443,83	443,83							
5270,99	I,IV	**1045,75**	443,83	443,83	I	911,91	784,08	662,41	546,75	437,08	333,50
	II	**917,75**	443,83	443,83	II	789,66	667,66	551,75	441,83	338,00	240,16
	III	**634,00**	443,83	443,83	III	536,00	441,00	349,00	260,00	174,16	94,83
	V	**1514,41**	443,83	443,83	IV	978,08	911,91	847,25	784,08	722,50	662,41
	VI	**1550,75**	443,83	443,83							
5273,99	I,IV	**1046,83**	443,83	443,83	I	912,91	785,08	663,33	547,58	437,91	334,33
	II	**918,75**	443,83	443,83	II	790,66	668,58	552,58	442,66	338,75	240,91
	III	**634,83**	443,83	443,83	III	536,66	441,66	349,66	260,66	174,83	95,50
	V	**1515,58**	443,83	443,83	IV	979,08	912,91	848,25	785,08	723,50	663,33
	VI	**1551,83**	443,83	443,83							
5276,99	I,IV	**1047,91**	443,83	443,83	I	914,00	786,08	664,25	548,50	438,75	335,08
	II	**919,75**	443,83	443,83	II	791,66	669,50	553,50	443,50	339,58	241,66
	III	**635,66**	443,83	443,83	III	537,50	442,50	350,50	261,50	175,50	96,00
	V	**1516,75**	443,83	443,83	IV	980,16	914,00	849,25	786,08	724,41	664,25
	VI	**1553,00**	443,83	443,83							
5279,99	I,IV	**1049,00**	443,83	443,83	I	915,00	787,08	665,16	549,41	439,58	335,91
	II	**920,83**	443,83	443,83	II	792,58	670,50	554,41	444,33	340,41	242,41
	III	**636,33**	443,83	443,83	III	538,33	443,16	351,16	262,16	176,16	96,50
	V	**1517,91**	443,83	443,83	IV	981,25	915,00	850,25	787,08	725,41	665,16
	VI	**1554,16**	443,83	443,83							
5282,99	I,IV	**1050,00**	443,83	443,83	I	916,00	788,08	666,16	550,25	440,50	336,66
	II	**921,83**	443,83	443,83	II	793,58	671,41	555,25	445,16	341,16	243,16
	III	**637,16**	443,83	443,83	III	539,00	444,00	351,83	262,83	176,83	97,16
	V	**1519,08**	443,83	443,83	IV	982,25	916,00	851,25	788,08	726,33	666,16
	VI	**1555,33**	443,83	443,83							
5285,99	I,IV	**1051,08**	443,83	443,83	I	917,08	789,00	667,08	551,16	441,33	337,50
	II	**922,83**	443,83	443,83	II	794,58	672,33	556,16	446,08	342,00	243,91
	III	**638,00**	443,83	443,83	III	539,83	444,66	352,50	263,50	177,50	97,66
	V	**1520,25**	443,83	443,83	IV	983,33	917,08	852,25	789,00	727,33	667,08
	VI	**1556,50**	443,83	443,83							
5288,99	I,IV	**1052,16**	443,83	443,83	I	918,08	790,00	668,00	552,08	442,16	338,25
	II	**923,91**	443,83	443,83	II	795,58	673,25	557,08	446,91	342,75	244,66
	III	**638,66**	443,83	443,83	III	540,50	445,50	353,33	264,16	178,16	98,33
	V	**1521,41**	443,83	443,83	IV	984,41	918,08	853,33	790,00	728,25	668,00
	VI	**1557,66**	443,83	443,83							
5291,99	I,IV	**1053,25**	443,83	443,83	I	919,08	791,00	668,91	552,91	443,00	339,08
	II	**924,91**	443,83	443,83	II	796,58	674,25	557,91	447,75	343,58	245,41
	III	**639,50**	443,83	443,83	III	541,33	446,16	354,00	264,83	178,83	98,83
	V	**1522,50**	443,83	443,83	IV	985,41	919,08	854,33	791,00	729,25	668,91
	VI	**1558,83**	443,83	443,83							

* Zur LSt-Berechnung für privat versicherte Arbeitnehmer s. Beispiele **Vorbemerkung S. 4 f.**
** Basisvorsorgepauschale KV und PV *** Typisierter Arbeitgeberzuschuss

Lohn/ Gehalt in € bis	Steuerklasse	Lohn-steuer*	BVSP**	TAGZ***	Steuerklasse	Bemessungsgrundlage für Kirchensteuer und Solidaritätszuschlag – Freibeträge für ... Kinder 0,5	1,0	1,5	2,0	2,5	3,0
5 294,99	I,IV	**1 054,33**	443,83	443,83	I	920,16	792,00	669,91	553,83	443,83	339,83
	II	**926,00**	443,83	443,83	II	797,58	675,16	558,83	448,58	344,33	246,16
	III	**640,33**	443,83	443,83	III	542,16	446,83	354,66	265,50	179,50	99,50
	V	**1 523,66**	443,83	443,83	IV	986,50	920,16	855,33	792,00	730,16	669,91
	VI	**1 559,91**	443,83	443,83							
5 297,99	I,IV	**1 055,41**	443,83	443,83	I	921,16	793,00	670,83	554,75	444,66	340,66
	II	**927,00**	443,83	443,83	II	798,50	676,08	559,75	449,41	345,16	246,91
	III	**641,00**	443,83	443,83	III	542,83	447,66	355,33	266,16	180,16	100,00
	V	**1 524,83**	443,83	443,83	IV	987,58	921,16	856,33	793,00	731,16	670,83
	VI	**1 561,08**	443,83	443,83							
5 300,99	I,IV	**1 056,50**	443,83	443,83	I	922,25	794,00	671,75	555,58	445,50	341,50
	II	**928,00**	443,83	443,83	II	799,50	677,08	560,66	450,25	345,91	247,66
	III	**641,83**	443,83	443,83	III	543,66	448,33	356,16	267,00	180,83	100,66
	V	**1 526,00**	443,83	443,83	IV	988,58	922,25	857,33	794,00	732,08	671,75
	VI	**1 562,25**	443,83	443,83							
5 303,99	I,IV	**1 057,58**	443,83	443,83	I	923,25	794,91	672,66	556,50	446,33	342,25
	II	**929,08**	443,83	443,83	II	800,50	678,00	561,50	451,08	346,75	248,41
	III	**642,66**	443,83	443,83	III	544,33	449,16	356,83	267,66	181,50	101,16
	V	**1 527,16**	443,83	443,83	IV	989,66	923,25	858,33	794,91	733,08	672,66
	VI	**1 563,41**	443,83	443,83							
5 306,99	I,IV	**1 058,75**	443,83	443,83	I	924,33	796,00	673,66	557,41	447,25	343,08
	II	**930,16**	443,83	443,83	II	801,50	678,91	562,41	452,00	347,58	249,16
	III	**643,50**	443,83	443,83	III	545,16	449,83	357,50	268,33	182,16	101,83
	V	**1 528,33**	443,83	443,83	IV	990,75	924,33	859,41	796,00	734,08	673,66
	VI	**1 564,58**	443,83	443,83							
5 309,99	I,IV	**1 059,83**	443,83	443,83	I	925,33	796,91	674,58	558,33	448,08	343,83
	II	**931,16**	443,83	443,83	II	802,50	679,91	563,33	452,83	348,33	249,91
	III	**644,33**	443,83	443,83	III	546,00	450,66	358,33	269,00	182,83	102,33
	V	**1 529,50**	443,83	443,83	IV	991,83	925,33	860,41	796,91	735,00	674,58
	VI	**1 565,75**	443,83	443,83							
5 312,99	I,IV	**1 060,91**	443,83	443,83	I	926,41	797,91	675,50	559,16	448,91	344,66
	II	**932,25**	443,83	443,83	II	803,50	680,83	564,25	453,66	349,16	250,66
	III	**645,00**	443,83	443,83	III	546,66	451,33	359,00	269,66	183,50	102,83
	V	**1 530,66**	443,83	443,83	IV	992,83	926,41	861,41	797,91	736,00	675,50
	VI	**1 566,91**	443,83	443,83							
5 315,99	I,IV	**1 062,00**	443,83	443,83	I	927,41	798,91	676,50	560,08	449,75	345,50
	II	**933,25**	443,83	443,83	II	804,50	681,75	565,08	454,50	350,00	251,41
	III	**645,83**	443,83	443,83	III	547,50	452,00	359,66	270,50	184,16	103,50
	V	**1 531,83**	443,83	443,83	IV	993,91	927,41	862,41	798,91	736,91	676,50
	VI	**1 568,08**	443,83	443,83							
5 318,99	I,IV	**1 063,00**	443,83	443,83	I	928,41	799,91	677,41	561,00	450,58	346,25
	II	**934,25**	443,83	443,83	II	805,50	682,75	566,00	455,33	350,75	252,16
	III	**646,66**	443,83	443,83	III	548,16	452,83	360,50	271,16	184,83	104,00
	V	**1 533,00**	443,83	443,83	IV	995,00	928,41	863,41	799,91	737,91	677,41
	VI	**1 569,25**	443,83	443,83							
5 321,99	I,IV	**1 064,08**	443,83	443,83	I	929,50	800,91	678,33	561,83	451,41	347,08
	II	**935,33**	443,83	443,83	II	806,50	683,66	566,91	456,25	351,58	253,00
	III	**647,33**	443,83	443,83	III	549,00	453,50	361,16	271,83	185,50	104,66
	V	**1 534,08**	443,83	443,83	IV	996,08	929,50	864,41	800,91	738,83	678,33
	VI	**1 570,41**	443,83	443,83							
5 324,99	I,IV	**1 065,16**	443,83	443,83	I	930,50	801,91	679,33	562,75	452,25	347,83
	II	**936,33**	443,83	443,83	II	807,50	684,58	567,83	457,08	352,33	253,75
	III	**648,16**	443,83	443,83	III	549,66	454,33	361,83	272,50	186,16	105,16
	V	**1 535,25**	443,83	443,83	IV	997,08	930,50	865,41	801,91	739,83	679,33
	VI	**1 571,50**	443,83	443,83							
5 327,99	I,IV	**1 066,25**	443,83	443,83	I	931,58	802,83	680,25	563,66	453,16	348,66
	II	**937,41**	443,83	443,83	II	808,41	685,58	568,66	457,91	353,16	254,50
	III	**649,00**	443,83	443,83	III	550,50	455,00	362,66	273,16	186,83	105,83
	V	**1 536,41**	443,83	443,83	IV	998,16	931,58	866,41	802,83	740,83	680,25
	VI	**1 572,66**	443,83	443,83							

* Zur LSt-Berechnung für privat versicherte Arbeitnehmer s. Beispiele **Vorbemerkung S. 4 f.**
** Basisvorsorgepauschale KV und PV *** Typisierter Arbeitgeberzuschuss

Lohn/ Gehalt in € bis	Steuerklasse	**Lohn-steuer***	BVSP**	TAGZ***	Steuerklasse	Bemessungsgrundlage für Kirchensteuer und Solidaritätszuschlag – Freibeträge für ... Kinder 0,5	**1,0**	1,5	**2,0**	2,5	**3,0**
5330,99	I,IV	**1067,41**	443,83	443,83	I	932,58	803,83	681,16	564,58	454,00	349,41
	II	**938,41**	443,83	443,83	II	809,41	686,50	569,58	458,75	354,00	255,25
	III	**649,66**	443,83	443,83	III	551,16	455,83	363,33	273,83	187,50	106,33
	V	**1537,58**	443,83	443,83	IV	999,25	932,58	867,50	803,83	741,75	681,16
	VI	**1573,83**	443,83	443,83							
5333,99	I,IV	**1068,50**	443,83	443,83	I	933,66	804,83	682,08	565,41	454,83	350,25
	II	**939,50**	443,83	443,83	II	810,41	687,41	570,50	459,58	354,75	256,00
	III	**650,50**	443,83	443,83	III	552,00	456,50	364,00	274,50	188,16	107,00
	V	**1538,75**	443,83	443,83	IV	1000,25	933,66	868,50	804,83	742,75	682,08
	VI	**1575,00**	443,83	443,83							
5336,99	I,IV	**1069,58**	443,83	443,83	I	934,66	805,83	683,08	566,33	455,66	351,08
	II	**940,50**	443,83	443,83	II	811,41	688,41	571,41	460,41	355,58	256,75
	III	**651,33**	443,83	443,83	III	552,83	457,16	364,66	275,16	188,83	107,66
	V	**1539,91**	443,83	443,83	IV	1001,33	934,66	869,50	805,83	743,66	683,08
	VI	**1576,16**	443,83	443,83							
5339,99	I,IV	**1070,66**	443,83	443,83	I	935,66	806,83	684,00	567,25	456,50	351,83
	II	**941,58**	443,83	443,83	II	812,41	689,33	572,25	461,33	356,33	257,50
	III	**652,16**	443,83	443,83	III	553,50	458,00	365,50	276,00	189,50	108,16
	V	**1541,08**	443,83	443,83	IV	1002,41	935,66	870,50	806,83	744,66	684,00
	VI	**1577,33**	443,83	443,83							
5342,99	I,IV	**1071,75**	443,83	443,83	I	936,75	807,83	684,91	568,16	457,33	352,66
	II	**942,58**	443,83	443,83	II	813,41	690,25	573,16	462,16	357,16	258,25
	III	**652,83**	443,83	443,83	III	554,33	458,66	366,16	276,66	190,16	108,83
	V	**1542,16**	443,83	443,83	IV	1003,50	936,75	871,50	807,83	745,66	684,91
	VI	**1578,50**	443,83	443,83							
5345,99	I,IV	**1072,83**	443,83	443,83	I	937,75	808,83	685,91	569,00	458,25	353,41
	II	**943,66**	443,83	443,83	II	814,41	691,25	574,08	463,00	358,00	259,00
	III	**653,66**	443,83	443,83	III	555,00	459,50	366,83	277,33	190,83	109,33
	V	**1543,33**	443,83	443,83	IV	1004,50	937,75	872,50	808,83	746,58	685,91
	VI	**1579,58**	443,83	443,83							
5348,99	I,IV	**1073,91**	443,83	443,83	I	938,83	809,83	686,83	569,91	459,08	354,25
	II	**944,66**	443,83	443,83	II	815,41	692,16	575,00	463,83	358,75	259,75
	III	**654,50**	443,83	443,83	III	555,83	460,16	367,66	278,00	191,50	110,00
	V	**1544,50**	443,83	443,83	IV	1005,58	938,83	873,58	809,83	747,58	686,83
	VI	**1580,75**	443,83	443,83							
5351,99	I,IV	**1075,00**	443,83	443,83	I	939,83	810,83	687,75	570,83	459,91	355,08
	II	**945,75**	443,83	443,83	II	816,41	693,08	575,91	464,66	359,58	260,50
	III	**655,33**	443,83	443,83	III	556,66	461,00	368,33	278,66	192,16	110,50
	V	**1545,66**	443,83	443,83	IV	1006,66	939,83	874,58	810,83	748,50	687,75
	VI	**1581,91**	443,83	443,83							
5354,99	I,IV	**1076,08**	443,83	443,83	I	940,91	811,75	688,75	571,75	460,75	355,83
	II	**946,75**	443,83	443,83	II	817,41	694,08	576,75	465,58	360,41	261,25
	III	**656,00**	443,83	443,83	III	557,33	461,66	369,00	279,33	192,83	111,16
	V	**1546,83**	443,83	443,83	IV	1007,75	940,91	875,58	811,75	749,50	688,75
	VI	**1583,08**	443,83	443,83							
5357,99	I,IV	**1077,16**	443,83	443,83	I	941,91	812,75	689,66	572,58	461,58	356,66
	II	**947,83**	443,83	443,83	II	818,41	695,00	577,66	466,41	361,16	262,00
	III	**656,83**	443,83	443,83	III	558,16	462,50	369,83	280,16	193,50	111,66
	V	**1548,00**	443,83	443,83	IV	1008,75	941,91	876,58	812,75	750,50	689,66
	VI	**1584,25**	443,83	443,83							
5360,99	I,IV	**1078,25**	443,83	443,83	I	943,00	813,83	690,66	573,50	462,50	357,50
	II	**948,91**	443,83	443,83	II	819,41	696,00	578,58	467,25	362,00	262,75
	III	**657,66**	443,83	443,83	III	559,00	463,16	370,50	280,83	194,16	112,33
	V	**1549,16**	443,83	443,83	IV	1009,91	943,00	877,66	813,83	751,50	690,66
	VI	**1585,41**	443,83	443,83							
5363,99	I,IV	**1079,33**	443,83	443,83	I	944,08	814,83	691,58	574,41	463,33	358,25
	II	**949,91**	443,83	443,83	II	820,41	696,91	579,50	468,16	362,83	263,58
	III	**658,50**	443,83	443,83	III	559,66	464,00	371,16	281,50	194,83	113,00
	V	**1550,33**	443,83	443,83	IV	1010,91	944,08	878,66	814,83	752,41	691,58
	VI	**1586,58**	443,83	443,83							

* Zur LSt-Berechnung für privat versicherte Arbeitnehmer s. Beispiele **Vorbemerkung S. 4f.**
** Basisvorsorgepauschale KV und PV *** Typisierter Arbeitgeberzuschuss

Lohn/ Gehalt in € bis	Steuerklasse	Lohn-steuer*	BVSP**	TAGZ***	Steuerklasse	Bemessungsgrundlage für Kirchensteuer und Solidaritätszuschlag					
						Freibeträge für ... Kinder					
						0,5	**1,0**	1,5	**2,0**	2,5	**3,0**
5 366,99	I,IV	**1 080,41**	443,83	443,83	I	945,08	815,75	692,50	575,33	464,16	359,08
	II	**951,00**	443,83	443,83	II	821,41	697,83	580,41	469,00	363,58	264,33
	III	**659,33**	443,83	443,83	III	560,50	464,66	372,00	282,16	195,50	113,50
	V	**1 551,50**	443,83	443,83	IV	1 012,00	945,08	879,66	815,75	753,41	692,50
	VI	**1 587,75**	443,83	443,83							
5 369,99	I,IV	**1 081,50**	443,83	443,83	I	946,16	816,75	693,50	576,25	465,00	359,91
	II	**952,00**	443,83	443,83	II	822,41	698,83	581,33	469,83	364,41	265,08
	III	**660,00**	443,83	443,83	III	561,16	465,33	372,66	282,83	196,16	114,16
	V	**1 552,66**	443,83	443,83	IV	1 013,08	946,16	880,66	816,75	754,33	693,50
	VI	**1 588,91**	443,83	443,83							
5 372,99	I,IV	**1 082,66**	443,83	443,83	I	947,16	817,75	694,41	577,16	465,91	360,66
	II	**953,08**	443,83	443,83	II	823,41	699,75	582,16	470,66	365,25	265,83
	III	**660,83**	443,83	443,83	III	562,00	466,16	373,33	283,66	196,83	114,66
	V	**1 553,75**	443,83	443,83	IV	1 014,16	947,16	881,75	817,75	755,33	694,41
	VI	**1 590,08**	443,83	443,83							
5 375,99	I,IV	**1 083,75**	443,83	443,83	I	948,25	818,75	695,33	578,00	466,75	361,50
	II	**954,08**	443,83	443,83	II	824,41	700,75	583,08	471,58	366,00	266,58
	III	**661,66**	443,83	443,83	III	562,66	466,83	374,00	284,33	197,50	115,33
	V	**1 554,91**	443,83	443,83	IV	1 015,25	948,25	882,75	818,75	756,33	695,33
	VI	**1 591,16**	443,83	443,83							
5 378,99	I,IV	**1 084,83**	443,83	443,83	I	949,25	819,75	696,33	578,91	467,58	362,33
	II	**955,16**	443,83	443,83	II	825,41	701,66	584,00	472,41	366,83	267,33
	III	**662,33**	443,83	443,83	III	563,50	467,66	374,83	285,00	198,16	116,00
	V	**1 556,08**	443,83	443,83	IV	1 016,25	949,25	883,75	819,75	757,25	696,33
	VI	**1 592,33**	443,83	443,83							
5 381,99	I,IV	**1 085,91**	443,83	443,83	I	950,33	820,75	697,25	579,83	468,41	363,08
	II	**956,16**	443,83	443,83	II	826,41	702,58	584,91	473,25	367,66	268,08
	III	**663,16**	443,83	443,83	III	564,33	468,33	375,50	285,66	198,83	116,50
	V	**1 557,25**	443,83	443,83	IV	1 017,33	950,33	884,75	820,75	758,25	697,25
	VI	**1 593,50**	443,83	443,83							
5 384,99	I,IV	**1 087,00**	443,83	443,83	I	951,33	821,75	698,25	580,75	469,33	363,91
	II	**957,25**	443,83	443,83	II	827,33	703,58	585,83	474,08	368,41	268,83
	III	**664,00**	443,83	443,83	III	565,00	469,16	376,33	286,33	199,50	117,16
	V	**1 558,41**	443,83	443,83	IV	1 018,41	951,33	885,83	821,75	759,25	698,25
	VI	**1 594,66**	443,83	443,83							
5 387,99	I,IV	**1 088,08**	443,83	443,83	I	952,41	822,75	699,16	581,66	470,16	364,75
	II	**958,25**	443,83	443,83	II	828,33	704,50	586,75	475,00	369,25	269,58
	III	**664,83**	443,83	443,83	III	565,83	469,83	377,00	287,00	200,16	117,66
	V	**1 559,58**	443,83	443,83	IV	1 019,50	952,41	886,83	822,75	760,16	699,16
	VI	**1 595,83**	443,83	443,83							
5 390,99	I,IV	**1 089,16**	443,83	443,83	I	953,41	823,75	700,08	582,50	471,00	365,50
	II	**959,33**	443,83	443,83	II	829,33	705,50	587,58	475,83	370,08	270,41
	III	**665,50**	443,83	443,83	III	566,66	470,66	377,66	287,83	200,83	118,33
	V	**1 560,75**	443,83	443,83	IV	1 020,58	953,41	887,83	823,75	761,16	700,08
	VI	**1 597,00**	443,83	443,83							
5 393,99	I,IV	**1 090,25**	443,83	443,83	I	954,50	824,75	701,08	583,41	471,83	366,33
	II	**960,33**	443,83	443,83	II	830,33	706,41	588,50	476,66	370,91	271,16
	III	**666,33**	443,83	443,83	III	567,33	471,33	378,33	288,50	201,50	119,00
	V	**1 561,83**	443,83	443,83	IV	1 021,58	954,50	888,83	824,75	762,16	701,08
	VI	**1 598,16**	443,83	443,83							
5 396,99	I,IV	**1 091,33**	443,83	443,83	I	955,50	825,75	702,00	584,33	472,75	367,16
	II	**961,41**	443,83	443,83	II	831,33	707,33	589,41	477,50	371,66	271,91
	III	**667,16**	443,83	443,83	III	568,16	472,16	379,16	289,16	202,16	119,50
	V	**1 563,00**	443,83	443,83	IV	1 022,66	955,50	889,91	825,75	763,08	702,00
	VI	**1 599,25**	443,83	443,83							
5 399,99	I,IV	**1 092,41**	443,83	443,83	I	956,58	826,75	703,00	585,25	473,58	367,91
	II	**962,50**	443,83	443,83	II	832,33	708,33	590,33	478,41	372,50	272,66
	III	**668,00**	443,83	443,83	III	568,83	472,83	379,83	289,83	202,83	120,16
	V	**1 564,16**	443,83	443,83	IV	1 023,75	956,58	890,91	826,75	764,08	703,00
	VI	**1 600,41**	443,83	443,83							

* Zur LSt-Berechnung für privat versicherte Arbeitnehmer s. Beispiele **Vorbemerkung S. 4 f.**
** Basisvorsorgepauschale KV und PV *** Typisierter Arbeitgeberzuschuss

Lohn/ Gehalt in € bis	Steuerklasse	Lohn-steuer*	BVSP**	TAGZ***	Steuerklasse	Bemessungsgrundlage für Kirchensteuer und Solidaritätszuschlag					
						Freibeträge für ... Kinder					
						0,5	**1,0**	1,5	**2,0**	2,5	**3,0**
5402,99	I,IV	**1093,50**	443,83	443,83	I	957,58	827,75	703,91	586,16	474,41	368,75
	II	**963,50**	443,83	443,83	II	833,33	709,25	591,25	479,25	373,33	273,41
	III	**668,66**	443,83	443,83	III	569,66	473,66	380,50	290,50	203,66	120,83
	V	**1565,33**	443,83	443,83	IV	1024,83	957,58	891,91	827,75	765,08	703,91
	VI	**1601,58**	443,83	443,83							
5405,99	I,IV	**1094,66**	443,83	443,83	I	958,66	828,75	704,83	587,08	475,25	369,58
	II	**964,58**	443,83	443,83	II	834,33	710,25	592,16	480,08	374,08	274,16
	III	**669,50**	443,83	443,83	III	570,33	474,33	381,33	291,16	204,16	121,33
	V	**1566,50**	443,83	443,83	IV	1025,91	958,66	892,91	828,75	766,08	704,83
	VI	**1602,75**	443,83	443,83							
5408,99	I,IV	**1095,75**	443,83	443,83	I	959,66	829,75	705,83	587,91	476,16	370,33
	II	**965,58**	443,83	443,83	II	835,33	711,16	593,08	481,00	374,91	274,91
	III	**670,33**	443,83	443,83	III	571,16	475,16	382,00	292,00	205,00	122,00
	V	**1567,66**	443,83	443,83	IV	1027,00	959,66	894,00	829,75	767,00	705,83
	VI	**1603,91**	443,83	443,83							
5411,99	I,IV	**1096,83**	443,83	443,83	I	960,75	830,75	706,75	588,83	477,00	371,16
	II	**966,66**	443,83	443,83	II	836,33	712,16	593,91	481,83	375,75	275,75
	III	**671,16**	443,83	443,83	III	572,00	475,83	382,66	292,66	205,50	122,66
	V	**1568,83**	443,83	443,83	IV	1028,00	960,75	895,00	830,75	768,00	706,75
	VI	**1605,08**	443,83	443,83							
5414,99	I,IV	**1097,91**	443,83	443,83	I	961,83	831,75	707,75	589,75	477,83	372,00
	II	**967,66**	443,83	443,83	II	837,33	713,08	594,83	482,66	376,58	276,50
	III	**671,83**	443,83	443,83	III	572,66	476,50	383,50	293,33	206,33	123,16
	V	**1570,00**	443,83	443,83	IV	1029,08	961,83	896,00	831,75	769,00	707,75
	VI	**1606,25**	443,83	443,83							
5417,99	I,IV	**1099,08**	443,83	443,83	I	962,91	832,75	708,66	590,66	478,75	372,83
	II	**968,75**	443,83	443,83	II	838,41	714,08	595,83	483,58	377,41	277,25
	III	**672,66**	443,83	443,83	III	573,50	477,33	384,16	294,00	207,00	123,83
	V	**1571,16**	443,83	443,83	IV	1030,16	962,91	897,08	832,75	770,00	708,66
	VI	**1607,41**	443,83	443,83							
5420,99	I,IV	**1100,16**	443,83	443,83	I	963,91	833,75	709,66	591,58	479,58	373,66
	II	**969,83**	443,83	443,83	II	839,41	715,00	596,66	484,41	378,16	278,00
	III	**673,50**	443,83	443,83	III	574,33	478,00	384,83	294,66	207,66	124,50
	V	**1572,33**	443,83	443,83	IV	1031,25	963,91	898,08	833,75	770,91	709,66
	VI	**1608,58**	443,83	443,83							
5423,99	I,IV	**1101,25**	443,83	443,83	I	965,00	834,75	710,58	592,50	480,41	374,41
	II	**970,91**	443,83	443,83	II	840,41	716,00	597,58	485,25	379,00	278,75
	III	**674,33**	443,83	443,83	III	575,00	478,83	385,66	295,50	208,33	125,00
	V	**1573,50**	443,83	443,83	IV	1032,33	965,00	899,08	834,75	771,91	710,58
	VI	**1609,75**	443,83	443,83							
5426,99	I,IV	**1102,33**	443,83	443,83	I	966,00	835,75	711,58	593,41	481,33	375,25
	II	**971,91**	443,83	443,83	II	841,41	716,91	598,50	486,16	379,83	279,58
	III	**675,00**	443,83	443,83	III	575,83	479,50	386,33	296,16	209,00	125,66
	V	**1574,58**	443,83	443,83	IV	1033,41	966,00	900,16	835,75	772,91	711,58
	VI	**1610,83**	443,83	443,83							
5429,99	I,IV	**1103,41**	443,83	443,83	I	967,08	836,75	712,50	594,33	482,16	376,08
	II	**973,00**	443,83	443,83	II	842,41	717,91	599,41	487,00	380,66	280,33
	III	**675,83**	443,83	443,83	III	576,66	480,33	387,00	296,83	209,66	126,33
	V	**1575,75**	443,83	443,83	IV	1034,50	967,08	901,16	836,75	773,91	712,50
	VI	**1612,00**	443,83	443,83							
5432,99	I,IV	**1104,50**	443,83	443,83	I	968,08	837,75	713,50	595,25	483,00	376,83
	II	**974,08**	443,83	443,83	II	843,41	718,83	600,33	487,83	381,41	281,08
	III	**676,66**	443,83	443,83	III	577,33	481,00	387,83	297,50	210,33	126,83
	V	**1576,91**	443,83	443,83	IV	1035,58	968,08	902,16	837,75	774,83	713,50
	VI	**1613,16**	443,83	443,83							
5435,99	I,IV	**1105,58**	443,83	443,83	I	969,16	838,75	714,41	596,08	483,91	377,66
	II	**975,08**	443,83	443,83	II	844,41	719,83	601,25	488,75	382,25	281,83
	III	**677,50**	443,83	443,83	III	578,16	481,83	388,50	298,33	211,00	127,50
	V	**1578,08**	443,83	443,83	IV	1036,66	969,16	903,25	838,75	775,83	714,41
	VI	**1614,33**	443,83	443,83							

* Zur LSt-Berechnung für privat versicherte Arbeitnehmer s. Beispiele **Vorbemerkung S. 4f.**
** Basisvorsorgepauschale KV und PV *** Typisierter Arbeitgeberzuschuss

Lohn/ Gehalt in € bis	Steuerklasse	Lohnsteuer*	BVSP**	TAGZ***	Steuerklasse	Bemessungsgrundlage für Kirchensteuer und Solidaritätszuschlag – Freibeträge für ... Kinder 0,5	1,0	1,5	2,0	2,5	3,0
5438,99	I,IV	**1106,75**	443,83	443,83	I	970,25	839,75	715,41	597,00	484,75	378,50
	II	**976,16**	443,83	443,83	II	845,41	720,75	602,16	489,58	383,08	282,58
	III	**678,33**	443,83	443,83	III	578,83	482,50	389,16	299,00	211,66	128,16
	V	**1579,25**	443,83	443,83	IV	1037,75	970,25	904,25	839,75	776,83	715,41
	VI	**1615,50**	443,83	443,83							
5441,99	I,IV	**1107,83**	443,83	443,83	I	971,25	840,75	716,33	597,91	485,58	379,33
	II	**977,16**	443,83	443,83	II	846,41	721,75	603,08	490,41	383,91	283,41
	III	**679,00**	443,83	443,83	III	579,66	483,33	390,00	299,66	212,33	128,83
	V	**1580,41**	443,83	443,83	IV	1038,75	971,25	905,25	840,75	777,83	716,33
	VI	**1616,66**	443,83	443,83							
5444,99	I,IV	**1108,91**	443,83	443,83	I	972,33	841,75	717,25	598,83	486,41	380,08
	II	**978,25**	443,83	443,83	II	847,41	722,66	604,00	491,33	384,66	284,16
	III	**679,83**	443,83	443,83	III	580,50	484,00	390,66	300,33	213,00	129,33
	V	**1581,58**	443,83	443,83	IV	1039,83	972,33	906,33	841,75	778,75	717,25
	VI	**1617,83**	443,83	443,83							
5447,99	I,IV	**1110,00**	443,83	443,83	I	973,33	842,75	718,25	599,75	487,33	380,91
	II	**979,33**	443,83	443,83	II	848,41	723,66	604,91	492,16	385,50	284,91
	III	**680,66**	443,83	443,83	III	581,16	484,83	391,33	301,00	213,66	130,00
	V	**1582,66**	443,83	443,83	IV	1040,91	973,33	907,33	842,75	779,75	718,25
	VI	**1619,00**	443,83	443,83							
5450,99	I,IV	**1111,08**	443,83	443,83	I	974,41	843,75	719,16	600,66	488,16	381,75
	II	**980,33**	443,83	443,83	II	849,41	724,58	605,75	493,00	386,33	285,66
	III	**681,50**	443,83	443,83	III	582,00	485,50	392,16	301,66	214,33	130,66
	V	**1583,83**	443,83	443,83	IV	1042,00	974,41	908,33	843,75	780,75	719,16
	VI	**1620,08**	443,83	443,83							
5453,99	I,IV	**1112,25**	443,83	443,83	I	975,50	844,75	720,16	601,58	489,00	382,58
	II	**981,41**	443,83	443,83	II	850,41	725,58	606,66	493,91	387,16	286,41
	III	**682,16**	443,83	443,83	III	582,83	486,33	392,83	302,50	215,00	131,33
	V	**1585,00**	443,83	443,83	IV	1043,08	975,50	909,41	844,75	781,75	720,16
	VI	**1621,25**	443,83	443,83							
5456,99	I,IV	**1113,33**	443,83	443,83	I	976,50	845,83	721,08	602,50	489,91	383,33
	II	**982,50**	443,83	443,83	II	851,50	726,50	607,58	494,75	388,00	287,25
	III	**683,00**	443,83	443,83	III	583,50	487,00	393,50	303,16	215,66	131,83
	V	**1586,16**	443,83	443,83	IV	1044,16	976,50	910,41	845,83	782,66	721,08
	VI	**1622,41**	443,83	443,83							
5459,99	I,IV	**1114,41**	443,83	443,83	I	977,58	846,83	722,08	603,41	490,75	384,16
	II	**983,50**	443,83	443,83	II	852,50	727,50	608,50	495,66	388,75	288,00
	III	**683,83**	443,83	443,83	III	584,33	487,83	394,33	303,83	216,33	132,50
	V	**1587,33**	443,83	443,83	IV	1045,25	977,58	911,41	846,83	783,66	722,08
	VI	**1623,58**	443,83	443,83							
5462,99	I,IV	**1115,50**	443,83	443,83	I	978,66	847,83	723,00	604,33	491,66	385,00
	II	**984,58**	443,83	443,83	II	853,50	728,41	609,41	496,50	389,58	288,75
	III	**684,66**	443,83	443,83	III	585,00	488,50	395,00	304,50	217,00	133,16
	V	**1588,50**	443,83	443,83	IV	1046,33	978,66	912,50	847,83	784,66	723,00
	VI	**1624,75**	443,83	443,83							
5465,99	I,IV	**1116,58**	443,83	443,83	I	979,66	848,83	724,00	605,25	492,50	385,83
	II	**985,66**	443,83	443,83	II	854,50	729,41	610,33	497,33	390,41	289,50
	III	**685,50**	443,83	443,83	III	585,83	489,33	395,83	305,16	217,83	133,83
	V	**1589,66**	443,83	443,83	IV	1047,41	979,66	913,50	848,83	785,66	724,00
	VI	**1625,91**	443,83	443,83							
5468,99	I,IV	**1117,75**	443,83	443,83	I	980,75	849,83	724,91	606,08	493,33	386,66
	II	**986,66**	443,83	443,83	II	855,50	730,33	611,25	498,25	391,25	290,33
	III	**686,16**	443,83	443,83	III	586,66	490,00	396,50	306,00	218,50	134,33
	V	**1590,75**	443,83	443,83	IV	1048,50	980,75	914,50	849,83	786,58	724,91
	VI	**1627,08**	443,83	443,83							
5471,99	I,IV	**1118,83**	443,83	443,83	I	981,83	850,83	725,91	607,00	494,25	387,41
	II	**987,75**	443,83	443,83	II	856,50	731,33	612,16	499,08	392,08	291,08
	III	**687,00**	443,83	443,83	III	587,33	490,83	397,16	306,66	219,16	135,00
	V	**1591,91**	443,83	443,83	IV	1049,58	981,83	915,58	850,83	787,58	725,91
	VI	**1628,16**	443,83	443,83							

* Zur LSt-Berechnung für privat versicherte Arbeitnehmer s. Beispiele **Vorbemerkung S. 4f.**
** Basisvorsorgepauschale KV und PV *** Typisierter Arbeitgeberzuschuss

Lohn/ Gehalt in € bis	Steuerklasse	Lohn-steuer*	BVSP**	TAGZ***	Steuerklasse	Bemessungsgrundlage für Kirchensteuer und Solidaritätszuschlag – Freibeträge für ... Kinder 0,5	1,0	1,5	2,0	2,5	3,0
5474,99	I,IV	**1119,91**	443,83	443,83	I	982,91	851,83	726,91	608,00	495,08	388,33
	II	**988,83**	443,83	443,83	II	857,58	732,33	613,08	500,00	392,91	291,83
	III	**687,83**	443,83	443,83	III	588,16	491,50	398,00	307,33	219,83	135,66
	V	**1593,16**	443,83	443,83	IV	1050,66	982,91	916,58	851,83	788,58	726,91
	VI	**1629,41**	443,83	443,83							
5477,99	I,IV	**1121,08**	443,83	443,83	I	983,91	852,83	727,83	608,91	496,00	389,08
	II	**989,91**	443,83	443,83	II	858,58	733,25	614,00	500,83	393,75	292,66
	III	**688,66**	443,83	443,83	III	589,00	492,33	398,66	308,00	220,50	136,33
	V	**1594,25**	443,83	443,83	IV	1051,75	983,91	917,66	852,83	789,58	727,83
	VI	**1630,58**	443,83	443,83							
5480,99	I,IV	**1122,16**	443,83	443,83	I	985,00	853,91	728,83	609,83	496,83	389,91
	II	**990,91**	443,83	443,83	II	859,58	734,25	614,91	501,75	394,50	293,41
	III	**689,50**	443,83	443,83	III	589,66	493,00	399,33	308,83	221,16	137,00
	V	**1595,41**	443,83	443,83	IV	1052,83	985,00	918,66	853,91	790,58	728,83
	VI	**1631,66**	443,83	443,83							
5483,99	I,IV	**1123,25**	443,83	443,83	I	986,08	854,91	729,75	610,75	497,66	390,75
	II	**992,00**	443,83	443,83	II	860,58	735,16	615,83	502,58	395,33	294,16
	III	**690,16**	443,83	443,83	III	590,50	493,83	400,16	309,50	221,83	137,50
	V	**1596,58**	443,83	443,83	IV	1053,91	986,08	919,75	854,91	791,58	729,75
	VI	**1632,83**	443,83	443,83							
5486,99	I,IV	**1124,33**	443,83	443,83	I	987,08	855,91	730,75	611,58	498,58	391,58
	II	**993,08**	443,83	443,83	II	861,58	736,16	616,75	503,41	396,16	294,91
	III	**691,00**	443,83	443,83	III	591,33	494,50	400,83	310,16	222,50	138,16
	V	**1597,75**	443,83	443,83	IV	1055,00	987,08	920,75	855,91	792,58	730,75
	VI	**1634,00**	443,83	443,83							
5489,99	I,IV	**1125,50**	443,83	443,83	I	988,16	856,91	731,66	612,50	499,41	392,41
	II	**994,08**	443,83	443,83	II	862,58	737,08	617,66	504,33	397,00	295,75
	III	**691,83**	443,83	443,83	III	592,00	495,33	401,50	310,83	223,16	138,83
	V	**1598,91**	443,83	443,83	IV	1056,08	988,16	921,75	856,91	793,50	731,66
	VI	**1635,16**	443,83	443,83							
5492,99	I,IV	**1126,58**	443,83	443,83	I	989,25	857,91	732,66	613,41	500,33	393,16
	II	**995,16**	443,83	443,83	II	863,58	738,08	618,58	505,16	397,83	296,50
	III	**692,66**	443,83	443,83	III	592,83	496,00	402,33	311,50	223,83	139,50
	V	**1600,08**	443,83	443,83	IV	1057,16	989,25	922,83	857,91	794,50	732,66
	VI	**1636,33**	443,83	443,83							
5495,99	I,IV	**1127,66**	443,83	443,83	I	990,25	858,91	733,58	614,33	501,16	394,00
	II	**996,25**	443,83	443,83	II	864,58	739,08	619,50	506,08	398,66	297,25
	III	**693,33**	443,83	443,83	III	593,50	496,83	403,00	312,33	224,50	140,00
	V	**1601,25**	443,83	443,83	IV	1058,25	990,25	923,83	858,91	795,50	733,58
	VI	**1637,50**	443,83	443,83							
5498,99	I,IV	**1128,75**	443,83	443,83	I	991,33	859,91	734,58	615,25	502,00	394,83
	II	**997,33**	443,83	443,83	II	865,66	740,00	620,41	506,91	399,50	298,08
	III	**694,16**	443,83	443,83	III	594,33	497,50	403,83	313,00	225,16	140,66
	V	**1602,33**	443,83	443,83	IV	1059,33	991,33	924,83	859,91	796,50	734,58
	VI	**1638,66**	443,83	443,83							
5501,99	I,IV	**1129,91**	443,83	443,83	I	992,41	860,91	735,58	616,16	502,91	395,66
	II	**998,33**	443,83	443,83	II	866,66	741,00	621,33	507,83	400,25	298,83
	III	**695,00**	443,83	443,83	III	595,16	498,33	404,50	313,66	225,83	141,33
	V	**1603,50**	443,83	443,83	IV	1060,41	992,41	925,91	860,91	797,50	735,58
	VI	**1639,75**	443,83	443,83							
5504,99	I,IV	**1131,00**	443,83	443,83	I	993,41	861,91	736,50	617,08	503,75	396,50
	II	**999,41**	443,83	443,83	II	867,66	741,91	622,25	508,66	401,08	299,58
	III	**695,83**	443,83	443,83	III	595,83	499,00	405,16	314,33	226,66	142,00
	V	**1604,66**	443,83	443,83	IV	1061,50	993,41	926,91	861,91	798,50	736,50
	VI	**1640,91**	443,83	443,83							
5507,99	I,IV	**1132,08**	443,83	443,83	I	994,50	863,00	737,50	618,00	504,66	397,33
	II	**1000,50**	443,83	443,83	II	868,66	742,91	623,16	509,50	401,91	300,33
	III	**696,50**	443,83	443,83	III	596,66	499,83	405,83	315,00	227,33	142,66
	V	**1605,83**	443,83	443,83	IV	1062,58	994,50	928,00	863,00	799,50	737,50
	VI	**1642,08**	443,83	443,83							

* Zur LSt-Berechnung für privat versicherte Arbeitnehmer s. Beispiele **Vorbemerkung S. 4 f.**
** Basisvorsorgepauschale KV und PV *** Typisierter Arbeitgeberzuschuss

Lohn/ Gehalt in € bis	Steuerklasse	Lohn-steuer*	BVSP**	TAGZ***	Steuerklasse	Bemessungsgrundlage für Kirchensteuer und Solidaritätszuschlag – Freibeträge für ... Kinder 0,5	**1,0**	1,5	**2,0**	2,5	**3,0**
5 510,99	I,IV	**1 133,25**	443,83	443,83	I	995,58	864,00	738,41	618,91	505,50	398,08
	II	**1 001,58**	443,83	443,83	II	869,66	743,83	624,08	510,41	402,75	301,16
	III	**697,33**	443,83	443,83	III	597,50	500,50	406,66	315,83	228,00	143,33
	V	**1 607,00**	443,83	443,83	IV	1 063,66	995,58	929,00	864,00	800,41	738,41
	VI	**1 643,25**	443,83	443,83							
5 513,99	I,IV	**1 134,33**	443,83	443,83	I	996,66	865,00	739,41	619,83	506,33	398,91
	II	**1 002,58**	443,83	443,83	II	870,66	744,83	625,00	511,25	403,58	301,91
	III	**698,16**	443,83	443,83	III	598,16	501,33	407,33	316,50	228,66	143,83
	V	**1 608,16**	443,83	443,83	IV	1 064,75	996,66	930,08	865,00	801,41	739,41
	VI	**1 644,41**	443,83	443,83							
5 516,99	I,IV	**1 135,41**	443,83	443,83	I	997,66	866,00	740,33	620,75	507,25	399,75
	II	**1 003,66**	443,83	443,83	II	871,75	745,83	625,91	512,16	404,41	302,66
	III	**699,00**	443,83	443,83	III	599,00	502,00	408,16	317,16	229,33	144,50
	V	**1 609,33**	443,83	443,83	IV	1 065,83	997,66	931,08	866,00	802,41	740,33
	VI	**1 645,58**	443,83	443,83							
5 519,99	I,IV	**1 136,50**	443,83	443,83	I	998,75	867,00	741,33	621,66	508,08	400,58
	II	**1 004,75**	443,83	443,83	II	872,75	746,75	626,83	513,00	405,25	303,50
	III	**699,83**	443,83	443,83	III	599,83	502,83	408,83	317,83	230,00	145,16
	V	**1 610,41**	443,83	443,83	IV	1 066,91	998,75	932,08	867,00	803,41	741,33
	VI	**1 646,75**	443,83	443,83							
5 522,99	I,IV	**1 137,66**	443,83	443,83	I	999,83	868,00	742,25	622,58	509,00	401,41
	II	**1 005,75**	443,83	443,83	II	873,75	747,75	627,75	513,91	406,08	304,25
	III	**700,66**	443,83	443,83	III	600,50	503,50	409,50	318,66	230,66	145,83
	V	**1 611,58**	443,83	443,83	IV	1 068,00	999,83	933,16	868,00	804,41	742,25
	VI	**1 647,83**	443,83	443,83							
5 525,99	I,IV	**1 138,75**	443,83	443,83	I	1 000,83	869,00	743,25	623,50	509,83	402,25
	II	**1 006,83**	443,83	443,83	II	874,75	748,66	628,75	514,75	406,83	305,00
	III	**701,33**	443,83	443,83	III	601,33	504,33	410,33	319,33	231,33	146,50
	V	**1 612,75**	443,83	443,83	IV	1 069,08	1 000,83	934,16	869,00	805,41	743,25
	VI	**1 649,00**	443,83	443,83							
5 528,99	I,IV	**1 139,91**	443,83	443,83	I	1 002,00	870,08	744,25	624,50	510,75	403,08
	II	**1 007,91**	443,83	443,83	II	875,83	749,66	629,66	515,66	407,75	305,83
	III	**702,16**	443,83	443,83	III	602,16	505,00	411,00	320,00	232,00	147,16
	V	**1 613,91**	443,83	443,83	IV	1 070,16	1 002,00	935,25	870,08	806,41	744,25
	VI	**1 650,25**	443,83	443,83							
5 531,99	I,IV	**1 141,00**	443,83	443,83	I	1 003,00	871,08	745,25	625,41	511,58	403,91
	II	**1 009,00**	443,83	443,83	II	876,83	750,66	630,58	516,50	408,58	306,58
	III	**703,00**	443,83	443,83	III	602,83	505,83	411,83	320,66	232,66	147,83
	V	**1 615,08**	443,83	443,83	IV	1 071,25	1 003,00	936,33	871,08	807,41	745,25
	VI	**1 651,33**	443,83	443,83							
5 534,99	I,IV	**1 142,08**	443,83	443,83	I	1 004,08	872,08	746,16	626,33	512,50	404,75
	II	**1 010,08**	443,83	443,83	II	877,83	751,66	631,50	517,41	409,41	307,41
	III	**703,83**	443,83	443,83	III	603,66	506,50	412,50	321,50	233,33	148,50
	V	**1 616,25**	443,83	443,83	IV	1 072,33	1 004,08	937,33	872,08	808,41	746,16
	VI	**1 652,50**	443,83	443,83							
5 537,99	I,IV	**1 143,25**	443,83	443,83	I	1 005,16	873,08	747,16	627,25	513,33	405,58
	II	**1 011,16**	443,83	443,83	II	878,83	752,58	632,41	518,25	410,16	308,16
	III	**704,66**	443,83	443,83	III	604,50	507,33	413,16	322,16	234,16	149,16
	V	**1 617,41**	443,83	443,83	IV	1 073,41	1 005,16	938,41	873,08	809,41	747,16
	VI	**1 653,66**	443,83	443,83							
5 540,99	I,IV	**1 144,33**	443,83	443,83	I	1 006,25	874,16	748,08	628,16	514,25	406,33
	II	**1 012,16**	443,83	443,83	II	879,83	753,58	633,33	519,16	411,00	308,91
	III	**705,33**	443,83	443,83	III	605,16	508,00	414,00	322,83	234,83	149,66
	V	**1 618,58**	443,83	443,83	IV	1 074,50	1 006,25	939,41	874,16	810,33	748,08
	VI	**1 654,83**	443,83	443,83							
5 543,99	I,IV	**1 145,41**	443,83	443,83	I	1 007,25	875,16	749,08	629,08	515,08	407,16
	II	**1 013,25**	443,83	443,83	II	880,91	754,58	634,25	520,00	411,83	309,75
	III	**706,16**	443,83	443,83	III	606,00	508,83	414,66	323,50	235,50	150,33
	V	**1 619,75**	443,83	443,83	IV	1 075,58	1 007,25	940,41	875,16	811,33	749,08
	VI	**1 656,00**	443,83	443,83							

* Zur LSt-Berechnung für privat versicherte Arbeitnehmer s. Beispiele **Vorbemerkung S. 4 f.**
** Basisvorsorgepauschale KV und PV *** Typisierter Arbeitgeberzuschuss

Lohn/ Gehalt in € bis	Steuerklasse	Lohn-steuer*	BVSP**	TAGZ***	Steuerklasse	Bemessungsgrundlage für Kirchensteuer und Solidaritätszuschlag – Freibeträge für ... Kinder 0,5	**1,0**	1,5	**2,0**	2,5	**3,0**
5546,99	I,IV	**1146,58**	443,83	443,83	I	1008,33	876,16	750,08	630,00	516,00	408,00
	II	**1014,33**	443,83	443,83	II	881,91	755,50	635,16	520,91	412,66	310,50
	III	**707,00**	443,83	443,83	III	606,83	509,50	415,33	324,16	236,16	151,00
	V	**1620,91**	443,83	443,83	IV	1076,66	1008,33	941,50	876,16	812,33	750,08
	VI	**1657,16**	443,83	443,83							
5549,99	I,IV	**1147,66**	443,83	443,83	I	1009,41	877,16	751,00	630,91	516,83	408,83
	II	**1015,41**	443,83	443,83	II	882,91	756,50	636,08	521,75	413,50	311,25
	III	**707,83**	443,83	443,83	III	607,50	510,33	416,16	325,00	236,83	151,66
	V	**1622,00**	443,83	443,83	IV	1077,75	1009,41	942,50	877,16	813,33	751,00
	VI	**1658,33**	443,83	443,83							
5552,99	I,IV	**1148,75**	443,83	443,83	I	1010,50	878,16	752,00	631,83	517,75	409,66
	II	**1016,50**	443,83	443,83	II	883,91	757,50	637,00	522,66	414,33	312,08
	III	**708,66**	443,83	443,83	III	608,33	511,00	416,83	325,66	237,50	152,33
	V	**1623,16**	443,83	443,83	IV	1078,83	1010,50	943,58	878,16	814,33	752,00
	VI	**1659,41**	443,83	443,83							
5555,99	I,IV	**1149,91**	443,83	443,83	I	1011,50	879,25	753,00	632,75	518,58	410,50
	II	**1017,50**	443,83	443,83	II	885,00	758,41	638,00	523,50	415,16	312,83
	III	**709,50**	443,83	443,83	III	609,16	511,83	417,66	326,33	238,16	153,00
	V	**1624,33**	443,83	443,83	IV	1079,91	1011,50	944,58	879,25	815,33	753,00
	VI	**1660,58**	443,83	443,83							
5558,99	I,IV	**1151,00**	443,83	443,83	I	1012,58	880,25	753,91	633,66	519,50	411,33
	II	**1018,58**	443,83	443,83	II	886,00	759,41	638,91	524,41	416,00	313,66
	III	**710,16**	443,83	443,83	III	609,83	512,50	418,33	327,00	238,83	153,66
	V	**1625,50**	443,83	443,83	IV	1081,00	1012,58	945,66	880,25	816,33	753,91
	VI	**1661,75**	443,83	443,83							
5561,99	I,IV	**1152,08**	443,83	443,83	I	1013,66	881,25	754,91	634,58	520,33	412,16
	II	**1019,66**	443,83	443,83	II	887,00	760,41	639,83	525,33	416,83	314,41
	III	**711,00**	443,83	443,83	III	610,66	513,33	419,00	327,83	239,50	154,33
	V	**1626,66**	443,83	443,83	IV	1082,16	1013,66	946,66	881,25	817,33	754,91
	VI	**1662,91**	443,83	443,83							
5564,99	I,IV	**1153,25**	443,83	443,83	I	1014,75	882,25	755,83	635,50	521,25	413,00
	II	**1020,75**	443,83	443,83	II	888,00	761,33	640,75	526,16	417,66	315,16
	III	**711,83**	443,83	443,83	III	611,50	514,16	419,83	328,50	240,16	155,00
	V	**1627,83**	443,83	443,83	IV	1083,25	1014,75	947,75	882,25	818,33	755,83
	VI	**1664,08**	443,83	443,83							
5567,99	I,IV	**1154,33**	443,83	443,83	I	1015,75	883,33	756,83	636,41	522,08	413,83
	II	**1021,83**	443,83	443,83	II	889,00	762,33	641,66	527,08	418,50	316,00
	III	**712,66**	443,83	443,83	III	612,16	514,83	420,50	329,16	240,83	155,66
	V	**1629,00**	443,83	443,83	IV	1084,33	1015,75	948,75	883,33	819,33	756,83
	VI	**1665,25**	443,83	443,83							
5570,99	I,IV	**1155,41**	443,83	443,83	I	1016,83	884,33	757,83	637,33	523,00	414,66
	II	**1022,91**	443,83	443,83	II	890,08	763,33	642,58	527,91	419,33	316,75
	III	**713,33**	443,83	443,83	III	613,00	515,66	421,16	329,83	241,50	156,33
	V	**1630,08**	443,83	443,83	IV	1085,41	1016,83	949,83	884,33	820,33	757,83
	VI	**1666,41**	443,83	443,83							
5573,99	I,IV	**1156,58**	443,83	443,83	I	1017,91	885,33	758,75	638,33	523,83	415,50
	II	**1023,91**	443,83	443,83	II	891,08	764,25	643,50	528,83	420,16	317,58
	III	**714,16**	443,83	443,83	III	613,83	516,33	422,00	330,66	242,33	157,00
	V	**1631,25**	443,83	443,83	IV	1086,50	1017,91	950,83	885,33	821,33	758,75
	VI	**1667,50**	443,83	443,83							
5576,99	I,IV	**1157,66**	443,83	443,83	I	1019,00	886,33	759,75	639,25	524,75	416,33
	II	**1025,00**	443,83	443,83	II	892,08	765,25	644,41	529,66	421,00	318,33
	III	**715,00**	443,83	443,83	III	614,50	517,16	422,66	331,33	243,00	157,66
	V	**1632,41**	443,83	443,83	IV	1087,58	1019,00	951,91	886,33	822,33	759,75
	VI	**1668,66**	443,83	443,83							
5579,99	I,IV	**1158,83**	443,83	443,83	I	1020,08	887,33	760,75	640,16	525,58	417,16
	II	**1026,08**	443,83	443,83	II	893,16	766,25	645,33	530,58	421,83	319,08
	III	**715,83**	443,83	443,83	III	615,33	517,83	423,50	332,00	243,66	158,33
	V	**1633,58**	443,83	443,83	IV	1088,66	1020,08	953,00	887,33	823,33	760,75
	VI	**1669,83**	443,83	443,83							

* Zur LSt-Berechnung für privat versicherte Arbeitnehmer s. Beispiele **Vorbemerkung S. 4f.**
** Basisvorsorgepauschale KV und PV *** Typisierter Arbeitgeberzuschuss

Lohn/ Gehalt in € bis	Steuerklasse	Lohn- steuer*	BVSP**	TAGZ***	Steuerklasse	Bemessungsgrundlage für Kirchensteuer und Solidaritätszuschlag – Freibeträge für ... Kinder 0,5	**1,0**	1,5	**2,0**	2,5	**3,0**
5582,99	I,IV	**1159,91**	443,83	443,83	I	1021,16	888,41	761,66	641,08	526,50	418,00
	II	**1027,16**	443,83	443,83	II	894,16	767,16	646,33	531,41	422,66	319,91
	III	**716,66**	443,83	443,83	III	616,16	518,66	424,16	332,66	244,33	159,00
	V	**1634,75**	443,83	443,83	IV	1089,75	1021,16	954,00	888,41	824,25	761,66
	VI	**1671,00**	443,83	443,83							
5585,99	I,IV	**1161,08**	443,83	443,83	I	1022,25	889,41	762,66	642,00	527,41	418,83
	II	**1028,25**	443,83	443,83	II	895,16	768,16	647,25	532,33	423,50	320,66
	III	**717,50**	443,83	443,83	III	616,83	519,33	424,83	333,50	245,00	159,66
	V	**1635,91**	443,83	443,83	IV	1090,91	1022,25	955,08	889,41	825,33	762,66
	VI	**1672,16**	443,83	443,83							
5588,99	I,IV	**1162,16**	443,83	443,83	I	1023,33	890,50	763,66	642,91	528,25	419,66
	II	**1029,33**	443,83	443,83	II	896,25	769,16	648,16	533,25	424,33	321,50
	III	**718,33**	443,83	443,83	III	617,66	520,16	425,66	334,16	245,66	160,33
	V	**1637,08**	443,83	443,83	IV	1092,00	1023,33	956,08	890,50	826,33	763,66
	VI	**1673,33**	443,83	443,83							
5591,99	I,IV	**1163,33**	443,83	443,83	I	1024,33	891,50	764,66	643,91	529,16	420,50
	II	**1030,41**	443,83	443,83	II	897,25	770,16	649,08	534,08	425,16	322,25
	III	**719,00**	443,83	443,83	III	618,50	520,83	426,33	334,83	246,33	161,00
	V	**1638,25**	443,83	443,83	IV	1093,08	1024,33	957,16	891,50	827,33	764,66
	VI	**1674,50**	443,83	443,83							
5594,99	I,IV	**1164,41**	443,83	443,83	I	1025,41	892,50	765,66	644,83	530,00	421,33
	II	**1031,50**	443,83	443,83	II	898,25	771,16	650,00	535,00	426,00	323,08
	III	**719,83**	443,83	443,83	III	619,33	521,66	427,16	335,66	247,16	161,66
	V	**1639,41**	443,83	443,83	IV	1094,16	1025,41	958,25	892,50	828,33	765,66
	VI	**1675,66**	443,83	443,83							
5597,99	I,IV	**1165,50**	443,83	443,83	I	1026,50	893,50	766,58	645,75	530,91	422,16
	II	**1032,58**	443,83	443,83	II	899,33	772,08	651,00	535,83	426,83	323,83
	III	**720,66**	443,83	443,83	III	620,00	522,50	427,83	336,33	247,83	162,33
	V	**1640,58**	443,83	443,83	IV	1095,25	1026,50	959,25	893,50	829,33	766,58
	VI	**1676,83**	443,83	443,83							
5600,99	I,IV	**1166,66**	443,83	443,83	I	1027,58	894,58	767,58	646,66	531,75	423,00
	II	**1033,58**	443,83	443,83	II	900,33	773,08	651,91	536,75	427,66	324,66
	III	**721,50**	443,83	443,83	III	620,83	523,16	428,66	337,00	248,50	163,00
	V	**1641,75**	443,83	443,83	IV	1096,33	1027,58	960,33	894,58	830,33	767,58
	VI	**1678,00**	443,83	443,83							
5603,99	I,IV	**1167,75**	443,83	443,83	I	1028,66	895,58	768,58	647,58	532,66	423,83
	II	**1034,66**	443,83	443,83	II	901,33	774,08	652,83	537,66	428,50	325,41
	III	**722,33**	443,83	443,83	III	621,66	524,00	429,33	337,66	249,16	163,50
	V	**1642,83**	443,83	443,83	IV	1097,41	1028,66	961,33	895,58	831,33	768,58
	VI	**1679,08**	443,83	443,83							
5606,99	I,IV	**1168,91**	443,83	443,83	I	1029,75	896,58	769,50	648,50	533,58	424,66
	II	**1035,75**	443,83	443,83	II	902,33	775,00	653,75	538,50	429,33	326,25
	III	**723,16**	443,83	443,83	III	622,33	524,66	430,00	338,50	249,83	164,33
	V	**1644,00**	443,83	443,83	IV	1098,58	1029,75	962,41	896,58	832,33	769,50
	VI	**1680,25**	443,83	443,83							
5609,99	I,IV	**1170,00**	443,83	443,83	I	1030,75	897,58	770,50	649,41	534,41	425,50
	II	**1036,83**	443,83	443,83	II	903,41	776,00	654,66	539,41	430,16	327,00
	III	**723,83**	443,83	443,83	III	623,16	525,50	430,83	339,16	250,50	164,83
	V	**1645,16**	443,83	443,83	IV	1099,66	1030,75	963,41	897,58	833,33	770,50
	VI	**1681,41**	443,83	443,83							
5612,99	I,IV	**1171,16**	443,83	443,83	I	1031,83	898,66	771,50	650,33	535,33	426,33
	II	**1037,91**	443,83	443,83	II	904,41	777,00	655,58	540,25	431,00	327,75
	III	**724,66**	443,83	443,83	III	624,00	526,16	431,50	339,83	251,16	165,50
	V	**1646,33**	443,83	443,83	IV	1100,75	1031,83	964,50	898,66	834,33	771,50
	VI	**1682,58**	443,83	443,83							
5615,99	I,IV	**1172,25**	443,83	443,83	I	1032,91	899,66	772,50	651,33	536,16	427,16
	II	**1039,00**	443,83	443,83	II	905,41	778,00	656,58	541,16	431,83	328,58
	III	**725,50**	443,83	443,83	III	624,66	527,00	432,16	340,50	251,83	166,16
	V	**1647,50**	443,83	443,83	IV	1101,83	1032,91	965,58	899,66	835,33	772,50
	VI	**1683,75**	443,83	443,83							

* Zur LSt-Berechnung für privat versicherte Arbeitnehmer s. Beispiele **Vorbemerkung S. 4 f.**
** Basisvorsorgepauschale KV und PV *** Typisierter Arbeitgeberzuschuss

Lohn/ Gehalt in € bis	Steuerklasse	**Lohn-steuer***	BVSP**	TAGZ***	Steuerklasse	Bemessungsgrundlage für Kirchensteuer und Solidaritätszuschlag – Freibeträge für ... Kinder 0,5	**1,0**	1,5	**2,0**	2,5	**3,0**
5618,99	I,IV	**1173,33**	443,83	443,83	I	1034,00	900,66	773,41	652,25	537,08	428,00
	II	**1040,08**	443,83	443,83	II	906,50	778,91	657,50	542,08	432,66	329,33
	III	**726,33**	443,83	443,83	III	625,50	527,66	433,00	341,33	252,50	166,83
	V	**1648,66**	443,83	443,83	IV	1102,91	1034,00	966,58	900,66	836,33	773,41
	VI	**1684,91**	443,83	443,83							
5621,99	I,IV	**1174,50**	443,83	443,83	I	1035,08	901,75	774,41	653,16	538,00	428,83
	II	**1041,16**	443,83	443,83	II	907,50	779,91	658,41	542,91	433,50	330,16
	III	**727,16**	443,83	443,83	III	626,33	528,50	433,66	342,00	253,16	167,50
	V	**1649,83**	443,83	443,83	IV	1104,00	1035,08	967,66	901,75	837,33	774,41
	VI	**1686,08**	443,83	443,83							
5624,99	I,IV	**1175,58**	443,83	443,83	I	1036,16	902,75	775,41	654,08	538,83	429,66
	II	**1042,25**	443,83	443,83	II	908,50	780,91	659,33	543,83	434,33	330,91
	III	**728,00**	443,83	443,83	III	627,00	529,33	434,50	342,66	254,00	168,16
	V	**1650,91**	443,83	443,83	IV	1105,08	1036,16	968,66	902,75	838,33	775,41
	VI	**1687,25**	443,83	443,83							
5627,99	I,IV	**1176,75**	443,83	443,83	I	1037,25	903,75	776,33	655,00	539,75	430,50
	II	**1043,25**	443,83	443,83	II	909,58	781,91	660,25	544,75	435,16	331,75
	III	**728,66**	443,83	443,83	III	627,83	530,00	435,16	343,33	254,66	168,83
	V	**1652,08**	443,83	443,83	IV	1106,25	1037,25	969,75	903,75	839,33	776,33
	VI	**1688,33**	443,83	443,83							
5630,99	I,IV	**1177,83**	443,83	443,83	I	1038,33	904,83	777,33	655,91	540,58	431,33
	II	**1044,33**	443,83	443,83	II	910,58	782,83	661,25	545,58	436,00	332,50
	III	**729,50**	443,83	443,83	III	628,66	530,83	436,00	344,16	255,33	169,50
	V	**1653,25**	443,83	443,83	IV	1107,33	1038,33	970,83	904,83	840,33	777,33
	VI	**1689,50**	443,83	443,83							
5633,99	I,IV	**1179,00**	443,83	443,83	I	1039,33	905,83	778,33	656,91	541,50	432,16
	II	**1045,41**	443,83	443,83	II	911,58	783,83	662,16	546,50	436,83	333,33
	III	**730,33**	443,83	443,83	III	629,33	531,50	436,66	344,83	256,00	170,16
	V	**1654,41**	443,83	443,83	IV	1108,41	1039,33	971,83	905,83	841,33	778,33
	VI	**1690,66**	443,83	443,83							
5636,99	I,IV	**1180,08**	443,83	443,83	I	1040,41	906,83	779,33	657,83	542,41	433,00
	II	**1046,50**	443,83	443,83	II	912,66	784,83	663,08	547,33	437,75	334,08
	III	**731,16**	443,83	443,83	III	630,16	532,33	437,33	345,50	256,66	170,83
	V	**1655,58**	443,83	443,83	IV	1109,50	1040,41	972,91	906,83	842,33	779,33
	VI	**1691,83**	443,83	443,83							
5639,99	I,IV	**1181,25**	443,83	443,83	I	1041,50	907,91	780,25	658,75	543,25	433,83
	II	**1047,58**	443,83	443,83	II	913,66	785,83	664,00	548,25	438,58	334,91
	III	**732,00**	443,83	443,83	III	631,00	533,00	438,16	346,16	257,33	171,50
	V	**1656,75**	443,83	443,83	IV	1110,58	1041,50	973,91	907,91	843,33	780,25
	VI	**1693,00**	443,83	443,83							
5642,99	I,IV	**1182,41**	443,83	443,83	I	1042,66	908,91	781,33	659,75	544,16	434,66
	II	**1048,66**	443,83	443,83	II	914,75	786,83	665,00	549,16	439,41	335,75
	III	**732,83**	443,83	443,83	III	631,83	533,83	438,83	347,00	258,00	172,16
	V	**1657,91**	443,83	443,83	IV	1111,75	1042,66	975,00	908,91	844,33	781,33
	VI	**1694,16**	443,83	443,83							
5645,99	I,IV	**1183,50**	443,83	443,83	I	1043,75	910,00	782,25	660,66	545,08	435,50
	II	**1049,75**	443,83	443,83	II	915,75	787,83	665,91	550,08	440,25	336,50
	III	**733,66**	443,83	443,83	III	632,50	534,66	439,66	347,66	258,83	172,83
	V	**1659,08**	443,83	443,83	IV	1112,83	1043,75	976,08	910,00	845,33	782,25
	VI	**1695,33**	443,83	443,83							
5648,99	I,IV	**1184,58**	443,83	443,83	I	1044,75	911,00	783,25	661,58	545,91	436,33
	II	**1050,83**	443,83	443,83	II	916,83	788,83	666,83	550,91	441,08	337,33
	III	**734,33**	443,83	443,83	III	633,33	535,33	440,33	348,33	259,50	173,50
	V	**1660,25**	443,83	443,83	IV	1113,91	1044,75	977,16	911,00	846,33	783,25
	VI	**1696,50**	443,83	443,83							
5651,99	I,IV	**1185,75**	443,83	443,83	I	1045,83	912,00	784,25	662,50	546,83	437,16
	II	**1051,91**	443,83	443,83	II	917,83	789,75	667,75	551,83	441,91	338,08
	III	**735,16**	443,83	443,83	III	634,16	536,16	441,16	349,16	260,16	174,16
	V	**1661,41**	443,83	443,83	IV	1115,08	1045,83	978,16	912,00	847,41	784,25
	VI	**1697,66**	443,83	443,83							

* Zur LSt-Berechnung für privat versicherte Arbeitnehmer s. Beispiele **Vorbemerkung S. 4f.**
** Basisvorsorgepauschale KV und PV *** Typisierter Arbeitgeberzuschuss

Lohn/ Gehalt in € bis	Steuerklasse	Lohn- steuer*	BVSP**	TAGZ***	Steuerklasse	Bemessungsgrundlage für Kirchensteuer und Solidaritätszuschlag – Freibeträge für ... Kinder 0,5	1,0	1,5	2,0	2,5	3,0
5 654,99	I,IV	**1 186,83**	443,83	443,83	I	1 046,91	913,08	785,25	663,41	547,75	438,00
	II	**1 053,00**	443,83	443,83	II	918,83	790,75	668,75	552,75	442,75	338,91
	III	**736,00**	443,83	443,83	III	634,83	536,83	441,83	349,83	260,83	174,83
	V	**1 662,50**	443,83	443,83	IV	1 116,16	1 046,91	979,25	913,08	848,41	785,25
	VI	**1 698,83**	443,83	443,83							
5 657,99	I,IV	**1 188,00**	443,83	443,83	I	1 048,00	914,08	786,16	664,41	548,58	438,91
	II	**1 054,08**	443,83	443,83	II	919,91	791,75	669,66	553,58	443,58	339,66
	III	**736,83**	443,83	443,83	III	635,66	537,66	442,50	350,50	261,50	175,50
	V	**1 663,66**	443,83	443,83	IV	1 117,25	1 048,00	980,33	914,08	849,41	786,16
	VI	**1 699,91**	443,83	443,83							
5 660,99	I,IV	**1 189,08**	443,83	443,83	I	1 049,08	915,08	787,16	665,33	549,50	439,75
	II	**1 055,16**	443,83	443,83	II	920,91	792,75	670,58	554,50	444,50	340,50
	III	**737,66**	443,83	443,83	III	636,50	538,33	443,33	351,16	262,16	176,16
	V	**1 664,83**	443,83	443,83	IV	1 118,33	1 049,08	981,33	915,08	850,41	787,16
	VI	**1 701,08**	443,83	443,83							
5 663,99	I,IV	**1 190,25**	443,83	443,83	I	1 050,16	916,16	788,16	666,25	550,41	440,58
	II	**1 056,25**	443,83	443,83	II	922,00	793,75	671,50	555,41	445,33	341,25
	III	**738,50**	443,83	443,83	III	637,33	539,16	444,00	352,00	262,83	176,83
	V	**1 666,00**	443,83	443,83	IV	1 119,41	1 050,16	982,41	916,16	851,41	788,16
	VI	**1 702,25**	443,83	443,83							
5 666,99	I,IV	**1 191,41**	443,83	443,83	I	1 051,25	917,16	789,16	667,16	551,25	441,41
	II	**1 057,33**	443,83	443,83	II	923,00	794,66	672,50	556,25	446,16	342,08
	III	**739,16**	443,83	443,83	III	638,00	539,83	444,83	352,66	263,50	177,50
	V	**1 667,16**	443,83	443,83	IV	1 120,58	1 051,25	983,41	917,16	852,41	789,16
	VI	**1 703,41**	443,83	443,83							
5 669,99	I,IV	**1 192,50**	443,83	443,83	I	1 052,33	918,25	790,16	668,08	552,16	442,25
	II	**1 058,41**	443,83	443,83	II	924,00	795,66	673,41	557,16	447,00	342,83
	III	**740,00**	443,83	443,83	III	638,83	540,66	445,50	353,33	264,33	178,16
	V	**1 668,33**	443,83	443,83	IV	1 121,66	1 052,33	984,50	918,25	853,41	790,16
	VI	**1 704,58**	443,83	443,83							
5 672,99	I,IV	**1 193,66**	443,83	443,83	I	1 053,41	919,25	791,08	669,08	553,08	443,08
	II	**1 059,50**	443,83	443,83	II	925,08	796,66	674,33	558,08	447,83	343,66
	III	**740,83**	443,83	443,83	III	639,66	541,33	446,16	354,00	265,00	178,83
	V	**1 669,50**	443,83	443,83	IV	1 122,75	1 053,41	985,58	919,25	854,41	791,08
	VI	**1 705,75**	443,83	443,83							
5 675,99	I,IV	**1 194,75**	443,83	443,83	I	1 054,50	920,25	792,08	670,00	553,91	443,91
	II	**1 060,58**	443,83	443,83	II	926,08	797,66	675,25	558,91	448,66	344,41
	III	**741,66**	443,83	443,83	III	640,33	542,16	447,00	354,83	265,66	179,50
	V	**1 670,58**	443,83	443,83	IV	1 123,83	1 054,50	986,58	920,25	855,41	792,08
	VI	**1 706,91**	443,83	443,83							
5 678,99	I,IV	**1 195,91**	443,83	443,83	I	1 055,58	921,33	793,08	670,91	554,83	444,75
	II	**1 061,66**	443,83	443,83	II	927,16	798,66	676,25	559,83	449,50	345,25
	III	**742,50**	443,83	443,83	III	641,16	543,00	447,66	355,50	266,33	180,16
	V	**1 671,75**	443,83	443,83	IV	1 125,00	1 055,58	987,66	921,33	856,41	793,08
	VI	**1 708,00**	443,83	443,83							
5 681,99	I,IV	**1 197,00**	443,83	443,83	I	1 056,66	922,33	794,08	671,83	555,75	445,58
	II	**1 062,75**	443,83	443,83	II	928,16	799,66	677,16	560,75	450,33	346,08
	III	**743,33**	443,83	443,83	III	642,00	543,66	448,50	356,16	267,00	180,83
	V	**1 672,91**	443,83	443,83	IV	1 126,08	1 056,66	988,75	922,33	857,41	794,08
	VI	**1 709,16**	443,83	443,83							
5 684,99	I,IV	**1 198,16**	443,83	443,83	I	1 057,75	923,33	795,08	672,83	556,58	446,41
	II	**1 063,83**	443,83	443,83	II	929,16	800,66	678,08	561,66	451,25	346,83
	III	**744,00**	443,83	443,83	III	642,66	544,50	449,16	357,00	267,66	181,50
	V	**1 674,08**	443,83	443,83	IV	1 127,16	1 057,75	989,83	923,33	858,50	795,08
	VI	**1 710,33**	443,83	443,83							
5 687,99	I,IV	**1 199,25**	443,83	443,83	I	1 058,83	924,41	796,08	673,75	557,50	447,33
	II	**1 064,91**	443,83	443,83	II	930,25	801,58	679,08	562,50	452,08	347,66
	III	**744,83**	443,83	443,83	III	643,50	545,16	450,00	357,66	268,50	182,16
	V	**1 675,25**	443,83	443,83	IV	1 128,25	1 058,83	990,83	924,41	859,50	796,08
	VI	**1 711,50**	443,83	443,83							

* Zur LSt-Berechnung für privat versicherte Arbeitnehmer s. Beispiele **Vorbemerkung S. 4 f.**
** Basisvorsorgepauschale KV und PV *** Typisierter Arbeitgeberzuschuss

Lohn/ Gehalt in € bis	Steuerklasse	**Lohn-steuer***	BVSP**	TAGZ***	Steuerklasse	Bemessungsgrundlage für Kirchensteuer und Solidaritätszuschlag – Freibeträge für ... Kinder 0,5	**1,0**	1,5	**2,0**	2,5	**3,0**
5 690,99	I,IV	**1 200,41**	443,83	443,83	I	1 059,91	925,41	797,00	674,66	558,41	448,16
	II	**1 066,00**	443,83	443,83	II	931,25	802,58	680,00	563,41	452,91	348,41
	III	**745,66**	443,83	443,83	III	644,33	546,00	450,66	358,33	269,16	182,83
	V	**1 676,41**	443,83	443,83	IV	1 129,41	1 059,91	991,91	925,41	860,50	797,00
	VI	**1 712,66**	443,83	443,83							
5 693,99	I,IV	**1 201,50**	443,83	443,83	I	1 061,00	926,50	798,00	675,58	559,25	449,00
	II	**1 067,08**	443,83	443,83	II	932,33	803,58	680,91	564,33	453,75	349,25
	III	**746,50**	443,83	443,83	III	645,16	546,83	451,33	359,16	269,83	183,50
	V	**1 677,58**	443,83	443,83	IV	1 130,50	1 061,00	993,00	926,50	861,50	798,00
	VI	**1 713,83**	443,83	443,83							
5 696,99	I,IV	**1 202,66**	443,83	443,83	I	1 062,08	927,50	799,00	676,58	560,16	449,83
	II	**1 068,16**	443,83	443,83	II	933,41	804,58	681,91	565,25	454,58	350,08
	III	**747,33**	443,83	443,83	III	646,00	547,50	452,16	359,83	270,50	184,16
	V	**1 678,75**	443,83	443,83	IV	1 131,66	1 062,08	994,08	927,50	862,50	799,00
	VI	**1 715,00**	443,83	443,83							
5 699,99	I,IV	**1 203,83**	443,83	443,83	I	1 063,16	928,58	800,00	677,50	561,08	450,66
	II	**1 069,25**	443,83	443,83	II	934,41	805,58	682,83	566,08	455,50	350,83
	III	**748,16**	443,83	443,83	III	646,66	548,33	452,83	360,50	271,16	184,83
	V	**1 679,91**	443,83	443,83	IV	1 132,75	1 063,16	995,08	928,58	863,58	800,00
	VI	**1 716,16**	443,83	443,83							
5 702,99	I,IV	**1 204,91**	443,83	443,83	I	1 064,25	929,58	801,00	678,50	562,00	451,58
	II	**1 070,33**	443,83	443,83	II	935,41	806,58	683,75	567,00	456,33	351,66
	III	**749,00**	443,83	443,83	III	647,50	549,00	453,66	361,33	271,83	185,50
	V	**1 681,08**	443,83	443,83	IV	1 133,83	1 064,25	996,16	929,58	864,58	801,00
	VI	**1 717,33**	443,83	443,83							
5 705,99	I,IV	**1 206,08**	443,83	443,83	I	1 065,33	930,66	802,00	679,41	562,83	452,41
	II	**1 071,41**	443,83	443,83	II	936,50	807,58	684,75	567,91	457,16	352,41
	III	**749,83**	443,83	443,83	III	648,33	549,83	454,33	362,00	272,50	186,16
	V	**1 682,16**	443,83	443,83	IV	1 134,91	1 065,33	997,25	930,66	865,58	802,00
	VI	**1 718,50**	443,83	443,83							
5 708,99	I,IV	**1 207,25**	443,83	443,83	I	1 066,41	931,66	803,00	680,33	563,75	453,25
	II	**1 072,50**	443,83	443,83	II	937,50	808,58	685,66	568,83	458,00	353,25
	III	**750,66**	443,83	443,83	III	649,00	550,66	455,16	362,66	273,33	186,83
	V	**1 683,33**	443,83	443,83	IV	1 136,08	1 066,41	998,33	931,66	866,58	803,00
	VI	**1 719,58**	443,83	443,83							
5 711,99	I,IV	**1 208,33**	443,83	443,83	I	1 067,50	932,75	804,00	681,33	564,66	454,08
	II	**1 073,66**	443,83	443,83	II	938,58	809,58	686,58	569,66	458,83	354,08
	III	**751,33**	443,83	443,83	III	649,83	551,33	455,83	363,33	274,00	187,50
	V	**1 684,50**	443,83	443,83	IV	1 137,16	1 067,50	999,33	932,75	867,58	804,00
	VI	**1 720,75**	443,83	443,83							
5 714,99	I,IV	**1 209,50**	443,83	443,83	I	1 068,58	933,75	805,00	682,25	565,58	454,91
	II	**1 074,75**	443,83	443,83	II	939,58	810,58	687,58	570,58	459,66	354,83
	III	**752,16**	443,83	443,83	III	650,66	552,16	456,66	364,16	274,66	188,16
	V	**1 685,66**	443,83	443,83	IV	1 138,25	1 068,58	1 000,41	933,75	868,58	805,00
	VI	**1 721,91**	443,83	443,83							
5 717,99	I,IV	**1 210,58**	443,83	443,83	I	1 069,66	934,83	806,00	683,16	566,41	455,75
	II	**1 075,83**	443,83	443,83	II	940,66	811,58	688,50	571,50	460,58	355,66
	III	**753,00**	443,83	443,83	III	651,50	552,83	457,33	364,83	275,33	188,83
	V	**1 686,83**	443,83	443,83	IV	1 139,41	1 069,66	1 001,50	934,83	869,58	806,00
	VI	**1 723,08**	443,83	443,83							
5 720,99	I,IV	**1 211,75**	443,83	443,83	I	1 070,75	935,83	806,91	684,08	567,33	456,58
	II	**1 076,91**	443,83	443,83	II	941,66	812,50	689,41	572,41	461,41	356,50
	III	**753,83**	443,83	443,83	III	652,16	553,66	458,16	365,50	276,00	189,50
	V	**1 688,00**	443,83	443,83	IV	1 140,50	1 070,75	1 002,50	935,83	870,66	806,91
	VI	**1 724,25**	443,83	443,83							
5 723,99	I,IV	**1 212,91**	443,83	443,83	I	1 071,83	936,83	807,91	685,08	568,25	457,50
	II	**1 078,00**	443,83	443,83	II	942,75	813,50	690,41	573,33	462,25	357,25
	III	**754,66**	443,83	443,83	III	653,00	554,33	458,83	366,16	276,66	190,16
	V	**1 689,16**	443,83	443,83	IV	1 141,58	1 071,83	1 003,58	936,83	871,66	807,91
	VI	**1 725,41**	443,83	443,83							

* Zur LSt-Berechnung für privat versicherte Arbeitnehmer s. Beispiele **Vorbemerkung S. 4f.**
** Basisvorsorgepauschale KV und PV *** Typisierter Arbeitgeberzuschuss

Lohn/ Gehalt in € bis	Steuerklasse	**Lohn-steuer***	BVSP**	TAGZ***	Steuerklasse	0,5	**1,0**	1,5	**2,0**	2,5	**3,0**
						Bemessungsgrundlage für Kirchensteuer und Solidaritätszuschlag – Freibeträge für ... Kinder					
5 726,99	I,IV	**1 214,00**	443,83	443,83	I	1 072,91	937,91	808,91	686,00	569,16	458,33
	II	**1 079,08**	443,83	443,83	II	943,75	814,50	691,33	574,16	463,08	358,08
	III	**755,50**	443,83	443,83	III	653,83	555,16	459,50	367,00	277,50	190,83
	V	**1 690,25**	443,83	443,83	IV	1 142,75	1 072,91	1 004,66	937,91	872,66	808,91
	VI	**1 726,58**	443,83	443,83							
5 729,99	I,IV	**1 215,16**	443,83	443,83	I	1 074,00	938,91	809,91	686,91	570,00	459,16
	II	**1 080,16**	443,83	443,83	II	944,83	815,50	692,25	575,08	463,91	358,83
	III	**756,33**	443,83	443,83	III	654,50	555,83	460,33	367,66	278,16	191,50
	V	**1 691,41**	443,83	443,83	IV	1 143,83	1 074,00	1 005,75	938,91	873,66	809,91
	VI	**1 727,66**	443,83	443,83							
5 732,99	I,IV	**1 216,25**	443,83	443,83	I	1 075,08	940,00	810,91	687,91	570,91	460,00
	II	**1 081,25**	443,83	443,83	II	945,83	816,50	693,25	576,00	464,83	359,66
	III	**757,16**	443,83	443,83	III	655,33	556,66	461,00	368,50	278,83	192,16
	V	**1 692,58**	443,83	443,83	IV	1 144,91	1 075,08	1 006,75	940,00	874,66	810,91
	VI	**1 728,83**	443,83	443,83							
5 735,99	I,IV	**1 217,41**	443,83	443,83	I	1 076,16	941,00	811,91	688,83	571,83	460,83
	II	**1 082,33**	443,83	443,83	II	946,91	817,50	694,16	576,91	465,66	360,50
	III	**757,83**	443,83	443,83	III	656,16	557,50	461,83	369,16	279,50	192,83
	V	**1 693,75**	443,83	443,83	IV	1 146,08	1 076,16	1 007,83	941,00	875,75	811,91
	VI	**1 730,00**	443,83	443,83							
5 738,99	I,IV	**1 218,58**	443,83	443,83	I	1 077,25	942,08	812,91	689,75	572,75	461,75
	II	**1 083,41**	443,83	443,83	II	947,91	818,50	695,08	577,75	466,50	361,25
	III	**758,66**	443,83	443,83	III	657,00	558,16	462,50	369,83	280,16	193,50
	V	**1 694,91**	443,83	443,83	IV	1 147,16	1 077,25	1 008,91	942,08	876,75	812,91
	VI	**1 731,16**	443,83	443,83							
5 741,99	I,IV	**1 219,66**	443,83	443,83	I	1 078,33	943,08	813,91	690,75	573,58	462,58
	II	**1 084,50**	443,83	443,83	II	949,00	819,50	696,08	578,66	467,33	362,08
	III	**759,50**	443,83	443,83	III	657,66	559,00	463,16	370,50	280,83	194,16
	V	**1 696,08**	443,83	443,83	IV	1 148,25	1 078,33	1 010,00	943,08	877,75	813,91
	VI	**1 732,33**	443,83	443,83							
5 744,99	I,IV	**1 220,83**	443,83	443,83	I	1 079,41	944,16	814,91	691,66	574,50	463,41
	II	**1 085,58**	443,83	443,83	II	950,00	820,50	697,00	579,58	468,25	362,91
	III	**760,33**	443,83	443,83	III	658,50	559,83	464,00	371,33	281,66	195,00
	V	**1 697,25**	443,83	443,83	IV	1 149,41	1 079,41	1 011,08	944,16	878,75	814,91
	VI	**1 733,50**	443,83	443,83							
5 747,99	I,IV	**1 222,00**	443,83	443,83	I	1 080,58	945,16	815,91	692,58	575,41	464,25
	II	**1 086,66**	443,83	443,83	II	951,08	821,50	698,00	580,50	469,08	363,66
	III	**761,16**	443,83	443,83	III	659,33	560,50	464,66	372,00	282,33	195,50
	V	**1 698,33**	443,83	443,83	IV	1 150,50	1 080,58	1 012,08	945,16	879,75	815,91
	VI	**1 734,66**	443,83	443,83							
5 750,99	I,IV	**1 223,08**	443,83	443,83	I	1 081,66	946,25	816,83	693,58	576,33	465,08
	II	**1 087,75**	443,83	443,83	II	952,08	822,50	698,91	581,41	469,91	364,50
	III	**762,00**	443,83	443,83	III	660,16	561,33	465,50	372,66	283,00	196,33
	V	**1 699,50**	443,83	443,83	IV	1 151,58	1 081,66	1 013,16	946,25	880,83	816,83
	VI	**1 735,75**	443,83	443,83							
5 753,99	I,IV	**1 224,25**	443,83	443,83	I	1 082,75	947,33	817,91	694,58	577,25	466,00
	II	**1 088,91**	443,83	443,83	II	953,16	823,50	699,91	582,33	470,83	365,33
	III	**762,83**	443,83	443,83	III	661,00	562,00	466,33	373,50	283,66	197,00
	V	**1 700,75**	443,83	443,83	IV	1 152,75	1 082,75	1 014,25	947,33	881,83	817,91
	VI	**1 737,00**	443,83	443,83							
5 756,99	I,IV	**1 225,41**	443,83	443,83	I	1 083,83	948,33	818,91	695,50	578,16	466,83
	II	**1 090,00**	443,83	443,83	II	954,25	824,50	700,83	583,25	471,66	366,16
	III	**763,66**	443,83	443,83	III	661,66	562,83	467,00	374,16	284,33	197,66
	V	**1 701,83**	443,83	443,83	IV	1 153,83	1 083,83	1 015,33	948,33	882,83	818,91
	VI	**1 738,16**	443,83	443,83							
5 759,99	I,IV	**1 226,58**	443,83	443,83	I	1 084,91	949,41	819,91	696,41	579,00	467,66
	II	**1 091,08**	443,83	443,83	II	955,25	825,50	701,75	584,08	472,50	366,91
	III	**764,50**	443,83	443,83	III	662,50	563,66	467,66	374,83	285,00	198,33
	V	**1 703,00**	443,83	443,83	IV	1 155,00	1 084,91	1 016,41	949,41	883,91	819,91
	VI	**1 739,25**	443,83	443,83							

* Zur LSt-Berechnung für privat versicherte Arbeitnehmer s. Beispiele **Vorbemerkung S. 4 f.**
** Basisvorsorgepauschale KV und PV *** Typisierter Arbeitgeberzuschuss

Lohn/ Gehalt in € bis	Steuerklasse	**Lohn-steuer***	BVSP**	TAGZ***	Steuerklasse	Bemessungsgrundlage für Kirchensteuer und Solidaritätszuschlag – Freibeträge für ... Kinder 0,5	**1,0**	1,5	**2,0**	2,5	**3,0**
5 762,99	I,IV	**1 227,66**	443,83	443,83	I	1 086,00	950,41	820,91	697,41	579,91	468,58
	II	**1 092,16**	443,83	443,83	II	956,33	826,50	702,75	585,00	473,33	367,75
	III	**765,16**	443,83	443,83	III	663,33	564,33	468,50	375,66	285,83	199,00
	V	**1 704,16**	443,83	443,83	IV	1 156,08	1 086,00	1 017,50	950,41	884,91	820,91
	VI	**1 740,41**	443,83	443,83							
5 765,99	I,IV	**1 228,83**	443,83	443,83	I	1 087,08	951,50	821,91	698,33	580,83	469,41
	II	**1 093,25**	443,83	443,83	II	957,33	827,50	703,66	585,91	474,25	368,58
	III	**766,00**	443,83	443,83	III	664,16	565,16	469,16	376,33	286,50	199,66
	V	**1 705,33**	443,83	443,83	IV	1 157,25	1 087,08	1 018,50	951,50	885,91	821,91
	VI	**1 741,58**	443,83	443,83							
5 768,99	I,IV	**1 229,91**	443,83	443,83	I	1 088,25	952,50	822,83	699,25	581,75	470,25
	II	**1 094,33**	443,83	443,83	II	958,41	828,50	704,66	586,83	475,08	369,33
	III	**766,83**	443,83	443,83	III	664,83	565,83	470,00	377,00	287,16	200,33
	V	**1 706,50**	443,83	443,83	IV	1 158,33	1 088,25	1 019,58	952,50	886,91	822,83
	VI	**1 742,75**	443,83	443,83							
5 771,99	I,IV	**1 231,08**	443,83	443,83	I	1 089,33	953,58	823,83	700,25	582,66	471,08
	II	**1 095,50**	443,83	443,83	II	959,41	829,50	705,58	587,75	475,91	370,16
	III	**767,66**	443,83	443,83	III	665,66	566,66	470,66	377,83	287,83	201,00
	V	**1 707,66**	443,83	443,83	IV	1 159,41	1 089,33	1 020,66	953,58	887,91	823,83
	VI	**1 743,91**	443,83	443,83							
5 774,99	I,IV	**1 232,25**	443,83	443,83	I	1 090,41	954,58	824,83	701,16	583,58	472,00
	II	**1 096,58**	443,83	443,83	II	960,50	830,50	706,50	588,66	476,75	371,00
	III	**768,50**	443,83	443,83	III	666,50	567,50	471,50	378,50	288,50	201,66
	V	**1 708,83**	443,83	443,83	IV	1 160,58	1 090,41	1 021,75	954,58	889,00	824,83
	VI	**1 745,08**	443,83	443,83							
5 777,99	I,IV	**1 233,41**	443,83	443,83	I	1 091,50	955,66	825,83	702,16	584,41	472,83
	II	**1 097,66**	443,83	443,83	II	961,58	831,50	707,50	589,50	477,66	371,75
	III	**769,33**	443,83	443,83	III	667,33	568,16	472,16	379,16	289,33	202,33
	V	**1 710,00**	443,83	443,83	IV	1 161,66	1 091,50	1 022,83	955,66	890,00	825,83
	VI	**1 746,25**	443,83	443,83							
5 780,99	I,IV	**1 234,50**	443,83	443,83	I	1 092,58	956,66	826,83	703,08	585,33	473,66
	II	**1 098,75**	443,83	443,83	II	962,58	832,50	708,41	590,41	478,50	372,58
	III	**770,16**	443,83	443,83	III	668,00	569,00	473,00	379,83	290,00	203,00
	V	**1 711,08**	443,83	443,83	IV	1 162,83	1 092,58	1 023,91	956,66	891,00	826,83
	VI	**1 747,33**	443,83	443,83							
5 783,99	I,IV	**1 235,66**	443,83	443,83	I	1 093,66	957,75	827,83	704,00	586,25	474,50
	II	**1 099,83**	443,83	443,83	II	963,66	833,50	709,41	591,33	479,33	373,41
	III	**771,00**	443,83	443,83	III	668,83	569,66	473,66	380,66	290,66	203,66
	V	**1 712,25**	443,83	443,83	IV	1 163,91	1 093,66	1 024,91	957,75	892,08	827,83
	VI	**1 748,50**	443,83	443,83							
5 786,99	I,IV	**1 236,83**	443,83	443,83	I	1 094,75	958,75	828,83	705,00	587,16	475,41
	II	**1 100,91**	443,83	443,83	II	964,66	834,50	710,33	592,25	480,16	374,25
	III	**771,66**	443,83	443,83	III	669,66	570,50	474,33	381,33	291,33	204,33
	V	**1 713,41**	443,83	443,83	IV	1 165,00	1 094,75	1 026,00	958,75	893,08	828,83
	VI	**1 749,66**	443,83	443,83							
5 789,99	I,IV	**1 237,91**	443,83	443,83	I	1 095,83	959,83	829,83	705,91	588,08	476,25
	II	**1 102,00**	443,83	443,83	II	965,75	835,50	711,33	593,16	481,08	375,00
	III	**772,50**	443,83	443,83	III	670,50	571,33	475,16	382,16	292,00	205,00
	V	**1 714,58**	443,83	443,83	IV	1 166,16	1 095,83	1 027,08	959,83	894,08	829,83
	VI	**1 750,83**	443,83	443,83							
5 792,99	I,IV	**1 239,08**	443,83	443,83	I	1 096,91	960,91	830,83	706,91	589,00	477,08
	II	**1 103,16**	443,83	443,83	II	966,75	836,50	712,25	594,08	481,91	375,83
	III	**773,33**	443,83	443,83	III	671,16	572,00	475,83	382,83	292,66	205,66
	V	**1 715,75**	443,83	443,83	IV	1 167,25	1 096,91	1 028,16	960,91	895,08	830,83
	VI	**1 752,00**	443,83	443,83							
5 795,99	I,IV	**1 240,25**	443,83	443,83	I	1 098,08	961,91	831,83	707,83	589,83	477,91
	II	**1 104,25**	443,83	443,83	II	967,83	837,50	713,16	595,00	482,75	376,66
	III	**774,16**	443,83	443,83	III	672,00	572,83	476,66	383,50	293,50	206,33
	V	**1 716,91**	443,83	443,83	IV	1 168,41	1 098,08	1 029,25	961,91	896,16	831,83
	VI	**1 753,16**	443,83	443,83							

* Zur LSt-Berechnung für privat versicherte Arbeitnehmer s. Beispiele **Vorbemerkung S. 4 f.**
** Basisvorsorgepauschale KV und PV   *** Typisierter Arbeitgeberzuschuss

Lohn/ Gehalt in € bis	Steuerklasse	Lohn-steuer*	BVSP**	TAGZ***	Steuerklasse	Bemessungsgrundlage für Kirchensteuer und Solidaritätszuschlag – Freibeträge für ... Kinder 0,5	1,0	1,5	2,0	2,5	3,0
5 798,99	I,IV	**1 241,33**	443,83	443,83	I	1 099,16	963,00	832,83	708,75	590,75	478,83
	II	**1 105,33**	443,83	443,83	II	968,91	838,50	714,16	595,91	483,66	377,50
	III	**775,00**	443,83	443,83	III	672,83	573,50	477,33	384,16	294,16	207,00
	V	**1 718,08**	443,83	443,83	IV	1 169,50	1 099,16	1 030,33	963,00	897,16	832,83
	VI	**1 754,33**	443,83	443,83							
5 801,99	I,IV	**1 242,50**	443,83	443,83	I	1 100,25	964,00	833,83	709,75	591,66	479,66
	II	**1 106,41**	443,83	443,83	II	969,91	839,50	715,08	596,75	484,50	378,25
	III	**775,83**	443,83	443,83	III	673,66	574,33	478,16	385,00	294,83	207,66
	V	**1 719,16**	443,83	443,83	IV	1 170,58	1 100,25	1 031,33	964,00	898,16	833,83
	VI	**1 755,50**	443,83	443,83							
5 804,99	I,IV	**1 243,66**	443,83	443,83	I	1 101,33	965,08	834,83	710,66	592,58	480,50
	II	**1 107,50**	443,83	443,83	II	971,00	840,50	716,08	597,66	485,33	379,08
	III	**776,66**	443,83	443,83	III	674,33	575,16	478,83	385,66	295,50	208,33
	V	**1 720,33**	443,83	443,83	IV	1 171,75	1 101,33	1 032,41	965,08	899,16	834,83
	VI	**1 756,58**	443,83	443,83							
5 807,99	I,IV	**1 244,83**	443,83	443,83	I	1 102,50	966,16	835,91	711,66	593,50	481,41
	II	**1 108,66**	443,83	443,83	II	972,08	841,50	717,08	598,66	486,25	379,91
	III	**777,50**	443,83	443,83	III	675,16	575,83	479,66	386,50	296,16	209,00
	V	**1 721,58**	443,83	443,83	IV	1 172,91	1 102,50	1 033,58	966,16	900,25	835,91
	VI	**1 757,83**	443,83	443,83							
5 810,99	I,IV	**1 246,00**	443,83	443,83	I	1 103,58	967,16	836,91	712,66	594,41	482,25
	II	**1 109,75**	443,83	443,83	II	973,08	842,50	718,00	599,50	487,08	380,75
	III	**778,33**	443,83	443,83	III	676,00	576,66	480,33	387,16	297,00	209,66
	V	**1 722,66**	443,83	443,83	IV	1 174,00	1 103,58	1 034,58	967,16	901,25	836,91
	VI	**1 759,00**	443,83	443,83							
5 813,99	I,IV	**1 247,08**	443,83	443,83	I	1 104,66	968,25	837,91	713,58	595,33	483,08
	II	**1 110,83**	443,83	443,83	II	974,16	843,58	719,00	600,41	488,00	381,58
	III	**779,16**	443,83	443,83	III	676,83	577,50	481,16	387,83	297,66	210,33
	V	**1 723,83**	443,83	443,83	IV	1 175,16	1 104,66	1 035,66	968,25	902,33	837,91
	VI	**1 760,08**	443,83	443,83							
5 816,99	I,IV	**1 248,25**	443,83	443,83	I	1 105,75	969,33	838,91	714,50	596,25	484,00
	II	**1 111,91**	443,83	443,83	II	975,25	844,58	719,91	601,33	488,83	382,33
	III	**780,00**	443,83	443,83	III	677,50	578,16	481,83	388,66	298,33	211,16
	V	**1 725,00**	443,83	443,83	IV	1 176,25	1 105,75	1 036,75	969,33	903,33	838,91
	VI	**1 761,25**	443,83	443,83							
5 819,99	I,IV	**1 249,41**	443,83	443,83	I	1 106,83	970,33	839,91	715,50	597,16	484,83
	II	**1 113,08**	443,83	443,83	II	976,25	845,58	720,91	602,25	489,66	383,16
	III	**780,66**	443,83	443,83	III	678,33	579,00	482,66	389,33	299,00	211,66
	V	**1 726,16**	443,83	443,83	IV	1 177,41	1 106,83	1 037,83	970,33	904,33	839,91
	VI	**1 762,41**	443,83	443,83							
5 822,99	I,IV	**1 250,58**	443,83	443,83	I	1 107,91	971,41	840,91	716,41	598,08	485,66
	II	**1 114,16**	443,83	443,83	II	977,33	846,58	721,83	603,16	490,58	384,00
	III	**781,66**	443,83	443,83	III	679,16	579,83	483,33	390,00	299,66	212,50
	V	**1 727,33**	443,83	443,83	IV	1 178,50	1 107,91	1 038,91	971,41	905,41	840,91
	VI	**1 763,58**	443,83	443,83							
5 825,99	I,IV	**1 251,66**	443,83	443,83	I	1 109,08	972,41	841,91	717,41	598,91	486,58
	II	**1 115,25**	443,83	443,83	II	978,41	847,58	722,83	604,08	491,41	384,83
	III	**782,33**	443,83	443,83	III	680,00	580,50	484,16	390,83	300,33	213,16
	V	**1 728,50**	443,83	443,83	IV	1 179,58	1 109,08	1 040,00	972,41	906,41	841,91
	VI	**1 764,75**	443,83	443,83							
5 828,99	I,IV	**1 252,83**	443,83	443,83	I	1 110,16	973,50	842,91	718,33	599,83	487,41
	II	**1 116,33**	443,83	443,83	II	979,41	848,58	723,75	605,00	492,25	385,58
	III	**783,16**	443,83	443,83	III	680,83	581,33	484,83	391,50	301,16	213,83
	V	**1 729,66**	443,83	443,83	IV	1 180,75	1 110,16	1 041,08	973,50	907,41	842,91
	VI	**1 765,91**	443,83	443,83							
5 831,99	I,IV	**1 254,00**	443,83	443,83	I	1 111,25	974,58	843,91	719,33	600,75	488,25
	II	**1 117,41**	443,83	443,83	II	980,50	849,58	724,75	605,91	493,16	386,41
	III	**784,00**	443,83	443,83	III	681,50	582,00	485,66	392,16	301,83	214,50
	V	**1 730,75**	443,83	443,83	IV	1 181,83	1 111,25	1 042,16	974,58	908,50	843,91
	VI	**1 767,08**	443,83	443,83							

* Zur LSt-Berechnung für privat versicherte Arbeitnehmer s. Beispiele **Vorbemerkung S. 4 f.**
** Basisvorsorgepauschale KV und PV *** Typisierter Arbeitgeberzuschuss

Lohn/ Gehalt in € bis	Steuerklasse	**Lohn-steuer***	BVSP**	TAGZ***	Steuerklasse	Bemessungsgrundlage für Kirchensteuer und Solidaritätszuschlag – Freibeträge für ... Kinder 0,5	**1,0**	1,5	**2,0**	2,5	**3,0**
5834,99	I,IV	**1255,16**	443,83	443,83	I	1112,33	975,58	844,91	720,25	601,66	489,16
	II	**1118,58**	443,83	443,83	II	981,50	850,58	725,66	606,83	494,00	387,25
	III	**784,83**	443,83	443,83	III	682,33	582,83	486,33	393,00	302,50	215,16
	V	**1731,91**	443,83	443,83	IV	1183,00	1112,33	1043,25	975,58	909,50	844,91
	VI	**1768,16**	443,83	443,83							
5837,99	I,IV	**1256,33**	443,83	443,83	I	1113,41	976,66	845,91	721,25	602,58	490,00
	II	**1119,66**	443,83	443,83	II	982,58	851,58	726,66	607,75	494,83	388,08
	III	**785,66**	443,83	443,83	III	683,16	583,66	487,16	393,66	303,16	215,83
	V	**1733,08**	443,83	443,83	IV	1184,08	1113,41	1044,33	976,66	910,50	845,91
	VI	**1769,33**	443,83	443,83							
5840,99	I,IV	**1257,41**	443,83	443,83	I	1114,58	977,75	846,91	722,16	603,50	490,83
	II	**1120,75**	443,83	443,83	II	983,66	852,58	727,58	608,66	495,75	388,91
	III	**786,50**	443,83	443,83	III	684,00	584,33	487,83	394,33	304,00	216,50
	V	**1734,25**	443,83	443,83	IV	1185,25	1114,58	1045,33	977,75	911,58	846,91
	VI	**1770,50**	443,83	443,83							
5843,99	I,IV	**1258,58**	443,83	443,83	I	1115,66	978,75	847,91	723,16	604,41	491,75
	II	**1121,83**	443,83	443,83	II	984,66	853,58	728,58	609,58	496,58	389,66
	III	**787,33**	443,83	443,83	III	684,66	585,16	488,66	395,16	304,66	217,16
	V	**1735,41**	443,83	443,83	IV	1186,33	1115,66	1046,41	978,75	912,58	847,91
	VI	**1771,66**	443,83	443,83							
5846,99	I,IV	**1259,75**	443,83	443,83	I	1116,75	979,83	848,91	724,08	605,33	492,58
	II	**1123,00**	443,83	443,83	II	985,75	854,58	729,50	610,50	497,50	390,50
	III	**788,16**	443,83	443,83	III	685,50	586,00	489,33	395,83	305,33	217,83
	V	**1736,58**	443,83	443,83	IV	1187,50	1116,75	1047,50	979,83	913,58	848,91
	VI	**1772,83**	443,83	443,83							
5849,99	I,IV	**1260,91**	443,83	443,83	I	1117,83	980,83	849,91	725,08	606,25	493,41
	II	**1124,08**	443,83	443,83	II	986,83	855,58	730,50	611,33	498,33	391,33
	III	**789,00**	443,83	443,83	III	686,33	586,66	490,16	396,50	306,00	218,50
	V	**1737,75**	443,83	443,83	IV	1188,58	1117,83	1048,58	980,83	914,66	849,91
	VI	**1774,00**	443,83	443,83							
5852,99	I,IV	**1262,00**	443,83	443,83	I	1118,91	981,91	850,91	726,00	607,16	494,33
	II	**1125,16**	443,83	443,83	II	987,83	856,66	731,41	612,25	499,16	392,16
	III	**789,83**	443,83	443,83	III	687,16	587,50	490,83	397,33	306,66	219,16
	V	**1738,83**	443,83	443,83	IV	1189,75	1118,91	1049,66	981,91	915,66	850,91
	VI	**1775,16**	443,83	443,83							
5855,99	I,IV	**1263,16**	443,83	443,83	I	1120,08	983,00	851,91	727,00	608,08	495,16
	II	**1126,25**	443,83	443,83	II	988,91	857,66	732,41	613,16	500,08	393,00
	III	**790,50**	443,83	443,83	III	687,83	588,16	491,66	398,00	307,33	219,83
	V	**1740,00**	443,83	443,83	IV	1190,83	1120,08	1050,75	983,00	916,75	851,91
	VI	**1776,25**	443,83	443,83							
5858,99	I,IV	**1264,33**	443,83	443,83	I	1121,16	984,00	853,00	727,91	609,00	496,08
	II	**1127,41**	443,83	443,83	II	990,00	858,66	733,33	614,08	500,91	393,83
	III	**791,33**	443,83	443,83	III	688,66	589,00	492,33	398,66	308,16	220,50
	V	**1741,16**	443,83	443,83	IV	1192,00	1121,16	1051,83	984,00	917,75	853,00
	VI	**1777,41**	443,83	443,83							
5861,99	I,IV	**1265,50**	443,83	443,83	I	1122,25	985,08	854,00	728,91	609,91	496,91
	II	**1128,50**	443,83	443,83	II	991,08	859,66	734,33	615,00	501,83	394,58
	III	**792,16**	443,83	443,83	III	689,50	589,83	493,16	399,50	308,83	221,16
	V	**1742,33**	443,83	443,83	IV	1193,08	1122,25	1052,91	985,08	918,75	854,00
	VI	**1778,58**	443,83	443,83							
5864,99	I,IV	**1266,66**	443,83	443,83	I	1123,41	986,16	855,00	729,91	610,83	497,83
	II	**1129,58**	443,83	443,83	II	992,16	860,66	735,33	616,00	502,66	395,41
	III	**793,00**	443,83	443,83	III	690,33	590,50	493,83	400,16	309,50	221,83
	V	**1743,50**	443,83	443,83	IV	1194,25	1123,41	1054,00	986,16	919,83	855,00
	VI	**1779,75**	443,83	443,83							
5867,99	I,IV	**1267,83**	443,83	443,83	I	1124,50	987,25	856,00	730,83	611,75	498,66
	II	**1130,75**	443,83	443,83	II	993,16	861,66	736,25	616,91	503,58	396,25
	III	**793,83**	443,83	443,83	III	691,16	591,33	494,66	401,00	310,33	222,66
	V	**1744,66**	443,83	443,83	IV	1195,41	1124,50	1055,08	987,25	920,83	856,00
	VI	**1780,91**	443,83	443,83							

* Zur LSt-Berechnung für privat versicherte Arbeitnehmer s. Beispiele **Vorbemerkung S. 4f.**
** Basisvorsorgepauschale KV und PV *** Typisierter Arbeitgeberzuschuss

Lohn/ Gehalt in € bis	Steuerklasse	Lohn-steuer*	BVSP**	TAGZ***	Steuerklasse	Bemessungsgrundlage für Kirchensteuer und Solidaritätszuschlag – Freibeträge für ... Kinder 0,5	**1,0**	1,5	**2,0**	2,5	**3,0**
5 870,99	I,IV	**1 269,00**	443,83	443,83	I	1 125,58	988,25	857,00	731,83	612,66	499,50
	II	**1 131,83**	443,83	443,83	II	994,25	862,75	737,25	617,83	504,41	397,08
	III	**794,66**	443,83	443,83	III	691,83	592,16	495,33	401,66	311,00	223,33
	V	**1 745,83**	443,83	443,83	IV	1 196,50	1 125,58	1 056,16	988,25	921,91	857,00
	VI	**1 782,08**	443,83	443,83							
5 873,99	I,IV	**1 270,16**	443,83	443,83	I	1 126,75	989,33	858,00	732,75	613,58	500,41
	II	**1 132,91**	443,83	443,83	II	995,33	863,75	738,16	618,75	505,33	397,91
	III	**795,50**	443,83	443,83	III	692,66	592,83	496,16	402,33	311,66	224,00
	V	**1 747,00**	443,83	443,83	IV	1 197,66	1 126,75	1 057,25	989,33	922,91	858,00
	VI	**1 783,25**	443,83	443,83							
5 876,99	I,IV	**1 271,25**	443,83	443,83	I	1 127,83	990,41	859,08	733,75	614,50	501,25
	II	**1 134,08**	443,83	443,83	II	996,33	864,75	739,16	619,66	506,16	398,75
	III	**796,33**	443,83	443,83	III	693,50	593,66	496,83	403,16	312,33	224,66
	V	**1 748,16**	443,83	443,83	IV	1 198,75	1 127,83	1 058,33	990,41	924,00	859,08
	VI	**1 784,41**	443,83	443,83							
5 879,99	I,IV	**1 272,41**	443,83	443,83	I	1 128,91	991,50	860,08	734,66	615,41	502,16
	II	**1 135,16**	443,83	443,83	II	997,41	865,75	740,16	620,58	507,00	399,58
	III	**797,16**	443,83	443,83	III	694,33	594,50	497,66	403,83	313,00	225,33
	V	**1 749,33**	443,83	443,83	IV	1 199,91	1 128,91	1 059,41	991,50	925,00	860,08
	VI	**1 785,58**	443,83	443,83							
5 882,99	I,IV	**1 273,58**	443,83	443,83	I	1 130,00	992,50	861,08	735,66	616,33	503,00
	II	**1 136,25**	443,83	443,83	II	998,50	866,75	741,08	621,50	507,91	400,41
	III	**798,00**	443,83	443,83	III	695,00	595,16	498,33	404,50	313,66	226,00
	V	**1 750,41**	443,83	443,83	IV	1 201,08	1 130,00	1 060,50	992,50	926,00	861,08
	VI	**1 786,75**	443,83	443,83							
5 885,99	I,IV	**1 274,75**	443,83	443,83	I	1 131,16	993,58	862,08	736,58	617,25	503,83
	II	**1 137,33**	443,83	443,83	II	999,58	867,75	742,08	622,41	508,75	401,16
	III	**798,83**	443,83	443,83	III	695,83	596,00	499,16	405,33	314,50	226,66
	V	**1 751,58**	443,83	443,83	IV	1 202,16	1 131,16	1 061,58	993,58	927,08	862,08
	VI	**1 787,83**	443,83	443,83							
5 888,99	I,IV	**1 275,91**	443,83	443,83	I	1 132,25	994,66	863,08	737,58	618,16	504,75
	II	**1 138,50**	443,83	443,83	II	1 000,58	868,75	743,00	623,33	509,66	402,00
	III	**799,66**	443,83	443,83	III	696,66	596,83	499,83	406,00	315,16	227,33
	V	**1 752,75**	443,83	443,83	IV	1 203,33	1 132,25	1 062,66	994,66	928,08	863,08
	VI	**1 789,00**	443,83	443,83							
5 891,99	I,IV	**1 277,08**	443,83	443,83	I	1 133,33	995,66	864,08	738,58	619,08	505,58
	II	**1 139,58**	443,83	443,83	II	1 001,66	869,83	744,00	624,25	510,50	402,83
	III	**800,50**	443,83	443,83	III	697,50	597,50	500,66	406,66	315,83	228,00
	V	**1 753,91**	443,83	443,83	IV	1 204,41	1 133,33	1 063,75	995,66	929,16	864,08
	VI	**1 790,16**	443,83	443,83							
5 894,99	I,IV	**1 278,16**	443,83	443,83	I	1 134,41	996,75	865,08	739,50	620,00	506,50
	II	**1 140,66**	443,83	443,83	II	1 002,75	870,83	744,91	625,16	511,41	403,66
	III	**801,33**	443,83	443,83	III	698,33	598,33	501,33	407,50	316,50	228,66
	V	**1 755,08**	443,83	443,83	IV	1 205,58	1 134,41	1 064,83	996,75	930,16	865,08
	VI	**1 791,33**	443,83	443,83							
5 897,99	I,IV	**1 279,33**	443,83	443,83	I	1 135,58	997,83	866,08	740,50	620,91	507,33
	II	**1 141,83**	443,83	443,83	II	1 003,83	871,83	745,91	626,08	512,25	404,50
	III	**802,16**	443,83	443,83	III	699,16	599,16	502,16	408,16	317,33	229,33
	V	**1 756,25**	443,83	443,83	IV	1 206,66	1 135,58	1 065,91	997,83	931,25	866,08
	VI	**1 792,50**	443,83	443,83							
5 900,99	I,IV	**1 280,50**	443,83	443,83	I	1 136,66	998,83	867,16	741,41	621,83	508,25
	II	**1 142,91**	443,83	443,83	II	1 004,83	872,83	746,91	627,00	513,16	405,33
	III	**802,83**	443,83	443,83	III	699,83	599,83	502,83	408,83	318,00	230,00
	V	**1 757,41**	443,83	443,83	IV	1 207,83	1 136,66	1 067,00	998,83	932,25	867,16
	VI	**1 793,66**	443,83	443,83							
5 903,99	I,IV	**1 281,66**	443,83	443,83	I	1 137,75	999,91	868,16	742,41	622,75	509,08
	II	**1 144,00**	443,83	443,83	II	1 005,91	873,83	747,83	627,91	514,00	406,16
	III	**803,83**	443,83	443,83	III	700,66	600,66	503,66	409,66	318,66	230,83
	V	**1 758,50**	443,83	443,83	IV	1 209,00	1 137,75	1 068,08	999,91	933,25	868,16
	VI	**1 794,83**	443,83	443,83							

* Zur LSt-Berechnung für privat versicherte Arbeitnehmer s. Beispiele **Vorbemerkung S. 4 f.**
** Basisvorsorgepauschale KV und PV *** Typisierter Arbeitgeberzuschuss

Lohn/ Gehalt in € bis	Steuerklasse	**Lohn-steuer***	BVSP**	TAGZ***	Steuerklasse	Bemessungsgrundlage für Kirchensteuer und Solidaritätszuschlag – Freibeträge für ... Kinder 0,5	**1,0**	1,5	**2,0**	2,5	**3,0**
5906,99	I,IV	**1282,83**	443,83	443,83	I	1138,91	1001,00	869,16	743,33	623,66	510,00
	II	**1145,16**	443,83	443,83	II	1007,00	874,91	748,83	628,83	514,83	407,00
	III	**804,50**	443,83	443,83	III	701,50	601,33	504,33	410,33	319,33	231,33
	V	**1759,66**	443,83	443,83	IV	1210,08	1138,91	1069,16	1001,00	934,33	869,16
	VI	**1795,91**	443,83	443,83							
5909,99	I,IV	**1284,00**	443,83	443,83	I	1140,00	1002,08	870,16	744,33	624,58	510,83
	II	**1146,25**	443,83	443,83	II	1008,08	875,91	749,83	629,75	515,75	407,83
	III	**805,33**	443,83	443,83	III	702,33	602,16	505,16	411,16	320,16	232,16
	V	**1760,83**	443,83	443,83	IV	1211,25	1140,00	1070,25	1002,08	935,33	870,16
	VI	**1797,08**	443,83	443,83							
5912,99	I,IV	**1285,16**	443,83	443,83	I	1141,08	1003,08	871,16	745,33	625,50	511,66
	II	**1147,33**	443,83	443,83	II	1009,08	876,91	750,75	630,66	516,58	408,58
	III	**806,16**	443,83	443,83	III	703,00	603,00	505,83	411,83	320,83	232,83
	V	**1762,00**	443,83	443,83	IV	1212,33	1141,08	1071,33	1003,08	936,41	871,16
	VI	**1798,25**	443,83	443,83							
5915,99	I,IV	**1286,33**	443,83	443,83	I	1142,25	1004,16	872,16	746,25	626,41	512,58
	II	**1148,50**	443,83	443,83	II	1010,16	877,91	751,75	631,58	517,50	409,41
	III	**807,00**	443,83	443,83	III	703,83	603,83	506,66	412,50	321,50	233,50
	V	**1763,16**	443,83	443,83	IV	1213,50	1142,25	1072,41	1004,16	937,41	872,16
	VI	**1799,41**	443,83	443,83							
5918,99	I,IV	**1287,41**	443,83	443,83	I	1143,33	1005,25	873,25	747,25	627,33	513,41
	II	**1149,58**	443,83	443,83	II	1011,25	878,91	752,66	632,50	518,33	410,25
	III	**807,83**	443,83	443,83	III	704,66	604,50	507,33	413,33	322,16	234,16
	V	**1764,33**	443,83	443,83	IV	1214,66	1143,33	1073,50	1005,25	938,50	873,25
	VI	**1800,58**	443,83	443,83							
5921,99	I,IV	**1288,66**	443,83	443,83	I	1144,50	1006,33	874,25	748,25	628,25	514,33
	II	**1150,75**	443,83	443,83	II	1012,33	880,00	753,66	633,41	519,25	411,16
	III	**808,66**	443,83	443,83	III	705,50	605,33	508,16	414,00	323,00	234,83
	V	**1765,50**	443,83	443,83	IV	1215,83	1144,50	1074,66	1006,33	939,58	874,25
	VI	**1801,75**	443,83	443,83							
5924,99	I,IV	**1289,83**	443,83	443,83	I	1145,58	1007,41	875,25	749,16	629,16	515,25
	II	**1151,83**	443,83	443,83	II	1013,41	881,00	754,66	634,41	520,16	411,91
	III	**809,50**	443,83	443,83	III	706,33	606,16	509,00	414,83	323,66	235,50
	V	**1766,66**	443,83	443,83	IV	1216,91	1145,58	1075,75	1007,41	940,58	875,25
	VI	**1802,91**	443,83	443,83							
5927,99	I,IV	**1290,91**	443,83	443,83	I	1146,66	1008,50	876,33	750,16	630,08	516,08
	II	**1153,00**	443,83	443,83	II	1014,50	882,00	755,66	635,33	521,00	412,75
	III	**810,33**	443,83	443,83	III	707,16	606,83	509,66	415,50	324,33	236,16
	V	**1767,83**	443,83	443,83	IV	1218,08	1146,66	1076,83	1008,50	941,58	876,33
	VI	**1804,08**	443,83	443,83							
5930,99	I,IV	**1292,08**	443,83	443,83	I	1147,83	1009,50	877,33	751,16	631,00	517,00
	II	**1154,08**	443,83	443,83	II	1015,50	883,08	756,58	636,25	521,91	413,58
	III	**811,16**	443,83	443,83	III	708,00	607,66	510,50	416,16	325,00	236,83
	V	**1769,00**	443,83	443,83	IV	1219,16	1147,83	1077,91	1009,50	942,66	877,33
	VI	**1805,25**	443,83	443,83							
5933,99	I,IV	**1293,25**	443,83	443,83	I	1148,91	1010,58	878,33	752,08	631,91	517,83
	II	**1155,16**	443,83	443,83	II	1016,58	884,08	757,58	637,16	522,75	414,41
	III	**812,00**	443,83	443,83	III	708,66	608,50	511,16	417,00	325,66	237,50
	V	**1770,08**	443,83	443,83	IV	1220,33	1148,91	1079,00	1010,58	943,66	878,33
	VI	**1806,41**	443,83	443,83							
5936,99	I,IV	**1294,41**	443,83	443,83	I	1150,00	1011,66	879,33	753,08	632,83	518,75
	II	**1156,33**	443,83	443,83	II	1017,66	885,08	758,58	638,08	523,66	415,25
	III	**812,83**	443,83	443,83	III	709,50	609,16	512,00	417,66	326,50	238,33
	V	**1771,25**	443,83	443,83	IV	1221,50	1150,00	1080,08	1011,66	944,75	879,33
	VI	**1807,50**	443,83	443,83							
5939,99	I,IV	**1295,58**	443,83	443,83	I	1151,16	1012,75	880,33	754,08	633,83	519,58
	II	**1157,41**	443,83	443,83	II	1018,75	886,08	759,50	639,00	524,50	416,08
	III	**813,66**	443,83	443,83	III	710,33	610,00	512,66	418,33	327,16	239,00
	V	**1772,41**	443,83	443,83	IV	1222,58	1151,16	1081,16	1012,75	945,75	880,33
	VI	**1808,66**	443,83	443,83							

* Zur LSt-Berechnung für privat versicherte Arbeitnehmer s. Beispiele **Vorbemerkung S. 4f.**
** Basisvorsorgepauschale KV und PV *** Typisierter Arbeitgeberzuschuss

Lohn/ Gehalt in € bis	Steuerklasse	Lohnsteuer*	BVSP**	TAGZ***	Steuerklasse	Bemessungsgrundlage für Kirchensteuer und Solidaritätszuschlag – Freibeträge für ... Kinder 0,5	1,0	1,5	2,0	2,5	3,0
5 942,99	I,IV	**1 296,75**	443,83	443,83	I	1 152,25	1 013,75	881,41	755,00	634,75	520,50
	II	**1 158,50**	443,83	443,83	II	1 019,83	887,08	760,50	639,91	525,41	416,91
	III	**814,50**	443,83	443,83	III	711,16	610,83	513,50	419,16	327,83	239,66
	V	**1 773,58**	443,83	443,83	IV	1 223,75	1 152,25	1 082,25	1 013,75	946,83	881,41
	VI	**1 809,83**	443,83	443,83							
5 945,99	I,IV	**1 297,91**	443,83	443,83	I	1 153,33	1 014,83	882,41	756,00	635,66	521,33
	II	**1 159,66**	443,83	443,83	II	1 020,83	888,16	761,50	640,83	526,25	417,75
	III	**815,33**	443,83	443,83	III	711,83	611,50	514,16	419,83	328,50	240,33
	V	**1 774,75**	443,83	443,83	IV	1 224,91	1 153,33	1 083,33	1 014,83	947,83	882,41
	VI	**1 811,00**	443,83	443,83							
5 948,99	I,IV	**1 299,00**	443,83	443,83	I	1 154,50	1 015,91	883,41	757,00	636,58	522,25
	II	**1 160,75**	443,83	443,83	II	1 021,91	889,16	762,41	641,75	527,16	418,58
	III	**816,16**	443,83	443,83	III	712,66	612,33	515,00	420,66	329,33	241,00
	V	**1 775,91**	443,83	443,83	IV	1 226,00	1 154,50	1 084,41	1 015,91	948,91	883,41
	VI	**1 812,16**	443,83	443,83							
5 951,99	I,IV	**1 300,16**	443,83	443,83	I	1 155,58	1 017,00	884,41	757,91	637,50	523,08
	II	**1 161,91**	443,83	443,83	II	1 023,00	890,16	763,41	642,66	528,00	419,41
	III	**817,00**	443,83	443,83	III	713,50	613,00	515,66	421,33	330,00	241,66
	V	**1 777,08**	443,83	443,83	IV	1 227,16	1 155,58	1 085,50	1 017,00	949,91	884,41
	VI	**1 813,33**	443,83	443,83							
5 954,99	I,IV	**1 301,33**	443,83	443,83	I	1 156,66	1 018,08	885,41	758,91	638,41	524,00
	II	**1 163,00**	443,83	443,83	II	1 024,08	891,16	764,41	643,58	528,91	420,25
	III	**817,83**	443,83	443,83	III	714,33	613,83	516,50	422,00	330,66	242,33
	V	**1 778,25**	443,83	443,83	IV	1 228,33	1 156,66	1 086,58	1 018,08	951,00	885,41
	VI	**1 814,50**	443,83	443,83							
5 957,99	I,IV	**1 302,50**	443,83	443,83	I	1 157,83	1 019,08	886,50	759,91	639,33	524,83
	II	**1 164,08**	443,83	443,83	II	1 025,16	892,25	765,33	644,58	529,75	421,08
	III	**818,66**	443,83	443,83	III	715,16	614,66	517,16	422,83	331,33	243,00
	V	**1 779,33**	443,83	443,83	IV	1 229,41	1 157,83	1 087,75	1 019,08	952,00	886,50
	VI	**1 815,58**	443,83	443,83							
5 960,99	I,IV	**1 303,66**	443,83	443,83	I	1 158,91	1 020,16	887,50	760,83	640,25	525,75
	II	**1 165,25**	443,83	443,83	II	1 026,25	893,25	766,33	645,50	530,66	421,91
	III	**819,50**	443,83	443,83	III	716,00	615,50	518,00	423,50	332,16	243,66
	V	**1 780,50**	443,83	443,83	IV	1 230,58	1 158,91	1 088,83	1 020,16	953,08	887,50
	VI	**1 816,75**	443,83	443,83							
5 963,99	I,IV	**1 304,83**	443,83	443,83	I	1 160,08	1 021,25	888,50	761,83	641,16	526,58
	II	**1 166,33**	443,83	443,83	II	1 027,25	894,25	767,33	646,41	531,58	422,75
	III	**820,33**	443,83	443,83	III	716,66	616,16	518,66	424,16	332,83	244,33
	V	**1 781,66**	443,83	443,83	IV	1 231,75	1 160,08	1 089,91	1 021,25	954,16	888,50
	VI	**1 817,91**	443,83	443,83							
5 966,99	I,IV	**1 306,00**	443,83	443,83	I	1 161,16	1 022,33	889,50	762,83	642,08	527,50
	II	**1 167,50**	443,83	443,83	II	1 028,33	895,33	768,25	647,33	532,41	423,58
	III	**821,16**	443,83	443,83	III	717,50	617,00	519,50	425,00	333,50	245,16
	V	**1 782,83**	443,83	443,83	IV	1 232,83	1 161,16	1 091,00	1 022,33	955,16	889,50
	VI	**1 819,08**	443,83	443,83							
5 969,99	I,IV	**1 307,08**	443,83	443,83	I	1 162,25	1 023,41	890,58	763,75	643,00	528,33
	II	**1 168,58**	443,83	443,83	II	1 029,41	896,33	769,25	648,25	533,33	424,41
	III	**821,83**	443,83	443,83	III	718,33	617,83	520,16	425,66	334,16	245,83
	V	**1 784,00**	443,83	443,83	IV	1 234,00	1 162,25	1 092,08	1 023,41	956,25	890,58
	VI	**1 820,25**	443,83	443,83							
5 972,99	I,IV	**1 308,25**	443,83	443,83	I	1 163,41	1 024,50	891,58	764,75	644,00	529,25
	II	**1 169,66**	443,83	443,83	II	1 030,50	897,33	770,25	649,16	534,16	425,25
	III	**822,83**	443,83	443,83	III	719,16	618,50	521,00	426,50	335,00	246,50
	V	**1 785,16**	443,83	443,83	IV	1 235,16	1 163,41	1 093,16	1 024,50	957,25	891,58
	VI	**1 821,41**	443,83	443,83							
5 975,99	I,IV	**1 309,50**	443,83	443,83	I	1 164,58	1 025,58	892,66	765,75	644,91	530,16
	II	**1 170,83**	443,83	443,83	II	1 031,58	898,41	771,25	650,16	535,08	426,08
	III	**823,66**	443,83	443,83	III	720,00	619,33	521,83	427,16	335,66	247,16
	V	**1 786,33**	443,83	443,83	IV	1 236,33	1 164,58	1 094,33	1 025,58	958,33	892,66
	VI	**1 822,58**	443,83	443,83							

* Zur LSt-Berechnung für privat versicherte Arbeitnehmer s. Beispiele **Vorbemerkung S. 4 f.**
** Basisvorsorgepauschale KV und PV *** Typisierter Arbeitgeberzuschuss

Lohn/ Gehalt in € bis	Steuerklasse	**Lohn-steuer***	BVSP**	TAGZ***	Steuerklasse	Bemessungsgrundlage für Kirchensteuer und Solidaritätszuschlag – Freibeträge für ... Kinder 0,5	**1,0**	1,5	**2,0**	2,5	**3,0**
5978,99	I,IV	**1310,58**	443,83	443,83	I	1165,66	1026,66	893,66	766,75	645,83	531,00
	II	**1172,00**	443,83	443,83	II	1032,66	899,41	772,25	651,08	536,00	426,91
	III	**824,33**	443,83	443,83	III	720,83	620,16	522,50	428,00	336,33	247,83
	V	**1787,50**	443,83	443,83	IV	1237,41	1165,66	1095,41	1026,66	959,41	893,66
	VI	**1823,75**	443,83	443,83							
5981,99	I,IV	**1311,75**	443,83	443,83	I	1166,75	1027,66	894,66	767,66	646,75	531,91
	II	**1173,08**	443,83	443,83	II	1033,75	900,41	773,16	652,00	536,83	427,75
	III	**825,33**	443,83	443,83	III	721,50	621,00	523,33	428,66	337,16	248,50
	V	**1788,66**	443,83	443,83	IV	1238,58	1166,75	1096,50	1027,66	960,41	894,66
	VI	**1824,91**	443,83	443,83							
5984,99	I,IV	**1312,91**	443,83	443,83	I	1167,91	1028,75	895,66	768,66	647,66	532,75
	II	**1174,25**	443,83	443,83	II	1034,83	901,50	774,16	652,91	537,75	428,58
	III	**826,00**	443,83	443,83	III	722,33	621,66	524,00	429,33	337,83	249,16
	V	**1789,83**	443,83	443,83	IV	1239,75	1167,91	1097,58	1028,75	961,50	895,66
	VI	**1826,08**	443,83	443,83							
5987,99	I,IV	**1314,08**	443,83	443,83	I	1169,00	1029,83	896,75	769,66	648,66	533,66
	II	**1175,33**	443,83	443,83	II	1035,91	902,50	775,16	653,83	538,66	429,41
	III	**827,00**	443,83	443,83	III	723,16	622,50	524,83	430,16	338,50	249,83
	V	**1790,91**	443,83	443,83	IV	1240,91	1169,00	1098,66	1029,83	962,50	896,75
	VI	**1827,25**	443,83	443,83							
5990,99	I,IV	**1315,25**	443,83	443,83	I	1170,16	1030,91	897,75	770,66	649,58	534,50
	II	**1176,50**	443,83	443,83	II	1037,00	903,50	776,16	654,83	539,50	430,25
	III	**827,66**	443,83	443,83	III	724,00	623,16	525,50	430,83	339,16	250,50
	V	**1792,08**	443,83	443,83	IV	1242,00	1170,16	1099,75	1030,91	963,58	897,75
	VI	**1828,33**	443,83	443,83							
5993,99	I,IV	**1316,41**	443,83	443,83	I	1171,25	1032,00	898,75	771,58	650,50	535,41
	II	**1177,58**	443,83	443,83	II	1038,00	904,58	777,08	655,75	540,41	431,08
	III	**828,50**	443,83	443,83	III	724,83	624,00	526,33	431,66	340,00	251,33
	V	**1793,25**	443,83	443,83	IV	1243,16	1171,25	1100,83	1032,00	964,58	898,75
	VI	**1829,50**	443,83	443,83							
5996,99	I,IV	**1317,58**	443,83	443,83	I	1172,41	1033,08	899,83	772,58	651,41	536,33
	II	**1178,66**	443,83	443,83	II	1039,08	905,58	778,08	656,66	541,25	431,91
	III	**829,33**	443,83	443,83	III	725,50	624,83	527,00	432,33	340,66	252,00
	V	**1794,41**	443,83	443,83	IV	1244,33	1172,41	1102,00	1033,08	965,66	899,83
	VI	**1830,66**	443,83	443,83							
5999,99	I,IV	**1318,66**	443,83	443,83	I	1173,50	1034,16	900,83	773,58	652,33	537,16
	II	**1179,83**	443,83	443,83	II	1040,16	906,58	779,08	657,58	542,16	432,75
	III	**830,16**	443,83	443,83	III	726,33	625,66	527,83	433,00	341,33	252,66
	V	**1795,58**	443,83	443,83	IV	1245,41	1173,50	1103,08	1034,16	966,75	900,83
	VI	**1831,83**	443,83	443,83							
6002,99	I,IV	**1319,83**	443,83	443,83	I	1174,58	1035,25	901,83	774,50	653,25	538,08
	II	**1180,91**	443,83	443,83	II	1041,25	907,66	780,08	658,50	543,08	433,58
	III	**831,00**	443,83	443,83	III	727,16	626,33	528,50	433,83	342,00	253,33
	V	**1796,75**	443,83	443,83	IV	1246,58	1174,58	1104,16	1035,25	967,75	901,83
	VI	**1833,00**	443,83	443,83							
6005,99	I,IV	**1321,00**	443,83	443,83	I	1175,75	1036,25	902,83	775,50	654,16	538,91
	II	**1182,08**	443,83	443,83	II	1042,33	908,66	781,00	659,41	543,91	434,50
	III	**831,83**	443,83	443,83	III	728,00	627,16	529,33	434,50	342,83	254,00
	V	**1797,91**	443,83	443,83	IV	1247,75	1175,75	1105,25	1036,25	968,83	902,83
	VI	**1834,16**	443,83	443,83							
6008,99	I,IV	**1322,16**	443,83	443,83	I	1176,83	1037,33	903,91	776,50	655,16	539,83
	II	**1183,16**	443,83	443,83	II	1043,41	909,66	782,00	660,41	544,83	435,33
	III	**832,66**	443,83	443,83	III	728,83	628,00	530,00	435,33	343,50	254,66
	V	**1799,00**	443,83	443,83	IV	1248,91	1176,83	1106,33	1037,33	969,83	903,91
	VI	**1835,33**	443,83	443,83							
6011,99	I,IV	**1323,33**	443,83	443,83	I	1178,00	1038,41	904,91	777,50	656,08	540,75
	II	**1184,33**	443,83	443,83	II	1044,50	910,75	783,00	661,33	545,66	436,16
	III	**833,50**	443,83	443,83	III	729,66	628,66	530,83	436,00	344,16	255,33
	V	**1800,16**	443,83	443,83	IV	1250,00	1178,00	1107,41	1038,41	970,91	904,91
	VI	**1836,41**	443,83	443,83							

* Zur LSt-Berechnung für privat versicherte Arbeitnehmer s. Beispiele **Vorbemerkung S. 4f.**
** Basisvorsorgepauschale KV und PV *** Typisierter Arbeitgeberzuschuss

Lohn/ Gehalt in € bis	Steuerklasse	Lohn-steuer*	BVSP**	TAGZ***	Steuerklasse	Bemessungsgrundlage für Kirchensteuer und Solidaritätszuschlag – Freibeträge für ... Kinder 0,5	**1,0**	1,5	**2,0**	2,5	**3,0**
6014,99	I,IV	**1 324,50**	443,83	443,83	I	1 179,08	1 039,50	905,91	778,41	657,00	541,58
	II	**1 185,41**	443,83	443,83	II	1 045,58	911,75	784,00	662,25	546,58	437,00
	III	**834,33**	443,83	443,83	III	730,33	629,50	531,66	436,66	344,83	256,00
	V	**1 801,33**	443,83	443,83	IV	1 251,16	1 179,08	1 108,58	1 039,50	972,00	905,91
	VI	**1 837,58**	443,83	443,83							
6017,99	I,IV	**1 325,66**	443,83	443,83	I	1 180,25	1 040,58	907,00	779,41	657,91	542,50
	II	**1 186,58**	443,83	443,83	II	1 046,66	912,75	784,91	663,16	547,50	437,83
	III	**835,16**	443,83	443,83	III	731,16	630,33	532,33	437,50	345,66	256,83
	V	**1 802,50**	443,83	443,83	IV	1 252,33	1 180,25	1 109,66	1 040,58	973,00	907,00
	VI	**1 838,75**	443,83	443,83							
6020,99	I,IV	**1 326,75**	443,83	443,83	I	1 181,33	1 041,66	908,00	780,41	658,83	543,33
	II	**1 187,66**	443,83	443,83	II	1 047,75	913,83	785,91	664,16	548,33	438,66
	III	**836,00**	443,83	443,83	III	732,00	631,00	533,16	438,16	346,33	257,50
	V	**1 803,66**	443,83	443,83	IV	1 253,50	1 181,33	1 110,75	1 041,66	974,08	908,00
	VI	**1 839,91**	443,83	443,83							
6023,99	I,IV	**1 327,91**	443,83	443,83	I	1 182,50	1 042,75	909,00	781,41	659,83	544,25
	II	**1 188,83**	443,83	443,83	II	1 048,83	914,83	786,91	665,08	549,25	439,50
	III	**836,83**	443,83	443,83	III	732,83	631,83	533,83	439,00	347,00	258,16
	V	**1 804,83**	443,83	443,83	IV	1 254,58	1 182,50	1 111,83	1 042,75	975,16	909,00
	VI	**1 841,08**	443,83	443,83							
6026,99	I,IV	**1 329,08**	443,83	443,83	I	1 183,58	1 043,83	910,08	782,33	660,75	545,16
	II	**1 189,91**	443,83	443,83	II	1 049,91	915,83	787,91	666,00	550,16	440,33
	III	**837,66**	443,83	443,83	III	733,66	632,66	534,66	439,66	347,66	258,83
	V	**1 806,00**	443,83	443,83	IV	1 255,75	1 183,58	1 112,91	1 043,83	976,16	910,08
	VI	**1 842,25**	443,83	443,83							
6029,99	I,IV	**1 330,25**	443,83	443,83	I	1 184,75	1 044,91	911,08	783,33	661,66	546,00
	II	**1 191,08**	443,83	443,83	II	1 050,91	916,91	788,91	666,91	551,00	441,16
	III	**838,50**	443,83	443,83	III	734,50	633,50	535,33	440,50	348,50	259,50
	V	**1 807,08**	443,83	443,83	IV	1 256,91	1 184,75	1 114,08	1 044,91	977,25	911,08
	VI	**1 843,41**	443,83	443,83							
6032,99	I,IV	**1 331,41**	443,83	443,83	I	1 185,91	1 046,00	912,16	784,33	662,58	546,91
	II	**1 192,25**	443,83	443,83	II	1 052,08	918,00	789,91	667,91	551,91	442,00
	III	**839,33**	443,83	443,83	III	735,33	634,16	536,16	441,16	349,16	260,16
	V	**1 808,33**	443,83	443,83	IV	1 258,08	1 185,91	1 115,16	1 046,00	978,33	912,16
	VI	**1 844,58**	443,83	443,83							
6035,99	I,IV	**1 332,58**	443,83	443,83	I	1 187,00	1 047,08	913,16	785,33	663,58	547,83
	II	**1 193,33**	443,83	443,83	II	1 053,16	919,00	790,91	668,83	552,83	442,91
	III	**840,16**	443,83	443,83	III	736,00	635,00	537,00	441,83	349,83	260,83
	V	**1 809,50**	443,83	443,83	IV	1 259,25	1 187,00	1 116,25	1 047,08	979,33	913,16
	VI	**1 845,75**	443,83	443,83							
6038,99	I,IV	**1 333,75**	443,83	443,83	I	1 188,16	1 048,16	914,25	786,33	664,50	548,75
	II	**1 194,50**	443,83	443,83	II	1 054,25	920,00	791,83	669,75	553,75	443,75
	III	**841,00**	443,83	443,83	III	736,83	635,83	537,66	442,66	350,66	261,66
	V	**1 810,58**	443,83	443,83	IV	1 260,41	1 188,16	1 117,41	1 048,16	980,41	914,25
	VI	**1 846,91**	443,83	443,83							
6041,99	I,IV	**1 334,91**	443,83	443,83	I	1 189,25	1 049,25	915,25	787,33	665,41	549,58
	II	**1 195,58**	443,83	443,83	II	1 055,33	921,08	792,83	670,66	554,58	444,58
	III	**841,83**	443,83	443,83	III	737,66	636,50	538,50	443,33	351,33	262,33
	V	**1 811,75**	443,83	443,83	IV	1 261,58	1 189,25	1 118,50	1 049,25	981,50	915,25
	VI	**1 848,00**	443,83	443,83							
6044,99	I,IV	**1 336,08**	443,83	443,83	I	1 190,41	1 050,33	916,25	788,33	666,33	550,50
	II	**1 196,75**	443,83	443,83	II	1 056,41	922,08	793,83	671,66	555,50	445,41
	III	**842,66**	443,83	443,83	III	738,50	637,33	539,16	444,16	352,00	263,00
	V	**1 812,91**	443,83	443,83	IV	1 262,66	1 190,41	1 119,58	1 050,33	982,50	916,25
	VI	**1 849,16**	443,83	443,83							
6047,99	I,IV	**1 337,25**	443,83	443,83	I	1 191,50	1 051,41	917,33	789,25	667,33	551,41
	II	**1 197,83**	443,83	443,83	II	1 057,50	923,08	794,83	672,58	556,41	446,25
	III	**843,50**	443,83	443,83	III	739,33	638,16	540,00	444,83	352,66	263,66
	V	**1 814,08**	443,83	443,83	IV	1 263,83	1 191,50	1 120,66	1 051,41	983,58	917,33
	VI	**1 850,33**	443,83	443,83							

* Zur LSt-Berechnung für privat versicherte Arbeitnehmer s. Beispiele **Vorbemerkung S. 4 f.**
** Basisvorsorgepauschale KV und PV *** Typisierter Arbeitgeberzuschuss

Lohn/ Gehalt in € bis	Steuerklasse	**Lohn-steuer***	BVSP**	TAGZ***	Steuerklasse	Bemessungsgrundlage für Kirchensteuer und Solidaritätszuschlag					
						Freibeträge für ... Kinder					
						0,5	**1,0**	1,5	**2,0**	2,5	**3,0**
6050,99	I,IV	**1 338,33**	443,83	443,83	I	1 192,66	1 052,50	918,33	790,25	668,25	552,25
	II	**1 199,00**	443,83	443,83	II	1 058,58	924,16	795,83	673,50	557,25	447,08
	III	**844,33**	443,83	443,83	III	740,16	639,00	540,83	445,66	353,50	264,33
	V	**1 815,25**	443,83	443,83	IV	1 265,00	1 192,66	1 121,83	1 052,50	984,66	918,33
	VI	**1 851,50**	443,83	443,83							
6053,99	I,IV	**1 339,50**	443,83	443,83	I	1 193,75	1 053,50	919,33	791,25	669,16	553,16
	II	**1 200,16**	443,83	443,83	II	1 059,66	925,16	796,83	674,41	558,16	447,91
	III	**845,16**	443,83	443,83	III	741,00	639,66	541,50	446,33	354,16	265,00
	V	**1 816,41**	443,83	443,83	IV	1 266,16	1 193,75	1 122,91	1 053,50	985,66	919,33
	VI	**1 852,66**	443,83	443,83							
6056,99	I,IV	**1 340,66**	443,83	443,83	I	1 194,91	1 054,58	920,41	792,25	670,08	554,08
	II	**1 201,25**	443,83	443,83	II	1 060,75	926,25	797,75	675,41	559,08	448,75
	III	**846,00**	443,83	443,83	III	741,83	640,50	542,33	447,00	354,83	265,66
	V	**1 817,58**	443,83	443,83	IV	1 267,33	1 194,91	1 124,00	1 054,58	986,75	920,41
	VI	**1 853,83**	443,83	443,83							
6059,99	I,IV	**1 341,83**	443,83	443,83	I	1 196,00	1 055,66	921,41	793,25	671,08	554,91
	II	**1 202,41**	443,83	443,83	II	1 061,83	927,25	798,75	676,33	559,91	449,58
	III	**846,83**	443,83	443,83	III	742,50	641,33	543,00	447,83	355,66	266,33
	V	**1 818,66**	443,83	443,83	IV	1 268,41	1 196,00	1 125,08	1 055,66	987,83	921,41
	VI	**1 855,00**	443,83	443,83							
6062,99	I,IV	**1 343,00**	443,83	443,83	I	1 197,16	1 056,75	922,50	794,16	672,00	555,83
	II	**1 203,50**	443,83	443,83	II	1 062,91	928,25	799,75	677,25	560,83	450,50
	III	**847,66**	443,83	443,83	III	743,33	642,00	543,83	448,50	356,33	267,16
	V	**1 819,83**	443,83	443,83	IV	1 269,58	1 197,16	1 126,16	1 056,75	988,83	922,50
	VI	**1 856,08**	443,83	443,83							
6065,99	I,IV	**1 344,16**	443,83	443,83	I	1 198,25	1 057,83	923,50	795,16	672,91	556,75
	II	**1 204,66**	443,83	443,83	II	1 064,00	929,33	800,75	678,25	561,75	451,33
	III	**848,50**	443,83	443,83	III	744,16	642,83	544,50	449,33	357,00	267,83
	V	**1 821,00**	443,83	443,83	IV	1 270,75	1 198,25	1 127,33	1 057,83	989,91	923,50
	VI	**1 857,25**	443,83	443,83							
6068,99	I,IV	**1 345,33**	443,83	443,83	I	1 199,41	1 058,91	924,50	796,16	673,83	557,58
	II	**1 205,75**	443,83	443,83	II	1 065,08	930,33	801,75	679,16	562,66	452,16
	III	**849,33**	443,83	443,83	III	745,00	643,66	545,33	450,00	357,83	268,50
	V	**1 822,16**	443,83	443,83	IV	1 271,91	1 199,41	1 128,41	1 058,91	991,00	924,50
	VI	**1 858,41**	443,83	443,83							
6071,99	I,IV	**1 346,50**	443,83	443,83	I	1 200,50	1 060,00	925,58	797,16	674,83	558,50
	II	**1 206,91**	443,83	443,83	II	1 066,16	931,41	802,75	680,08	563,50	453,00
	III	**850,16**	443,83	443,83	III	745,83	644,33	546,00	450,66	358,50	269,16
	V	**1 823,33**	443,83	443,83	IV	1 273,08	1 200,50	1 129,50	1 060,00	992,00	925,58
	VI	**1 859,58**	443,83	443,83							
6074,99	I,IV	**1 347,58**	443,83	443,83	I	1 201,66	1 061,08	926,58	798,16	675,75	559,41
	II	**1 208,00**	443,83	443,83	II	1 067,25	932,41	803,75	681,00	564,41	453,83
	III	**851,00**	443,83	443,83	III	746,66	645,16	546,83	451,50	359,16	269,83
	V	**1 824,50**	443,83	443,83	IV	1 274,25	1 201,66	1 130,66	1 061,08	993,08	926,58
	VI	**1 860,75**	443,83	443,83							
6077,99	I,IV	**1 348,75**	443,83	443,83	I	1 202,83	1 062,16	927,66	799,16	676,66	560,25
	II	**1 209,16**	443,83	443,83	II	1 068,33	933,50	804,66	682,00	565,33	454,66
	III	**851,83**	443,83	443,83	III	747,33	646,00	547,66	452,16	359,83	270,50
	V	**1 825,66**	443,83	443,83	IV	1 275,33	1 202,83	1 131,75	1 062,16	994,16	927,66
	VI	**1 861,91**	443,83	443,83							
6080,99	I,IV	**1 349,91**	443,83	443,83	I	1 203,91	1 063,25	928,66	800,08	677,58	561,16
	II	**1 210,33**	443,83	443,83	II	1 069,41	934,50	805,66	682,91	566,16	455,50
	III	**852,66**	443,83	443,83	III	748,16	646,83	548,33	453,00	360,66	271,33
	V	**1 826,75**	443,83	443,83	IV	1 276,50	1 203,91	1 132,83	1 063,25	995,25	928,66
	VI	**1 863,08**	443,83	443,83							
6083,99	I,IV	**1 351,08**	443,83	443,83	I	1 205,08	1 064,33	929,66	801,08	678,58	562,08
	II	**1 211,41**	443,83	443,83	II	1 070,50	935,58	806,66	683,83	567,08	456,41
	III	**853,50**	443,83	443,83	III	749,00	647,50	549,16	453,66	361,33	272,00
	V	**1 827,91**	443,83	443,83	IV	1 277,66	1 205,08	1 133,91	1 064,33	996,25	929,66
	VI	**1 864,16**	443,83	443,83							

* Zur LSt-Berechnung für privat versicherte Arbeitnehmer s. Beispiele **Vorbemerkung S. 4 f.**
** Basisvorsorgepauschale KV und PV *** Typisierter Arbeitgeberzuschuss

Lohn/ Gehalt in € bis	Steuerklasse	Lohn-steuer*	BVSP**	TAGZ***	Steuerklasse	Bemessungsgrundlage für Kirchensteuer und Solidaritätszuschlag — Freibeträge für ... Kinder 0,5	1,0	1,5	2,0	2,5	3,0
6086,99	I,IV	**1352,25**	443,83	443,83	I	1206,25	1065,50	930,75	802,08	679,50	563,00
	II	**1212,58**	443,83	443,83	II	1071,58	936,58	807,66	684,83	568,00	457,25
	III	**854,33**	443,83	443,83	III	749,83	648,33	549,83	454,50	362,00	272,66
	V	**1829,16**	443,83	443,83	IV	1278,83	1206,25	1135,08	1065,50	997,33	930,75
	VI	**1865,41**	443,83	443,83							
6089,99	I,IV	**1353,41**	443,83	443,83	I	1207,33	1066,58	931,83	803,08	680,50	563,91
	II	**1213,75**	443,83	443,83	II	1072,66	937,66	808,66	685,75	568,91	458,08
	III	**855,16**	443,83	443,83	III	750,66	649,16	550,66	455,16	362,83	273,33
	V	**1830,25**	443,83	443,83	IV	1280,00	1207,33	1136,16	1066,58	998,41	931,83
	VI	**1866,58**	443,83	443,83							
6092,99	I,IV	**1354,58**	443,83	443,83	I	1208,50	1067,66	932,83	804,08	681,41	564,75
	II	**1214,83**	443,83	443,83	II	1073,75	938,66	809,66	686,75	569,83	458,91
	III	**856,00**	443,83	443,83	III	751,50	650,00	551,50	456,00	363,50	274,00
	V	**1831,41**	443,83	443,83	IV	1281,16	1208,50	1137,33	1067,66	999,50	932,83
	VI	**1867,66**	443,83	443,83							
6095,99	I,IV	**1355,75**	443,83	443,83	I	1209,58	1068,75	933,91	805,08	682,33	565,66
	II	**1216,00**	443,83	443,83	II	1074,83	939,75	810,66	687,66	570,75	459,83
	III	**856,83**	443,83	443,83	III	752,33	650,83	552,16	456,66	364,16	274,66
	V	**1832,58**	443,83	443,83	IV	1282,33	1209,58	1138,41	1068,75	1000,58	933,91
	VI	**1868,83**	443,83	443,83							
6098,99	I,IV	**1356,91**	443,83	443,83	I	1210,75	1069,83	934,91	806,08	683,33	566,58
	II	**1217,16**	443,83	443,83	II	1075,91	940,75	811,66	688,58	571,58	460,66
	III	**857,66**	443,83	443,83	III	753,16	651,50	553,00	457,33	364,83	275,33
	V	**1833,75**	443,83	443,83	IV	1283,50	1210,75	1139,50	1069,83	1001,58	934,91
	VI	**1870,00**	443,83	443,83							
6101,99	I,IV	**1358,08**	443,83	443,83	I	1211,91	1070,91	935,91	807,08	684,25	567,41
	II	**1218,25**	443,83	443,83	II	1077,00	941,83	812,66	689,58	572,50	461,50
	III	**858,50**	443,83	443,83	III	754,00	652,33	553,66	458,16	365,66	276,16
	V	**1834,91**	443,83	443,83	IV	1284,66	1211,91	1140,66	1070,91	1002,66	935,91
	VI	**1871,16**	443,83	443,83							
6104,99	I,IV	**1359,16**	443,83	443,83	I	1213,00	1072,00	937,00	808,08	685,16	568,33
	II	**1219,41**	443,83	443,83	II	1078,08	942,83	813,66	690,50	573,41	462,33
	III	**859,33**	443,83	443,83	III	754,66	653,16	554,50	458,83	366,33	276,83
	V	**1836,08**	443,83	443,83	IV	1285,83	1213,00	1141,75	1072,00	1003,75	937,00
	VI	**1872,33**	443,83	443,83							
6107,99	I,IV	**1360,33**	443,83	443,83	I	1214,16	1073,08	938,00	809,08	686,08	569,25
	II	**1220,58**	443,83	443,83	II	1079,16	943,91	814,66	691,41	574,33	463,16
	III	**860,16**	443,83	443,83	III	755,50	653,83	555,33	459,66	367,00	277,50
	V	**1837,25**	443,83	443,83	IV	1287,00	1214,16	1142,83	1073,08	1004,83	938,00
	VI	**1873,50**	443,83	443,83							
6110,99	I,IV	**1361,50**	443,83	443,83	I	1215,25	1074,16	939,08	810,08	687,08	570,16
	II	**1221,66**	443,83	443,83	II	1080,25	944,91	815,66	692,41	575,16	464,08
	III	**861,00**	443,83	443,83	III	756,33	654,66	556,00	460,33	367,83	278,16
	V	**1838,33**	443,83	443,83	IV	1288,08	1215,25	1144,00	1074,16	1005,83	939,08
	VI	**1874,66**	443,83	443,83							
6113,99	I,IV	**1362,66**	443,83	443,83	I	1216,41	1075,25	940,08	811,00	688,00	571,00
	II	**1222,83**	443,83	443,83	II	1081,33	946,00	816,66	693,33	576,08	464,91
	III	**862,00**	443,83	443,83	III	757,16	655,50	556,83	461,16	368,50	278,83
	V	**1839,50**	443,83	443,83	IV	1289,25	1216,41	1145,08	1075,25	1006,91	940,08
	VI	**1875,75**	443,83	443,83							
6116,99	I,IV	**1363,83**	443,83	443,83	I	1217,58	1076,33	941,16	812,00	688,91	571,91
	II	**1223,91**	443,83	443,83	II	1082,50	947,00	817,58	694,25	577,00	465,75
	III	**862,66**	443,83	443,83	III	758,00	656,16	557,50	461,83	369,16	279,50
	V	**1840,66**	443,83	443,83	IV	1290,41	1217,58	1146,16	1076,33	1008,00	941,16
	VI	**1876,91**	443,83	443,83							
6119,99	I,IV	**1365,00**	443,83	443,83	I	1218,66	1077,41	942,16	813,00	689,91	572,83
	II	**1225,08**	443,83	443,83	II	1083,58	948,08	818,58	695,25	577,91	466,58
	III	**863,66**	443,83	443,83	III	758,83	657,00	558,33	462,66	370,00	280,33
	V	**1841,83**	443,83	443,83	IV	1291,58	1218,66	1147,33	1077,41	1009,08	942,16
	VI	**1878,08**	443,83	443,83							

* Zur LSt-Berechnung für privat versicherte Arbeitnehmer s. Beispiele **Vorbemerkung S. 4 f.**
** Basisvorsorgepauschale KV und PV *** Typisierter Arbeitgeberzuschuss

Lohn/ Gehalt in € bis	Steuerklasse	Lohn-steuer*	BVSP**	TAGZ***	Steuerklasse	Bemessungsgrundlage für Kirchensteuer und Solidaritätszuschlag					
						Freibeträge für ... Kinder					
						0,5	**1,0**	1,5	**2,0**	2,5	**3,0**
6122,99	I,IV	**1366,16**	443,83	443,83	I	1219,83	1078,50	943,25	814,00	690,83	573,75
	II	**1226,25**	443,83	443,83	II	1084,66	949,08	819,58	696,16	578,83	467,50
	III	**864,33**	443,83	443,83	III	759,66	657,83	559,00	463,33	370,66	281,00
	V	**1843,00**	443,83	443,83	IV	1292,75	1219,83	1148,41	1078,50	1010,08	943,25
	VI	**1879,25**	443,83	443,83							
6125,99	I,IV	**1367,25**	443,83	443,83	I	1221,00	1079,58	944,25	815,00	691,75	574,66
	II	**1227,33**	443,83	443,83	II	1085,75	950,16	820,58	697,16	579,66	468,33
	III	**865,33**	443,83	443,83	III	760,50	658,66	559,83	464,16	371,33	281,66
	V	**1844,16**	443,83	443,83	IV	1293,91	1221,00	1149,50	1079,58	1011,16	944,25
	VI	**1880,41**	443,83	443,83							
6128,99	I,IV	**1368,41**	443,83	443,83	I	1222,08	1080,66	945,33	816,00	692,75	575,50
	II	**1228,50**	443,83	443,83	II	1086,83	951,16	821,58	698,08	580,58	469,16
	III	**866,00**	443,83	443,83	III	761,16	659,33	560,66	464,83	372,00	282,33
	V	**1845,33**	443,83	443,83	IV	1295,08	1222,08	1150,66	1080,66	1012,25	945,33
	VI	**1881,58**	443,83	443,83							
6131,99	I,IV	**1369,58**	443,83	443,83	I	1223,25	1081,75	946,33	817,00	693,66	576,41
	II	**1229,66**	443,83	443,83	II	1087,91	952,25	822,58	699,00	581,50	470,00
	III	**867,00**	443,83	443,83	III	762,00	660,16	561,33	465,66	372,83	283,00
	V	**1846,50**	443,83	443,83	IV	1296,16	1223,25	1151,75	1081,75	1013,33	946,33
	VI	**1882,75**	443,83	443,83							
6134,99	I,IV	**1370,75**	443,83	443,83	I	1224,33	1082,83	947,41	818,00	694,66	577,33
	II	**1230,75**	443,83	443,83	II	1089,00	953,25	823,58	700,00	582,41	470,83
	III	**867,83**	443,83	443,83	III	762,83	661,00	562,16	466,33	373,50	283,66
	V	**1847,58**	443,83	443,83	IV	1297,33	1224,33	1152,83	1082,83	1014,33	947,41
	VI	**1883,83**	443,83	443,83							
6137,99	I,IV	**1371,91**	443,83	443,83	I	1225,50	1083,91	948,41	819,00	695,58	578,25
	II	**1231,91**	443,83	443,83	II	1090,08	954,33	824,58	700,91	583,33	471,75
	III	**868,66**	443,83	443,83	III	763,66	661,83	562,83	467,00	374,16	284,50
	V	**1848,75**	443,83	443,83	IV	1298,50	1225,50	1154,00	1083,91	1015,41	948,41
	VI	**1885,00**	443,83	443,83							
6140,99	I,IV	**1373,08**	443,83	443,83	I	1226,66	1085,00	949,50	820,00	696,50	579,08
	II	**1233,08**	443,83	443,83	II	1091,16	955,33	825,58	701,83	584,16	472,58
	III	**869,50**	443,83	443,83	III	764,50	662,50	563,66	467,83	375,00	285,16
	V	**1849,91**	443,83	443,83	IV	1299,66	1226,66	1155,08	1085,00	1016,50	949,50
	VI	**1886,16**	443,83	443,83							
6143,99	I,IV	**1374,25**	443,83	443,83	I	1227,83	1086,16	950,58	821,00	697,50	580,08
	II	**1234,25**	443,83	443,83	II	1092,33	956,41	826,58	702,83	585,16	473,50
	III	**870,33**	443,83	443,83	III	765,33	663,33	564,50	468,50	375,66	285,83
	V	**1851,08**	443,83	443,83	IV	1300,83	1227,83	1156,25	1086,16	1017,58	950,58
	VI	**1887,33**	443,83	443,83							
6146,99	I,IV	**1375,41**	443,83	443,83	I	1228,91	1087,25	951,58	822,00	698,41	580,91
	II	**1235,41**	443,83	443,83	II	1093,41	957,50	827,58	703,83	586,00	474,33
	III	**871,16**	443,83	443,83	III	766,16	664,16	565,16	469,33	376,50	286,50
	V	**1852,25**	443,83	443,83	IV	1302,00	1228,91	1157,33	1087,25	1018,66	951,58
	VI	**1888,50**	443,83	443,83							
6149,99	I,IV	**1376,58**	443,83	443,83	I	1230,08	1088,33	952,66	823,00	699,41	581,83
	II	**1236,50**	443,83	443,83	II	1094,50	958,50	828,58	704,75	586,91	475,16
	III	**872,00**	443,83	443,83	III	767,00	665,00	566,00	470,00	377,16	287,16
	V	**1853,41**	443,83	443,83	IV	1303,16	1230,08	1158,50	1088,33	1019,75	952,66
	VI	**1889,66**	443,83	443,83							
6152,99	I,IV	**1377,75**	443,83	443,83	I	1231,25	1089,41	953,66	824,00	700,33	582,75
	II	**1237,66**	443,83	443,83	II	1095,58	959,58	829,58	705,66	587,83	476,00
	III	**872,83**	443,83	443,83	III	767,83	665,83	566,83	470,83	377,83	288,00
	V	**1854,58**	443,83	443,83	IV	1304,33	1231,25	1159,58	1089,41	1020,83	953,66
	VI	**1890,83**	443,83	443,83							
6155,99	I,IV	**1378,83**	443,83	443,83	I	1232,41	1090,50	954,75	825,00	701,33	583,66
	II	**1238,83**	443,83	443,83	II	1096,66	960,66	830,58	706,66	588,75	476,91
	III	**873,66**	443,83	443,83	III	768,50	666,50	567,50	471,50	378,50	288,66
	V	**1855,75**	443,83	443,83	IV	1305,50	1232,41	1160,66	1090,50	1021,83	954,75
	VI	**1892,00**	443,83	443,83							

* Zur LSt-Berechnung für privat versicherte Arbeitnehmer s. Beispiele **Vorbemerkung S. 4f.**
** Basisvorsorgepauschale KV und PV *** Typisierter Arbeitgeberzuschuss

Lohn/ Gehalt in € bis	Steuerklasse	**Lohn-steuer***	BVSP**	TAGZ***	Steuerklasse	Bemessungsgrundlage für Kirchensteuer und Solidaritätszuschlag – Freibeträge für ... Kinder 0,5	**1,0**	1,5	**2,0**	2,5	**3,0**
6158,99	I,IV	**1380,00**	443,83	443,83	I	1233,50	1091,58	955,75	826,00	702,25	584,58
	II	**1239,91**	443,83	443,83	II	1097,75	961,66	831,58	707,58	589,66	477,75
	III	**874,50**	443,83	443,83	III	769,33	667,33	568,33	472,33	379,33	289,33
	V	**1856,91**	443,83	443,83	IV	1306,66	1233,50	1161,83	1091,58	1022,91	955,75
	VI	**1893,16**	443,83	443,83							
6161,99	I,IV	**1381,16**	443,83	443,83	I	1234,66	1092,75	956,83	827,00	703,16	585,41
	II	**1241,08**	443,83	443,83	II	1098,91	962,75	832,58	708,58	590,58	478,58
	III	**875,33**	443,83	443,83	III	770,16	668,16	569,00	473,00	380,00	290,00
	V	**1858,08**	443,83	443,83	IV	1307,75	1234,66	1162,91	1092,75	1024,00	956,83
	VI	**1894,33**	443,83	443,83							
6164,99	I,IV	**1382,33**	443,83	443,83	I	1235,83	1093,83	957,83	828,00	704,16	586,33
	II	**1242,25**	443,83	443,83	II	1100,00	963,75	833,58	709,50	591,41	479,41
	III	**876,16**	443,83	443,83	III	771,00	669,00	569,83	473,83	380,66	290,66
	V	**1859,16**	443,83	443,83	IV	1308,91	1235,83	1164,08	1093,83	1025,08	957,83
	VI	**1895,50**	443,83	443,83							
6167,99	I,IV	**1383,50**	443,83	443,83	I	1236,91	1094,91	958,91	829,00	705,08	587,25
	II	**1243,41**	443,83	443,83	II	1101,08	964,83	834,58	710,50	592,33	480,33
	III	**877,00**	443,83	443,83	III	771,83	669,66	570,66	474,50	381,50	291,33
	V	**1860,33**	443,83	443,83	IV	1310,08	1236,91	1165,16	1094,91	1026,16	958,91
	VI	**1896,58**	443,83	443,83							
6170,99	I,IV	**1384,66**	443,83	443,83	I	1238,08	1096,00	960,00	830,00	706,08	588,16
	II	**1244,50**	443,83	443,83	II	1102,16	965,83	835,58	711,41	593,25	481,16
	III	**877,83**	443,83	443,83	III	772,66	670,50	571,33	475,33	382,16	292,16
	V	**1861,50**	443,83	443,83	IV	1311,25	1238,08	1166,25	1096,00	1027,25	960,00
	VI	**1897,75**	443,83	443,83							
6173,99	I,IV	**1385,83**	443,83	443,83	I	1239,25	1097,08	961,00	831,00	707,00	589,08
	II	**1245,66**	443,83	443,83	II	1103,25	966,91	836,58	712,33	594,16	482,00
	III	**878,66**	443,83	443,83	III	773,50	671,33	572,16	476,00	382,83	292,83
	V	**1862,66**	443,83	443,83	IV	1312,41	1239,25	1167,41	1097,08	1028,25	961,00
	VI	**1898,91**	443,83	443,83							
6176,99	I,IV	**1386,91**	443,83	443,83	I	1240,33	1098,16	962,08	832,00	707,91	590,00
	II	**1246,83**	443,83	443,83	II	1104,33	968,00	837,58	713,33	595,08	482,91
	III	**879,50**	443,83	443,83	III	774,33	672,16	572,83	476,83	383,66	293,50
	V	**1863,83**	443,83	443,83	IV	1313,58	1240,33	1168,50	1098,16	1029,33	962,08
	VI	**1900,08**	443,83	443,83							
6179,99	I,IV	**1388,08**	443,83	443,83	I	1241,50	1099,25	963,08	833,00	708,91	590,91
	II	**1247,91**	443,83	443,83	II	1105,41	969,00	838,58	714,25	596,00	483,75
	III	**880,33**	443,83	443,83	III	775,16	672,83	573,66	477,50	384,33	294,16
	V	**1865,00**	443,83	443,83	IV	1314,75	1241,50	1169,66	1099,25	1030,41	963,08
	VI	**1901,25**	443,83	443,83							
6182,99	I,IV	**1389,25**	443,83	443,83	I	1242,66	1100,33	964,16	834,00	709,83	591,75
	II	**1249,08**	443,83	443,83	II	1106,58	970,08	839,58	715,25	596,91	484,58
	III	**881,16**	443,83	443,83	III	776,00	673,66	574,50	478,16	385,00	294,83
	V	**1866,16**	443,83	443,83	IV	1315,83	1242,66	1170,75	1100,33	1031,50	964,16
	VI	**1902,41**	443,83	443,83							
6185,99	I,IV	**1390,41**	443,83	443,83	I	1243,83	1101,50	965,16	835,00	710,83	592,66
	II	**1250,25**	443,83	443,83	II	1107,66	971,08	840,58	716,16	597,83	485,50
	III	**882,00**	443,83	443,83	III	776,66	674,50	575,16	479,00	385,83	295,66
	V	**1867,25**	443,83	443,83	IV	1317,00	1243,83	1171,83	1101,50	1032,58	965,16
	VI	**1903,58**	443,83	443,83							
6188,99	I,IV	**1391,58**	443,83	443,83	I	1244,91	1102,58	966,25	836,00	711,75	593,58
	II	**1251,41**	443,83	443,83	II	1108,75	972,16	841,66	717,16	598,66	486,33
	III	**882,83**	443,83	443,83	III	777,50	675,33	576,00	479,66	386,50	296,33
	V	**1868,41**	443,83	443,83	IV	1318,16	1244,91	1173,00	1102,58	1033,66	966,25
	VI	**1904,66**	443,83	443,83							
6191,99	I,IV	**1392,75**	443,83	443,83	I	1246,08	1103,66	967,33	837,00	712,75	594,50
	II	**1252,50**	443,83	443,83	II	1109,83	973,25	842,66	718,08	599,58	487,16
	III	**883,66**	443,83	443,83	III	778,33	676,00	576,66	480,50	387,16	297,00
	V	**1869,58**	443,83	443,83	IV	1319,33	1246,08	1174,08	1103,66	1034,75	967,33
	VI	**1905,83**	443,83	443,83							

* Zur LSt-Berechnung für privat versicherte Arbeitnehmer s. Beispiele **Vorbemerkung S. 4f.**
** Basisvorsorgepauschale KV und PV *** Typisierter Arbeitgeberzuschuss

Lohn/ Gehalt in € bis	Steuerklasse	**Lohn-steuer***	BVSP**	TAGZ***	Steuerklasse	Bemessungsgrundlage für Kirchensteuer und Solidaritätszuschlag – Freibeträge für ... Kinder 0,5	**1,0**	1,5	**2,0**	2,5	**3,0**
6194,99	I,IV	**1 393,91**	443,83	443,83	I	1 247,25	1 104,75	968,33	838,00	713,66	595,41
	II	**1 253,66**	443,83	443,83	II	1 110,91	974,25	843,66	719,08	600,50	488,08
	III	**884,66**	443,83	443,83	III	779,16	676,83	577,50	481,16	388,00	297,66
	V	**1 870,75**	443,83	443,83	IV	1 320,50	1 247,25	1 175,25	1 104,75	1 035,83	968,33
	VI	**1 907,00**	443,83	443,83							
6197,99	I,IV	**1 395,00**	443,83	443,83	I	1 248,33	1 105,83	969,41	839,00	714,58	596,33
	II	**1 254,83**	443,83	443,83	II	1 112,08	975,33	844,66	720,00	601,41	488,91
	III	**885,33**	443,83	443,83	III	780,00	677,66	578,33	482,00	388,66	298,33
	V	**1 871,91**	443,83	443,83	IV	1 321,66	1 248,33	1 176,33	1 105,83	1 036,83	969,41
	VI	**1 908,16**	443,83	443,83							
6200,99	I,IV	**1 396,25**	443,83	443,83	I	1 249,58	1 107,00	970,50	840,00	715,58	597,25
	II	**1 256,00**	443,83	443,83	II	1 113,16	976,41	845,66	721,00	602,33	489,83
	III	**886,33**	443,83	443,83	III	780,83	678,50	579,00	482,66	389,33	299,16
	V	**1 873,08**	443,83	443,83	IV	1 322,83	1 249,58	1 177,50	1 107,00	1 038,00	970,50
	VI	**1 909,33**	443,83	443,83							
6203,99	I,IV	**1 397,41**	443,83	443,83	I	1 250,66	1 108,08	971,50	841,00	716,58	598,16
	II	**1 257,16**	443,83	443,83	II	1 114,25	977,41	846,66	721,91	603,25	490,66
	III	**887,16**	443,83	443,83	III	781,66	679,33	579,83	483,50	390,16	299,83
	V	**1 874,25**	443,83	443,83	IV	1 324,00	1 250,66	1 178,66	1 108,08	1 039,08	971,50
	VI	**1 910,50**	443,83	443,83							
6206,99	I,IV	**1 398,50**	443,83	443,83	I	1 251,83	1 109,16	972,58	842,00	717,50	599,08
	II	**1 258,33**	443,83	443,83	II	1 115,41	978,50	847,66	722,91	604,16	491,50
	III	**888,00**	443,83	443,83	III	782,50	680,00	580,66	484,16	390,83	300,50
	V	**1 875,41**	443,83	443,83	IV	1 325,16	1 251,83	1 179,75	1 109,16	1 040,08	972,58
	VI	**1 911,66**	443,83	443,83							
6209,99	I,IV	**1 399,66**	443,83	443,83	I	1 253,00	1 110,25	973,66	843,00	718,50	600,00
	II	**1 259,41**	443,83	443,83	II	1 116,50	979,58	848,66	723,83	605,08	492,41
	III	**888,83**	443,83	443,83	III	783,33	680,83	581,33	485,00	391,66	301,16
	V	**1 876,58**	443,83	443,83	IV	1 326,33	1 253,00	1 180,91	1 110,25	1 041,16	973,66
	VI	**1 912,83**	443,83	443,83							
6212,99	I,IV	**1 400,83**	443,83	443,83	I	1 254,16	1 111,41	974,66	844,00	719,41	600,91
	II	**1 260,58**	443,83	443,83	II	1 117,58	980,58	849,66	724,83	606,00	493,25
	III	**889,66**	443,83	443,83	III	784,16	681,66	582,16	485,66	392,33	301,83
	V	**1 877,75**	443,83	443,83	IV	1 327,41	1 254,16	1 182,00	1 111,41	1 042,25	974,66
	VI	**1 914,00**	443,83	443,83							
6215,99	I,IV	**1 402,00**	443,83	443,83	I	1 255,25	1 112,50	975,75	845,00	720,41	601,83
	II	**1 261,75**	443,83	443,83	II	1 118,66	981,66	850,66	725,75	606,91	494,08
	III	**890,50**	443,83	443,83	III	785,00	682,50	583,00	486,50	393,00	302,66
	V	**1 878,83**	443,83	443,83	IV	1 328,58	1 255,25	1 183,16	1 112,50	1 043,33	975,75
	VI	**1 915,16**	443,83	443,83							
6218,99	I,IV	**1 403,16**	443,83	443,83	I	1 256,41	1 113,58	976,75	846,00	721,33	602,66
	II	**1 262,91**	443,83	443,83	II	1 119,75	982,75	851,66	726,75	607,83	495,00
	III	**891,33**	443,83	443,83	III	785,83	683,16	583,66	487,16	393,66	303,33
	V	**1 880,00**	443,83	443,83	IV	1 329,75	1 256,41	1 184,25	1 113,58	1 044,41	976,75
	VI	**1 916,25**	443,83	443,83							
6221,99	I,IV	**1 404,33**	443,83	443,83	I	1 257,58	1 114,66	977,83	847,08	722,33	603,58
	II	**1 264,08**	443,83	443,83	II	1 120,91	983,75	852,75	727,66	608,75	495,83
	III	**892,16**	443,83	443,83	III	786,66	684,00	584,50	488,00	394,50	304,00
	V	**1 881,16**	443,83	443,83	IV	1 330,91	1 257,58	1 185,33	1 114,66	1 045,50	977,83
	VI	**1 917,41**	443,83	443,83							
6224,99	I,IV	**1 405,50**	443,83	443,83	I	1 258,75	1 115,75	978,91	848,08	723,25	604,50
	II	**1 265,16**	443,83	443,83	II	1 122,00	984,83	853,75	728,66	609,66	496,66
	III	**893,00**	443,83	443,83	III	787,33	684,83	585,16	488,66	395,16	304,66
	V	**1 882,33**	443,83	443,83	IV	1 332,08	1 258,75	1 186,50	1 115,75	1 046,58	978,91
	VI	**1 918,58**	443,83	443,83							
6227,99	I,IV	**1 406,58**	443,83	443,83	I	1 259,91	1 116,91	979,91	849,08	724,25	605,41
	II	**1 266,33**	443,83	443,83	II	1 123,08	985,91	854,75	729,66	610,58	497,58
	III	**893,83**	443,83	443,83	III	788,16	685,66	586,00	489,50	396,00	305,50
	V	**1 883,50**	443,83	443,83	IV	1 333,25	1 259,91	1 187,58	1 116,91	1 047,66	979,91
	VI	**1 919,75**	443,83	443,83							

* Zur LSt-Berechnung für privat versicherte Arbeitnehmer s. Beispiele **Vorbemerkung S. 4f.**
** Basisvorsorgepauschale KV und PV *** Typisierter Arbeitgeberzuschuss

Lohn/ Gehalt in € bis	Steuerklasse	Lohn- steuer*	BVSP**	TAGZ***	Steuerklasse	Bemessungsgrundlage für Kirchensteuer und Solidaritätszuschlag					
						Freibeträge für ... Kinder					
						0,5	**1,0**	1,5	**2,0**	2,5	**3,0**
6 230,99	I,IV	**1 407,75**	443,83	443,83	I	1 261,00	1 118,00	981,00	850,08	725,16	606,33
	II	**1 267,50**	443,83	443,83	II	1 124,16	986,91	855,75	730,58	611,50	498,41
	III	**894,66**	443,83	443,83	III	789,00	686,33	586,83	490,16	396,66	306,16
	V	**1 884,66**	443,83	443,83	IV	1 334,41	1 261,00	1 188,75	1 118,00	1 048,75	981,00
	VI	**1 920,91**	443,83	443,83							
6 233,99	I,IV	**1 408,91**	443,83	443,83	I	1 262,16	1 119,08	982,08	851,08	726,16	607,25
	II	**1 268,66**	443,83	443,83	II	1 125,33	988,00	856,75	731,58	612,41	499,33
	III	**895,50**	443,83	443,83	III	789,83	687,16	587,50	491,00	397,33	306,83
	V	**1 885,83**	443,83	443,83	IV	1 335,50	1 262,16	1 189,83	1 119,08	1 049,83	982,08
	VI	**1 922,08**	443,83	443,83							
6 236,99	I,IV	**1 410,08**	443,83	443,83	I	1 263,33	1 120,16	983,08	852,08	727,08	608,16
	II	**1 269,83**	443,83	443,83	II	1 126,41	989,08	857,75	732,50	613,33	500,16
	III	**896,33**	443,83	443,83	III	790,66	688,00	588,33	491,66	398,00	307,50
	V	**1 886,91**	443,83	443,83	IV	1 336,66	1 263,33	1 191,00	1 120,16	1 050,91	983,08
	VI	**1 923,25**	443,83	443,83							
6 239,99	I,IV	**1 411,25**	443,83	443,83	I	1 264,50	1 121,33	984,16	853,08	728,08	609,08
	II	**1 271,00**	443,83	443,83	II	1 127,50	990,08	858,75	733,50	614,25	501,00
	III	**897,16**	443,83	443,83	III	791,50	688,83	589,16	492,50	398,83	308,16
	V	**1 888,08**	443,83	443,83	IV	1 337,83	1 264,50	1 192,16	1 121,33	1 052,00	984,16
	VI	**1 924,33**	443,83	443,83							
6 242,99	I,IV	**1 412,41**	443,83	443,83	I	1 265,66	1 122,41	985,25	854,08	729,00	610,00
	II	**1 272,08**	443,83	443,83	II	1 128,58	991,16	859,75	734,41	615,16	501,91
	III	**898,00**	443,83	443,83	III	792,33	689,50	589,83	493,16	399,50	308,83
	V	**1 889,25**	443,83	443,83	IV	1 339,00	1 265,66	1 193,25	1 122,41	1 053,08	985,25
	VI	**1 925,50**	443,83	443,83							
6 245,99	I,IV	**1 413,58**	443,83	443,83	I	1 266,75	1 123,50	986,25	855,08	730,00	610,91
	II	**1 273,25**	443,83	443,83	II	1 129,75	992,25	860,75	735,41	616,08	502,75
	III	**899,00**	443,83	443,83	III	793,16	690,33	590,66	494,00	400,33	309,66
	V	**1 890,41**	443,83	443,83	IV	1 340,16	1 266,75	1 194,41	1 123,50	1 054,16	986,25
	VI	**1 926,66**	443,83	443,83							
6 248,99	I,IV	**1 414,75**	443,83	443,83	I	1 267,91	1 124,58	987,33	856,08	730,91	611,83
	II	**1 274,41**	443,83	443,83	II	1 130,83	993,25	861,83	736,33	617,00	503,66
	III	**899,83**	443,83	443,83	III	794,00	691,16	591,33	494,66	401,00	310,33
	V	**1 891,58**	443,83	443,83	IV	1 341,33	1 267,91	1 195,50	1 124,58	1 055,25	987,33
	VI	**1 927,83**	443,83	443,83							
6 251,99	I,IV	**1 415,83**	443,83	443,83	I	1 269,08	1 125,66	988,41	857,08	731,91	612,75
	II	**1 275,58**	443,83	443,83	II	1 131,91	994,33	862,83	737,33	617,91	504,50
	III	**900,66**	443,83	443,83	III	794,83	692,00	592,16	495,50	401,66	311,00
	V	**1 892,75**	443,83	443,83	IV	1 342,50	1 269,08	1 196,66	1 125,66	1 056,25	988,41
	VI	**1 929,00**	443,83	443,83							
6 254,99	I,IV	**1 417,08**	443,83	443,83	I	1 270,25	1 126,83	989,50	858,16	732,91	613,66
	II	**1 276,75**	443,83	443,83	II	1 133,08	995,41	863,83	738,33	618,83	505,41
	III	**901,50**	443,83	443,83	III	795,66	692,83	593,00	496,16	402,50	311,66
	V	**1 893,91**	443,83	443,83	IV	1 343,66	1 270,25	1 197,83	1 126,83	1 057,41	989,50
	VI	**1 930,16**	443,83	443,83							
6 257,99	I,IV	**1 418,25**	443,83	443,83	I	1 271,41	1 127,91	990,50	859,16	733,83	614,58
	II	**1 277,91**	443,83	443,83	II	1 134,16	996,50	864,83	739,25	619,75	506,25
	III	**902,33**	443,83	443,83	III	796,50	693,66	593,83	497,00	403,16	312,50
	V	**1 895,08**	443,83	443,83	IV	1 344,83	1 271,41	1 198,91	1 127,91	1 058,50	990,50
	VI	**1 931,33**	443,83	443,83							
6 260,99	I,IV	**1 419,33**	443,83	443,83	I	1 272,58	1 129,08	991,58	860,16	734,83	615,50
	II	**1 279,08**	443,83	443,83	II	1 135,25	997,58	865,83	740,25	620,66	507,16
	III	**903,16**	443,83	443,83	III	797,33	694,33	594,50	497,66	404,00	313,16
	V	**1 896,25**	443,83	443,83	IV	1 346,00	1 272,58	1 200,08	1 129,08	1 059,58	991,58
	VI	**1 932,50**	443,83	443,83							
6 263,99	I,IV	**1 420,50**	443,83	443,83	I	1 273,75	1 130,16	992,66	861,16	735,75	616,41
	II	**1 280,25**	443,83	443,83	II	1 136,41	998,58	866,91	741,25	621,58	508,00
	III	**904,00**	443,83	443,83	III	798,00	695,16	595,33	498,50	404,66	313,83
	V	**1 897,41**	443,83	443,83	IV	1 347,08	1 273,75	1 201,16	1 130,16	1 060,66	992,66
	VI	**1 933,66**	443,83	443,83							

* Zur LSt-Berechnung für privat versicherte Arbeitnehmer s. Beispiele **Vorbemerkung S. 4 f.**
** Basisvorsorgepauschale KV und PV *** Typisierter Arbeitgeberzuschuss

Lohn/ Gehalt in € bis	Steuerklasse	Lohn-steuer*	BVSP**	TAGZ***	Steuerklasse	Bemessungsgrundlage für Kirchensteuer und Solidaritätszuschlag					
						Freibeträge für ... Kinder					
						0,5	**1,0**	1,5	**2,0**	2,5	**3,0**
6266,99	I,IV	**1421,66**	443,83	443,83	I	1274,91	1131,25	993,66	862,16	736,75	617,33
	II	**1281,41**	443,83	443,83	II	1137,50	999,66	867,91	742,16	622,50	508,91
	III	**904,83**	443,83	443,83	III	799,00	696,00	596,16	499,16	405,33	314,50
	V	**1898,50**	443,83	443,83	IV	1348,25	1274,91	1202,33	1131,25	1061,75	993,66
	VI	**1934,83**	443,83	443,83							
6269,99	I,IV	**1422,83**	443,83	443,83	I	1276,00	1132,33	994,75	863,16	737,66	618,25
	II	**1282,58**	443,83	443,83	II	1138,58	1000,75	868,91	743,16	623,41	509,75
	III	**905,66**	443,83	443,83	III	799,66	696,83	596,83	500,00	406,16	315,16
	V	**1899,66**	443,83	443,83	IV	1349,41	1276,00	1203,41	1132,33	1062,83	994,75
	VI	**1935,91**	443,83	443,83							
6272,99	I,IV	**1424,00**	443,83	443,83	I	1277,16	1133,50	995,83	864,25	738,66	619,16
	II	**1283,66**	443,83	443,83	II	1139,75	1001,83	869,91	744,08	624,33	510,58
	III	**906,50**	443,83	443,83	III	800,50	697,66	597,66	500,66	406,83	316,00
	V	**1900,83**	443,83	443,83	IV	1350,58	1277,16	1204,58	1133,50	1063,91	995,83
	VI	**1937,08**	443,83	443,83							
6275,99	I,IV	**1425,16**	443,83	443,83	I	1278,33	1134,58	996,91	865,25	739,66	620,08
	II	**1284,83**	443,83	443,83	II	1140,83	1002,83	870,91	745,08	625,25	511,50
	III	**907,33**	443,83	443,83	III	801,33	698,33	598,33	501,50	407,50	316,66
	V	**1902,00**	443,83	443,83	IV	1351,75	1278,33	1205,66	1134,58	1065,00	996,91
	VI	**1938,25**	443,83	443,83							
6278,99	I,IV	**1426,33**	443,83	443,83	I	1279,50	1135,66	997,91	866,25	740,58	621,00
	II	**1286,00**	443,83	443,83	II	1141,91	1003,91	871,91	746,00	626,16	512,33
	III	**908,33**	443,83	443,83	III	802,16	699,16	599,16	502,16	408,33	317,33
	V	**1903,16**	443,83	443,83	IV	1352,91	1279,50	1206,83	1135,66	1066,08	997,91
	VI	**1939,41**	443,83	443,83							
6281,99	I,IV	**1427,41**	443,83	443,83	I	1280,66	1136,83	999,00	867,25	741,58	621,91
	II	**1287,16**	443,83	443,83	II	1143,08	1005,00	873,00	747,00	627,08	513,25
	III	**909,00**	443,83	443,83	III	803,00	700,00	600,00	503,00	409,00	318,00
	V	**1904,33**	443,83	443,83	IV	1354,08	1280,66	1208,00	1136,83	1067,16	999,00
	VI	**1940,58**	443,83	443,83							
6284,99	I,IV	**1428,58**	443,83	443,83	I	1281,83	1137,91	1000,08	868,25	742,50	622,83
	II	**1288,33**	443,83	443,83	II	1144,16	1006,08	874,00	748,00	628,00	514,08
	III	**910,00**	443,83	443,83	III	803,83	700,83	600,66	503,66	409,66	318,83
	V	**1905,50**	443,83	443,83	IV	1355,25	1281,83	1209,08	1137,91	1068,25	1000,08
	VI	**1941,75**	443,83	443,83							
6287,99	I,IV	**1429,75**	443,83	443,83	I	1283,00	1139,00	1001,08	869,25	743,50	623,75
	II	**1289,50**	443,83	443,83	II	1145,25	1007,08	875,00	748,91	628,91	515,00
	III	**910,83**	443,83	443,83	III	804,66	701,50	601,50	504,50	410,50	319,50
	V	**1906,58**	443,83	443,83	IV	1356,33	1283,00	1210,25	1139,00	1069,33	1001,08
	VI	**1942,91**	443,83	443,83							
6290,99	I,IV	**1430,91**	443,83	443,83	I	1284,08	1140,16	1002,16	870,33	744,41	624,66
	II	**1290,66**	443,83	443,83	II	1146,41	1008,16	876,00	749,91	629,83	515,83
	III	**911,66**	443,83	443,83	III	805,50	702,33	602,33	505,16	411,16	320,16
	V	**1907,75**	443,83	443,83	IV	1357,50	1284,08	1211,33	1140,16	1070,41	1002,16
	VI	**1944,00**	443,83	443,83							
6293,99	I,IV	**1432,08**	443,83	443,83	I	1285,25	1141,25	1003,25	871,33	745,41	625,58
	II	**1291,75**	443,83	443,83	II	1147,50	1009,25	877,00	750,91	630,75	516,75
	III	**912,50**	443,83	443,83	III	806,33	703,16	603,00	506,00	411,83	320,83
	V	**1908,91**	443,83	443,83	IV	1358,66	1285,25	1212,50	1141,25	1071,50	1003,25
	VI	**1945,16**	443,83	443,83							
6296,99	I,IV	**1433,25**	443,83	443,83	I	1286,41	1142,33	1004,33	872,33	746,41	626,50
	II	**1292,91**	443,83	443,83	II	1148,58	1010,33	878,08	751,83	631,66	517,58
	III	**913,33**	443,83	443,83	III	807,16	704,00	603,83	506,66	412,66	321,66
	V	**1910,08**	443,83	443,83	IV	1359,83	1286,41	1213,66	1142,33	1072,58	1004,33
	VI	**1946,33**	443,83	443,83							
6299,99	I,IV	**1434,41**	443,83	443,83	I	1287,58	1143,41	1005,33	873,33	747,33	627,41
	II	**1294,08**	443,83	443,83	II	1149,75	1011,33	879,08	752,83	632,58	518,50
	III	**914,16**	443,83	443,83	III	808,00	704,83	604,66	507,50	413,33	322,33
	V	**1911,25**	443,83	443,83	IV	1361,00	1287,58	1214,75	1143,41	1073,66	1005,33
	VI	**1947,50**	443,83	443,83							

* Zur LSt-Berechnung für privat versicherte Arbeitnehmer s. Beispiele **Vorbemerkung S. 4f.**
** Basisvorsorgepauschale KV und PV *** Typisierter Arbeitgeberzuschuss

Lohn/ Gehalt in € bis	Steuerklasse	Lohn-steuer*	BVSP**	TAGZ***	Steuerklasse	Bemessungsgrundlage für Kirchensteuer und Solidaritätszuschlag – Freibeträge für ... Kinder 0,5	**1,0**	1,5	**2,0**	2,5	**3,0**
6302,99	I,IV	**1435,50**	443,83	443,83	I	1288,75	1144,58	1006,41	874,33	748,33	628,33
	II	**1295,25**	443,83	443,83	II	1150,83	1012,41	880,08	753,75	633,50	519,33
	III	**915,00**	443,83	443,83	III	808,83	705,66	605,33	508,16	414,16	323,00
	V	**1912,41**	443,83	443,83	IV	1362,16	1288,75	1215,91	1144,58	1074,75	1006,41
	VI	**1948,66**	443,83	443,83							
6305,99	I,IV	**1436,66**	443,83	443,83	I	1289,91	1145,66	1007,50	875,33	749,33	629,25
	II	**1296,41**	443,83	443,83	II	1151,91	1013,50	881,08	754,75	634,50	520,25
	III	**915,83**	443,83	443,83	III	809,66	706,33	606,16	509,00	414,83	323,66
	V	**1913,58**	443,83	443,83	IV	1363,33	1289,91	1217,00	1145,66	1075,83	1007,50
	VI	**1949,83**	443,83	443,83							
6308,99	I,IV	**1437,83**	443,83	443,83	I	1291,08	1146,75	1008,58	876,41	750,25	630,16
	II	**1297,58**	443,83	443,83	II	1153,08	1014,58	882,08	755,75	635,41	521,08
	III	**916,66**	443,83	443,83	III	810,50	707,16	607,00	509,83	415,50	324,33
	V	**1914,75**	443,83	443,83	IV	1364,41	1291,08	1218,16	1146,75	1076,91	1008,58
	VI	**1951,00**	443,83	443,83							
6311,99	I,IV	**1439,00**	443,83	443,83	I	1292,25	1147,91	1009,66	877,41	751,25	631,16
	II	**1298,75**	443,83	443,83	II	1154,16	1015,66	883,16	756,75	636,33	522,00
	III	**917,66**	443,83	443,83	III	811,33	708,00	607,83	510,50	416,33	325,16
	V	**1915,91**	443,83	443,83	IV	1365,66	1292,25	1219,33	1147,91	1078,00	1009,66
	VI	**1952,16**	443,83	443,83							
6314,99	I,IV	**1440,16**	443,83	443,83	I	1293,41	1149,08	1010,75	878,41	752,25	632,08
	II	**1299,91**	443,83	443,83	II	1155,33	1016,75	884,16	757,66	637,25	522,91
	III	**918,50**	443,83	443,83	III	812,16	708,83	608,50	511,33	417,00	325,83
	V	**1917,08**	443,83	443,83	IV	1366,83	1293,41	1220,50	1149,08	1079,16	1010,75
	VI	**1953,33**	443,83	443,83							
6317,99	I,IV	**1441,33**	443,83	443,83	I	1294,58	1150,16	1011,75	879,50	753,16	633,00
	II	**1301,08**	443,83	443,83	II	1156,41	1017,83	885,16	758,66	638,16	523,75
	III	**919,33**	443,83	443,83	III	813,00	709,66	609,33	512,00	417,83	326,50
	V	**1918,25**	443,83	443,83	IV	1367,91	1294,58	1221,58	1150,16	1080,25	1011,75
	VI	**1954,50**	443,83	443,83							
6320,99	I,IV	**1442,50**	443,83	443,83	I	1295,75	1151,25	1012,83	880,50	754,16	633,91
	II	**1302,25**	443,83	443,83	II	1157,58	1018,83	886,25	759,66	639,08	524,66
	III	**920,16**	443,83	443,83	III	813,66	710,33	610,00	512,83	418,50	327,16
	V	**1919,33**	443,83	443,83	IV	1369,08	1295,75	1222,75	1151,25	1081,33	1012,83
	VI	**1955,58**	443,83	443,83							
6323,99	I,IV	**1443,66**	443,83	443,83	I	1296,83	1152,41	1013,91	881,50	755,16	634,83
	II	**1303,33**	443,83	443,83	II	1158,66	1019,91	887,25	760,58	640,00	525,50
	III	**921,00**	443,83	443,83	III	814,66	711,16	610,83	513,50	419,16	328,00
	V	**1920,50**	443,83	443,83	IV	1370,25	1296,83	1223,91	1152,41	1082,41	1013,91
	VI	**1956,75**	443,83	443,83							
6326,99	I,IV	**1444,83**	443,83	443,83	I	1298,00	1153,50	1015,00	882,50	756,08	635,75
	II	**1304,50**	443,83	443,83	II	1159,75	1021,00	888,25	761,58	641,00	526,41
	III	**921,83**	443,83	443,83	III	815,33	712,00	611,66	514,33	420,00	328,66
	V	**1921,66**	443,83	443,83	IV	1371,41	1298,00	1225,00	1153,50	1083,50	1015,00
	VI	**1957,91**	443,83	443,83							
6329,99	I,IV	**1446,00**	443,83	443,83	I	1299,16	1154,58	1016,08	883,50	757,08	636,66
	II	**1305,66**	443,83	443,83	II	1160,91	1022,08	889,25	762,58	641,91	527,25
	III	**922,66**	443,83	443,83	III	816,16	712,83	612,50	515,00	420,66	329,33
	V	**1922,83**	443,83	443,83	IV	1372,58	1299,16	1226,16	1154,58	1084,58	1016,08
	VI	**1959,08**	443,83	443,83							
6332,99	I,IV	**1447,08**	443,83	443,83	I	1300,33	1155,75	1017,08	884,58	758,08	637,58
	II	**1306,83**	443,83	443,83	II	1162,00	1023,16	890,33	763,50	642,83	528,16
	III	**923,50**	443,83	443,83	III	817,00	713,66	613,16	515,83	421,33	330,00
	V	**1924,00**	443,83	443,83	IV	1373,75	1300,33	1227,33	1155,75	1085,66	1017,08
	VI	**1960,25**	443,83	443,83							
6335,99	I,IV	**1448,25**	443,83	443,83	I	1301,50	1156,83	1018,16	885,58	759,00	638,50
	II	**1308,00**	443,83	443,83	II	1163,16	1024,16	891,33	764,50	643,75	529,00
	III	**924,33**	443,83	443,83	III	817,83	714,50	614,00	516,50	422,16	330,83
	V	**1925,16**	443,83	443,83	IV	1374,91	1301,50	1228,41	1156,83	1086,75	1018,16
	VI	**1961,41**	443,83	443,83							

* Zur LSt-Berechnung für privat versicherte Arbeitnehmer s. Beispiele **Vorbemerkung S. 4 f.**
** Basisvorsorgepauschale KV und PV *** Typisierter Arbeitgeberzuschuss

Lohn/ Gehalt in € bis	Steuerklasse	Lohn-steuer*	BVSP**	TAGZ***	Steuerklasse	Bemessungsgrundlage für Kirchensteuer und Solidaritätszuschlag					
						Freibeträge für ... Kinder					
						0,5	**1,0**	1,5	**2,0**	2,5	**3,0**
6338,99	I,IV	**1449,41**	443,83	443,83	I	1302,66	1157,91	1019,25	886,58	760,00	639,41
	II	**1309,16**	443,83	443,83	II	1164,25	1025,25	892,33	765,50	644,66	529,91
	III	**925,16**	443,83	443,83	III	818,66	715,16	614,66	517,33	422,83	331,50
	V	**1926,33**	443,83	443,83	IV	1376,00	1302,66	1229,58	1157,91	1087,83	1019,25
	VI	**1962,58**	443,83	443,83							
6341,99	I,IV	**1450,58**	443,83	443,83	I	1303,83	1159,08	1020,33	887,58	761,00	640,33
	II	**1310,33**	443,83	443,83	II	1165,33	1026,33	893,33	766,41	645,58	530,75
	III	**926,16**	443,83	443,83	III	819,50	716,00	615,50	518,00	423,66	332,16
	V	**1927,41**	443,83	443,83	IV	1377,16	1303,83	1230,75	1159,08	1088,91	1020,33
	VI	**1963,75**	443,83	443,83							
6344,99	I,IV	**1451,75**	443,83	443,83	I	1304,91	1160,16	1021,41	888,66	761,91	641,33
	II	**1311,50**	443,83	443,83	II	1166,50	1027,41	894,41	767,41	646,50	531,66
	III	**927,00**	443,83	443,83	III	820,33	716,83	616,33	518,83	424,33	332,83
	V	**1928,58**	443,83	443,83	IV	1378,33	1304,91	1231,83	1160,16	1090,00	1021,41
	VI	**1964,83**	443,83	443,83							
6347,99	I,IV	**1452,91**	443,83	443,83	I	1306,08	1161,33	1022,41	889,66	762,91	642,25
	II	**1312,58**	443,83	443,83	II	1167,58	1028,50	895,41	768,41	647,41	532,50
	III	**927,83**	443,83	443,83	III	821,16	717,66	617,16	519,50	425,16	333,66
	V	**1929,75**	443,83	443,83	IV	1379,50	1306,08	1233,00	1161,33	1091,08	1022,41
	VI	**1966,00**	443,83	443,83							
6350,99	I,IV	**1454,08**	443,83	443,83	I	1307,25	1162,41	1023,50	890,66	763,91	643,16
	II	**1313,75**	443,83	443,83	II	1168,75	1029,58	896,41	769,41	648,33	533,41
	III	**928,66**	443,83	443,83	III	822,00	718,33	617,83	520,33	425,83	334,33
	V	**1930,91**	443,83	443,83	IV	1380,66	1307,25	1234,16	1162,41	1092,25	1023,50
	VI	**1967,16**	443,83	443,83							
6353,99	I,IV	**1455,16**	443,83	443,83	I	1308,41	1163,50	1024,58	891,66	764,83	644,08
	II	**1314,91**	443,83	443,83	II	1169,83	1030,66	897,50	770,33	649,33	534,33
	III	**929,50**	443,83	443,83	III	822,83	719,16	618,66	521,16	426,50	335,00
	V	**1932,08**	443,83	443,83	IV	1381,83	1308,41	1235,25	1163,50	1093,33	1024,58
	VI	**1968,33**	443,83	443,83							
6356,99	I,IV	**1456,33**	443,83	443,83	I	1309,58	1164,66	1025,66	892,75	765,83	645,00
	II	**1316,08**	443,83	443,83	II	1171,00	1031,66	898,50	771,33	650,25	535,16
	III	**930,33**	443,83	443,83	III	823,66	720,00	619,33	521,83	427,33	335,66
	V	**1933,25**	443,83	443,83	IV	1383,00	1309,58	1236,41	1164,66	1094,41	1025,66
	VI	**1969,50**	443,83	443,83							
6359,99	I,IV	**1457,50**	443,83	443,83	I	1310,75	1165,75	1026,75	893,75	766,83	645,91
	II	**1317,25**	443,83	443,83	II	1172,08	1032,75	899,50	772,33	651,16	536,08
	III	**931,16**	443,83	443,83	III	824,50	720,83	620,16	522,66	428,00	336,50
	V	**1934,41**	443,83	443,83	IV	1384,08	1310,75	1237,58	1165,75	1095,50	1026,75
	VI	**1970,66**	443,83	443,83							
6362,99	I,IV	**1458,66**	443,83	443,83	I	1311,91	1166,91	1027,83	894,75	767,75	646,83
	II	**1318,41**	443,83	443,83	II	1173,16	1033,83	900,50	773,25	652,08	536,91
	III	**932,00**	443,83	443,83	III	825,33	721,66	621,00	523,33	428,66	337,16
	V	**1935,50**	443,83	443,83	IV	1385,25	1311,91	1238,66	1166,91	1096,58	1027,83
	VI	**1971,83**	443,83	443,83							
6365,99	I,IV	**1459,83**	443,83	443,83	I	1313,08	1168,08	1028,91	895,83	768,75	647,83
	II	**1319,58**	443,83	443,83	II	1174,33	1034,91	901,58	774,33	653,08	537,83
	III	**932,83**	443,83	443,83	III	826,16	722,50	621,83	524,16	429,50	337,83
	V	**1936,75**	443,83	443,83	IV	1386,50	1313,08	1239,91	1168,08	1097,75	1028,91
	VI	**1973,00**	443,83	443,83							
6368,99	I,IV	**1461,00**	443,83	443,83	I	1314,25	1169,16	1030,00	896,83	769,75	648,75
	II	**1320,75**	443,83	443,83	II	1175,50	1036,00	902,58	775,25	654,00	538,75
	III	**933,83**	443,83	443,83	III	827,00	723,33	622,50	524,83	430,16	338,66
	V	**1937,91**	443,83	443,83	IV	1387,58	1314,25	1241,00	1169,16	1098,83	1030,00
	VI	**1974,16**	443,83	443,83							
6371,99	I,IV	**1462,16**	443,83	443,83	I	1315,41	1170,25	1031,08	897,83	770,75	649,66
	II	**1321,91**	443,83	443,83	II	1176,58	1037,08	903,66	776,25	654,91	539,58
	III	**934,66**	443,83	443,83	III	827,83	724,00	623,33	525,66	431,00	339,33
	V	**1939,00**	443,83	443,83	IV	1388,75	1315,41	1242,16	1170,25	1099,91	1031,08
	VI	**1975,33**	443,83	443,83							

* Zur LSt-Berechnung für privat versicherte Arbeitnehmer s. Beispiele **Vorbemerkung S. 4f.**
** Basisvorsorgepauschale KV und PV *** Typisierter Arbeitgeberzuschuss

Lohn/ Gehalt in € bis	Steuerklasse	Lohn-steuer*	BVSP**	TAGZ***	Steuerklasse	Bemessungsgrundlage für Kirchensteuer und Solidaritätszuschlag — Freibeträge für ... Kinder 0,5	1,0	1,5	2,0	2,5	3,0
6 374,99	I,IV	**1 463,33**	443,83	443,83	I	1 316,50	1 171,41	1 032,08	898,91	771,75	650,58
	II	**1 323,08**	443,83	443,83	II	1 177,75	1 038,16	904,66	777,25	655,83	540,50
	III	**935,50**	443,83	443,83	III	828,66	724,83	624,16	526,33	431,66	340,00
	V	**1 940,16**	443,83	443,83	IV	1 389,91	1 316,50	1 243,33	1 171,41	1 101,00	1 032,08
	VI	**1 976,41**	443,83	443,83							
6 377,99	I,IV	**1 464,50**	443,83	443,83	I	1 317,66	1 172,50	1 033,16	899,91	772,66	651,50
	II	**1 324,16**	443,83	443,83	II	1 178,83	1 039,25	905,66	778,25	656,75	541,41
	III	**936,33**	443,83	443,83	III	829,50	725,66	624,83	527,16	432,33	340,66
	V	**1 941,33**	443,83	443,83	IV	1 391,08	1 317,66	1 244,41	1 172,50	1 102,08	1 033,16
	VI	**1 977,58**	443,83	443,83							
6 380,99	I,IV	**1 465,66**	443,83	443,83	I	1 318,83	1 173,66	1 034,25	900,91	773,66	652,41
	II	**1 325,33**	443,83	443,83	II	1 180,00	1 040,33	906,75	779,16	657,66	542,25
	III	**937,16**	443,83	443,83	III	830,33	726,50	625,66	528,00	433,16	341,50
	V	**1 942,50**	443,83	443,83	IV	1 392,25	1 318,83	1 245,58	1 173,66	1 103,16	1 034,25
	VI	**1 978,75**	443,83	443,83							
6 383,99	I,IV	**1 466,75**	443,83	443,83	I	1 320,00	1 174,75	1 035,33	902,00	774,66	653,41
	II	**1 326,50**	443,83	443,83	II	1 181,08	1 041,41	907,75	780,16	658,66	543,16
	III	**938,00**	443,83	443,83	III	831,16	727,33	626,50	528,66	433,83	342,16
	V	**1 943,66**	443,83	443,83	IV	1 393,41	1 320,00	1 246,75	1 174,75	1 104,33	1 035,33
	VI	**1 979,91**	443,83	443,83							
6 386,99	I,IV	**1 467,91**	443,83	443,83	I	1 321,16	1 175,91	1 036,41	903,00	775,66	654,33
	II	**1 327,66**	443,83	443,83	II	1 182,16	1 042,50	908,75	781,16	659,58	544,00
	III	**938,83**	443,83	443,83	III	832,00	728,16	627,33	529,50	434,66	342,83
	V	**1 944,83**	443,83	443,83	IV	1 394,58	1 321,16	1 247,91	1 175,91	1 105,41	1 036,41
	VI	**1 981,08**	443,83	443,83							
6 389,99	I,IV	**1 469,08**	443,83	443,83	I	1 322,33	1 177,00	1 037,50	904,00	776,58	655,25
	II	**1 328,83**	443,83	443,83	II	1 183,33	1 043,58	909,83	782,16	660,50	544,91
	III	**939,66**	443,83	443,83	III	832,83	728,83	628,00	530,16	435,33	343,50
	V	**1 946,00**	443,83	443,83	IV	1 395,66	1 322,33	1 249,00	1 177,00	1 106,50	1 037,50
	VI	**1 982,25**	443,83	443,83							
6 392,99	I,IV	**1 470,25**	443,83	443,83	I	1 323,50	1 178,08	1 038,58	905,08	777,58	656,16
	II	**1 330,00**	443,83	443,83	II	1 184,41	1 044,58	910,83	783,08	661,41	545,83
	III	**940,66**	443,83	443,83	III	833,66	729,66	628,83	531,00	436,16	344,33
	V	**1 947,08**	443,83	443,83	IV	1 396,83	1 323,50	1 250,16	1 178,08	1 107,58	1 038,58
	VI	**1 983,41**	443,83	443,83							
6 395,99	I,IV	**1 471,41**	443,83	443,83	I	1 324,58	1 179,25	1 039,66	906,08	778,58	657,08
	II	**1 331,16**	443,83	443,83	II	1 185,58	1 045,66	911,83	784,08	662,33	546,66
	III	**941,50**	443,83	443,83	III	834,50	730,50	629,66	531,66	436,83	345,00
	V	**1 948,25**	443,83	443,83	IV	1 398,00	1 324,58	1 251,33	1 179,25	1 108,66	1 039,66
	VI	**1 984,50**	443,83	443,83							
6 398,99	I,IV	**1 472,58**	443,83	443,83	I	1 325,75	1 180,33	1 040,75	907,08	779,58	658,08
	II	**1 332,25**	443,83	443,83	II	1 186,66	1 046,75	912,91	785,08	663,33	547,58
	III	**942,33**	443,83	443,83	III	835,33	731,33	630,33	532,50	437,50	345,66
	V	**1 949,41**	443,83	443,83	IV	1 399,16	1 325,75	1 252,50	1 180,33	1 109,75	1 040,75
	VI	**1 985,66**	443,83	443,83							
6 401,99	I,IV	**1 473,75**	443,83	443,83	I	1 326,91	1 181,50	1 041,75	908,16	780,50	659,00
	II	**1 333,41**	443,83	443,83	II	1 187,83	1 047,83	913,91	786,08	664,25	548,50
	III	**943,16**	443,83	443,83	III	836,16	732,16	631,16	533,16	438,33	346,33
	V	**1 950,58**	443,83	443,83	IV	1 400,33	1 326,91	1 253,58	1 181,50	1 110,91	1 041,75
	VI	**1 986,83**	443,83	443,83							
6 404,99	I,IV	**1 474,83**	443,83	443,83	I	1 328,08	1 182,58	1 042,83	909,16	781,50	659,91
	II	**1 334,58**	443,83	443,83	II	1 188,91	1 048,91	915,00	787,00	665,16	549,33
	III	**944,00**	443,83	443,83	III	837,00	733,00	632,00	534,00	439,00	347,16
	V	**1 951,75**	443,83	443,83	IV	1 401,50	1 328,08	1 254,75	1 182,58	1 112,00	1 042,83
	VI	**1 988,00**	443,83	443,83							
6 407,99	I,IV	**1 476,00**	443,83	443,83	I	1 329,25	1 183,75	1 043,91	910,16	782,50	660,83
	II	**1 335,75**	443,83	443,83	II	1 190,08	1 050,00	916,00	788,00	666,08	550,25
	III	**944,83**	443,83	443,83	III	837,83	733,66	632,66	534,66	439,83	347,83
	V	**1 952,91**	443,83	443,83	IV	1 402,66	1 329,25	1 255,91	1 183,75	1 113,08	1 043,91
	VI	**1 989,16**	443,83	443,83							

* Zur LSt-Berechnung für privat versicherte Arbeitnehmer s. Beispiele **Vorbemerkung S. 4f.**
** Basisvorsorgepauschale KV und PV *** Typisierter Arbeitgeberzuschuss

Lohn/ Gehalt in € bis	Steuerklasse	**Lohnsteuer***	BVSP**	TAGZ***	Steuerklasse	Bemessungsgrundlage für Kirchensteuer und Solidaritätszuschlag – Freibeträge für ... Kinder 0,5	**1,0**	1,5	**2,0**	2,5	**3,0**
6410,99	I,IV	**1477,16**	443,83	443,83	I	1330,41	1184,83	1045,00	911,25	783,50	661,75
	II	**1336,91**	443,83	443,83	II	1191,16	1051,08	917,00	789,00	667,08	551,16
	III	**945,66**	443,83	443,83	III	838,66	734,50	633,50	535,50	440,50	348,50
	V	**1954,08**	443,83	443,83	IV	1403,75	1330,41	1257,08	1184,83	1114,16	1045,00
	VI	**1990,33**	443,83	443,83							
6413,99	I,IV	**1478,33**	443,83	443,83	I	1331,58	1186,00	1046,08	912,25	784,41	662,75
	II	**1338,08**	443,83	443,83	II	1192,33	1052,16	918,08	790,00	668,00	552,00
	III	**946,50**	443,83	443,83	III	839,50	735,33	634,33	536,16	441,16	349,16
	V	**1955,16**	443,83	443,83	IV	1404,91	1331,58	1258,16	1186,00	1115,25	1046,08
	VI	**1991,50**	443,83	443,83							
6416,99	I,IV	**1479,50**	443,83	443,83	I	1332,66	1187,08	1047,16	913,25	785,41	663,66
	II	**1339,25**	443,83	443,83	II	1193,50	1053,25	919,08	791,00	668,91	552,91
	III	**947,50**	443,83	443,83	III	840,33	736,16	635,16	537,00	442,00	350,00
	V	**1956,33**	443,83	443,83	IV	1406,08	1332,66	1259,33	1187,08	1116,41	1047,16
	VI	**1992,58**	443,83	443,83							
6419,99	I,IV	**1480,66**	443,83	443,83	I	1333,83	1188,25	1048,25	914,33	786,41	664,58
	II	**1340,33**	443,83	443,83	II	1194,58	1054,33	920,08	792,00	669,83	553,83
	III	**948,33**	443,83	443,83	III	841,16	737,00	635,83	537,83	442,66	350,66
	V	**1957,50**	443,83	443,83	IV	1407,25	1333,83	1260,50	1188,25	1117,50	1048,25
	VI	**1993,75**	443,83	443,83							
6422,99	I,IV	**1481,83**	443,83	443,83	I	1335,08	1189,41	1049,33	915,33	787,41	665,50
	II	**1341,58**	443,83	443,83	II	1195,75	1055,41	921,16	793,00	670,83	554,75
	III	**949,16**	443,83	443,83	III	842,00	737,83	636,66	538,50	443,50	351,33
	V	**1958,66**	443,83	443,83	IV	1408,41	1335,08	1261,66	1189,41	1118,58	1049,33
	VI	**1995,00**	443,83	443,83							
6425,99	I,IV	**1483,00**	443,83	443,83	I	1336,16	1190,50	1050,41	916,41	788,41	666,50
	II	**1342,75**	443,83	443,83	II	1196,91	1056,50	922,25	794,00	671,75	555,58
	III	**950,00**	443,83	443,83	III	842,83	738,66	637,50	539,33	444,16	352,16
	V	**1959,83**	443,83	443,83	IV	1409,58	1336,16	1262,83	1190,50	1119,75	1050,41
	VI	**1996,08**	443,83	443,83							
6428,99	I,IV	**1484,16**	443,83	443,83	I	1337,33	1191,66	1051,50	917,41	789,41	667,41
	II	**1343,83**	443,83	443,83	II	1198,00	1057,58	923,25	794,91	672,66	556,50
	III	**950,83**	443,83	443,83	III	843,66	739,33	638,16	540,00	445,00	352,83
	V	**1961,00**	443,83	443,83	IV	1410,75	1337,33	1264,00	1191,66	1120,83	1051,50
	VI	**1997,25**	443,83	443,83							
6431,99	I,IV	**1485,33**	443,83	443,83	I	1338,50	1192,75	1052,58	918,50	790,41	668,33
	II	**1345,00**	443,83	443,83	II	1199,16	1058,66	924,25	795,91	673,66	557,41
	III	**951,66**	443,83	443,83	III	844,50	740,16	639,00	540,83	445,66	353,50
	V	**1962,16**	443,83	443,83	IV	1411,91	1338,50	1265,16	1192,75	1121,91	1052,58
	VI	**1998,41**	443,83	443,83							
6434,99	I,IV	**1486,50**	443,83	443,83	I	1339,66	1193,91	1053,66	919,50	791,33	669,25
	II	**1346,16**	443,83	443,83	II	1200,25	1059,75	925,33	796,91	674,58	558,25
	III	**952,50**	443,83	443,83	III	845,33	741,00	639,83	541,66	446,33	354,16
	V	**1963,33**	443,83	443,83	IV	1413,08	1339,66	1266,25	1193,91	1123,00	1053,66
	VI	**1999,58**	443,83	443,83							
6437,99	I,IV	**1487,58**	443,83	443,83	I	1340,83	1195,00	1054,75	920,50	792,33	670,25
	II	**1347,33**	443,83	443,83	II	1201,41	1060,83	926,33	797,91	675,50	559,16
	III	**953,50**	443,83	443,83	III	846,16	741,83	640,66	542,33	447,16	355,00
	V	**1964,50**	443,83	443,83	IV	1414,25	1340,83	1267,41	1195,00	1124,16	1054,75
	VI	**2000,75**	443,83	443,83							
6440,99	I,IV	**1488,75**	443,83	443,83	I	1342,00	1196,16	1055,83	921,58	793,33	671,16
	II	**1348,50**	443,83	443,83	II	1202,50	1061,91	927,41	798,91	676,41	560,08
	III	**954,33**	443,83	443,83	III	847,00	742,66	641,33	543,16	447,83	355,66
	V	**1965,66**	443,83	443,83	IV	1415,33	1342,00	1268,58	1196,16	1125,25	1055,83
	VI	**2001,91**	443,83	443,83							
6443,99	I,IV	**1489,91**	443,83	443,83	I	1343,16	1197,25	1056,91	922,58	794,33	672,08
	II	**1349,66**	443,83	443,83	II	1203,66	1063,00	928,41	799,91	677,41	560,91
	III	**955,16**	443,83	443,83	III	847,83	743,50	642,16	543,83	448,66	356,33
	V	**1966,75**	443,83	443,83	IV	1416,50	1343,16	1269,75	1197,25	1126,33	1056,91
	VI	**2003,08**	443,83	443,83							

* Zur LSt-Berechnung für privat versicherte Arbeitnehmer s. Beispiele **Vorbemerkung S. 4f.**
** Basisvorsorgepauschale KV und PV *** Typisierter Arbeitgeberzuschuss

Lohn/ Gehalt in € bis	Steuerklasse	Lohn-steuer*	BVSP**	TAGZ***	Steuerklasse	Bemessungsgrundlage für Kirchensteuer und Solidaritätszuschlag – Freibeträge für ... Kinder 0,5	1,0	1,5	2,0	2,5	3,0
6446,99	I,IV	**1491,08**	443,83	443,83	I	1344,25	1198,41	1058,00	923,58	795,33	673,00
	II	**1350,83**	443,83	443,83	II	1204,75	1064,08	929,41	800,83	678,33	561,83
	III	**956,00**	443,83	443,83	III	848,66	744,33	643,00	544,66	449,33	357,16
	V	**1967,91**	443,83	443,83	IV	1417,66	1344,25	1270,91	1198,41	1127,41	1058,00
	VI	**2004,16**	443,83	443,83							
6449,99	I,IV	**1492,25**	443,83	443,83	I	1345,41	1199,58	1059,08	924,66	796,25	674,00
	II	**1351,91**	443,83	443,83	II	1205,91	1065,16	930,50	801,83	679,25	562,75
	III	**956,83**	443,83	443,83	III	849,50	745,16	643,66	545,33	450,16	357,83
	V	**1969,08**	443,83	443,83	IV	1418,83	1345,41	1272,08	1199,58	1128,58	1059,08
	VI	**2005,33**	443,83	443,83							
6452,99	I,IV	**1493,41**	443,83	443,83	I	1346,58	1200,66	1060,16	925,66	797,25	674,91
	II	**1353,08**	443,83	443,83	II	1207,08	1066,25	931,50	802,83	680,25	563,66
	III	**957,66**	443,83	443,83	III	850,33	745,83	644,50	546,16	450,83	358,50
	V	**1970,25**	443,83	443,83	IV	1420,00	1346,58	1273,16	1200,66	1129,66	1060,16
	VI	**2006,50**	443,83	443,83							
6455,99	I,IV	**1494,58**	443,83	443,83	I	1347,75	1201,83	1061,25	926,75	798,25	675,83
	II	**1354,25**	443,83	443,83	II	1208,16	1067,33	932,58	803,83	681,16	564,50
	III	**958,66**	443,83	443,83	III	851,16	746,66	645,33	547,00	451,66	359,33
	V	**1971,41**	443,83	443,83	IV	1421,16	1347,75	1274,33	1201,83	1130,75	1061,25
	VI	**2007,66**	443,83	443,83							
6458,99	I,IV	**1495,66**	443,83	443,83	I	1348,91	1202,91	1062,33	927,75	799,25	676,75
	II	**1355,41**	443,83	443,83	II	1209,33	1068,41	933,58	804,83	682,08	565,41
	III	**959,50**	443,83	443,83	III	852,00	747,50	646,00	547,66	452,33	360,00
	V	**1972,58**	443,83	443,83	IV	1422,33	1348,91	1275,50	1202,91	1131,83	1062,33
	VI	**2008,83**	443,83	443,83							
6461,99	I,IV	**1496,83**	443,83	443,83	I	1350,08	1204,08	1063,41	928,83	800,25	677,75
	II	**1356,58**	443,83	443,83	II	1210,41	1069,50	934,66	805,83	683,00	566,33
	III	**960,33**	443,83	443,83	III	852,83	748,33	646,83	548,50	453,00	360,66
	V	**1973,75**	443,83	443,83	IV	1423,50	1350,08	1276,66	1204,08	1133,00	1063,41
	VI	**2010,00**	443,83	443,83							
6464,99	I,IV	**1498,00**	443,83	443,83	I	1351,25	1205,16	1064,50	929,83	801,25	678,66
	II	**1357,75**	443,83	443,83	II	1211,58	1070,58	935,66	806,83	684,00	567,25
	III	**961,16**	443,83	443,83	III	853,66	749,16	647,66	549,16	453,83	361,33
	V	**1974,83**	443,83	443,83	IV	1424,58	1351,25	1277,83	1205,16	1134,08	1064,50
	VI	**2011,16**	443,83	443,83							
6467,99	I,IV	**1499,16**	443,83	443,83	I	1352,33	1206,33	1065,58	930,83	802,25	679,58
	II	**1358,91**	443,83	443,83	II	1212,66	1071,66	936,75	807,75	684,91	568,08
	III	**962,00**	443,83	443,83	III	854,50	750,00	648,50	550,00	454,50	362,16
	V	**1976,00**	443,83	443,83	IV	1425,75	1352,33	1279,00	1206,33	1135,16	1065,58
	VI	**2012,25**	443,83	443,83							
6470,99	I,IV	**1500,33**	443,83	443,83	I	1353,50	1207,41	1066,66	931,91	803,16	680,58
	II	**1360,00**	443,83	443,83	II	1213,83	1072,75	937,75	808,75	685,83	569,00
	III	**962,83**	443,83	443,83	III	855,33	750,66	649,16	550,66	455,33	362,83
	V	**1977,16**	443,83	443,83	IV	1426,91	1353,50	1280,16	1207,41	1136,33	1066,66
	VI	**2013,41**	443,83	443,83							
6473,99	I,IV	**1501,50**	443,83	443,83	I	1354,66	1208,58	1067,75	932,91	804,16	681,50
	II	**1361,16**	443,83	443,83	II	1215,00	1073,83	938,75	809,75	686,83	569,91
	III	**963,66**	443,83	443,83	III	856,16	751,50	650,00	551,50	456,00	363,50
	V	**1978,33**	443,83	443,83	IV	1428,08	1354,66	1281,25	1208,58	1137,41	1067,75
	VI	**2014,58**	443,83	443,83							
6476,99	I,IV	**1502,66**	443,83	443,83	I	1355,83	1209,75	1068,83	934,00	805,16	682,41
	II	**1362,33**	443,83	443,83	II	1216,08	1074,91	939,83	810,75	687,75	570,83
	III	**964,50**	443,83	443,83	III	857,00	752,33	650,83	552,33	456,66	364,33
	V	**1979,50**	443,83	443,83	IV	1429,25	1355,83	1282,41	1209,75	1138,50	1068,83
	VI	**2015,75**	443,83	443,83							
6479,99	I,IV	**1503,83**	443,83	443,83	I	1357,00	1210,91	1069,91	935,08	806,16	683,41
	II	**1363,50**	443,83	443,83	II	1217,25	1076,08	940,91	811,75	688,75	571,75
	III	**965,50**	443,83	443,83	III	857,83	753,16	651,66	553,00	457,50	365,00
	V	**1980,66**	443,83	443,83	IV	1430,41	1357,00	1283,66	1210,91	1139,66	1069,91
	VI	**2016,91**	443,83	443,83							

* Zur LSt-Berechnung für privat versicherte Arbeitnehmer s. Beispiele **Vorbemerkung S. 4f.**
** Basisvorsorgepauschale KV und PV *** Typisierter Arbeitgeberzuschuss

Lohn/ Gehalt in € bis	Steuerklasse	Lohn-steuer*	BVSP**	TAGZ***	Steuerklasse	Bemessungsgrundlage für Kirchensteuer und Solidaritätszuschlag					
						Freibeträge für ... Kinder					
						0,5	**1,0**	1,5	**2,0**	2,5	**3,0**
6482,99	I,IV	**1505,00**	443,83	443,83	I	1358,16	1212,00	1071,00	936,08	807,16	684,33
	II	**1364,66**	443,83	443,83	II	1218,41	1077,16	941,91	812,75	689,66	572,58
	III	**966,33**	443,83	443,83	III	858,66	754,00	652,50	553,83	458,33	365,66
	V	**1981,83**	443,83	443,83	IV	1431,58	1358,16	1284,75	1212,00	1140,75	1071,00
	VI	**2018,08**	443,83	443,83							
6485,99	I,IV	**1506,16**	443,83	443,83	I	1359,33	1213,16	1072,08	937,08	808,16	685,33
	II	**1365,83**	443,83	443,83	II	1219,58	1078,25	943,00	813,75	690,58	573,50
	III	**967,16**	443,83	443,83	III	859,50	754,83	653,16	554,50	459,00	366,50
	V	**1983,00**	443,83	443,83	IV	1432,75	1359,33	1285,91	1213,16	1141,91	1072,08
	VI	**2019,25**	443,83	443,83							
6488,99	I,IV	**1507,25**	443,83	443,83	I	1360,50	1214,25	1073,16	938,16	809,16	686,25
	II	**1367,00**	443,83	443,83	II	1220,66	1079,33	944,00	814,75	691,58	574,41
	III	**968,00**	443,83	443,83	III	860,33	755,66	654,00	555,33	459,66	367,16
	V	**1984,16**	443,83	443,83	IV	1433,91	1360,50	1287,08	1214,25	1143,00	1073,16
	VI	**2020,41**	443,83	443,83							
6491,99	I,IV	**1508,41**	443,83	443,83	I	1361,66	1215,41	1074,25	939,16	810,16	687,16
	II	**1368,16**	443,83	443,83	II	1221,83	1080,41	945,08	815,75	692,50	575,33
	III	**968,83**	443,83	443,83	III	861,16	756,50	654,83	556,16	460,50	367,83
	V	**1985,33**	443,83	443,83	IV	1435,08	1361,66	1288,25	1215,41	1144,08	1074,25
	VI	**2021,58**	443,83	443,83							
6494,99	I,IV	**1509,58**	443,83	443,83	I	1362,83	1216,58	1075,33	940,25	811,16	688,08
	II	**1369,33**	443,83	443,83	II	1222,91	1081,50	946,08	816,75	693,41	576,16
	III	**969,83**	443,83	443,83	III	862,00	757,33	655,50	556,83	461,16	368,66
	V	**1986,50**	443,83	443,83	IV	1436,16	1362,83	1289,41	1216,58	1145,16	1075,33
	VI	**2022,75**	443,83	443,83							
6497,99	I,IV	**1510,75**	443,83	443,83	I	1364,00	1217,66	1076,41	941,25	812,16	689,08
	II	**1370,50**	443,83	443,83	II	1224,08	1082,58	947,16	817,75	694,41	577,08
	III	**970,66**	443,83	443,83	III	862,83	758,00	656,33	557,66	462,00	369,33
	V	**1987,58**	443,83	443,83	IV	1437,33	1364,00	1290,58	1217,66	1146,33	1076,41
	VI	**2023,83**	443,83	443,83							
6500,99	I,IV	**1511,91**	443,83	443,83	I	1365,08	1218,83	1077,58	942,33	813,16	690,00
	II	**1371,58**	443,83	443,83	II	1225,25	1083,66	948,16	818,75	695,33	578,00
	III	**971,50**	443,83	443,83	III	863,66	758,83	657,16	558,33	462,66	370,00
	V	**1988,75**	443,83	443,83	IV	1438,50	1365,08	1291,75	1218,83	1147,41	1077,58
	VI	**2025,00**	443,83	443,83							
6503,99	I,IV	**1513,08**	443,83	443,83	I	1366,25	1220,00	1078,66	943,33	814,16	690,91
	II	**1372,75**	443,83	443,83	II	1226,33	1084,75	949,25	819,75	696,33	578,91
	III	**972,33**	443,83	443,83	III	864,50	759,66	657,83	559,16	463,50	370,66
	V	**1989,91**	443,83	443,83	IV	1439,66	1366,25	1292,83	1220,00	1148,50	1078,66
	VI	**2026,16**	443,83	443,83							
6506,99	I,IV	**1514,25**	443,83	443,83	I	1367,41	1221,08	1079,75	944,41	815,08	691,91
	II	**1373,91**	443,83	443,83	II	1227,50	1085,83	950,25	820,75	697,25	579,83
	III	**973,16**	443,83	443,83	III	865,33	760,50	658,66	560,00	464,16	371,50
	V	**1991,08**	443,83	443,83	IV	1440,83	1367,41	1294,00	1221,08	1149,66	1079,75
	VI	**2027,33**	443,83	443,83							
6509,99	I,IV	**1515,33**	443,83	443,83	I	1368,58	1222,25	1080,83	945,41	816,08	692,83
	II	**1375,08**	443,83	443,83	II	1228,66	1086,91	951,33	821,75	698,16	580,66
	III	**974,00**	443,83	443,83	III	866,16	761,33	659,50	560,66	464,83	372,16
	V	**1992,25**	443,83	443,83	IV	1442,00	1368,58	1295,16	1222,25	1150,75	1080,83
	VI	**2028,50**	443,83	443,83							
6512,99	I,IV	**1516,50**	443,83	443,83	I	1369,75	1223,33	1081,91	946,50	817,08	693,83
	II	**1376,25**	443,83	443,83	II	1229,75	1088,08	952,33	822,75	699,16	581,58
	III	**975,00**	443,83	443,83	III	867,00	762,16	660,33	561,50	465,66	372,83
	V	**1993,41**	443,83	443,83	IV	1443,16	1369,75	1296,33	1223,33	1151,91	1081,91
	VI	**2029,66**	443,83	443,83							
6515,99	I,IV	**1517,66**	443,83	443,83	I	1370,91	1224,50	1083,00	947,50	818,08	694,75
	II	**1377,41**	443,83	443,83	II	1230,91	1089,16	953,41	823,75	700,08	582,50
	III	**975,83**	443,83	443,83	III	867,83	763,00	661,00	562,16	466,33	373,66
	V	**1994,58**	443,83	443,83	IV	1444,25	1370,91	1297,50	1224,50	1153,00	1083,00
	VI	**2030,83**	443,83	443,83							

* Zur LSt-Berechnung für privat versicherte Arbeitnehmer s. Beispiele **Vorbemerkung S. 4f.**
** Basisvorsorgepauschale KV und PV *** Typisierter Arbeitgeberzuschuss

Lohn/ Gehalt in € bis	Steuerklasse	Lohn-steuer*	BVSP**	TAGZ***	Steuerklasse	Bemessungsgrundlage für Kirchensteuer und Solidaritätszuschlag – Freibeträge für ... Kinder 0,5	1,0	1,5	2,0	2,5	3,0
6518,99	I,IV	**1518,83**	443,83	443,83	I	1372,08	1225,66	1084,08	948,58	819,08	695,66
	II	**1378,58**	443,83	443,83	II	1232,08	1090,25	954,41	824,75	701,00	583,41
	III	**976,66**	443,83	443,83	III	868,66	763,83	661,83	563,00	467,16	374,33
	V	**1995,66**	443,83	443,83	IV	1445,41	1372,08	1298,66	1225,66	1154,08	1084,08
	VI	**2032,00**	443,83	443,83							
6521,99	I,IV	**1520,00**	443,83	443,83	I	1373,16	1226,75	1085,16	949,58	820,08	696,66
	II	**1379,75**	443,83	443,83	II	1233,16	1091,33	955,50	825,75	702,00	584,33
	III	**977,50**	443,83	443,83	III	869,50	764,50	662,66	563,83	467,83	375,00
	V	**1996,83**	443,83	443,83	IV	1446,58	1373,16	1299,83	1226,75	1155,25	1085,16
	VI	**2033,08**	443,83	443,83							
6524,99	I,IV	**1521,16**	443,83	443,83	I	1374,33	1227,91	1086,25	950,66	821,08	697,58
	II	**1380,83**	443,83	443,83	II	1234,33	1092,41	956,50	826,75	702,91	585,25
	III	**978,33**	443,83	443,83	III	870,33	765,33	663,50	564,50	468,66	375,83
	V	**1998,00**	443,83	443,83	IV	1447,75	1374,33	1301,00	1227,91	1156,33	1086,25
	VI	**2034,25**	443,83	443,83							
6527,99	I,IV	**1522,33**	443,83	443,83	I	1375,50	1229,08	1087,33	951,66	822,08	698,50
	II	**1382,00**	443,83	443,83	II	1235,50	1093,50	957,58	827,66	703,91	586,08
	III	**979,16**	443,83	443,83	III	871,16	766,16	664,16	565,33	469,33	376,50
	V	**1999,16**	443,83	443,83	IV	1448,91	1375,50	1302,08	1229,08	1157,41	1087,33
	VI	**2035,41**	443,83	443,83							
6530,99	I,IV	**1523,41**	443,83	443,83	I	1376,66	1230,16	1088,41	952,75	823,08	699,50
	II	**1383,16**	443,83	443,83	II	1236,66	1094,58	958,66	828,66	704,83	587,00
	III	**980,16**	443,83	443,83	III	872,00	767,00	665,00	566,00	470,16	377,16
	V	**2000,33**	443,83	443,83	IV	1450,08	1376,66	1303,25	1230,16	1158,58	1088,41
	VI	**2036,58**	443,83	443,83							
6533,99	I,IV	**1524,66**	443,83	443,83	I	1377,83	1231,33	1089,58	953,83	824,08	700,50
	II	**1384,33**	443,83	443,83	II	1237,83	1095,75	959,66	829,75	705,83	587,91
	III	**981,00**	443,83	443,83	III	873,00	767,83	665,83	566,83	470,83	378,00
	V	**2001,50**	443,83	443,83	IV	1451,25	1377,83	1304,50	1231,33	1159,75	1089,58
	VI	**2037,75**	443,83	443,83							
6536,99	I,IV	**1525,83**	443,83	443,83	I	1379,00	1232,50	1090,66	954,83	825,08	701,41
	II	**1385,50**	443,83	443,83	II	1238,91	1096,83	960,75	830,75	706,75	588,83
	III	**981,83**	443,83	443,83	III	873,66	768,66	666,66	567,66	471,66	378,66
	V	**2002,66**	443,83	443,83	IV	1452,41	1379,00	1305,58	1232,50	1160,83	1090,66
	VI	**2038,91**	443,83	443,83							
6539,99	I,IV	**1526,91**	443,83	443,83	I	1380,16	1233,66	1091,75	955,91	826,08	702,33
	II	**1386,66**	443,83	443,83	II	1240,08	1097,91	961,83	831,75	707,75	589,75
	III	**982,66**	443,83	443,83	III	874,66	769,50	667,50	568,33	472,33	379,33
	V	**2003,83**	443,83	443,83	IV	1453,58	1380,16	1306,75	1233,66	1161,91	1091,75
	VI	**2040,08**	443,83	443,83							
6542,99	I,IV	**1528,08**	443,83	443,83	I	1381,33	1234,83	1092,83	956,91	827,08	703,33
	II	**1387,83**	443,83	443,83	II	1241,25	1099,00	962,83	832,75	708,66	590,66
	III	**983,50**	443,83	443,83	III	875,50	770,33	668,16	569,16	473,16	380,16
	V	**2005,00**	443,83	443,83	IV	1454,75	1381,33	1307,91	1234,83	1163,08	1092,83
	VI	**2041,25**	443,83	443,83							
6545,99	I,IV	**1529,25**	443,83	443,83	I	1382,50	1235,91	1093,91	958,00	828,08	704,25
	II	**1389,00**	443,83	443,83	II	1242,33	1100,08	963,91	833,75	709,58	591,58
	III	**984,50**	443,83	443,83	III	876,33	771,16	669,00	570,00	473,83	380,83
	V	**2006,16**	443,83	443,83	IV	1455,83	1382,50	1309,08	1235,91	1164,16	1093,91
	VI	**2042,41**	443,83	443,83							
6548,99	I,IV	**1530,41**	443,83	443,83	I	1383,66	1237,08	1095,00	959,00	829,08	705,25
	II	**1390,16**	443,83	443,83	II	1243,50	1101,16	964,91	834,75	710,58	592,50
	III	**985,33**	443,83	443,83	III	877,16	772,00	669,83	570,66	474,66	381,50
	V	**2007,25**	443,83	443,83	IV	1457,00	1383,66	1310,25	1237,08	1165,33	1095,00
	VI	**2043,58**	443,83	443,83							
6551,99	I,IV	**1531,58**	443,83	443,83	I	1384,75	1238,25	1096,16	960,08	830,08	706,16
	II	**1391,33**	443,83	443,83	II	1244,66	1102,33	966,00	835,75	711,50	593,41
	III	**986,16**	443,83	443,83	III	878,00	772,83	670,66	571,50	475,33	382,33
	V	**2008,41**	443,83	443,83	IV	1458,16	1384,75	1311,41	1238,25	1166,41	1096,16
	VI	**2044,66**	443,83	443,83							

* Zur LSt-Berechnung für privat versicherte Arbeitnehmer s. Beispiele **Vorbemerkung S. 4 f.**
** Basisvorsorgepauschale KV und PV *** Typisierter Arbeitgeberzuschuss

Lohn/ Gehalt in € bis	Steuerklasse	**Lohn-steuer***	BVSP**	TAGZ***	Steuerklasse	Bemessungsgrundlage für Kirchensteuer und Solidaritätszuschlag					
						Freibeträge für ... Kinder					
						0,5	**1,0**	1,5	**2,0**	2,5	**3,0**
6554,99	I,IV	**1532,75**	443,83	443,83	I	1385,91	1239,33	1097,25	961,16	831,08	707,08
	II	**1392,41**	443,83	443,83	II	1245,83	1103,41	967,00	836,75	712,50	594,25
	III	**987,00**	443,83	443,83	III	878,83	773,50	671,33	572,16	476,00	383,00
	V	**2009,58**	443,83	443,83	IV	1459,33	1385,91	1312,58	1239,33	1167,50	1097,25
	VI	**2045,83**	443,83	443,83							
6557,99	I,IV	**1533,91**	443,83	443,83	I	1387,08	1240,50	1098,33	962,16	832,08	708,08
	II	**1393,58**	443,83	443,83	II	1246,91	1104,50	968,08	837,75	713,41	595,16
	III	**987,83**	443,83	443,83	III	879,66	774,33	672,16	573,00	476,83	383,66
	V	**2010,75**	443,83	443,83	IV	1460,50	1387,08	1313,66	1240,50	1168,66	1098,33
	VI	**2047,00**	443,83	443,83							
6560,99	I,IV	**1535,00**	443,83	443,83	I	1388,25	1241,66	1099,41	963,25	833,08	709,00
	II	**1394,75**	443,83	443,83	II	1248,08	1105,58	969,16	838,75	714,41	596,08
	III	**988,66**	443,83	443,83	III	880,50	775,16	673,00	573,83	477,50	384,33
	V	**2011,91**	443,83	443,83	IV	1461,66	1388,25	1314,83	1241,66	1169,75	1099,41
	VI	**2048,16**	443,83	443,83							
6563,99	I,IV	**1536,16**	443,83	443,83	I	1389,41	1242,75	1100,50	964,25	834,08	710,00
	II	**1395,91**	443,83	443,83	II	1249,25	1106,66	970,16	839,75	715,33	597,00
	III	**989,66**	443,83	443,83	III	881,33	776,00	673,83	574,50	478,33	385,16
	V	**2013,08**	443,83	443,83	IV	1462,83	1389,41	1316,00	1242,75	1170,91	1100,50
	VI	**2049,33**	443,83	443,83							
6566,99	I,IV	**1537,33**	443,83	443,83	I	1390,58	1243,91	1101,58	965,33	835,08	710,91
	II	**1397,08**	443,83	443,83	II	1250,41	1107,75	971,25	840,75	716,33	597,91
	III	**990,50**	443,83	443,83	III	882,16	776,83	674,50	575,33	479,00	385,83
	V	**2014,25**	443,83	443,83	IV	1463,91	1390,58	1317,16	1243,91	1172,00	1101,58
	VI	**2050,50**	443,83	443,83							
6569,99	I,IV	**1538,50**	443,83	443,83	I	1391,75	1245,08	1102,66	966,33	836,08	711,91
	II	**1398,25**	443,83	443,83	II	1251,50	1108,91	972,25	841,75	717,25	598,83
	III	**991,33**	443,83	443,83	III	883,00	777,66	675,33	576,16	479,83	386,66
	V	**2015,33**	443,83	443,83	IV	1465,08	1391,75	1318,33	1245,08	1173,16	1102,66
	VI	**2051,66**	443,83	443,83							
6572,99	I,IV	**1539,66**	443,83	443,83	I	1392,83	1246,25	1103,83	967,41	837,08	712,83
	II	**1399,41**	443,83	443,83	II	1252,66	1110,00	973,33	842,75	718,25	599,75
	III	**992,16**	443,83	443,83	III	883,83	778,50	676,16	576,83	480,50	387,33
	V	**2016,50**	443,83	443,83	IV	1466,25	1392,83	1319,50	1246,25	1174,25	1103,83
	VI	**2052,75**	443,83	443,83							
6575,99	I,IV	**1540,83**	443,83	443,83	I	1394,00	1247,33	1104,91	968,50	838,08	713,75
	II	**1400,50**	443,83	443,83	II	1253,83	1111,08	974,41	843,75	719,16	600,66
	III	**993,16**	443,83	443,83	III	884,66	779,33	677,00	577,66	481,33	388,00
	V	**2017,66**	443,83	443,83	IV	1467,41	1394,00	1320,66	1247,33	1175,33	1104,91
	VI	**2053,91**	443,83	443,83							
6578,99	I,IV	**1542,00**	443,83	443,83	I	1395,16	1248,50	1106,00	969,50	839,08	714,75
	II	**1401,66**	443,83	443,83	II	1255,00	1112,16	975,41	844,75	720,16	601,58
	III	**994,00**	443,83	443,83	III	885,50	780,16	677,66	578,33	482,00	388,66
	V	**2018,83**	443,83	443,83	IV	1468,58	1395,16	1321,75	1248,50	1176,50	1106,00
	VI	**2055,08**	443,83	443,83							
6581,99	I,IV	**1543,08**	443,83	443,83	I	1396,33	1249,66	1107,08	970,58	840,08	715,66
	II	**1402,83**	443,83	443,83	II	1256,08	1113,25	976,50	845,75	721,08	602,41
	III	**994,83**	443,83	443,83	III	886,33	781,00	678,50	579,16	482,83	389,50
	V	**2020,00**	443,83	443,83	IV	1469,75	1396,33	1322,91	1249,66	1177,58	1107,08
	VI	**2056,25**	443,83	443,83							
6584,99	I,IV	**1544,25**	443,83	443,83	I	1397,50	1250,83	1108,16	971,58	841,08	716,66
	II	**1404,00**	443,83	443,83	II	1257,25	1114,41	977,58	846,75	722,00	603,33
	III	**995,66**	443,83	443,83	III	887,16	781,66	679,33	579,83	483,50	390,16
	V	**2021,16**	443,83	443,83	IV	1470,91	1397,50	1324,08	1250,83	1178,75	1108,16
	VI	**2057,41**	443,83	443,83							
6587,99	I,IV	**1545,41**	443,83	443,83	I	1398,66	1251,91	1109,25	972,66	842,08	717,58
	II	**1405,16**	443,83	443,83	II	1258,41	1115,50	978,58	847,75	723,00	604,25
	III	**996,50**	443,83	443,83	III	888,00	782,50	680,16	580,66	484,33	391,00
	V	**2022,33**	443,83	443,83	IV	1472,00	1398,66	1325,25	1251,91	1179,83	1109,25
	VI	**2058,58**	443,83	443,83							

* Zur LSt-Berechnung für privat versicherte Arbeitnehmer s. Beispiele **Vorbemerkung S. 4f.**
** Basisvorsorgepauschale KV und PV *** Typisierter Arbeitgeberzuschuss

Lohn/ Gehalt in € bis	Steuerklasse	Lohn-steuer*	BVSP**	TAGZ***	Steuerklasse	Bemessungsgrundlage für Kirchensteuer und Solidaritätszuschlag – Freibeträge für ... Kinder 0,5	1,0	1,5	2,0	2,5	3,0
6 590,99	I,IV	**1 546,58**	443,83	443,83	I	1 399,83	1 253,16	1 110,41	973,75	843,16	718,58
	II	**1 406,33**	443,83	443,83	II	1 259,58	1 116,58	979,66	848,83	724,00	605,25
	III	**997,50**	443,83	443,83	III	889,00	783,50	681,00	581,50	485,00	391,66
	V	**2 023,50**	443,83	443,83	IV	1 473,25	1 399,83	1 326,41	1 253,16	1 181,00	1 110,41
	VI	**2 059,75**	443,83	443,83							
6 593,99	I,IV	**1 547,75**	443,83	443,83	I	1 401,00	1 254,25	1 111,50	974,83	844,16	719,58
	II	**1 407,50**	443,83	443,83	II	1 260,75	1 117,75	980,75	849,83	724,91	606,08
	III	**998,33**	443,83	443,83	III	889,66	784,16	681,66	582,16	485,83	392,33
	V	**2 024,66**	443,83	443,83	IV	1 474,41	1 401,00	1 327,58	1 254,25	1 182,16	1 111,50
	VI	**2 060,91**	443,83	443,83							
6 596,99	I,IV	**1 548,91**	443,83	443,83	I	1 402,16	1 255,41	1 112,58	975,83	845,16	720,50
	II	**1 408,66**	443,83	443,83	II	1 261,91	1 118,83	981,83	850,83	725,91	607,00
	III	**999,16**	443,83	443,83	III	890,66	785,00	682,50	583,00	486,50	393,16
	V	**2 025,83**	443,83	443,83	IV	1 475,50	1 402,16	1 328,75	1 255,41	1 183,25	1 112,58
	VI	**2 062,08**	443,83	443,83							
6 599,99	I,IV	**1 550,08**	443,83	443,83	I	1 403,33	1 256,58	1 113,75	976,91	846,16	721,50
	II	**1 409,83**	443,83	443,83	II	1 263,08	1 119,91	982,83	851,83	726,83	607,91
	III	**1 000,00**	443,83	443,83	III	891,50	785,83	683,33	583,83	487,33	393,83
	V	**2 026,91**	443,83	443,83	IV	1 476,66	1 403,33	1 329,91	1 256,58	1 184,41	1 113,75
	VI	**2 063,25**	443,83	443,83							
6 602,99	I,IV	**1 551,25**	443,83	443,83	I	1 404,41	1 257,75	1 114,83	978,00	847,16	722,41
	II	**1 411,00**	443,83	443,83	II	1 264,16	1 121,00	983,91	852,83	727,83	608,83
	III	**1 000,83**	443,83	443,83	III	892,33	786,66	684,16	584,50	488,00	394,50
	V	**2 028,08**	443,83	443,83	IV	1 477,83	1 404,41	1 331,08	1 257,75	1 185,50	1 114,83
	VI	**2 064,33**	443,83	443,83							
6 605,99	I,IV	**1 552,41**	443,83	443,83	I	1 405,58	1 258,83	1 115,91	979,00	848,16	723,41
	II	**1 412,08**	443,83	443,83	II	1 265,33	1 122,16	985,00	853,83	728,75	609,75
	III	**1 001,83**	443,83	443,83	III	893,16	787,50	684,83	585,33	488,83	395,33
	V	**2 029,25**	443,83	443,83	IV	1 479,00	1 405,58	1 332,25	1 258,83	1 186,66	1 115,91
	VI	**2 065,50**	443,83	443,83							
6 608,99	I,IV	**1 553,58**	443,83	443,83	I	1 406,75	1 260,00	1 117,00	980,08	849,16	724,33
	II	**1 413,25**	443,83	443,83	II	1 266,50	1 123,25	986,00	854,83	729,75	610,66
	III	**1 002,66**	443,83	443,83	III	894,00	788,33	685,66	586,16	489,50	396,00
	V	**2 030,41**	443,83	443,83	IV	1 480,16	1 406,75	1 333,33	1 260,00	1 187,75	1 117,00
	VI	**2 066,66**	443,83	443,83							
6 611,99	I,IV	**1 554,75**	443,83	443,83	I	1 407,91	1 261,16	1 118,08	981,08	850,16	725,33
	II	**1 414,41**	443,83	443,83	II	1 267,66	1 124,33	987,08	855,83	730,66	611,58
	III	**1 003,50**	443,83	443,83	III	894,83	789,16	686,50	586,83	490,33	396,66
	V	**2 031,58**	443,83	443,83	IV	1 481,33	1 407,91	1 334,50	1 261,16	1 188,91	1 118,08
	VI	**2 067,83**	443,83	443,83							
6 614,99	I,IV	**1 555,83**	443,83	443,83	I	1 409,08	1 262,33	1 119,25	982,16	851,16	726,25
	II	**1 415,58**	443,83	443,83	II	1 268,83	1 125,41	988,16	856,83	731,66	612,50
	III	**1 004,33**	443,83	443,83	III	895,66	790,00	687,33	587,66	491,00	397,50
	V	**2 032,75**	443,83	443,83	IV	1 482,50	1 409,08	1 335,66	1 262,33	1 190,00	1 119,25
	VI	**2 069,00**	443,83	443,83							
6 617,99	I,IV	**1 557,00**	443,83	443,83	I	1 410,25	1 263,50	1 120,33	983,25	852,16	727,25
	II	**1 416,75**	443,83	443,83	II	1 269,91	1 126,58	989,16	857,91	732,66	613,41
	III	**1 005,16**	443,83	443,83	III	896,50	790,83	688,00	588,33	491,83	398,16
	V	**2 033,91**	443,83	443,83	IV	1 483,58	1 410,25	1 336,83	1 263,50	1 191,16	1 120,33
	VI	**2 070,16**	443,83	443,83							
6 620,99	I,IV	**1 558,16**	443,83	443,83	I	1 411,41	1 264,58	1 121,41	984,25	853,16	728,16
	II	**1 417,91**	443,83	443,83	II	1 271,08	1 127,66	990,25	858,91	733,58	614,33
	III	**1 006,16**	443,83	443,83	III	897,33	791,66	688,83	589,16	492,50	398,83
	V	**2 035,00**	443,83	443,83	IV	1 484,75	1 411,41	1 338,00	1 264,58	1 192,25	1 121,41
	VI	**2 071,33**	443,83	443,83							
6 623,99	I,IV	**1 559,33**	443,83	443,83	I	1 412,50	1 265,75	1 122,50	985,33	854,25	729,16
	II	**1 419,08**	443,83	443,83	II	1 272,25	1 128,75	991,33	859,91	734,58	615,25
	III	**1 007,00**	443,83	443,83	III	898,16	792,33	689,66	590,00	493,33	399,66
	V	**2 036,16**	443,83	443,83	IV	1 485,91	1 412,50	1 339,16	1 265,75	1 193,41	1 122,50
	VI	**2 072,41**	443,83	443,83							

* Zur LSt-Berechnung für privat versicherte Arbeitnehmer s. Beispiele **Vorbemerkung S. 4 f.**
** Basisvorsorgepauschale KV und PV *** Typisierter Arbeitgeberzuschuss

Lohn/ Gehalt in € bis	Steuerklasse	**Lohn-steuer***	BVSP**	TAGZ***	Steuerklasse	Bemessungsgrundlage für Kirchensteuer und Solidaritätszuschlag – Freibeträge für ... Kinder 0,5	**1,0**	1,5	**2,0**	2,5	**3,0**
6626,99	I,IV	**1560,50**	443,83	443,83	I	1413,66	1266,91	1123,66	986,41	855,25	730,08
	II	**1420,16**	443,83	443,83	II	1273,41	1129,83	992,33	860,91	735,50	616,16
	III	**1007,83**	443,83	443,83	III	899,00	793,33	690,50	590,83	494,00	400,33
	V	**2037,33**	443,83	443,83	IV	1487,08	1413,66	1340,33	1266,91	1194,50	1123,66
	VI	**2073,58**	443,83	443,83							
6629,99	I,IV	**1561,66**	443,83	443,83	I	1414,83	1268,08	1124,75	987,41	856,25	731,08
	II	**1421,33**	443,83	443,83	II	1274,58	1131,00	993,41	861,91	736,50	617,08
	III	**1008,66**	443,83	443,83	III	899,83	794,00	691,33	591,50	494,83	401,00
	V	**2038,50**	443,83	443,83	IV	1488,25	1414,83	1341,41	1268,08	1195,66	1124,75
	VI	**2074,75**	443,83	443,83							
6632,99	I,IV	**1562,83**	443,83	443,83	I	1416,00	1269,25	1125,83	988,50	857,25	732,00
	II	**1422,50**	443,83	443,83	II	1275,75	1132,08	994,50	862,91	737,41	618,00
	III	**1009,66**	443,83	443,83	III	900,66	794,83	692,16	592,33	495,50	401,83
	V	**2039,66**	443,83	443,83	IV	1489,41	1416,00	1342,58	1269,25	1196,75	1125,83
	VI	**2075,91**	443,83	443,83							
6635,99	I,IV	**1563,91**	443,83	443,83	I	1417,16	1270,33	1126,91	989,58	858,25	733,00
	II	**1423,66**	443,83	443,83	II	1276,83	1133,16	995,50	863,91	738,41	618,91
	III	**1010,50**	443,83	443,83	III	901,50	795,66	692,83	593,00	496,33	402,50
	V	**2040,83**	443,83	443,83	IV	1490,58	1417,16	1343,75	1270,33	1197,91	1126,91
	VI	**2077,08**	443,83	443,83							
6638,99	I,IV	**1565,08**	443,83	443,83	I	1418,33	1271,50	1128,08	990,66	859,25	733,91
	II	**1424,83**	443,83	443,83	II	1278,00	1134,25	996,58	864,91	739,33	619,83
	III	**1011,33**	443,83	443,83	III	902,50	796,50	693,66	593,83	497,00	403,33
	V	**2042,00**	443,83	443,83	IV	1491,75	1418,33	1344,91	1271,50	1199,00	1128,08
	VI	**2078,25**	443,83	443,83							
6641,99	I,IV	**1566,25**	443,83	443,83	I	1419,50	1272,66	1129,16	991,66	860,25	734,91
	II	**1426,00**	443,83	443,83	II	1279,16	1135,41	997,66	866,00	740,33	620,75
	III	**1012,16**	443,83	443,83	III	903,16	797,33	694,50	594,66	497,83	404,00
	V	**2043,08**	443,83	443,83	IV	1492,83	1419,50	1346,08	1272,66	1200,16	1129,16
	VI	**2079,41**	443,83	443,83							
6644,99	I,IV	**1567,41**	443,83	443,83	I	1420,66	1273,83	1130,33	992,75	861,33	735,91
	II	**1427,16**	443,83	443,83	II	1280,41	1136,50	998,75	867,00	741,33	621,66
	III	**1013,00**	443,83	443,83	III	904,16	798,16	695,33	595,33	498,50	404,66
	V	**2044,33**	443,83	443,83	IV	1494,08	1420,66	1347,25	1273,83	1201,33	1130,33
	VI	**2080,58**	443,83	443,83							
6647,99	I,IV	**1568,58**	443,83	443,83	I	1421,83	1275,00	1131,41	993,83	862,33	736,83
	II	**1428,33**	443,83	443,83	II	1281,50	1137,66	999,83	868,00	742,25	622,58
	III	**1014,00**	443,83	443,83	III	905,00	799,00	696,16	596,16	499,33	405,50
	V	**2045,50**	443,83	443,83	IV	1495,25	1421,83	1348,41	1275,00	1202,41	1131,41
	VI	**2081,75**	443,83	443,83							
6650,99	I,IV	**1569,75**	443,83	443,83	I	1423,00	1276,16	1132,50	994,91	863,33	737,83
	II	**1429,50**	443,83	443,83	II	1282,66	1138,75	1000,83	869,00	743,25	623,50
	III	**1014,83**	443,83	443,83	III	905,83	799,83	696,83	597,00	500,00	406,16
	V	**2046,58**	443,83	443,83	IV	1496,33	1423,00	1349,58	1276,16	1203,58	1132,50
	VI	**2082,91**	443,83	443,83							
6653,99	I,IV	**1570,91**	443,83	443,83	I	1424,08	1277,33	1133,58	995,91	864,33	738,75
	II	**1430,66**	443,83	443,83	II	1283,83	1139,83	1001,91	870,08	744,25	624,41
	III	**1015,66**	443,83	443,83	III	906,66	800,66	697,66	597,66	500,83	407,00
	V	**2047,75**	443,83	443,83	IV	1497,50	1424,08	1350,75	1277,33	1204,75	1133,58
	VI	**2084,00**	443,83	443,83							
6656,99	I,IV	**1572,08**	443,83	443,83	I	1425,25	1278,50	1134,75	997,00	865,33	739,75
	II	**1431,75**	443,83	443,83	II	1285,00	1141,00	1003,00	871,08	745,16	625,33
	III	**1016,50**	443,83	443,83	III	907,50	801,50	698,50	598,50	501,50	407,66
	V	**2048,91**	443,83	443,83	IV	1498,66	1425,25	1351,91	1278,50	1205,83	1134,75
	VI	**2085,16**	443,83	443,83							
6659,99	I,IV	**1573,25**	443,83	443,83	I	1426,41	1279,66	1135,83	998,08	866,33	740,75
	II	**1432,91**	443,83	443,83	II	1286,16	1142,08	1004,08	872,08	746,16	626,25
	III	**1017,50**	443,83	443,83	III	908,33	802,33	699,33	599,33	502,33	408,33
	V	**2050,08**	443,83	443,83	IV	1499,83	1426,41	1353,00	1279,66	1207,00	1135,83
	VI	**2086,33**	443,83	443,83							

* Zur LSt-Berechnung für privat versicherte Arbeitnehmer s. Beispiele **Vorbemerkung S. 4f.**
** Basisvorsorgepauschale KV und PV *** Typisierter Arbeitgeberzuschuss

Lohn/ Gehalt in € bis	Steuerklasse	Lohn-steuer*	BVSP**	TAGZ***	Steuerklasse	Bemessungsgrundlage für Kirchensteuer und Solidaritätszuschlag – Freibeträge für ... Kinder 0,5	**1,0**	1,5	**2,0**	2,5	**3,0**
6662,99	I,IV	**1574,41**	443,83	443,83	I	1427,58	1280,83	1136,91	999,16	867,41	741,66
	II	**1434,08**	443,83	443,83	II	1287,33	1143,16	1005,08	873,08	747,08	627,16
	III	**1018,33**	443,83	443,83	III	909,16	803,16	700,00	600,00	503,00	409,00
	V	**2051,25**	443,83	443,83	IV	1501,00	1427,58	1354,16	1280,83	1208,08	1136,91
	VI	**2087,50**	443,83	443,83							
6665,99	I,IV	**1575,50**	443,83	443,83	I	1428,75	1281,91	1138,08	1000,16	868,41	742,66
	II	**1435,25**	443,83	443,83	II	1288,50	1144,33	1006,16	874,08	748,08	628,16
	III	**1019,16**	443,83	443,83	III	910,00	804,00	700,83	600,83	503,83	409,83
	V	**2052,41**	443,83	443,83	IV	1502,16	1428,75	1355,33	1281,91	1209,25	1138,08
	VI	**2088,66**	443,83	443,83							
6668,99	I,IV	**1576,66**	443,83	443,83	I	1429,91	1283,08	1139,16	1001,25	869,41	743,58
	II	**1436,41**	443,83	443,83	II	1289,58	1145,41	1007,25	875,08	749,08	629,08
	III	**1020,00**	443,83	443,83	III	910,83	804,83	701,66	601,66	504,50	410,50
	V	**2053,58**	443,83	443,83	IV	1503,33	1429,91	1356,50	1283,08	1210,33	1139,16
	VI	**2089,83**	443,83	443,83							
6671,99	I,IV	**1577,83**	443,83	443,83	I	1431,08	1284,25	1140,25	1002,33	870,41	744,58
	II	**1437,58**	443,83	443,83	II	1290,75	1146,50	1008,33	876,16	750,00	630,00
	III	**1021,00**	443,83	443,83	III	911,66	805,66	702,50	602,33	505,33	411,33
	V	**2054,75**	443,83	443,83	IV	1504,41	1431,08	1357,66	1284,25	1211,50	1140,25
	VI	**2091,00**	443,83	443,83							
6674,99	I,IV	**1579,00**	443,83	443,83	I	1432,25	1285,41	1141,33	1003,41	871,41	745,50
	II	**1438,75**	443,83	443,83	II	1291,91	1147,66	1009,33	877,16	751,00	630,91
	III	**1021,83**	443,83	443,83	III	912,50	806,33	703,33	603,16	506,00	412,00
	V	**2055,83**	443,83	443,83	IV	1505,58	1432,25	1358,83	1285,41	1212,66	1141,33
	VI	**2092,08**	443,83	443,83							
6677,99	I,IV	**1580,16**	443,83	443,83	I	1433,33	1286,58	1142,50	1004,41	872,41	746,50
	II	**1439,83**	443,83	443,83	II	1293,08	1148,75	1010,41	878,16	752,00	631,83
	III	**1022,66**	443,83	443,83	III	913,50	807,33	704,16	604,00	506,83	412,66
	V	**2057,00**	443,83	443,83	IV	1506,75	1433,33	1360,00	1286,58	1213,75	1142,50
	VI	**2093,25**	443,83	443,83							
6680,99	I,IV	**1581,33**	443,83	443,83	I	1434,50	1287,75	1143,58	1005,50	873,50	747,50
	II	**1441,00**	443,83	443,83	II	1294,25	1149,83	1011,50	879,16	752,91	632,75
	III	**1023,50**	443,83	443,83	III	914,33	808,00	704,83	604,66	507,50	413,50
	V	**2058,16**	443,83	443,83	IV	1507,91	1434,50	1361,08	1287,75	1214,91	1143,58
	VI	**2094,41**	443,83	443,83							
6683,99	I,IV	**1582,50**	443,83	443,83	I	1435,66	1288,91	1144,66	1006,58	874,50	748,41
	II	**1442,16**	443,83	443,83	II	1295,41	1151,00	1012,58	880,16	753,91	633,66
	III	**1024,33**	443,83	443,83	III	915,16	808,83	705,66	605,50	508,33	414,16
	V	**2059,33**	443,83	443,83	IV	1509,08	1435,66	1362,25	1288,91	1216,00	1144,66
	VI	**2095,58**	443,83	443,83							
6686,99	I,IV	**1583,58**	443,83	443,83	I	1436,83	1290,00	1145,83	1007,66	875,50	749,41
	II	**1443,33**	443,83	443,83	II	1296,58	1152,08	1013,66	881,25	754,83	634,58
	III	**1025,33**	443,83	443,83	III	916,00	809,66	706,50	606,33	509,00	414,83
	V	**2060,50**	443,83	443,83	IV	1510,25	1436,83	1363,41	1290,00	1217,16	1145,83
	VI	**2096,75**	443,83	443,83							
6689,99	I,IV	**1584,75**	443,83	443,83	I	1438,00	1291,16	1146,91	1008,66	876,50	750,41
	II	**1444,50**	443,83	443,83	II	1297,66	1153,16	1014,66	882,25	755,83	635,50
	III	**1026,16**	443,83	443,83	III	916,83	810,50	707,33	607,00	509,83	415,66
	V	**2061,66**	443,83	443,83	IV	1511,41	1438,00	1364,58	1291,16	1218,33	1146,91
	VI	**2097,91**	443,83	443,83							
6692,99	I,IV	**1585,91**	443,83	443,83	I	1439,16	1292,33	1148,00	1009,75	877,50	751,33
	II	**1445,66**	443,83	443,83	II	1298,83	1154,33	1015,75	883,25	756,83	636,41
	III	**1027,00**	443,83	443,83	III	917,66	811,33	708,00	607,83	510,50	416,33
	V	**2062,83**	443,83	443,83	IV	1512,50	1439,16	1365,75	1292,33	1219,41	1148,00
	VI	**2099,08**	443,83	443,83							
6695,99	I,IV	**1587,08**	443,83	443,83	I	1440,33	1293,50	1149,16	1010,83	878,58	752,33
	II	**1446,83**	443,83	443,83	II	1300,00	1155,41	1016,83	884,25	757,75	637,33
	III	**1027,83**	443,83	443,83	III	918,50	812,16	708,83	608,66	511,33	417,16
	V	**2063,91**	443,83	443,83	IV	1513,66	1440,33	1366,91	1293,50	1220,58	1149,16
	VI	**2100,25**	443,83	443,83							

* Zur LSt-Berechnung für privat versicherte Arbeitnehmer s. Beispiele **Vorbemerkung S. 4 f.**
** Basisvorsorgepauschale KV und PV *** Typisierter Arbeitgeberzuschuss

Lohn/ Gehalt in € bis	Steuerklasse	Lohn-steuer*	BVSP**	TAGZ***	Steuerklasse	Bemessungsgrundlage für Kirchensteuer und Solidaritätszuschlag – Freibeträge für ... Kinder 0,5	1,0	1,5	2,0	2,5	3,0
6698,99	I,IV	**1588,25**	443,83	443,83	I	1441,41	1294,66	1150,25	1011,91	879,58	753,25
	II	**1448,00**	443,83	443,83	II	1301,16	1156,50	1017,91	885,33	758,75	638,25
	III	**1028,66**	443,83	443,83	III	919,33	813,00	709,66	609,33	512,00	417,83
	V	**2065,08**	443,83	443,83	IV	1514,83	1441,41	1368,08	1294,66	1221,75	1150,25
	VI	**2101,33**	443,83	443,83							
6701,99	I,IV	**1589,41**	443,83	443,83	I	1442,66	1295,83	1151,41	1013,00	880,58	754,25
	II	**1449,16**	443,83	443,83	II	1302,33	1157,66	1019,00	886,33	759,75	639,25
	III	**1029,66**	443,83	443,83	III	920,16	813,83	710,50	610,16	512,83	418,50
	V	**2066,33**	443,83	443,83	IV	1516,00	1442,66	1369,25	1295,83	1222,91	1151,41
	VI	**2102,58**	443,83	443,83							
6704,99	I,IV	**1590,58**	443,83	443,83	I	1443,83	1297,00	1152,50	1014,08	881,66	755,25
	II	**1450,33**	443,83	443,83	II	1303,50	1158,83	1020,08	887,33	760,75	640,16
	III	**1030,50**	443,83	443,83	III	921,16	814,66	711,33	611,00	513,66	419,33
	V	**2067,41**	443,83	443,83	IV	1517,16	1443,83	1370,41	1297,00	1224,00	1152,50
	VI	**2103,75**	443,83	443,83							
6707,99	I,IV	**1591,75**	443,83	443,83	I	1444,91	1298,16	1153,66	1015,08	882,66	756,25
	II	**1451,50**	443,83	443,83	II	1304,66	1159,91	1021,16	888,41	761,66	641,08
	III	**1031,33**	443,83	443,83	III	922,00	815,50	712,16	611,66	514,33	420,00
	V	**2068,58**	443,83	443,83	IV	1518,33	1444,91	1371,58	1298,16	1225,16	1153,66
	VI	**2104,83**	443,83	443,83							
6710,99	I,IV	**1592,91**	443,83	443,83	I	1446,08	1299,33	1154,75	1016,16	883,66	757,16
	II	**1452,58**	443,83	443,83	II	1305,83	1161,00	1022,16	889,41	762,66	642,00
	III	**1032,33**	443,83	443,83	III	922,83	816,33	713,00	612,50	515,16	420,83
	V	**2069,75**	443,83	443,83	IV	1519,50	1446,08	1372,75	1299,33	1226,33	1154,75
	VI	**2106,00**	443,83	443,83							
6713,99	I,IV	**1594,08**	443,83	443,83	I	1447,25	1300,50	1155,83	1017,25	884,66	758,16
	II	**1453,75**	443,83	443,83	II	1307,00	1162,16	1023,25	890,41	763,66	642,91
	III	**1033,16**	443,83	443,83	III	923,66	817,16	713,66	613,33	515,83	421,50
	V	**2070,91**	443,83	443,83	IV	1520,66	1447,25	1373,83	1300,50	1227,41	1155,83
	VI	**2107,16**	443,83	443,83							
6716,99	I,IV	**1595,16**	443,83	443,83	I	1448,41	1301,58	1157,00	1018,33	885,66	759,16
	II	**1454,91**	443,83	443,83	II	1308,16	1163,25	1024,33	891,41	764,66	643,83
	III	**1034,00**	443,83	443,83	III	924,50	818,00	714,50	614,00	516,66	422,33
	V	**2072,08**	443,83	443,83	IV	1521,83	1448,41	1375,00	1301,58	1228,58	1157,00
	VI	**2108,33**	443,83	443,83							
6719,99	I,IV	**1596,33**	443,83	443,83	I	1449,58	1302,75	1158,08	1019,41	886,75	760,08
	II	**1456,08**	443,83	443,83	II	1309,25	1164,41	1025,41	892,50	765,58	644,75
	III	**1034,83**	443,83	443,83	III	925,33	818,83	715,33	614,83	517,33	423,00
	V	**2073,25**	443,83	443,83	IV	1523,00	1449,58	1376,16	1302,75	1229,75	1158,08
	VI	**2109,50**	443,83	443,83							
6722,99	I,IV	**1597,50**	443,83	443,83	I	1450,75	1303,91	1159,16	1020,41	887,75	761,08
	II	**1457,25**	443,83	443,83	II	1310,41	1165,50	1026,50	893,50	766,58	645,66
	III	**1035,83**	443,83	443,83	III	926,16	819,66	716,16	615,66	518,16	423,66
	V	**2074,41**	443,83	443,83	IV	1524,08	1450,75	1377,33	1303,91	1230,83	1159,16
	VI	**2110,66**	443,83	443,83							
6725,99	I,IV	**1598,66**	443,83	443,83	I	1451,91	1305,08	1160,33	1021,50	888,75	762,08
	II	**1458,41**	443,83	443,83	II	1311,58	1166,58	1027,58	894,50	767,58	646,66
	III	**1036,66**	443,83	443,83	III	927,00	820,50	716,83	616,33	518,83	424,50
	V	**2075,50**	443,83	443,83	IV	1525,25	1451,91	1378,50	1305,08	1232,00	1160,33
	VI	**2111,83**	443,83	443,83							
6728,99	I,IV	**1599,83**	443,83	443,83	I	1453,00	1306,25	1161,41	1022,58	889,75	763,00
	II	**1459,58**	443,83	443,83	II	1312,75	1167,75	1028,58	895,58	768,50	647,58
	III	**1037,50**	443,83	443,83	III	927,83	821,33	717,66	617,16	519,66	425,16
	V	**2076,66**	443,83	443,83	IV	1526,41	1453,00	1379,66	1306,25	1233,16	1161,41
	VI	**2112,91**	443,83	443,83							
6731,99	I,IV	**1601,00**	443,83	443,83	I	1454,16	1307,41	1162,58	1023,66	890,83	764,00
	II	**1460,66**	443,83	443,83	II	1313,91	1168,83	1029,66	896,58	769,50	648,50
	III	**1038,33**	443,83	443,83	III	928,66	822,16	718,50	618,00	520,33	425,83
	V	**2077,83**	443,83	443,83	IV	1527,58	1454,16	1380,83	1307,41	1234,25	1162,58
	VI	**2114,08**	443,83	443,83							

* Zur LSt-Berechnung für privat versicherte Arbeitnehmer s. Beispiele **Vorbemerkung S. 4f.**
** Basisvorsorgepauschale KV und PV *** Typisierter Arbeitgeberzuschuss

Lohn/ Gehalt in € bis	Steuerklasse	Lohn-steuer*	BVSP**	TAGZ***	Steuerklasse	Bemessungsgrundlage für Kirchensteuer und Solidaritätszuschlag – Freibeträge für ... Kinder 0,5	1,0	1,5	2,0	2,5	3,0
6734,99 West	I,IV	**1602,16**	443,83	443,83	I	1455,33	1308,58	1163,66	1024,75	891,83	765,00
	II	**1461,83**	443,83	443,83	II	1315,08	1170,00	1030,75	897,58	770,50	649,41
	III	**1039,33**	443,83	443,83	III	929,66	823,00	719,33	618,66	521,16	426,66
	V	**2079,00**	443,83	443,83	IV	1528,75	1455,33	1381,91	1308,58	1235,41	1163,66
	VI	**2115,25**	443,83	443,83							
6734,99 Ost	I,IV	**1602,16**	443,83	443,83	I	1455,33	1308,58	1163,66	1024,75	891,83	765,00
	II	**1461,83**	443,83	443,83	II	1315,08	1170,00	1030,75	897,58	770,50	649,41
	III	**1039,33**	443,83	443,83	III	929,66	823,00	719,33	618,66	521,16	426,66
	V	**2079,00**	443,83	443,83	IV	1528,75	1455,33	1381,91	1308,58	1235,41	1163,66
	VI	**2115,25**	443,83	443,83							
6737,99 West	I,IV	**1603,25**	443,83	443,83	I	1456,50	1309,75	1164,75	1025,83	892,83	765,91
	II	**1463,00**	443,83	443,83	II	1316,25	1171,08	1031,83	898,58	771,41	650,33
	III	**1040,16**	443,83	443,83	III	930,50	823,83	720,16	619,50	521,83	427,33
	V	**2080,16**	443,83	443,83	IV	1529,91	1456,50	1383,08	1309,75	1236,58	1164,75
	VI	**2116,41**	443,83	443,83							
6737,99 Ost	I,IV	**1603,25**	443,83	443,83	I	1456,50	1309,75	1164,75	1025,83	892,83	765,91
	II	**1463,00**	443,83	443,83	II	1316,25	1171,08	1031,83	898,58	771,41	650,33
	III	**1040,16**	443,83	443,83	III	930,50	823,83	720,16	619,50	521,83	427,33
	V	**2080,16**	443,83	443,83	IV	1529,91	1456,50	1383,08	1309,75	1236,58	1164,75
	VI	**2116,41**	443,83	443,83							
6740,99 West	I,IV	**1604,41**	443,83	443,83	I	1457,66	1310,83	1165,91	1026,83	893,83	766,91
	II	**1464,16**	443,83	443,83	II	1317,33	1172,25	1032,91	899,66	772,41	651,25
	III	**1041,00**	443,83	443,83	III	931,33	824,66	721,00	620,33	522,66	428,16
	V	**2081,33**	443,83	443,83	IV	1531,08	1457,66	1384,25	1310,83	1237,66	1165,91
	VI	**2117,58**	443,83	443,83							
6740,99 Ost	I,IV	**1604,41**	443,83	443,83	I	1457,66	1310,83	1165,91	1026,83	893,83	766,91
	II	**1464,16**	443,83	443,83	II	1317,33	1172,25	1032,91	899,66	772,41	651,25
	III	**1041,00**	443,83	443,83	III	931,33	824,66	721,00	620,33	522,66	428,16
	V	**2081,33**	443,83	443,83	IV	1531,08	1457,66	1384,25	1310,83	1237,66	1165,91
	VI	**2117,58**	443,83	443,83							
6743,99 West	I,IV	**1605,58**	443,83	443,83	I	1458,83	1312,00	1167,00	1027,91	894,91	767,91
	II	**1465,33**	443,83	443,83	II	1318,50	1173,33	1034,00	900,66	773,41	652,16
	III	**1041,83**	443,83	443,83	III	932,16	825,50	721,66	621,00	523,50	428,83
	V	**2082,50**	443,83	443,83	IV	1532,16	1458,83	1385,41	1312,00	1238,83	1167,00
	VI	**2118,75**	443,83	443,83							
6743,99 Ost	I,IV	**1605,58**	443,83	443,83	I	1458,83	1312,00	1167,00	1027,91	894,91	767,91
	II	**1465,33**	443,83	443,83	II	1318,50	1173,33	1034,00	900,66	773,41	652,16
	III	**1041,83**	443,83	443,83	III	932,16	825,50	721,66	621,00	523,50	428,83
	V	**2082,50**	443,83	443,83	IV	1532,16	1458,83	1385,41	1312,00	1238,83	1167,00
	VI	**2118,75**	443,83	443,83							
6746,99 West	I,IV	**1606,75**	443,83	443,83	I	1460,00	1313,16	1168,16	1029,00	895,91	768,91
	II	**1466,50**	443,83	443,83	II	1319,66	1174,41	1035,08	901,66	774,41	653,16
	III	**1042,83**	443,83	443,83	III	933,00	826,33	722,50	621,83	524,16	429,50
	V	**2083,58**	443,83	443,83	IV	1533,33	1460,00	1386,58	1313,16	1240,00	1168,16
	VI	**2119,91**	443,83	443,83							
6746,99 Ost	I,IV	**1606,75**	443,83	443,83	I	1460,00	1313,16	1168,16	1029,00	895,91	768,91
	II	**1466,50**	443,83	443,83	II	1319,66	1174,41	1035,08	901,66	774,41	653,16
	III	**1042,83**	443,83	443,83	III	933,00	826,33	722,50	621,83	524,16	429,50
	V	**2083,58**	443,83	443,83	IV	1533,33	1460,00	1386,58	1313,16	1240,00	1168,16
	VI	**2119,91**	443,83	443,83							
6749,99 West	I,IV	**1607,91**	443,83	443,83	I	1461,08	1314,33	1169,25	1030,08	896,91	769,83
	II	**1467,66**	443,83	443,83	II	1320,83	1175,58	1036,08	902,75	775,33	654,08
	III	**1043,66**	443,83	443,83	III	933,83	827,00	723,33	622,66	525,00	430,33
	V	**2084,75**	443,83	443,83	IV	1534,50	1461,08	1387,75	1314,33	1241,16	1169,25
	VI	**2121,00**	443,83	443,83							
6749,99 Ost	I,IV	**1607,91**	443,83	443,83	I	1461,08	1314,33	1169,25	1030,08	896,91	769,83
	II	**1467,66**	443,83	443,83	II	1320,83	1175,58	1036,08	902,75	775,33	654,08
	III	**1043,66**	443,83	443,83	III	933,83	827,00	723,33	622,66	525,00	430,33
	V	**2084,75**	443,83	443,83	IV	1534,50	1461,08	1387,75	1314,33	1241,16	1169,25
	VI	**2121,00**	443,83	443,83							

* Zur LSt-Berechnung für privat versicherte Arbeitnehmer s. Beispiele **Vorbemerkung S. 4 f.**
** Basisvorsorgepauschale KV und PV *** Typisierter Arbeitgeberzuschuss

Lohn/ Gehalt in € bis	Steuerklasse	Lohn-steuer*	BVSP**	TAGZ***	Steuerklasse	Bemessungsgrundlage für Kirchensteuer und Solidaritätszuschlag – Freibeträge für ... Kinder 0,5	1,0	1,5	2,0	2,5	3,0
6752,99 West	I,IV	**1609,08**	443,83	443,83	I	1462,25	1315,50	1170,41	1031,16	898,00	770,83
	II	**1468,75**	443,83	443,83	II	1322,00	1176,66	1037,16	903,75	776,33	655,00
	III	**1044,50**	443,83	443,83	III	934,66	828,00	724,16	623,50	525,66	431,00
	V	**2085,91**	443,83	443,83	IV	1535,66	1462,25	1388,91	1315,50	1242,25	1170,41
	VI	**2122,16**	443,83	443,83							
6752,99 Ost	I,IV	**1609,16**	443,83	443,83	I	1462,41	1315,58	1170,50	1031,25	898,08	770,91
	II	**1468,91**	443,83	443,83	II	1322,08	1176,83	1037,25	903,83	776,41	655,08
	III	**1044,50**	443,83	443,83	III	934,83	828,00	724,16	623,50	525,83	431,00
	V	**2086,00**	443,83	443,83	IV	1535,75	1462,41	1389,00	1315,58	1242,33	1170,50
	VI	**2122,33**	443,83	443,83							
6755,99 West	I,IV	**1610,25**	443,83	443,83	I	1463,41	1316,66	1171,50	1032,25	899,00	771,83
	II	**1469,91**	443,83	443,83	II	1323,16	1177,83	1038,25	904,75	777,33	655,91
	III	**1045,33**	443,83	443,83	III	935,50	828,66	725,00	624,16	526,50	431,66
	V	**2087,08**	443,83	443,83	IV	1536,83	1463,41	1390,00	1316,66	1243,41	1171,50
	VI	**2123,33**	443,83	443,83							
6755,99 Ost	I,IV	**1610,41**	443,83	443,83	I	1463,66	1316,83	1171,66	1032,41	899,16	772,00
	II	**1470,16**	443,83	443,83	II	1323,33	1178,00	1038,50	904,91	777,50	656,08
	III	**1045,50**	443,83	443,83	III	935,66	828,83	725,16	624,33	526,66	431,83
	V	**2087,33**	443,83	443,83	IV	1537,00	1463,66	1390,25	1316,83	1243,58	1171,66
	VI	**2123,58**	443,83	443,83							
6758,99 West	I,IV	**1611,41**	443,83	443,83	I	1464,58	1317,83	1172,66	1033,33	900,08	772,83
	II	**1471,16**	443,83	443,83	II	1324,33	1179,00	1039,33	905,83	778,33	656,91
	III	**1046,33**	443,83	443,83	III	936,50	829,66	725,83	625,00	527,16	432,50
	V	**2088,25**	443,83	443,83	IV	1538,00	1464,58	1391,25	1317,83	1244,58	1172,66
	VI	**2124,50**	443,83	443,83							
6758,99 Ost	I,IV	**1611,66**	443,83	443,83	I	1464,91	1318,08	1172,91	1033,58	900,33	773,08
	II	**1471,41**	443,83	443,83	II	1324,58	1179,25	1039,66	906,08	778,58	657,08
	III	**1046,50**	443,83	443,83	III	936,66	829,83	726,00	625,16	527,33	432,66
	V	**2088,58**	443,83	443,83	IV	1538,33	1464,91	1391,50	1318,08	1244,83	1172,91
	VI	**2124,83**	443,83	443,83							
6761,99 West	I,IV	**1612,58**	443,83	443,83	I	1465,75	1319,00	1173,75	1034,41	901,08	773,83
	II	**1472,25**	443,83	443,83	II	1325,50	1180,08	1040,41	906,83	779,33	657,83
	III	**1047,16**	443,83	443,83	III	937,33	830,50	726,66	625,83	528,00	433,33
	V	**2089,41**	443,83	443,83	IV	1539,16	1465,75	1392,41	1319,00	1245,75	1173,75
	VI	**2125,66**	443,83	443,83							
6761,99 Ost	I,IV	**1612,91**	443,83	443,83	I	1466,16	1319,33	1174,16	1034,75	901,41	774,08
	II	**1472,66**	443,83	443,83	II	1325,91	1180,50	1040,83	907,16	779,66	658,16
	III	**1047,50**	443,83	443,83	III	937,50	830,66	726,83	626,00	528,16	433,50
	V	**2089,83**	443,83	443,83	IV	1539,58	1466,16	1392,75	1319,33	1246,08	1174,16
	VI	**2126,08**	443,83	443,83							
6764,99 West	I,IV	**1613,75**	443,83	443,83	I	1466,91	1320,16	1174,91	1035,50	902,08	774,75
	II	**1473,41**	443,83	443,83	II	1326,66	1181,25	1041,50	907,91	780,25	658,75
	III	**1048,00**	443,83	443,83	III	938,16	831,16	727,33	626,50	528,66	434,00
	V	**2090,58**	443,83	443,83	IV	1540,33	1466,91	1393,50	1320,16	1246,91	1174,91
	VI	**2126,83**	443,83	443,83							
6764,99 Ost	I,IV	**1614,25**	443,83	443,83	I	1467,41	1320,66	1175,33	1035,91	902,50	775,16
	II	**1473,91**	443,83	443,83	II	1327,16	1181,66	1042,00	908,33	780,66	659,16
	III	**1048,33**	443,83	443,83	III	938,50	831,66	727,66	626,83	529,00	434,33
	V	**2091,08**	443,83	443,83	IV	1540,83	1467,41	1394,00	1320,66	1247,33	1175,33
	VI	**2127,33**	443,83	443,83							
6767,99 West	I,IV	**1614,83**	443,83	443,83	I	1468,08	1321,33	1176,00	1036,58	903,08	775,75
	II	**1474,58**	443,83	443,83	II	1327,83	1182,33	1042,58	908,91	781,25	659,66
	III	**1049,00**	443,83	443,83	III	939,00	832,16	728,16	627,33	529,50	434,66
	V	**2091,75**	443,83	443,83	IV	1541,50	1468,08	1394,66	1321,33	1248,00	1176,00
	VI	**2128,00**	443,83	443,83							
6767,99 Ost	I,IV	**1615,50**	443,83	443,83	I	1468,66	1321,91	1176,58	1037,08	903,66	776,25
	II	**1475,16**	443,83	443,83	II	1328,41	1182,91	1043,16	909,41	781,75	660,16
	III	**1049,33**	443,83	443,83	III	939,50	832,50	728,66	627,66	529,83	435,00
	V	**2092,33**	443,83	443,83	IV	1542,08	1468,66	1395,25	1321,91	1248,58	1176,58
	VI	**2128,58**	443,83	443,83							

* Zur LSt-Berechnung für privat versicherte Arbeitnehmer s. Beispiele **Vorbemerkung S. 4f.**
** Basisvorsorgepauschale KV und PV *** Typisierter Arbeitgeberzuschuss

Lohn/ Gehalt in € bis	Steuerklasse	**Lohn-steuer***	BVSP**	TAGZ***	Steuerklasse	Bemessungsgrundlage für Kirchensteuer und Solidaritätszuschlag – Freibeträge für ... Kinder 0,5	**1,0**	1,5	**2,0**	2,5	**3,0**
6770,99	I,IV	**1616,00**	443,83	443,83	I	1469,25	1322,41	1177,16	1037,58	904,16	776,75
West	II	**1475,75**	443,83	443,83	II	1329,00	1183,50	1043,66	909,91	782,25	660,58
	III	**1049,83**	443,83	443,83	III	939,83	832,83	729,00	628,16	530,33	435,50
	V	**2092,91**	443,83	443,83	IV	1542,66	1469,25	1395,83	1322,41	1249,16	1177,16
	VI	**2129,16**	443,83	443,83							
6770,99	I,IV	**1616,75**	443,83	443,83	I	1469,91	1323,16	1177,83	1038,25	904,75	777,33
Ost	II	**1476,41**	443,83	443,83	II	1329,66	1184,16	1044,33	910,58	782,83	661,16
	III	**1050,33**	443,83	443,83	III	940,33	833,33	729,50	628,66	530,66	435,83
	V	**2093,58**	443,83	443,83	IV	1543,33	1469,91	1396,58	1323,16	1249,83	1177,83
	VI	**2129,83**	443,83	443,83							
6773,99	I,IV	**1617,16**	443,83	443,83	I	1470,41	1323,58	1178,25	1038,66	905,16	777,66
West	II	**1476,91**	443,83	443,83	II	1330,08	1184,58	1044,75	911,00	783,25	661,58
	III	**1050,66**	443,83	443,83	III	940,66	833,83	729,83	629,00	531,00	436,16
	V	**2094,08**	443,83	443,83	IV	1543,75	1470,41	1397,00	1323,58	1250,33	1178,25
	VI	**2130,33**	443,83	443,83							
6773,99	I,IV	**1618,00**	443,83	443,83	I	1471,16	1324,41	1179,08	1039,41	905,91	778,41
Ost	II	**1477,75**	443,83	443,83	II	1330,91	1185,33	1045,50	911,66	783,91	662,16
	III	**1051,33**	443,83	443,83	III	941,33	834,33	730,33	629,50	531,50	436,66
	V	**2094,83**	443,83	443,83	IV	1544,58	1471,16	1397,83	1324,41	1251,08	1179,08
	VI	**2131,08**	443,83	443,83							
6776,99	I,IV	**1618,33**	443,83	443,83	I	1471,58	1324,75	1179,41	1039,75	906,16	778,66
West	II	**1478,08**	443,83	443,83	II	1331,25	1185,75	1045,83	912,00	784,25	662,50
	III	**1051,50**	443,83	443,83	III	941,50	834,50	730,66	629,66	531,83	436,83
	V	**2095,16**	443,83	443,83	IV	1544,91	1471,58	1398,16	1324,75	1251,50	1179,41
	VI	**2131,50**	443,83	443,83							
6776,99	I,IV	**1619,25**	443,83	443,83	I	1472,50	1325,66	1180,25	1040,58	907,00	779,41
Ost	II	**1479,00**	443,83	443,83	II	1332,16	1186,58	1046,66	912,83	785,00	663,25
	III	**1052,16**	443,83	443,83	III	942,16	835,16	731,16	630,33	532,33	437,50
	V	**2096,08**	443,83	443,83	IV	1545,83	1472,50	1399,08	1325,66	1252,33	1180,25
	VI	**2132,33**	443,83	443,83							
6779,99	I,IV	**1619,50**	443,83	443,83	I	1472,66	1325,91	1180,50	1040,83	907,25	779,66
West	II	**1479,25**	443,83	443,83	II	1332,41	1186,83	1046,91	913,00	785,16	663,41
	III	**1052,50**	443,83	443,83	III	942,50	835,33	731,50	630,50	532,50	437,66
	V	**2096,33**	443,83	443,83	IV	1546,08	1472,66	1399,33	1325,91	1252,58	1180,50
	VI	**2132,58**	443,83	443,83							
6779,99	I,IV	**1620,50**	443,83	443,83	I	1473,75	1326,91	1181,50	1041,75	908,16	780,50
Ost	II	**1480,25**	443,83	443,83	II	1333,41	1187,83	1047,83	913,91	786,08	664,25
	III	**1053,16**	443,83	443,83	III	943,16	836,16	732,16	631,16	533,16	438,33
	V	**2097,33**	443,83	443,83	IV	1547,08	1473,75	1400,33	1326,91	1253,58	1181,50
	VI	**2133,66**	443,83	443,83							
6782,99	I,IV	**1620,66**	443,83	443,83	I	1473,83	1327,08	1181,66	1041,91	908,25	780,66
West	II	**1480,33**	443,83	443,83	II	1333,58	1188,00	1048,00	914,08	786,16	664,33
	III	**1053,33**	443,83	443,83	III	943,16	836,16	732,16	631,16	533,33	438,33
	V	**2097,50**	443,83	443,83	IV	1547,25	1473,83	1400,50	1327,08	1253,75	1181,66
	VI	**2133,75**	443,83	443,83							
6782,99	I,IV	**1621,75**	443,83	443,83	I	1475,00	1328,16	1182,75	1043,00	909,25	781,58
Ost	II	**1481,50**	443,83	443,83	II	1334,66	1189,08	1049,00	915,08	787,16	665,25
	III	**1054,16**	443,83	443,83	III	944,00	837,00	733,00	632,00	534,00	439,16
	V	**2098,66**	443,83	443,83	IV	1548,33	1475,00	1401,58	1328,16	1254,83	1182,75
	VI	**2134,91**	443,83	443,83							
6785,99	I,IV	**1621,83**	443,83	443,83	I	1475,00	1328,25	1182,75	1043,00	909,25	781,66
West	II	**1481,50**	443,83	443,83	II	1334,75	1189,08	1049,08	915,08	787,16	665,25
	III	**1054,16**	443,83	443,83	III	944,16	837,00	733,00	632,00	534,00	439,16
	V	**2098,66**	443,83	443,83	IV	1548,41	1475,00	1401,58	1328,25	1254,91	1182,75
	VI	**2134,91**	443,83	443,83							
6785,99	I,IV	**1623,00**	443,83	443,83	I	1476,25	1329,41	1183,91	1044,16	910,33	782,66
Ost	II	**1482,75**	443,83	443,83	II	1336,00	1190,25	1050,16	916,16	788,16	666,25
	III	**1055,16**	443,83	443,83	III	945,00	838,00	733,83	632,83	534,83	439,83
	V	**2099,91**	443,83	443,83	IV	1549,66	1476,25	1402,83	1329,41	1256,08	1183,91
	VI	**2136,16**	443,83	443,83							

* Zur LSt-Berechnung für privat versicherte Arbeitnehmer s. Beispiele **Vorbemerkung S. 4f.**
** Basisvorsorgepauschale KV und PV *** Typisierter Arbeitgeberzuschuss

Lohn/ Gehalt in € bis	Steuerklasse	**Lohn-steuer***	BVSP**	TAGZ***	Steuerklasse	Bemessungsgrundlage für Kirchensteuer und Solidaritätszuschlag – Freibeträge für ... Kinder 0,5	**1,0**	1,5	**2,0**	2,5	**3,0**
6788,99	I,IV	**1623,00**	443,83	443,83	I	1476,16	1329,41	1183,91	1044,08	910,33	782,58
West	II	**1482,66**	443,83	443,83	II	1335,91	1190,25	1050,16	916,08	788,16	666,25
	III	**1055,00**	443,83	443,83	III	945,00	837,83	733,83	632,83	534,83	439,83
	V	**2099,83**	443,83	443,83	IV	1549,58	1476,16	1402,75	1329,41	1256,08	1183,91
	VI	**2136,08**	443,83	443,83							
6788,99	I,IV	**1624,25**	443,83	443,83	I	1477,50	1330,75	1185,16	1045,33	911,50	783,75
Ost	II	**1484,00**	443,83	443,83	II	1337,25	1191,50	1051,41	917,33	789,25	667,33
	III	**1056,00**	443,83	443,83	III	946,00	838,83	734,83	633,66	535,66	440,66
	V	**2101,16**	443,83	443,83	IV	1550,91	1477,50	1404,08	1330,75	1257,33	1185,16
	VI	**2137,41**	443,83	443,83							
6791,99	I,IV	**1624,08**	443,83	443,83	I	1477,33	1330,50	1185,00	1045,16	911,33	783,58
West	II	**1483,83**	443,83	443,83	II	1337,08	1191,33	1051,25	917,16	789,16	667,16
	III	**1056,00**	443,83	443,83	III	945,83	838,66	734,66	633,66	535,66	440,66
	V	**2101,00**	443,83	443,83	IV	1550,75	1477,33	1403,91	1330,50	1257,16	1185,00
	VI	**2137,25**	443,83	443,83							
6791,99	I,IV	**1625,58**	443,83	443,83	I	1478,75	1332,00	1186,41	1046,50	912,58	784,83
Ost	II	**1485,25**	443,83	443,83	II	1338,50	1192,75	1052,58	918,41	790,33	668,33
	III	**1057,00**	443,83	443,83	III	946,83	839,66	735,66	634,50	536,50	441,50
	V	**2102,41**	443,83	443,83	IV	1552,16	1478,75	1405,33	1332,00	1258,58	1186,41
	VI	**2138,66**	443,83	443,83							
6794,99	I,IV	**1625,25**	443,83	443,83	I	1478,50	1331,66	1186,08	1046,25	912,33	784,58
West	II	**1485,00**	443,83	443,83	II	1338,16	1192,50	1052,33	918,16	790,08	668,08
	III	**1056,83**	443,83	443,83	III	946,66	839,50	735,50	634,33	536,33	441,33
	V	**2102,16**	443,83	443,83	IV	1551,83	1478,50	1405,08	1331,66	1258,33	1186,08
	VI	**2138,41**	443,83	443,83							
6794,99	I,IV	**1626,83**	443,83	443,83	I	1480,00	1333,25	1187,58	1047,66	913,75	785,91
Ost	II	**1486,50**	443,83	443,83	II	1339,75	1194,00	1053,75	919,58	791,41	669,33
	III	**1058,00**	443,83	443,83	III	947,83	840,66	736,50	635,50	537,33	442,33
	V	**2103,66**	443,83	443,83	IV	1553,41	1480,00	1406,58	1333,25	1259,91	1187,58
	VI	**2139,91**	443,83	443,83							
6797,99	I,IV	**1626,41**	443,83	443,83	I	1479,66	1332,83	1187,25	1047,33	913,41	785,58
West	II	**1486,16**	443,83	443,83	II	1339,33	1193,58	1053,41	919,25	791,08	669,00
	III	**1057,66**	443,83	443,83	III	947,50	840,33	736,33	635,16	537,16	442,00
	V	**2103,25**	443,83	443,83	IV	1553,00	1479,66	1406,25	1332,83	1259,50	1187,25
	VI	**2139,58**	443,83	443,83							
6797,99	I,IV	**1628,08**	443,83	443,83	I	1481,25	1334,50	1188,83	1048,83	914,83	786,91
Ost	II	**1487,75**	443,83	443,83	II	1341,00	1195,16	1054,91	920,66	792,50	670,33
	III	**1059,00**	443,83	443,83	III	948,66	841,50	737,33	636,33	538,16	443,16
	V	**2104,91**	443,83	443,83	IV	1554,66	1481,25	1407,91	1334,50	1261,16	1188,83
	VI	**2141,16**	443,83	443,83							
6800,99	I,IV	**1627,58**	443,83	443,83	I	1480,75	1334,00	1188,33	1048,41	914,41	786,50
West	II	**1487,33**	443,83	443,83	II	1340,50	1194,75	1054,41	920,25	792,08	670,00
	III	**1058,50**	443,83	443,83	III	948,33	841,16	737,00	636,00	537,83	442,83
	V	**2104,41**	443,83	443,83	IV	1554,16	1480,75	1407,41	1334,00	1260,66	1188,33
	VI	**2140,66**	443,83	443,83							
6800,99	I,IV	**1629,33**	443,83	443,83	I	1482,50	1335,75	1190,08	1050,00	916,00	788,00
Ost	II	**1489,08**	443,83	443,83	II	1342,25	1196,41	1056,08	921,83	793,58	671,41
	III	**1059,83**	443,83	443,83	III	949,66	842,50	738,33	637,16	539,00	443,83
	V	**2106,16**	443,83	443,83	IV	1555,91	1482,50	1409,16	1335,75	1262,41	1190,08
	VI	**2142,41**	443,83	443,83							
6803,99	I,IV	**1628,75**	443,83	443,83	I	1481,91	1335,16	1189,50	1049,41	915,50	787,50
West	II	**1488,41**	443,83	443,83	II	1341,66	1195,83	1055,50	921,25	793,08	670,91
	III	**1059,50**	443,83	443,83	III	949,33	842,00	737,83	636,83	538,66	443,50
	V	**2105,58**	443,83	443,83	IV	1555,33	1481,91	1408,58	1335,16	1261,75	1189,50
	VI	**2141,83**	443,83	443,83							
6803,99	I,IV	**1630,58**	443,83	443,83	I	1483,83	1337,00	1191,33	1051,16	917,08	789,08
Ost	II	**1490,33**	443,83	443,83	II	1343,50	1197,66	1057,25	922,91	794,66	672,41
	III	**1060,83**	443,83	443,83	III	950,66	843,33	739,16	638,00	539,83	444,66
	V	**2107,41**	443,83	443,83	IV	1557,16	1483,83	1410,41	1337,00	1263,66	1191,33
	VI	**2143,75**	443,83	443,83							

* Zur LSt-Berechnung für privat versicherte Arbeitnehmer s. Beispiele **Vorbemerkung S. 4f.**
** Basisvorsorgepauschale KV und PV *** Typisierter Arbeitgeberzuschuss

Lohn/ Gehalt in € bis	Steuerklasse	Lohn-steuer*	BVSP**	TAGZ***	Steuerklasse	Bemessungsgrundlage für Kirchensteuer und Solidaritätszuschlag – Freibeträge für ... Kinder 0,5	1,0	1,5	2,0	2,5	3,0
6806,99	I,IV	**1629,91**	443,83	443,83	I	1483,08	1336,33	1190,66	1050,50	916,50	788,50
West	II	**1489,58**	443,83	443,83	II	1342,83	1197,00	1056,58	922,33	794,08	671,83
	III	**1060,33**	443,83	443,83	III	950,16	842,83	738,66	637,50	539,33	444,33
	V	**2106,75**	443,83	443,83	IV	1556,50	1483,08	1409,66	1336,33	1262,91	1190,66
	VI	**2143,00**	443,83	443,83							
6806,99	I,IV	**1631,83**	443,83	443,83	I	1485,08	1338,25	1192,50	1052,33	918,25	790,16
Ost	II	**1491,58**	443,83	443,83	II	1344,75	1198,91	1058,41	924,08	795,75	673,41
	III	**1061,83**	443,83	443,83	III	951,50	844,33	740,00	638,83	540,66	445,50
	V	**2108,75**	443,83	443,83	IV	1558,41	1485,08	1411,66	1338,25	1264,91	1192,50
	VI	**2145,00**	443,83	443,83							
6809,99	I,IV	**1631,08**	443,83	443,83	I	1484,25	1337,50	1191,75	1051,58	917,50	789,50
West	II	**1490,75**	443,83	443,83	II	1344,00	1198,08	1057,66	923,33	795,00	672,75
	III	**1061,16**	443,83	443,83	III	951,00	843,66	739,50	638,33	540,16	445,00
	V	**2107,91**	443,83	443,83	IV	1557,66	1484,25	1410,83	1337,50	1264,08	1191,75
	VI	**2144,16**	443,83	443,83							
6809,99	I,IV	**1633,08**	443,83	443,83	I	1486,33	1339,50	1193,75	1053,50	919,33	791,25
Ost	II	**1492,83**	443,83	443,83	II	1346,00	1200,16	1059,66	925,16	796,83	674,41
	III	**1062,83**	443,83	443,83	III	952,50	845,16	741,00	639,66	541,50	446,33
	V	**2110,00**	443,83	443,83	IV	1559,75	1486,33	1412,91	1339,50	1266,16	1193,75
	VI	**2146,25**	443,83	443,83							
6812,99	I,IV	**1632,25**	443,83	443,83	I	1485,41	1338,66	1192,91	1052,75	918,58	790,50
West	II	**1491,91**	443,83	443,83	II	1345,16	1199,25	1058,83	924,41	796,08	673,75
	III	**1062,16**	443,83	443,83	III	951,83	844,50	740,33	639,16	541,00	445,83
	V	**2109,08**	443,83	443,83	IV	1558,83	1485,41	1412,08	1338,66	1265,25	1192,91
	VI	**2145,33**	443,83	443,83							
6812,99	I,IV	**1634,33**	443,83	443,83	I	1487,58	1340,75	1195,00	1054,75	920,50	792,33
Ost	II	**1494,08**	443,83	443,83	II	1347,33	1201,33	1060,83	926,33	797,83	675,50
	III	**1063,66**	443,83	443,83	III	953,33	846,16	741,83	640,50	542,33	447,16
	V	**2111,25**	443,83	443,83	IV	1561,00	1487,58	1414,16	1340,75	1267,41	1195,00
	VI	**2147,50**	443,83	443,83							
6815,99	I,IV	**1633,41**	443,83	443,83	I	1486,58	1339,83	1194,00	1053,83	919,58	791,50
West	II	**1493,08**	443,83	443,83	II	1346,33	1200,41	1059,91	925,41	797,00	674,66
	III	**1063,00**	443,83	443,83	III	952,66	845,33	741,16	639,83	541,66	446,50
	V	**2110,25**	443,83	443,83	IV	1560,00	1486,58	1413,16	1339,83	1266,41	1194,00
	VI	**2146,50**	443,83	443,83							
6815,99	I,IV	**1635,66**	443,83	443,83	I	1488,83	1342,08	1196,25	1055,91	921,58	793,41
Ost	II	**1495,33**	443,83	443,83	II	1348,58	1202,58	1062,00	927,41	798,91	676,50
	III	**1064,66**	443,83	443,83	III	954,33	847,00	742,66	641,33	543,16	448,00
	V	**2112,50**	443,83	443,83	IV	1562,25	1488,83	1415,41	1342,08	1268,66	1196,25
	VI	**2148,75**	443,83	443,83							
6818,99	I,IV	**1634,58**	443,83	443,83	I	1487,75	1341,00	1195,16	1054,91	920,66	792,50
West	II	**1494,25**	443,83	443,83	II	1347,50	1201,50	1061,00	926,50	798,00	675,58
	III	**1063,83**	443,83	443,83	III	953,50	846,16	742,00	640,66	542,50	447,33
	V	**2111,41**	443,83	443,83	IV	1561,16	1487,75	1414,33	1341,00	1267,58	1195,16
	VI	**2147,66**	443,83	443,83							
6818,99	I,IV	**1636,91**	443,83	443,83	I	1490,08	1343,33	1197,41	1057,08	922,75	794,50
Ost	II	**1496,58**	443,83	443,83	II	1349,83	1203,83	1063,16	928,58	800,00	677,50
	III	**1065,66**	443,83	443,83	III	955,33	847,83	743,50	642,33	544,00	448,66
	V	**2113,75**	443,83	443,83	IV	1563,50	1490,08	1416,66	1343,33	1269,91	1197,41
	VI	**2150,00**	443,83	443,83							
6821,99	I,IV	**1635,66**	443,83	443,83	I	1488,91	1342,08	1196,33	1056,00	921,66	793,41
West	II	**1495,41**	443,83	443,83	II	1348,66	1202,66	1062,08	927,50	799,00	676,58
	III	**1064,83**	443,83	443,83	III	954,33	847,00	742,66	641,50	543,16	448,00
	V	**2112,58**	443,83	443,83	IV	1562,33	1488,91	1415,50	1342,08	1268,75	1196,33
	VI	**2148,83**	443,83	443,83							
6821,99	I,IV	**1638,16**	443,83	443,83	I	1491,33	1344,58	1198,66	1058,25	923,83	795,58
Ost	II	**1497,83**	443,83	443,83	II	1351,08	1205,08	1064,33	929,66	801,08	678,58
	III	**1066,66**	443,83	443,83	III	956,16	848,83	744,50	643,16	544,83	449,50
	V	**2115,00**	443,83	443,83	IV	1564,75	1491,33	1418,00	1344,58	1271,16	1198,66
	VI	**2151,25**	443,83	443,83							

* Zur LSt-Berechnung für privat versicherte Arbeitnehmer s. Beispiele **Vorbemerkung S. 4f.**
** Basisvorsorgepauschale KV und PV *** Typisierter Arbeitgeberzuschuss

Lohn/ Gehalt in € bis	Steuerklasse	**Lohn-steuer***	BVSP**	TAGZ***	Steuerklasse	Bemessungsgrundlage für Kirchensteuer und Solidaritätszuschlag — Freibeträge für ... Kinder 0,5	**1,0**	1,5	**2,0**	2,5	**3,0**
6824,99 West	I,IV	**1636,83**	443,83	443,83	I	1490,08	1343,25	1197,41	1057,08	922,75	794,41
	II	**1496,58**	443,83	443,83	II	1349,75	1203,75	1063,16	928,58	800,00	677,50
	III	**1065,66**	443,83	443,83	III	955,33	847,83	743,50	642,33	544,00	448,66
	V	**2113,75**	443,83	443,83	IV	1563,50	1490,08	1416,66	1343,25	1269,91	1197,41
	VI	**2150,00**	443,83	443,83							
6824,99 Ost	I,IV	**1639,41**	443,83	443,83	I	1492,58	1345,83	1199,91	1059,41	925,00	796,58
	II	**1499,16**	443,83	443,83	II	1352,33	1206,25	1065,50	930,83	802,16	679,58
	III	**1067,50**	443,83	443,83	III	957,16	849,66	745,33	644,00	545,66	450,33
	V	**2116,25**	443,83	443,83	IV	1566,00	1492,58	1419,25	1345,83	1272,41	1199,91
	VI	**2152,50**	443,83	443,83							
6827,99 West	I,IV	**1638,00**	443,83	443,83	I	1491,25	1344,41	1198,58	1058,08	923,75	795,41
	II	**1497,75**	443,83	443,83	II	1350,91	1204,91	1064,25	929,58	801,00	678,41
	III	**1066,50**	443,83	443,83	III	956,16	848,66	744,33	643,00	544,66	449,50
	V	**2114,83**	443,83	443,83	IV	1564,58	1491,25	1417,83	1344,41	1271,00	1198,58
	VI	**2151,16**	443,83	443,83							
6827,99 Ost	I,IV	**1640,66**	443,83	443,83	I	1493,91	1347,08	1201,16	1060,58	926,16	797,66
	II	**1500,41**	443,83	443,83	II	1353,58	1207,50	1066,75	932,00	803,25	680,58
	III	**1068,50**	443,83	443,83	III	958,00	850,66	746,16	644,83	546,50	451,16
	V	**2117,50**	443,83	443,83	IV	1567,25	1493,91	1420,50	1347,08	1273,66	1201,16
	VI	**2153,83**	443,83	443,83							
6830,99 West	I,IV	**1639,16**	443,83	443,83	I	1492,33	1345,58	1199,66	1059,16	924,75	796,41
	II	**1498,91**	443,83	443,83	II	1352,08	1206,08	1065,33	930,58	802,00	679,41
	III	**1067,50**	443,83	443,83	III	957,00	849,50	745,16	643,83	545,50	450,16
	V	**2116,00**	443,83	443,83	IV	1565,75	1492,33	1419,00	1345,58	1272,16	1199,66
	VI	**2152,25**	443,83	443,83							
6830,99 Ost	I,IV	**1641,91**	443,83	443,83	I	1495,16	1348,33	1202,41	1061,83	927,25	798,75
	II	**1501,66**	443,83	443,83	II	1354,83	1208,75	1067,91	933,08	804,33	681,66
	III	**1069,50**	443,83	443,83	III	959,00	851,50	747,16	645,66	547,33	452,00
	V	**2118,83**	443,83	443,83	IV	1568,50	1495,16	1421,75	1348,33	1274,91	1202,41
	VI	**2155,08**	443,83	443,83							
6833,99 West	I,IV	**1640,33**	443,83	443,83	I	1493,50	1346,75	1200,83	1060,25	925,83	797,41
	II	**1500,00**	443,83	443,83	II	1353,25	1207,16	1066,41	931,66	803,00	680,33
	III	**1068,33**	443,83	443,83	III	957,83	850,33	746,00	644,66	546,16	451,00
	V	**2117,16**	443,83	443,83	IV	1566,91	1493,50	1420,16	1346,75	1273,33	1200,83
	VI	**2153,41**	443,83	443,83							
6833,99 Ost	I,IV	**1643,16**	443,83	443,83	I	1496,41	1349,58	1203,58	1063,00	928,41	799,83
	II	**1502,91**	443,83	443,83	II	1356,08	1210,00	1069,08	934,25	805,41	682,66
	III	**1070,50**	443,83	443,83	III	960,00	852,50	748,00	646,50	548,16	452,83
	V	**2120,08**	443,83	443,83	IV	1569,83	1496,41	1423,00	1349,58	1276,16	1203,58
	VI	**2156,33**	443,83	443,83							
6836,99 West	I,IV	**1641,50**	443,83	443,83	I	1494,66	1347,91	1201,91	1061,33	926,83	798,41
	II	**1501,16**	443,83	443,83	II	1354,41	1208,33	1067,50	932,66	803,91	681,25
	III	**1069,16**	443,83	443,83	III	958,66	851,16	746,83	645,33	547,00	451,66
	V	**2118,33**	443,83	443,83	IV	1568,08	1494,66	1421,25	1347,91	1274,50	1201,91
	VI	**2154,58**	443,83	443,83							
6836,99 Ost	I,IV	**1644,41**	443,83	443,83	I	1497,66	1350,83	1204,83	1064,16	929,50	800,91
	II	**1504,16**	443,83	443,83	II	1357,41	1211,25	1070,25	935,33	806,50	683,66
	III	**1071,50**	443,83	443,83	III	960,83	853,33	748,83	647,33	549,00	453,50
	V	**2121,33**	443,83	443,83	IV	1571,08	1497,66	1424,25	1350,83	1277,50	1204,83
	VI	**2157,58**	443,83	443,83							
6839,99 West	I,IV	**1642,66**	443,83	443,83	I	1495,83	1349,08	1203,08	1062,41	927,91	799,33
	II	**1502,33**	443,83	443,83	II	1355,58	1209,41	1068,58	933,75	804,91	682,16
	III	**1070,00**	443,83	443,83	III	959,50	852,00	747,66	646,16	547,83	452,33
	V	**2119,50**	443,83	443,83	IV	1569,25	1495,83	1422,41	1349,08	1275,66	1203,08
	VI	**2155,75**	443,83	443,83							
6839,99 Ost	I,IV	**1645,75**	443,83	443,83	I	1498,91	1352,16	1206,08	1065,33	930,66	802,00
	II	**1505,41**	443,83	443,83	II	1358,66	1212,50	1071,41	936,50	807,58	684,75
	III	**1072,33**	443,83	443,83	III	961,83	854,33	749,83	648,33	549,83	454,33
	V	**2122,58**	443,83	443,83	IV	1572,33	1498,91	1425,50	1352,16	1278,75	1206,08
	VI	**2158,83**	443,83	443,83							

* Zur LSt-Berechnung für privat versicherte Arbeitnehmer s. Beispiele **Vorbemerkung S. 4f.**
** Basisvorsorgepauschale KV und PV *** Typisierter Arbeitgeberzuschuss

Lohn/ Gehalt in € bis	Steuerklasse	**Lohn- steuer***	BVSP**	TAGZ***	Steuerklasse	Bemessungsgrundlage für Kirchensteuer und Solidaritätszuschlag – Freibeträge für ... Kinder 0,5	**1,0**	1,5	**2,0**	2,5	**3,0**
6 842,99	I,IV	**1 643,75**	443,83	443,83	I	1 497,00	1 350,16	1 204,16	1 063,50	928,91	800,33
West	II	**1 503,50**	443,83	443,83	II	1 356,75	1 210,58	1 069,66	934,75	805,91	683,16
	III	**1 071,00**	443,83	443,83	III	960,33	852,83	748,50	647,00	548,50	453,16
	V	**2 120,66**	443,83	443,83	IV	1 570,41	1 497,00	1 423,58	1 350,16	1 276,83	1 204,16
	VI	**2 156,91**	443,83	443,83							
6 842,99	I,IV	**1 647,00**	443,83	443,83	I	1 500,16	1 353,41	1 207,33	1 066,50	931,75	803,08
Ost	II	**1 506,66**	443,83	443,83	II	1 359,91	1 213,66	1 072,66	937,58	808,66	685,75
	III	**1 073,33**	443,83	443,83	III	962,83	855,16	750,66	649,16	550,66	455,16
	V	**2 123,83**	443,83	443,83	IV	1 573,58	1 500,16	1 426,75	1 353,41	1 280,00	1 207,33
	VI	**2 160,08**	443,83	443,83							
6 845,99	I,IV	**1 644,91**	443,83	443,83	I	1 498,16	1 351,33	1 205,33	1 064,58	929,91	801,33
West	II	**1 504,66**	443,83	443,83	II	1 357,83	1 211,75	1 070,75	935,83	806,91	684,08
	III	**1 071,83**	443,83	443,83	III	961,16	853,66	749,16	647,66	549,33	453,83
	V	**2 121,83**	443,83	443,83	IV	1 571,58	1 498,16	1 424,75	1 351,33	1 277,91	1 205,33
	VI	**2 158,08**	443,83	443,83							
6 845,99	I,IV	**1 648,25**	443,83	443,83	I	1 501,41	1 354,66	1 208,58	1 067,66	932,91	804,16
Ost	II	**1 507,91**	443,83	443,83	II	1 361,16	1 214,91	1 073,83	938,75	809,75	686,75
	III	**1 074,33**	443,83	443,83	III	963,66	856,16	751,50	650,00	551,50	456,00
	V	**2 125,08**	443,83	443,83	IV	1 574,83	1 501,41	1 428,08	1 354,66	1 281,25	1 208,58
	VI	**2 161,33**	443,83	443,83							
6 848,99	I,IV	**1 646,08**	443,83	443,83	I	1 499,33	1 352,50	1 206,50	1 065,66	931,00	802,33
West	II	**1 505,83**	443,83	443,83	II	1 359,00	1 212,83	1 071,83	936,83	807,91	685,00
	III	**1 072,66**	443,83	443,83	III	962,16	854,50	750,00	648,50	550,00	454,66
	V	**2 123,00**	443,83	443,83	IV	1 572,66	1 499,33	1 425,91	1 352,50	1 279,08	1 206,50
	VI	**2 159,25**	443,83	443,83							
6 848,99	I,IV	**1 649,50**	443,83	443,83	I	1 502,66	1 355,91	1 209,75	1 068,91	934,00	805,25
Ost	II	**1 509,25**	443,83	443,83	II	1 362,41	1 216,16	1 075,00	939,91	810,83	687,83
	III	**1 075,33**	443,83	443,83	III	964,66	857,00	752,33	650,83	552,33	456,83
	V	**2 126,33**	443,83	443,83	IV	1 576,08	1 502,66	1 429,33	1 355,91	1 282,50	1 209,75
	VI	**2 162,58**	443,83	443,83							
6 851,99	I,IV	**1 647,25**	443,83	443,83	I	1 500,50	1 353,66	1 207,58	1 066,75	932,00	803,33
West	II	**1 507,00**	443,83	443,83	II	1 360,16	1 214,00	1 072,91	937,91	808,91	686,00
	III	**1 073,50**	443,83	443,83	III	963,00	855,33	750,83	649,33	550,83	455,33
	V	**2 124,08**	443,83	443,83	IV	1 573,83	1 500,50	1 427,08	1 353,66	1 280,25	1 207,58
	VI	**2 160,33**	443,83	443,83							
6 851,99	I,IV	**1 650,75**	443,83	443,83	I	1 504,00	1 357,16	1 211,00	1 070,08	935,16	806,33
Ost	II	**1 510,50**	443,83	443,83	II	1 363,66	1 217,41	1 076,16	941,00	811,91	688,83
	III	**1 076,16**	443,83	443,83	III	965,50	858,00	753,33	651,66	553,16	457,66
	V	**2 127,58**	443,83	443,83	IV	1 577,33	1 504,00	1 430,58	1 357,16	1 283,75	1 211,00
	VI	**2 163,83**	443,83	443,83							
6 854,99	I,IV	**1 648,41**	443,83	443,83	I	1 501,58	1 354,83	1 208,75	1 067,83	933,08	804,33
West	II	**1 508,08**	443,83	443,83	II	1 361,33	1 215,08	1 074,00	938,91	809,91	686,91
	III	**1 074,50**	443,83	443,83	III	963,83	856,33	751,66	650,16	551,66	456,16
	V	**2 125,25**	443,83	443,83	IV	1 575,00	1 501,58	1 428,25	1 354,83	1 281,41	1 208,75
	VI	**2 161,50**	443,83	443,83							
6 854,99	I,IV	**1 652,00**	443,83	443,83	I	1 505,25	1 358,41	1 212,25	1 071,25	936,33	807,41
Ost	II	**1 511,75**	443,83	443,83	II	1 364,91	1 218,66	1 077,41	942,16	813,00	689,83
	III	**1 077,16**	443,83	443,83	III	966,50	858,83	754,16	652,50	554,00	458,33
	V	**2 128,83**	443,83	443,83	IV	1 578,58	1 505,25	1 431,83	1 358,41	1 285,00	1 212,25
	VI	**2 165,16**	443,83	443,83							
6 857,99	I,IV	**1 649,58**	443,83	443,83	I	1 502,75	1 356,00	1 209,83	1 068,91	934,08	805,33
West	II	**1 509,25**	443,83	443,83	II	1 362,50	1 216,25	1 075,08	939,91	810,91	687,83
	III	**1 075,33**	443,83	443,83	III	964,66	857,00	752,50	650,83	552,33	456,83
	V	**2 126,41**	443,83	443,83	IV	1 576,16	1 502,75	1 429,33	1 356,00	1 282,58	1 209,83
	VI	**2 162,66**	443,83	443,83							
6 857,99	I,IV	**1 653,25**	443,83	443,83	I	1 506,50	1 359,66	1 213,50	1 072,41	937,41	808,50
Ost	II	**1 513,00**	443,83	443,83	II	1 366,16	1 219,91	1 078,58	943,33	814,08	690,91
	III	**1 078,16**	443,83	443,83	III	967,50	859,66	755,00	653,50	554,83	459,16
	V	**2 130,16**	443,83	443,83	IV	1 579,83	1 506,50	1 433,08	1 359,66	1 286,33	1 213,50
	VI	**2 166,41**	443,83	443,83							

* Zur LSt-Berechnung für privat versicherte Arbeitnehmer s. Beispiele **Vorbemerkung S. 4f.**
** Basisvorsorgepauschale KV und PV *** Typisierter Arbeitgeberzuschuss

Lohn/ Gehalt in € bis	Steuerklasse	**Lohn-steuer***	BVSP**	TAGZ***	Steuerklasse	Bemessungsgrundlage für Kirchensteuer und Solidaritätszuschlag – Freibeträge für ... Kinder 0,5	**1,0**	1,5	**2,0**	2,5	**3,0**
6860,99 West	I,IV	**1650,75**	443,83	443,83	I	1503,91	1357,16	1211,00	1070,00	935,16	806,25
	II	**1510,41**	443,83	443,83	II	1363,66	1217,41	1076,16	941,00	811,91	688,83
	III	**1076,16**	443,83	443,83	III	965,50	858,00	753,33	651,66	553,16	457,66
	V	**2127,58**	443,83	443,83	IV	1577,33	1503,91	1430,50	1357,16	1283,75	1211,00
	VI	**2163,83**	443,83	443,83							
6860,99 Ost	I,IV	**1654,50**	443,83	443,83	I	1507,75	1360,91	1214,75	1073,66	938,58	809,58
	II	**1514,25**	443,83	443,83	II	1367,50	1221,16	1079,75	944,41	815,16	691,91
	III	**1079,16**	443,83	443,83	III	968,33	860,66	756,00	654,33	555,66	460,00
	V	**2131,41**	443,83	443,83	IV	1581,16	1507,75	1434,33	1360,91	1287,58	1214,75
	VI	**2167,66**	443,83	443,83							
6863,99 West	I,IV	**1651,83**	443,83	443,83	I	1505,08	1358,25	1212,08	1071,08	936,16	807,25
	II	**1511,58**	443,83	443,83	II	1364,83	1218,50	1077,25	942,00	812,83	689,75
	III	**1077,16**	443,83	443,83	III	966,33	858,66	754,16	652,50	553,83	458,33
	V	**2128,75**	443,83	443,83	IV	1578,50	1505,08	1431,66	1358,25	1284,91	1212,08
	VI	**2165,00**	443,83	443,83							
6863,99 Ost	I,IV	**1655,75**	443,83	443,83	I	1509,00	1362,25	1216,00	1074,83	939,66	810,66
	II	**1515,50**	443,83	443,83	II	1368,75	1222,33	1080,91	945,58	816,25	693,00
	III	**1080,16**	443,83	443,83	III	969,33	861,50	756,83	655,16	556,50	460,83
	V	**2132,66**	443,83	443,83	IV	1582,41	1509,00	1435,58	1362,25	1288,83	1216,00
	VI	**2168,91**	443,83	443,83							
6866,99 West	I,IV	**1653,00**	443,83	443,83	I	1506,25	1359,41	1213,25	1072,25	937,25	808,25
	II	**1512,75**	443,83	443,83	II	1365,91	1219,66	1078,33	943,08	813,83	690,66
	III	**1078,00**	443,83	443,83	III	967,33	859,66	755,00	653,33	554,66	459,00
	V	**2129,91**	443,83	443,83	IV	1579,66	1506,25	1432,83	1359,41	1286,08	1213,25
	VI	**2166,16**	443,83	443,83							
6866,99 Ost	I,IV	**1657,08**	443,83	443,83	I	1510,25	1363,50	1217,25	1076,00	940,83	811,75
	II	**1516,75**	443,83	443,83	II	1370,00	1223,58	1082,16	946,66	817,33	694,00
	III	**1081,00**	443,83	443,83	III	970,33	862,50	757,66	656,00	557,33	461,66
	V	**2133,91**	443,83	443,83	IV	1583,66	1510,25	1436,83	1363,50	1290,08	1217,25
	VI	**2170,16**	443,83	443,83							
6869,99 West	I,IV	**1654,25**	443,83	443,83	I	1507,41	1360,66	1214,41	1073,33	938,25	809,25
	II	**1513,91**	443,83	443,83	II	1367,16	1220,83	1079,41	944,16	814,91	691,66
	III	**1078,83**	443,83	443,83	III	968,16	860,50	755,83	654,16	555,50	459,83
	V	**2131,08**	443,83	443,83	IV	1580,83	1507,41	1434,00	1360,66	1287,25	1214,41
	VI	**2167,33**	443,83	443,83							
6869,99 Ost	I,IV	**1658,33**	443,83	443,83	I	1511,50	1364,75	1218,41	1077,16	942,00	812,83
	II	**1518,00**	443,83	443,83	II	1371,25	1224,83	1083,33	947,83	818,41	695,00
	III	**1082,00**	443,83	443,83	III	971,16	863,33	758,66	656,83	558,16	462,50
	V	**2135,16**	443,83	443,83	IV	1584,91	1511,50	1438,08	1364,75	1291,33	1218,41
	VI	**2171,41**	443,83	443,83							
6872,99 West	I,IV	**1655,33**	443,83	443,83	I	1508,58	1361,75	1215,58	1074,41	939,33	810,25
	II	**1515,08**	443,83	443,83	II	1368,33	1222,00	1080,58	945,16	815,91	692,58
	III	**1079,83**	443,83	443,83	III	969,00	861,33	756,50	654,83	556,16	460,50
	V	**2132,25**	443,83	443,83	IV	1582,00	1508,58	1435,16	1361,75	1288,41	1215,58
	VI	**2168,50**	443,83	443,83							
6872,99 Ost	I,IV	**1659,58**	443,83	443,83	I	1512,75	1366,00	1219,66	1078,33	943,08	813,91
	II	**1519,25**	443,83	443,83	II	1372,50	1226,08	1084,50	949,00	819,50	696,08
	III	**1083,00**	443,83	443,83	III	972,16	864,33	759,50	657,66	559,00	463,16
	V	**2136,41**	443,83	443,83	IV	1586,16	1512,75	1439,41	1366,00	1292,58	1219,66
	VI	**2172,66**	443,83	443,83							
6875,99 West	I,IV	**1656,50**	443,83	443,83	I	1509,75	1362,91	1216,66	1075,50	940,33	811,25
	II	**1516,25**	443,83	443,83	II	1369,41	1223,08	1081,66	946,25	816,83	693,58
	III	**1080,66**	443,83	443,83	III	969,83	862,16	757,33	655,66	557,00	461,33
	V	**2133,41**	443,83	443,83	IV	1583,16	1509,75	1436,33	1362,91	1289,58	1216,66
	VI	**2169,66**	443,83	443,83							
6875,99 Ost	I,IV	**1660,83**	443,83	443,83	I	1514,00	1367,25	1220,91	1079,58	944,25	815,00
	II	**1520,58**	443,83	443,83	II	1373,75	1227,33	1085,66	950,08	820,58	697,08
	III	**1084,00**	443,83	443,83	III	973,00	865,16	760,33	658,66	559,83	464,00
	V	**2137,66**	443,83	443,83	IV	1587,41	1514,00	1440,66	1367,25	1293,83	1220,91
	VI	**2173,91**	443,83	443,83							

* Zur LSt-Berechnung für privat versicherte Arbeitnehmer s. Beispiele **Vorbemerkung S. 4 f.**
** Basisvorsorgepauschale KV und PV *** Typisierter Arbeitgeberzuschuss

Lohn/ Gehalt in € bis	Steuerklasse	Lohn-steuer*	BVSP**	TAGZ***	Steuerklasse	Bemessungsgrundlage für Kirchensteuer und Solidaritätszuschlag – Freibeträge für ... Kinder 0,5	1,0	1,5	2,0	2,5	3,0
6878,99	I,IV	**1657,66**	443,83	443,83	I	1510,91	1364,08	1217,83	1076,58	941,41	812,25
West	II	**1517,41**	443,83	443,83	II	1370,58	1224,25	1082,75	947,25	817,83	694,50
	III	**1081,50**	443,83	443,83	III	970,66	863,00	758,16	656,50	557,66	462,00
	V	**2134,58**	443,83	443,83	IV	1584,25	1510,91	1437,50	1364,08	1290,66	1217,83
	VI	**2170,83**	443,83	443,83							
6878,99	I,IV	**1662,08**	443,83	443,83	I	1515,33	1368,50	1222,16	1080,75	945,41	816,08
Ost	II	**1521,83**	443,83	443,83	II	1375,00	1228,58	1086,91	951,25	821,66	698,16
	III	**1084,83**	443,83	443,83	III	974,00	866,16	761,33	659,50	560,66	464,83
	V	**2138,91**	443,83	443,83	IV	1588,66	1515,33	1441,91	1368,50	1295,08	1222,16
	VI	**2175,25**	443,83	443,83							
6881,99	I,IV	**1658,83**	443,83	443,83	I	1512,08	1365,25	1219,00	1077,66	942,41	813,25
West	II	**1518,58**	443,83	443,83	II	1371,75	1225,33	1083,83	948,33	818,83	695,50
	III	**1082,50**	443,83	443,83	III	971,66	863,83	759,00	657,16	558,50	462,83
	V	**2135,66**	443,83	443,83	IV	1585,41	1512,08	1438,66	1365,25	1291,83	1219,00
	VI	**2172,00**	443,83	443,83							
6881,99	I,IV	**1663,33**	443,83	443,83	I	1516,58	1369,75	1223,41	1081,91	946,50	817,16
Ost	II	**1523,08**	443,83	443,83	II	1376,25	1229,83	1088,08	952,41	822,75	699,16
	III	**1085,83**	443,83	443,83	III	975,00	867,00	762,16	660,33	561,50	465,66
	V	**2140,25**	443,83	443,83	IV	1589,91	1516,58	1443,16	1369,75	1296,33	1223,41
	VI	**2176,50**	443,83	443,83							
6884,99	I,IV	**1660,00**	443,83	443,83	I	1513,16	1366,41	1220,08	1078,75	943,50	814,25
West	II	**1519,75**	443,83	443,83	II	1372,91	1226,50	1084,91	949,33	819,83	696,41
	III	**1083,33**	443,83	443,83	III	972,50	864,66	759,83	658,00	559,33	463,50
	V	**2136,83**	443,83	443,83	IV	1586,58	1513,16	1439,83	1366,41	1293,00	1220,08
	VI	**2173,08**	443,83	443,83							
6884,99	I,IV	**1664,58**	443,83	443,83	I	1517,83	1371,00	1224,66	1083,08	947,66	818,25
Ost	II	**1524,33**	443,83	443,83	II	1377,50	1231,08	1089,25	953,50	823,83	700,16
	III	**1086,83**	443,83	443,83	III	975,83	868,00	763,00	661,16	562,33	466,50
	V	**2141,50**	443,83	443,83	IV	1591,25	1517,83	1444,41	1371,00	1297,66	1224,66
	VI	**2177,75**	443,83	443,83							
6887,99	I,IV	**1661,16**	443,83	443,83	I	1514,33	1367,58	1221,25	1079,83	944,50	815,25
West	II	**1520,83**	443,83	443,83	II	1374,08	1227,66	1086,00	950,41	820,83	697,33
	III	**1084,16**	443,83	443,83	III	973,33	865,50	760,66	658,83	560,00	464,33
	V	**2138,00**	443,83	443,83	IV	1587,75	1514,33	1441,00	1367,58	1294,16	1221,25
	VI	**2174,25**	443,83	443,83							
6887,99	I,IV	**1665,83**	443,83	443,83	I	1519,08	1372,25	1225,91	1084,33	948,75	819,33
Ost	II	**1525,58**	443,83	443,83	II	1378,83	1232,33	1090,50	954,66	824,91	701,25
	III	**1087,83**	443,83	443,83	III	976,83	868,83	764,00	662,00	563,16	467,33
	V	**2142,75**	443,83	443,83	IV	1592,50	1519,08	1445,66	1372,25	1298,91	1225,91
	VI	**2179,00**	443,83	443,83							
6890,99	I,IV	**1662,33**	443,83	443,83	I	1515,50	1368,75	1222,33	1080,91	945,58	816,25
West	II	**1522,00**	443,83	443,83	II	1375,25	1228,75	1087,08	951,41	821,83	698,33
	III	**1085,00**	443,83	443,83	III	974,16	866,33	761,50	659,66	560,83	465,00
	V	**2139,16**	443,83	443,83	IV	1588,91	1515,50	1442,08	1368,75	1295,33	1222,33
	VI	**2175,41**	443,83	443,83							
6890,99	I,IV	**1667,16**	443,83	443,83	I	1520,33	1373,58	1227,16	1085,50	949,91	820,41
Ost	II	**1526,83**	443,83	443,83	II	1380,08	1233,58	1091,66	955,83	826,00	702,25
	III	**1088,83**	443,83	443,83	III	977,83	869,83	764,83	662,83	564,00	468,16
	V	**2144,00**	443,83	443,83	IV	1593,75	1520,33	1446,91	1373,58	1300,16	1227,16
	VI	**2180,25**	443,83	443,83							
6893,99	I,IV	**1663,41**	443,83	443,83	I	1516,66	1369,83	1223,50	1082,00	946,58	817,25
West	II	**1523,16**	443,83	443,83	II	1376,41	1229,91	1088,16	952,50	822,83	699,25
	III	**1086,00**	443,83	443,83	III	975,00	867,16	762,33	660,33	561,50	465,83
	V	**2140,33**	443,83	443,83	IV	1590,08	1516,66	1443,25	1369,83	1296,50	1223,50
	VI	**2176,58**	443,83	443,83							
6893,99	I,IV	**1668,41**	443,83	443,83	I	1521,58	1374,83	1228,33	1086,66	951,08	821,50
Ost	II	**1528,08**	443,83	443,83	II	1381,33	1234,83	1092,83	956,91	827,08	703,33
	III	**1089,66**	443,83	443,83	III	978,66	870,66	765,66	663,83	564,83	468,83
	V	**2145,25**	443,83	443,83	IV	1595,00	1521,58	1448,16	1374,83	1301,41	1228,33
	VI	**2181,50**	443,83	443,83							

* Zur LSt-Berechnung für privat versicherte Arbeitnehmer s. Beispiele **Vorbemerkung S. 4 f.**
** Basisvorsorgepauschale KV und PV *** Typisierter Arbeitgeberzuschuss

Lohn/ Gehalt in € bis	Steuerklasse	Lohn-steuer*	BVSP**	TAGZ***	Steuerklasse	Bemessungsgrundlage für Kirchensteuer und Solidaritätszuschlag					
						Freibeträge für ... Kinder					
						0,5	**1,0**	1,5	**2,0**	2,5	**3,0**
6 896,99	I,IV	**1 664,58**	443,83	443,83	I	1 517,83	1 371,00	1 224,66	1 083,08	947,66	818,25
West	II	**1 524,33**	443,83	443,83	II	1 377,50	1 231,08	1 089,25	953,50	823,83	700,16
	III	**1 086,83**	443,83	443,83	III	975,83	868,00	763,00	661,16	562,33	466,50
	V	**2 141,50**	443,83	443,83	IV	1 591,25	1 517,83	1 444,41	1 371,00	1 297,66	1 224,66
	VI	**2 177,75**	443,83	443,83							
6 896,99	I,IV	**1 669,66**	443,83	443,83	I	1 522,83	1 376,08	1 229,58	1 087,91	952,16	822,58
Ost	II	**1 529,33**	443,83	443,83	II	1 382,58	1 236,00	1 094,00	958,08	828,16	704,33
	III	**1 090,66**	443,83	443,83	III	979,66	871,66	766,66	664,66	565,66	469,66
	V	**2 146,50**	443,83	443,83	IV	1 596,25	1 522,83	1 449,50	1 376,08	1 302,66	1 229,58
	VI	**2 182,75**	443,83	443,83							
6 899,99	I,IV	**1 665,75**	443,83	443,83	I	1 519,00	1 372,16	1 225,75	1 084,25	948,66	819,25
West	II	**1 525,50**	443,83	443,83	II	1 378,66	1 232,16	1 090,33	954,58	824,83	701,16
	III	**1 087,83**	443,83	443,83	III	976,83	868,83	763,83	662,00	563,16	467,16
	V	**2 142,66**	443,83	443,83	IV	1 592,33	1 519,00	1 445,58	1 372,16	1 298,75	1 225,75
	VI	**2 178,91**	443,83	443,83							
6 899,99	I,IV	**1 670,91**	443,83	443,83	I	1 524,08	1 377,33	1 230,83	1 089,08	953,33	823,66
Ost	II	**1 530,66**	443,83	443,83	II	1 383,83	1 237,25	1 095,25	959,25	829,25	705,41
	III	**1 091,66**	443,83	443,83	III	980,66	872,50	767,50	665,50	566,50	470,50
	V	**2 147,75**	443,83	443,83	IV	1 597,50	1 524,08	1 450,75	1 377,33	1 303,91	1 230,83
	VI	**2 184,00**	443,83	443,83							
6 902,99	I,IV	**1 666,91**	443,83	443,83	I	1 520,16	1 373,33	1 226,91	1 085,33	949,75	820,25
West	II	**1 526,66**	443,83	443,83	II	1 379,83	1 233,33	1 091,41	955,58	825,83	702,08
	III	**1 088,66**	443,83	443,83	III	977,66	869,66	764,66	662,66	563,83	468,00
	V	**2 143,75**	443,83	443,83	IV	1 593,50	1 520,16	1 446,75	1 373,33	1 299,91	1 226,91
	VI	**2 180,08**	443,83	443,83							
6 902,99	I,IV	**1 672,16**	443,83	443,83	I	1 525,41	1 378,58	1 232,08	1 090,25	954,50	824,75
Ost	II	**1 531,91**	443,83	443,83	II	1 385,08	1 238,50	1 096,41	960,33	830,33	706,41
	III	**1 092,66**	443,83	443,83	III	981,50	873,50	768,33	666,33	567,33	471,33
	V	**2 149,00**	443,83	443,83	IV	1 598,75	1 525,41	1 452,00	1 378,58	1 305,16	1 232,08
	VI	**2 185,33**	443,83	443,83							
6 905,99	I,IV	**1 668,08**	443,83	443,83	I	1 521,25	1 374,50	1 228,08	1 086,41	950,75	821,25
West	II	**1 527,83**	443,83	443,83	II	1 381,00	1 234,50	1 092,58	956,66	826,83	703,08
	III	**1 089,50**	443,83	443,83	III	978,50	870,50	765,50	663,50	564,66	468,66
	V	**2 144,91**	443,83	443,83	IV	1 594,66	1 521,25	1 447,91	1 374,50	1 301,08	1 228,08
	VI	**2 181,16**	443,83	443,83							
6 905,99	I,IV	**1 673,41**	443,83	443,83	I	1 526,66	1 379,83	1 233,33	1 091,41	955,58	825,83
Ost	II	**1 533,16**	443,83	443,83	II	1 386,33	1 239,75	1 097,58	961,50	831,50	707,50
	III	**1 093,66**	443,83	443,83	III	982,50	874,33	769,33	667,16	568,16	472,16
	V	**2 150,33**	443,83	443,83	IV	1 600,00	1 526,66	1 453,25	1 379,83	1 306,41	1 233,33
	VI	**2 186,58**	443,83	443,83							
6 908,99	I,IV	**1 669,25**	443,83	443,83	I	1 522,41	1 375,66	1 229,16	1 087,50	951,83	822,16
West	II	**1 528,91**	443,83	443,83	II	1 382,16	1 235,58	1 093,66	957,66	827,83	704,00
	III	**1 090,33**	443,83	443,83	III	979,33	871,33	766,33	664,33	565,33	469,50
	V	**2 146,08**	443,83	443,83	IV	1 595,83	1 522,41	1 449,08	1 375,66	1 302,25	1 229,16
	VI	**2 182,33**	443,83	443,83							
6 908,99	I,IV	**1 674,66**	443,83	443,83	I	1 527,91	1 381,08	1 234,58	1 092,66	956,75	826,91
Ost	II	**1 534,41**	443,83	443,83	II	1 387,58	1 241,00	1 098,83	962,66	832,58	708,50
	III	**1 094,50**	443,83	443,83	III	983,33	875,33	770,16	668,00	569,00	473,00
	V	**2 151,58**	443,83	443,83	IV	1 601,33	1 527,91	1 454,50	1 381,08	1 307,75	1 234,58
	VI	**2 187,83**	443,83	443,83							
6 911,99	I,IV	**1 670,41**	443,83	443,83	I	1 523,58	1 376,83	1 230,33	1 088,58	952,83	823,16
West	II	**1 530,08**	443,83	443,83	II	1 383,33	1 236,75	1 094,75	958,75	828,83	704,91
	III	**1 091,33**	443,83	443,83	III	980,16	872,16	767,16	665,16	566,16	470,16
	V	**2 147,25**	443,83	443,83	IV	1 597,00	1 523,58	1 450,16	1 376,83	1 303,41	1 230,33
	VI	**2 183,50**	443,83	443,83							
6 911,99	I,IV	**1 675,91**	443,83	443,83	I	1 529,16	1 382,33	1 235,83	1 093,83	957,91	828,00
Ost	II	**1 535,66**	443,83	443,83	II	1 388,91	1 242,25	1 100,00	963,83	833,66	709,50
	III	**1 095,50**	443,83	443,83	III	984,33	876,16	771,00	669,00	569,83	473,83
	V	**2 152,83**	443,83	443,83	IV	1 602,58	1 529,16	1 455,75	1 382,33	1 309,00	1 235,83
	VI	**2 189,08**	443,83	443,83							

* Zur LSt-Berechnung für privat versicherte Arbeitnehmer s. Beispiele **Vorbemerkung S. 4 f.**
** Basisvorsorgepauschale KV und PV *** Typisierter Arbeitgeberzuschuss

Lohn/ Gehalt in € bis	Steuerklasse	Lohn-steuer*	BVSP**	TAGZ***	Steuerklasse	Bemessungsgrundlage für Kirchensteuer und Solidaritätszuschlag – Freibeträge für ... Kinder 0,5	1,0	1,5	2,0	2,5	3,0
6914,99 West	I,IV	**1671,50**	443,83	443,83	I	1524,75	1378,00	1231,50	1089,66	953,91	824,16
	II	**1531,25**	443,83	443,83	II	1384,50	1237,91	1095,83	959,83	829,83	705,91
	III	**1092,16**	443,83	443,83	III	981,00	873,00	768,00	665,83	566,83	471,00
	V	**2148,41**	443,83	443,83	IV	1598,16	1524,75	1451,33	1378,00	1304,58	1231,50
	VI	**2184,66**	443,83	443,83							
6914,99 Ost	I,IV	**1677,25**	443,83	443,83	I	1530,41	1383,66	1237,08	1095,00	959,00	829,08
	II	**1536,91**	443,83	443,83	II	1390,16	1243,50	1101,16	964,91	834,75	710,58
	III	**1096,50**	443,83	443,83	III	985,33	877,16	772,00	669,83	570,66	474,66
	V	**2154,08**	443,83	443,83	IV	1603,83	1530,41	1457,00	1383,66	1310,25	1237,08
	VI	**2190,33**	443,83	443,83							
6917,99 West	I,IV	**1672,66**	443,83	443,83	I	1525,91	1379,08	1232,58	1090,75	954,91	825,16
	II	**1532,41**	443,83	443,83	II	1385,58	1239,08	1096,91	960,83	830,83	706,83
	III	**1093,00**	443,83	443,83	III	982,00	873,83	768,83	666,66	567,66	471,66
	V	**2149,58**	443,83	443,83	IV	1599,33	1525,91	1452,50	1379,08	1305,75	1232,58
	VI	**2185,83**	443,83	443,83							
6917,99 Ost	I,IV	**1678,50**	443,83	443,83	I	1531,66	1384,91	1238,33	1096,25	960,16	830,16
	II	**1538,16**	443,83	443,83	II	1391,41	1244,75	1102,41	966,08	835,83	711,58
	III	**1097,50**	443,83	443,83	III	986,16	878,00	772,83	670,66	571,50	475,33
	V	**2155,33**	443,83	443,83	IV	1605,08	1531,66	1458,25	1384,91	1311,50	1238,33
	VI	**2191,58**	443,83	443,83							
6920,99 West	I,IV	**1673,83**	443,83	443,83	I	1527,08	1380,25	1233,75	1091,83	956,00	826,16
	II	**1533,58**	443,83	443,83	II	1386,75	1240,16	1098,00	961,91	831,83	707,83
	III	**1094,00**	443,83	443,83	III	982,83	874,66	769,50	667,50	568,50	472,50
	V	**2150,75**	443,83	443,83	IV	1600,41	1527,08	1453,66	1380,25	1306,83	1233,75
	VI	**2187,00**	443,83	443,83							
6920,99 Ost	I,IV	**1679,75**	443,83	443,83	I	1532,91	1386,16	1239,58	1097,41	961,33	831,25
	II	**1539,41**	443,83	443,83	II	1392,66	1246,00	1103,58	967,25	836,91	712,66
	III	**1098,50**	443,83	443,83	III	987,16	879,00	773,66	671,50	572,33	476,16
	V	**2156,58**	443,83	443,83	IV	1606,33	1532,91	1459,58	1386,16	1312,75	1239,58
	VI	**2192,83**	443,83	443,83							
6923,99 West	I,IV	**1675,00**	443,83	443,83	I	1528,25	1381,50	1234,91	1093,00	957,08	827,25
	II	**1534,75**	443,83	443,83	II	1388,00	1241,33	1099,16	963,00	832,83	708,75
	III	**1094,83**	443,83	443,83	III	983,66	875,50	770,33	668,33	569,16	473,16
	V	**2151,91**	443,83	443,83	IV	1601,66	1528,25	1454,83	1381,50	1308,08	1234,91
	VI	**2188,16**	443,83	443,83							
6923,99 Ost	I,IV	**1681,00**	443,83	443,83	I	1534,16	1387,41	1240,83	1098,58	962,50	832,33
	II	**1540,75**	443,83	443,83	II	1393,91	1247,25	1104,83	968,41	838,00	713,66
	III	**1099,33**	443,83	443,83	III	988,16	879,83	774,66	672,33	573,16	477,00
	V	**2157,83**	443,83	443,83	IV	1607,58	1534,16	1460,83	1387,41	1314,00	1240,83
	VI	**2194,08**	443,83	443,83							
6926,99 West	I,IV	**1676,16**	443,83	443,83	I	1529,41	1382,58	1236,08	1094,08	958,08	828,25
	II	**1535,91**	443,83	443,83	II	1389,08	1242,50	1100,25	964,00	833,83	709,75
	III	**1095,83**	443,83	443,83	III	984,50	876,33	771,16	669,16	570,00	474,00
	V	**2153,08**	443,83	443,83	IV	1602,83	1529,41	1456,00	1382,58	1309,25	1236,08
	VI	**2189,33**	443,83	443,83							
6926,99 Ost	I,IV	**1682,25**	443,83	443,83	I	1535,50	1388,66	1242,08	1099,83	963,58	833,50
	II	**1542,00**	443,83	443,83	II	1395,16	1248,50	1106,00	969,50	839,08	714,75
	III	**1100,33**	443,83	443,83	III	989,00	880,83	775,50	673,33	574,00	477,83
	V	**2159,08**	443,83	443,83	IV	1608,83	1535,50	1462,08	1388,66	1315,25	1242,08
	VI	**2195,33**	443,83	443,83							
6929,99 West	I,IV	**1677,33**	443,83	443,83	I	1530,58	1383,75	1237,25	1095,16	959,16	829,25
	II	**1537,08**	443,83	443,83	II	1390,25	1243,66	1101,33	965,08	834,83	710,66
	III	**1096,66**	443,83	443,83	III	985,33	877,16	772,00	669,83	570,83	474,66
	V	**2154,25**	443,83	443,83	IV	1603,91	1530,58	1457,16	1383,75	1310,33	1237,25
	VI	**2190,50**	443,83	443,83							
6929,99 Ost	I,IV	**1683,50**	443,83	443,83	I	1536,75	1389,91	1243,33	1101,00	964,75	834,58
	II	**1543,25**	443,83	443,83	II	1396,41	1249,75	1107,16	970,66	840,16	715,75
	III	**1101,33**	443,83	443,83	III	990,00	881,66	776,33	674,16	574,83	478,66
	V	**2160,33**	443,83	443,83	IV	1610,08	1536,75	1463,33	1389,91	1316,50	1243,33
	VI	**2196,66**	443,83	443,83							

* Zur LSt-Berechnung für privat versicherte Arbeitnehmer s. Beispiele **Vorbemerkung S. 4f.**
** Basisvorsorgepauschale KV und PV *** Typisierter Arbeitgeberzuschuss

Lohn/ Gehalt in € bis	Steuerklasse	**Lohn-steuer***	BVSP**	TAGZ***	Steuerklasse	Bemessungsgrundlage für Kirchensteuer und Solidaritätszuschlag – Freibeträge für ... Kinder 0,5	**1,0**	1,5	**2,0**	2,5	**3,0**
6932,99 West	I,IV	**1678,50**	443,83	443,83	I	1531,75	1384,91	1238,33	1096,25	960,25	830,25
	II	**1538,25**	443,83	443,83	II	1391,41	1244,83	1102,41	966,08	835,83	711,66
	III	**1097,50**	443,83	443,83	III	986,33	878,00	772,83	670,66	571,50	475,50
	V	**2155,33**	443,83	443,83	IV	1605,08	1531,75	1458,33	1384,91	1311,50	1238,33
	VI	**2191,66**	443,83	443,83							
6932,99 Ost	I,IV	**1684,75**	443,83	443,83	I	1538,00	1391,16	1244,58	1102,16	965,91	835,66
	II	**1544,50**	443,83	443,83	II	1397,66	1251,00	1108,41	971,83	841,25	716,83
	III	**1102,33**	443,83	443,83	III	991,00	882,66	777,33	675,00	575,66	479,50
	V	**2161,66**	443,83	443,83	IV	1611,33	1538,00	1464,58	1391,16	1317,83	1244,58
	VI	**2197,91**	443,83	443,83							
6935,99 West	I,IV	**1679,66**	443,83	443,83	I	1532,83	1386,08	1239,50	1097,33	961,25	831,25
	II	**1539,41**	443,83	443,83	II	1392,58	1245,91	1103,50	967,16	836,83	712,58
	III	**1098,33**	443,83	443,83	III	987,16	878,83	773,66	671,50	572,33	476,16
	V	**2156,50**	443,83	443,83	IV	1606,25	1532,83	1459,50	1386,08	1312,66	1239,50
	VI	**2192,75**	443,83	443,83							
6935,99 Ost	I,IV	**1686,00**	443,83	443,83	I	1539,25	1392,41	1245,83	1103,41	967,00	836,75
	II	**1545,75**	443,83	443,83	II	1399,00	1252,25	1109,58	973,00	842,41	717,83
	III	**1103,33**	443,83	443,83	III	991,83	883,50	778,16	675,83	576,50	480,33
	V	**2162,91**	443,83	443,83	IV	1612,66	1539,25	1465,83	1392,41	1319,08	1245,83
	VI	**2199,16**	443,83	443,83							
6938,99 West	I,IV	**1680,83**	443,83	443,83	I	1534,00	1387,25	1240,66	1098,41	962,33	832,25
	II	**1540,50**	443,83	443,83	II	1393,75	1247,08	1104,66	968,25	837,83	713,58
	III	**1099,33**	443,83	443,83	III	988,00	879,66	774,50	672,33	573,16	477,00
	V	**2157,66**	443,83	443,83	IV	1607,41	1534,00	1460,66	1387,25	1313,83	1240,66
	VI	**2193,91**	443,83	443,83							
6938,99 Ost	I,IV	**1687,25**	443,83	443,83	I	1540,50	1393,75	1247,08	1104,58	968,16	837,83
	II	**1547,00**	443,83	443,83	II	1400,25	1253,50	1110,75	974,08	843,50	718,91
	III	**1104,33**	443,83	443,83	III	992,83	884,50	779,00	676,66	577,33	481,16
	V	**2164,16**	443,83	443,83	IV	1613,91	1540,50	1467,08	1393,75	1320,33	1247,08
	VI	**2200,41**	443,83	443,83							
6941,99 West	I,IV	**1682,00**	443,83	443,83	I	1535,16	1388,41	1241,75	1099,58	963,33	833,25
	II	**1541,66**	443,83	443,83	II	1394,91	1248,25	1105,75	969,25	838,83	714,50
	III	**1100,16**	443,83	443,83	III	988,83	880,50	775,33	673,00	573,83	477,66
	V	**2158,83**	443,83	443,83	IV	1608,58	1535,16	1461,75	1388,41	1315,00	1241,75
	VI	**2195,08**	443,83	443,83							
6941,99 Ost	I,IV	**1688,58**	443,83	443,83	I	1541,75	1395,00	1248,33	1105,75	969,33	838,91
	II	**1548,25**	443,83	443,83	II	1401,50	1254,75	1112,00	975,25	844,58	719,91
	III	**1105,16**	443,83	443,83	III	993,83	885,33	780,00	677,50	578,16	481,83
	V	**2165,41**	443,83	443,83	IV	1615,16	1541,75	1468,33	1395,00	1321,58	1248,33
	VI	**2201,66**	443,83	443,83							
6944,99 West	I,IV	**1683,08**	443,83	443,83	I	1536,33	1389,58	1242,91	1100,66	964,41	834,25
	II	**1542,83**	443,83	443,83	II	1396,08	1249,41	1106,83	970,33	839,83	715,50
	III	**1101,00**	443,83	443,83	III	989,66	881,50	776,16	673,83	574,66	478,50
	V	**2160,00**	443,83	443,83	IV	1609,75	1536,33	1462,91	1389,58	1316,16	1242,91
	VI	**2196,25**	443,83	443,83							
6944,99 Ost	I,IV	**1689,83**	443,83	443,83	I	1543,00	1396,25	1249,58	1107,00	970,50	840,00
	II	**1549,50**	443,83	443,83	II	1402,75	1256,00	1113,16	976,41	845,66	721,00
	III	**1106,16**	443,83	443,83	III	994,66	886,33	780,83	678,50	579,00	482,66
	V	**2166,66**	443,83	443,83	IV	1616,41	1543,00	1469,58	1396,25	1322,83	1249,58
	VI	**2202,91**	443,83	443,83							
6947,99 West	I,IV	**1684,25**	443,83	443,83	I	1537,50	1390,66	1244,08	1101,75	965,41	835,25
	II	**1544,00**	443,83	443,83	II	1397,25	1250,50	1107,91	971,33	840,83	716,41
	III	**1102,00**	443,83	443,83	III	990,50	882,16	777,00	674,66	575,33	479,16
	V	**2161,16**	443,83	443,83	IV	1610,91	1537,50	1464,08	1390,66	1317,33	1244,08
	VI	**2197,41**	443,83	443,83							
6947,99 Ost	I,IV	**1691,08**	443,83	443,83	I	1544,25	1397,50	1250,83	1108,16	971,58	841,08
	II	**1550,75**	443,83	443,83	II	1404,00	1257,25	1114,41	977,58	846,75	722,00
	III	**1107,16**	443,83	443,83	III	995,66	887,16	781,66	679,33	579,83	483,50
	V	**2167,91**	443,83	443,83	IV	1617,66	1544,25	1470,91	1397,50	1324,08	1250,83
	VI	**2204,16**	443,83	443,83							

* Zur LSt-Berechnung für privat versicherte Arbeitnehmer s. Beispiele **Vorbemerkung S. 4f.**
** Basisvorsorgepauschale KV und PV   *** Typisierter Arbeitgeberzuschuss

Lohn/ Gehalt in € bis	Steuerklasse	Lohn-steuer*	BVSP**	TAGZ***	Steuerklasse	Bemessungsgrundlage für Kirchensteuer und Solidaritätszuschlag – Freibeträge für ... Kinder 0,5	1,0	1,5	2,0	2,5	3,0
6 950,99	I,IV	**1 685,41**	443,83	443,83	I	1 538,66	1 391,83	1 245,25	1 102,83	966,50	836,25
West	II	**1 545,16**	443,83	443,83	II	1 398,33	1 251,66	1 109,00	972,41	841,83	717,33
	III	**1 102,83**	443,83	443,83	III	991,50	883,16	777,83	675,50	576,16	480,00
	V	**2 162,33**	443,83	443,83	IV	1 612,00	1 538,66	1 465,25	1 391,83	1 318,50	1 245,25
	VI	**2 198,58**	443,83	443,83							
6 950,99	I,IV	**1 692,33**	443,83	443,83	I	1 545,50	1 398,75	1 252,08	1 109,41	972,75	842,16
Ost	II	**1 552,08**	443,83	443,83	II	1 405,25	1 258,50	1 115,58	978,66	847,83	723,08
	III	**1 108,16**	443,83	443,83	III	996,66	888,16	782,66	680,16	580,66	484,33
	V	**2 169,16**	443,83	443,83	IV	1 618,91	1 545,50	1 472,16	1 398,75	1 325,33	1 252,08
	VI	**2 205,41**	443,83	443,83							
6 953,99	I,IV	**1 686,58**	443,83	443,83	I	1 539,83	1 393,00	1 246,33	1 103,91	967,58	837,25
West	II	**1 546,33**	443,83	443,83	II	1 399,50	1 252,83	1 110,08	973,50	842,83	718,33
	III	**1 103,66**	443,83	443,83	III	992,33	884,00	778,50	676,16	577,00	480,66
	V	**2 163,41**	443,83	443,83	IV	1 613,16	1 539,83	1 466,41	1 393,00	1 319,58	1 246,33
	VI	**2 199,75**	443,83	443,83							
6 953,99	I,IV	**1 693,58**	443,83	443,83	I	1 546,83	1 400,00	1 253,33	1 110,58	973,91	843,33
Ost	II	**1 553,33**	443,83	443,83	II	1 406,50	1 259,75	1 116,75	979,83	849,00	724,16
	III	**1 109,16**	443,83	443,83	III	997,50	889,00	783,50	681,00	581,66	485,16
	V	**2 170,41**	443,83	443,83	IV	1 620,16	1 546,83	1 473,41	1 400,00	1 326,58	1 253,33
	VI	**2 206,75**	443,83	443,83							
6 956,99	I,IV	**1 687,75**	443,83	443,83	I	1 540,91	1 394,16	1 247,50	1 105,00	968,58	838,25
West	II	**1 547,50**	443,83	443,83	II	1 400,66	1 254,00	1 111,25	974,50	843,91	719,25
	III	**1 104,66**	443,83	443,83	III	993,16	884,83	779,33	677,00	577,66	481,33
	V	**2 164,58**	443,83	443,83	IV	1 614,33	1 540,91	1 467,58	1 394,16	1 320,75	1 247,50
	VI	**2 200,83**	443,83	443,83							
6 956,99	I,IV	**1 694,83**	443,83	443,83	I	1 548,08	1 401,25	1 254,58	1 111,75	975,08	844,41
Ost	II	**1 554,58**	443,83	443,83	II	1 407,75	1 261,00	1 118,00	981,00	850,08	725,16
	III	**1 110,00**	443,83	443,83	III	998,50	890,00	784,33	681,83	582,50	486,00
	V	**2 171,75**	443,83	443,83	IV	1 621,41	1 548,08	1 474,66	1 401,25	1 327,83	1 254,58
	VI	**2 208,00**	443,83	443,83							
6 959,99	I,IV	**1 688,91**	443,83	443,83	I	1 542,08	1 395,33	1 248,66	1 106,08	969,66	839,25
West	II	**1 548,58**	443,83	443,83	II	1 401,83	1 255,08	1 112,33	975,58	844,91	720,25
	III	**1 105,50**	443,83	443,83	III	994,00	885,66	780,16	677,83	578,50	482,16
	V	**2 165,75**	443,83	443,83	IV	1 615,50	1 542,08	1 468,75	1 395,33	1 321,91	1 248,66
	VI	**2 202,00**	443,83	443,83							
6 959,99	I,IV	**1 696,08**	443,83	443,83	I	1 549,33	1 402,50	1 255,83	1 113,00	976,25	845,50
Ost	II	**1 555,83**	443,83	443,83	II	1 409,00	1 262,25	1 119,16	982,16	851,16	726,25
	III	**1 111,00**	443,83	443,83	III	999,50	890,83	785,33	682,83	583,33	486,83
	V	**2 173,00**	443,83	443,83	IV	1 622,75	1 549,33	1 475,91	1 402,50	1 329,16	1 255,83
	VI	**2 209,25**	443,83	443,83							
6 962,99	I,IV	**1 690,08**	443,83	443,83	I	1 543,25	1 396,50	1 249,83	1 107,25	970,66	840,25
West	II	**1 549,75**	443,83	443,83	II	1 403,00	1 256,25	1 113,41	976,58	845,91	721,16
	III	**1 106,33**	443,83	443,83	III	995,00	886,50	781,00	678,66	579,33	482,83
	V	**2 166,91**	443,83	443,83	IV	1 616,66	1 543,25	1 469,83	1 396,50	1 323,08	1 249,83
	VI	**2 203,16**	443,83	443,83							
6 962,99	I,IV	**1 697,33**	443,83	443,83	I	1 550,58	1 403,75	1 257,08	1 114,16	977,33	846,58
Ost	II	**1 557,08**	443,83	443,83	II	1 410,33	1 263,50	1 120,41	983,33	852,25	727,25
	III	**1 112,00**	443,83	443,83	III	1 000,33	891,83	786,16	683,66	584,16	487,66
	V	**2 174,25**	443,83	443,83	IV	1 624,00	1 550,58	1 477,16	1 403,75	1 330,41	1 257,08
	VI	**2 210,50**	443,83	443,83							
6 965,99	I,IV	**1 691,25**	443,83	443,83	I	1 544,41	1 397,66	1 250,91	1 108,33	971,75	841,25
West	II	**1 550,91**	443,83	443,83	II	1 404,16	1 257,41	1 114,50	977,66	846,91	722,16
	III	**1 107,33**	443,83	443,83	III	995,83	887,33	781,83	679,33	580,00	483,66
	V	**2 168,08**	443,83	443,83	IV	1 617,83	1 544,41	1 471,00	1 397,66	1 324,25	1 250,91
	VI	**2 204,33**	443,83	443,83							
6 965,99	I,IV	**1 698,66**	443,83	443,83	I	1 551,83	1 405,08	1 258,33	1 115,41	978,50	847,66
Ost	II	**1 558,33**	443,83	443,83	II	1 411,58	1 264,75	1 121,58	984,41	853,33	728,33
	III	**1 113,00**	443,83	443,83	III	1 001,33	892,66	787,16	684,50	585,00	488,50
	V	**2 175,50**	443,83	443,83	IV	1 625,25	1 551,83	1 478,41	1 405,08	1 331,66	1 258,33
	VI	**2 211,75**	443,83	443,83							

* Zur LSt-Berechnung für privat versicherte Arbeitnehmer s. Beispiele **Vorbemerkung S. 4 f.**
** Basisvorsorgepauschale KV und PV *** Typisierter Arbeitgeberzuschuss

Lohn/ Gehalt in € bis	Steuerklasse	**Lohn-steuer***	BVSP**	TAGZ***	Steuerklasse	Bemessungsgrundlage für Kirchensteuer und Solidaritätszuschlag – Freibeträge für ... Kinder 0,5	**1,0**	1,5	**2,0**	2,5	**3,0**
6968,99	I,IV	**1692,33**	443,83	443,83	I	1545,58	1398,75	1252,08	1109,41	972,83	842,25
West	II	**1552,08**	443,83	443,83	II	1405,33	1258,58	1115,58	978,75	847,91	723,08
	III	**1108,16**	443,83	443,83	III	996,66	888,16	782,66	680,16	580,83	484,33
	V	**2169,25**	443,83	443,83	IV	1619,00	1545,58	1472,16	1398,75	1325,41	1252,08
	VI	**2205,50**	443,83	443,83							
6968,99	I,IV	**1699,91**	443,83	443,83	I	1553,08	1406,33	1259,58	1116,58	979,66	848,75
Ost	II	**1559,58**	443,83	443,83	II	1412,83	1266,08	1122,83	985,58	854,41	729,33
	III	**1114,00**	443,83	443,83	III	1002,33	893,66	788,00	685,33	585,83	489,16
	V	**2176,75**	443,83	443,83	IV	1626,50	1553,08	1479,66	1406,33	1332,91	1259,58
	VI	**2213,00**	443,83	443,83							
6971,99	I,IV	**1693,50**	443,83	443,83	I	1546,75	1399,91	1253,25	1110,50	973,83	843,25
West	II	**1553,25**	443,83	443,83	II	1406,41	1259,66	1116,75	979,75	848,91	724,08
	III	**1109,00**	443,83	443,83	III	997,50	889,00	783,50	681,00	581,50	485,16
	V	**2170,41**	443,83	443,83	IV	1620,08	1546,75	1473,33	1399,91	1326,58	1253,25
	VI	**2206,66**	443,83	443,83							
6971,99	I,IV	**1701,16**	443,83	443,83	I	1554,33	1407,58	1260,83	1117,75	980,83	849,91
Ost	II	**1560,83**	443,83	443,83	II	1414,08	1267,33	1124,00	986,75	855,58	730,41
	III	**1115,00**	443,83	443,83	III	1003,16	894,50	788,83	686,16	586,66	490,00
	V	**2178,00**	443,83	443,83	IV	1627,75	1554,33	1481,00	1407,58	1334,16	1260,83
	VI	**2214,25**	443,83	443,83							
6974,99	I,IV	**1694,66**	443,83	443,83	I	1547,91	1401,08	1254,41	1111,58	974,91	844,25
West	II	**1554,41**	443,83	443,83	II	1407,58	1260,83	1117,83	980,83	849,91	725,00
	III	**1110,00**	443,83	443,83	III	998,33	889,83	784,33	681,83	582,33	485,83
	V	**2171,50**	443,83	443,83	IV	1621,25	1547,91	1474,50	1401,08	1327,66	1254,41
	VI	**2207,83**	443,83	443,83							
6974,99	I,IV	**1702,41**	443,83	443,83	I	1555,58	1408,83	1262,08	1119,00	981,91	851,00
Ost	II	**1562,16**	443,83	443,83	II	1415,33	1268,58	1125,16	987,91	856,66	731,50
	III	**1115,83**	443,83	443,83	III	1004,16	895,50	789,83	687,16	587,50	490,83
	V	**2179,25**	443,83	443,83	IV	1629,00	1555,58	1482,25	1408,83	1335,41	1262,08
	VI	**2215,50**	443,83	443,83							
6977,99	I,IV	**1695,83**	443,83	443,83	I	1549,00	1402,25	1255,50	1112,75	975,91	845,25
West	II	**1555,58**	443,83	443,83	II	1408,75	1262,00	1118,91	981,91	850,91	726,00
	III	**1110,83**	443,83	443,83	III	999,16	890,66	785,16	682,50	583,16	486,66
	V	**2172,66**	443,83	443,83	IV	1622,41	1549,00	1475,66	1402,25	1328,83	1255,50
	VI	**2208,91**	443,83	443,83							
6977,99	I,IV	**1703,66**	443,83	443,83	I	1556,91	1410,08	1263,33	1120,16	983,08	852,08
Ost	II	**1563,41**	443,83	443,83	II	1416,58	1269,83	1126,41	989,08	857,75	732,50
	III	**1116,83**	443,83	443,83	III	1005,16	896,33	790,66	688,00	588,33	491,66
	V	**2180,50**	443,83	443,83	IV	1630,25	1556,91	1483,50	1410,08	1336,66	1263,33
	VI	**2216,83**	443,83	443,83							
6980,99	I,IV	**1697,00**	443,83	443,83	I	1550,25	1403,41	1256,75	1113,83	977,00	846,25
West	II	**1556,75**	443,83	443,83	II	1409,91	1263,16	1120,08	983,00	851,91	727,00
	III	**1111,83**	443,83	443,83	III	1000,16	891,50	786,00	683,33	583,83	487,33
	V	**2173,91**	443,83	443,83	IV	1623,58	1550,25	1476,83	1403,41	1330,08	1256,75
	VI	**2210,16**	443,83	443,83							
6980,99	I,IV	**1704,91**	443,83	443,83	I	1558,16	1411,33	1264,58	1121,41	984,25	853,16
Ost	II	**1564,66**	443,83	443,83	II	1417,83	1271,08	1127,58	990,25	858,83	733,58
	III	**1117,83**	443,83	443,83	III	1006,00	897,33	791,50	688,83	589,16	492,50
	V	**2181,83**	443,83	443,83	IV	1631,50	1558,16	1484,75	1411,33	1337,91	1264,58
	VI	**2218,08**	443,83	443,83							
6983,99	I,IV	**1698,16**	443,83	443,83	I	1551,41	1404,58	1257,83	1114,91	978,08	847,25
West	II	**1557,91**	443,83	443,83	II	1411,08	1264,33	1121,16	984,00	853,00	727,91
	III	**1112,66**	443,83	443,83	III	1001,00	892,33	786,83	684,16	584,66	488,16
	V	**2175,00**	443,83	443,83	IV	1624,75	1551,41	1478,00	1404,58	1331,16	1257,83
	VI	**2211,33**	443,83	443,83							
6983,99	I,IV	**1706,16**	443,83	443,83	I	1559,41	1412,58	1265,83	1122,58	985,41	854,25
Ost	II	**1565,91**	443,83	443,83	II	1419,08	1272,33	1128,83	991,33	860,00	734,58
	III	**1118,83**	443,83	443,83	III	1007,00	898,16	792,50	689,66	590,00	493,33
	V	**2183,08**	443,83	443,83	IV	1632,83	1559,41	1486,00	1412,58	1339,25	1265,83
	VI	**2219,33**	443,83	443,83							

* Zur LSt-Berechnung für privat versicherte Arbeitnehmer s. Beispiele **Vorbemerkung S. 4f.**
** Basisvorsorgepauschale KV und PV *** Typisierter Arbeitgeberzuschuss

Lohn/ Gehalt in € bis	Steuerklasse	Lohn-steuer*	BVSP**	TAGZ***	Steuerklasse	Bemessungsgrundlage für Kirchensteuer und Solidaritätszuschlag					
						Freibeträge für ... Kinder					
						0,5	**1,0**	1,5	**2,0**	2,5	**3,0**
6986,99 West	I,IV	**1699,33**	443,83	443,83	I	1552,50	1405,75	1259,00	1116,08	979,16	848,33
	II	**1559,08**	443,83	443,83	II	1412,25	1265,50	1122,25	985,08	854,00	728,91
	III	**1113,50**	443,83	443,83	III	1001,83	893,16	787,66	685,00	585,50	488,83
	V	**2176,16**	443,83	443,83	IV	1625,91	1552,50	1479,16	1405,75	1332,33	1259,00
	VI	**2212,41**	443,83	443,83							
6986,99 Ost	I,IV	**1707,41**	443,83	443,83	I	1560,66	1413,83	1267,08	1123,83	986,58	855,33
	II	**1567,16**	443,83	443,83	II	1420,41	1273,58	1130,00	992,50	861,08	735,66
	III	**1119,83**	443,83	443,83	III	1008,00	899,16	793,33	690,66	590,83	494,16
	V	**2184,33**	443,83	443,83	IV	1634,08	1560,66	1487,25	1413,83	1340,50	1267,08
	VI	**2220,58**	443,83	443,83							
6989,99 West	I,IV	**1700,50**	443,83	443,83	I	1553,66	1406,91	1260,16	1117,16	980,16	849,33
	II	**1560,16**	443,83	443,83	II	1413,41	1266,66	1123,33	986,16	855,00	729,83
	III	**1114,50**	443,83	443,83	III	1002,83	894,00	788,50	685,83	586,16	489,66
	V	**2177,33**	443,83	443,83	IV	1627,08	1553,66	1480,33	1406,91	1333,50	1260,16
	VI	**2213,58**	443,83	443,83							
6989,99 Ost	I,IV	**1708,75**	443,83	443,83	I	1561,91	1415,16	1268,33	1125,00	987,75	856,50
	II	**1568,41**	443,83	443,83	II	1421,66	1274,83	1131,25	993,66	862,16	736,75
	III	**1120,83**	443,83	443,83	III	1008,83	900,00	794,16	691,50	591,66	495,00
	V	**2185,58**	443,83	443,83	IV	1635,33	1561,91	1488,50	1415,16	1341,75	1268,33
	VI	**2221,83**	443,83	443,83							
6992,99 West	I,IV	**1701,66**	443,83	443,83	I	1554,83	1408,08	1261,33	1118,25	981,25	850,33
	II	**1561,33**	443,83	443,83	II	1414,58	1267,75	1124,50	987,16	856,00	730,83
	III	**1115,33**	443,83	443,83	III	1003,66	894,83	789,16	686,50	587,00	490,33
	V	**2178,50**	443,83	443,83	IV	1628,25	1554,83	1481,41	1408,08	1334,66	1261,33
	VI	**2214,75**	443,83	443,83							
6992,99 Ost	I,IV	**1710,00**	443,83	443,83	I	1563,16	1416,41	1269,58	1126,16	988,83	857,58
	II	**1569,66**	443,83	443,83	II	1422,91	1276,08	1132,41	994,83	863,25	737,75
	III	**1121,66**	443,83	443,83	III	1009,83	901,00	795,16	692,33	592,50	495,83
	V	**2186,83**	443,83	443,83	IV	1636,58	1563,16	1489,75	1416,41	1343,00	1269,58
	VI	**2223,08**	443,83	443,83							
6995,99 West	I,IV	**1702,83**	443,83	443,83	I	1556,00	1409,25	1262,41	1119,33	982,33	851,33
	II	**1562,50**	443,83	443,83	II	1415,75	1268,91	1125,58	988,25	857,00	731,75
	III	**1116,16**	443,83	443,83	III	1004,50	895,83	790,00	687,33	587,83	491,16
	V	**2179,66**	443,83	443,83	IV	1629,41	1556,00	1482,58	1409,25	1335,83	1262,41
	VI	**2215,91**	443,83	443,83							
6995,99 Ost	I,IV	**1711,25**	443,83	443,83	I	1564,41	1417,66	1270,83	1127,41	990,00	858,66
	II	**1570,91**	443,83	443,83	II	1424,16	1277,33	1133,66	996,00	864,33	738,83
	III	**1122,66**	443,83	443,83	III	1010,83	901,83	796,00	693,16	593,33	496,66
	V	**2188,08**	443,83	443,83	IV	1637,83	1564,41	1491,08	1417,66	1344,25	1270,83
	VI	**2224,33**	443,83	443,83							
6998,99 West	I,IV	**1703,91**	443,83	443,83	I	1557,16	1410,33	1263,58	1120,41	983,33	852,33
	II	**1563,66**	443,83	443,83	II	1416,91	1270,08	1126,66	989,33	858,00	732,75
	III	**1117,16**	443,83	443,83	III	1005,33	896,66	790,83	688,16	588,50	491,83
	V	**2180,83**	443,83	443,83	IV	1630,58	1557,16	1483,75	1410,33	1337,00	1263,58
	VI	**2217,08**	443,83	443,83							
6998,99 Ost	I,IV	**1712,50**	443,83	443,83	I	1565,66	1418,91	1272,08	1128,58	991,16	859,75
	II	**1572,25**	443,83	443,83	II	1425,41	1278,66	1134,83	997,16	865,50	739,83
	III	**1123,66**	443,83	443,83	III	1011,66	902,83	797,00	694,00	594,16	497,33
	V	**2189,33**	443,83	443,83	IV	1639,08	1565,66	1492,33	1418,91	1345,50	1272,08
	VI	**2225,58**	443,83	443,83							
7001,99 West	I,IV	**1705,08**	443,83	443,83	I	1558,33	1411,50	1264,75	1121,58	984,41	853,33
	II	**1564,83**	443,83	443,83	II	1418,00	1271,25	1127,75	990,33	859,00	733,66
	III	**1118,00**	443,83	443,83	III	1006,16	897,50	791,66	689,00	589,33	492,66
	V	**2182,00**	443,83	443,83	IV	1631,75	1558,33	1484,91	1411,50	1338,16	1264,75
	VI	**2218,25**	443,83	443,83							
7001,99 Ost	I,IV	**1713,75**	443,83	443,83	I	1567,00	1420,16	1273,41	1129,83	992,33	860,91
	II	**1573,50**	443,83	443,83	II	1426,66	1279,91	1136,08	998,33	866,58	740,91
	III	**1124,66**	443,83	443,83	III	1012,66	903,66	797,83	695,00	595,00	498,16
	V	**2190,58**	443,83	443,83	IV	1640,33	1567,00	1493,58	1420,16	1346,75	1273,41
	VI	**2226,83**	443,83	443,83							

* Zur LSt-Berechnung für privat versicherte Arbeitnehmer s. Beispiele **Vorbemerkung S. 4 f.**
** Basisvorsorgepauschale KV und PV *** Typisierter Arbeitgeberzuschuss

Lohn/ Gehalt in € bis	Steuerklasse	Lohnsteuer*	BVSP**	TAGZ***	Steuerklasse	Bemessungsgrundlage für Kirchensteuer und Solidaritätszuschlag – Freibeträge für ... Kinder 0,5	**1,0**	1,5	**2,0**	2,5	**3,0**
7004,99	I,IV	**1706,25**	443,83	443,83	I	1559,50	1412,66	1265,91	1122,66	985,50	854,33
West	II	**1566,00**	443,83	443,83	II	1419,16	1272,41	1128,91	991,41	860,00	734,66
	III	**1118,83**	443,83	443,83	III	1007,00	898,33	792,50	689,83	590,00	493,33
	V	**2183,08**	443,83	443,83	IV	1632,83	1559,50	1486,08	1412,66	1339,25	1265,91
	VI	**2219,41**	443,83	443,83							
7004,99	I,IV	**1715,00**	443,83	443,83	I	1568,25	1421,41	1274,66	1131,00	993,50	862,00
Ost	II	**1574,75**	443,83	443,83	II	1427,91	1281,16	1137,25	999,41	867,66	742,00
	III	**1125,66**	443,83	443,83	III	1013,66	904,66	798,66	695,83	595,83	499,00
	V	**2191,83**	443,83	443,83	IV	1641,58	1568,25	1494,83	1421,41	1348,00	1274,66
	VI	**2228,16**	443,83	443,83							
7007,99	I,IV	**1707,41**	443,83	443,83	I	1560,58	1413,83	1267,08	1123,75	986,50	855,33
West	II	**1567,16**	443,83	443,83	II	1420,33	1273,58	1130,00	992,50	861,00	735,66
	III	**1119,83**	443,83	443,83	III	1008,00	899,16	793,33	690,66	590,83	494,16
	V	**2184,25**	443,83	443,83	IV	1634,00	1560,58	1487,25	1413,83	1340,41	1267,08
	VI	**2220,50**	443,83	443,83							
7007,99	I,IV	**1716,25**	443,83	443,83	I	1569,50	1422,66	1275,91	1132,25	994,66	863,08
Ost	II	**1576,00**	443,83	443,83	II	1429,16	1282,41	1138,50	1000,58	868,75	743,00
	III	**1126,66**	443,83	443,83	III	1014,66	905,66	799,66	696,66	596,83	499,83
	V	**2193,16**	443,83	443,83	IV	1642,83	1569,50	1496,08	1422,66	1349,33	1275,91
	VI	**2229,41**	443,83	443,83							
7010,99	I,IV	**1708,58**	443,83	443,83	I	1561,75	1415,00	1268,16	1124,83	987,58	856,33
West	II	**1568,25**	443,83	443,83	II	1421,50	1274,66	1131,08	993,58	862,08	736,58
	III	**1120,66**	443,83	443,83	III	1008,83	900,00	794,16	691,33	591,66	494,83
	V	**2185,41**	443,83	443,83	IV	1635,16	1561,75	1488,41	1415,00	1341,58	1268,16
	VI	**2221,66**	443,83	443,83							
7010,99	I,IV	**1717,50**	443,83	443,83	I	1570,75	1423,91	1277,16	1133,41	995,75	864,16
Ost	II	**1577,25**	443,83	443,83	II	1430,50	1283,66	1139,66	1001,75	869,91	744,08
	III	**1127,66**	443,83	443,83	III	1015,50	906,50	800,50	697,50	597,66	500,66
	V	**2194,41**	443,83	443,83	IV	1644,16	1570,75	1497,33	1423,91	1350,58	1277,16
	VI	**2230,66**	443,83	443,83							
7013,99	I,IV	**1709,75**	443,83	443,83	I	1562,91	1416,16	1269,33	1126,00	988,66	857,33
West	II	**1569,41**	443,83	443,83	II	1422,66	1275,83	1132,16	994,58	863,08	737,58
	III	**1121,50**	443,83	443,83	III	1009,66	900,83	795,00	692,16	592,33	495,66
	V	**2186,58**	443,83	443,83	IV	1636,33	1562,91	1489,50	1416,16	1342,75	1269,33
	VI	**2222,83**	443,83	443,83							
7013,99	I,IV	**1718,75**	443,83	443,83	I	1572,00	1425,25	1278,41	1134,66	996,91	865,33
Ost	II	**1578,50**	443,83	443,83	II	1431,75	1284,91	1140,91	1002,91	871,00	745,16
	III	**1128,50**	443,83	443,83	III	1016,50	907,50	801,50	698,50	598,50	501,50
	V	**2195,66**	443,83	443,83	IV	1645,41	1572,00	1498,58	1425,25	1351,83	1278,41
	VI	**2231,91**	443,83	443,83							
7016,99	I,IV	**1710,91**	443,83	443,83	I	1564,08	1417,33	1270,50	1127,08	989,66	858,33
West	II	**1570,58**	443,83	443,83	II	1423,83	1277,00	1133,33	995,66	864,08	738,50
	III	**1122,50**	443,83	443,83	III	1010,50	901,66	795,83	693,00	593,16	496,33
	V	**2187,75**	443,83	443,83	IV	1637,50	1564,08	1490,66	1417,33	1343,91	1270,50
	VI	**2224,00**	443,83	443,83							
7016,99	I,IV	**1720,08**	443,83	443,83	I	1573,25	1426,50	1279,66	1135,83	998,08	866,41
Ost	II	**1579,75**	443,83	443,83	II	1433,00	1286,16	1142,08	1004,08	872,08	746,16
	III	**1129,50**	443,83	443,83	III	1017,50	908,33	802,33	699,33	599,33	502,33
	V	**2196,91**	443,83	443,83	IV	1646,66	1573,25	1499,83	1426,50	1353,08	1279,66
	VI	**2233,16**	443,83	443,83							
7019,99	I,IV	**1712,00**	443,83	443,83	I	1565,25	1418,41	1271,66	1128,16	990,75	859,41
West	II	**1571,75**	443,83	443,83	II	1425,00	1278,16	1134,41	996,75	865,08	739,50
	III	**1123,33**	443,83	443,83	III	1011,50	902,50	796,66	693,83	594,00	497,16
	V	**2188,91**	443,83	443,83	IV	1638,66	1565,25	1491,83	1418,41	1345,08	1271,66
	VI	**2225,16**	443,83	443,83							
7019,99	I,IV	**1721,33**	443,83	443,83	I	1574,50	1427,75	1280,91	1137,08	999,25	867,50
Ost	II	**1581,00**	443,83	443,83	II	1434,25	1287,41	1143,33	1005,25	873,25	747,25
	III	**1130,50**	443,83	443,83	III	1018,33	909,33	803,16	700,16	600,16	503,16
	V	**2198,16**	443,83	443,83	IV	1647,91	1574,50	1501,08	1427,75	1354,33	1280,91
	VI	**2234,41**	443,83	443,83							

* Zur LSt-Berechnung für privat versicherte Arbeitnehmer s. Beispiele **Vorbemerkung S. 4f.**
** Basisvorsorgepauschale KV und PV *** Typisierter Arbeitgeberzuschuss

Lohn/ Gehalt in € bis	Steuerklasse	Lohn-steuer*	BVSP**	TAGZ***	Steuerklasse	Bemessungsgrundlage für Kirchensteuer und Solidaritätszuschlag					
						Freibeträge für ... Kinder					
						0,5	**1,0**	1,5	**2,0**	2,5	**3,0**
7022,99	I,IV	**1713,16**	443,83	443,83	I	1566,41	1419,58	1272,83	1129,25	991,83	860,41
West	II	**1572,91**	443,83	443,83	II	1426,08	1279,33	1135,50	997,75	866,08	740,41
	III	**1124,16**	443,83	443,83	III	1012,33	903,33	797,50	694,50	594,66	497,83
	V	**2190,08**	443,83	443,83	IV	1639,83	1566,41	1493,00	1419,58	1346,25	1272,83
	VI	**2226,33**	443,83	443,83							
7022,99	I,IV	**1722,58**	443,83	443,83	I	1575,75	1429,00	1282,16	1138,25	1000,41	868,58
Ost	II	**1582,25**	443,83	443,83	II	1435,50	1288,75	1144,50	1006,41	874,33	748,33
	III	**1131,50**	443,83	443,83	III	1019,33	910,16	804,16	701,00	601,00	504,00
	V	**2199,41**	443,83	443,83	IV	1649,16	1575,75	1502,41	1429,00	1355,58	1282,16
	VI	**2235,66**	443,83	443,83							
7025,99	I,IV	**1714,33**	443,83	443,83	I	1567,58	1420,75	1274,00	1130,41	992,83	861,41
West	II	**1574,08**	443,83	443,83	II	1427,25	1280,50	1136,66	998,83	867,08	741,41
	III	**1125,16**	443,83	443,83	III	1013,16	904,16	798,33	695,33	595,50	498,66
	V	**2191,25**	443,83	443,83	IV	1640,91	1567,58	1494,16	1420,75	1347,33	1274,00
	VI	**2227,50**	443,83	443,83							
7025,99	I,IV	**1723,83**	443,83	443,83	I	1577,00	1430,25	1283,50	1139,50	1001,58	869,75
Ost	II	**1583,58**	443,83	443,83	II	1436,75	1290,00	1145,75	1007,58	875,41	749,33
	III	**1132,50**	443,83	443,83	III	1020,33	911,16	805,00	701,83	601,83	504,83
	V	**2200,66**	443,83	443,83	IV	1650,41	1577,00	1503,66	1430,25	1356,83	1283,50
	VI	**2236,91**	443,83	443,83							
7028,99	I,IV	**1715,50**	443,83	443,83	I	1568,75	1421,91	1275,08	1131,50	993,91	862,41
West	II	**1575,25**	443,83	443,83	II	1428,41	1281,66	1137,75	999,91	868,08	742,41
	III	**1126,00**	443,83	443,83	III	1014,00	905,00	799,00	696,16	596,16	499,33
	V	**2192,33**	443,83	443,83	IV	1642,08	1568,75	1495,33	1421,91	1348,50	1275,08
	VI	**2228,58**	443,83	443,83							
7028,99	I,IV	**1725,08**	443,83	443,83	I	1578,33	1431,50	1284,75	1140,66	1002,75	870,83
Ost	II	**1584,83**	443,83	443,83	II	1438,00	1291,25	1146,91	1008,75	876,50	750,41
	III	**1133,50**	443,83	443,83	III	1021,16	912,00	805,83	702,83	602,66	505,66
	V	**2201,91**	443,83	443,83	IV	1651,66	1578,33	1504,91	1431,50	1358,08	1284,75
	VI	**2238,25**	443,83	443,83							
7031,99	I,IV	**1716,66**	443,83	443,83	I	1569,83	1423,08	1276,25	1132,58	995,00	863,41
West	II	**1576,33**	443,83	443,83	II	1429,58	1282,83	1138,83	1001,00	869,16	743,33
	III	**1127,00**	443,83	443,83	III	1014,83	905,83	800,00	697,00	597,00	500,16
	V	**2193,50**	443,83	443,83	IV	1643,25	1569,83	1496,50	1423,08	1349,66	1276,25
	VI	**2229,75**	443,83	443,83							
7031,99	I,IV	**1726,33**	443,83	443,83	I	1579,58	1432,75	1286,00	1141,91	1003,91	871,91
Ost	II	**1586,08**	443,83	443,83	II	1439,25	1292,50	1148,16	1009,91	877,66	751,50
	III	**1134,50**	443,83	443,83	III	1022,16	913,00	806,83	703,66	603,50	506,50
	V	**2203,25**	443,83	443,83	IV	1652,91	1579,58	1506,16	1432,75	1359,33	1286,00
	VI	**2239,50**	443,83	443,83							
7034,99	I,IV	**1717,83**	443,83	443,83	I	1571,00	1424,25	1277,41	1133,75	996,08	864,41
West	II	**1577,50**	443,83	443,83	II	1430,75	1283,91	1140,00	1002,00	870,16	744,33
	III	**1127,83**	443,83	443,83	III	1015,83	906,66	800,66	697,66	597,83	500,83
	V	**2194,66**	443,83	443,83	IV	1644,41	1571,00	1497,58	1424,25	1350,83	1277,41
	VI	**2230,91**	443,83	443,83							
7034,99	I,IV	**1727,58**	443,83	443,83	I	1580,83	1434,00	1287,25	1143,08	1005,08	873,00
Ost	II	**1587,33**	443,83	443,83	II	1440,50	1293,75	1149,41	1011,08	878,75	752,50
	III	**1135,33**	443,83	443,83	III	1023,16	913,83	807,66	704,50	604,33	507,16
	V	**2204,50**	443,83	443,83	IV	1654,25	1580,83	1507,41	1434,00	1360,66	1287,25
	VI	**2240,75**	443,83	443,83							
7037,99	I,IV	**1719,00**	443,83	443,83	I	1572,25	1425,41	1278,66	1134,83	997,16	865,50
West	II	**1578,75**	443,83	443,83	II	1431,91	1285,16	1141,08	1003,08	871,16	745,33
	III	**1128,66**	443,83	443,83	III	1016,66	907,66	801,50	698,50	598,66	501,66
	V	**2195,83**	443,83	443,83	IV	1645,58	1572,25	1498,83	1425,41	1352,00	1278,66
	VI	**2232,08**	443,83	443,83							
7037,99	I,IV	**1728,83**	443,83	443,83	I	1582,08	1435,25	1288,50	1144,33	1006,25	874,16
Ost	II	**1588,58**	443,83	443,83	II	1441,83	1295,00	1150,58	1012,16	879,83	753,58
	III	**1136,33**	443,83	443,83	III	1024,16	914,83	808,66	705,33	605,16	508,00
	V	**2205,75**	443,83	443,83	IV	1655,50	1582,08	1508,66	1435,25	1361,91	1288,50
	VI	**2242,00**	443,83	443,83							

* Zur LSt-Berechnung für privat versicherte Arbeitnehmer s. Beispiele **Vorbemerkung S. 4f.**
** Basisvorsorgepauschale KV und PV *** Typisierter Arbeitgeberzuschuss

Lohn/ Gehalt in € bis	Steuerklasse	**Lohn-steuer***	BVSP**	TAGZ***	Steuerklasse	Bemessungsgrundlage für Kirchensteuer und Solidaritätszuschlag – Freibeträge für ... Kinder 0,5	**1,0**	1,5	**2,0**	2,5	**3,0**
7040,99	I,IV	**1720,16**	443,83	443,83	I	1573,33	1426,58	1279,75	1136,00	998,16	866,50
West	II	**1579,83**	443,83	443,83	II	1433,08	1286,33	1142,25	1004,16	872,16	746,25
	III	**1129,66**	443,83	443,83	III	1017,50	908,50	802,33	699,33	599,33	502,33
	V	**2197,00**	443,83	443,83	IV	1646,75	1573,33	1500,00	1426,58	1353,16	1279,75
	VI	**2233,25**	443,83	443,83							
7040,99	I,IV	**1730,16**	443,83	443,83	I	1583,33	1436,58	1289,75	1145,58	1007,33	875,25
Ost	II	**1589,83**	443,83	443,83	II	1443,08	1296,25	1151,83	1013,33	881,00	754,66
	III	**1137,33**	443,83	443,83	III	1025,00	915,83	809,50	706,33	606,00	508,83
	V	**2207,00**	443,83	443,83	IV	1656,75	1583,33	1509,91	1436,58	1363,16	1289,75
	VI	**2243,25**	443,83	443,83							
7043,99	I,IV	**1721,33**	443,83	443,83	I	1574,50	1427,75	1280,91	1137,08	999,25	867,50
West	II	**1581,00**	443,83	443,83	II	1434,25	1287,41	1143,33	1005,25	873,25	747,25
	III	**1130,50**	443,83	443,83	III	1018,33	909,33	803,16	700,16	600,16	503,16
	V	**2198,16**	443,83	443,83	IV	1647,91	1574,50	1501,08	1427,75	1354,33	1280,91
	VI	**2234,41**	443,83	443,83							
7043,99	I,IV	**1731,41**	443,83	443,83	I	1584,58	1437,83	1291,00	1146,75	1008,50	876,33
Ost	II	**1591,08**	443,83	443,83	II	1444,33	1297,50	1153,00	1014,50	882,08	755,66
	III	**1138,33**	443,83	443,83	III	1026,00	916,66	810,33	707,16	606,83	509,66
	V	**2208,25**	443,83	443,83	IV	1658,00	1584,58	1511,16	1437,83	1364,41	1291,00
	VI	**2244,50**	443,83	443,83							
7046,99	I,IV	**1722,50**	443,83	443,83	I	1575,66	1428,91	1282,08	1138,16	1000,33	868,50
West	II	**1582,16**	443,83	443,83	II	1435,41	1288,58	1144,41	1006,33	874,25	748,16
	III	**1131,50**	443,83	443,83	III	1019,33	910,16	804,00	701,00	601,00	503,83
	V	**2199,33**	443,83	443,83	IV	1649,08	1575,66	1502,25	1428,91	1355,50	1282,08
	VI	**2235,58**	443,83	443,83							
7046,99	I,IV	**1732,66**	443,83	443,83	I	1585,83	1439,08	1292,25	1148,00	1009,66	877,50
Ost	II	**1592,33**	443,83	443,83	II	1445,58	1298,75	1154,25	1015,66	883,16	756,75
	III	**1139,33**	443,83	443,83	III	1027,00	917,66	811,33	708,00	607,83	510,50
	V	**2209,50**	443,83	443,83	IV	1659,25	1585,83	1512,50	1439,08	1365,66	1292,25
	VI	**2245,75**	443,83	443,83							
7049,99	I,IV	**1723,58**	443,83	443,83	I	1576,83	1430,00	1283,25	1139,25	1001,41	869,50
West	II	**1583,33**	443,83	443,83	II	1436,58	1289,75	1145,58	1007,33	875,25	749,16
	III	**1132,33**	443,83	443,83	III	1020,16	911,00	804,83	701,83	601,66	504,66
	V	**2200,50**	443,83	443,83	IV	1650,25	1576,83	1503,41	1430,00	1356,66	1283,25
	VI	**2236,75**	443,83	443,83							
7049,99	I,IV	**1733,91**	443,83	443,83	I	1587,08	1440,33	1293,50	1149,16	1010,83	878,58
Ost	II	**1593,66**	443,83	443,83	II	1446,83	1300,08	1155,41	1016,83	884,33	757,83
	III	**1140,33**	443,83	443,83	III	1027,83	918,50	812,16	708,83	608,66	511,33
	V	**2210,75**	443,83	443,83	IV	1660,50	1587,08	1513,75	1440,33	1366,91	1293,50
	VI	**2247,00**	443,83	443,83							
7052,99	I,IV	**1724,91**	443,83	443,83	I	1578,08	1431,33	1284,50	1140,50	1002,50	870,66
West	II	**1584,58**	443,83	443,83	II	1437,83	1291,00	1146,75	1008,50	876,33	750,25
	III	**1133,33**	443,83	443,83	III	1021,00	911,83	805,83	702,66	602,50	505,50
	V	**2201,75**	443,83	443,83	IV	1651,50	1578,08	1504,66	1431,33	1357,91	1284,50
	VI	**2238,00**	443,83	443,83							
7052,99	I,IV	**1735,16**	443,83	443,83	I	1588,41	1441,58	1294,83	1150,41	1012,00	879,66
Ost	II	**1594,91**	443,83	443,83	II	1448,08	1301,33	1156,66	1018,00	885,41	758,91
	III	**1141,33**	443,83	443,83	III	1028,83	919,50	813,16	709,83	609,50	512,16
	V	**2212,00**	443,83	443,83	IV	1661,75	1588,41	1515,00	1441,58	1368,16	1294,83
	VI	**2248,33**	443,83	443,83							
7055,99	I,IV	**1726,16**	443,83	443,83	I	1579,33	1432,58	1285,75	1141,66	1003,66	871,75
West	II	**1585,83**	443,83	443,83	II	1439,08	1292,25	1148,00	1009,66	877,50	751,25
	III	**1134,33**	443,83	443,83	III	1022,00	912,83	806,66	703,50	603,33	506,33
	V	**2203,00**	443,83	443,83	IV	1652,75	1579,33	1505,91	1432,58	1359,16	1285,75
	VI	**2239,25**	443,83	443,83							
7055,99	I,IV	**1736,41**	443,83	443,83	I	1589,66	1442,83	1296,08	1151,58	1013,16	880,83
Ost	II	**1596,16**	443,83	443,83	II	1449,33	1302,58	1157,91	1019,16	886,50	759,91
	III	**1142,16**	443,83	443,83	III	1029,83	920,33	814,00	710,66	610,33	513,00
	V	**2213,33**	443,83	443,83	IV	1663,00	1589,66	1516,25	1442,83	1369,41	1296,08
	VI	**2249,58**	443,83	443,83							

* Zur LSt-Berechnung für privat versicherte Arbeitnehmer s. Beispiele **Vorbemerkung S. 4f.**
** Basisvorsorgepauschale KV und PV *** Typisierter Arbeitgeberzuschuss

Lohn/ Gehalt in € bis	Steuerklasse	Lohn-steuer*	BVSP**	TAGZ***	Steuerklasse	Bemessungsgrundlage für Kirchensteuer und Solidaritätszuschlag – Freibeträge für … Kinder 0,5	1,0	1,5	2,0	2,5	3,0
7058,99 West	I,IV	**1727,41**	443,83	443,83	I	1580,58	1433,83	1287,00	1142,91	1004,83	872,83
	II	**1587,08**	443,83	443,83	II	1440,33	1293,50	1149,16	1010,83	878,58	752,33
	III	**1135,16**	443,83	443,83	III	1023,00	913,83	807,50	704,33	604,16	507,16
	V	**2204,25**	443,83	443,83	IV	1654,00	1580,58	1507,25	1433,83	1360,41	1287,00
	VI	**2240,50**	443,83	443,83							
7058,99 Ost	I,IV	**1737,66**	443,83	443,83	I	1590,91	1444,08	1297,33	1152,83	1014,33	881,91
	II	**1597,41**	443,83	443,83	II	1450,58	1303,83	1159,08	1020,33	887,66	761,00
	III	**1143,16**	443,83	443,83	III	1030,66	921,33	814,83	711,50	611,16	513,83
	V	**2214,58**	443,83	443,83	IV	1664,33	1590,91	1517,50	1444,08	1370,75	1297,33
	VI	**2250,83**	443,83	443,83							
7061,99 West	I,IV	**1728,66**	443,83	443,83	I	1581,83	1435,08	1288,25	1144,16	1006,00	873,91
	II	**1588,41**	443,83	443,83	II	1441,58	1294,83	1150,41	1012,00	879,66	753,41
	III	**1136,16**	443,83	443,83	III	1024,00	914,66	808,50	705,16	605,00	508,00
	V	**2205,50**	443,83	443,83	IV	1655,25	1581,83	1508,50	1435,08	1361,66	1288,25
	VI	**2241,75**	443,83	443,83							
7061,99 Ost	I,IV	**1738,91**	443,83	443,83	I	1592,16	1445,33	1298,58	1154,00	1015,50	883,00
	II	**1598,66**	443,83	443,83	II	1451,91	1305,08	1160,33	1021,50	888,75	762,08
	III	**1144,16**	443,83	443,83	III	1031,66	922,16	815,83	712,33	612,00	514,66
	V	**2215,83**	443,83	443,83	IV	1665,58	1592,16	1518,75	1445,33	1372,00	1298,58
	VI	**2252,08**	443,83	443,83							
7064,99 West	I,IV	**1729,91**	443,83	443,83	I	1583,16	1436,33	1289,58	1145,33	1007,16	875,08
	II	**1589,66**	443,83	443,83	II	1442,83	1296,08	1151,58	1013,16	880,83	754,50
	III	**1137,16**	443,83	443,83	III	1024,83	915,66	809,33	706,16	606,00	508,66
	V	**2206,75**	443,83	443,83	IV	1656,50	1583,16	1509,75	1436,33	1362,91	1289,58
	VI	**2243,08**	443,83	443,83							
7064,99 Ost	I,IV	**1740,25**	443,83	443,83	I	1593,41	1446,66	1299,83	1155,25	1016,66	884,16
	II	**1599,91**	443,83	443,83	II	1453,16	1306,33	1161,50	1022,66	889,91	763,08
	III	**1145,16**	443,83	443,83	III	1032,66	923,16	816,66	713,33	612,83	515,50
	V	**2217,08**	443,83	443,83	IV	1666,83	1593,41	1520,00	1446,66	1373,25	1299,83
	VI	**2253,33**	443,83	443,83							
7067,99 West	I,IV	**1731,16**	443,83	443,83	I	1584,41	1437,58	1290,83	1146,58	1008,33	876,16
	II	**1590,91**	443,83	443,83	II	1444,08	1297,33	1152,83	1014,33	881,91	755,50
	III	**1138,16**	443,83	443,83	III	1025,83	916,50	810,16	707,00	606,83	509,50
	V	**2208,08**	443,83	443,83	IV	1657,75	1584,41	1511,00	1437,58	1364,16	1290,83
	VI	**2244,33**	443,83	443,83							
7067,99 Ost	I,IV	**1741,50**	443,83	443,83	I	1594,66	1447,91	1301,08	1156,50	1017,83	885,25
	II	**1601,16**	443,83	443,83	II	1454,41	1307,58	1162,75	1023,83	891,00	764,16
	III	**1146,16**	443,83	443,83	III	1033,66	924,16	817,66	714,16	613,66	516,33
	V	**2218,33**	443,83	443,83	IV	1668,08	1594,66	1521,25	1447,91	1374,50	1301,08
	VI	**2254,58**	443,83	443,83							
7070,99 West	I,IV	**1732,41**	443,83	443,83	I	1585,66	1438,83	1292,08	1147,75	1009,50	877,25
	II	**1592,16**	443,83	443,83	II	1445,33	1298,58	1154,00	1015,50	883,00	756,58
	III	**1139,16**	443,83	443,83	III	1026,83	917,50	811,16	707,83	607,66	510,33
	V	**2209,33**	443,83	443,83	IV	1659,08	1585,66	1512,25	1438,83	1365,50	1292,08
	VI	**2245,58**	443,83	443,83							
7070,99 Ost	I,IV	**1742,75**	443,83	443,83	I	1595,91	1449,16	1302,33	1157,66	1019,00	886,33
	II	**1602,41**	443,83	443,83	II	1455,66	1308,83	1164,00	1025,00	892,08	765,25
	III	**1147,16**	443,83	443,83	III	1034,50	925,00	818,50	715,00	614,50	517,16
	V	**2219,58**	443,83	443,83	IV	1669,33	1595,91	1522,58	1449,16	1375,75	1302,33
	VI	**2255,83**	443,83	443,83							
7073,99 West	I,IV	**1733,66**	443,83	443,83	I	1586,91	1440,08	1293,33	1149,00	1010,66	878,41
	II	**1593,41**	443,83	443,83	II	1446,66	1299,83	1155,25	1016,66	884,16	757,66
	III	**1140,16**	443,83	443,83	III	1027,66	918,33	812,00	708,66	608,50	511,16
	V	**2210,58**	443,83	443,83	IV	1660,33	1586,91	1513,50	1440,08	1366,75	1293,33
	VI	**2246,83**	443,83	443,83							
7073,99 Ost	I,IV	**1744,00**	443,83	443,83	I	1597,16	1450,41	1303,58	1158,91	1020,16	887,50
	II	**1603,75**	443,83	443,83	II	1456,91	1310,16	1165,16	1026,16	893,25	766,33
	III	**1148,16**	443,83	443,83	III	1035,50	926,00	819,33	715,83	615,33	518,00
	V	**2220,83**	443,83	443,83	IV	1670,58	1597,16	1523,83	1450,41	1377,00	1303,58
	VI	**2257,08**	443,83	443,83							

* Zur LSt-Berechnung für privat versicherte Arbeitnehmer s. Beispiele **Vorbemerkung S. 4f.**
** Basisvorsorgepauschale KV und PV *** Typisierter Arbeitgeberzuschuss

Lohn/ Gehalt in € bis	Steuerklasse	Lohn-steuer*	BVSP**	TAGZ***	Steuerklasse	Bemessungsgrundlage für Kirchensteuer und Solidaritätszuschlag – Freibeträge für ... Kinder 0,5	1,0	1,5	2,0	2,5	3,0
7076,99 West	I,IV	**1735,00**	443,83	443,83	I	1588,16	1441,41	1294,58	1150,16	1011,83	879,50
	II	**1594,66**	443,83	443,83	II	1447,91	1301,08	1156,50	1017,83	885,25	758,66
	III	**1141,16**	443,83	443,83	III	1028,66	919,33	813,00	709,66	609,33	512,00
	V	**2211,83**	443,83	443,83	IV	1661,58	1588,16	1514,75	1441,41	1368,00	1294,58
	VI	**2248,08**	443,83	443,83							
7076,99 Ost	I,IV	**1745,25**	443,83	443,83	I	1598,50	1451,66	1304,91	1160,08	1021,33	888,58
	II	**1605,00**	443,83	443,83	II	1458,16	1311,41	1166,41	1027,33	894,33	767,33
	III	**1149,16**	443,83	443,83	III	1036,50	926,83	820,33	716,83	616,16	518,83
	V	**2222,08**	443,83	443,83	IV	1671,83	1598,50	1525,08	1451,66	1378,25	1304,91
	VI	**2258,33**	443,83	443,83							
7079,99 West	I,IV	**1736,25**	443,83	443,83	I	1589,41	1442,66	1295,83	1151,41	1013,00	880,58
	II	**1595,91**	443,83	443,83	II	1449,16	1302,33	1157,66	1019,00	886,33	759,75
	III	**1142,00**	443,83	443,83	III	1029,66	920,16	813,83	710,50	610,16	512,83
	V	**2213,08**	443,83	443,83	IV	1662,83	1589,41	1516,00	1442,66	1369,25	1295,83
	VI	**2249,33**	443,83	443,83							
7079,99 Ost	I,IV	**1746,50**	443,83	443,83	I	1599,75	1452,91	1306,16	1161,33	1022,50	889,66
	II	**1606,25**	443,83	443,83	II	1459,41	1312,66	1167,66	1028,50	895,41	768,41
	III	**1150,00**	443,83	443,83	III	1037,50	927,83	821,16	717,66	617,16	519,50
	V	**2223,33**	443,83	443,83	IV	1673,08	1599,75	1526,33	1452,91	1379,50	1306,16
	VI	**2259,66**	443,83	443,83							
7082,99 West	I,IV	**1737,50**	443,83	443,83	I	1590,66	1443,91	1297,08	1152,58	1014,16	881,75
	II	**1597,16**	443,83	443,83	II	1450,41	1303,58	1158,91	1020,16	887,50	760,83
	III	**1143,00**	443,83	443,83	III	1030,66	921,16	814,66	711,33	611,00	513,66
	V	**2214,33**	443,83	443,83	IV	1664,08	1590,66	1517,33	1443,91	1370,50	1297,08
	VI	**2250,58**	443,83	443,83							
7082,99 Ost	I,IV	**1747,75**	443,83	443,83	I	1601,00	1454,16	1307,41	1162,58	1023,66	890,83
	II	**1607,50**	443,83	443,83	II	1460,66	1313,91	1168,83	1029,66	896,58	769,50
	III	**1151,00**	443,83	443,83	III	1038,33	928,66	822,16	718,50	618,00	520,33
	V	**2224,66**	443,83	443,83	IV	1674,33	1601,00	1527,58	1454,16	1380,83	1307,41
	VI	**2260,91**	443,83	443,83							
7085,99 West	I,IV	**1738,75**	443,83	443,83	I	1591,91	1445,16	1298,33	1153,83	1015,33	882,83
	II	**1598,50**	443,83	443,83	II	1451,66	1304,91	1160,08	1021,33	888,58	761,91
	III	**1144,00**	443,83	443,83	III	1031,50	922,00	815,66	712,16	611,83	514,50
	V	**2215,58**	443,83	443,83	IV	1665,33	1591,91	1518,58	1445,16	1371,75	1298,33
	VI	**2251,83**	443,83	443,83							
7085,99 Ost	I,IV	**1749,00**	443,83	443,83	I	1602,25	1455,41	1308,66	1163,75	1024,83	891,91
	II	**1608,75**	443,83	443,83	II	1462,00	1315,16	1170,08	1030,83	897,66	770,58
	III	**1152,00**	443,83	443,83	III	1039,33	929,66	823,00	719,33	618,83	521,16
	V	**2225,91**	443,83	443,83	IV	1675,66	1602,25	1528,83	1455,41	1382,08	1308,66
	VI	**2262,16**	443,83	443,83							
7088,99 West	I,IV	**1740,00**	443,83	443,83	I	1593,25	1446,41	1299,66	1155,08	1016,50	883,91
	II	**1599,75**	443,83	443,83	II	1452,91	1306,16	1161,33	1022,50	889,66	762,91
	III	**1145,00**	443,83	443,83	III	1032,50	923,00	816,50	713,16	612,66	515,33
	V	**2216,83**	443,83	443,83	IV	1666,58	1593,25	1519,83	1446,41	1373,00	1299,66
	VI	**2253,08**	443,83	443,83							
7088,99 Ost	I,IV	**1750,25**	443,83	443,83	I	1603,50	1456,75	1309,91	1165,00	1026,00	893,00
	II	**1610,00**	443,83	443,83	II	1463,25	1316,41	1171,33	1032,00	898,83	771,66
	III	**1153,00**	443,83	443,83	III	1040,33	930,66	823,83	720,33	619,66	522,00
	V	**2227,16**	443,83	443,83	IV	1676,91	1603,50	1530,08	1456,75	1383,33	1309,91
	VI	**2263,41**	443,83	443,83							
7091,99 West	I,IV	**1741,25**	443,83	443,83	I	1594,50	1447,66	1300,91	1156,25	1017,66	885,08
	II	**1601,00**	443,83	443,83	II	1454,16	1307,41	1162,58	1023,66	890,83	764,00
	III	**1146,00**	443,83	443,83	III	1033,50	924,00	817,50	714,00	613,50	516,16
	V	**2218,08**	443,83	443,83	IV	1667,83	1594,50	1521,08	1447,66	1374,25	1300,91
	VI	**2254,41**	443,83	443,83							
7091,99 Ost	I,IV	**1751,58**	443,83	443,83	I	1604,75	1458,00	1311,16	1166,25	1027,16	894,16
	II	**1611,25**	443,83	443,83	II	1464,50	1317,66	1172,50	1033,16	899,91	772,66
	III	**1154,00**	443,83	443,83	III	1041,16	931,50	824,83	721,16	620,50	522,83
	V	**2228,41**	443,83	443,83	IV	1678,16	1604,75	1531,33	1458,00	1384,58	1311,16
	VI	**2264,66**	443,83	443,83							

* Zur LSt-Berechnung für privat versicherte Arbeitnehmer s. Beispiele **Vorbemerkung S. 4 f.**
** Basisvorsorgepauschale KV und PV *** Typisierter Arbeitgeberzuschuss

Lohn/ Gehalt in € bis	Steuerklasse	Lohn-steuer*	BVSP**	TAGZ***	Steuerklasse	Bemessungsgrundlage für Kirchensteuer und Solidaritätszuschlag – Freibeträge für ... Kinder 0,5	**1,0**	1,5	**2,0**	2,5	**3,0**
7094,99	I,IV	**1742,50**	443,83	443,83	I	1595,75	1448,91	1302,16	1157,50	1018,83	886,16
West	II	**1602,25**	443,83	443,83	II	1455,41	1308,66	1163,75	1024,83	891,91	765,08
	III	**1147,00**	443,83	443,83	III	1034,33	924,83	818,33	714,83	614,33	517,00
	V	**2219,41**	443,83	443,83	IV	1669,08	1595,75	1522,33	1448,91	1375,58	1302,16
	VI	**2255,66**	443,83	443,83							
7094,99	I,IV	**1752,83**	443,83	443,83	I	1606,00	1459,25	1312,41	1167,41	1028,33	895,25
Ost	II	**1612,50**	443,83	443,83	II	1465,75	1318,91	1173,75	1034,33	901,00	773,75
	III	**1155,00**	443,83	443,83	III	1042,16	932,50	825,66	722,00	621,33	523,66
	V	**2229,66**	443,83	443,83	IV	1679,41	1606,00	1532,58	1459,25	1385,83	1312,41
	VI	**2265,91**	443,83	443,83							
7097,99	I,IV	**1743,75**	443,83	443,83	I	1597,00	1450,16	1303,41	1158,66	1020,00	887,25
West	II	**1603,50**	443,83	443,83	II	1456,75	1309,91	1165,00	1026,00	893,00	766,16
	III	**1148,00**	443,83	443,83	III	1035,33	925,83	819,33	715,66	615,33	517,83
	V	**2220,66**	443,83	443,83	IV	1670,41	1597,00	1523,58	1450,16	1376,83	1303,41
	VI	**2256,91**	443,83	443,83							
7097,99	I,IV	**1754,08**	443,83	443,83	I	1607,25	1460,50	1313,66	1168,66	1029,50	896,41
Ost	II	**1613,75**	443,83	443,83	II	1467,00	1320,25	1175,00	1035,50	902,16	774,83
	III	**1156,00**	443,83	443,83	III	1043,16	933,33	826,66	722,83	622,16	524,50
	V	**2230,91**	443,83	443,83	IV	1680,66	1607,25	1533,91	1460,50	1387,08	1313,66
	VI	**2267,16**	443,83	443,83							
7100,99	I,IV	**1745,00**	443,83	443,83	I	1598,25	1451,50	1304,66	1159,91	1021,16	888,41
West	II	**1604,75**	443,83	443,83	II	1458,00	1311,16	1166,25	1027,16	894,16	767,16
	III	**1149,00**	443,83	443,83	III	1036,33	926,66	820,16	716,66	616,16	518,66
	V	**2221,91**	443,83	443,83	IV	1671,66	1598,25	1524,83	1451,50	1378,08	1304,66
	VI	**2258,16**	443,83	443,83							
7100,99	I,IV	**1755,33**	443,83	443,83	I	1608,50	1461,75	1315,00	1169,83	1030,66	897,50
Ost	II	**1615,08**	443,83	443,83	II	1468,25	1321,50	1176,16	1036,66	903,25	775,91
	III	**1157,00**	443,83	443,83	III	1044,16	934,33	827,50	723,83	623,00	525,33
	V	**2232,16**	443,83	443,83	IV	1681,91	1608,50	1535,16	1461,75	1388,33	1315,00
	VI	**2268,41**	443,83	443,83							
7103,99	I,IV	**1746,33**	443,83	443,83	I	1599,50	1452,75	1305,91	1161,16	1022,33	889,50
West	II	**1606,00**	443,83	443,83	II	1459,25	1312,41	1167,41	1028,33	895,25	768,25
	III	**1149,83**	443,83	443,83	III	1037,33	927,66	821,00	717,50	617,00	519,50
	V	**2223,16**	443,83	443,83	IV	1672,91	1599,50	1526,08	1452,75	1379,33	1305,91
	VI	**2259,41**	443,83	443,83							
7103,99	I,IV	**1756,58**	443,83	443,83	I	1609,83	1463,00	1316,25	1171,08	1031,83	898,58
Ost	II	**1616,33**	443,83	443,83	II	1469,50	1322,75	1177,41	1037,91	904,41	777,00
	III	**1157,83**	443,83	443,83	III	1045,00	935,16	828,50	724,66	623,83	526,16
	V	**2233,41**	443,83	443,83	IV	1683,16	1609,83	1536,41	1463,00	1389,58	1316,25
	VI	**2269,75**	443,83	443,83							
7106,99	I,IV	**1747,58**	443,83	443,83	I	1600,75	1454,00	1307,16	1162,33	1023,50	890,58
West	II	**1607,25**	443,83	443,83	II	1460,50	1313,66	1168,66	1029,50	896,41	769,33
	III	**1150,83**	443,83	443,83	III	1038,16	928,50	822,00	718,33	617,83	520,33
	V	**2224,41**	443,83	443,83	IV	1674,16	1600,75	1527,33	1454,00	1380,58	1307,16
	VI	**2260,66**	443,83	443,83							
7106,99	I,IV	**1757,83**	443,83	443,83	I	1611,08	1464,25	1317,50	1172,33	1033,00	899,75
Ost	II	**1617,58**	443,83	443,83	II	1470,75	1324,00	1178,66	1039,08	905,50	778,00
	III	**1158,83**	443,83	443,83	III	1046,00	936,16	829,33	725,50	624,83	527,00
	V	**2234,75**	443,83	443,83	IV	1684,41	1611,08	1537,66	1464,25	1390,83	1317,50
	VI	**2271,00**	443,83	443,83							
7109,99	I,IV	**1748,83**	443,83	443,83	I	1602,00	1455,25	1308,41	1163,58	1024,66	891,75
West	II	**1608,50**	443,83	443,83	II	1461,75	1315,00	1169,83	1030,66	897,50	770,41
	III	**1151,83**	443,83	443,83	III	1039,16	929,50	822,83	719,16	618,66	521,16
	V	**2225,66**	443,83	443,83	IV	1675,41	1602,00	1528,66	1455,25	1381,83	1308,41
	VI	**2261,91**	443,83	443,83							
7109,99	I,IV	**1759,08**	443,83	443,83	I	1612,33	1465,50	1318,75	1173,50	1034,16	900,83
Ost	II	**1618,83**	443,83	443,83	II	1472,00	1325,25	1179,83	1040,25	906,66	779,08
	III	**1159,83**	443,83	443,83	III	1047,00	937,16	830,16	726,33	625,66	527,83
	V	**2236,00**	443,83	443,83	IV	1685,75	1612,33	1538,91	1465,50	1392,16	1318,75
	VI	**2272,25**	443,83	443,83							

* Zur LSt-Berechnung für privat versicherte Arbeitnehmer s. Beispiele **Vorbemerkung S. 4f.**
** Basisvorsorgepauschale KV und PV *** Typisierter Arbeitgeberzuschuss

Lohn/ Gehalt in € bis	Steuerklasse	**Lohn-steuer***	BVSP**	TAGZ***	Steuerklasse	Bemessungsgrundlage für Kirchensteuer und Solidaritätszuschlag – Freibeträge für ... Kinder 0,5	**1,0**	1,5	**2,0**	2,5	**3,0**
7112,99	I,IV	**1750,08**	443,83	443,83	I	1603,25	1456,50	1309,75	1164,75	1025,83	892,83
West	II	**1609,83**	443,83	443,83	II	1463,00	1316,25	1171,08	1031,83	898,58	771,41
	III	**1152,83**	443,83	443,83	III	1040,16	930,50	823,83	720,16	619,50	521,83
	V	**2226,91**	443,83	443,83	IV	1676,66	1603,25	1529,91	1456,50	1383,08	1309,75
	VI	**2263,16**	443,83	443,83							
7112,99	I,IV	**1760,33**	443,83	443,83	I	1613,58	1466,75	1320,00	1174,75	1035,33	902,00
Ost	II	**1620,08**	443,83	443,83	II	1473,33	1326,50	1181,08	1041,41	907,75	780,16
	III	**1160,83**	443,83	443,83	III	1048,00	938,00	831,16	727,33	626,50	528,66
	V	**2237,25**	443,83	443,83	IV	1687,00	1613,58	1540,16	1466,75	1393,41	1320,00
	VI	**2273,50**	443,83	443,83							
7115,99	I,IV	**1751,33**	443,83	443,83	I	1604,58	1457,75	1311,00	1166,00	1027,00	894,00
West	II	**1611,08**	443,83	443,83	II	1464,25	1317,50	1172,33	1033,00	899,75	772,50
	III	**1153,83**	443,83	443,83	III	1041,00	931,33	824,66	721,00	620,33	522,66
	V	**2228,16**	443,83	443,83	IV	1677,91	1604,58	1531,16	1457,75	1384,33	1311,00
	VI	**2264,50**	443,83	443,83							
7115,99	I,IV	**1761,66**	443,83	443,83	I	1614,83	1468,08	1321,25	1176,00	1036,50	903,08
Ost	II	**1621,33**	443,83	443,83	II	1474,58	1327,75	1182,33	1042,58	908,91	781,25
	III	**1161,83**	443,83	443,83	III	1048,83	939,00	832,00	728,16	627,33	529,50
	V	**2238,50**	443,83	443,83	IV	1688,25	1614,83	1541,41	1468,08	1394,66	1321,25
	VI	**2274,75**	443,83	443,83							
7118,99	I,IV	**1752,58**	443,83	443,83	I	1605,83	1459,00	1312,25	1167,25	1028,16	895,08
West	II	**1612,33**	443,83	443,83	II	1465,50	1318,75	1173,50	1034,16	900,83	773,58
	III	**1154,83**	443,83	443,83	III	1042,00	932,33	825,50	721,83	621,16	523,50
	V	**2229,50**	443,83	443,83	IV	1679,16	1605,83	1532,41	1459,00	1385,58	1312,25
	VI	**2265,75**	443,83	443,83							
7118,99	I,IV	**1762,91**	443,83	443,83	I	1616,08	1469,33	1322,50	1177,16	1037,66	904,25
Ost	II	**1622,58**	443,83	443,83	II	1475,83	1329,00	1183,50	1043,75	910,00	782,33
	III	**1162,83**	443,83	443,83	III	1049,83	939,83	833,00	729,00	628,16	530,33
	V	**2239,75**	443,83	443,83	IV	1689,50	1616,08	1542,66	1469,33	1395,91	1322,50
	VI	**2276,00**	443,83	443,83							
7121,99	I,IV	**1753,83**	443,83	443,83	I	1607,08	1460,25	1313,50	1168,41	1029,33	896,16
West	II	**1613,58**	443,83	443,83	II	1466,75	1320,00	1174,75	1035,33	902,00	774,66
	III	**1155,83**	443,83	443,83	III	1043,00	933,16	826,50	722,83	622,00	524,33
	V	**2230,75**	443,83	443,83	IV	1680,50	1607,08	1533,66	1460,25	1386,91	1313,50
	VI	**2267,00**	443,83	443,83							
7121,99	I,IV	**1764,16**	443,83	443,83	I	1617,33	1470,58	1323,75	1178,41	1038,83	905,33
Ost	II	**1623,83**	443,83	443,83	II	1477,08	1330,25	1184,75	1044,91	911,08	783,41
	III	**1163,83**	443,83	443,83	III	1050,83	940,83	833,83	730,00	629,00	531,16
	V	**2241,00**	443,83	443,83	IV	1690,75	1617,33	1544,00	1470,58	1397,16	1323,75
	VI	**2277,25**	443,83	443,83							
7124,99	I,IV	**1755,08**	443,83	443,83	I	1608,33	1461,50	1314,75	1169,66	1030,50	897,33
West	II	**1614,83**	443,83	443,83	II	1468,08	1321,25	1176,00	1036,50	903,08	775,75
	III	**1156,83**	443,83	443,83	III	1044,00	934,16	827,33	723,66	622,83	525,16
	V	**2232,00**	443,83	443,83	IV	1681,75	1608,33	1534,91	1461,50	1388,16	1314,75
	VI	**2268,25**	443,83	443,83							
7124,99	I,IV	**1765,41**	443,83	443,83	I	1618,58	1471,83	1325,00	1179,66	1040,00	906,41
Ost	II	**1625,16**	443,83	443,83	II	1478,33	1331,58	1186,00	1046,08	912,25	784,41
	III	**1164,83**	443,83	443,83	III	1051,83	941,66	834,83	730,83	629,83	532,00
	V	**2242,25**	443,83	443,83	IV	1692,00	1618,58	1545,25	1471,83	1398,41	1325,00
	VI	**2278,50**	443,83	443,83							
7127,99	I,IV	**1756,41**	443,83	443,83	I	1609,58	1462,83	1316,00	1170,91	1031,66	898,41
West	II	**1616,08**	443,83	443,83	II	1469,33	1322,50	1177,16	1037,66	904,25	776,75
	III	**1157,83**	443,83	443,83	III	1044,83	935,00	828,33	724,50	623,83	526,00
	V	**2233,25**	443,83	443,83	IV	1683,00	1609,58	1536,16	1462,83	1389,41	1316,00
	VI	**2269,50**	443,83	443,83							
7127,99	I,IV	**1766,66**	443,83	443,83	I	1619,91	1473,08	1326,33	1180,91	1041,16	907,58
Ost	II	**1626,41**	443,83	443,83	II	1479,58	1332,83	1187,25	1047,25	913,33	785,50
	III	**1165,83**	443,83	443,83	III	1052,66	942,66	835,66	731,66	630,66	532,83
	V	**2243,50**	443,83	443,83	IV	1693,25	1619,91	1546,50	1473,08	1399,66	1326,33
	VI	**2279,83**	443,83	443,83							

* Zur LSt-Berechnung für privat versicherte Arbeitnehmer s. Beispiele **Vorbemerkung S. 4f.**
** Basisvorsorgepauschale KV und PV *** Typisierter Arbeitgeberzuschuss

Lohn/ Gehalt in € bis	Steuerklasse	Lohn-steuer*	BVSP**	TAGZ***	Steuerklasse	Bemessungsgrundlage für Kirchensteuer und Solidaritätszuschlag – Freibeträge für ... Kinder 0,5	**1,0**	1,5	**2,0**	2,5	**3,0**
7130,99	I,IV	**1757,66**	443,83	443,83	I	1610,83	1464,08	1317,25	1172,08	1032,83	899,58
West	II	**1617,33**	443,83	443,83	II	1470,58	1323,75	1178,41	1038,83	905,33	777,83
	III	**1158,66**	443,83	443,83	III	1045,83	936,00	829,16	725,33	624,66	526,83
	V	**2234,50**	443,83	443,83	IV	1684,25	1610,83	1537,41	1464,08	1390,66	1317,25
	VI	**2270,75**	443,83	443,83							
7130,99	I,IV	**1767,91**	443,83	443,83	I	1621,16	1474,33	1327,58	1182,08	1042,33	908,66
Ost	II	**1627,66**	443,83	443,83	II	1480,83	1334,08	1188,41	1048,41	914,50	786,58
	III	**1166,83**	443,83	443,83	III	1053,66	943,66	836,50	732,50	631,50	533,66
	V	**2244,83**	443,83	443,83	IV	1694,50	1621,16	1547,75	1474,33	1400,91	1327,58
	VI	**2281,08**	443,83	443,83							
7133,99	I,IV	**1758,91**	443,83	443,83	I	1612,08	1465,33	1318,50	1173,33	1034,00	900,66
West	II	**1618,58**	443,83	443,83	II	1471,83	1325,00	1179,66	1040,00	906,41	778,91
	III	**1159,66**	443,83	443,83	III	1046,83	937,00	830,16	726,33	625,50	527,66
	V	**2235,75**	443,83	443,83	IV	1685,50	1612,08	1538,75	1465,33	1391,91	1318,50
	VI	**2272,00**	443,83	443,83							
7133,99	I,IV	**1769,16**	443,83	443,83	I	1622,41	1475,58	1328,83	1183,33	1043,58	909,83
Ost	II	**1628,91**	443,83	443,83	II	1482,08	1335,33	1189,66	1049,58	915,58	787,66
	III	**1167,66**	443,83	443,83	III	1054,66	944,50	837,50	733,50	632,50	534,50
	V	**2246,08**	443,83	443,83	IV	1695,83	1622,41	1549,00	1475,58	1402,25	1328,83
	VI	**2282,33**	443,83	443,83							
7136,99	I,IV	**1760,16**	443,83	443,83	I	1613,33	1466,58	1319,75	1174,58	1035,16	901,75
West	II	**1619,91**	443,83	443,83	II	1473,08	1326,33	1180,91	1041,16	907,58	780,00
	III	**1160,66**	443,83	443,83	III	1047,83	937,83	831,00	727,16	626,33	528,50
	V	**2237,00**	443,83	443,83	IV	1686,75	1613,33	1540,00	1466,58	1393,16	1319,75
	VI	**2273,25**	443,83	443,83							
7136,99	I,IV	**1770,41**	443,83	443,83	I	1623,66	1476,83	1330,08	1184,58	1044,75	910,91
Ost	II	**1630,16**	443,83	443,83	II	1483,41	1336,58	1190,91	1050,83	916,75	788,75
	III	**1168,66**	443,83	443,83	III	1055,66	945,50	838,33	734,33	633,33	535,33
	V	**2247,33**	443,83	443,83	IV	1697,08	1623,66	1550,25	1476,83	1403,50	1330,08
	VI	**2283,58**	443,83	443,83							
7139,99	I,IV	**1761,41**	443,83	443,83	I	1614,66	1467,83	1321,08	1175,75	1036,33	902,91
West	II	**1621,16**	443,83	443,83	II	1474,33	1327,58	1182,08	1042,33	908,66	781,08
	III	**1161,66**	443,83	443,83	III	1048,66	938,83	831,83	728,00	627,16	529,33
	V	**2238,25**	443,83	443,83	IV	1688,00	1614,66	1541,25	1467,83	1394,41	1321,08
	VI	**2274,58**	443,83	443,83							
7139,99	I,IV	**1771,75**	443,83	443,83	I	1624,91	1478,16	1331,33	1185,75	1045,91	912,08
Ost	II	**1631,41**	443,83	443,83	II	1484,66	1337,83	1192,16	1052,00	917,83	789,83
	III	**1169,66**	443,83	443,83	III	1056,50	946,33	839,33	735,16	634,16	536,16
	V	**2248,58**	443,83	443,83	IV	1698,33	1624,91	1551,50	1478,16	1404,75	1331,33
	VI	**2284,83**	443,83	443,83							
7142,99	I,IV	**1762,66**	443,83	443,83	I	1615,91	1469,08	1322,33	1177,00	1037,50	904,00
West	II	**1622,41**	443,83	443,83	II	1475,58	1328,83	1183,33	1043,58	909,83	782,16
	III	**1162,66**	443,83	443,83	III	1049,66	939,66	832,83	728,83	628,00	530,16
	V	**2239,58**	443,83	443,83	IV	1689,25	1615,91	1542,50	1469,08	1395,66	1322,33
	VI	**2275,83**	443,83	443,83							
7142,99	I,IV	**1773,00**	443,83	443,83	I	1626,16	1479,41	1332,58	1187,00	1047,08	913,16
Ost	II	**1632,66**	443,83	443,83	II	1485,91	1339,08	1193,33	1053,16	919,00	790,91
	III	**1170,66**	443,83	443,83	III	1057,50	947,33	840,16	736,00	635,00	537,00
	V	**2249,83**	443,83	443,83	IV	1699,58	1626,16	1552,75	1479,41	1406,00	1332,58
	VI	**2286,08**	443,83	443,83							
7145,99	I,IV	**1763,91**	443,83	443,83	I	1617,16	1470,33	1323,58	1178,25	1038,66	905,16
West	II	**1623,66**	443,83	443,83	II	1476,83	1330,08	1184,58	1044,75	910,91	783,16
	III	**1163,66**	443,83	443,83	III	1050,66	940,66	833,66	729,83	628,83	531,00
	V	**2240,83**	443,83	443,83	IV	1690,58	1617,16	1543,75	1470,33	1397,00	1323,58
	VI	**2277,08**	443,83	443,83							
7145,99	I,IV	**1774,25**	443,83	443,83	I	1627,41	1480,66	1333,83	1188,25	1048,25	914,33
Ost	II	**1633,91**	443,83	443,83	II	1487,16	1340,33	1194,58	1054,33	920,08	792,00
	III	**1171,66**	443,83	443,83	III	1058,50	948,33	841,16	737,00	635,83	537,83
	V	**2251,08**	443,83	443,83	IV	1700,83	1627,41	1554,08	1480,66	1407,25	1333,83
	VI	**2287,33**	443,83	443,83							

* Zur LSt-Berechnung für privat versicherte Arbeitnehmer s. Beispiele **Vorbemerkung S. 4f.**
** Basisvorsorgepauschale KV und PV *** Typisierter Arbeitgeberzuschuss

Lohn/ Gehalt in € bis	Steuerklasse	Lohn-steuer*	BVSP**	TAGZ***	Steuerklasse	Bemessungsgrundlage für Kirchensteuer und Solidaritätszuschlag – Freibeträge für ... Kinder 0,5	1,0	1,5	2,0	2,5	3,0
7148,99	I,IV	**1765,16**	443,83	443,83	I	1618,41	1471,58	1324,83	1179,41	1039,83	906,25
West	II	**1624,91**	443,83	443,83	II	1478,16	1331,33	1185,75	1045,91	912,08	784,25
	III	**1164,66**	443,83	443,83	III	1051,66	941,66	834,66	730,66	629,66	531,83
	V	**2242,08**	443,83	443,83	IV	1691,83	1618,41	1545,00	1471,58	1398,25	1324,83
	VI	**2278,33**	443,83	443,83							
7148,99	I,IV	**1775,50**	443,83	443,83	I	1628,66	1481,91	1335,08	1189,50	1049,41	915,41
Ost	II	**1635,25**	443,83	443,83	II	1488,41	1341,66	1195,83	1055,50	921,25	793,00
	III	**1172,66**	443,83	443,83	III	1059,50	949,16	842,00	737,83	636,66	538,66
	V	**2252,33**	443,83	443,83	IV	1702,08	1628,66	1555,33	1481,91	1408,50	1335,08
	VI	**2288,58**	443,83	443,83							
7151,99	I,IV	**1766,50**	443,83	443,83	I	1619,66	1472,91	1326,08	1180,66	1041,00	907,41
West	II	**1626,16**	443,83	443,83	II	1479,41	1332,58	1187,00	1047,08	913,16	785,33
	III	**1165,66**	443,83	443,83	III	1052,50	942,50	835,50	731,50	630,50	532,66
	V	**2243,33**	443,83	443,83	IV	1693,08	1619,66	1546,25	1472,91	1399,50	1326,08
	VI	**2279,58**	443,83	443,83							
7151,99	I,IV	**1776,75**	443,83	443,83	I	1630,00	1483,16	1336,41	1190,66	1050,58	916,58
Ost	II	**1636,50**	443,83	443,83	II	1489,66	1342,91	1197,08	1056,66	922,33	794,08
	III	**1173,66**	443,83	443,83	III	1060,33	950,16	843,00	738,66	637,50	539,50
	V	**2253,58**	443,83	443,83	IV	1703,33	1630,00	1556,58	1483,16	1409,75	1336,41
	VI	**2289,83**	443,83	443,83							
7154,99	I,IV	**1767,75**	443,83	443,83	I	1620,91	1474,16	1327,33	1181,91	1042,16	908,50
West	II	**1627,41**	443,83	443,83	II	1480,66	1333,83	1188,25	1048,25	914,33	786,41
	III	**1166,66**	443,83	443,83	III	1053,50	943,50	836,50	732,33	631,50	533,50
	V	**2244,58**	443,83	443,83	IV	1694,33	1620,91	1547,50	1474,16	1400,75	1327,33
	VI	**2280,83**	443,83	443,83							
7154,99	I,IV	**1778,00**	443,83	443,83	I	1631,25	1484,41	1337,66	1191,91	1051,75	917,66
Ost	II	**1637,75**	443,83	443,83	II	1490,91	1344,16	1198,25	1057,83	923,50	795,16
	III	**1174,66**	443,83	443,83	III	1061,33	951,00	843,83	739,66	638,33	540,16
	V	**2254,83**	443,83	443,83	IV	1704,58	1631,25	1557,83	1484,41	1411,00	1337,66
	VI	**2291,16**	443,83	443,83							
7157,99	I,IV	**1769,00**	443,83	443,83	I	1622,16	1475,41	1328,58	1183,16	1043,33	909,66
West	II	**1628,66**	443,83	443,83	II	1481,91	1335,08	1189,50	1049,41	915,41	787,50
	III	**1167,50**	443,83	443,83	III	1054,50	944,33	837,33	733,33	632,33	534,33
	V	**2245,83**	443,83	443,83	IV	1695,58	1622,16	1548,83	1475,41	1402,00	1328,58
	VI	**2282,08**	443,83	443,83							
7157,99	I,IV	**1779,25**	443,83	443,83	I	1632,50	1485,66	1338,91	1193,16	1052,91	918,83
Ost	II	**1639,00**	443,83	443,83	II	1492,16	1345,41	1199,50	1059,00	924,58	796,25
	III	**1175,66**	443,83	443,83	III	1062,33	952,00	844,66	740,50	639,33	541,00
	V	**2256,16**	443,83	443,83	IV	1705,83	1632,50	1559,08	1485,66	1412,33	1338,91
	VI	**2292,41**	443,83	443,83							
7160,99	I,IV	**1770,25**	443,83	443,83	I	1623,41	1476,66	1329,83	1184,33	1044,50	910,75
West	II	**1630,00**	443,83	443,83	II	1483,16	1336,41	1190,66	1050,58	916,58	788,58
	III	**1168,50**	443,83	443,83	III	1055,50	945,33	838,16	734,16	633,16	535,16
	V	**2247,08**	443,83	443,83	IV	1696,83	1623,41	1550,08	1476,66	1403,25	1329,83
	VI	**2283,33**	443,83	443,83							
7160,99	I,IV	**1780,50**	443,83	443,83	I	1633,75	1486,91	1340,16	1194,41	1054,16	919,91
Ost	II	**1640,25**	443,83	443,83	II	1493,50	1346,66	1200,75	1060,25	925,75	797,33
	III	**1176,66**	443,83	443,83	III	1063,33	953,00	845,66	741,33	640,16	541,83
	V	**2257,41**	443,83	443,83	IV	1707,16	1633,75	1560,33	1486,91	1413,58	1340,16
	VI	**2293,66**	443,83	443,83							
7163,99	I,IV	**1771,50**	443,83	443,83	I	1624,75	1477,91	1331,16	1185,58	1045,66	911,83
West	II	**1631,25**	443,83	443,83	II	1484,41	1337,66	1191,91	1051,75	917,66	789,66
	III	**1169,50**	443,83	443,83	III	1056,33	946,16	839,16	735,00	634,00	536,00
	V	**2248,33**	443,83	443,83	IV	1698,08	1624,75	1551,33	1477,91	1404,50	1331,16
	VI	**2284,58**	443,83	443,83							
7163,99	I,IV	**1781,75**	443,83	443,83	I	1635,00	1488,25	1341,41	1195,58	1055,33	921,08
Ost	II	**1641,50**	443,83	443,83	II	1494,75	1347,91	1202,00	1061,41	926,91	798,41
	III	**1177,66**	443,83	443,83	III	1064,16	953,83	846,50	742,33	641,00	542,66
	V	**2258,66**	443,83	443,83	IV	1708,41	1635,00	1561,58	1488,25	1414,83	1341,41
	VI	**2294,91**	443,83	443,83							

* Zur LSt-Berechnung für privat versicherte Arbeitnehmer s. Beispiele **Vorbemerkung S. 4f.**
** Basisvorsorgepauschale KV und PV   *** Typisierter Arbeitgeberzuschuss

Lohn/ Gehalt in € bis	Steuerklasse	Lohn-steuer*	BVSP**	TAGZ***	Steuerklasse	Bemessungsgrundlage für Kirchensteuer und Solidaritätszuschlag – Freibeträge für ... Kinder 0,5	1,0	1,5	2,0	2,5	3,0
7166,99 West	I,IV	**1772,75**	443,83	443,83	I	1626,00	1479,16	1332,41	1186,83	1046,83	913,00
	II	**1632,50**	443,83	443,83	II	1485,66	1338,91	1193,16	1052,91	918,83	790,66
	III	**1170,50**	443,83	443,83	III	1057,33	947,16	840,00	736,00	634,83	536,83
	V	**2249,58**	443,83	443,83	IV	1699,33	1626,00	1552,58	1479,16	1405,75	1332,41
	VI	**2285,91**	443,83	443,83							
7166,99 Ost	I,IV	**1783,08**	443,83	443,83	I	1636,25	1489,50	1342,66	1196,83	1056,50	922,16
	II	**1642,75**	443,83	443,83	II	1496,00	1349,16	1203,16	1062,58	928,00	799,50
	III	**1178,50**	443,83	443,83	III	1065,16	954,83	847,50	743,16	641,83	543,50
	V	**2259,91**	443,83	443,83	IV	1709,66	1636,25	1562,83	1489,50	1416,08	1342,66
	VI	**2296,16**	443,83	443,83							
7169,99 West	I,IV	**1774,00**	443,83	443,83	I	1627,25	1480,41	1333,66	1188,00	1048,08	914,08
	II	**1633,75**	443,83	443,83	II	1486,91	1340,16	1194,41	1054,16	919,91	791,75
	III	**1171,50**	443,83	443,83	III	1058,33	948,16	841,00	736,83	635,66	537,66
	V	**2250,91**	443,83	443,83	IV	1700,58	1627,25	1553,83	1480,41	1407,08	1333,66
	VI	**2287,16**	443,83	443,83							
7169,99 Ost	I,IV	**1784,33**	443,83	443,83	I	1637,50	1490,75	1343,91	1198,08	1057,66	923,33
	II	**1644,00**	443,83	443,83	II	1497,25	1350,41	1204,41	1063,75	929,16	800,58
	III	**1179,50**	443,83	443,83	III	1066,16	955,66	848,33	744,00	642,66	544,33
	V	**2261,16**	443,83	443,83	IV	1710,91	1637,50	1564,08	1490,75	1417,33	1343,91
	VI	**2297,41**	443,83	443,83							
7172,99 West	I,IV	**1775,25**	443,83	443,83	I	1628,50	1481,66	1334,91	1189,25	1049,25	915,25
	II	**1635,00**	443,83	443,83	II	1488,25	1341,41	1195,58	1055,33	921,08	792,83
	III	**1172,50**	443,83	443,83	III	1059,33	949,00	841,83	737,66	636,50	538,50
	V	**2252,16**	443,83	443,83	IV	1701,91	1628,50	1555,08	1481,66	1408,33	1334,91
	VI	**2288,41**	443,83	443,83							
7172,99 Ost	I,IV	**1785,58**	443,83	443,83	I	1638,75	1492,00	1345,16	1199,33	1058,83	924,41
	II	**1645,25**	443,83	443,83	II	1498,50	1351,75	1205,66	1064,91	930,25	801,66
	III	**1180,50**	443,83	443,83	III	1067,16	956,66	849,33	744,83	643,50	545,16
	V	**2262,41**	443,83	443,83	IV	1712,16	1638,75	1565,41	1492,00	1418,58	1345,16
	VI	**2298,66**	443,83	443,83							
7175,99 West	I,IV	**1776,50**	443,83	443,83	I	1629,75	1483,00	1336,16	1190,50	1050,41	916,33
	II	**1636,25**	443,83	443,83	II	1489,50	1342,66	1196,83	1056,50	922,16	793,91
	III	**1173,50**	443,83	443,83	III	1060,16	950,00	842,83	738,50	637,50	539,33
	V	**2253,41**	443,83	443,83	IV	1703,16	1629,75	1556,33	1483,00	1409,58	1336,16
	VI	**2289,66**	443,83	443,83							
7175,99 Ost	I,IV	**1786,83**	443,83	443,83	I	1640,00	1493,25	1346,50	1200,50	1060,00	925,58
	II	**1646,58**	443,83	443,83	II	1499,75	1353,00	1206,91	1066,16	931,41	802,75
	III	**1181,50**	443,83	443,83	III	1068,00	957,66	850,16	745,83	644,33	546,00
	V	**2263,66**	443,83	443,83	IV	1713,41	1640,00	1566,66	1493,25	1419,83	1346,50
	VI	**2299,91**	443,83	443,83							
7178,99 West	I,IV	**1777,83**	443,83	443,83	I	1631,00	1484,25	1337,41	1191,75	1051,58	917,50
	II	**1637,50**	443,83	443,83	II	1490,75	1343,91	1198,08	1057,66	923,33	795,00
	III	**1174,50**	443,83	443,83	III	1061,16	950,83	843,66	739,50	638,33	540,16
	V	**2254,66**	443,83	443,83	IV	1704,41	1631,00	1557,58	1484,25	1410,83	1337,41
	VI	**2290,91**	443,83	443,83							
7178,99 Ost	I,IV	**1788,08**	443,83	443,83	I	1641,33	1494,50	1347,75	1201,75	1061,16	926,66
	II	**1647,83**	443,83	443,83	II	1501,00	1354,25	1208,16	1067,33	932,50	803,83
	III	**1182,50**	443,83	443,83	III	1069,00	958,50	851,16	746,66	645,33	546,83
	V	**2264,91**	443,83	443,83	IV	1714,66	1641,33	1567,91	1494,50	1421,08	1347,75
	VI	**2301,25**	443,83	443,83							
7181,99 West	I,IV	**1779,08**	443,83	443,83	I	1632,25	1485,50	1338,66	1192,91	1052,75	918,58
	II	**1638,75**	443,83	443,83	II	1492,00	1345,16	1199,33	1058,83	924,41	796,08
	III	**1175,50**	443,83	443,83	III	1062,16	951,83	844,50	740,33	639,16	541,00
	V	**2255,91**	443,83	443,83	IV	1705,66	1632,25	1558,83	1485,50	1412,08	1338,66
	VI	**2292,16**	443,83	443,83							
7181,99 Ost	I,IV	**1789,33**	443,83	443,83	I	1642,58	1495,75	1349,00	1203,00	1062,41	927,83
	II	**1649,08**	443,83	443,83	II	1502,25	1355,50	1209,41	1068,50	933,66	804,91
	III	**1183,50**	443,83	443,83	III	1070,00	959,50	852,00	747,50	646,16	547,66
	V	**2266,25**	443,83	443,83	IV	1715,91	1642,58	1569,16	1495,75	1422,33	1349,00
	VI	**2302,50**	443,83	443,83							

* Zur LSt-Berechnung für privat versicherte Arbeitnehmer s. Beispiele **Vorbemerkung S. 4f.**
** Basisvorsorgepauschale KV und PV *** Typisierter Arbeitgeberzuschuss

Lohn/ Gehalt in € bis	Steuerklasse	Lohn-steuer*	BVSP**	TAGZ***	Steuerklasse	Bemessungsgrundlage für Kirchensteuer und Solidaritätszuschlag – Freibeträge für ... Kinder 0,5	**1,0**	1,5	**2,0**	2,5	**3,0**
7 184,99 West	I,IV	**1 780,33**	443,83	443,83	I	1 633,50	1 486,75	1 339,91	1 194,16	1 053,91	919,75
	II	**1 640,00**	443,83	443,83	II	1 493,25	1 346,50	1 200,50	1 060,00	925,58	797,16
	III	**1 176,50**	443,83	443,83	III	1 063,16	952,83	845,50	741,16	640,00	541,83
	V	**2 257,16**	443,83	443,83	IV	1 706,91	1 633,50	1 560,16	1 486,75	1 413,33	1 339,91
	VI	**2 293,41**	443,83	443,83							
7 184,99 Ost	I,IV	**1 790,58**	443,83	443,83	I	1 643,83	1 497,00	1 350,25	1 204,25	1 063,58	928,91
	II	**1 650,33**	443,83	443,83	II	1 503,50	1 356,75	1 210,58	1 069,66	934,83	806,00
	III	**1 184,50**	443,83	443,83	III	1 071,00	960,33	852,83	748,50	647,00	548,50
	V	**2 267,50**	443,83	443,83	IV	1 717,25	1 643,83	1 570,41	1 497,00	1 423,66	1 350,25
	VI	**2 303,75**	443,83	443,83							
7 187,99 West	I,IV	**1 781,58**	443,83	443,83	I	1 634,75	1 488,00	1 341,25	1 195,41	1 055,08	920,83
	II	**1 641,33**	443,83	443,83	II	1 494,50	1 347,75	1 201,75	1 061,16	926,66	798,25
	III	**1 177,50**	443,83	443,83	III	1 064,00	953,66	846,33	742,16	640,83	542,66
	V	**2 258,41**	443,83	443,83	IV	1 708,16	1 634,75	1 561,41	1 488,00	1 414,58	1 341,25
	VI	**2 294,66**	443,83	443,83							
7 187,99 Ost	I,IV	**1 791,83**	443,83	443,83	I	1 645,08	1 498,25	1 351,50	1 205,50	1 064,75	930,08
	II	**1 651,58**	443,83	443,83	II	1 504,83	1 358,00	1 211,83	1 070,83	935,91	807,00
	III	**1 185,50**	443,83	443,83	III	1 071,83	961,33	853,83	749,33	647,83	549,33
	V	**2 268,75**	443,83	443,83	IV	1 718,50	1 645,08	1 571,66	1 498,25	1 424,91	1 351,50
	VI	**2 305,00**	443,83	443,83							
7 190,99 West	I,IV	**1 782,83**	443,83	443,83	I	1 636,08	1 489,25	1 342,50	1 196,66	1 056,25	922,00
	II	**1 642,58**	443,83	443,83	II	1 495,75	1 349,00	1 203,00	1 062,41	927,83	799,33
	III	**1 178,33**	443,83	443,83	III	1 065,00	954,66	847,33	743,00	641,66	543,50
	V	**2 259,66**	443,83	443,83	IV	1 709,41	1 636,08	1 562,66	1 489,25	1 415,83	1 342,50
	VI	**2 296,00**	443,83	443,83							
7 190,99 Ost	I,IV	**1 793,16**	443,83	443,83	I	1 646,33	1 499,58	1 352,75	1 206,66	1 065,91	931,25
	II	**1 652,83**	443,83	443,83	II	1 506,08	1 359,25	1 213,08	1 072,08	937,08	808,08
	III	**1 186,50**	443,83	443,83	III	1 072,83	962,33	854,66	750,16	648,66	550,16
	V	**2 270,00**	443,83	443,83	IV	1 719,75	1 646,33	1 572,91	1 499,58	1 426,16	1 352,75
	VI	**2 306,25**	443,83	443,83							
7 193,99 West	I,IV	**1 784,08**	443,83	443,83	I	1 637,33	1 490,50	1 343,75	1 197,83	1 057,50	923,08
	II	**1 643,83**	443,83	443,83	II	1 497,00	1 350,25	1 204,25	1 063,58	928,91	800,41
	III	**1 179,33**	443,83	443,83	III	1 066,00	955,66	848,16	743,83	642,50	544,33
	V	**2 261,00**	443,83	443,83	IV	1 710,66	1 637,33	1 563,91	1 490,50	1 417,08	1 343,75
	VI	**2 297,25**	443,83	443,83							
7 193,99 Ost	I,IV	**1 794,41**	443,83	443,83	I	1 647,58	1 500,83	1 354,00	1 207,91	1 067,08	932,33
	II	**1 654,08**	443,83	443,83	II	1 507,33	1 360,50	1 214,33	1 073,25	938,16	809,16
	III	**1 187,50**	443,83	443,83	III	1 073,83	963,16	855,66	751,16	649,50	551,00
	V	**2 271,25**	443,83	443,83	IV	1 721,00	1 647,58	1 574,16	1 500,83	1 427,41	1 354,00
	VI	**2 307,50**	443,83	443,83							
7 196,99 West	I,IV	**1 785,33**	443,83	443,83	I	1 638,58	1 491,75	1 345,00	1 199,08	1 058,66	924,25
	II	**1 645,08**	443,83	443,83	II	1 498,25	1 351,50	1 205,50	1 064,75	930,08	801,50
	III	**1 180,33**	443,83	443,83	III	1 067,00	956,50	849,16	744,83	643,33	545,16
	V	**2 262,25**	443,83	443,83	IV	1 712,00	1 638,58	1 565,16	1 491,75	1 418,41	1 345,00
	VI	**2 298,50**	443,83	443,83							
7 196,99 Ost	I,IV	**1 795,66**	443,83	443,83	I	1 648,83	1 502,08	1 355,25	1 209,16	1 068,33	933,50
	II	**1 655,33**	443,83	443,83	II	1 508,58	1 361,75	1 215,58	1 074,41	939,33	810,25
	III	**1 188,50**	443,83	443,83	III	1 074,83	964,16	856,50	752,00	650,33	551,83
	V	**2 272,50**	443,83	443,83	IV	1 722,25	1 648,83	1 575,50	1 502,08	1 428,66	1 355,25
	VI	**2 308,75**	443,83	443,83							
7 199,99 West	I,IV	**1 786,58**	443,83	443,83	I	1 639,83	1 493,00	1 346,25	1 200,33	1 059,83	925,41
	II	**1 646,33**	443,83	443,83	II	1 499,58	1 352,75	1 206,66	1 065,91	931,25	802,58
	III	**1 181,33**	443,83	443,83	III	1 067,83	957,50	850,00	745,66	644,33	546,00
	V	**2 263,50**	443,83	443,83	IV	1 713,25	1 639,83	1 566,41	1 493,00	1 419,66	1 346,25
	VI	**2 299,75**	443,83	443,83							
7 199,99 Ost	I,IV	**1 796,91**	443,83	443,83	I	1 650,08	1 503,33	1 356,50	1 210,41	1 069,50	934,58
	II	**1 656,66**	443,83	443,83	II	1 509,83	1 363,08	1 216,83	1 075,58	940,41	811,33
	III	**1 189,50**	443,83	443,83	III	1 075,83	965,16	857,50	752,83	651,33	552,66
	V	**2 273,75**	443,83	443,83	IV	1 723,50	1 650,08	1 576,75	1 503,33	1 429,91	1 356,50
	VI	**2 310,00**	443,83	443,83							

* Zur LSt-Berechnung für privat versicherte Arbeitnehmer s. Beispiele **Vorbemerkung S. 4f.**
** Basisvorsorgepauschale KV und PV *** Typisierter Arbeitgeberzuschuss

Lohn/ Gehalt in € bis	Steuerklasse	Lohn-steuer*	BVSP**	TAGZ***	Steuerklasse	Bemessungsgrundlage für Kirchensteuer und Solidaritätszuschlag — Freibeträge für ... Kinder 0,5	1,0	1,5	2,0	2,5	3,0
7 202,99 West	I,IV	**1 787,91**	443,83	443,83	I	1 641,08	1 494,33	1 347,50	1 201,58	1 061,00	926,50
	II	**1 647,58**	443,83	443,83	II	1 500,83	1 354,00	1 207,91	1 067,08	932,33	803,58
	III	**1 182,33**	443,83	443,83	III	1 068,83	958,33	851,00	746,50	645,16	546,83
	V	**2 264,75**	443,83	443,83	IV	1 714,50	1 641,08	1 567,66	1 494,33	1 420,91	1 347,50
	VI	**2 301,00**	443,83	443,83							
7 202,99 Ost	I,IV	**1 798,16**	443,83	443,83	I	1 651,41	1 504,58	1 357,83	1 211,66	1 070,66	935,75
	II	**1 657,91**	443,83	443,83	II	1 511,08	1 364,33	1 218,00	1 076,75	941,58	812,41
	III	**1 190,50**	443,83	443,83	III	1 076,66	966,00	858,33	753,66	652,16	553,50
	V	**2 275,00**	443,83	443,83	IV	1 724,75	1 651,41	1 578,00	1 504,58	1 431,16	1 357,83
	VI	**2 311,33**	443,83	443,83							
7 205,99 West	I,IV	**1 789,16**	443,83	443,83	I	1 642,33	1 495,58	1 348,75	1 202,83	1 062,16	927,66
	II	**1 648,83**	443,83	443,83	II	1 502,08	1 355,25	1 209,16	1 068,33	933,50	804,66
	III	**1 183,33**	443,83	443,83	III	1 069,83	959,33	851,83	747,33	646,00	547,66
	V	**2 266,00**	443,83	443,83	IV	1 715,75	1 642,33	1 568,91	1 495,58	1 422,16	1 348,75
	VI	**2 302,25**	443,83	443,83							
7 205,99 Ost	I,IV	**1 799,41**	443,83	443,83	I	1 652,66	1 505,83	1 359,08	1 212,91	1 071,83	936,83
	II	**1 659,16**	443,83	443,83	II	1 512,33	1 365,58	1 219,25	1 078,00	942,75	813,50
	III	**1 191,50**	443,83	443,83	III	1 077,66	967,00	859,33	754,66	653,00	554,33
	V	**2 276,33**	443,83	443,83	IV	1 726,00	1 652,66	1 579,25	1 505,83	1 432,41	1 359,08
	VI	**2 312,58**	443,83	443,83							
7 208,99 West	I,IV	**1 790,41**	443,83	443,83	I	1 643,58	1 496,83	1 350,00	1 204,00	1 063,33	928,75
	II	**1 650,08**	443,83	443,83	II	1 503,33	1 356,50	1 210,41	1 069,50	934,58	805,75
	III	**1 184,33**	443,83	443,83	III	1 070,83	960,33	852,83	748,33	646,83	548,50
	V	**2 267,25**	443,83	443,83	IV	1 717,00	1 643,58	1 570,25	1 496,83	1 423,41	1 350,00
	VI	**2 303,50**	443,83	443,83							
7 208,99 Ost	I,IV	**1 800,66**	443,83	443,83	I	1 653,91	1 507,08	1 360,33	1 214,08	1 073,00	938,00
	II	**1 660,41**	443,83	443,83	II	1 513,58	1 366,83	1 220,50	1 079,16	943,83	814,58
	III	**1 192,33**	443,83	443,83	III	1 078,66	967,83	860,16	755,50	653,83	555,16
	V	**2 277,58**	443,83	443,83	IV	1 727,33	1 653,91	1 580,50	1 507,08	1 433,75	1 360,33
	VI	**2 313,83**	443,83	443,83							
7 211,99 West	I,IV	**1 791,66**	443,83	443,83	I	1 644,83	1 498,08	1 351,25	1 205,25	1 064,58	929,91
	II	**1 651,41**	443,83	443,83	II	1 504,58	1 357,83	1 211,66	1 070,66	935,75	806,83
	III	**1 185,33**	443,83	443,83	III	1 071,66	961,16	853,66	749,16	647,66	549,33
	V	**2 268,50**	443,83	443,83	IV	1 718,25	1 644,83	1 571,50	1 498,08	1 424,66	1 351,25
	VI	**2 304,75**	443,83	443,83							
7 211,99 Ost	I,IV	**1 801,91**	443,83	443,83	I	1 655,16	1 508,33	1 361,58	1 215,33	1 074,25	939,16
	II	**1 661,66**	443,83	443,83	II	1 514,91	1 368,08	1 221,75	1 080,33	945,00	815,66
	III	**1 193,33**	443,83	443,83	III	1 079,66	968,83	861,16	756,33	654,66	556,00
	V	**2 278,83**	443,83	443,83	IV	1 728,58	1 655,16	1 581,75	1 508,33	1 435,00	1 361,58
	VI	**2 315,08**	443,83	443,83							
7 214,99 West	I,IV	**1 792,91**	443,83	443,83	I	1 646,16	1 499,33	1 352,58	1 206,50	1 065,75	931,00
	II	**1 652,66**	443,83	443,83	II	1 505,83	1 359,08	1 212,91	1 071,83	936,83	807,91
	III	**1 186,33**	443,83	443,83	III	1 072,66	962,16	854,50	750,00	648,50	550,00
	V	**2 269,75**	443,83	443,83	IV	1 719,50	1 646,16	1 572,75	1 499,33	1 425,91	1 352,58
	VI	**2 306,08**	443,83	443,83							
7 214,99 Ost	I,IV	**1 803,25**	443,83	443,83	I	1 656,41	1 509,66	1 362,83	1 216,58	1 075,41	940,25
	II	**1 662,91**	443,83	443,83	II	1 516,16	1 369,33	1 223,00	1 081,50	946,16	816,75
	III	**1 194,33**	443,83	443,83	III	1 080,50	969,83	862,00	757,33	655,50	556,83
	V	**2 280,08**	443,83	443,83	IV	1 729,83	1 656,41	1 583,00	1 509,66	1 436,25	1 362,83
	VI	**2 316,33**	443,83	443,83							
7 217,99 West	I,IV	**1 794,16**	443,83	443,83	I	1 647,41	1 500,58	1 353,83	1 207,75	1 066,91	932,16
	II	**1 653,91**	443,83	443,83	II	1 507,08	1 360,33	1 214,08	1 073,00	938,00	809,00
	III	**1 187,33**	443,83	443,83	III	1 073,66	963,00	855,50	751,00	649,33	550,83
	V	**2 271,08**	443,83	443,83	IV	1 720,75	1 647,41	1 574,00	1 500,58	1 427,16	1 353,83
	VI	**2 307,33**	443,83	443,83							
7 217,99 Ost	I,IV	**1 804,50**	443,83	443,83	I	1 657,66	1 510,91	1 364,08	1 217,83	1 076,58	941,41
	II	**1 664,16**	443,83	443,83	II	1 517,41	1 370,58	1 224,25	1 082,75	947,25	817,83
	III	**1 195,33**	443,83	443,83	III	1 081,50	970,66	863,00	758,16	656,50	557,66
	V	**2 281,33**	443,83	443,83	IV	1 731,08	1 657,66	1 584,25	1 510,91	1 437,50	1 364,08
	VI	**2 317,58**	443,83	443,83							

* Zur LSt-Berechnung für privat versicherte Arbeitnehmer s. Beispiele **Vorbemerkung S. 4 f.**
** Basisvorsorgepauschale KV und PV *** Typisierter Arbeitgeberzuschuss

Lohn/ Gehalt in € bis	Steuerklasse	Lohn-steuer*	BVSP**	TAGZ***	Steuerklasse	Bemessungsgrundlage für Kirchensteuer und Solidaritätszuschlag – Freibeträge für ... Kinder 0,5	1,0	1,5	2,0	2,5	3,0
7220,99 West	I,IV	**1795,41**	443,83	443,83	I	1648,66	1501,83	1355,08	1209,00	1068,08	933,25
	II	**1655,16**	443,83	443,83	II	1508,33	1361,58	1215,33	1074,25	939,16	810,08
	III	**1188,33**	443,83	443,83	III	1074,66	964,00	856,33	751,83	650,33	551,66
	V	**2272,33**	443,83	443,83	IV	1722,08	1648,66	1575,25	1501,83	1428,50	1355,08
	VI	**2308,58**	443,83	443,83							
7220,99 Ost	I,IV	**1805,75**	443,83	443,83	I	1658,91	1512,16	1365,33	1219,08	1077,75	942,50
	II	**1665,41**	443,83	443,83	II	1518,66	1371,83	1225,50	1083,91	948,41	818,91
	III	**1196,33**	443,83	443,83	III	1082,50	971,66	863,83	759,00	657,33	558,50
	V	**2282,58**	443,83	443,83	IV	1732,33	1658,91	1585,58	1512,16	1438,75	1365,33
	VI	**2318,83**	443,83	443,83							
7223,99 West	I,IV	**1796,66**	443,83	443,83	I	1649,91	1503,08	1356,33	1210,16	1069,25	934,41
	II	**1656,41**	443,83	443,83	II	1509,66	1362,83	1216,58	1075,41	940,25	811,16
	III	**1189,33**	443,83	443,83	III	1075,66	965,00	857,33	752,66	651,16	552,50
	V	**2273,58**	443,83	443,83	IV	1723,33	1649,91	1576,50	1503,08	1429,75	1356,33
	VI	**2309,83**	443,83	443,83							
7223,99 Ost	I,IV	**1807,00**	443,83	443,83	I	1660,16	1513,41	1366,58	1220,33	1079,00	943,66
	II	**1666,75**	443,83	443,83	II	1519,91	1373,16	1226,75	1085,08	949,58	820,00
	III	**1197,33**	443,83	443,83	III	1083,50	972,66	864,83	760,00	658,16	559,33
	V	**2283,83**	443,83	443,83	IV	1733,58	1660,16	1586,83	1513,41	1440,00	1366,58
	VI	**2320,08**	443,83	443,83							
7226,99 West	I,IV	**1798,00**	443,83	443,83	I	1651,16	1504,41	1357,58	1211,41	1070,50	935,58
	II	**1657,66**	443,83	443,83	II	1510,91	1364,08	1217,83	1076,58	941,41	812,25
	III	**1190,33**	443,83	443,83	III	1076,50	965,83	858,16	753,66	652,00	553,33
	V	**2274,83**	443,83	443,83	IV	1724,58	1651,16	1577,75	1504,41	1431,00	1357,58
	VI	**2311,08**	443,83	443,83							
7226,99 Ost	I,IV	**1808,25**	443,83	443,83	I	1661,50	1514,66	1367,91	1221,58	1080,16	944,83
	II	**1668,00**	443,83	443,83	II	1521,16	1374,41	1227,91	1086,33	950,66	821,08
	III	**1198,33**	443,83	443,83	III	1084,50	973,50	865,66	760,83	659,00	560,16
	V	**2285,08**	443,83	443,83	IV	1734,83	1661,50	1588,08	1514,66	1441,25	1367,91
	VI	**2321,33**	443,83	443,83							
7229,99 West	I,IV	**1799,25**	443,83	443,83	I	1652,41	1505,66	1358,83	1212,66	1071,66	936,66
	II	**1658,91**	443,83	443,83	II	1512,16	1365,33	1219,08	1077,75	942,50	813,33
	III	**1191,33**	443,83	443,83	III	1077,50	966,83	859,16	754,50	652,83	554,16
	V	**2276,08**	443,83	443,83	IV	1725,83	1652,41	1579,00	1505,66	1432,25	1358,83
	VI	**2312,33**	443,83	443,83							
7229,99 Ost	I,IV	**1809,50**	443,83	443,83	I	1662,75	1515,91	1369,16	1222,75	1081,33	945,91
	II	**1669,25**	443,83	443,83	II	1522,41	1375,66	1229,16	1087,50	951,83	822,16
	III	**1199,33**	443,83	443,83	III	1085,33	974,50	866,66	761,66	659,83	561,00
	V	**2286,33**	443,83	443,83	IV	1736,08	1662,75	1589,33	1515,91	1442,50	1369,16
	VI	**2322,66**	443,83	443,83							
7232,99 West	I,IV	**1800,50**	443,83	443,83	I	1653,66	1506,91	1360,08	1213,91	1072,83	937,83
	II	**1660,16**	443,83	443,83	II	1513,41	1366,58	1220,33	1079,00	943,66	814,41
	III	**1192,16**	443,83	443,83	III	1078,50	967,83	860,00	755,33	653,66	555,00
	V	**2277,33**	443,83	443,83	IV	1727,08	1653,66	1580,33	1506,91	1433,50	1360,08
	VI	**2313,58**	443,83	443,83							
7232,99 Ost	I,IV	**1810,75**	443,83	443,83	I	1664,00	1517,16	1370,41	1224,00	1082,50	947,08
	II	**1670,50**	443,83	443,83	II	1523,66	1376,91	1230,41	1088,66	953,00	823,33
	III	**1200,33**	443,83	443,83	III	1086,33	975,50	867,50	762,66	660,66	561,83
	V	**2287,66**	443,83	443,83	IV	1737,33	1664,00	1590,58	1517,16	1443,83	1370,41
	VI	**2323,91**	443,83	443,83							
7235,99 West	I,IV	**1801,75**	443,83	443,83	I	1654,91	1508,16	1361,33	1215,16	1074,00	938,91
	II	**1661,50**	443,83	443,83	II	1514,66	1367,91	1221,58	1080,16	944,83	815,50
	III	**1193,16**	443,83	443,83	III	1079,50	968,66	861,00	756,33	654,50	555,83
	V	**2278,58**	443,83	443,83	IV	1728,33	1654,91	1581,58	1508,16	1434,75	1361,33
	VI	**2314,83**	443,83	443,83							
7235,99 Ost	I,IV	**1812,00**	443,83	443,83	I	1665,25	1518,41	1371,66	1225,25	1083,75	948,25
	II	**1671,75**	443,83	443,83	II	1525,00	1378,16	1231,66	1089,83	954,08	824,41
	III	**1201,33**	443,83	443,83	III	1087,33	976,33	868,33	763,50	661,66	562,66
	V	**2288,91**	443,83	443,83	IV	1738,66	1665,25	1591,83	1518,41	1445,08	1371,66
	VI	**2325,16**	443,83	443,83							

* Zur LSt-Berechnung für privat versicherte Arbeitnehmer s. Beispiele **Vorbemerkung S. 4 f.**
** Basisvorsorgepauschale KV und PV *** Typisierter Arbeitgeberzuschuss

Lohn/ Gehalt in € bis	Steuerklasse	**Lohn-steuer***	BVSP**	TAGZ***	Steuerklasse	Bemessungsgrundlage für Kirchensteuer und Solidaritätszuschlag – Freibeträge für ... Kinder: 0,5	**1,0**	1,5	**2,0**	2,5	**3,0**
7 238,99 West	I,IV	**1 803,00**	443,83	443,83	I	1 656,25	1 509,41	1 362,66	1 216,41	1 075,16	940,08
	II	**1 662,75**	443,83	443,83	II	1 515,91	1 369,16	1 222,75	1 081,33	945,91	816,58
	III	**1 194,16**	443,83	443,83	III	1 080,33	969,66	861,83	757,16	655,50	556,66
	V	**2 279,83**	443,83	443,83	IV	1 729,58	1 656,25	1 582,83	1 509,41	1 436,00	1 362,66
	VI	**2 316,08**	443,83	443,83							
7 238,99 Ost	I,IV	**1 813,25**	443,83	443,83	I	1 666,50	1 519,75	1 372,91	1 226,50	1 084,91	949,33
	II	**1 673,00**	443,83	443,83	II	1 526,25	1 379,41	1 232,91	1 091,08	955,25	825,50
	III	**1 202,33**	443,83	443,83	III	1 088,33	977,33	869,33	764,33	662,50	563,50
	V	**2 290,16**	443,83	443,83	IV	1 739,91	1 666,50	1 593,08	1 519,75	1 446,33	1 372,91
	VI	**2 326,41**	443,83	443,83							
7 241,99 West	I,IV	**1 804,25**	443,83	443,83	I	1 657,50	1 510,66	1 363,91	1 217,58	1 076,41	941,25
	II	**1 664,00**	443,83	443,83	II	1 517,16	1 370,41	1 224,00	1 082,50	947,08	817,66
	III	**1 195,16**	443,83	443,83	III	1 081,33	970,50	862,83	758,00	656,33	557,50
	V	**2 281,08**	443,83	443,83	IV	1 730,83	1 657,50	1 584,08	1 510,66	1 437,25	1 363,91
	VI	**2 317,41**	443,83	443,83							
7 241,99 Ost	I,IV	**1 814,58**	443,83	443,83	I	1 667,75	1 521,00	1 374,16	1 227,75	1 086,08	950,50
	II	**1 674,25**	443,83	443,83	II	1 527,50	1 380,66	1 234,16	1 092,25	956,41	826,58
	III	**1 203,33**	443,83	443,83	III	1 089,33	978,16	870,16	765,33	663,33	564,33
	V	**2 291,41**	443,83	443,83	IV	1 741,16	1 667,75	1 594,33	1 521,00	1 447,58	1 374,16
	VI	**2 327,66**	443,83	443,83							
7 244,99 West	I,IV	**1 805,50**	443,83	443,83	I	1 658,75	1 511,91	1 365,16	1 218,83	1 077,58	942,33
	II	**1 665,25**	443,83	443,83	II	1 518,41	1 371,66	1 225,25	1 083,75	948,25	818,75
	III	**1 196,16**	443,83	443,83	III	1 082,33	971,50	863,66	758,83	657,16	558,33
	V	**2 282,41**	443,83	443,83	IV	1 732,08	1 658,75	1 585,33	1 511,91	1 438,58	1 365,16
	VI	**2 318,66**	443,83	443,83							
7 244,99 Ost	I,IV	**1 815,83**	443,83	443,83	I	1 669,00	1 522,25	1 375,41	1 229,00	1 087,25	951,66
	II	**1 675,50**	443,83	443,83	II	1 528,75	1 381,91	1 235,41	1 093,41	957,50	827,66
	III	**1 204,33**	443,83	443,83	III	1 090,16	979,16	871,16	766,16	664,16	565,16
	V	**2 292,66**	443,83	443,83	IV	1 742,41	1 669,00	1 595,58	1 522,25	1 448,83	1 375,41
	VI	**2 328,91**	443,83	443,83							
7 247,99 West	I,IV	**1 806,75**	443,83	443,83	I	1 660,00	1 513,16	1 366,41	1 220,08	1 078,75	943,50
	II	**1 666,50**	443,83	443,83	II	1 519,75	1 372,91	1 226,50	1 084,91	949,33	819,83
	III	**1 197,16**	443,83	443,83	III	1 083,33	972,50	864,66	759,83	658,00	559,33
	V	**2 283,66**	443,83	443,83	IV	1 733,41	1 660,00	1 586,58	1 513,16	1 439,83	1 366,41
	VI	**2 319,91**	443,83	443,83							
7 247,99 Ost	I,IV	**1 817,08**	443,83	443,83	I	1 670,25	1 523,50	1 376,66	1 230,25	1 088,50	952,75
	II	**1 676,75**	443,83	443,83	II	1 530,00	1 383,25	1 236,66	1 094,66	958,66	828,75
	III	**1 205,33**	443,83	443,83	III	1 091,16	980,16	872,00	767,00	665,00	566,00
	V	**2 293,91**	443,83	443,83	IV	1 743,66	1 670,25	1 596,91	1 523,50	1 450,08	1 376,66
	VI	**2 330,16**	443,83	443,83							
7 250,99 West	I,IV	**1 808,00**	443,83	443,83	I	1 661,25	1 514,50	1 367,66	1 221,33	1 079,91	944,58
	II	**1 667,75**	443,83	443,83	II	1 521,00	1 374,16	1 227,75	1 086,08	950,50	820,91
	III	**1 198,16**	443,83	443,83	III	1 084,33	973,33	865,50	760,66	658,83	560,16
	V	**2 284,91**	443,83	443,83	IV	1 734,66	1 661,25	1 587,83	1 514,50	1 441,08	1 367,66
	VI	**2 321,16**	443,83	443,83							
7 250,99 Ost	I,IV	**1 818,33**	443,83	443,83	I	1 671,50	1 524,75	1 378,00	1 231,50	1 089,66	953,91
	II	**1 678,08**	443,83	443,83	II	1 531,25	1 384,50	1 237,91	1 095,83	959,83	829,83
	III	**1 206,33**	443,83	443,83	III	1 092,16	981,00	873,00	768,00	665,83	566,83
	V	**2 295,16**	443,83	443,83	IV	1 744,91	1 671,50	1 598,16	1 524,75	1 451,33	1 378,00
	VI	**2 331,41**	443,83	443,83							
7 253,99 West	I,IV	**1 809,33**	443,83	443,83	I	1 662,50	1 515,75	1 368,91	1 222,58	1 081,16	945,75
	II	**1 669,00**	443,83	443,83	II	1 522,25	1 375,41	1 229,00	1 087,25	951,66	822,00
	III	**1 199,16**	443,83	443,83	III	1 085,16	974,33	866,50	761,50	659,66	561,00
	V	**2 286,16**	443,83	443,83	IV	1 735,91	1 662,50	1 589,08	1 515,75	1 442,33	1 368,91
	VI	**2 322,41**	443,83	443,83							
7 253,99 Ost	I,IV	**1 819,58**	443,83	443,83	I	1 672,83	1 526,00	1 379,25	1 232,75	1 090,83	955,08
	II	**1 679,33**	443,83	443,83	II	1 532,50	1 385,75	1 239,16	1 097,00	960,91	830,91
	III	**1 207,33**	443,83	443,83	III	1 093,16	982,00	873,83	768,83	666,83	567,66
	V	**2 296,41**	443,83	443,83	IV	1 746,16	1 672,83	1 599,41	1 526,00	1 452,58	1 379,25
	VI	**2 332,75**	443,83	443,83							

* Zur LSt-Berechnung für privat versicherte Arbeitnehmer s. Beispiele **Vorbemerkung S. 4f.**
** Basisvorsorgepauschale KV und PV *** Typisierter Arbeitgeberzuschuss

Lohn/ Gehalt in € bis	Steuerklasse	Lohn-steuer*	BVSP**	TAGZ***	Steuerklasse	Bemessungsgrundlage für Kirchensteuer und Solidaritätszuschlag – Freibeträge für ... Kinder 0,5	**1,0**	1,5	**2,0**	2,5	**3,0**
7256,99	I,IV	**1810,58**	443,83	443,83	I	1663,75	1517,00	1370,16	1223,83	1082,33	946,91
West	II	**1670,25**	443,83	443,83	II	1523,50	1376,66	1230,25	1088,50	952,75	823,08
	III	**1200,16**	443,83	443,83	III	1086,16	975,33	867,33	762,50	660,66	561,83
	V	**2287,41**	443,83	443,83	IV	1737,16	1663,75	1590,33	1517,00	1443,58	1370,16
	VI	**2323,66**	443,83	443,83							
7256,99	I,IV	**1820,83**	443,83	443,83	I	1674,08	1527,25	1380,50	1234,00	1092,08	956,16
Ost	II	**1680,58**	443,83	443,83	II	1533,75	1387,00	1240,41	1098,25	962,08	832,00
	III	**1208,33**	443,83	443,83	III	1094,16	983,00	874,83	769,66	667,66	568,66
	V	**2297,75**	443,83	443,83	IV	1747,41	1674,08	1600,66	1527,25	1453,83	1380,50
	VI	**2334,00**	443,83	443,83							
7259,99	I,IV	**1811,83**	443,83	443,83	I	1665,00	1518,25	1371,41	1225,08	1083,50	948,00
West	II	**1671,50**	443,83	443,83	II	1524,75	1378,00	1231,50	1089,66	953,91	824,16
	III	**1201,16**	443,83	443,83	III	1087,16	976,16	868,33	763,33	661,50	562,66
	V	**2288,66**	443,83	443,83	IV	1738,41	1665,00	1591,66	1518,25	1444,83	1371,41
	VI	**2324,91**	443,83	443,83							
7259,99	I,IV	**1822,08**	443,83	443,83	I	1675,33	1528,50	1381,75	1235,25	1093,25	957,33
Ost	II	**1681,83**	443,83	443,83	II	1535,00	1388,25	1241,66	1099,41	963,25	833,08
	III	**1209,33**	443,83	443,83	III	1095,00	983,83	875,66	770,66	668,50	569,50
	V	**2299,00**	443,83	443,83	IV	1748,75	1675,33	1601,91	1528,50	1455,16	1381,75
	VI	**2335,25**	443,83	443,83							
7262,99	I,IV	**1813,08**	443,83	443,83	I	1666,25	1519,50	1372,75	1226,33	1084,66	949,16
West	II	**1672,83**	443,83	443,83	II	1526,00	1379,25	1232,75	1090,83	955,08	825,25
	III	**1202,16**	443,83	443,83	III	1088,16	977,16	869,16	764,16	662,33	563,50
	V	**2289,91**	443,83	443,83	IV	1739,66	1666,25	1592,91	1519,50	1446,08	1372,75
	VI	**2326,16**	443,83	443,83							
7262,99	I,IV	**1823,33**	443,83	443,83	I	1676,58	1529,75	1383,00	1236,41	1094,41	958,50
Ost	II	**1683,08**	443,83	443,83	II	1536,33	1389,50	1242,91	1100,58	964,33	834,16
	III	**1210,33**	443,83	443,83	III	1096,00	984,83	876,66	771,50	669,33	570,33
	V	**2300,25**	443,83	443,83	IV	1750,00	1676,58	1603,16	1529,75	1456,41	1383,00
	VI	**2336,50**	443,83	443,83							
7265,99	I,IV	**1814,33**	443,83	443,83	I	1667,58	1520,75	1374,00	1227,58	1085,91	950,33
West	II	**1674,08**	443,83	443,83	II	1527,25	1380,50	1234,00	1092,08	956,16	826,41
	III	**1203,16**	443,83	443,83	III	1089,16	978,00	870,16	765,16	663,16	564,33
	V	**2291,16**	443,83	443,83	IV	1740,91	1667,58	1594,16	1520,75	1447,33	1374,00
	VI	**2327,50**	443,83	443,83							
7265,99	I,IV	**1824,66**	443,83	443,83	I	1677,83	1531,08	1384,25	1237,66	1095,66	959,58
Ost	II	**1684,33**	443,83	443,83	II	1537,58	1390,75	1244,16	1101,83	965,50	835,25
	III	**1211,33**	443,83	443,83	III	1097,00	985,83	877,50	772,33	670,16	571,16
	V	**2301,50**	443,83	443,83	IV	1751,25	1677,83	1604,41	1531,08	1457,66	1384,25
	VI	**2337,75**	443,83	443,83							
7268,99	I,IV	**1815,58**	443,83	443,83	I	1668,83	1522,00	1375,25	1228,75	1087,08	951,41
West	II	**1675,33**	443,83	443,83	II	1528,50	1381,75	1235,25	1093,25	957,33	827,50
	III	**1204,16**	443,83	443,83	III	1090,00	979,00	871,00	766,00	664,00	565,16
	V	**2292,50**	443,83	443,83	IV	1742,16	1668,83	1595,41	1522,00	1448,58	1375,25
	VI	**2328,75**	443,83	443,83							
7268,99	I,IV	**1825,91**	443,83	443,83	I	1679,08	1532,33	1385,50	1238,91	1096,83	960,75
Ost	II	**1685,58**	443,83	443,83	II	1538,83	1392,00	1245,41	1103,00	966,66	836,33
	III	**1212,16**	443,83	443,83	III	1098,00	986,66	878,50	773,33	671,16	572,00
	V	**2302,75**	443,83	443,83	IV	1752,50	1679,08	1605,66	1532,33	1458,91	1385,50
	VI	**2339,00**	443,83	443,83							
7271,99	I,IV	**1816,83**	443,83	443,83	I	1670,08	1523,25	1376,50	1230,00	1088,25	952,58
West	II	**1676,58**	443,83	443,83	II	1529,75	1383,00	1236,41	1094,41	958,50	828,58
	III	**1205,16**	443,83	443,83	III	1091,00	980,00	871,83	766,83	664,83	566,00
	V	**2293,75**	443,83	443,83	IV	1743,50	1670,08	1596,66	1523,25	1449,91	1376,50
	VI	**2330,00**	443,83	443,83							
7271,99	I,IV	**1827,16**	443,83	443,83	I	1680,33	1533,58	1386,75	1240,16	1098,00	961,91
Ost	II	**1686,83**	443,83	443,83	II	1540,08	1393,25	1246,66	1104,16	967,83	837,50
	III	**1213,16**	443,83	443,83	III	1099,00	987,66	879,33	774,16	672,00	572,83
	V	**2304,00**	443,83	443,83	IV	1753,75	1680,33	1607,00	1533,58	1460,16	1386,75
	VI	**2340,25**	443,83	443,83							

* Zur LSt-Berechnung für privat versicherte Arbeitnehmer s. Beispiele **Vorbemerkung S. 4f.**
** Basisvorsorgepauschale KV und PV *** Typisierter Arbeitgeberzuschuss

Lohn/ Gehalt in € bis	Steuerklasse	Lohn-steuer*	BVSP**	TAGZ***	Steuerklasse	Bemessungsgrundlage für Kirchensteuer und Solidaritätszuschlag					
						Freibeträge für ... Kinder					
						0,5	**1,0**	1,5	**2,0**	2,5	**3,0**
7 274,99	I,IV	**1 818,08**	443,83	443,83	I	1 671,33	1 524,50	1 377,75	1 231,25	1 089,50	953,75
West	II	**1 677,83**	443,83	443,83	II	1 531,08	1 384,25	1 237,66	1 095,66	959,58	829,66
	III	**1 206,16**	443,83	443,83	III	1 092,00	980,83	872,83	767,83	665,83	566,83
	V	**2 295,00**	443,83	443,83	IV	1 744,75	1 671,33	1 597,91	1 524,50	1 451,16	1 377,75
	VI	**2 331,25**	443,83	443,83							
7 274,99	I,IV	**1 828,41**	443,83	443,83	I	1 681,58	1 534,83	1 388,00	1 241,41	1 099,25	963,00
Ost	II	**1 688,16**	443,83	443,83	II	1 541,33	1 394,58	1 247,91	1 105,41	968,91	838,58
	III	**1 214,16**	443,83	443,83	III	1 099,83	988,66	880,33	775,00	672,83	573,66
	V	**2 305,25**	443,83	443,83	IV	1 755,00	1 681,58	1 608,25	1 534,83	1 461,41	1 388,00
	VI	**2 341,50**	443,83	443,83							
7 277,99	I,IV	**1 819,41**	443,83	443,83	I	1 672,58	1 525,83	1 379,00	1 232,50	1 090,66	954,83
West	II	**1 679,08**	443,83	443,83	II	1 532,33	1 385,50	1 238,91	1 096,83	960,75	830,75
	III	**1 207,16**	443,83	443,83	III	1 093,00	981,83	873,66	768,66	666,66	567,66
	V	**2 296,25**	443,83	443,83	IV	1 746,00	1 672,58	1 599,16	1 525,83	1 452,41	1 379,00
	VI	**2 332,50**	443,83	443,83							
7 277,99	I,IV	**1 829,66**	443,83	443,83	I	1 682,91	1 536,08	1 389,33	1 242,66	1 100,41	964,16
Ost	II	**1 689,41**	443,83	443,83	II	1 542,58	1 395,83	1 249,16	1 106,58	970,08	839,66
	III	**1 215,16**	443,83	443,83	III	1 100,83	989,50	881,16	776,00	673,66	574,50
	V	**2 306,50**	443,83	443,83	IV	1 756,25	1 682,91	1 609,50	1 536,08	1 462,66	1 389,33
	VI	**2 342,83**	443,83	443,83							
7 280,99	I,IV	**1 820,66**	443,83	443,83	I	1 673,83	1 527,08	1 380,25	1 233,75	1 091,83	956,00
West	II	**1 680,33**	443,83	443,83	II	1 533,58	1 386,75	1 240,16	1 098,00	961,91	831,83
	III	**1 208,16**	443,83	443,83	III	1 094,00	982,83	874,66	769,50	667,50	568,50
	V	**2 297,50**	443,83	443,83	IV	1 747,25	1 673,83	1 600,41	1 527,08	1 453,66	1 380,25
	VI	**2 333,75**	443,83	443,83							
7 280,99	I,IV	**1 830,91**	443,83	443,83	I	1 684,16	1 537,33	1 390,58	1 243,91	1 101,58	965,33
Ost	II	**1 690,66**	443,83	443,83	II	1 543,83	1 397,08	1 250,41	1 107,75	971,25	840,75
	III	**1 216,16**	443,83	443,83	III	1 101,83	990,50	882,16	776,83	674,50	575,33
	V	**2 307,83**	443,83	443,83	IV	1 757,50	1 684,16	1 610,75	1 537,33	1 463,91	1 390,58
	VI	**2 344,08**	443,83	443,83							
7 283,99	I,IV	**1 821,91**	443,83	443,83	I	1 675,08	1 528,33	1 381,50	1 235,00	1 093,08	957,16
West	II	**1 681,58**	443,83	443,83	II	1 534,83	1 388,00	1 241,41	1 099,25	963,00	832,91
	III	**1 209,16**	443,83	443,83	III	1 094,83	983,66	875,50	770,50	668,33	569,33
	V	**2 298,75**	443,83	443,83	IV	1 748,50	1 675,08	1 601,75	1 528,33	1 454,91	1 381,50
	VI	**2 335,00**	443,83	443,83							
7 283,99	I,IV	**1 832,16**	443,83	443,83	I	1 685,41	1 538,58	1 391,83	1 245,16	1 102,83	966,50
Ost	II	**1 691,91**	443,83	443,83	II	1 545,08	1 398,33	1 251,66	1 109,00	972,41	841,83
	III	**1 217,16**	443,83	443,83	III	1 102,83	991,50	883,00	777,66	675,33	576,16
	V	**2 309,08**	443,83	443,83	IV	1 758,83	1 685,41	1 612,00	1 538,58	1 465,25	1 391,83
	VI	**2 345,33**	443,83	443,83							
7 286,99	I,IV	**1 823,16**	443,83	443,83	I	1 676,33	1 529,58	1 382,75	1 236,25	1 094,25	958,25
West	II	**1 682,91**	443,83	443,83	II	1 536,08	1 389,33	1 242,66	1 100,41	964,16	834,00
	III	**1 210,16**	443,83	443,83	III	1 095,83	984,66	876,50	771,33	669,16	570,16
	V	**2 300,00**	443,83	443,83	IV	1 749,75	1 676,33	1 603,00	1 529,58	1 456,16	1 382,75
	VI	**2 336,25**	443,83	443,83							
7 286,99	I,IV	**1 833,41**	443,83	443,83	I	1 686,66	1 539,83	1 393,08	1 246,41	1 104,00	967,58
Ost	II	**1 693,16**	443,83	443,83	II	1 546,41	1 399,58	1 252,91	1 110,16	973,50	842,91
	III	**1 218,16**	443,83	443,83	III	1 103,83	992,33	884,00	778,66	676,33	577,00
	V	**2 310,33**	443,83	443,83	IV	1 760,08	1 686,66	1 613,25	1 539,83	1 466,50	1 393,08
	VI	**2 346,58**	443,83	443,83							
7 289,99	I,IV	**1 824,41**	443,83	443,83	I	1 677,66	1 530,83	1 384,08	1 237,50	1 095,41	959,41
West	II	**1 684,16**	443,83	443,83	II	1 537,33	1 390,58	1 243,91	1 101,58	965,33	835,08
	III	**1 211,16**	443,83	443,83	III	1 096,83	985,66	877,33	772,16	670,00	571,00
	V	**2 301,25**	443,83	443,83	IV	1 751,00	1 677,66	1 604,25	1 530,83	1 457,41	1 384,08
	VI	**2 337,58**	443,83	443,83							
7 289,99	I,IV	**1 834,75**	443,83	443,83	I	1 687,91	1 541,16	1 394,33	1 247,66	1 105,16	968,75
Ost	II	**1 694,41**	443,83	443,83	II	1 547,66	1 400,83	1 254,16	1 111,41	974,66	844,00
	III	**1 219,16**	443,83	443,83	III	1 104,66	993,33	884,83	779,50	677,16	577,83
	V	**2 311,58**	443,83	443,83	IV	1 761,33	1 687,91	1 614,50	1 541,16	1 467,75	1 394,33
	VI	**2 347,83**	443,83	443,83							

* Zur LSt-Berechnung für privat versicherte Arbeitnehmer s. Beispiele **Vorbemerkung S. 4 f.**
** Basisvorsorgepauschale KV und PV *** Typisierter Arbeitgeberzuschuss

Lohn/ Gehalt in € bis	Steuerklasse	**Lohn-steuer***	BVSP**	TAGZ***	Steuerklasse	Bemessungsgrundlage für Kirchensteuer und Solidaritätszuschlag					
						Freibeträge für ... Kinder					
						0,5	**1,0**	1,5	**2,0**	2,5	**3,0**
7 292,99 West	I,IV	**1 825,66**	443,83	443,83	I	1 678,91	1 532,08	1 385,33	1 238,75	1 096,58	960,58
	II	**1 685,41**	443,83	443,83	II	1 538,58	1 391,83	1 245,16	1 102,83	966,50	836,16
	III	**1 212,00**	443,83	443,83	III	1 097,83	986,50	878,33	773,16	671,00	571,83
	V	**2 302,58**	443,83	443,83	IV	1 752,25	1 678,91	1 605,50	1 532,08	1 458,66	1 385,33
	VI	**2 338,83**	443,83	443,83							
7 292,99 Ost	I,IV	**1 836,00**	443,83	443,83	I	1 689,16	1 542,41	1 395,58	1 248,91	1 106,41	969,91
	II	**1 695,66**	443,83	443,83	II	1 548,91	1 402,08	1 255,41	1 112,58	975,83	845,08
	III	**1 220,16**	443,83	443,83	III	1 105,66	994,16	885,83	780,33	678,00	578,66
	V	**2 312,83**	443,83	443,83	IV	1 762,58	1 689,16	1 615,75	1 542,41	1 469,00	1 395,58
	VI	**2 349,08**	443,83	443,83							
7 295,99 West	I,IV	**1 826,91**	443,83	443,83	I	1 680,16	1 533,33	1 386,58	1 240,00	1 097,83	961,66
	II	**1 686,66**	443,83	443,83	II	1 539,83	1 393,08	1 246,41	1 104,00	967,58	837,25
	III	**1 213,00**	443,83	443,83	III	1 098,83	987,50	879,16	774,00	671,83	572,66
	V	**2 303,83**	443,83	443,83	IV	1 753,58	1 680,16	1 606,75	1 533,33	1 460,00	1 386,58
	VI	**2 340,08**	443,83	443,83							
7 295,99 Ost	I,IV	**1 837,25**	443,83	443,83	I	1 690,41	1 543,66	1 396,83	1 250,16	1 107,58	971,08
	II	**1 696,91**	443,83	443,83	II	1 550,16	1 403,33	1 256,66	1 113,75	977,00	846,25
	III	**1 221,16**	443,83	443,83	III	1 106,66	995,16	886,66	781,33	678,83	579,50
	V	**2 314,08**	443,83	443,83	IV	1 763,83	1 690,41	1 617,08	1 543,66	1 470,25	1 396,83
	VI	**2 350,33**	443,83	443,83							
7 298,99 West	I,IV	**1 828,16**	443,83	443,83	I	1 681,41	1 534,58	1 387,83	1 241,25	1 099,00	962,83
	II	**1 687,91**	443,83	443,83	II	1 541,16	1 394,33	1 247,66	1 105,16	968,75	838,33
	III	**1 214,00**	443,83	443,83	III	1 099,66	988,50	880,16	774,83	672,66	573,50
	V	**2 305,08**	443,83	443,83	IV	1 754,83	1 681,41	1 608,00	1 534,58	1 461,25	1 387,83
	VI	**2 341,33**	443,83	443,83							
7 298,99 Ost	I,IV	**1 838,50**	443,83	443,83	I	1 691,66	1 544,91	1 398,08	1 251,41	1 108,75	972,16
	II	**1 698,25**	443,83	443,83	II	1 551,41	1 404,66	1 257,91	1 115,00	978,08	847,33
	III	**1 222,16**	443,83	443,83	III	1 107,66	996,16	887,66	782,16	679,66	580,33
	V	**2 315,33**	443,83	443,83	IV	1 765,08	1 691,66	1 618,33	1 544,91	1 471,50	1 398,08
	VI	**2 351,58**	443,83	443,83							
7 301,99 West	I,IV	**1 829,50**	443,83	443,83	I	1 682,66	1 535,91	1 389,08	1 242,50	1 100,16	964,00
	II	**1 689,16**	443,83	443,83	II	1 542,41	1 395,58	1 248,91	1 106,41	969,91	839,50
	III	**1 215,00**	443,83	443,83	III	1 100,66	989,33	881,00	775,83	673,50	574,33
	V	**2 306,33**	443,83	443,83	IV	1 756,08	1 682,66	1 609,25	1 535,91	1 462,50	1 389,08
	VI	**2 342,58**	443,83	443,83							
7 301,99 Ost	I,IV	**1 839,75**	443,83	443,83	I	1 693,00	1 546,16	1 399,41	1 252,66	1 110,00	973,33
	II	**1 699,50**	443,83	443,83	II	1 552,66	1 405,91	1 259,16	1 116,16	979,25	848,41
	III	**1 223,16**	443,83	443,83	III	1 108,66	997,00	888,50	783,00	680,66	581,16
	V	**2 316,58**	443,83	443,83	IV	1 766,33	1 693,00	1 619,58	1 546,16	1 472,75	1 399,41
	VI	**2 352,83**	443,83	443,83							
7 304,99 West	I,IV	**1 830,75**	443,83	443,83	I	1 683,91	1 537,16	1 390,33	1 243,75	1 101,41	965,16
	II	**1 690,41**	443,83	443,83	II	1 543,66	1 396,83	1 250,16	1 107,58	971,08	840,58
	III	**1 216,00**	443,83	443,83	III	1 101,66	990,33	882,00	776,66	674,33	575,16
	V	**2 307,58**	443,83	443,83	IV	1 757,33	1 683,91	1 610,50	1 537,16	1 463,75	1 390,33
	VI	**2 343,83**	443,83	443,83							
7 304,99 Ost	I,IV	**1 841,00**	443,83	443,83	I	1 694,25	1 547,41	1 400,66	1 253,91	1 111,16	974,50
	II	**1 700,75**	443,83	443,83	II	1 553,91	1 407,16	1 260,41	1 117,41	980,41	849,50
	III	**1 224,16**	443,83	443,83	III	1 109,66	998,00	889,50	784,00	681,50	582,00
	V	**2 317,83**	443,83	443,83	IV	1 767,58	1 694,25	1 620,83	1 547,41	1 474,00	1 400,66
	VI	**2 354,16**	443,83	443,83							
7 307,99 West	I,IV	**1 832,00**	443,83	443,83	I	1 685,16	1 538,41	1 391,58	1 245,00	1 102,58	966,25
	II	**1 691,66**	443,83	443,83	II	1 544,91	1 398,08	1 251,41	1 108,75	972,16	841,66
	III	**1 217,00**	443,83	443,83	III	1 102,66	991,33	882,83	777,50	675,33	576,00
	V	**2 308,83**	443,83	443,83	IV	1 758,58	1 685,16	1 611,83	1 538,41	1 465,00	1 391,58
	VI	**2 345,08**	443,83	443,83							
7 307,99 Ost	I,IV	**1 842,25**	443,83	443,83	I	1 695,50	1 548,66	1 401,91	1 255,16	1 112,41	975,66
	II	**1 702,00**	443,83	443,83	II	1 555,16	1 408,41	1 261,66	1 118,58	981,58	850,58
	III	**1 225,16**	443,83	443,83	III	1 110,50	999,00	890,33	784,83	682,33	582,83
	V	**2 319,16**	443,83	443,83	IV	1 768,83	1 695,50	1 622,08	1 548,66	1 475,33	1 401,91
	VI	**2 355,41**	443,83	443,83							

* Zur LSt-Berechnung für privat versicherte Arbeitnehmer s. Beispiele **Vorbemerkung S. 4f.**
** Basisvorsorgepauschale KV und PV *** Typisierter Arbeitgeberzuschuss

Lohn/ Gehalt in € bis	Steuerklasse	Lohn-steuer*	BVSP**	TAGZ***	Steuerklasse	Bemessungsgrundlage für Kirchensteuer und Solidaritätszuschlag — Freibeträge für ... Kinder 0,5	1,0	1,5	2,0	2,5	3,0
7310,99 West	I,IV	**1833,25**	443,83	443,83	I	1686,41	1539,66	1392,83	1246,25	1103,83	967,41
	II	**1693,00**	443,83	443,83	II	1546,16	1399,41	1252,66	1110,00	973,33	842,75
	III	**1218,00**	443,83	443,83	III	1103,66	992,16	883,83	778,50	676,16	576,83
	V	**2310,08**	443,83	443,83	IV	1759,83	1686,41	1613,08	1539,66	1466,25	1392,83
	VI	**2346,33**	443,83	443,83							
7310,99 Ost	I,IV	**1843,50**	443,83	443,83	I	1696,75	1549,91	1403,16	1256,41	1113,58	976,75
	II	**1703,25**	443,83	443,83	II	1556,50	1409,66	1262,91	1119,75	982,75	851,66
	III	**1226,16**	443,83	443,83	III	1111,50	999,83	891,33	785,83	683,16	583,66
	V	**2320,41**	443,83	443,83	IV	1770,16	1696,75	1623,33	1549,91	1476,58	1403,16
	VI	**2356,66**	443,83	443,83							
7313,99 West	I,IV	**1834,50**	443,83	443,83	I	1687,75	1540,91	1394,16	1247,50	1105,00	968,58
	II	**1694,25**	443,83	443,83	II	1547,41	1400,66	1253,91	1111,16	974,50	843,83
	III	**1219,00**	443,83	443,83	III	1104,50	993,16	884,66	779,33	677,00	577,66
	V	**2311,33**	443,83	443,83	IV	1761,08	1687,75	1614,33	1540,91	1467,50	1394,16
	VI	**2347,58**	443,83	443,83							
7313,99 Ost	I,IV	**1844,75**	443,83	443,83	I	1698,00	1551,25	1404,41	1257,66	1114,75	977,91
	II	**1704,50**	443,83	443,83	II	1557,75	1410,91	1264,16	1121,00	983,83	852,83
	III	**1227,16**	443,83	443,83	III	1112,50	1000,83	892,16	786,66	684,00	584,50
	V	**2321,66**	443,83	443,83	IV	1771,41	1698,00	1624,58	1551,25	1477,83	1404,41
	VI	**2357,91**	443,83	443,83							
7316,99 West	I,IV	**1835,75**	443,83	443,83	I	1689,00	1542,16	1395,41	1248,75	1106,16	969,75
	II	**1695,50**	443,83	443,83	II	1548,66	1401,91	1255,16	1112,41	975,66	844,91
	III	**1220,00**	443,83	443,83	III	1105,50	994,16	885,66	780,16	677,83	578,50
	V	**2312,58**	443,83	443,83	IV	1762,33	1689,00	1615,58	1542,16	1468,75	1395,41
	VI	**2348,91**	443,83	443,83							
7316,99 Ost	I,IV	**1846,08**	443,83	443,83	I	1699,25	1552,50	1405,66	1258,91	1116,00	979,08
	II	**1705,75**	443,83	443,83	II	1559,00	1412,16	1265,41	1122,16	985,00	853,91
	III	**1228,16**	443,83	443,83	III	1113,50	1001,83	893,16	787,50	685,00	585,33
	V	**2322,91**	443,83	443,83	IV	1772,66	1699,25	1625,83	1552,50	1479,08	1405,66
	VI	**2359,16**	443,83	443,83							
7319,99 West	I,IV	**1837,00**	443,83	443,83	I	1690,25	1543,41	1396,66	1250,00	1107,41	970,83
	II	**1696,75**	443,83	443,83	II	1549,91	1403,16	1256,41	1113,58	976,75	846,00
	III	**1221,00**	443,83	443,83	III	1106,50	995,00	886,50	781,16	678,66	579,33
	V	**2313,91**	443,83	443,83	IV	1763,58	1690,25	1616,83	1543,41	1470,08	1396,66
	VI	**2350,16**	443,83	443,83							
7319,99 Ost	I,IV	**1847,33**	443,83	443,83	I	1700,50	1553,75	1406,91	1260,16	1117,16	980,25
	II	**1707,00**	443,83	443,83	II	1560,25	1413,41	1266,66	1123,41	986,16	855,00
	III	**1229,16**	443,83	443,83	III	1114,50	1002,83	894,00	788,50	685,83	586,16
	V	**2324,16**	443,83	443,83	IV	1773,91	1700,50	1627,08	1553,75	1480,33	1406,91
	VI	**2360,41**	443,83	443,83							
7322,99 West	I,IV	**1838,25**	443,83	443,83	I	1691,50	1544,66	1397,91	1251,25	1108,58	972,00
	II	**1698,00**	443,83	443,83	II	1551,25	1404,41	1257,66	1114,75	977,91	847,16
	III	**1222,00**	443,83	443,83	III	1107,50	996,00	887,50	782,00	679,66	580,16
	V	**2315,16**	443,83	443,83	IV	1764,91	1691,50	1618,08	1544,66	1471,33	1397,91
	VI	**2351,41**	443,83	443,83							
7322,99 Ost	I,IV	**1848,58**	443,83	443,83	I	1701,75	1555,00	1408,16	1261,41	1118,41	981,41
	II	**1708,25**	443,83	443,83	II	1561,50	1414,75	1267,91	1124,58	987,33	856,08
	III	**1230,16**	443,83	443,83	III	1115,50	1003,66	895,00	789,33	686,66	587,00
	V	**2325,41**	443,83	443,83	IV	1775,16	1701,75	1628,41	1555,00	1481,58	1408,16
	VI	**2361,66**	443,83	443,83							
7325,99 West	I,IV	**1839,50**	443,83	443,83	I	1692,75	1546,00	1399,16	1252,50	1109,75	973,16
	II	**1699,25**	443,83	443,83	II	1552,50	1405,66	1258,91	1116,00	979,08	848,25
	III	**1223,00**	443,83	443,83	III	1108,50	997,00	888,33	783,00	680,50	581,00
	V	**2316,41**	443,83	443,83	IV	1766,16	1692,75	1619,33	1546,00	1472,58	1399,16
	VI	**2352,66**	443,83	443,83							
7325,99 Ost	I,IV	**1849,83**	443,83	443,83	I	1703,00	1556,25	1409,50	1262,66	1119,58	982,50
	II	**1709,58**	443,83	443,83	II	1562,75	1416,00	1269,16	1125,83	988,50	857,16
	III	**1231,16**	443,83	443,83	III	1116,33	1004,66	896,00	790,16	687,50	587,83
	V	**2326,66**	443,83	443,83	IV	1776,41	1703,00	1629,66	1556,25	1482,83	1409,50
	VI	**2362,91**	443,83	443,83							

* Zur LSt-Berechnung für privat versicherte Arbeitnehmer s. Beispiele **Vorbemerkung S. 4f.**
** Basisvorsorgepauschale KV und PV *** Typisierter Arbeitgeberzuschuss

Lohn/ Gehalt in € bis	Steuerklasse	**Lohn-steuer***	BVSP**	TAGZ***	Steuerklasse	Bemessungsgrundlage für Kirchensteuer und Solidaritätszuschlag – Freibeträge für ... Kinder 0,5	**1,0**	1,5	**2,0**	2,5	**3,0**
7 328,99 West	I,IV	**1 840,83**	443,83	443,83	I	1 694,00	1 547,25	1 400,41	1 253,75	1 111,00	974,33
	II	**1 700,50**	443,83	443,83	II	1 553,75	1 406,91	1 260,16	1 117,16	980,25	849,33
	III	**1 224,00**	443,83	443,83	III	1 109,50	997,83	889,33	783,83	681,33	581,83
	V	**2 317,66**	443,83	443,83	IV	1 767,41	1 694,00	1 620,58	1 547,25	1 473,83	1 400,41
	VI	**2 353,91**	443,83	443,83							
7 328,99 Ost	I,IV	**1 851,08**	443,83	443,83	I	1 704,33	1 557,50	1 410,75	1 263,91	1 120,75	983,66
	II	**1 710,83**	443,83	443,83	II	1 564,00	1 417,25	1 270,41	1 127,00	989,66	858,33
	III	**1 232,16**	443,83	443,83	III	1 117,33	1 005,66	896,83	791,16	688,33	588,66
	V	**2 327,91**	443,83	443,83	IV	1 777,66	1 704,33	1 630,91	1 557,50	1 484,08	1 410,75
	VI	**2 364,25**	443,83	443,83							
7 331,99 West	I,IV	**1 842,08**	443,83	443,83	I	1 695,25	1 548,50	1 401,66	1 255,00	1 112,16	975,41
	II	**1 701,75**	443,83	443,83	II	1 555,00	1 408,16	1 261,41	1 118,41	981,41	850,41
	III	**1 225,00**	443,83	443,83	III	1 110,33	998,83	890,16	784,66	682,16	582,66
	V	**2 318,91**	443,83	443,83	IV	1 768,66	1 695,25	1 621,83	1 548,50	1 475,08	1 401,66
	VI	**2 355,16**	443,83	443,83							
7 331,99 Ost	I,IV	**1 852,33**	443,83	443,83	I	1 705,58	1 558,75	1 412,00	1 265,16	1 122,00	984,83
	II	**1 712,08**	443,83	443,83	II	1 565,25	1 418,50	1 271,66	1 128,25	990,75	859,41
	III	**1 233,16**	443,83	443,83	III	1 118,33	1 006,50	897,83	792,00	689,33	589,66
	V	**2 329,25**	443,83	443,83	IV	1 778,91	1 705,58	1 632,16	1 558,75	1 485,33	1 412,00
	VI	**2 365,50**	443,83	443,83							
7 334,99 West	I,IV	**1 843,33**	443,83	443,83	I	1 696,50	1 549,75	1 402,91	1 256,25	1 113,41	976,58
	II	**1 703,00**	443,83	443,83	II	1 556,25	1 409,50	1 262,66	1 119,58	982,50	851,50
	III	**1 226,00**	443,83	443,83	III	1 111,33	999,83	891,16	785,66	683,00	583,50
	V	**2 320,16**	443,83	443,83	IV	1 769,91	1 696,50	1 623,16	1 549,75	1 476,33	1 402,91
	VI	**2 356,41**	443,83	443,83							
7 334,99 Ost	I,IV	**1 853,58**	443,83	443,83	I	1 706,83	1 560,00	1 413,25	1 266,50	1 123,16	986,00
	II	**1 713,33**	443,83	443,83	II	1 566,50	1 419,75	1 272,91	1 129,41	991,91	860,50
	III	**1 234,16**	443,83	443,83	III	1 119,33	1 007,50	898,66	792,83	690,16	590,50
	V	**2 330,50**	443,83	443,83	IV	1 780,25	1 706,83	1 633,41	1 560,00	1 486,66	1 413,25
	VI	**2 366,75**	443,83	443,83							
7 337,99 West	I,IV	**1 844,58**	443,83	443,83	I	1 697,75	1 551,00	1 404,25	1 257,50	1 114,58	977,75
	II	**1 704,33**	443,83	443,83	II	1 557,50	1 410,75	1 263,91	1 120,75	983,66	852,58
	III	**1 227,00**	443,83	443,83	III	1 112,33	1 000,66	892,16	786,50	684,00	584,33
	V	**2 321,41**	443,83	443,83	IV	1 771,16	1 697,75	1 624,41	1 551,00	1 477,58	1 404,25
	VI	**2 357,66**	443,83	443,83							
7 337,99 Ost	I,IV	**1 854,83**	443,83	443,83	I	1 708,08	1 561,25	1 414,50	1 267,75	1 124,41	987,16
	II	**1 714,58**	443,83	443,83	II	1 567,83	1 421,00	1 274,25	1 130,66	993,08	861,58
	III	**1 235,16**	443,83	443,83	III	1 120,33	1 008,50	899,66	793,83	691,00	591,33
	V	**2 331,75**	443,83	443,83	IV	1 781,50	1 708,08	1 634,66	1 561,25	1 487,91	1 414,50
	VI	**2 368,00**	443,83	443,83							
7 340,99 West	I,IV	**1 845,83**	443,83	443,83	I	1 699,08	1 552,25	1 405,50	1 258,75	1 115,75	978,91
	II	**1 705,58**	443,83	443,83	II	1 558,75	1 412,00	1 265,16	1 122,00	984,83	853,75
	III	**1 228,00**	443,83	443,83	III	1 113,33	1 001,66	893,00	787,33	684,83	585,16
	V	**2 322,66**	443,83	443,83	IV	1 772,41	1 699,08	1 625,66	1 552,25	1 478,83	1 405,50
	VI	**2 359,00**	443,83	443,83							
7 340,99 Ost	I,IV	**1 856,16**	443,83	443,83	I	1 709,33	1 562,58	1 415,75	1 269,00	1 125,58	988,25
	II	**1 715,83**	443,83	443,83	II	1 569,08	1 422,25	1 275,50	1 131,83	994,25	862,75
	III	**1 236,16**	443,83	443,83	III	1 121,33	1 009,33	900,50	794,66	691,83	592,16
	V	**2 333,00**	443,83	443,83	IV	1 782,75	1 709,33	1 635,91	1 562,58	1 489,16	1 415,75
	VI	**2 369,25**	443,83	443,83							
7 343,99 West	I,IV	**1 847,08**	443,83	443,83	I	1 700,33	1 553,50	1 406,75	1 260,00	1 117,00	980,00
	II	**1 706,83**	443,83	443,83	II	1 560,00	1 413,25	1 266,50	1 123,16	986,00	854,83
	III	**1 229,00**	443,83	443,83	III	1 114,33	1 002,66	894,00	788,33	685,66	586,00
	V	**2 324,00**	443,83	443,83	IV	1 773,66	1 700,33	1 626,91	1 553,50	1 480,08	1 406,75
	VI	**2 360,25**	443,83	443,83							
7 343,99 Ost	I,IV	**1 857,41**	443,83	443,83	I	1 710,58	1 563,83	1 417,00	1 270,25	1 126,83	989,41
	II	**1 717,08**	443,83	443,83	II	1 570,33	1 423,50	1 276,75	1 133,08	995,41	863,83
	III	**1 237,16**	443,83	443,83	III	1 122,16	1 010,33	901,50	795,66	692,83	593,00
	V	**2 334,25**	443,83	443,83	IV	1 784,00	1 710,58	1 637,16	1 563,83	1 490,41	1 417,00
	VI	**2 370,50**	443,83	443,83							

* Zur LSt-Berechnung für privat versicherte Arbeitnehmer s. Beispiele **Vorbemerkung S. 4 f.**
** Basisvorsorgepauschale KV und PV *** Typisierter Arbeitgeberzuschuss

Lohn/ Gehalt in € bis	Steuerklasse	Lohn-steuer*	BVSP**	TAGZ***	Steuerklasse	Bemessungsgrundlage für Kirchensteuer und Solidaritätszuschlag – Freibeträge für ... Kinder 0,5	**1,0**	1,5	**2,0**	2,5	**3,0**
7 346,99 West	I,IV	**1 848,33**	443,83	443,83	I	1 701,58	1 554,75	1 408,00	1 261,25	1 118,16	981,16
	II	**1 708,08**	443,83	443,83	II	1 561,25	1 414,50	1 267,75	1 124,41	987,16	855,91
	III	**1 230,00**	443,83	443,83	III	1 115,33	1 003,50	894,83	789,16	686,50	587,00
	V	**2 325,25**	443,83	443,83	IV	1 775,00	1 701,58	1 628,16	1 554,75	1 481,41	1 408,00
	VI	**2 361,50**	443,83	443,83							
7 346,99 Ost	I,IV	**1 858,66**	443,83	443,83	I	1 711,83	1 565,08	1 418,25	1 271,50	1 128,00	990,58
	II	**1 718,33**	443,83	443,83	II	1 571,58	1 424,75	1 278,00	1 134,25	996,58	864,91
	III	**1 238,16**	443,83	443,83	III	1 123,16	1 011,33	902,33	796,50	693,66	593,83
	V	**2 335,50**	443,83	443,83	IV	1 785,25	1 711,83	1 638,50	1 565,08	1 491,66	1 418,25
	VI	**2 371,75**	443,83	443,83							
7 349,99 West	I,IV	**1 849,58**	443,83	443,83	I	1 702,83	1 556,00	1 409,25	1 262,50	1 119,41	982,33
	II	**1 709,33**	443,83	443,83	II	1 562,58	1 415,75	1 269,00	1 125,58	988,25	857,00
	III	**1 231,00**	443,83	443,83	III	1 116,16	1 004,50	895,83	790,00	687,33	587,83
	V	**2 326,50**	443,83	443,83	IV	1 776,25	1 702,83	1 629,41	1 556,00	1 482,66	1 409,25
	VI	**2 362,75**	443,83	443,83							
7 349,99 Ost	I,IV	**1 859,91**	443,83	443,83	I	1 713,08	1 566,33	1 419,50	1 272,75	1 129,25	991,75
	II	**1 719,66**	443,83	443,83	II	1 572,83	1 426,08	1 279,25	1 135,50	997,75	866,00
	III	**1 239,16**	443,83	443,83	III	1 124,16	1 012,16	903,33	797,33	694,50	594,66
	V	**2 336,75**	443,83	443,83	IV	1 786,50	1 713,08	1 639,75	1 566,33	1 492,91	1 419,50
	VI	**2 373,00**	443,83	443,83							
7 352,99 West	I,IV	**1 850,91**	443,83	443,83	I	1 704,08	1 557,33	1 410,50	1 263,75	1 120,58	983,50
	II	**1 710,58**	443,83	443,83	II	1 563,83	1 417,00	1 270,25	1 126,83	989,41	858,08
	III	**1 232,00**	443,83	443,83	III	1 117,16	1 005,50	896,66	791,00	688,33	588,66
	V	**2 327,75**	443,83	443,83	IV	1 777,50	1 704,08	1 630,66	1 557,33	1 483,91	1 410,50
	VI	**2 364,00**	443,83	443,83							
7 352,99 Ost	I,IV	**1 861,16**	443,83	443,83	I	1 714,41	1 567,58	1 420,83	1 274,00	1 130,41	992,91
	II	**1 720,91**	443,83	443,83	II	1 574,08	1 427,33	1 280,50	1 136,66	998,83	867,16
	III	**1 240,16**	443,83	443,83	III	1 125,16	1 013,16	904,16	798,33	695,33	595,50
	V	**2 338,00**	443,83	443,83	IV	1 787,75	1 714,41	1 641,00	1 567,58	1 494,16	1 420,83
	VI	**2 374,33**	443,83	443,83							
7 355,99 West	I,IV	**1 852,16**	443,83	443,83	I	1 705,33	1 558,58	1 411,75	1 265,00	1 121,83	984,66
	II	**1 711,83**	443,83	443,83	II	1 565,08	1 418,25	1 271,50	1 128,00	990,58	859,25
	III	**1 233,00**	443,83	443,83	III	1 118,16	1 006,33	897,66	791,83	689,16	589,50
	V	**2 329,00**	443,83	443,83	IV	1 778,75	1 705,33	1 631,91	1 558,58	1 485,16	1 411,75
	VI	**2 365,25**	443,83	443,83							
7 355,99 Ost	I,IV	**1 862,41**	443,83	443,83	I	1 715,66	1 568,83	1 422,08	1 275,25	1 131,66	994,08
	II	**1 722,16**	443,83	443,83	II	1 575,33	1 428,58	1 281,75	1 137,91	1 000,00	868,25
	III	**1 241,16**	443,83	443,83	III	1 126,16	1 014,16	905,16	799,16	696,16	596,33
	V	**2 339,33**	443,83	443,83	IV	1 789,00	1 715,66	1 642,25	1 568,83	1 495,41	1 422,08
	VI	**2 375,58**	443,83	443,83							
7 358,99 West	I,IV	**1 853,41**	443,83	443,83	I	1 706,58	1 559,83	1 413,00	1 266,25	1 123,00	985,83
	II	**1 713,08**	443,83	443,83	II	1 566,33	1 419,50	1 272,75	1 129,25	991,75	860,33
	III	**1 234,00**	443,83	443,83	III	1 119,16	1 007,33	898,50	792,83	690,00	590,33
	V	**2 330,25**	443,83	443,83	IV	1 780,00	1 706,58	1 633,25	1 559,83	1 486,41	1 413,00
	VI	**2 366,50**	443,83	443,83							
7 358,99 Ost	I,IV	**1 863,66**	443,83	443,83	I	1 716,91	1 570,08	1 423,33	1 276,50	1 132,83	995,25
	II	**1 723,41**	443,83	443,83	II	1 576,58	1 429,83	1 283,00	1 139,08	1 001,16	869,33
	III	**1 242,16**	443,83	443,83	III	1 127,16	1 015,00	906,00	800,00	697,16	597,16
	V	**2 340,58**	443,83	443,83	IV	1 790,33	1 716,91	1 643,50	1 570,08	1 496,75	1 423,33
	VI	**2 376,83**	443,83	443,83							
7 361,99 West	I,IV	**1 854,66**	443,83	443,83	I	1 707,83	1 561,08	1 414,25	1 267,50	1 124,16	986,91
	II	**1 714,41**	443,83	443,83	II	1 567,58	1 420,83	1 274,00	1 130,41	992,91	861,41
	III	**1 235,00**	443,83	443,83	III	1 120,16	1 008,33	899,50	793,66	690,83	591,16
	V	**2 331,50**	443,83	443,83	IV	1 781,25	1 707,83	1 634,50	1 561,08	1 487,66	1 414,25
	VI	**2 367,75**	443,83	443,83							
7 361,99 Ost	I,IV	**1 864,91**	443,83	443,83	I	1 718,16	1 571,33	1 424,58	1 277,75	1 134,08	996,33
	II	**1 724,66**	443,83	443,83	II	1 577,91	1 431,08	1 284,33	1 140,33	1 002,33	870,41
	III	**1 243,16**	443,83	443,83	III	1 128,00	1 016,00	907,00	801,00	698,00	598,00
	V	**2 341,83**	443,83	443,83	IV	1 791,58	1 718,16	1 644,75	1 571,33	1 498,00	1 424,58
	VI	**2 378,08**	443,83	443,83							

* Zur LSt-Berechnung für privat versicherte Arbeitnehmer s. Beispiele **Vorbemerkung S. 4 f.**
** Basisvorsorgepauschale KV und PV *** Typisierter Arbeitgeberzuschuss

Lohn/ Gehalt in € bis	Steuerklasse	**Lohn-steuer***	BVSP**	TAGZ***	Steuerklasse	Bemessungsgrundlage für Kirchensteuer und Solidaritätszuschlag – Freibeträge für ... Kinder 0,5	**1,0**	1,5	**2,0**	2,5	**3,0**
7364,99	I,IV	**1855,91**	443,83	443,83	I	1709,16	1562,33	1415,58	1268,75	1125,41	988,08
West	II	**1715,66**	443,83	443,83	II	1568,83	1422,08	1275,25	1131,66	994,08	862,50
	III	**1236,00**	443,83	443,83	III	1121,16	1009,16	900,33	794,50	691,66	592,00
	V	**2332,75**	443,83	443,83	IV	1782,50	1709,16	1635,75	1562,33	1488,91	1415,58
	VI	**2369,08**	443,83	443,83							
7364,99	I,IV	**1866,25**	443,83	443,83	I	1719,41	1572,66	1425,83	1279,08	1135,25	997,50
Ost	II	**1725,91**	443,83	443,83	II	1579,16	1432,33	1285,58	1141,50	1003,50	871,58
	III	**1244,16**	443,83	443,83	III	1129,00	1017,00	907,83	801,83	698,83	598,83
	V	**2343,08**	443,83	443,83	IV	1792,83	1719,41	1646,00	1572,66	1499,25	1425,83
	VI	**2379,33**	443,83	443,83							
7367,99	I,IV	**1857,16**	443,83	443,83	I	1710,41	1563,58	1416,83	1270,00	1126,58	989,25
West	II	**1716,91**	443,83	443,83	II	1570,08	1423,33	1276,50	1132,83	995,25	863,66
	III	**1237,00**	443,83	443,83	III	1122,00	1010,16	901,33	795,50	692,66	592,83
	V	**2334,08**	443,83	443,83	IV	1783,75	1710,41	1637,00	1563,58	1490,16	1416,83
	VI	**2370,33**	443,83	443,83							
7367,99	I,IV	**1867,50**	443,83	443,83	I	1720,66	1573,91	1427,08	1280,33	1136,50	998,66
Ost	II	**1727,16**	443,83	443,83	II	1580,41	1433,58	1286,83	1142,75	1004,66	872,66
	III	**1245,16**	443,83	443,83	III	1130,00	1017,83	908,83	802,83	699,66	599,66
	V	**2344,33**	443,83	443,83	IV	1794,08	1720,66	1647,25	1573,91	1500,50	1427,08
	VI	**2380,58**	443,83	443,83							
7370,99	I,IV	**1858,41**	443,83	443,83	I	1711,66	1564,83	1418,08	1271,25	1127,83	990,41
West	II	**1718,16**	443,83	443,83	II	1571,33	1424,58	1277,75	1134,08	996,33	864,75
	III	**1238,00**	443,83	443,83	III	1123,00	1011,16	902,16	796,33	693,50	593,66
	V	**2335,33**	443,83	443,83	IV	1785,08	1711,66	1638,25	1564,83	1491,50	1418,08
	VI	**2371,58**	443,83	443,83							
7370,99	I,IV	**1868,75**	443,83	443,83	I	1721,91	1575,16	1428,33	1281,58	1137,66	999,83
Ost	II	**1728,41**	443,83	443,83	II	1581,66	1434,83	1288,08	1143,91	1005,83	873,75
	III	**1246,16**	443,83	443,83	III	1131,00	1018,83	909,66	803,66	700,66	600,50
	V	**2345,58**	443,83	443,83	IV	1795,33	1721,91	1648,58	1575,16	1501,75	1428,33
	VI	**2381,83**	443,83	443,83							
7373,99	I,IV	**1859,66**	443,83	443,83	I	1712,91	1566,08	1419,33	1272,50	1129,00	991,58
West	II	**1719,41**	443,83	443,83	II	1572,66	1425,83	1279,08	1135,25	997,50	865,83
	III	**1239,00**	443,83	443,83	III	1124,00	1012,00	903,16	797,16	694,33	594,50
	V	**2336,58**	443,83	443,83	IV	1786,33	1712,91	1639,50	1566,08	1492,75	1419,33
	VI	**2372,83**	443,83	443,83							
7373,99	I,IV	**1870,00**	443,83	443,83	I	1723,16	1576,41	1429,58	1282,83	1138,91	1001,00
Ost	II	**1729,75**	443,83	443,83	II	1582,91	1436,16	1289,33	1145,16	1007,00	874,91
	III	**1247,16**	443,83	443,83	III	1132,00	1019,83	910,66	804,50	701,50	601,33
	V	**2346,83**	443,83	443,83	IV	1796,58	1723,16	1649,83	1576,41	1503,00	1429,58
	VI	**2383,08**	443,83	443,83							
7376,99	I,IV	**1861,00**	443,83	443,83	I	1714,16	1567,41	1420,58	1273,83	1130,25	992,75
West	II	**1720,66**	443,83	443,83	II	1573,91	1427,08	1280,33	1136,50	998,66	866,91
	III	**1240,00**	443,83	443,83	III	1125,00	1013,00	904,00	798,16	695,16	595,33
	V	**2337,83**	443,83	443,83	IV	1787,58	1714,16	1640,75	1567,41	1494,00	1420,58
	VI	**2374,08**	443,83	443,83							
7376,99	I,IV	**1871,25**	443,83	443,83	I	1724,50	1577,66	1430,91	1284,08	1140,08	1002,16
Ost	II	**1731,00**	443,83	443,83	II	1584,16	1437,41	1290,58	1146,33	1008,16	876,00
	III	**1248,16**	443,83	443,83	III	1133,00	1020,83	911,66	805,50	702,33	602,33
	V	**2348,08**	443,83	443,83	IV	1797,83	1724,50	1651,08	1577,66	1504,25	1430,91
	VI	**2384,33**	443,83	443,83							
7379,99	I,IV	**1862,25**	443,83	443,83	I	1715,41	1568,66	1421,83	1275,08	1131,41	993,83
West	II	**1721,91**	443,83	443,83	II	1575,16	1428,33	1281,58	1137,66	999,83	868,08
	III	**1241,00**	443,83	443,83	III	1126,00	1014,00	905,00	799,00	696,16	596,16
	V	**2339,08**	443,83	443,83	IV	1788,83	1715,41	1642,00	1568,66	1495,25	1421,83
	VI	**2375,33**	443,83	443,83							
7379,99	I,IV	**1872,50**	443,83	443,83	I	1725,75	1578,91	1432,16	1285,33	1141,33	1003,33
Ost	II	**1732,25**	443,83	443,83	II	1585,41	1438,66	1291,83	1147,58	1009,33	877,08
	III	**1249,16**	443,83	443,83	III	1134,00	1021,66	912,50	806,33	703,16	603,16
	V	**2349,33**	443,83	443,83	IV	1799,08	1725,75	1652,33	1578,91	1505,50	1432,16
	VI	**2385,66**	443,83	443,83							

* Zur LSt-Berechnung für privat versicherte Arbeitnehmer s. Beispiele **Vorbemerkung S. 4f.**
** Basisvorsorgepauschale KV und PV *** Typisierter Arbeitgeberzuschuss

Lohn/ Gehalt in € bis	Steuerklasse	Lohn-steuer*	BVSP**	TAGZ***	Steuerklasse	Bemessungsgrundlage für Kirchensteuer und Solidaritätszuschlag – Freibeträge für ... Kinder 0,5	**1,0**	1,5	**2,0**	2,5	**3,0**
7 382,99	I,IV	**1 863,50**	443,83	443,83	I	1 716,66	1 569,91	1 423,08	1 276,33	1 132,66	995,00
West	II	**1 723,16**	443,83	443,83	II	1 576,41	1 429,58	1 282,83	1 138,91	1 001,00	869,16
	III	**1 242,00**	443,83	443,83	III	1 127,00	1 014,83	905,83	800,00	697,00	597,00
	V	**2 340,33**	443,83	443,83	IV	1 790,08	1 716,66	1 643,33	1 569,91	1 496,50	1 423,08
	VI	**2 376,58**	443,83	443,83							
7 382,99	I,IV	**1 873,75**	443,83	443,83	I	1 727,00	1 580,16	1 433,41	1 286,58	1 142,50	1 004,50
Ost	II	**1 733,50**	443,83	443,83	II	1 586,66	1 439,91	1 293,08	1 148,75	1 010,50	878,16
	III	**1 250,16**	443,83	443,83	III	1 134,83	1 022,66	913,50	807,33	704,16	604,00
	V	**2 350,66**	443,83	443,83	IV	1 800,33	1 727,00	1 653,58	1 580,16	1 506,83	1 433,41
	VI	**2 386,91**	443,83	443,83							
7 385,99	I,IV	**1 864,75**	443,83	443,83	I	1 717,91	1 571,16	1 424,33	1 277,58	1 133,83	996,16
West	II	**1 724,50**	443,83	443,83	II	1 577,66	1 430,91	1 284,08	1 140,08	1 002,16	870,25
	III	**1 243,00**	443,83	443,83	III	1 127,83	1 015,83	906,83	800,83	697,83	597,83
	V	**2 341,58**	443,83	443,83	IV	1 791,33	1 717,91	1 644,58	1 571,16	1 497,75	1 424,33
	VI	**2 377,83**	443,83	443,83							
7 385,99	I,IV	**1 875,00**	443,83	443,83	I	1 728,25	1 581,41	1 434,66	1 287,83	1 143,75	1 005,66
Ost	II	**1 734,75**	443,83	443,83	II	1 588,00	1 441,16	1 294,41	1 150,00	1 011,66	879,33
	III	**1 251,16**	443,83	443,83	III	1 135,83	1 023,66	914,33	808,16	705,00	604,83
	V	**2 351,91**	443,83	443,83	IV	1 801,66	1 728,25	1 654,83	1 581,41	1 508,08	1 434,66
	VI	**2 388,16**	443,83	443,83							
7 388,99	I,IV	**1 866,00**	443,83	443,83	I	1 719,25	1 572,41	1 425,66	1 278,83	1 135,08	997,33
West	II	**1 725,75**	443,83	443,83	II	1 578,91	1 432,16	1 285,33	1 141,33	1 003,33	871,33
	III	**1 244,00**	443,83	443,83	III	1 128,83	1 016,83	907,66	801,66	698,66	598,66
	V	**2 342,83**	443,83	443,83	IV	1 792,58	1 719,25	1 645,83	1 572,41	1 499,00	1 425,66
	VI	**2 379,08**	443,83	443,83							
7 388,99	I,IV	**1 876,25**	443,83	443,83	I	1 729,50	1 582,75	1 435,91	1 289,16	1 144,91	1 006,75
Ost	II	**1 736,00**	443,83	443,83	II	1 589,25	1 442,41	1 295,66	1 151,16	1 012,75	880,41
	III	**1 252,16**	443,83	443,83	III	1 136,83	1 024,50	915,33	809,00	705,83	605,66
	V	**2 353,16**	443,83	443,83	IV	1 802,91	1 729,50	1 656,08	1 582,75	1 509,33	1 435,91
	VI	**2 389,41**	443,83	443,83							
7 391,99	I,IV	**1 867,25**	443,83	443,83	I	1 720,50	1 573,66	1 426,91	1 280,08	1 136,25	998,50
West	II	**1 727,00**	443,83	443,83	II	1 580,16	1 433,41	1 286,58	1 142,50	1 004,50	872,50
	III	**1 245,00**	443,83	443,83	III	1 129,83	1 017,83	908,66	802,66	699,50	599,50
	V	**2 344,08**	443,83	443,83	IV	1 793,83	1 720,50	1 647,08	1 573,66	1 500,25	1 426,91
	VI	**2 380,41**	443,83	443,83							
7 391,99	I,IV	**1 877,58**	443,83	443,83	I	1 730,75	1 584,00	1 437,16	1 290,41	1 146,16	1 007,91
Ost	II	**1 737,25**	443,83	443,83	II	1 590,50	1 443,66	1 296,91	1 152,41	1 013,91	881,50
	III	**1 253,16**	443,83	443,83	III	1 137,83	1 025,50	916,16	810,00	706,66	606,50
	V	**2 354,41**	443,83	443,83	IV	1 804,16	1 730,75	1 657,33	1 584,00	1 510,58	1 437,16
	VI	**2 390,66**	443,83	443,83							
7 394,99	I,IV	**1 868,50**	443,83	443,83	I	1 721,75	1 574,91	1 428,16	1 281,33	1 137,50	999,66
West	II	**1 728,25**	443,83	443,83	II	1 581,41	1 434,66	1 287,83	1 143,75	1 005,66	873,58
	III	**1 246,00**	443,83	443,83	III	1 130,83	1 018,66	909,66	803,50	700,50	600,50
	V	**2 345,41**	443,83	443,83	IV	1 795,08	1 721,75	1 648,33	1 574,91	1 501,58	1 428,16
	VI	**2 381,66**	443,83	443,83							
7 394,99	I,IV	**1 878,83**	443,83	443,83	I	1 732,00	1 585,25	1 438,41	1 291,66	1 147,33	1 009,08
Ost	II	**1 738,50**	443,83	443,83	II	1 591,75	1 444,91	1 298,16	1 153,66	1 015,08	882,66
	III	**1 254,16**	443,83	443,83	III	1 138,83	1 026,50	917,16	810,83	707,50	607,33
	V	**2 355,66**	443,83	443,83	IV	1 805,41	1 732,00	1 658,58	1 585,25	1 511,83	1 438,41
	VI	**2 391,91**	443,83	443,83							
7 397,99	I,IV	**1 869,75**	443,83	443,83	I	1 723,00	1 576,16	1 429,41	1 282,58	1 138,66	1 000,83
West	II	**1 729,50**	443,83	443,83	II	1 582,75	1 435,91	1 289,16	1 144,91	1 006,75	874,66
	III	**1 247,00**	443,83	443,83	III	1 131,83	1 019,66	910,50	804,33	701,33	601,33
	V	**2 346,66**	443,83	443,83	IV	1 796,41	1 723,00	1 649,58	1 576,16	1 502,83	1 429,41
	VI	**2 382,91**	443,83	443,83							
7 397,99	I,IV	**1 880,08**	443,83	443,83	I	1 733,25	1 586,50	1 439,66	1 292,91	1 148,58	1 010,25
Ost	II	**1 739,75**	443,83	443,83	II	1 593,00	1 446,25	1 299,41	1 154,83	1 016,25	883,75
	III	**1 255,16**	443,83	443,83	III	1 139,83	1 027,50	918,00	811,66	708,50	608,16
	V	**2 356,91**	443,83	443,83	IV	1 806,66	1 733,25	1 659,91	1 586,50	1 513,08	1 439,66
	VI	**2 393,16**	443,83	443,83							

* Zur LSt-Berechnung für privat versicherte Arbeitnehmer s. Beispiele **Vorbemerkung S. 4f.**
** Basisvorsorgepauschale KV und PV *** Typisierter Arbeitgeberzuschuss

Lohn/ Gehalt in € bis	Steuerklasse	Lohn- steuer*	BVSP**	TAGZ***	Steuerklasse	Bemessungsgrundlage für Kirchensteuer und Solidaritätszuschlag – Freibeträge für ... Kinder 0,5	**1,0**	1,5	**2,0**	2,5	**3,0**
7400,99	I,IV	**1871,00**	443,83	443,83	I	1724,25	1577,50	1430,66	1283,91	1139,91	1002,00
West	II	**1730,75**	443,83	443,83	II	1584,00	1437,16	1290,41	1146,16	1007,91	875,83
	III	**1248,00**	443,83	443,83	III	1132,83	1020,66	911,50	805,33	702,16	602,16
	V	**2347,91**	443,83	443,83	IV	1797,66	1724,25	1650,83	1577,50	1504,08	1430,66
	VI	**2384,16**	443,83	443,83							
7400,99	I,IV	**1881,33**	443,83	443,83	I	1734,50	1587,75	1441,00	1294,16	1149,75	1011,41
Ost	II	**1741,08**	443,83	443,83	II	1594,25	1447,50	1300,66	1156,08	1017,41	884,83
	III	**1256,16**	443,83	443,83	III	1140,83	1028,33	919,00	812,66	709,33	609,00
	V	**2358,16**	443,83	443,83	IV	1807,91	1734,50	1661,16	1587,75	1514,33	1441,00
	VI	**2394,41**	443,83	443,83							
7403,99	I,IV	**1872,33**	443,83	443,83	I	1725,50	1578,75	1431,91	1285,16	1141,08	1003,08
West	II	**1732,00**	443,83	443,83	II	1585,25	1438,41	1291,66	1147,33	1009,08	876,91
	III	**1249,00**	443,83	443,83	III	1133,83	1021,50	912,33	806,16	703,00	603,00
	V	**2349,16**	443,83	443,83	IV	1798,91	1725,50	1652,08	1578,75	1505,33	1431,91
	VI	**2385,41**	443,83	443,83							
7403,99	I,IV	**1882,58**	443,83	443,83	I	1735,83	1589,00	1442,25	1295,41	1151,00	1012,58
Ost	II	**1742,33**	443,83	443,83	II	1595,50	1448,75	1301,91	1157,25	1018,58	886,00
	III	**1257,16**	443,83	443,83	III	1141,66	1029,33	920,00	813,50	710,16	609,83
	V	**2359,41**	443,83	443,83	IV	1809,16	1735,83	1662,41	1589,00	1515,58	1442,25
	VI	**2395,75**	443,83	443,83							
7406,99	I,IV	**1873,58**	443,83	443,83	I	1726,75	1580,00	1433,16	1286,41	1142,33	1004,25
West	II	**1733,25**	443,83	443,83	II	1586,50	1439,66	1292,91	1148,58	1010,25	878,00
	III	**1250,00**	443,83	443,83	III	1134,66	1022,50	913,33	807,16	704,00	603,83
	V	**2350,41**	443,83	443,83	IV	1800,16	1726,75	1653,33	1580,00	1506,58	1433,16
	VI	**2386,66**	443,83	443,83							
7406,99	I,IV	**1883,83**	443,83	443,83	I	1737,08	1590,25	1443,50	1296,66	1152,25	1013,75
Ost	II	**1743,58**	443,83	443,83	II	1596,75	1450,00	1303,16	1158,50	1019,75	887,08
	III	**1258,16**	443,83	443,83	III	1142,66	1030,33	920,83	814,50	711,00	610,66
	V	**2360,75**	443,83	443,83	IV	1810,41	1737,08	1663,66	1590,25	1516,83	1443,50
	VI	**2397,00**	443,83	443,83							
7409,99	I,IV	**1874,83**	443,83	443,83	I	1728,00	1581,25	1434,41	1287,66	1143,50	1005,41
West	II	**1734,50**	443,83	443,83	II	1587,75	1441,00	1294,16	1149,75	1011,41	879,16
	III	**1251,00**	443,83	443,83	III	1135,66	1023,50	914,16	808,00	704,83	604,66
	V	**2351,66**	443,83	443,83	IV	1801,41	1728,00	1654,66	1581,25	1507,83	1434,41
	VI	**2387,91**	443,83	443,83							
7409,99	I,IV	**1885,08**	443,83	443,83	I	1738,33	1591,50	1444,75	1297,91	1153,41	1014,91
Ost	II	**1744,83**	443,83	443,83	II	1598,00	1451,25	1304,50	1159,75	1020,91	888,16
	III	**1259,16**	443,83	443,83	III	1143,66	1031,16	921,83	815,33	712,00	611,50
	V	**2362,00**	443,83	443,83	IV	1811,75	1738,33	1664,91	1591,50	1518,16	1444,75
	VI	**2398,25**	443,83	443,83							
7412,99	I,IV	**1876,08**	443,83	443,83	I	1729,25	1582,50	1435,75	1288,91	1144,75	1006,58
West	II	**1735,83**	443,83	443,83	II	1589,00	1442,25	1295,41	1151,00	1012,58	880,25
	III	**1252,00**	443,83	443,83	III	1136,66	1024,33	915,16	808,83	705,66	605,50
	V	**2352,91**	443,83	443,83	IV	1802,66	1729,25	1655,91	1582,50	1509,08	1435,75
	VI	**2389,16**	443,83	443,83							
7412,99	I,IV	**1886,33**	443,83	443,83	I	1739,58	1592,75	1446,00	1299,25	1154,66	1016,08
Ost	II	**1746,08**	443,83	443,83	II	1599,33	1452,50	1305,75	1160,91	1022,08	889,33
	III	**1260,16**	443,83	443,83	III	1144,66	1032,16	922,66	816,16	712,83	612,50
	V	**2363,25**	443,83	443,83	IV	1813,00	1739,58	1666,16	1592,75	1519,41	1446,00
	VI	**2399,50**	443,83	443,83							
7415,99	I,IV	**1877,33**	443,83	443,83	I	1730,58	1583,75	1437,00	1290,16	1145,91	1007,75
West	II	**1737,08**	443,83	443,83	II	1590,25	1443,50	1296,66	1152,25	1013,75	881,33
	III	**1253,00**	443,83	443,83	III	1137,66	1025,33	916,00	809,83	706,50	606,33
	V	**2354,16**	443,83	443,83	IV	1803,91	1730,58	1657,16	1583,75	1510,33	1437,00
	VI	**2390,50**	443,83	443,83							
7415,99	I,IV	**1887,66**	443,83	443,83	I	1740,83	1594,08	1447,25	1300,50	1155,83	1017,25
Ost	II	**1747,33**	443,83	443,83	II	1600,58	1453,75	1307,00	1162,16	1023,25	890,41
	III	**1261,16**	443,83	443,83	III	1145,66	1033,16	923,66	817,16	713,66	613,33
	V	**2364,50**	443,83	443,83	IV	1814,25	1740,83	1667,41	1594,08	1520,66	1447,25
	VI	**2400,75**	443,83	443,83							

* Zur LSt-Berechnung für privat versicherte Arbeitnehmer s. Beispiele **Vorbemerkung S. 4 f.**
** Basisvorsorgepauschale KV und PV *** Typisierter Arbeitgeberzuschuss

Lohn/ Gehalt in € bis	Steuerklasse	Lohn-steuer*	BVSP**	TAGZ***	Steuerklasse	Bemessungsgrundlage für Kirchensteuer und Solidaritätszuschlag					
						Freibeträge für ... Kinder					
						0,5	**1,0**	1,5	**2,0**	2,5	**3,0**
7418,99	I,IV	**1878,58**	443,83	443,83	I	1731,83	1585,00	1438,25	1291,41	1147,16	1008,91
West	II	**1738,33**	443,83	443,83	II	1591,50	1444,75	1297,91	1153,41	1014,91	882,50
	III	**1254,00**	443,83	443,83	III	1138,66	1026,33	917,00	810,66	707,50	607,16
	V	**2355,50**	443,83	443,83	IV	1805,16	1731,83	1658,41	1585,00	1511,58	1438,25
	VI	**2391,75**	443,83	443,83							
7418,99	I,IV	**1888,91**	443,83	443,83	I	1742,08	1595,33	1448,50	1301,75	1157,08	1018,41
Ost	II	**1748,58**	443,83	443,83	II	1601,83	1455,00	1308,25	1163,33	1024,41	891,58
	III	**1262,16**	443,83	443,83	III	1146,66	1034,16	924,50	818,00	714,50	614,16
	V	**2365,75**	443,83	443,83	IV	1815,50	1742,08	1668,66	1595,33	1521,91	1448,50
	VI	**2402,00**	443,83	443,83							
7421,99	I,IV	**1879,83**	443,83	443,83	I	1733,08	1586,25	1439,50	1292,66	1148,33	1010,08
West	II	**1739,58**	443,83	443,83	II	1592,75	1446,00	1299,25	1154,66	1016,08	883,58
	III	**1255,00**	443,83	443,83	III	1139,66	1027,33	917,83	811,66	708,33	608,00
	V	**2356,75**	443,83	443,83	IV	1806,50	1733,08	1659,66	1586,25	1512,91	1439,50
	VI	**2393,00**	443,83	443,83							
7421,99	I,IV	**1890,16**	443,83	443,83	I	1743,33	1596,58	1449,75	1303,00	1158,33	1019,58
Ost	II	**1749,83**	443,83	443,83	II	1603,08	1456,25	1309,50	1164,58	1025,58	892,66
	III	**1263,16**	443,83	443,83	III	1147,66	1035,00	925,50	819,00	715,50	615,00
	V	**2367,00**	443,83	443,83	IV	1816,75	1743,33	1670,00	1596,58	1523,16	1449,75
	VI	**2403,25**	443,83	443,83							
7424,99	I,IV	**1881,08**	443,83	443,83	I	1734,33	1587,50	1440,75	1294,00	1149,58	1011,25
West	II	**1740,83**	443,83	443,83	II	1594,08	1447,25	1300,50	1155,83	1017,25	884,66
	III	**1256,00**	443,83	443,83	III	1140,66	1028,16	918,83	812,50	709,16	608,83
	V	**2358,00**	443,83	443,83	IV	1807,75	1734,33	1660,91	1587,50	1514,16	1440,75
	VI	**2394,25**	443,83	443,83							
7424,99	I,IV	**1891,41**	443,83	443,83	I	1744,58	1597,83	1451,00	1304,25	1159,50	1020,75
Ost	II	**1751,16**	443,83	443,83	II	1604,33	1457,58	1310,75	1165,83	1026,75	893,75
	III	**1264,16**	443,83	443,83	III	1148,66	1036,00	926,33	819,83	716,33	615,83
	V	**2368,25**	443,83	443,83	IV	1818,00	1744,58	1671,25	1597,83	1524,41	1451,00
	VI	**2404,50**	443,83	443,83							
7427,99	I,IV	**1882,41**	443,83	443,83	I	1735,58	1588,83	1442,00	1295,25	1150,83	1012,41
West	II	**1742,08**	443,83	443,83	II	1595,33	1448,50	1301,75	1157,08	1018,41	885,83
	III	**1257,00**	443,83	443,83	III	1141,66	1029,16	919,83	813,33	710,00	609,66
	V	**2359,25**	443,83	443,83	IV	1809,00	1735,58	1662,16	1588,83	1515,41	1442,00
	VI	**2395,50**	443,83	443,83							
7427,99	I,IV	**1892,66**	443,83	443,83	I	1745,91	1599,08	1452,33	1305,50	1160,75	1021,91
Ost	II	**1752,41**	443,83	443,83	II	1605,58	1458,83	1312,00	1167,00	1027,91	894,91
	III	**1265,16**	443,83	443,83	III	1149,50	1037,00	927,33	820,83	717,16	616,66
	V	**2369,50**	443,83	443,83	IV	1819,25	1745,91	1672,50	1599,08	1525,66	1452,33
	VI	**2405,83**	443,83	443,83							
7430,99	I,IV	**1883,66**	443,83	443,83	I	1736,83	1590,08	1443,25	1296,50	1152,00	1013,58
West	II	**1743,33**	443,83	443,83	II	1596,58	1449,75	1303,00	1158,33	1019,58	886,91
	III	**1258,00**	443,83	443,83	III	1142,50	1030,16	920,66	814,33	711,00	610,66
	V	**2360,50**	443,83	443,83	IV	1810,25	1736,83	1663,41	1590,08	1516,66	1443,25
	VI	**2396,75**	443,83	443,83							
7430,99	I,IV	**1893,91**	443,83	443,83	I	1747,16	1600,33	1453,58	1306,75	1161,91	1023,08
Ost	II	**1753,66**	443,83	443,83	II	1606,83	1460,08	1313,25	1168,25	1029,08	896,00
	III	**1266,16**	443,83	443,83	III	1150,50	1037,83	928,33	821,66	718,00	617,50
	V	**2370,83**	443,83	443,83	IV	1820,50	1747,16	1673,75	1600,33	1526,91	1453,58
	VI	**2407,08**	443,83	443,83							
7433,99	I,IV	**1884,91**	443,83	443,83	I	1738,08	1591,33	1444,50	1297,75	1153,25	1014,75
West	II	**1744,58**	443,83	443,83	II	1597,83	1451,00	1304,25	1159,50	1020,75	888,00
	III	**1259,00**	443,83	443,83	III	1143,50	1031,00	921,66	815,16	711,83	611,50
	V	**2361,75**	443,83	443,83	IV	1811,50	1738,08	1664,75	1591,33	1517,91	1444,50
	VI	**2398,00**	443,83	443,83							
7433,99	I,IV	**1895,16**	443,83	443,83	I	1748,41	1601,58	1454,83	1308,00	1163,16	1024,25
Ost	II	**1754,91**	443,83	443,83	II	1608,08	1461,33	1314,50	1169,50	1030,25	897,16
	III	**1267,16**	443,83	443,83	III	1151,50	1038,83	929,16	822,50	719,00	618,33
	V	**2372,08**	443,83	443,83	IV	1821,83	1748,41	1675,00	1601,58	1528,25	1454,83
	VI	**2408,33**	443,83	443,83							

* Zur LSt-Berechnung für privat versicherte Arbeitnehmer s. Beispiele **Vorbemerkung S. 4f.**
** Basisvorsorgepauschale KV und PV *** Typisierter Arbeitgeberzuschuss

Lohn/ Gehalt in € bis	Steuerklasse	Lohn-steuer*	BVSP**	TAGZ***	Steuerklasse	Bemessungsgrundlage für Kirchensteuer und Solidaritätszuschlag – Freibeträge für ... Kinder 0,5	1,0	1,5	2,0	2,5	3,0
7436,99	I,IV	**1886,16**	443,83	443,83	I	1739,33	1592,58	1445,75	1299,00	1154,41	1015,91
West	II	**1745,91**	443,83	443,83	II	1599,08	1452,33	1305,50	1160,75	1021,91	889,16
	III	**1260,00**	443,83	443,83	III	1144,50	1032,00	922,50	816,16	712,66	612,33
	V	**2363,00**	443,83	443,83	IV	1812,75	1739,33	1666,00	1592,58	1519,16	1445,75
	VI	**2399,25**	443,83	443,83							
7436,99	I,IV	**1896,41**	443,83	443,83	I	1749,66	1602,83	1456,08	1309,25	1164,41	1025,41
Ost	II	**1756,16**	443,83	443,83	II	1609,41	1462,58	1315,83	1170,66	1031,41	898,25
	III	**1268,33**	443,83	443,83	III	1152,50	1039,83	930,16	823,50	719,83	619,16
	V	**2373,33**	443,83	443,83	IV	1823,08	1749,66	1676,25	1602,83	1529,50	1456,08
	VI	**2409,58**	443,83	443,83							
7439,99	I,IV	**1887,41**	443,83	443,83	I	1740,66	1593,83	1447,08	1300,25	1155,66	1017,08
West	II	**1747,16**	443,83	443,83	II	1600,33	1453,58	1306,75	1161,91	1023,08	890,25
	III	**1261,00**	443,83	443,83	III	1145,50	1033,00	923,50	817,00	713,50	613,16
	V	**2364,25**	443,83	443,83	IV	1814,00	1740,66	1667,25	1593,83	1520,41	1447,08
	VI	**2400,58**	443,83	443,83							
7439,99	I,IV	**1897,75**	443,83	443,83	I	1750,91	1604,16	1457,33	1310,58	1165,58	1026,58
Ost	II	**1757,41**	443,83	443,83	II	1610,66	1463,83	1317,08	1171,91	1032,58	899,33
	III	**1269,33**	443,83	443,83	III	1153,50	1040,83	931,00	824,33	720,66	620,00
	V	**2374,58**	443,83	443,83	IV	1824,33	1750,91	1677,50	1604,16	1530,75	1457,33
	VI	**2410,83**	443,83	443,83							
7442,99	I,IV	**1888,66**	443,83	443,83	I	1741,91	1595,08	1448,33	1301,50	1156,91	1018,25
West	II	**1748,41**	443,83	443,83	II	1601,58	1454,83	1308,00	1163,16	1024,25	891,33
	III	**1262,00**	443,83	443,83	III	1146,50	1034,00	924,33	817,83	714,50	614,00
	V	**2365,58**	443,83	443,83	IV	1815,25	1741,91	1668,50	1595,08	1521,66	1448,33
	VI	**2401,83**	443,83	443,83							
7442,99	I,IV	**1899,00**	443,83	443,83	I	1752,16	1605,41	1458,58	1311,83	1166,83	1027,75
Ost	II	**1758,66**	443,83	443,83	II	1611,91	1465,08	1318,33	1173,16	1033,75	900,50
	III	**1270,33**	443,83	443,83	III	1154,50	1041,66	932,00	825,33	721,50	621,00
	V	**2375,83**	443,83	443,83	IV	1825,58	1752,16	1678,75	1605,41	1532,00	1458,58
	VI	**2412,08**	443,83	443,83							
7445,99	I,IV	**1889,91**	443,83	443,83	I	1743,16	1596,33	1449,58	1302,75	1158,08	1019,41
West	II	**1749,66**	443,83	443,83	II	1602,83	1456,08	1309,25	1164,41	1025,41	892,50
	III	**1263,00**	443,83	443,83	III	1147,50	1034,83	925,33	818,83	715,33	614,83
	V	**2366,83**	443,83	443,83	IV	1816,58	1743,16	1669,75	1596,33	1523,00	1449,58
	VI	**2403,08**	443,83	443,83							
7445,99	I,IV	**1900,25**	443,83	443,83	I	1753,41	1606,66	1459,83	1313,08	1168,08	1028,91
Ost	II	**1759,91**	443,83	443,83	II	1613,16	1466,33	1319,58	1174,33	1034,91	901,58
	III	**1271,33**	443,83	443,83	III	1155,50	1042,66	932,83	826,16	722,50	621,83
	V	**2377,08**	443,83	443,83	IV	1826,83	1753,41	1680,08	1606,66	1533,25	1459,83
	VI	**2413,33**	443,83	443,83							
7448,99	I,IV	**1891,16**	443,83	443,83	I	1744,41	1597,58	1450,83	1304,00	1159,33	1020,58
West	II	**1750,91**	443,83	443,83	II	1604,16	1457,33	1310,58	1165,58	1026,58	893,58
	III	**1264,00**	443,83	443,83	III	1148,50	1035,83	926,33	819,66	716,16	615,66
	V	**2368,08**	443,83	443,83	IV	1817,83	1744,41	1671,00	1597,58	1524,25	1450,83
	VI	**2404,33**	443,83	443,83							
7448,99	I,IV	**1901,50**	443,83	443,83	I	1754,66	1607,91	1461,08	1314,33	1169,25	1030,08
Ost	II	**1761,25**	443,83	443,83	II	1614,41	1467,66	1320,83	1175,58	1036,08	902,75
	III	**1272,33**	443,83	443,83	III	1156,50	1043,66	933,83	827,00	723,33	622,66
	V	**2378,33**	443,83	443,83	IV	1828,08	1754,66	1681,33	1607,91	1534,50	1461,08
	VI	**2414,58**	443,83	443,83							
7451,99	I,IV	**1892,50**	443,83	443,83	I	1745,66	1598,91	1452,08	1305,33	1160,50	1021,75
West	II	**1752,16**	443,83	443,83	II	1605,41	1458,58	1311,83	1166,83	1027,75	894,66
	III	**1265,00**	443,83	443,83	III	1149,33	1036,83	927,16	820,66	717,00	616,50
	V	**2369,33**	443,83	443,83	IV	1819,08	1745,66	1672,25	1598,91	1525,50	1452,08
	VI	**2405,58**	443,83	443,83							
7451,99	I,IV	**1902,75**	443,83	443,83	I	1756,00	1609,16	1462,41	1315,58	1170,50	1031,25
Ost	II	**1762,50**	443,83	443,83	II	1615,66	1468,91	1322,08	1176,83	1037,25	903,83
	III	**1273,33**	443,83	443,83	III	1157,50	1044,50	934,83	828,00	724,16	623,50
	V	**2379,58**	443,83	443,83	IV	1829,33	1756,00	1682,58	1609,16	1535,75	1462,41
	VI	**2415,83**	443,83	443,83							

* Zur LSt-Berechnung für privat versicherte Arbeitnehmer s. Beispiele **Vorbemerkung S. 4f.**
** Basisvorsorgepauschale KV und PV *** Typisierter Arbeitgeberzuschuss

Lohn/ Gehalt in € bis	Steuerklasse	Lohn-steuer*	BVSP**	TAGZ***	Steuerklasse	Bemessungsgrundlage für Kirchensteuer und Solidaritätszuschlag – Freibeträge für ... Kinder 0,5	1,0	1,5	2,0	2,5	3,0
7 454,99 West	I,IV	**1 893,75**	443,83	443,83	I	1 746,91	1 600,16	1 453,33	1 306,58	1 161,75	1 022,91
	II	**1 753,41**	443,83	443,83	II	1 606,66	1 459,83	1 313,08	1 168,08	1 028,91	895,83
	III	**1 266,00**	443,83	443,83	III	1 150,33	1 037,66	928,16	821,50	718,00	617,33
	V	**2 370,58**	443,83	443,83	IV	1 820,33	1 746,91	1 673,50	1 600,16	1 526,75	1 453,33
	VI	**2 406,83**	443,83	443,83							
7 454,99 Ost	I,IV	**1 904,00**	443,83	443,83	I	1 757,25	1 610,41	1 463,66	1 316,83	1 171,66	1 032,41
	II	**1 763,75**	443,83	443,83	II	1 616,91	1 470,16	1 323,33	1 178,00	1 038,50	904,91
	III	**1 274,33**	443,83	443,83	III	1 158,33	1 045,50	935,66	828,83	725,16	624,33
	V	**2 380,83**	443,83	443,83	IV	1 830,58	1 757,25	1 683,83	1 610,41	1 537,00	1 463,66
	VI	**2 417,16**	443,83	443,83							
7 457,99 West	I,IV	**1 895,00**	443,83	443,83	I	1 748,16	1 601,41	1 454,58	1 307,83	1 163,00	1 024,08
	II	**1 754,66**	443,83	443,83	II	1 607,91	1 461,08	1 314,33	1 169,25	1 030,08	896,91
	III	**1 267,00**	443,83	443,83	III	1 151,33	1 038,66	929,00	822,33	718,83	618,16
	V	**2 371,83**	443,83	443,83	IV	1 821,58	1 748,16	1 674,83	1 601,41	1 528,00	1 454,58
	VI	**2 408,08**	443,83	443,83							
7 457,99 Ost	I,IV	**1 905,25**	443,83	443,83	I	1 758,50	1 611,66	1 464,91	1 318,08	1 172,91	1 033,58
	II	**1 765,00**	443,83	443,83	II	1 618,16	1 471,41	1 324,58	1 179,25	1 039,66	906,08
	III	**1 275,33**	443,83	443,83	III	1 159,33	1 046,50	936,66	829,83	726,00	625,16
	V	**2 382,16**	443,83	443,83	IV	1 831,83	1 758,50	1 685,08	1 611,66	1 538,33	1 464,91
	VI	**2 418,41**	443,83	443,83							
7 460,99 West	I,IV	**1 896,25**	443,83	443,83	I	1 749,41	1 602,66	1 455,83	1 309,08	1 164,16	1 025,25
	II	**1 756,00**	443,83	443,83	II	1 609,16	1 462,41	1 315,58	1 170,50	1 031,25	898,08
	III	**1 268,16**	443,83	443,83	III	1 152,33	1 039,66	930,00	823,33	719,66	619,00
	V	**2 373,08**	443,83	443,83	IV	1 822,83	1 749,41	1 676,08	1 602,66	1 529,25	1 455,83
	VI	**2 409,33**	443,83	443,83							
7 460,99 Ost	I,IV	**1 906,50**	443,83	443,83	I	1 759,75	1 612,91	1 466,16	1 319,33	1 174,16	1 034,75
	II	**1 766,25**	443,83	443,83	II	1 619,50	1 472,66	1 325,91	1 180,50	1 040,83	907,16
	III	**1 276,33**	443,83	443,83	III	1 160,33	1 047,50	937,50	830,66	726,83	626,00
	V	**2 383,41**	443,83	443,83	IV	1 833,16	1 759,75	1 686,33	1 612,91	1 539,58	1 466,16
	VI	**2 419,66**	443,83	443,83							
7 463,99 West	I,IV	**1 897,50**	443,83	443,83	I	1 750,75	1 603,91	1 457,16	1 310,33	1 165,41	1 026,41
	II	**1 757,25**	443,83	443,83	II	1 610,41	1 463,66	1 316,83	1 171,66	1 032,41	899,16
	III	**1 269,16**	443,83	443,83	III	1 153,33	1 040,66	930,83	824,16	720,50	620,00
	V	**2 374,33**	443,83	443,83	IV	1 824,08	1 750,75	1 677,33	1 603,91	1 530,50	1 457,16
	VI	**2 410,58**	443,83	443,83							
7 463,99 Ost	I,IV	**1 907,75**	443,83	443,83	I	1 761,00	1 614,25	1 467,41	1 320,66	1 175,33	1 035,91
	II	**1 767,50**	443,83	443,83	II	1 620,75	1 473,91	1 327,16	1 181,66	1 042,00	908,33
	III	**1 277,33**	443,83	443,83	III	1 161,33	1 048,33	938,50	831,66	727,66	626,83
	V	**2 384,66**	443,83	443,83	IV	1 834,41	1 761,00	1 687,58	1 614,25	1 540,83	1 467,41
	VI	**2 420,91**	443,83	443,83							
7 466,99 West	I,IV	**1 898,75**	443,83	443,83	I	1 752,00	1 605,16	1 458,41	1 311,58	1 166,58	1 027,58
	II	**1 758,50**	443,83	443,83	II	1 611,66	1 464,91	1 318,08	1 172,91	1 033,58	900,33
	III	**1 270,16**	443,83	443,83	III	1 154,33	1 041,50	931,83	825,16	721,50	620,83
	V	**2 375,58**	443,83	443,83	IV	1 825,33	1 752,00	1 678,58	1 605,16	1 531,75	1 458,41
	VI	**2 411,91**	443,83	443,83							
7 466,99 Ost	I,IV	**1 909,08**	443,83	443,83	I	1 762,25	1 615,50	1 468,66	1 321,91	1 176,58	1 037,08
	II	**1 768,75**	443,83	443,83	II	1 622,00	1 475,16	1 328,41	1 182,91	1 043,16	909,41
	III	**1 278,33**	443,83	443,83	III	1 162,33	1 049,33	939,50	832,50	728,66	627,66
	V	**2 385,91**	443,83	443,83	IV	1 835,66	1 762,25	1 688,83	1 615,50	1 542,08	1 468,66
	VI	**2 422,16**	443,83	443,83							
7 469,99 West	I,IV	**1 900,00**	443,83	443,83	I	1 753,25	1 606,41	1 459,66	1 312,83	1 167,83	1 028,75
	II	**1 759,75**	443,83	443,83	II	1 612,91	1 466,16	1 319,33	1 174,16	1 034,75	901,41
	III	**1 271,16**	443,83	443,83	III	1 155,33	1 042,50	932,83	826,00	722,33	621,66
	V	**2 376,91**	443,83	443,83	IV	1 826,58	1 753,25	1 679,83	1 606,41	1 533,08	1 459,66
	VI	**2 413,16**	443,83	443,83							
7 469,99 Ost	I,IV	**1 910,33**	443,83	443,83	I	1 763,50	1 616,75	1 469,91	1 323,16	1 177,83	1 038,25
	II	**1 770,00**	443,83	443,83	II	1 623,25	1 476,41	1 329,66	1 184,16	1 044,33	910,58
	III	**1 279,33**	443,83	443,83	III	1 163,33	1 050,33	940,33	833,33	729,50	628,66
	V	**2 387,16**	443,83	443,83	IV	1 836,91	1 763,50	1 690,08	1 616,75	1 543,33	1 469,91
	VI	**2 423,41**	443,83	443,83							

* Zur LSt-Berechnung für privat versicherte Arbeitnehmer s. Beispiele **Vorbemerkung S. 4 f.**
** Basisvorsorgepauschale KV und PV *** Typisierter Arbeitgeberzuschuss

Lohn/ Gehalt in € bis	Steuerklasse	**Lohn-steuer***	BVSP**	TAGZ***	Steuerklasse	Bemessungsgrundlage für Kirchensteuer und Solidaritätszuschlag – Freibeträge für ... Kinder 0,5	**1,0**	1,5	**2,0**	2,5	**3,0**
7472,99	I,IV	**1901,25**	443,83	443,83	I	1754,50	1607,66	1460,91	1314,08	1169,08	1029,91
West	II	**1761,00**	443,83	443,83	II	1614,25	1467,41	1320,66	1175,33	1035,91	902,50
	III	**1272,16**	443,83	443,83	III	1156,33	1043,50	933,66	827,00	723,16	622,50
	V	**2378,16**	443,83	443,83	IV	1827,91	1754,50	1681,08	1607,66	1534,33	1460,91
	VI	**2414,41**	443,83	443,83							
7472,99	I,IV	**1911,58**	443,83	443,83	I	1764,75	1618,00	1471,16	1324,41	1179,08	1039,41
Ost	II	**1771,25**	443,83	443,83	II	1624,50	1477,75	1330,91	1185,33	1045,50	911,66
	III	**1280,33**	443,83	443,83	III	1164,33	1051,33	941,33	834,33	730,33	629,50
	V	**2388,41**	443,83	443,83	IV	1838,16	1764,75	1691,41	1618,00	1544,58	1471,16
	VI	**2424,66**	443,83	443,83							
7475,99	I,IV	**1902,50**	443,83	443,83	I	1755,75	1609,00	1462,16	1315,41	1170,25	1031,08
West	II	**1762,25**	443,83	443,83	II	1615,50	1468,66	1321,91	1176,58	1037,08	903,66
	III	**1273,16**	443,83	443,83	III	1157,33	1044,50	934,66	827,83	724,00	623,33
	V	**2379,41**	443,83	443,83	IV	1829,16	1755,75	1682,33	1609,00	1535,58	1462,16
	VI	**2415,66**	443,83	443,83							
7475,99	I,IV	**1912,83**	443,83	443,83	I	1766,00	1619,25	1472,50	1325,66	1180,25	1040,58
Ost	II	**1772,58**	443,83	443,83	II	1625,75	1479,00	1332,16	1186,58	1046,66	912,83
	III	**1281,33**	443,83	443,83	III	1165,33	1052,16	942,16	835,16	731,16	630,33
	V	**2389,66**	443,83	443,83	IV	1839,41	1766,00	1692,66	1619,25	1545,83	1472,50
	VI	**2425,91**	443,83	443,83							
7478,99	I,IV	**1903,83**	443,83	443,83	I	1757,00	1610,25	1463,41	1316,66	1171,50	1032,25
West	II	**1763,50**	443,83	443,83	II	1616,75	1469,91	1323,16	1177,83	1038,25	904,75
	III	**1274,16**	443,83	443,83	III	1158,16	1045,33	935,50	828,66	725,00	624,16
	V	**2380,66**	443,83	443,83	IV	1830,41	1757,00	1683,58	1610,25	1536,83	1463,41
	VI	**2416,91**	443,83	443,83							
7478,99	I,IV	**1914,08**	443,83	443,83	I	1767,33	1620,50	1473,75	1326,91	1181,50	1041,75
Ost	II	**1773,83**	443,83	443,83	II	1627,00	1480,25	1333,41	1187,83	1047,83	913,91
	III	**1282,33**	443,83	443,83	III	1166,33	1053,16	943,16	836,16	732,16	631,16
	V	**2390,91**	443,83	443,83	IV	1840,66	1767,33	1693,91	1620,50	1547,08	1473,75
	VI	**2427,25**	443,83	443,83							
7481,99	I,IV	**1905,08**	443,83	443,83	I	1758,25	1611,50	1464,66	1317,91	1172,75	1033,41
West	II	**1764,75**	443,83	443,83	II	1618,00	1471,16	1324,41	1179,08	1039,41	905,91
	III	**1275,16**	443,83	443,83	III	1159,16	1046,33	936,50	829,66	725,83	625,00
	V	**2381,91**	443,83	443,83	IV	1831,66	1758,25	1684,83	1611,50	1538,08	1464,66
	VI	**2418,16**	443,83	443,83							
7481,99	I,IV	**1915,33**	443,83	443,83	I	1768,58	1621,75	1475,00	1328,16	1182,75	1043,00
Ost	II	**1775,08**	443,83	443,83	II	1628,25	1481,50	1334,66	1189,08	1049,00	915,08
	III	**1283,33**	443,83	443,83	III	1167,33	1054,16	944,00	837,00	733,00	632,00
	V	**2392,25**	443,83	443,83	IV	1841,91	1768,58	1695,16	1621,75	1548,33	1475,00
	VI	**2428,50**	443,83	443,83							
7484,99	I,IV	**1906,33**	443,83	443,83	I	1759,50	1612,75	1465,91	1319,16	1173,91	1034,58
West	II	**1766,00**	443,83	443,83	II	1619,25	1472,50	1325,66	1180,25	1040,58	907,00
	III	**1276,16**	443,83	443,83	III	1160,16	1047,33	937,33	830,50	726,66	625,83
	V	**2383,16**	443,83	443,83	IV	1832,91	1759,50	1686,16	1612,75	1539,33	1465,91
	VI	**2419,41**	443,83	443,83							
7484,99	I,IV	**1916,58**	443,83	443,83	I	1769,83	1623,00	1476,25	1329,41	1183,91	1044,16
Ost	II	**1776,33**	443,83	443,83	II	1629,50	1482,75	1336,00	1190,25	1050,16	916,16
	III	**1284,33**	443,83	443,83	III	1168,16	1055,16	945,00	838,00	733,83	632,83
	V	**2393,50**	443,83	443,83	IV	1843,25	1769,83	1696,41	1623,00	1549,66	1476,25
	VI	**2429,75**	443,83	443,83							
7487,99	I,IV	**1907,58**	443,83	443,83	I	1760,75	1614,00	1467,25	1320,41	1175,16	1035,75
West	II	**1767,33**	443,83	443,83	II	1620,50	1473,75	1326,91	1181,50	1041,75	908,16
	III	**1277,16**	443,83	443,83	III	1161,16	1048,16	938,33	831,50	727,50	626,66
	V	**2384,41**	443,83	443,83	IV	1834,16	1760,75	1687,41	1614,00	1540,58	1467,25
	VI	**2420,66**	443,83	443,83							
7487,99	I,IV	**1917,83**	443,83	443,83	I	1771,08	1624,25	1477,50	1330,75	1185,16	1045,33
Ost	II	**1777,58**	443,83	443,83	II	1630,83	1484,00	1337,25	1191,50	1051,41	917,33
	III	**1285,33**	443,83	443,83	III	1169,16	1056,00	946,00	838,83	734,83	633,66
	V	**2394,75**	443,83	443,83	IV	1844,50	1771,08	1697,66	1624,25	1550,91	1477,50
	VI	**2431,00**	443,83	443,83							

* Zur LSt-Berechnung für privat versicherte Arbeitnehmer s. Beispiele **Vorbemerkung S. 4f.**
** Basisvorsorgepauschale KV und PV *** Typisierter Arbeitgeberzuschuss

Lohn/ Gehalt in € bis	Steuerklasse	Lohn-steuer*	BVSP**	TAGZ***	Steuerklasse	Bemessungsgrundlage für Kirchensteuer und Solidaritätszuschlag – Freibeträge für ... Kinder 0,5	**1,0**	1,5	**2,0**	2,5	**3,0**
7490,99 West	I,IV	**1908,83**	443,83	443,83	I	1762,08	1615,25	1468,50	1321,66	1176,41	1036,91
	II	**1768,58**	443,83	443,83	II	1621,75	1475,00	1328,16	1182,75	1043,00	909,25
	III	**1278,16**	443,83	443,83	III	1162,16	1049,16	939,33	832,33	728,50	627,66
	V	**2385,66**	443,83	443,83	IV	1835,41	1762,08	1688,66	1615,25	1541,83	1468,50
	VI	**2422,00**	443,83	443,83							
7490,99 Ost	I,IV	**1919,16**	443,83	443,83	I	1772,33	1625,58	1478,75	1332,00	1186,41	1046,50
	II	**1778,83**	443,83	443,83	II	1632,08	1485,25	1338,50	1192,75	1052,58	918,41
	III	**1286,33**	443,83	443,83	III	1170,16	1057,00	946,83	839,66	735,66	634,50
	V	**2396,00**	443,83	443,83	IV	1845,75	1772,33	1698,91	1625,58	1552,16	1478,75
	VI	**2432,25**	443,83	443,83							
7493,99 West	I,IV	**1910,08**	443,83	443,83	I	1763,33	1616,50	1469,75	1322,91	1177,58	1038,08
	II	**1769,83**	443,83	443,83	II	1623,00	1476,25	1329,41	1183,91	1044,16	910,33
	III	**1279,16**	443,83	443,83	III	1163,16	1050,16	940,16	833,33	729,33	628,50
	V	**2387,00**	443,83	443,83	IV	1836,66	1763,33	1689,91	1616,50	1543,08	1469,75
	VI	**2423,25**	443,83	443,83							
7493,99 Ost	I,IV	**1920,41**	443,83	443,83	I	1773,58	1626,83	1480,00	1333,25	1187,58	1047,66
	II	**1780,08**	443,83	443,83	II	1633,33	1486,50	1339,75	1194,00	1053,75	919,58
	III	**1287,50**	443,83	443,83	III	1171,16	1058,00	947,83	840,66	736,50	635,50
	V	**2397,25**	443,83	443,83	IV	1847,00	1773,58	1700,16	1626,83	1553,41	1480,00
	VI	**2433,50**	443,83	443,83							
7496,99 West	I,IV	**1911,33**	443,83	443,83	I	1764,58	1617,75	1471,00	1324,16	1178,83	1039,25
	II	**1771,08**	443,83	443,83	II	1624,25	1477,50	1330,75	1185,16	1045,33	911,50
	III	**1280,16**	443,83	443,83	III	1164,16	1051,16	941,16	834,16	730,16	629,33
	V	**2388,25**	443,83	443,83	IV	1838,00	1764,58	1691,16	1617,75	1544,41	1471,00
	VI	**2424,50**	443,83	443,83							
7496,99 Ost	I,IV	**1921,66**	443,83	443,83	I	1774,83	1628,08	1481,25	1334,50	1188,83	1048,83
	II	**1781,33**	443,83	443,83	II	1634,58	1487,75	1341,00	1195,16	1054,91	920,66
	III	**1288,50**	443,83	443,83	III	1172,16	1059,00	948,66	841,50	737,33	636,33
	V	**2398,50**	443,83	443,83	IV	1848,25	1774,83	1701,50	1628,08	1554,66	1481,25
	VI	**2434,75**	443,83	443,83							
7499,99 West	I,IV	**1912,58**	443,83	443,83	I	1765,83	1619,00	1472,25	1325,50	1180,08	1040,41
	II	**1772,33**	443,83	443,83	II	1625,58	1478,75	1332,00	1186,41	1046,50	912,58
	III	**1281,16**	443,83	443,83	III	1165,16	1052,00	942,00	835,00	731,16	630,16
	V	**2389,50**	443,83	443,83	IV	1839,25	1765,83	1692,41	1619,00	1545,66	1472,25
	VI	**2425,75**	443,83	443,83							
7499,99 Ost	I,IV	**1922,91**	443,83	443,83	I	1776,08	1629,33	1482,50	1335,75	1190,08	1050,00
	II	**1782,66**	443,83	443,83	II	1635,83	1489,08	1342,25	1196,41	1056,08	921,83
	III	**1289,50**	443,83	443,83	III	1173,16	1059,83	949,66	842,50	738,33	637,16
	V	**2399,75**	443,83	443,83	IV	1849,50	1776,08	1702,75	1629,33	1555,91	1482,50
	VI	**2436,00**	443,83	443,83							
7502,99 West	I,IV	**1913,91**	443,83	443,83	I	1767,08	1620,33	1473,50	1326,75	1181,25	1041,58
	II	**1773,58**	443,83	443,83	II	1626,83	1480,00	1333,25	1187,58	1047,66	913,75
	III	**1282,16**	443,83	443,83	III	1166,16	1053,00	943,00	836,00	732,00	631,00
	V	**2390,75**	443,83	443,83	IV	1840,50	1767,08	1693,66	1620,33	1546,91	1473,50
	VI	**2427,00**	443,83	443,83							
7502,99 Ost	I,IV	**1924,16**	443,83	443,83	I	1777,41	1630,58	1483,83	1337,00	1191,33	1051,16
	II	**1783,91**	443,83	443,83	II	1637,08	1490,33	1343,50	1197,66	1057,25	922,91
	III	**1290,50**	443,83	443,83	III	1174,16	1060,83	950,66	843,33	739,16	638,00
	V	**2401,00**	443,83	443,83	IV	1850,75	1777,41	1704,00	1630,58	1557,16	1483,83
	VI	**2437,33**	443,83	443,83							
7505,99 West	I,IV	**1915,16**	443,83	443,83	I	1768,33	1621,58	1474,75	1328,00	1182,50	1042,75
	II	**1774,83**	443,83	443,83	II	1628,08	1481,25	1334,50	1188,83	1048,83	914,83
	III	**1283,16**	443,83	443,83	III	1167,16	1054,00	944,00	836,83	732,83	631,83
	V	**2392,00**	443,83	443,83	IV	1841,75	1768,33	1694,91	1621,58	1548,16	1474,75
	VI	**2428,25**	443,83	443,83							
7505,99 Ost	I,IV	**1925,41**	443,83	443,83	I	1778,66	1631,83	1485,08	1338,25	1192,50	1052,33
	II	**1785,16**	443,83	443,83	II	1638,33	1491,58	1344,75	1198,91	1058,41	924,08
	III	**1291,50**	443,83	443,83	III	1175,16	1061,83	951,50	844,33	740,00	638,83
	V	**2402,33**	443,83	443,83	IV	1852,00	1778,66	1705,25	1631,83	1558,41	1485,08
	VI	**2438,58**	443,83	443,83							

* Zur LSt-Berechnung für privat versicherte Arbeitnehmer s. Beispiele **Vorbemerkung S. 4f.**
** Basisvorsorgepauschale KV und PV *** Typisierter Arbeitgeberzuschuss

Lohn/ Gehalt in € bis	Steuerklasse	Lohn-steuer*	BVSP**	TAGZ***	Steuerklasse	Bemessungsgrundlage für Kirchensteuer und Solidaritätszuschlag					
						Freibeträge für ... Kinder					
						0,5	**1,0**	1,5	**2,0**	2,5	**3,0**
7 508,99 West	I,IV	**1 916,41**	443,83	443,83	I	1 769,58	1 622,83	1 476,00	1 329,25	1 183,75	1 043,91
	II	**1 776,08**	443,83	443,83	II	1 629,33	1 482,50	1 335,75	1 190,08	1 050,00	916,00
	III	**1 284,16**	443,83	443,83	III	1 168,00	1 055,00	944,83	837,83	733,66	632,66
	V	**2 393,25**	443,83	443,83	IV	1 843,00	1 769,58	1 696,25	1 622,83	1 549,41	1 476,00
	VI	**2 429,50**	443,83	443,83							
7 508,99 Ost	I,IV	**1 926,66**	443,83	443,83	I	1 779,91	1 633,08	1 486,33	1 339,50	1 193,75	1 053,50
	II	**1 786,41**	443,83	443,83	II	1 639,58	1 492,83	1 346,00	1 200,16	1 059,66	925,16
	III	**1 292,50**	443,83	443,83	III	1 176,16	1 062,83	952,50	845,16	741,00	639,66
	V	**2 403,58**	443,83	443,83	IV	1 853,33	1 779,91	1 706,50	1 633,08	1 559,75	1 486,33
	VI	**2 439,83**	443,83	443,83							
7 511,99 West	I,IV	**1 917,66**	443,83	443,83	I	1 770,83	1 624,08	1 477,25	1 330,50	1 185,00	1 045,08
	II	**1 777,41**	443,83	443,83	II	1 630,58	1 483,83	1 337,00	1 191,33	1 051,16	917,08
	III	**1 285,16**	443,83	443,83	III	1 169,00	1 055,83	945,83	838,66	734,66	633,50
	V	**2 394,50**	443,83	443,83	IV	1 844,25	1 770,83	1 697,50	1 624,08	1 550,66	1 477,25
	VI	**2 430,75**	443,83	443,83							
7 511,99 Ost	I,IV	**1 927,91**	443,83	443,83	I	1 781,16	1 634,33	1 487,58	1 340,75	1 195,00	1 054,75
	II	**1 787,66**	443,83	443,83	II	1 640,91	1 494,08	1 347,33	1 201,33	1 060,83	926,33
	III	**1 293,50**	443,83	443,83	III	1 177,16	1 063,66	953,33	846,16	741,83	640,50
	V	**2 404,83**	443,83	443,83	IV	1 854,58	1 781,16	1 707,75	1 634,33	1 561,00	1 487,58
	VI	**2 441,08**	443,83	443,83							
7 514,99 West	I,IV	**1 918,91**	443,83	443,83	I	1 772,16	1 625,33	1 478,58	1 331,75	1 186,16	1 046,25
	II	**1 778,66**	443,83	443,83	II	1 631,83	1 485,08	1 338,25	1 192,50	1 052,33	918,25
	III	**1 286,16**	443,83	443,83	III	1 170,00	1 056,83	946,66	839,66	735,50	634,50
	V	**2 395,75**	443,83	443,83	IV	1 845,50	1 772,16	1 698,75	1 625,33	1 551,91	1 478,58
	VI	**2 432,08**	443,83	443,83							
7 514,99 Ost	I,IV	**1 929,25**	443,83	443,83	I	1 782,41	1 635,66	1 488,83	1 342,08	1 196,25	1 055,91
	II	**1 788,91**	443,83	443,83	II	1 642,16	1 495,33	1 348,58	1 202,58	1 062,00	927,41
	III	**1 294,50**	443,83	443,83	III	1 178,16	1 064,66	954,33	847,00	742,66	641,33
	V	**2 406,08**	443,83	443,83	IV	1 855,83	1 782,41	1 709,00	1 635,66	1 562,25	1 488,83
	VI	**2 442,33**	443,83	443,83							
7 517,99 West	I,IV	**1 920,16**	443,83	443,83	I	1 773,41	1 626,58	1 479,83	1 333,00	1 187,41	1 047,50
	II	**1 779,91**	443,83	443,83	II	1 633,08	1 486,33	1 339,50	1 193,75	1 053,50	919,33
	III	**1 287,16**	443,83	443,83	III	1 171,00	1 057,83	947,66	840,50	736,33	635,33
	V	**2 397,08**	443,83	443,83	IV	1 846,75	1 773,41	1 700,00	1 626,58	1 553,16	1 479,83
	VI	**2 433,33**	443,83	443,83							
7 517,99 Ost	I,IV	**1 930,50**	443,83	443,83	I	1 783,66	1 636,91	1 490,08	1 343,33	1 197,41	1 057,08
	II	**1 790,16**	443,83	443,83	II	1 643,41	1 496,58	1 349,83	1 203,83	1 063,16	928,58
	III	**1 295,50**	443,83	443,83	III	1 179,00	1 065,66	955,33	847,83	743,50	642,33
	V	**2 407,33**	443,83	443,83	IV	1 857,08	1 783,66	1 710,25	1 636,91	1 563,50	1 490,08
	VI	**2 443,58**	443,83	443,83							
7 520,99 West	I,IV	**1 921,41**	443,83	443,83	I	1 774,66	1 627,83	1 481,08	1 334,25	1 188,66	1 048,66
	II	**1 781,16**	443,83	443,83	II	1 634,33	1 487,58	1 340,75	1 195,00	1 054,75	920,50
	III	**1 288,33**	443,83	443,83	III	1 172,00	1 058,83	948,50	841,33	737,33	636,16
	V	**2 398,33**	443,83	443,83	IV	1 848,08	1 774,66	1 701,25	1 627,83	1 554,50	1 481,08
	VI	**2 434,58**	443,83	443,83							
7 520,99 Ost	I,IV	**1 931,75**	443,83	443,83	I	1 784,91	1 638,16	1 491,33	1 344,58	1 198,66	1 058,25
	II	**1 791,41**	443,83	443,83	II	1 644,66	1 497,83	1 351,08	1 205,08	1 064,33	929,66
	III	**1 296,50**	443,83	443,83	III	1 180,00	1 066,66	956,16	848,83	744,50	643,16
	V	**2 408,58**	443,83	443,83	IV	1 858,33	1 784,91	1 711,58	1 638,16	1 564,75	1 491,33
	VI	**2 444,83**	443,83	443,83							
7 523,99 West	I,IV	**1 922,66**	443,83	443,83	I	1 775,91	1 629,08	1 482,33	1 335,50	1 189,83	1 049,83
	II	**1 782,41**	443,83	443,83	II	1 635,66	1 488,83	1 342,08	1 196,25	1 055,91	921,58
	III	**1 289,33**	443,83	443,83	III	1 173,00	1 059,66	949,50	842,33	738,16	637,00
	V	**2 399,58**	443,83	443,83	IV	1 849,33	1 775,91	1 702,50	1 629,08	1 555,75	1 482,33
	VI	**2 435,83**	443,83	443,83							
7 523,99 Ost	I,IV	**1 933,00**	443,83	443,83	I	1 786,16	1 639,41	1 492,58	1 345,83	1 199,91	1 059,41
	II	**1 792,75**	443,83	443,83	II	1 645,91	1 499,16	1 352,33	1 206,25	1 065,50	930,83
	III	**1 297,50**	443,83	443,83	III	1 181,00	1 067,50	957,16	849,66	745,33	644,00
	V	**2 409,83**	443,83	443,83	IV	1 859,58	1 786,16	1 712,83	1 639,41	1 566,00	1 492,58
	VI	**2 446,08**	443,83	443,83							

* Zur LSt-Berechnung für privat versicherte Arbeitnehmer s. Beispiele **Vorbemerkung S. 4f.**
** Basisvorsorgepauschale KV und PV *** Typisierter Arbeitgeberzuschuss

Lohn/ Gehalt in € bis	Steuerklasse	Lohn- steuer*	BVSP**	TAGZ***	Steuerklasse	Bemessungsgrundlage für Kirchensteuer und Solidaritätszuschlag – Freibeträge für ... Kinder 0,5	**1,0**	1,5	**2,0**	2,5	**3,0**
7526,99 West	I,IV	**1924,00**	443,83	443,83	I	1777,16	1630,41	1483,58	1336,83	1191,08	1051,00
	II	**1783,66**	443,83	443,83	II	1636,91	1490,08	1343,33	1197,41	1057,08	922,75
	III	**1290,33**	443,83	443,83	III	1174,00	1060,66	950,50	843,16	739,00	637,83
	V	**2400,83**	443,83	443,83	IV	1850,58	1777,16	1703,75	1630,41	1557,00	1483,58
	VI	**2437,08**	443,83	443,83							
7526,99 Ost	I,IV	**1934,25**	443,83	443,83	I	1787,50	1640,66	1493,91	1347,08	1201,16	1060,58
	II	**1794,00**	443,83	443,83	II	1647,16	1500,41	1353,58	1207,50	1066,75	932,00
	III	**1298,50**	443,83	443,83	III	1182,00	1068,50	958,00	850,66	746,16	644,83
	V	**2411,08**	443,83	443,83	IV	1860,83	1787,50	1714,08	1640,66	1567,25	1493,91
	VI	**2447,33**	443,83	443,83							
7529,99 West	I,IV	**1925,25**	443,83	443,83	I	1778,41	1631,66	1484,83	1338,08	1192,33	1052,16
	II	**1784,91**	443,83	443,83	II	1638,16	1491,33	1344,58	1198,66	1058,25	923,83
	III	**1291,33**	443,83	443,83	III	1175,00	1061,66	951,33	844,16	739,83	638,66
	V	**2402,08**	443,83	443,83	IV	1851,83	1778,41	1705,00	1631,66	1558,25	1484,83
	VI	**2438,33**	443,83	443,83							
7529,99 Ost	I,IV	**1935,50**	443,83	443,83	I	1788,75	1641,91	1495,16	1348,33	1202,41	1061,83
	II	**1795,25**	443,83	443,83	II	1648,41	1501,66	1354,83	1208,75	1067,91	933,08
	III	**1299,50**	443,83	443,83	III	1183,00	1069,50	959,00	851,50	747,16	645,66
	V	**2412,33**	443,83	443,83	IV	1862,08	1788,75	1715,33	1641,91	1568,50	1495,16
	VI	**2448,66**	443,83	443,83							
7532,99 West	I,IV	**1926,50**	443,83	443,83	I	1779,66	1632,91	1486,08	1339,33	1193,58	1053,33
	II	**1786,16**	443,83	443,83	II	1639,41	1492,58	1345,83	1199,91	1059,41	925,00
	III	**1292,33**	443,83	443,83	III	1176,00	1062,66	952,33	845,00	740,83	639,50
	V	**2403,33**	443,83	443,83	IV	1853,08	1779,66	1706,33	1632,91	1559,50	1486,08
	VI	**2439,58**	443,83	443,83							
7532,99 Ost	I,IV	**1936,75**	443,83	443,83	I	1790,00	1643,16	1496,41	1349,58	1203,58	1063,00
	II	**1796,50**	443,83	443,83	II	1649,66	1502,91	1356,08	1210,00	1069,08	934,25
	III	**1300,50**	443,83	443,83	III	1184,00	1070,50	960,00	852,50	748,00	646,50
	V	**2413,66**	443,83	443,83	IV	1863,33	1790,00	1716,58	1643,16	1569,83	1496,41
	VI	**2449,91**	443,83	443,83							
7535,99 West	I,IV	**1927,75**	443,83	443,83	I	1780,91	1634,16	1487,33	1340,58	1194,75	1054,50
	II	**1787,50**	443,83	443,83	II	1640,66	1493,91	1347,08	1201,16	1060,58	926,16
	III	**1293,33**	443,83	443,83	III	1177,00	1063,50	953,16	846,00	741,66	640,33
	V	**2404,58**	443,83	443,83	IV	1854,33	1780,91	1707,58	1634,16	1560,75	1487,33
	VI	**2440,83**	443,83	443,83							
7535,99 Ost	I,IV	**1938,00**	443,83	443,83	I	1791,25	1644,41	1497,66	1350,83	1204,83	1064,16
	II	**1797,75**	443,83	443,83	II	1651,00	1504,16	1357,41	1211,25	1070,25	935,33
	III	**1301,66**	443,83	443,83	III	1185,00	1071,50	960,83	853,33	748,83	647,33
	V	**2414,91**	443,83	443,83	IV	1864,66	1791,25	1717,83	1644,41	1571,08	1497,66
	VI	**2451,16**	443,83	443,83							
7538,99 West	I,IV	**1929,00**	443,83	443,83	I	1782,25	1635,41	1488,66	1341,83	1196,00	1055,66
	II	**1788,75**	443,83	443,83	II	1641,91	1495,16	1348,33	1202,41	1061,83	927,25
	III	**1294,33**	443,83	443,83	III	1178,00	1064,50	954,16	846,83	742,50	641,33
	V	**2405,83**	443,83	443,83	IV	1855,58	1782,25	1708,83	1635,41	1562,00	1488,66
	VI	**2442,08**	443,83	443,83							
7538,99 Ost	I,IV	**1939,25**	443,83	443,83	I	1792,50	1645,75	1498,91	1352,16	1206,08	1065,33
	II	**1799,00**	443,83	443,83	II	1652,25	1505,41	1358,66	1212,50	1071,41	936,50
	III	**1302,66**	443,83	443,83	III	1186,00	1072,33	961,83	854,33	749,83	648,33
	V	**2416,16**	443,83	443,83	IV	1865,91	1792,50	1719,08	1645,75	1572,33	1498,91
	VI	**2452,41**	443,83	443,83							
7541,99 West	I,IV	**1930,25**	443,83	443,83	I	1783,50	1636,66	1489,91	1343,08	1197,25	1056,91
	II	**1790,00**	443,83	443,83	II	1643,16	1496,41	1349,58	1203,58	1063,00	928,41
	III	**1295,33**	443,83	443,83	III	1178,83	1065,50	955,16	847,83	743,50	642,16
	V	**2407,08**	443,83	443,83	IV	1856,83	1783,50	1710,08	1636,66	1563,25	1489,91
	VI	**2443,41**	443,83	443,83							
7541,99 Ost	I,IV	**1940,58**	443,83	443,83	I	1793,75	1647,00	1500,16	1353,41	1207,33	1066,50
	II	**1800,25**	443,83	443,83	II	1653,50	1506,66	1359,91	1213,66	1072,66	937,58
	III	**1303,66**	443,83	443,83	III	1187,00	1073,33	962,83	855,16	750,66	649,16
	V	**2417,41**	443,83	443,83	IV	1867,16	1793,75	1720,33	1647,00	1573,58	1500,16
	VI	**2453,66**	443,83	443,83							

* Zur LSt-Berechnung für privat versicherte Arbeitnehmer s. Beispiele **Vorbemerkung S. 4 f.**
** Basisvorsorgepauschale KV und PV *** Typisierter Arbeitgeberzuschuss

Lohn/ Gehalt in € bis	Steuerklasse	Lohn- steuer*	BVSP**	TAGZ***	Steuerklasse	Bemessungsgrundlage für Kirchensteuer und Solidaritätszuschlag – Freibeträge für ... Kinder 0,5	**1,0**	1,5	**2,0**	2,5	**3,0**
7 544,99 West	I,IV	**1 931,50**	443,83	443,83	I	1 784,75	1 637,91	1 491,16	1 344,33	1 198,50	1 058,08
	II	**1 791,25**	443,83	443,83	II	1 644,41	1 497,66	1 350,83	1 204,83	1 064,16	929,50
	III	**1 296,33**	443,83	443,83	III	1 179,83	1 066,50	956,00	848,66	744,33	643,00
	V	**2 408,41**	443,83	443,83	IV	1 858,08	1 784,75	1 711,33	1 637,91	1 564,58	1 491,16
	VI	**2 444,66**	443,83	443,83							
7 544,99 Ost	I,IV	**1 941,83**	443,83	443,83	I	1 795,00	1 648,25	1 501,41	1 354,66	1 208,58	1 067,66
	II	**1 801,50**	443,83	443,83	II	1 654,75	1 507,91	1 361,16	1 214,91	1 073,83	938,75
	III	**1 304,66**	443,83	443,83	III	1 188,00	1 074,33	963,66	856,16	751,50	650,00
	V	**2 418,66**	443,83	443,83	IV	1 868,41	1 795,00	1 721,58	1 648,25	1 574,83	1 501,41
	VI	**2 454,91**	443,83	443,83							
7 547,99 West	I,IV	**1 932,75**	443,83	443,83	I	1 786,00	1 639,16	1 492,41	1 345,58	1 199,75	1 059,25
	II	**1 792,50**	443,83	443,83	II	1 645,75	1 498,91	1 352,16	1 206,08	1 065,33	930,66
	III	**1 297,33**	443,83	443,83	III	1 180,83	1 067,50	957,00	849,50	745,16	643,83
	V	**2 409,66**	443,83	443,83	IV	1 859,41	1 786,00	1 712,58	1 639,16	1 565,83	1 492,41
	VI	**2 445,91**	443,83	443,83							
7 547,99 Ost	I,IV	**1 943,08**	443,83	443,83	I	1 796,25	1 649,50	1 502,66	1 355,91	1 209,75	1 068,91
	II	**1 802,75**	443,83	443,83	II	1 656,00	1 509,25	1 362,41	1 216,16	1 075,00	939,91
	III	**1 305,66**	443,83	443,83	III	1 189,00	1 075,33	964,66	857,00	752,33	650,83
	V	**2 419,91**	443,83	443,83	IV	1 869,66	1 796,25	1 722,91	1 649,50	1 576,08	1 502,66
	VI	**2 456,16**	443,83	443,83							
7 550,99 West	I,IV	**1 934,00**	443,83	443,83	I	1 787,25	1 640,50	1 493,66	1 346,91	1 200,91	1 060,41
	II	**1 793,75**	443,83	443,83	II	1 647,00	1 500,16	1 353,41	1 207,33	1 066,50	931,75
	III	**1 298,33**	443,83	443,83	III	1 181,83	1 068,33	958,00	850,50	746,00	644,66
	V	**2 410,91**	443,83	443,83	IV	1 860,66	1 787,25	1 713,83	1 640,50	1 567,08	1 493,66
	VI	**2 447,16**	443,83	443,83							
7 550,99 Ost	I,IV	**1 944,33**	443,83	443,83	I	1 797,50	1 650,75	1 504,00	1 357,16	1 211,00	1 070,08
	II	**1 804,08**	443,83	443,83	II	1 657,25	1 510,50	1 363,66	1 217,41	1 076,16	941,00
	III	**1 306,66**	443,83	443,83	III	1 190,00	1 076,16	965,50	858,00	753,33	651,66
	V	**2 421,16**	443,83	443,83	IV	1 870,91	1 797,50	1 724,16	1 650,75	1 577,33	1 504,00
	VI	**2 457,41**	443,83	443,83							
7 553,99 West	I,IV	**1 935,33**	443,83	443,83	I	1 788,50	1 641,75	1 494,91	1 348,16	1 202,16	1 061,58
	II	**1 795,00**	443,83	443,83	II	1 648,25	1 501,41	1 354,66	1 208,58	1 067,66	932,91
	III	**1 299,33**	443,83	443,83	III	1 182,83	1 069,33	958,83	851,33	747,00	645,50
	V	**2 412,16**	443,83	443,83	IV	1 861,91	1 788,50	1 715,08	1 641,75	1 568,33	1 494,91
	VI	**2 448,41**	443,83	443,83							
7 553,99 Ost	I,IV	**1 945,58**	443,83	443,83	I	1 798,83	1 652,00	1 505,25	1 358,41	1 212,25	1 071,25
	II	**1 805,33**	443,83	443,83	II	1 658,50	1 511,75	1 364,91	1 218,66	1 077,41	942,16
	III	**1 307,66**	443,83	443,83	III	1 191,00	1 077,16	966,50	858,83	754,16	652,50
	V	**2 422,41**	443,83	443,83	IV	1 872,16	1 798,83	1 725,41	1 652,00	1 578,58	1 505,25
	VI	**2 458,75**	443,83	443,83							
7 556,99 West	I,IV	**1 936,58**	443,83	443,83	I	1 789,75	1 643,00	1 496,16	1 349,41	1 203,41	1 062,75
	II	**1 796,25**	443,83	443,83	II	1 649,50	1 502,66	1 355,91	1 209,75	1 068,91	934,00
	III	**1 300,33**	443,83	443,83	III	1 183,83	1 070,33	959,83	852,33	747,83	646,33
	V	**2 413,41**	443,83	443,83	IV	1 863,16	1 789,75	1 716,33	1 643,00	1 569,58	1 496,16
	VI	**2 449,66**	443,83	443,83							
7 556,99 Ost	I,IV	**1 946,83**	443,83	443,83	I	1 800,08	1 653,25	1 506,50	1 359,66	1 213,50	1 072,41
	II	**1 806,58**	443,83	443,83	II	1 659,75	1 513,00	1 366,16	1 219,91	1 078,58	943,33
	III	**1 308,66**	443,83	443,83	III	1 191,83	1 078,16	967,50	859,66	755,00	653,50
	V	**2 423,75**	443,83	443,83	IV	1 873,41	1 800,08	1 726,66	1 653,25	1 579,83	1 506,50
	VI	**2 460,00**	443,83	443,83							
7 559,99 West	I,IV	**1 937,83**	443,83	443,83	I	1 791,00	1 644,25	1 497,41	1 350,66	1 204,66	1 064,00
	II	**1 797,50**	443,83	443,83	II	1 650,75	1 504,00	1 357,16	1 211,00	1 070,08	935,16
	III	**1 301,50**	443,83	443,83	III	1 184,83	1 071,33	960,66	853,16	748,66	647,33
	V	**2 414,66**	443,83	443,83	IV	1 864,41	1 791,00	1 717,66	1 644,25	1 570,83	1 497,41
	VI	**2 450,91**	443,83	443,83							
7 559,99 Ost	I,IV	**1 948,08**	443,83	443,83	I	1 801,33	1 654,50	1 507,75	1 360,91	1 214,75	1 073,66
	II	**1 807,83**	443,83	443,83	II	1 661,00	1 514,25	1 367,50	1 221,16	1 079,75	944,41
	III	**1 309,66**	443,83	443,83	III	1 192,83	1 079,16	968,33	860,66	756,00	654,33
	V	**2 425,00**	443,83	443,83	IV	1 874,75	1 801,33	1 727,91	1 654,50	1 581,16	1 507,75
	VI	**2 461,25**	443,83	443,83							

* Zur LSt-Berechnung für privat versicherte Arbeitnehmer s. Beispiele **Vorbemerkung S. 4 f.**
** Basisvorsorgepauschale KV und PV *** Typisierter Arbeitgeberzuschuss

Lohn/ Gehalt in € bis	Steuerklasse	Lohn-steuer*	BVSP**	TAGZ***	Steuerklasse	Bemessungsgrundlage für Kirchensteuer und Solidaritätszuschlag – Freibeträge für ... Kinder 0,5	1,0	1,5	2,0	2,5	3,0
7562,99 West	I,IV	**1939,08**	443,83	443,83	I	1792,25	1645,50	1498,75	1351,91	1205,91	1065,16
	II	**1798,83**	443,83	443,83	II	1652,00	1505,25	1358,41	1212,25	1071,25	936,33
	III	**1302,50**	443,83	443,83	III	1185,83	1072,16	961,66	854,16	749,66	648,16
	V	**2415,91**	443,83	443,83	IV	1865,66	1792,25	1718,91	1645,50	1572,08	1498,75
	VI	**2452,16**	443,83	443,83							
7562,99 Ost	I,IV	**1949,33**	443,83	443,83	I	1802,58	1655,75	1509,00	1362,25	1216,00	1074,83
	II	**1809,08**	443,83	443,83	II	1662,33	1515,50	1368,75	1222,33	1080,91	945,58
	III	**1310,66**	443,83	443,83	III	1193,83	1080,16	969,33	861,50	756,83	655,16
	V	**2426,25**	443,83	443,83	IV	1876,00	1802,58	1729,16	1655,75	1582,41	1509,00
	VI	**2462,50**	443,83	443,83							
7565,99 West	I,IV	**1940,33**	443,83	443,83	I	1793,58	1646,75	1500,00	1353,16	1207,08	1066,33
	II	**1800,08**	443,83	443,83	II	1653,25	1506,50	1359,66	1213,50	1072,41	937,41
	III	**1303,50**	443,83	443,83	III	1186,83	1073,16	962,66	855,00	750,50	649,00
	V	**2417,16**	443,83	443,83	IV	1866,91	1793,58	1720,16	1646,75	1573,33	1500,00
	VI	**2453,50**	443,83	443,83							
7565,99 Ost	I,IV	**1950,66**	443,83	443,83	I	1803,83	1657,08	1510,25	1363,50	1217,25	1076,00
	II	**1810,33**	443,83	443,83	II	1663,58	1516,75	1370,00	1223,58	1082,16	946,66
	III	**1311,66**	443,83	443,83	III	1194,83	1081,00	970,33	862,50	757,66	656,00
	V	**2427,50**	443,83	443,83	IV	1877,25	1803,83	1730,41	1657,08	1583,66	1510,25
	VI	**2463,75**	443,83	443,83							
7568,99 West	I,IV	**1941,58**	443,83	443,83	I	1794,83	1648,00	1501,25	1354,41	1208,33	1067,50
	II	**1801,33**	443,83	443,83	II	1654,50	1507,75	1360,91	1214,75	1073,66	938,58
	III	**1304,50**	443,83	443,83	III	1187,83	1074,16	963,50	856,00	751,33	649,83
	V	**2418,50**	443,83	443,83	IV	1868,16	1794,83	1721,41	1648,00	1574,58	1501,25
	VI	**2454,75**	443,83	443,83							
7568,99 Ost	I,IV	**1951,91**	443,83	443,83	I	1805,08	1658,33	1511,50	1364,75	1218,41	1077,16
	II	**1811,58**	443,83	443,83	II	1664,83	1518,00	1371,25	1224,83	1083,33	947,83
	III	**1312,83**	443,83	443,83	III	1195,83	1082,00	971,16	863,33	758,66	656,83
	V	**2428,75**	443,83	443,83	IV	1878,50	1805,08	1731,66	1658,33	1584,91	1511,50
	VI	**2465,00**	443,83	443,83							
7571,99 West	I,IV	**1942,83**	443,83	443,83	I	1796,08	1649,25	1502,50	1355,66	1209,58	1068,66
	II	**1802,58**	443,83	443,83	II	1655,75	1509,00	1362,25	1216,00	1074,83	939,66
	III	**1305,50**	443,83	443,83	III	1188,83	1075,16	964,50	856,83	752,33	650,66
	V	**2419,75**	443,83	443,83	IV	1869,50	1796,08	1722,66	1649,25	1575,91	1502,50
	VI	**2456,00**	443,83	443,83							
7571,99 Ost	I,IV	**1953,16**	443,83	443,83	I	1806,33	1659,58	1512,75	1366,00	1219,66	1078,33
	II	**1812,83**	443,83	443,83	II	1666,08	1519,25	1372,50	1226,08	1084,50	949,00
	III	**1313,83**	443,83	443,83	III	1196,83	1083,00	972,16	864,33	759,50	657,66
	V	**2430,00**	443,83	443,83	IV	1879,75	1806,33	1733,00	1659,58	1586,16	1512,75
	VI	**2466,25**	443,83	443,83							
7574,99 West	I,IV	**1944,08**	443,83	443,83	I	1797,33	1650,50	1503,75	1357,00	1210,83	1069,83
	II	**1803,83**	443,83	443,83	II	1657,08	1510,25	1363,50	1217,25	1076,00	940,83
	III	**1306,50**	443,83	443,83	III	1189,83	1076,00	965,33	857,83	753,16	651,50
	V	**2421,00**	443,83	443,83	IV	1870,75	1797,33	1723,91	1650,50	1577,16	1503,75
	VI	**2457,25**	443,83	443,83							
7574,99 Ost	I,IV	**1954,41**	443,83	443,83	I	1807,58	1660,83	1514,00	1367,25	1220,91	1079,58
	II	**1814,16**	443,83	443,83	II	1667,33	1520,58	1373,75	1227,33	1085,66	950,08
	III	**1314,83**	443,83	443,83	III	1197,83	1084,00	973,00	865,16	760,33	658,66
	V	**2431,25**	443,83	443,83	IV	1881,00	1807,58	1734,25	1660,83	1587,41	1514,00
	VI	**2467,50**	443,83	443,83							
7577,99 West	I,IV	**1945,41**	443,83	443,83	I	1798,58	1651,83	1505,00	1358,25	1212,08	1071,08
	II	**1805,08**	443,83	443,83	II	1658,33	1511,50	1364,75	1218,41	1077,16	942,00
	III	**1307,50**	443,83	443,83	III	1190,83	1077,00	966,33	858,66	754,00	652,50
	V	**2422,25**	443,83	443,83	IV	1872,00	1798,58	1725,16	1651,83	1578,41	1505,00
	VI	**2458,50**	443,83	443,83							
7577,99 Ost	I,IV	**1955,66**	443,83	443,83	I	1808,91	1662,08	1515,33	1368,50	1222,16	1080,75
	II	**1815,41**	443,83	443,83	II	1668,58	1521,83	1375,00	1228,58	1086,91	951,25
	III	**1315,83**	443,83	443,83	III	1198,83	1084,83	974,00	866,16	761,33	659,50
	V	**2432,50**	443,83	443,83	IV	1882,25	1808,91	1735,50	1662,08	1588,66	1515,33
	VI	**2468,83**	443,83	443,83							

* Zur LSt-Berechnung für privat versicherte Arbeitnehmer s. Beispiele **Vorbemerkung S. 4 f.**
** Basisvorsorgepauschale KV und PV *** Typisierter Arbeitgeberzuschuss

Lohn/ Gehalt in € bis	Steuerklasse	**Lohn-steuer***	BVSP**	TAGZ***	Steuerklasse	Bemessungsgrundlage für Kirchensteuer und Solidaritätszuschlag – Freibeträge für ... Kinder 0,5	**1,0**	1,5	**2,0**	2,5	**3,0**
7 580,99 West	I,IV	**1 946,66**	443,83	443,83	I	1 799,83	1 653,08	1 506,25	1 359,50	1 213,25	1 072,25
	II	**1 806,33**	443,83	443,83	II	1 659,58	1 512,75	1 366,00	1 219,66	1 078,33	943,08
	III	**1 308,50**	443,83	443,83	III	1 191,83	1 078,00	967,33	859,66	755,00	653,33
	V	**2 423,50**	443,83	443,83	IV	1 873,25	1 799,83	1 726,41	1 653,08	1 579,66	1 506,25
	VI	**2 459,75**	443,83	443,83							
7 580,99 Ost	I,IV	**1 956,91**	443,83	443,83	I	1 810,16	1 663,33	1 516,58	1 369,75	1 223,41	1 081,91
	II	**1 816,66**	443,83	443,83	II	1 669,83	1 523,08	1 376,25	1 229,83	1 088,08	952,41
	III	**1 316,83**	443,83	443,83	III	1 199,83	1 085,83	975,00	867,00	762,16	660,33
	V	**2 433,83**	443,83	443,83	IV	1 883,50	1 810,16	1 736,75	1 663,33	1 589,91	1 516,58
	VI	**2 470,08**	443,83	443,83							
7 583,99 West	I,IV	**1 947,91**	443,83	443,83	I	1 801,08	1 654,33	1 507,50	1 360,75	1 214,50	1 073,41
	II	**1 807,58**	443,83	443,83	II	1 660,83	1 514,00	1 367,25	1 220,91	1 079,58	944,25
	III	**1 309,50**	443,83	443,83	III	1 192,66	1 079,00	968,16	860,50	755,83	654,16
	V	**2 424,75**	443,83	443,83	IV	1 874,50	1 801,08	1 727,75	1 654,33	1 580,91	1 507,50
	VI	**2 461,00**	443,83	443,83							
7 583,99 Ost	I,IV	**1 958,16**	443,83	443,83	I	1 811,41	1 664,58	1 517,83	1 371,00	1 224,66	1 083,08
	II	**1 817,91**	443,83	443,83	II	1 671,08	1 524,33	1 377,50	1 231,08	1 089,25	953,50
	III	**1 317,83**	443,83	443,83	III	1 200,83	1 086,83	975,83	868,00	763,00	661,16
	V	**2 435,08**	443,83	443,83	IV	1 884,83	1 811,41	1 738,00	1 664,58	1 591,25	1 517,83
	VI	**2 471,33**	443,83	443,83							
7 586,99 West	I,IV	**1 949,16**	443,83	443,83	I	1 802,33	1 655,58	1 508,75	1 362,00	1 215,75	1 074,58
	II	**1 808,91**	443,83	443,83	II	1 662,08	1 515,33	1 368,50	1 222,16	1 080,75	945,41
	III	**1 310,50**	443,83	443,83	III	1 193,66	1 080,00	969,16	861,33	756,66	655,00
	V	**2 426,00**	443,83	443,83	IV	1 875,75	1 802,33	1 729,00	1 655,58	1 582,16	1 508,75
	VI	**2 462,25**	443,83	443,83							
7 586,99 Ost	I,IV	**1 959,41**	443,83	443,83	I	1 812,66	1 665,83	1 519,08	1 372,25	1 225,91	1 084,33
	II	**1 819,16**	443,83	443,83	II	1 672,41	1 525,58	1 378,83	1 232,33	1 090,50	954,66
	III	**1 318,83**	443,83	443,83	III	1 201,83	1 087,83	976,83	868,83	764,00	662,00
	V	**2 436,33**	443,83	443,83	IV	1 886,08	1 812,66	1 739,25	1 665,83	1 592,50	1 519,08
	VI	**2 472,58**	443,83	443,83							
7 589,99 West	I,IV	**1 950,41**	443,83	443,83	I	1 803,66	1 656,83	1 510,08	1 363,25	1 217,00	1 075,83
	II	**1 810,16**	443,83	443,83	II	1 663,33	1 516,58	1 369,75	1 223,41	1 081,91	946,50
	III	**1 311,50**	443,83	443,83	III	1 194,66	1 080,83	970,16	862,33	757,50	655,83
	V	**2 427,25**	443,83	443,83	IV	1 877,00	1 803,66	1 730,25	1 656,83	1 583,41	1 510,08
	VI	**2 463,58**	443,83	443,83							
7 589,99 Ost	I,IV	**1 960,75**	443,83	443,83	I	1 813,91	1 667,16	1 520,33	1 373,58	1 227,16	1 085,50
	II	**1 820,41**	443,83	443,83	II	1 673,66	1 526,83	1 380,08	1 233,58	1 091,66	955,83
	III	**1 319,83**	443,83	443,83	III	1 202,83	1 088,83	977,83	869,83	764,83	662,83
	V	**2 437,58**	443,83	443,83	IV	1 887,33	1 813,91	1 740,50	1 667,16	1 593,75	1 520,33
	VI	**2 473,83**	443,83	443,83							
7 592,99 West	I,IV	**1 951,66**	443,83	443,83	I	1 804,91	1 658,08	1 511,33	1 364,50	1 218,25	1 077,00
	II	**1 811,41**	443,83	443,83	II	1 664,58	1 517,83	1 371,00	1 224,66	1 083,08	947,66
	III	**1 312,66**	443,83	443,83	III	1 195,66	1 081,83	971,00	863,16	758,50	656,66
	V	**2 428,58**	443,83	443,83	IV	1 878,25	1 804,91	1 731,50	1 658,08	1 584,66	1 511,33
	VI	**2 464,83**	443,83	443,83							
7 592,99 Ost	I,IV	**1 962,00**	443,83	443,83	I	1 815,16	1 668,41	1 521,58	1 374,83	1 228,33	1 086,66
	II	**1 821,66**	443,83	443,83	II	1 674,91	1 528,08	1 381,33	1 234,83	1 092,83	956,91
	III	**1 320,83**	443,83	443,83	III	1 203,83	1 089,66	978,66	870,66	765,66	663,83
	V	**2 438,83**	443,83	443,83	IV	1 888,58	1 815,16	1 741,75	1 668,41	1 595,00	1 521,58
	VI	**2 475,08**	443,83	443,83							
7 595,99 West	I,IV	**1 952,91**	443,83	443,83	I	1 806,16	1 659,33	1 512,58	1 365,75	1 219,50	1 078,16
	II	**1 812,66**	443,83	443,83	II	1 665,83	1 519,08	1 372,25	1 225,91	1 084,33	948,75
	III	**1 313,66**	443,83	443,83	III	1 196,66	1 082,83	972,00	864,16	759,33	657,50
	V	**2 429,83**	443,83	443,83	IV	1 879,58	1 806,16	1 732,75	1 659,33	1 586,00	1 512,58
	VI	**2 466,08**	443,83	443,83							
7 595,99 Ost	I,IV	**1 963,25**	443,83	443,83	I	1 816,41	1 669,66	1 522,83	1 376,08	1 229,58	1 087,91
	II	**1 822,91**	443,83	443,83	II	1 676,16	1 529,33	1 382,58	1 236,00	1 094,00	958,08
	III	**1 321,83**	443,83	443,83	III	1 204,83	1 090,66	979,66	871,66	766,66	664,66
	V	**2 440,08**	443,83	443,83	IV	1 889,83	1 816,41	1 743,08	1 669,66	1 596,25	1 522,83
	VI	**2 476,33**	443,83	443,83							

* Zur LSt-Berechnung für privat versicherte Arbeitnehmer s. Beispiele **Vorbemerkung S. 4f.**
** Basisvorsorgepauschale KV und PV *** Typisierter Arbeitgeberzuschuss

Lohn/ Gehalt in € bis	Steuerklasse	Lohn-steuer*	BVSP**	TAGZ***	Steuerklasse	Bemessungsgrundlage für Kirchensteuer und Solidaritätszuschlag – Freibeträge für ... Kinder 0,5	1,0	1,5	2,0	2,5	3,0
7598,99 West	I,IV	**1954,16**	443,83	443,83	I	1807,41	1660,58	1513,83	1367,00	1220,75	1079,33
	II	**1813,91**	443,83	443,83	II	1667,16	1520,33	1373,58	1227,16	1085,50	949,91
	III	**1314,66**	443,83	443,83	III	1197,66	1083,83	972,83	865,00	760,16	658,50
	V	**2431,08**	443,83	443,83	IV	1880,83	1807,41	1734,00	1660,58	1587,25	1513,83
	VI	**2467,33**	443,83	443,83							
7598,99 Ost	I,IV	**1964,50**	443,83	443,83	I	1817,66	1670,91	1524,08	1377,33	1230,83	1089,08
	II	**1824,25**	443,83	443,83	II	1677,41	1530,66	1383,83	1237,25	1095,25	959,25
	III	**1323,00**	443,83	443,83	III	1205,83	1091,66	980,66	872,50	767,50	665,50
	V	**2441,33**	443,83	443,83	IV	1891,08	1817,66	1744,33	1670,91	1597,50	1524,08
	VI	**2477,58**	443,83	443,83							
7601,99 West	I,IV	**1955,50**	443,83	443,83	I	1808,66	1661,91	1515,08	1368,33	1222,00	1080,58
	II	**1815,16**	443,83	443,83	II	1668,41	1521,58	1374,83	1228,33	1086,66	951,08
	III	**1315,66**	443,83	443,83	III	1198,66	1084,83	973,83	866,00	761,16	659,33
	V	**2432,33**	443,83	443,83	IV	1882,08	1808,66	1735,25	1661,91	1588,50	1515,08
	VI	**2468,58**	443,83	443,83							
7601,99 Ost	I,IV	**1965,75**	443,83	443,83	I	1819,00	1672,16	1525,41	1378,58	1232,08	1090,25
	II	**1825,50**	443,83	443,83	II	1678,66	1531,91	1385,08	1238,50	1096,41	960,33
	III	**1324,00**	443,83	443,83	III	1206,83	1092,66	981,50	873,50	768,33	666,33
	V	**2442,58**	443,83	443,83	IV	1892,33	1819,00	1745,58	1672,16	1598,75	1525,41
	VI	**2478,83**	443,83	443,83							
7604,99 West	I,IV	**1956,75**	443,83	443,83	I	1809,91	1663,16	1516,33	1369,58	1223,16	1081,75
	II	**1816,41**	443,83	443,83	II	1669,66	1522,83	1376,08	1229,58	1087,91	952,16
	III	**1316,66**	443,83	443,83	III	1199,66	1085,66	974,83	866,83	762,00	660,16
	V	**2433,58**	443,83	443,83	IV	1883,33	1809,91	1736,50	1663,16	1589,75	1516,33
	VI	**2469,83**	443,83	443,83							
7604,99 Ost	I,IV	**1967,00**	443,83	443,83	I	1820,25	1673,41	1526,66	1379,83	1233,33	1091,41
	II	**1826,75**	443,83	443,83	II	1679,91	1533,16	1386,33	1239,75	1097,58	961,50
	III	**1325,00**	443,83	443,83	III	1207,83	1093,66	982,50	874,33	769,33	667,16
	V	**2443,83**	443,83	443,83	IV	1893,58	1820,25	1746,83	1673,41	1600,00	1526,66
	VI	**2480,16**	443,83	443,83							
7607,99 West	I,IV	**1958,00**	443,83	443,83	I	1811,16	1664,41	1517,58	1370,83	1224,41	1082,91
	II	**1817,66**	443,83	443,83	II	1670,91	1524,08	1377,33	1230,83	1089,08	953,33
	III	**1317,66**	443,83	443,83	III	1200,66	1086,66	975,66	867,83	762,83	661,00
	V	**2434,83**	443,83	443,83	IV	1884,58	1811,16	1737,83	1664,41	1591,00	1517,58
	VI	**2471,08**	443,83	443,83							
7607,99 Ost	I,IV	**1968,25**	443,83	443,83	I	1821,50	1674,66	1527,91	1381,08	1234,58	1092,66
	II	**1828,00**	443,83	443,83	II	1681,16	1534,41	1387,58	1241,00	1098,83	962,66
	III	**1326,00**	443,83	443,83	III	1208,83	1094,50	983,33	875,33	770,16	668,00
	V	**2445,16**	443,83	443,83	IV	1894,83	1821,50	1748,08	1674,66	1601,33	1527,91
	VI	**2481,41**	443,83	443,83							
7610,99 West	I,IV	**1959,25**	443,83	443,83	I	1812,41	1665,66	1518,83	1372,08	1225,66	1084,08
	II	**1819,00**	443,83	443,83	II	1672,16	1525,41	1378,58	1232,08	1090,25	954,50
	III	**1318,66**	443,83	443,83	III	1201,66	1087,66	976,66	868,66	763,83	661,83
	V	**2436,08**	443,83	443,83	IV	1885,83	1812,41	1739,08	1665,66	1592,25	1518,83
	VI	**2472,33**	443,83	443,83							
7610,99 Ost	I,IV	**1969,50**	443,83	443,83	I	1822,75	1675,91	1529,16	1382,33	1235,83	1093,83
	II	**1829,25**	443,83	443,83	II	1682,50	1535,66	1388,91	1242,25	1100,00	963,83
	III	**1327,00**	443,83	443,83	III	1209,83	1095,50	984,33	876,16	771,00	669,00
	V	**2446,41**	443,83	443,83	IV	1896,16	1822,75	1749,33	1675,91	1602,58	1529,16
	VI	**2482,66**	443,83	443,83							
7613,99 West	I,IV	**1960,50**	443,83	443,83	I	1813,75	1666,91	1520,16	1373,33	1226,91	1085,33
	II	**1820,25**	443,83	443,83	II	1673,41	1526,66	1379,83	1233,33	1091,41	955,58
	III	**1319,66**	443,83	443,83	III	1202,66	1088,66	977,66	869,66	764,66	662,66
	V	**2437,33**	443,83	443,83	IV	1887,08	1813,75	1740,33	1666,91	1593,50	1520,16
	VI	**2473,58**	443,83	443,83							
7613,99 Ost	I,IV	**1970,75**	443,83	443,83	I	1824,00	1677,25	1530,41	1383,66	1237,08	1095,00
	II	**1830,50**	443,83	443,83	II	1683,75	1536,91	1390,16	1243,50	1101,16	964,91
	III	**1328,00**	443,83	443,83	III	1210,83	1096,50	985,33	877,16	772,00	669,83
	V	**2447,66**	443,83	443,83	IV	1897,41	1824,00	1750,58	1677,25	1603,83	1530,41
	VI	**2483,91**	443,83	443,83							

* Zur LSt-Berechnung für privat versicherte Arbeitnehmer s. Beispiele **Vorbemerkung S. 4f.**
** Basisvorsorgepauschale KV und PV *** Typisierter Arbeitgeberzuschuss

Lohn/ Gehalt in € bis	Steuerklasse	**Lohn-steuer***	BVSP**	TAGZ***	Steuerklasse	Bemessungsgrundlage für Kirchensteuer und Solidaritätszuschlag					
						Freibeträge für ... Kinder					
						0,5	**1,0**	1,5	**2,0**	2,5	**3,0**
7616,99	I,IV	**1961,75**	443,83	443,83	I	1815,00	1668,16	1521,41	1374,58	1228,16	1086,50
West	II	**1821,50**	443,83	443,83	II	1674,66	1527,91	1381,08	1234,58	1092,66	956,75
	III	**1320,66**	443,83	443,83	III	1203,66	1089,50	978,50	870,50	765,50	663,66
	V	**2438,58**	443,83	443,83	IV	1888,33	1815,00	1741,58	1668,16	1594,75	1521,41
	VI	**2474,91**	443,83	443,83							
7616,99	I,IV	**1972,08**	443,83	443,83	I	1825,25	1678,50	1531,66	1384,91	1238,33	1096,25
Ost	II	**1831,75**	443,83	443,83	II	1685,00	1538,16	1391,41	1244,75	1102,41	966,08
	III	**1329,00**	443,83	443,83	III	1211,66	1097,50	986,16	878,00	772,83	670,66
	V	**2448,91**	443,83	443,83	IV	1898,66	1825,25	1751,83	1678,50	1605,08	1531,66
	VI	**2485,16**	443,83	443,83							
7619,99	I,IV	**1963,00**	443,83	443,83	I	1816,25	1669,41	1522,66	1375,83	1229,41	1087,66
West	II	**1822,75**	443,83	443,83	II	1675,91	1529,16	1382,33	1235,83	1093,83	957,91
	III	**1321,66**	443,83	443,83	III	1204,66	1090,50	979,50	871,50	766,50	664,50
	V	**2439,91**	443,83	443,83	IV	1889,58	1816,25	1742,83	1669,41	1596,08	1522,66
	VI	**2476,16**	443,83	443,83							
7619,99	I,IV	**1973,33**	443,83	443,83	I	1826,50	1679,75	1532,91	1386,16	1239,58	1097,41
Ost	II	**1833,00**	443,83	443,83	II	1686,25	1539,41	1392,66	1246,00	1103,58	967,25
	III	**1330,00**	443,83	443,83	III	1212,66	1098,50	987,16	879,00	773,66	671,50
	V	**2450,16**	443,83	443,83	IV	1899,91	1826,50	1753,08	1679,75	1606,33	1532,91
	VI	**2486,41**	443,83	443,83							
7622,99	I,IV	**1964,25**	443,83	443,83	I	1817,50	1670,66	1523,91	1377,08	1230,66	1088,83
West	II	**1824,00**	443,83	443,83	II	1677,25	1530,41	1383,66	1237,08	1095,00	959,00
	III	**1322,83**	443,83	443,83	III	1205,66	1091,50	980,50	872,33	767,33	665,33
	V	**2441,16**	443,83	443,83	IV	1890,91	1817,50	1744,08	1670,66	1597,33	1523,91
	VI	**2477,41**	443,83	443,83							
7622,99	I,IV	**1974,58**	443,83	443,83	I	1827,75	1681,00	1534,16	1387,41	1240,83	1098,58
Ost	II	**1834,25**	443,83	443,83	II	1687,50	1540,75	1393,91	1247,25	1104,83	968,41
	III	**1331,00**	443,83	443,83	III	1213,66	1099,33	988,16	879,83	774,66	672,33
	V	**2451,41**	443,83	443,83	IV	1901,16	1827,75	1754,41	1681,00	1607,58	1534,16
	VI	**2487,66**	443,83	443,83							
7625,99	I,IV	**1965,50**	443,83	443,83	I	1818,75	1672,00	1525,16	1378,41	1231,91	1090,08
West	II	**1825,25**	443,83	443,83	II	1678,50	1531,66	1384,91	1238,33	1096,25	960,16
	III	**1323,83**	443,83	443,83	III	1206,66	1092,50	981,33	873,33	768,16	666,16
	V	**2442,41**	443,83	443,83	IV	1892,16	1818,75	1745,33	1672,00	1598,58	1525,16
	VI	**2478,66**	443,83	443,83							
7625,99	I,IV	**1975,83**	443,83	443,83	I	1829,00	1682,25	1535,50	1388,66	1242,08	1099,83
Ost	II	**1835,58**	443,83	443,83	II	1688,75	1542,00	1395,16	1248,50	1106,00	969,50
	III	**1332,16**	443,83	443,83	III	1214,66	1100,33	989,00	880,83	775,50	673,33
	V	**2452,66**	443,83	443,83	IV	1902,41	1829,00	1755,66	1682,25	1608,83	1535,50
	VI	**2488,91**	443,83	443,83							
7628,99	I,IV	**1966,83**	443,83	443,83	I	1820,00	1673,25	1526,41	1379,66	1233,16	1091,25
West	II	**1826,50**	443,83	443,83	II	1679,75	1532,91	1386,16	1239,58	1097,41	961,33
	III	**1324,83**	443,83	443,83	III	1207,66	1093,50	982,33	874,16	769,16	667,00
	V	**2443,66**	443,83	443,83	IV	1893,41	1820,00	1746,58	1673,25	1599,83	1526,41
	VI	**2479,91**	443,83	443,83							
7628,99	I,IV	**1977,08**	443,83	443,83	I	1830,33	1683,50	1536,75	1389,91	1243,33	1101,00
Ost	II	**1836,83**	443,83	443,83	II	1690,00	1543,25	1396,41	1249,75	1107,16	970,66
	III	**1333,16**	443,83	443,83	III	1215,66	1101,33	990,00	881,66	776,33	674,16
	V	**2453,91**	443,83	443,83	IV	1903,66	1830,33	1756,91	1683,50	1610,08	1536,75
	VI	**2490,25**	443,83	443,83							
7631,99	I,IV	**1968,08**	443,83	443,83	I	1821,25	1674,50	1527,66	1380,91	1234,41	1092,41
West	II	**1827,75**	443,83	443,83	II	1681,00	1534,16	1387,41	1240,83	1098,58	962,50
	III	**1325,83**	443,83	443,83	III	1208,66	1094,33	983,33	875,16	770,00	668,00
	V	**2444,91**	443,83	443,83	IV	1894,66	1821,25	1747,83	1674,50	1601,08	1527,66
	VI	**2481,16**	443,83	443,83							
7631,99	I,IV	**1978,33**	443,83	443,83	I	1831,58	1684,75	1538,00	1391,16	1244,58	1102,16
Ost	II	**1838,08**	443,83	443,83	II	1691,25	1544,50	1397,66	1251,00	1108,41	971,83
	III	**1334,16**	443,83	443,83	III	1216,66	1102,33	991,00	882,66	777,33	675,00
	V	**2455,25**	443,83	443,83	IV	1904,91	1831,58	1758,16	1684,75	1611,33	1538,00
	VI	**2491,50**	443,83	443,83							

* Zur LSt-Berechnung für privat versicherte Arbeitnehmer s. Beispiele **Vorbemerkung S. 4f.**
** Basisvorsorgepauschale KV und PV *** Typisierter Arbeitgeberzuschuss

Lohn/ Gehalt in € bis	Steuerklasse	Lohn-steuer*	BVSP**	TAGZ***	Steuerklasse	Bemessungsgrundlage für Kirchensteuer und Solidaritätszuschlag – Freibeträge für ... Kinder 0,5	1,0	1,5	2,0	2,5	3,0
7634,99 West	I,IV	**1969,33**	443,83	443,83	I	1822,50	1675,75	1528,91	1382,16	1235,58	1093,66
	II	**1829,00**	443,83	443,83	II	1682,25	1535,50	1388,66	1242,08	1099,83	963,58
	III	**1326,83**	443,83	443,83	III	1209,66	1095,33	984,16	876,00	770,83	668,83
	V	**2446,16**	443,83	443,83	IV	1895,91	1822,50	1749,16	1675,75	1602,33	1528,91
	VI	**2482,41**	443,83	443,83							
7634,99 Ost	I,IV	**1979,58**	443,83	443,83	I	1832,83	1686,00	1539,25	1392,41	1245,83	1103,41
	II	**1839,33**	443,83	443,83	II	1692,50	1545,75	1399,00	1252,25	1109,58	973,00
	III	**1335,16**	443,83	443,83	III	1217,66	1103,33	991,83	883,50	778,16	675,83
	V	**2456,50**	443,83	443,83	IV	1906,25	1832,83	1759,41	1686,00	1612,66	1539,25
	VI	**2492,75**	443,83	443,83							
7637,99 West	I,IV	**1970,58**	443,83	443,83	I	1823,75	1677,00	1530,25	1383,41	1236,83	1094,83
	II	**1830,33**	443,83	443,83	II	1683,50	1536,75	1389,91	1243,33	1101,00	964,75
	III	**1327,83**	443,83	443,83	III	1210,66	1096,33	985,16	877,00	771,83	669,66
	V	**2447,41**	443,83	443,83	IV	1897,16	1823,75	1750,41	1677,00	1603,58	1530,25
	VI	**2483,66**	443,83	443,83							
7637,99 Ost	I,IV	**1980,83**	443,83	443,83	I	1834,08	1687,25	1540,50	1393,75	1247,08	1104,58
	II	**1840,58**	443,83	443,83	II	1693,83	1547,00	1400,25	1253,50	1110,75	974,08
	III	**1336,16**	443,83	443,83	III	1218,66	1104,33	992,83	884,50	779,00	676,66
	V	**2457,75**	443,83	443,83	IV	1907,50	1834,08	1760,66	1687,25	1613,91	1540,50
	VI	**2494,00**	443,83	443,83							
7640,99 West	I,IV	**1971,83**	443,83	443,83	I	1825,08	1678,25	1531,50	1384,66	1238,08	1096,00
	II	**1831,58**	443,83	443,83	II	1684,75	1538,00	1391,16	1244,58	1102,16	965,91
	III	**1328,83**	443,83	443,83	III	1211,50	1097,33	986,00	877,83	772,66	670,50
	V	**2448,66**	443,83	443,83	IV	1898,41	1825,08	1751,66	1678,25	1604,83	1531,50
	VI	**2485,00**	443,83	443,83							
7640,99 Ost	I,IV	**1982,16**	443,83	443,83	I	1835,33	1688,58	1541,75	1395,00	1248,33	1105,75
	II	**1841,83**	443,83	443,83	II	1695,08	1548,25	1401,50	1254,75	1112,00	975,25
	III	**1337,16**	443,83	443,83	III	1219,66	1105,16	993,83	885,33	780,00	677,50
	V	**2459,00**	443,83	443,83	IV	1908,75	1835,33	1761,91	1688,58	1615,16	1541,75
	VI	**2495,25**	443,83	443,83							
7643,99 West	I,IV	**1973,08**	443,83	443,83	I	1826,33	1679,50	1532,75	1385,91	1239,33	1097,25
	II	**1832,83**	443,83	443,83	II	1686,00	1539,25	1392,41	1245,83	1103,41	967,00
	III	**1329,83**	443,83	443,83	III	1212,50	1098,33	987,00	878,83	773,50	671,33
	V	**2450,00**	443,83	443,83	IV	1899,66	1826,33	1752,91	1679,50	1606,08	1532,75
	VI	**2486,25**	443,83	443,83							
7643,99 Ost	I,IV	**1983,41**	443,83	443,83	I	1836,58	1689,83	1543,00	1396,25	1249,58	1107,00
	II	**1843,08**	443,83	443,83	II	1696,33	1549,50	1402,75	1256,00	1113,16	976,41
	III	**1338,16**	443,83	443,83	III	1220,66	1106,16	994,66	886,33	780,83	678,50
	V	**2460,25**	443,83	443,83	IV	1910,00	1836,58	1763,16	1689,83	1616,41	1543,00
	VI	**2496,50**	443,83	443,83							
7646,99 West	I,IV	**1974,33**	443,83	443,83	I	1827,58	1680,75	1534,00	1387,16	1240,58	1098,41
	II	**1834,08**	443,83	443,83	II	1687,25	1540,50	1393,75	1247,08	1104,58	968,16
	III	**1330,83**	443,83	443,83	III	1213,50	1099,33	988,00	879,66	774,50	672,16
	V	**2451,25**	443,83	443,83	IV	1901,00	1827,58	1754,16	1680,75	1607,41	1534,00
	VI	**2487,50**	443,83	443,83							
7646,99 Ost	I,IV	**1984,66**	443,83	443,83	I	1837,83	1691,08	1544,25	1397,50	1250,83	1108,16
	II	**1844,33**	443,83	443,83	II	1697,58	1550,75	1404,00	1257,25	1114,41	977,58
	III	**1339,33**	443,83	443,83	III	1221,66	1107,16	995,66	887,16	781,66	679,33
	V	**2461,50**	443,83	443,83	IV	1911,25	1837,83	1764,50	1691,08	1617,66	1544,25
	VI	**2497,75**	443,83	443,83							
7649,99 West	I,IV	**1975,58**	443,83	443,83	I	1828,83	1682,00	1535,25	1388,50	1241,83	1099,58
	II	**1835,33**	443,83	443,83	II	1688,58	1541,75	1395,00	1248,33	1105,75	969,33
	III	**1332,00**	443,83	443,83	III	1214,50	1100,16	988,83	880,66	775,33	673,16
	V	**2452,50**	443,83	443,83	IV	1902,25	1828,83	1755,41	1682,00	1608,66	1535,25
	VI	**2488,75**	443,83	443,83							
7649,99 Ost	I,IV	**1985,91**	443,83	443,83	I	1839,08	1692,33	1545,50	1398,75	1252,08	1109,41
	II	**1845,66**	443,83	443,83	II	1698,83	1552,08	1405,25	1258,50	1115,58	978,66
	III	**1340,33**	443,83	443,83	III	1222,66	1108,16	996,66	888,16	782,66	680,16
	V	**2462,75**	443,83	443,83	IV	1912,50	1839,08	1765,75	1692,33	1618,91	1545,50
	VI	**2499,00**	443,83	443,83							

* Zur LSt-Berechnung für privat versicherte Arbeitnehmer s. Beispiele **Vorbemerkung S. 4 f.**
** Basisvorsorgepauschale KV und PV *** Typisierter Arbeitgeberzuschuss

Lohn/ Gehalt in € bis	Steuerklasse	**Lohn-steuer***	BVSP**	TAGZ***	Steuerklasse	Bemessungsgrundlage für Kirchensteuer und Solidaritätszuschlag – Freibeträge für ... Kinder					
						0,5	**1,0**	1,5	**2,0**	2,5	**3,0**
7652,99 West	I,IV	**1976,91**	443,83	443,83	I	1830,08	1683,33	1536,50	1389,75	1243,08	1100,83
	II	**1836,58**	443,83	443,83	II	1689,83	1543,00	1396,25	1249,58	1107,00	970,50
	III	**1333,00**	443,83	443,83	III	1215,50	1101,16	989,83	881,50	776,16	674,00
	V	**2453,75**	443,83	443,83	IV	1903,50	1830,08	1756,66	1683,33	1609,91	1536,50
	VI	**2490,00**	443,83	443,83							
7652,99 Ost	I,IV	**1987,16**	443,83	443,83	I	1840,41	1693,58	1546,83	1400,00	1253,33	1110,58
	II	**1846,91**	443,83	443,83	II	1700,08	1553,33	1406,50	1259,75	1116,75	979,83
	III	**1341,33**	443,83	443,83	III	1223,66	1109,16	997,50	889,00	783,50	681,00
	V	**2464,00**	443,83	443,83	IV	1913,75	1840,41	1767,00	1693,58	1620,16	1546,83
	VI	**2500,33**	443,83	443,83							
7655,99 West	I,IV	**1978,16**	443,83	443,83	I	1831,33	1684,58	1537,75	1391,00	1244,33	1102,00
	II	**1837,83**	443,83	443,83	II	1691,08	1544,25	1397,50	1250,83	1108,16	971,58
	III	**1334,00**	443,83	443,83	III	1216,50	1102,16	990,83	882,50	777,16	674,83
	V	**2455,00**	443,83	443,83	IV	1904,75	1831,33	1757,91	1684,58	1611,16	1537,75
	VI	**2491,25**	443,83	443,83							
7655,99 Ost	I,IV	**1988,41**	443,83	443,83	I	1841,66	1694,83	1548,08	1401,25	1254,58	1111,75
	II	**1848,16**	443,83	443,83	II	1701,33	1554,58	1407,75	1261,00	1118,00	981,00
	III	**1342,33**	443,83	443,83	III	1224,66	1110,00	998,50	890,00	784,33	681,83
	V	**2465,33**	443,83	443,83	IV	1915,00	1841,66	1768,25	1694,83	1621,41	1548,08
	VI	**2501,58**	443,83	443,83							
7658,99 West	I,IV	**1979,41**	443,83	443,83	I	1832,58	1685,83	1539,00	1392,25	1245,58	1103,16
	II	**1839,08**	443,83	443,83	II	1692,33	1545,50	1398,75	1252,08	1109,41	972,75
	III	**1335,00**	443,83	443,83	III	1217,50	1103,16	991,66	883,33	778,00	675,66
	V	**2456,25**	443,83	443,83	IV	1906,00	1832,58	1759,25	1685,83	1612,41	1539,00
	VI	**2492,50**	443,83	443,83							
7658,99 Ost	I,IV	**1989,66**	443,83	443,83	I	1842,91	1696,08	1549,33	1402,50	1255,83	1113,00
	II	**1849,41**	443,83	443,83	II	1702,58	1555,83	1409,00	1262,25	1119,16	982,16
	III	**1343,33**	443,83	443,83	III	1225,66	1111,00	999,50	890,83	785,33	682,83
	V	**2466,58**	443,83	443,83	IV	1916,33	1842,91	1769,50	1696,08	1622,75	1549,33
	VI	**2502,83**	443,83	443,83							
7661,99 West	I,IV	**1980,66**	443,83	443,83	I	1833,83	1687,08	1540,25	1393,50	1246,83	1104,41
	II	**1840,41**	443,83	443,83	II	1693,58	1546,83	1400,00	1253,33	1110,58	973,91
	III	**1336,00**	443,83	443,83	III	1218,50	1104,16	992,66	884,33	778,83	676,50
	V	**2457,50**	443,83	443,83	IV	1907,25	1833,83	1760,50	1687,08	1613,66	1540,25
	VI	**2493,75**	443,83	443,83							
7661,99 Ost	I,IV	**1990,91**	443,83	443,83	I	1844,16	1697,33	1550,58	1403,75	1257,08	1114,16
	II	**1850,66**	443,83	443,83	II	1703,91	1557,08	1410,33	1263,50	1120,41	983,33
	III	**1344,33**	443,83	443,83	III	1226,66	1112,00	1000,33	891,83	786,16	683,66
	V	**2467,83**	443,83	443,83	IV	1917,58	1844,16	1770,75	1697,33	1624,00	1550,58
	VI	**2504,08**	443,83	443,83							
7664,99 West	I,IV	**1981,91**	443,83	443,83	I	1835,16	1688,33	1541,58	1394,75	1248,08	1105,58
	II	**1841,66**	443,83	443,83	II	1694,83	1548,08	1401,25	1254,58	1111,75	975,08
	III	**1337,00**	443,83	443,83	III	1219,50	1105,00	993,66	885,16	779,83	677,50
	V	**2458,75**	443,83	443,83	IV	1908,50	1835,16	1761,75	1688,33	1614,91	1541,58
	VI	**2495,08**	443,83	443,83							
7664,99 Ost	I,IV	**1992,25**	443,83	443,83	I	1845,41	1698,66	1551,83	1405,08	1258,33	1115,41
	II	**1851,91**	443,83	443,83	II	1705,16	1558,33	1411,58	1264,75	1121,58	984,41
	III	**1345,33**	443,83	443,83	III	1227,66	1113,00	1001,33	892,66	787,16	684,50
	V	**2469,08**	443,83	443,83	IV	1918,83	1845,41	1772,00	1698,66	1625,25	1551,83
	VI	**2505,33**	443,83	443,83							
7667,99 West	I,IV	**1983,16**	443,83	443,83	I	1836,41	1689,58	1542,83	1396,00	1249,33	1106,75
	II	**1842,91**	443,83	443,83	II	1696,08	1549,33	1402,50	1255,83	1113,00	976,25
	III	**1338,00**	443,83	443,83	III	1220,50	1106,00	994,50	886,16	780,66	678,33
	V	**2460,08**	443,83	443,83	IV	1909,75	1836,41	1763,00	1689,58	1616,16	1542,83
	VI	**2496,33**	443,83	443,83							
7667,99 Ost	I,IV	**1993,50**	443,83	443,83	I	1846,66	1699,91	1553,08	1406,33	1259,58	1116,58
	II	**1853,16**	443,83	443,83	II	1706,41	1559,58	1412,83	1266,08	1122,83	985,58
	III	**1346,33**	443,83	443,83	III	1228,66	1114,00	1002,33	893,66	788,00	685,33
	V	**2470,33**	443,83	443,83	IV	1920,08	1846,66	1773,25	1699,91	1626,50	1553,08
	VI	**2506,58**	443,83	443,83							

* Zur LSt-Berechnung für privat versicherte Arbeitnehmer s. Beispiele **Vorbemerkung S. 4f.**
** Basisvorsorgepauschale KV und PV *** Typisierter Arbeitgeberzuschuss

Lohn/ Gehalt in € bis	Steuerklasse	Lohn-steuer*	BVSP**	TAGZ***	Steuerklasse	Bemessungsgrundlage für Kirchensteuer und Solidaritätszuschlag					
						Freibeträge für ... Kinder					
						0,5	**1,0**	1,5	**2,0**	2,5	**3,0**
7670,99	I,IV	**1984,41**	443,83	443,83	I	1837,66	1690,83	1544,08	1397,25	1250,58	1108,00
West	II	**1844,16**	443,83	443,83	II	1697,33	1550,58	1403,75	1257,08	1114,16	977,33
	III	**1339,00**	443,83	443,83	III	1221,50	1107,00	995,50	887,00	781,66	679,16
	V	**2461,33**	443,83	443,83	IV	1911,08	1837,66	1764,25	1690,83	1617,50	1544,08
	VI	**2497,58**	443,83	443,83							
7670,99	I,IV	**1994,75**	443,83	443,83	I	1847,91	1701,16	1554,33	1407,58	1260,83	1117,75
Ost	II	**1854,41**	443,83	443,83	II	1707,66	1560,83	1414,08	1267,33	1124,00	986,75
	III	**1347,50**	443,83	443,83	III	1229,66	1115,00	1003,16	894,50	788,83	686,16
	V	**2471,58**	443,83	443,83	IV	1921,33	1847,91	1774,58	1701,16	1627,75	1554,33
	VI	**2507,83**	443,83	443,83							
7673,99	I,IV	**1985,66**	443,83	443,83	I	1838,91	1692,08	1545,33	1398,50	1251,83	1109,16
West	II	**1845,41**	443,83	443,83	II	1698,66	1551,83	1405,08	1258,33	1115,41	978,50
	III	**1340,16**	443,83	443,83	III	1222,50	1108,00	996,50	888,00	782,50	680,00
	V	**2462,58**	443,83	443,83	IV	1912,33	1838,91	1765,50	1692,08	1618,75	1545,33
	VI	**2498,83**	443,83	443,83							
7673,99	I,IV	**1996,00**	443,83	443,83	I	1849,16	1702,41	1555,58	1408,83	1262,08	1119,00
Ost	II	**1855,75**	443,83	443,83	II	1708,91	1562,16	1415,33	1268,58	1125,16	987,91
	III	**1348,50**	443,83	443,83	III	1230,66	1115,83	1004,16	895,50	789,83	687,16
	V	**2472,83**	443,83	443,83	IV	1922,58	1849,16	1775,83	1702,41	1629,00	1555,58
	VI	**2509,08**	443,83	443,83							
7676,99	I,IV	**1987,00**	443,83	443,83	I	1840,16	1693,41	1546,58	1399,83	1253,08	1110,41
West	II	**1846,66**	443,83	443,83	II	1699,91	1553,08	1406,33	1259,58	1116,58	979,66
	III	**1341,16**	443,83	443,83	III	1223,50	1109,00	997,33	888,83	783,33	680,83
	V	**2463,83**	443,83	443,83	IV	1913,58	1840,16	1766,75	1693,41	1620,00	1546,58
	VI	**2500,08**	443,83	443,83							
7676,99	I,IV	**1997,25**	443,83	443,83	I	1850,50	1703,66	1556,91	1410,08	1263,33	1120,16
Ost	II	**1857,00**	443,83	443,83	II	1710,16	1563,41	1416,58	1269,83	1126,41	989,08
	III	**1349,50**	443,83	443,83	III	1231,66	1116,83	1005,16	896,33	790,66	688,00
	V	**2474,08**	443,83	443,83	IV	1923,83	1850,50	1777,08	1703,66	1630,25	1556,91
	VI	**2510,33**	443,83	443,83							
7679,99	I,IV	**1988,25**	443,83	443,83	I	1841,41	1694,66	1547,83	1401,08	1254,33	1111,58
West	II	**1847,91**	443,83	443,83	II	1701,16	1554,33	1407,58	1260,83	1117,75	980,83
	III	**1342,16**	443,83	443,83	III	1224,50	1110,00	998,33	889,83	784,33	681,83
	V	**2465,08**	443,83	443,83	IV	1914,83	1841,41	1768,00	1694,66	1621,25	1547,83
	VI	**2501,33**	443,83	443,83							
7679,99	I,IV	**1998,50**	443,83	443,83	I	1851,75	1704,91	1558,16	1411,33	1264,58	1121,41
Ost	II	**1858,25**	443,83	443,83	II	1711,41	1564,66	1417,83	1271,08	1127,58	990,25
	III	**1350,50**	443,83	443,83	III	1232,66	1117,83	1006,00	897,33	791,50	688,83
	V	**2475,33**	443,83	443,83	IV	1925,08	1851,75	1778,33	1704,91	1631,50	1558,16
	VI	**2511,66**	443,83	443,83							
7682,99	I,IV	**1989,50**	443,83	443,83	I	1842,66	1695,91	1549,08	1402,33	1255,58	1112,75
West	II	**1849,16**	443,83	443,83	II	1702,41	1555,58	1408,83	1262,08	1119,00	981,91
	III	**1343,16**	443,83	443,83	III	1225,50	1110,83	999,33	890,66	785,16	682,66
	V	**2466,33**	443,83	443,83	IV	1916,08	1842,66	1769,33	1695,91	1622,50	1549,08
	VI	**2502,58**	443,83	443,83							
7682,99	I,IV	**1999,75**	443,83	443,83	I	1853,00	1706,16	1559,41	1412,58	1265,83	1122,58
Ost	II	**1859,50**	443,83	443,83	II	1712,66	1565,91	1419,08	1272,33	1128,83	991,33
	III	**1351,50**	443,83	443,83	III	1233,66	1118,83	1007,00	898,16	792,50	689,66
	V	**2476,66**	443,83	443,83	IV	1926,33	1853,00	1779,58	1706,16	1632,83	1559,41
	VI	**2512,91**	443,83	443,83							
7685,99	I,IV	**1990,75**	443,83	443,83	I	1843,91	1697,16	1550,33	1403,58	1256,83	1114,00
West	II	**1850,50**	443,83	443,83	II	1703,66	1556,91	1410,08	1263,33	1120,16	983,08
	III	**1344,16**	443,83	443,83	III	1226,50	1111,83	1000,16	891,66	786,00	683,50
	V	**2467,58**	443,83	443,83	IV	1917,33	1843,91	1770,58	1697,16	1623,75	1550,33
	VI	**2503,83**	443,83	443,83							
7685,99	I,IV	**2001,00**	443,83	443,83	I	1854,25	1707,41	1560,66	1413,83	1267,08	1123,83
Ost	II	**1860,75**	443,83	443,83	II	1714,00	1567,16	1420,41	1273,58	1130,00	992,50
	III	**1352,50**	443,83	443,83	III	1234,66	1119,83	1008,00	899,16	793,33	690,66
	V	**2477,91**	443,83	443,83	IV	1927,66	1854,25	1780,83	1707,41	1634,08	1560,66
	VI	**2514,16**	443,83	443,83							

* Zur LSt-Berechnung für privat versicherte Arbeitnehmer s. Beispiele **Vorbemerkung S. 4 f.**
** Basisvorsorgepauschale KV und PV *** Typisierter Arbeitgeberzuschuss

Lohn/ Gehalt in € bis	Steuerklasse	Lohn-steuer*	BVSP**	TAGZ***	Steuerklasse	Bemessungsgrundlage für Kirchensteuer und Solidaritätszuschlag – Freibeträge für ... Kinder 0,5	**1,0**	1,5	**2,0**	2,5	**3,0**
7688,99 West	I,IV	**1992,00**	443,83	443,83	I	1845,25	1698,41	1551,66	1404,83	1258,08	1115,16
	II	**1851,75**	443,83	443,83	II	1704,91	1558,16	1411,33	1264,58	1121,41	984,25
	III	**1345,16**	443,83	443,83	III	1227,50	1112,83	1001,16	892,50	787,00	684,33
	V	**2468,83**	443,83	443,83	IV	1918,58	1845,25	1771,83	1698,41	1625,00	1551,66
	VI	**2505,08**	443,83	443,83							
7688,99 Ost	I,IV	**2002,25**	443,83	443,83	I	1855,50	1708,75	1561,91	1415,16	1268,33	1125,00
	II	**1862,00**	443,83	443,83	II	1715,25	1568,41	1421,66	1274,83	1131,25	993,66
	III	**1353,50**	443,83	443,83	III	1235,66	1120,83	1008,83	900,00	794,16	691,50
	V	**2479,16**	443,83	443,83	IV	1928,91	1855,50	1782,08	1708,75	1635,33	1561,91
	VI	**2515,41**	443,83	443,83							
7691,99 West	I,IV	**1993,25**	443,83	443,83	I	1846,50	1699,66	1552,91	1406,08	1259,33	1116,41
	II	**1853,00**	443,83	443,83	II	1706,16	1559,41	1412,58	1265,83	1122,58	985,41
	III	**1346,16**	443,83	443,83	III	1228,50	1113,83	1002,16	893,50	787,83	685,16
	V	**2470,08**	443,83	443,83	IV	1919,83	1846,50	1773,08	1699,66	1626,25	1552,91
	VI	**2506,41**	443,83	443,83							
7691,99 Ost	I,IV	**2003,58**	443,83	443,83	I	1856,75	1710,00	1563,16	1416,41	1269,58	1126,16
	II	**1863,25**	443,83	443,83	II	1716,50	1569,66	1422,91	1276,08	1132,41	994,83
	III	**1354,66**	443,83	443,83	III	1236,66	1121,66	1009,83	901,00	795,16	692,33
	V	**2480,41**	443,83	443,83	IV	1930,16	1856,75	1783,33	1710,00	1636,58	1563,16
	VI	**2516,66**	443,83	443,83							
7694,99 West	I,IV	**1994,50**	443,83	443,83	I	1847,75	1700,91	1554,16	1407,33	1260,58	1117,58
	II	**1854,25**	443,83	443,83	II	1707,41	1560,66	1413,83	1267,08	1123,83	986,58
	III	**1347,33**	443,83	443,83	III	1229,50	1114,83	1003,00	894,33	788,66	686,16
	V	**2471,41**	443,83	443,83	IV	1921,08	1847,75	1774,33	1700,91	1627,58	1554,16
	VI	**2507,66**	443,83	443,83							
7694,99 Ost	I,IV	**2004,83**	443,83	443,83	I	1858,00	1711,25	1564,41	1417,66	1270,83	1127,41
	II	**1864,50**	443,83	443,83	II	1717,75	1570,91	1424,16	1277,33	1133,66	996,00
	III	**1355,66**	443,83	443,83	III	1237,66	1122,66	1010,83	901,83	796,00	693,16
	V	**2481,66**	443,83	443,83	IV	1931,41	1858,00	1784,58	1711,25	1637,83	1564,41
	VI	**2517,91**	443,83	443,83							
7697,99 West	I,IV	**1995,75**	443,83	443,83	I	1849,00	1702,16	1555,41	1408,58	1261,83	1118,75
	II	**1855,50**	443,83	443,83	II	1708,75	1561,91	1415,16	1268,33	1125,00	987,75
	III	**1348,33**	443,83	443,83	III	1230,50	1115,66	1004,00	895,33	789,66	687,00
	V	**2472,66**	443,83	443,83	IV	1922,41	1849,00	1775,58	1702,16	1628,83	1555,41
	VI	**2508,91**	443,83	443,83							
7697,99 Ost	I,IV	**2006,08**	443,83	443,83	I	1859,25	1712,50	1565,66	1418,91	1272,08	1128,58
	II	**1865,75**	443,83	443,83	II	1719,00	1572,25	1425,41	1278,66	1134,83	997,16
	III	**1356,66**	443,83	443,83	III	1238,66	1123,66	1011,66	902,83	797,00	694,00
	V	**2482,91**	443,83	443,83	IV	1932,66	1859,25	1785,91	1712,50	1639,08	1565,66
	VI	**2519,16**	443,83	443,83							
7700,99 West	I,IV	**1997,00**	443,83	443,83	I	1850,25	1703,50	1556,66	1409,91	1263,08	1120,00
	II	**1856,75**	443,83	443,83	II	1710,00	1563,16	1416,41	1269,58	1126,16	988,83
	III	**1349,33**	443,83	443,83	III	1231,50	1116,66	1005,00	896,16	790,50	687,83
	V	**2473,91**	443,83	443,83	IV	1923,66	1850,25	1776,83	1703,50	1630,08	1556,66
	VI	**2510,16**	443,83	443,83							
7700,99 Ost	I,IV	**2007,33**	443,83	443,83	I	1860,50	1713,75	1567,00	1420,16	1273,41	1129,83
	II	**1867,08**	443,83	443,83	II	1720,25	1573,50	1426,66	1279,91	1136,08	998,33
	III	**1357,66**	443,83	443,83	III	1239,66	1124,66	1012,66	903,66	797,83	695,00
	V	**2484,16**	443,83	443,83	IV	1933,91	1860,50	1787,16	1713,75	1640,33	1567,00
	VI	**2520,41**	443,83	443,83							
7703,99 West	I,IV	**1998,33**	443,83	443,83	I	1851,50	1704,75	1557,91	1411,16	1264,33	1121,16
	II	**1858,00**	443,83	443,83	II	1711,25	1564,41	1417,66	1270,83	1127,41	990,00
	III	**1350,33**	443,83	443,83	III	1232,50	1117,66	1005,83	897,16	791,33	688,66
	V	**2475,16**	443,83	443,83	IV	1924,91	1851,50	1778,08	1704,75	1631,33	1557,91
	VI	**2511,41**	443,83	443,83							
7703,99 Ost	I,IV	**2008,58**	443,83	443,83	I	1861,83	1715,00	1568,25	1421,41	1274,66	1131,00
	II	**1868,33**	443,83	443,83	II	1721,50	1574,75	1427,91	1281,16	1137,25	999,41
	III	**1358,66**	443,83	443,83	III	1240,66	1125,66	1013,66	904,66	798,66	695,83
	V	**2485,41**	443,83	443,83	IV	1935,16	1861,83	1788,41	1715,00	1641,58	1568,25
	VI	**2521,75**	443,83	443,83							

* Zur LSt-Berechnung für privat versicherte Arbeitnehmer s. Beispiele **Vorbemerkung S. 4f.**
** Basisvorsorgepauschale KV und PV *** Typisierter Arbeitgeberzuschuss

Lohn/ Gehalt in € bis	Steuerklasse	Lohn- steuer*	BVSP**	TAGZ***	Steuerklasse	Bemessungsgrundlage für Kirchensteuer und Solidaritätszuschlag – Freibeträge für ... Kinder 0,5	1,0	1,5	2,0	2,5	3,0
7706,99 West	I,IV	**1999,58**	443,83	443,83	I	1852,75	1706,00	1559,16	1412,41	1265,66	1122,41
	II	**1859,25**	443,83	443,83	II	1712,50	1565,66	1418,91	1272,08	1128,58	991,16
	III	**1351,33**	443,83	443,83	III	1233,50	1118,66	1006,83	898,00	792,33	689,50
	V	**2476,41**	443,83	443,83	IV	1926,16	1852,75	1779,33	1706,00	1632,58	1559,16
	VI	**2512,66**	443,83	443,83							
7706,99 Ost	I,IV	**2009,83**	443,83	443,83	I	1863,08	1716,25	1569,50	1422,66	1275,91	1132,25
	II	**1869,58**	443,83	443,83	II	1722,75	1576,00	1429,16	1282,41	1138,50	1000,58
	III	**1359,66**	443,83	443,83	III	1241,66	1126,66	1014,66	905,66	799,66	696,66
	V	**2486,75**	443,83	443,83	IV	1936,41	1863,08	1789,66	1716,25	1642,83	1569,50
	VI	**2523,00**	443,83	443,83							
7709,99 West	I,IV	**2000,83**	443,83	443,83	I	1854,00	1707,25	1560,41	1413,66	1266,91	1123,58
	II	**1860,50**	443,83	443,83	II	1713,75	1567,00	1420,16	1273,41	1129,83	992,33
	III	**1352,33**	443,83	443,83	III	1234,50	1119,66	1007,83	899,00	793,16	690,50
	V	**2477,66**	443,83	443,83	IV	1927,41	1854,00	1780,66	1707,25	1633,83	1560,41
	VI	**2513,91**	443,83	443,83							
7709,99 Ost	I,IV	**2011,08**	443,83	443,83	I	1864,33	1717,50	1570,75	1423,91	1277,16	1133,41
	II	**1870,83**	443,83	443,83	II	1724,00	1577,25	1430,50	1283,66	1139,66	1001,75
	III	**1360,83**	443,83	443,83	III	1242,66	1127,66	1015,50	906,50	800,50	697,50
	V	**2488,00**	443,83	443,83	IV	1937,75	1864,33	1790,91	1717,50	1644,16	1570,75
	VI	**2524,25**	443,83	443,83							
7712,99 West	I,IV	**2002,08**	443,83	443,83	I	1855,25	1708,50	1561,75	1414,91	1268,16	1124,83
	II	**1861,83**	443,83	443,83	II	1715,00	1568,25	1421,41	1274,66	1131,00	993,50
	III	**1353,33**	443,83	443,83	III	1235,50	1120,66	1008,66	899,83	794,16	691,33
	V	**2478,91**	443,83	443,83	IV	1928,66	1855,25	1781,91	1708,50	1635,08	1561,75
	VI	**2515,16**	443,83	443,83							
7712,99 Ost	I,IV	**2012,33**	443,83	443,83	I	1865,58	1718,75	1572,00	1425,25	1278,41	1134,66
	II	**1872,08**	443,83	443,83	II	1725,33	1578,50	1431,75	1284,91	1140,91	1002,91
	III	**1361,83**	443,83	443,83	III	1243,66	1128,50	1016,50	907,50	801,50	698,50
	V	**2489,25**	443,83	443,83	IV	1939,00	1865,58	1792,16	1718,75	1645,41	1572,00
	VI	**2525,50**	443,83	443,83							
7715,99 West	I,IV	**2003,33**	443,83	443,83	I	1856,58	1709,75	1563,00	1416,16	1269,41	1126,00
	II	**1863,08**	443,83	443,83	II	1716,25	1569,50	1422,66	1275,91	1132,25	994,66
	III	**1354,50**	443,83	443,83	III	1236,50	1121,50	1009,66	900,83	795,00	692,16
	V	**2480,16**	443,83	443,83	IV	1929,91	1856,58	1783,16	1709,75	1636,33	1563,00
	VI	**2516,50**	443,83	443,83							
7715,99 Ost	I,IV	**2013,66**	443,83	443,83	I	1866,83	1720,08	1573,25	1426,50	1279,66	1135,83
	II	**1873,33**	443,83	443,83	II	1726,58	1579,75	1433,00	1286,16	1142,08	1004,08
	III	**1362,83**	443,83	443,83	III	1244,66	1129,50	1017,50	908,33	802,33	699,33
	V	**2490,50**	443,83	443,83	IV	1940,25	1866,83	1793,41	1720,08	1646,66	1573,25
	VI	**2526,75**	443,83	443,83							
7718,99 West	I,IV	**2004,58**	443,83	443,83	I	1857,83	1711,00	1564,25	1417,41	1270,66	1127,25
	II	**1864,33**	443,83	443,83	II	1717,50	1570,75	1423,91	1277,16	1133,41	995,75
	III	**1355,50**	443,83	443,83	III	1237,50	1122,50	1010,66	901,83	795,83	693,00
	V	**2481,50**	443,83	443,83	IV	1931,16	1857,83	1784,41	1711,00	1637,58	1564,25
	VI	**2517,75**	443,83	443,83							
7718,99 Ost	I,IV	**2014,91**	443,83	443,83	I	1868,08	1721,33	1574,50	1427,75	1280,91	1137,08
	II	**1874,58**	443,83	443,83	II	1727,83	1581,00	1434,25	1287,41	1143,33	1005,25
	III	**1363,83**	443,83	443,83	III	1245,66	1130,50	1018,33	909,33	803,16	700,16
	V	**2491,75**	443,83	443,83	IV	1941,50	1868,08	1794,66	1721,33	1647,91	1574,50
	VI	**2528,00**	443,83	443,83							
7721,99 West	I,IV	**2005,83**	443,83	443,83	I	1859,08	1712,25	1565,50	1418,66	1271,91	1128,41
	II	**1865,58**	443,83	443,83	II	1718,75	1572,00	1425,25	1278,41	1134,66	996,91
	III	**1356,50**	443,83	443,83	III	1238,50	1123,50	1011,66	902,66	796,83	694,00
	V	**2482,75**	443,83	443,83	IV	1932,50	1859,08	1785,66	1712,25	1638,91	1565,50
	VI	**2519,00**	443,83	443,83							
7721,99 Ost	I,IV	**2016,16**	443,83	443,83	I	1869,33	1722,58	1575,75	1429,00	1282,16	1138,25
	II	**1875,83**	443,83	443,83	II	1729,08	1582,25	1435,50	1288,75	1144,50	1006,41
	III	**1364,83**	443,83	443,83	III	1246,66	1131,50	1019,33	910,16	804,16	701,00
	V	**2493,00**	443,83	443,83	IV	1942,75	1869,33	1796,00	1722,58	1649,16	1575,75
	VI	**2529,25**	443,83	443,83							

* Zur LSt-Berechnung für privat versicherte Arbeitnehmer s. Beispiele **Vorbemerkung S. 4f.**
** Basisvorsorgepauschale KV und PV *** Typisierter Arbeitgeberzuschuss

Lohn/ Gehalt in € bis	Steuerklasse	Lohn-steuer*	BVSP**	TAGZ***	Steuerklasse	Bemessungsgrundlage für Kirchensteuer und Solidaritätszuschlag – Freibeträge für ... Kinder 0,5	1,0	1,5	2,0	2,5	3,0
7724,99	I,IV	**2007,08**	443,83	443,83	I	1860,33	1713,50	1566,75	1420,00	1273,16	1129,58
West	II	**1866,83**	443,83	443,83	II	1720,08	1573,25	1426,50	1279,66	1135,83	998,08
	III	**1357,50**	443,83	443,83	III	1239,50	1124,50	1012,50	903,66	797,66	694,83
	V	**2484,00**	443,83	443,83	IV	1933,75	1860,33	1786,91	1713,50	1640,16	1566,75
	VI	**2520,25**	443,83	443,83							
7724,99	I,IV	**2017,41**	443,83	443,83	I	1870,58	1723,83	1577,00	1430,25	1283,50	1139,50
Ost	II	**1877,16**	443,83	443,83	II	1730,33	1583,58	1436,75	1290,00	1145,75	1007,58
	III	**1365,83**	443,83	443,83	III	1247,66	1132,50	1020,33	911,16	805,00	701,83
	V	**2494,25**	443,83	443,83	IV	1944,00	1870,58	1797,25	1723,83	1650,41	1577,00
	VI	**2530,50**	443,83	443,83							
7727,99	I,IV	**2008,41**	443,83	443,83	I	1861,58	1714,83	1568,00	1421,25	1274,41	1130,83
West	II	**1868,08**	443,83	443,83	II	1721,33	1574,50	1427,75	1280,91	1137,08	999,25
	III	**1358,50**	443,83	443,83	III	1240,50	1125,50	1013,50	904,50	798,50	695,66
	V	**2485,25**	443,83	443,83	IV	1935,00	1861,58	1788,16	1714,83	1641,41	1568,00
	VI	**2521,50**	443,83	443,83							
7727,99	I,IV	**2018,66**	443,83	443,83	I	1871,91	1725,08	1578,33	1431,50	1284,75	1140,66
Ost	II	**1878,41**	443,83	443,83	II	1731,58	1584,83	1438,00	1291,25	1146,91	1008,75
	III	**1367,00**	443,83	443,83	III	1248,66	1133,50	1021,16	912,00	805,83	702,83
	V	**2495,50**	443,83	443,83	IV	1945,25	1871,91	1798,50	1725,08	1651,66	1578,33
	VI	**2531,83**	443,83	443,83							
7730,99	I,IV	**2009,66**	443,83	443,83	I	1862,83	1716,08	1569,25	1422,50	1275,66	1132,00
West	II	**1869,33**	443,83	443,83	II	1722,58	1575,75	1429,00	1282,16	1138,25	1000,41
	III	**1359,50**	443,83	443,83	III	1241,50	1126,50	1014,50	905,50	799,50	696,50
	V	**2486,50**	443,83	443,83	IV	1936,25	1862,83	1789,41	1716,08	1642,66	1569,25
	VI	**2522,75**	443,83	443,83							
7730,99	I,IV	**2019,91**	443,83	443,83	I	1873,16	1726,33	1579,58	1432,75	1286,00	1141,91
Ost	II	**1879,66**	443,83	443,83	II	1732,83	1586,08	1439,25	1292,50	1148,16	1009,91
	III	**1368,00**	443,83	443,83	III	1249,66	1134,50	1022,16	913,00	806,83	703,66
	V	**2496,83**	443,83	443,83	IV	1946,50	1873,16	1799,75	1726,33	1652,91	1579,58
	VI	**2533,08**	443,83	443,83							
7733,99	I,IV	**2010,91**	443,83	443,83	I	1864,08	1717,33	1570,50	1423,75	1276,91	1133,25
West	II	**1870,58**	443,83	443,83	II	1723,83	1577,00	1430,25	1283,50	1139,50	1001,58
	III	**1360,66**	443,83	443,83	III	1242,50	1127,50	1015,33	906,33	800,33	697,33
	V	**2487,75**	443,83	443,83	IV	1937,50	1864,08	1790,75	1717,33	1643,91	1570,50
	VI	**2524,00**	443,83	443,83							
7733,99	I,IV	**2021,16**	443,83	443,83	I	1874,41	1727,58	1580,83	1434,00	1287,25	1143,08
Ost	II	**1880,91**	443,83	443,83	II	1734,08	1587,33	1440,50	1293,75	1149,41	1011,08
	III	**1369,00**	443,83	443,83	III	1250,66	1135,33	1023,16	913,83	807,66	704,50
	V	**2498,08**	443,83	443,83	IV	1947,83	1874,41	1801,00	1727,58	1654,25	1580,83
	VI	**2534,33**	443,83	443,83							
7736,99	I,IV	**2012,16**	443,83	443,83	I	1865,33	1718,58	1571,75	1425,00	1278,16	1134,41
West	II	**1871,91**	443,83	443,83	II	1725,08	1578,33	1431,50	1284,75	1140,66	1002,75
	III	**1361,66**	443,83	443,83	III	1243,50	1128,33	1016,33	907,33	801,33	698,33
	V	**2489,00**	443,83	443,83	IV	1938,75	1865,33	1792,00	1718,58	1645,16	1571,75
	VI	**2525,25**	443,83	443,83							
7736,99	I,IV	**2022,41**	443,83	443,83	I	1875,66	1728,83	1582,08	1435,25	1288,50	1144,33
Ost	II	**1882,16**	443,83	443,83	II	1735,41	1588,58	1441,83	1295,00	1150,58	1012,16
	III	**1370,00**	443,83	443,83	III	1251,66	1136,33	1024,16	914,83	808,66	705,33
	V	**2499,33**	443,83	443,83	IV	1949,08	1875,66	1802,25	1728,83	1655,50	1582,08
	VI	**2535,58**	443,83	443,83							
7739,99	I,IV	**2013,41**	443,83	443,83	I	1866,66	1719,83	1573,08	1426,25	1279,50	1135,66
West	II	**1873,16**	443,83	443,83	II	1726,33	1579,58	1432,75	1286,00	1141,91	1003,91
	III	**1362,66**	443,83	443,83	III	1244,50	1129,33	1017,33	908,16	802,16	699,16
	V	**2490,25**	443,83	443,83	IV	1940,00	1866,66	1793,25	1719,83	1646,41	1573,08
	VI	**2526,58**	443,83	443,83							
7739,99	I,IV	**2023,75**	443,83	443,83	I	1876,91	1730,16	1583,33	1436,58	1289,75	1145,58
Ost	II	**1883,41**	443,83	443,83	II	1736,66	1589,83	1443,08	1296,25	1151,83	1013,33
	III	**1371,00**	443,83	443,83	III	1252,66	1137,33	1025,00	915,83	809,50	706,33
	V	**2500,58**	443,83	443,83	IV	1950,33	1876,91	1803,50	1730,16	1656,75	1583,33
	VI	**2536,83**	443,83	443,83							

* Zur LSt-Berechnung für privat versicherte Arbeitnehmer s. Beispiele **Vorbemerkung S. 4 f.**
** Basisvorsorgepauschale KV und PV   *** Typisierter Arbeitgeberzuschuss

Lohn/ Gehalt in € bis	Steuerklasse	Lohn-steuer*	BVSP**	TAGZ***	Steuerklasse	Bemessungsgrundlage für Kirchensteuer und Solidaritätszuschlag – Freibeträge für ... Kinder 0,5	**1,0**	1,5	**2,0**	2,5	**3,0**
7742,99	I,IV	**2014,66**	443,83	443,83	I	1867,91	1721,08	1574,33	1427,50	1280,75	1136,83
West	II	**1874,41**	443,83	443,83	II	1727,58	1580,83	1434,00	1287,25	1143,08	1005,08
	III	**1363,66**	443,83	443,83	III	1245,50	1130,33	1018,16	909,16	803,00	700,00
	V	**2491,58**	443,83	443,83	IV	1941,25	1867,91	1794,50	1721,08	1647,66	1574,33
	VI	**2527,83**	443,83	443,83							
7742,99	I,IV	**2025,00**	443,83	443,83	I	1878,16	1731,41	1584,58	1437,83	1291,00	1146,75
Ost	II	**1884,66**	443,83	443,83	II	1737,91	1591,08	1444,33	1297,50	1153,00	1014,50
	III	**1372,00**	443,83	443,83	III	1253,66	1138,33	1026,00	916,66	810,33	707,16
	V	**2501,83**	443,83	443,83	IV	1951,58	1878,16	1804,75	1731,41	1658,00	1584,58
	VI	**2538,08**	443,83	443,83							
7745,99	I,IV	**2015,91**	443,83	443,83	I	1869,16	1722,33	1575,58	1428,75	1282,00	1138,08
West	II	**1875,66**	443,83	443,83	II	1728,83	1582,08	1435,25	1288,50	1144,33	1006,25
	III	**1364,66**	443,83	443,83	III	1246,50	1131,33	1019,16	910,00	804,00	700,83
	V	**2492,83**	443,83	443,83	IV	1942,58	1869,16	1795,75	1722,33	1649,00	1575,58
	VI	**2529,08**	443,83	443,83							
7745,99	I,IV	**2026,25**	443,83	443,83	I	1879,41	1732,66	1585,83	1439,08	1292,25	1148,00
Ost	II	**1885,91**	443,83	443,83	II	1739,16	1592,33	1445,58	1298,75	1154,25	1015,66
	III	**1373,16**	443,83	443,83	III	1254,66	1139,33	1027,00	917,66	811,33	708,00
	V	**2503,08**	443,83	443,83	IV	1952,83	1879,41	1806,08	1732,66	1659,25	1585,83
	VI	**2539,33**	443,83	443,83							
7748,99	I,IV	**2017,16**	443,83	443,83	I	1870,41	1723,58	1576,83	1430,00	1283,25	1139,25
West	II	**1876,91**	443,83	443,83	II	1730,16	1583,33	1436,58	1289,75	1145,58	1007,33
	III	**1365,66**	443,83	443,83	III	1247,50	1132,33	1020,16	911,00	804,83	701,83
	V	**2494,08**	443,83	443,83	IV	1943,83	1870,41	1797,00	1723,58	1650,25	1576,83
	VI	**2530,33**	443,83	443,83							
7748,99	I,IV	**2027,50**	443,83	443,83	I	1880,66	1733,91	1587,08	1440,33	1293,50	1149,16
Ost	II	**1887,25**	443,83	443,83	II	1740,41	1593,66	1446,83	1300,08	1155,41	1016,83
	III	**1374,16**	443,83	443,83	III	1255,66	1140,33	1027,83	918,50	812,16	708,83
	V	**2504,33**	443,83	443,83	IV	1954,08	1880,66	1807,33	1733,91	1660,50	1587,08
	VI	**2540,58**	443,83	443,83							
7751,99	I,IV	**2018,50**	443,83	443,83	I	1871,66	1724,91	1578,08	1431,33	1284,50	1140,50
West	II	**1878,16**	443,83	443,83	II	1731,41	1584,58	1437,83	1291,00	1146,75	1008,50
	III	**1366,83**	443,83	443,83	III	1248,50	1133,33	1021,00	911,83	805,83	702,66
	V	**2495,33**	443,83	443,83	IV	1945,08	1871,66	1798,25	1724,91	1651,50	1578,08
	VI	**2531,58**	443,83	443,83							
7751,99	I,IV	**2028,75**	443,83	443,83	I	1882,00	1735,16	1588,41	1441,58	1294,83	1150,41
Ost	II	**1888,50**	443,83	443,83	II	1741,66	1594,91	1448,08	1301,33	1156,66	1018,00
	III	**1375,16**	443,83	443,83	III	1256,66	1141,33	1028,83	919,50	813,16	709,83
	V	**2505,58**	443,83	443,83	IV	1955,33	1882,00	1808,58	1735,16	1661,75	1588,41
	VI	**2541,83**	443,83	443,83							
7754,99	I,IV	**2019,75**	443,83	443,83	I	1872,91	1726,16	1579,33	1432,58	1285,75	1141,66
West	II	**1879,41**	443,83	443,83	II	1732,66	1585,83	1439,08	1292,25	1148,00	1009,66
	III	**1367,83**	443,83	443,83	III	1249,50	1134,33	1022,00	912,83	806,66	703,50
	V	**2496,58**	443,83	443,83	IV	1946,33	1872,91	1799,50	1726,16	1652,75	1579,33
	VI	**2532,83**	443,83	443,83							
7754,99	I,IV	**2030,00**	443,83	443,83	I	1883,25	1736,41	1589,66	1442,83	1296,08	1151,58
Ost	II	**1889,75**	443,83	443,83	II	1742,91	1596,16	1449,33	1302,58	1157,91	1019,16
	III	**1376,16**	443,83	443,83	III	1257,66	1142,16	1029,83	920,33	814,00	710,66
	V	**2506,83**	443,83	443,83	IV	1956,58	1883,25	1809,83	1736,41	1663,00	1589,66
	VI	**2543,16**	443,83	443,83							
7757,99	I,IV	**2021,00**	443,83	443,83	I	1874,16	1727,41	1580,58	1433,83	1287,00	1142,91
West	II	**1880,66**	443,83	443,83	II	1733,91	1587,08	1440,33	1293,50	1149,16	1010,83
	III	**1368,83**	443,83	443,83	III	1250,50	1135,16	1023,00	913,83	807,50	704,33
	V	**2497,83**	443,83	443,83	IV	1947,58	1874,16	1800,83	1727,41	1654,00	1580,58
	VI	**2534,08**	443,83	443,83							
7757,99	I,IV	**2031,25**	443,83	443,83	I	1884,50	1737,66	1590,91	1444,08	1297,33	1152,83
Ost	II	**1891,00**	443,83	443,83	II	1744,16	1597,41	1450,58	1303,83	1159,08	1020,33
	III	**1377,16**	443,83	443,83	III	1258,66	1143,16	1030,66	921,33	814,83	711,50
	V	**2508,16**	443,83	443,83	IV	1957,83	1884,50	1811,08	1737,66	1664,33	1590,91
	VI	**2544,41**	443,83	443,83							

* Zur LSt-Berechnung für privat versicherte Arbeitnehmer s. Beispiele **Vorbemerkung S. 4f.**
** Basisvorsorgepauschale KV und PV *** Typisierter Arbeitgeberzuschuss

Lohn/ Gehalt in € bis	Steuerklasse	**Lohn-steuer***	BVSP**	TAGZ***	Steuerklasse	Bemessungsgrundlage für Kirchensteuer und Solidaritätszuschlag — Freibeträge für ... Kinder 0,5	**1,0**	1,5	**2,0**	2,5	**3,0**
7760,99 West	I,IV	**2022,25**	443,83	443,83	I	1875,41	1728,66	1581,83	1435,08	1288,25	1144,16
	II	**1882,00**	443,83	443,83	II	1735,16	1588,41	1441,58	1294,83	1150,41	1012,00
	III	**1369,83**	443,83	443,83	III	1251,50	1136,16	1024,00	914,66	808,50	705,16
	V	**2499,08**	443,83	443,83	IV	1948,83	1875,41	1802,08	1728,66	1655,25	1581,83
	VI	**2535,33**	443,83	443,83							
7760,99 Ost	I,IV	**2032,50**	443,83	443,83	I	1885,75	1738,91	1592,16	1445,33	1298,58	1154,00
	II	**1892,25**	443,83	443,83	II	1745,50	1598,66	1451,91	1305,08	1160,33	1021,50
	III	**1378,33**	443,83	443,83	III	1259,66	1144,16	1031,66	922,16	815,83	712,33
	V	**2509,41**	443,83	443,83	IV	1959,16	1885,75	1812,33	1738,91	1665,58	1592,16
	VI	**2545,66**	443,83	443,83							
7763,99 West	I,IV	**2023,50**	443,83	443,83	I	1876,75	1729,91	1583,16	1436,33	1289,58	1145,33
	II	**1883,25**	443,83	443,83	II	1736,41	1589,66	1442,83	1296,08	1151,58	1013,16
	III	**1370,83**	443,83	443,83	III	1252,50	1137,16	1024,83	915,66	809,33	706,16
	V	**2500,33**	443,83	443,83	IV	1950,08	1876,75	1803,33	1729,91	1656,50	1583,16
	VI	**2536,58**	443,83	443,83							
7763,99 Ost	I,IV	**2033,75**	443,83	443,83	I	1887,00	1740,25	1593,41	1446,66	1299,83	1155,25
	II	**1893,50**	443,83	443,83	II	1746,75	1599,91	1453,16	1306,33	1161,50	1022,66
	III	**1379,33**	443,83	443,83	III	1260,66	1145,16	1032,66	923,16	816,66	713,33
	V	**2510,66**	443,83	443,83	IV	1960,41	1887,00	1813,58	1740,25	1666,83	1593,41
	VI	**2546,91**	443,83	443,83							
7766,99 West	I,IV	**2024,75**	443,83	443,83	I	1878,00	1731,16	1584,41	1437,58	1290,83	1146,58
	II	**1884,50**	443,83	443,83	II	1737,66	1590,91	1444,08	1297,33	1152,83	1014,33
	III	**1371,83**	443,83	443,83	III	1253,50	1138,16	1025,83	916,50	810,16	707,00
	V	**2501,58**	443,83	443,83	IV	1951,33	1878,00	1804,58	1731,16	1657,75	1584,41
	VI	**2537,91**	443,83	443,83							
7766,99 Ost	I,IV	**2035,08**	443,83	443,83	I	1888,25	1741,50	1594,66	1447,91	1301,08	1156,50
	II	**1894,75**	443,83	443,83	II	1748,00	1601,16	1454,41	1307,58	1162,75	1023,83
	III	**1380,33**	443,83	443,83	III	1261,66	1146,16	1033,66	924,16	817,66	714,16
	V	**2511,91**	443,83	443,83	IV	1961,66	1888,25	1814,83	1741,50	1668,08	1594,66
	VI	**2548,16**	443,83	443,83							
7769,99 West	I,IV	**2026,00**	443,83	443,83	I	1879,25	1732,41	1585,66	1438,83	1292,08	1147,75
	II	**1885,75**	443,83	443,83	II	1738,91	1592,16	1445,33	1298,58	1154,00	1015,50
	III	**1373,00**	443,83	443,83	III	1254,50	1139,16	1026,83	917,50	811,16	707,83
	V	**2502,91**	443,83	443,83	IV	1952,58	1879,25	1805,83	1732,41	1659,08	1585,66
	VI	**2539,16**	443,83	443,83							
7769,99 Ost	I,IV	**2036,33**	443,83	443,83	I	1889,50	1742,75	1595,91	1449,16	1302,33	1157,66
	II	**1896,00**	443,83	443,83	II	1749,25	1602,41	1455,66	1308,83	1164,00	1025,00
	III	**1381,33**	443,83	443,83	III	1262,66	1147,16	1034,50	925,00	818,50	715,00
	V	**2513,16**	443,83	443,83	IV	1962,91	1889,50	1816,08	1742,75	1669,33	1595,91
	VI	**2549,41**	443,83	443,83							
7772,99 West	I,IV	**2027,25**	443,83	443,83	I	1880,50	1733,66	1586,91	1440,08	1293,33	1149,00
	II	**1887,00**	443,83	443,83	II	1740,25	1593,41	1446,66	1299,83	1155,25	1016,66
	III	**1374,00**	443,83	443,83	III	1255,50	1140,16	1027,66	918,33	812,00	708,66
	V	**2504,16**	443,83	443,83	IV	1953,91	1880,50	1807,08	1733,66	1660,33	1586,91
	VI	**2540,41**	443,83	443,83							
7772,99 Ost	I,IV	**2037,58**	443,83	443,83	I	1890,75	1744,00	1597,16	1450,41	1303,58	1158,91
	II	**1897,25**	443,83	443,83	II	1750,50	1603,75	1456,91	1310,16	1165,16	1026,16
	III	**1382,33**	443,83	443,83	III	1263,66	1148,16	1035,50	926,00	819,33	715,83
	V	**2514,41**	443,83	443,83	IV	1964,16	1890,75	1817,41	1744,00	1670,58	1597,16
	VI	**2550,66**	443,83	443,83							
7775,99 West	I,IV	**2028,50**	443,83	443,83	I	1881,75	1735,00	1588,16	1441,41	1294,58	1150,16
	II	**1888,25**	443,83	443,83	II	1741,50	1594,66	1447,91	1301,08	1156,50	1017,83
	III	**1375,00**	443,83	443,83	III	1256,50	1141,16	1028,66	919,33	813,00	709,66
	V	**2505,41**	443,83	443,83	IV	1955,16	1881,75	1808,33	1735,00	1661,58	1588,16
	VI	**2541,66**	443,83	443,83							
7775,99 Ost	I,IV	**2038,83**	443,83	443,83	I	1892,00	1745,25	1598,50	1451,66	1304,91	1160,08
	II	**1898,58**	443,83	443,83	II	1751,75	1605,00	1458,16	1311,41	1166,41	1027,33
	III	**1383,33**	443,83	443,83	III	1264,66	1149,16	1036,50	926,83	820,33	716,83
	V	**2515,66**	443,83	443,83	IV	1965,41	1892,00	1818,66	1745,25	1671,83	1598,50
	VI	**2551,91**	443,83	443,83							

* Zur LSt-Berechnung für privat versicherte Arbeitnehmer s. Beispiele **Vorbemerkung S. 4f.**
** Basisvorsorgepauschale KV und PV *** Typisierter Arbeitgeberzuschuss

Lohn/ Gehalt in € bis	Steuerklasse	Lohn-steuer*	BVSP**	TAGZ***	Steuerklasse	Bemessungsgrundlage für Kirchensteuer und Solidaritätszuschlag					
						Freibeträge für ... Kinder					
						0,5	**1,0**	1,5	**2,0**	2,5	**3,0**
7778,99 West	I,IV	**2029,83**	443,83	443,83	I	1883,00	1736,25	1589,41	1442,66	1295,83	1151,41
	II	**1889,50**	443,83	443,83	II	1742,75	1595,91	1449,16	1302,33	1157,66	1019,00
	III	**1376,00**	443,83	443,83	III	1257,50	1142,00	1029,66	920,16	813,83	710,50
	V	**2506,66**	443,83	443,83	IV	1956,41	1883,00	1809,58	1736,25	1662,83	1589,41
	VI	**2542,91**	443,83	443,83							
7778,99 Ost	I,IV	**2040,08**	443,83	443,83	I	1893,33	1746,50	1599,75	1452,91	1306,16	1161,33
	II	**1899,83**	443,83	443,83	II	1753,00	1606,25	1459,41	1312,66	1167,66	1028,50
	III	**1384,50**	443,83	443,83	III	1265,66	1150,00	1037,50	927,83	821,16	717,66
	V	**2516,91**	443,83	443,83	IV	1966,66	1893,33	1819,91	1746,50	1673,08	1599,75
	VI	**2553,25**	443,83	443,83							
7781,99 West	I,IV	**2031,08**	443,83	443,83	I	1884,25	1737,50	1590,66	1443,91	1297,08	1152,58
	II	**1890,75**	443,83	443,83	II	1744,00	1597,16	1450,41	1303,58	1158,91	1020,16
	III	**1377,00**	443,83	443,83	III	1258,50	1143,00	1030,66	921,16	814,66	711,33
	V	**2507,91**	443,83	443,83	IV	1957,66	1884,25	1810,83	1737,50	1664,08	1590,66
	VI	**2544,16**	443,83	443,83							
7781,99 Ost	I,IV	**2041,33**	443,83	443,83	I	1894,58	1747,75	1601,00	1454,16	1307,41	1162,58
	II	**1901,08**	443,83	443,83	II	1754,25	1607,50	1460,66	1313,91	1168,83	1029,66
	III	**1385,50**	443,83	443,83	III	1266,66	1151,00	1038,33	928,66	822,16	718,50
	V	**2518,25**	443,83	443,83	IV	1967,91	1894,58	1821,16	1747,75	1674,33	1601,00
	VI	**2554,50**	443,83	443,83							
7784,99 West	I,IV	**2032,33**	443,83	443,83	I	1885,50	1738,75	1591,91	1445,16	1298,33	1153,83
	II	**1892,00**	443,83	443,83	II	1745,25	1598,50	1451,66	1304,91	1160,08	1021,33
	III	**1378,00**	443,83	443,83	III	1259,50	1144,00	1031,50	922,00	815,66	712,16
	V	**2509,16**	443,83	443,83	IV	1958,91	1885,50	1812,16	1738,75	1665,33	1591,91
	VI	**2545,41**	443,83	443,83							
7784,99 Ost	I,IV	**2042,58**	443,83	443,83	I	1895,83	1749,00	1602,25	1455,41	1308,66	1163,75
	II	**1902,33**	443,83	443,83	II	1755,50	1608,75	1462,00	1315,16	1170,08	1030,83
	III	**1386,50**	443,83	443,83	III	1267,83	1152,00	1039,33	929,66	823,00	719,33
	V	**2519,50**	443,83	443,83	IV	1969,25	1895,83	1822,41	1749,00	1675,66	1602,25
	VI	**2555,75**	443,83	443,83							
7787,99 West	I,IV	**2033,58**	443,83	443,83	I	1886,75	1740,00	1593,25	1446,41	1299,66	1155,08
	II	**1893,33**	443,83	443,83	II	1746,50	1599,75	1452,91	1306,16	1161,33	1022,50
	III	**1379,16**	443,83	443,83	III	1260,50	1145,00	1032,50	923,00	816,50	713,16
	V	**2510,41**	443,83	443,83	IV	1960,16	1886,75	1813,41	1740,00	1666,58	1593,25
	VI	**2546,66**	443,83	443,83							
7787,99 Ost	I,IV	**2043,83**	443,83	443,83	I	1897,08	1750,25	1603,50	1456,75	1309,91	1165,00
	II	**1903,58**	443,83	443,83	II	1756,83	1610,00	1463,25	1316,41	1171,33	1032,00
	III	**1387,50**	443,83	443,83	III	1268,83	1153,00	1040,33	930,66	823,83	720,33
	V	**2520,75**	443,83	443,83	IV	1970,50	1897,08	1823,66	1750,25	1676,91	1603,50
	VI	**2557,00**	443,83	443,83							
7790,99 West	I,IV	**2034,83**	443,83	443,83	I	1888,08	1741,25	1594,50	1447,66	1300,91	1156,25
	II	**1894,58**	443,83	443,83	II	1747,75	1601,00	1454,16	1307,41	1162,58	1023,66
	III	**1380,16**	443,83	443,83	III	1261,50	1146,00	1033,50	924,00	817,50	714,00
	V	**2511,66**	443,83	443,83	IV	1961,41	1888,08	1814,66	1741,25	1667,83	1594,50
	VI	**2548,00**	443,83	443,83							
7790,99 Ost	I,IV	**2045,16**	443,83	443,83	I	1898,33	1751,58	1604,75	1458,00	1311,16	1166,25
	II	**1904,83**	443,83	443,83	II	1758,08	1611,25	1464,50	1317,66	1172,50	1033,16
	III	**1388,50**	443,83	443,83	III	1269,83	1154,00	1041,16	931,50	824,83	721,16
	V	**2522,00**	443,83	443,83	IV	1971,75	1898,33	1824,91	1751,58	1678,16	1604,75
	VI	**2558,25**	443,83	443,83							
7793,99 West	I,IV	**2036,08**	443,83	443,83	I	1889,33	1742,50	1595,75	1448,91	1302,16	1157,50
	II	**1895,83**	443,83	443,83	II	1749,00	1602,25	1455,41	1308,66	1163,75	1024,83
	III	**1381,16**	443,83	443,83	III	1262,50	1147,00	1034,33	924,83	818,33	714,83
	V	**2513,00**	443,83	443,83	IV	1962,66	1889,33	1815,91	1742,50	1669,08	1595,75
	VI	**2549,25**	443,83	443,83							
7793,99 Ost	I,IV	**2046,41**	443,83	443,83	I	1899,58	1752,83	1606,00	1459,25	1312,41	1167,41
	II	**1906,08**	443,83	443,83	II	1759,33	1612,50	1465,75	1318,91	1173,75	1034,33
	III	**1389,66**	443,83	443,83	III	1270,83	1155,00	1042,16	932,50	825,66	722,00
	V	**2523,25**	443,83	443,83	IV	1973,00	1899,58	1826,16	1752,83	1679,41	1606,00
	VI	**2559,50**	443,83	443,83							

* Zur LSt-Berechnung für privat versicherte Arbeitnehmer s. Beispiele **Vorbemerkung S. 4 f.**
** Basisvorsorgepauschale KV und PV *** Typisierter Arbeitgeberzuschuss

Lohn/ Gehalt in € bis	Steuerklasse	**Lohn-steuer***	BVSP**	TAGZ***	Steuerklasse	Bemessungsgrundlage für Kirchensteuer und Solidaritätszuschlag – Freibeträge für ... Kinder: 0,5	**1,0**	1,5	**2,0**	2,5	**3,0**
7796,99 West	I,IV	**2037,33**	443,83	443,83	I	1890,58	1743,75	1597,00	1450,16	1303,41	1158,66
	II	**1897,08**	443,83	443,83	II	1750,25	1603,50	1456,75	1309,91	1165,00	1026,00
	III	**1382,16**	443,83	443,83	III	1263,50	1148,00	1035,33	925,83	819,33	715,66
	V	**2514,25**	443,83	443,83	IV	1964,00	1890,58	1817,16	1743,75	1670,41	1597,00
	VI	**2550,50**	443,83	443,83							
7796,99 Ost	I,IV	**2047,66**	443,83	443,83	I	1900,83	1754,08	1607,25	1460,50	1313,66	1168,66
	II	**1907,33**	443,83	443,83	II	1760,58	1613,75	1467,00	1320,25	1175,00	1035,50
	III	**1390,66**	443,83	443,83	III	1271,83	1156,00	1043,16	933,33	826,66	722,83
	V	**2524,50**	443,83	443,83	IV	1974,25	1900,83	1827,50	1754,08	1680,66	1607,25
	VI	**2560,75**	443,83	443,83							
7799,99 West	I,IV	**2038,58**	443,83	443,83	I	1891,83	1745,00	1598,25	1451,50	1304,66	1159,91
	II	**1898,33**	443,83	443,83	II	1751,58	1604,75	1458,00	1311,16	1166,25	1027,16
	III	**1383,16**	443,83	443,83	III	1264,50	1149,00	1036,33	926,66	820,16	716,66
	V	**2515,50**	443,83	443,83	IV	1965,25	1891,83	1818,41	1745,00	1671,66	1598,25
	VI	**2551,75**	443,83	443,83							
7799,99 Ost	I,IV	**2048,91**	443,83	443,83	I	1902,08	1755,33	1608,50	1461,75	1315,00	1169,83
	II	**1908,66**	443,83	443,83	II	1761,83	1615,08	1468,25	1321,50	1176,16	1036,66
	III	**1391,66**	443,83	443,83	III	1272,83	1157,00	1044,16	934,33	827,50	723,83
	V	**2525,75**	443,83	443,83	IV	1975,50	1902,08	1828,75	1755,33	1681,91	1608,50
	VI	**2562,00**	443,83	443,83							
7802,99 West	I,IV	**2039,91**	443,83	443,83	I	1893,08	1746,33	1599,50	1452,75	1305,91	1161,16
	II	**1899,58**	443,83	443,83	II	1752,83	1606,00	1459,25	1312,41	1167,41	1028,33
	III	**1384,33**	443,83	443,83	III	1265,50	1149,83	1037,33	927,66	821,00	717,50
	V	**2516,75**	443,83	443,83	IV	1966,50	1893,08	1819,66	1746,33	1672,91	1599,50
	VI	**2553,00**	443,83	443,83							
7802,99 Ost	I,IV	**2050,16**	443,83	443,83	I	1903,41	1756,58	1609,83	1463,00	1316,25	1171,08
	II	**1909,91**	443,83	443,83	II	1763,08	1616,33	1469,50	1322,75	1177,41	1037,91
	III	**1392,66**	443,83	443,83	III	1273,83	1157,83	1045,00	935,16	828,50	724,66
	V	**2527,00**	443,83	443,83	IV	1976,75	1903,41	1830,00	1756,58	1683,16	1609,83
	VI	**2563,33**	443,83	443,83							
7805,99 West	I,IV	**2041,16**	443,83	443,83	I	1894,33	1747,58	1600,75	1454,00	1307,16	1162,33
	II	**1900,83**	443,83	443,83	II	1754,08	1607,25	1460,50	1313,66	1168,66	1029,50
	III	**1385,33**	443,83	443,83	III	1266,50	1150,83	1038,16	928,50	822,00	718,33
	V	**2518,00**	443,83	443,83	IV	1967,75	1894,33	1820,91	1747,58	1674,16	1600,75
	VI	**2554,25**	443,83	443,83							
7805,99 Ost	I,IV	**2051,41**	443,83	443,83	I	1904,66	1757,83	1611,08	1464,25	1317,50	1172,33
	II	**1911,16**	443,83	443,83	II	1764,33	1617,58	1470,75	1324,00	1178,66	1039,08
	III	**1393,66**	443,83	443,83	III	1274,83	1158,83	1046,00	936,16	829,33	725,50
	V	**2528,33**	443,83	443,83	IV	1978,00	1904,66	1831,25	1757,83	1684,41	1611,08
	VI	**2564,58**	443,83	443,83							
7808,99 West	I,IV	**2042,41**	443,83	443,83	I	1895,58	1748,83	1602,00	1455,25	1308,41	1163,58
	II	**1902,08**	443,83	443,83	II	1755,33	1608,50	1461,75	1315,00	1169,83	1030,66
	III	**1386,33**	443,83	443,83	III	1267,66	1151,83	1039,16	929,50	822,83	719,16
	V	**2519,25**	443,83	443,83	IV	1969,00	1895,58	1822,25	1748,83	1675,41	1602,00
	VI	**2555,50**	443,83	443,83							
7808,99 Ost	I,IV	**2052,66**	443,83	443,83	I	1905,91	1759,08	1612,33	1465,50	1318,75	1173,50
	II	**1912,41**	443,83	443,83	II	1765,58	1618,83	1472,00	1325,25	1179,83	1040,25
	III	**1394,83**	443,83	443,83	III	1275,83	1159,83	1047,00	937,16	830,16	726,33
	V	**2529,58**	443,83	443,83	IV	1979,33	1905,91	1832,50	1759,08	1685,75	1612,33
	VI	**2565,83**	443,83	443,83							
7811,99 West	I,IV	**2043,66**	443,83	443,83	I	1896,83	1750,08	1603,25	1456,50	1309,75	1164,75
	II	**1903,41**	443,83	443,83	II	1756,58	1609,83	1463,00	1316,25	1171,08	1031,83
	III	**1387,33**	443,83	443,83	III	1268,66	1152,83	1040,16	930,50	823,83	720,16
	V	**2520,50**	443,83	443,83	IV	1970,25	1896,83	1823,50	1750,08	1676,66	1603,25
	VI	**2556,75**	443,83	443,83							
7811,99 Ost	I,IV	**2053,91**	443,83	443,83	I	1907,16	1760,33	1613,58	1466,75	1320,00	1174,75
	II	**1913,66**	443,83	443,83	II	1766,91	1620,08	1473,33	1326,50	1181,08	1041,41
	III	**1395,83**	443,83	443,83	III	1276,83	1160,83	1048,00	938,00	831,16	727,33
	V	**2530,83**	443,83	443,83	IV	1980,58	1907,16	1833,75	1760,33	1687,00	1613,58
	VI	**2567,08**	443,83	443,83							

* Zur LSt-Berechnung für privat versicherte Arbeitnehmer s. Beispiele **Vorbemerkung S. 4f.**
** Basisvorsorgepauschale KV und PV *** Typisierter Arbeitgeberzuschuss

Lohn/ Gehalt in € bis	Steuerklasse	Lohn-steuer*	BVSP**	TAGZ***	Steuerklasse	Bemessungsgrundlage für Kirchensteuer und Solidaritätszuschlag – Freibeträge für ... Kinder 0,5	1,0	1,5	2,0	2,5	3,0
7 814,99 West	I,IV	**2 044,91**	443,83	443,83	I	1 898,16	1 751,33	1 604,58	1 457,75	1 311,00	1 166,00
	II	**1 904,66**	443,83	443,83	II	1 757,83	1 611,08	1 464,25	1 317,50	1 172,33	1 033,00
	III	**1 388,33**	443,83	443,83	III	1 269,66	1 153,83	1 041,00	931,33	824,66	721,00
	V	**2 521,75**	443,83	443,83	IV	1 971,50	1 898,16	1 824,75	1 751,33	1 677,91	1 604,58
	VI	**2 558,08**	443,83	443,83							
7 814,99 Ost	I,IV	**2 055,25**	443,83	443,83	I	1 908,41	1 761,66	1 614,83	1 468,08	1 321,25	1 176,00
	II	**1 914,91**	443,83	443,83	II	1 768,16	1 621,33	1 474,58	1 327,75	1 182,33	1 042,58
	III	**1 396,83**	443,83	443,83	III	1 277,83	1 161,83	1 048,83	939,00	832,00	728,16
	V	**2 532,08**	443,83	443,83	IV	1 981,83	1 908,41	1 835,00	1 761,66	1 688,25	1 614,83
	VI	**2 568,33**	443,83	443,83							
7 817,99 West	I,IV	**2 046,16**	443,83	443,83	I	1 899,41	1 752,58	1 605,83	1 459,00	1 312,25	1 167,25
	II	**1 905,91**	443,83	443,83	II	1 759,08	1 612,33	1 465,50	1 318,75	1 173,50	1 034,16
	III	**1 389,50**	443,83	443,83	III	1 270,66	1 154,83	1 042,00	932,33	825,50	721,83
	V	**2 523,08**	443,83	443,83	IV	1 972,75	1 899,41	1 826,00	1 752,58	1 679,16	1 605,83
	VI	**2 559,33**	443,83	443,83							
7 817,99 Ost	I,IV	**2 056,50**	443,83	443,83	I	1 909,66	1 762,91	1 616,08	1 469,33	1 322,50	1 177,16
	II	**1 916,16**	443,83	443,83	II	1 769,41	1 622,58	1 475,83	1 329,00	1 183,50	1 043,75
	III	**1 397,83**	443,83	443,83	III	1 278,83	1 162,83	1 049,83	939,83	833,00	729,00
	V	**2 533,33**	443,83	443,83	IV	1 983,08	1 909,66	1 836,25	1 762,91	1 689,50	1 616,08
	VI	**2 569,58**	443,83	443,83							
7 820,99 West	I,IV	**2 047,41**	443,83	443,83	I	1 900,66	1 753,83	1 607,08	1 460,25	1 313,50	1 168,41
	II	**1 907,16**	443,83	443,83	II	1 760,33	1 613,58	1 466,75	1 320,00	1 174,75	1 035,33
	III	**1 390,50**	443,83	443,83	III	1 271,66	1 155,83	1 043,00	933,16	826,50	722,83
	V	**2 524,33**	443,83	443,83	IV	1 974,08	1 900,66	1 827,25	1 753,83	1 680,50	1 607,08
	VI	**2 560,58**	443,83	443,83							
7 820,99 Ost	I,IV	**2 057,75**	443,83	443,83	I	1 910,91	1 764,16	1 617,33	1 470,58	1 323,75	1 178,41
	II	**1 917,41**	443,83	443,83	II	1 770,66	1 623,83	1 477,08	1 330,25	1 184,75	1 044,91
	III	**1 398,83**	443,83	443,83	III	1 279,83	1 163,83	1 050,83	940,83	833,83	730,00
	V	**2 534,58**	443,83	443,83	IV	1 984,33	1 910,91	1 837,58	1 764,16	1 690,75	1 617,33
	VI	**2 570,83**	443,83	443,83							
7 823,99 West	I,IV	**2 048,66**	443,83	443,83	I	1 901,91	1 755,08	1 608,33	1 461,50	1 314,75	1 169,66
	II	**1 908,41**	443,83	443,83	II	1 761,66	1 614,83	1 468,08	1 321,25	1 176,00	1 036,50
	III	**1 391,50**	443,83	443,83	III	1 272,66	1 156,83	1 044,00	934,16	827,33	723,66
	V	**2 525,58**	443,83	443,83	IV	1 975,33	1 901,91	1 828,50	1 755,08	1 681,75	1 608,33
	VI	**2 561,83**	443,83	443,83							
7 823,99 Ost	I,IV	**2 059,00**	443,83	443,83	I	1 912,16	1 765,41	1 618,58	1 471,83	1 325,00	1 179,66
	II	**1 918,75**	443,83	443,83	II	1 771,91	1 625,16	1 478,33	1 331,58	1 186,00	1 046,08
	III	**1 400,00**	443,83	443,83	III	1 280,83	1 164,83	1 051,83	941,66	834,83	730,83
	V	**2 535,83**	443,83	443,83	IV	1 985,58	1 912,16	1 838,83	1 765,41	1 692,00	1 618,58
	VI	**2 572,08**	443,83	443,83							
7 826,99 West	I,IV	**2 050,00**	443,83	443,83	I	1 903,16	1 756,41	1 609,58	1 462,83	1 316,00	1 170,91
	II	**1 909,66**	443,83	443,83	II	1 762,91	1 616,08	1 469,33	1 322,50	1 177,16	1 037,66
	III	**1 392,50**	443,83	443,83	III	1 273,66	1 157,83	1 044,83	935,00	828,33	724,50
	V	**2 526,83**	443,83	443,83	IV	1 976,58	1 903,16	1 829,75	1 756,41	1 683,00	1 609,58
	VI	**2 563,08**	443,83	443,83							
7 826,99 Ost	I,IV	**2 060,25**	443,83	443,83	I	1 913,50	1 766,66	1 619,91	1 473,08	1 326,33	1 180,91
	II	**1 920,00**	443,83	443,83	II	1 773,16	1 626,41	1 479,58	1 332,83	1 187,25	1 047,25
	III	**1 401,00**	443,83	443,83	III	1 281,83	1 165,83	1 052,66	942,66	835,66	731,66
	V	**2 537,08**	443,83	443,83	IV	1 986,83	1 913,50	1 840,08	1 766,66	1 693,25	1 619,91
	VI	**2 573,33**	443,83	443,83							
7 829,99 West	I,IV	**2 051,25**	443,83	443,83	I	1 904,41	1 757,66	1 610,83	1 464,08	1 317,25	1 172,08
	II	**1 910,91**	443,83	443,83	II	1 764,16	1 617,33	1 470,58	1 323,75	1 178,41	1 038,83
	III	**1 393,50**	443,83	443,83	III	1 274,66	1 158,66	1 045,83	936,00	829,16	725,33
	V	**2 528,08**	443,83	443,83	IV	1 977,83	1 904,41	1 831,00	1 757,66	1 684,25	1 610,83
	VI	**2 564,33**	443,83	443,83							
7 829,99 Ost	I,IV	**2 061,50**	443,83	443,83	I	1 914,75	1 767,91	1 621,16	1 474,33	1 327,58	1 182,08
	II	**1 921,25**	443,83	443,83	II	1 774,41	1 627,66	1 480,83	1 334,08	1 188,41	1 048,41
	III	**1 402,00**	443,83	443,83	III	1 282,83	1 166,83	1 053,66	943,66	836,50	732,50
	V	**2 538,33**	443,83	443,83	IV	1 988,08	1 914,75	1 841,33	1 767,91	1 694,50	1 621,16
	VI	**2 574,66**	443,83	443,83							

* Zur LSt-Berechnung für privat versicherte Arbeitnehmer s. Beispiele **Vorbemerkung S. 4f.**
** Basisvorsorgepauschale KV und PV *** Typisierter Arbeitgeberzuschuss

Lohn/ Gehalt in € bis	Steuerklasse	**Lohn-steuer***	BVSP**	TAGZ***	Steuerklasse	Bemessungsgrundlage für Kirchensteuer und Solidaritätszuschlag					
						Freibeträge für ... Kinder					
						0,5	**1,0**	1,5	**2,0**	2,5	**3,0**
7832,99 West	I,IV	**2052,50**	443,83	443,83	I	1905,66	1758,91	1612,08	1465,33	1318,50	1173,33
	II	**1912,16**	443,83	443,83	II	1765,41	1618,58	1471,83	1325,00	1179,66	1040,00
	III	**1394,66**	443,83	443,83	III	1275,66	1159,66	1046,83	937,00	830,16	726,33
	V	**2529,33**	443,83	443,83	IV	1979,08	1905,66	1832,33	1758,91	1685,50	1612,08
	VI	**2565,58**	443,83	443,83							
7832,99 Ost	I,IV	**2062,75**	443,83	443,83	I	1916,00	1769,16	1622,41	1475,58	1328,83	1183,33
	II	**1922,50**	443,83	443,83	II	1775,66	1628,91	1482,08	1335,33	1189,66	1049,58
	III	**1403,00**	443,83	443,83	III	1283,83	1167,66	1054,66	944,50	837,50	733,50
	V	**2539,66**	443,83	443,83	IV	1989,33	1916,00	1842,58	1769,16	1695,83	1622,41
	VI	**2575,91**	443,83	443,83							
7835,99 West	I,IV	**2053,75**	443,83	443,83	I	1906,91	1760,16	1613,33	1466,58	1319,75	1174,58
	II	**1913,50**	443,83	443,83	II	1766,66	1619,91	1473,08	1326,33	1180,91	1041,16
	III	**1395,66**	443,83	443,83	III	1276,66	1160,66	1047,83	937,83	831,00	727,16
	V	**2530,58**	443,83	443,83	IV	1980,33	1906,91	1833,58	1760,16	1686,75	1613,33
	VI	**2566,83**	443,83	443,83							
7835,99 Ost	I,IV	**2064,00**	443,83	443,83	I	1917,25	1770,41	1623,66	1476,83	1330,08	1184,58
	II	**1923,75**	443,83	443,83	II	1777,00	1630,16	1483,41	1336,58	1190,91	1050,83
	III	**1404,16**	443,83	443,83	III	1284,83	1168,66	1055,66	945,50	838,33	734,33
	V	**2540,91**	443,83	443,83	IV	1990,66	1917,25	1843,83	1770,41	1697,08	1623,66
	VI	**2577,16**	443,83	443,83							
7838,99 West	I,IV	**2055,00**	443,83	443,83	I	1908,25	1761,41	1614,66	1467,83	1321,08	1175,75
	II	**1914,75**	443,83	443,83	II	1767,91	1621,16	1474,33	1327,58	1182,08	1042,33
	III	**1396,66**	443,83	443,83	III	1277,66	1161,66	1048,66	938,83	831,83	728,00
	V	**2531,83**	443,83	443,83	IV	1981,58	1908,25	1834,83	1761,41	1688,00	1614,66
	VI	**2568,08**	443,83	443,83							
7838,99 Ost	I,IV	**2065,25**	443,83	443,83	I	1918,50	1771,75	1624,91	1478,16	1331,33	1185,75
	II	**1925,00**	443,83	443,83	II	1778,25	1631,41	1484,66	1337,83	1192,16	1052,00
	III	**1405,16**	443,83	443,83	III	1285,83	1169,66	1056,50	946,33	839,33	735,16
	V	**2542,16**	443,83	443,83	IV	1991,91	1918,50	1845,08	1771,75	1698,33	1624,91
	VI	**2578,41**	443,83	443,83							
7841,99 West	I,IV	**2056,25**	443,83	443,83	I	1909,50	1762,66	1615,91	1469,08	1322,33	1177,00
	II	**1916,00**	443,83	443,83	II	1769,16	1622,41	1475,58	1328,83	1183,33	1043,58
	III	**1397,66**	443,83	443,83	III	1278,66	1162,66	1049,66	939,66	832,83	728,83
	V	**2533,08**	443,83	443,83	IV	1982,83	1909,50	1836,08	1762,66	1689,25	1615,91
	VI	**2569,41**	443,83	443,83							
7841,99 Ost	I,IV	**2066,58**	443,83	443,83	I	1919,75	1773,00	1626,16	1479,41	1332,58	1187,00
	II	**1926,25**	443,83	443,83	II	1779,50	1632,66	1485,91	1339,08	1193,33	1053,16
	III	**1406,16**	443,83	443,83	III	1286,83	1170,66	1057,50	947,33	840,16	736,00
	V	**2543,41**	443,83	443,83	IV	1993,16	1919,75	1846,33	1773,00	1699,58	1626,16
	VI	**2579,66**	443,83	443,83							
7844,99 West	I,IV	**2057,50**	443,83	443,83	I	1910,75	1763,91	1617,16	1470,33	1323,58	1178,25
	II	**1917,25**	443,83	443,83	II	1770,41	1623,66	1476,83	1330,08	1184,58	1044,75
	III	**1398,66**	443,83	443,83	III	1279,66	1163,66	1050,66	940,66	833,66	729,83
	V	**2534,41**	443,83	443,83	IV	1984,08	1910,75	1837,33	1763,91	1690,58	1617,16
	VI	**2570,66**	443,83	443,83							
7844,99 Ost	I,IV	**2067,83**	443,83	443,83	I	1921,00	1774,25	1627,41	1480,66	1333,83	1188,25
	II	**1927,50**	443,83	443,83	II	1780,75	1633,91	1487,16	1340,33	1194,58	1054,33
	III	**1407,16**	443,83	443,83	III	1288,00	1171,66	1058,50	948,33	841,16	737,00
	V	**2544,66**	443,83	443,83	IV	1994,41	1921,00	1847,58	1774,25	1700,83	1627,41
	VI	**2580,91**	443,83	443,83							
7847,99 West	I,IV	**2058,75**	443,83	443,83	I	1912,00	1765,16	1618,41	1471,58	1324,83	1179,41
	II	**1918,50**	443,83	443,83	II	1771,75	1624,91	1478,16	1331,33	1185,75	1045,91
	III	**1399,83**	443,83	443,83	III	1280,66	1164,66	1051,66	941,66	834,66	730,66
	V	**2535,66**	443,83	443,83	IV	1985,41	1912,00	1838,58	1765,16	1691,83	1618,41
	VI	**2571,91**	443,83	443,83							
7847,99 Ost	I,IV	**2069,08**	443,83	443,83	I	1922,25	1775,50	1628,66	1481,91	1335,08	1189,50
	II	**1928,75**	443,83	443,83	II	1782,00	1635,25	1488,41	1341,66	1195,83	1055,50
	III	**1408,16**	443,83	443,83	III	1289,00	1172,66	1059,50	949,16	842,00	737,83
	V	**2545,91**	443,83	443,83	IV	1995,66	1922,25	1848,91	1775,50	1702,08	1628,66
	VI	**2582,16**	443,83	443,83							

* Zur LSt-Berechnung für privat versicherte Arbeitnehmer s. Beispiele **Vorbemerkung S. 4f.**
** Basisvorsorgepauschale KV und PV *** Typisierter Arbeitgeberzuschuss

Lohn/ Gehalt in € bis	Steuerklasse	Lohn-steuer*	BVSP**	TAGZ***	Steuerklasse	Bemessungsgrundlage für Kirchensteuer und Solidaritätszuschlag – Freibeträge für ... Kinder 0,5	1,0	1,5	2,0	2,5	3,0
7 850,99	I,IV	**2 060,00**	443,83	443,83	I	1 913,25	1 766,50	1 619,66	1 472,91	1 326,08	1 180,66
West	II	**1 919,75**	443,83	443,83	II	1 773,00	1 626,16	1 479,41	1 332,58	1 187,00	1 047,08
	III	**1 400,83**	443,83	443,83	III	1 281,66	1 165,66	1 052,50	942,50	835,50	731,50
	V	**2 536,91**	443,83	443,83	IV	1 986,66	1 913,25	1 839,83	1 766,50	1 693,08	1 619,66
	VI	**2 573,16**	443,83	443,83							
7 850,99	I,IV	**2 070,33**	443,83	443,83	I	1 923,50	1 776,75	1 630,00	1 483,16	1 336,41	1 190,66
Ost	II	**1 930,08**	443,83	443,83	II	1 783,25	1 636,50	1 489,66	1 342,91	1 197,08	1 056,66
	III	**1 409,33**	443,83	443,83	III	1 290,00	1 173,66	1 060,33	950,16	843,00	738,66
	V	**2 547,16**	443,83	443,83	IV	1 996,91	1 923,50	1 850,16	1 776,75	1 703,33	1 630,00
	VI	**2 583,41**	443,83	443,83							
7 853,99	I,IV	**2 061,33**	443,83	443,83	I	1 914,50	1 767,75	1 620,91	1 474,16	1 327,33	1 181,91
West	II	**1 921,00**	443,83	443,83	II	1 774,25	1 627,41	1 480,66	1 333,83	1 188,25	1 048,25
	III	**1 401,83**	443,83	443,83	III	1 282,66	1 166,66	1 053,50	943,50	836,50	732,33
	V	**2 538,16**	443,83	443,83	IV	1 987,91	1 914,50	1 841,08	1 767,75	1 694,33	1 620,91
	VI	**2 574,41**	443,83	443,83							
7 853,99	I,IV	**2 071,58**	443,83	443,83	I	1 924,83	1 778,00	1 631,25	1 484,41	1 337,66	1 191,91
Ost	II	**1 931,33**	443,83	443,83	II	1 784,50	1 637,75	1 490,91	1 344,16	1 198,25	1 057,83
	III	**1 410,33**	443,83	443,83	III	1 291,00	1 174,66	1 061,33	951,00	843,83	739,66
	V	**2 548,41**	443,83	443,83	IV	1 998,16	1 924,83	1 851,41	1 778,00	1 704,58	1 631,25
	VI	**2 584,75**	443,83	443,83							
7 856,99	I,IV	**2 062,58**	443,83	443,83	I	1 915,75	1 769,00	1 622,16	1 475,41	1 328,58	1 183,16
West	II	**1 922,25**	443,83	443,83	II	1 775,50	1 628,66	1 481,91	1 335,08	1 189,50	1 049,41
	III	**1 402,83**	443,83	443,83	III	1 283,66	1 167,50	1 054,50	944,33	837,33	733,33
	V	**2 539,41**	443,83	443,83	IV	1 989,16	1 915,75	1 842,33	1 769,00	1 695,58	1 622,16
	VI	**2 575,66**	443,83	443,83							
7 856,99	I,IV	**2 072,83**	443,83	443,83	I	1 926,08	1 779,25	1 632,50	1 485,66	1 338,91	1 193,16
Ost	II	**1 932,58**	443,83	443,83	II	1 785,75	1 639,00	1 492,16	1 345,41	1 199,50	1 059,00
	III	**1 411,33**	443,83	443,83	III	1 292,00	1 175,66	1 062,33	952,00	844,66	740,50
	V	**2 549,75**	443,83	443,83	IV	1 999,41	1 926,08	1 852,66	1 779,25	1 705,83	1 632,50
	VI	**2 586,00**	443,83	443,83							
7 859,99	I,IV	**2 063,83**	443,83	443,83	I	1 917,00	1 770,25	1 623,41	1 476,66	1 329,83	1 184,33
West	II	**1 923,50**	443,83	443,83	II	1 776,75	1 630,00	1 483,16	1 336,41	1 190,66	1 050,58
	III	**1 403,83**	443,83	443,83	III	1 284,66	1 168,50	1 055,50	945,33	838,16	734,16
	V	**2 540,66**	443,83	443,83	IV	1 990,41	1 917,00	1 843,66	1 770,25	1 696,83	1 623,41
	VI	**2 576,91**	443,83	443,83							
7 859,99	I,IV	**2 074,08**	443,83	443,83	I	1 927,33	1 780,50	1 633,75	1 486,91	1 340,16	1 194,41
Ost	II	**1 933,83**	443,83	443,83	II	1 787,00	1 640,25	1 493,50	1 346,66	1 200,75	1 060,25
	III	**1 412,33**	443,83	443,83	III	1 293,00	1 176,66	1 063,33	953,00	845,66	741,33
	V	**2 551,00**	443,83	443,83	IV	2 000,75	1 927,33	1 853,91	1 780,50	1 707,16	1 633,75
	VI	**2 587,25**	443,83	443,83							
7 862,99	I,IV	**2 065,08**	443,83	443,83	I	1 918,25	1 771,50	1 624,75	1 477,91	1 331,16	1 185,58
West	II	**1 924,83**	443,83	443,83	II	1 778,00	1 631,25	1 484,41	1 337,66	1 191,91	1 051,75
	III	**1 405,00**	443,83	443,83	III	1 285,66	1 169,50	1 056,33	946,16	839,16	735,00
	V	**2 541,91**	443,83	443,83	IV	1 991,66	1 918,25	1 844,91	1 771,50	1 698,08	1 624,75
	VI	**2 578,16**	443,83	443,83							
7 862,99	I,IV	**2 075,33**	443,83	443,83	I	1 928,58	1 781,75	1 635,00	1 488,25	1 341,41	1 195,58
Ost	II	**1 935,08**	443,83	443,83	II	1 788,33	1 641,50	1 494,75	1 347,91	1 202,00	1 061,41
	III	**1 413,50**	443,83	443,83	III	1 294,00	1 177,66	1 064,16	953,83	846,50	742,33
	V	**2 552,25**	443,83	443,83	IV	2 002,00	1 928,58	1 855,16	1 781,75	1 708,41	1 635,00
	VI	**2 588,50**	443,83	443,83							
7 865,99	I,IV	**2 066,33**	443,83	443,83	I	1 919,58	1 772,75	1 626,00	1 479,16	1 332,41	1 186,83
West	II	**1 926,08**	443,83	443,83	II	1 779,25	1 632,50	1 485,66	1 338,91	1 193,16	1 052,91
	III	**1 406,00**	443,83	443,83	III	1 286,66	1 170,50	1 057,33	947,16	840,00	736,00
	V	**2 543,16**	443,83	443,83	IV	1 992,91	1 919,58	1 846,16	1 772,75	1 699,33	1 626,00
	VI	**2 579,50**	443,83	443,83							
7 865,99	I,IV	**2 076,66**	443,83	443,83	I	1 929,83	1 783,08	1 636,25	1 489,50	1 342,66	1 196,83
Ost	II	**1 936,33**	443,83	443,83	II	1 789,58	1 642,75	1 496,00	1 349,16	1 203,16	1 062,58
	III	**1 414,50**	443,83	443,83	III	1 295,00	1 178,50	1 065,16	954,83	847,50	743,16
	V	**2 553,50**	443,83	443,83	IV	2 003,25	1 929,83	1 856,41	1 783,08	1 709,66	1 636,25
	VI	**2 589,75**	443,83	443,83							

* Zur LSt-Berechnung für privat versicherte Arbeitnehmer s. Beispiele **Vorbemerkung S. 4f.**
** Basisvorsorgepauschale KV und PV *** Typisierter Arbeitgeberzuschuss

Lohn/ Gehalt in € bis	Steuerklasse	Lohn-steuer*	BVSP**	TAGZ***	Steuerklasse	Bemessungsgrundlage für Kirchensteuer und Solidaritätszuschlag – Freibeträge für ... Kinder 0,5	**1,0**	1,5	**2,0**	2,5	**3,0**
7868,99 West	I,IV	**2067,58**	443,83	443,83	I	1920,83	1774,00	1627,25	1480,41	1333,66	1188,00
	II	**1927,33**	443,83	443,83	II	1780,50	1633,75	1486,91	1340,16	1194,41	1054,16
	III	**1407,00**	443,83	443,83	III	1287,83	1171,50	1058,33	948,16	841,00	736,83
	V	**2544,50**	443,83	443,83	IV	1994,16	1920,83	1847,41	1774,00	1700,58	1627,25
	VI	**2580,75**	443,83	443,83							
7868,99 Ost	I,IV	**2077,91**	443,83	443,83	I	1931,08	1784,33	1637,50	1490,75	1343,91	1198,08
	II	**1937,58**	443,83	443,83	II	1790,83	1644,00	1497,25	1350,41	1204,41	1063,75
	III	**1415,50**	443,83	443,83	III	1296,00	1179,50	1066,16	955,66	848,33	744,00
	V	**2554,75**	443,83	443,83	IV	2004,50	1931,08	1857,66	1784,33	1710,91	1637,50
	VI	**2591,00**	443,83	443,83							
7871,99 West	I,IV	**2068,83**	443,83	443,83	I	1922,08	1775,25	1628,50	1481,66	1334,91	1189,25
	II	**1928,58**	443,83	443,83	II	1781,75	1635,00	1488,25	1341,41	1195,58	1055,33
	III	**1408,00**	443,83	443,83	III	1288,83	1172,50	1059,33	949,00	841,83	737,66
	V	**2545,75**	443,83	443,83	IV	1995,50	1922,08	1848,66	1775,25	1701,91	1628,50
	VI	**2582,00**	443,83	443,83							
7871,99 Ost	I,IV	**2079,16**	443,83	443,83	I	1932,33	1785,58	1638,75	1492,00	1345,16	1199,33
	II	**1938,83**	443,83	443,83	II	1792,08	1645,25	1498,50	1351,75	1205,66	1064,91
	III	**1416,50**	443,83	443,83	III	1297,00	1180,50	1067,16	956,66	849,33	744,83
	V	**2556,00**	443,83	443,83	IV	2005,75	1932,33	1859,00	1785,58	1712,16	1638,75
	VI	**2592,25**	443,83	443,83							
7874,99 West	I,IV	**2070,08**	443,83	443,83	I	1923,33	1776,50	1629,75	1483,00	1336,16	1190,50
	II	**1929,83**	443,83	443,83	II	1783,08	1636,25	1489,50	1342,66	1196,83	1056,50
	III	**1409,16**	443,83	443,83	III	1289,83	1173,50	1060,16	950,00	842,83	738,50
	V	**2547,00**	443,83	443,83	IV	1996,75	1923,33	1849,91	1776,50	1703,16	1629,75
	VI	**2583,25**	443,83	443,83							
7874,99 Ost	I,IV	**2080,41**	443,83	443,83	I	1933,58	1786,83	1640,00	1493,25	1346,50	1200,50
	II	**1940,16**	443,83	443,83	II	1793,33	1646,58	1499,75	1353,00	1206,91	1066,16
	III	**1417,50**	443,83	443,83	III	1298,00	1181,50	1068,00	957,66	850,16	745,83
	V	**2557,25**	443,83	443,83	IV	2007,00	1933,58	1860,25	1786,83	1713,41	1640,00
	VI	**2593,50**	443,83	443,83							
7877,99 West	I,IV	**2071,41**	443,83	443,83	I	1924,58	1777,83	1631,00	1484,25	1337,41	1191,75
	II	**1931,08**	443,83	443,83	II	1784,33	1637,50	1490,75	1343,91	1198,08	1057,66
	III	**1410,16**	443,83	443,83	III	1290,83	1174,50	1061,16	950,83	843,66	739,50
	V	**2548,25**	443,83	443,83	IV	1998,00	1924,58	1851,16	1777,83	1704,41	1631,00
	VI	**2584,50**	443,83	443,83							
7877,99 Ost	I,IV	**2081,66**	443,83	443,83	I	1934,91	1788,08	1641,33	1494,50	1347,75	1201,75
	II	**1941,41**	443,83	443,83	II	1794,58	1647,83	1501,00	1354,25	1208,16	1067,33
	III	**1418,66**	443,83	443,83	III	1299,00	1182,50	1069,00	958,50	851,16	746,66
	V	**2558,50**	443,83	443,83	IV	2008,25	1934,91	1861,50	1788,08	1714,66	1641,33
	VI	**2594,83**	443,83	443,83							
7880,99 West	I,IV	**2072,66**	443,83	443,83	I	1925,83	1779,08	1632,25	1485,50	1338,66	1192,91
	II	**1932,33**	443,83	443,83	II	1785,58	1638,75	1492,00	1345,16	1199,33	1058,83
	III	**1411,16**	443,83	443,83	III	1291,83	1175,50	1062,16	951,83	844,50	740,33
	V	**2549,50**	443,83	443,83	IV	1999,25	1925,83	1852,41	1779,08	1705,66	1632,25
	VI	**2585,75**	443,83	443,83							
7880,99 Ost	I,IV	**2082,91**	443,83	443,83	I	1936,16	1789,33	1642,58	1495,75	1349,00	1203,00
	II	**1942,66**	443,83	443,83	II	1795,83	1649,08	1502,25	1355,50	1209,41	1068,50
	III	**1419,66**	443,83	443,83	III	1300,00	1183,50	1070,00	959,50	852,00	747,50
	V	**2559,83**	443,83	443,83	IV	2009,50	1936,16	1862,75	1789,33	1715,91	1642,58
	VI	**2596,08**	443,83	443,83							
7883,99 West	I,IV	**2073,91**	443,83	443,83	I	1927,08	1780,33	1633,50	1486,75	1339,91	1194,16
	II	**1933,58**	443,83	443,83	II	1786,83	1640,00	1493,25	1346,50	1200,50	1060,00
	III	**1412,16**	443,83	443,83	III	1292,83	1176,50	1063,16	952,83	845,50	741,16
	V	**2550,75**	443,83	443,83	IV	2000,50	1927,08	1853,75	1780,33	1706,91	1633,50
	VI	**2587,00**	443,83	443,83							
7883,99 Ost	I,IV	**2084,16**	443,83	443,83	I	1937,41	1790,58	1643,83	1497,00	1350,25	1204,25
	II	**1943,91**	443,83	443,83	II	1797,08	1650,33	1503,50	1356,75	1210,58	1069,66
	III	**1420,66**	443,83	443,83	III	1301,00	1184,50	1071,00	960,33	852,83	748,50
	V	**2561,08**	443,83	443,83	IV	2010,83	1937,41	1864,00	1790,58	1717,25	1643,83
	VI	**2597,33**	443,83	443,83							

* Zur LSt-Berechnung für privat versicherte Arbeitnehmer s. Beispiele **Vorbemerkung S. 4 f.**
** Basisvorsorgepauschale KV und PV *** Typisierter Arbeitgeberzuschuss

Lohn/ Gehalt in € bis	Steuerklasse	Lohn-steuer*	BVSP**	TAGZ***	Steuerklasse	Bemessungsgrundlage für Kirchensteuer und Solidaritätszuschlag					
						Freibeträge für ... Kinder					
						0,5	**1,0**	1,5	**2,0**	2,5	**3,0**
7886,99	I,IV	**2075,16**	443,83	443,83	I	1928,33	1781,58	1634,75	1488,00	1341,25	1195,41
West	II	**1934,91**	443,83	443,83	II	1788,08	1641,33	1494,50	1347,75	1201,75	1061,16
	III	**1413,16**	443,83	443,83	III	1293,83	1177,50	1064,00	953,66	846,33	742,16
	V	**2552,00**	443,83	443,83	IV	2001,75	1928,33	1855,00	1781,58	1708,16	1634,75
	VI	**2588,25**	443,83	443,83							
7886,99	I,IV	**2085,41**	443,83	443,83	I	1938,66	1791,83	1645,08	1498,25	1351,50	1205,50
Ost	II	**1945,16**	443,83	443,83	II	1798,41	1651,58	1504,83	1358,00	1211,83	1070,83
	III	**1421,66**	443,83	443,83	III	1302,16	1185,50	1071,83	961,33	853,83	749,33
	V	**2562,33**	443,83	443,83	IV	2012,08	1938,66	1865,25	1791,83	1718,50	1645,08
	VI	**2598,58**	443,83	443,83							
7889,99	I,IV	**2076,41**	443,83	443,83	I	1929,66	1782,83	1636,08	1489,25	1342,50	1196,66
West	II	**1936,16**	443,83	443,83	II	1789,33	1642,58	1495,75	1349,00	1203,00	1062,41
	III	**1414,33**	443,83	443,83	III	1294,83	1178,33	1065,00	954,66	847,33	743,00
	V	**2553,25**	443,83	443,83	IV	2003,00	1929,66	1856,25	1782,83	1709,41	1636,08
	VI	**2589,58**	443,83	443,83							
7889,99	I,IV	**2086,75**	443,83	443,83	I	1939,91	1793,16	1646,33	1499,58	1352,75	1206,66
Ost	II	**1946,41**	443,83	443,83	II	1799,66	1652,83	1506,08	1359,25	1213,08	1072,08
	III	**1422,83**	443,83	443,83	III	1303,16	1186,50	1072,83	962,33	854,66	750,16
	V	**2563,58**	443,83	443,83	IV	2013,33	1939,91	1866,50	1793,16	1719,75	1646,33
	VI	**2599,83**	443,83	443,83							
7892,99	I,IV	**2077,66**	443,83	443,83	I	1930,91	1784,08	1637,33	1490,50	1343,75	1197,83
West	II	**1937,41**	443,83	443,83	II	1790,58	1643,83	1497,00	1350,25	1204,25	1063,58
	III	**1415,33**	443,83	443,83	III	1295,83	1179,33	1066,00	955,66	848,16	743,83
	V	**2554,58**	443,83	443,83	IV	2004,25	1930,91	1857,50	1784,08	1710,66	1637,33
	VI	**2590,83**	443,83	443,83							
7892,99	I,IV	**2088,00**	443,83	443,83	I	1941,16	1794,41	1647,58	1500,83	1354,00	1207,91
Ost	II	**1947,66**	443,83	443,83	II	1800,91	1654,08	1507,33	1360,50	1214,33	1073,25
	III	**1423,83**	443,83	443,83	III	1304,16	1187,50	1073,83	963,16	855,66	751,16
	V	**2564,83**	443,83	443,83	IV	2014,58	1941,16	1867,75	1794,41	1721,00	1647,58
	VI	**2601,08**	443,83	443,83							
7895,99	I,IV	**2078,91**	443,83	443,83	I	1932,16	1785,33	1638,58	1491,75	1345,00	1199,08
West	II	**1938,66**	443,83	443,83	II	1791,83	1645,08	1498,25	1351,50	1205,50	1064,75
	III	**1416,33**	443,83	443,83	III	1296,83	1180,33	1067,00	956,50	849,16	744,83
	V	**2555,83**	443,83	443,83	IV	2005,58	1932,16	1858,75	1785,33	1712,00	1638,58
	VI	**2592,08**	443,83	443,83							
7895,99	I,IV	**2089,25**	443,83	443,83	I	1942,41	1795,66	1648,83	1502,08	1355,25	1209,16
Ost	II	**1948,91**	443,83	443,83	II	1802,16	1655,33	1508,58	1361,75	1215,58	1074,41
	III	**1424,83**	443,83	443,83	III	1305,16	1188,50	1074,83	964,16	856,50	752,00
	V	**2566,08**	443,83	443,83	IV	2015,83	1942,41	1869,08	1795,66	1722,25	1648,83
	VI	**2602,33**	443,83	443,83							
7898,99	I,IV	**2080,16**	443,83	443,83	I	1933,41	1786,58	1639,83	1493,00	1346,25	1200,33
West	II	**1939,91**	443,83	443,83	II	1793,16	1646,33	1499,58	1352,75	1206,66	1065,91
	III	**1417,33**	443,83	443,83	III	1297,83	1181,33	1067,83	957,50	850,00	745,66
	V	**2557,08**	443,83	443,83	IV	2006,83	1933,41	1860,00	1786,58	1713,25	1639,83
	VI	**2593,33**	443,83	443,83							
7898,99	I,IV	**2090,50**	443,83	443,83	I	1943,66	1796,91	1650,08	1503,33	1356,50	1210,41
Ost	II	**1950,25**	443,83	443,83	II	1803,41	1656,66	1509,83	1363,08	1216,83	1075,58
	III	**1425,83**	443,83	443,83	III	1306,16	1189,50	1075,83	965,16	857,50	752,83
	V	**2567,33**	443,83	443,83	IV	2017,08	1943,66	1870,33	1796,91	1723,50	1650,08
	VI	**2603,58**	443,83	443,83							
7901,99	I,IV	**2081,50**	443,83	443,83	I	1934,66	1787,91	1641,08	1494,33	1347,50	1201,58
West	II	**1941,16**	443,83	443,83	II	1794,41	1647,58	1500,83	1354,00	1207,91	1067,08
	III	**1418,50**	443,83	443,83	III	1298,83	1182,33	1068,83	958,33	851,00	746,50
	V	**2558,33**	443,83	443,83	IV	2008,08	1934,66	1861,25	1787,91	1714,50	1641,08
	VI	**2594,58**	443,83	443,83							
7901,99	I,IV	**2091,75**	443,83	443,83	I	1945,00	1798,16	1651,41	1504,58	1357,83	1211,66
Ost	II	**1951,50**	443,83	443,83	II	1804,66	1657,91	1511,08	1364,33	1218,00	1076,75
	III	**1427,00**	443,83	443,83	III	1307,16	1190,50	1076,66	966,00	858,33	753,66
	V	**2568,58**	443,83	443,83	IV	2018,33	1945,00	1871,58	1798,16	1724,75	1651,41
	VI	**2604,83**	443,83	443,83							

* Zur LSt-Berechnung für privat versicherte Arbeitnehmer s. Beispiele **Vorbemerkung S. 4 f.**
** Basisvorsorgepauschale KV und PV *** Typisierter Arbeitgeberzuschuss

Lohn/ Gehalt in € bis	Steuerklasse	Lohn-steuer*	BVSP**	TAGZ***	Steuerklasse	Bemessungsgrundlage für Kirchensteuer und Solidaritätszuschlag					
						Freibeträge für ... Kinder					
						0,5	**1,0**	1,5	**2,0**	2,5	**3,0**
7904,99	I,IV	**2082,75**	443,83	443,83	I	1935,91	1789,16	1642,33	1495,58	1348,75	1202,83
West	II	**1942,41**	443,83	443,83	II	1795,66	1648,83	1502,08	1355,25	1209,16	1068,33
	III	**1419,50**	443,83	443,83	III	1299,83	1183,33	1069,83	959,33	851,83	747,33
	V	**2559,58**	443,83	443,83	IV	2009,33	1935,91	1862,50	1789,16	1715,75	1642,33
	VI	**2595,83**	443,83	443,83							
7904,99	I,IV	**2093,00**	443,83	443,83	I	1946,25	1799,41	1652,66	1505,83	1359,08	1212,91
Ost	II	**1952,75**	443,83	443,83	II	1805,91	1659,16	1512,33	1365,58	1219,25	1078,00
	III	**1428,00**	443,83	443,83	III	1308,16	1191,50	1077,66	967,00	859,33	754,66
	V	**2569,83**	443,83	443,83	IV	2019,58	1946,25	1872,83	1799,41	1726,00	1652,66
	VI	**2606,16**	443,83	443,83							
7907,99	I,IV	**2084,00**	443,83	443,83	I	1937,16	1790,41	1643,58	1496,83	1350,00	1204,00
West	II	**1943,66**	443,83	443,83	II	1796,91	1650,08	1503,33	1356,50	1210,41	1069,50
	III	**1420,50**	443,83	443,83	III	1300,83	1184,33	1070,83	960,33	852,83	748,33
	V	**2560,83**	443,83	443,83	IV	2010,58	1937,16	1863,83	1790,41	1717,00	1643,58
	VI	**2597,08**	443,83	443,83							
7907,99	I,IV	**2094,25**	443,83	443,83	I	1947,50	1800,66	1653,91	1507,08	1360,33	1214,08
Ost	II	**1954,00**	443,83	443,83	II	1807,16	1660,41	1513,58	1366,83	1220,50	1079,16
	III	**1429,00**	443,83	443,83	III	1309,16	1192,33	1078,66	967,83	860,16	755,50
	V	**2571,16**	443,83	443,83	IV	2020,83	1947,50	1874,08	1800,66	1727,33	1653,91
	VI	**2607,41**	443,83	443,83							
7910,99	I,IV	**2085,25**	443,83	443,83	I	1938,41	1791,66	1644,83	1498,08	1351,25	1205,25
West	II	**1945,00**	443,83	443,83	II	1798,16	1651,41	1504,58	1357,83	1211,66	1070,66
	III	**1421,50**	443,83	443,83	III	1302,00	1185,33	1071,66	961,16	853,66	749,16
	V	**2562,08**	443,83	443,83	IV	2011,83	1938,41	1865,08	1791,66	1718,25	1644,83
	VI	**2598,33**	443,83	443,83							
7910,99	I,IV	**2095,50**	443,83	443,83	I	1948,75	1801,91	1655,16	1508,33	1361,58	1215,33
Ost	II	**1955,25**	443,83	443,83	II	1808,50	1661,66	1514,91	1368,08	1221,75	1080,33
	III	**1430,00**	443,83	443,83	III	1310,16	1193,33	1079,66	968,83	861,16	756,33
	V	**2572,41**	443,83	443,83	IV	2022,16	1948,75	1875,33	1801,91	1728,58	1655,16
	VI	**2608,66**	443,83	443,83							
7913,99	I,IV	**2086,50**	443,83	443,83	I	1939,75	1792,91	1646,16	1499,33	1352,58	1206,50
West	II	**1946,25**	443,83	443,83	II	1799,41	1652,66	1505,83	1359,08	1212,91	1071,83
	III	**1422,66**	443,83	443,83	III	1303,00	1186,33	1072,66	962,16	854,50	750,00
	V	**2563,33**	443,83	443,83	IV	2013,08	1939,75	1866,33	1792,91	1719,50	1646,16
	VI	**2599,58**	443,83	443,83							
7913,99	I,IV	**2096,75**	443,83	443,83	I	1950,00	1803,25	1656,41	1509,66	1362,83	1216,58
Ost	II	**1956,50**	443,83	443,83	II	1809,75	1662,91	1516,16	1369,33	1223,00	1081,50
	III	**1431,16**	443,83	443,83	III	1311,16	1194,33	1080,50	969,83	862,00	757,33
	V	**2573,66**	443,83	443,83	IV	2023,41	1950,00	1876,58	1803,25	1729,83	1656,41
	VI	**2609,91**	443,83	443,83							
7916,99	I,IV	**2087,75**	443,83	443,83	I	1941,00	1794,16	1647,41	1500,58	1353,83	1207,75
West	II	**1947,50**	443,83	443,83	II	1800,66	1653,91	1507,08	1360,33	1214,08	1073,00
	III	**1423,66**	443,83	443,83	III	1304,00	1187,33	1073,66	963,00	855,50	751,00
	V	**2564,58**	443,83	443,83	IV	2014,33	1941,00	1867,58	1794,16	1720,75	1647,41
	VI	**2600,91**	443,83	443,83							
7916,99	I,IV	**2098,08**	443,83	443,83	I	1951,25	1804,50	1657,66	1510,91	1364,08	1217,83
Ost	II	**1957,75**	443,83	443,83	II	1811,00	1664,16	1517,41	1370,58	1224,25	1082,75
	III	**1432,16**	443,83	443,83	III	1312,16	1195,33	1081,50	970,66	863,00	758,16
	V	**2574,91**	443,83	443,83	IV	2024,66	1951,25	1877,83	1804,50	1731,08	1657,66
	VI	**2611,16**	443,83	443,83							
7919,99	I,IV	**2089,00**	443,83	443,83	I	1942,25	1795,41	1648,66	1501,83	1355,08	1209,00
West	II	**1948,75**	443,83	443,83	II	1801,91	1655,16	1508,33	1361,58	1215,33	1074,25
	III	**1424,66**	443,83	443,83	III	1305,00	1188,33	1074,66	964,00	856,33	751,83
	V	**2565,91**	443,83	443,83	IV	2015,58	1942,25	1868,83	1795,41	1722,08	1648,66
	VI	**2602,16**	443,83	443,83							
7919,99	I,IV	**2099,33**	443,83	443,83	I	1952,50	1805,75	1658,91	1512,16	1365,33	1219,08
Ost	II	**1959,00**	443,83	443,83	II	1812,25	1665,41	1518,66	1371,83	1225,50	1083,91
	III	**1433,16**	443,83	443,83	III	1313,33	1196,33	1082,50	971,66	863,83	759,00
	V	**2576,16**	443,83	443,83	IV	2025,91	1952,50	1879,08	1805,75	1732,33	1658,91
	VI	**2612,41**	443,83	443,83							

* Zur LSt-Berechnung für privat versicherte Arbeitnehmer s. Beispiele **Vorbemerkung S. 4 f.**
** Basisvorsorgepauschale KV und PV *** Typisierter Arbeitgeberzuschuss

Lohn/ Gehalt in € bis	Steuerklasse	Lohnsteuer*	BVSP**	TAGZ***	Steuerklasse	0,5	**1,0**	1,5	**2,0**	2,5	**3,0**
						Bemessungsgrundlage für Kirchensteuer und Solidaritätszuschlag – Freibeträge für ... Kinder					
7922,99	I,IV	**2090,25**	443,83	443,83	I	1943,50	1796,66	1649,91	1503,08	1356,33	1210,16
West	II	**1950,00**	443,83	443,83	II	1803,25	1656,41	1509,66	1362,83	1216,58	1075,41
	III	**1425,66**	443,83	443,83	III	1306,00	1189,33	1075,66	965,00	857,33	752,66
	V	**2567,16**	443,83	443,83	IV	2016,91	1943,50	1870,08	1796,66	1723,33	1649,91
	VI	**2603,41**	443,83	443,83							
7922,99	I,IV	**2100,58**	443,83	443,83	I	1953,75	1807,00	1660,16	1513,41	1366,58	1220,33
Ost	II	**1960,25**	443,83	443,83	II	1813,50	1666,75	1519,91	1373,16	1226,75	1085,08
	III	**1434,16**	443,83	443,83	III	1314,33	1197,33	1083,50	972,66	864,83	760,00
	V	**2577,41**	443,83	443,83	IV	2027,16	1953,75	1880,41	1807,00	1733,58	1660,16
	VI	**2613,66**	443,83	443,83							
7925,99	I,IV	**2091,50**	443,83	443,83	I	1944,75	1798,00	1651,16	1504,41	1357,58	1211,41
West	II	**1951,25**	443,83	443,83	II	1804,50	1657,66	1510,91	1364,08	1217,83	1076,58
	III	**1426,83**	443,83	443,83	III	1307,00	1190,33	1076,50	965,83	858,16	753,66
	V	**2568,41**	443,83	443,83	IV	2018,16	1944,75	1871,33	1798,00	1724,58	1651,16
	VI	**2604,66**	443,83	443,83							
7925,99	I,IV	**2101,83**	443,83	443,83	I	1955,00	1808,25	1661,50	1514,66	1367,91	1221,58
Ost	II	**1961,58**	443,83	443,83	II	1814,75	1668,00	1521,16	1374,41	1227,91	1086,33
	III	**1435,33**	443,83	443,83	III	1315,33	1198,33	1084,50	973,50	865,66	760,83
	V	**2578,66**	443,83	443,83	IV	2028,41	1955,00	1881,66	1808,25	1734,83	1661,50
	VI	**2614,91**	443,83	443,83							
7928,99	I,IV	**2092,83**	443,83	443,83	I	1946,00	1799,25	1652,41	1505,66	1358,83	1212,66
West	II	**1952,50**	443,83	443,83	II	1805,75	1658,91	1512,16	1365,33	1219,08	1077,75
	III	**1427,83**	443,83	443,83	III	1308,00	1191,33	1077,50	966,83	859,16	754,50
	V	**2569,66**	443,83	443,83	IV	2019,41	1946,00	1872,58	1799,25	1725,83	1652,41
	VI	**2605,91**	443,83	443,83							
7928,99	I,IV	**2103,08**	443,83	443,83	I	1956,33	1809,50	1662,75	1515,91	1369,16	1222,75
Ost	II	**1962,83**	443,83	443,83	II	1816,00	1669,25	1522,41	1375,66	1229,16	1087,50
	III	**1436,33**	443,83	443,83	III	1316,33	1199,33	1085,33	974,50	866,66	761,66
	V	**2579,91**	443,83	443,83	IV	2029,66	1956,33	1882,91	1809,50	1736,08	1662,75
	VI	**2616,25**	443,83	443,83							
7931,99	I,IV	**2094,08**	443,83	443,83	I	1947,25	1800,50	1653,66	1506,91	1360,08	1213,91
West	II	**1953,75**	443,83	443,83	II	1807,00	1660,16	1513,41	1366,58	1220,33	1079,00
	III	**1428,83**	443,83	443,83	III	1309,00	1192,16	1078,50	967,83	860,00	755,33
	V	**2570,91**	443,83	443,83	IV	2020,66	1947,25	1873,83	1800,50	1727,08	1653,66
	VI	**2607,16**	443,83	443,83							
7931,99	I,IV	**2104,33**	443,83	443,83	I	1957,58	1810,75	1664,00	1517,16	1370,41	1224,00
Ost	II	**1964,08**	443,83	443,83	II	1817,25	1670,50	1523,66	1376,91	1230,41	1088,66
	III	**1437,33**	443,83	443,83	III	1317,33	1200,33	1086,33	975,50	867,50	762,66
	V	**2581,25**	443,83	443,83	IV	2030,91	1957,58	1884,16	1810,75	1737,33	1664,00
	VI	**2617,50**	443,83	443,83							
7934,99	I,IV	**2095,33**	443,83	443,83	I	1948,50	1801,75	1654,91	1508,16	1361,33	1215,16
West	II	**1955,00**	443,83	443,83	II	1808,25	1661,50	1514,66	1367,91	1221,58	1080,16
	III	**1429,83**	443,83	443,83	III	1310,00	1193,16	1079,50	968,66	861,00	756,33
	V	**2572,16**	443,83	443,83	IV	2021,91	1948,50	1875,16	1801,75	1728,33	1654,91
	VI	**2608,41**	443,83	443,83							
7934,99	I,IV	**2105,58**	443,83	443,83	I	1958,83	1812,00	1665,25	1518,41	1371,66	1225,25
Ost	II	**1965,33**	443,83	443,83	II	1818,50	1671,75	1525,00	1378,16	1231,66	1089,83
	III	**1438,33**	443,83	443,83	III	1318,33	1201,33	1087,33	976,33	868,33	763,50
	V	**2582,50**	443,83	443,83	IV	2032,25	1958,83	1885,41	1812,00	1738,66	1665,25
	VI	**2618,75**	443,83	443,83							
7937,99	I,IV	**2096,58**	443,83	443,83	I	1949,75	1803,00	1656,25	1509,41	1362,66	1216,41
West	II	**1956,33**	443,83	443,83	II	1809,50	1662,75	1515,91	1369,16	1222,75	1081,33
	III	**1431,00**	443,83	443,83	III	1311,00	1194,16	1080,33	969,66	861,83	757,16
	V	**2573,41**	443,83	443,83	IV	2023,16	1949,75	1876,41	1803,00	1729,58	1656,25
	VI	**2609,66**	443,83	443,83							
7937,99	I,IV	**2106,83**	443,83	443,83	I	1960,08	1813,25	1666,50	1519,75	1372,91	1226,50
Ost	II	**1966,58**	443,83	443,83	II	1819,83	1673,00	1526,25	1379,41	1232,91	1091,08
	III	**1439,50**	443,83	443,83	III	1319,33	1202,33	1088,33	977,33	869,33	764,33
	V	**2583,75**	443,83	443,83	IV	2033,50	1960,08	1886,66	1813,25	1739,91	1666,50
	VI	**2620,00**	443,83	443,83							

* Zur LSt-Berechnung für privat versicherte Arbeitnehmer s. Beispiele **Vorbemerkung S. 4f.**
** Basisvorsorgepauschale KV und PV *** Typisierter Arbeitgeberzuschuss

Lohn/ Gehalt in € bis	Steuerklasse	Lohn-steuer*	BVSP**	TAGZ***	Steuerklasse	Bemessungsgrundlage für Kirchensteuer und Solidaritätszuschlag – Freibeträge für ... Kinder 0,5	1,0	1,5	2,0	2,5	3,0
7940,99	I,IV	**2097,83**	443,83	443,83	I	1951,08	1804,25	1657,50	1510,66	1363,91	1217,58
West	II	**1957,58**	443,83	443,83	II	1810,75	1664,00	1517,16	1370,41	1224,00	1082,50
	III	**1432,00**	443,83	443,83	III	1312,00	1195,16	1081,33	970,50	862,83	758,00
	V	**2574,66**	443,83	443,83	IV	2024,41	1951,08	1877,66	1804,25	1730,83	1657,50
	VI	**2611,00**	443,83	443,83							
7940,99	I,IV	**2108,16**	443,83	443,83	I	1961,33	1814,58	1667,75	1521,00	1374,16	1227,75
Ost	II	**1967,83**	443,83	443,83	II	1821,08	1674,25	1527,50	1380,66	1234,16	1092,25
	III	**1440,50**	443,83	443,83	III	1320,33	1203,33	1089,33	978,16	870,16	765,33
	V	**2585,00**	443,83	443,83	IV	2034,75	1961,33	1887,91	1814,58	1741,16	1667,75
	VI	**2621,25**	443,83	443,83							
7943,99	I,IV	**2099,08**	443,83	443,83	I	1952,33	1805,50	1658,75	1511,91	1365,16	1218,83
West	II	**1958,83**	443,83	443,83	II	1812,00	1665,25	1518,41	1371,66	1225,25	1083,75
	III	**1433,00**	443,83	443,83	III	1313,16	1196,16	1082,33	971,50	863,66	758,83
	V	**2576,00**	443,83	443,83	IV	2025,66	1952,33	1878,91	1805,50	1732,08	1658,75
	VI	**2612,25**	443,83	443,83							
7943,99	I,IV	**2109,41**	443,83	443,83	I	1962,58	1815,83	1669,00	1522,25	1375,41	1229,00
Ost	II	**1969,08**	443,83	443,83	II	1822,33	1675,50	1528,75	1381,91	1235,41	1093,41
	III	**1441,50**	443,83	443,83	III	1321,33	1204,33	1090,16	979,16	871,16	766,16
	V	**2586,25**	443,83	443,83	IV	2036,00	1962,58	1889,16	1815,83	1742,41	1669,00
	VI	**2622,50**	443,83	443,83							
7946,99	I,IV	**2100,33**	443,83	443,83	I	1953,58	1806,75	1660,00	1513,16	1366,41	1220,08
West	II	**1960,08**	443,83	443,83	II	1813,25	1666,50	1519,75	1372,91	1226,50	1084,91
	III	**1434,00**	443,83	443,83	III	1314,16	1197,16	1083,33	972,50	864,66	759,83
	V	**2577,25**	443,83	443,83	IV	2027,00	1953,58	1880,16	1806,75	1733,41	1660,00
	VI	**2613,50**	443,83	443,83							
7946,99	I,IV	**2110,66**	443,83	443,83	I	1963,83	1817,08	1670,25	1523,50	1376,66	1230,25
Ost	II	**1970,33**	443,83	443,83	II	1823,58	1676,75	1530,00	1383,25	1236,66	1094,66
	III	**1442,50**	443,83	443,83	III	1322,50	1205,33	1091,16	980,16	872,00	767,00
	V	**2587,50**	443,83	443,83	IV	2037,25	1963,83	1890,50	1817,08	1743,66	1670,25
	VI	**2623,75**	443,83	443,83							
7949,99	I,IV	**2101,58**	443,83	443,83	I	1954,83	1808,00	1661,25	1514,50	1367,66	1221,33
West	II	**1961,33**	443,83	443,83	II	1814,58	1667,75	1521,00	1374,16	1227,75	1086,08
	III	**1435,16**	443,83	443,83	III	1315,16	1198,16	1084,33	973,33	865,50	760,66
	V	**2578,50**	443,83	443,83	IV	2028,25	1954,83	1881,41	1808,00	1734,66	1661,25
	VI	**2614,75**	443,83	443,83							
7949,99	I,IV	**2111,91**	443,83	443,83	I	1965,08	1818,33	1671,50	1524,75	1378,00	1231,50
Ost	II	**1971,66**	443,83	443,83	II	1824,83	1678,08	1531,25	1384,50	1237,91	1095,83
	III	**1443,66**	443,83	443,83	III	1323,50	1206,33	1092,16	981,00	873,00	768,00
	V	**2588,75**	443,83	443,83	IV	2038,50	1965,08	1891,75	1818,33	1744,91	1671,50
	VI	**2625,00**	443,83	443,83							
7952,99	I,IV	**2102,91**	443,83	443,83	I	1956,08	1809,33	1662,50	1515,75	1368,91	1222,58
West	II	**1962,58**	443,83	443,83	II	1815,83	1669,00	1522,25	1375,41	1229,00	1087,25
	III	**1436,16**	443,83	443,83	III	1316,16	1199,16	1085,16	974,33	866,50	761,50
	V	**2579,75**	443,83	443,83	IV	2029,50	1956,08	1882,66	1809,33	1735,91	1662,50
	VI	**2616,00**	443,83	443,83							
7952,99	I,IV	**2113,16**	443,83	443,83	I	1966,41	1819,58	1672,83	1526,00	1379,25	1232,75
Ost	II	**1972,91**	443,83	443,83	II	1826,08	1679,33	1532,50	1385,75	1239,16	1097,00
	III	**1444,66**	443,83	443,83	III	1324,50	1207,33	1093,16	982,00	873,83	768,83
	V	**2590,00**	443,83	443,83	IV	2039,75	1966,41	1893,00	1819,58	1746,16	1672,83
	VI	**2626,33**	443,83	443,83							
7955,99	I,IV	**2104,16**	443,83	443,83	I	1957,33	1810,58	1663,75	1517,00	1370,16	1223,83
West	II	**1963,83**	443,83	443,83	II	1817,08	1670,25	1523,50	1376,66	1230,25	1088,50
	III	**1437,16**	443,83	443,83	III	1317,16	1200,16	1086,16	975,33	867,33	762,50
	V	**2581,00**	443,83	443,83	IV	2030,75	1957,33	1883,91	1810,58	1737,16	1663,75
	VI	**2617,25**	443,83	443,83							
7955,99	I,IV	**2114,41**	443,83	443,83	I	1967,66	1820,83	1674,08	1527,25	1380,50	1234,00
Ost	II	**1974,16**	443,83	443,83	II	1827,33	1680,58	1533,75	1387,00	1240,41	1098,25
	III	**1445,66**	443,83	443,83	III	1325,50	1208,33	1094,16	983,00	874,83	769,66
	V	**2591,33**	443,83	443,83	IV	2041,00	1967,66	1894,25	1820,83	1747,41	1674,08
	VI	**2627,58**	443,83	443,83							

* Zur LSt-Berechnung für privat versicherte Arbeitnehmer s. Beispiele **Vorbemerkung S. 4 f.**
** Basisvorsorgepauschale KV und PV *** Typisierter Arbeitgeberzuschuss

Lohn/ Gehalt in € bis	Steuerklasse	Lohn-steuer*	BVSP**	TAGZ***	Steuerklasse	Bemessungsgrundlage für Kirchensteuer und Solidaritätszuschlag – Freibeträge für ... Kinder 0,5	1,0	1,5	2,0	2,5	3,0
7958,99 West	I,IV	**2105,41**	443,83	443,83	I	1958,58	1811,83	1665,00	1518,25	1371,41	1225,08
	II	**1965,08**	443,83	443,83	II	1818,33	1671,50	1524,75	1378,00	1231,50	1089,66
	III	**1438,16**	443,83	443,83	III	1318,16	1201,16	1087,16	976,16	868,33	763,33
	V	**2582,25**	443,83	443,83	IV	2032,00	1958,58	1885,25	1811,83	1738,41	1665,00
	VI	**2618,50**	443,83	443,83							
7958,99 Ost	I,IV	**2115,66**	443,83	443,83	I	1968,91	1822,08	1675,33	1528,50	1381,75	1235,25
	II	**1975,41**	443,83	443,83	II	1828,58	1681,83	1535,00	1388,25	1241,66	1099,41
	III	**1446,83**	443,83	443,83	III	1326,50	1209,33	1095,00	983,83	875,66	770,66
	V	**2592,58**	443,83	443,83	IV	2042,33	1968,91	1895,50	1822,08	1748,75	1675,33
	VI	**2628,83**	443,83	443,83							
7961,99 West	I,IV	**2106,66**	443,83	443,83	I	1959,83	1813,08	1666,25	1519,50	1372,75	1226,33
	II	**1966,41**	443,83	443,83	II	1819,58	1672,83	1526,00	1379,25	1232,75	1090,83
	III	**1439,33**	443,83	443,83	III	1319,16	1202,16	1088,16	977,16	869,16	764,16
	V	**2583,50**	443,83	443,83	IV	2033,25	1959,83	1886,50	1813,08	1739,66	1666,25
	VI	**2619,75**	443,83	443,83							
7961,99 Ost	I,IV	**2116,91**	443,83	443,83	I	1970,16	1823,33	1676,58	1529,75	1383,00	1236,41
	II	**1976,66**	443,83	443,83	II	1829,91	1683,08	1536,33	1389,50	1242,91	1100,58
	III	**1447,83**	443,83	443,83	III	1327,50	1210,33	1096,00	984,83	876,66	771,50
	V	**2593,83**	443,83	443,83	IV	2043,58	1970,16	1896,75	1823,33	1750,00	1676,58
	VI	**2630,08**	443,83	443,83							
7964,99 West	I,IV	**2107,91**	443,83	443,83	I	1961,16	1814,33	1667,58	1520,75	1374,00	1227,58
	II	**1967,66**	443,83	443,83	II	1820,83	1674,08	1527,25	1380,50	1234,00	1092,08
	III	**1440,33**	443,83	443,83	III	1320,16	1203,16	1089,16	978,00	870,16	765,16
	V	**2584,75**	443,83	443,83	IV	2034,50	1961,16	1887,75	1814,33	1740,91	1667,58
	VI	**2621,08**	443,83	443,83							
7964,99 Ost	I,IV	**2118,25**	443,83	443,83	I	1971,41	1824,66	1677,83	1531,08	1384,25	1237,66
	II	**1977,91**	443,83	443,83	II	1831,16	1684,33	1537,58	1390,75	1244,16	1101,83
	III	**1448,83**	443,83	443,83	III	1328,50	1211,33	1097,00	985,83	877,50	772,33
	V	**2595,08**	443,83	443,83	IV	2044,83	1971,41	1898,00	1824,66	1751,25	1677,83
	VI	**2631,33**	443,83	443,83							
7967,99 West	I,IV	**2109,16**	443,83	443,83	I	1962,41	1815,58	1668,83	1522,00	1375,25	1228,75
	II	**1968,91**	443,83	443,83	II	1822,08	1675,33	1528,50	1381,75	1235,25	1093,25
	III	**1441,33**	443,83	443,83	III	1321,16	1204,16	1090,00	979,00	871,00	766,00
	V	**2586,08**	443,83	443,83	IV	2035,75	1962,41	1889,00	1815,58	1742,16	1668,83
	VI	**2622,33**	443,83	443,83							
7967,99 Ost	I,IV	**2119,50**	443,83	443,83	I	1972,66	1825,91	1679,08	1532,33	1385,50	1238,91
	II	**1979,16**	443,83	443,83	II	1832,41	1685,58	1538,83	1392,00	1245,41	1103,00
	III	**1449,83**	443,83	443,83	III	1329,50	1212,16	1098,00	986,66	878,50	773,33
	V	**2596,33**	443,83	443,83	IV	2046,08	1972,66	1899,25	1825,91	1752,50	1679,08
	VI	**2632,58**	443,83	443,83							
7970,99 West	I,IV	**2110,41**	443,83	443,83	I	1963,66	1816,83	1670,08	1523,25	1376,50	1230,00
	II	**1970,16**	443,83	443,83	II	1823,33	1676,58	1529,75	1383,00	1236,41	1094,41
	III	**1442,33**	443,83	443,83	III	1322,16	1205,16	1091,00	980,00	871,83	766,83
	V	**2587,33**	443,83	443,83	IV	2037,08	1963,66	1890,25	1816,83	1743,50	1670,08
	VI	**2623,58**	443,83	443,83							
7970,99 Ost	I,IV	**2120,75**	443,83	443,83	I	1973,91	1827,16	1680,33	1533,58	1386,75	1240,16
	II	**1980,41**	443,83	443,83	II	1833,66	1686,83	1540,08	1393,25	1246,66	1104,16
	III	**1451,00**	443,83	443,83	III	1330,50	1213,16	1099,00	987,66	879,33	774,16
	V	**2597,58**	443,83	443,83	IV	2047,33	1973,91	1900,58	1827,16	1753,75	1680,33
	VI	**2633,83**	443,83	443,83							
7973,99 West	I,IV	**2111,66**	443,83	443,83	I	1964,91	1818,08	1671,33	1524,50	1377,75	1231,25
	II	**1971,41**	443,83	443,83	II	1824,66	1677,83	1531,08	1384,25	1237,66	1095,66
	III	**1443,50**	443,83	443,83	III	1323,33	1206,16	1092,00	980,83	872,83	767,83
	V	**2588,58**	443,83	443,83	IV	2038,33	1964,91	1891,50	1818,08	1744,75	1671,33
	VI	**2624,83**	443,83	443,83							
7973,99 Ost	I,IV	**2122,00**	443,83	443,83	I	1975,16	1828,41	1681,58	1534,83	1388,00	1241,41
	II	**1981,75**	443,83	443,83	II	1834,91	1688,16	1541,33	1394,58	1247,91	1105,41
	III	**1452,00**	443,83	443,83	III	1331,66	1214,16	1099,83	988,66	880,33	775,00
	V	**2598,83**	443,83	443,83	IV	2048,58	1975,16	1901,83	1828,41	1755,00	1681,58
	VI	**2635,08**	443,83	443,83							

* Zur LSt-Berechnung für privat versicherte Arbeitnehmer s. Beispiele **Vorbemerkung S. 4f.**
** Basisvorsorgepauschale KV und PV *** Typisierter Arbeitgeberzuschuss

Lohn/ Gehalt in € bis	Steuerklasse	Lohn-steuer*	BVSP**	TAGZ***	Steuerklasse	Bemessungsgrundlage für Kirchensteuer und Solidaritätszuschlag					
						Freibeträge für ... Kinder					
						0,5	**1,0**	1,5	**2,0**	2,5	**3,0**
7976,99	I,IV	**2113,00**	443,83	443,83	I	1966,16	1819,41	1672,58	1525,83	1379,00	1232,50
West	II	**1972,66**	443,83	443,83	II	1825,91	1679,08	1532,33	1385,50	1238,91	1096,83
	III	**1444,50**	443,83	443,83	III	1324,33	1207,16	1093,00	981,83	873,66	768,66
	V	**2589,83**	443,83	443,83	IV	2039,58	1966,16	1892,75	1819,41	1746,00	1672,58
	VI	**2626,08**	443,83	443,83							
7976,99	I,IV	**2123,25**	443,83	443,83	I	1976,50	1829,66	1682,91	1536,08	1389,33	1242,66
Ost	II	**1983,00**	443,83	443,83	II	1836,16	1689,41	1542,58	1395,83	1249,16	1106,58
	III	**1453,00**	443,83	443,83	III	1332,66	1215,16	1100,83	989,50	881,16	776,00
	V	**2600,08**	443,83	443,83	IV	2049,83	1976,50	1903,08	1829,66	1756,25	1682,91
	VI	**2636,33**	443,83	443,83							
7979,99	I,IV	**2114,25**	443,83	443,83	I	1967,41	1820,66	1673,83	1527,08	1380,25	1233,75
West	II	**1973,91**	443,83	443,83	II	1827,16	1680,33	1533,58	1386,75	1240,16	1098,00
	III	**1445,50**	443,83	443,83	III	1325,33	1208,16	1094,00	982,83	874,66	769,50
	V	**2591,08**	443,83	443,83	IV	2040,83	1967,41	1894,00	1820,66	1747,25	1673,83
	VI	**2627,33**	443,83	443,83							
7979,99	I,IV	**2124,50**	443,83	443,83	I	1977,75	1830,91	1684,16	1537,33	1390,58	1243,91
Ost	II	**1984,25**	443,83	443,83	II	1837,41	1690,66	1543,83	1397,08	1250,41	1107,75
	III	**1454,00**	443,83	443,83	III	1333,66	1216,16	1101,83	990,50	882,16	776,83
	V	**2601,33**	443,83	443,83	IV	2051,08	1977,75	1904,33	1830,91	1757,50	1684,16
	VI	**2637,66**	443,83	443,83							
7982,99	I,IV	**2115,50**	443,83	443,83	I	1968,66	1821,91	1675,08	1528,33	1381,50	1235,00
West	II	**1975,16**	443,83	443,83	II	1828,41	1681,58	1534,83	1388,00	1241,41	1099,25
	III	**1446,50**	443,83	443,83	III	1326,33	1209,16	1094,83	983,66	875,50	770,50
	V	**2592,33**	443,83	443,83	IV	2042,08	1968,66	1895,33	1821,91	1748,50	1675,08
	VI	**2628,58**	443,83	443,83							
7982,99	I,IV	**2125,75**	443,83	443,83	I	1979,00	1832,16	1685,41	1538,58	1391,83	1245,16
Ost	II	**1985,50**	443,83	443,83	II	1838,66	1691,91	1545,08	1398,33	1251,66	1109,00
	III	**1455,16**	443,83	443,83	III	1334,66	1217,16	1102,83	991,50	883,00	777,66
	V	**2602,66**	443,83	443,83	IV	2052,33	1979,00	1905,58	1832,16	1758,83	1685,41
	VI	**2638,91**	443,83	443,83							
7985,99	I,IV	**2116,75**	443,83	443,83	I	1969,91	1823,16	1676,33	1529,58	1382,75	1236,25
West	II	**1976,50**	443,83	443,83	II	1829,66	1682,91	1536,08	1389,33	1242,66	1100,41
	III	**1447,66**	443,83	443,83	III	1327,33	1210,16	1095,83	984,66	876,50	771,33
	V	**2593,58**	443,83	443,83	IV	2043,33	1969,91	1896,58	1823,16	1749,75	1676,33
	VI	**2629,83**	443,83	443,83							
7985,99	I,IV	**2127,00**	443,83	443,83	I	1980,25	1833,41	1686,66	1539,83	1393,08	1246,41
Ost	II	**1986,75**	443,83	443,83	II	1840,00	1693,16	1546,41	1399,58	1252,91	1110,16
	III	**1456,16**	443,83	443,83	III	1335,66	1218,16	1103,83	992,33	884,00	778,66
	V	**2603,91**	443,83	443,83	IV	2053,66	1980,25	1906,83	1833,41	1760,08	1686,66
	VI	**2640,16**	443,83	443,83							
7988,99	I,IV	**2118,00**	443,83	443,83	I	1971,25	1824,41	1677,66	1530,83	1384,08	1237,50
West	II	**1977,75**	443,83	443,83	II	1830,91	1684,16	1537,33	1390,58	1243,91	1101,58
	III	**1448,66**	443,83	443,83	III	1328,33	1211,16	1096,83	985,66	877,33	772,16
	V	**2594,83**	443,83	443,83	IV	2044,58	1971,25	1897,83	1824,41	1751,00	1677,66
	VI	**2631,08**	443,83	443,83							
7988,99	I,IV	**2128,25**	443,83	443,83	I	1981,50	1834,75	1687,91	1541,16	1394,33	1247,66
Ost	II	**1988,00**	443,83	443,83	II	1841,25	1694,41	1547,66	1400,83	1254,16	1111,41
	III	**1457,16**	443,83	443,83	III	1336,66	1219,16	1104,66	993,33	884,83	779,50
	V	**2605,16**	443,83	443,83	IV	2054,91	1981,50	1908,08	1834,75	1761,33	1687,91
	VI	**2641,41**	443,83	443,83							
7991,99	I,IV	**2119,25**	443,83	443,83	I	1972,50	1825,66	1678,91	1532,08	1385,33	1238,75
West	II	**1979,00**	443,83	443,83	II	1832,16	1685,41	1538,58	1391,83	1245,16	1102,83
	III	**1449,66**	443,83	443,83	III	1329,33	1212,00	1097,83	986,50	878,33	773,16
	V	**2596,08**	443,83	443,83	IV	2045,83	1972,50	1899,08	1825,66	1752,25	1678,91
	VI	**2632,41**	443,83	443,83							
7991,99	I,IV	**2129,58**	443,83	443,83	I	1982,75	1836,00	1689,16	1542,41	1395,58	1248,91
Ost	II	**1989,25**	443,83	443,83	II	1842,50	1695,66	1548,91	1402,08	1255,41	1112,58
	III	**1458,33**	443,83	443,83	III	1337,66	1220,16	1105,66	994,16	885,83	780,33
	V	**2606,41**	443,83	443,83	IV	2056,16	1982,75	1909,33	1836,00	1762,58	1689,16
	VI	**2642,66**	443,83	443,83							

* Zur LSt-Berechnung für privat versicherte Arbeitnehmer s. Beispiele **Vorbemerkung S. 4f.**
** Basisvorsorgepauschale KV und PV *** Typisierter Arbeitgeberzuschuss

Lohn/ Gehalt in € bis	Steuerklasse	**Lohn-steuer***	BVSP**	TAGZ***	Steuerklasse	Bemessungsgrundlage für Kirchensteuer und Solidaritätszuschlag					
						Freibeträge für ... Kinder					
						0,5	**1,0**	1,5	**2,0**	2,5	**3,0**
7994,99	I,IV	**2120,50**	443,83	443,83	I	1973,75	1826,91	1680,16	1533,33	1386,58	1240,00
West	II	**1980,25**	443,83	443,83	II	1833,41	1686,66	1539,83	1393,08	1246,41	1104,00
	III	**1450,83**	443,83	443,83	III	1330,33	1213,00	1098,83	987,50	879,16	774,00
	V	**2597,41**	443,83	443,83	IV	2047,08	1973,75	1900,33	1826,91	1753,58	1680,16
	VI	**2633,66**	443,83	443,83							
7994,99	I,IV	**2130,83**	443,83	443,83	I	1984,00	1837,25	1690,41	1543,66	1396,83	1250,16
Ost	II	**1990,50**	443,83	443,83	II	1843,75	1696,91	1550,16	1403,33	1256,66	1113,75
	III	**1459,33**	443,83	443,83	III	1338,66	1221,16	1106,66	995,16	886,66	781,33
	V	**2607,66**	443,83	443,83	IV	2057,41	1984,00	1910,58	1837,25	1763,83	1690,41
	VI	**2643,91**	443,83	443,83							
7997,99	I,IV	**2121,75**	443,83	443,83	I	1975,00	1828,16	1681,41	1534,58	1387,83	1241,25
West	II	**1981,50**	443,83	443,83	II	1834,75	1687,91	1541,16	1394,33	1247,66	1105,16
	III	**1451,83**	443,83	443,83	III	1331,50	1214,00	1099,66	988,50	880,16	774,83
	V	**2598,66**	443,83	443,83	IV	2048,41	1975,00	1901,58	1828,16	1754,83	1681,41
	VI	**2634,91**	443,83	443,83							
7997,99	I,IV	**2132,08**	443,83	443,83	I	1985,25	1838,50	1691,66	1544,91	1398,08	1251,41
Ost	II	**1991,75**	443,83	443,83	II	1845,00	1698,25	1551,41	1404,66	1257,91	1115,00
	III	**1460,33**	443,83	443,83	III	1339,83	1222,16	1107,66	996,16	887,66	782,16
	V	**2608,91**	443,83	443,83	IV	2058,66	1985,25	1911,91	1838,50	1765,08	1691,66
	VI	**2645,16**	443,83	443,83							
8000,99	I,IV	**2123,00**	443,83	443,83	I	1976,25	1829,50	1682,66	1535,91	1389,08	1242,50
West	II	**1982,75**	443,83	443,83	II	1836,00	1689,16	1542,41	1395,58	1248,91	1106,41
	III	**1452,83**	443,83	443,83	III	1332,50	1215,00	1100,66	989,33	881,00	775,83
	V	**2599,91**	443,83	443,83	IV	2049,66	1976,25	1902,83	1829,50	1756,08	1682,66
	VI	**2636,16**	443,83	443,83							
8000,99	I,IV	**2133,33**	443,83	443,83	I	1986,50	1839,75	1693,00	1546,16	1399,41	1252,66
Ost	II	**1993,08**	443,83	443,83	II	1846,25	1699,50	1552,66	1405,91	1259,16	1116,16
	III	**1461,33**	443,83	443,83	III	1340,83	1223,16	1108,66	997,00	888,50	783,00
	V	**2610,16**	443,83	443,83	IV	2059,91	1986,50	1913,16	1839,75	1766,33	1693,00
	VI	**2646,41**	443,83	443,83							
8003,99	I,IV	**2124,33**	443,83	443,83	I	1977,50	1830,75	1683,91	1537,16	1390,33	1243,75
West	II	**1984,00**	443,83	443,83	II	1837,25	1690,41	1543,66	1396,83	1250,16	1107,58
	III	**1453,83**	443,83	443,83	III	1333,50	1216,00	1101,66	990,33	882,00	776,66
	V	**2601,16**	443,83	443,83	IV	2050,91	1977,50	1904,08	1830,75	1757,33	1683,91
	VI	**2637,41**	443,83	443,83							
8003,99	I,IV	**2134,58**	443,83	443,83	I	1987,83	1841,00	1694,25	1547,41	1400,66	1253,91
Ost	II	**1994,33**	443,83	443,83	II	1847,50	1700,75	1553,91	1407,16	1260,41	1117,41
	III	**1462,50**	443,83	443,83	III	1341,83	1224,16	1109,66	998,00	889,50	784,00
	V	**2611,41**	443,83	443,83	IV	2061,16	1987,83	1914,41	1841,00	1767,58	1694,25
	VI	**2647,75**	443,83	443,83							
8006,99	I,IV	**2125,58**	443,83	443,83	I	1978,75	1832,00	1685,16	1538,41	1391,58	1245,00
West	II	**1985,25**	443,83	443,83	II	1838,50	1691,66	1544,91	1398,08	1251,41	1108,75
	III	**1455,00**	443,83	443,83	III	1334,50	1217,00	1102,66	991,33	882,83	777,50
	V	**2602,41**	443,83	443,83	IV	2052,16	1978,75	1905,33	1832,00	1758,58	1685,16
	VI	**2638,66**	443,83	443,83							
8006,99	I,IV	**2135,83**	443,83	443,83	I	1989,08	1842,25	1695,50	1548,66	1401,91	1255,16
Ost	II	**1995,58**	443,83	443,83	II	1848,75	1702,00	1555,16	1408,41	1261,66	1118,58
	III	**1463,50**	443,83	443,83	III	1342,83	1225,16	1110,50	999,00	890,33	784,83
	V	**2612,75**	443,83	443,83	IV	2062,41	1989,08	1915,66	1842,25	1768,83	1695,50
	VI	**2649,00**	443,83	443,83							
8009,99	I,IV	**2126,83**	443,83	443,83	I	1980,00	1833,25	1686,41	1539,66	1392,83	1246,25
West	II	**1986,50**	443,83	443,83	II	1839,75	1693,00	1546,16	1399,41	1252,66	1110,00
	III	**1456,00**	443,83	443,83	III	1335,50	1218,00	1103,66	992,16	883,83	778,50
	V	**2603,66**	443,83	443,83	IV	2053,41	1980,00	1906,66	1833,25	1759,83	1686,41
	VI	**2639,91**	443,83	443,83							
8009,99	I,IV	**2137,08**	443,83	443,83	I	1990,33	1843,50	1696,75	1549,91	1403,16	1256,41
Ost	II	**1996,83**	443,83	443,83	II	1850,00	1703,25	1556,50	1409,66	1262,91	1119,75
	III	**1464,50**	443,83	443,83	III	1343,83	1226,16	1111,50	999,83	891,33	785,83
	V	**2614,00**	443,83	443,83	IV	2063,75	1990,33	1916,91	1843,50	1770,16	1696,75
	VI	**2650,25**	443,83	443,83							

* Zur LSt-Berechnung für privat versicherte Arbeitnehmer s. Beispiele **Vorbemerkung S. 4f.**
** Basisvorsorgepauschale KV und PV *** Typisierter Arbeitgeberzuschuss

Lohn/ Gehalt in € bis	Steuerklasse	Lohn-steuer*	BVSP**	TAGZ***	Steuerklasse	Bemessungsgrundlage für Kirchensteuer und Solidaritätszuschlag – Freibeträge für ... Kinder 0,5	**1,0**	1,5	**2,0**	2,5	**3,0**
8012,99	I,IV	**2128,08**	443,83	443,83	I	1981,25	1834,50	1687,75	1540,91	1394,16	1247,50
West	II	**1987,83**	443,83	443,83	II	1841,00	1694,25	1547,41	1400,66	1253,91	1111,16
	III	**1457,00**	443,83	443,83	III	1336,50	1219,00	1104,50	993,16	884,66	779,33
	V	**2604,91**	443,83	443,83	IV	2054,66	1981,25	1907,91	1834,50	1761,08	1687,75
	VI	**2641,16**	443,83	443,83							
8012,99	I,IV	**2138,33**	443,83	443,83	I	1991,58	1844,75	1698,00	1551,25	1404,41	1257,66
Ost	II	**1998,08**	443,83	443,83	II	1851,33	1704,50	1557,75	1410,91	1264,16	1121,00
	III	**1465,66**	443,83	443,83	III	1344,83	1227,16	1112,50	1000,83	892,16	786,66
	V	**2615,25**	443,83	443,83	IV	2065,00	1991,58	1918,16	1844,75	1771,41	1698,00
	VI	**2651,50**	443,83	443,83							
8015,99	I,IV	**2129,33**	443,83	443,83	I	1982,58	1835,75	1689,00	1542,16	1395,41	1248,75
West	II	**1989,08**	443,83	443,83	II	1842,25	1695,50	1548,66	1401,91	1255,16	1112,41
	III	**1458,16**	443,83	443,83	III	1337,50	1220,00	1105,50	994,16	885,66	780,16
	V	**2606,16**	443,83	443,83	IV	2055,91	1982,58	1909,16	1835,75	1762,33	1689,00
	VI	**2642,50**	443,83	443,83							
8015,99	I,IV	**2139,66**	443,83	443,83	I	1992,83	1846,08	1699,25	1552,50	1405,66	1258,91
Ost	II	**1999,33**	443,83	443,83	II	1852,58	1705,75	1559,00	1412,16	1265,41	1122,16
	III	**1466,66**	443,83	443,83	III	1345,83	1228,16	1113,50	1001,83	893,16	787,50
	V	**2616,50**	443,83	443,83	IV	2066,25	1992,83	1919,41	1846,08	1772,66	1699,25
	VI	**2652,75**	443,83	443,83							
8018,99	I,IV	**2130,58**	443,83	443,83	I	1983,83	1837,00	1690,25	1543,41	1396,66	1250,00
West	II	**1990,33**	443,83	443,83	II	1843,50	1696,75	1549,91	1403,16	1256,41	1113,58
	III	**1459,16**	443,83	443,83	III	1338,50	1221,00	1106,50	995,00	886,50	781,16
	V	**2607,50**	443,83	443,83	IV	2057,16	1983,83	1910,41	1837,00	1763,58	1690,25
	VI	**2643,75**	443,83	443,83							
8018,99	I,IV	**2140,91**	443,83	443,83	I	1994,08	1847,33	1700,50	1553,75	1406,91	1260,16
Ost	II	**2000,58**	443,83	443,83	II	1853,83	1707,00	1560,25	1413,41	1266,66	1123,41
	III	**1467,66**	443,83	443,83	III	1347,00	1229,16	1114,50	1002,83	894,00	788,50
	V	**2617,75**	443,83	443,83	IV	2067,50	1994,08	1920,66	1847,33	1773,91	1700,50
	VI	**2654,00**	443,83	443,83							
8021,99	I,IV	**2131,83**	443,83	443,83	I	1985,08	1838,25	1691,50	1544,66	1397,91	1251,25
West	II	**1991,58**	443,83	443,83	II	1844,75	1698,00	1551,25	1404,41	1257,66	1114,75
	III	**1460,16**	443,83	443,83	III	1339,66	1222,00	1107,50	996,00	887,50	782,00
	V	**2608,75**	443,83	443,83	IV	2058,50	1985,08	1911,66	1838,25	1764,91	1691,50
	VI	**2645,00**	443,83	443,83							
8021,99	I,IV	**2142,16**	443,83	443,83	I	1995,33	1848,58	1701,75	1555,00	1408,16	1261,41
Ost	II	**2001,83**	443,83	443,83	II	1855,08	1708,25	1561,50	1414,75	1267,91	1124,58
	III	**1468,66**	443,83	443,83	III	1348,00	1230,16	1115,50	1003,66	895,00	789,33
	V	**2619,00**	443,83	443,83	IV	2068,75	1995,33	1922,00	1848,58	1775,16	1701,75
	VI	**2655,25**	443,83	443,83							
8024,99	I,IV	**2133,08**	443,83	443,83	I	1986,33	1839,50	1692,75	1546,00	1399,16	1252,50
West	II	**1992,83**	443,83	443,83	II	1846,08	1699,25	1552,50	1405,66	1258,91	1116,00
	III	**1461,16**	443,83	443,83	III	1340,66	1223,00	1108,50	997,00	888,33	783,00
	V	**2610,00**	443,83	443,83	IV	2059,75	1986,33	1912,91	1839,50	1766,16	1692,75
	VI	**2646,25**	443,83	443,83							
8024,99	I,IV	**2143,41**	443,83	443,83	I	1996,58	1849,83	1703,00	1556,25	1409,50	1262,66
Ost	II	**2003,16**	443,83	443,83	II	1856,33	1709,58	1562,75	1416,00	1269,16	1125,83
	III	**1469,83**	443,83	443,83	III	1349,00	1231,16	1116,33	1004,66	896,00	790,16
	V	**2620,25**	443,83	443,83	IV	2070,00	1996,58	1923,25	1849,83	1776,41	1703,00
	VI	**2656,50**	443,83	443,83							
8027,99	I,IV	**2134,41**	443,83	443,83	I	1987,58	1840,83	1694,00	1547,25	1400,41	1253,75
West	II	**1994,08**	443,83	443,83	II	1847,33	1700,50	1553,75	1406,91	1260,16	1117,16
	III	**1462,33**	443,83	443,83	III	1341,66	1224,00	1109,50	997,83	889,33	783,83
	V	**2611,25**	443,83	443,83	IV	2061,00	1987,58	1914,16	1840,83	1767,41	1694,00
	VI	**2647,50**	443,83	443,83							
8027,99	I,IV	**2144,66**	443,83	443,83	I	1997,91	1851,08	1704,33	1557,50	1410,75	1263,91
Ost	II	**2004,41**	443,83	443,83	II	1857,58	1710,83	1564,00	1417,25	1270,41	1127,00
	III	**1470,83**	443,83	443,83	III	1350,00	1232,16	1117,33	1005,66	896,83	791,16
	V	**2621,50**	443,83	443,83	IV	2071,25	1997,91	1924,50	1851,08	1777,66	1704,33
	VI	**2657,83**	443,83	443,83							

* Zur LSt-Berechnung für privat versicherte Arbeitnehmer s. Beispiele **Vorbemerkung S. 4 f.**
** Basisvorsorgepauschale KV und PV *** Typisierter Arbeitgeberzuschuss

Lohn/ Gehalt in € bis	Steuerklasse	Lohnsteuer*	BVSP**	TAGZ***	Steuerklasse	Bemessungsgrundlage für Kirchensteuer und Solidaritätszuschlag – Freibeträge für ... Kinder 0,5	1,0	1,5	2,0	2,5	3,0
8030,99	I,IV	**2135,66**	443,83	443,83	I	1988,83	1842,08	1695,25	1548,50	1401,66	1255,00
West	II	**1995,33**	443,83	443,83	II	1848,58	1701,75	1555,00	1408,16	1261,41	1118,41
	III	**1463,33**	443,83	443,83	III	1342,66	1225,00	1110,33	998,83	890,16	784,66
	V	**2612,50**	443,83	443,83	IV	2062,25	1988,83	1915,41	1842,08	1768,66	1695,25
	VI	**2648,75**	443,83	443,83							
8030,99	I,IV	**2145,91**	443,83	443,83	I	1999,16	1852,33	1705,58	1558,75	1412,00	1265,16
Ost	II	**2005,66**	443,83	443,83	II	1858,83	1712,08	1565,25	1418,50	1271,66	1128,25
	III	**1471,83**	443,83	443,83	III	1351,00	1233,16	1118,33	1006,50	897,83	792,00
	V	**2622,83**	443,83	443,83	IV	2072,50	1999,16	1925,75	1852,33	1778,91	1705,58
	VI	**2659,08**	443,83	443,83							
8033,99	I,IV	**2136,91**	443,83	443,83	I	1990,08	1843,33	1696,50	1549,75	1402,91	1256,25
West	II	**1996,58**	443,83	443,83	II	1849,83	1703,00	1556,25	1409,50	1262,66	1119,58
	III	**1464,33**	443,83	443,83	III	1343,66	1226,00	1111,33	999,83	891,16	785,66
	V	**2613,75**	443,83	443,83	IV	2063,50	1990,08	1916,75	1843,33	1769,91	1696,50
	VI	**2650,00**	443,83	443,83							
8033,99	I,IV	**2147,16**	443,83	443,83	I	2000,41	1853,58	1706,83	1560,00	1413,25	1266,50
Ost	II	**2006,91**	443,83	443,83	II	1860,08	1713,33	1566,50	1419,75	1272,91	1129,41
	III	**1473,00**	443,83	443,83	III	1352,00	1234,16	1119,33	1007,50	898,66	792,83
	V	**2624,08**	443,83	443,83	IV	2073,83	2000,41	1927,00	1853,58	1780,25	1706,83
	VI	**2660,33**	443,83	443,83							
8036,99	I,IV	**2138,16**	443,83	443,83	I	1991,33	1844,58	1697,75	1551,00	1404,25	1257,50
West	II	**1997,91**	443,83	443,83	II	1851,08	1704,33	1557,50	1410,75	1263,91	1120,75
	III	**1465,50**	443,83	443,83	III	1344,66	1227,00	1112,33	1000,66	892,16	786,50
	V	**2615,00**	443,83	443,83	IV	2064,75	1991,33	1918,00	1844,58	1771,16	1697,75
	VI	**2651,25**	443,83	443,83							
8036,99	I,IV	**2148,41**	443,83	443,83	I	2001,66	1854,83	1708,08	1561,25	1414,50	1267,75
Ost	II	**2008,16**	443,83	443,83	II	1861,41	1714,58	1567,83	1421,00	1274,25	1130,66
	III	**1474,00**	443,83	443,83	III	1353,00	1235,16	1120,33	1008,50	899,66	793,83
	V	**2625,33**	443,83	443,83	IV	2075,08	2001,66	1928,25	1854,83	1781,50	1708,08
	VI	**2661,58**	443,83	443,83							
8039,99	I,IV	**2139,41**	443,83	443,83	I	1992,66	1845,83	1699,08	1552,25	1405,50	1258,75
West	II	**1999,16**	443,83	443,83	II	1852,33	1705,58	1558,75	1412,00	1265,16	1122,00
	III	**1466,50**	443,83	443,83	III	1345,66	1228,00	1113,33	1001,66	893,00	787,33
	V	**2616,25**	443,83	443,83	IV	2066,00	1992,66	1919,25	1845,83	1772,41	1699,08
	VI	**2652,58**	443,83	443,83							
8039,99	I,IV	**2149,75**	443,83	443,83	I	2002,91	1856,16	1709,33	1562,58	1415,75	1269,00
Ost	II	**2009,41**	443,83	443,83	II	1862,66	1715,83	1569,08	1422,25	1275,50	1131,83
	III	**1475,00**	443,83	443,83	III	1354,16	1236,16	1121,33	1009,33	900,50	794,66
	V	**2626,58**	443,83	443,83	IV	2076,33	2002,91	1929,50	1856,16	1782,75	1709,33
	VI	**2662,83**	443,83	443,83							
8042,99	I,IV	**2140,66**	443,83	443,83	I	1993,91	1847,08	1700,33	1553,50	1406,75	1260,00
West	II	**2000,41**	443,83	443,83	II	1853,58	1706,83	1560,00	1413,25	1266,50	1123,16
	III	**1467,50**	443,83	443,83	III	1346,83	1229,00	1114,33	1002,66	894,00	788,33
	V	**2617,58**	443,83	443,83	IV	2067,25	1993,91	1920,50	1847,08	1773,66	1700,33
	VI	**2653,83**	443,83	443,83							
8042,99	I,IV	**2151,00**	443,83	443,83	I	2004,16	1857,41	1710,58	1563,83	1417,00	1270,25
Ost	II	**2010,66**	443,83	443,83	II	1863,91	1717,08	1570,33	1423,50	1276,75	1133,08
	III	**1476,16**	443,83	443,83	III	1355,16	1237,16	1122,16	1010,33	901,50	795,66
	V	**2627,83**	443,83	443,83	IV	2077,58	2004,16	1930,75	1857,41	1784,00	1710,58
	VI	**2664,08**	443,83	443,83							
8045,99	I,IV	**2141,91**	443,83	443,83	I	1995,16	1848,33	1701,58	1554,75	1408,00	1261,25
West	II	**2001,66**	443,83	443,83	II	1854,83	1708,08	1561,25	1414,50	1267,75	1124,41
	III	**1468,50**	443,83	443,83	III	1347,83	1230,00	1115,33	1003,50	894,83	789,16
	V	**2618,83**	443,83	443,83	IV	2068,58	1995,16	1921,75	1848,33	1775,00	1701,58
	VI	**2655,08**	443,83	443,83							
8045,99	I,IV	**2152,25**	443,83	443,83	I	2005,41	1858,66	1711,83	1565,08	1418,25	1271,50
Ost	II	**2011,91**	443,83	443,83	II	1865,16	1718,33	1571,58	1424,75	1278,00	1134,25
	III	**1477,16**	443,83	443,83	III	1356,16	1238,16	1123,16	1011,33	902,33	796,50
	V	**2629,08**	443,83	443,83	IV	2078,83	2005,41	1932,08	1858,66	1785,25	1711,83
	VI	**2665,33**	443,83	443,83							

* Zur LSt-Berechnung für privat versicherte Arbeitnehmer s. Beispiele **Vorbemerkung S. 4 f.**
** Basisvorsorgepauschale KV und PV *** Typisierter Arbeitgeberzuschuss

Lohn/ Gehalt in € bis	Steuerklasse	**Lohn-steuer***	BVSP**	TAGZ***	Steuerklasse	Bemessungsgrundlage für Kirchensteuer und Solidaritätszuschlag – Freibeträge für ... Kinder 0,5	**1,0**	1,5	**2,0**	2,5	**3,0**
8048,99 West	I,IV	**2143,16**	443,83	443,83	I	1996,41	1849,58	1702,83	1556,00	1409,25	1262,50
	II	**2002,91**	443,83	443,83	II	1856,16	1709,33	1562,58	1415,75	1269,00	1125,58
	III	**1469,66**	443,83	443,83	III	1348,83	1231,00	1116,16	1004,50	895,83	790,00
	V	**2620,08**	443,83	443,83	IV	2069,83	1996,41	1923,00	1849,58	1776,25	1702,83
	VI	**2656,33**	443,83	443,83							
8048,99 Ost	I,IV	**2153,50**	443,83	443,83	I	2006,66	1859,91	1713,08	1566,33	1419,50	1272,75
	II	**2013,25**	443,83	443,83	II	1866,41	1719,66	1572,83	1426,08	1279,25	1135,50
	III	**1478,16**	443,83	443,83	III	1357,16	1239,16	1124,16	1012,16	903,33	797,33
	V	**2630,33**	443,83	443,83	IV	2080,08	2006,66	1933,33	1859,91	1786,50	1713,08
	VI	**2666,58**	443,83	443,83							
8051,99 West	I,IV	**2144,50**	443,83	443,83	I	1997,66	1850,91	1704,08	1557,33	1410,50	1263,75
	II	**2004,16**	443,83	443,83	II	1857,41	1710,58	1563,83	1417,00	1270,25	1126,83
	III	**1470,66**	443,83	443,83	III	1349,83	1232,00	1117,16	1005,50	896,66	791,00
	V	**2621,33**	443,83	443,83	IV	2071,08	1997,66	1924,25	1850,91	1777,50	1704,08
	VI	**2657,58**	443,83	443,83							
8051,99 Ost	I,IV	**2154,75**	443,83	443,83	I	2008,00	1861,16	1714,41	1567,58	1420,83	1274,00
	II	**2014,50**	443,83	443,83	II	1867,66	1720,91	1574,08	1427,33	1280,50	1136,66
	III	**1479,33**	443,83	443,83	III	1358,16	1240,16	1125,16	1013,16	904,16	798,33
	V	**2631,58**	443,83	443,83	IV	2081,33	2008,00	1934,58	1861,16	1787,75	1714,41
	VI	**2667,83**	443,83	443,83							
8054,99 West	I,IV	**2145,75**	443,83	443,83	I	1998,91	1852,16	1705,33	1558,58	1411,75	1265,00
	II	**2005,41**	443,83	443,83	II	1858,66	1711,83	1565,08	1418,25	1271,50	1128,00
	III	**1471,66**	443,83	443,83	III	1350,83	1233,00	1118,16	1006,33	897,66	791,83
	V	**2622,58**	443,83	443,83	IV	2072,33	1998,91	1925,50	1852,16	1778,75	1705,33
	VI	**2658,83**	443,83	443,83							
8054,99 Ost	I,IV	**2156,00**	443,83	443,83	I	2009,25	1862,41	1715,66	1568,83	1422,08	1275,25
	II	**2015,75**	443,83	443,83	II	1868,91	1722,16	1575,33	1428,58	1281,75	1137,91
	III	**1480,33**	443,83	443,83	III	1359,16	1241,16	1126,16	1014,16	905,16	799,16
	V	**2632,83**	443,83	443,83	IV	2082,58	2009,25	1935,83	1862,41	1789,00	1715,66
	VI	**2669,16**	443,83	443,83							
8057,99 West	I,IV	**2147,00**	443,83	443,83	I	2000,16	1853,41	1706,58	1559,83	1413,00	1266,25
	II	**2006,66**	443,83	443,83	II	1859,91	1713,08	1566,33	1419,50	1272,75	1129,25
	III	**1472,83**	443,83	443,83	III	1351,83	1234,00	1119,16	1007,33	898,50	792,83
	V	**2623,83**	443,83	443,83	IV	2073,58	2000,16	1926,83	1853,41	1780,00	1706,58
	VI	**2660,08**	443,83	443,83							
8057,99 Ost	I,IV	**2157,25**	443,83	443,83	I	2010,50	1863,66	1716,91	1570,08	1423,33	1276,50
	II	**2017,00**	443,83	443,83	II	1870,16	1723,41	1576,58	1429,83	1283,00	1139,08
	III	**1481,33**	443,83	443,83	III	1360,33	1242,16	1127,16	1015,00	906,00	800,00
	V	**2634,16**	443,83	443,83	IV	2083,83	2010,50	1937,08	1863,66	1790,33	1716,91
	VI	**2670,41**	443,83	443,83							
8060,99 West	I,IV	**2148,25**	443,83	443,83	I	2001,41	1854,66	1707,83	1561,08	1414,25	1267,50
	II	**2008,00**	443,83	443,83	II	1861,16	1714,41	1567,58	1420,83	1274,00	1130,41
	III	**1473,83**	443,83	443,83	III	1352,83	1235,00	1120,16	1008,33	899,50	793,66
	V	**2625,08**	443,83	443,83	IV	2074,83	2001,41	1928,08	1854,66	1781,25	1707,83
	VI	**2661,33**	443,83	443,83							
8060,99 Ost	I,IV	**2158,50**	443,83	443,83	I	2011,75	1864,91	1718,16	1571,33	1424,58	1277,75
	II	**2018,25**	443,83	443,83	II	1871,50	1724,66	1577,91	1431,08	1284,33	1140,33
	III	**1482,50**	443,83	443,83	III	1361,33	1243,16	1128,00	1016,00	907,00	801,00
	V	**2635,41**	443,83	443,83	IV	2085,16	2011,75	1938,33	1864,91	1791,58	1718,16
	VI	**2671,66**	443,83	443,83							
8063,99 West	I,IV	**2149,50**	443,83	443,83	I	2002,75	1855,91	1709,16	1562,33	1415,58	1268,75
	II	**2009,25**	443,83	443,83	II	1862,41	1715,66	1568,83	1422,08	1275,25	1131,66
	III	**1474,83**	443,83	443,83	III	1354,00	1236,00	1121,16	1009,16	900,33	794,50
	V	**2626,33**	443,83	443,83	IV	2076,08	2002,75	1929,33	1855,91	1782,50	1709,16
	VI	**2662,58**	443,83	443,83							
8063,99 Ost	I,IV	**2159,75**	443,83	443,83	I	2013,00	1866,25	1719,41	1572,66	1425,83	1279,08
	II	**2019,50**	443,83	443,83	II	1872,75	1725,91	1579,16	1432,33	1285,58	1141,50
	III	**1483,50**	443,83	443,83	III	1362,33	1244,16	1129,00	1017,00	907,83	801,83
	V	**2636,66**	443,83	443,83	IV	2086,41	2013,00	1939,58	1866,25	1792,83	1719,41
	VI	**2672,91**	443,83	443,83							

* Zur LSt-Berechnung für privat versicherte Arbeitnehmer s. Beispiele **Vorbemerkung S. 4f.**
** Basisvorsorgepauschale KV und PV *** Typisierter Arbeitgeberzuschuss

Lohn/ Gehalt in € bis	Steuerklasse	Lohn-steuer*	BVSP**	TAGZ***	Steuerklasse	Bemessungsgrundlage für Kirchensteuer und Solidaritätszuschlag — Freibeträge für ... Kinder 0,5	**1,0**	1,5	**2,0**	2,5	**3,0**
8066,99 West	I,IV	**2150,75**	443,83	443,83	I	2004,00	1857,16	1710,41	1563,58	1416,83	1270,00
	II	**2010,50**	443,83	443,83	II	1863,66	1716,91	1570,08	1423,33	1276,50	1132,83
	III	**1476,00**	443,83	443,83	III	1355,00	1237,00	1122,00	1010,16	901,33	795,50
	V	**2627,58**	443,83	443,83	IV	2077,33	2004,00	1930,58	1857,16	1783,75	1710,41
	VI	**2663,91**	443,83	443,83							
8066,99 Ost	I,IV	**2161,08**	443,83	443,83	I	2014,25	1867,50	1720,66	1573,91	1427,08	1280,33
	II	**2020,75**	443,83	443,83	II	1874,00	1727,16	1580,41	1433,58	1286,83	1142,75
	III	**1484,50**	443,83	443,83	III	1363,33	1245,16	1130,00	1017,83	908,83	802,83
	V	**2637,91**	443,83	443,83	IV	2087,66	2014,25	1940,83	1867,50	1794,08	1720,66
	VI	**2674,16**	443,83	443,83							
8069,99 West	I,IV	**2152,00**	443,83	443,83	I	2005,25	1858,41	1711,66	1564,83	1418,08	1271,25
	II	**2011,75**	443,83	443,83	II	1864,91	1718,16	1571,33	1424,58	1277,75	1134,08
	III	**1477,00**	443,83	443,83	III	1356,00	1238,00	1123,00	1011,16	902,16	796,33
	V	**2628,91**	443,83	443,83	IV	2078,58	2005,25	1931,83	1858,41	1785,08	1711,66
	VI	**2665,16**	443,83	443,83							
8069,99 Ost	I,IV	**2162,33**	443,83	443,83	I	2015,50	1868,75	1721,91	1575,16	1428,33	1281,58
	II	**2022,00**	443,83	443,83	II	1875,25	1728,41	1581,66	1434,83	1288,08	1143,91
	III	**1485,50**	443,83	443,83	III	1364,33	1246,16	1131,00	1018,83	909,66	803,66
	V	**2639,16**	443,83	443,83	IV	2088,91	2015,50	1942,08	1868,75	1795,33	1721,91
	VI	**2675,41**	443,83	443,83							
8072,99 West	I,IV	**2153,25**	443,83	443,83	I	2006,50	1859,66	1712,91	1566,08	1419,33	1272,50
	II	**2013,00**	443,83	443,83	II	1866,25	1719,41	1572,66	1425,83	1279,08	1135,25
	III	**1478,00**	443,83	443,83	III	1357,00	1239,00	1124,00	1012,00	903,16	797,16
	V	**2630,16**	443,83	443,83	IV	2079,91	2006,50	1933,08	1859,66	1786,33	1712,91
	VI	**2666,41**	443,83	443,83							
8072,99 Ost	I,IV	**2163,58**	443,83	443,83	I	2016,75	1870,00	1723,16	1576,41	1429,58	1282,83
	II	**2023,25**	443,83	443,83	II	1876,50	1729,75	1582,91	1436,16	1289,33	1145,16
	III	**1486,66**	443,83	443,83	III	1365,33	1247,16	1132,00	1019,83	910,66	804,50
	V	**2640,41**	443,83	443,83	IV	2090,16	2016,75	1943,41	1870,00	1796,58	1723,16
	VI	**2676,66**	443,83	443,83							
8075,99 West	I,IV	**2154,50**	443,83	443,83	I	2007,75	1861,00	1714,16	1567,41	1420,58	1273,83
	II	**2014,25**	443,83	443,83	II	1867,50	1720,66	1573,91	1427,08	1280,33	1136,50
	III	**1479,16**	443,83	443,83	III	1358,00	1240,00	1125,00	1013,00	904,00	798,16
	V	**2631,41**	443,83	443,83	IV	2081,16	2007,75	1934,33	1861,00	1787,58	1714,16
	VI	**2667,66**	443,83	443,83							
8075,99 Ost	I,IV	**2164,83**	443,83	443,83	I	2018,00	1871,25	1724,50	1577,66	1430,91	1284,08
	II	**2024,58**	443,83	443,83	II	1877,75	1731,00	1584,16	1437,41	1290,58	1146,33
	III	**1487,66**	443,83	443,83	III	1366,33	1248,16	1133,00	1020,83	911,66	805,50
	V	**2641,66**	443,83	443,83	IV	2091,41	2018,00	1944,66	1871,25	1797,83	1724,50
	VI	**2677,91**	443,83	443,83							
8078,99 West	I,IV	**2155,83**	443,83	443,83	I	2009,00	1862,25	1715,41	1568,66	1421,83	1275,08
	II	**2015,50**	443,83	443,83	II	1868,75	1721,91	1575,16	1428,33	1281,58	1137,66
	III	**1480,16**	443,83	443,83	III	1359,00	1241,00	1126,00	1014,00	905,00	799,00
	V	**2632,66**	443,83	443,83	IV	2082,41	2009,00	1935,58	1862,25	1788,83	1715,41
	VI	**2668,91**	443,83	443,83							
8078,99 Ost	I,IV	**2166,08**	443,83	443,83	I	2019,33	1872,50	1725,75	1578,91	1432,16	1285,33
	II	**2025,83**	443,83	443,83	II	1879,00	1732,25	1585,41	1438,66	1291,83	1147,58
	III	**1488,66**	443,83	443,83	III	1367,50	1249,16	1134,00	1021,66	912,50	806,33
	V	**2642,91**	443,83	443,83	IV	2092,66	2019,33	1945,91	1872,50	1799,08	1725,75
	VI	**2679,25**	443,83	443,83							
8081,99 West	I,IV	**2157,08**	443,83	443,83	I	2010,25	1863,50	1716,66	1569,91	1423,08	1276,33
	II	**2016,75**	443,83	443,83	II	1870,00	1723,16	1576,41	1429,58	1282,83	1138,91
	III	**1481,16**	443,83	443,83	III	1360,00	1242,00	1127,00	1014,83	905,83	800,00
	V	**2633,91**	443,83	443,83	IV	2083,66	2010,25	1936,83	1863,50	1790,08	1716,66
	VI	**2670,16**	443,83	443,83							
8081,99 Ost	I,IV	**2167,33**	443,83	443,83	I	2020,58	1873,75	1727,00	1580,16	1433,41	1286,58
	II	**2027,08**	443,83	443,83	II	1880,25	1733,50	1586,66	1439,91	1293,08	1148,75
	III	**1489,83**	443,83	443,83	III	1368,50	1250,16	1134,83	1022,66	913,50	807,33
	V	**2644,25**	443,83	443,83	IV	2093,91	2020,58	1947,16	1873,75	1800,33	1727,00
	VI	**2680,50**	443,83	443,83							

* Zur LSt-Berechnung für privat versicherte Arbeitnehmer s. Beispiele **Vorbemerkung S. 4f.**
** Basisvorsorgepauschale KV und PV *** Typisierter Arbeitgeberzuschuss

Lohn/ Gehalt in € bis	Steuerklasse	**Lohn-steuer***	BVSP**	TAGZ***	Steuerklasse	Bemessungsgrundlage für Kirchensteuer und Solidaritätszuschlag – Freibeträge für ... Kinder 0,5	**1,0**	1,5	**2,0**	2,5	**3,0**
8 084,99 West	I,IV	**2 158,33**	443,83	443,83	I	2 011,50	1 864,75	1 717,91	1 571,16	1 424,33	1 277,58
	II	**2 018,00**	443,83	443,83	II	1 871,25	1 724,50	1 577,66	1 430,91	1 284,08	1 140,08
	III	**1 482,16**	443,83	443,83	III	1 361,16	1 243,00	1 127,83	1 015,83	906,83	800,83
	V	**2 635,16**	443,83	443,83	IV	2 084,91	2 011,50	1 938,16	1 864,75	1 791,33	1 717,91
	VI	**2 671,41**	443,83	443,83							
8 084,99 Ost	I,IV	**2 168,58**	443,83	443,83	I	2 021,83	1 875,00	1 728,25	1 581,41	1 434,66	1 287,83
	II	**2 028,33**	443,83	443,83	II	1 881,50	1 734,75	1 588,00	1 441,16	1 294,41	1 150,00
	III	**1 490,83**	443,83	443,83	III	1 369,50	1 251,16	1 135,83	1 023,66	914,33	808,16
	V	**2 645,50**	443,83	443,83	IV	2 095,25	2 021,83	1 948,41	1 875,00	1 801,66	1 728,25
	VI	**2 681,75**	443,83	443,83							
8 087,99 West	I,IV	**2 159,58**	443,83	443,83	I	2 012,75	1 866,00	1 719,25	1 572,41	1 425,66	1 278,83
	II	**2 019,33**	443,83	443,83	II	1 872,50	1 725,75	1 578,91	1 432,16	1 285,33	1 141,33
	III	**1 483,33**	443,83	443,83	III	1 362,16	1 244,00	1 128,83	1 016,83	907,66	801,66
	V	**2 636,41**	443,83	443,83	IV	2 086,16	2 012,75	1 939,41	1 866,00	1 792,58	1 719,25
	VI	**2 672,66**	443,83	443,83							
8 087,99 Ost	I,IV	**2 169,83**	443,83	443,83	I	2 023,08	1 876,25	1 729,50	1 582,75	1 435,91	1 289,16
	II	**2 029,58**	443,83	443,83	II	1 882,83	1 736,00	1 589,25	1 442,41	1 295,66	1 151,16
	III	**1 491,83**	443,83	443,83	III	1 370,50	1 252,16	1 136,83	1 024,50	915,33	809,00
	V	**2 646,75**	443,83	443,83	IV	2 096,50	2 023,08	1 949,66	1 876,25	1 802,91	1 729,50
	VI	**2 683,00**	443,83	443,83							
8 090,99 West	I,IV	**2 160,83**	443,83	443,83	I	2 014,08	1 867,25	1 720,50	1 573,66	1 426,91	1 280,08
	II	**2 020,58**	443,83	443,83	II	1 873,75	1 727,00	1 580,16	1 433,41	1 286,58	1 142,50
	III	**1 484,33**	443,83	443,83	III	1 363,16	1 245,00	1 129,83	1 017,83	908,66	802,66
	V	**2 637,66**	443,83	443,83	IV	2 087,41	2 014,08	1 940,66	1 867,25	1 793,83	1 720,50
	VI	**2 674,00**	443,83	443,83							
8 090,99 Ost	I,IV	**2 171,16**	443,83	443,83	I	2 024,33	1 877,58	1 730,75	1 584,00	1 437,16	1 290,41
	II	**2 030,83**	443,83	443,83	II	1 884,08	1 737,25	1 590,50	1 443,66	1 296,91	1 152,41
	III	**1 493,00**	443,83	443,83	III	1 371,50	1 253,16	1 137,83	1 025,50	916,16	810,00
	V	**2 648,00**	443,83	443,83	IV	2 097,75	2 024,33	1 950,91	1 877,58	1 804,16	1 730,75
	VI	**2 684,25**	443,83	443,83							
8 093,99 West	I,IV	**2 162,08**	443,83	443,83	I	2 015,33	1 868,50	1 721,75	1 574,91	1 428,16	1 281,33
	II	**2 021,83**	443,83	443,83	II	1 875,00	1 728,25	1 581,41	1 434,66	1 287,83	1 143,75
	III	**1 485,33**	443,83	443,83	III	1 364,16	1 246,00	1 130,83	1 018,66	909,66	803,50
	V	**2 639,00**	443,83	443,83	IV	2 088,66	2 015,33	1 941,91	1 868,50	1 795,08	1 721,75
	VI	**2 675,25**	443,83	443,83							
8 093,99 Ost	I,IV	**2 172,41**	443,83	443,83	I	2 025,58	1 878,83	1 732,00	1 585,25	1 438,41	1 291,66
	II	**2 032,08**	443,83	443,83	II	1 885,33	1 738,50	1 591,75	1 444,91	1 298,16	1 153,66
	III	**1 494,00**	443,83	443,83	III	1 372,66	1 254,16	1 138,83	1 026,50	917,16	810,83
	V	**2 649,25**	443,83	443,83	IV	2 099,00	2 025,58	1 952,16	1 878,83	1 805,41	1 732,00
	VI	**2 685,50**	443,83	443,83							
8 096,99 West	I,IV	**2 163,33**	443,83	443,83	I	2 016,58	1 869,75	1 723,00	1 576,16	1 429,41	1 282,58
	II	**2 023,08**	443,83	443,83	II	1 876,25	1 729,50	1 582,75	1 435,91	1 289,16	1 144,91
	III	**1 486,50**	443,83	443,83	III	1 365,16	1 247,00	1 131,83	1 019,66	910,50	804,33
	V	**2 640,25**	443,83	443,83	IV	2 090,00	2 016,58	1 943,16	1 869,75	1 796,41	1 723,00
	VI	**2 676,50**	443,83	443,83							
8 096,99 Ost	I,IV	**2 173,66**	443,83	443,83	I	2 026,83	1 880,08	1 733,25	1 586,50	1 439,66	1 292,91
	II	**2 033,33**	443,83	443,83	II	1 886,58	1 739,75	1 593,00	1 446,25	1 299,41	1 154,83
	III	**1 495,00**	443,83	443,83	III	1 373,66	1 255,16	1 139,83	1 027,50	918,00	811,66
	V	**2 650,50**	443,83	443,83	IV	2 100,25	2 026,83	1 953,50	1 880,08	1 806,66	1 733,25
	VI	**2 686,75**	443,83	443,83							
8 099,99 West	I,IV	**2 164,58**	443,83	443,83	I	2 017,83	1 871,00	1 724,25	1 577,50	1 430,66	1 283,91
	II	**2 024,33**	443,83	443,83	II	1 877,58	1 730,75	1 584,00	1 437,16	1 290,41	1 146,16
	III	**1 487,50**	443,83	443,83	III	1 366,16	1 248,00	1 132,83	1 020,66	911,50	805,33
	V	**2 641,50**	443,83	443,83	IV	2 091,25	2 017,83	1 944,41	1 871,00	1 797,66	1 724,25
	VI	**2 677,75**	443,83	443,83							
8 099,99 Ost	I,IV	**2 174,91**	443,83	443,83	I	2 028,08	1 881,33	1 734,50	1 587,75	1 441,00	1 294,16
	II	**2 034,66**	443,83	443,83	II	1 887,83	1 741,08	1 594,25	1 447,50	1 300,66	1 156,08
	III	**1 496,16**	443,83	443,83	III	1 374,66	1 256,16	1 140,83	1 028,33	919,00	812,66
	V	**2 651,75**	443,83	443,83	IV	2 101,50	2 028,08	1 954,75	1 881,33	1 807,91	1 734,50
	VI	**2 688,00**	443,83	443,83							

* Zur LSt-Berechnung für privat versicherte Arbeitnehmer s. Beispiele **Vorbemerkung S. 4 f.**
** Basisvorsorgepauschale KV und PV *** Typisierter Arbeitgeberzuschuss

Lohn/ Gehalt in € bis	Steuerklasse	Lohn-steuer*	BVSP**	TAGZ***	Steuerklasse	Bemessungsgrundlage für Kirchensteuer und Solidaritätszuschlag – Freibeträge für ... Kinder 0,5	1,0	1,5	2,0	2,5	3,0
8102,99 West	I,IV	**2165,91**	443,83	443,83	I	2019,08	1872,33	1725,50	1578,75	1431,91	1285,16
	II	**2025,58**	443,83	443,83	II	1878,83	1732,00	1585,25	1438,41	1291,66	1147,33
	III	**1488,50**	443,83	443,83	III	1367,33	1249,00	1133,83	1021,50	912,33	806,16
	V	**2642,75**	443,83	443,83	IV	2092,50	2019,08	1945,66	1872,33	1798,91	1725,50
	VI	**2679,00**	443,83	443,83							
8102,99 Ost	I,IV	**2176,16**	443,83	443,83	I	2029,41	1882,58	1735,83	1589,00	1442,25	1295,41
	II	**2035,91**	443,83	443,83	II	1889,08	1742,33	1595,50	1448,75	1301,91	1157,25
	III	**1497,16**	443,83	443,83	III	1375,66	1257,16	1141,66	1029,33	920,00	813,50
	V	**2653,00**	443,83	443,83	IV	2102,75	2029,41	1956,00	1882,58	1809,16	1735,83
	VI	**2689,33**	443,83	443,83							
8105,99 West	I,IV	**2167,16**	443,83	443,83	I	2020,33	1873,58	1726,75	1580,00	1433,16	1286,41
	II	**2026,83**	443,83	443,83	II	1880,08	1733,25	1586,50	1439,66	1292,91	1148,58
	III	**1489,66**	443,83	443,83	III	1368,33	1250,00	1134,66	1022,50	913,33	807,16
	V	**2644,00**	443,83	443,83	IV	2093,75	2020,33	1946,91	1873,58	1800,16	1726,75
	VI	**2680,25**	443,83	443,83							
8105,99 Ost	I,IV	**2177,41**	443,83	443,83	I	2030,66	1883,83	1737,08	1590,25	1443,50	1296,66
	II	**2037,16**	443,83	443,83	II	1890,33	1743,58	1596,75	1450,00	1303,16	1158,50
	III	**1498,16**	443,83	443,83	III	1376,66	1258,16	1142,66	1030,33	920,83	814,50
	V	**2654,33**	443,83	443,83	IV	2104,00	2030,66	1957,25	1883,83	1810,41	1737,08
	VI	**2690,58**	443,83	443,83							
8108,99 West	I,IV	**2168,41**	443,83	443,83	I	2021,58	1874,83	1728,00	1581,25	1434,41	1287,66
	II	**2028,08**	443,83	443,83	II	1881,33	1734,50	1587,75	1441,00	1294,16	1149,75
	III	**1490,66**	443,83	443,83	III	1369,33	1251,00	1135,66	1023,50	914,16	808,00
	V	**2645,25**	443,83	443,83	IV	2095,00	2021,58	1948,25	1874,83	1801,41	1728,00
	VI	**2681,50**	443,83	443,83							
8108,99 Ost	I,IV	**2178,66**	443,83	443,83	I	2031,91	1885,08	1738,33	1591,50	1444,75	1297,91
	II	**2038,41**	443,83	443,83	II	1891,58	1744,83	1598,00	1451,25	1304,50	1159,75
	III	**1499,33**	443,83	443,83	III	1377,66	1259,16	1143,66	1031,16	921,83	815,33
	V	**2655,58**	443,83	443,83	IV	2105,33	2031,91	1958,50	1885,08	1811,75	1738,33
	VI	**2691,83**	443,83	443,83							
8111,99 West	I,IV	**2169,66**	443,83	443,83	I	2022,83	1876,08	1729,25	1582,50	1435,75	1288,91
	II	**2029,41**	443,83	443,83	II	1882,58	1735,83	1589,00	1442,25	1295,41	1151,00
	III	**1491,66**	443,83	443,83	III	1370,33	1252,00	1136,66	1024,33	915,16	808,83
	V	**2646,50**	443,83	443,83	IV	2096,25	2022,83	1949,50	1876,08	1802,66	1729,25
	VI	**2682,75**	443,83	443,83							
8111,99 Ost	I,IV	**2179,91**	443,83	443,83	I	2033,16	1886,33	1739,58	1592,75	1446,00	1299,25
	II	**2039,66**	443,83	443,83	II	1892,91	1746,08	1599,33	1452,50	1305,75	1160,91
	III	**1500,33**	443,83	443,83	III	1378,83	1260,16	1144,66	1032,16	922,66	816,16
	V	**2656,83**	443,83	443,83	IV	2106,58	2033,16	1959,75	1886,33	1813,00	1739,58
	VI	**2693,08**	443,83	443,83							
8114,99 West	I,IV	**2170,91**	443,83	443,83	I	2024,16	1877,33	1730,58	1583,75	1437,00	1290,16
	II	**2030,66**	443,83	443,83	II	1883,83	1737,08	1590,25	1443,50	1296,66	1152,25
	III	**1492,83**	443,83	443,83	III	1371,33	1253,00	1137,66	1025,33	916,00	809,83
	V	**2647,75**	443,83	443,83	IV	2097,50	2024,16	1950,75	1877,33	1803,91	1730,58
	VI	**2684,08**	443,83	443,83							
8114,99 Ost	I,IV	**2181,25**	443,83	443,83	I	2034,41	1887,66	1740,83	1594,08	1447,25	1300,50
	II	**2040,91**	443,83	443,83	II	1894,16	1747,33	1600,58	1453,75	1307,00	1162,16
	III	**1501,33**	443,83	443,83	III	1379,83	1261,16	1145,66	1033,16	923,66	817,16
	V	**2658,08**	443,83	443,83	IV	2107,83	2034,41	1961,00	1887,66	1814,25	1740,83
	VI	**2694,33**	443,83	443,83							
8117,99 West	I,IV	**2172,16**	443,83	443,83	I	2025,41	1878,58	1731,83	1585,00	1438,25	1291,41
	II	**2031,91**	443,83	443,83	II	1885,08	1738,33	1591,50	1444,75	1297,91	1153,41
	III	**1493,83**	443,83	443,83	III	1372,33	1254,00	1138,66	1026,33	917,00	810,66
	V	**2649,08**	443,83	443,83	IV	2098,75	2025,41	1952,00	1878,58	1805,16	1731,83
	VI	**2685,33**	443,83	443,83							
8117,99 Ost	I,IV	**2182,50**	443,83	443,83	I	2035,66	1888,91	1742,08	1595,33	1448,50	1301,75
	II	**2042,16**	443,83	443,83	II	1895,41	1748,58	1601,83	1455,00	1308,25	1163,33
	III	**1502,50**	443,83	443,83	III	1380,83	1262,16	1146,66	1034,16	924,50	818,00
	V	**2659,33**	443,83	443,83	IV	2109,08	2035,66	1962,25	1888,91	1815,50	1742,08
	VI	**2695,58**	443,83	443,83							

* Zur LSt-Berechnung für privat versicherte Arbeitnehmer s. Beispiele **Vorbemerkung S. 4 f.**
** Basisvorsorgepauschale KV und PV *** Typisierter Arbeitgeberzuschuss

Lohn/ Gehalt in € bis	Steuerklasse	**Lohn-steuer***	BVSP**	TAGZ***	Steuerklasse	Bemessungsgrundlage für Kirchensteuer und Solidaritätszuschlag – Freibeträge für ... Kinder 0,5	**1,0**	1,5	**2,0**	2,5	**3,0**
8120,99	I,IV	**2173,41**	443,83	443,83	I	2026,66	1879,83	1733,08	1586,25	1439,50	1292,66
West	II	**2033,16**	443,83	443,83	II	1886,33	1739,58	1592,75	1446,00	1299,25	1154,66
	III	**1494,83**	443,83	443,83	III	1373,50	1255,00	1139,66	1027,33	917,83	811,66
	V	**2650,33**	443,83	443,83	IV	2100,08	2026,66	1953,25	1879,83	1806,50	1733,08
	VI	**2686,58**	443,83	443,83							
8120,99	I,IV	**2183,75**	443,83	443,83	I	2036,91	1890,16	1743,33	1596,58	1449,75	1303,00
Ost	II	**2043,41**	443,83	443,83	II	1896,66	1749,83	1603,08	1456,25	1309,50	1164,58
	III	**1503,50**	443,83	443,83	III	1381,83	1263,16	1147,66	1035,00	925,50	819,00
	V	**2660,58**	443,83	443,83	IV	2110,33	2036,91	1963,58	1890,16	1816,75	1743,33
	VI	**2696,83**	443,83	443,83							
8123,99	I,IV	**2174,66**	443,83	443,83	I	2027,91	1881,08	1734,33	1587,50	1440,75	1294,00
West	II	**2034,41**	443,83	443,83	II	1887,66	1740,83	1594,08	1447,25	1300,50	1155,83
	III	**1496,00**	443,83	443,83	III	1374,50	1256,00	1140,66	1028,16	918,83	812,50
	V	**2651,58**	443,83	443,83	IV	2101,33	2027,91	1954,50	1881,08	1807,75	1734,33
	VI	**2687,83**	443,83	443,83							
8123,99	I,IV	**2185,00**	443,83	443,83	I	2038,16	1891,41	1744,58	1597,83	1451,00	1304,25
Ost	II	**2044,75**	443,83	443,83	II	1897,91	1751,16	1604,33	1457,58	1310,75	1165,83
	III	**1504,50**	443,83	443,83	III	1382,83	1264,16	1148,66	1036,00	926,33	819,83
	V	**2661,83**	443,83	443,83	IV	2111,58	2038,16	1964,83	1891,41	1818,00	1744,58
	VI	**2698,08**	443,83	443,83							
8126,99	I,IV	**2176,00**	443,83	443,83	I	2029,16	1882,41	1735,58	1588,83	1442,00	1295,25
West	II	**2035,66**	443,83	443,83	II	1888,91	1742,08	1595,33	1448,50	1301,75	1157,08
	III	**1497,00**	443,83	443,83	III	1375,50	1257,00	1141,66	1029,16	919,83	813,33
	V	**2652,83**	443,83	443,83	IV	2102,58	2029,16	1955,75	1882,41	1809,00	1735,58
	VI	**2689,08**	443,83	443,83							
8126,99	I,IV	**2186,25**	443,83	443,83	I	2039,50	1892,66	1745,91	1599,08	1452,33	1305,50
Ost	II	**2046,00**	443,83	443,83	II	1899,16	1752,41	1605,58	1458,83	1312,00	1167,00
	III	**1505,66**	443,83	443,83	III	1384,00	1265,16	1149,50	1037,00	927,33	820,83
	V	**2663,08**	443,83	443,83	IV	2112,83	2039,50	1966,08	1892,66	1819,25	1745,91
	VI	**2699,33**	443,83	443,83							
8129,99	I,IV	**2177,25**	443,83	443,83	I	2030,41	1883,66	1736,83	1590,08	1443,25	1296,50
West	II	**2036,91**	443,83	443,83	II	1890,16	1743,33	1596,58	1449,75	1303,00	1158,33
	III	**1498,00**	443,83	443,83	III	1376,50	1258,00	1142,50	1030,16	920,66	814,33
	V	**2654,08**	443,83	443,83	IV	2103,83	2030,41	1957,00	1883,66	1810,25	1736,83
	VI	**2690,33**	443,83	443,83							
8129,99	I,IV	**2187,50**	443,83	443,83	I	2040,75	1893,91	1747,16	1600,33	1453,58	1306,75
Ost	II	**2047,25**	443,83	443,83	II	1900,41	1753,66	1606,83	1460,08	1313,25	1168,25
	III	**1506,66**	443,83	443,83	III	1385,00	1266,16	1150,50	1037,83	928,33	821,66
	V	**2664,33**	443,83	443,83	IV	2114,08	2040,75	1967,33	1893,91	1820,50	1747,16
	VI	**2700,66**	443,83	443,83							
8132,99	I,IV	**2178,50**	443,83	443,83	I	2031,66	1884,91	1738,08	1591,33	1444,50	1297,75
West	II	**2038,16**	443,83	443,83	II	1891,41	1744,58	1597,83	1451,00	1304,25	1159,50
	III	**1499,16**	443,83	443,83	III	1377,50	1259,00	1143,50	1031,00	921,66	815,16
	V	**2655,33**	443,83	443,83	IV	2105,08	2031,66	1958,33	1884,91	1811,50	1738,08
	VI	**2691,58**	443,83	443,83							
8132,99	I,IV	**2188,75**	443,83	443,83	I	2042,00	1895,16	1748,41	1601,58	1454,83	1308,00
Ost	II	**2048,50**	443,83	443,83	II	1901,66	1754,91	1608,08	1461,33	1314,50	1169,50
	III	**1507,66**	443,83	443,83	III	1386,00	1267,16	1151,50	1038,83	929,16	822,50
	V	**2665,66**	443,83	443,83	IV	2115,33	2042,00	1968,58	1895,16	1821,83	1748,41
	VI	**2701,91**	443,83	443,83							
8135,99	I,IV	**2179,75**	443,83	443,83	I	2032,91	1886,16	1739,33	1592,58	1445,75	1299,00
West	II	**2039,50**	443,83	443,83	II	1892,66	1745,91	1599,08	1452,33	1305,50	1160,75
	III	**1500,16**	443,83	443,83	III	1378,66	1260,00	1144,50	1032,00	922,50	816,16
	V	**2656,58**	443,83	443,83	IV	2106,33	2032,91	1959,58	1886,16	1812,75	1739,33
	VI	**2692,83**	443,83	443,83							
8135,99	I,IV	**2190,00**	443,83	443,83	I	2043,25	1896,41	1749,66	1602,83	1456,08	1309,25
Ost	II	**2049,75**	443,83	443,83	II	1903,00	1756,16	1609,41	1462,58	1315,83	1170,66
	III	**1508,83**	443,83	443,83	III	1387,00	1268,33	1152,50	1039,83	930,16	823,50
	V	**2666,91**	443,83	443,83	IV	2116,66	2043,25	1969,83	1896,41	1823,08	1749,66
	VI	**2703,16**	443,83	443,83							

* Zur LSt-Berechnung für privat versicherte Arbeitnehmer s. Beispiele **Vorbemerkung S. 4f.**
** Basisvorsorgepauschale KV und PV *** Typisierter Arbeitgeberzuschuss

Lohn/ Gehalt in € bis	Steuerklasse	Lohn-steuer*	BVSP**	TAGZ***	Steuerklasse	Bemessungsgrundlage für Kirchensteuer und Solidaritätszuschlag – Freibeträge für ... Kinder 0,5	1,0	1,5	2,0	2,5	3,0
8138,99 West	I,IV	**2181,00**	443,83	443,83	I	2034,25	1887,41	1740,66	1593,83	1447,08	1300,25
	II	**2040,75**	443,83	443,83	II	1893,91	1747,16	1600,33	1453,58	1306,75	1161,91
	III	**1501,16**	443,83	443,83	III	1379,66	1261,00	1145,50	1033,00	923,50	817,00
	V	**2657,83**	443,83	443,83	IV	2107,58	2034,25	1960,83	1887,41	1814,00	1740,66
	VI	**2694,08**	443,83	443,83							
8138,99 Ost	I,IV	**2191,25**	443,83	443,83	I	2044,50	1897,75	1750,91	1604,16	1457,33	1310,58
	II	**2051,00**	443,83	443,83	II	1904,25	1757,41	1610,66	1463,83	1317,08	1171,91
	III	**1509,83**	443,83	443,83	III	1388,00	1269,33	1153,50	1040,83	931,00	824,33
	V	**2668,16**	443,83	443,83	IV	2117,91	2044,50	1971,08	1897,75	1824,33	1750,91
	VI	**2704,41**	443,83	443,83							
8141,99 West	I,IV	**2182,25**	443,83	443,83	I	2035,50	1888,66	1741,91	1595,08	1448,33	1301,50
	II	**2042,00**	443,83	443,83	II	1895,16	1748,41	1601,58	1454,83	1308,00	1163,16
	III	**1502,33**	443,83	443,83	III	1380,66	1262,00	1146,50	1034,00	924,33	817,83
	V	**2659,08**	443,83	443,83	IV	2108,83	2035,50	1962,08	1888,66	1815,25	1741,91
	VI	**2695,41**	443,83	443,83							
8141,99 Ost	I,IV	**2192,58**	443,83	443,83	I	2045,75	1899,00	1752,16	1605,41	1458,58	1311,83
	II	**2052,25**	443,83	443,83	II	1905,50	1758,66	1611,91	1465,08	1318,33	1173,16
	III	**1511,00**	443,83	443,83	III	1389,16	1270,33	1154,50	1041,66	932,00	825,33
	V	**2669,41**	443,83	443,83	IV	2119,16	2045,75	1972,33	1899,00	1825,58	1752,16
	VI	**2705,66**	443,83	443,83							
8144,99 West	I,IV	**2183,50**	443,83	443,83	I	2036,75	1889,91	1743,16	1596,33	1449,58	1302,75
	II	**2043,25**	443,83	443,83	II	1896,41	1749,66	1602,83	1456,08	1309,25	1164,41
	III	**1503,33**	443,83	443,83	III	1381,66	1263,00	1147,50	1034,83	925,33	818,83
	V	**2660,41**	443,83	443,83	IV	2110,08	2036,75	1963,33	1889,91	1816,58	1743,16
	VI	**2696,66**	443,83	443,83							
8144,99 Ost	I,IV	**2193,83**	443,83	443,83	I	2047,00	1900,25	1753,41	1606,66	1459,83	1313,08
	II	**2053,50**	443,83	443,83	II	1906,75	1759,91	1613,16	1466,33	1319,58	1174,33
	III	**1512,00**	443,83	443,83	III	1390,16	1271,33	1155,50	1042,66	932,83	826,16
	V	**2670,66**	443,83	443,83	IV	2120,41	2047,00	1973,58	1900,25	1826,83	1753,41
	VI	**2706,91**	443,83	443,83							
8147,99 West	I,IV	**2184,75**	443,83	443,83	I	2038,00	1891,16	1744,41	1597,58	1450,83	1304,00
	II	**2044,50**	443,83	443,83	II	1897,75	1750,91	1604,16	1457,33	1310,58	1165,58
	III	**1504,33**	443,83	443,83	III	1382,66	1264,00	1148,50	1035,83	926,33	819,66
	V	**2661,66**	443,83	443,83	IV	2111,41	2038,00	1964,58	1891,16	1817,83	1744,41
	VI	**2697,91**	443,83	443,83							
8147,99 Ost	I,IV	**2195,08**	443,83	443,83	I	2048,25	1901,50	1754,66	1607,91	1461,08	1314,33
	II	**2054,75**	443,83	443,83	II	1908,00	1761,25	1614,41	1467,66	1320,83	1175,58
	III	**1513,00**	443,83	443,83	III	1391,16	1272,33	1156,50	1043,66	933,83	827,00
	V	**2671,91**	443,83	443,83	IV	2121,66	2048,25	1974,91	1901,50	1828,08	1754,66
	VI	**2708,16**	443,83	443,83							
8150,99 West	I,IV	**2186,00**	443,83	443,83	I	2039,25	1892,50	1745,66	1598,91	1452,08	1305,33
	II	**2045,75**	443,83	443,83	II	1899,00	1752,16	1605,41	1458,58	1311,83	1166,83
	III	**1505,50**	443,83	443,83	III	1383,83	1265,00	1149,33	1036,83	927,16	820,66
	V	**2662,91**	443,83	443,83	IV	2112,66	2039,25	1965,83	1892,50	1819,08	1745,66
	VI	**2699,16**	443,83	443,83							
8150,99 Ost	I,IV	**2196,33**	443,83	443,83	I	2049,50	1902,75	1756,00	1609,16	1462,41	1315,58
	II	**2056,08**	443,83	443,83	II	1909,25	1762,50	1615,66	1468,91	1322,08	1176,83
	III	**1514,16**	443,83	443,83	III	1392,16	1273,33	1157,50	1044,50	934,83	828,00
	V	**2673,16**	443,83	443,83	IV	2122,91	2049,50	1976,16	1902,75	1829,33	1756,00
	VI	**2709,41**	443,83	443,83							
8153,99 West	I,IV	**2187,33**	443,83	443,83	I	2040,50	1893,75	1746,91	1600,16	1453,33	1306,58
	II	**2047,00**	443,83	443,83	II	1900,25	1753,41	1606,66	1459,83	1313,08	1168,08
	III	**1506,50**	443,83	443,83	III	1384,83	1266,00	1150,33	1037,66	928,16	821,50
	V	**2664,16**	443,83	443,83	IV	2113,91	2040,50	1967,08	1893,75	1820,33	1746,91
	VI	**2700,41**	443,83	443,83							
8153,99 Ost	I,IV	**2197,58**	443,83	443,83	I	2050,83	1904,00	1757,25	1610,41	1463,66	1316,83
	II	**2057,33**	443,83	443,83	II	1910,50	1763,75	1616,91	1470,16	1323,33	1178,00
	III	**1515,16**	443,83	443,83	III	1393,16	1274,33	1158,33	1045,50	935,66	828,83
	V	**2674,41**	443,83	443,83	IV	2124,16	2050,83	1977,41	1904,00	1830,58	1757,25
	VI	**2710,75**	443,83	443,83							

* Zur LSt-Berechnung für privat versicherte Arbeitnehmer s. Beispiele **Vorbemerkung S. 4f.**

** Basisvorsorgepauschale KV und PV *** Typisierter Arbeitgeberzuschuss

Lohn/ Gehalt in € bis	Steuerklasse	Lohn-steuer*	BVSP**	TAGZ***	Steuerklasse	Bemessungsgrundlage für Kirchensteuer und Solidaritätszuschlag – Freibeträge für ... Kinder 0,5	1,0	1,5	2,0	2,5	3,0
8156,99	I,IV	**2188,58**	443,83	443,83	I	2041,75	1895,00	1748,16	1601,41	1454,58	1307,83
West	II	**2048,25**	443,83	443,83	II	1901,50	1754,66	1607,91	1461,08	1314,33	1169,25
	III	**1507,50**	443,83	443,83	III	1385,83	1267,00	1151,33	1038,66	929,00	822,33
	V	**2665,41**	443,83	443,83	IV	2115,16	2041,75	1968,33	1895,00	1821,58	1748,16
	VI	**2701,66**	443,83	443,83							
8156,99	I,IV	**2198,83**	443,83	443,83	I	2052,08	1905,25	1758,50	1611,66	1464,91	1318,08
Ost	II	**2058,58**	443,83	443,83	II	1911,75	1765,00	1618,16	1471,41	1324,58	1179,25
	III	**1516,16**	443,83	443,83	III	1394,33	1275,33	1159,33	1046,50	936,66	829,83
	V	**2675,75**	443,83	443,83	IV	2125,41	2052,08	1978,66	1905,25	1831,83	1758,50
	VI	**2712,00**	443,83	443,83							
8159,99	I,IV	**2189,83**	443,83	443,83	I	2043,00	1896,25	1749,41	1602,66	1455,83	1309,08
West	II	**2049,50**	443,83	443,83	II	1902,75	1756,00	1609,16	1462,41	1315,58	1170,50
	III	**1508,66**	443,83	443,83	III	1386,83	1268,16	1152,33	1039,66	930,00	823,33
	V	**2666,66**	443,83	443,83	IV	2116,41	2043,00	1969,66	1896,25	1822,83	1749,41
	VI	**2702,91**	443,83	443,83							
8159,99	I,IV	**2200,08**	443,83	443,83	I	2053,33	1906,50	1759,75	1612,91	1466,16	1319,33
Ost	II	**2059,83**	443,83	443,83	II	1913,00	1766,25	1619,50	1472,66	1325,91	1180,50
	III	**1517,33**	443,83	443,83	III	1395,33	1276,33	1160,33	1047,50	937,50	830,66
	V	**2677,00**	443,83	443,83	IV	2126,75	2053,33	1979,91	1906,50	1833,16	1759,75
	VI	**2713,25**	443,83	443,83							
8162,99	I,IV	**2191,08**	443,83	443,83	I	2044,25	1897,50	1750,75	1603,91	1457,16	1310,33
West	II	**2050,83**	443,83	443,83	II	1904,00	1757,25	1610,41	1463,66	1316,83	1171,66
	III	**1509,66**	443,83	443,83	III	1387,83	1269,16	1153,33	1040,66	930,83	824,16
	V	**2667,91**	443,83	443,83	IV	2117,66	2044,25	1970,91	1897,50	1824,08	1750,75
	VI	**2704,16**	443,83	443,83							
8162,99	I,IV	**2201,33**	443,83	443,83	I	2054,58	1907,75	1761,00	1614,25	1467,41	1320,66
Ost	II	**2061,08**	443,83	443,83	II	1914,33	1767,50	1620,75	1473,91	1327,16	1181,66
	III	**1518,33**	443,83	443,83	III	1396,33	1277,33	1161,33	1048,33	938,50	831,66
	V	**2678,25**	443,83	443,83	IV	2128,00	2054,58	1981,16	1907,75	1834,41	1761,00
	VI	**2714,50**	443,83	443,83							
8165,99	I,IV	**2192,33**	443,83	443,83	I	2045,58	1898,75	1752,00	1605,16	1458,41	1311,58
West	II	**2052,08**	443,83	443,83	II	1905,25	1758,50	1611,66	1464,91	1318,08	1172,91
	III	**1510,66**	443,83	443,83	III	1388,83	1270,16	1154,33	1041,50	931,83	825,16
	V	**2669,16**	443,83	443,83	IV	2118,91	2045,58	1972,16	1898,75	1825,33	1752,00
	VI	**2705,50**	443,83	443,83							
8165,99	I,IV	**2202,66**	443,83	443,83	I	2055,83	1909,08	1762,25	1615,50	1468,66	1321,91
Ost	II	**2062,33**	443,83	443,83	II	1915,58	1768,75	1622,00	1475,16	1328,41	1182,91
	III	**1519,33**	443,83	443,83	III	1397,33	1278,33	1162,33	1049,33	939,50	832,50
	V	**2679,50**	443,83	443,83	IV	2129,25	2055,83	1982,41	1909,08	1835,66	1762,25
	VI	**2715,75**	443,83	443,83							
8168,99	I,IV	**2193,58**	443,83	443,83	I	2046,83	1900,00	1753,25	1606,41	1459,66	1312,83
West	II	**2053,33**	443,83	443,83	II	1906,50	1759,75	1612,91	1466,16	1319,33	1174,16
	III	**1511,83**	443,83	443,83	III	1390,00	1271,16	1155,33	1042,50	932,83	826,00
	V	**2670,50**	443,83	443,83	IV	2120,16	2046,83	1973,41	1900,00	1826,58	1753,25
	VI	**2706,75**	443,83	443,83							
8168,99	I,IV	**2203,91**	443,83	443,83	I	2057,08	1910,33	1763,50	1616,75	1469,91	1323,16
Ost	II	**2063,58**	443,83	443,83	II	1916,83	1770,00	1623,25	1476,41	1329,66	1184,16
	III	**1520,50**	443,83	443,83	III	1398,33	1279,33	1163,33	1050,33	940,33	833,33
	V	**2680,75**	443,83	443,83	IV	2130,50	2057,08	1983,66	1910,33	1836,91	1763,50
	VI	**2717,00**	443,83	443,83							
8171,99	I,IV	**2194,83**	443,83	443,83	I	2048,08	1901,25	1754,50	1607,66	1460,91	1314,08
West	II	**2054,58**	443,83	443,83	II	1907,75	1761,00	1614,25	1467,41	1320,66	1175,33
	III	**1512,83**	443,83	443,83	III	1391,00	1272,16	1156,33	1043,50	933,66	827,00
	V	**2671,75**	443,83	443,83	IV	2121,50	2048,08	1974,66	1901,25	1827,91	1754,50
	VI	**2708,00**	443,83	443,83							
8171,99	I,IV	**2205,16**	443,83	443,83	I	2058,33	1911,58	1764,75	1618,00	1471,16	1324,41
Ost	II	**2064,83**	443,83	443,83	II	1918,08	1771,25	1624,50	1477,75	1330,91	1185,33
	III	**1521,50**	443,83	443,83	III	1399,50	1280,33	1164,33	1051,33	941,33	834,33
	V	**2682,00**	443,83	443,83	IV	2131,75	2058,33	1985,00	1911,58	1838,16	1764,75
	VI	**2718,25**	443,83	443,83							

* Zur LSt-Berechnung für privat versicherte Arbeitnehmer s. Beispiele **Vorbemerkung S. 4 f.**
** Basisvorsorgepauschale KV und PV *** Typisierter Arbeitgeberzuschuss

Lohn/ Gehalt in € bis	Steuerklasse	Lohn- steuer*	BVSP**	TAGZ***	Steuerklasse	Bemessungsgrundlage für Kirchensteuer und Solidaritätszuschlag					
						Freibeträge für ... Kinder					
						0,5	**1,0**	1,5	**2,0**	2,5	**3,0**
8174,99	I,IV	**2196,08**	443,83	443,83	I	2049,33	1902,50	1755,75	1609,00	1462,16	1315,41
West	II	**2055,83**	443,83	443,83	II	1909,08	1762,25	1615,50	1468,66	1321,91	1176,58
	III	**1514,00**	443,83	443,83	III	1392,00	1273,16	1157,33	1044,50	934,66	827,83
	V	**2673,00**	443,83	443,83	IV	2122,75	2049,33	1975,91	1902,50	1829,16	1755,75
	VI	**2709,25**	443,83	443,83							
8174,99	I,IV	**2206,41**	443,83	443,83	I	2059,58	1912,83	1766,00	1619,25	1472,50	1325,66
Ost	II	**2066,16**	443,83	443,83	II	1919,33	1772,58	1625,75	1479,00	1332,16	1186,58
	III	**1522,66**	443,83	443,83	III	1400,50	1281,33	1165,33	1052,16	942,16	835,16
	V	**2683,25**	443,83	443,83	IV	2133,00	2059,58	1986,25	1912,83	1839,41	1766,00
	VI	**2719,50**	443,83	443,83							
8177,99	I,IV	**2197,41**	443,83	443,83	I	2050,58	1903,83	1757,00	1610,25	1463,41	1316,66
West	II	**2057,08**	443,83	443,83	II	1910,33	1763,50	1616,75	1469,91	1323,16	1177,83
	III	**1515,00**	443,83	443,83	III	1393,00	1274,16	1158,16	1045,33	935,50	828,66
	V	**2674,25**	443,83	443,83	IV	2124,00	2050,58	1977,16	1903,83	1830,41	1757,00
	VI	**2710,50**	443,83	443,83							
8177,99	I,IV	**2207,66**	443,83	443,83	I	2060,91	1914,08	1767,33	1620,50	1473,75	1326,91
Ost	II	**2067,41**	443,83	443,83	II	1920,58	1773,83	1627,00	1480,25	1333,41	1187,83
	III	**1523,66**	443,83	443,83	III	1401,50	1282,33	1166,33	1053,16	943,16	836,16
	V	**2684,50**	443,83	443,83	IV	2134,25	2060,91	1987,50	1914,08	1840,66	1767,33
	VI	**2720,83**	443,83	443,83							
8180,99	I,IV	**2198,66**	443,83	443,83	I	2051,83	1905,08	1758,25	1611,50	1464,66	1317,91
West	II	**2058,33**	443,83	443,83	II	1911,58	1764,75	1618,00	1471,16	1324,41	1179,08
	III	**1516,00**	443,83	443,83	III	1394,00	1275,16	1159,16	1046,33	936,50	829,66
	V	**2675,50**	443,83	443,83	IV	2125,25	2051,83	1978,41	1905,08	1831,66	1758,25
	VI	**2711,75**	443,83	443,83							
8180,99	I,IV	**2208,91**	443,83	443,83	I	2062,16	1915,33	1768,58	1621,75	1475,00	1328,16
Ost	II	**2068,66**	443,83	443,83	II	1921,83	1775,08	1628,25	1481,50	1334,66	1189,08
	III	**1524,66**	443,83	443,83	III	1402,50	1283,33	1167,33	1054,16	944,00	837,00
	V	**2685,83**	443,83	443,83	IV	2135,50	2062,16	1988,75	1915,33	1841,91	1768,58
	VI	**2722,08**	443,83	443,83							
8183,99	I,IV	**2199,91**	443,83	443,83	I	2053,08	1906,33	1759,50	1612,75	1465,91	1319,16
West	II	**2059,58**	443,83	443,83	II	1912,83	1766,00	1619,25	1472,50	1325,66	1180,25
	III	**1517,16**	443,83	443,83	III	1395,16	1276,16	1160,16	1047,33	937,33	830,50
	V	**2676,75**	443,83	443,83	IV	2126,50	2053,08	1979,75	1906,33	1832,91	1759,50
	VI	**2713,00**	443,83	443,83							
8183,99	I,IV	**2210,16**	443,83	443,83	I	2063,41	1916,58	1769,83	1623,00	1476,25	1329,41
Ost	II	**2069,91**	443,83	443,83	II	1923,08	1776,33	1629,50	1482,75	1336,00	1190,25
	III	**1525,83**	443,83	443,83	III	1403,50	1284,33	1168,16	1055,16	945,00	838,00
	V	**2687,08**	443,83	443,83	IV	2136,83	2063,41	1990,00	1916,58	1843,25	1769,83
	VI	**2723,33**	443,83	443,83							
8186,99	I,IV	**2201,16**	443,83	443,83	I	2054,33	1907,58	1760,75	1614,00	1467,25	1320,41
West	II	**2060,91**	443,83	443,83	II	1914,08	1767,33	1620,50	1473,75	1326,91	1181,50
	III	**1518,16**	443,83	443,83	III	1396,16	1277,16	1161,16	1048,16	938,33	831,50
	V	**2678,00**	443,83	443,83	IV	2127,75	2054,33	1981,00	1907,58	1834,16	1760,75
	VI	**2714,25**	443,83	443,83							
8186,99	I,IV	**2211,41**	443,83	443,83	I	2064,66	1917,83	1771,08	1624,25	1477,50	1330,75
Ost	II	**2071,16**	443,83	443,83	II	1924,41	1777,58	1630,83	1484,00	1337,25	1191,50
	III	**1526,83**	443,83	443,83	III	1404,66	1285,33	1169,16	1056,00	946,00	838,83
	V	**2688,33**	443,83	443,83	IV	2138,08	2064,66	1991,25	1917,83	1844,50	1771,08
	VI	**2724,58**	443,83	443,83							
8189,99	I,IV	**2202,41**	443,83	443,83	I	2055,66	1908,83	1762,08	1615,25	1468,50	1321,66
West	II	**2062,16**	443,83	443,83	II	1915,33	1768,58	1621,75	1475,00	1328,16	1182,75
	III	**1519,16**	443,83	443,83	III	1397,16	1278,16	1162,16	1049,16	939,33	832,33
	V	**2679,25**	443,83	443,83	IV	2129,00	2055,66	1982,25	1908,83	1835,41	1762,08
	VI	**2715,58**	443,83	443,83							
8189,99	I,IV	**2212,75**	443,83	443,83	I	2065,91	1919,16	1772,33	1625,58	1478,75	1332,00
Ost	II	**2072,41**	443,83	443,83	II	1925,66	1778,83	1632,08	1485,25	1338,50	1192,75
	III	**1527,83**	443,83	443,83	III	1405,66	1286,33	1170,16	1057,00	946,83	839,66
	V	**2689,58**	443,83	443,83	IV	2139,33	2065,91	1992,50	1919,16	1845,75	1772,33
	VI	**2725,83**	443,83	443,83							

* Zur LSt-Berechnung für privat versicherte Arbeitnehmer s. Beispiele **Vorbemerkung S. 4f.**
** Basisvorsorgepauschale KV und PV *** Typisierter Arbeitgeberzuschuss

Lohn/ Gehalt in € bis	Steuerklasse	Lohn-steuer*	BVSP**	TAGZ***	Steuerklasse	Bemessungsgrundlage für Kirchensteuer und Solidaritätszuschlag					
						Freibeträge für ... Kinder					
						0,5	**1,0**	1,5	**2,0**	2,5	**3,0**
8192,99 West	I,IV	**2203,66**	443,83	443,83	I	2056,91	1910,08	1763,33	1616,50	1469,75	1322,91
	II	**2063,41**	443,83	443,83	II	1916,58	1769,83	1623,00	1476,25	1329,41	1183,91
	III	**1520,33**	443,83	443,83	III	1398,16	1279,16	1163,16	1050,16	940,16	833,33
	V	**2680,58**	443,83	443,83	IV	2130,25	2056,91	1983,50	1910,08	1836,66	1763,33
	VI	**2716,83**	443,83	443,83							
8192,99 Ost	I,IV	**2214,00**	443,83	443,83	I	2067,16	1920,41	1773,58	1626,83	1480,00	1333,25
	II	**2073,66**	443,83	443,83	II	1926,91	1780,08	1633,33	1486,50	1339,75	1194,00
	III	**1529,00**	443,83	443,83	III	1406,66	1287,50	1171,16	1058,00	947,83	840,66
	V	**2690,83**	443,83	443,83	IV	2140,58	2067,16	1993,75	1920,41	1847,00	1773,58
	VI	**2727,08**	443,83	443,83							
8195,99 West	I,IV	**2204,91**	443,83	443,83	I	2058,16	1911,33	1764,58	1617,75	1471,00	1324,16
	II	**2064,66**	443,83	443,83	II	1917,83	1771,08	1624,25	1477,50	1330,75	1185,16
	III	**1521,33**	443,83	443,83	III	1399,33	1280,16	1164,16	1051,16	941,16	834,16
	V	**2681,83**	443,83	443,83	IV	2131,58	2058,16	1984,75	1911,33	1838,00	1764,58
	VI	**2718,08**	443,83	443,83							
8195,99 Ost	I,IV	**2215,25**	443,83	443,83	I	2068,41	1921,66	1774,83	1628,08	1481,25	1334,50
	II	**2074,91**	443,83	443,83	II	1928,16	1781,33	1634,58	1487,75	1341,00	1195,16
	III	**1530,00**	443,83	443,83	III	1407,66	1288,50	1172,16	1059,00	948,66	841,50
	V	**2692,08**	443,83	443,83	IV	2141,83	2068,41	1995,08	1921,66	1848,25	1774,83
	VI	**2728,33**	443,83	443,83							
8198,99 West	I,IV	**2206,16**	443,83	443,83	I	2059,41	1912,58	1765,83	1619,00	1472,25	1325,50
	II	**2065,91**	443,83	443,83	II	1919,16	1772,33	1625,58	1478,75	1332,00	1186,41
	III	**1522,33**	443,83	443,83	III	1400,33	1281,16	1165,16	1052,00	942,00	835,00
	V	**2683,08**	443,83	443,83	IV	2132,83	2059,41	1986,00	1912,58	1839,25	1765,83
	VI	**2719,33**	443,83	443,83							
8198,99 Ost	I,IV	**2216,50**	443,83	443,83	I	2069,66	1922,91	1776,08	1629,33	1482,50	1335,75
	II	**2076,25**	443,83	443,83	II	1929,41	1782,66	1635,83	1489,08	1342,25	1196,41
	III	**1531,00**	443,83	443,83	III	1408,66	1289,50	1173,16	1059,83	949,66	842,50
	V	**2693,33**	443,83	443,83	IV	2143,08	2069,66	1996,33	1922,91	1849,50	1776,08
	VI	**2729,58**	443,83	443,83							
8201,99 West	I,IV	**2207,50**	443,83	443,83	I	2060,66	1913,91	1767,08	1620,33	1473,50	1326,75
	II	**2067,16**	443,83	443,83	II	1920,41	1773,58	1626,83	1480,00	1333,25	1187,58
	III	**1523,50**	443,83	443,83	III	1401,33	1282,16	1166,16	1053,00	943,00	836,00
	V	**2684,33**	443,83	443,83	IV	2134,08	2060,66	1987,25	1913,91	1840,50	1767,08
	VI	**2720,58**	443,83	443,83							
8201,99 Ost	I,IV	**2217,75**	443,83	443,83	I	2071,00	1924,16	1777,41	1630,58	1483,83	1337,00
	II	**2077,50**	443,83	443,83	II	1930,66	1783,91	1637,08	1490,33	1343,50	1197,66
	III	**1532,16**	443,83	443,83	III	1409,83	1290,50	1174,16	1060,83	950,66	843,33
	V	**2694,58**	443,83	443,83	IV	2144,33	2071,00	1997,58	1924,16	1850,75	1777,41
	VI	**2730,83**	443,83	443,83							
8204,99 West	I,IV	**2208,75**	443,83	443,83	I	2061,91	1915,16	1768,33	1621,58	1474,75	1328,00
	II	**2068,41**	443,83	443,83	II	1921,66	1774,83	1628,08	1481,25	1334,50	1188,83
	III	**1524,50**	443,83	443,83	III	1402,33	1283,16	1167,16	1054,00	944,00	836,83
	V	**2685,58**	443,83	443,83	IV	2135,33	2061,91	1988,50	1915,16	1841,75	1768,33
	VI	**2721,83**	443,83	443,83							
8204,99 Ost	I,IV	**2219,00**	443,83	443,83	I	2072,25	1925,41	1778,66	1631,83	1485,08	1338,25
	II	**2078,75**	443,83	443,83	II	1931,91	1785,16	1638,33	1491,58	1344,75	1198,91
	III	**1533,16**	443,83	443,83	III	1410,83	1291,50	1175,16	1061,83	951,50	844,33
	V	**2695,83**	443,83	443,83	IV	2145,58	2072,25	1998,83	1925,41	1852,00	1778,66
	VI	**2732,16**	443,83	443,83							
8207,99 West	I,IV	**2210,00**	443,83	443,83	I	2063,16	1916,41	1769,58	1622,83	1476,00	1329,25
	II	**2069,66**	443,83	443,83	II	1922,91	1776,08	1629,33	1482,50	1335,75	1190,08
	III	**1525,66**	443,83	443,83	III	1403,33	1284,16	1168,00	1055,00	944,83	837,83
	V	**2686,83**	443,83	443,83	IV	2136,58	2063,16	1989,83	1916,41	1843,00	1769,58
	VI	**2723,08**	443,83	443,83							
8207,99 Ost	I,IV	**2220,25**	443,83	443,83	I	2073,50	1926,66	1779,91	1633,08	1486,33	1339,50
	II	**2080,00**	443,83	443,83	II	1933,16	1786,41	1639,58	1492,83	1346,00	1200,16
	III	**1534,33**	443,83	443,83	III	1411,83	1292,50	1176,16	1062,83	952,50	845,16
	V	**2697,16**	443,83	443,83	IV	2146,83	2073,50	2000,08	1926,66	1853,33	1779,91
	VI	**2733,41**	443,83	443,83							

* Zur LSt-Berechnung für privat versicherte Arbeitnehmer s. Beispiele **Vorbemerkung S. 4f.**
** Basisvorsorgepauschale KV und PV *** Typisierter Arbeitgeberzuschuss

Lohn/ Gehalt in € bis	Steuerklasse	Lohn-steuer*	BVSP**	TAGZ***	Steuerklasse	Bemessungsgrundlage für Kirchensteuer und Solidaritätszuschlag – Freibeträge für ... Kinder 0,5	1,0	1,5	2,0	2,5	3,0
8210,99 West	I,IV	**2211,25**	443,83	443,83	I	2064,41	1917,66	1770,83	1624,08	1477,25	1330,50
	II	**2071,00**	443,83	443,83	II	1924,16	1777,41	1630,58	1483,83	1337,00	1191,33
	III	**1526,66**	443,83	443,83	III	1404,50	1285,16	1169,00	1055,83	945,83	838,66
	V	**2688,08**	443,83	443,83	IV	2137,83	2064,41	1991,08	1917,66	1844,25	1770,83
	VI	**2724,33**	443,83	443,83							
8210,99 Ost	I,IV	**2221,50**	443,83	443,83	I	2074,75	1927,91	1781,16	1634,33	1487,58	1340,75
	II	**2081,25**	443,83	443,83	II	1934,50	1787,66	1640,91	1494,08	1347,33	1201,33
	III	**1535,33**	443,83	443,83	III	1412,83	1293,50	1177,16	1063,66	953,33	846,16
	V	**2698,41**	443,83	443,83	IV	2148,16	2074,75	2001,33	1927,91	1854,58	1781,16
	VI	**2734,66**	443,83	443,83							
8213,99 West	I,IV	**2212,50**	443,83	443,83	I	2065,75	1918,91	1772,16	1625,33	1478,58	1331,75
	II	**2072,25**	443,83	443,83	II	1925,41	1778,66	1631,83	1485,08	1338,25	1192,50
	III	**1527,66**	443,83	443,83	III	1405,50	1286,16	1170,00	1056,83	946,66	839,66
	V	**2689,33**	443,83	443,83	IV	2139,08	2065,75	1992,33	1918,91	1845,50	1772,16
	VI	**2725,58**	443,83	443,83							
8213,99 Ost	I,IV	**2222,75**	443,83	443,83	I	2076,00	1929,25	1782,41	1635,66	1488,83	1342,08
	II	**2082,50**	443,83	443,83	II	1935,75	1788,91	1642,16	1495,33	1348,58	1202,58
	III	**1536,33**	443,83	443,83	III	1414,00	1294,50	1178,16	1064,66	954,33	847,00
	V	**2699,66**	443,83	443,83	IV	2149,41	2076,00	2002,58	1929,25	1855,83	1782,41
	VI	**2735,91**	443,83	443,83							
8216,99 West	I,IV	**2213,75**	443,83	443,83	I	2067,00	1920,16	1773,41	1626,58	1479,83	1333,00
	II	**2073,50**	443,83	443,83	II	1926,66	1779,91	1633,08	1486,33	1339,50	1193,75
	III	**1528,83**	443,83	443,83	III	1406,50	1287,16	1171,00	1057,83	947,66	840,50
	V	**2690,58**	443,83	443,83	IV	2140,33	2067,00	1993,58	1920,16	1846,75	1773,41
	VI	**2726,91**	443,83	443,83							
8216,99 Ost	I,IV	**2224,08**	443,83	443,83	I	2077,25	1930,50	1783,66	1636,91	1490,08	1343,33
	II	**2083,75**	443,83	443,83	II	1937,00	1790,16	1643,41	1496,58	1349,83	1203,83
	III	**1537,50**	443,83	443,83	III	1415,00	1295,50	1179,00	1065,66	955,33	847,83
	V	**2700,91**	443,83	443,83	IV	2150,66	2077,25	2003,83	1930,50	1857,08	1783,66
	VI	**2737,16**	443,83	443,83							
8219,99 West	I,IV	**2215,00**	443,83	443,83	I	2068,25	1921,41	1774,66	1627,83	1481,08	1334,25
	II	**2074,75**	443,83	443,83	II	1927,91	1781,16	1634,33	1487,58	1340,75	1195,00
	III	**1529,83**	443,83	443,83	III	1407,50	1288,33	1172,00	1058,83	948,50	841,33
	V	**2691,91**	443,83	443,83	IV	2141,58	2068,25	1994,83	1921,41	1848,08	1774,66
	VI	**2728,16**	443,83	443,83							
8219,99 Ost	I,IV	**2225,33**	443,83	443,83	I	2078,50	1931,75	1784,91	1638,16	1491,33	1344,58
	II	**2085,00**	443,83	443,83	II	1938,25	1791,41	1644,66	1497,83	1351,08	1205,08
	III	**1538,50**	443,83	443,83	III	1416,00	1296,50	1180,00	1066,66	956,16	848,83
	V	**2702,16**	443,83	443,83	IV	2151,91	2078,50	2005,08	1931,75	1858,33	1784,91
	VI	**2738,41**	443,83	443,83							
8222,99 West	I,IV	**2216,25**	443,83	443,83	I	2069,50	1922,66	1775,91	1629,08	1482,33	1335,50
	II	**2076,00**	443,83	443,83	II	1929,25	1782,41	1635,66	1488,83	1342,08	1196,25
	III	**1530,83**	443,83	443,83	III	1408,50	1289,33	1173,00	1059,66	949,50	842,33
	V	**2693,16**	443,83	443,83	IV	2142,91	2069,50	1996,08	1922,66	1849,33	1775,91
	VI	**2729,41**	443,83	443,83							
8222,99 Ost	I,IV	**2226,58**	443,83	443,83	I	2079,75	1933,00	1786,16	1639,41	1492,58	1345,83
	II	**2086,25**	443,83	443,83	II	1939,50	1792,75	1645,91	1499,16	1352,33	1206,25
	III	**1539,66**	443,83	443,83	III	1417,00	1297,50	1181,00	1067,50	957,16	849,66
	V	**2703,41**	443,83	443,83	IV	2153,16	2079,75	2006,41	1933,00	1859,58	1786,16
	VI	**2739,66**	443,83	443,83							
8225,99 West	I,IV	**2217,50**	443,83	443,83	I	2070,75	1924,00	1777,16	1630,41	1483,58	1336,83
	II	**2077,25**	443,83	443,83	II	1930,50	1783,66	1636,91	1490,08	1343,33	1197,41
	III	**1532,00**	443,83	443,83	III	1409,66	1290,33	1174,00	1060,66	950,50	843,16
	V	**2694,41**	443,83	443,83	IV	2144,16	2070,75	1997,33	1924,00	1850,58	1777,16
	VI	**2730,66**	443,83	443,83							
8225,99 Ost	I,IV	**2227,83**	443,83	443,83	I	2081,00	1934,25	1787,50	1640,66	1493,91	1347,08
	II	**2087,58**	443,83	443,83	II	1940,75	1794,00	1647,16	1500,41	1353,58	1207,50
	III	**1540,66**	443,83	443,83	III	1418,16	1298,50	1182,00	1068,50	958,00	850,66
	V	**2704,66**	443,83	443,83	IV	2154,41	2081,00	2007,66	1934,25	1860,83	1787,50
	VI	**2740,91**	443,83	443,83							

* Zur LSt-Berechnung für privat versicherte Arbeitnehmer s. Beispiele **Vorbemerkung S. 4f.**
** Basisvorsorgepauschale KV und PV *** Typisierter Arbeitgeberzuschuss

Lohn/ Gehalt in € bis	Steuerklasse	Lohn-steuer*	BVSP**	TAGZ***	Steuerklasse	Bemessungsgrundlage für Kirchensteuer und Solidaritätszuschlag					
						Freibeträge für ... Kinder					
						0,5	**1,0**	1,5	**2,0**	2,5	**3,0**
8228,99	I,IV	**2218,83**	443,83	443,83	I	2072,00	1925,25	1778,41	1631,66	1484,83	1338,08
West	II	**2078,50**	443,83	443,83	II	1931,75	1784,91	1638,16	1491,33	1344,58	1198,66
	III	**1533,00**	443,83	443,83	III	1410,66	1291,33	1175,00	1061,66	951,33	844,16
	V	**2695,66**	443,83	443,83	IV	2145,41	2072,00	1998,58	1925,25	1851,83	1778,41
	VI	**2731,91**	443,83	443,83							
8228,99	I,IV	**2229,08**	443,83	443,83	I	2082,33	1935,50	1788,75	1641,91	1495,16	1348,33
Ost	II	**2088,83**	443,83	443,83	II	1942,00	1795,25	1648,41	1501,66	1354,83	1208,75
	III	**1541,66**	443,83	443,83	III	1419,16	1299,50	1183,00	1069,50	959,00	851,50
	V	**2705,91**	443,83	443,83	IV	2155,66	2082,33	2008,91	1935,50	1862,08	1788,75
	VI	**2742,25**	443,83	443,83							
8231,99	I,IV	**2220,08**	443,83	443,83	I	2073,25	1926,50	1779,66	1632,91	1486,08	1339,33
West	II	**2079,75**	443,83	443,83	II	1933,00	1786,16	1639,41	1492,58	1345,83	1199,91
	III	**1534,16**	443,83	443,83	III	1411,66	1292,33	1176,00	1062,66	952,33	845,00
	V	**2696,91**	443,83	443,83	IV	2146,66	2073,25	1999,83	1926,50	1853,08	1779,66
	VI	**2733,16**	443,83	443,83							
8231,99	I,IV	**2230,33**	443,83	443,83	I	2083,58	1936,75	1790,00	1643,16	1496,41	1349,58
Ost	II	**2090,08**	443,83	443,83	II	1943,25	1796,50	1649,66	1502,91	1356,08	1210,00
	III	**1542,83**	443,83	443,83	III	1420,16	1300,50	1184,00	1070,50	960,00	852,50
	V	**2707,25**	443,83	443,83	IV	2156,91	2083,58	2010,16	1936,75	1863,33	1790,00
	VI	**2743,50**	443,83	443,83							
8234,99	I,IV	**2221,33**	443,83	443,83	I	2074,50	1927,75	1780,91	1634,16	1487,33	1340,58
West	II	**2081,00**	443,83	443,83	II	1934,25	1787,50	1640,66	1493,91	1347,08	1201,16
	III	**1535,16**	443,83	443,83	III	1412,66	1293,33	1177,00	1063,50	953,16	846,00
	V	**2698,16**	443,83	443,83	IV	2147,91	2074,50	2001,16	1927,75	1854,33	1780,91
	VI	**2734,41**	443,83	443,83							
8234,99	I,IV	**2231,58**	443,83	443,83	I	2084,83	1938,00	1791,25	1644,41	1497,66	1350,83
Ost	II	**2091,33**	443,83	443,83	II	1944,50	1797,75	1651,00	1504,16	1357,41	1211,25
	III	**1543,83**	443,83	443,83	III	1421,16	1301,66	1185,00	1071,50	960,83	853,33
	V	**2708,50**	443,83	443,83	IV	2158,25	2084,83	2011,41	1938,00	1864,66	1791,25
	VI	**2744,75**	443,83	443,83							
8237,99	I,IV	**2222,58**	443,83	443,83	I	2075,75	1929,00	1782,25	1635,41	1488,66	1341,83
West	II	**2082,33**	443,83	443,83	II	1935,50	1788,75	1641,91	1495,16	1348,33	1202,41
	III	**1536,16**	443,83	443,83	III	1413,83	1294,33	1178,00	1064,50	954,16	846,83
	V	**2699,41**	443,83	443,83	IV	2149,16	2075,75	2002,41	1929,00	1855,58	1782,25
	VI	**2735,66**	443,83	443,83							
8237,99	I,IV	**2232,83**	443,83	443,83	I	2086,08	1939,25	1792,50	1645,75	1498,91	1352,16
Ost	II	**2092,58**	443,83	443,83	II	1945,83	1799,00	1652,25	1505,41	1358,66	1212,50
	III	**1545,00**	443,83	443,83	III	1422,16	1302,66	1186,00	1072,33	961,83	854,33
	V	**2709,75**	443,83	443,83	IV	2159,50	2086,08	2012,66	1939,25	1865,91	1792,50
	VI	**2746,00**	443,83	443,83							
8240,99	I,IV	**2223,83**	443,83	443,83	I	2077,08	1930,25	1783,50	1636,66	1489,91	1343,08
West	II	**2083,58**	443,83	443,83	II	1936,75	1790,00	1643,16	1496,41	1349,58	1203,58
	III	**1537,33**	443,83	443,83	III	1414,83	1295,33	1178,83	1065,50	955,16	847,83
	V	**2700,66**	443,83	443,83	IV	2150,41	2077,08	2003,66	1930,25	1856,83	1783,50
	VI	**2737,00**	443,83	443,83							
8240,99	I,IV	**2234,16**	443,83	443,83	I	2087,33	1940,58	1793,75	1647,00	1500,16	1353,41
Ost	II	**2093,83**	443,83	443,83	II	1947,08	1800,25	1653,50	1506,66	1359,91	1213,66
	III	**1546,00**	443,83	443,83	III	1423,33	1303,66	1187,00	1073,33	962,83	855,16
	V	**2711,00**	443,83	443,83	IV	2160,75	2087,33	2013,91	1940,58	1867,16	1793,75
	VI	**2747,25**	443,83	443,83							
8243,99	I,IV	**2225,08**	443,83	443,83	I	2078,33	1931,50	1784,75	1637,91	1491,16	1344,33
West	II	**2084,83**	443,83	443,83	II	1938,00	1791,25	1644,41	1497,66	1350,83	1204,83
	III	**1538,33**	443,83	443,83	III	1415,83	1296,33	1179,83	1066,50	956,00	848,66
	V	**2702,00**	443,83	443,83	IV	2151,66	2078,33	2004,91	1931,50	1858,08	1784,75
	VI	**2738,25**	443,83	443,83							
8243,99	I,IV	**2235,41**	443,83	443,83	I	2088,58	1941,83	1795,00	1648,25	1501,41	1354,66
Ost	II	**2095,08**	443,83	443,83	II	1948,33	1801,50	1654,75	1507,91	1361,16	1214,91
	III	**1547,00**	443,83	443,83	III	1424,33	1304,66	1188,00	1074,33	963,66	856,16
	V	**2712,25**	443,83	443,83	IV	2162,00	2088,58	2015,16	1941,83	1868,41	1795,00
	VI	**2748,50**	443,83	443,83							

* Zur LSt-Berechnung für privat versicherte Arbeitnehmer s. Beispiele **Vorbemerkung S. 4 f.**
** Basisvorsorgepauschale KV und PV *** Typisierter Arbeitgeberzuschuss

Lohn/ Gehalt in € bis	Steuerklasse	Lohn-steuer*	BVSP**	TAGZ***	Steuerklasse	Bemessungsgrundlage für Kirchensteuer und Solidaritätszuschlag – Freibeträge für ... Kinder 0,5	1,0	1,5	2,0	2,5	3,0
8246,99 West	I,IV	**2226,33**	443,83	443,83	I	2079,58	1932,75	1786,00	1639,16	1492,41	1345,58
	II	**2086,08**	443,83	443,83	II	1939,25	1792,50	1645,75	1498,91	1352,16	1206,08
	III	**1539,50**	443,83	443,83	III	1416,83	1297,33	1180,83	1067,50	957,00	849,50
	V	**2703,25**	443,83	443,83	IV	2153,00	2079,58	2006,16	1932,75	1859,41	1786,00
	VI	**2739,50**	443,83	443,83							
8246,99 Ost	I,IV	**2236,66**	443,83	443,83	I	2089,83	1943,08	1796,25	1649,50	1502,66	1355,91
	II	**2096,33**	443,83	443,83	II	1949,58	1802,75	1656,00	1509,25	1362,41	1216,16
	III	**1548,16**	443,83	443,83	III	1425,33	1305,66	1189,00	1075,33	964,66	857,00
	V	**2713,50**	443,83	443,83	IV	2163,25	2089,83	2016,50	1943,08	1869,66	1796,25
	VI	**2749,75**	443,83	443,83							
8249,99 West	I,IV	**2227,58**	443,83	443,83	I	2080,83	1934,00	1787,25	1640,50	1493,66	1346,91
	II	**2087,33**	443,83	443,83	II	1940,58	1793,75	1647,00	1500,16	1353,41	1207,33
	III	**1540,50**	443,83	443,83	III	1418,00	1298,33	1181,83	1068,33	958,00	850,50
	V	**2704,50**	443,83	443,83	IV	2154,25	2080,83	2007,41	1934,00	1860,66	1787,25
	VI	**2740,75**	443,83	443,83							
8249,99 Ost	I,IV	**2237,91**	443,83	443,83	I	2091,08	1944,33	1797,50	1650,75	1504,00	1357,16
	II	**2097,66**	443,83	443,83	II	1950,83	1804,08	1657,25	1510,50	1363,66	1217,41
	III	**1549,16**	443,83	443,83	III	1426,33	1306,66	1190,00	1076,16	965,50	858,00
	V	**2714,75**	443,83	443,83	IV	2164,50	2091,08	2017,75	1944,33	1870,91	1797,50
	VI	**2751,00**	443,83	443,83							
8252,99 West	I,IV	**2228,91**	443,83	443,83	I	2082,08	1935,33	1788,50	1641,75	1494,91	1348,16
	II	**2088,58**	443,83	443,83	II	1941,83	1795,00	1648,25	1501,41	1354,66	1208,58
	III	**1541,50**	443,83	443,83	III	1419,00	1299,33	1182,83	1069,33	958,83	851,33
	V	**2705,75**	443,83	443,83	IV	2155,50	2082,08	2008,66	1935,33	1861,91	1788,50
	VI	**2742,00**	443,83	443,83							
8252,99 Ost	I,IV	**2239,16**	443,83	443,83	I	2092,41	1945,58	1798,83	1652,00	1505,25	1358,41
	II	**2098,91**	443,83	443,83	II	1952,08	1805,33	1658,50	1511,75	1364,91	1218,66
	III	**1550,33**	443,83	443,83	III	1427,50	1307,66	1191,00	1077,16	966,50	858,83
	V	**2716,00**	443,83	443,83	IV	2165,75	2092,41	2019,00	1945,58	1872,16	1798,83
	VI	**2752,33**	443,83	443,83							
8255,99 West	I,IV	**2230,16**	443,83	443,83	I	2083,33	1936,58	1789,75	1643,00	1496,16	1349,41
	II	**2089,83**	443,83	443,83	II	1943,08	1796,25	1649,50	1502,66	1355,91	1209,75
	III	**1542,66**	443,83	443,83	III	1420,00	1300,33	1183,83	1070,33	959,83	852,33
	V	**2707,00**	443,83	443,83	IV	2156,75	2083,33	2009,91	1936,58	1863,16	1789,75
	VI	**2743,25**	443,83	443,83							
8255,99 Ost	I,IV	**2240,41**	443,83	443,83	I	2093,66	1946,83	1800,08	1653,25	1506,50	1359,66
	II	**2100,16**	443,83	443,83	II	1953,33	1806,58	1659,75	1513,00	1366,16	1219,91
	III	**1551,33**	443,83	443,83	III	1428,50	1308,66	1191,83	1078,16	967,50	859,66
	V	**2717,33**	443,83	443,83	IV	2167,00	2093,66	2020,25	1946,83	1873,41	1800,08
	VI	**2753,58**	443,83	443,83							
8258,99 West	I,IV	**2231,41**	443,83	443,83	I	2084,58	1937,83	1791,00	1644,25	1497,41	1350,66
	II	**2091,08**	443,83	443,83	II	1944,33	1797,50	1650,75	1504,00	1357,16	1211,00
	III	**1543,66**	443,83	443,83	III	1421,00	1301,50	1184,83	1071,33	960,66	853,16
	V	**2708,25**	443,83	443,83	IV	2158,00	2084,58	2011,25	1937,83	1864,41	1791,00
	VI	**2744,50**	443,83	443,83							
8258,99 Ost	I,IV	**2241,66**	443,83	443,83	I	2094,91	1948,08	1801,33	1654,50	1507,75	1360,91
	II	**2101,41**	443,83	443,83	II	1954,58	1807,83	1661,00	1514,25	1367,50	1221,16
	III	**1552,33**	443,83	443,83	III	1429,50	1309,66	1192,83	1079,16	968,33	860,66
	V	**2718,58**	443,83	443,83	IV	2168,33	2094,91	2021,50	1948,08	1874,75	1801,33
	VI	**2754,83**	443,83	443,83							
8261,99 West	I,IV	**2232,66**	443,83	443,83	I	2085,83	1939,08	1792,25	1645,50	1498,75	1351,91
	II	**2092,41**	443,83	443,83	II	1945,58	1798,83	1652,00	1505,25	1358,41	1212,25
	III	**1544,66**	443,83	443,83	III	1422,00	1302,50	1185,83	1072,16	961,66	854,16
	V	**2709,50**	443,83	443,83	IV	2159,25	2085,83	2012,50	1939,08	1865,66	1792,25
	VI	**2745,75**	443,83	443,83							
8261,99 Ost	I,IV	**2242,91**	443,83	443,83	I	2096,16	1949,33	1802,58	1655,75	1509,00	1362,25
	II	**2102,66**	443,83	443,83	II	1955,91	1809,08	1662,33	1515,50	1368,75	1222,33
	III	**1553,50**	443,83	443,83	III	1430,50	1310,66	1193,83	1080,16	969,33	861,50
	V	**2719,83**	443,83	443,83	IV	2169,58	2096,16	2022,75	1949,33	1876,00	1802,58
	VI	**2756,08**	443,83	443,83							

* Zur LSt-Berechnung für privat versicherte Arbeitnehmer s. Beispiele **Vorbemerkung S. 4f.**
** Basisvorsorgepauschale KV und PV *** Typisierter Arbeitgeberzuschuss

Lohn/ Gehalt in € bis	Steuerklasse	Lohn-steuer*	BVSP**	TAGZ***	Steuerklasse	Bemessungsgrundlage für Kirchensteuer und Solidaritätszuschlag					
						Freibeträge für ... Kinder					
						0,5	**1,0**	1,5	**2,0**	2,5	**3,0**
8264,99	I,IV	**2233,91**	443,83	443,83	I	2087,16	1940,33	1793,58	1646,75	1500,00	1353,16
West	II	**2093,66**	443,83	443,83	II	1946,83	1800,08	1653,25	1506,50	1359,66	1213,50
	III	**1545,83**	443,83	443,83	III	1423,16	1303,50	1186,83	1073,16	962,66	855,00
	V	**2710,75**	443,83	443,83	IV	2160,50	2087,16	2013,75	1940,33	1866,91	1793,58
	VI	**2747,08**	443,83	443,83							
8264,99	I,IV	**2244,25**	443,83	443,83	I	2097,41	1950,66	1803,83	1657,08	1510,25	1363,50
Ost	II	**2103,91**	443,83	443,83	II	1957,16	1810,33	1663,58	1516,75	1370,00	1223,58
	III	**1554,50**	443,83	443,83	III	1431,66	1311,66	1194,83	1081,00	970,33	862,50
	V	**2721,08**	443,83	443,83	IV	2170,83	2097,41	2024,00	1950,66	1877,25	1803,83
	VI	**2757,33**	443,83	443,83							
8267,99	I,IV	**2235,16**	443,83	443,83	I	2088,41	1941,58	1794,83	1648,00	1501,25	1354,41
West	II	**2094,91**	443,83	443,83	II	1948,08	1801,33	1654,50	1507,75	1360,91	1214,75
	III	**1546,83**	443,83	443,83	III	1424,16	1304,50	1187,83	1074,16	963,50	856,00
	V	**2712,08**	443,83	443,83	IV	2161,75	2088,41	2015,00	1941,58	1868,16	1794,83
	VI	**2748,33**	443,83	443,83							
8267,99	I,IV	**2245,50**	443,83	443,83	I	2098,66	1951,91	1805,08	1658,33	1511,50	1364,75
Ost	II	**2105,16**	443,83	443,83	II	1958,41	1811,58	1664,83	1518,00	1371,25	1224,83
	III	**1555,66**	443,83	443,83	III	1432,66	1312,83	1195,83	1082,00	971,16	863,33
	V	**2722,33**	443,83	443,83	IV	2172,08	2098,66	2025,25	1951,91	1878,50	1805,08
	VI	**2758,58**	443,83	443,83							
8270,99	I,IV	**2236,41**	443,83	443,83	I	2089,66	1942,83	1796,08	1649,25	1502,50	1355,66
West	II	**2096,16**	443,83	443,83	II	1949,33	1802,58	1655,75	1509,00	1362,25	1216,00
	III	**1548,00**	443,83	443,83	III	1425,16	1305,50	1188,83	1075,16	964,50	856,83
	V	**2713,33**	443,83	443,83	IV	2163,08	2089,66	2016,25	1942,83	1869,50	1796,08
	VI	**2749,58**	443,83	443,83							
8270,99	I,IV	**2246,75**	443,83	443,83	I	2099,91	1953,16	1806,33	1659,58	1512,75	1366,00
Ost	II	**2106,41**	443,83	443,83	II	1959,66	1812,83	1666,08	1519,25	1372,50	1226,08
	III	**1556,66**	443,83	443,83	III	1433,66	1313,83	1196,83	1083,00	972,16	864,33
	V	**2723,58**	443,83	443,83	IV	2173,33	2099,91	2026,58	1953,16	1879,75	1806,33
	VI	**2759,83**	443,83	443,83							
8273,99	I,IV	**2237,66**	443,83	443,83	I	2090,91	1944,08	1797,33	1650,50	1503,75	1357,00
West	II	**2097,41**	443,83	443,83	II	1950,66	1803,83	1657,08	1510,25	1363,50	1217,25
	III	**1549,00**	443,83	443,83	III	1426,16	1306,50	1189,83	1076,00	965,33	857,83
	V	**2714,58**	443,83	443,83	IV	2164,33	2090,91	2017,50	1944,08	1870,75	1797,33
	VI	**2750,83**	443,83	443,83							
8273,99	I,IV	**2248,00**	443,83	443,83	I	2101,16	1954,41	1807,58	1660,83	1514,00	1367,25
Ost	II	**2107,75**	443,83	443,83	II	1960,91	1814,16	1667,33	1520,58	1373,75	1227,33
	III	**1557,66**	443,83	443,83	III	1434,66	1314,83	1197,83	1084,00	973,00	865,16
	V	**2724,83**	443,83	443,83	IV	2174,58	2101,16	2027,83	1954,41	1881,00	1807,58
	VI	**2761,08**	443,83	443,83							
8276,99	I,IV	**2239,00**	443,83	443,83	I	2092,16	1945,41	1798,58	1651,83	1505,00	1358,25
West	II	**2098,66**	443,83	443,83	II	1951,91	1805,08	1658,33	1511,50	1364,75	1218,41
	III	**1550,00**	443,83	443,83	III	1427,33	1307,50	1190,83	1077,00	966,33	858,66
	V	**2715,83**	443,83	443,83	IV	2165,58	2092,16	2018,75	1945,41	1872,00	1798,58
	VI	**2752,08**	443,83	443,83							
8276,99	I,IV	**2249,25**	443,83	443,83	I	2102,50	1955,66	1808,91	1662,08	1515,33	1368,50
Ost	II	**2109,00**	443,83	443,83	II	1962,16	1815,41	1668,58	1521,83	1375,00	1228,58
	III	**1558,83**	443,83	443,83	III	1435,83	1315,83	1198,83	1084,83	974,00	866,16
	V	**2726,08**	443,83	443,83	IV	2175,83	2102,50	2029,08	1955,66	1882,25	1808,91
	VI	**2762,33**	443,83	443,83							
8279,99	I,IV	**2240,25**	443,83	443,83	I	2093,41	1946,66	1799,83	1653,08	1506,25	1359,50
West	II	**2099,91**	443,83	443,83	II	1953,16	1806,33	1659,58	1512,75	1366,00	1219,66
	III	**1551,16**	443,83	443,83	III	1428,33	1308,50	1191,83	1078,00	967,33	859,66
	V	**2717,08**	443,83	443,83	IV	2166,83	2093,41	2020,00	1946,66	1873,25	1799,83
	VI	**2753,33**	443,83	443,83							
8279,99	I,IV	**2250,50**	443,83	443,83	I	2103,75	1956,91	1810,16	1663,33	1516,58	1369,75
Ost	II	**2110,25**	443,83	443,83	II	1963,41	1816,66	1669,83	1523,08	1376,25	1229,83
	III	**1559,83**	443,83	443,83	III	1436,83	1316,83	1199,83	1085,83	975,00	867,00
	V	**2727,33**	443,83	443,83	IV	2177,08	2103,75	2030,33	1956,91	1883,50	1810,16
	VI	**2763,66**	443,83	443,83							

* Zur LSt-Berechnung für privat versicherte Arbeitnehmer s. Beispiele **Vorbemerkung S. 4f.**
** Basisvorsorgepauschale KV und PV *** Typisierter Arbeitgeberzuschuss

Lohn/ Gehalt in € bis	Steuerklasse	Lohn-steuer*	BVSP**	TAGZ***	Steuerklasse	Bemessungsgrundlage für Kirchensteuer und Solidaritätszuschlag – Freibeträge für ... Kinder 0,5	1,0	1,5	2,0	2,5	3,0
8282,99 West	I,IV	**2241,50**	443,83	443,83	I	2094,66	1947,91	1801,08	1654,33	1507,50	1360,75
	II	**2101,16**	443,83	443,83	II	1954,41	1807,58	1660,83	1514,00	1367,25	1220,91
	III	**1552,16**	443,83	443,83	III	1429,33	1309,50	1192,66	1079,00	968,16	860,50
	V	**2718,33**	443,83	443,83	IV	2168,08	2094,66	2021,33	1947,91	1874,50	1801,08
	VI	**2754,58**	443,83	443,83							
8282,99 Ost	I,IV	**2251,75**	443,83	443,83	I	2105,00	1958,16	1811,41	1664,58	1517,83	1371,00
	II	**2111,50**	443,83	443,83	II	1964,66	1817,91	1671,08	1524,33	1377,50	1231,08
	III	**1561,00**	443,83	443,83	III	1437,83	1317,83	1200,83	1086,83	975,83	868,00
	V	**2728,66**	443,83	443,83	IV	2178,33	2105,00	2031,58	1958,16	1884,83	1811,41
	VI	**2764,91**	443,83	443,83							
8285,99 West	I,IV	**2242,75**	443,83	443,83	I	2095,91	1949,16	1802,33	1655,58	1508,75	1362,00
	II	**2102,50**	443,83	443,83	II	1955,66	1808,91	1662,08	1515,33	1368,50	1222,16
	III	**1553,33**	443,83	443,83	III	1430,33	1310,50	1193,66	1080,00	969,16	861,33
	V	**2719,58**	443,83	443,83	IV	2169,33	2095,91	2022,58	1949,16	1875,75	1802,33
	VI	**2755,83**	443,83	443,83							
8285,99 Ost	I,IV	**2253,00**	443,83	443,83	I	2106,25	1959,41	1812,66	1665,83	1519,08	1372,25
	II	**2112,75**	443,83	443,83	II	1966,00	1819,16	1672,41	1525,58	1378,83	1232,33
	III	**1562,00**	443,83	443,83	III	1439,00	1318,83	1201,83	1087,83	976,83	868,83
	V	**2729,91**	443,83	443,83	IV	2179,66	2106,25	2032,83	1959,41	1886,08	1812,66
	VI	**2766,16**	443,83	443,83							
8288,99 West	I,IV	**2244,00**	443,83	443,83	I	2097,25	1950,41	1803,66	1656,83	1510,08	1363,25
	II	**2103,75**	443,83	443,83	II	1956,91	1810,16	1663,33	1516,58	1369,75	1223,41
	III	**1554,33**	443,83	443,83	III	1431,50	1311,50	1194,66	1080,83	970,16	862,33
	V	**2720,83**	443,83	443,83	IV	2170,58	2097,25	2023,83	1950,41	1877,00	1803,66
	VI	**2757,08**	443,83	443,83							
8288,99 Ost	I,IV	**2254,25**	443,83	443,83	I	2107,50	1960,75	1813,91	1667,16	1520,33	1373,58
	II	**2114,00**	443,83	443,83	II	1967,25	1820,41	1673,66	1526,83	1380,08	1233,58
	III	**1563,00**	443,83	443,83	III	1440,00	1319,83	1202,83	1088,83	977,83	869,83
	V	**2731,16**	443,83	443,83	IV	2180,91	2107,50	2034,08	1960,75	1887,33	1813,91
	VI	**2767,41**	443,83	443,83							
8291,99 West	I,IV	**2245,25**	443,83	443,83	I	2098,50	1951,66	1804,91	1658,08	1511,33	1364,50
	II	**2105,00**	443,83	443,83	II	1958,16	1811,41	1664,58	1517,83	1371,00	1224,66
	III	**1555,33**	443,83	443,83	III	1432,50	1312,66	1195,66	1081,83	971,00	863,16
	V	**2722,08**	443,83	443,83	IV	2171,83	2098,50	2025,08	1951,66	1878,25	1804,91
	VI	**2758,41**	443,83	443,83							
8291,99 Ost	I,IV	**2255,58**	443,83	443,83	I	2108,75	1962,00	1815,16	1668,41	1521,58	1374,83
	II	**2115,25**	443,83	443,83	II	1968,50	1821,66	1674,91	1528,08	1381,33	1234,83
	III	**1564,16**	443,83	443,83	III	1441,00	1320,83	1203,83	1089,66	978,66	870,66
	V	**2732,41**	443,83	443,83	IV	2182,16	2108,75	2035,33	1962,00	1888,58	1815,16
	VI	**2768,66**	443,83	443,83							
8294,99 West	I,IV	**2246,50**	443,83	443,83	I	2099,75	1952,91	1806,16	1659,33	1512,58	1365,75
	II	**2106,25**	443,83	443,83	II	1959,41	1812,66	1665,83	1519,08	1372,25	1225,91
	III	**1556,50**	443,83	443,83	III	1433,50	1313,66	1196,66	1082,83	972,00	864,16
	V	**2723,41**	443,83	443,83	IV	2173,08	2099,75	2026,33	1952,91	1879,58	1806,16
	VI	**2759,66**	443,83	443,83							
8294,99 Ost	I,IV	**2256,83**	443,83	443,83	I	2110,00	1963,25	1816,41	1669,66	1522,83	1376,08
	II	**2116,50**	443,83	443,83	II	1969,75	1822,91	1676,16	1529,33	1382,58	1236,00
	III	**1565,16**	443,83	443,83	III	1442,00	1321,83	1204,83	1090,66	979,66	871,66
	V	**2733,66**	443,83	443,83	IV	2183,41	2110,00	2036,58	1963,25	1889,83	1816,41
	VI	**2769,91**	443,83	443,83							
8297,99 West	I,IV	**2247,75**	443,83	443,83	I	2101,00	1954,16	1807,41	1660,58	1513,83	1367,00
	II	**2107,50**	443,83	443,83	II	1960,75	1813,91	1667,16	1520,33	1373,58	1227,16
	III	**1557,50**	443,83	443,83	III	1434,50	1314,66	1197,66	1083,83	972,83	865,00
	V	**2724,66**	443,83	443,83	IV	2174,41	2101,00	2027,58	1954,16	1880,83	1807,41
	VI	**2760,91**	443,83	443,83							
8297,99 Ost	I,IV	**2258,08**	443,83	443,83	I	2111,25	1964,50	1817,66	1670,91	1524,08	1377,33
	II	**2117,75**	443,83	443,83	II	1971,00	1824,25	1677,41	1530,66	1383,83	1237,25
	III	**1566,33**	443,83	443,83	III	1443,16	1323,00	1205,83	1091,66	980,66	872,50
	V	**2734,91**	443,83	443,83	IV	2184,66	2111,25	2037,91	1964,50	1891,08	1817,66
	VI	**2771,16**	443,83	443,83							

* Zur LSt-Berechnung für privat versicherte Arbeitnehmer s. Beispiele **Vorbemerkung S. 4 f.**
** Basisvorsorgepauschale KV und PV *** Typisierter Arbeitgeberzuschuss

Lohn/ Gehalt in € bis	Steuerklasse	**Lohn-steuer***	BVSP**	TAGZ***	Steuerklasse	Bemessungsgrundlage für Kirchensteuer und Solidaritätszuschlag – Freibeträge für ... Kinder 0,5	**1,0**	1,5	**2,0**	2,5	**3,0**
8300,99 West	I,IV	**2249,00**	443,83	443,83	I	2102,25	1955,50	1808,66	1661,91	1515,08	1368,33
	II	**2108,75**	443,83	443,83	II	1962,00	1815,16	1668,41	1521,58	1374,83	1228,33
	III	**1558,66**	443,83	443,83	III	1435,66	1315,66	1198,66	1084,83	973,83	866,00
	V	**2725,91**	443,83	443,83	IV	2175,66	2102,25	2028,83	1955,50	1882,08	1808,66
	VI	**2762,16**	443,83	443,83							
8300,99 Ost	I,IV	**2259,33**	443,83	443,83	I	2112,50	1965,75	1819,00	1672,16	1525,41	1378,58
	II	**2119,08**	443,83	443,83	II	1972,25	1825,50	1678,66	1531,91	1385,08	1238,50
	III	**1567,33**	443,83	443,83	III	1444,16	1324,00	1206,83	1092,66	981,50	873,50
	V	**2736,16**	443,83	443,83	IV	2185,91	2112,50	2039,16	1965,75	1892,33	1819,00
	VI	**2772,41**	443,83	443,83							
8303,99 West	I,IV	**2250,33**	443,83	443,83	I	2103,50	1956,75	1809,91	1663,16	1516,33	1369,58
	II	**2110,00**	443,83	443,83	II	1963,25	1816,41	1669,66	1522,83	1376,08	1229,58
	III	**1559,66**	443,83	443,83	III	1436,66	1316,66	1199,66	1085,66	974,83	866,83
	V	**2727,16**	443,83	443,83	IV	2176,91	2103,50	2030,08	1956,75	1883,33	1809,91
	VI	**2763,41**	443,83	443,83							
8303,99 Ost	I,IV	**2260,58**	443,83	443,83	I	2113,83	1967,00	1820,25	1673,41	1526,66	1379,83
	II	**2120,33**	443,83	443,83	II	1973,50	1826,75	1679,91	1533,16	1386,33	1239,75
	III	**1568,50**	443,83	443,83	III	1445,16	1325,00	1207,83	1093,66	982,50	874,33
	V	**2737,41**	443,83	443,83	IV	2187,16	2113,83	2040,41	1967,00	1893,58	1820,25
	VI	**2773,75**	443,83	443,83							
8306,99 West	I,IV	**2251,58**	443,83	443,83	I	2104,75	1958,00	1811,16	1664,41	1517,58	1370,83
	II	**2111,25**	443,83	443,83	II	1964,50	1817,66	1670,91	1524,08	1377,33	1230,83
	III	**1560,83**	443,83	443,83	III	1437,66	1317,66	1200,66	1086,66	975,66	867,83
	V	**2728,41**	443,83	443,83	IV	2178,16	2104,75	2031,33	1958,00	1884,58	1811,16
	VI	**2764,66**	443,83	443,83							
8306,99 Ost	I,IV	**2261,83**	443,83	443,83	I	2115,08	1968,25	1821,50	1674,66	1527,91	1381,08
	II	**2121,58**	443,83	443,83	II	1974,75	1828,00	1681,16	1534,41	1387,58	1241,00
	III	**1569,50**	443,83	443,83	III	1446,16	1326,00	1208,83	1094,50	983,33	875,33
	V	**2738,75**	443,83	443,83	IV	2188,41	2115,08	2041,66	1968,25	1894,83	1821,50
	VI	**2775,00**	443,83	443,83							
8309,99 West	I,IV	**2252,83**	443,83	443,83	I	2106,00	1959,25	1812,41	1665,66	1518,83	1372,08
	II	**2112,50**	443,83	443,83	II	1965,75	1819,00	1672,16	1525,41	1378,58	1232,08
	III	**1561,83**	443,83	443,83	III	1438,66	1318,66	1201,66	1087,66	976,66	868,66
	V	**2729,66**	443,83	443,83	IV	2179,41	2106,00	2032,66	1959,25	1885,83	1812,41
	VI	**2765,91**	443,83	443,83							
8309,99 Ost	I,IV	**2263,08**	443,83	443,83	I	2116,33	1969,50	1822,75	1675,91	1529,16	1382,33
	II	**2122,83**	443,83	443,83	II	1976,00	1829,25	1682,50	1535,66	1388,91	1242,25
	III	**1570,50**	443,83	443,83	III	1447,33	1327,00	1209,83	1095,50	984,33	876,16
	V	**2740,00**	443,83	443,83	IV	2189,75	2116,33	2042,91	1969,50	1896,16	1822,75
	VI	**2776,25**	443,83	443,83							
8312,99 West	I,IV	**2254,08**	443,83	443,83	I	2107,25	1960,50	1813,75	1666,91	1520,16	1373,33
	II	**2113,83**	443,83	443,83	II	1967,00	1820,25	1673,41	1526,66	1379,83	1233,33
	III	**1562,83**	443,83	443,83	III	1439,83	1319,66	1202,66	1088,66	977,66	869,66
	V	**2730,91**	443,83	443,83	IV	2180,66	2107,25	2033,91	1960,50	1887,08	1813,75
	VI	**2767,16**	443,83	443,83							
8312,99 Ost	I,IV	**2264,33**	443,83	443,83	I	2117,58	1970,75	1824,00	1677,25	1530,41	1383,66
	II	**2124,08**	443,83	443,83	II	1977,33	1830,50	1683,75	1536,91	1390,16	1243,50
	III	**1571,66**	443,83	443,83	III	1448,33	1328,00	1210,83	1096,50	985,33	877,16
	V	**2741,25**	443,83	443,83	IV	2191,00	2117,58	2044,16	1970,75	1897,41	1824,00
	VI	**2777,50**	443,83	443,83							
8315,99 West	I,IV	**2255,33**	443,83	443,83	I	2108,58	1961,75	1815,00	1668,16	1521,41	1374,58
	II	**2115,08**	443,83	443,83	II	1968,25	1821,50	1674,66	1527,91	1381,08	1234,58
	III	**1564,00**	443,83	443,83	III	1440,83	1320,66	1203,66	1089,50	978,50	870,50
	V	**2732,16**	443,83	443,83	IV	2181,91	2108,58	2035,16	1961,75	1888,33	1815,00
	VI	**2768,50**	443,83	443,83							
8315,99 Ost	I,IV	**2265,66**	443,83	443,83	I	2118,83	1972,08	1825,25	1678,50	1531,66	1384,91
	II	**2125,33**	443,83	443,83	II	1978,58	1831,75	1685,00	1538,16	1391,41	1244,75
	III	**1572,66**	443,83	443,83	III	1449,33	1329,00	1211,66	1097,50	986,16	878,00
	V	**2742,50**	443,83	443,83	IV	2192,25	2118,83	2045,41	1972,08	1898,66	1825,25
	VI	**2778,75**	443,83	443,83							

* Zur LSt-Berechnung für privat versicherte Arbeitnehmer s. Beispiele **Vorbemerkung S. 4f.**
** Basisvorsorgepauschale KV und PV   *** Typisierter Arbeitgeberzuschuss

Lohn/ Gehalt in € bis	Steuerklasse	Lohn- steuer*	BVSP**	TAGZ***	Steuerklasse	Bemessungsgrundlage für Kirchensteuer und Solidaritätszuschlag – Freibeträge für ... Kinder 0,5	**1,0**	1,5	**2,0**	2,5	**3,0**
8318,99 West	I,IV	**2256,58**	443,83	443,83	I	2109,83	1963,00	1816,25	1669,41	1522,66	1375,83
	II	**2116,33**	443,83	443,83	II	1969,50	1822,75	1675,91	1529,16	1382,33	1235,83
	III	**1565,00**	443,83	443,83	III	1441,83	1321,66	1204,66	1090,50	979,50	871,50
	V	**2733,50**	443,83	443,83	IV	2183,16	2109,83	2036,41	1963,00	1889,58	1816,25
	VI	**2769,75**	443,83	443,83							
8318,99 Ost	I,IV	**2266,91**	443,83	443,83	I	2120,08	1973,33	1826,50	1679,75	1532,91	1386,16
	II	**2126,58**	443,83	443,83	II	1979,83	1833,00	1686,25	1539,41	1392,66	1246,00
	III	**1573,83**	443,83	443,83	III	1450,33	1330,00	1212,66	1098,50	987,16	879,00
	V	**2743,75**	443,83	443,83	IV	2193,50	2120,08	2046,66	1973,33	1899,91	1826,50
	VI	**2780,00**	443,83	443,83							
8321,99 West	I,IV	**2257,83**	443,83	443,83	I	2111,08	1964,25	1817,50	1670,66	1523,91	1377,08
	II	**2117,58**	443,83	443,83	II	1970,75	1824,00	1677,25	1530,41	1383,66	1237,08
	III	**1566,16**	443,83	443,83	III	1443,00	1322,83	1205,66	1091,50	980,50	872,33
	V	**2734,75**	443,83	443,83	IV	2184,50	2111,08	2037,66	1964,25	1890,91	1817,50
	VI	**2771,00**	443,83	443,83							
8321,99 Ost	I,IV	**2268,16**	443,83	443,83	I	2121,33	1974,58	1827,75	1681,00	1534,16	1387,41
	II	**2127,83**	443,83	443,83	II	1981,08	1834,25	1687,50	1540,75	1393,91	1247,25
	III	**1574,83**	443,83	443,83	III	1451,50	1331,00	1213,66	1099,33	988,16	879,83
	V	**2745,00**	443,83	443,83	IV	2194,75	2121,33	2048,00	1974,58	1901,16	1827,75
	VI	**2781,25**	443,83	443,83							
8324,99 West	I,IV	**2259,08**	443,83	443,83	I	2112,33	1965,50	1818,75	1672,00	1525,16	1378,41
	II	**2118,83**	443,83	443,83	II	1972,08	1825,25	1678,50	1531,66	1384,91	1238,33
	III	**1567,16**	443,83	443,83	III	1444,00	1323,83	1206,66	1092,50	981,33	873,33
	V	**2736,00**	443,83	443,83	IV	2185,75	2112,33	2038,91	1965,50	1892,16	1818,75
	VI	**2772,25**	443,83	443,83							
8324,99 Ost	I,IV	**2269,41**	443,83	443,83	I	2122,58	1975,83	1829,00	1682,25	1535,50	1388,66
	II	**2129,16**	443,83	443,83	II	1982,33	1835,58	1688,75	1542,00	1395,16	1248,50
	III	**1576,00**	443,83	443,83	III	1452,50	1332,16	1214,66	1100,33	989,00	880,83
	V	**2746,25**	443,83	443,83	IV	2196,00	2122,58	2049,25	1975,83	1902,41	1829,00
	VI	**2782,50**	443,83	443,83							
8327,99 West	I,IV	**2260,41**	443,83	443,83	I	2113,58	1966,83	1820,00	1673,25	1526,41	1379,66
	II	**2120,08**	443,83	443,83	II	1973,33	1826,50	1679,75	1532,91	1386,16	1239,58
	III	**1568,16**	443,83	443,83	III	1445,00	1324,83	1207,66	1093,50	982,33	874,16
	V	**2737,25**	443,83	443,83	IV	2187,00	2113,58	2040,16	1966,83	1893,41	1820,00
	VI	**2773,50**	443,83	443,83							
8327,99 Ost	I,IV	**2270,66**	443,83	443,83	I	2123,91	1977,08	1830,33	1683,50	1536,75	1389,91
	II	**2130,41**	443,83	443,83	II	1983,58	1836,83	1690,00	1543,25	1396,41	1249,75
	III	**1577,00**	443,83	443,83	III	1453,50	1333,16	1215,66	1101,33	990,00	881,66
	V	**2747,50**	443,83	443,83	IV	2197,25	2123,91	2050,50	1977,08	1903,66	1830,33
	VI	**2783,83**	443,83	443,83							
8330,99 West	I,IV	**2261,66**	443,83	443,83	I	2114,83	1968,08	1821,25	1674,50	1527,66	1380,91
	II	**2121,33**	443,83	443,83	II	1974,58	1827,75	1681,00	1534,16	1387,41	1240,83
	III	**1569,33**	443,83	443,83	III	1446,00	1325,83	1208,66	1094,33	983,33	875,16
	V	**2738,50**	443,83	443,83	IV	2188,25	2114,83	2041,41	1968,08	1894,66	1821,25
	VI	**2774,75**	443,83	443,83							
8330,99 Ost	I,IV	**2271,91**	443,83	443,83	I	2125,16	1978,33	1831,58	1684,75	1538,00	1391,16
	II	**2131,66**	443,83	443,83	II	1984,83	1838,08	1691,25	1544,50	1397,66	1251,00
	III	**1578,00**	443,83	443,83	III	1454,66	1334,16	1216,66	1102,33	991,00	882,66
	V	**2748,83**	443,83	443,83	IV	2198,50	2125,16	2051,75	1978,33	1904,91	1831,58
	VI	**2785,08**	443,83	443,83							
8333,99 West	I,IV	**2262,91**	443,83	443,83	I	2116,08	1969,33	1822,50	1675,75	1528,91	1382,16
	II	**2122,58**	443,83	443,83	II	1975,83	1829,00	1682,25	1535,50	1388,66	1242,08
	III	**1570,33**	443,83	443,83	III	1447,16	1326,83	1209,66	1095,33	984,16	876,00
	V	**2739,75**	443,83	443,83	IV	2189,50	2116,08	2042,75	1969,33	1895,91	1822,50
	VI	**2776,00**	443,83	443,83							
8333,99 Ost	I,IV	**2273,16**	443,83	443,83	I	2126,41	1979,58	1832,83	1686,00	1539,25	1392,41
	II	**2132,91**	443,83	443,83	II	1986,08	1839,33	1692,50	1545,75	1399,00	1252,25
	III	**1579,16**	443,83	443,83	III	1455,66	1335,16	1217,66	1103,33	991,83	883,50
	V	**2750,08**	443,83	443,83	IV	2199,83	2126,41	2053,00	1979,58	1906,25	1832,83
	VI	**2786,33**	443,83	443,83							

* Zur LSt-Berechnung für privat versicherte Arbeitnehmer s. Beispiele **Vorbemerkung S. 4f.**
** Basisvorsorgepauschale KV und PV *** Typisierter Arbeitgeberzuschuss

Für handschriftliche Notizen

Für handschriftliche Notizen

Für handschriftliche Notizen

Für handschriftliche Notizen

Für handschriftliche Notizen

Für handschriftliche Notizen

Für handschriftliche Notizen

Für handschriftliche Notizen

Für handschriftliche Notizen

Für handschriftliche Notizen

Für handschriftliche Notizen

Für handschriftliche Notizen

Für handschriftliche Notizen

Für handschriftliche Notizen

Für handschriftliche Notizen

Für handschriftliche Notizen